개정판

대중매체
법과 윤리

개정판
대중매체
법과 윤리

강준만 지음

Medi@
Ethics
and La

인물과
사상사

| 차례 |

'불신 사회'를 넘어서

한국은 '불신 사회'다. 어느 조사에서건 국민의 80% 이상이 법과 사회지도층을 신뢰하지 않는 것으로 나타나고 있다. 지난 2000년 6월 형사정책연구원이 실시한 서울지역 성인 493명에 대한 설문조사 결과 399명(80.9%)과 415명(84.2%)이 각각 "유전무죄(有錢無罪)·무전유죄(無錢有罪)라는 말에 공감한다" "동일범죄에 대해서도 가난하고 힘없는 사람이 더 큰 처벌을 받는다"고 답한 것으로 나타났다.[1]

지속가능사회를 위한 경제연구소(ERISS)가 현대리서치와 '지속가능사회를 위한 젊은 기업가들(YeSS)'에 의뢰해 성인 남녀 1000명, 대학생 1736명, 고교생 2302명을 대상으로 실시한 '국가 지속가능성 의식조사' 결과는 참혹하기까지 하다.

2009년 2월 5일 발표된 이 조사결과에 따르면, 정치인을 신뢰한다는 응답률은 고교생 3.3%, 대학생 1.6%였다. 기업에 대한 신뢰도는 고교생 7.4%, 대학생 9%였다. 전통적으로 도덕적 집단으로 인식, 신뢰받는 그룹이던 시민단체와 종교단체의 신뢰도 역시 굉장히 낮은 수준이었다. 시민단체를 신뢰한다는 고교생은 22.6%였으며 대학생은 16.7%였다. 종교단체에 대한 불신은 더 컸다. 종교단체를 신뢰한다는 고교생과 대학생은 10명 가운데 1명꼴이었다. 전쟁이 나도 총을 들고 나가 싸우지 않겠다는 응답률은 고교생 55.8%, 대학생 58.4%였으며, 이민하겠다고 응답한 비율은 고교생 61.4%, 대학생 50.6%였다. 그러나 가족에 대한 신뢰도는 거의 절대적이었다. 고교생 87.4%, 대학생 91.6%가 가족을 신뢰한다고 말했다. 친구 집단에 대해서도 신뢰도가 높았다. 고교생 72.7%, 대학생 83.5%가 친구를 신뢰한다고 응답했다.[2]

　성인의 불신은 고교생·대학생보다는 조금 덜 하긴 하지만 무슨 의미를 부여할 정도는 아니다. 이렇게까지 불신이 심한 사회가 어떻게 유지될 수 있을까? 위 조사에서도 나타났지만, 그 답은 한국사회 특유의 이중구조에 있다. '공적 신뢰'는 약한 반면 '사적 신뢰'는 강하다. 2006년 한국개발연구원(KDI)의 '사회적 자본 실태 종합조사' 보고서에 따르면, 우리나라 국민들의 사회적 관계망 가입율은 동창회가 50.4%로 가장 높고, 종교단체 24.7%, 종친회 22.0%, 향우회 16.8% 등이 뒤를 이었다. 반면 공익성이 짙은 단체들의 가입률은 2%대에 머물렀다.[3]

　그래서 사회 전반이 겉보기와는 달리 의외로 안정돼 있지만, 공사(公私) 이중구조로 인한 사회적 부작용은 매우 심각하다. 불신의 영역이 된 공공영역을 통해 할 수 있는 일이 많지 않다. 정치는 불신을 넘어서 저주의 대상으로 전락한다. 한국인은 사적 영역에서 각개약진(各個躍進)을 통해 문제를 해결하려고 든다. 각개약진이란 적진을 향해 병사 각 개인이 지형지물을 이용하여 개별적으로 돌진하는 걸 뜻하는 군사용어인데, 사회적 문제조차 혼자 또는 가족 단위로 돌파하려는 경향이 매우 강하다는 뜻이다.[4] 그런 전투적 삶이 자세가 한국의 경쟁력 강화에 기여한 점이 있지만, 바로 그런 이유 때문에 한국인의 행복도는 매우 낮다.

　'법과 윤리'가 존중받지 못하는 이유도 바로 여기에 있다. 각자 동원할 수 있는 힘에 의한 정치적 해결이 선호된다. 이는 언론을 포함한 대중매체 분야도 마찬가지다. 대중매체 분야로 진출하려는 학생들에게 가장 중요하게 여겨져야 할 대중매체 법·윤리 과목이 그런 대접을 받지 못하고 있는 게 우리의 현실이다.[5]

그러나 그럴수록 대중매체 법·윤리 교육을 강화하고 저변을 확대하는 것이 '불신사회'를 바꿀 수 있는 하나의 대안이라는 점에 주목할 필요가 있다. 이는 정치경제적 구조와 의식·문화가 일방적인 관계가 아니라 상호 영향을 주고받는 관계라는 점에 착안해보자는 뜻이기도 하다.

그런 변화에 기여하기 위해 쓰여진 이 책은 지난 2001년 2월에 출간한 『대중매체 법과 윤리』의 개정판이다. 전문가적 식견보다는 주제의 포괄성과 학생들의 이해를 용이하게 해주는 '서비스'에 주력했다. 법 이면의 이야기를 많이 다루면서 가급적 '대중매체 법과 윤리의 사회학'이 되게끔 애쓴 것도 그런 이유 때문이다.

이 책은 어려운 여건하에서도 언론 법과 윤리 연구에 정진하신 수많은 학자들과 전문가들의 노고에 힘입은 것이다. 수많은 '미주'에 '참고문헌'에 밝힌 이름이 바로 그 분들이다. 그 분들께 깊이 감사드리면서 앞으로 이 책의 가치를 더 높여나가는 방향으로의 끊임없는 개정을 통해 그 분들의 노고에 조금이나마 보답할 것임을 약속드린다.

2009년 9월
강준만 올림

제1장

표현의 자유 : 미국

왜 표현의 자유가 필요한가?

I disapprove of what you say, but will defend to the death your right to say it. 나는 당신이 말하는 것에 동의하지 않지만 그걸 말할 수 있는 당신의 권리는 목숨을 걸고 옹호하련다.(볼테르, 프랑스 사상가)

Better a thousandfold abuse of free speech than denial of free speech. The abuse dies in a day, but the denial stays the life of the people, and entombs the hope of the race. 표현의 자유를 부정하는 것보다는 표현의 자유를 무수히 남용하는 것이 더 낫다. 남용은 곧 사라지지만, 부정은 사람들의 전 인생에 걸쳐 머무르며, 인류의 희망을 매장한다.(브래들로, 영국 정치가)

People demand freedom of speech to make up for the freedom of thought which they avoid. 사람들은 그들이 피하는 사상의 자유를 벌충하기 위해 표

현의 자유를 요구한다.(키르케고르, 덴마크 철학가)

In free societies, every man is entitled to express his opinions—and every
other man is entitled not to listen. 자유사회에서 모든 사람은 자기 의견을 말
할 권리가 있으며, 모든 다른 사람은 듣지 않을 권리가 있다.(콜리, 영국 등
반가)

표현의 자유에 관한 명언들이다. 표현의 자유는 인간이 집단생활을 한 이
래로 늘 갈등의 대상이 되어왔다. 힘이 강한 쪽은 표현의 자유를 억누르려고
했지만, 인류 역사는 표현의 자유가 확대되는 진보적 방향으로 전개돼 왔다.
왜 표현의 자유가 필요한가? 이에 대한 철학적 인식의 토대를 확실히 해야 표
현의 자유에 대한 포용력을 키울 수 있다.

미국 예일대 법대 교수였던 토마스 에머슨(Thomas I. Emerson)은 1963년에
낸 『수정헌법 제1조의 일반이론』[1]과 1970년에 낸 『표현의 자유의 구조(The
System of Freedom of Expression)』에서 표현의 자유가 필요한 이유를 4가지로 제
시하였다.

첫째, 개인의 자아실현 또는 자기완성을 보장하기 위한 수단이다. 인간이
자기 의사를 표현하고자 하는 것은 인간으로서 가장 자연스럽고 필수적인 욕
구인 바, 이 욕구를 억제하는 것은 "인간의 존엄성에 대한 모욕이고 인간본성
을 부인하는 것" 이다.[2] 자아실현 논리에 의하면 음란물도 헌법에 의해 보호될
수 있지 않느냐는 반론도 있다.[3]

둘째, 지식을 발전시키고 진리를 발견하기 위한 필수적인 과정이다. 에머슨
은 "지식과 진리를 추구하는 사람은 문제의 모든 면, 특히 반대의견을 강하게
느끼는 사람이 제시하는 주장들을 들어봐야 한다" 며 다음과 같이 말한다.

"그는 모든 대안을 고려하고 그의 판단을 반대의견과 비교함으로써 시험해
보고 진실과 오류를 구별하기 위해서 다양한 사람의 정보를 최대한 이용해야

한다. 바꿔 말해서 정보를 억압하고 토론이나 의견의 충돌을 막게 되면 가장 합리적인 판단을 도출할 수 없으며 새로운 아이디어가 나올 수 없고 오류가 영원히 남게 되는 결과를 낳게 된다."[4]

셋째, 사회의 모든 구성원이 결정행위에 참여할 수 있게 하는 데에 필수적이다. 이것은 표현의 자유가 갖는 정치적인 기능에 착안한 것으로서, 에머슨은 다음과 같이 설명하고 있다.

"표현의 자유 이론이 특별한 의미를 갖는 곳이 있다면, 그것은 정치에 관한 것이다. 한 사회의 존재, 복지, 그리고 발전에 대한 대부분의 결정이 이뤄지는 것은 정치적인 절차를 통해서이다. 바로 이것 때문에 정부는 반대하는 사람들을 탄압하고 싶은 강한 욕망을 갖게 되고, 흔히 보다 효과적인 탄압의 권력을 행사하곤 한다. 정치적인 영역에서 표현의 자유는 사회의 다른 분야에서 자유를 획득할 수 있는 필요조건이다. 따라서 표현의 자유에 대한 핵심적인 논란이 가장 빈번하게 벌어지는 곳이 바로 정치적인 문제와 관련되는 장소이다."[5]

넷째, 안정과 변화의 균형(balance between stability and change)을 위해서이다. 이는 표현의 자유가 보다 적합하고 안정된 사회를 성취하고 건전한 분열과 합의 사이의 균형을 유지하기 위한 수단이라는 걸 의미하는 것이다. 이에 대해 에머슨은 다음과 같이 말한다.

"자유로운 토론을 억제하게 되면 이성을 폭력이 억누르게 되어 합리적인 판단을 불가능하게 하고 사회의 경직과 정체를 초래해서 변화하는 환경과 새로운 사상에의 적응을 어렵게 하고, 사회가 직면하고 있는 문제들을 은폐함으로써 위급한 문제들로부터 공중의 관심을 돌리게 하여 그 결과 사회를 불가피하게 분열과 대립, 그리고 파괴의 방향으로 몰고 가게 될 것이다."[6]

존 밀턴의 『아레오파기티카』

이상 소개한 4가지 이유 중 가장 많이 거론되는 건 두 번째 이유, 즉 지식을 발전시키고 진리를 발견하기 위한 필수적인 과정이다. 이는 '사상의 자유시장(free marketplace of ideas)' 이론인 셈인데, 그 기본 정신은 존 밀턴(John Milton)이 1644년 11월에 출간한 『아레오파기티카(Areopagitica)』에 잘 나타나 있다.('아레오파기티카'는 라틴어로 대법관이란 뜻이다.)

이 책이 쓰여진 상황은 청교도 혁명이 한창이던 때였다. 당시 혁명의회의 다수파였던 장로파는 청교도 혁명으로 폐기했던 출판검열제를 부활시키기 위해 '출판허가법' 제정을 주도하고 있었다. 왕당파와 국교파에 대항해 함께 싸웠던 장로파가 혁명 정신을 배반하고 새로운 지배세력이 되고자 했던 것이다. 밀턴은 이들에 맞서 싸우기 위해 쓴 이 팸플릿에서 "나의 양심에 따라 자유롭게 알고 말하고 주장할 수 있는 자유를, 다른 어떤 자유보다도 그런 자유를 나에게 달라"며 다음과 같이 주장했다.

"진리와 허위가 대결하게 하라. 자유롭고 공개된 대결에서 진리가 불리한 편에 놓이는 것을 본 사람이 있느냐. 모든 사람으로 하여금 자유롭게 말할 수 있게 하라. 그러면 진리의 편이 반드시 승리하고 생존한다. 허위와 불건전은 '공개된 자유시장'에서 다투다가 마침내는 패배하리라. 권력은 이러한 선악의 싸움에 일체 개입하지 말라. 설혹 허위가 일시적으로 득세하는 일이 있더라도 선악과 진위가 자유롭게 싸워간다면 마침내 선과 진이 '자가 교정 과정'을 거쳐 궁극적인 승리를 얻게 되리라."[7]

그러나 밀턴이 처음부터 표현의 자유를 위해 싸우고자 했던 건 아니다. 골치 아픈 가정생활로 인해 우연히 표현의 자유에 관심을 갖게 되었다고 한다. 그는 1642년 34세의 늦은 나이에 결혼했지만, 결혼생활은 몇 주 만에 끝나고 말았다. 그는 다음 해에 이혼의 자유를 역설하는 책을 썼다. 당시 이혼을 옹호하는 저서는 방탕한 난봉꾼이나 하는 것으로 여겨졌기 때문에, 이 책은 곧 폐기처분되었다. 이후 어떠한 책이나 팸플릿, 신문도 당국의 사전 승인 없이 발행될 수 없다는 내용의 법규가 공포됐다. 밀턴이 『아레오파기티카』를 쓰게 된 이유가 바로 이 법규 때문이었다.[8]

『아레오파기티카』는 밀턴의 사후 20년인 1694년 영국의회로 하여금 인쇄·출판의 통제를 포기케 하는 데 기여하였지만,[9] 밀턴의 생존시엔 아무런 영향을 미치지 못했다. 그는 출판허가법으로 박해받지도 않았다. 그의 주장은 당대의 기준으로 너무도 고상하다 못해 허황돼 '논설문이 아니라 시(詩)'로 여겨졌기 때문이다. 다른 사람들을 무자비하게 공격했던 장로파도 밀턴을 '무해한 몽상가' 정도로 간주했다.[10]

로버트 하그리브스(Robert Hargreaves)는 "밀턴이 주장하는 언론의 자유라는 개념은 비록 철학, 종교 등에서 서로 다른 견해를 견지하면서도 전체적으로는 심오한 이성을 가진 진중한 저술가들을 위한 것이었다"며 다음과 같이 말한다.

"그는 모든 형태의 문학을 포괄하거나, 자신이 속했던 고학력 프로테스탄트 학자들 이외 사람들의 언론 자유에 대해서는 숙고의 대상으로 삼지 않았다. 그가 공들여 상술한 언론 자유의 원칙이 나중에 그가 뿌리 뽑아야 할 생각을 가진 사람들이라고 여겼던 가톨릭교도나 이신론자 혹은 무신론자들에게까지 허용될 정도로 확대될 것이라는 상상을 했다면, 그는 아마 까무러치고 말았을 것이다."[11]

『아레오파기티카』는 자유방임주의 이론을 지지하는 사람들 사이에서 경전의 위치를 차지하고 있지만, 이는 오류라는 지적이 나오는 것도 당연하다 하겠다. 존 네론(John Nerone) 등은 "우리는 밀턴이 열렬하게 자유를 옹호했다는 것을 잘 알고 있다. 그런데 그것은 누구를 위한 자유였던가? 분명히 그것은 소수, 특히 높은 덕성을 지닌 교육받은 소수를 위한 자유였다"며 다음과 같이 말한다.

"밀턴은 무제한의 표현 자유를 주장한 것이 아니라, 제한된 종교적 관용을 요구했으며 … 언론에 대한 국가통제의 종결을 주창하지도 않았다. … '자유방임주의'는 밀턴과 아무 상관없는 용어이다. 그는 포괄적 자유를 요구하지 않았다. … 밀턴을 고전적 자유주의자로 잘못 규정함으로써, 이중적인 오해가 발생하게 된다. 우리가 밀턴의 목적을 무엇이라고 생각하든지 간에, 첫째로 그가 모든 형태의 의견들이 공표되기를 원했다거나, 둘째로 이것이 우리 매체의 특징인 양 내세우는 것은 바보 같은 짓이다. 오늘날 밀턴을 선택적으로 읽는 학자들은 그에게 엄청나게 부당한 일을 하고 있을 뿐 아니라, 그가 특별히 혐오했던 이윤추구에 기초한 현대의 커뮤니케이션 체계의 성격을 신비화하고 있다."[12]

'사상의 자유시장' 이론은 아름다운 말씀으로 가득 차 있지만, 현실은 꼭 그렇진 못하다. 많은 학자들이 이 이론의 한계를 지적해왔다. 상업적인 시장처럼 사상의 시장도 구조적으로 권력이 있고 경제적으로 힘이 있는 사람들에게 유리하게 되어 있다는 것이다.[13]

'카타르시스 효과' 와 '도미노 효과'

에머슨이 열거한 4가지 이유는 오늘날 표현의 자유의 이론적 근거로 널리 수용되고 있다. 팽원순은 "에머슨이 말한 4가지의 가치는 서로 상충하는 가치(conflicting values)일 수 있다는 점에서 그 나름대로 약점이 있다고 주장하는 자도 있으나 표현의 자유 이론의 체계화에 있어 에머슨의 이론은 특출하다"고 평가했다.[14]

다른 이유들을 제시한 학자들도 많지만, 에머슨의 4가지 이유에서 크게 벗어나지 않는다. 예컨대, 윌리엄앤매리대학의 교수였던 로드니 스몰라(Rodney Smolla)는 표현의 자유가 갖는 3가지 가치로 ①자아실현(self-fulfillment), ②정치적 자치(political self-governance), ③폭넓은 계몽(broader enlightenment) 등을 제시했다.[15]

에머슨의 4가지 이유에 더하여 '카타르시스 효과' 와 '도미노 효과' 도 생각해볼 필요가 있겠다. 정신분석학적 관점에서 보자면, 표현의 자유는 프로이트가 말하는 카타르시스 효과를 가져와 공격적 욕구를 해소하는 데에 기여함으로써 물리적 충돌을 예방한다고 볼 수 있다. 실제로 프로이트는 개인이나 집단이 표현의 자유를 통해 현명한 결정을 내릴 수 있다고 믿기보다는 표현의 자유가 심리학적으로 유익하다는 걸 높이 평가했다.[16)]

오늘날 표현의 자유를 밑천 삼아 운영하는 언론의 첫 번째 기능이 '카타르시스 효과'라는 걸 부인할 수 있을까? 특히 한국 언론을 지배하고 있는 '정파적 저널리즘' 모델은 언론을 '카타르시스 산업'으로 불러도 무방할 만큼 그 기능에 충실하다. 이를 꼭 부정적으로만 볼 일은 아니다. 그런 '배설' 출구가 물리적 충돌을 대신해주는 기능을 갖고 있기 때문이다.

다만 사회적 문제의 해결을 위한 대안은 카타르시스보다는 스트레스를 요구한다는 점을 분명히 해둘 필요가 있겠다. 어떤 대안에 대한 반대세력의 입장도 고려해가면서 타협책까지 같이 고민해야 하기 때문이다. 열성 지지자를 갖기도 어렵거니와 그 누구도 만족시켜주지 못한다. 그런 이유 때문인지 이런 지식 담론은 찾아보기 어렵다. 잘 팔리는 대부분의 '지식상품'은 수용자들의 속을 후련하게 해주는 '카타르시스' 기능 일변도다. 카타르시스도 소중한 것이긴 하지만, 사회적 난제 해결을 위해선 카타르시스보다 스트레스가 더 필요하다는 건 분명한 사실이다.

표현의 자유는 사상의 도미노 효과를 방지하기 위해서도 필요하다. 우리 인간의 창의성이란 총체적인 성격이 강하다. 즉, 어느 한 가지만 건드리지 말고 나머지 분야에서만 창의성을 발휘하라는 주문은 성립되기 어렵다는 것이다.

이른바 '위축 효과'는 언론뿐만 아니라 지식인에게도 작용하는 법이다. 한국에서 유통되는 진보적 사상의 대부분이 서양에서 수입된 이유도 바로 여기에 있다. 서양 좌파 이론가의 사상 수입은 허용되지만, 그런 사상을 스스로 만들어내는 건 이념 공세의 표적이 되기 쉽다. 이는 한국에서 국가보안법이 한국의 인문사회과학 발전에 장애가 되고 있다는 걸 의미하는 것이기도 하다.

표현의 자유를 역설하더라도 논리학에서 말하는 이른바 '미끄러운 경사면의 오류(fallacy of slippery slope)' 또는 '도미노의 오류'는 조심할 필요가 있다. 미끄럼틀을 한번 타기 시작하면 끝까지 미끄러져 내려간다는 점에서 '연쇄반응 효과의 오류'라고도 부른다.[17] 예컨대, 인터넷 실명제에 대한 반대주장들 중엔 인터넷 실명제가 이 나라의 창의성과 상상력을 말살시킬 것처럼 호들갑을 떠는 주장이 있는데, 그게 바로 이런 오류에 해당한다. 과유불급(過猶不及)이다. 과도한 비약은 자제하는 게 좋다. 이는 제4장에서 자세히 논의하기로 하자.

연방수정헌법 제1조

표현의 자유를 가장 잘 보장한 것으로 평가받고 있는 미국의 수정헌법 제1조(First Amendment)에 대해 살펴보기로 하자. '표현의 자유' 이야기만 나오면 한국에서도 미국의 수정헌법 제1조 운운해대는 데에 질린 사람들도 있을 것이다. 그러나 지나친 건 피해야겠지만, 인정할 건 인정해야 하지 않을까. 로드니스몰라의 다음과 같은 주장에 공감한다 해도 무리는 아니라는 생각이 든다.

"언론자유에 대한 문제들과 커뮤니케이션과 관련된 제반 정책을 다루면서 겪은 미국인의 경험이 보기 드물게 풍부하기 때문이다. 미국이 최선의 정답을 갖고 있지는 않다. 하지만 미국 사회는 언론자유에 대한 문제들에 대해 어느 사회보다 고민어린 생각을 했던 것이다. 수정헌법 제1조에 의거해서 미국은 세계의 어느 문화보다 더 자주 억압보다는 공개적인 정치를 하는 실수가 더욱 훌륭하다는 극단적인 가정을 실험했었다."[18]

수정헌법 제1조의 내용은 다음과 같다.

Congress shall make no law respecting an establishment of religion, or prohibiting the free exercise thereon; or abridging the freedom of speech, or of the press; or the right of the people peaceably to assemble, and to petition the Government for a redress of grievance. 연방의회는 국교를 정하거나 신앙의 자유를 금지하는 법률을 제정할 수 없으며 언론·출판의 자유를 제한하거나 국민들이 평화적으로 집회할 권리와 불만의 구제를 정부에 청원할 권리를 제한하는 법률을 제정할 수 없다.[19)]

수정헌법 제1조는 1791년에 비준되었다는 걸 상기할 필요가 있다.(1971년까지 모두 26개 조항이 수정헌법으로 채택되었는데, 헌법은 상하원 의원 3분의 2 지지와 50개주 가운데 38개주가 승인하면 개정할 수 있다.) 즉, 약 220년 전에 만든 원리가 과연 오늘날에도 유효하겠는가 하는 의문이 제기될 수밖에 없다는 뜻이다.

정태철은 "문제는 수정1조가 제정된 18세기에 거의 아무도 언론이 상업적으로 거대한 기업이 되고 정치적으로도 막강한 영향력을 갖게 될 것이라는 것을 예상하지 못했다는 것이다"며 "당시 절대적 약자였던 언론이 수정1조 제정 이후 상업성, 정파성 문제를 갖게 되고, 언론 자유가 언론 발행인 내지는 언론인의 이기적인 이익을 위해 남용되는 상황이 전개된 20세기 초 미국 언론의 문제는 그래서 심각했던 것이다"고 했다.[20)]

진보적 관점에서 수정헌법 제1조를 허구적이라고 보는 이들도 있다. 로버트 맥체스니(Robert W. McChesney)는 수정헌법 1조는 정치적 광고를 허용하고 있어 절반의 진실, 왜곡한 사실, 또는 명백한 거짓말까지도 정치적 의견이라는 명분 아래 보호하고 있는 바, 정치광고의 비용을 댈 수 있는 부유층에게 유리하다고 주장했다.[21)]

수정헌법 제1조의 제정 동기가 오늘날 흔히 이야기되는 것처럼 순수했던 것만도 아니다. 진정한 동기는 '언론자유'에 있다기보다 버지니아주 등 각 주 정부가 연방정부의 권력 강화에 대해 갖고 있던 두려움이었다.[22)]

그런 역사적 배경과 더불어 이념적 관점도 수정헌법 제1조의 해석에 영향을 미쳤다. 예컨대, 엄기열은 "후기 고전적 자유주의 이념은 사회보장제도와 의무교육 그리고 정부가 주도하거나 지원하는 여러 가지 사업 등을 통해 거의 모든 나라에서 반영되어 왔으나 미국에서는 유독 수정헌법 제1조의 해석에 있어서 만큼은 아직도 고전적 자유주의 이념을 따르고 있다"며 다음과 같이 주장한다.

"이러한 수정헌법 제1조의 해석에 대한 이론적 난맥상은 미국의 주류 언론법 학자를 대표하는 미시건대학교의 볼링어(Lee C. Bollinger) 총장이 쓴 『The Tolerant Society』라는 책에서 쉽게 감지된다. 볼링어에 의하면 흔히 '똘레랑스'라 부르는 '관용'이라는 개념이 사회 내의 다수가 소수에게 혐오를 주는 말(hate speech)을 하는 행위까지도 수정헌법 제1조의 보호대상에 당연히 포함시켜야 한다고 주장하는 점에서 미국식 언론이론의 모순점이 희극적으로 드러난다. 그래서 아우슈비츠에서 살아남은 유태인이 사는 스코키라는 마을에서 히틀러를 떠받드는 니오나치(neo-Nazi)들이 모여서 시위·행진하는 것도 허락되어야 하고, 흑인이 사는 집 정원에 십자가를 태운 청년들의 방화죄는 인정하되 표현의 내용에 대한 제약을 금하는 원칙에 의거하여 이 청년들이 세인트 마틴시(市)의 혐오를 주는 표현에 대한 제재를 가중으로 받게 해서는 안 된다는 연방대법원의 판결이 나와도 전혀 이상할 것이 없게 되는 것이다."[23]

어떤 이유에서였건 수정헌법 제1조의 해석을 둘러싸고 학자들 사이에선 수많은 논쟁이 일어났다. 돈 펨버(Don R. Pember)는 수정헌법 제1조 관련 이론으로 ①절대주의 이론(Absolutist theory), ②이익형량의 이론(Ad hoc balancing theory), ③우월한 지위의 이론(Preferred position balancing theory), ④마이클존 이론(Meiklejohnian theory), ⑤접근 이론(Access theory) 등을 들고 있다. 이 이론들을 하나씩 살펴보기로 하자.

절대주의 이론

절대주의 이론은 '표현의 자유는 말 그대로 절대적으로 보장되어야 한다'는 이론이다. 그러나 이 이론가들은 소수에 지나지 않으며, 다수는 이 법이 만들어진 1791년의 상황에 주목해야 한다고 주장한다. 당시엔 표현의 자유에 대한 어느 정도의 제한이 존재했는데, 수정헌법 제1조는 당시의 그 상황을 기준으로 하여 더 이상의 제한이 있어서는 안 된다는 뜻으로 보아야지 오늘날의 기준으로 해석해선 안 된다는 것이다.[24]

절대주의 이론은 이 이론의 열렬한 주창자였던 연방대법원의 휴고 블랙(Hugo L. Black) 대법관과 윌리엄 더글라스(William O. Douglas) 대법관이 1970년대 초에 은퇴한 뒤로는 적어도 연방대법원에선 인정받지 못하게 되었다.[25] 블랙 대법관은 1969년에 낸 자신의 저서 『헌법적 신념(A Constitutional Faith)』에서 이 이론의 핵심을 다음과 같이 갈파하였다.

"언론의 자유란 아무 에누리나 예외도 없이 그리고 '만약(if)' 이라든가 '그러나(but)' 라든가 '반면(whereas)' 이라든가 하는 것도 보탬이 없이 정부가 사람들이 갖고 있거나 표시한 의견이나 그들이 말하거나 쓴 말에 대해서 아무 일도 해서는 안 되며, 마그나 카르타의 표현처럼 어떤 행동도 해서는 안 된다는 것을 의미한다는 것이 나의 의견이다. 어떤 사람은 그것이 극단론이라고 할지 모른다. 그럴 수도 있을 것이다. 그러나 내가 의도하는 것은 '의회는 … 언론·출판의 자유를 제한하는 법을 만들어서는 아니 된다' 고 한 헌법개정 제1조의 명확한 문신(文信)을 그대로 따르려는 것뿐이다."[26]

표현의 자유에 관한 절대주의 이론을 실천으로 옮기는 대표적인 인물을 들라면 단연 노암 촘스키(Noam Chomsky)다. 절대주의 이론에 관한 일종의 사례 연구로 촘스키의 생각을 알아보기로 하자.

촘스키가 아우슈비츠의 허구성을 주장한 프랑스의 포리송 교수를 옹호한 사건은 절대주의에 대한 그의 완고한 신념을 잘 보여준다. 포리송은 나치가 유태인을 학살하는 데에 사용했던 가스실의 존재마저 부정해 유럽은 물론 전세계 유태인들의 분노를 촉발시킨 이상한 인물이다.

포리송은 자신이 몸담고 있는 대학에서 강의를 금지당했다. 대학 당국이 그의 신변보호상 그런 조치를 취한 것이다. 프랑스는 물론 전 유럽의 양식있는 사람들이 포리송의 무모한 역사 왜곡을 규탄하고 나섰다. 그런데 바로 이때에 촘스키는 프랑스 정부와 대학에 포리송의 안전과 그의 법적 권리의 자유로운 행사를 요구하는 청원서에 서명을 한 것이다.

촘스키는 그 서명으로 비난에 직면하자 「표현 자유의 권리에 관하여」라는 짧은 성명을 발표하였다. 이 성명은 그의 허락도 없이 포리송의 책에 그대로 게재됐다. 그 이후 촘스키는 '신나치주의'를 지지했다는 비난 공세에 시달려야 했다.[27]

바로 여기에서 촘스키의 독특한 면이 잘 드러난다. 그는 포리송의 주장을 한 번도 지지한 적이 없다. 그는 단지 표현의 자유를 옹호한 것이다. 포리송의 주장이 아무리 터무니없어도 그를 침묵시켜서 그의 주장이 터무니없다는 걸 증명하려들지 말고, 움직일 수 없는 증거를 제시하여 증명해야 한다는 게 촘스키의 생각이었다. 인종차별주의자가 인종차별을 선동하고 전쟁광이 전쟁을 하자고 선동하더라도 그들에겐 그렇게 말할 수 있는 자유를 보장해야 한다는 게 바로 촘스키의 생각인 것이다.

팔레스타인 문제도 마찬가지다. 그는 중동 분쟁이 있을 때마다 이스라엘과 미국 언론을 비판하곤 했는데, 이것 때문에 그는 유태인을 증오하는 유태인들 가운데 으뜸이라는 말까지 듣기도 했다. 그 자신이 유태인이면서도 이스라엘이 자신의 신념에 어긋나는 행동을 취할 때 가차없이 비판을 하였던 것이다.

물론 표현의 자유에 관한 촘스키의 절대주의적 입장에 무조건 동의하기는 어렵다. 표현의 '자유 시장'에서 누구나 다 똑같은 무게의 발언권을 갖는 건 아니기 때문이다. 그러나 촘스키의 입장을 최대한 이해하는 쪽으로 생각한다면 그는 그런 문제와 한계에도 불구하고 표현의 자유는 존중되어야 한다는 대원칙을 말하고 싶었던 게 아닐까?

더블린대학의 철학교수 리처드 커니(Richard Kearney)가 지난 1993년 촘스키와 나눈 대담은 촘스키의 '표현의 자유'에 관한 생각을 좀 더 정교하게 밝허주고 있다. 커니는 촘스키에게 집요하게 따져 묻는다. 그는 촘스키가 '자신의 사상을 남들에게 표명할 자유'에 대해 이야기하자 "그것에 따라 행동할 자유가 있는가?"라고 묻는다. 촘스키는 이렇게 답한다.

"글쎄, 그것에 따라 행동하는 것은 다른 문제다. 행동할 때는 언제나 다른 사람들의 권리를 침해하기 때문이다. 그러나 생각하기는 무제한적이어야 한다. 자, 사람들에게 생각하기를 허용하는 것은 정당화할 수 있으면서, 그들이 생각하는 바를 남에게 표현하는 것은 허락하지 않을 수 있는 방법을 알기란 매우 어렵다. 그렇게 하는 것은 엄청난 권리 침해다."[28]

커니는 "폭력과 증오를 선동하는 것은 어떻게 되는가?"라고 묻는다. 촘스키는 "선동은 또 다른 얘기다"라고 말하면서, 구체적인 상황을 가정하여 다음과 같이 답한다.

"당신과 내가 한 가게에 들어간다고 가정해보자. 당신은 총을 들었고 우리는 거기를 털려 하고 있다. 내가 당신에게 쏘라고 말하고, 당신이 주인을 쐈다. 자, 그건 발언이지만, 아무도 그 발언이 보호받는다고 생각하지 않는다. 그것은 내 목소리를 포함한 하나의 행동일 수 있지만, 이는 범죄 행위에 참여하는 것이다. 내가 보기에 썩 좋은 입장 하나가 있는데, 이는 영국인 사상가 제러미 벤덤(Jeremy Bentham)이 표명한 것으로, 즉 긴박한 범죄 행위에 참여하기 직전까지는 발언이 자유로워야 한다는 것, 사상 표명이 자유로워야 한다는 것이다. … 이는 사람들이 그로 인해 모욕감을 느끼고 해를 입게 될 그런 많은 것들이 표명되리라는 사실을 의미한다. 그러나 그것은 자유를 허용하는 데 당연히 따르는 일이다. 그 어떤 종류의 자유도, 다른 사람들로서는 일어나길 바라지 않는 그런 행동을 포함하게 마련이다. 만일 그것을 제한하려 한다면 이는 진정 사람들을 기계로 바꿔버리려 하는 것이다. 사람들이 인간이기를 바란다면, 딴사람들에게 상처를 줄지도 모르는 그런 발언의 자유를 허락해야만 한다. 적어도 긴박한 범죄 행위 직전까지는 말이다."[29]

커니는 이 답에 만족하지 않고 좀 더 복잡한 경우를 예로 들며 촘스키의 답을 요구한다. 커니가 예로 든건 범죄 행위 또는 테러 행위에 관계된 조직의 멤버들이 대중매체에 접근하는 것을 제한하는 법규에 관한 것이다. 그는 영국령 북아일랜드와 아일랜드 공화국의 통일을 요구하는 무장단체인 IRA(Irish Republican Army)를 예로 들면서, "대중매체에서 그들이 자신들의 동기를 정당화할 수도 있고, 또는 남들이 폭탄을 던지거나 총을 쏘도록 암시적으로 선동하고 부추길 수도 있으니" 과연 어디에 선을 그어야 하느냐고 묻는다. 촘스키는 다음과 같이 답한다.

"나는 '행동' 들은 방지되어야 한다고 생각한다. 예를 들어, 누군가가 텔레비전 방송에 나와서 폭파범에게 폭탄을 터뜨리라는 정보를 담은 암호 메시지를 말하도록 허락해서는 안 된다는 거다. 하지만 만일 IRA가 '왜 우리가 그 곳에 폭탄을 던졌는가 하는 이유가 여기 있소. 이것이 우리들의 이유요' 라고 말하는데 당신이 이를 막으려 한다면, 그건 단지 당신이 그 이유들이 설득력 있을까봐 두려워하기 때문이다."[30]

커니는 "하지만 그건 너무나 이론적인 토론·설득·논쟁이다. 텔레비전 방송에서 누군가 일어나 '영국을 폭격해라!' 라고 말한다면 어쩌겠는가?' 라고 묻는다. 촘스키의 답을 또 들어보자.

"그와 같은 비합리적이고 폭력적인 감정이 사람들에게 설득력이 있다면, 거기엔 이유가 있을 테고, 그러면 당신은 그 이유들을 추적해야만 한다. 사람들이 분명히 마음속에 믿고 있는 것이 있는데, 단순히 그 표현을 막기만 해서는 아무것도 성취할 수 없다. 그런 종류의 권위주의는 비효과적일 뿐 아니라 부당하다. 어떤 사람이 '영국을 폭격해라!' 라고 말하는 것, 자신이 전달하고자 하는 바를 전달하도록 만들어줄 그런 배경적 이해에 호소하면서 그렇게 말하는 것은 허락되어야 한다. 공인들이 텔레비전에 나와 '이라크(또는 베트남, 또는 세르비아)를 폭격해라' 라고 말하도록 허락해주는 것과 똑같은 원칙인 것이다."[31]

원칙이 모든 구체적인 경우를 다 설명해줄 수 있는 건 아니다. 절대주의 이론이 지지를 받지 못한 이유는 다른 중요한 인권문제들과 충돌했기 때문이다.[32] 그래서 여전히 촘스키의 '표현의 자유'에 관한 절대주의엔 의심이 가는 게 많긴 하지만, 그걸 우리 모두의 숙제로 삼아 토론해보기로 하자.

명백하고 현존하는 위험의 이론

명백하고 현존하는 위험의 이론(clear and present danger test)은 1919년 'Schenck v. U.S.' 사건에 대한 판결에서 비롯된 것이다. 당시 미국 사회당의 서기장이었던 셴크는 미국이 제1차 대전의 발발로 유럽에 군대를 파견하기 위해 징병법을 제정한 데 대해 제1차 대전이 독점자본주의 국가들 간의 싸움이므로 참전을 거부해야 한다는 선동적인 내용의 전단 1만 5000매를 징병 대상자들에게 배부했다. 그는 군의 불복종을 선동한 죄로 1917년에 제정된 방첩법(Espionage Act)에 따라 유죄 판결을 받았다.

연방대법원은 만장일치로 유죄를 인정하였는데, 판결문을 쓴 홈즈(Oliver W. Holmes) 판사는 수정헌법 1조가 언론의 자유를 충분히 인정하는 것이나 다른 헌법상의 기본권과 충돌할 때에는 부득이 제한하지 않을 수 없다고 말하면서 그 근거를 다음과 같이 설명하였다.

"모든 행위의 성격은 그 행위가 행해진 상황 여하에 의존하는 것이다. … 자유언론의 보호를 가장 엄격히 내세우는 사람일지라도 거짓말로 극장에서 불이 났다고 소리 질러서 공포상태를 야기하는 것과 같은 그런 행위를 보호하라고 주장하지는 않을 것이다. … 모든 경우에 문제가 되는 것은 결국 사용된 언어가 의회가 방지할 권한이 있는 실질적인 해악을 초래할 만한 '명백하고 현존하는 위험'을 조성할 만한 상황에서, 또 그러한 성격으로 행해진 것인지 여하에 있는 것이다. 그것은 근접성(proximity)과 정도(degree)의 문제인 것이다."[33]

이는 똑같은 행위라도 상황에 따라 다른 의미를 가질 수 있다는 걸 뜻하는 것이었다. 즉, 극장에서 불이 났다고 외치는 건 해변가에서 불이 났다고 외치는 것과는 다르다는 것이다.

그러나 이 이론은 위험한 경향의 이론이 대두된 후 빛을 상실하다가 1940년대에 다시 활기를 띠게 되었다. 블랙 대법관은 이 이론을 1941년에 다음과 같이 재정의하였다.

"명백하고도 현존하는 위험의 경우로부터 야기되는 궁극적인 하나의 살아 있는 원칙은 다음과 같은 원칙이다. 즉 언론이 빚은 실제적인 해악이 극도로 심각해야만 하며, 발언 전의 상황이 극히 절박한 정도로 위급한 것이어야만 언론에 대해 처벌할 수 있다. 이 원칙은 자유를 사랑하는 사회라는 전체적 맥락에서 읽을 때 명시된 바의 언어가 허용하는 광의의 명령이라고 보아야 한다."[34]

블랙 대법관의 재정의가 시사하듯이, 이 이론은 연방대법원 내에서도 제법 뜨거운 논란을 불러일으켰다. 즉, 수정헌법 제1조를 해석하는 데 있어서 그것을 넓게 보려는 쪽과 좁게 보려는 쪽 사이의 갈등이 이 이론에 대한 해석을 둘러싸고 표출된 것이다. 이와 관련, 이시엘 디 솔라 풀은 다음과 같이 말한다.

"프랑크퍼터는 1946년에 주장하기를 홈즈 판사가 '명백하고도 현존하는 위험'이라는 표현을 사용한 것은 단지 기술적이며 법률적인 표현에 불과하였지 판결을 위한 공식을 시사하기 위한 것은 아니었다고 하였다. 그것은 문학적인 구절이므로 그 문맥으로부터 왜곡되어서는 안 된다는 것이다. 반면에 블랙과 더글라스는 1969년에 다음과 같은 결론에 도달함으로써 홈즈의 명백하고도 현존하는 위험의 원칙을 거부하였다. '만약에 의회가 언론·출판을 축소시키는 어떠한 법률도 제정할 수 없다면 이는 의회가 명백하고도 현존하는 위험에 직면했을 때에도 그러한 법률을 만들 수 없다'는 것이다. 법원은 이 같은 절대주의적 견해나 프랑크퍼터의 견해를 다같이 받아들이지 않았다. 그러나 '명백하고도 현존하는 위험'이라는 문구는 법원에 의해 계속 사용되어 오긴 했지만 점차로 덜 사용되는 추세에 있다. 최근에는 과거 같으면 이 원칙이 적용되었을 만한 상황에서도 이 ‘명백하고도 현존하는 위험’ 이라는 용어 대신에 불법적인 행위에 관계된 발언이라는 표현을 사용하는 경향이 있다.”[35]

김철수는 ‘이 원칙은 법령의 합헌성 판단기준으로 발전되어 오늘날 여러 나라의 학설·판례에 큰 영향을 끼치고 있다’고 지적하면서 우리나라에서의 적용 사례와 그 문제점에 대해 다음과 같이 말한다.

“우리나라 헌법재판소도 반국가단체의 활동을 찬양·고무하는 자에 대해 처벌하는 규정인 국가보안법 제7조 1항·5항에 대해서 그 규정들이 국가의 존립·안전을 위태롭게 하거나 자유민주적 기본질서에 실질적 해악을 미칠 명백한 위험성이 있는 행위에 대해서만 적용된다고 선언하여 한정합헌결정을 내리면서 이 법리를 적용한 바 있다. … 그러나 이 원칙에는 몇 가지 문제점이 있다. 먼저 위험의 명백성·현존성을 따지는 것이어서 결국 ‘위험의 접근성과 정도’가 위헌성 판단의 중심 문제로 되는데, 그러한 ‘위험의 근접성과 정도’를 판단하는 것은 주관적인 것일 수 있고, 따라서 그러한 주관적 기준에서 오는 불확정성을 숨길 수는 없을 것이다. 또한 ‘명백하고 현존하는 위험’의 원칙은 사후적으로 사법절차에 의하여 판단하는 기준으로서는 적합하나, 행정청이 사전에 표현의 자유를 규제함에 있어서 이를 판단의 기준으로 삼기에는 부적합하다고 한다. 그리하여 오늘날에는 법원에서 서로 대립하는 이익의 비교형량을 정확하게 하는 이론이 고려되고 있다.”[36]

위험한 경향의 이론

위험한 경향의 이론(bad tendency test)은 1925년 ‘Gitlow v. New York’ 사건에 대한 판결에서 비롯된 것이다. 그러나 사실상 이 이론은 셍크 판결 이후, 같은 해에 공산주의 신봉자들의 전단 살포와 관련해 내려진 1919년 ‘Abrams v. U.S.’ 사건에서부터 적용되었다고 보아야 할 것이다.

러시아 태생인 에이브럼스(Abrams)는 미국 군대가 소련을 침공하는 것에 대해 항의하고, 군수품 공장에 종사하는 노동자들에게 군수품 제조를 금지하도록 파업을 종용하는 내용의 전단 9000매를 배포해 기소되었다. 이 사건의 판결에 대해 양건은 다음과 같이 말한다.

"연방대법원의 다수 의견은 이 사건에서의 표현의 자유의 문제에 별로 주의를 기울이지 않았으며, 솅크 판결을 원용하면서도, 문제가 된 전단이 전쟁수행의 노력에 대한 거부를 고무시키고 군수품 생산의 감소를 가져올 '해로운 경향'이 있다고 보고 유죄 판결을 인용(認容)하였다. 다수 의견에 의한 이른바 '해로운 경향'의 원칙에 따르면, 어떠한 표현 행위가 해로운 결과를 가져올 것이라면 금지될 수 있다고 본 것이다."[37]

에이브럼스 사건 전후에서부터 기틀로 사건에 이르기까지의 6년간 미국 사회에 어떤 일이 벌어졌는지 그걸 아는 것이 기틀로 판결의 의미를 이해하는데에 도움이 될 것이다.

제1차 세계대전은 1918년 11월 3일 독일의 항복으로 끝났지만, 미국에서의 '적색 공포'는 이미 1917년부터 시작되었다. 바로 그해에 일어난 러시아 혁명 때문이었다. 1917년 12월 『뉴욕타임스』는 볼셰비키가 '미국의 사악하고도 위험한 적'이라고 선언했다.[38]

1919년 말 일리노이대학 교수 고든 와킨스(Gordon S. Watkins)는 미국 내에 사회당원이 3만 9000명, 공산주의 노동당원이 1만~3만 명, 공산당원이 3만~6만 명이 있다고 추산했다. 이 계산에 의하면 공산주의자는 미국 성인 총인구의 약 1%에 불과했지만, 그것이 히스테리를 약화시키진 못했다.[39]

하버드 법과대학의 제체리아 차페(Zechariah Chafee) 교수가 에이브럼스 판결에 대한 비판적 논평을 했다는 이유로 동창회 및 법무부로부터 퇴직의 압력을 받은 것도 바로 그런 히스테리를 말해주는 것이었다.[40]

1919~1920년 공산주의에 대한 공포가 미국을 휩쓸었다. 미국 정부는 두 해 동안 4000명이 넘는 외국인들을 검거해 추방했다. 2년이 넘는 기간 동안 『뉴욕타임스』는 볼셰비키 혁명이 실패할 것이라는 예측을 91번이나 내놓았으며,

레닌과 트로츠키가 도망가거나 죽거나 은퇴하거나 투옥되었다는 기사를 13 번이나 내보냈다.[41]

우드로우 윌슨(Woodrow Wilson) 대통령은 자신이 공들여 만든 베르사이유 조약이 1919년 9월 24일 상원에서 인준을 거부당하자 곧 앓아눕고 말았다. 그는 뇌혈전으로 좌반신 일부가 마비되는 등 남은 임기 17개월 동안 사실상 식물 대통령으로 지냈다. 이 틈을 타 미첼 파머(Mitchell Palmer) 법무장관 같은 공격적인 각료는 신나게 과격분자들을 뒤져 체포하고 추방하고 파업금지령을 내리기에 바빴다. 이 같은 사회 분위기는 1920년대 전반 내내 지속되었다.[42] 이에 대해 F. L. 알렌(Frederick Lewis Allen)은 다음과 같이 말한다.

"당시의 '불관용주의(intolerance)'는 여러 가지 형태를 띠었다. 그리고 거의 필연적으로 흑인과 유대인, 로마 가톨릭교도에 대한 추악한 반감의 불꽃으로 번졌다. 전쟁 중에 확산된 집단에 대한 충성심과 증오의 감정은 휴전으로 갑자기 표현할 길을 잃었으나, 급진주의 혐의자들뿐 아니라 미국의 지배집단(백인 개신교도)은 외국적 혹은 '비미국적'으로 보이는 모든 다른 것들을 처단하는 것에서 변태적인 배출구를 발견했다."[43]

바로 그런 상황에서 공산당의 전신인 사회당 좌파의 지도자 기틀로(B. Gitlow)는 공산주의 혁명을 달성하기 위해 폭력을 수단으로 대규모의 '혁명적 대중행동'을 일으킬 것을 선동하는 '좌파선언'을 발표했다. 연방대법원은 '좌파선언'의 발표자를 처벌한 뉴욕주 형법이 수정헌법 제1조에 어긋나는 것이 아니라면서 다음과 같이 설명하였다.

"일정한 발언의 효과가 정확하게 예견될 수 없다고 해서, 당장의 위험이 덜 현실적이고 덜 실질적인 것이라고는 할 수 없다. 주는 이치로 봐서 온갖 언론이 갖는 위험을 보석상의 정밀한 저울로 달듯이 측정하도록 요구될 수는 없는 것이다. 단 한 번의 혁명의 불꽃도 얼마간 내연하다가는 대규모의 파괴적인 대화재로 폭발할 수 있는 불을 일으킬 수도 있는 것이다."[44]

이는 실질적인 해악을 초래할 경향이 있는 표현, 또는 입법부가 그런 경향이 있다고 합리적으로 믿을 수 있는 표현은 금지할 수 있다는 것으로 선동의 규제·예방권을 비교적 폭넓게 인정한 것이었다. 이 판결에 대해 『뉴욕타임스』는 사설을 통해 미국의 전통적인 민주주의 원칙을 재확인한 판결이라고 지지하였다. 이 이론은 1919년의 '명백하고 현존하는 위험의 원칙'으로부터 후퇴를 한 것으로 이후 20여 년간 적용되었다.

우월한 지위의 이론·이익형량의 이론

우월한 지위의 이론(preferred position balancing test)은 1937년 'Palko v. Connecticutt' 사건에 대한 판결에서 비롯된 것이다. 이 이론은 경제적 자유와 정신적 자유를 구별하여 후자에게 우월적 지위를 인정하는 이중 기준을 제시했다는 데에 주된 의미가 있다. 즉 언론의 자유는 민주주의의 필수적인 전제로서 그 불가결의 기반을 구성하는 것이기 때문에 언론의 자유를 규제하는 입법의 합헌성은 경제적 지위를 규정하는 입법의 경우보다 엄격한 기준에 의해 판단되어야 한다는 것이다.[45]

돈 펨버는 이 이론이 '이익형량의 이론'의 냄새를 풍기기는 하지만, 표현의 자유에 대한 정의를 비교적 더 구체화하는 장점이 있어 오늘날 법원에서 가장 많이 사용되고 있다고 평가한다.[46]

이익형량의 이론(ad hoc balancing test)은 1950년 'American Communications Association v. Douds' 사건에 대한 판결에서 비롯된 것이다. 이 이론의 핵심은 언론의 자유를 제한함에 있어서 언론의 자유를 보호하는 이익과 그것을 제약하는 데서 얻어지는 이익을 개개의 사건에 따라 구체적인 상황을 고려해서 결정해야 한다는 것이다. 이 이론이 본격적으로 적용된 것은 1950년대 냉전시대라는 걸 감안할 필요가 있다. 당시의 시대 상황과 관련, 장호순은 다음과 같이 말한다.

"냉전기간 동안에는 연방대법원마저 자유와 권리에 대한 확신을 잃어, 개인의 자유보다는 안보가 중요하다는 논리가 다시 힘을 얻었다. 1951년 프레드 빈슨(Fred Vinson) 대법원장은 미국 공산당 간부를 국가보안법 위반으로 처벌하는 것이 수정헌법 제1조에 저촉되는 것이 아니라고 선언했다(Dennis v. United States). 공산당은 국가안보에 심각한 위험을 초래하고 있으며, 이들에게 적용될 기준은 '명백히 현존하는 위험'이 아니라 '명백히 가능한 위험(Clear and Probable Danger)'으로 바뀌어야 한다는 것이었다."[47]

『뉴욕타임즈(The New York Times)』와 『워싱턴포스트(The Washington Post)』 등 수많은 신문들이 데니스 사건에 대한 연방대법원의 판결을 극찬하였다. 똑같은 표현의 자유라도 자기들의 기업 이익과 무관한 경우엔 등을 돌리는 미국 신문들의 '두 얼굴'이 여기에서도 유감없이 드러난 것이다. 그러나 이 신문에 비해 지명도는 떨어지지만 일부 신문들이 연방대법원의 판결을 비판했다는 건 짚고 넘어갈 필요가 있다. 장호순은 다음과 같이 말한다.

"『루이빌 쿠리어 저널(Louisville Courier Journal)』은 폭력 혁명을 실현할 힘도 전혀 없고 미국 사회에서 철저히 외면받는 정치적 광신자 집단인 공산당을 핍박하는 것은 국민들에게 국가안보에 대한 그릇된 안도감만을 줄 뿐이라고 주장했다. 『세인트루이스 포스트 디스패치(St. Louis Post-Dispatch)』도 대법원 판결이 미국헌법사에 지울 수 없는 오점을 남겼으며, 전 세계에서 억압된 인류들을 구하기 위해 공산주의와 싸워야 할 미국이 더 이상 자유민주주의 나라라고 스스로 내세울 수 없게 되었다고 개탄했다. 또한 『뉴욕포스트』도, 비록 공산주의의 위협이 세계 도처에 도사리고 있는 것은 사실이지만 공산당원의 지루한 연설이나 선전책자를 미국의 국가안보에 위협이라고 생각할 만큼 미국인들이 국가안보에 자신감을 상실했다는 점을 지적했다."[48]

1950년대 초는 오늘날 '매카시즘'이라는 단어를 탄생시킨 장본인인 조셉 매카시(Joseph R. McCarthy) 상원의원의 '공산당 사냥'이 극성을 부리면서 불안과 공포의 그림자가 미국 전역을 뒤덮었던 시절이다.[49] '이익형량의 이론'은 이익의 기준이 그런 상황의 지배로부터 자유로울 수 없다는 데에 문제가 있다.

팽원순은 "이 이론은 미국적인 프래그머티즘의 이점을 지닌 것이라고 지적되기도 하지만 언론의 자유의 절대성을 부정하고 그것을 다른 자유와 같은 상대적인 가치의 것으로만 인정하려는 것이 특징으로서 그런 점에서는 '우월한 지위' 이론에서도 크게 후퇴한 것이라고 해야 할 것이다"며 다음과 같이 말한다.

"또 그것은 국가안보와 같은 것을 우선하는 이익으로 내세워 언론의 자유를 제약하는 근거로서 쉽게 이용될 수도 있을 것이다. 그리고 국민의 입장에서는 최고 재판소가 최종적인 판단을 내릴 때까지는 과연 어느 이익이 우선할 것인지 확신할 수 없기 때문에 자기의 표현 행위가 보호받을 범위를 미리 예측할 수 없는 불이익을 감당해야 하며 그 결과 자기억제 · 자기검열을 강제당하는 결과가 될 수 있다는 것이다."[50]

돈 펨버는 이 이론은 '이론'이라기보다는 '전략'이라고 말한다. 그 어떤 구체적인 사안이 나타나기 전까지 수정헌법 제1조는 사실상 의미하는 게 없는바, 사람들은 안전한 쪽으로 행동하려 들 것이고 이는 결국 모든 사람들의 표현의 자유를 제약하게 된다는 것이다. 이 전략은 오늘날엔 수정헌법 제1조를 잘 모르는 판사들에 의해서나 사용될 뿐이라는 게 그의 주장이다.[51]

한국의 국가보안법 판결은 거의 대부분 이 이론에 의존하고 있는 것으로 보인다. 헌법재판소는 1990년 4월 2일에 내린 판결에서 다음과 같이 말한 바 있다.

"(국가보안법) 제7조 1항의 그 다의성 때문에 위헌문제가 생길 수 있다고 해서 전면 위헌으로 완전 폐기되어야 할 규정으로는 보지 않으며 완전폐기에서 오는 법의 공백과 혼란도 문제지만, 남북 간에 일찍이 전쟁도 있었고 아직도 휴전 상태에서 남북이 막강한 군사력으로 대치하며 긴장상태가 계속되고 있는 마당에서는 완전폐기함에서 오는 국가적 불이익이 폐기함으로써 오는 이익보다는 이익형량상 더 클 것이다."[52]

마이클존 이론

'마이클존 이론'은 미국의 철학자이자 교육자인 알렉산더 마이클존(Alexander Meiklejohn)이 1948년에 출간한 『자유언론과 자치와의 관계(Free Speech and Its Relation to Self-Government)』라는 책에서 한 주장에서 연유한 것이다.

앞서 토마스 에머슨은 표현의 자유는 사회의 모든 구성원이 결정 행위에 참여할 수 있게 하는 데에 필수적이라고 했는데, 이처럼 정치적인 의미로서의 표현의 자유를 가장 열렬하게 주장한 사람이 바로 마이클존이다. 그는 다음과 같이 주장했다.

"주권자로서의 국민은 스스로가 통치과정에 참여해서 자신의 손으로 자기를 통치할 헌법상의 권한을 갖고 있다. 다른 어느 누구도 아닌 국민 자신이 통치 과정에서 국가가 취해야 할 행동이 현명하고 공평한가, 또 사회에 대해 위험이 있는가 등의 여러 문제를 판단하고 결정하지 않으면 안 된다. 그러한 지위에 있는 국민이 문제되는 쟁점의 판단에 적합한 자료, 즉 정보, 의견, 의문, 애매한 점, 반대론 등 일체의 소재에 충분히 접근하지 못한다면 그 불충분함에 비례해서 국민에 의한 결정의 결과는 사회 전체의 이익을 위해 불완전하고 불균형한 것이 될 것이다."[53]

이처럼 실용주의적 관점에 선 마이클존은 '수정헌법 제1조는 추상적인 개념으로는 별 의미가 없으며 성공적인 자치(self-government)라는 목적에 이르는 수단으로서 의미가 있다'고 주장했다. 자치 과정과 관련된 표현은 절대적으로 보호되어야 하지만 관련이 없는 표현은 규제될 수 있다는 것이다. 그러나 이 이론은 어떤 표현이 자치 또는 공적 목적에 관련된 것인지, 아니면 사적 이익을 추구하기 위한 것인지 판단하는 것이 쉽지 않다는 문제를 안고 있다.[54]

마이클존은 1955년 11월 14일 미 의회 청문회에서 '명백하고 현존하는 위험의 이론'에 대해 비판을 하면서 표현의 자유에 대한 규제는 표현이 오직 직접적으로 행동을 유발하는 선동(incitement)의 경우에만 허용될 수 있을 것이라고 주장하였다.[55] 염규호는 마이클존 이론에 대해 다음과 같은 평가를 내린다.

"그의 이론은 본질적인 모호성 때문에 비판을 받았다. 제체리아 챠페 교수는 어떻게 정치적인 표현과 비정치적인 표현을 현실적으로 구별할 수 있는지를 물었고 또한 마이클존 박사가 주장한 정치적인 표현의 절대적인 헌법상 보호는 역사적인 증거가 없으며 미 헌법의 권리장전과는 전혀 거리가 먼 상상속의 얘기라고 일축했던 것이다. 챠페 교수 등의 비판에도 불구하고 마이클존 이론은 미국의 표현 자유의 헌법적인 해석에 지대한 영향을 끼쳤다. 사실 설리반 사건은 마이클존 박사의 주장을 대변하는 것이었다. 정부를 비판할 수 있는 것은 시민의 의무라는 연방대법원 판결문의 구절은 '거의 문자 그대로 마이클존 박사의 주장인 민주사회의 통치자로서의 시민이 가장 중요한 정부 관리라는 이론을 그대로 받아들인 것이었다.'"[56]

접근 이론

언론윤리법제에서 '접근(access)'은 두 가지 의미로 사용된다. 미디어에의 접근과 정보에의 접근이 바로 그것이다. 이 책에서 '정보에의 접근'은 별개의 장으로 다루고 있으며, 여기서 논의할 것은 미디어에의 접근이다. 미디어 접근권을 가리켜 보통 '액세스권'이라고도 한다.

접근 이론은 1960년대 중반 일부 법학자들이 '수정헌법 제1조는 사람들이 매스 미디어에 접근할 수 있는, 즉 미디어를 이용해 자신의 주장을 전파시킬 수 있는, 권리까지 포함하는 개념'이라고 주장한 데에서 비롯되었다.

제롬 배런(Jerome A. Barron)은 1967년 5월 『하버드 로 리뷰(Harvard Law Review)』에 발표한 논문에서 접근권을 주장한 이후 1973년에 낸 『누구를 위한 언론자유인가(Freedom of the Press for Whom: The Right of Access to Mass Media)』[57]라는 책을 통해 이 개념을 정립하는 데에 크게 기여하였다. 배런이

보기에 수정헌법 제1조는 정부권력만 있고 기업권력이 존재하지 않았을 때에 만들어진 것인데 오늘날 기업권력은 정부권력 못지 않거나 그 이상으로 억압적인 것이다.[58] 배런은 대부분의 도시들에 1개의 신문과 3개의 TV 네트워크만 존재하는 현실을 지적하면서 수정헌법 제1조를 적극적으로 해석할 것을 요청하였다.[59] 배런은 1967년에 쓴 논문에서 다음과 같이 주장하였다.

"종래 언론자유에 관한 헌법이론이 이미 신문 등 미디어에 발표되거나 표현된 것을 보호하는 데는 항상 열의를 표시해왔으나 미디어를 통해 의견이나 발상을 발표하고자 하지만 그 기회를 얻지 못하고 있는 그런 사람들에게는 실질적으로 표현의 자유를 보장해주는 데 관심을 두지 않고 있었다. 여러 가지 사상을 실제로 표현하기 위한 효과적인 미디어의 액세스가 현실적으로 보장되어 있는가에 관해서는 법적인 관심이 결여되어 있다. 미국 언론자유론의 기초가 되어 온 이른바 '사상의 자유시장' 이론이 자유방임의 경제이론만큼이나 낡은 것이며, 특히 오늘날과 같이 대다수의 국민이 사상의 시장에 사실상 자유로이 접근할 수 없게 된 상황에서는 하나의 낭만적이고 비현실적인 개념으로 전락해버렸다."[60]

배런의 접근권 개념이 모든 법학자들로부터 환영을 받은 건 아니다. 배런의 언론에 대한 불신이 리처드 닉슨 대통령이나 스피로 애그뉴 부통령의 그것만큼이나 심한 것 같다고 비아냥대면서 배런의 주장에 반론을 제기한 사람들도 적지 않았다.[61]

최근 크게 흔들리고 있을망정 방송의 경우 접근권은 그간 어느 정도 받아들여졌지만, 신문의 경우엔 1974년 연방대법원의 'Miami Herald v. Tornillo' 사건 판결에서 부정되었다.[62]

미국 방송에서 접근권이 법적으로 인정된 기념비적 판결은 1969년 'Red Lion Broadcasting Co. v. FCC' 사건에서 나왔다. 이 사건은 방송규제기관인 FCC(Federal Communications Commission)가 1959년부터 시행해온 '형평의 원칙(Fairness Doctrine)'이 합헌이라는 판결을 내린 것이다. '형평의 원칙'은 방송이 보도 및 공공프로그램에서 논쟁적인 사안을 다뤘을 때 비교적 불공정하게 다뤄진 한쪽의 이해 당사자에게 반론의 기회를 보장하는 원칙인데, 바로 이 원칙이 연방대법원의 심판을 받게 된 것이었다. 연방대법원은 전원일치 판결을 통해 다음과 같이 말했다.

"라디오의 주파수가 희소성을 띠고 있으므로 정부는, 그 견해가 그 독특한 매체로 표현되어야 할 타인들을 위해, 방송사업자에 대해 여러 가지 제약을 부과할 수 있다. 그러나 전체로서의 국민은 라디오에 의한 언론자유의 권리를 갖는 것이며, 이 매체를 통해 수정헌법 제1조의 목표와 목적에 적합한 기능을 수행할 공동의 권리를 갖는다. 가장 중요한 것은 시청자의 권리인 것이지 방송사업자의 권리는 아니다."[63]

그러나 '형평의 원칙' 은 기술발전과 함께 '희소성의 원칙' 이 약화되고 이를 성가시게 생각하는 방송사업자들의 집요한 요구로 1987년에 폐지되었다. 이후 접근권 옹호론자들이 그걸 되살리려는 노력을 여러 차례 시도하였으나 번번이 실패로 돌아가고 말았다.[64]

1974년 연방대법원의 'Miami Herald v. Tornillo' 판결은 신문에 대한 시민의 반론권을 입법화한 플로리다주 법을 위헌으로 규정함으로써 신문에 대한 '접근' 을 매우 어렵게 만들었다. 이 사건은 플로리다주 의회 선거에 출마한 교원노조 간부 페트 토닐로 주니어가 자신을 비판한 『마이애미 헤럴드』지의 사설 때문에 선거에서 불이익을 입었다는 이유로 반론권법에 따라 이 신문에 반론 게재를 요청한 데에서 비롯된 것이다. 당시 실정법상 반론권을 인정한 주는 플로리다, 미시시피, 네바다, 위스콘신 등 4개주뿐이었다. 1913년에 제정된 플로리다주 법의 반론권 조항은 다음과 같은 내용이었다.

"어떠한 신문이라도 그 지면에서 지명 후보자나 선거 후보자의 인격을 공격하거나 공직에서의 부정행위나 실책을 갖고 해당 후보자를 규탄하고, 후보자의 공직상의 경력을 공격하거나 그러한 목적을 위해 타인에게 무료로 지면을 제공했을 경우 해당 신문은 그 후보자의 청구에 따라 후보자가 작성한 반론을 반론의 원인이 된 기사가 실린 곳과 마찬가지로 눈에 띄는 자리에 같은 종류의 활자로 즉시 무료로 공표하지 않으면 안 된다. 다만 그 반론은 원인이 된 기사의 길이를 넘을 수가 없다. 본 조항을 위반한 개인이나 단체는 주 법의 규정에 따라 처벌된다."[65]

이에 대해 'Miami Herald v. Tornillo' 판결은 "우리가 승인한 법리에 의하면 미국 수정헌법 제1조는 발행 전의 뉴스와 그 편집 내용에 관한 한, 정부와 인쇄매체 사이에 사실상 넘기 어려운 장벽을 구축해놓은 것이라고 할 수 있다. 무엇을 인쇄할 것인가 하는 '저널리스틱' 한 판단의 행사를 요하는 사항에 관해서는 신문이든 잡지이든 그것은 '합리적' 규제에 따르는 공공물이 아니다. 물론 신문이 항상 정확한 것이 아니며 무책임한 경우도 있다. 또 중요한 공공문제에 관하여 충분하고 공평한 논평을 제공하지 못할지도 모른다"며 다음과 같이 말했다.

"그러나 수정 제1조가 언론의 자유에 관해서 상정한 판단은 중요한 문제에 관한 논의가 때로는 불완전할 수 있고, 또 모든 견해가 완전하게 표명되지 못할 수 있는 위험을 사회 자신이 부담해야 한다는 것이다. … 비록 신문이 플로리다주 법에 따라 새로운 부담을 지는 것이 아무것도 없고 또 반론을 게재하는 것으로써 어떤 뉴스나 의견의 발표를 미루어야 하는 일이 없더라도 동법은 신문이 게재할 재료의 선택과 기사의 내용, 크기 … 등에 관한 결정에서 편집자의 기능에 개입하는 것이기 때문에 수정헌법 제1조에 위반되는 것이다."[66]

액세스권 옹호론자들은 이 판결에 대해 크게 실망하였다. 김동민은 이 판결이 언론·출판의 자유를 "시민의 것이 아닌 언론기업의 것으로 해석하고 있다"며 다음과 같이 주장한다.

"사전 검열과 정부의 편집권 침해를 배격한 것은 합당하지만, '편집자의 기능에 개입하는 것' 이라는 이유로 시민의 반론권을 인정하지 않는 것은 논리의 비약이다. 편집권(혹은 편집의 자율성)이라는 것은 권력과 자본의 부당한 간섭과 통제를 물리치고자 하는 권리 개념이지, 시민의 정당한 비판까지 묵살할 수 있는 천부적인 권리가 아니다. 비대해진 정부의 기능에 대한 견제라는 공동 인식을 기저에 깔고서 언론 기업의 입장을 두둔한 판결이었음에 틀림없다."[67]

신문의 접근권 논쟁

신문의 경우, 접근권과 관련하여 많이 논의되는 건 의견광고와 독자투고, 반론권이다. 의견광고의 경우 1964년 미국 연방대법원이 'New York Times Co. v. Sullivan' 사건과 관련, 정치 또는 의견광고(political or editorial advertising)는 수정헌법 제1조의 보호를 받는다는 판결을 내린 바 있다. 설리반의 변호사는 상업광고는 헌법 보호를 받지 못하므로 이 사건은 언론의 자유와 관련이 없다고 주장했지만, 연방대법원은 상업광고와 의견광고는 중요한 차이가 있다며 다음과 같이 답했다.

"다른 어떤 결론도 신문이 이런 류의 의견광고를 실으려는 용기를 꺾을 수 있으며, 언론계의 구성원은 아니지만 그들의 말할 자유를 행사하기 원하는 사람들, 즉 출판시설들에 접근하지 못하는 사람들에 의한 정보나 의견의 공표를 위한 중요한 배출구를 막을 수도 있다."[68]

그러나 의견광고는 그와 같은 장점에도 불구하고 몇 가지 문제점을 안고 있는데, "가장 중대한 문제점은 의견광고를 내기 위해서는 거액의 광고비를 지불하지 않으면 안 되기 때문에 금권주의에 관련된 위험성을 내포하고 있다는 점이다."[69]

반론권은 1800년 프랑스에서 최초로 법안이 제출된 바 있고 1822년에 제정된 신문지법에 포함되었다. 독일에서는 1831년 최초로 바덴주가 법으로 채택한 이래 다른 주에서도 받아들여졌다. 반면 영미법은 전통적으로 반론권을 인정하지 않았으며 오늘날에도 이 개념의 보호에 대단히 인색하다.[70] 이는 우리가 외국 사례를 살펴볼 때에 너무 미국이나 영국에만 치우치면 안 된다는 걸 경고해주는 사실로 받아들여야 할 것이다.

비록 배런이 원하는 '접근'의 수준엔 미치지 못하지만 벤 바그디키안(Ben H. Bagdikian)은 '접근'의 관점에서 언론매체에 대해 4가지 '타협책'을 제시한 바 있다. 배런은 이 4가지 방안을 아직 보완할 점이 많이 있는 '좀 더 온건한 접근방식'이라고 평하면서 다음과 같이 소개하였다.

"신문은 전문가들 자신의 6~7가지의 사상을 실은 완전한 지면을 제공하여야 한다.(『뉴욕타임즈』는 실제로 이 제안을 받아들였다.) 한 지면은 독자투고란에 할당되어야 한다. 분쟁해결자와 민원조사자들을 언론사의 판단이나 업무수행에 대한 공중의 반응을 조사하기 위해 신문사에서 임명하여야 한다. 지역사회 대표로 구성된 지방언론위원회는 매달 각 발행인들과 토론을 가져야 한다."[71]

바그디키안의 주장은 『컬럼비아 저널리즘 리뷰(Columbia Journalism Review)』 1969년 봄호에 게재되었는데, 바그디키안은 언론인 출신으로 언론사들이 수용할 수 있는 선의 개혁을 주장하는 인물이다. 그는 그 글에서 "배런의 논리를 연장하면 신문을 전화와 같은 전송체로 만들자는 게 된다고 말하며 이미 대부분의 광고가 그런 전송체 모델에 따라 게재되고 있으나 뉴스는 광고와 다르다"고 주장했다.[72]

언론은 배런이 역설한 접근권을 '재앙'으로 간주하였다. 많은 언론인들이 배런을 비난하였을 뿐만 아니라 일부 언론학자들까지도 그러한 비난에 가세하였다. 미주리대학의 신문학 교수인 데니스 브라운(Dennis Brown)과 존 메릴(John Merrill)이 그런 학자들이었다. 이들은 이런 의문을 제기했다.

"만약 편집결정이 편집자와 발행인으로부터 벗어난다면 누가 결정할 것인가? 연방신문협회(Federal Press Agency)가 FCC처럼 조직될 수 있을 것인가? 단순한 문제에 대해서도 소수집단은 서로 다른 많은 견해를 갖고 있는데, 만약에 소수집단이 액세스권을 가지게 된다면 어떤 대변인이 그 권리를 행사할 수 있을 것인가? 특정 소수의 견해를 표현할 수 있도록 제공된 지면 할애나 강조는 그 소수가 포함되어 있는 전체 인구의 비율에 의해 결정될 것인가? 아니면 특정한 소수인에게 부여된 강조가 표현을 희망하는 특정 견해의 사회적 중요성에 따라 결정될 것인가?"[73]

배런은 "이러한 의문들은 가치있는 반대이긴 하지만 어느 누구도 제안하지 못했던 것에 대한 반대이기도 하다. 어느 누구도 편집결정의 모든 과정이 어떤 외부의 정책결정자에 의해서 입안되어야 한다고 제의하지는 않는다"고 답한다. 배런이 보기에 더 중요한 것은 다음과 같은 원칙에 공감하느냐는 것이지, 아직 첫 발도 내딛지 않은 사안에 대해 나중에 일어날 수 있는 모든 잡다한 문제를 제기하면서 딴지를 거는 게 아니라는 것이다.

"언론의 자유라는 것은 발행인의 자유, TV의 자유, 방송국 소유주의 자유를 의미한다. 그러나 독자, 시청자, 다시 말해 수용자의 이익은 고려되지 않는다. 언론의 자유는 언론이 민주적 정부의 과업을 충분히 수행할 수 있도록 하기 위해 사회에 정보를 전하는 그 첫 번째 목적에 비추어서 해석되어야 한다. 언론의 자유는 보다 많은 수용자를 보호하고 접근하기 위해서 재고될 필요성이 있다. 마지막으로 커뮤니케이션 미디어는 특권이라기보다는 책임감이라는 측면에서 고려되어야 할 것이다."[74]

배런은 「미국에서의 언론매체에 대한 반론권(The Right of Reply to the Media in the United States: Resistance and Resurgence)」이라는 논문(『Hastings Communications and Entertainment Law Journal』 1992년 가을호)에서도 여전히 반론권의 중요성을 다음과 같이 강조하고 있다.

"강제적인 반론이 요구된 경우, 언론매체와 법원은 토론을 증진시키는 대중적 이해보다는 편집권의 자율을 선택하여 왔다. 필자의 견해로는, 이것은 잘못된 선택이었다. 그것은 기존의 언론에 도움을 주지 못하였다. 신문과 방송 산업은 아직 여전히 중요하기는 하나 이제 더 이상 만능이 아니다. 이러한 언론매체는 케이블의 막강한 신기술에 의하여 위협받을 뿐 아니라 위성송신, 디지털 라디오, 텔레비전에 관련된 기술의 출현과 화상 서비스에 지역 전화회사의 등장이 예상되는 것에 영향을 받는다. … 기존의 언론이 그들이 봉사하는 대중에게 그들의 문호를 개방하는 것으로 전진하는 것이 아직 늦지는 않았다. 예를 들면, 손해배상 대신에 반론권을 위한 제안이 있으면 반사적으로 반대만 하지 말고 사려깊은 지지를 보내야 한다.”[75]

미국의 언론 현실은 시간이 흐를수록 아무래도 배런의 주장에 설득력을 더해주고 있는 것 같다. 무엇보다도 미국 언론은 극심한 소유 집중 현상을 보이고 있기 때문이다. 1997년 이민웅은 “미국의 1730개 도시 가운데서 복수의 일간지가 발간되고 있는 곳은 20개도 채 되지 않는다. 거의 대부분의 지역에서 도산 또는 거대한 신문체인에 흡수·통합됨으로써 ‘1도시 1신문’ 독점체제가 구축되었다”며 다음과 같이 말했다.

“여기서 우리가 주목해야 할 사실은 ‘1도시 1신문’ 독점체제의 구축 과정에서 광고주의 역할이다. 자연스럽게 그런 결과가 나온 것이 아니다. 광고주들의 ‘광고 몰아주기’의 의도적인 결과인 것이다. 신문산업의 역사를 보면, 신문기업의 수입원이 지대(紙代)보다는 광고에 더 의존하게 된 이후부터 신문의 편집정책은 독자의 욕구와 이익보다는 대광고주의 편의와 이익 쪽으로 기울어지고 시작했다는 점도 간과해서는 안 된다.”[76]

뿐만이 아니다. 미국에 있는 천수백여 개의 신문은 독립적인 소유 형태가 아니다. 1995년 현재 인구 50만 명 이상 도시에 있는 신문사의 수는 27개에 지나지 않으며 인구 10만 명 이상 도시에 있는 신문사의 수는 218개로, 그런 신문들이 전체 1533개의 신문 가운데 15%에 해당한다. 나머지는 모두 작은 지역 신문들이다.[77] 2차 세계대전 말기만 하더라도 전체 신문의 80%가 독립 소유였지만 1989년에 이르러선 80%가 체인 소유로 넘어갔다. 체인 소유의 신문은 신문사 개수로는 전체의 65%, 발행부수로는 전체의 80%를 차지한다. 그런 신문 체인의 수가 많은 것도 아니다. 겨우 23개다.[78]

2000년대 들어선 더욱 심해졌다. 벤 바그디키안은 2004년 “1983년에 주요 미디어 기업은 50개였다. 오늘날에는 5개이다”며 다음과 같이 개탄했다.

“이는 기업이나 그 집행자들에게 역사상 어느 전제군주나 독재자가 사용했던 것보다 더 많은 커뮤니케이션 파워를 준다. 미디어 재벌은 그 소유주가 미국 경제에서 독점적이 된 유일한 기업은 아니다. 그러나 꼭 필요한 만큼 미디어 생산물은 고유하다. 이들은 기계부품을 만드는 것이 아니라 사회적, 정치적 세계를 만들어내기 때문이다."[79]

우리는 여기서 배런의 물음을 다시 던지지 않을 수 없다. 과연 누구를 위한 언론자유인가? 국민을 위한 자유인가, 언론기업을 위한 자유인가? 두 가지 자유의 조화를 찾을 수 있는 길은 없는가?

사전억제금지 이론

수정헌법 제1조와 관련하여 사전억제(prior restraint)는 오랜 논란의 대상이 되어왔다. 미국에서 사전억제 또는 사전 제한을 금지하는 최초의 판결은 1931년 'Near v. Minnesota' 사건에서 나왔다. 이 사건은 『새터데이 프레스(Saturday Press)』라는 신문의 발행인인 니어가 미니애폴리스의 법률집행관들의 부패상을 비난하는 기사를 실은 것에 대해 검찰이 이 신문의 발행금지를 청구하는 소송을 제기한 데에서 비롯되었다. 주 법원은 미네소타주의 공중도덕보호법에 근거하여 이 청구를 받아들였으나 연방대법원은 5대 4로 원심을 파기하면서 공중도덕보호법을 위헌이라고 판결했다. 판결 요지는 다음과 같다.

"출판의 자유가 악랄한 스캔들 상인에 의해 남용될 수 있다는 사실은, 공무원의 비행을 다룸에 있어 출판이 사전 제한으로부터 면제받을 필요성을 결코 감소시키지 않는다. 그러한 남용에 대해서는 사후 처벌이 적절한 구제책이며, 이것은 또한 헌법적 특권과도 일치하는 것이다."[80]

이 사건은 당시 미국에서 가장 많은 발행부수(83만 5000부)를 자랑하던 『시카고 트리뷴』의 발행인인 로버트 맥코믹의 자금 지원에 의해 연방대법원까지 가게 된 것이었다. 니어는 "언론의 자유를 지킨다는 고상한 명분보다는 자신의 신문을 하루빨리 발행하는 것이 최대 목표"였기 때문에 "맥코믹이 언론의 자유에 초점을 맞추어 재판을 지루하게 끌고 가는 것에 큰 불만을 가지고 있었다."[81]

이 사건에서 주목할 것은 위 판결문에서도 보이듯이 『새터데이 프레스』는 선정적 주간지였으며 니어 역시 별로 질이 좋지 않은 발행인이었다는 점이다. 그러나 중요한 것은 니어의 인간성이나 『새터데이 프레스』의 품질이 아니었다. 판결문의 내용을 더 살펴보자. 판결문은 수정헌법의 초안자인 제임스 매디슨의 말을 소개했다.

"모든 일에 있어 어느 정도의 부작용은 불가피한 것이고 이것은 언론에 있어서도 마찬가지이다. 여러 주에서 경험을 통해 체득한 언론자유의 이치는 일부 썩은 가지들을 마구 쳐 없애는 것보다는 나무 전체가 잘 자랄 수 있도록 보호하여 좋은 열매를 맺도록 하는 것이 현명하다는 것과 같다."

이어 판결문은 다음과 같이 말했다.

"최근 정부의 행정이 점점 더 복잡해지면서 부정과 부패의 가능성은 더 늘어났고 범죄도 크게 증가했다. 범죄집단과 부정을 일삼는 무책임한 관리는 국민의 생명과 재산의 안전을 위협하고 있다. 이로 인해 민주사회의 첨병인 용감한 언론이 더욱 절실하게 필요해졌다. 일부 무책임하고 부도덕한 언론인들에 의해 언론의 자유가 남용된다고 해서 관료들의 부정부패를 감시하는 언론이 사전억제를 받아서는 안 된다는 원칙의 중요성이 감소되는 것은 아니다."[82]

'펜타곤 기밀문서' 사건

사전억제금지 이론은 1971년에 이른바 '펜타곤 기밀문서' 사건으로 시험대 위에 올랐다. 1971년 6월, 미국 『뉴욕타임즈』지는 전직 국방성 관리인 대니얼 앨스버그(Daniel Ellsberg)로부터 1급 비밀문서로 분류된 '미국의 베트남정책 결정 과정' '통킹만 사건의 명령과 통제에 관한 연구' 등을 입수하여 12일부터 14일에 걸쳐 3일 동안 요약·연재하였다. 미국 정부는 발행금지 가처분 명령을 청구하는 소송을 냈으며 이 가운데 일부가 법원에 의해 받아들여지자

『뉴욕타임즈』지는 항소를 제기했다.(‘가처분’은 권리자가 되돌릴 수 없는 피해를 입지 않도록 법원이 내리는 ‘임시 처분’을 말한다.)

『워싱턴포스트』지가 6월 18일부터 연재하기 시작한 ‘베트남전쟁관련비록’도 이와 유사한 소송에 휘말렸다. 우여곡절 끝에 이 두 사건을 병합 심리한 연방대법원은 1971년 6월 30일 6대 3의 다수결로 언론에 대한 사전억제금지를 인정하지 않는다는 수정헌법 제1조의 정신에 따라 양 언론사에 대한 기사 게재의 일시중지 명령이 무효임을 확인했다.[83]

앞서 지적하였다시피, 당시 연방대법원엔 수정헌법 제1조의 절대주의 이론 신봉자로는 휴고 블랙(Hugo L. Black) 대법관과 윌리엄 더글라스(William O. Douglas) 대법관이 있었다. 당연히 이들의 의견이 가장 격렬하였다. 더글라스 대법관은 “본건에 있어 게재중지 명령이 1주일 이상이나 계속되었던 것은 ‘Near v. Minnesota’ 사건에서 해석된 바와 같은 헌법 수정 제1조의 원칙을 짓밟은 것이었다”고 말했다.[84]

블랙 대법관은 이 판결의 보충 찬성의견에서 “불행하게도 나의 동료 속에는 때에 따라서는 뉴스 보도를 게재하지 못하도록 중지명령을 내릴 수 있다고 생각하는 사람이 있다. 이러한 생각은 헌법 수정 제1조의 도살장을 의미한다”고 다소 과격한 지적도 불사해가며 다음과 같이 말했다.

“개정(수정헌법) 제1조로써 건국의 아버지들은 자유 언론에게 그것이 우리의 민주정치에 있어 맡은 바 불가결의 역할을 수행하기에 필요한 보호를 준 것이다. 언론은 통치자가 아니라 피치자에게 봉사하도록 되어있는 것이다. 언론을 검열할 정부의 권한은 언론이 언제까지나 자유롭게 정부를 감시할 위치를 차지하게 하려고 폐지된 것이다. 언론은 정부의 비밀을 폭로하고 국민에게 알리기 때문에 보호를 받는 것이다. 오직 자유롭고 제약받지 않는 언론만이 정부의 속임수를 효과적으로 적발할 수 있는 것이다.”[85]

유일상은 “브렌넌(Brennan)은 찬성의견(concurring opinion)으로서 공표 행위의 사전억제는 전쟁기간 중 정부가 분명한 증거를 제시할 때에 한해 절박한 위험(imminent danger)으로 정당화될 수 있지만 선전포고 없는 전쟁인 월남전 관련 국방성 문서는 국가안보에 직접적인 위험(immediate danger)을 줄 것이라는 증거가 없다는 이유를 분명히 밝혔다"며 다음과 같이 말한다.

"결국 미국의 사법부는 소송제기 후 2주일도 안 되는 기간에 신속한 확정 판결을 내려줌으로써 언론기관이 현재 진행 중인 전쟁이라고 하더라도 그 역사적인 배경과 관련된 비밀스러운 문제를 합헌적으로 자유롭게 공표할 수 있는 자유를 갖는다는 점을 승인했다는 데 큰 의미가 있다. 즉 펜타곤 문서 사건은 국제분쟁에의 외세 개입 과정이나 자기 나라의 과거 행적과 관련된 비밀스러운 문제들에 대해서도 언론기관이 이를 공표할 수 있는 자유를 갖고 있으며, 그 자유가 수정헌법 제1조에 의거한 합법적인 행위임을 사법적으로 다시 한번 확인한 것이라는 점이다."[86]

소수 의견을 낸 버거 대법원장은 『뉴욕타임즈』가 문제의 문서를 게재하기 전에 3개월이나 걸려 검토해놓고도 게재중지 명령을 받자 재판소에게 성급한 판단을 요구하는 이유가 뭐냐고 불만을 표시했다. 그는 "본 건에서는 발작적인 조급성은 주로 도난당한 문서를 입수한 날부터 '타임즈' 신문이 취한 태도에 기인된다. 이 조급성으로 본건의 합리적이고 신중한 사법적 처리 가능성을 배제했고 그것이 옳지 못했던 것이 이제는 충분히 명백하다고 생각한다"며 다음과 같은 의견을 내놓았다.

"몇 달 동안이나 공표가 연기된 끝에 주장되고 있는 알 권리는 어떤 이유에서인지 돌연히 즉각 보장되지 않으면 안 되는 권리가 되어버렸다. … 나는 미국 국민의 생활 속에서 위대한 기관으로 오랫동안 간주되어온 한 신문이 장물 또는 정부 기밀문서를 소지했음을 발견했을 때 모든 시민이 이행해야 할 기본적이고도 단순한 의무를 왜 이행하지 않았는지 믿을 수가 없다. 이 의무란 순진한 생각인지 모르겠으나, 책임있는 관계 당국에 보고하는 것이라고 나는 생각한다. 이러한 의무는 택시 운전기사에게나 법관에게나 『뉴욕타임즈』에게나 다 같이 해당된다. 『뉴욕타임즈』지가 취한 태도는 위와 같이 계산한 것이 아닌지 몰라도 이 문제를 질서있게 합리화할 수 있는 기회를 말살했다."[87]

언론은 연방대법원의 판결에 처음엔 환호했지만, 시간이 흐르면서 좀 더 냉정한 평가를 내리기에 이르렀다.[88] 이 사건 재판에 관한 특집호를 낸 『컬럼비아 저널리즘 리뷰』 1971년 9·10월호의 좌담회에 출연한 5명의 신문 저널리스트들은 모두 일반적으로 알려진 것과는 달리 이 판결로 인해 신문 측의 입장이 전보다 더욱 악화되었다는 점을 지적하였다.

이와 관련, 김동철은 "사건이 대법원에까지 올라가, 그전까지는 막연하게나마 절대시되어 왔던 '사전억제금지 = 보도의 자유'의 원칙이 '사전억제 조건부 금지'의 원칙으로 판단되게 되었다는 점이다. … 즉 법원이 최종적 판단을 내리기까지에 게재 일시중지의 가처분이 인정되었다는 선례가 수립되었다는 점이다. … 대법원 판사의 다수가 사전 게재 중지명령이 허용되는 경우가 있다는 견해를 판결에서 보여주었다는 것은 매우 크게 주목할 만하다"며 다음과 같이 말한다.

"이 판결을 계기로 보도기관이 이전보다 훨씬 더 스스로 자율규제를 하게 될 것임을 경계해야 한다는 의견도 많이 나오고 있다. … 미국의 경우 보도기관이 형사적 처벌을 받게 된다는 것은 텔레비전 면허와의 관련에서 큰 의미를 갖게 된다. 연방통신법에 따르면 중죄에 해당해서 유죄가 확정되면 텔레비전 방송국의 면허를 얻을 수 없게 되어 있다. 국방성 기밀문서 사건의 경우 『워싱턴포스트』가 사건 당시 국내의 수개 도시에서 텔레비전국을 소유하고 있고, AM 2개국, FM 1개국을 소유하고 있어, 만일 신문사나 그 발행인이 방첩법 위반으로 유죄가 확정된다면 그 손해는 대단한 것이 될 것이 명확하므로 이 비밀문서 기사 게재 결정 때 사내에서 고문변호사들의 반대가 강했던 것도 이러한 시각에서 의미가 있는 것이다."[89]

그러한 우려는 수년 후에 현실로 나타났다. 연방지방법원은 1979년의 'U.S. v. Progressive' 사건에서는 이미 공개된 자료들을 근거로 하여 수소폭탄 제조법에 관한 글을 게재하고자 했던 잡지 『프로그레시브』의 시도에 대한 정부의 게재금지 요청을 받아들인 것이다. 『프로그레시브』지가 스스로 수소폭탄에 관한 기술적인 정확성에 관한 의견을 묻기 위해 정부에 최종원고를 미리 보냈다는 것도 앞서 지적된 일종의 '위축 효과'의 결과였는지도 모르겠다. 어찌됐건, 법원은 이 사건과 국방성 기밀문서 사건과의 차이를 다음 3가지 점에서 지적하였다.

"첫째, 국방성 기밀문서는 3년 내지 20년 전의 사건에 관한 역사적 자료이다. 둘째, 국방성 기밀문서의 게재가 어떻게 국가안보에 영향을 미치는가에 관해서 설득력 있는 이유가 제시되지 않았다. 셋째, 국방성 기밀문서 사건과는 달리, 본 건에서는 특히 원자력 에너지법이라는 특정한 적용 법률이 존재한다는 점이다."[90]

이 사건과 관련해 한 가지 흥미로운 사실은 1심에서 패소한 잡지사 측이 항소하기 전인 1979년 9월 위스콘신주의 메디슨시에 있는 한 조그마한 신문이 『프로그레시브』지가 게재하고자 했던 기사의 내용과 유사한 기사 내용을 공표함에 따라 그 순간 이 사건이 공중에 붕 떠버렸다는 점이다.[91] 정부도 소를 취하해버렸고 『프로그레시브』 측도 항소를 하거나 그 김빠진 기사를 꼭 실어야 할 이유도 사라져버린 것이다. 처음부터 정부에 묻지 말고 기사 게재를 했어야 했던 것인데, 너무 몸을 사렸던 것이 이런 분쟁을 낳게 했던 게 아닐까?

국기 소각을 둘러싼 논란

미국에선 국기인 성조기의 소각이나 기타 훼손을 둘러싸고 논란이 끊이지 않고 있다. 1960년대엔 구멍 난 청바지를 성조기로 꿰매 입었던 사람이 6개월간 징역살이를 한 일도 있지만, 이제 성조기 패션·액세서리는 인기품목으로 등장했다.

특히 러시아계 유태인 이민자로서 자신에게 놀라운 성공의 기회를 준 미국에 경의를 표하기 위해 패션 디자이너 랄프 로렌은 성조기를 자기 브랜드의 상징으로 삼기에 이르렀다. 이를 위해 그는 토미 힐피거와 치열한 접전 끝에 1998년 7월 1300만 달러를 내고 성조기의 소유권을 따냈다. 그런 뒤 스웨터는 물론 향수와 수건, 심지어 머그잔에도 성조기를 인쇄해 팔았고, 급기야 빌 클린턴 전 대통령이 "힐러리와 나를 포함해 대다수의 미국인이 성조기가 들어간 멋진 폴로 스웨터를 갖고 있다"고 말할 정도가 되었다.[92]

그러나 모두 다 랄프 로렌처럼 성조기를 이용한 건 아니었다. 어디까지가 디자이너의 미적 감각이고 어디부터가 아닌지, 그 경계를 법적으로 판단하는 건 쉬운 일이 아니었다. 그러나 노골적인 성조기 훼손이 난무했던 1960년대는 그런 고민을 불필요하게 만들었다.

성조기보호법이 연방법으로 제정된 것은 월남전 반대 데모가 심한 1967년이었다. 당시 반전(反戰)을 외치는 젊은이들이 길거리에서 성조기나 징집카드를 불태우는 것에 대응해, 성조기보호법은 공개적으로 성조기를 훼손하거나 태우거나 짓밟는 등 고의로 모욕하는 자는 1000달러 이하의 벌금이나 1년 이하의 징역에 처할 수 있게 만들었던 것이다.

성조기를 깔고 앉는 것도 논란이 됐다. 1974년 연방대법원은 성조기를 바지 엉덩이 부분에 부착해 앉을 때마다 성조기를 깔고 앉음으로써 미국의 국가 정책에 대한 경멸을 표시하려 한 것은 정치적 표현의 한 방법이기 때문에 처벌할 수 없다는 판결을 내렸다.[93]

그 후 성조기 소각이 크게 부각된 사건은 1984년 8월 공화당 대통령 후보를 지명하는 전당대회가 열린 텍사스주의 달라스시에서 일어났다. 달라스 시내에서 벌어진 공화당에 항의하는 시위에서 한 빌딩의 국기 게양대에 걸린 성조기를 끌어내려 석유를 뿌리고 불태우며 "우리는 미국에게 침을 뱉는다"고 외친 사건이다. 100여 명의 시위 군중 가운데 유일하게 구속 · 기소된 그레고리 존슨은 텍사스주 지방법원에서 1년의 징역형과 2000달러의 벌금형을 선고받았다. 텍사스주 고등법원 항소심에서 존슨은 무죄 판결을 받았으나, 텍사스 검찰의 상고로 이 사건은 연방대법원에서 다뤄지게 되었다.[94]

미 연방대법원은 1989년 6월 "정치적 메시지를 전달하기 위한 것이라면 국기를 불태워도 무방하다"며 5대 4로 합헌 판결을 내렸다. 다수 의견(윌리엄 브렌넌 2세 대법관)은 "국기 모독을 처벌하는 것이 국기를 신성하게 하는 것은 아니다. 왜냐면 국기 모독을 처벌하는 것은 이 소중한 상징(곧 국기)이 대표하는 자유를 약화시키는 것이기 때문이다"고 밝혔다. 반면 소수 의견(윌리엄 렌퀴스트 대법원장)은 "분명히 민주주의 사회의 고귀한 목적 중의 하나는 다수의 국민에게 사악하고 매우 불쾌감을 주는 것으로 여겨지는 행위를—그것이 살인이든 횡령·공해든 또는 국기 소각이든—규제하는 법을 제정하는 데 있다"고 했다.[95]

언론사들이 실시한 여론조사에 따르면 미국인들은 압도적으로 연방대법원의 판결에 반대하는 것으로 나타났다. 이러한 정서에 편승한 상원은 존슨 사건의 판결이 내려진 바로 다음 날 97대 3이라는 압도적인 표차로 연방대법원 판결을 비난하는 결의안을 채택했다. 또 그해 10월엔 의원들의 압도적인 지지 속에 새로운 성조기보호법이 제정해 미국의 국기나 그 일부를 고의로 훼손하거나 불태우거나 짓밟는 행위를 1년 이하의 징역에 처할 수 있게 했다. 1990년 6월, 연방대법원은 성조기 소각을 금지하는 법은 위헌이라고 재차 선언했다. 이번에도 표결 결과는 5대 4로 나타났다.[96]

의회는 헌법 개정으로 맞섰다. 1990년 6월 21일 연방 하원은 성조기 훼손을 금하는 헌법수정안을 표결에 붙였으나 헌법수정안 상정에 필요한 재적의원 3분의 2의 찬성을 얻어내지 못했으며, 며칠 후 연방 상원에서도 똑같은 일이 벌어졌다. 즉, 의회는 분노한 민심을 의식해 연방대법원의 판결을 비판하기는 했지만 성조기의 훼손을 막는 것이 헌법을 수정해야 할 만큼 중대한 문제라고 보지는 않은 것이다.[97]

미국에서 성조기 훼손 논쟁은 미국 내셔널리즘이라고 하는 파도에 따라 춤을 춘다. 1995년 12월, 미 상원에선 '국기 모독 금지' 조항을 삽입한 헌법 개정안이 또 표결에 붙여졌지만 의결정족수인 재적 3분의 2 이상을 채우지 못해 부결되었다.

헌법 개정을 위한 시도는 1999년 6월에 다시 이루어졌다. 미 하원은 6월 24일 자국기의 훼손을 금지시키는 헌법수정안을 찬성 305, 반대 124로 통과시켜 이에 대한 뜨거운 찬반 논쟁을 불러일으켰다. 헌법은 상하원 의원 3분의 2 지지와 50개주 가운데 38개주가 승인하면 개정할 수 있는데, 국기보호법 수정안 채택 시도는 지난 1989년 하원이 통과시킨 뒤 연방대법원이 위헌 판결을 내린 이후 모두 3번째였으며, 이전 2번의 헌법수정 시도는 모두 상원에서 의결정족수 67표에 미달, 부결됐다.

수정안 찬성론자인 하원의원 크놀렌버그(미시건주)는 "국기는 미국의 가치와 투쟁, 역사를 나타내는 것"이라며 상원 통과를 촉구했다. 그러나 같은 주 출신 존 코니어스는 "이 법안을 통과시킬 경우 단지 우리가 싫어한다는 이유로 언론과 행동의 자유에 더 많은 제한이 가해지는 선례가 되는 것"이라며 반대했다.

국기 모독 문제는 의회 내뿐만 아니라 시민들 사이에서도 찬반 양론이 엇갈렸는데, '국기를 불태우는 행위(Flag Burning)'이란 제목의 웹사이트도 여럿 등장해 온라인으로 열띤 찬반논쟁이 벌어지는가 하면 대학에서는 관련 강좌가 개설되었다.[98]

헌법수정안은 2000년 미 상원이 찬성 63, 반대 37로 부결시켰다. 2001년 9·11 테러 사건이 일어나면서 미국엔 애국주의 물결이 흘러넘쳤다. 미 하원은 2005년 6월 22일 또 한 번 헌법수정안을 통과시켰다. 찬성 286표, 반대 130표였다. 공화당은 찬성 209 반대 12였으며, 민주당은 찬성 77 반대 117이었다.[99] 이 또한 결국엔 실패로 돌아가고 말았지만, 날로 고조되는 미국인들의 애국주의 물결을 타고 언젠가는 통과될 수 있을 것으로 보는 이들이 많다.

미국과는 달리, 한국에선 국기를 태운다는 건 상상하기 어렵기 때문에 이를 둘러싼 논란이 거의 없다. 한국에서 국기에 관한 죄엔 형법 제105조(국기, 국장의 모독)와 106조(국기, 국장의 비방)가 있는데, 그 내용은 다음과 같다.

제105조(국기, 국장의 모독) 대한민국을 모욕할 목적으로 국기 또는 국장(國章)을 손상, 제거 또는 모욕한 자는 5년 이하의 징역이나 금고, 10년 이하의 자격정지 또는 700만 원 이하의 벌금에 처한다.〈개정 1995. 12. 29〉

제106조(국기, 국장의 비방) 전조(前條)의 목적으로 국기 또는 국장을 비방한 자는 1년 이하의 징역이나 금고, 5년 이하의 자격정지 또는 200만 원 이하의 벌금에 처한다.〈개정 1995. 12. 29〉

국기, 국장의 '모독'과 '비방'엔 어떤 차이가 있는가? 김일수에 따르면, "모독의 죄가 주로 물질적 내지 물리적 행위임에 반하여, '비방'이란 언어나 거동, 문장이나 회화 등으로 모욕의 의사를 표현하는 것이다. 이를테면 국기에 대하여 욕설을 퍼붓거나 국기문양을 가진 쓰레기통이나 팬티 등을 제작·사용하는 것 등을 들 수 있다. 비방이 예술작품의 형식을 빌려서 행하여졌을 때에는, 예술의 자유에 관한 기본권 보장은 이 형법 규범과 충돌하는 한에서 제한된다."[100]

『한겨레 21』 2006년 1월 17일자 표지 기사로 '국기에 대한 맹세'를 다뤘다. '국기에 대한 맹세를 없애자'는 제하의 메인 기사에는 댓글이 4500개 이상 붙었는데, 그중 4400여 개는 악플이나 욕플이었다. '북한에 가서 살아라' '니들은 월드컵도 보지 말라' 등과 같은 식의 비난이었다.[101] 한국에서 태극기를 모독했다간 공권력 이전에 네티즌들에 의해 호되게 응징당할 수 있다는 걸 말해준다 하겠다.

구걸을 둘러싼 논란

거지들의 구걸도 보호받아야 할 표현의 자유인가? 1990년 2월 미 연방법원 뉴욕시 맨해턴법원 레너드 샌드 판사는 구걸을 위해 어슬렁거리는 것을 위법으로 규정하고 있는 뉴욕주 법과 버스터미널 등에 거지들의 접근을 거부하고 있는 뉴욕·뉴저지 항만청의 정책이 무효라고 선언하면서 다음과 같이 말했다.

"구걸행위는 한 개인이 다른 사람에게 질문하는 것 이상이 아니기 때문에 수정헌법 1조에 따라 보호받아야 한다. … 거지들의 단순한 적선 요청은 행인들에게 뉴욕시민이 가난하게 살고 생존에 필요한 물품도 없을 때가 있음을 느끼게 해줄 것임이 분명하다. 발밑에 깡통을 갖고 버스터미널에 앉아있는 거지들은 그와 같이 여러 사람들이 무언가 필요하다는 메시지를 전달해준다. … 거지들의 구걸이 흔히 불쾌감을 주고 매우 흉측스럽게 보이지만 이는 비공식적인 설득언어임이 틀림없다."

그러나 구걸에 반대하는 사람들은 "구걸을 헌법에 의해 보호되지 않는 '행위' 대신 '언어' 로 보는 것은 잘못"이라고 주장하였다.[102]

구걸을 표현의 자유로 보느냐 하는 건 나라마다 다르다. 1995년 9월 루마니아 정부는 도로상에서의 구걸행위를 금지하는 법안을 제정해 위반시 최고 6개월 형에 처한다고 발표하였다. 1996년 1월, 이탈리아 거지들은 '구걸의 자유' 를 확보하였으나, 행인의 돈을 뜯어내기 위해 병에 걸린 것처럼 행세함으로써 혐오감을 줄 경우엔 최고 징역 6개월까지 처할 수 있다는 단서가 따라 붙었다.

미국에선 구걸을 '행위' 로 볼 것인가 '언어' 로 볼 것인가 하는 문제가 끊임없이 논란의 대상이 되고 있는데, '밀착 구걸' 은 '행위' 로 간주돼 보호받지 못한다.

『조선일보』 1997년 2월 26일자는 " '도심을 걸어가는 행인에게 허름한 차림의 걸인이 접근한다. 행인은 길을 비켜가려 하지만, 걸인은 뒤를 쫓으며 적선을 호소한다.' 앞으로 미국 로스앤젤레스(LA)에서는 이 같은 밀착 구걸행위가 중벌로 다스려진다"며 다음과 같이 말했다.

"LA 시위원회에서 심의 중인 강력한 '걸인단속법' 이 조만간 시행되기 때문이다. 새 법안은 우선 그 처벌 조항이 살벌하다. 법규 위반 걸인에게는 500달러 벌금 및 6개월 징역에 처하도록 규정하고 있다. 단속대상 행위도 무척이나 엄격하다. 우선 행인의 신체에 손을 대는 것은 물론, 행인 주변 1m 안에 접근하는 일도 금지된다. 행인의 진로를 방해하는 위치에 서 있는 것도 위법이다. 행인과 같은 방향으로 앞서가거나 따라가는 것도 안 된다. 일정 지역에서는 아예 구걸행위 자체를 할 수 없게 된다. 현금자동지급기나 은행, 주차장, 버스 정류장 주변 그리고 3명 이상이 줄을 서 있는 곳 등이 이에 해당한다."[103]

『국민일보』1997년 6월 29일자에 따르면, "미 로스앤젤레스 시의회는 25일 거지가 보행인들의 길을 가로막거나 허락없이 신체에 접촉하는 등의 공격적인 구걸을 금지하는 시 조례안을 잠정적으로 승인 … 그러나 이 같은 구걸금지 조례 제정에 반대한 네이트 홀덴 시의원은 '이 조례는 특정 이웃(시민)에 선별 적용될 것으로 예견되고 집 없는 사람들을 괴롭히게 될 것인 만큼 법원에서 받아들여지지 않을 악법임이 확실하다'고 기염…."[104]

2008년 6월 한국의 서울도시철도공사(이하 공사)가 '선교'를 구걸이나 소란 행위 같은 행동으로 규정, 신고를 받겠다는 광고를 전동차에 내걸었다. 지하철 5~8호선을 운영하고 있는 공사는 전동차 1량에 2개씩 전체 1558량의 전동차에 3116개의 '에티켓' 광고를 부착했는데, 문구는 '상행위·구걸·선교·소란 행위 … 차량번호를 알려주시면 즉시 조치하겠습니다!'로 돼 있다. 기독교에서 중시하는 '선교' 자체를 구걸이나 소란 행위와 같은 범주로 폄하하고 있는 것이다. 기독교계가 강하게 반발하자, 공사 홍보실 이만재 차장은 "에티켓을 지키게 해달라는 민원이 끊임없이 올라와 광고를 제작하게 됐다"면서 "용어 사용이 부적절하다는 생각까진 해보지 못했다. 광고 교체시 고려하겠다"고 밝혔다.[105]

폭력유발언어와 학교

미국에서 '국가안보'와 더불어 사전억제의 잦은 대상이 되는 것 가운데 하나가 바로 폭력유발언어 또는 '도발적인 발언'이다.[106] 이와 관련된 일련의 지침들을 가리켜 '파이팅 워즈 독트린(Fighting Words Doctrine)'이라고 한다.

한 여호와의 증인 신도가 뉴햄프셔주 로체스터(Rochester)에서 기존 종교를 사기라고 비난하는 팸플릿을 돌리고자 했다. 그 신도는 경찰로부터 신변 안전과 관련된 경고를 받자, 경찰에게 "사기꾼, 파시스트(God-damned racketeer, damned Fascist)"라고 욕설을 퍼부어 유죄 판결을 받았다. 연방대법원은 1942년 'Chaplinsky v. New Hampshire' 사건에서 사상의 역설이나 사회적 가치의 본질과는 거리가 먼 '폭력유발언어'는 규제받을 수 있다고 판결하였다.[107]

'폭력유발언어'는 대인(對人), 대면(對面) 상황(personal, face-to-face encounter)에서만 적용된다. 1972년 연방대법원은 '폭력유발언어'를 상대방의 폭력행위를 야기할 경향이 있는 단어로 정의하였다.[108]

1977년 나치주의자인 국가사회주의당(National Socialist Party) 당원들이 유태인 마을인 스코키(일리노이주)에서 시가행진을 계획하였다. 이는 근처 시카고 학교에서의 인종통합 조치에 항의하기 위한 것이었다. 스코키 조례는 35만 달러 상당의 보험을 요구하였는데, 나치주의자들은 그 조례에 항의하는 시위를 하겠다고 발표하였다. 스코키는 시위를 저지하는 일시적 억제 명령을 얻어낸 다음 행진과 시위에 관한 3개 조례를 채택하였다. 보험 요건 외에 정당원은 군복 차림으로 시위를 해서는 안 되고, 인종 증오를 부추기는 자료를 유포해서는 안 된다는 내용이었다.

그러나 주 및 연방대법원은 1978년 'Village of Skokie v. National Socialist Party'에서 그 조례의 무효를 선언하였다. 그건 차별적이고 표현의 자유에 대한 부당한 제약이라는 이유 때문이었다. 일리노이주 대법원은 나치의 卍자형 상징과 다른 나치 상징들이 사전억제를 정당화할 정도의 '폭력유발언어'엔 해당되지 않는다고 판결하였다. 평화로운 시위가 그걸 본 사람의 폭력적 반작용을 불러일으킬지도 모른다는 이유만으로 전적으로 금지될 수는 없다는 것이다.[109]

피교육자인 학생의 표현의 자유는 어떻게 볼 것인가? 연방 법원은 1967년 'Dickey v. Alabama'에서 앨라배마주 의원들을 비난한 한 대학신문의 편집자의 자격을 박탈하는 것은 학생의 수정헌법 1조권을 위반한 것이라고 판결했다. 학생들도 표현의 자유를 누릴 수 있다. 단, 그것이 적절한 규율(appropriate discipline)의 요건을 크게 방해하지 않아야 하며, 그로 인해 소요 또는 어떤 해악이 뒤따를 가능성이 높다고 판단되면 학생의 표현의 자유엔 사전억제가 가해질 수 있다.[110]

대학신문의 자유와 관련해 미국과 한국의 사정은 크게 다르다. 한국에선 주로 이념적인 주장이나 학교 당국에 대한 비판이 문제가 되지만, 미국의 경우엔 극우 인종주의적 주장이나 캠퍼스 범죄에 관한 보도가 문제가 되는 경우가 많다. 한국과는 달리 대학신문의 발행 주체와 재원이 다양한 미국에선 검열 문제가 발생할 경우 신문의 발행 주체가 누구고 재원이 무엇인가에 따라 판단이 달라진다.[111]

금서(book banning)도 논란의 대상이다. 주로 학교 당국에 학부모나 지역단체들이 요구하는 경우가 많은데, 로널드 레이건 집권 초기인 1981~1982년에 극심하였다. 일부 책을 금서로 묶은 것에 대해 학생들이 제소하였으나, 법원은 학교이사회의 권리를 인정하였다. 연방대법원은 책을 없애는 이유가 정치적 사상 또는 철학 때문이라면 그건 안 되지만, 그 책들이 저속하고 교육적으로 부적절하다면 가능하다고 판결했다. 그러나 다수의견에 반대하는 대법관들은 학교를 운영하는 건 학교 이사회이지 연방대법원이 아니라고 일축하였는데, 이 판결은 현실 문제에 별 도움이 되지 못했다.[112]

2007년 2월 미국도서관협회가 선정하는 아동문학 분야의 최고 권위상인 뉴베리상 수상작이 단어 하나 때문에 음란성 논란에 휘말렸다. 문제의 단어는 2006년 말 출판된 수전 패트론의 『럭키의 더 큰 힘(The Higher Power of Lucky)』에 나오는 '음낭(scrotum)' 이다. 9~12세용 책에 나온 이 단어가 미국의 초등학교 교사들과 도서관 사서들을 충격에 빠뜨리면서 아동문학에 적합한 콘텐츠는 무엇인가 하는 논란이 미국에서 다시 불 붙었다.

전국 도서관 사서들은 블로그와 전문 웹사이트 등을 통해 음낭이라는 단어는 이 작품의 독자층보다 훨씬 더 나이 든 독자들에게나 적합한 단어라며 저자를 맹비난했다. 콜로라도주의 서니사이드 초등학교 교사인 대나 닐슨은 작가가 그런 단어를 작품 속에 사용한 것은 독자층을 염두에 두지 않고 작품을 썼다는 증거라며 그 한 단어 때문에 이 작품을 학급에서 낭독할 수가 없다고 저자를 비판했다.

이에 대해 저자는 음낭이라는 단어는 말 자체로도 감칠맛 나고 재미있는 단어이기 때문에 작품 속에서 빠질 수 없다고 반박했고, 전 뉴베리상위원회 회장인 팻 스케일스는 이 책을 비판하는 사람들은 책 전체의 가치를 보지 않고 단어 하나에만 집착하고 있다며 "그게 바로 검열"이라고 주장했다.[113]

한국에서 금서는 학교보다는 군대에서 더 문제가 되었다. 2008년 7월 국방부는 『나쁜 사마리아인들』『대한민국사』『우리들의 하느님』 등 시판 중인 책 23종을 '불온 도서'로 지정하고 영내 반입을 금지했다. 이에 당시 군법무관 5명은 이런 조처가 알 권리와 행복추구권 등을 침해한다며 헌법소원을 냈고, 국방부는 해당 법무관들을 파면하는 등 중징계했다.

2009년 5월 25일 헌법재판소 전원재판부가 연 위 헌법소원 사건의 공개변론에서 청구인 쪽의 최강욱 변호사는 "국군이 목숨을 걸고 지킬 가치는 헌법이 정하고 있는 자유민주적 기본질서"라며 "법률과 헌법에서 정하지 않은 '불온 서적' 소지·취득을, 내부 규정을 이유로 징계하는 것은 과도한 기본권 침해"라고 말했다. 반면, 국방부 쪽은 "군인의 기본권 제한은 헌법에 예정된 사항"이라며 맞섰다. 고석 육군본부 법무실장은 "영내에서 소지할 수 있는 물품은 군 지급품이 아니면 지휘관의 허가를 받아야 한다"며 "군사대비 태세를 유지하기 위한 이 같은 권한은 지휘관이 가진 명령권의 범위 안에 있다"고 주장했다. 국방부 쪽은 '지나친 우방국 비판 서적'도 '불온 도서'로 지정해야 한다고 강변해 재판부의 지적을 받기도 했다. 고 실장이 군인의 기본권 제한의 정당성을 주장하면서 "부잣집 아들이 걷기 귀찮다고 (영내로) 대형 승용차를 가져온다면 이를 제한할 수 있는 것"이라고 설명하자, 이공현 재판관은 "지금

우리는 표현의 자유에 대해 이야기하고 있다"며 어울리지 않는 비유를 꼬집었다.[114]

시간 · 장소 · 매너에 대한 규제

조지아주의 그리핀시는 선전물 · 책 · 광고물 등을 시당국의 허가없이 나눠주는 것을 금지하였다. 여호와의 증인인 앨마 러벨(Alma Lovell)은 선교용 전단과 팸플릿을 살포하다가 체포돼 50달러 벌금의 유죄 판결을 받았으며 벌금을 거부해 50일 구류 처분을 받았다. 러벨은 시의 조례가 수정헌법 1조 위반이라고 소송을 제기했으며, 연방대법원은 1938년 'Lovell v. Griffin' 판결에서 러벨에게 승소 판결을 내렸다.

그리핀시는 수정헌법 1조가 신문과 잡지와 같은 정기간행물에만 적용된다고 주장하였으나, 연방대법원은 "언론은 모든 정보와 의견의 수단을 다 포함한다. 역사적으로 팸플릿과 전단은 자유를 수호하는 중요한 무기였다"고 밝혔다. 그리핀시의 변호사들은 시의 조례가 '출판' 을 문제 삼은 게 아니라 '배포' 를 문제 삼았기 때문에 위헌이 아니라고 주장하였으나 연방대법원은 "배포 없이 출판은 아무런 의미를 갖지 못할 것이다"고 밝혔다.[115]

뉴저지주의 어빙턴시는 경찰서로부터 허락을 받지 않고 길거리 또는 집을 방문해 전단을 살포하는 것을 금지하는 조례를 시행했다. 쓰레기 문제와 범죄 위험이 그 이유였다. 그러나 연방대법원은 1939년 'Schneider v. New Jersey' 판결에서 이 조례에 대해 소송을 제기한 슈나이더(Schneider)에게 승소 판결을 내렸다. 복잡한 길거리 한복판에서 교통에 심각한 방해를 주면서 한다면 모를까, 그렇지 않다면 보호받아야 한다는 것이다.[116]

1930년대 말 여호와의 증인인 제시 캔트웰(Jesse Cantwell)과 그의 두 아들은 코네티컷주 뉴헤이븐시의 가톨릭 지역 거리에서 종교적 메시지 전달을 시도하다가 종교단체의 모금행위는 주 당국의 허가를 받아야 한다는 주법을 위반했다는 이유로 체포되었다. 연방대법원은 1940년 'Cantwell v. Conneticut' 판결에서 주법이 위헌이라고 판결하였다. 오전 9시에서 오후 10시까지 권유행위(solicitation)를 제한한다면 모를까, 그런 식으로 전면 금지하는 건 안 된다는 것이었다.[117]

권유행위의 자유가 보장되는 공중 포럼(public forum)엔 길거리(public street)나 공원 등이 있으며, 공항도 공중 포럼으로 간주될 수 있다. 공항이 복잡한 건 이해하지만 그렇다고 해서 무조건 권유행위를 금한다는 건 위헌이다.(1992년 연방대법원 판결)[118] 그러나 박람회장에서 권유행위를 할 수 있는 부스(booth)를 만들어놓고 원하는 사람들에게 선착순으로 제공한 다음에 다른 장소에서의 권유행위를 금지하는 건 무방하다.[119]

캘리포니아주의 글렌데일시는 발행부수와 전체 지면의 25% 이상이 뉴스여야 한다는 기준을 내세워 뉴스 가판대를 제한하는 조례를 만들었다. 사회주의노동당(Socialist Labor Party)이 이의를 제기하였다. 그러나 캘리포니아 고등법원은 1978년 'Socialist Labor Party v. Glendale' 사건에서 일부러 사회주의노동당을 차별한 게 아니라 공중의 수요와 공급의 균형을 맞추기 위한 수단으로 인해 그렇게 된 것인 만큼 그 조례는 적법하다고 판결했다.[120]

텍사스 법원은 1981년 'Houston Chronicale v. Houston' 판결에서 길에서 차량 운전자에게 신문을 파는 것을 금지시킨 휴스턴시의 조례는 불법이라는 판결을 내렸다. 그 조례가 지나치게 광범위하다는 것이 그 이유였다. 러시아워 때만 적용시킨다면 불법이 아니라는 판결을 받을 수도 있었을 것이다.[121]

캘리포니아주 샌디에고시의 조례는 현장에서 영업을 하는 자의 상업적 메시지를 제외한 모든 옥외 광고를 금지시켰다. 연방대법원은 1981년 'Metromedia v. San Diego' 사건에서 샌디에고시의 조례가 불법이라고 판결했다. 그 조례가 내용 중립적이 아니라는 것이 그 이유였다. 즉, 비상업적 메시지도 허용하거나 아니면 모든 옥외 광고를 다 금지시켜야만 내용 중립적이 될 수 있다는 것이다.[122]

미국에선 1934년부터 남의 우편함에 뭔가를 직접 갖다 넣는 것이 금지돼왔다. 그 이유는 ①체신부 수입 감소 ②우편물의 효과적이고 안전한 배달 촉진 (다른 게 많이 들어가 있으면 지장을 받고 도둑이 뭘 집어넣는 척하고 훔쳐갈 수도 있다) ③개인의 프라이버시 보호 등이다. 연방대법원은 우편함이 공중 포럼 (public forum)이 아니라는 판결을 내렸다. 설사 정부에 의해 소유되거나 통제된다 해도 그건 군대기지·감옥·교통수단의 광고 공간처럼 수정헌법 1조의 적용 대상은 아니라는 것이다. [123]

공영방송(public television station)은 '공중 포럼' 인가? 즉, 어떤 프로그램을 방영할 것인지 말 것인지 결정을 내릴 권한, 즉 편성권은 누구에게 있는가? 편성권은 방송사에게 있다는 것이 최종 결론이다. 이는 정부가 소유하거나 통제한다고 해서 무조건 공중 포럼이 되는 게 아니라, 정부가 공적 사용(public use)의 목적으로 공중 포럼으로 삼았을 때에 접근권이 보장될 수 있다는 걸 의미하는 것이다. [124]

오하이오주의 스트러더시는 전단·광고 등의 가택 방문 배포를 일체 금지시켰는데, 연방대법원은 1943년 'Martin v. City of Struthers' 사건에서 이를 위헌으로 판결했다. 어느 정도 규제될 수는 있지만, 전적으로 금지하는 건 안 된다는 것이다. 사람들과 커뮤니케이션을 할 수 있는 물적 여건이 갖춰져 있지 않은 사람들에게 집 방문은 중요하기 때문이다. [125]

루이지애나주 알렉산드리아시 조례는 집 주인의 허락이나 초청 없이 집을 방문해 판매하는 행위를 금지시켰다. 잭 브리어드(Jack Breard)는 잡지 구독신청을 받는 직원이었는데, 이 조례에 대해 문제를 제기했다. 연방대법원은 1951년 'Breard v. Alexandria' 사건에서 조례가 위헌이 아니라고 판결했다. 판매는 상행위이기 때문에 사상 또는 종교적 신념의 유포와는 다르다는 것이다. 반면 일부 대법관들은 언론자유는 유통의 자유도 포함하며, 미국 경제 시스템의 특성상 구독신청을 받을 자유도 존중해야 한다고 주장했다. 그러나 이 결정은 1980년대에 들어서 상업적 발언(commercial speech)도 수정헌법 1조의

보호를 받아야 한다는 연방대법원의 판결로 크게 약화되었다.[126]

개인이나 사기업이 소유한 쇼핑센터는 어떻게 볼 것인가? 쇼핑센터와 관련이 있는 주제에 한해서 피켓팅(picketing)이나 전단 살포가 가능하다. 예컨대, 핵 반대 시위를 할 수는 없으나 어느 상점의 판매정책에 항의하는 전단을 그 안에서 배포할 수는 있는 것이다. 다만 쇼핑센터에서 핵 반대 데모를 하는 것도 주법이나 시법으로 보장받는다면 그건 얼마든지 가능하다.[127] 그러나 그런 지역은 거의 없으며, "공동체의 토론과 항의, 정치집회를 위한 장소였던 예전의 마을광장과 달리, 이곳에서 환영받는 유일한 형태의 담론은 마케팅과 소비자의 은어 같은 것들뿐이다."[128]

2000년 3월, 연방대법원은 '누드 댄싱(나체 춤)'을 금지하는 법이 유효하다고 판결했다. 9명의 대법원 판사들은 술집의 댄서들이 손님들 앞에서 춤출 때는 최소한의 가슴가리개와 초미니 팬티의 일종인 G 스트링을 입어야 한다고 규정한 펜실바니아주 이리시 조례가 유효하다고 6대 3으로 판결했다. 이 조례가 수정헌법에 명시된 표현의 자유를 침해하는 것이라면서 무효라고 했던 펜실바니아주 대법원의 판결을 연방대법원이 뒤집은 것이다.

샌드라 데이 오코너 대법관은 판결문에서 손님 앞에서 옷을 다 벗고 춤추는 누드 댄싱은 수정헌법 1조의 보호범위 밖에 있다고 주장했다. 오코너는 "누드 댄싱 금지 조치는 범죄 등 성인유흥시설과 관련된 부정적인 부수 효과들을 미리 없애 이리시의 이익에 도움이 될 것"이라고 말했다. 그는 또 "누드 댄싱 금지 조치는 과거 정부가 징병카드 소각을 금지함으로써 반전의 표현 자체가 아닌 표현의 수단을 제한했던 조치와 같은 논리를 갖고 있다"고 말했다.

그러나 반대 의견을 낸 존 폴 스티븐스 대법관은 "대법원은 사상 처음으로 부수효과를 이유로 표현의 자유를 억압하는 조치가 정당화될 수 있다고 결정했다"며 "이번 판결은 지역사회의 특정 이익을 증진시킨다는 명분이 검열의 근거로 이용될 수 있다고 결론내린 것"이라고 말했다. 미 전역에서 나체 춤을 보여주는 술집은 약 3000여 개여서 이 판결로 다른 시 당국들도 누드 댄싱을

규제할 수 있는 근거를 얻게 돼 파장이 만만치 않을 것으로 전망되었다. [129)]

미국은 다인종 다민족 국가로 다문화주의를 표방해야 했기 때문에 '표현의 자유'에 대해 이른바 '똘레랑스'가 더욱 요구되었다고 볼 수 있다. 그러나 다문화주의는 늘 논란과 갈등의 대상이 되어왔기에, 그 동요의 굴곡에 따라 표현의 자유도 위축과 확장의 패턴을 반복해왔다. 그럼에도 미국이 세계의 대표적인 다문화주의 국가로서 세계 인류의 표현의 자유에 기여한 점은 긍정 평가할 수 있다.

제 2장

표현의 자유 : 한국

헌법과 '표현의 자유'

'표현의 자유'는 인간으로서의 기본권이기 때문에 어느 나라를 막론하고 헌법에 규정돼 있다. 우리 헌법에서 표현의 자유를 보장한 조항들은 제10조, 제17조, 제18조, 제21조, 제22조, 제37조 등이다.

> 제10조 모든 국민은 인간으로서 존엄과 가치를 가지며 행복을 추구할 권리를 가진다.
> 국가는 개인이 가지는 불가침의 기본적 인권을 확인하고 이를 보장할 의무를 진다.
> 제17조 모든 국민은 사생활의 비밀과 자유를 침해받지 아니한다.
> 제18조 모든 국민은 통신의 비밀을 침해받지 아니한다.
> 제21조 ①모든 국민은 언론·출판의 자유와 집회·결사의 자유를 가진다. ②언론·
> 출판에 대한 허가나 검열과 집회·결사에 대한 허가는 인정되지 아니한다. ③통신·
> 방송의 시설기준과 신문의 기능을 보장하기 위하여 필요한 사항을 법률로 정한다. ④
> 언론·출판은 타인의 명예나 권리 또는 공중도덕이나 사회윤리를 침해하여서는 아니

된다. 언론·출판이 타인의 명예나 권리를 침해한 때에는 피해자는 이에 대한 피해의 보상을 청구할 수 있다.

제22조 ①모든 국민은 학문과 예술의 자유를 가진다. ② 저작자·발명가·과학기술자와 예술가의 권리는 법률로써 보호한다.

제37조 ①국민의 자유와 권리는 헌법에 열거되지 아니한 이유로 경시되지 아니한다. ②국민의 모든 자유와 권리는 국가안전보장·질서유지 또는 공공복리를 위하여 필요한 경우에 한하여 법률로써 제한할 수 있으며, 제한하는 경우에도 자유와 권리의 본질적인 내용을 침해할 수 없다.〈개정 1987.10.29〉

표현의 자유는 언론·출판의 자유와는 어떤 관계이며 그 범위는 어디까지인가? 권영성은 "표현의 자유는 사상이나 의견을 외부에 표현하는 자유로서 개인적 표현의 자유인 언론·출판의 자유와 집단적 표현의 자유인 집회·결사의 자유를 총칭하는 개념이다. 그러므로 표현의 자유는 언론·출판의 자유보다 넓은 개념이다"며 다음과 같이 말한다.

"비언어적 매체나 행동 등에 의한 상징적 표현(흑색 리본의 패용·연좌데모·피켓팅 등)도 표현의 자유 중에 포함되는가가 문제된다. 비언어적 행동이 사상·의견을 전달하기 위한 동기에서 나온 것이고, 제3자가 그것을 사상·의견의 전달이라고 인식하는 한 상징적 표현권도 표현의 자유의 하나로서 법의 보호를 받는다."[1]

헌법재판소는 1999년 6월 24일 판결에서 "언론의 자유는 개인이 언론활동을 통하여 자기의 인격을 형성하는 개인적 가치인 자기실현의 수단임과 동시에 사회구성원으로서 평등한 배려와 존중을 기본 원리로 공생·공존관계를 유지하고 정치적 의사결정에 참여하는 사회적 가치인 자기통치를 실현하는 수단이다"고 했다.[2]

명확성의 원칙 · 과잉금지의 원칙

한국에서 표현의 자유는 오랫동안 억제돼 왔으며, 지금도 여전히 매우 높은 수준의 규제를 받고 있다. 표현의 자유에 대한 규제의 원칙으로 '명확성의 원칙' 또는 '막연성으로 인한 무효(void for vagueness)의 원칙'이 중요한 의미를 갖는 이유도 여기에 있다.

이 원칙은 "표현의 자유를 제약하는 법률의 규정이 불명확하면 그 적용에 있어 본래의 규제 목적에서 벗어나 표현행위를 억제하는 데 악용될 수 있기 때문에 그런 규정은 반드시 명확해야 한다는 원칙으로 표현에 관한 법률에 적용되는 것이다."[3] 김철수는 이 원칙이 적용된 국내 판례에 대해 다음과 같이 말한다.

"헌법재판소는 군사기밀의 개념이 너무 광범위하다든가 반국가단체를 위한 찬양활동의 개념이 너무 광범위하다고 하여 한정합헌결정을 내리고 있고, 국가기밀에 관해서도 실질비성(實質秘性)이 있는 것이어야 한다고 하고 있다. 출판사및인쇄소의등록에관한법률 제5조의 2 제5호에서 규정한 '저속'이라는 개념은 명확성의 원칙에 반하는 것이어서 위헌이라는 헌재의 결정이 있었다. 대법원은 판례를 변경하여 공지(公知)의 사실인 경우에는 국가기밀법을 인정하지 않고 있다."[4]

출판사및인쇄소의등록에관한법률 제5조의 2 제5호에서 규정한 '저속'이라는 개념에 대해 헌법재판소가 1998년 4월 30일에 내린 판결의 주요 내용은 다음과 같다.

"'음란' 개념과는 달리 '저속' 개념은 그 적용범위가 매우 광범위할 뿐만 아니라 법관의 보충적인 해석에 의한다 하더라도 그 의미 내용을 확정하기 어려울 정도로 매우 추상적이다. 이 '저속'의 개념에는 출판사등록이 취소되는 성적 표현의 하한이 열려 있을 뿐만 아니라 폭력성이나 잔인성 및 천한 정도도 그 하한이 모두 열려 있기 때문에 출판을 하고자 하는 자는 어느 정도로 자신의 표현 내용을 조절해야 되는지를 도저히 알 수 없도록 되어 있어 명확성의 원칙 및 과도한 광범성의 원칙에 반한다."[5]

표현의 자유를 규제함에 있어서 과잉금지의 원칙도 중요하다. 이 원칙에 대해 권영성은 다음과 같이 말한다.

"위법한 표현행위를 규제하기에 충분한, 보다 완곡한 제재방법이 따로 있음에도 불구하고 과중한 제재를 과하는 입법은 자유로운 표현을 질식시키는 사회적 효과를 가져오기 때문에 위헌이다. 이것은 자유의 제한은 필요 최소한이어야 한다는 과잉금지의 원칙 또는 덜 제한적인 대체 조치(LRA: Less Restrictive Alternative)을 표현의 자유에 적용한 것이다."[6]

이 원칙을 '필요 최소한도의 규제수단의 선택에 관한 원칙'이라고 부른 김철수는 "표현의 자유에 대한 제한에 있어서는 표현의 자유가 다른 자유권들보다 우월한 지위를 가진다는 점을 고려하여 보다 덜 제한적인 선택가능한 수단(LRA)을 채택해야 한다는 이론이 바로 이 원칙이다"며 다음과 같이 말한다.

"법원이 어떤 대체수단이 개인의 이익에 관해서 보다 덜 제한적이라고 판단하기 위해 형량(衡量)되어져야 할 요소로서는 ①개인의 이익의 중요성 및 그 이익의 보호에 법원이 해왔거나 앞으로 할 정도 ②문제의 법률이 취하는 수단과 대체수단의 유효성의 차이 ③양 수단의 비용상의 차이 ④대체수단이 보다 제한적이지 않을 정도 등이 고려되어진다. … 이 법리의 의의는 그것이 사법적극주의(司法積極主義)에 연결되어 법원의 보다 적극적인 통제를 가능하게 하는 법리이면서도 명확성의 원칙과 마찬가지로 대체적인 규제권 그 자체의 문제와는 직접적으로는 관련되지 않는 기술적인 차원에서의 수단이라는 데 있다. 이 원칙은 규제수단을 최소화시키는 노력의 결과로 나온 기법이므로 단순히 목적과 수단과의 관계를 묻는 합리성의 기준이나 통상적인 비교형량의 방법에 비하면 표현의 자유와 같은 개인의 권리의 가치를 더 중시하는 것이 될 것이다."[7]

학자에 따라서는 과잉금지의 원칙을 법익형량의 원칙과 구별해서 보기도 하나, 양재규는 "과잉금지의 원칙은 사실상 법률에 의한 기본권 제한의 가장 핵심적인 한계이고, 다시 과잉금지의 원칙의 핵심은 '법익형량의 원칙' 이라고 할 수 있다"고 했다. 즉, "언론의 자유를 제한하기 위해서는 언론의 자유보다 더 큰 공익을 유지하기 위해 필요한 경우라야 한다"는 것이다.[8]

국가안보와 언론자유

어느 나라를 막론하고 표현 자유와 언론자유를 통제하는 데에 사용되는 가장 강력한 명분은 국가안보다. 국가안보는 곧 국익(國益)을 말한다. 그런데 과연 무엇이 국익인가? 국익은 워낙 상대적인 개념이기 때문에 그 개념 정의를 둘러싼 치열한 투쟁이 벌어진다.

1970년 『국익(National Interest)』이라는 제목의 책을 낸 조셉 프랑켈(Joseph Frankel)은 "국가적 이익의 정의는 이기적과 이타적, 단기적 관심과 장기적 관심, 적극파와 소극파, 전통과 혁신, 집단주의와 개인주의 등과 같은 여러 가지의 양극 사이에서 개인이 취할 입장에 달려 있다"고 전제한 뒤 "결국 그 모든 경우에 이분법에 의하지 않고 양극 간에 산재하는 점들을 보아 어떤 경험적인 지표에 따라 측정함으로써 그 위치를 찾아낼 수 있는 것으로 생각하는 것이 유익할 것" 이라고 말한다.[9]

프랑켈의 견해는 어찌 생각하면 하나마나한 원론적인 입장 표명에 불과한 것이긴 하지만, 이는 '국익'에 대한 정의가 그 만큼 각자 처한 입장과 상황의 지배를 받을 수밖에 없는 것이라는 말해주는 것으로 볼 수 있을 것이다. 미국 『워싱턴포스트』지의 '보도 기준 및 윤리'에 있는 '국익'에 관한 다음과 같은 규정도 마찬가지다.

"『워싱턴포스트』는 국가이익과 지역사회 이익에 중대한 관심을 갖고 있다. 우리는 그들 이익이 정보의 최대 광범위한 전파로서 가장 잘 보장될 수 있다고 믿는다. 연방공무원이 국가이익이라고 주장한다고 해서 그것이 자동적으로 진정한 국가이익과 일치하는 것은 아니다."[10]

　'국익'의 정의를 둘러 싼 이 난해한 문제를 세계적으로 널리 알려진 두 가지 사건을 사례 연구로 삼아 생각해보기로 하자. 미국의 '국방성 기밀문서 사건'은 앞서 소개하였으므로 여기서 재론하지 않겠다.

　1985년 7월 10일 뉴질랜드의 오클랜드 항구에 정박 중이던 국제환경보호 및 반핵단체인 그린피스 소속 선박 레인보워리어호(400톤)을 폭파, 침몰시킨 사건이 발생했다. 프랑스의 『르몽드(Le Monde)』지는 이 사건에 프랑스 정부의 고위 군장성과 국방장관까지 관련이 있다는 걸 폭로하였으며 이로 인해 라코스트 대외안전총국장과 에르뉘 국방상이 해임되었다. 프랑스 내부에서는 『르몽드』의 보도로 인해 프랑스 정부의 국제적 위신이 손상되고 독자적인 핵정책을 추구해 온 프랑스의 국가 이익에도 치명타를 입혔다며 『르몽드』를 비난하는 소리가 높았다.

　이러한 비난에 대해 『르몽드』의 외신 담당 부국장 알랭 자콥은 1950년대 말 알제리 독립전쟁 당시 프랑스의 언론이 알제리에서의 인권침해 사태를 보도한 것이 당시의 우파정권 입장에서는 국익에 반하는 보도였을지 몰라도 역사적으로는 올바른 방향이었음을 상기시키면서 다음과 같이 말했다. "언론이 보도에 앞서 국익을 생각하지 않을 수 없으나 국익에 대한 개념정의가 문제다. 다시 말해서 정부가 생각하는 국익과 언론이 보는 국익은 다를 수 있다."[11]

　1986년 5월 미국 국가안전보장국 직원이면서 소련에 미국의 비밀을 판 혐의로 체포된 로널드 펠턴의 재판이 열렸다. 『워싱턴포스트』지의 밥 우드워드 기자는 미 정보기관이 소련의 통신문을 도청·해독한 극비문서를 이미 1985년 9월에 입수하였으나 편집총국장 벤자민 브래들리는 국가안보차원에서 보도하지 않기로 결정하였다.

　그러나 뒤늦게 펠턴이 이 비밀을 소련에 판 것으로 밝혀져 이미 알려진 비밀은 보호할 가치가 없다고 판단하였다. 그래도 혹시 국가안보를 해치는 부분이 있을까봐 『워싱턴포스트』는 1985년 12월부터 CIA국장과 대통령안보담당

보좌관들과 접촉하였는데 그들은 보도에 반대했다. 1986년 5월 4일 CIA 케이시 국장은 만약 보도를 한다면 기소할 것이라고 말했고 심지어 로날드 레이건 대통령까지 5월 9일 캐더린 그레이엄 회장에게 직접 전화를 걸어 "이 사건을 보도하면 좋지 않을 것"이라고 압력을 가하였다.

『워싱턴포스트』지는 그런 압력에 다소 굴복하면서도 최소한의 체면은 세우고자 하는 다소 어정쩡한 태도를 취하였다. 세부사항의 보도는 삭제하고 큰 줄거리만 보도한 것이다. 브래들리는 그런 보도를 결정하면서 1986년 6월 8일자에 「신문의 국가안보관」이란 장문의 글을 실었는데, 그 핵심적 메시지는 "국가안보라는 양탄자 아래 쓰레기를 감추지 말라"는 것이었다. 그는 다음과 같이 말했다.

"여기서 문제가 되는 것은 자유사회에서의 신문의 역할이다. 정부관리들은 업무수행을 쉽게 해주는 언론, 그들의 공공책임을 최소한으로 줄여주는, 그들의 견해를 의문없이 받아들이는, 설득과 조작으로 역사를 푸른 초원으로 인도하는 언론을 더 좋아한다. 정부와 언론 간에 마찰이 생기면 정부는 언론을 정책수행과 문제해결에의 장애로 보고 언론의 통제와 제거에 힘쓴다. 이럴 때일수록 언론은 공공의 이익에 합당한지 오로지 독자적으로 결정하며 정부가 아닌, 사회에 봉사하는 책임있고 적절한 태도로 보도의 사명을 계속해야 한다."[12]

한 가지 흥미로운 사실은 펠튼에 대한 7일간의 재판 심리 중 정부는 극비의 정보수집능력에 관해 2차대전 후 어느 때보다 많은 정보를 공개하였으며, 그 증언 일부엔 『워싱턴포스트』기사보다 더 많은 정보가 포함되어 있었다는 점이다.[13]

한국에서 표현의 자유를 규제하는 최대의 법은 국가보안법이다. 국가안보와 언론보도에 관한 우리나라의 법규로는 국가보안법 이외에도 ①형법의 간첩죄(제98조), 일반이적죄(제99조), 외교상의 비밀누설죄(제113조) 등 ②군형법 ③국가보위에 관한 특별조치법 ④국가기밀보호법 ⑤군사시설보호법 ⑥국가

정보원법 ⑦보안업무규정 등과 같은 국방상, 외교상, 군사상의 비밀을 보호하는 각종 법령이 있다. 그밖에 국가공무원법 · 지방공무원법 등에 비밀엄수의 의무규정 등이 있다.[14]

국가보안법의 주요 조항

국가보안법은 1948년 12월 1일 제정 · 공포되었는데, 이는 제주 4 · 3 사건과 여순 사건이 일어났으나 사건 관련자를 처벌한 뚜렷한 법적 근거가 없자 서둘러 제정한 것이었다. 국가보안법이 시행된 이듬해인 1949년 한 해 동안 이 법에 의해 검거 또는 입건된 자가 무려 11만 8621명에 이르렀다. 그해 9월에서 10월 사이에 132개 정당과 사회단체가 해산되었으며, 방첩대 및 군수사기관에서 이 법에 의해 입건 또는 구속되거나 숙청된 군인이 무려 8000명에서 9000명에 이르렀다.[15]

그 후 국가보안법은 여러 차례에 걸쳐 개정되었으며, 현 국가보안법은 1991년 5월 31일 법률 제3318호로 공포된 개정 법률이다. 1958년 제3차 개정시엔 '이적단체 찬양 · 고무죄'가 추가되었으며, 민주당 정권이 들어선 1960년 제4차 개정을 통해 '불고지죄'가 신설되었다. 1980년 제6차 개정시엔 반공법 조항을 대부분 흡수한 새 국가보안법이 제정되었고, 1991년 제7차 개정을 통해 "국가의 존립, 안정과 자유민주주의 기본 질서를 위태롭게 할 것을 알고도"라는 주관적 요건을 삽입하고 통신, 회합, 편의제공 등 처벌조항을 대폭 강화하였다.

1998년 2월 25일부터 1999년 2월 24일까지 1년간 국보법 구속자 수는 모두 413명이었는데, 각 조항별 구속자 수는 제7조(찬양고무) 381명, 제3조(반국가단체) 15명, 제8조(회합통신) 8명, 제9조(편의제공) 4명, 제6조(잠입탈출) 3명, 제4조(국가기밀) 2명 등이었다. 김대중정부 집권 2년차인 1999년 한 해 동안에도 국가보안법에 의한 구속자 수는 286명에 이르렀고, 이 가운데 261명이 제7조의 적용을 받았다.[16] 구속자를 양산한 주요 조항들의 내용을 살펴보면 다음과 같다.

제1조(목적 등) 제1항 이 법은 국가의 안전을 위태롭게 하는 반국가활동을 규제함으로써 국가의 안전과 국민의 생존 및 자유를 확보함을 목적으로 한다.

제2조(정의) 이 법에서 '반국가단체'라 함은 정부를 참칭하거나 국가를 변란할 것을 목적으로 하는 국내외의 결사 또는 집단으로서 지휘통솔체제를 갖춘 단체를 발한다.(법원은 이 조항을 근거로 일관되게 북한을 '반국가단체'로 판단하고 있으나 남북교류협력법은 북한을 '협력의 대상'으로 규정해 국가보안법과 정면으로 배치된다. 국가보안법은 이 개념을 기초로 반국가단체를 '이롭게'하거나 '찬양·고무'또는 '회합·통신'한 행위 등을 처벌토록 하고 있으나, 애매하고 추상적인 표현이라 문제의 소지가 크다.)

제3조(반국가단체의 구성등)

제4조(목적수행) 제1항 2호 형법 제98조에 규정된 행위를 하거나 국가기밀을 탐지·수집·누설·전달하거나 중개한 때에는 다음의 구별에 따라 처벌한다. 제1항 6호 (국가기밀누설 등 반국가적) 행위를 선동·선전하거나 사회질서의 혼란을 조성할 우려가 있는 사항에 관하여 허위 사실을 유포한 때에는 2년 이상의 유기징역에 처한다.(형법 제98조 1항은 적국을 위하여 간첩 행위를 하거나 적국의 간첩에 동조한 자에 대한 처벌, 동조 2항은 군사상의 기밀을 적국에 누설한 자에 대한 처벌을 규정하고 있다.)

제5조(자진지원·금품수수)

제6조(잠입·탈출)

제7조(찬양·고무 등) 제1항 국가의 존립·안전이나 자유민주적 기본질서를 위태롭게 한다는 점을 알면서도 반국가단체나 그 구성원 또는 그 지령을 받은 자의 활동을 찬양·고무·선전 또는 이에 동조하거나 국가변란을 선전 선동한 자는 7년 이하의 징역에 처한다. 제5항 (반국가적 행위를 할 목적으로) 문서·도화 기타의 표현물을 제작·수입·복사·소지·운반·배포·판매 또는 취득한 자는 그 각 항에 정한 형에

처한다.

제8조(회합·통신등)

제9조(편의제공)

제10조(불고지) 제3조, 제4조, 제5조 제1항·제3항(제1항의 미수범에 한한다) 제4항
의 죄를 범한 자라는 점을 알면서 수사기관 또는 정보기관에 고지하지 아니한 자는 5
년 이하의 징역 또는 200만 원 이하의 벌금에 처한다. 다만, 본범과 친족관계가 있는
때에는 그 형을 감경 또는 면제할 수 있다.

'막걸리 보안법' 이란 말이 나온 이유

국가보안법 가운데 가장 문제가 되는 조항이 바로 제7조로서 김대중정부 출
범 이후 1년간 국보법 관련 구속자 413명 가운데 92.3%인 381명이 7조 위반으
로 구속되었다. 집권 2년차인 1999년에도 국가보안법 관련 구속자 286명 가운
데 91.3%인 261명이 제7조의 적용을 받았다. 일반 형사사건의 실형 선고율이
30%를 웃도는데 비해 국가보안법 제7조 위반 사건의 경우, 겨우 10% 안팎에
머물고 있다는 점은 당국이 무리하게 법을 적용하고 있다는 증거로 볼 수 있
을 것이다. 1999년 구속자 가운데 실형을 선고받은 사람은 2%에 불과한 것으
로 조사됐다. 민주화실천가족운동협의회 남규선 총무는 "구속수사를 관행으
로 여기는 수사기관의 보안법 남용 실태가 드러났다" 며 "특히 대표적 독소조
항인 제7조와 검거자 포상을 규정한 21조의 폐지가 시급하다" 고 주장했다.[17]

법을 도대체 어떻게 적용하기에 그런 걸까? 유신시대에는 집을 철거하려는
집행권자에게 "김일성보다 더한 놈들" 이라고 했다가 구속되었고, "북한이 남
한보다 중공업이 더 발달되어 있다" 고 했다가 이 조항으로 처벌되었다.[18] 사
실 국가보안법 적용 사례엔 코믹하기까지 한 것도 많았다.

1970년대 강원도 산골에서는 어떤 농부가 막걸리 한잔 마시고 얼큰한 김에
"우리나라가 통일되는 간단한 방법이 있다. 박근혜를 김정일에게 시집보내면

된다"고 우스갯소리를 했다가 그 이튿날 중앙정보부에 끌려가 가진 고초를 겪고 국가보안법 위반으로 기소되어 몇 년의 징역을 살고 나왔다. 그 농부는 하도 어이가 없어 출소한 며칠 후 "취중에 농담도 못하냐, 농담 한마디 한 것 가지고 몇 년씩 징역을 살리는 이 놈의 세상이 김일성보다 못하면 못하지 나은 것이 뭐냐"고 했다가 다시 중앙정보부에 끌려가 국가보안법 위반으로 또 몇 년의 징역을 살고 나왔다.[19]

"예비군 훈련이 지긋지긋해서 북한으로 넘어가버리겠다"고 농담을 한 사람도 국가보안법 위반 혐의로 구속되었다. 이처럼 농담이나 취중에 한 말도 보안법 위반 대상이 되었기 때문에 이른바 '막걸리 보안법'이란 말까지 생겨났다. 1996년 역사를 공부하는 사학과 대학생이 『미제침략 백년사』를 소지했다 하여 국가보안법 위반으로 기소되기도 했다. 교사와 대학강사들이 동료의 딸 백일잔치에 모여 시국 이야기를 한 것이 '반국가단체 결성죄'가 되었고, "북한 지하철은 우리보다 7년이나 앞섰다"는 발언도 '반국가단체 찬양·고무죄'가 되었다. 조총련에 소속된 형에게 경부고속도로가 4차선이라고 말했다가 국가기밀 누설과 간첩 혐의로 구속된 원양 선원도 있었다.[20]

국가보안법은 국제적으로도 한국의 인권 상황에 대해 낮은 평가를 내리게 하는 주범이 되고 있다. 유엔인권위원회와 유엔자유권규약위원회는 1992년 이후 몇 차례에 걸쳐 폐지 또는 개정을 권고한 바 있다. 유엔자유권규약위원회는 1992년 7월 29일에 채택한 의견에서 다음과 같이 주장했다.

"국가보안법의 지속적인 적용에 대해 위원회는 주된 관심을 가지고 있다. 한국의 특수상황이라는 영향을 과대평가해서는 안 된다. 위원회는 정상적인 법률, 즉 일반 형벌법으로도 국가안보를 해치는 범죄를 충분히 규율할 수 있다고 믿는다. 더욱이 국가보안법의 몇몇 규정은 다소 모호하게 정의되어 있어 진정으로 국가안보에 해롭다고 할 수 없는 행위에 제재를 가하는 결과를 가져올 수 있는 광범위한 해석을 허용하고 있다. 위원회는 한국 정부에 대하여 그 입법을 자유권규약에 더욱 합치하도록 하는 노력을 강화할 것을 권고한다. 이를 위해 자유권규약에 규정된 권리를 완전히 실현하는데 주된 장애물이라고 인정되는 국가보안법을 제거하기 위한 노력이 진지하게 이루어져야 할 것이다."[21]

또 1998년 10월과 11월 두 차례에 걸쳐 유엔 자유권규약위원회는 한국 정부가 국가보안법 제7조를 적용, 유죄 판결을 선고한 사안이 유엔 자유권규약 제19조 '표현의 자유'를 침해하는 것인 만큼 적절한 구제조치를 취할 것을 요구하였다. 그런가 하면 유엔인권이사회는 1999년 11월 5일 국가보안법 제7조의 즉시 개정을 포함해 국가보안법의 단계적 폐지를 정부에 공식 권고하였다. 국제엠네스티도 2000년 8월 대한민국이 비준한 '시민적 및 정치적 권리에 관한 국제협약'에 부합하도록 국가보안법을 개정하라고 촉구했다. 민주사회를 위한 변호사 모임 최영도 회장은 국가보안법 폐지를 주장하는 이유로 다음과 같은 4가지를 들었다.

"첫째, 국가보안법은 우리 헌법이 보장하고 있는 양심과 사상의 자유, 학문과 표현의 자유를 침해하는 위헌적인 법률이고, 세계인권선언과 유엔에 '시민적 정치적 권리에 관한 규약'에 반하는 반인권적인 법률이기 때문입니다. 둘째, 국가보안법은 반국가단체, 이적단체, 국가기밀, 찬양·고무, 이적표현물 등 그 범죄의 구성요건이 매우 추상적이고 애매모호하여 죄형법정주의, 유추해석의 금지 등 형사법의 대원칙에 어긋나는 법률이기 때문입니다. 셋째, 국가보안법은 문명사회에 있어서 야만적인 사법살인이라고 비난받는 사형을 법정형으로 규정한 죄가 무려 46개가 되는 등 잔인하고 가혹한 법률이며, 다른 형사범보다 수사기관에서 20일이나 더 긴 50일까지 구속할 수 있는 악법이기 때문입니다. 넷째, 국가보안법은 과거 50년간 권력자가 통일에 대한 자유로운 논의를 봉쇄하고 정부에 대한 비판을 하는 민주화 투쟁 인사, 정치적 반대자를 무자비하게 탄압하고 제거하고 정권을 유지하는 수단으로 악용되어 왔기 때문입니다."

최영도는 국가보안법 개폐를 반대하는 사람들이 남북분단 상황에서의 국가안보를 내세우는 것에 대해선 이렇게 반박했다.

"국가보안법이 없어도 간첩은 형법 제98조 간첩죄를 적용하여 처벌하고(우리나라 대법원은 간첩죄에 있어서 북한을 '적국'으로 간주하고 있습니다) 공산주의 혁명을 일으켜 대한민국을 전복하려는 자는 형법 제89조 내란죄로 대한민국의 군사상 이익을 해하거나 북한에 군사상 이익을 준 자는 형법 제99조 일반 이적죄로 다스리면 됩니다. 국가보안법이 없어도 간첩은 얼마든지 잡을 수 있고, 잡은 간첩은 얼마든지 형법으로 처벌할 수 있습니다."[22]

같은 맥락에서, 민주사회를 위한 변호사 모임 전 사무국장 백승헌 변호사는 "이적 표현행위가 직접적인 폭력을 선동하게 된다면 형법이나 폭력행위 등에 관한 법률로 얼마든지 처벌할 수 있습니다. 비폭력적인 주장에 대해서는 그 부분이 아무리 국민 다수의 생각에 위배된다 하더라도 자유민주주의라는 기본 질서 아래에서 용인될 수 있어야 하며 사상의 자유시장에서 조절된다고 생각합니다"라면서 다음과 같이 말한다.

"이 조항이 없어지면 세종로에서 '김정일 만세'라 외치는 것에 대해서 어떻게 규율할 거냐고 걱정을 하시는데 그런 말을 누군가 했다면 이 사회에서 미친 사람 취급받지 그것이 전파돼서 실제적으로 국가 위협으로 나타날 가능성은 없다고 생각합니다. 분단이라는 남북한 특수 상황이 남한 국민에 대한 기본권 금지 조항으로 이용돼서는 절대 안 됩니다. 바로 그러한 이유 때문에 지금까지 국가보안법이 엄청나게 악용돼왔고 국민들에게 고통을 주었습니다. 국가보안법이 실제로 악용됐는지는 현직 대통령이나 현직 국회의원 중에 얼마나 많은 사람이 국가보안법 위반으로 처벌됐는가를 조사해보면 알 것입니다."[23]

국가보안법을 둘러싼 논쟁

국가보안법 위반 입건자 수는 1999년 506명, 2000년 286명, 2001년 247명, 2002년 231명, 2003년 165명으로 계속 감소 추세에 있다. 대표적 독소조항의 하나로 지적돼 온 7조 1항 찬양·고무죄로 검찰에 적발된 사건은 2003년 이후

1건도 없어 국보법 자체가 사문화됐다는 주장도 있으나, 그래도 안심할 수 없다는 반론도 있다.

2004년 8월 26일 헌법재판소는 국가인권위원회로부터 폐지 권고를 받은 국가보안법에 대해 합헌 결정을 내렸다. 그간 독소 조항으로 꼽혀 온 7조 1항(찬양·고무죄)과 5항(이적표현물 소지 등)에 대해 소수 의견조차 없이 재판관 9명의 '전원일치'로 합헌 결정을 내린 것이다.

또 9월 2일 대법원은 국가보안법 위반 등 혐의로 기소된 전 한총련 대의원 두 사람의 상고심에서 이들의 상고를 기각하면서 국가보안법 폐지 논의를 반박하는 이례적인 판결문을 내놓았다. 재판부는 판결문에서 "북한이 직·간접 등 온갖 방법으로 우리 체제를 전복시키고자 시도할 가능성이 항상 열려 있는 이상, 스스로 일방적인 무장해제를 가져오는 조처에는 여간 신중을 기하지 않으면 안 된다"고 지적했으며, 보안법 폐지론을 겨냥해 "나라의 체제는 한번 무너지면 다시 회복할 수 없는 것이므로, 국가의 안보에는 한 치의 허술함이나 안이한 판단을 허용할 수 없다"고 강조했다.

국가보안법폐지 국민연대와 민변, 참여연대 등 시민단체들은 "대법원이 시대에 뒤떨어진 냉전적 사고방식을 가진 이들로 구성돼 있다는 점이 다시 한번 증명된 셈"이라고 비판했다. 대법원이 사건과 직접 관련이 없는 국보법 폐지 논리를 반박한 것은 사법부가 입법부의 입법활동에 개입한 것이라는 비판도 제기되었다. 대법원의 판결문 중 "오늘날 북한에 동조하는 세력이 늘어가고, 통일전선의 형성이 우려되는 상황임을 직시할 때 체제 수호를 위해 관용에는 한계가 있어야 한다"는 부분은 지나친 표현이라는 것이다. 민주사회를 위한 변호사 모임은 "대법원이 입법정책에 대한 호불호를 표현한 것은 정치적 영역을 침범, 3권 분립의 원칙을 스스로 어긴 것"이라고 비판했다.

대통령 노무현은 2004년 9월 5일 밤 MBC TV 〈시사매거진 2580〉 500회 기념으로 가진 '대통령에게 듣는다' 프로그램에 출연해 "국가를 보위하기 위해서 필요한 조항이 있으면 형법 몇 조항 고쳐서라도 형법으로 하고 국가보안법을 없애야 대한민국이 드디어 야만의 국가에서 문명국가로 간다고 말할 수 있는 것"이라며 국가보안법 폐지 입장을 밝혔다. 그는 국가보안법은 "칼집에 넣어 박물관으로 보내는 것이 좋을 것"이라고 말했다. 일부 언론은 '야만의 국가' 등 현재의 시각으로 과거를 철저히 부인하는 것은 대통령으로서 바람직한 자세가 아니다는 비판을 제기하였다.

노무현이 국가보안법 폐지 방침을 천명하면서 국가보안법 문제는 뜨거운 정치적 이슈가 되었다. 여야 정당의 생각이 각기 다른데다 각 정당 내부에도 각기 다른 의견들이 상충하고 있기 때문에 더욱 그랬다.

2004년 9월 20일 한나라당 대표 박근혜는 논란이 되고 있는 '정부 참칭' 조항(국가보안법 제2조)은 얼마든지 논의할 수 있으며, 보안법의 명칭도 바꿀 수 있다고 말했다. 그 이전에 고무·찬양죄와 불고지죄는 전향적으로 수정하되, 정부참칭죄는 그대로 유지한다고 규정한 데서 한 걸음 나아간 것이었다. 그러나 이에 대해 한나라당 의원 김용갑 등 일부 의원들은 "국보법의 '정부 참칭' 조항과 법안 명칭은 체제 수호의 상징성이 크기 때문에 절대 양보할 수 없다"고 박근혜를 비판하였고, 박근혜도 자신의 발언이 오해되었다고 주장했다. 여당 내에서는 '폐지 후 형법 보완'과 별도의 대체 입법을 주장하는 쪽으로 나뉘었다.

2004년 9월 20일 한국형사법학회와 한국형사정책학회, 한국비교형사법학회 등 1000여 명의 교수들을 아우르는 세 학회는 '국가보안법 논쟁에 대한 전국 형사법 전공교수의 입장'이라는 성명을 내고 "국가보안법의 주요 내용은 현행 형법으로도 얼마든지 대체 가능하다"며 국가보안법의 이른 폐지를 촉구했다.

이들은 "보안법 폐지가 '무장해제'인 양 국민들의 막연한 불안감을 부추기는 것은, 어떤 이론적 근거도 없다"며 "보안법을 폐지하더라도 형법에 의한 처벌 공백이 발생할 여지가 거의 없기 때문"이라고 밝혔다. 또 이들은 "지금 형법은 국가안보가 지상 과제였던 한국전쟁 당시 만든 것으로 국가안보와 관련해 내란을 위한 선전선동 및 예비음모죄 등의 포괄적인 규정을 두고 있어 국가보안법을 얼마든지 대체할 수 있다"면서 "보안법은 우리 정부가 인준·공포한 국제인권규약 제18조(사상과 양심의 자유), 제19조(의사표현의 자유)를 위반하고 있는 만큼 이를 남겨두는 것은 국익에 결코 도움이 되지 않는다"고 주장했다.

이들은 주체사상을 퍼뜨리는 행위에 대해선 단순히 주체사상을 연구하는 단체라면 학문의 자유 차원에서 처벌할 수 없겠으나, 연구를 가장해 체제의 위협이 가해지는 수준에서 활동이 이뤄진다면 '내란을 위한 예비·음모죄(3년 이하 징역)'로 처벌할 수 있다고 밝혔다.

이들은 북한의 연방제나 주한미군 철수 등을 선전선동할 경우엔 북한의 주장과 같다고 해서 모두 내란의 위기를 초래하는 것은 아니기 때문에, 불쾌하거나 공격적인 표현이라 해도 주장행위 자체를 처벌할 수는 없다고 밝혔다. 연방제나 주한미군 철수 같은 사안도 '사상의 시장'에서 경쟁하도록 하고, 결론이 어떻게 나든 다수 국민의 뜻을 따르는 것이 민주주의의 원칙이라는 것이다. 지금의 국가보안법은 어떤 주장이 북한과 같다는 이유만으로 처벌할 수 있도록 했지만 앞으로는 구체적인 경우마다 '구체적이고 가능한' 위험 여부를 따져 처벌하도록 하자는 것이다.

이들은 "보안법을 폐지하면 광화문에서 김일성 추모집회를 열어도 처벌 못한다"는 주장에 대해서도 "내란 목적의 선전선동은 3년 이하 징역형에 처한다"는 형법 제90조가 있기 때문에 그 추모집회가 단순 동조의 성격이라면 처벌할 수 없지만, 폭동을 조장하는 등 체제를 위협할 요소가 있다면 선전선동죄로 처벌할 수 있다고 밝혔다.[24]

변호사 박원순은 보안법 폐지 반대론자들이 우려하는 '김일성 추모집회'와 같은 집회에 대해 "왜 이걸 처벌해야 됩니까. 미친 사람이 미친 짓하는데 일일이 법률이 나서 적용하고 처벌해야 한다는 게 말이 됩니까. 우리 사회가 그 정도는 성숙됐다고 봅니다. 표현의 자유는 물론이거니와 국가의 구체적인 위험으로 연결되지 않는 한 사회적으로 용인하는 것이 낫지 않겠습니까"라고 말했다. 또 박원순은 국보법으로 피해를 본 사람이 몇이나 되느냐, 생업에 무슨 지장을 주느냐는 반론에 대해 "저는 그런 사람들은 전체주의자라고 생각해요. 그 어떤 비합리적인 법령 때문에 고통받는 사람들이 단 한 명이라도 있다면 문제로 삼아야 하는 게 맞죠"라고 주장했다.[25]

2004년 10월 4일 오후 3시 30분 한국기독교총연합회 등 보수 기독교단체들은 서울시청 앞 서울광장에서 '나라와 민족을 위한 구국기도회'를 개최하였다. 이들은 "국가보안법 폐지를 반대하며 사립학교법 개정을 종교 탄압으로 규정, 반대한다"고 밝혔다. 같은 날 오후 5시 300여 개 보수단체와 보수성향의 기독교단체들은 10만여 명이 참여한 가운데 국가보안법 폐지 반대 등을 요구하며 서울시청 앞 서울광장에서 '대한민국 수호 국민대회'를 열었다. 이날 집회에는 전 국무총리 현승종, 남덕우, 강영훈와 재향군인회장 이상훈, 6·25 참전유공자 회장 채명신, 자유민주민족회의총재 이철승, 여의도순복음교회 당회장 조용기, 한나라당 의원 김용갑, 박성범, 김문수 등이 참가했다. 이들은 "국가보안법 폐지는 북한공산세력과 남한 내 친북좌익세력에게 대한민국 파괴 면허증을 주는 국가적 자살행위"라고 규정한 뒤 "이들 좌익세력의 국가보안법 폐지 시도를 막아내자"고 결의했다. 이들은 청와대로 행진하려다 경찰과 충돌해 물대포가 동원되기도 했다.

서강대 교수 손호철은 『한국일보』 2004년 10월 5일자에 기고한 「개혁과 민심」이라는 제목의 칼럼에서 노무현의 '전투적 리더십 스타일'을 비판하였다. 그는 "국보법은 폐지해야 하지만 이 문제를 꼭 대통령이 텔레비전에 나와 선전포고를 하듯이 추진했어야 하는 것인지는 의문이다. 오히려 박근혜 한나라당 대표, 그리고 보수원로 등을 만나 '이제 국보법은 없어져야 하며, 우려하는 부분은 형법 등으로 보완할 것이니 협력해달라'는 식으로 협조를 구했다면 최소한 지금과 같은 수준의 분란은 피할 수 있었던 것이 아닌가. 사실 국보법에 대한 열린우리당과 한나라당의 입장이 내용적으로는 그리 큰 차이가 있는 것 같지도 않다"고 말했다.

2004년 10월 12일 열린우리당은 국가보안법 폐지 당론을 확정, 형법보완 3개안과 대체입법 1개안 등 보완입법 4개안을 제시했다. 10월 17일 열린우리당은 정책 의원총회를 열어 국가보안법을 폐기하고 폐지 대안 4가지 중 표결을 통해 형법상 내란죄를 보완하는 제1안을 택했다. 형법에 '내란목적단체조직죄'를 만들어 보완하는 대신, 기존의 반국가단체 관련 조항, 잠입 · 탈출죄, 찬양 · 고무죄, 회합 · 통신죄, 불고지죄 등을 없애기로 한 것이다. 12월 6일 열린우리당은 국보법 폐지안을 국회 법제사법위원회에서 물리력으로 상정하였다.

『국민일보』 12월 10일자에 보도된 창간 16주년 여론조사 결과에 따르면, 국가보안법 폐지 찬성은 33.8%, 반대는 62.0%인 것으로 나타났다. 『조선일보』 12월 14일자에 보도된 여론조사 결과에 따르면, 국가보안법 폐지 찬성은 36.6%(폐지 후 대체입법 27.7%, 완전폐지 8.9%), 반대는 61.0%(현행 유지 16.0%, 일부만 개정 45.0%)인 것으로 나타났다.

국회에선 국가보안법 처리를 둘러싸고 '전쟁'이 벌어졌다. 여야뿐만 아니라 여권 내부에서도 강경파와 온건파가 충돌했다. 12월 31일 열린우리당 의장 이부영은 "의식 과잉된 양당 강경파들 때문에 타협에 이르지 못했다"고 비판했다. 그는 "이들은 1950~1960년대와 1970~1980년대 의식에서 벗어나지 못한 채 과거의 풍경에만 정신이 팔려있다"며 "지금 보안법은 머릿속에만 있을 뿐이지 실체가 없지 않느냐"고 말했다. 결국 국회는 우여곡절 끝에 예산안과 이라크 파병 연장 동의안, 그리고 신문법만을 가까스로 처리하고 국가보안법 등 나머지 3개 법안은 다음 국회로 미뤘다.

서강대 교수 손호철은 『한국일보』 2005년 1월 4일자에 기고한 「패거리 정치를 넘어서」라는 제목의 칼럼에서 "노 대통령과 이해찬 총리는 쓸데없이 냉전세력을 자극하는 이념공세, 막말공세를 펼침으로써 세상만 시끄럽게 만들었지 국가보안법을 비롯한 개혁법안들을 제대로 처리하지 못했다"며 "그렇게 폼을 잡고 공격적으로 나왔으면 밀어붙여서라도 법안들을 통과시키거나, 그럴 자신이 없다면 폼이라도 잡지 말 일이지, 폼이란 폼은 다 잡아 평지풍파를 일으켜놓고는 오랜 관습이 하루아침에 바뀌겠느냐며 꼬리를 내린 채 해를 넘기고 말았으니 화가 치민다"고 말했다.

변호사 박원순도 국가보안법 문제를 냉철하고 탈이념적으로 보자면서 '과잉 정치화'의 문제를 지적했다. 국가안보는 진보와 보수를 막론하고 다 합의해야 하는 부분임에도 불구하고 대통령이 의견이 다른 사람들을 만나서 설득하려는 게 아니라 대결을 조장한 측면이 있다는 것이다.[26]

문화평론가 이재현도 국가보안법 폐지를 찬성한다고 밝히면서도 갈등지향적인 폐지 시도는 "사멸해가고 분열해가고 있는 보수반동 세력을 굳이 결집시켜주는 결과만 낳을지도 모른다"고 우려했다.[27] 사회디자인연구소 소장 김대호도 "2004년 당시, 어디 내놓을 만한 국가 개혁 담론(컨텐츠) 하나 없이, 피해의식만 그득한 보수 우파들을 결집시키고 목청을 높이게 하는 결정적인 호재가 '국가보안법 철폐' 시도였다"고 평가했다.[28] 이런 일련의 견해들은 소통의 중요성을 말해주는 걸로 볼 수 있겠다.

불고지죄와 취재원 보호

불고지죄는 1991년 국가보안법 제7차 개정시 목적수행 등 간첩관련 범죄에 대한 불고지만 처벌하고 잠입, 탈출 등의 불고지는 처벌에서 제외되었지만, 여전히 이에 대한 논란이 끊이지 않고 있다. 『활보』 창간호인 1999년 9월 20일에 실린 「국가보안법 상식: 불고지죄」는 "인간은 내면에 형성된 양심을 강제로 공개당하지 않으며 침묵할 자유를 지니고 있는 것인데 불고지죄는 이러한 침묵을 처벌하는 규정"이라면서 다음과 같이 말한다.

"어느 날 가족모임에서 동생이 북한에 남은 모친의 사진을 가지고 왔다. 동생은 사진의 입수 경위에 대해 자세한 설명은 하지 않았으나 북한에 다녀왔거나 적어도 북한에서 온 사람으로부터 받은 것이 분명할 터인바, 가족들은 불문에 붙이기로 약속했다. 여기서 북한에 있는 모친의 사진을 가지고 온 동생을 신고하지 않은 형, 누나, 형수, 동서들은 무슨 죄를 지은 것이 되는가? 바로 국가보안법 제10조 불고지죄이다. 위 이야기는 실제로 있었던 일이다. 과거 간첩 사건 등에서 이러한 불고지죄로 인하여 주변 친척들이나 친구들이 굴비 엮이듯 줄줄이 입건되어 신문의 한 면을 장식한 경우가 한두 번이 아니다. 불고지죄가 가지는 사회적 · 법률적 문제점은 다음과 같다. 먼저 불고지죄는 사회의 인륜도덕을 파괴한다. 국가보안법 위반 사실을 알게 되는 것은 결국 가까운 친인척들뿐일 터인데 이들에게 가족 간의 애정을 버리고 수사기관에 신고하라는 것은 우리의 선량한 풍속에 반하는 것이다. 잔인하고 무서운 죄가 아닐 수 없다. 다음으로 불고지죄에 의하여 전 국민이 국가보안법 위반자로 될 가능성이 상존한다. 전 국민의 범죄자화가 초래될 수 있는 것이다. 법률적인 측면에서 불고지죄는 사상과 양심의 자유의 한 내용으로서 그 본질적 내용이라고 할 수 있는 침묵의 자유를 침해한다."[29]

불고지죄는 언론의 취재원 보호와 관련해서도 심각한 문제를 제기하고 있다. 이와 관련된 가장 유명한 사례라 할 『한겨레』 윤재걸 기자 사건'은 '취재원 보호'를 다룬 장에서 살펴 보기로 하고 여기서는 원론적 차원의 문제를 알아보기로 하자. 『동아일보』 1986년 7월 4일자 사설은 불고지죄를 '온 국민에게 경찰관과 같은 의무를 지우게 하는' 것이라고 평한 바 있는데,[30] 이것이 언론에게 적용될 경우 언론사에겐 경찰서와 같은 의무를 지우게 하는 것이라고 말할 수 있을 것이다.

이에 대해 팽원순은 "만약 기자가 취재원에게서 얻은 정보나 그 취재원의 행적에 관한 사항을 일일이 수사기관에 고지하게 된다면 어떤 취재원이라도 다시는 그 기자에게 정보를 제공하지 않을 것이며 그렇게 되면 보도활동을 제대로 하지 못하게 될 것이 분명하다. 그처럼 기자들이 수사기관이나 정보기관에 대한 고지의 의무를 지게 된다면 기자가 수사기관이나 정보기관의 보도자이거나 앞잡이인 것처럼 인식되어 취재원은 물론 일반 국민으로부터도 불신을 사지 않을 수 없을 것이다"며 다음과 같이 말한다.

"국가보안법의 범죄에 대해서만 불고지죄를 적용한다고 하나 취재를 할 당시에는 국가보안법을 어긴 행위인지 아닌지를 분명히 판단할 수 없는 아리송한 경우가 얼마든지 있을 수 있는 것인데 그런 경우도 빠짐없이 고지해야 한다면, 기자들이 번거로움이나 위험부담을 피해서 어지간한 것은 취재조차 하지 않으려고 할 수 있기 때문에 보도관이나 기자에게 '자기억제'를 강요하는 '위축 효과'까지도 미치게 된다고 할 수 있다. 또 확정 판결이 있기까지는 무죄로 추정해야 한다는 것이 형법상의 대원칙인데 아직 유죄로 확정되지 않은 행위를 고지하지 않았다고 불고지죄를 적용하는 것은 그런 원칙에도 어긋나는 것이라고 해야 할 것이다."[31]

사전유지청구권

표현의 자유와 관련하여 자주 문제가 되는 것 중의 하나가 사전억제(prior restraint)다. 이는 이미 예고된 어떤 미디어 생산물로 인하여 권리 침해가 발생할 수 있다고 생각하는 측에서 법원에 그 생산물의 유포를 중지시켜줄 것을 요청함으로써 발생하는 데, 그러한 요청의 권리를 사전유지(留止)청구권 또는 부작위(不作爲: 방해예방)청구권이라고 한다. 법원이 부작위청구권을 받아들일 경우 '유지(留止) 명령'을 내리게 되는데, 일본에서는 차지(差止) 명령이라 하고 영·미에서는 금지명령(injunction)이라고 한다.[32]

박용상은 부작위청구권에 대해 "사전적 구제로서 일반적으로 생각할 수 있는 부작위청구권은 인격권 또는 기업권을 침해하는 표현행위가 이루어지고 있는 경우에는 그 중지를, 그러한 침해의 우려가 있는 경우에는 사전에 그 발표 또는 전파를 하지 말라고 청구할 수 있는 권리이다"라고 정의를 내리면서 다음과 같이 말한다.

"명예훼손과 특히 프라이버시의 침해로 인하여 피해자는 회복 불가능한 타격을 받게 되고 사후 구제 수단만으로는 충분하지 못한 경우가 허다하므로 이들 권리의 보호에 충실하자면 이러한 사전적 구제 수단이 인정되어야 함은 물론이다. 이 부작위청구권은 본안 소송으로 제기할 수도 있고, 그 이전에 가처분 절차에 의해서도 실행할 수 있다. … 우리의 경우에는 민사소송법의 가처분 절차에 의해 인쇄 또는 출판 및 배포 금지 등의 가처분을 구한 사례가 소수 있을 뿐 그에 대한 이론적 체계가 확립되어 있지 못한 것이 실정이었다. 그러다가 대법원은 최근에 이르러 분유제조업체 간의 비방 광고로 인하여 인격권 침해 및 영업 손실의 불법행위가 문제된 사건에서 부작위청구권의 근거와 성질 등에 관하여 이론적 입장을 표명하게 되었다."[33]

대법원이 이론적 입장을 표명한 사건은 '남양유업 대 파스퇴르분유 사건(대법원 1996. 4. 12)'이다. 원고 남양유업주식회사 등 기존 유가공업체는 유아용 조제분유 시장을 지배하여 왔는데, 분유업계의 후발주자로 출발한 피고 파스퇴르분유 주식회사는 1990년 위 시장에 뛰어들어 판매망을 개척하기 위하여 대대적인 광고 공세를 폈다. 문제가 된 일간지 광고의 내용은 원고 회사가 비식용 분유를 만드는 기계로 조제분유를 제조하고 있으며, 법령상 사용 금지된 원료 또는 화학첨가제를 사용한다는 것이었다.

이미 피고를 상대로 위 광고행위의 부작위 및 그 위반 광고 1건에 대하여 금 7000만 원의 배상을 명하는 가처분 결정을 받았던 원고는 위 비방 광고의 금지를 비롯해 금 35억 2000만 원의 지급을 구하였다. 이 사건 본안 사건의 원심인 서울고등법원은 비방 광고의 부작위 청구를 인용하면서 장래 위반시에는 그에 대한 제재로서 위반 광고 1건에 대하여 금 7000만 원의 지급을 명하고, 이미 행해진 비방 광고에 대한 대응 광고를 위해 필요한 비용으로서 1매체당 금 1300만 원 합계 금 6500만 원 및 위자료로서 금 3억 원의 지급을 명하였다. 대법원은 피고의 상고를 기각하였다.[34]

성낙인은 사전유지청구권이 행사될 수 있는 요건으로 4가지를 들었다. 첫째, 침해행위의 계속성과 급박성이 있는 경우에 다른 구제 수단에 의하여 피해구제가 실효성을 기할 수 없는 경우라야 한다. 둘째, 비례의 원칙에 비추어 침해행위에 의하여 피해자가 회복할 수 없는 손해가 발생할 우려가 있고, 사전유지에 의하여 가해자가 입는 손해보다 더 큰 손해가 있어야 한다. 셋째, 공공성과 진실성에 비추어 침해행위가 '위법성 조각사유' 가 없어야 한다. 넷째, 언론에 의한 사전검열의 위헌성과 우려를 배제하기 위하여서는 법원의 결정에 의하여서만이 가능할 것이며, 이 경우 민사소송법상의 가처분 절차에 의하여 행해질 것이다.[35]

위법성(違法性) 조각사유(阻却事由)란 "형식적으로는 불법행위로서 범죄가 되지만 실질적으로는 범죄행위 또는 불법행위로서의 성격이 정지되는 여러 가지 사유를 말한다."[36] '조각' 이란 성립되지 않는다는 뜻이다. 달리 말하자면, 위법성이 없다고 검찰이나 법원이 인정하는 경우를 뜻한다.

자주 논란이 되는 게 바로 방송금지 가처분이다. 1994년 이후부터 2003년 5월까지 방영금지 가처분 신청의 대상 프로그램은 27건으로, 주로 문화방송 〈PD수첩〉〈시사매거진 2580〉이나 서울방송 〈그것이 알고싶다〉 등의 시사고발 프로그램들이었다. 이중 10건에서 신청인의 요청이 수용돼 전부 혹은 부분적으로 방영금지되었다.[37]

특히 종교와 관련된 방송금지 가처분 신청의 경우엔 폭력이 따라붙곤 했다. 문화방송은 1999년 5월 만민중앙교회 이재록 목사의 이단성 등을 폭로하는 내용의 〈PD수첩〉을 제작하는 과정에서 만민중앙교회 측이 낸 방영금지 가처분 신청을 법원이 받아들여 일부 내용을 제외했으나 신도들의 방송사 난입으로 방송이 한때 중단되었다.

2000년 5월 3일 문화방송은 방송 프로그램에 대한 방영금지 가처분제도가 헌법상 보장된 언론의 자유를 본질적으로 침해한다며 헌법재판소에 헌법소원 심판을 청구했다. 문화방송은 청구서에서 "프로그램을 제작, 방영하기 전에 방영을 못하게 하도록 할 수 있는 방영금지 가처분제도가 규정돼 있는 민사소송법 714조 2항은 언론에 대한 사전검열을 금지하는 헌법에 위배되며 헌법 37조 2항의 과잉금지 원칙에도 어긋난다"고 주장했다. 그리고 "언론인이 양식과 소신에 따라 보도내용을 자율적으로 결정하지 못하고 법원의 판단에 의해 방송내용이 결정된다면 보도의 자유와 국민의 알 권리에 대한 치명적인 왜곡현상을 초래할 수 있다'며 '언론의 사회비리 고발 노력이 위축될 것'이라고 지적했다."[38]

그러나 헌법재판소는 2001년 8월 30일 관여 재판관 전원의 일치된 의견으로 방영금지 가처분제도가 "헌법에 위반되지 않는다"는 판단을 내렸다.[39]

2001년 9월 3일 전국언론노조는 성명을 통해 법원의 방영금지 가처분명령은 "사법의 이름을 빌린 사전검열"이라고 주장했다. 언론인의 "소신과 양식에 따라 프로그램의 내용과 수위를 자유롭게 결정하지 못하고 항상 법원의 판단에 의지해야 한다면 언론자유는 갈수록 위축될 수밖에 없다"는 것이다.[40]

2009년 2월 22일 서울북부지법 민사11부(재판장 이재영)는 일제시대 때 화가였던 장우성(1912~2005)씨와 검사를 지낸 엄상섭(1907~1960)씨의 후손들이 각각 민족문제연구소를 상대로 낸 '친일인명사전 발행 및 게시금지 가처분 신청'을 모두 기각했다고 밝혔다. 장씨와 엄씨의 후손들은 2008년 7월 "객관성과 합리성을 잃은 선정 기준으로 고인을 친일사전 수록 대상으로 선정해 당사자와 유족들의 명예가 침해될 우려가 있다"며 사전 발행을 금지해달라는 신청을 냈다. 재판부는 결정문에서 "출판물의 발행·판매 금지는 표현행위에 대한 사전억제로 예외적인 경우에만 허용돼야 한다"며 "후손이 제출한 자료만으로는 연구소의 사전 발행을 금지할 정도로 그 사실이 진실이 아니거나 공공의 이익을 위한 것이 아니라는 점이 소명되지 않는다"고 밝혔다.[41]

영상물 심의와 검열

우리 사회에서 영상물은 오랜 세월 엄격한 검열을 받아왔다. 1966년 1월 27일자율적 기구로 창립한 한국예술·문화윤리위원회는 약 10년간 활동해 오다가 1975년 12월 31일 법률 제2884호로 종전의 공연법(1961년 12월 30일 법률 제902호) 중 일부가 개정되면서 제25조 제3항에서 공연윤리위원회(공륜)의 설치를 규정함으로써 해체되었다.[42] 공연윤리위원회는 영상물·음반 검열의 총본산이었다. 그 횡포가 대단했다. 라제기는 다음과 같이 말한다.

"혹시 〈이장호의 외인구단〉이라는 영화제목을 기억하거나 들어봤는지. 만화가 이현세씨의 인기 만화 『공포의 외인구단』을 1986년 이장호 감독이 스크린에 펼쳐낸 작품이다. 제목만 보고 '이장호 감독의 자기 이름에 대한 집착이 대단했나 보다'라고 생각한다면 억측에 불과하다. '공포'라는 무시무시한 단어를 영화제목에 써서는 안 된다는 당시 공연윤리위원회의 심의에 따른 것이기 때문이다. 서슬 퍼렇던 제5공화국 시절 제목만 손을 댄 '외인구단'의 경우는 그나마 애교에 속했다. 같은 해 김수용 감독의 〈중광의 허튼소리〉는 공륜에 의해 13장면을 가위질 당한 만신창이로 겨우 극장에 걸렸다. 항의의 표시로 김 감독이 은퇴를 선언했을 정도니 그 충격이 가히 짐작이 간다."[43]

1996년 6월 7일 헌법재판소의 위헌 결정으로 음반 사전심의가 폐지되었다. 일률 심의는 전면 폐지되고 공연윤리위원회 직권에 의한 사후 선별심의만 상징적으로 남게 된 것이다. 음반 사전검열은 1933년 조선총독부 경무부가 음악을 통해 조선인들의 정서를 통제할 목적으로 실시했던 것인데, 그걸 없애는 데에 63년이 걸린 것이다.

1996년 10월 4일 헌법재판소는 공연윤리위원회의 영화 사전심의에 대해 위헌 결정을 내렸다. 헌법재판소는 결정문에서 "헌법 제21조는 국가 행정권의 언론·출판에 대한 허가나 검열을 인정하지 않고 있는 만큼 공륜의 사전심의를 받지 않은 영화상영을 금지하고 이를 위반할 경우 형사처벌까지 규정한 구 영화법은 헌법상 금지된 사전검열에 해당돼 위헌"이라는 판결을 내리면서 "공륜이 민간인으로 구성된 자율적인 기관이라 하더라도 영화에 대한 사전심의제도를 채택하고 공연법에 의해 공륜을 설치토록 해 행정권이 공륜 구성에 지속적인 영향을 미칠 수 있게 했으므로 공륜을 검열기관으로 볼 수밖에 없다"고 밝혔다. 다만 "청소년이 음란·폭력 영화에 접근하는 것을 막을 필요가 있기 때문에 유통단계에서 효과적으로 등급을 심사하는 것은 사전검열이 아니다"고 밝혔다.[44]

강한섭은 "1996년 10월 4일은 한국사회사의 기념비적 날이 되었다. 그날 헌법재판소의 어른들이 어마어마한 판결로서 대한민국과 국민들이 나아가야 할 길을 밝히셨기 때문이다. 판결의 핵심은 두 가지다"며 다음과 같이 말했다.

"첫째, 영화는 단순한 오락이 아니라 학문 및 예술의 표현수단이므로 언론에 상응하는 표현의 자유를 누려야 한다. 둘째, 이렇게 중요한 영화를 공연윤리위원회가 사전에 심의하여 자르거나 금지해서는 안 된다. 소식을 전해들은 영화인들이 환희에 겨워 졸도하고 해방 이후 반세기 동안 마땅히 보아야 할 영화와 장면들에서 격리당해온 국민들은 태극기를 들고 거리로 쏟아져 나와도 좋은 일이었다. 영화인들은 딴따라에서 예술가로 격상되고 국민들은 박탈되어 온 '볼 권리'를 되찾았으니 말이다."[45]

헌법재판소의 위헌 결정에 따라 1997년 3월 17일 국회는 개정 영화진흥법을 통과시켰는데, 주요 내용은 종전의 사전심의제를 등급심의제로 바꾸되 등급외 영화전용관은 불허하고, 공륜은 폐지하는 대신 한국공연예술진흥협의회를 신설하며, 이 기구로 하여금 6개월간 등급부여를 보류할 수 있게 한 것 등이었다. 그러나 등급외 영화상영 기관이 없다는 점과 보류 조항이 다시 문제가 되어 한동안 적잖은 논란을 불러 일으켰다.[46]

영화진흥법 개정 등과 같은 우여곡절 끝에 한국공연예술진흥협의회는 1999년 6월 8일부터 그 명칭을 다시 영상물등급위원회(영등위)로 바꾸었다. 영등위는 ①영화 ②비디오 ③게임물 ④가요음반 ⑤무대 공연 등 다섯 부문을 심의하도록 되어있는 데, 그 활동을 둘러싸고 '표현의 자유'와 관련된 논란이 끊이질 않는다.

2001년 헌법재판소는 영화진흥법의 등급보류 조항에 위헌 결정을 내렸다. 영

화진흥법 시행령은 몇 차례 수정되는 과정을 거쳐 현재 연령별 심의 기준을 ①
'전체관람가 ②12세 이상 관람가 ③15세 이상 관람가 ④청소년 관람불가 ⑤제
한상영가 5개로 분류하고 있다. 이러한 연령별 등급 기준은 다른 나라에서도 비
슷한 형태로 도입하고 있는 제도이다. 예컨대 미국의 경우 ①G(General: 전체관
람가) ②PG(Parental guidance suggested: 부모동반 전체관람가) ③PG13(Parental
strongly cautioned: 13세 미만 부모동반가) ④R(Restricted: 17세 미만 부모동반가) ⑤
NC17(No Children under 17 admitted: 17세 미만 관람불가)' 등으로 돼있다. 오동진
은 국내 심의등급에 있어 '제한상영가'의 문제점을 다음과 같이 지적했다.

"제한상영 등급을 받은 영화의 경우 법으로 지정된 제한상영관에서만 상영
하도록 돼있다는 점이다. 그런데 정작 국내에는 이 제한상영관이 없다. 따라
서 제한상영 등급을 받게 되면 사실상 상영이 금지되는 꼴이 되고 만다. 때문
에 영화사로서는 이 제한상영가를 받지 않기 위해 스스로 '가위질', 곧 자기
검열을 할 수밖에 없다. 사실상 사전심의가 아니라 사전검열이 이루어지게 되
는 셈이다."[47]

영상물등급위원회 등급과 방송시청 등급이 불일치하는 것도 문제이며, 방
송의 경우 어느 한 콘텐츠를 지상파 TV나 위성방송 등에도 똑같은 등급을 적
용해야 하느냐는 문제도 제기되었다.[48]

2008년 7월 31일 헌법재판소는 영화및비디오물진흥법(영비법)의 '제한상영
가 등급' 조항에 대해 헌법불합치 결정을 내렸다. 헌재 전원재판부는 "영비법
은 어떤 영화가 제한상영가 영화인지 규정하지 않아 명확성 원칙에 위배된
다"며 재판관 7대 2 의견으로 헌법불합치 결정을 내린 것이다. 영비법은 제한
상영가 영화를 '상영 및 광고·선전에 있어 일정한 제한이 필요한 영화'라고
만 규정하고 있다. 헌재는 "이 규정은 제한상영가 영화가 어떤 영화인지 말해
주기보다는 제한상영가 등급을 받은 영화가 나중에 어떤 법률적 제한을 받는
지만 기술하고 있다"고 지적했다. 헌재는 또 옛 영화진흥법(현 영비법)이 표현
의 자유 제한과 관련된 사안을 영등위에 위임하고 있어 포괄위임금지 원칙에

도 위반된다고 덧붙였다. 헌재는 2009년 말까지 영비법 관련 조항을 개정하라고 국회에 권고했다.[49]

2009년 1월 15일 대법원 제3부는 영화사 스폰지ENT가 미국 영화 〈숏버스〉의 제한상영가 처분을 취소해달라며 영상물등급위원회를 상대로 제기한 행정소송에 대해 "〈숏버스〉의 제한상영가 판정은 재량권을 일탈" 남용한 것으로 위법하다"고 판결한 원심을 확정했다. 〈숏버스〉는 성치료 상담사가 동성애자 등 소수 성취향자를 만나면서 성에 대한 인식을 바꾸게 된다는 내용의 영화로 배우들이 실제 성행위를 해 화제를 모았으며 2006년 칸영화제와 부산국제영화제 등에서 상영돼 호평을 받았다. 영등위는 성적 쾌락 지상주의의 추구, 집단성교, 남녀 자위, 동성애, 정액 분출 등을 이유로 2007년 4월 이 영화에 대해 제한상영가 판정을 내렸다. 대법원의 이 판결로 제한상영가제도가 사실상 유명무실해짐에 따라 새로운 영화관람등급제 도입에 대한 논의와 사회적 공감대 마련이 시급하다는 지적이 나왔다.[50]

'제한상영가' 등급 논쟁

2009년 2월 영등위가 헌법불합치 결정이 내려진 '제한상영가' 등급을 계속 유지하기로 방침을 정해 논란이 일었다. 2월 2일 지명혁 영등위원장은 "헌법불합치 결정을 받은 '제한상영가' 의 내용과 분류 기준을 법률에 명시한 새 '영화및비디오물진흥법' 을 추진하고 있다"고 밝혔다. 영등위의 개정안은 성과 폭력, 반사회적 행위 등의 묘사가 과도한 제한상영가 영화는 등급 기준을 법률에 정하고, 전용 시설에서만 상영하도록 했다. 또 위헌 결정을 받은 '비디오물 등급보류' 조항을 폐지하고 '제한관람가 비디오물' 등급을 신설해 영화처럼 비디오물 등급 분류 기준을 명시하도록 했다.

지 위원장은 "헌재 결정은 제한상영가 등급에 대한 법률 조항이 모호해 명확성의 원칙, 포괄위임 금지의 원칙에 반한다는 취지"라며 "제한상영가 등급

기준을 법률에 적시해 확대해석을 막으려는 것"이라고 설명했다. 이에 앞서 한나라당 허원제 의원 등 16명은 2009년 1월 16일 제한상영가 규정을 명시한 영비법 개정안을 국회에 낸 바 있다. 이에 대해 상당수 영화계 관계자들은 "헌재의 결정은 사실상의 상영금지에 해당하는 제한상영가가 창작자의 표현 자유를 제한한다는 의미에서 나온 것"이라며 "영등위의 제한상영가 등급 법제화는 명백한 모순"이라고 지적했다.[51]

이와 관련, 황창근 영등위 위원(홍익대 법대교수)과 조광희 영화사 봄 대표 (변호사)가 『경향신문』 2009년 2월 11일자에서 지상 토론을 벌였다. 황 위원은 "국가 사회 질서와 청소년 보호를 위한 안전판이 필요하다"고 말한 반면 조 대표는 "국가가 볼 것, 보지 말 것을 결정하는 것은 민주주의 원리에 어긋난다"고 반박했다.

황창근 : 헌재 결정을 문안 그대로 해석하면 제한상영가 등급 자체의 위헌성을 지적한 것은 아닙니다. 모호성, 포괄성 등 헌재의 지적 사항을 보완하면 위헌성이 제거될 가능성이 있습니다.

조광희 : 헌재 결정의 해석에는 이견이 없으며, 따라서 현재 영등위의 입법 태도가 틀렸다고 단정할 수는 없습니다. 하지만 이 제도의 역사적 연원을 살펴봐야 합니다. 1996년 사전검열제도가 헌재 결정에 따라 개정됐고, 2001년 '등급보류' 제도가 다시 위헌 판결을 받았습니다. 이때 만들어진 등급분류 제도가 지난해 다시 위헌 판결을 받은 것이죠. 10년 이상 위헌 요소를 조금씩 고쳐가는 상황인데, 헌재의 결정 취지에 맞추는 정도가 아니라 영화 등급을 분류한다는 제도의 의미를 근본적으로 고찰해야 합니다. 이번 기회에 오랫동안 유지될 수 있는 제도를 만들어야 합니다. 영화관에 들어간 성인이 거칠고 앞서나가는 표현을 두려워하는 상황일까요. 우리 사회는 성숙했습니다. 제한상영가의 철폐를 진지하게 논의해야 합니다.

황창근 : 등급분류의 목적은 심의가 아니라 정보제공입니다. 아울러 과도한

표현이 국가의 법체계와 어울리지 않을 가능성도 고려해야 합니다. 우리 법체계는 음란물을 금지합니다. 반면 현 등급분류 체계로는 음란물을 판단할 여지가 없습니다. 음란물도 청소년 관람불가로만 판정한다면 국가의 직무를 방기하는 겁니다. 미국처럼 영화업계의 자율로 등급을 분류하면 여러 가능성이 있겠지만, 우리처럼 국가가 등급을 분류하면서 연령 등급(전체, 12세, 15세, 청소년 관람불가)으로만 판단하기엔 무리가 있습니다.

조광희 : 한국 영화산업 자율로 등급분류 기구를 구성할 능력은 없습니다. 등급분류는 국가의 국민에 대한 서비스라고 볼 수 있습니다. 국가가 정보를 제공하는 것은 좋지만, 가부장적으로 볼 것, 보지 말 것을 결정하는 데 문제가 있다는 거죠. 청소년은 못 본다치더라도 극장에 들어가기를 동의한 성인은 볼 수 있어야 하는 것 아닌가요. 영등위에서 등급분류하시는 분도 성인인데, 그분의 감수성도 타락한 건가요.

황창근 : 제한상영가 영상물을 제한하는 기존의 수단은 광범위하다는 지적을 받아왔습니다. 비디오로도 못 만들고, 광고도 못합니다. 국회에 제출된 몇 가지 안 중에는 비디오 출시를 허용하는 등 상당히 개방적인 부분이 있습니다. 외국에서도 상영관을 제한하거나, 심지어 상영을 금지하는 경우도 있습니다. 모든 제한을 푼다는 것은 지나치게 이상적입니다. 표현의 자유를 보장하면서 국가 사회질서와 청소년을 보호하는 절충적 수단을 만들어야 합니다.

조광희 : 제한이 없어야 한다는 건 아닙니다. 단지 현재의 제한이 과도하다는 것이죠. 등급분류 기관에서는 관객이 보기에 바람직한 것과 그렇지 않은 것을 예단하지만, 관객이 영화와 만나 직접 소통하기 전까지는 예단할 수 없는 겁니다. 표현 수위가 높아도 지적·도덕적으로 사회에 기여할 수 있습니다. 예술사의 많은 걸작들이 처음에는 외설이라 불렸습니다.

황창근 : 등급분류 제도가 헌법에서 용인되는 가장 큰 이유는 영화에 대한 사전 정보 제공 때문입니다. 영화에 '과도한 성적 표현이 있다' '선정성이 높다'는 사실 등을 안내하는 것이죠. 표현 수위에 대한 판단 여부를 소비자에

게 맡긴다면 등급분류를 할 필요도 없는 겁니다. 이것은 마치 '제작하면 상영한다' 는 말과 같습니다. 우리 사회의 음란물에 대한 시각을 고려한다면, 음란물은 유통에서 특별한 취급을 할 수밖에 없습니다.

조광희 : 영상물에는 사전 통제, 사후 통제가 있습니다. 등급분류가 사전이라면, 형법의 처벌 규정은 사후입니다. 음란물에 대해선 사후 처벌 수단으로 충분합니다. 영등위는 등급분류 기능에 충실하되, 또 다른 문제가 생긴다면 사후 처벌로 규제하면 됩니다.

황창근 : '헌법적으로 보호하지 못하는 표현' 이란 개념이 있습니다. 음란물이나 반인륜적 내용 등입니다. 국가기관에서 이에 대해 등급분류만 하고 제재 수단이 없다면 불법적인 표현물의 유통을 조장했다는 비난을 받을 수 있습니다. 안전판이 있어야 합니다.

조광희 : 유통을 막는 것은 헌법에서 말하는 검열입니다. 등급 기관의 분류는 언제나 틀렸다는 것이 역사의 판단입니다. 위험성이 있더라도 대중에게 판단할 기회를 줘야 합니다.

황창근 : 사실상 제한상영관이 없는 상황에서 제한상영 등급이 있는 현행법은 비판의 여지가 컸습니다. 국회에 제출된 개정안에는 영화관이 아니더라도 상영의 출구가 있습니다. 비디오나 온라인 등 타 매체로는 제작이 허용됩니다. 표현의 자유의 본질적인 침해 문제는 해소됩니다.

조광희 : 〈숏버스〉〈천국의 전쟁〉 등도 음란성으로 문제가 됐지만, 영화계에선 예술성을 평가합니다. '상상력' 을 얘기하는 시대입니다. 상상력이란 모두가 수용할 수는 없는 것을 얘기하는 겁니다. 상상력이 숨을 쉬게 해야 합니다. 처음엔 거칠고 불온하지만, 그것을 통해 다른 세상을 이야기하는 겁니다. 현재의 제도는 이 출구를 봉쇄합니다. 극장이 주는 체험과 비디오물, 온라인 영상이 주는 체험은 다릅니다. 영화인의 입장에선 극장이 갖는 의미를 중시합니다. 실질적으로 극장에 접근할 방법을 찾아야 합니다. 인간은 음란물을 좋아합니다. 진화론적 관점에서 보면 인간은 음란하기 때문에 살아남

있습니다. 성이라는 것이 인류에게 갖는 인류학적·철학적 의미를 고찰할 때입니다. 성이 인간의 존재 조건인데, 왜 표현물에서는 완강히 거부합니까. 이중적이지 않습니까.

황창근 : 영등위는 표현의 자유와 청소년 보호 둘다 중시합니다. 하지만 등급 분류제로 인한 수혜 대상은 청소년입니다. 이를 전제로 표현의 자유를 침해하지 않는 것이 중요합니다.

조광희 : 영등위가 성인까지 지나치게 보호한다는 점이 문제죠. 영등위는 한국공연예술진흥협의회, 공연윤리위원회 등 국민에 대한 억압을 담당했던 전신 국가기관에서 자유로울 수 없습니다.

황창근 : 최근 〈작전〉의 청소년 관람불가 등급 판정을 두고도 '등급분류의 자의성'에 대한 영화계의 불만이 있었습니다만, 법을 적용하는 데는 아무리 구체적인 기준을 만들어도 실제 사건에 임해선 자의적일 수밖에 없습니다. 구체적 사안에 대한 법적용을 당사자가 받아들이게 하는 점이 중요합니다. 법을 적용하는 문제에는 늘 불만이 생기죠.

조광희 : 사람이 하는 일이니 근본적인 한계가 있다는 점은 인정합니다. 하지만 그 한계를 넘어선 자의성은 문제입니다. 〈작전〉에 대해 영등위는 청소년들이 이해하기 어렵다는 이유로 관람불가 판정을 내렸는데, 매우 잘못된 기준입니다. 이해하지 못할 것은 보지도 말라는 건가요.

황창근 : 등급분류 기관이 심의 기준을 구체화하고 세부화하는 것은 중요합니다. 영등위 분류 기준은 현재 매우 구체적입니다만 항상 마지막 호에는 '기타'가 들어갈 수밖에 없습니다. 음란물을 규제한다고 하지만, 헌법 어디에도 음란물에 대한 기준은 없습니다. 분류 기관을 운영하는 사람에게 전문성을 부여하느냐가 관건이겠죠.

조광희 : 10여 년간 영화의 사전심의에 대한 여러 의견이 있었습니다. 보수적인 헌재에서 매번 사전 심의에 대해 위헌 판결을 했고, 등급 기관은 이에 대해 방어적인 수정을 하는 데 그쳤습니다. 소모적인 논란을 마무리하고 장기

적인 관점에서 생산적인 의견을 제시할 때입니다.

황창근 : 입법은 당사자 간 타협의 산물입니다. 한번에 바꾸는 것은 불가능합니다. 하나씩 개선해나가는 것이 현실적입니다.[52]

집회의 자유와 집시법

우리 헌법 제21조는 "모든 국민은 언론 · 출판 · 집회 · 결사의 자유를 가지며 이들에 대한 허가는 인정되지 아니한다"고 했다. 허영은 집회의 자유를 기본권으로 보장하는 것은 "개성 신장 및 동화적 통합의 촉진기능, input 기능, 의사표현의 보완적 기능, 효과적인 정치투쟁의 기능, 직접민주주의적 기능, 소수의 보호기능" 등과 같은 헌법상의 기능이 있기 때문이라며 다음과 같이 말한다.

"첫째, 남과 더불어 사회 공동생활을 책임있게 함께 형성해나갈 사명을 간직한 사회적 인간에게 타인과 접촉하고, 정보와 의견을 교환하며, 공동의 목적을 위해서 집단적으로 의사표현을 할 수 있게 함으로써 개성 신장의 길을 열어주고 동화적 통합을 촉진시킨다는 의미와 기능을 가진다. 둘째, 타인과의 접촉을 통해서 공감대적인 의사를 형성케 하고 그것을 집단적인 형태로 표현케 함으로써 의사표현이 갖는 input의 기능을 증대시켜줄 뿐 아니라, 의사표현의 일반적인 메커니즘이 그 효능을 발휘하지 못할 때 그것을 보완해주는 기능을 갖는다. 셋째, 국민의 정치적인 의사형성 과정에 집단적인 형태로 참여케 함으로써 의사표현의 실효성을 증대시켜주고 정치적인 요구를 관철시킬 수 있도록 할 뿐 아니라, 대의기능이 약화된 경우에 그에 갈음하는 직접민주주의의 수단으로서의 의의를 갖는다. 넷째, 의사표현의 통로가 봉쇄되거나 제한된 소수집단에게 의사표현의 수단을 제공해주고 '소수의 의견'이 국정에 반영될 수 있는 창구를 마련해줌으로써 '소수의 의사'가 실효성을 나타나게 한다는 의의를 가진다."[53]

그렇다면 집회에서의 의사표현은 어떻게 볼 것인가? 허영은 "집회는 집단적인 의사형성 내지 의사표현의 수단이기 때문에 집회에서 의견교환이나 의사표현이 행해지는 것은 당연히 집회의 본질적인 내용에 속한다"면서 다음과 같이 말한다.

　　"사실상 집회를 주최하고 집회에 참여하는 그 자체가 일종의 추정적인 의사표현이라고 볼 수 있기 때문에 의사표현과 무관한 집회를 생각할 수 없다. 국내의 일부 학자가 집회에서 행해지는 연설이나 토론 등은 언론의 자유에 속한다고 하지만, 그것은 집회의 당연한 내용이지 따로 언론의 자유의 문제가 되는 것은 아니다. 결국 집회에서 행해지는 의사표현의 내용에 따라 집회의 성격이 정해지게 되는데, 집회에서 행해지는 의사표현의 내용에 따라 그 보호의 진지성에 차등을 두는 것은 마치 집회의 검열(허가)제에 해당하기 때문에 허용되지 않는다고 할 것이다."[54]

　　그런 관점에서 본다면 우리나라에서 집회의 자유와 관련하여 가장 중요한 규제법이라 할 '집회 및 시위에 관한 법률(집시법)'은 많은 문제를 안고 있다고 볼 수 있다. 허영은 "집회에 대해서 허가제를 도입하는 법률의 제정, 집회의 사전신고제를 운영하는 과정에서 우발적 집회에 대해서 사전신고가 없었다는 이유만으로 해산명령을 발하는 것 등은 집회의 자유의 본질적 내용의 침해라고 보아야 한다. 우발적 집회의 특징은 사전신고가 불가능하다는 데 있기 때문에 우발적 집회에 획일적으로 사전신고를 요구하는 것은 부당하다고 할 것이다"며 다음과 같이 말한다.

　　"긴급집회는 계획적이고 주최자가 있다는 점에서 우발적 집회와는 구별되지만, 긴급집회의 특성상 일반 집회와 동일한 사전신고 기간을 요구하는 것은 부당하다. 따라서 신고가 가능해진 때 신고가 있으면 합법적인 집회로 평가해야 한다. 현행 집회 및 시위에 관한 법률은 옥외집회 및 시위에 대해서 사전신고의무(제6조)를 규정하고 있을 뿐 아니라, '야간집회 및 시위와 교통소통에 방해가 되는 집회 또는 시위' 등을 원칙적으로 금지하고(제10조와 제12조), 옥외집회의 시간과 장소를 제한하며(제10조와 제11조), 집회·시위의 시간과 장소가 경합되는 경우에 집회·시위의 금지를 통고할 수 있게 하고(제8조 제2항), 주거지역 등에서 사생활의 평온을 위해서 집회·시위를 금지·제한할 수 있게 하며(제8조 제3항), 집회·시위 장소에 경찰관이 자유롭게 출입할 수 있게 (제17조) 하는 등 지나친 제한을 가하고 있다. 따라서 사전신고제를 마치 허가제와 같은 것으로 운영하거나, 불특정한 법률 개념들을 지나치게 확대해석·적용하는 것은 집회의 자유에 대한 위헌적인 침해가 된다고 할 것이다."[55]

2008년 봄 촛불집회 이후 집시법 논쟁이 왕성하게 일어났다. 2008년 10월 서울중앙지법 형사7단독 박재영 판사는 촛불집회 주도 혐의로 기소된 안진걸 광우병 국민대책회의 조직팀장의 신청을 받아들여 "야간 옥외집회를 금지한 집시법 10조는 '모든 국민은 언론·출판·집회·결사의 자유를 가지며 이들에 대한 허가는 인정되지 아니한다'는 헌법 21조와 정면으로 배치되는 위헌적 조항"이라며 헌법재판소에 위헌법률 심판을 제청했다.[56]

반면 제18대 국회에 한나라당 의원들이 제출한 집회 및 시위에 관한 법률 개정법률안 중 성윤환, 신지호, 이종혁 의원이 각기 대표발의한 것을 보면, 집회·시위의 주최자 및 참가자가 신원 확인을 어렵게 하는 가면·복면·마스크 등의 도구를 "소지·휴대·착용"하는 것을 금지하고 처벌하는 조항을 신설했다.

이에 대해 조국 서울대 법대 교수는 "그러나 이런 집시법 개정법안은 첫째, 복면착용 집회·시위에 대한 몰이해나 편견을 기초로 하고 있다. 예컨대 이상의 법안을 따르게 되면 동성애자나 성매매여성 등 사회적 소수자나 약자가 자신의 권익을 주장하는 집회·시위를 벌일 때 자신의 신원을 숨기기 위하여 얼굴을 가리면 처벌될 수 있다. 우리 사회에서 자주 사용되는 시위 양식인 비폭력 '침묵시위'도 마스크를 쓰고 진행되는 경우가 많은데, 이 역시 처벌 대상이 된다. 또한 반전 집회·시위에서 해골 마스크를 쓰거나 비판의 대상이 되는 공적 인물을 표현하는 가면을 쓰고 집회·시위에 참석하는 경우도 처벌 대상이 된다"며 다음과 같이 주장했다.

"복면 집회·시위를 처벌하는 집시법 개정안은 집회·시위의 자유가 정치적 반대자나 사회·경제적 약자의 의사표현 수단이라는 점을 몰각하고 있고, '복면착용 = 불법폭력'이라는 도식에 사로잡혀 복면이 다양한 의사표현의 방식임을 외면하고 있기에 즉각 폐기되어야 한다. 집회·시위에 대한 위헌적이고 과도한 금지·규제를 도입하려는 이 개정안이 통과된다면 '불법' 집회·시위와 이에 대한 강경진압이 격돌하는 악순환은 오히려 확대 재생산될 것이다."[57]

2009년 5월 28일 헌법재판소는 "'집회 및 시위에 관한 법률'이 사실상 허가제로 운영되고 있다"며 시민단체 대표가 청구한 헌법소원을 기각·각하했다. 헌법재판소는 옥외집회·시위를 개최할 때 반드시 경찰에 신고하도록 한 구 집시법 6조 1항, 6조 1항 위반자에게 징역형을 선고할 수 있도록 한 19조 2항, 옥외집회의 뜻을 정의한 2조 1호에 대해 합헌 결정을 내렸다. 신고 의무가 면제되는 집회의 성격을 규정한 13조에 대한 헌법소원은 각하됐다. 이에 대해 이 사건을 맡았던 공익 변호사 그룹 '공감'의 염형국 변호사는 다음과 같이 말했다.

"위헌 결정이 나오리라고 기대하지 않았지만 그래도 재판관 9명 중 4명 정도는 위헌 의견을 낼 것이라고 예상했습니다. 그런데 위헌 의견이 1~2명인 것을 보니까 집회·시위에 대한 우리나라 법조인들의 시각이 이번 결정에서 그대로 드러난 것 같아요. 집회·시위라는 게 소수자와 사회적 약자들이 누려야 하는 언론의 자유, 표현의 자유인데 그런 것들이 보장되지 않는 게 현실이잖아요. 헌법재판소가 이런 현실과 좀 동떨어져 있지 않았나 싶습니다."[58]

한국은 '시위 공화국'이라고 해도 과언이 아닐 정도로 시위 문화가 발달돼 있다. 좋은 의미에서건 나쁜 의미에서건 말이다. 집시법 논쟁은 바로 그런 현실을 배경으로 한다. 문제의 핵심은 합리적 방법의 의사 표시가 받아들여지지 않고 무시되는 현실이다. 시위는 심정에 호소한다. 이성에 호소해봐야 별 소용이 없다. 정부건 대기업이건 결정권을 가진 권력집단부터 평소 이성 알기를 우습게 알다가 막판에 '심정 폭발'이 일어날 때에 비로소 관심과 성의를 보이기 때문이다. '시위 공화국'의 '감성 민주주의'는 바람직하지 않다. '시위 민주주의'는 한국의 숙명이 아니다. '심정 폭발'이 있을 때에 한해서 움직이는 권력집단의 오래된 관행이 척결되지 않는 한, 폭력 시위는 결코 사라지지 않을 것이다.

제 3 장

명예훼손 : 미국

명예훼손의 역사

영미법상으로 명예훼손(defamation)엔 서면에 의한 명예훼손(libel = written defamation)과 구두에 의한 명예훼손(slander = oral defamation)이 있다. libel은 어느 정도 계속적인 성격을 지닌 수단에 의한 명예훼손으로 인쇄나 필사로 된 것 이외에 사진·회화·영화·만화·초상·간판·인형·조각도 포함하며 벽이나 보도에 낙서한 것도 해당된다. slander는 일시적 수단에 의한 명예훼손으로 말·음성·표정·기호 등에 의한 것으로 피해자에 의한 특별한 손해의 입증이 요구된다. 그러나 방송의 경우, 그 영향력이 너무 크기 때문에 라디오·텔레비전·영화 등에 의한 비방도 libel로 간주한다.[1]

그러나 1930년대까지만 해도 라디오방송에 의한 비방을 libel로 볼 것인지 slander로 볼 것인지 판사들 가운데 의견이 엇갈렸다.[2] 주에 따른 차이도 있다. 캘리포니아주는 방송에 의한 비방을 여전히 slander로 다루고 있다고 한다.[3]

서구에서의 명예훼손 관련 법은 과거엔 당사자들끼리 결투로 해결하던 걸 정부가 개입하게 되었다는 걸 의미한다. 또 영국에선 18세기까지도 정부비판 행위는 진실 여부에 관계없이 유죄로 인정되었는데, 그 기본 정신은 "진실이 크면 클수록 죄도 더욱 크다(the greater the truth, the greater the libel)"는 것이었다. 9세기 알프레드대왕은 slanderer는 혀를 자르도록 했다.[4]

미국에서 비판이 진실이면 무죄라는 판결이 최초로 나온 건 1735년 젠거(Zenger) 사건이었다. 존 젠거(John P. Zenger)는 자신의 신문 『뉴욕 위클리 저널(New York Weekly Journal)』을 통해 뉴욕 주지사의 실정(失政)을 비판해 1734년 11월에 구속되었는데, 영국 식민 치하인데도 불구하고(또는 그렇기 때문에) 미국 배심원들에 의해 무죄 판결을 받았다. 당시 이 사건은 예외적인 것이긴 했지만 북미와 영국 전역에 걸쳐 검열에 대한 반감을 불러일으키는 데에 큰 영향을 미쳤다.[5]

여기서 주로 논의하고자 하는 건 민사적 명예훼손(civil libel)이지 형사적 명예훼손(criminal libel)이 아니다. 오늘날 미국에서 형사적 명예훼손은 사실상 사라졌다고 해도 과언이 아니다. 일부 남부 주에서만 그것도 극히 드물게 적용되고 있을 뿐이다. 지난 1988년 사우스캐롤라이나주에서 형사적 명예훼손 사건이 일어났는데, 그건 지난 40년간 일어난 사건 중에서 3번째였다. 형사적 명예훼손이 사실상 사문화되어 가고 있는 이면엔 공권력이 다뤄야 할 강력 범죄들이 흘러 넘쳐 일일이 제대로 대응조차 못하고 있는 판국에 한가롭게 민사적으로 해결할 수 있는 '명예'에까지 개입해야 하겠느냐는 공감대가 널리 확산돼 있기 때문이다.[6]

영국에서도 형사적 명예훼손은 매우 희귀한 것이 되었으나, 민사소송의 경우엔 진실이 거의 완전한 면책이 되는 반면 형사소송에선 그렇지 못해 원고가 승소를 위해 전술적으로 사용할 수는 있다고 한다.[7] 전반적으로 보아 명예훼손 소송은 미국보다 영국에서 원고의 승소율이 더 높은데, 그 이유를 영국은 역사적으로 명예가 매우 소중한 의미를 갖는 고착된 사회였던 반면 미국은 이

동성(mobility)이 매우 강한 사회였다는 데에서 찾기도 한다.[8]

명예훼손 법리상 미국과 영국의 차이에 대해 표성수는 "영국에서는 책임의 범위를 달리하는 공적인 인물과 사적인 인물의 구분이 없어 심지어 존 메이저 (John Major) 총리가 혼외문제에 관한 언론의 기사를 문제 삼아 제소하는 일까지 있었다. 또한 공적인 관심사를 특별히 취급하는 책임이론이 없고 원고가 피고의 과실 등 책임요소를 증명할 필요가 없는 엄격책임(strict liability)이 지켜지고 있어 과실이 없는 경우에도 피고에게 손해배상책임이 인정되는 경우가 있다"며 다음과 같이 말한다.

"이와 같은 양국법의 차이로 말미암아 미국에서 공적인 인물, 공적인 관심사로 분류되어 승소 가능성이 희박한 저명인사들이 영국에서 명예훼손소송을 제기하는 사례가 있으며 한편 영국에서는 언론을 보다 강하게 보호하여야 한다는 인식이 높아지고 있고 미국에서 주로 출간되는 표현물에 관련된 소송에 관하여는 미국법을 적용하여야 한다는 주장도 나오고 있다. 영국에서 선고된 판결이 미국에서 효력이 있느냐는 문제를 둘러싸고 최근 뉴욕주와 연방하급심에서 판결이 선고되었는 바 … 영국의 판결이 미국의 헌법 수정 1조와 상충한다는 이유로 효력을 부인하였다."[9]

명예훼손 성립 요건과 소송 주체

미국법에서 '명예훼손적인 표현'은 "타인의 명예를 사회의 평가로부터 저하시킬 정도로 피해를 주거나 혹은 제3자가 그 사람과 사귀거나 거래하는 것을 억제하는 경향을 갖는" 것으로 정의되고 있다.[10] 좀 더 구체적으로 명예훼손의 성립 요건은 3가지를 들 수 있다.

첫째, 명성(reputation: what people think you are)에 손상을 입혀야지, 개성 (character: what you are)에 손상을 입힌 건 해당되지 않는다.

둘째, 내용이 실질적으로 명성에 손상을 입혀야 한다. 그 어떤 손상이 명예에 가해져야 하며, 그것을 입증할 수 있어야 한다.

셋째, 적어도 원고가 살고 있는 지역에 살고 있는 상당수의 사람이 원고의 명성이 손상되었다고 믿어야 한다. 어느 텔레비전 뉴스 캐스터가 한 범죄자를 FBI 정보원으로 추정했는데, 원고는 감옥 동료들 사이에서 자신의 명성이 손상을 입었다고 주장했다. 그러나 법원은 사회적 일탈 집단에서의 명성을 보호해주는 것이 이 법의 목적은 아니라고 판결했다.[11]

누가 소송을 제기할 수 있는가? 민사소송의 경우, 살아있는 사람만 할 수 있으며 가족이나 친척이 대신해줄 수는 없다. 그러나 가족 · 친척도 직접적인 관련이 있을 땐 할 수 있다. 예컨대, 누구를 사생아라고 했을 때, 그 부모가 할 수 있다. 소송 중에 원고가 죽었을 때엔 원고의 가족이 소송을 계속 진행할 수 있다. 기업이나 비영리단체도 명예훼손으로 인해 기업신용과 기부금 모집에 타격을 받을 수 있으므로 소송의 주체가 될 수 있다. 노동조합이나 정부지원단체 등은 주마다 다르며 정부기관은 소송의 주체가 될 수 없다.[12]

염규호는 "일리노이주 대법원은 1923년에 시카고시 정부가 제소한 명예훼손 소송을 기각하면서 '지금까지 미국의 어느 대법원도 미국의 법제도하에서 정부에 의한 명예훼손소송을 인정하고 있음을 결정해본 적도 없고 심지어 시사조차 해본 적도 없다' 고 판시했다" 며 다음과 같이 말한다.

"1964년에 연방대법원은 일리노이주 대법원의 결정을 인정했다. 정부기관의 명예훼손소송금지 원칙은 '법정소송의 불안을 느끼지 않고서 정부에 대해 토의할 수 있는 권리를 갖고 있다는 것은 미국 정치제도의 근본원칙의 하나' 라고 한 것에 잘 반영되고 있다. 정부기관이 명예훼손소송을 제기할 수 없다는 원칙은 정부 공무원으로 하여금 명예훼손을 당하고서도 법원에 소송을 제기할 수 없다는 의미가 아니다. 신문기사나 방송의 명예훼손 표현에 대해 공무원은 개별적으로 손해배상을 요구할 수가 있다. 그러나 공무원이라는 신분이 소송의 여러 요건에 영향을 줄 수는 있다."[13]

소멸시효는 어떤가? 명예훼손의 피해자는 각 주에서 정한 소멸시효 기간

내에 제소해야 보호를 받을 수 있는데, 각 주마다 기간이 달라 6개월에서 3년까지인데 대부분의 주에서는 1년 내지 2년으로 정하고 있다. 시효의 기산점은 표현물이 제3자에게 배포된 시점으로 삼고 있으며 피해자의 배포 여부인지는 영향을 미치지 못한다.[14]

명예훼손 입증책임

공직자 혹은 공적인 인물의 경우엔 표현의 허위성을 원고가 입증하여야 한다. 사적인 인물의 경우, 연방대법원은 애매한 태도를 취해오다가 1986년의 'Philadelphia Newspaper, Inc. v. Hepps' 사건에서(Hepps는 스낵체법인 대표) 입증책임을 원고에게 부과하였다. 샌드라 데이 오코너(Sandra Day O' conner) 대법관은 5명의 대법관을 대표한 법정의견을 통해 다음과 같이 판시하였다.

"공적인 관심사(matters of public concern)에 대한 진실한 표현이 방해받지 않도록 하기 위하여 공적인 문제를 다룬 언론피고(media defendant)에 대하여 손해배상을 구하는 사람은 그 내용이 허위임을 입증할 책임을 부담한다. 이것이 헌법상의 원칙이다."[15]

반면 스티븐스(Stevens) 등 4명의 대법관은 언론의 의도적 허위기사 남발의 우려 등을 이유로 반대의견을 개진하였다. 이 판결은 언론이 아닌 피고의 경우, 공적인 관심사가 아닌 경우, 증명의 정도 등에 대해서는 밝힌 게 없어 미결 문제로 남아있다.[16] 그렇다면 원고는 무엇을 입증해야 하는가? 원고는 공표(publication), 적시(identification), 비방(defamation), 과실(fault) 등을 입증해야 한다. 하나씩 살펴보기로 하자.

첫째, 비방적 커뮤니케이션은 공표된 것이라야 한다. 한국과는 달리 표현 내용을 수신한 사람이 1인 이상이면 족하고 그 숫자는 묻지 아니한다.[17] 재공표(republication)도 명예훼손으로 간주된다. 박용상은 이를 '전파자 책임의 법리' 라 부르면서 다음과 같이 말한다.

"미국 판례법상으로도 '소문의 전파자는 그 날조자와 마찬가지로 나쁘다 (Tale-bearers are as bad as tale-makers)'는 이른바 '전파자 책임의 법리(republication rule)'가 적용되어 왔다. … 전파자 책임의 법리에 의한 문제를 해결하기 위해 미국의 판례는 이른바 '공정 보도의 특권(fair report privilege).'을 인정하고 있다. 공정 보도의 특권은 '공적 직무상의 행위나 절차 또는 공적 관심사를 다루는 공개된 모임에 관한 보도에 있어서 타인에 대한 명예훼손적 사항의 공표는 그 보도가 정확하고 완전하다거나 또는 보도된 행사의 공정한 요약인 경우에는 면책된다'는 법리를 의미한다."[18]

둘째, 원고가 문제의 커뮤니케이션에서 적시되어야 한다. 식별은 이름뿐만 아니라 사진·별명·이니셜·추정 등에 의해서도 이루어질 수 있다. 추정에 의한 식별의 사례로는 1961년 'Hope v. Hearst Corp.'를 들 수 있다. 한 신문이 팜 비치(Palm Beach)의 이야기를 소개했는데, 전 FBI 요원이 바람을 피운다는 내용이었다. 원고인 프레드릭 호프(Frederick Hope)는 그 동네에서 그 정도면 자신을 알아볼 수 있다고 소송을 제기해 5만 8000달러 배상 승소 판결을 받아냈다.

또 2개의 독립된 기사를 연결시켜서 신분이 드러날 때에도 식별이 이루어진 걸로 간주한다. 실수로 인한 적시도 있다. 『워싱턴포스트』는 자신의 이름을 꼭 Harry P. L. Kennedy라고 표기하는 변호사에 대해 보도하면서 Harry Kennedy라고만 표기해 Harry F. Kennedy라는 변호사로부터 명예훼손 소송을 당해 패소 판결을 받았다.[19]

큰 집단의 경우엔 소송을 제기하기 어렵다. 작은 그룹의 경우엔 가능하나, 1969년의 한 판결에선 그 상한선을 25명으로 본 적도 있다.[20] 집단이나 그룹을 지칭할 때에도 그 범위가 크면 클수록 명예훼손에 해당이 될 가능성이 높아지고 작으면 작을수록 해당이 안 될 가능성이 높아진다. 즉, 위험한 순서로 보자면, '모든(all) 〉 대부분의(most) 〉 일부(some) 〉 한두 명(one or two)'과 같다는 것이다. 예를 들자면, 『조선일보』 기자들을 비방하더라도 '모든 『조선일보』

기자들'이 어떻다고 말하면 그 발언의 내용에 따라 명예훼손에 해당될 수도 있지만 '일부『조선일보』기자들' 또는 '극소수『조선일보』기자들'이 어떻다고 말하면 비교적 안전하다는 것이다.

셋째, 이루어진 커뮤니케이션이 어떤 식으로건 비방적이어야 한다. 넷째, 피고의 소홀 · 무시 · 부주의 등을 입증해야 한다.

'비방'과 '과실'에 대해선 따로 자세히 살펴보도록 하자.

비방의 종류

비방은 ①도둑 · 사기꾼 · 강도 · 공산당 등의 표현처럼 그 자체로서 적용되는 경우와 ②"A는 아이를 갖고 있다"고 했을 때 A가 미혼녀일 경우처럼 상황에 따라 적용되는 경우 등 두 가지 경우가 있다. ①을 직접적인 비방(libel per se)이라 부르고 ②를 암시적인 비방(libel per quod)이라 부른다.[21]

어떤 단어는 시간에 따라 변화한다. 과거엔 사회주의자(socialist)라는 건 대단한 명예훼손이었지만, 오늘날엔 그렇지 않다. 1942~1945년에 공산주의자들은 미국의 우방이었다는 걸 상기할 필요가 있다. 병역 기피자(slacker)는 제1차 세계대전 당시엔 대단한 모욕이었지만, 오늘날엔 그렇지 않다.[22]

모욕적인 단어일지라도 문맥 내에서 해석되어야 한다. 예컨대, "야구선수 A는 최고의 도둑이다"라는 말을 야구 이야기를 하면서 했다면 도루(盜壘)를 의미하는 것이 되므로 아무런 문제가 안 될 것이다. 그러나 신문 헤드라인의 경우엔 본문에서 설명이 되었더라도 문제가 달라진다. 헤드라인이 본문 내용을 초과하거나 그 이상이어도 문제가 될 수 있다. 독자의 읽는 습관을 고려해 긴 기사를 다 읽을 것을 기대할 수는 없기 때문이다.[23]

의견은 명예훼손이 성립되지 않는다. 예컨대, '나는 시장이 일을 형편없이 하고 있다고 생각한다'는 말은 얼마든지 보호될 수 있다는 뜻이다. "재판에서 승리하기 위해선 진실을 팔아서라도 어떤 말이나 행동도 할 수 있는 사람"이란 표현은 헌법에 의해 보호받을 수 있는 의견 표현이라는 판례도 있다.[24] 연방대법원은 1974년 'Gertz v. Robert Welch, Inc.' 판결에서 다음과 같이 말한 바 있다.

"수정헌법 1조에서 그릇된 생각이라는 건 존재하지 않는다. 아무리 그 의견이 나쁜 것일지라도 그 교정은 다른 사상(의견)과의 경쟁을 통해 이루어져야지 판사나 배심원의 양심을 통해 이루어질 수는 없다."[25]

성적 비방(sexual slurs)은 미국에서 자주 명예훼손의 도마 위에 오른다. 자주 발생하는 성적 비방으론 여성의 정조(woman's virtue), 성적 취향(sexual abnomality), 성적 능력(impotent) 등과 관련된 것이 많다.[26]

개인적 습관과 특성(personal habits and characteristics)에 관한 것도 문제가 될 수 있다. 예컨대 '부정직하다' '마약을 한다' '빚을 안 갚는다' '술주정뱅이다' '음주운전으로 체포됐다' 등과 같은 발언을 들 수 있을 것이다. 병(病)의 경우, 감기는 괜찮으나 성병은 문제가 된다. 사람들이 두렵게 생각하는 전염병·정신병 등도 문제가 된다. 신경쇠약은 예전엔 문제가 됐으나 오늘날엔 비교적 괜찮다.[27]

요즘엔 에이즈가 위험하다. 1990년 네브래스카 대법원의 판례에 따르면 한 유명 여성 인사가 어떤 남자가 에이즈에 감염돼 있다는 잘못된 발언을 함으로써 2만 3350달러의 손해배상금을 물어주었다.[28] 1997년 뉴욕고등법원은 "암이 지긋지긋하고 혐오스러운 질병이라고 할 수 없으며 전염의 우려가 없고 사회활동에 있어 불쾌감을 주지 않는다"는 이유로 자신이 암에 걸렸다고 보도한 한 타블로이드 신문을 상대로 한 여성이 제소한 소송을 기각했다.[29]

종교와 정치에 관한 발언도 문제가 될 수 있다. 예컨대, "교회를 그렇게 오래 다녔는데도 세례를 못 받았다"든가 "시민권을 박탈당했다"든가 매국노·스파이·무정부주의·혁명 선동 등의 말도 비방에 해당된다. 출신 인종·국가와 관련해 polack(폴란드계), spic(이탈리아계), dag(스페인계) 등으로 폄하해 부르는 건 비방으로 간주되지 않을 가능성이 매우 높지만, 일부 남부 지역에

선 백인을 흑인이라고 부르면 비방에 해당된다.[30]

조롱(ridicule)도 지나치면 비방으로 간주된다. 예컨대, 1958년 어느 신문기사는 어떤 사람이 근검절약하느라 자신의 관을 직접 만들고 무덤도 직접 팠다고 보도했는데, 이 신문은 50달러의 벌금을 물었다.[31]

기업인과 전문직업인의 영업명예(business reputation)와 관련된 것도 비방으로 간주될 수 있으나, 정치인은 다른 직업에 비해 명예훼손소송에서 승소가 어렵다. 제품에 관한 비판도 '신용훼손(trade libel = disparagement of property)'이라는 이름으로 비방으로 간주될 수 있다.[32]

모욕이 아닌 방향으로 해석할 수 있으면 그렇게 해석해야 한다는 '선의 해석의 원칙(innocent construction rule)' 적용은 주마다 다르다. 예컨대, 일리노이주의 경우엔 이 원칙을 적용해주는 경향이 강하다. 오클라호마주에선 정반대로 해석하는 경향이 강하다. 그래서 원고는 오클라호마주에서 승소할 가능성이 높다.[33]

명예훼손과는 좀 다른, '고통유발'도 있다. '고통유발'의 정식 명칭은 '감정적 고통을 주기 위한 고의적 가해(intentional infliction of emotional distress)'다. 1988년 'Hustler Magazine v. Falwell' 사건이 대표적 예다.

1983년 11월 미국의 극단적인 포르노 재벌로 악명높은 래리 플린트(Larry Flynt)가 발행하는 포르노 잡지 『허슬러(Hustler)』는 우익 목사 제리 팔웰(Jerry Falwell)과의 가상 인터뷰 패러디를 게재했다. 이 패러디는 팔웰을 술주정뱅이인데다 어머니와 근친상간을 저지른 인물로 묘사했다. 잡지의 목차와 패러디 밑에 '픽션'이라고 밝히긴 했지만, 그 내용이 너무 끔찍했다. 팔웰은 이 잡지를 명예훼손, 프라이버시 침해, 고통유발 등 3가지 혐의로 고소했다.

1심은 '고통유발'만 인정해 20만 달러 배상 판결을 내렸다. 이는 2심에서도 유지되었는데, 1988년 연방대법원에 가서 뒤집히고 말았다. 연방대법원은 판결에서 "『허슬러』 패러디가 분명 지독하고 혐오스러운 것이지만, 공적 인물에 대한 아이디어와 의견을 내포하는 것으로 헌법적으로 보호받는데," 그 이유는 수정헌법이 인정하고 있는 것처럼 '거짓 아이디어(false idea)'는 존재하지 않기 때문이라고 했다. 패러디의 잔인함마저 아이디어와 의견의 영역에 포함되어 헌법적 보호를 받는다는 것이다.[34]

대법관 윌리엄 렌퀴스트(William Rehnquist)는 "공인에 대해 명백히 모욕적이고 감정적 상처를 주려는 의도가 있는 표현일지라도 그것이 사실이라고 주장하지 않는 한 헌법적으로 보호된다"고 밝혔다. 이 판결에 의기양양해진 플린트는 "내가 하는 일에 동의하건 않건, 나는 그런 일을 하기 위해 큰 희생을 치렀으며, 민권(民權)의 대의를 진전시키는 데에 일조했다"고 큰소리쳤다.[35]

영화감독 밀로스 포먼은 1996년 이 사건을 영화 〈래리 플린트〉(원제 "The people vs Larry Flynt")로 만들어 개봉했는데, 이 영화는 포르노의 사회적 폐해보다 정치적 폭력의 폐해가 더 크다는 걸 역설했다. 그러나 최민재는 "영화가 끝난 후 남는 개운치 못함은 떨쳐버리기 어렵다"며 다음과 같이 말했다.

"왜냐하면, 오늘날의 현실을 고려해볼 때 영화 속에서 제기하고 있는 표현의 자유라는 패러다임의 진짜 수혜자는 누구인가 하는 의문 때문이다. … 오늘날의 현실은 언론이 시민사회의 권리를 보장하는 담론을 생산하는 것이 아니라, 언론 자체의 기업적 이윤 창출에만 골몰하며 경제권력의 이익을 대변하는 경향을 보여주고 있다. 즉 특권만을 향유하고 특권에 상응하는 의무는 다하지 않고 있는 것이다."[36]

현실적 악의

명예훼손소송시 피고의 과실을 입증함에 있어서 사인(私人)은 피고의 부주의(negligence = failure to exercise ordinary care)를 입증하면 되나, 공인(公人)은 피고의 현실적(실제적) 악의(actual malice)를 입증해야 한다. '악의(惡意)'라는 용어와 관련, 박형상은 "선의, 악의라는 용어는 윤리적, 도덕적 개념으로서 선악이 아니라 '어떤 사실이나 사정에 대하여 알지 못하는 경우'와 '알고 있는 경우' 를 구별하는 용어에 불과한 것이다" 며 다음과 같이 말한다.

"거래 안전을 위하여 등장한 개념으로서 어떤 사정에 대하여 '선의의(알지 못하는) 상대방이나 제3자' 는 '악의의(알고 있는) 당사자' 에 비하여 상대적으로 보호되어야 한다는 것이다. 때문에 '언론침해가 악의인 경우' 라는 것은 '언론기관이 알면서, 일부러 침해하는 경우' 를 뜻하며(법적으로는 주로 고의적 행위) '언론침해가 선의인 경우' 라는 것은 '언론기관이 부주의, 과실로 침해하는 것' 을 나타내는 것이다. 요컨대 'New York Times Co.v.Sullivan' 사건에서 등장한 입증 책임 요건으로서 '현실적 악의(actual malice)' 와 '우리 법률상의 악의' 라는 법률 용어가 내용적으로 서로 구별된다는 점을 유념해야겠다.(우리 법률용어 감각으로 malice는 害意라 할 수 있다.)"[37]

'현실적 악의' 개념은 1964년 연방대법원의 'New York Times Co. v. Sullivan' 판결에서 비롯되었다. 1955년 12월 1일의 미국 앨라배마주 몽고메리시로 돌아가보자. 그날 한 여자 봉제직공이 버스에서 운전기사의 명령을 어기고 백인 전용 좌석에 앉았다는 이유로 경찰에 체포되었다. 이 사건은 흑인들에 의한 대대적인 버스 안타기 운동으로 이어졌는데, 여기엔 당시 27세 된 마틴 루터 킹 목사도 참여하였다. 이후 킹 목사는 본격적으로 흑인민권운동에 나서게 되었고, 앨라배마주 경찰은 갖가지 죄목을 동원해 킹 목사를 법적으로 옭아매려고 하였다. 흑인들은 모금광고를 통해 킹 목사를 돕기로 하였다.[38]

바로 그 모금광고가 『뉴욕타임즈』 1960년 3월 29일자에 실리게 되었다. 이 광고의 제목은 열흘 전 이 신문의 사설 제목을 인용한 것으로 "그들의 솟구치는 함성을 들어라(Heed Their Rising Voices)" 였다. 이 광고의 주요 내용은 다음과 같은 것이었다.

"지금 전 세계가 알고 있듯이 수천 명의 남부 흑인 학생들이 미국 헌법에 보장된 대로 인간의 존엄성을 유지하며 살 수 있는 권리를 쟁취하기 위해 비폭력 시위에 대규모로 동참하고 있다. … 그러나 이 학생들은 이러한 권리를 인정하기를 거부하는 사람들이 휘두르는 폭력의 물결에 휩쓸리고 있다. … 앨라배마주의 몽고메리시에서는 학생운동 지도자들이 학원 내에서 총과 최루탄으로 무장한 경찰들에 의해 쫓겨나고 있다. … 학생회 전체가 등록을 거부하며 대항하자 학교 당국은 그들을 굶겨 굴복시키기 위해 식당문을 잠갔다."[39]

이처럼 이 광고는 앨라배마주 정부 지도자들을 비난하는 내용이었다. 그런데 이 광고는 몇 가지 사실상의 오류를 담고 있었다. 학교 식당은 폐쇄되지 않았고 경찰은 캠퍼스를 포위하지 않았으며, 학생들은 다른 데모를 위해 학교를 떠났고 킹 목사는 7차례 체포된 게 아니라 4차례 체포되었다는 점 등이다.[40]

이로 인해 『뉴욕타임즈』지는 앨라배마주 법정에서 50만 달러 배상이라는 패소 판결을 받았다. 원고는 앨라배마주 몽고메리시의 경찰 책임자인 설리번 (L. B. Sullivan)이었다. 그러나 연방대법원은 『뉴욕타임즈』지에 최종 승소 판결을 내리면서 설리번은 공인이기 때문에 '현실적 악의'를 입증해야 한다고 판시했던 것이다. 당시 윌리엄 브렌넌 대법관(William J. Brennan Jr.)은 다음과 같이 말했다.

"우리는 공공적 쟁점들에 관한 논의는 금지되어서는 안 되며, 활발하고 넓게 개방되어야 하며, 또한 그 논의에는 정부와 공공 관리에 대한 격렬하고, 신랄하고 때로는 불쾌할 정도로 날카로운 공격도 포함될 수 있다는 원칙에 대한 국민적인 진지한 합의에 이 사례가 배치되는 것으로 생각한다."[41]

'현실적 악의'는 "허위(거짓말)의 인지 또는 진실에 대한 무모한 부주의 (knowledge of falsity or reckless disregard of whether the story was truthful)"를 뜻하는데, 이 개념의 의미 또는 교훈은 5가지를 들 수 있다.

첫째, 정부 관리가 명예훼손소송(civil libel suits)을 통해 과거 선동방지법 (sedition law)의 목적을 성취하고자 하는 것에 쐐기를 박았다.

둘째, 공적 이슈(public issue)에 관한 논의는 활발하게 이루어져야 한다.

셋째, 어느 정도 사실과 틀린 진술은 자유스러운 토론에선 불가피하다. 표현의 자유가 '숨 쉴 수 있는 공간'을 마련하기 위해 그건 보호되어야 한다.

넷째, 공인은 비판받을 각오를 해야 한다. 사인(私人)과는 달리 반박할 수 있는, 언론매체에의 접근이 용이하다.

다섯째, 나중의 판례들에서는 공인(public figure)의 범위가 확대되어 노벨상 수상자까지도 포함되었다.[42]

1969년 정치인 배리 골드워터는 한 잡지사가 자신의 정신 상태에 대한 설문 조사의 응답을 바꾸어서 보도한 걸 입증함으로써 승소 판결을 받았다. 이는 '허위의 인지'와 관련된 것이고, '무모한 부주의'의 사례로는 연방대법원이 두 사건을 한 사건으로 다룬 1967년 'Curtis Publishing Co. v. Butts and AP v. Walker' 판결을 들 수 있다.

월리 벗스(Wally Butts)는 조지아대학의 체육부장(athletic director)이었다. 『새터데이 이브닝 포스트(Saturday Evening Post)』지는 벗스가 앨라배마대학 풋볼 코치와 게임을 짜고 했다고 보도하였는데, 보도 출처는 우연히 두 사람의 전화를 전화 혼선으로 듣게 된 독자의 제보였다.

에드윈 워커(Edwin Walker)는 텍사스의 정치인으로 보수주의자이며 분리주의자였다. AP 통신은 그가 백인 폭도를 조직해 미시시피대학의 인종차별 사태를 진압하기 위한 연방수비대에 저항하고자 했다고 보도하였다.

벗스 사건은 언론사가 패소하였으며, 워커 사건은 언론사가 승소하였다. 왜 그랬을까? 벗스 사건은 뜨거운 뉴스 아이템이 아니었다. 게임이 끝난 지 수개월 후에 보도했던 것이다. 그 잡지는 사실을 체크할 충분한 시간이 있었다. 기사의 출처도 기자가 아니라 보통사람이었으며, 그것도 의심할 구석이 많은 전과자였다. 그 잡지는 그 조작되었다는 게임이 녹화된 것을 검토한다든가 하는 식으로 더 알아보려고 하지도 않았다. 반면 워커 사건은 뜨거운 뉴스 아이템인데다 과거 전력이 괜찮은 기자가 보낸 기사였으며, 워커 장군의 전력으로 보아 그 기사는 신빙성이 있었다.

이와 같은 두 사례를 근거로 '무모한 부주의'에 대한 3대 판단 기준을 제시한다면 ①그 기사가 긴급한(urgent) 것인가 ②기사 출처가 신뢰할 만한가 ③이야기 자체가 그럴 듯한가(probable) 등을 들 수 있다.[43]

이 판결의 역사적 의미는 매우 커서 미국의 언론법 관련 학자와 법조인들은 5년, 10년 단위로 이 판결을 기념하는 학술회의와 토론회를 개최하고 있다.

뉴욕대 법대 교수 로날드 드보르킨(Ronald Dworkin)은 1996년 "세계의 민주국가들 가운데 헌법상 언론 · 표현의 자유에 대한 정도를 본다면 미국은 그야말로 독보적이다. 그리고 이 같은 언론 · 표현의 자유 보호에 있어서 헌법적인 기틀로서 중추적인 것이 바로 1964년 연방대법원이 내린 설리번 판결이다"고 평가했다.[44] 언론법 변호사 데이빗 보드니(David Bodney)는 설리번 판결 40주년을 맞은 2004년 설리번 판결은 연방대법원의 헌법판례에 있어서 가장 중요한 것으로 "진정 우리로 하여금 미국의 삶을 얘기할 수 있게 하는 분수령적인 사건이었다"고 평가했다.[45]

공인의 구분

공인은 ①공직자(public officials), ②전면적 공인(total or all−purpose public figures), ③상황적 공인(limited public figures) 등으로 나눌 수 있다.('전면적 공인'은 '전적인 공인' 또는 '전목적적 공인' 등으로 번역되기도 한다.)[46]

공직자의 경우, 공무원이라고 해서 다 '공인'에 해당되는 건 아니다. 예컨대, 공영 정신병원의 연구직 간부는 해당되지 않는다. 그 직책이 공적 감시(public scrutiny)를 받는 게 아니기 때문이다. 공직자라도 공적 생활과 사적 생활의 구분이 있을 수 있다. 대통령의 경우 모든 게 다 공적인 것으로 간주될 것이나, 지위가 낮을수록 사적 영역이 크게 존재한다고 보아야 할 것이다. 그러나 법원의 판결이 일관된 건 아니어서 주정부의 하위직 사회복지 공무원과 경찰을 공인으로 간주한 판례도 있다.[47]

전면적 공인은 사실상 유명인을 말하는 것으로 사람들의 인식(recognition)이나 미디어 노출(media exposure) 정도를 기준으로 삼아 판별해야 할 것이나 그 경계가 명확한 건 아니다. 유명 연예인이나 작가나 지식인 등이 여기에 해

당된다.[48]

'상황적 공인'을 설명해줄 수 있는 판례로 1974년 'Gertz v. welch' 사건을 들 수 있다. 엘머 게르츠(Elmer Gertz)는 유명한 시카고 인권 변호사였는데, 젊은 사람이 경찰에 의해 살해된 사건을 맡아 승소하였다. 극우단체인 존 버치 소사이어티(John Birch Society)가 발행하는 『아메리칸 오피니언(American Opinion)』지는 게르츠를 빨갱이로 매도하면서 경찰에게 죄를 덮어 씌웠다고 주장하였다. 연방대법원은 이 사건에서 게르츠가 '공인'이 아니라고 판시하였다.

'상황적 공인'이 되기 위해선 명예훼손을 낳게 된 논쟁에 그 사람이 참여한 정도를 따져야 한다. 만약 게르츠가 인권문제 소송을 맡았더라면 그는 '상황적 공인'일 것이나, 문제의 소송은 인권문제는 아니었다. 그래서 게르츠는 피고의 부주의(negligence)만 입증해도 된다는 것이었다. 이 소송은 시작된지 13년 만에 거츠가 40만 달러 배상 판결을 받아 승소하였다.[49]

이 판결에서 다수 의견을 집필한 파월(Powell) 대법관은 공인에 대해 입증 책임을 무겁게 부과하는 이유에 대해 다음과 같이 말하였다.

"명예훼손의 피해자에 대한 최초의 구제 수단은 자조(self-help)이다. 즉 거짓말에 대해서 반박하거나 잘못을 시정함으로써 명예에 대한 해악을 최소화할 수 있는 기회를 이용하는 것이다. 공무원과 공인은 대개 효과적인 커뮤니케이션 수단에 상당히 쉽게 접근할 수 있고 따라서 잘못된 주장에 대해 반박할 수 있는 보다 실질적인 기회를 갖고 있다. 따라서 사인은 해악에 보다 쉽게 노출된다."[50]

상황적 공인을 판별하는 3대 요건은 "①중요한 공적 논쟁이 있어야 한다 ②원고가 그 논쟁에 자발적으로 참여해야 한다 ③원고는 그 논란의 결과에 영향을 미치고자 시도해야 한다" 등이다.[51]

'현실적 악의'에 대한 평가

우리나라에서도 공인과 관련된 무슨 명예훼손 사건만 발생하면 꼭 빠지지 않고 인용되는 게 바로 1964년 'New York Times Co. v. Sullivan' 판결이다. 그러나 이 판결을 둘러싼 논란도 만만치 않다. 연방대법원의 화이트 대법관은 1985년의 'Dun & Bradstreet' 판결에서 공무원의 명예가 보호되지 못하고 있다는 점을 지적하면서 'New York Times Co. v. Sullivan' 판결을 다음과 같이 비판하였다.

"『뉴욕타임즈』 판결은 두 가지 잘못을 안고 있다. 첫째는 공무원이나 공공적 문제에 대한 정보의 흐름이 오염(polluted)되고 종종 잘못된 정보에 의해 오염된 채로 남아있게 된다는 점이다. 둘째로는 패소한 원고의 명예와 전문인으로서의 삶이 사실을 조사하려는 성실한 노력만 있었으면 피할 수 있었던 잘못에 의해 파괴될 수 있다는 점이다."[52]

국내 일부 전문가들도 이 판결의 의미를 제대로 꿰뚫어 보아야 한다고 말한다. 예컨대, 박형상은 다음과 같이 말한다.

"우리 언론학계가 법 규범과 법 현실 사이의 상관관계를 무시하거나 영미법계의 미국 판례를 거두절미한 채 무비판적으로 한국 법체계에 원용·수용하는 태도는 재검토되어야 한다. 우리 학계에 약방의 감초처럼 등장하는 'New York Times Co. v. Sullivan' 사건에 대하여도 '물론 이러한 판결에는 독특한 미국 정치 문화가 반영되어 있는 것이므로 함부로 이러한 태도를 도입한 (할) 것은 아니라고 생각한다'는 의견도 있다."[53]

아닌 게 아니라 '현실적 악의'는 같은 영미법 계열에 속하는 영국에서도 통하지 않는다. 제인 커틀리(Jane Kirtley)는 "『뉴욕타임즈』나 『인터내셔널 헤럴드 트리뷴(International Herald Tribune)』 같은 미국 언론은 영국 내에서 이들을 상대로 제기된 명예훼손 소송 재판에서 종종 패소하곤 한다. 왜냐하면 영국 법원에서는 공인을 비판하는 데 있어 '실질적 악의' 기준과 같은 헌법 적용을 단호히 거부하기 때문이다"라고 말한다.(그러나 커틀리는 취재원 보호는 영국 법원이 언론에 대해 더 우호적이라고 했다.)[54]

앞서도 지적했지만, 'actual malice(현실적 악의)'라는 용어의 혼란도 만만치 않다. 이 판결에 참여하였던 스튜어트 대법관은 나중에 이 용어의 사용을 크게 후회하면서 "malice라는 단어는 일반적으로 사용되는 의미와는 달리 『뉴욕타임즈』에서 사용하였다. 일반적으로 malice는 害意(ill will or hostility)를 의미하지만 『뉴욕타임즈』에서 제시한 기준은 이것과는 무관한 것이다"고 말했다.[55]

방석호는 판결문에서 사용하고 있는 '현실적 악의'라는 단어의 본질적 내용은 명예에 대해 손해를 입힐려는 의사로 이해될 수 있다고 지적하면서, "그러나 우리 민법상 惡意란 사실에 대한 知, 즉 '안다'를 의미하는 일반적 법률용어일 뿐이며, malice라는 단어가 의미하는 害意의 의미를 가지고 있지는 않고 있다"고 말한다.

이어 방석호는 "여기서 과연 actual malice의 의미를 어떻게 받아들일 것인가의 문제를 생각해보아야 한다. 판결문에서 연방대법원은 '현실적 악의'란 인쇄물로 인한 명예훼손 책임의 기준을 확립하기 위해 만들어낸 것임을 밝히고 있다. 즉 그것은 명예훼손의 성립을 어렵게 하기 위해 기존 불법행위상의 고의(intention) 개념을 헌법적 수준으로 변형시킴으로써 입증책임을 어렵게 만들기 위한 의도적 단어인 셈이다"며 다음과 같이 말한다.

"그러나 우려되는 점도 적지 않음을 알아야 한다. 특히 미국의 배심원제도처럼 법관에 의해 지시된 법률용어가 사실관계가 일치하는지를 판별하게 하는 구조하에서는(예를 들면, 고의에 의한 처벌을 하는 경우에 법관은 처벌을 위해 고의가 필요하다고 설명하고, 고의의 발견은 배심원이 양쪽의 진술, 증거를 통해 결정하게 된다) 배심원들이 얼마나 독특한 이 단어의 의미를 제대로 이해하고 있는지가 소송의 결과에 결정적 영향을 미치기 때문이다. 결국 단어 자체의 의미는 민법상의 惡意를 의미하는 것이 아니라 '헌법적 고의' 정도를 의미하는 헌법적 용어로 이해되어야 한다. 그러나 용어 자체의 번역은 '현실적 악의' 로 계속하고자 한다. 왜냐하면 단어를 직역하면서 제시되는 害意라는 용어는 우리의 민법은 물론이고, 여타의 민형사 관리법에 행위의 요건으로 사용되어지지는 않기 때문에 우리 법체계에 수용하는 것이 불가능할 뿐만 아니라, 『뉴욕타임즈』 판결에서도 그 정도의 강한 의미로 사용한 것은 분명히 아니기 때문이다."[56]

그런 용어상의 문제를 지적한 다음, 방석호는 'New York Times Co. v. Sullivan' 판결(1964년)의 의미는 "승자는 언론사이고, 따라서 언론의 자유를 위한 기념비적 판결이라는 도식의 마술에서 벗어나 피해자가 실질적으로 보호받는 방법은 무엇인가를 생각해 본다면 전혀 다른 각도에서 음미될 수 있다"며 다음과 같이 말한다.

"적어도 명예훼손 사건에서 연방대법원이 요구하는 '현실적 악의' 의 요건을 증명하지 못한 피해자는 제도적으로 반론권마저 인정되고 있지를 않기 때문에 사실상 명예의 훼손에 대해서 보호를 받을 수 없다는 결론이 된다. … 더욱이 잊지 말아야 할 것은 『뉴욕타임즈』 판결' 이 그러한 현실적 악의에 대한 무거운 입증책임을 원고에게 지움으로써 실제 입증을 거의 불가능하게 만들고 있다는 점이다. 즉 영·미 보통법과 우리의 대륙법하에서는 원고가 자신의 명예가 훼손되었음을 이유로 손해배상을 청구하면, 피고는 이에 대해 항변을 주장하게 되는 입증책임의 분담이 이루어진다. 피고가 되는 언론기관을 고의·과실이 없기 때문에 민사책임을 질 수 없다고 하거나, 소위 위법성 조각사유인 내용의 진실성이나 공평한 논평 등을 들어 항변을 하게 된다. '뉴욕타임즈 판결' 은 이러한 입증 책임·분배 구조를 부정하고 있다. 즉 원고로 하여금 단순히 명예훼손의 발생만을 주장하는 것으로는 부족하고, 언론기관이 현실적 악의(헌법이 보장하는 표현의 자유를 부정할 만한 정도의 헌법적 고의)를 갖고 한 행위임을 입증하도록 요구함으로써 공무원 또는 공적 인물이 원고가 되는 경우에는 거의 승소할 수 없도록 만들고 있다는 점이다."[57]

미국에서도 ‘New York Times Co. v. Sullivan’ 판결에 대한 회의가 만만치 않아 그 전도가 불투명하다는 주장도 있다. 염규호에 따르면, “일부 미 연방대법원 판사들과 변호사, 학자들은 구체적으로 ‘현실적 악의’ 원칙의 개혁을 제안했다. 보다 본질적인 문제는 만일 지금 연방대법원에 1964년처럼 설리번 사건이 다시 판결에 붙여진다면 언론의 자유에 우선권을 인정하는 ‘현실적 악의’ 판결이 나오겠느냐 하는 회의가 미 언론계와 언론법 변호사들 간에 상당히 퍼져 있다는 것이다.”[58]

염규호는 “벗스 사건에서 공직자로부터 공적 인물로 ‘현실적 악의’ 기준을 확대한 것은 정부 비판의 최대한 보장이라는 수정헌법 제1조의 핵심적 의미를 깊이 생각지 아니하여 그 결과로 공직자와 공적 인물의 상식적인 차이를 고려하지 않은 너무 성급한 아니 ‘놀라운’ 것”이라는 평가를 내리면서 “ ‘현실적 악의’ 를 공직자에게, ‘중대한 과실’ 을 공적 인물에게 그리고 사인에게는 단순 과실을 부과” 하는 방안을 소개했다.[59]

‘현실적 악의’ 는 이른바 ‘저명인사 저널리즘(celebrity journalism)’ 을 부추기는 등의 부작용을 낳고 있다.[60] 언론의 입장에선 안전하다는 이유 때문이다. 염규호는 ‘현실적 악의’ 가 미국 언론에 구체적으로 미친 영향을 다음과 같이 지적하였다.

“인물의 신분에 따른, 다시 말하면 문제된 기사의 성격에 중점을 두지 않는 공인과 사인의 구별원칙의 바탕인 ‘현실적 악의’ 론으로 인해 진지한 탐색 취재 저널리즘과 격조 높은 언론 취재관행과는 거리가 먼, 별로 중요한 사회적 문제와 관련 없는 이른바 피상적인 유명인사 중심의 저널리즘이 전보다 더 활발하게 된 것은 지난 30여 년에 걸친 ‘현실적 악의’ 의 의도치 않은 결과이다. … 공적 인물에 대한 추문적인 기사 보도가 보호받을 확률이 사적 인물이 관계된 공공의 관심에 대한 보도보다 법적으로 높은 관계로, 본래 뜻했던 ‘현실적 악의’ 의 목적과는 거리가 먼 저널리즘이 나타나는 것을 부정할 수는 없는 것이 사실이다.”[61]

그러나 우리나라에선 여전히 'New York Times Co. v. Sullivan' 판결이 예찬 받는 경향이 있다. 그건 언론이 자기보호 차원에서 그러는 것일 수도 있겠지만, 그만큼 공인(公人)에 대한 불신감과 반감도 크다는 걸 말해주는 건 아닐까?

면책과 손해배상

명예훼손 면책 사유로는 ①진실(truth) ②특권적 커뮤니케이션(privileged communication) ③공정한 논평(fair comment) ④승낙(consent) ⑤반론권(right of reply) 등이 있다.

'특권적 커뮤니케이션'엔 ①절대적 특권(absolute privilege: 국회, 재판 중 발언)과 ②제한적 특권(qualified privilege: 공식적인 정부 회의를 보도하는 언론의 경우)이 있다. '제한적 특권'의 3대 조건은 ①정부회의, 공공적 중요성을 가진 공공집회 내용의 보도, ②공정하고 정확 또는 진실한 요약(fair and accurate or truthful summary) ③악감정(malicious feelings)에 의해 동기부여가 되어선 안 된다는 것 등이다.[62]

이와 같은 특권과 관련, 중립적 보도(neutral reportage)는 면책이나 여기엔 ①기사가 뉴스 가치가 있고 공공적 이익에 관한 것이어야 한다 ②피해자가 공인이어야 한다 ③비방적 주장을 정확하게 보도해야 하고 논쟁의 모든 당사자들의 의견을 다 제시해야 한다 ④공평한 정보 전달자의 역할을 수행해야 한다 등의 4대 요건이 있다.[63]

'공정한 논평'은 ①의견이어야 하며 ②공공의 이익(public interest)에 관한 것이어야 한다는 2대 요소가 있다. '의견'엔 ①순수 의견(pure opinion)—진위 여부를 가릴 수 없으며, 과장법 등과 같은 수사적 표현이 허용된다 ②혼합 의견(hybrid opinion)—판단 또는 평가(judgment or evaluation) 등이 있다. '혼합 의견'은 사실적 근거를 확보해야 한다. 예컨대 "프랭크는 무능한 기계공이다"

는 발언은 사실과 맞을 때에만 보호된다.[64]

'승낙'은 원고가 공표에 대해 동의한 경우를 말한다. 그러나 그런 경우는 거의 없고, 전해 듣고서도 가만히 있는다든가 하는 식의 간접적 승낙(indirect consent)의 경우엔 논란의 여지가 있다.[65] '반론권'은 비교적 가장 많이 사용되는 방식이긴 하나 처음 이루어진 비방의 방향과 수준을 넘어선 반론상의 비방은 명예훼손이 될 수 있다.[66]

손해배상(damages)엔 ①실제적 손해배상(actual damages) ②특별 손해배상(special damages) ③추정 손해배상(presumed damages) ④징벌적(응징적) 손해배상(punitive damages = exemplary damages=smart money) 등 4가지 방식이 있다. 원고는 자신이 손해배상을 받아야 하는 이유와 그 내용을 법정에 입증해야 한다.

첫째, 실제적 손해배상은 명예손상(impairment of reputation), 정신적 고통 등에 대해 배상하는 것이나 산정의 어려움이 있다. 둘째, 특별 손해배상은 특별한 금전적 손해를 입혔을 경우에 적용되며, 신용훼손에선 이것만이 적용된다. 셋째, 추정 손해배상은 현실적 악의가 입증되면, 손해를 입증하지 않고서도 받아낼 수 있다. 넷째, 징벌적 손해배상은 피고를 응징하는 의미(언론의 책임 강화)의 손해배상으로 액수가 매우 크다. 일부 주에서는 현실적 악의와 무관하게 인정하지 않는다.[67]

손해배상액은 일반적으로 기자가 아닌 언론사가 지불한다. 몇몇 주는 기자에게 부과된 징벌적 손해배상금의 지불도 언론사 사주가 하도록 강제하고 있으며, 보험회사가 징벌적 손해배상금을 지불하는 걸 허락치 않고 있다.[68]

배심원들은 보통 징벌 차원에서 고액 배상을 결정하는 경향이 있는데, 이는 배심원들의 언론에 대한 분노와 증오 때문이라는 분석이 유력하다. 징벌적 손해배상이 수정헌법 1조에 위배되는 것이라며 그 폐지를 주장하는 학자들과 언론의 책임성을 위해 꼭 필요하다고 주장하는 학자들이 팽팽한 접전을 벌이고 있다. 제롬 배런은 "징벌적 손해배상은 명예훼손 원고들의 화살통에 남겨진 최후의 유효한 무기이다. … 거액의 징벌적 배상의 위험은 언론의 책임성을 확보하기 위해 필요하다. … 징벌적 손해배상의 완화 또는 폐지는 오늘날 언론을 적으로 간주하는 배심원들을 분노케 할 수 있다"고 주장했다.[69]

일부 주들(33개 주)은 취소 또는 철회 법규(retraction statues)를 제정하였는데, 이는 가해자가 피해자의 요구에 의해 비방을 취소 또는 철회함으로써 상호 타협이 이루어지게끔 하는 데에 목적이 있다. 피해자는 취소 또는 철회가 이루어진 다음에도 법정으로 갈 수 있으나 이 경우엔 피고가 유리하다. 어떤 주들은 피해자가 일단 취소 또는 철회를 요구한 다음 소송에 임할 것을 명문화하고 있다.[70]

언론사의 대응

미국엔 명예훼손과 관련된 보험제도가 잘 발달돼 있다. 표성수에 따르면, "보험료는 언론사의 규모, 발간 부수, 언론의 피보험손해의 범위 등에 따라 달리 적용되는 것이 보통이며, 피소된 경우 변호사 선임료 등 소송비용, 판결의 손해배상액은 대략 보험에서 책임을 지는 범위에 드나, 유해한 행동을 책임지는 것은 공공의 이해에 부합되지 않는다는 이유로 징벌적 손해배상은 책임범위에서 제외하는 경우가 많다. 길모어(Donald M. Gillmor) 교수의 연구에 의하면 보험회사의 펀드 중 3분의 1은 피해자에 대한 배상을 위하여, 3분의 2는 변호사 비용으로 지급되고 있어 변호사야말로 명예훼손소송에서의 가장 큰 수혜자라는 주장을 펴고 있다."[71]

언론사들은 소송에서 이기기 위한 공동 노력도 시도하고 있다. 1980년 『뉴욕타임즈』『워싱턴포스트』, ABC, NBC, AP 등 미국 굴지의 언론사들이 중심이 되어 '명예훼손방어자료센터(LDRC: Libel Defence Resource Center)'를 설립하였다. 1994년 현재 미국의 72개 언론사가 회원으로 가입되어 있으며 회원사들이 공동으로 출자한 비영리법인으로 운영되고 있다.

표성수에 따르면, 'LDRC에는 각종 법률자문과 서비스를 제공하는 변호사단이 조직되어 있는데 121개의 변호사사무소가 이에 가입되어 있다. LDRC는 매년 미국 연방 및 50개 주의 언론 관련 소송을 자료화하고 법률의 제정·개정 현황, 판결 동향을 분석하여 수천 페이지에 달하는 각 주별, 연방 항소심별 연감을 발간하고 있는 바, 이는 언론 관련 소송에 있어서 가장 중요한 자료로 일컬어진다. 이밖에도 LDRC에서는 언론 관련 소송의 각종 통계를 분석한 자료를 정기적으로 발간하고 있고, 언론사를 위한 전문 감정인의 소개, 언론 측 변호사들의 법정활동을 위한 비디오테이프 제작 등 언론을 위한 여러 가지 활동을 수행하고 있다."[72]

또 미국 언론사들은 명예훼손의 위험을 피하기 위해 변호사에 의한 기사 사전 열람제를 도입하는 등 점점 더 변호사 의존도를 높여가고 있다. 이와 같은 '방어 저널리즘(defensive journalism; preventative journalism)'은 언론사의 '안전'을 비교적 보장해주기는 하나 그 부작용이 만만치 않다.[73] 일부 신문사에서는 아예 편집과정에까지 변호사를 참여시키기도 하는데, 이와 관련해 '위축 효과(dampening effect)'란 말까지 나오고 있다.[74]

유진 굿윈(H. Eugene Goodwin)은 "오늘날 너무나 많은 사람들이 어떤 피해를 받았을 때 주저 없이 소송을 제기하는 시대에 살고 있으므로 언론기관 경영자들은 명예훼손이나 사생활 침해 등의 소송에서 벗어나기 위해 기사를 쓰거나 방송하기 전에 변호사들과 상의하는 빈도가 점점 늘고 있다"며 다음과 같이 말한다.

"『워싱턴포스트』같이 큰 신문들은 회사 내에 고문 변호사를 두고 문제의 여지가 있는 결정을 할 때는 즉각 자문을 구하고 있다. 다른 언론기관들 역시 적어도 전화를 통하여 언제나 연결될 수 있도록 변호사와 계약을 하고 있는 경우가 많다. 이것은 법률가들에게는 좋겠지만 과연 언론을 위해서도 좋은 일인가? 『워싱턴포스트』의 찰스 퍼펜바거는 기자실의 변호사를 반대하는 입장이다. '우리는 보도에 너무 변호사들의 개입을 불러오고 있다. 그들은 기사를 읽고 이래라 저래라 바꿀 것을 지시하곤 한다'고 그는 불평한다. '나는 변호사들이 우리의 문제를 없애줄 것이라고는 생각하지 않는다. 그들이 우리가 문제에서 벗어나는 것을 도와주기는 할망정 우리는 문제를 일으키도록 되어 있기 때문이다. 변호사를 두기보다는 우리가 조심해서 일하는 것이 좋다.'"[75]

30년 이상 대법원을 출입했고 『언론인과 법률』이라는 책까지 낸 『볼티모어 선(The Baltimore Sun)』지의 라일 데니스턴은 "우리의 변호사들은 우리들에게 공포심을 심어주고 있다"고 불평하면서 다음과 같이 말한다.

"편집국에 변호사를 두는 것은 언론자유를 위해서 기자가 감옥에 있는 것만큼이나 위협적이다. 누군가가 옆에 앉아서 법을 들먹이면서 우리에게 경고를 하는 것은 잘못된 것이다. 우리는 너무 빨리 법에 신경을 쓰고 변호사에게 상의한다. 보도 과정은 거의 사법 절차의 서자처럼 되었다. … 우리 일도 법과 관련된 다른 분야와 사실은 마찬가지이다. 우리는 지금 마치 법률이 우리 분야에 가장 중요한 문제인 것처럼 행동하고 있다."[76]

그런가 하면 언론사의 '대응 소송'이라는 카드도 사용되고 있다. 일부 언론사들은 '공격이 최상의 방어'라는 전략하에 "민사 절차를 불합리하게 복잡하게 하거나 지연시킨 경우에 상대방 변호사 보수 전액을 변상하게 하는 제도"와 "공무원이 쓸모없는 소송으로 언론을 괴롭혔을 때 언론의 자유권을 침해한 것이라고 하여 그 공무원을 상대로 소송을 제기하는" 방법 등을 이용하여 명예훼손 소송에 적극 대응하고 있다.[77]

명예훼손법 개혁론

명예훼손소송은 소송 자체가 큰 홍보 효과를 갖기 때문에 법을 좋아하는 미국인들도 그 점을 염려해 피해자 쪽에서 소송을 자제하는 경향이 있지만, 배상액이 매우 많기 때문에 명예훼손소송에 패소해 파산하는 언론사들도 심심치 않게 나오고 있다. 명예훼손 관련 법은 피해자의 명예 보호라는 본래의 목적

이외에 언론의 책임의식을 강화한다는 목적도 갖고 있는 바, 미국 언론에게 가장 무서운 건 권력의 통제가 아니라 바로 명예훼손소송인 셈이다. 그러나 최근엔 과다한 액수의 손해배상이 결국 보험료를 높여 일반 국민의 부담으로 돌아가는 것 아니냐는 자성의 소리도 나오고 있다.[78]

더 나아가 기존의 명예훼손법은 그 누구에게도 도움이 되지 않을 만큼 엉망 진창이어서 아예 폐지하는 게 더 낫지 않겠느냐는 극단론까지 제시되고 있다. 무엇이 가장 큰 문제인가? 언론변호사 바바라 딜(Barbara Dill)은 "소송비용이 너무 많이 들고 소송시간이 너무 오래 걸리며, 본질적인 문제는 전혀 다루지 못한 채 관련 당사자들에게 대단히 만족스럽지 못한 기술적인 판결들만이 대부분 법원을 메우고 있을 뿐"이라고 개탄한다.[79]

표성수는 "개혁론자들에 의하면, 현재의 명예훼손법은 원·피고 모두에게 도움이 되지 아니할 뿐만 아니라, 사회적으로 유용한 논쟁을 위축시켜 국민들에게도 피해를 주게 되고, 무익한 남소로 법원에도 업무 증대 등 부담을 가하여, 소송에 관여한 변호사 외에는 아무에게도 이득이 되지 못하는 제도이며 극단적으로 미국의 명예훼손법은 심하게 손상되어 수선을 요한다고까지 한다. 그러나 개혁론자들의 비판의 초점은 현재의 명예훼손소송은 언론을 위축 시키는 점에 있다고 보여진다"고 말한다.[80]

그런 개혁론의 산물 가운데 하나가 아이오와대학의 교수 3인이 '아이오와 명예훼손 연구계획'에 따라 1987년에 발표한 '명예훼손 분쟁해결 프로그램' 이다. 표성수는 그 내용에 대해 다음과 같이 말한다.

"당사자들이 이 프로그램에 의하여 명예훼손의 분쟁을 해결하기로 합의하면 미국중재협회(The American Arbitration Association)가 분쟁해결을 담당하게 되며, 쟁점은 명예 피해의 존재와 기사 내용의 진위로 한정되고, 구제는 역시 합의에 의하되 주로 언론이 잘못된 보도를 정정하는 것으로 되어 있다. 이 제안은 원고 측 변호사들로부터는 금전배상이 구제수단에서 빠져 있다는 이유로, 언론 측 변호사들로부터는 기존의 헌법적 특권을 포기할 수 없다는 이유로 활용이 회피되어 결국 실패로 돌아갔으나, 언론에 기사의 정확성, 공정성, 취소보도의 필요성 등을 인식시키는 계기는 되었다."[81]

이 아이오와 프로젝트에 참여한 랜달 베잔슨(Randall P. Bezanson) 교수는 원고들이 "이기기 위해 제소하는 게 아니라 제소함으로써 이긴다"고까지 말한다. 이는 거의 대부분의 원고들과 변호사들의 계약관계가 승소할 경우에만 수임료를 지불하는 방식이어서 소송이 남발되고 있다는 걸 지적한 것이다.[82]

언론사 쪽 명예훼손소송 전문 변호사인 플로이드 아브람스는 아이오와 프로젝트의 제안에 더하여 영국처럼 패소를 당한 쪽이 승소를 한 쪽의 소송비용까지 부담케 함으로써 소송의 남발을 막고 공직자의 경우에는 승소를 하더라도 금전적 손해배상은 없애자는 제안까지 하였다. 그는 웨스트모랜드 장군과의 송사를 위해 CBS TV가 지불한 변호사 비용이 500만 달러였으며 평균적으로 소송 건당 15만 달러의 변호사비가 지출되어 큰 재정적 압박이 되고 있을 뿐만 아니라 작은 언론사들은 아예 소송이 두려워 '탐사 보도'를 포기하고 있다고 지적하면서 개혁의 당위성을 역설하였다.

아브람스는 소송 남발 사례로 1달러짜리 배상판결이 나온 사례를 2가지 제시했다. CBS TV의 다큐멘터리가 자신이 거위를 총으로 쏘아 죽인 것처럼 암시했다고 소송을 제기한 어느 사냥꾼, 그리고 『애틀랜타 콘스티튜션(Atlanta Journal Constitution)』지가 흑인의 유전적 열등성에 관한 자신의 이론을 나치(Nazi)식이라고 말했다고 소송을 제기한 어느 물리학자에 대해 법원은 두 언론사에 각기 1달러 배상 판결을 내렸다는 것이다.[83]

개혁을 위한 입법적 노력도 이루어지고 있는데, '통일법제정을위한위원회'는 1989년부터 작업에 착수하여 1991년 12월 6일에 '통일명예훼손법(Uniform Defamation Act)' 초안을 발표하였다. 이 법안은 "최소 절차와 그 효과, 명예회복소송의 인정을 명문화하고, 징벌적 손해배상 등 과대한 배상의 요소를 제한하는 등 기존의 개혁론을 상당수 반영한 것이었으나, 조직적인 지지를 거의 받지 못한 반면 언론으로부터는 자신들의 자유와 특권을 위협한다는 이유로 저항을 받아 결국 중도에서 좌초하고 말았다."[84]

'통일법 제정을 위한 위원회'는 전면적 명예훼손법의 제정을 포기하는 대신 미국 30여 개 주에서 달리 시행되고 있던 표현의 취소, 정정제도를 통일하는 법안의 제정에 착수하여 1993년 8월 5일 최종안을 승인·확정하였고, 1994년 2월 미국변호사협회도 이 안을 승인하였다. 이 법안에 대해 표성수는 "소송 전 필요적 정정청구주의, 손해배상의 과도한 제한 등은 피해자의 보호에 소홀하다는 비판의 대상이 될 수 있으나, 언론으로부터는 상당한 지지를 받고 있으며 장차 명예훼손소송의 감소에 도움이 될 것으로 기대하는 견해도 있다"고 말한다.[85]

그러나 이런 개혁론에 대한 반론도 만만치 않다. 개혁론이 앞서 소개한 플로이드 아브람스의 주장처럼 주로 언론의 입장에서 제기되고 있기 때문이다. 표성수는 "학자들 중에도 언론은 이미 지나치게 많은 특권을 누리고 있으면서, 마치 제조업체가 제조물 책임을 회피하려 하고 있다고 개혁론을 경계하는 견해도 있다"며 다음과 같이 말한다.

"이 견해에 의하면, 피해자를 위한 변호사단체나 인권단체는 존재하지 않는 반면, 명예훼손법 전문가들은 모두 언론 측 변호사들로서 그들이 중심이 되어 개혁을 주장하고 있을 따름이며, 30년간 언론의 보호라는 이름하에 많은 부당한 특권을 누린 언론이 다시 강한 보호를 요구하는 것은 자기의 이익만을 추구하려는 것으로 결국 언론의 무책임을 초래할 뿐이며 사법은 오히려 피해자의 보호를 강화해야 한다고 주장한다."[86]

그러나 언론은 개혁 자체에 대해 대체적으로 소극적이다. 표성수는 "언론이 개혁에 소극적인 원인은 대부분의 개혁론이 피해자의 보호를 위한 조치도 아울러 포함하고 있어, 자신들에게 불리한 결과로 귀착될지 모른다는 의구심이 주된 것이나, 자신들의 운명을 입법자에게 맡길 경우 기왕 확보된 특권의 상실, 새로운 문제의 부각 등 자신들에게 불리한 결과가 발생할지 모른다는 우려와 전면적 개혁보다는 case—by—case식의 개선을 선호한 때문으로도 보인다"며 다음과 같이 말한다.

"이런 소극적인 경향은 대형 언론사들에 강하게 나타나는 바, 그들은 명예
훼손 소송을 수행할 경제적 능력을 충분히 갖추고 있기 때문으로 지적된다.
언론사의 이러한 대응을 조직화된 이익집단이 갖는 님비(NIMBY: Not In My
Backyard) 현상의 하나로 지목하는 견해도 있다. 이에 대하여, 언론의 반대 측
당사자인 명예훼손의 피해자들은 지나치게 흩어져 있고 조직화되지 못하여
개혁안에 대한 조직적인 의견을 낼 수 없는 입장에 있고, 명예훼손을 전담하
는 원고 측 변호사도 거의 없어 피해자 측의 의견은 집약되지 못하고 있다."[87]

그러나 이런 논의는 인터넷이라는 새로운 강적의 출현으로 뒷전으로 밀린
느낌이다. 인터넷에 의한 명예훼손이 훨씬 더 심각하고 시급한 문제로 떠올랐
기 때문이다. 이는 제5장에서 살펴보기로 하자.

제 4 장

명예훼손 : 한국

명예훼손 관련 법 조항

명예보호는 인격권에 근거한다. 인격권은 "권리주체와 분리될 수 없는 인격적 이익, 즉 생명·신체·건강·명예·정조·성명·초상·사생활의 비밀과 자유 등의 향유를 내용으로 하는 권리"로 현행 헌법상 제10조의 인간의 존엄성 존중 조항, 제17조의 사생활의 비밀과 자유 조항, 제37조 제1항의 헌법에 열거되지 아니한 자유와 권리의 존중 조항 등을 근거로 삼고 있다.[1]

인격권 가운데 명예에 관련된 권리는 헌법 제21조 4항에 의해 보호받는다. "언론·출판은 타인의 명예나 권리 또는 공중도덕이나 사회윤리를 침해하여서는 아니된다. 언론·출판이 타인의 명예나 권리를 침해한 때에는 피해자는 이에 대한 피해의 보상을 청구할 수 있다."

명예는 법이론상 내적 명예, 외적 명예, 명예감정 등 삼분법으로 나뉘어 이해되기도 한다. 한병구의 해설을 소개한다.

첫째, 내적 명예는 인간에게 존재하는 도덕적 품위·성질은 물론 기타 육체적·정신적 상태에 있는 인간의 진실한 가치로 이는 타인에 의해 훼손될 성질이 아니기 때문에 법률적 보호가 불가능하다. 둘째, 외적 명예는 세상 사람들의 판단에 의한 외부로부터의 평가와 그 사람에 대한 타인의 감상을 뜻하는 것으로 이른바 평판, 명성, 인망, 성가 등에 대하여 사회로부터 부여받는 평가를 의미하기 때문에 이는 법으로 보호할 필요가 있다. 셋째, 명예감정은 자기자신의 인격에 대한 스스로의 가치판단 내지는 자기 자신의 가치의식으로 내적 명예와 마찬가지로 명예권의 보호 법익에서 제외되지만 형법 제311조의 모욕죄로서 보호받을 수 있다.[2]

형법 제33장 명예 관련 조항은 다음과 같다.

제307조(명예훼손) ① 공연히 사실을 적시하여 사람의 명예를 훼손한 자는 2년 이하의 징역이나 금고 또는 500만 원 이하의 벌금에 처한다. ② 공연히 허위의 사실을 적시하여 사람의 명예를 훼손한 자는 5년 이하의 징역, 10년 이하의 자격정지 또는 1000만 원 이하의 벌금에 처한다.

제308조(死者의 명예훼손) 공연히 허위의 사실을 적시하여 사자의 명예를 훼손한 자는 2년 이하의 징역이나 금고 또는 500만 원 이하의 벌금에 처한다.

제309조(출판물 등에 의한 명예훼손) ①사람을 비방할 목적으로 신문, 잡지 또는 라디오 기타 출판물에 의하여 제307조 제1항(사실 적시의 명예훼손)의 죄를 범한 자는 3년 이하의 징역이나 금고 또는 700만 원 이하의 벌금에 처한다. ②전항의 방법으로 제307조 제2항(허위사실 적시의 명예훼손)의 죄를 범한 자는 7년 이하의 징역, 10년 이하의 자격정지 또는 1500만 원 이하의 벌금에 처한다.

제310조(위법성 조각) 제307조 제1항(사실적시의 명예훼손)의 행위가 진실한 사실로서 오로지 공공의 이익에 관한 때에는 처벌하지 아니한다.

제311조(모욕) 공연히 사람을 모욕한 자는 1년 이하의 징역이나 금고 또는 200만 원 이하의 벌금에 처한다.

제312조(고소와 피해자의 의사) ①제308조(사자의 명예훼손)와 전조(모욕)의 죄는 고

소가 있어야 논한다. ②제307조(명예훼손)와 제309조(출판물 등에 의한 명예훼손)의 죄는 피해자의 명시한 의사에 반하여 공소를 제기할 수 없다.

제313조(신용훼손죄) 허위의 사실을 유포하거나 기타 위계로써 사람의 신용을 훼손한 자는 5년 이하의 징역 또는 1500만 원 이하의 벌금에 처한다.

형법상의 명예훼손죄의 해석 법리(헌법재판소 1999. 6. 24)를 살펴보자. 헌법재판소는 '언론의 자유와 명예의 보호' 라는 두 권리를 조정함에 있어 ①피해자가 공적 인물인지의 여부 ②표현내용이 공적 사안인지의 여부 내지는 알 권리의 객체로서 공공성과 사회성을 갖춘 것인지의 여부 ③피해자가 명예훼손적 표현의 위험을 자초한 것인지의 여부 등을 고려하여서 결정하여야 한다고 하였으며, 명예훼손죄의 구체적인 해석 법리를 다음과 같이 제시한 바 있다.

"①그 표현이 진실한 사실이라는 입증이 없어도 행위자가 진실한 것으로 오인하고 행위를 한 경우, 그 오인에 정당한 이유가 있는 때에는 명예훼손죄는 성립되지 않는 것으로 해석하여야 한다. ② '오로지 공공의 이익에 관한 때에' 라는 요건은 언론의 자유를 보장한다는 관점에서 그 적용범위를 넓혀야 한다. 국민의 알 권리의 배려라는 측면에서 객관적으로 국민이 알아야 할 필요가 있는 사실(알 권리)에는 공공성이 인정되어야 하고, 또 사인이라도 그가 관계하는 사회적 활동의 성질과 이로 인하여 사회에 미칠 영향을 헤아려 공공의 이익은 쉽게 수긍할 수 있도록 하여야 한다. ③명예훼손적 표현에서의 '비방할 목적(형법 제309조)' 은 그 폭을 좁히는 제한된 해석이 필요하다. 법관은 엄격한 증거로써 입증이 되는 경우에 한하여 행위자의 비방 목적을 인정하여야 한다."[3]

민법의 명예 관련 조항은 다음과 같다.

제750조 고의 또는 과실로 인한 위법행위로 타인에게 손해를 가한 자는 그 손해를 배상할 책임이 있다.

제751조 타인의 신체 자유·명예를 해친 자에게 재산 이외의 손해에 대해서도 배상 책임이 있다.

제756조 사용자(및 사무감독자)는 피용자가 제3자에게 가한 손해를 배상할 책임이 있고, 배상 후에 사용자 등은 피용자에게 구상권을 가진다.

제764조 명예훼손자는 손해배상 및 원상회복에 적당한 조치를 취해야 한다.

　대법원은 "민법 제764조에서 말하는 명예란 사람의 품성, 덕행, 명성 신용 등 세상으로부터 받는 객관적인 평가를 말하는 것이고, 특히 법인의 경우 그 사회적 명성, 신용을 가리키는 데 다름 없는 것이며, 명예를 훼손한다는 것은 그 사회적 평가를 침해하는 것을 말한다(1988. 6. 14)"고 밝혔다.[4] 또 "민법 제764조에서 말하는 명예훼손이란 사람의 사회적 평가를 저하시키는 행위를 말하고 단순히 주관적으로 명예감정이 침해되었다고 주장하는 것만으로는 명예훼손이 되지 않는다(1992. 10. 27)"고 했다.[5]

명예주체 · 성립요건 · 입증책임

명예의 주체는 자연인, 법인, 집단, 사자(死者) 등이다. 자연인이라 함은 "공인이든 사인이든 또는 유아, 정신병자, 행위무능력자이든 불문하고 사회생활을 영위하는 한 누구도 명예의 주체가 될 수 있다"는 걸 의미한다. 집단은 누구인가? 한병구에 따르면, "법인격이 없는 집단이나 단체라 할지라도 그것이 사회생활에서 하나의 행동 단위로서 존재하는 경우에는 명예의 주체가 인정된다. 그러나 '서울시민' 또는 '경기도민'이라는 식의 막연한 표시로서 그들 집단에 대하여 명예를 훼손하는 행위는 그 의미가 구성된 개개인을 포함하는 것이 아니기 때문에 집단으로서 명예의 주체가 될 수 없다. 그러나 '서울시민 모두' 또는 '경기도민 모두'라는 식으로 집단 개개인을 모두 포함하는 때에는 하나의 집단으로 간주되어 명예의 주체가 된다."[6]

한위수는 집단의 경우 어떤 발언이 단체를 지칭하는가 구성원을 지칭하는 가에 따라 달라진다며 그 구체적인 사례를 다음과 같이 예시하고 있다.

"'○○대학교의 졸업생들은 자기들이 우리나라의 최고라는 과대망상증에 걸린 환자들이다'는 기사는 위 대학교 졸업생을 지칭하는 것이므로 위 대학교의 동창회가 명예훼손소송을 제기할 수는 없을 것이다. 따라서 예컨대 변호사들의 통일적 의사를 표시할 수 있는 단체로서 대한변호사협회가 조직되어 있다고 하더라도 '우리나라 변호사들은 모두 사기꾼이다'라는 비난에 의하여 대한변호사협회의 명예가 훼손되었다고 보기 어려울 것이며, 다만 '대한변호사협회는 아무런 전문지식도 없고, 국민의 인권옹호에는 관심없이 기득권을 유지하는 데에만 신경 쓰는 사람들의 집단이다'라는 비난은 변호사 개개인이 아니라 대한변호사협회 자체의 명예를 훼손하는 것이므로 대한변호사협회가 명예훼손소송을 제기할 수 있을 것이다."[7]

명예훼손의 성립 요건은 ①공연성(제307조 1, 2항, 제308조) ②사실의 적시(제307조 1항) ③허위 사실의 적시(제307조 2항, 제308조) ④비방할 목적(제309조) 등이다. '비방할 목적'은 다분히 고의성 문제와 깊이 관련된다. 말하자면 고의성이 인정되지 않을 때에는 본죄가 성립되지 않는다. 비방할 목적이 없이, 즉 고의성이 없이 단순한 미필적 고의로서 신문·잡지 등에 사람의 명예를 훼손하는 행위를 했을 경우 본죄는 성립될 수 없는 것이다.[8]

표현의 진실성 여부가 불명일 경우 입증책임을 어느 쪽의 부담으로 할 것인가? 이는 나라마다 다르다. 우리나라의 경우, 입증책임이 피고에게 있다는 견해와 원고에게 있다는 견해로 나뉜다.

표성수는 "입증책임이 피고인에게 있다는 견해는 이 규정은 형법 제307조 제1항에 대한 예외 규정으로서 피고인이 이익을 취하는 것이므로 피고인이 입증책임을 부담하는 것이라고 설명하는 반면, 반대의 견해는 일본 형법과 달리 우리 형법은 진실 증명이라는 표현을 사용하지 않고 있으며, '의심스러울 때는 피고인의 이익으로'하는 형사소송법의 대원칙상 명문의 규정이 없이 입증책임의 예외를 허용하여서는 안 된다는 것을 근거로 든다"며 다음과 같이 말한다.

"우리 대법원은 이 점에 관하여 명확한 태도를 밝힌 바 없다. 그러나 몇 가지 판례의 취지를 미루어보면 피고인에게 입증책임이 있다는 논리를 택한 것이 아닌가 짐작할 수 있을 정도이다. 사견으로는 입증책임이 피고인에게 있다는 견해를 지지하고 싶다. … 공공적 성격의 표현이라는 이유만으로 내용의 진실 여부가 불명인 표현을 면책으로 하는 것은 표현의 자유의 보호를 중시한 진보적 견해이나 우리의 입법적 결단이 거기에까지 이르렀다고 보기는 어렵다. 진실하다고 증명된 경우의 공공적 표현만을 면책으로 인정하려는 것이 입법취지를 정확하게 해석하는 것으로 생각된다. 그리고 이런 입장에서 생길 수 있는 공공적 표현의 위축 문제는 표현 내용의 진실성의 증명에 실패한 피고인에게 진실 오신의 상당성에 따라 면책을 인정함으로써 해결하는 것이 상당하고 대법원의 입장도 이런 맥락으로 이해된다."[9]

적시와 특정

적시(摘示)는 명예훼손적인 사실을 외부 사회에 표시 · 주장 · 발설 · 전달하는 일체의 행위를 말한다. 적시의 방법은 구두 · 문서 · 도화 기타 무엇이든지 좋으나 사람에 대한 사실을 적시할 때는 적시된 사실과 관련된 피해자가 특정될 수 있을 정도로 구체적인 표시가 필요하다. 다만 이름을 명기하지 않았더라도 그 대상이 누구인가를 특정할 수 있는 경우에는 사실의 적시가 된다.[10]

대법원은 사실의 적시가 아니라 압축이나 상징적 표현을 통해 공인을 비난한 것은 명예훼손으로 볼 수 없다고 보았다. 2000년 3월 8일 대법원 형사2부(주심 김형선 대법관)는 지방선거 출마자의 유세 인쇄물과 일장기를 합성한 사진을 친일매국이란 제목과 함께 신문표지에 게재한 혐의 등으로 기소된 주간 N신문 사업부장 최모(30) 피고인 등 2명에 대한 상고심에서 이같이 판시, 무죄를 선고한 원심을 확정했다.

재판부는 판결문에서 "명예훼손죄가 성립하려면 특정인의 사회적 평가가 침해될 가능성이 있을 정도로 구체성이 있어야 한다"고 밝혔다. 최 피고인 등은 지난 1996년 10월 지방선거에 출마한 K씨가 향토사학자들의 견해에 반대해 지역기념사업을 하려하자 일장기 사진을 배경으로 해 K씨의 모습을 담은 합성사진과 하단에 붉은색 대형 글자로 '친일매국'이라고 표기한 표지를 주간지에 게재한 혐의 등으로 기소돼 1심에서 선고유예, 2심에서 무죄를 선고받았다.[11]

'특정'은 성폭행 피해자의 신원 공개와 관련하여 자주 문제가 되는데, 언론개혁시민연대는 자주 발생하는 위반사례를 5개로 분류해 제시했다. ①성명, 나이, 직장명, 집주소 등 모든 인적사항을 공표하는 경우. ②성은 밝히지 않고 이름과 나이만을 공표했으나 근무하는 직장주소, 직장명 등을 적시하여 누구인지 알 수 있게 하는 경우. ③목사에게 성폭행 당한 여신도의 성과 나이만을 밝혔으나 교회명, 교회주소, 영문이니셜, 가해자인 목사의 성명 등을 공표하여 본인을 추정하게 하는 경우. ④성폭행 당한 소녀의 성과 나이만을 공표했으나 가해자인 의붓아버지의 신원을 공개하여 본인을 알게 하는 경우. ⑤피해자의 성과 나이만을 공표했으나 근무하고 있는 업소 또는 기거하고 있는 보육원 등의 명칭과 위치 등을 구체적으로 적시하여 본인을 알게 하는 경우.[12]

특정과 관련된 사례들을 몇개 살펴보도록 하자.

(사례) '김우룡·차인태 대 한국기자협회 간의 성명권 침해사건'에서 서울민사지방법원은 피고 한국기자협회의 성명권 침해를 인정, 정정보도를 게재하도록 결정했다. 한국기자협회는 동기관에서 발행하는 『기자협회보』 1990년 4월 20일자 1면에 게재한 「방송 장악 기도 일부 드러나」라는 제하의 기사에서 한국 커뮤니케이션 연구소가 정부의 방송 장악 기도에 개입하고 있다는 의혹을 받고 있다고 보도하면서 이 연구소에 참여하고 있는 인사로 방송제도

연구위원회에 참가한 K교수와 현직 MBC 방송인 C씨 등을 거론하였다. 이에 대해 서울민사지방법원은 『기자협회보』가 비록 기사에서 성명을 명백히 밝히지 않고 영어 이니셜을 사용하였지만 이 『기자협회보』의 주요 독자인 언론사 기자들은 이 기사에 등장하는 K교수와 C씨가 누구인지를 알 수 있는 만큼 성명권 침해가 인정된다고 그 이유를 밝혔다.[13]

(사례) 조선일보사가 발행하는 월간지 『필』은 1994년 「독점수기 호스티스 출신 서울대 여학생의 충격고백」이라는 제목으로 서울대 사회대 86학번 여학생이 운동권 선배와 연애 끝에 배신당한 뒤 호스티스 생활을 시작, 재벌회장 등과 동거 등의 과정을 거치면서 남자들에 대하여 부정적인 생각을 갖게 되었다는 내용의 기사를 보도했다. 『필』은 그 여학생이 누구인지에 대한 언급은 일절 하지 않았다. 하지만 서울대 사회대 86학번 여학생 15명은 조선일보사 등을 상대로 명예훼손에 따른 손해배상을 청구했다. 법원은 서울대 사회대 86학번 여학생이 49명에 불과하고 그중 2명의 원고는 전주 소재 고등학교를 졸업한 점에서 그 기사의 주인공이 원고들이라고 오인받을 가능성이 있다고 인정해 원고들에게 각각 위자료 200만 원씩을, 전주 소재 고등학교를 졸업한 원고 2명에 대해서는 각 1000만 원의 지급을 명했다.[14]

(사례) 서울고등법원 제3민사부(재판장 신정치 부장판사)는 1995년 7월 12일 성균관대학교 정현백 교수가 한국방송공사를 상대로 제기한 정정보도 청구소송 항소심 재판에서 피신청인인 한국방송공사에 정정보도문을 방송하라고 판결했다. 담당 재판부는 "명예훼손 또는 허위보도로 인한 인격적 법익의 침해에 있어 피해자가 특정되어야 함은 물론이나 피해자의 성명을 명시할 필요는 없고 표현 내용을 주위 상황과 판단하여 그것이 어느 특정인을 지목하는가를 알아차릴 정도이면 족하다"고 전제한 후, "뉴스 방송 전후로 보도된 다른 매체의 기사 등을 종합하여 볼 때 편견 없는 상당수의 시청자나 뉴스내용에

관심이 있는 시청자라면 별 어려움 없이 알 수 있기에 피해자와의 개별적 연관성이 인정된다"고 밝혔다. 또한 〈9시 뉴스〉 시간은 국내외적으로 가장 핵심이 되는 중요한 사건을 보도하는 시간대인데 신청인이 〈9시 뉴스〉 첫머리에 반박내용을 보도하도록 요구하는 것은 뉴스 가치의 형평성을 무시한 것이라는 피신청인의 주장에 대해 "대학교수인 신청인이 간첩혐의로 구속되었다는 것은 신청인 개인의 문제를 넘어 국가안보 차원에서 중요한 핵심적인 뉴스라 할 수 있다"고 밝혔다. KBS 1TV는 1994년 10월 6일 〈9시 뉴스〉 시간에 "국가안전기획부는 외국유학시절 북한과의 접촉 혐의를 받고 있는 '서울 모대학 정모 교수' 등 2명을 연행해 조사를 벌이고 있다"는 내용을 보도했었다.[15]

(사례) 서울지법 민사합의 25부(재판장 이성룡)는 1999년 6월 23일 동료 검사의 청탁을 받고 폭행사건 피의자에 대해 불구속 지휘를 내렸다는 내용의 허위 보도로 인해 명예를 훼손당했다며 서울지검 강력부 최운식 검사가 한국방송공사 박모 기자(여) 등을 상대로 낸 5억 원의 손해배상청구소송에서 "박 기자 등은 원고에게 1억 원을 배상하라"고 원고 일부 승소 판결을 내렸다. 재판부는 판결문에서 "박 기자는 익명으로 보도했다지만 기사의 내용을 종합할 때 경찰의 영장 청구를 기각한 검사가 최 검사임이 특정됐고 영장 청구 기각이 검사의 양심으로는 도저히 할 수 없는 행동인데도 청탁을 받아들여 부당한 기각을 한 것처럼 표현, 검사로서의 자긍심과 명예를 훼손했다"고 밝혔다.[16]

(사례) 2000년 2월 2일 서울지법 민사합의 25부(재판장 이성룡 부장판사)는 이훈규 서울지검 특수1부장 등 조폐공사 파업유도 의혹 사건을 수사했던 검사 12명이 『조선일보』와 이 회사 정중헌 논설위원을 상대로 낸 36억 원의 손해배상 및 정정보도 청구소송에서 "피고들은 원고들에게 1인당 1500만 원씩 모두 1억 8000만 원을 배상하고 정정보도문을 게재하라"며 원고 일부 승소 판결을 내렸다. 재판부는 판결문에서 "국가기관의 행위에 대해 언론기관이 비판과

의혹을 제기하는 것은 당연하지만, 사설 등의 전제가 되는 사안의 진실 여부를 모른 상태에서 의혹을 제기하는 것은 명예훼손에 해당한다"고 밝혔다. 재판부는 또 "당시『조선일보』측이 검찰이라는 광범위한 표현을 사용했다 하더라도 파업유도 사건을 수사하는 원고 측과 밀접한 관련성이 있으므로 명예가 훼손된 당사자로 볼 수 있다"고 덧붙였다. 이훈규 부장 등은『조선일보』가 1999년 7월 31일자「검찰의 감청의혹」이라는 사설을 통해 "검찰이 진형구 전 대검공안부장과 강희복 전 조폐공사 사장의 휴대전화 통화내역을 감청한 게 아니냐"는 의혹을 제기하자, 1999년 9월 1인당 3억 원씩 모두 36억 원의 손해배상청구소송을 냈었다.[17]

(사례) 2000년 7월 12일 서울지법 민사합의 25부(재판장 안영률 부장판사)는 국방부 군사법원 판사 5명이 "병무비리 수사와 관련 군 사법기관 내 비리가 만연하다는 보도로 명예가 훼손됐다"며『경향신문』과『문화일보』를 상대로 낸 손해배상청구소송에서『경향신문』에 "2500만 원을 지급하고 정정보도문을 게재하라"고 판결했다. 서울지법은 "피고는 군 사법기관 전반의 비리의혹을 제기했고 이름도 명시하지 않았다고 하나 병무비리 재판과 관련 원고들을 특정할 수 있는 만큼 피해자 자격이 인정된다"면서 "군 판사 금품수수 내용은 국방부 관계자 인터뷰 외에 증거가 없는 만큼 허위 기사"라며 원고 승소 판결을 내렸다. 서울지법은 6월 28일 '대전 법조비리 검사 연루' 보도와 관련 MBC에 검사 1인당 1000만 원 씩 총 2억 2000만 원을 지급하라는 강제조정 결정을 내린 바 있다. 재판부는『문화일보』보도에 대해 " '비리의혹이 있다' 는 등의 표현은 통상적인 의혹제기의 범주를 넘지 않는 것으로 보인다"며 소송을 기각했다.『경향신문』과『한국일보』등은 7월 14일 사설을 통해 "공직자의 명예훼손 문제는 일반인과 다른, 보다 엄밀한 기준을 적용해 언론의 감시 · 비판 기능이 위축되는 일이 없어야 한다"고 주장했다.[18]

(사례) 2006년 6월 23일 서울중앙지방법원은 자살한 중학교 교장의 유족들이 MBC를 상대로 낸 손해배상청구소송에 대해 원고 일부 승소 판결했다. 이는 2004년 2월 MBC 〈뉴스데스크〉는 1년 가까이 집단 괴롭힘을 당한 학생의 부모가 학교 측에 재발 방지를 여러 차례 요청했는데도 불구하고 아무런 조치가 취해지지 않았다는 등의 내용을 방영하자 자살한 중학교 교장의 유족들이 사실과 다른 내용을 보도해 교장의 명예를 훼손했다며 소송을 제기한 사건이다. 재판부는 "방송 전에 이미 네티즌들에 의해 인터넷 사이트에 학교 이름, 가해 학생의 성명, 교장의 성명까지 공개된 사실, 다른 언론매체에 의해 보도된 내용 등을 종합해보았을 때 그와 같은 보도를 본 사람이라면 쉽게 그 중학교가 경남에 있는 중학교이고 그 교장이 윤모씨라는 사실을 알아차릴 수 있다고 할 것이므로, 명예훼손의 대상인 피해자는 특정되었다고 볼 것"이라고 판시했다.[19]

공연성 · 전파성 · 상당성

공연성(公然性)은 불특정 또는 다수인이 인식할 수 있는 상태를 말한다(대법원 1968년 12월 24일 판결). 임병국에 따르면, "불특정인인 경우에는 다수인이건 아니건 상관없으며, 다수인인 경우에는 불특정인이건 특정인이건 묻지 않는다. 불특정인이란 상대방이 특수한 관계에 의하여 한정된 범위에 속하는 것이 아니라는 의미이고 행위시에 상대방이 구체적으로 특정되어 있지 않다는 의미는 아니다. 다수인이란 숫자에 의해서 몇 사람 이상으로 한정할 수 없으나 수명 정도로는 부족하고 사회적이라고 할 수 있을 정도의 상당수라야 한다고 본다."[20]

전파성(傳播性)은 공연성을 확대 해석한 것으로 1990년 7월 24일에 나온 다음과 같은 대법원 판결에 의해 인정되었다.

"명예훼손에 있어서 공연성은 불특정 또는 다수인이 인식할 수 있는 상태를 뜻하는 것이므로, 비록 피고인이 세 사람이 있는 자리에서 또는 한 사람에게 전화로 허위 사실을 유포하였다고 하더라도 그 사람들에 의하여 외부에 전파될 가능성이 있는 이상 범죄의 성립에는 영향이 없다."[21]

그러나 유일상은 "'전파성의 이론'은 대법원 판례가 이 입장을 일관되게 따르고 있지만 학계는 이 이론이 부당하다는 데 뜻을 같이하고 있다"며 다음과 같이 말한다.

"전파성 이론은 '인식할 수 있는 상태'의 의미에 관하여 개별적으로 특정한 1인에게 사실을 적시하였더라도, 그가 순차적으로 연속하여 불특정 또는 다수인에게 전파할 가능성이 있으면 공연성을 인정하는 것이다. 그러나 '전파성의 이론'은 공연성의 의미를 지나치게 확대해석할 수 있고 범죄의 성립 여부를 커뮤니케이션 수신자의 의사에 맡기게 되는 것이므로 불합리하다. 자칫 이 이론을 개인에게 적용하면 '위험한 경향'을 금지할 수도 있어 표현의 자유를 지나치게 제한할 수도 있다."[22]

전파성과 관련된 한 사례를 보자. 1999년 2월 서울지법은 회사 동료에게 상사를 비방하는 발언을 했다는 이유로 기소된 시내버스 운전기사 G씨에 대한 판결에서 "G씨가 상사를 비난하는 발언을 한 대상은 G씨 사건에서 유리한 증언을 해주는 등 같은 이해관계를 가진 동료기사이므로 이 비방 발언은 '전파 가능성'이 없어 무죄"라고 밝혔다. 재판부는 이어 "명예훼손죄의 성립 여부는 한 사람이냐 아니면 다중에게 동시에 유포했는지 여부가 아니라 다른 사람에게 널리 알려질 가능성이 있는지 여부로 판단해야 한다"고 덧붙였다.

그렇다면 자신이 들은 다른 사람의 흠을 기사화할 가능성이 큰 기자에게 이야기하는 행위는 어떨까? 양아버지의 사생활이 복잡하다고 주간지 기자에게 말한 혐의로 불구속 기소돼 징역 2년을 구형받은 H씨에 대한 재판에서 서울지법은 "피고인이 기자에게 양부의 흠을 잡았지만 기사화하지는 않았다"며 "기자가 기사를 쓰지 않은 이상 '전파 가능성'이 현실화하지 않은 것으로 판단돼 무죄"라고 판시했다. 기사화한 경우 기사의 공익성과 명예훼손의 피해를 비교해 기자에게 책임을 물을 수 있겠지만 단순히 기자에게 말했다는 이유 만으로 처벌할 수는 없다는 취지다.[23]

위법성 조각사유엔 진실성과 공공성 이외에 '상당성'이 있다. 상당성 원리 또는 '상당 이유'의 이론은 취재 당시 진실이라고 믿을 상당한 이유가 있는 경우엔 오보라도 면책된다는 걸 의미한다. 1984년 서울민사지방법원은 신문 에 의한 명예훼손에 대해 손해배상을 청구한 사건에 대한 판결에서 신문의 기 사가 원고의 명예를 훼손한 것이 분명하다 할지라도 기자가 취재할 당시 사실 을 확인하기 위한 모든 가능한 노력을 다하였으므로 '진실하다고 믿는 데 정 당한 이유가 있는 것'으로 인정하였다.[24]

또 다른 판례를 구체적으로 살펴보자. 1996년 8월 23일 대법원 형사3부는 중앙대 안성캠퍼스 총학생회장 이내창씨의 의문사 사건 보도와 관련, 국가안 전기획부 직원 도연주씨의 명예를 훼손한 혐의로 기소된 『한겨레』이공순 기 자에 대한 상고심 판결에서 검찰의 상고를 기각하고 무죄를 선고한 원심을 확 정했다. 재판부는 판결문에서 "피고의 기사 내용이 사실과 부합되지 않는 것 으로 판단되더라도, 임수경양 방북을 계기로 정부 수사기관과 학생운동권 간 의 긴장이 국민적 관심사로 부각되고 있는 시점에서 학생운동권 간부 중 한 사람이 의문의 변사체로 발견된 데 대한 의혹을 다룬 것인 이상 공공의 이익 을 위한 것이지 안기부 여직원인 도연주씨를 비방하기 위한 것으로 볼 수 없 고 피고가 기사 내용을 진실이라고 믿는 데에는 객관적으로 그럴 만한 상당한 이유가 있다"고 무죄 선고한 원심을 확정했다. 피고는 『한겨레』1989년 10월 6일자 11면에 중앙대 안성캠퍼스 총학생회장이던 이내창씨의 의문사와 관련, 「이내창씨 사망전 안기부 요원 동행」제하로 이씨가 사망할 당시 안기부 요원 인 도씨가 동행했다고 보도하면서 도씨가 이씨의 죽음에 관련된 듯한 취지의 내용을 보도, 출판물에 의한 명예훼손 혐의로 기소된 뒤 1993년과 1994년 1 · 2심에서 무죄를 선고받았다.[25]

2008년 함석천(법원행정처 윤리감사심의관)은 "최근까지만 해도 상당성에 대한 논의가 가장 활발했다. 진실성에 대하여 다툼이 없으면, 언론사의 보도는 대부분 공공성을 띠고 있기 때문에 더 이상 논쟁의 여지가 없는 경우가 많기 때문이다. 상당성, 그 가운데 주로 언론이 필요한 확인 절차를 모두 거쳤는지 여부가 언론 소송의 주된 쟁점 사항이었다"며 다음과 같이 말한다.

"그런데 2002년을 전후해 이러한 추세에 변화가 생기기 시작하였다. 최근 주목할 만한 변화는 공인, 공작인 논쟁에 관한 공공성 범위를 확대한 것과 상당성의 완화이다. 이러한 변화는 대법원이 주도해왔는데, 2002년경부터 본격화되었다. 이러한 변화의 요체는 중대한 사회적 관심사, 관찰의 대상에 대하여는 언론의 지속적인 검증과 비판이 가능하고 그 폭이 넓어야 투명하고 건강한 사회의 기반이 마련되고 자유민주사회가 굳건하게 뿌리내릴 수 있다는 것이다."[26)

2003년 7월 8일 대법원(선고 2002다64384 판결)은 다음과 같은 기준을 제시하였다.

"언론·출판의 자유와 명예보호 사이의 한계를 설정함에 있어서는, 당해 표현으로 명예를 훼손당하게 되는 피해자가 공적인 존재인지 사적인 존재인지, 그 표현이 공적인 관심사에 관한 것인지 순수한 사적의 영역에 속하는 사안에 관한 것인지 등에 따라 그 심사 기준에 차이를 두어, 공공적·사회적인 의미를 가진 사안에 관한 표현의 경우에는 언론의 자유에 대한 제한이 완화되어야 하고, 특히 공직자의 도덕성, 청렴성에 대하여는 국민과 정당의 감시 기능이 필요함에 비추어볼 때, 그 점에 관한 의혹의 제기는 악의적이거나 현저히 상당성을 잃은 공격이 아닌 한 쉽게 책임을 추궁하여서는 안 된다."

이에 대해 함석천은 "대법원은 미국연방대법원이 정립해온 '현실적 악의' 이론은 받아들이지 않는다는 뜻을 분명히 한 바 있다(대법원 1998. 5. 8. 선고 97다34563 판결 참조)"며 다음과 같이 말한다.

"그런데 이 판례에서 나타난 표현을 보면 『뉴욕타임즈』 사건'을 연상하게 된다. 입증책임 측면에서 이 판례는 '『뉴욕타임즈』 사건'의 현실적 악의론과 차이가 나는 것은 사실이다. 그러나 공인에 대한 언론의 비판 수위를 폭넓게 인정하겠다는 취지 자체는 일맥상통한다고 볼 수 있고, 이는 확실히 종전 명예훼손 법리에서는 찾아보기 어려운 추세의 변화라 할 수 있다."[27]

형법과 민법의 차이

1993년 6월 『중앙일보』 사회부의 정재헌 기자가 권영해 국방부장관이 형법 제309조(출판물에 의한 명예훼손)에 따른 고발에 따라 검찰에 구속된 사건이 있었다. 이 사건은 권 장관이 1주일 만에 소송을 취하해 권 기자가 석방되는 것으로 해결이 되긴 했으나, 권력에 의한 형법 남용 등과 같은 심각한 문제점을 던져주었다.[28]

명예훼손에 대한 구제 방법에 있어서 형법과 민법은 적잖은 인식상의 차이를 갖고 있는데, 세계적인 추세는 명예훼손에 관한 한 형법상 제재보다는 민법상 제재를 가하는 것이 일반적이다. 한병구는 "영·미의 경우만 하더라도 법규상 형사법이 있으면서도 실제 재판에 있어서는 적용하지 않고 있으며 비록 형사법을 적용해서 유죄가 판결되더라도 징역이나 금고보다는 벌금형을 과하는 것이 거의 일반화되어있다. 그것은 명예란 기본적으로 개인의 인격에 속하는 중요한 속성을 지니고 있는 만큼 그것을 국가의 형벌권보다는 개인과 개인 간의 대립관계에 있어서 이해의 균형을 목적으로 하는 사법(私法)에 그 보호를 맡기는 것이 합당하다는 데 그 근거를 두고 있기 때문이다"며 다음과 같이 말한다.

"우리나라의 경우 명예훼손 사건에 있어서 종전에는 민법보다 형법상의 구제를 우선시하는 경향이 강하였다. 그것은 명예를 손상하게 한 자에 대해서는 응분의 형벌을 가해야 한다는 습성이 우리 사회를 지배해왔고, 개인의 명예에 대한 침해를 금전으로 보상한다는 관례가 없었던 우리 사회의 전통과 관련이 있는 것으로 보인다. 즉, 우리 사회는 전통적으로 명예와 같은 정신적 손해를 다루는 고소 사건에 금전을 개입시키는 것을 커다란 수치로 여겨 온 전통적 유교사상이 지배하였기 때문에 형법상의 구제가 우선시되었던 것 같다. … (그러나) 우리나라도 외국의 경우처럼 명예훼손에 있어서 형법보다는 민법상의 보호를 선호하는 경향이 현저히 나타났다. … 민사적 제소 사건이 증가한 것은 명예훼손이 비록 정신상의 손해라고 해서 과거와 같이 피고에게 응보(應報)의 형벌을 가함으로써 명예를 회복하기보다는 민법상의 손해배상 또는 반론보도 등을 통해 명예를 회복하는 것이 실리적인 면에서 유익하다는 국민들의 심리가 크게 반영된 것이라 생각한다."[29]

박용상은 "형사적 제재는 사회질서를 유지한다는 차원에서 인격권 등을 침해한 행위자를 처벌함에 주안점이 있는 것일 뿐 그 자체가 피해자에게 손해를 회복하게 하거나 만족을 주는 것은 아니다"고 지적하면서 다음과 같이 말한다.

"특히 현행 수사관행상 명예훼손죄나 신용훼손죄는 대부분이 벌금형으로 처벌되고 있는 실정에 비추어보면 제재적 기능도 현저히 감퇴되어 있다고 할 수 있다. 그럼에도 이러한 형사 제도가 피해자에게 유익한 것은 우선 피해자의 고소로 인하여 국가기관인 검찰과 경찰이 나서서 증거를 수집하여 준다는 점이다. 인격권 침해에 대한 현행법상의 구제제도를 민사상의 구제 제도와 비교하여 보면 형법상 명예훼손은 처벌되지만, 그 외의 프라이버시 침해를 처벌하는 규정은 없다. 따라서 명예 이외의 인격권 침해는 민사적 청구에 의해서만 구제될 수 있지만, 종전 실무 관행을 보면 프라이버시 침해도 실제적으로 보호할 필요성이 있는 경우 명예훼손으로 인정되기도 하였다."[30]

형법과 민법은 명예훼손죄의 성립 요건에 있어서도 차이를 보이고 있다. 한병구는 그 차이를 다음과 같은 3가지 측면에서 지적하고 있다.

"첫째, 형사상에서는 '공연성'을 필요로 하고 있으나 민사상에서는 타인의 사회상의 지위를 훼손함과 같은 사실을 언론이 아닌 단순한 제3자에게 표명했을 경우에도 성립의 요건이 된다. 그러나 최근에 와서는 민사상에서도 '사회에 널리 유포되는 것'을 요건으로 삼는 경향이 짙다. 둘째, 형법상에서는 '공연히 사실 또는 허위 사실의 적시'를 요건으로 하여 그 사회성이 문제가 되는 데 비해 민법상에서는 고의 또는 과실이라는 불법행위에 의한 재산상 또는 명예상의 침해를 요건으로 하고 있다. … 셋째, 형사상으로는 사람의 사회적 평가를 침해할 우려가 있는 행위로 해석되고 있는 데 비해 민사상으로는 사람에 대한 사회적 평가를 저하시키는 행위로 해석되고 있다. 따라서 형사상에서는 현재 사람의 사회적 평가가 침해되었다는 결과가 아닌 사람의 사회적 평가를 침해할 우려가 있는 상태를 발생시키는 것만으로도 명예훼손죄가 성립된다."[31]

그런가 하면 임병국은 형사책임과 민사책임의 차이를 '성질상의 차이'와 '실제상의 차이'로 나누어 다음과 같이 설명한다.

"①성질상의 차이: 형사책임은 행위자에 대한 응보 및 장래에 발생할 해악의 방지를 목적으로, 행위자의 사회에 대한 책임을 묻는 것이다. 이에 대하여 민사책임은 피해자에게 생긴 손해의 전보(塡補)를 목적으로 하고, 행위자의 피해자 개인에 대한 책임을 묻는 것이다. 형사책임은 행위자의 주관적 사정을 중시하여 고의범(故意犯)만을 벌하는 것이 원칙이며, 과실범에 대한 처벌은 예외에 속한다. 만사책임은 가해자가 고의나 과실로 인해 발생한 손해를 배상하는 것이다. 형사책임은 행위자의 악성·위험성이 문제되므로 미수(未遂)도 처벌되고, 민사책임은 현실로 손해를 발생케 하지 않는 미수는 문제되지 않는다. 민사책임의 손해배상은 손해의 전보에, 형사책임은 제재에 중점을 두고 있다. 그러나 민사책임은 위자료라는 형식으로 제재의 성질을 가미한 조절이 어느 정도 행해지고 있다. ②실제상의 차이: 형사책임은 원칙적으로 고의만을 벌하기 때문에 한정적인 대하여, 민사책임은 피해자의 구제라는 견지에서 어느 정도 넓게 인정된다. 형사재판에서 유죄의 판결을 받았다고 해도 행위자의 민사상의 책임이 확인된 건 아니며, 또한 행위자가 혐의 집행을 받았다고 해서 민사상의 책임을 면하게 되는 것은 아니다."[32]

민사상 명예훼손에도 사실의 적시가 있어야 하는가? 대법원은 1999년 2월 9일 판결에서 한 일간 신문의 연극 〈0.917〉에 대한 기사가 문제된 사안과 관련, "민사상 타인에 대한 명예훼손…은 사실을 적시하는 표현행위뿐만 아니라 의견 또는 논평을 표명하는 표현행위에 의하여서도 성립할 수 있을 것"이라고 전제한 뒤, 다음과 같이 판시하였다.

"어떤 사실을 기초로 하여 의견 또는 논평을 표명함으로써 타인의 명예를 훼손하는 경우에는 그 행위가 공공의 이해에 관한 사항에 관계되고, 그 목적이 공익을 도모하기 위한 것일 때에는 그와 같은 의견 또는 논평의 전제가 되는 사실이 중요한 부분에 있어서 진실이라는 증명이 없더라도 표현행위를 한 사람이 그 전제가 되는 사실이 중요한 부분에 있어서 진실이라고 믿을 만한 상당한 이유가 있는 경우에는 위법성이 없다."[33]

앞서 지적했듯이 외국의 경우 대부분 명예훼손소송은 민사로 국한되는데, 한국은 형사 사건으로 다룰 수 있는 것에 대해 검토가 필요하다는 목소리도 나오고 있다. 헌법재판소 손형섭 연구원은 「프라이버시권·명예권·언론의 자유의 법적관계」라는 논문에서 "언론의 자유를 보호한다는 측면에서 보면, 형사상 진실한 사실의 적시에 의한 명예훼손을 인정하는 현행 형법이 시대 변화에 적합한 입법 태도인지 사회적 논의가 필요하다"고 설명했다.[34]

사죄광고는 위헌

1989년 11월 29일 서울고등법원 제8민사부는 1989년 11월 29일 1977년 미스코리아 진 김성희양이 여성 월간지 『마드모아젤』을 상대로 낸 손해배상청구소송에서 "마드모아젤사는 오보 기사로 인해 김양의 명예를 훼손했으므로 위자료 2000만 원을 지급하고 『마드모아젤』지 및 『한국일보』, 『동아일보』에 1회씩 사과광고를 게재하라"고 원고 승소 판결을 내렸다. 재판부는 "마드모아젤사가 제대로 사실 확인도 하지 않고 추문에 대한 기사를 게재하고 김양의 인터뷰 내용도 짧게 변명으로 취급, 변명으로 비쳐지게 해 결과적으로 김양의 명예를 훼손했다"고 밝혔다. 김양은 월간 『마드모아젤』지 1988년 5월호에 자신과 전 새마을운동중앙본부 회장 전경환씨가 내연의 관계라는 취지로 「전경환과 김성희 소문의 진상확인」이라는 제하 기사가 게재되자 서울민사지방법원에 손해배상청구소송을 제기하여 일부 승소 판결을 받았다.[35]

이와 관련, 팽원순은 「김성희 양의 용기」라는 소제목하의 글에서 "우리나라에서는 지금까지 배우나 탤런트, 연예인과 같은 인기 직업의 유명인이 신문, 방송, 잡지 등 언론기관을 상대로 소송을 제기해서 1심 판결까지만이라도 견뎌낸 경우가 극히 드물었고 그 때문에 연예인에 대한 명예훼손을 판단할 기준이 될 수 있는 판례가 거의 없다고 해야 할 정도이다"며 다음과 같이 말했다.

"그처럼 연예인이 언론기관을 상대로 소송이 어려운 것은 우리나라뿐만 아니지만 연예인들이 인기관리를 위해 늘 매스미디어에 의존해야 하는 약점 때문에 언론기관에 정면으로 대항하기가 어렵고 또 한편으로 언론기관들은 연예인들의 그런 약점을 이용해서 위협하거나 회유를 해서 소송을 취소하도록 압력을 가하는 일이 예사로 있기 때문이다. 우리나라에선 과거에 연예인들이 언론기관을 대상으로 명예훼손의 소송을 제기했다가 재판을 제대로 치르지 못한 채 중도에 포기한 예가 적지 않게 있지만, 그런 경우는 대개가 언론기관에 의한 압력 때문이었던 것으로 알려져 있다. 김양의 경우도 개인적으로 작지 않은 어려움이 있었다지만 그런데도 끝까지 재판을 이겨내서 잡지사를 상대로 명예훼손에 대한 값진 승소 판결을 얻어낸 것은 역시 장한 일이라고 아니할 수 없을 것이다. … 강대해진 미디어의 힘을 체크하기 위해서는 시민들의 용기있는 대응이 반드시 있어야 할 것으로 생각한다."[36]

1991년 1월 17일 서울민사지방법원 제13부는 부천서 성고문 사건의 피해자 권인숙씨가 자신의 수기 일부를 발췌 게재한 월간여성지 『우먼센스』를 상대로 낸 사죄광고 등 청구 소송에서 "피고는 『우먼센스』에 가로 10cm, 세로

15cm 크기로 사죄광고를 게재하라"고 판결했다. 권씨는 『우먼센스』가 자신의 어린시절부터 대학을 마치기까지의 경험담, 의식의 변화 등을 그린 수기 『하나의 벽을 넘어서』 중 성폭행 부분만을 발췌해 1990년 1월호에 「문귀동은 권양을 이렇게 성폭행했다」는 제목으로 무단 게재했다며 소송을 냈었다.[37]

이처럼 사과광고 또는 사죄광고는 명예훼손 피해자의 주요 구제수단 중 하나였다. 민법 제764조(명예훼손의 경우 특칙)는 "타인의 명예를 훼손한 사람에 대해 법원은 피해자의 청구에 의해 손해배상에 갈음하거나 손해배상과 함께 명예훼손에 '적당한 처분'을 명할 수 있다"고 규정하고 있으며 이를 근거로 명예훼손 관련 민사재판에서 가해자에게 일간지 등에 '사죄광고'를 내도록 판결해왔다.

그런데 1991년 4월 1일 헌법재판소는 동아일보사가 민법 제764조에 대해 낸 헌법소원에서 "명예회복을 위한 '적당한 처분'에 사죄광고가 포함된다면 위헌"이라고 결정했다. 동아일보사는 『여성동아』 1988년 6월호에 「전경환과의 소문 기사에 5억 청구한 김성희 진상 해명」이란 제목의 기사를 실었다고 김씨가 손해배상과 함께 사죄광고를 요구하는 소송을 내자 "사죄광고는 양심의 자유를 침해하는 것"이라며 헌법소원을 냈다.

재판부는 결정문에서 "사과한다는 의사 표시는 마음속에서 우러나오는 자발적인 것이어야 의미가 있는 것"이라며 "사죄광고를 강제하는 것은 헌법이 보호하고자 하는 양심의 자유에 대한 제약이며 인격적인 존엄에 위해가 된다"고 밝혔다.

재판부는 또 명예회복에 필요한 처분에는 ①가해자가 패소한 민사 금전배상 판결문의 신문 게재 ②형사 명예훼손죄의 유죄 판결문 게재 ③명예훼손 기사의 취소 광고 등의 방법이 있어 가해자의 양심을 강제하거나 굴욕을 요구하는 사죄광고를 내게 하는 것은 기본권의 불필요한 제한이라고 밝혔다.

이에 대해 안상운은 "피해자가 입은 재산적 손해의 범위 및 금전적 평가를 구체적으로 입증하는 것이 곤란하고 또 금전배상만으로는 피해자의 구제가 실질적으로 불충분, 불완전한 경우가 많아 이러한 결함을 해소하기 위한 취지로 인정된 명예회복방법(민법 제764조)으로 우리나라와 일본에서 그동안 가장 많이 이용되어 온 것이 사죄광고였는데, 헌법재판소 위헌결정에 따라 이제 피해자의 실질적인 구제 방법은 위자료에 의존할 수밖에 없게 되었다"고 평가했다.

안상운은 일각에서는 언론사의 명예훼손에 따른 배상액의 거액화를 염려하는 목소리가 높지만 아직 우리나라는 그걸 걱정할 단계가 아니라고 말한다. 그는 언론계의 그런 우려는 "우리 사회의 변화를 언론이 아직도 제대로 읽지 못하고 있는 반증이 아닌가 생각한다"며 언론의 책임의식 결여를 다음과 같이 지적한다.

"이제 우리 국민들도 언론의 무책임한, 불공정한 보도에 대하여 마냥 당하는 것이 아니라, 자기 목소리를 내기 시작한 것이다. 이러한 현상은 언론의 소비자이자 수용자인 국민들의 정당한 권리 주장이다. 그런데도 언론은 과거의 잘못된 취재보도의 행태를 개선하지 않고 있으며, 그로 인한 인권침해에 대해서도 별다른 죄의식(?)을 느끼지 못하고 있다. 어쩌다 제소라도 당하게 되면 회사는 애써 이를 외면하면서 그 책임을 취재기자에게 떠넘기고 기자는 일과성의 재수 없는 일로 치부해버린다. 심지어 어떤 경우에는 제소자의 뒷조사를 한다거나 그에게 있을지도 모르는 다른 구린 곳을 캐내어 한 번 더 '조지려고' 하기도 한다. 취재 과정에서의 사생활 침해, 무단 촬영, 초상권 침해, 허가 없는 문서반출, 신분 사칭, 강제 인터뷰, 함정취재, 속임수 부탁, 도청 등이 다반사처럼 일어나는 데도 언론인들은 이를 심각하게 생각하지 않는다."[38]

1990년대 명예훼손 유형별 사례

(사례) 허위 및 한쪽 면만 부정적으로 부각시킨 경우: 1992년 12월 4일 서울민사지방법원 제17부(재판장 이진영 부장판사)는 노무현 전 의원이 「통합여당

대변인 노무현 의원은 과연 상당한 재산가인가」라는 제하의 1991년 10월 6일자 『주간조선』 기사와 관련, 조선일보사를 상대로 낸 손해배상청구소송에서 "피고는 원고에게 2000만 원을 지급하고 판결 내용의 공고문을 게재하라" 며 원고 일부 승소 판결을 내렸다. 노 전 의원은 1991년 10월 6일자 『주간조선』이 자신을 상당한 재산가이며 부동산투기를 하는 부도덕한 정치인으로 묘사해 명예를 훼손했다며 조선일보사와 기사를 쓴 기자를 상대로 소송을 냈었다. 이 판사는 판결문에서 "해당 기사가 원고의 명예와 관련 일부 사항에 대해 허위사실을 게재했고 어떤 사실에 대해서는 일면만 적시하고 다른 면은 누락해 원고가 부도덕한 정치인일 뿐만 아니라 인권변호사로서의 활동도 과장됐다는 인상을 주는 등 원고의 명예를 훼손한 점이 인정된다"고 밝혔다.[39]

(사례) 통신사 기사 전재: 1993년 8월 12일 서울지방법원 남부지원은 통신사 기사를 게재한 언론사에 대해 승소를 판시했다. 판결문은 "피고들은 기사의 제목만 연합통신과 조금씩 다르게 붙였을 뿐 연합통신의 통신문과 동일한 내용으로 기사를 작성하여 보도한 사실 … 피고들로서는 지방지인 관계로 보도의 신속성을 기하기 위하여는 비교적 공신력이 있는 연합통신이 제공한 기사에 의존할 수밖에 없었던 사정이 인정되므로 위 연합통신이 제공한 기사가 진실하다고 믿었고 또 그와 같이 믿는 데 정당한 사유가 있었다고 보여지므로 위 피고들이 위 기사를 작성 배포한 행위는 가사(假使) 원고의 명예가 훼손되는 결과가 발생하였다 하더라도 위법성 내지 책임성을 결하며 불법행위를 구성하지 아니한다 할 것" 이라고 판결했다.[40]

통신사의 통신문 게재가 면책되려면 미국의 경우 4가지 조건을 만족시켜야 한다. 첫째, 통신문의 기사가 정평있는 통신사에서 받은 것임을 입증해야 하고 둘째, 그 통신문의 허위를 인지하지 못하였고 셋째, 피고가 합리적인 생각으로 그 기사에서 허위의 개연성을 느끼게 하는 면을 발견하지 못하였고 넷째, 그 기사를 게재하는 데 본질적인 수정없이 전재하였다는 점을 증명해야

한다.[41]

(사례) 기사제목이 오해의 소지가 있는 경우: 1994년 2월 22일 서울고등법원 제2민사부는 지난 1992년 5월 당시 김영삼 민자당 대표를 비방하는 내용의 기사를 게재한 혐의로 구속 기소됐다가 소 취하로 풀려난 월간지 『인사이더 월드』 발행인 손충무씨가 서울신문사를 상대로 낸 손해배상청구소송 항소심 재판에서 원고의 청구가 이유없다며 기각했다. 재판부는 "그 제목만 본다면 원고가 기사를 날조한 것이 사실이라고 오인될 소지가 있기는 하나, 그 기사 내용과 함께 그 전체적인 취지를 파악할 때 기사 날조라는 것은 원고의 혐의 내용일 뿐이라는 점은 쉽사리 알아차릴 수 있는 것이므로 피고가 허위 사실을 적시하였다고 볼 수 없다"고 기각 사유를 밝혔다. 1992년 6월 2일자 『서울신문』에 「민자대표 기사날조 손충무 피고인 석방」이라는 제목하에 김영삼 민자당 대표의 사생활을 날조해 기사화한 혐의로 구속 기소된 원고가 석방됐다는 기사가 보도되자, 원고는 자신이 발행인으로 있는 월간지에 게재됐던 기사는 미국에서 발행되는 신문의 기사를 기초로 사실 여부를 거쳐 확인한 후에 게재한 것임에도 불구하고 피고 서울신문사는 허위의 사실을 보도함으로써 원고의 명예를 훼손하였다며 손해배상을 청구했다.[42]

(사례) 예배 중 설교도 해당: 1996년 7월 서울 모교회 목사 A씨는 예정된 설교가 끝났지만 400여 명의 신도가 모인 앞에서 '아간' 이라는 인물을 인용해 말을 이어갔다. 아간은 구약성서에서 하나님과의 약속을 어기고 재물을 탐한 죄로 목숨을 잃은 인물이다. A씨는 교회 운영권을 두고 다툼을 벌이고 있던 같은 교회 B장로가 교회를 신축할 때 건설회사에서 받은 뇌물로 집을 샀다는 소문이 있다는 의혹을 제기했다. B장로는 즉각 A목사를 고소했고 법원은 "그릇된 행동으로 자신이 속한 단체에 문제를 일으킨 '아간' 이라는 『성경』상의 인물을 비유해 타인을 비방한 것이 인정된다"며 형법상 명예훼손죄를 적용,

벌금 300만 원을 선고했다.[43]

　(사례) 종교비판 명예훼손 안 된다: 1998년 7월 15일 서울지법 민사합의 51부 (재판장 이주흥 부장판사)는 서울 M교회 이모 목사가 "종교연구가 이모씨의 책이 내 교회를 이단으로 몰아 명예를 훼손했다"며 낸 서적인쇄 및 반포금지 가처분신청을 "이유없다"며 기각했다. 재판부는 "헌법에 보장된 종교의 자유는 다른 종교나 종파를 비판하는 자유까지 포함된 것이어서 종교적 목적의 언론·출판은 다른 일반적인 경우보다 고도의 보장을 받게 된다"고 밝혔다. 재판부는 "이씨의 책이 사실관계를 일부 왜곡하고 표현이 과장돼 이목사의 명예를 실추시킬 염려가 있지만 그 목적이 근거없는 비난보다는 교리의 문제점을 지적, 신앙상의 혼란을 막기 위한 것으로 판단된다"고 덧붙였다. 이 목사는 이씨가 4월 발간한 『M교회 이 목사의 이단(異端) 정체』라는 책에서 "이 목사는 만병통치자로 자칭하며 무당과 함께 병 치료를 한다. 이 목사의 교회에는 주님은 없고 교주와 추종자뿐이다"고 비판하자 소송을 냈었다.[44]

　(사례) 신문 만평: 1998년 8월 12일 서울지법 민사합의 25부(재판장 이성룡 부장판사)는 김인호 전 청와대경제수석이 『경향신문』 만평과 관련, 경향신문사와 김상택 화백을 상대로 낸 10억 원의 손해배상청구소송에서 "이유없다"며 원고 패소 관결을 내렸다. 재판부는 판결문에서 "김상택 만평 게재 당시 새 정부가 전 경제수석이었던 원고의 책임을 물을 것으로 관측되면서 원고의 출국 여부가 주목되는 상황이었던 만큼 그런 현실을 만평으로 풍자한 것은 구체적인 사실을 적시해 원고의 명예를 훼손했다고 볼 수 없다"고 밝혔다. 재판부는 이어 "만평을 통한 풍자나 비평은 당사자의 명예를 훼손할 소지가 다소 있다고 해도 사회통념상 허용될 수 있는 범위 내에 있다고 봐야 한다"고 덧붙였다. 김 전 수석은 "『경향신문』이 지난해 12월 20일자 및 올해 1월 21일자 1면에 '이×식' '김인×' '강경×' 등 5명이 모여 국외로 도주하기 위해 논의하는

장면 등을 담은 만평을 게재, 명예를 훼손했다"며 1998년 초 소송을 냈었다.[45]

(사례) "교수임용논문" 표절 발언: 1998년 12월 28일 서울지법 형사3단독 최재형 판사는 신규 교수 채용에 임용신청을 낸 응모자의 학위논문이 표절된 것이라고 심사위원들에게 발언한 혐의(명예훼손)로 불구속기소된 ㄷ대학교 국어교육과 고아무개 교수 등 2명에게 무죄 판결을 내렸다. 재판부는 판결문에서 "교수임용에 응모한 사람은 학문적 소양뿐 아니라 교육가적인 자질도 충분히 심사받아야 하는 만큼 자신에 대한 비공개뿐 아니라 공개적 논의도 감수해야 한다"며 '고 교수 등이 응모자 이씨에 대해 제기한 논문표절 주장은 이씨의 교수 자질에 대한 의견 표현에 불과한 만큼 명예훼손으로 볼 수 없다"고 밝혔다.[46]

(사례) 사소한 오보는 용납될 수 있다: 1999년 6월 24일 헌법재판소 전원재판부(주심 이영모 재판관)는 명예훼손 혐의로 고소된 『강원일보』 발행인·기자 등 4명을 무혐의 처리한 춘천지검을 상대로 강원도의회 전 의원 정모씨가 낸 불기소처분 취소 헌법소원을 기각했다. 재판부는 결정문에서 "국민이 알아야 할 공공성·사회성을 갖춘 사실은 민주제의 토대인 여론형성과 공개토론에 기여하는 만큼 형사 제재로 이런 사안의 게재 자체를 주저하게 만들어선 안 된다"고 밝혔다. 재판부는 이어 "시간과 싸우는 언론보도에 오류가 수반되는 것은 자유로운 사상·의견 표현을 보장하는 데 따른 불가피한 결과"라고 덧붙였다. 재판부는 또 "형법상 '오로지 공공의 이익에 관한 때'라는 면책 요건은 공인이 아닌 경우에도 그 사회적 활동의 성질과 영향까지 헤아려 폭넓게 해석해야 한다"면서 "『강원일보』 측이 일부 오보를 한 것은 사실이나 비방할 목적이 아니라 공공이익을 위해 보도한 것으로 판단된다"고 설명했다. 정씨는 1995년 북한의 김정일에게 민간교류 성사를 촉구하는 편지를 보낸 것을 『강원일보』 측이 「김일성 애도 서신」이라고 수차례 보도한 데 대해 발행인 등

4명을 명예훼손 혐의로 고소했으나 1997년 검찰에서 무혐의 결정을 내리자 헌법소원을 냈다.[47]

(사례) 스캔들 장본인의 명예도 보호대상이다: 2000년 10월 11일 서울지법 민사합의 25부(재판장 안영률 판사)는 이른바 'O양 비디오'에 등장하는 ㅎ씨가 "근거도 없이 마약복용설 등을 보도해 피해를 봤다"며 대한매일신보사와 경향신문사, 문화방송, 이십일세기뉴스 등을 상대로 낸 손해배상청구소송에서 "대한매일신보사는 2000만 원, 나머지 회사는 500만 원씩을 지급하라"며 원고 승소 판결을 내렸다. 재판부는 판결문에서 "언론사들이 근거 없이 ㅎ씨가 마약 복용 상태에서 비디오를 찍었다거나 상대방에게 비디오 유출 협박을 했다는 등의 내용을 보도함으로써 ㅎ씨의 명예를 훼손한 점이 인정된다"고 밝혔다. ㅎ씨는 'O양 비디오'가 시중에 흘러나와 문제되던 1999년 2~3월『스포츠서울』『레이디경향』『스포츠연예신문』등이 마약복용설 등을 보도하며 비디오 장면 사진을 싣자 2억 2000만 원을 요구하는 소송을 냈다.[48]

2000년대 명예훼손 유형별 사례

(사례) 성추행자의 명예도 보호된다: 2000년 10월 16일 서울지법 민사합의 25부는 자신의 지하철 성추행 장면이 몰래카메라에 찍혀 TV에 방송되는 바람에 명예가 훼손됐다며 지모씨(45)가 SBS와 담당 PD를 상대로 낸 5000만 원의 손해배상청구소송에서 "피고들은 원고에게 700만 원을 배상하라"며 원고 일부 승소 판결을 내렸다. 재판부는 판결문에서 "원고의 성추행 사실이 인정된다 하더라도 얼굴 부분의 모자이크 처리가 불완전한 데다, 음성 변조마저 하지 않아 인터뷰 당사자가 원고로 추정되도록 한 만큼 명예훼손 사실이 인정된다"고 밝혔다. SBS〈추적, 사건과 사람들〉팀은 지난 1999년 1월 지하철 수사대와 함께 지하철 성추행범 단속에 동행 취재를 나가 지씨가 앞에 있던 여자

승객을 성추행하는 장면을 방송했다.[49]

(사례) 신문의 잘못된 기사제목: 2000년 12월 13일 서울지법 민사합의 25부 (부장판사 안영률)는 "신문에 잘못된 제목의 기사가 나가는 바람에 국회의원 선거에서 졌다"며 지난 4 · 13 총선에서 서울 광진갑 선거구에 민주당 후보로 출마했던 김상우 전 의원이 동아일보사를 상대로 낸 5억 원의 손해배상청구 소송에서 "『동아일보』는 2000만 원을 지급하라"며 원고 일부 승소 판결을 내렸다. 재판부는 판결문에서 "공인에 대한 비판과 검증은 광범위하게 허용돼야 하기 때문에 중앙선관위가 발표한 전과기록에 기초를 두고 보도한 『동아일보』 기사는 잘못이 없어 보인다"면서 "그러나 해당 기사에 제목을 다는 과정에서 독자들의 오해를 살 수 있는 표현이 있다는 점은 인정된다"고 밝혔다. 김 전 의원은 총선 직전 『동아일보』가 중앙선관위에 의해 공개된 후보자들의 전과기록 중 자신의 대마초 흡연 사실을 「대학 때부터 대마초 흡연」이라는 제목으로 보도하자 "~때부터라는 표현이 지금도 대마초를 피고 있다는 인상을 심어줘 결국 낙선했다"며 소송을 냈다.[50]

(사례) 창작물에서의 실명 도용: 2000년 12월 15일 서울지법 남부지원 민사합의 1부(재판장 손윤하 부장판사)는 김모(37)씨가 음란한 내용을 담고 있는 『죽음보다 깊은 사이버 섹스』라는 소설에 자신의 실명을 거론, 명예가 훼손됐다며 저자 장모씨를 상대로 낸 출판등금지가처분신청을 받아들였다. 재판부는 결정문에서 "장씨가 음란한 내용을 담고 있는 소설에서 자신의 주변 인물인 김씨의 실명과 아이디(ID)를 사용, 명예를 훼손한 점이 인정돼 출판금지 결정을 내렸다"고 밝혔다.[51]

(사례) 역사적 사실에 대한 평가보도: 2001년 5월 4일 대법원 3부(주심 송진훈 대법관)는 이승만 전 대통령의 양아들 인수씨가 지난 1948년 제주 4 · 3 사건을

보도한 『제민일보』를 상대로 낸 손해배상청구소송 상고심에서 원고 패소 판결을 내린 원심을 확정했다. 이씨는 『제민일보』가 4 · 3사건을 다루면서 이 전 대통령이 법적 근거 없이 계엄을 선포하고 군 · 경에 의한 대량 양민학살이 자행됐다는 등 허위보도를 했다며 지난 1999년 정정보도와 손해배상을 요구하는 소송을 제기했었다. 재판부는 판결문에서 "4 · 3사건 당시 정부의 계엄령 등이 불법적인 조치인지 여부는 단정하기 어려우나 역사적 사건을 합리적인 자료에 근거해 나름대로 보도 내용이 사실이라고 믿을 만한 상당한 이유가 있기 때문에 책임을 묻기 어렵다"고 밝혔다. 재판부는 "기사 내용은 역사적 사실과 이에 대한 평가를 보도하기 위한 것일 뿐 이승만 전 대통령이나 원고를 직접 대상으로 한 것이 아니므로 기사로 인해 원고에 대한 명예훼손 등 불법 행위가 성립한다고 할 수 없다"고 말했다.[52]

(사례) 자발적인 사과광고: 2001년 5월 21일 연예인의 낙태설을 보도했다가 출판물에 의한 명예훼손으로 구속된 『연예신문』 전 편집국장이 4개 스포츠신문에 "일부 언론의 연예인에 대한 허위보도가 당사자와 가족들에게 얼마나 큰 고통을 주는지에 대해 사회에 경종을 울리기 위해 사과광고를 게재한다"는 전면광고를 냈다.[53]

(사례) 검사들의 언론 상대 명예훼손소송: 1998년 언론의 대대적인 대전 법조 비리 사건 보도 이후 검사들의 언론 상대 명예훼손소송이 본격적으로 제기되기 시작했다. 1999년부터 2001년 사이에 전체 검사의 8%에 해당하는 91명이 집단 또는 개인으로 모두 11건의 언론 상대 명예훼손소송을 제기했다. 이는 국제언론기구(IPI)가 한국에서 검사들의 명예훼손소송이 21세기 검열의 새로운 얼굴이라고 비판할 정도로 논란이 되었다. 위자료 산정을 한 9건의 위자료 평균은 1억 4000여 만 원이었다.

이에 대해 손태규는 "법원은 '검찰'과 같은 집단 명칭의 사용이 개별 구성원의 명예를 훼손하지는 않는다는 법리적 판단을 내려놓고서도 위자료를 산정할 때는 전체 검사나 기관으로써 검찰의 명예를 고려하는 논리적 모순을 드러냈다. 법원은 또 '대전 법조 비리 사건으로 가뜩이나 어려운 처지에서 업무를 수행하고 있는 원고와 동료 검사들에게…' 라는 표현에서 보듯 법조계가 관련한 특정 사건을 언급해 피해자의 사정을 고려하는 등 검사들에게 편향된 온정적 태도를 보이기도 했다"며 다음과 같이 말했다.

"따라서 법원은 검사들에게 통상보다 매우 높은 위자료를 인정했다. … 법조인들은 1998년 언론의 대전 법조 비리 사건 보도로 그들의 명예와 권위가 크게 손상했다고 판단했으며 이에 대한 법조 차원의 적절한 조치가 필요하다는 공감대를 형성했을 개연성이 크다. 이 사건과 관련한 언론 보도에 대해 판사들이 공개적으로 언론을 소송으로 응징해야 한다고 주장한 것은 그 구체적 증거라 할 수 있다. … 위자료 산정에서 보인 법원의 태도는 객관적이지도 일관되지도 않았으며 균형을 이루지도 않았다. 법원은 검사들의 언론에 대한 명예훼손 소송에서 위자료 제도를 왜곡했으며 위자료의 법적 의미를 퇴색시켰다는 비판을 피할 수 없다."[54]

(사례) 죄수복 입은 모습 공개: 2005년 2월 6일 서울고법은 영화배우 성현아가 "죄수복을 입은 모습이 인터넷에 유포돼 명예를 훼손당했다"며 국가 등을 상대로 낸 손해배상청구소송에서 1심대로 "위자료 2500만 원을 지급하라"고 판결했다. 재판부는 판결문에서 "교도소 경비요원이 수용자 검색 프로그램에 접속해 성씨의 사진 등 신상 내용 일부를 내려받아 인터넷을 통해 유포시킨 점이 인정된다" 면서 "국가는 수용자 개인의 신상정보가 외부에 유포되지 않게 단속할 책임이 있다"고 밝혔다. 성현아는 2002년 마약 복용 혐의로 구속된 뒤 교도소 경비요원이 죄수복을 입은 자신의 사진을 인터넷에 유포시키자 국가를 상대로 1억 원의 손해배상청구소송을 냈다.

(사례) 방송에 허위제보·인터뷰도 명예훼손: 2007년 7월 17일 방송에 허위 제보를 하고 인터뷰를 한 사람에게도 명예훼손 혐의가 인정된다는 판결이 나왔다. 대기업 회장 김모씨가 소유하던 농지 가운데 맹지(남의 땅에 둘러싸인 땅)를 소유하고 있던 이모씨(54)는 통행 문제로 불편이 생기자 2005년 6월 한 방송사에 제보했다. 김씨가 자신의 농지에 불법으로 호화 별장을 짓고 마을 주민들의 농지 출입을 막고 있다는 허위 제보였다. 방송사는 이씨의 제보와 인터뷰를 바탕으로 김씨가 그린벨트 내에 불법으로 호화 별장을 짓고, 마을 주민들의 농지 출입을 무단으로 막고 있다는 뉴스를 내보냈다. 서울서부지법 민사12부(김재협 부장판사)는 "이씨의 제보 및 인터뷰로 인해 '원고가 대기업 회장이면서 사유지 보호를 내세워 농민들의 영농행위를 방해하는 파렴치한 사람'으로 비침으로써 원고가 상당한 정신적 고통을 받았을 것은 경험칙상 명백하다"며 "이씨에게 1000만 원 배상 판결을 내렸다"고 밝혔다. 재판부는 "피고는 이 사건 농지가 맹지 형태인 것을 알면서도 매수하였는데, 주위 토지의 실제 소유자인 원고와는 어떠한 협의나 약정을 체결한 바도 없어 명예훼손이 인정된다"고 설명했다.[55]

(사례) "허위 기사 책임, 1억 6000만 원 배상": 2007년 10월 17일 수원지법 민사1부(재판장 윤석상 부장판사)는 한나라당 양평, 가평 지역구 국회의원 정병국 의원과 지난 4·25 양평군수 보궐선거 당시 한나라당 후보였던 강모씨가 지방 일간지 P일보와 이 신문사 기자 K씨(48)를 상대로 제기한 손해배상청구소송에서 "피고들은 각자 정 의원에게 3000만 원씩, 강씨에게 5000만 원씩 총 1억 6000만 원을 배상하라"는 판결을 내렸다.

P일보는 지난 4월 13일 K기자의 취재를 통해 신문 1면에 "양평군의 준공업 지역을 매입한 C개발의 회장이 정 의원과 친구이고, 강 후보와도 막역한 사이인 것으로 알려져 강 후보가 군수로 당선된 이후에 C개발에 아파트 건설 관련 특혜를 주기로 하는 밀약을 맺은 것이 아닌가 의혹이 일고 있다"는 내용의 기

사를 게재했다. P일보는 4월 19일 정정보도문과 사과문을 게재했지만 이 기사가 나간 직후 기사를 인용해 원고들을 비방하는 내용의 유인물이 우편을 통해 양평군 일대 각 가정에 유포됐고, 다른 후보자들이 기사내용을 근거로 원고들을 성토하는 유세활동을 벌였으며 결국 강 후보는 4·25 양평군수 보궐선거에서 낙선했다. K기자는 지난 7월 26일 공직선거법 위반 등 혐의로 검찰에 구속 기소돼 수원지법 여주지원에서 징역 8개월에 집행유예 2년을 선고받았다.

재판부는 판결문에서 "피고들은 원고들이 토지매입에 연루되어 있는지 아무런 사실 확인도 거치지 않은 상태에서 익명의 제보자가 작성한 호소문을 토대로 허위 사실을 보도함으로써 원고들이 사회로부터 받는 객관적인 평가를 침해했다"고 판시했다. 재판부는 이어 "특히 이 기사에 담긴 허위 사실이 보궐선거를 불과 12일 앞둔 시점에서 한나라당 후보자로 출마했던 원고 강씨의 후보로서의 정직성과 자질을 실추시킬 만한 것으로 보이는 점, 기사 보도 후 강씨가 보궐선거에서 낙선한 점 등을 참작해 손해배상액을 산정했다"고 밝혔다.[56]

(사례) "'친일사전 편찬은 이적행위다'도 표현의 자유": 2008년 7월 29일 서울고법 민사13부(조용구 부장판사)는 민족문제연구소와 임준열 소장 등이 "친일인명사전 편찬작업이 이적행위라는 등의 허위사실을 적시했다"며 보수 시민 및 언론단체 대표들을 상대로 낸 손해배상청구소송에서 원고 패소 판결을 내렸다. 재판부는 "좌와 우의 이념 문제, 그 연장선상에서 자유민주주의 가치를 앞세운 이념이냐 민족을 앞세운 통일이냐 문제는 국가의 운명과 국민의 존재양식을 결정하는 중차대한 쟁점이고 이 논쟁에는 필연적으로 평가적인 요소가 수반되는 특성이 있어서 이에 관한 표현의 자유는 넓게 보장돼야 한다"고 밝혔다.[57]

(사례) 불법 사설 정보지 집중 단속: 2008년 10월 6일 검찰과 경찰은 탤런트

최진실씨의 자살을 계기로 불법 사설정보지(속칭 찌라시)에 의한 명예훼손을 집중 단속하겠다고 발표했다. 이날 대검찰청의 발표에 따르면, 2008년 1~9월 '명예에 관한 범죄'로 입건된 사람은 1만 4000여 명, 구속자는 7명이었다. 이를 세분화하면 명예훼손 혐의 입건자가 7300여 명으로 가장 많고, 모욕혐의 4300여 명, 정보통신망법상 명예훼손(온라인) 1800여 명, 출판물 등에 의한 명예훼손 691명, 사자(死者) 명예훼손 32명 등이다. 명예에 관한 범죄 입건자는 2006년 1만 7000여 명에서 2007년 1만 9000여 명으로 증가 추세다. 다만 정보통신망법상 명예훼손 입건자는 2006년 3100여 명, 2007년 3600여 명인 반면 2008년 1~9월 1800여 명으로 줄어들었다.[58]

(사례) 대통령의 명예훼손: 2009년 2월 6일 이명박 대통령이 2007년 8월 '비비케이(BBK)는 이명박 후보의 회사'라고 주장하는 김경준씨(43)의 인터뷰 기사를 보도한 『한겨레』를 상대로 낸 손해배상소송에서 일부 승소했다. 서울중앙지법 민사72단독 김균태 판사는 이 대통령이 "김씨 주장을 충분히 검증하지 않은 채 여과없이 보도해 명예를 훼손했다"며 『한겨레』를 상대로 낸 손해배상청구소송에서 "이 대통령에게 3000만 원을 지급하라"며 원고 일부 승소 판결했다. 재판부는 "'엘케이이뱅크와 비비케이, 이뱅크증권중개의 지분 100%를 이 후보가 가지고 있다'는 김씨의 주장에 대한 확인 작업이 부족했고, 인터뷰 당시 김씨가 소유했다는 계약서를 확인하지 않은 상태에서 김씨 주장만을 보도했다"고 밝혔다. 재판부는 또 "홍종국 이캐피탈 전 대표가 비비케이의 실소유주였다는 주장 등 김씨의 주장과 배치되는 주장들에 대해 확인하지 않았다"고 덧붙였다.

『한겨레』는 2007년 8월 17일치 1면과 4면에서 미국 구치소에 수감 중이던 김경준씨와의 인터뷰를 통해 "비비케이 등 3곳 100% 이명박 회사"라는 김씨 주장을 보도했고, 이 후보는 "김씨가 범죄를 저지른 의심을 받고 있어 그 주장의 신빙성에 의문이 있었는데도 이에 대한 검증 과정을 거치지 않은 채 여과 없이 보도해 명예를 훼손당했다"며 5000만 원의 소송을 냈다.

이 판결에 대해 한겨레신문사는 "원고인 이명박 대통령이 『중앙일보』와의 인터뷰와 광운대 강연 동영상 등을 통해 최소한 4차례 이상 공개적으로 자신이 비비케이를 설립했다고 공언했음에도, 같은 주장을 편 김경준씨와의 인터뷰를 보도한 한겨레신문사에 대해 손해배상책임을 물린 것은 상식에 부합하지 않는다"며 즉각 항소할 뜻을 밝혔다. 『한겨레』는 또 "현직 대통령이 원고로 참가하고 있는 이 사건 재판 과정에서 국정원 직원이 담당 판사에게 전화를 거는 등 법원 사찰에 가까운 과거의 구태가 재연된 사실을 주목하며, 정치권력에 의한 비판언론 보복에 제동을 걸어야 할 사법부의 잣대가 흔들린 데 대해 매우 유감으로 생각한다"고 덧붙였다. 전국언론노동조합과 언론노조 한겨레신문지부도 성명을 내어 "유력 대통령 후보와 관련한 사건의 열쇠를 쥐고 있는 핵심 당사자를 인터뷰하는 것은 언론의 당연한 의무"라며 "이번 판결은 사건의 실체적 진실에 접근하려는 언론에 재갈을 물리는 것"이라고 비판했다.[59]

한국의 '징벌적 손해배상'

1990년대에 전반적으로 명예훼손을 범한 언론사의 손해배상액이 너무 작다는 비판의 목소리가 높았다. 앞서 소개한 노무현 관련 판결에 대해 안상운 변호사는 다음과 같이 말했다.

"법원은 위 보도 이후인 1992년 4월에 시행된 14대 국회의원 선거의 유세 과정에서 원고 노무현과 함께 출마한 민자당 소속 후보인 허삼수의 연설문 및 지역구 홍보지에 『주간조선』의 기사내용이 인용되어 지역구 주민들에게 배포된 사실을 인정하면서도(노무현은 14대 총선거에서 낙선했다) 겨우 금 2000만 원의 위자료를 지급하라는 판결을 선고했다. 이는 신문 1면 광고비와 비교하여 보더라도 터무니없이 낮은 금액이다. 연간 몇 천억 원의 매출과 몇 백억 원의 이익을 내는 언론사에게 고작 몇 천만의 위자료는 억지력이 되지 못한다."[60]

한국에서 '징벌적 손배배상'은 사실상 인정하지 않고 있지만, 변화의 조짐은 있다. 1997년 박용상은 "최근 언론 소송에서 우리 법원이 인정하는 손해배상액은 점차 고액화하는 경향을 보인다. 국민소득의 향상에 따라 일반적 손해배상 사건에서 정신적 손해, 즉 위자료의 액수는 증가하는 현상을 보여왔으나, 최근에 이르러 특히 언론 소송에 있어서 위자료 액수는 급격한 증가 현상을 보이고 있다. 최근에는 그다지 중하다 할 수 없는 명예훼손 내지 초상권 침해에 대해서도 2000만 원 내지 3000만 원의 위자료가 일반화되어 가고 있으며, 이러한 경향은 더욱 진전될 조짐을 보이고 있다"며 다음과 같이 말했다.

"그것은 인격적 법익의 존중이라는 새로운 시대적 요청에 따라 언론의 폐해에 대한 경종이 필요하다는 국민 일반의 인식을 반영하는 것이라고 할 수 있다. 또 그것은 미국적 전통에 의한 징벌적 손해배상제도의 취지를 도입하자는 법조계 일부의 주장을 반영하기도 하는 것이다. 그러나 대륙법계의 전통을 따르는 우리 법제에서는 위자료 청구권에 전보적 기능과 만족적 기능이 인정될 뿐 징벌적 의미의 손해배상은 생소한 것이다. 헌법적으로 보더라도 위법한 언론활동에 대하여 과도한 금액의 배상을 명하는 것은 정상적인 언론활동도 위축시키며 종국에는 활발한 비판이나 여론형성에 장애가 될 수 있다는 점에서 위헌의 논란이 생길 수 있다."[61]

다른 의견도 있다. 2003년 9월 4일 '언론피해 구제제도 어떻게 만들어야 하는가'를 주제로 한 토론회에서 안상운은 2001년 한 해 동안 서울지방법원 민사25부가 선고한 언론·출판 관련 소송 21건 중 10건에서 언론사 측이 승소해 47.6%의 승소율을, 2002년 2월부터 2003년 6월까지는 73%(26건 가운데 19건)의 승소율을 보였다며 언론 관련 소송에서 언론의 자유를 폭넓게 인정하고 있는 추세에 대해 우려를 표시했다. 그는 "언론보도 피해자의 인격권 보호는 매우 위축되어 있고 법원에 의한 견제의 역할도 크게 기대할 수 없게 됐다"며 "악의적인 허위 보도, 왜곡 보도에 대해서는 징벌적 손해배상을 도입해야 한

다"고 주장했다.[62]

1999년 검사의 영장신청 기각 오보에 대하여 1억 원이 선고된 이후 배상액이 본격적으로 억대에 접어들었다. 2000년을 정점으로 하여 다시 낮아지는 추세를 보였지만, 1억 원 이상의 배상은 드물게나마 나타나고 있다.[63]

2008년 12월 17일 서울중앙지법 민사합의 25부(부장판사 한호형)는 신정아 씨(36)가 『문화일보』를 상대로 제기한 손해배상청구소송에서 "1억 5000만 원을 배상하라"며 원고 일부 승소 판결했다. 『문화일보』는 2007년 9월 '성 로비 의혹'을 제기하며 신씨의 알몸사진을 게재했다. 이 사건은 '제7장 프라이버시'에서 다뤘지만, 손해배상액 규모는 여기서 논의하기로 하자.

배상액 1억 5000만 원은 역대 최고 수준이다. 언론중재위원회가 펴낸 「2005~2007 언론 소송 판결 분석」을 보면, 2007년 언론사를 상대로 한 손해배상소송의 평균 인정(인용)액이 1700만 원, 최고액은 1억 원이었다. 2005 · 2006년에는 1억 원 이상을 인정한 경우가 아예 없었다. 이와 관련, 박현철은 명예훼손이 치명적인데도 이렇게 억대 배상이 드문 것은 나름대로 이유가 있다며 다음과 같이 말한다.

"피해자가 목숨을 잃는 교통사고나 산업재해 사망 손해배상소송을 보면 위자료 산정 기준이 8000만 원입니다. 마찬가지로 인격적으로 목숨을 잃는 명예훼손 역시 소송에서 이 기준을 고려하고 있습니다. 사회적으로 사망하는 수준의 정신적 피해를 봤을 때 8000만 원 정도의 배상 판결이 나온다는 것이죠. 그런 점에서 신씨의 1억 5000만 원은 법원이 언론에 무거운 책임을 물은 것으로 볼 수 있습니다. 그러면, 이처럼 1억 원 이상 판결이 드문데도 원고들이 수억, 수십억 원씩 청구하는 이유는 뭘까요? 한 판사는 '터무니없을 정도로 큰 금액을 청구하는 이유는 따로 있다'고 말합니다. 일단 수십억 원을 청구해 관심도 끌고 상대의 기선을 제압하는 효과도 기대하는 전략이란 것입니다. 실제로는 10억 원 청구해서 5000만 원 정도만 받아도 괜찮은 결과라고 하겠습니다."[64]

이상도 영산대 신문방송학과 교수는 2007년 "현실적으로 당장 징벌 손해배상제도를 도입하지 않더라도 언론사의 불법행위에 대해 손해배상액을 높여 무거운 경제적 손실을 부담케 하는 방향으로 민사재판이 운영되면 실질적으로 징벌적 손해배상제도를 도입하는 효과를 거둘 수 있을 것이다"고 제안했다.[65]

언론사·시민의 대응

명예훼손소송에 대한 언론사들의 대응 방법은 다양하지만 우선 보험가입을 들 수 있겠다. 지난 1997년 국내에도 본격적인 명예훼손 손해배상 보험이 첫선을 보였다. 삼성화재가 언론인 등을 대상으로 '멀티미디어전문직업인배상책임보험'이라는 상품을 내놓은 것이다. 보험기간은 1년, 보험료는 소송 일지, 승·패소 비율, 최근 연도 재무제표, 가입설문서 등을 바탕으로 산정된다. 보험료는 2000만 원~1억 원 가량이고 보상한도는 사고 건당 2억~5억 원 정도, 연간 10억~20억 원가량이다. 1999년 10월 이 보험에 가입한 SBS는 8300만 원을 1년 보험료로 지불했다. 법원의 판결로 손해배상 판결이 났을 경우 피해 한 건당 최대 1억 원, 연간 5억 원까지 변호사 비용과 배상액을 지불받는 조건이다.[66]

그러나 1년 8000여 만 원의 보험료도 적지 않은 데다 가입조건이 까다로워 이 보험에의 가입은 널리 확산되지는 않았다. 이런 가운데 한국기자협회는 기협 차원에서 기자들의 단체 배상보험 가입비를 지원하기 위한 기협 자금을 모으는 등의 활동을 전개하였으며, 2001년 2월 법무법인 오세오닷컴과 '업무제휴약정'을 체결했다.[67]

보험은 어디까지나 사후 대책이고, 언론사들은 사전 대책을 세우는 데에 골몰하고 있다. 외국처럼 국내 언론사들도 변호사 의존도를 점점 더 높여가고 있다. 가장 적극적인 예방법은 기사사전열람제의 도입이다. 『조선일보』가 1996년 12월부터 실시한 이 제도는 인권침해 및 명예훼손 소지를 가능한 없애자는 취지에서 마련된 것이다. 『조선일보』는 각 부마다 자문변호사 7명과 상시 연락망을 갖춰두고 필요하면 언제든지 기사 자문을 받을 수 있게 했다. 『조선일보』는 2002년 4월 1일 김태수 변호사를 상근으로 채용하면서 기존의 기사 사전 열람 변호사를 7명에서 5명으로 줄였다.

다른 언론사들도 인권침해 또는 소송의 우려가 있는 미묘한 사안이라고 판단할 경우 자문변호사와의 사전 협의를 거치고 있다. 특히 각종 시사 고발 프로그램과 '카메라출동' 류의 영상 고발 보도 경쟁을 벌이고 있는 방송사들은 인권침해와 소송의 가능성이 높아 자문 변호사를 가장 적극적으로 활용하고 있다.[68]

언론사들은 그런 노력과 더불어 명예훼손으로 회사에 금전적인 피해를 입힌 기자나 PD에게 구상권을 행사하거나 징계를 내리려는 시도를 하기도 했다. 그러나 이런 시도는 '주의 효과' 보다는 오히려 '위축 효과'를 낳게 하는 문제를 안고 있다. 이상언 『중앙일보』 기자는 언론중재위원회의 1999년도 정기세미나 '언론보도와 명예훼손소송'에서 다음과 같이 말했다.

"명예훼손소송에 대비하여 본사가 보험에 가입한 사실은 알고 있지만 자세한 사항은 알지 못하여 유감입니다. 기자가 가장 곤혹스런 경우는 대기업, 종교집단, 정치권력 등 기자가 감당할 수 없는 집단이 법인이 아닌 기자 개인을 상대로 소송을 제기하는 경우입니다. 회사가 관련된 소송이라도 사측이 기자에게 일부 구상권을 행사하는 경우가 있으며, 모 일간지 기자는 회사의 구상권 행사에 반발하여 회사를 그만둔 사례도 있었습니다. 이렇게 회사가 관련되지 않고 기자 개인이 소송에 연루된 경우 과거와 달리 구상권을 청구하겠다는 언론사가 점차 늘어나고 있어 기자는 엄청난 중압감에 시달리고 있습니다."[69]

2000년 천원주는 "배상액은 대체로 회사에서 전액 지불하는 것이 관례였지만 구상권을 행사해 담당자에게 배상액을 물게 하는 사례가 최근 생겨나고 있다"고 지적하면서 다음과 같이 말했다.

"'서울대 86학번 호스테스' 기사를 작성한 신문사(『조선일보』) 자매 월간지의 한 기자가 패소한 뒤 회사가 청구한 구상금을 물어내고 퇴사한 것은 잘 알려진 일이다. MBC는 '과거에는 손해배상을 받아도 인사상 불이익이 없었다. 이제는 필요한 경우 담당자를 인사위원회에 회부해 징계, 고소, 전보를 결정하거나 구상권까지도 행사한다는 것이 회사의 방침'이라고 밝혔다. KBS도 구상권 신청이나 징계 등의 인사 조치를 취한다는 방침을 세워놓고 있다."[70]

사정이 그러했던 만큼 기자들 사이에선 '소송 노이로제'와 '소송 보신주의'가 생겨났다. 명예훼손소송을 두려워한 나머지 소송을 당할 우려가 있다는 이유로 보도 자체를 포기하는 일까지 벌어지게 된 것이다. 작은 매체의 경우엔 더욱 심각했다. 『시사저널』 서명숙 편집장은 2001년 11월 15일자 칼럼에서 "힘 있고 돈 있는 '억울한 분' 들께 엎드려 부탁드린다. 차라리 옛날처럼 데려다 패달라고. 몸으로 때우던 시절이 그립다"고 말할 정도였다.[71]

노무현정부 시절엔 언론사 상호 간 명예훼손소송이 빈발했는데, "법원은 꾸준히 언론사 간의 상호 비판을 일관되게 그리고 압도적으로 보장하는 판결을 내렸다."[72] 대법원 판결(2006. 3. 23)은 다음과 같이 언론사의 특수성에 주목했다.

"언론사는 스스로 반박할 수 있는 매체를 가지고 있어서 이를 통하여 잘못된 정보로 인한 왜곡된 여론의 형성을 막을 수 있으며, 일방 언론사의 인격권의 보장은 다른 한편 타방 언론사의 언론자유를 제약하는 결과가 된다는 점을 감안하면, 언론사에 대한 감시와 비판 기능은 그것이 악의적이거나 현저히 상당성을 잃은 공격이 아닌 한 쉽게 제한되어서는 아니 된다."[73]

사회정의 구현을 위한 탐사보도의 오보는 다른 종류의 오보와 구분되어야 할 것이다. 그러나 그런 선의의 탐사보도를 제외하곤, 한국에선 전반적으로 볼 때에 언론의 횡포가 심한 편이다. 그래서 언론사들의 대응과는 정반대로 시민단체를 중심으로 시민들의 대응도 이루어지고 있다. 1999년 1월 18일 외신기자 클럽에서 기자회견을 갖고 언론개혁시민연대 산하 언론피해법률지원본부가 정식 출범한 것도 바로 그런 대응의 일환으로 볼 수 있다. 언론피해법

률지원본부는 법률인들이 최초로 결성한 자발적인 언론수용자 권익옹호 기구이다.[74]

또 2002년 1월 31일 그동안 언론보도로 피해를 받았던 변호사, 학자, 시민단체 관계자 등 전문가와 일반 시민들 80여 명이 발기인으로 참여한 사단법인 언론인권센터가 2002년 1월 31일 창립대회를 갖고 활동에 들어갔다. 언론인권센터는 언론의 오보나 왜곡보도 피해를 입은 시민이나 단체의 피해 구제를 지원하는 동시에 정보공개청구운동도 벌이기로 했다.

모욕죄와 신용훼손죄

명예훼손죄와 모욕죄는 어떻게 다른가? 대법원이 1987년 5월 12일에 내린 판결에 따르면, "명예훼손죄와 모욕죄의 보호법익은 다 같이 사람의 가치에 대한 사회적 평가인 이른바 외부적 명예인 점에서는 차이가 없으나, 다만 명예훼손은 사람의 사회적 평가를 저하시킬 만한 구체적 사실을 적시하여 명예를 침해함을 요구하는 것으로서 구체적 사실이 아닌 단순한 추상적 판단이나 경멸적 감정의 표현으로서 사회적 평가를 저하시키는 모욕죄와 다르다."[75] 한병구는 구체적으로 둘의 차이를 다음과 같이 지적하였다.

"첫째, 명예훼손죄의 보호법익은 '외적 명예'인 반면 모욕죄는 엄격히 말해서 '명예감정'에 있다. … 둘째, 명예훼손죄는 공연히 사실을 적시함을 요하지만 모욕죄는 공연히 사람을 모욕하는 경우에 해당되기 때문에 반드시 구체적 사실을 적시할 필요가 없다. … 모욕죄의 경우는 사실의 적시가 없이 단순히 '개 같은 놈' 또는 '얼빠진 놈' 등과 같은 추상적 관념의 표시만을 가지고도 범죄가 성립될 수 있다. 따라서 모욕죄의 경우는 적시한 사실이 진실인 경우라도 위법성이 조각되지 않는다. 셋째, 명예훼손죄는 자연인이나 법인 또는 사자도 보호법익의 주체가 될 수 있으나 모욕죄는 사자에 대하여는 성립되지 않는다. 그러나 현행법의 해석상 유아나 정신병자 또는 법인, 단체에 대하여도 모욕죄가 성립될 수 있다는 설도 있다."[76]

(사례) 앵커의 '모멸적 멘트' 3000만 원 배상 판결: 2004년 1월 25일 서울고법 민사6부(재판장 박국수 부장판사)는 신 아무개 변호사가 "인신공격적인 표현으로 명예를 훼손당했다"며 문화방송과 권 아무개 앵커 등을 상대로 낸 손해배상청구소송에서 "문화방송과 권씨는 신씨에게 3000만 원을 지급하라"는 원고 일부 승소 판결을 내렸다. 신 변호사는 1999년 9시 〈뉴스데스크〉에서 지역 법관으로 자원한 변호사들의 '미담 사례'에 뒤이어 재판 과정에서 의뢰인에게 유리한 증거를 재판부에 제출하지 않은 자신의 과실이 앵커의 모멸적인 표현과 함께 소개되자 손해배상과 정정보도를 청구하는 소송을 냈다. 재판부는 판결문에서 "권씨는 뉴스를 진행하면서 신씨를 '순백의 법조인'과 대비시켜 '사람답게 살지 못한 사람'이라거나 '한심하다 못해 분통이 터진다'는 등의 표현을 사용했다"며 "잘못을 지나치게 과장한 의견 표명은 모멸적인 표현에 의한 인신공격이므로 이에 따른 신씨의 정신적 고통을 배상해야 한다"고 밝혔다. 그러나 재판부는 "해당 기사의 진실성은 인정되므로 취재기자에 대한 손해배상과 정정보도 청구는 받아들이지 않는다"고 밝혔다.[77]

(사례) "뚱뚱해서 남을 어떻게 돌보겠느냐": 2007년 2월 노인 전문병원의 간부가 여성 간병인에게 "뚱뚱해서 남을 어떻게 돌보겠느냐"고 말했다가 모욕죄로 기소돼 벌금 30만 원이 선고됐다. 많은 사람 앞에서 간병인의 사회적 지위를 떨어뜨리고 모욕감을 준 점이 인정된다는 게 법원의 판결 이유다.[78]

(사례) "경찰에 욕했다고 구속까지 하나": 2007년 4월 21일 서울 서대문경찰서는 상해 혐의로 조사를 받다 경찰관에게 욕설을 한 혐의(모욕) 등으로 염아무개씨(31)를 구속했다. 전과 12범인 염씨는 4월 18일 밤 서울 서대문구 남가좌동에서 택시기사를 밀어 넘어뜨린 뒤 요금을 내지 않고 도망치다 경찰에 붙

잡혔다. 염씨는 지구대에 도착한 뒤에도 대머리 까진 ××야 죽여버린다 등 1시간 가까이 폭언을 했으며, 경찰서로 넘겨진 뒤에도 욕설을 멈추지 않았다고 경찰은 밝혔다. 유철 서대문경찰서 형사과장은 수사 경찰관들이 욕을 하는 염씨에게 공권력 확립 차원에서 구속될 수 있다고 여러 번 말했지만, 염씨가 욕을 멈추지 않아 모욕죄를 주로 적용해 영장을 신청했다고 밝혔다. 택시기사에게 무릎이 까지는 정도의 상처를 입힌 사안에 대해 감정적인 구속영장 신청이 아니냐는 질문에, 유 과장은 전과가 많은 염씨가 영장실질심사에서 풀려나면 도주할 우려가 있다고 판단했다고 덧붙였다.

영장실질심사를 맡았던 서울서부지법 민유숙 부장판사는 염씨는 여러 차례 형사재판을 받은 일이 있고, 실형을 산 적이 있기 때문에 처벌이 두려워 도주할 우려가 있다고 판단해 구속영장을 발부하게 됐다며 불구속할 경우 형사재판이 진행되지 않을 수 있다고 밝혔다. 민주사회를 위한 변호사 모임 송호창 변호사는 경찰에 대한 모욕만으로는 구속이 안 될 텐데, 상해 혐의가 있었기 때문에 구속영장이 발부된 것 같다며 공무집행 방해죄가 성립되지 않는다고 모욕죄를 적용해 영장을 신청하는 것은 공권력 남용이라고 말했다.[79]

(사례) 허수아비 사형식은 모욕죄: 2007년 7월 청주지법 형사2단독 장건 판사는 시위 중 규탄 대상자인 J(52)씨의 이름이 새겨진 허수아비를 세워놓고 사형선고를 한 뒤 시위 참석자들로 하여금 이를 짓밟게 한 혐의로 기소된 L씨(40)와 Y씨(61) 등 2명에게 모욕죄를 적용해 각각 벌금 30만 원을 선고했다. 장판사는 판결문에서 "비록 상대방에 대해 직접적으로 모욕적인 행위를 한 것은 아니지만 상식적으로 판단했을 때 피고인들의 행위가 원고인의 명예감정을 심각히 손상시킨 점이 인정된다"며 이같이 판결했다. L씨 등은 2005년 10월부터 건교부 대전지방국토관리청이 시행하는 청주시 제3차 우회도로 건설공사의 노선이 변경돼 L씨 등이 사는 마을의 농지로 도로가 지나가게 되자 노선 변경에 주도적 역할을 한 것으로 알려진 J씨를 규탄하는 집회를 여러 차례

개최해왔다. J씨는 2005년 12월 시위 중 자신의 이름이 새겨진 허수아비를 짓밟는 등의 행동으로 자신을 모욕했다며 L씨 등을 고소했다.[80]

(사례) 아파트 벽에 '악덕사채업자' 낙서는 모욕죄: 2008년 4월 20일 소송에서 져 강제퇴거를 당하게 된 아파트 입주민들이 '건물주는 악덕사채업자' 라고 아파트 벽에 글씨를 쓴 것은 모욕죄에 해당한다는 대법원 판결이 나왔다. 대법원 1부(주심 차한성 대법관)는 모욕 혐의 등으로 기소된 박모씨와 이모씨에 대한 상고심에서 각각 벌금 100만 원을 선고한 원심을 확정했다. 서울 모 아파트에 살던 박씨 등은 소송에서 져 강제로 퇴거당하게 되자 다른 주민들과 함께 비상대책위원회를 구성한 뒤, 아파트와 주차장 벽에 스프레이로 '이 건물은 사기꾼 A씨와 재판 중이니 사기당하지 않도록 주의하세요. 악덕사채업자야 각성하라' 는 등의 낙서를 했다. 박씨 등은 명예훼손과 공동재물손괴 등의 혐의로 기소돼 1심에서 각각 벌금 200만 원을 선고받았으며, 항소심에서는 검사가 죄명 중 명예훼손을 모욕으로 변경했다.[81]

신용훼손죄는 사람에 대한 사회적 평가를 저하시킨다는 점에서는 명예훼손죄와 같지만, 차이점은 "명예훼손죄가 인격적 가치에 대한 평가절하의 의미를 지니는 데 비해, 신용훼손죄는 경제활동 영역에서 개인이 갖는 사회적 신뢰가치에 대한 평가절하의 의미를 지니는 것이다."[82] 이와 관련, 한병구는 '신용권(right of reputation)' 이라는 표현을 쓰고 있다.[83]

(사례) 계주의 신용훼손 사건(대법원 1983. 2. 8.): "형법상 신용훼손죄는 허위사실의 유포 기타 위계로써 사람의 신용을 훼손할 것을 요하고, 여기서 허위사실의 유포라 함은 객관적으로 보아 진실과 부합하지 않는 과거 또는 현재의 사실을 유포하는 것으로서(미래의 사실도 증거에 의한 입증이 가능할 때에는 여기의 사실에 포함된다) 피고인의 단순한 의견이나 가치판단을 표시하는 것은

이에 해당되지 않는다고 할 것인 바, 피해자가 계주로서 체불임금을 모아서 도망가더라도 책임지고 도와줄 사람이 없다는 취지의 피고인의 말은 피고인의 피해자에 대한 개인적 의견이나 평가를 진술한 것에 불과하여 이를 허위사실의 유포라고 할 수 없다."[84]

(사례) 1989년 '파스퇴르유업 대 중앙일보사' 사건: 『중앙일보』는 1988년 7월 23일자에서 「허위광고 파스퇴르 우유, 보도한 신문 도리어 비방」이라는 제하에 원고인 파스퇴르 유업이 "부도덕한 상행위를 시인했다"는 식의 기사를 게재했다. 이에 대해 원고는 부도덕한 상행위를 시인한 사실이 없는데도 마치 시인한 것처럼 보도함으로써 회사의 신용을 크게 훼손하였다 하여 『중앙일보』를 상대로 정정보도 청구소송을 제기했다. 이에 대해 서울고등법원은 원고의 신청이 이유 있다고 보고 『중앙일보』에 정정보도를 게재하도록 판결했다.[85]

(사례) '찌라시'에 의한 신용훼손: 2008년 11월 검찰은 '찌라시(증권가 정보지)나 인터넷을 통해 특정 기업의 자금난이나 부도설을 유포하는 등의 신용훼손 루머 유포행위와 주가 조작, 미공개 정보이용 등 증권거래법 위반행위에 대해 특별 단속에 나서겠다고 밝혔다.

왜 '찌라시 공화국'인가?

1980년대 중반 증권가에서 비롯된 사설 정보지, 속칭 '찌라시'의 폐해가 극심하다. '찌라시'는 '흩뜨림'을 뜻하는 일본말 '散(ち)らし'다. 여러 재료를 가늘게 채 썰어 뿌려놓은 초밥(ちらしすし)의 한 종류, 또는 광고 쪽지를 비롯한 전단지(傳單紙)라는 두 가지 의미로 쓰이는데, 우리는 비공식 정보를 유통시키는 정체불명 매체를 이른다.[86]

'찌라시'엔 원래 뜻대로 '허접스런 내용을 담은 것'이라는 부정적 뉘앙스가 담겨 있지만, '찌라시' 정보를 주변에 퍼뜨리는 게 사교권을 장악하는 방법으로 쓰일 정도로 한국의 풍토가 더 허접스럽다. 한국은 '찌라시 공화국'이라고 해도 좋을 정도이다. '찌라시'와의 전쟁은 2005년으로 거슬러 올라가지만, 이후 달라진 건 아무것도 없었다.

2005년 3월 15일 정부는 사설 정보지와의 전쟁에 돌입하겠다고 선언했다. 법무부장관, 정보통신부장관, 경찰청장은 공동 담화문을 발표, "사설 정보지를 통해 근거 없는 허위정보가 무분별하게 생산·유통되는 것을 막겠다"고 밝혔다. 이들은 "허위 사실 유포로 인한 명예훼손과 인권침해, 기업신용과 국가신임도 하락, 국론 분열이 심각한 수준에 이르렀다"며 전국 18개 검찰청과 248개의 경찰관서의 허위정보신고센터와 정보통신윤리위원회를 통해 허위정보에 대한 신고를 접수하겠다고 말했다.[87]

『경향신문』2005년 3월 16일자는 사설 정보지 사업은 대부분 회원제로 운영되고 있으며 일부는 월 30만~50만 원의 구독료를 받기도 하며, 일부 언론사도 자체 수집한 정보를 최고 월 100만 원에 판매하고 있고 일부 인터넷 사이트에서도 사설 정보들이 매매되고 있다고 보도했다.[88]

『매일경제』2005년 3월 16일자는 흔히 '찌라시'로 불리는 사설 정보지를 만들어내는 소문 제조공장은 100여 개이며, 정보교환소는 여의도에 20여 곳이 있다고 보도했다. 이 기사에 따르면, 정보교환팀엔 검찰, 경찰, 국정원, 금감원, 기업체, 사설정보업체, 언론인 등이 골고루 섞여있을수록 좋으며, "정보맨들은 '찌라시' 신뢰도에 대해 스스로 40% 정도는 믿을 수 있다고 자평한다."[89]

『조선일보』논설위원 김기천은 2005년 3월 17일자에 쓴 「사설 정보지」라는 제목의 칼럼에서 "정부는 '정보지 폭력'이라는 표현까지 만들어 우리 사회의 '4대 폭력'에 꼽고, 법무·정통부장관에 경찰청장까지 나서서 '정보지와의 전쟁'을 선포했다. 요란스러운 선전포고의 막후에 무슨 딴 이유가 있는 것은 아닌지 슬며시 호기심이 솟는다. 수요는 그대론데 공급만 틀어막는다고 해서 될 일도 아니고, 이번 단속 정보까지 정보지에 미리 샜다니 얼마나 성과를 거둘 수 있을지 모르겠다"고 말했다.

『조선일보』 2005년 4월 25일자 기사 「'정보지' 금단 증세 앓는 여의도」는 검찰의 특별단속 이후 사설 정보지 입수가 어려워져 애용자들이 구하느라 백방으로 수소문하고 있으며 이들의 금단 증세가 나타나고 있는 것 같다고 보도했다.

2005년 4월 26일 서울경찰청은 허위 사실이 담긴 사설 정보지를 발행해 연예인이나 유명 인사 등의 명예를 훼손한 H리서치 대표 이모씨(47)를 출판물에 의한 명예훼손 등의 혐의로 구속하고 이 회사 상무 한모씨(48) 등 2명을 불구속 입건했다. 경찰은 또 인터넷상에 정보검색용 유료 사이트를 개설한 뒤 연예인 등에 대한 음해성 정보를 유통시킨 C데일리 대표 전모씨(47)를 전기통신사업법 위반 혐의로 구속하고, 공동대표 하모씨(47) 등 3명을 불구속 입건했다.

『국민일보』 2005년 4월 27일자에 따르면, "유명 여가수 A씨는 지난 1월 기업 10여 곳과 진행 중이던 광고 모델 섭외가 갑자기 끊기는 일을 당했다. A씨는 나중에야 '성병에 감염돼 치료를 받고 있다'는 등 자신에 대한 허위 사실이 기업들에 흘러들어갔기 때문이라는 사실을 알고 큰 충격을 받았다. 정부투자기관 고위 간부인 B씨는 최근 '성 상납을 받았다'는 뜬소문이 돌아 공석 중이던 사장직 후보에서 돌연 제외됐다. B씨는 '가족들에게도 소문이 알려져 한때 자살까지 생각했다'며 허위 사실을 유포한 사설 정보지 대표 등을 경찰에 고소했다."[90]

2005년 7월 재계에서는 사설 정보지 단속을 계기로 정보시장에서도 '부익부 빈익빈' 현상이 심해지고 있다는 분석이 나왔다. 체계적인 정보 조직이 없는 기업들은 정보력이 더 취약해진 반면, 광범위한 인적 네트워크를 구축하고 있는 삼성이나 현대 같은 대기업들의 정보독점 현상은 더 심해지고 있다는 것이다. 한 대기업 정보팀 관계자는 "대기업들은 전부터 사설 정보지를 참고하는 정도였지, 직접 수집하는 정보를 바탕으로 움직여 왔다. 정부의 단속에 별 영향을 받지 않고 있다"고 말했다.[91]

2005년 정부의 찌라시 단속은 반짝 효과는 있었을망정 아무 성과도 거두지 못한 '쇼'로 끝나고 말았다. 『동아일보』 2007년 4월 2일자는 "올해 12월 17대 대통령 선거를 앞두고 한동안 수그러들었던 사설 정보지(속칭 찌라시)가 다시 기승을 부리고 있다. 이에 따라 문화관광부와 검찰, 경찰 등 관련 기관이 사설 정보지 유통 실태 파악에 들어갔으며 조만간 단속에 나설 계획인 것으로 1일 알려졌다"고 보도했다.[92] 물론 이 또한 아무런 효과가 없었다. 무슨 사건이 터지면 다시 단속에 들어가는 시늉을 내는 게 오랜 관행이 아니던가.

찌라시가 결국 사람을 잡고야 말았다. 『중앙일보』 2008년 10월 4일자는 "탤런트 최진실씨 자살을 계기로 증권가 정보지(속칭 찌라시)가 다시 도마에 올랐다. 최씨를 죽음으로 내몬 악성 댓글은 투자 관련 포털사이트를 통해 세간에 퍼졌다. 하지만 서울 서초경찰서는 이 사건을 조사하는 과정에서 루머의 출처가 증권사 정보지로 드러났다고 3일 밝혔다"며 다음과 같이 말했다.

"증권가 정보지는 증권사 정보담당 직원들이 모여 서로 교환한 주식 관련 정보를 A4 용지 서너 장에 정리해 돌려보던 데서 생겼다. 1990년대까지만 해도 증권사 임원이나 정보담당자 정도만 볼 수 있었다. 이 때문에 정보지에 오른 내용도 세간에 많이 알려지지 않았다. 내용도 주식투자와 관련한 게 많았다. 인터넷이 보급되면서 정보지의 위력은 세졌다. 정보지 내용이 인터넷 메신저나 포털사이트를 통해 실시간으로 퍼졌기 때문이다. 내용도 다양해졌다. 주식투자 관련 정보뿐 아니라 정치권과 언론사 동향, 대기업 내부 사정, 연예계 뒷이야기까지 등장했다. 대개 그럴듯한 정보의 출처도 덧붙여졌다. 최씨 관련 루머의 출처도 청와대 경호과장으로 돼 있었다. 극적인 내용에 그럴듯한 출처까지 덧붙여지니 인터넷 괴담으로 둔갑하는 건 시간문제다."

이어 이 기사는 "현실적으로 정보지 근절은 쉽지 않다. 남보다 빠른 정보를 얻어야 하는 게 증권가의 숙명이기 때문이다. 루머를 퍼뜨린 사람을 잡아도 다른 사람에게 받은 걸 단순 전달한 것뿐이라고 주장하면 강하게 처벌하기 어렵다. 게다가 과거 종이로만 유통되던 것과 달리 요즘은 인터넷 메신저나 이메일을 통해서도 퍼 나르기 때문에 단속하기가 훨씬 어렵다"며 다음과 같이 말했다.

"정보지를 무조건 단속하려 하면 더 음성적으로 숨어들어 괴담으로 변질한다는 주장도 나온다. A증권사 정보담당자는 '주식투자가 이뤄지는 한 정보의 유통은 막을 수 없다'며 '정보를 막으려 하기보다는 인터넷을 통한 명예훼손에 대해 더 강력한 처벌 규정을 만드는 근본적인 대책이 필요하다'고 말했다."[93]

2008년 10월 6일 임채진 검찰총장은 "최근 심각한 사회문제가 되고 있는 허위사실 유포에 의한 명예훼손 범죄에 엄정 대처하라"고 지시했다. 검찰은 서울중앙지검에 설치된 '신뢰저해사범전담수사팀'을 중심으로 직접 수사에 착수하고 불법 사설 정보지의 생산 및 유통업자들에 대해 신용·명예훼손, 신문 등의 자유와 기능 보장에 관한 법률 위반죄 등을 적용해 사법처리키로 했다. 또 반복적·악의적으로 허위정보를 유포한 사람에 대해서는 구속 수사키로 방침을 정했다.[94]

『조선일보』 2008년 10월 7일자는 「회사가 휘청대고 사람이 죽어도 지껄인다: 못 말리는 '찌라시 공화국'」이라는 제목의 기사에서 "일부 사설 정보지는 특정 기업 측과 짜고 경쟁 기업에 대한 악성 루머나 미확인 정보를 일부러 퍼뜨린다는 말이 나오고 있다. 반대로 특정 기업에 유리한 미확인 정보가 유통되기도 한다"며 다음과 같이 말했다.

"2006년 당시 국내 대기업인 L사가 매우 위태롭다는 미확인 정보가 시중에 잇따라 유통됐는데, 재계에선 '경쟁사가 일부러 흘린 것'이라는 말이 나왔었다. 최근 재계 이슈인 대우조선해양 매각을 둘러싸고도 인수 경쟁에 뛰어든 해당 기업에 유리한 내용도 정보지에 자주 오르고 있다. '음지(陰地)의 언론'으로 여론형성에 영향을 미친다는 점을 정보지 업자와 업체가 악용하는 것이다. 정치인들도 예외는 아니다. 정적(政敵)이나 경쟁자에 대한 음해성 루머를 기업이나 경찰·국정원 등의 정보담당자에게 전하고, 이 내용이 다시 정보지 업자의 손을 거쳐 확대 재생산된다. 그럼에도 불구하고 정보지 수요가 끊기지 않는 것은 일부 맞는 정보도 있기 때문이다. 검찰의 한 고위 간부는 '내가 사석에서 한 말이 토씨 하나 안 틀리고 그대로 찌라시에 나와 깜짝 놀란 적이 있다'고 말했다. K그룹 관계자는 '사설 정보지가 모두 틀리다면 돈을 주고 사겠느냐'며 '기업 입장에선 참고할 만한 내용도 일부 있다'고 말했다. 하지만 이런 소수 정보를 제외하면 대부분은 '첩보' 수준으로 해당 분야 종사자의 추가적인 확인이나 여과가 필요한 내용이라는 게 정보지를 접해본 사람들의 평가다."[95]

사설 정보지로 대변되는 이른바 '카더라 통신'은 과거 정보유통이 자유롭지 못했던 권위주의 정권 시절의 산물이기도 하지만, 공사 구분이 불분명하고 '밤의 문화'와 '낮의 문화'가 따로 존재하는 한국 사회의 이중 구조를 말해주는 것이다. '카더라 통신'은 한국사회 투명성의 바로미터라 해도 좋겠다.

제 5 장

인터넷과 명예훼손

인터넷 명예훼손의 특수성

명예훼손에 있어서 인터넷은 기존 매체와는 무엇이 다른가? 인터넷의 쌍방향
성을 근거로 인터넷상 명예훼손에 대해서는 기존 매체와 다른 논리가 적용되
어야 한다는 주장이 있다. 인터넷상에서는 피해자가 같은 게시판을 통해 반론
을 할 수 있으므로 보다 완화된 기준을 적용해야 한다는 것이다. 황인경은 이
런 주장에 의문을 표했다.[1]

　의문 정도가 아니라, 모든 이들을 '인터넷 마니아'로 여기는 착각에서 비롯
된 발상으로 볼 수도 있지 않을까? 그런 식의 논리라면 오히려 정반대로 인터
넷의 가공할 파급 효과를 들어 오히려 보다 강화된 기준을 적용해야 한다는
논리도 얼마든지 가능하지 않을까? 인터넷에서의 명예훼손과 관련하여 가장
쟁점이 되고 있는 것은 ①공인과 사인의 구분 ②온라인 서비스 제공자(ISP:
information service provider)의 책임에 관한 것이다.

　공인과 사인의 구분과 관련, 이재진은 "몇몇 학자들은 컴퓨터를 통해 명예

훼손적 글에 응답할 수 있는 사람들의 경우 누구나 공인으로 간주되어야 한다고 주장한다. 왜냐하면 사이버 공간의 참여자들은 쌍방향적인 매체 특성상 누구나 '반박(counter speech)' 을 위한 수단을 지닌 것으로 보아야 하기 때문이라는 것이다. 즉, 전자게시판 등을 통해 사이버 공간에 참여한 경험이 있는 사람들은 명예훼손에 대해 응답할 능력을 가지고 있는 것으로 간주하여 이전의 명예훼손법이 정하고 있는 공인·사인에 대한 구분이 적용됨이 없이 모두 공인으로 취급되어야 한다고 주장한다"며 다음과 같이 말한다.

"법원의 경우 사이버 공간에서 기존의 명예훼손법에 따른 공인·사인 구분이 모호해지기 때문에 그 구분을 인터넷의 이용에 얼마나 참여했느냐 하는 이용자의 참여 정도를 기준으로 결정해야 한다고 본다. 그러나 이러한 견해는 사이버 공간에서의 명예훼손 당사자들의 형평성의 문제를 간과한 것이라는 비판이 있다. 예를 들어, 명예훼손의 당사자가 경제적인 이유 등으로 인터넷에 접근하기 위한 수단을 구비하지 못하거나 또는 수단이 있다고 하더라도 어떻게 대응해야 하는지 알지 못하는 경우 사이버 공간에 접근이 용이한 사람들과 어떻게 다르게 취급해야 할 것인가의 문제가 발생한다."[2]

온라인 서비스 제공자의 책임과 관련, 유의선은 "단순 배포자(distributor)로서 간주할 것인지, 아니면 메시지에 대한 통제 관리 역할을 수행하였기 때문에 일부 책임을 져야 하는 편집자(publisher) 모델을 적용할 것인지가 그동안 주요 법적 논쟁이 되어왔다"며 다음과 같이 말한다.

"그러나 이러한 접근법은 현실적으로 적지 않은 문제를 야기시킨다. 인터넷상의 불건전 정보를 제어하기 위해서는, 불건전 정보를 감시하고 통제하는 ISP의 역할이 기대되는데, 그러한 통제를 일정 부분 수행한 ISP는 편집자 모델에 의해 책임이 귀속되고, 그렇지 않고 방관한 ISP는 단순 전송체로서 책임이 부재하게 되는 현실적 모순에 빠질 가능성이 존재하는 것이다."[3]

유의선은 미국의 1996년도 통신법(Telecommunications Act)에서 제시된 '선의의 사마리아인 원칙(good Samaritan provision)' 이 매우 현실적인 개선 방안이라고 말한다. 이 원칙은 인터넷상의 불건전 정보를 규제하고자 노력하는 ISP가 불건전 정보 통제를 위해 상식적인 노력(reasonable use of screening and blocking technology)을 하였을 경우, 불건전 정보 전파자인 ISP에 대한 법적인 책임을 엄격하게 묻기보다는 불건전 정보 규제의 기술적인 한계를 인정하고 오히려 법적으로 보호해야 함을 명시하고 있다.[4]

또 하나의 쟁점은 '묵은 기사'의 삭제 요청에 관한 것이다. 신문과 방송 등 기존 매체는 그 수명이 매우 짧지만 인터넷은 검색 기능으로 인해 사실상 그 수명이 영원한데다 '퍼 나르기'에 의한 확산 때문에 기존 피해 구제 절차로는 해결할 수 없는 문제점을 안고 있다.[5]

이와 관련, 유영현 『세계일보』 온라인뉴스부 부장은 2008년 11월 "올해는 선거가 있어서 정치인들이 묵은 기사를 삭제해달라는 요구를 많이 했다. 심지어 음주나 절도 관련 기사 등도 삭제해달라고 하는데 어떻게 처리할 것인지 고민이다. 나름대로 기준을 마련하고 있지만 모든 상황이 이 기준에 부합하는 것은 아니고, 내부 기준이다 보니 이에 따른 처리가 법적으로 어떻게 적용될 것인지도 모르겠다"고 토로했다. 이에 대해 정상규 수원지법 판사는 "이익형량의 문제다. 해당 기사가 어느 정도 해를 끼치느냐, 아니면 유용한 측면이 있느냐를 따져야 할 문제라고 생각한다"고 했다.[6]

'인터넷 세상과 평판의 미래'

"옳고 그름을 떠나, 인터넷은 잔인한 역사가다."

한국의 이른바 '개똥녀 사건'에 대해 미국의 한 네티즌이 단 댓글이다. 이것이야말로 법제적 차원을 떠나 인터넷 명예훼손의 진정한 특수성이 아닐까? '개똥녀 사건'은 미국에서도 뜨거운 논란을 낳을 정도로 유명해진 국제적 사건이 되었다. 미국 조지워싱턴대 법학과 교수 다니엘 솔로브(Daniel J. Solove)는 이 사건에 자극을 받아 『인터넷 세상과 평판의 미래』라는 책을 썼다.

도대체 평판이 뭐길래 이런 책까지 쓴단 말인가? 평판, 이게 참 무서운 거다. 윌리엄 셰익스피어의 『오델로』에서 이아고의 사악한 계략으로 명성을 잃은 카시오는 "평판, 평판, 평판! 나는 내 평판을 잃었도다! 나에게 생명과도 같은 걸 잃었으니 이제 짐승이나 다름없다"고 외쳤다. 왜 그렇게 평판에 목숨을 거는 걸까? 사회학자 쿨리(C. F. Cooley)의 설명에 따르면, "인간은 다른 사람이 나를 어떻게 받아들일까 생각하며 자아를 정립한다."[7]

물론 오늘날 우리의 현실과 동떨어진 느낌이 없진 않다. 권력과 서열이 모든 걸 지배하는 사회에선 평판의 성격이 변질된다. 지위가 낮고 천한 것들 사이에서 유통되는 평판은 신경 안 쓴다. 내게 권력을 주고 내 서열에 영향을 줄수 있는 자들이 나를 어떻게 보느냐가 오직 중요할 뿐이다. 그러니 권력 · 금력자들에 대한 존경과 신뢰가 있을 리 만무하고, 또 존경과 신뢰를 누리지 못하는 권력 · 금력자들은 '이왕 버린 몸' 마인드로 내닫기 마련이다.

사실 수시로 한국 사회를 떠들썩하게 만드는 각종 '사이버 논란'이 '전쟁'으로 불러도 좋을 정도로 격렬하고 살벌해지는 이유도 바로 여기에 있다. 이 전쟁은 본질적으로 '평판 전쟁'이며 평판의 의미가 그렇게 왜곡돼 있기 때문에 담론이 독해질 수밖에 없다.

한국의 사이버 평판 담론은 기본적으로 '반독재 투쟁 모델'이다. 이분법이 판을 친다. 보수파는 '평판'을 염려하고, 진보파는 '표현의 자유'를 외친다. 보수파 중 일부가 '표현의 자유'를 외칠 수도 있겠고, 진보파 중 일부가 '평판'의 중요성을 말할 법도 한데, 그런 경우는 거의 없다. 약속이나 한 듯이 편을 갈라 싸운다.

세상은 '반독재 투쟁 모델' 론 감당하기 어려울 정도로 달라졌건만, 왜 그런 이분법이 여전히 맹위를 떨치는 걸까? '평판'을 '자산'이나 '기득권'으로 보기 때문이다. 또한 익명의 다수 네티즌은 그 속성상 '포퓰리즘 진보'로 가기 십상인 바, 여기에 이해관계를 갖는 이념형 전사들이 많기 때문이다.

그러나 인터넷은 그런 이념적 굴레에 순응하지 않는다. 사이버 세계에서는 없다고 생각했던 평판을 난도질당함으로써 자아 붕괴의 위기에 봉착할 수 있다. 평판에 영향을 미칠 수 있는 힘이 대중화되어 '쏠림 효과'가 일어나기 때문이다. 솔로브는 "인터넷의 자유가 우리를 속박하지 못하도록 프라이버시는 반드시 지켜져야 한다"며 다음과 같은 질문들을 던진다.

"사소한 일이 일파만파로 확대되어 감당 못하게 되면 어떻게 하나? 무고한 누군가를 잘못 추궁한다면? 또 모욕주기가 너무나 많은 부차적 일탈을 낳는다면? 공공장소에서 일어난 사건이라 하더라도 인터넷에 그녀의 사진과 신상정보를 퍼뜨릴 필요가 있었을까? 누군가가 저지른 사회적 일탈의 결과가 절대 지워지지 않을 디지털 전과기록이 되어야 할까? 누군가 우리 사진을 찍고 인터넷에 올리는 걸 감수하며 살아야 하나? 일상생활 속에서 개인정보를 노출하는 것도 부족해서 세상 사람이 다 보도록 당신의 정보가 계속 온라인에 남아 있길 원하는가?"[8]

'모욕주기'와 '낙인찍기'가 정의(正義)의 이름으로 자행되면, 바로잡기가 더욱 어려워진다. 역지사지(易地思之)를 해보라고 그러면, 모두들 "나는 그런 짓 절대 안해"라고 큰소리친다. 책에 소개된 미국의 한 네티즌처럼 "때때로, 쓰레기 같은 인간은 쓰레기로 취급받아야 할 때가 있다"고 오히려 성을 낸다. 이런 '잔인한 정의'에 대해 사람 탓을 해야 할지 인터넷 탓을 해야 할지 모르겠다. 우리 모두 '잔인'을 자제할 필요가 있지 않을까?

인터넷 명예훼손의 유형별 사례

(사례) 인터넷상 명예훼손 첫 실형: 2000년 3월 13일 서울지법 형사13단독 김철현 판사는 방송인 백지연씨의 명예를 훼손한 혐의로 징역 2년이 구형된 『미주통일신문』 발행인 배부전(56) 피고인에게 명예훼손죄를 적용, 징역 1년의 실형을 선고했다.

재판부는 "피고인이 소문에 대한 검증 없이 인터넷에 글을 올려 깨끗한 이미지를 생명으로 하는 여성 앵커와 그의 가족들에게 치유할 수 없는 상처를 입힌 만큼 실형 선고가 불가피하다"고 밝혔다. 재판부는 "인터넷이나 PC 통신에서 거짓 소문 게재로 인한 피해가 늘어나고 있지만 이를 규제할 마땅한 법조문이 없어 '출판물에 의한 명예훼손죄' 중 '허위 사실 적시'에 준해 판단했다"고 덧붙였다.

배씨는 1999년 7월 인터넷과 PC 통신에 백씨의 아들과 관련한 거짓 소문을 올린 혐의로 구속 기소됐으며, 백씨는 재판 과정에서 유전자 감식을 통해 아들이 전 남편의 친자임을 확인받았다. 이 판결은 신종 매체인 인터넷과 PC 통신을 이용한 명예훼손 사건에 대한 재판부의 첫 판단으로, 일반 명예훼손 사건에 비해 이례적으로 '중형'을 선고한 것이어서 주목을 받았다.[9]

(사례) 네티즌들 사이의 통신: 2000년 5월 PC 통신에서 상대방에 대해 저속한 표현을 쓰고 확인되지 않은 사실을 유포한 네티즌에 대해 손해배상 책임을 인정한 첫 판결이 나왔다. 서울지법 동부지원은 인기 가수 박지윤 팬클럽 회원인 함모씨가 "PC 통신 게시판을 통해 명예를 훼손당했다"며 안모씨를 상대로 낸 손해배상청구소송에서 "피고는 원고에게 200만 원을 지급하라"고 일부 승소 판결을 내렸다. 법원은 "사이버 공간이 최근 허위 사실 유포에 따른 명예훼손과 익명성을 이용한 질 낮은 언어가 범람하는 등 역기능이 더해가고 있는 점을 감안할 때 일정한 제한을 가하지 않을 수 없다"고 밝혔다.[10]

(사례) 인터넷 비디오 파일: 2000년 11월 30일 서울지검 북부지청 형사3부(부장검사 성윤환)는 '백○○비디오' 파일을 자신의 인터넷 홈페이지에 올려 네티즌들이 복제할 수 있도록 한 W군(17)에 대해 전기통신기본법 및 명예훼손 혐의로 구속영장을 청구했다.[11]

(사례) "댓글 명예훼손 방치땐 포털사이트 배상 책임": 2007년 5월 18일 서울

중앙지법 민사합의 22부(부장판사 최영룡)는 김모씨(31)가 "내 명예를 훼손하는 글과 개인정보가 담긴 댓글을 방치해 피해를 봤다"며 포털사이트 운영 회사 4곳을 상대로 낸 5억 원의 손해배상청구소송에서 "포털 측은 모두 1600만 원을 김씨에게 주라"며 김씨에게 일부 승소 판결했다. 2005년 4월 김씨의 여자친구 A씨가 자살한 것과 관련해 A씨의 어머니는 "내 딸이 김씨 때문에 자살했다"는 취지의 글을 인터넷에 올렸고 일부 언론이 이 글을 기사화했다. 당시 언론은 김씨를 익명으로 보도했다. 포털들이 이 기사를 사이트에 올리자 김씨를 비난하는 댓글이 마구 달렸고, 김씨의 실명과 회사 등이 댓글을 통해 공개되자 김씨는 소송을 냈다.

재판부는 우선 댓글 관리에 대한 포털 측의 주의 의무를 명확히 했다. 포털 측은 "언론사들이 공급하는 기사를 받아 중요도에 따라 배치할 뿐 기사를 수정·삭제·편집하는 권한이 없기 때문에 명예훼손의 책임이 없다"고 주장했지만 재판부는 받아들이지 않았다. 재판부는 "포털은 독자의 흥미를 위해 기사제목을 바꾸기도 하고 기사 아래에 댓글을 달 수 있는 공간을 만들어 여론 형성을 유도하기도 한다"며 "이 사건의 경우 기사에 달린 댓글을 통해 김씨에 관한 구체적 정보가 드러났기 때문에 포털 측이 명예훼손의 책임을 피할 수 없다"고 판단했다.

재판부는 "포털 측이 게시물을 24시간 감시하고 삭제할 의무까지는 아니더라도 일상적인 감시를 통해 문제의 댓글이 있다는 것을 알았다면 삭제할 의무가 있다"며 "당시 김씨에 관한 기사는 많은 조회수를 기록하면서 검색어 순위 상위에 올라 문제의 댓글이 달렸다는 것을 쉽게 알 수 있는 상태였다"고 덧붙였다. 각 포털의 위자료 지급액은 포털의 규모와 문제가 된 댓글의 수, 포털 측의 댓글 삭제 노력 등을 감안해 NHN에는 500만 원, 다음커뮤니케이션과 야후코리아에는 각 400만 원, SK커뮤니케이션즈에는 300만 원을 배상토록 했다.[12]

(사례) "네이버는 언론매체": 2008년 1월 16일 서울고등법원 제13민사부(조

용구 부장판사)는 전여옥 한나라당 의원이 자신에 대한 오보 기사로 명예를 훼손했다며 노컷뉴스를 운영하는 CBSi와 네이버를 운영하는 NHN을 상대로 낸 손해배상청구소송에서 1심과 같이 위자료 500만 원을 지급하라고 판결했다. 네이버는 2005년 3월 노컷뉴스에서 작성해 전송한 "이명박 시장 '전여옥 대변인 말을 그리 함부로 하나'"의 기사를 네이버 분야별 주요 뉴스에 2시간여 동안 게재해 전 의원에게 소송을 당했다.

재판부는 "네이버는 유사 취재 개념에 해당되는 역할을 하고 있다"며 "네이버가 언론사들로부터 전송받는 기사들을 그 나름의 해석작업을 통해 취사선택해 분야별 주요 뉴스란에 배치하는 점 등에 비추어 편집기능을 수행하고 있는 것으로 볼 수 있다"고 판시했다. 또 "포털사이트의 면책을 허용한다면 피해자가 피해의 발생과 확대에 현실적으로 막대한 기여를 하는 인터넷 포털 사이트를 상대로 피해를 회복하거나 그 확대를 방지하기 위한 조치로써 유용한 정정보도조차 법적으로 강제할 수 없게 돼 부당하다"고 설명했다.[13]

(사례) 제3자 비방, 외부 알려질 가능성 있다면 명예훼손: 2008년 2월 15일 인터넷에서 '일대일 비밀대화'를 통해 제3자를 비방했다 하더라도, 외부에 알려질 위험이 있다면 명예훼손죄가 성립한다는 대법원 판단이 나왔다.

허모씨(53)는 2006년 2월부터 자신의 인터넷 블로그에서 '꽃뱀'이라는 소설을 연재했다. 여성 회사원 A씨가 직장 상사인 상무로부터 돈을 받는 조건으로 자신이 모시는 B부장의 사생활을 보고한다는 내용으로, 허씨는 "99.5%가 실화"라고 설명을 붙였다. 더욱이 허씨는 소설 속 인물이 같은 블로그 회원인 듯한 암시를 하면서 "소설에 등장하는 인물들의 실명을 알고 싶은 사람은 비밀 글, 쪽지, 이메일을 보내달라. 사진도 송부할 수 있다"고 밝혔다. 이에 '고운'이란 ID로 이 블로그를 이용하던 한 회원은 같은 해 5월 일대일 비밀대화를 통해 "꽃뱀이 누구냐"고 물었고, 허씨는 "블로그 회원으로 필명 로ㅇㅇㅇ을 쓰는 유모씨인데, 증거가 필요하면 줄 수도 있다"고 답했다. 물론, 허씨는 이때 "반드시 비밀로 해야 한다"는 단서를 달았다.

결국 '꽃뱀'으로 지목된 유씨는 뒤늦게 이 사실을 알고는 허씨를 고소했고, 검찰은 허씨를 정보통신망 이용촉진에 관한 법률의 명예훼손 혐의로 기소했다. 그러나 1·2심 재판부는 "소설 내용이 명예훼손이 될 수 있음과 별도로 일대일 비밀대화는 외부에 알려질 가능성이 없다"며 무죄를 선고했다.

하지만 이 사건을 맡은 대법원 1부(주심 양승태 대법관)는 사건을 재심리 하라는 취지로 의정부지법으로 돌려보냈다. 대법원은 "일대일 비밀대화방에서 대화가 이뤄졌다는 사실, 비밀로 하겠다는 약속을 했다는 사실만으로 외부에 알려질 가능성이 전혀 없다고 판단할 수 없다"며 "ID '고운'이 이 사실을 외부에 알릴 가능성이 있었는지, 없었는지에 대해 다시 판단을 해 유무죄를 가려야 한다"고 설명했다.[14]

(사례) 신문기사 인터넷에 옮길 때 부제 생략했다면 사실 왜곡(일본): 2008년 9월 12일 같은 기사 내용이라도 신문 보도보다 인터넷 기사가 독자들에게 왜곡된 정보를 전달할 수 있다는 판결이 일본에서 나왔다. 도쿄지법은 가전업체인 야마다전기가 자사의 위법행위를 보도한 『마이니치신문(每日新聞)』과 인터넷 사이트를 상대로 낸 소송에 대해 "인터넷 기사만 명예훼손에 해당한다"며 야마다전기에 110만 엔(약 1135만 원)을 배상하라고 판결했다.

『마이니치신문』은 2007년 3월 오사카판 조간 1면과 인터넷 뉴스 사이트에 '야마다전기, 중고 가전제품 1600만 대 불법으로 전용'이라는 기사를 게재했다. 야마다전기 측은 "중고 가전기기를 부정으로 전매한 것은 위탁업자였는데도 야마다전기가 조직적으로 위법행위를 한 것 같은 인상을 줬다"며 신문과 인터넷 두 매체를 상대로 1200만 엔(약 1억 2380만 원)의 손해배상청구소송을 냈다. 신문 지면에서는 '수집위탁업자'라는 별도 소제목이 붙어있었으나 인터넷에서는 한 줄 제목만 실렸다.

판결문은 "기사제목만 보면 명백한 야마다전기의 중고 가전제품 전용으로 판단되며 이는 업체에 대한 사회적 평가를 떨어뜨리는 것"이라고 밝혔다. 그러나 "신문 지면과 인터넷에 같은 기사가 게재됐더라도 인터넷과 휴대전화에선 제목만 보고 뉴스 내용을 파악하는 독자가 상당수이기 때문에 인터넷 사이트에 게재된 제목에 대해서만 명예훼손죄가 적용된다"고 판결했다. 신문기사에 대해선 "본문과 제목을 포함해 전체적인 뉘앙스를 전달하기 때문에 사회적 평가와 신용을 저하시키지 않는다"고 밝혔다.[15]

(사례) 댓글 운영방식 이대로 좋은가?:『동아일보』 2009년 1월 15일자는 "미국『뉴욕타임스』, 『시카고 트리뷴』, 『로스앤젤레스타임스』, CNN, 『뉴욕 데일리뉴스』, 『덴버포스트』 등의 언론은 누리꾼이 올린 댓글에 대해 사전검열을 거친 뒤 게재하고 있다. 일본『아사히신문』과『요미우리신문』등 주요 일간지의 사이트에는 아예 댓글을 다는 기능이 없다. 미국의 포털인 야후도 뉴스 사이트에 댓글을 금지했고, 구글은 기사를 클릭하면 해당 언론사의 사이트로 연결해 각 언론사의 방침을 따르도록 유도한다"며 명예를 훼손하는 댓글 운영방식에 관한 전문가들의 제안을 소개했다.

윤영철 연세대 언론홍보영상학부 교수는 "댓글은 자극적일수록 인기를 끌기 때문에 건전한 여론 정서를 망칠 수 있는 구조"라며 "악플이나 허위 사실을 올린 누리꾼에 대해 경고를 한 뒤 독자들이 댓글을 읽기 전에 게시자의 경고 횟수 등을 미리 알 수 있도록 해야 한다"고 제안했다. 한상필 정보문화진흥원 건전정보문화팀장은 "한 건의 기사만으로는 정보가 부족하기 때문에 각각의 기사에 댓글을 다는 대신, 주제별로 토론방을 따로 만들어야 제대로 된 토론이 이뤄질 것"이라고 지적했다. 한 팀장은 "특히 특정 개인을 주제로 한 기사 등에 달리는 댓글은 인신공격, 명예훼손의 여지가 크므로 선별적으로 규제를 강화해야 한다"고 덧붙였다.

이준웅 서울대 언론정보학과 교수는 "익명성을 보장하되 글을 쓴 사람이 몇 살인지, 남자인지 여자인지, 어떤 지역에 있는지 등 간단한 소속 정도만을 노출시켜도 토론의 양과 질이 달라질 것"이라고 조언했다. 장동훈 광운대 미디어영상학부 교수는 "글을 달기 전에 명예훼손이나 모욕을 하면 처벌될 수 있다는 메시지를 보여줬더니 비방하는 댓글이 줄어들었다는 연구결과가 있다"며 "댓글 공간에 경고문을 보여주는 것도 효과적"이라고 말했다.[16]

　(사례) 대법 "비방 글 방치한 포털, 배상 책임": 2009년 4월 16일 대법원 전원합의체(주심 김영란 대법관)는 김모씨가 자신을 비방하는 내용의 기사와 게시물을 게재한 NHN과 다음, 야후코리아, SK커뮤니케이션스 등 4개 포털사이트를 상대로 낸 손해배상청구소송에서 "포털 측은 김씨에게 총 3000만 원을 지급하라"는 원심 판결을 확정했다. 김씨의 여자친구는 2005년 4월 김씨와의 관계를 비관해 스스로 목숨을 끊었다. 얼마 뒤 여자친구의 어머니는 '딸의 죽음이 김씨의 학대 때문'이라는 내용을 미니홈피에 올렸고 글은 일파만파 퍼졌다. 몇몇 언론사가 이를 기사화해 포털사이트에 게재되자 김씨를 비난하는 게시물이 넘쳐났다. 김씨는 자신의 실명과 학교 등 개인정보까지 유출되자 포털사이트를 상대로 소송을 냈다. 원심 재판부는 "포털사이트는 기사의 배포·편집은 물론 유사 취재까지 가능해 언론매체에 상응하는 기능과 책임이 있다"며 명예훼손에 대한 책임을 인정했고 대법원도 이를 받아들였다. 대법원은 "피해자가 삭제 요구를 하지 않아도 포털사이트는 불법성이 명백하고 관리·통제가 가능한 경우 명예훼손에 해당하는 게시물을 차단 삭제할 주의 의무가 있다"고 밝혔다. 재판부는 "포털 측은 언론사로부터 제공받은 기사를 자체 기준에 따라 선별 게재해 왔음에도 진위를 제대로 파악할 수 없다는 등의 핑계로 법적 책임에 주의를 기울이지 않았다"며 "이번 판결로 포털 측은 선별 게재를 피하고 기사에 대한 검색 기능만 제공하는 등 운영방식을 바꿀 것으로 예상된다"고 판결 의미를 설명했다.[17]

'사이버 모욕죄' 논쟁

촛불집회가 한창이던 2008년 7월 김경한 법무장관이 사이버 모욕죄 도입 필요성을 밝힌 데 이어, 9월 25일 청와대는 사이버 모욕죄를 올해 안으로 신설하고, 인터넷 실명제를 확대하기로 했다. 2008년 10월 2일 악플에 시달려온 스타 최진실이 자살하면서 사이버 모욕죄의 도입을 요구하는 목소리가 높아졌다.[18]

2008년 10월 3일 한나라당 홍준표 원내대표는 "사이버 모욕죄와 인터넷 실명제가 도입되지 않는다면 인터넷 악플에 따른 폐해가 계속 나타날 것"이라며 "정기국회에서 '최진실법'이 통과돼야 한다"고 밝혔다. 한나라당 제6정조 위원장인 나경원 의원도 "최씨 사건으로 인터넷 악플의 폐해가 드러났다는 점에서 익명성 뒤에 숨은 건강하지 못한 인터넷의 종양을 치료해야 한다"고 말했다. 나 의원은 법 개정 방향과 관련, "30만 명 이상 회원의 인터넷 카페에 적용하던 기존의 본인확인제를 '10만 명 이상'으로 확대하고 사이버 모욕죄는 피해자의 고소 없이도 처벌할 수 있도록 하는 방안을 추진 중"이라며 "인터넷 게시물로 피해를 당했다는 사람이 삭제를 요구하면 24시간 내에 신속한 권리구제가 가능토록 하는 방안도 검토하고 있다"고 밝혔다.

반면 민주당 최재성 대변인은 "한나라당이 추진하려는 것은 기존 형법에서도 충분히 처벌할 수 있다"면서 "고인이 되신 최씨를 팔아서 정권의 통제를 강화하겠다는 발상은 인터넷상의 삼청교육대법과 같다"고 비판했다. 최 대변인은 또 "(흉악범에 의한 아동피해를 막기 위해) 혜진예슬법을 추진했다가 혜진 양 어머니의 호소로 중단됐던 사례도 있다"며 "사이버 모욕죄에 최씨의 이름이 도용된다면 고인에 대한 모독"이라고 덧붙였다. 국회 문화체육관광방송통신위 민주당 간사인 전병헌 의원은 "인터넷 악성 댓글이나 인격을 파괴하는 문제는 사회적 공감대 속에 자율적인 정화기능을 강화해 해결해야 한다"면서 "최씨 사망 사건을 이용해 인터넷 공간의 기본권을 마녀사냥식으로 훼손하려

고 달려들면 또 다른 문제를 일으킬 것"이라고 말했다.[19]

『중앙일보』 10월 4일자 사설은 "2006년 국가청소년위원회가 전국 청소년·학부모·교사 4560명을 조사한 결과에 따르면 73.6%가 사이버 폭력에 불안감을 느낀다고 응답했다. 특히 고교생의 경우 이 비율은 84.7%에 이른다. 이런 점에서 방송통신위가 인터넷 본인확인제를 확대하는 내용의 정보통신망법 개정안을 추진하는 것은 바람직한 방향이다. 악플러들이 무책임한 익명의 그늘에 숨을 유혹을 느끼지 않도록 실명 확인의 범위는 앞으로 더욱 확대돼야 한다고 우리는 본다"며 다음과 같이 주장했다.

"정부 여당이 추진하는 사이버 모욕죄의 신설도 검토해볼 만하다. 형법상의 모욕죄는 단순히 면전에서 욕하는 경우를 상정하고 있어 처벌이 미약하다. 하지만 인터넷상의 욕설·비방은 대중에게 급격히 퍼지기 쉽다는 특성상 출판물에 의한 명예훼손과 동등하게 처벌해야 한다는 것이 법의 골자다. 지금은 네티즌의 의식이 스스로 개선되기만을 기다릴 수는 없는 상황이다. 골방에서 욕설과 악성 루머를 유포하면서 스스로 영향력 있는 사람인 것처럼 착각하며 사회에 악을 퍼뜨리는 악플러들을 규제하고 차단하는 것이 시급하다. 사이버 폭력을 규제하는 통합적인 법, '최진실법'을 만들 때가 되었다."[20]

『한국일보』 10월 4일자 사설은 "야권과 시민단체는 정부·여당이 최씨 자살을 정치적으로 이용하려 한다고 비난한다. '최진실법'은 표현의 자유를 심각하게 침해할 뿐만 아니라 정치적 반대의견을 탄압하는 수단이 되리라는 게 이들의 주장이다"며 다음과 같이 주장했다.

"형법상 명예훼손죄나 모욕죄가 있고, 정보통신망법에도 형법보다 엄한 사이버 명예훼손 처벌 규정이 있는데 굳이 새로 법을 만들 이유가 뭐냐는 의심도 비슷하다. 친고죄인 형법상 모욕죄와 달리 '사이버 모욕죄'는 정보통신망법의 사이버 명예훼손죄와 같이 반의사불벌죄로 처벌 요건을 완화, 수사 당국의 재량만 늘린다는 주장이다. 그러나 이들의 반대론도 '최진실법'으로 사이버 언어폭력을 막는 것이 '표현의 자유'를 본질적으로 침해하는지, 형법상 명예훼손죄의 특별법으로 사이버 명예훼손죄를 둘 때 이미 사이버 모욕죄 신설을 예정한 건 아닌지, 법은 사회변화와 동떨어질 수 있는 것인지는 분명하게 밝히지 못하고 있다. 그렇다면 정치권의 할 일은 명확하다. 힘으로 부딪치는 찬반 논란이 아니라, 보호할 가치가 없는 사이버 해악만 가려서 벌할 방안을 찾기 위한 신중하고 합리적인 논의다. 오늘부터라도 공개 논쟁에 나서라."[21]

『한겨레』 2008년 10월 6일자 사설은 "애초 사이버 모욕죄는 촛불집회 뒤인 지난 7월 김경한 법무부 장관이 이미 도입 방침을 밝힌 것이다. 그 취지도 정권을 비판하는 누리꾼들을 통제하려는 목적이었다. 인터넷 실명제 확대와 댓글 삭제조건 완화 역시 누리꾼들의 참여와 발언을 누르려는 정권 차원의 대응책이었다. 이제 와서 최씨의 죽음을 그런 정치적 목적에 동원하려는 꼴이니, 치졸하고 비인간적이다"며 다음과 같이 주장했다.

"악성 댓글은 굳이 '최진실법'이 없더라도 현행법으로도 얼마든지 처벌할 수 있다. 형법상 모욕죄의 적용 범위를 넓히고 법적용을 엄격히 하는 정도로 충분하다. 그런데도 엄청난 부작용을 무릅쓰고 이를 강행하려 한다면 정치적 저의를 지닌 과잉 입법이라는 비판을 면하기 어렵다. 물론, 악성 댓글 등 일부 왜곡된 인터넷 문화는 심각한 성찰의 대상이 되어야 한다. 차단과 개선의 방안을 찾는 게 마땅하다. 하지만, 그 근본적 해결책은 누리꾼 스스로 찾는 게 옳다. 인터넷 공간에서 자체적인 검증과 정화 시스템을 마련하고 규제 방안을 정하되, 정부 권력 등 외부의 개입은 최소화해야 한다. 권력이 극히 소수인 '악플러' 문제를 인터넷 전체의 문제인 양 호도해, 인터넷 공간의 본질인 개방성과 자율성, 자유로운 의사소통까지 훼손하려 들어선 안 된다."[22]

『경향신문』 2008년 10월 6일자 사설은 "한나라당이 말하는 '최진실법'의 구체안이 나온 것은 아니지만, 그 핵심은 사이버 모욕죄를 신설해 고소·고발이 없어도 수사기관에서 수사할 수 있게 하자는 내용이다. 친고죄인 기존 형법상의 모욕죄와 달리 반의사불벌죄로 다스리자는 것이다. 친고죄는 고소·고발이 있어야만 수사할 수 있지만, 반의사불벌죄는 그와 상관없이 먼저 수사한 다음 피해자의 처벌의사를 나중에 묻는다는 점이 다르다. 반의사불벌죄가 도입되면 인터넷은 그 순간 검찰·경찰의 수사 대상이 되는 것이다"며 다음과 같이 주장했다.

"검·경이 인터넷을 상시 감시하게 되면 어떻게 될까. 연예인을 괴롭히는 악성루머도 물론 줄어들겠지만 권력에 대한 비판 또한 위축될 게 뻔하다. 집권 여당이나 대통령을 비판하는 글을 인터넷에 올릴 때 누구나 한번쯤 '이 일로 검찰에 잡혀가지 않을까'라고 자문할 것이기 때문이다. 사이버 모욕죄를 가리켜 '인터넷 재갈물리기'라고 비판하는 이유가 여기에 있다. 말로는 최진실씨 같은 희생자를 막아야겠다고 하지만, 실제 그 법으로 가장 큰 혜택을 보는 집단은 다름아닌 집권세력과 정치인인 것이다. 유명 탤런트의 가슴아픈 죽음을 정략적으로 이용하려 든다는 비난이 나오지 않을 수 없다. 다시금 분명히 밝혀두지만 인터넷에서 익명에 기대어 악성 댓글을 다는 행위는 명백한 폭력이다. 표현의 자유라는 영역으로 보호해야 할 가치가 없다. 그러나 이에 대한 규제를 빌미로 정치적 의도가 의심스러운 법규를 새로 만드는 것은 받아들일 수 없다. 최씨 사건을 계기로 경찰이 앞으로 한 달간 악성댓글에 대해 집중단속을 벌인다고 하니, 이번 기회에 현행법으로도 엄중 처벌이 가능하다는 것을 보여주기 바란다."[23]

2008년 10월 6일 보수 성향의 공정언론시민연대(공동대표 김우룡·성병욱·이재교)는 성명을 내고 "한나라당이 추진하는 사이버 모욕죄는 피해자의 고소가 없이도 수사기관이 수사에 착수할 수 있어 사생활을 지나치게 침해하는 것"이라고 주장했다. 피해자의 고소가 없으면 수사할 수 없는 친고죄와 달리 반의사불벌죄는 피해자의 고소가 없어도 검찰이나 경찰이 수사에 착수할 수 있다. 조사결과 피해자가 반대하지 않으면 검찰이 기소할 수 있다. 문재완 한국외국어대 법대 교수는 "모욕은 명예훼손보다 훨씬 주관적 개념이어서 언론의 비판기능이 위축될 가능성이 크다"고 말했다. 한편, 공언련은 이날 '인터넷 실명제'에 대해서는 "하루빨리 도입돼야 한다"는 입장도 밝혔다.[24]

2008년 10월 10일 여론조사기관 리얼미터가 발표한 조사결과에서 국민의 절반 이상이 인터넷 실명제와 사이버 모욕죄 도입에 찬성한 것으로 나타났다.[25]

『신문과 방송』 2008년 12월호 지상 논쟁에서 사이버 모욕죄 도입에 찬성하는 선문대 언론광고학부 교수 황근은 문제의 핵심이 '규제 형평성의 문제'라며 "반의사불처벌 도입 취지에 맞도록 처벌 대상의 자의적 선택 및 제한성 등으로 인해 법적 안정성을 위협할 문제들을 제도적으로 보완하는 것"이 필요하다고 주장했다.[26] 반면 경희대 교수 송경재는 "해법은 처벌이 아니라 규범을 확립하고 교육과 시민의식의 성숙으로 잘못된 점을 최소화해 사이버 공간을 유용한 정보 네트워크로 유지"하는 것이라고 주장했다.[27]

2009년 1월 13일, 인터넷에 정부 비판 글을 올려 허위 사실 유포 혐의로 구속된 미네르바(박아무개씨)의 변론을 맡은 박찬종 변호사(전 국회의원)는 "미네르바 사건이 사이버 모욕죄 도입의 정당성 뒷받침한다"는 주장(『동아일보』 1월 12일자 사설)에 대해 다음과 같이 반박했다.

"사이버 모욕죄 법안대로 하면 향후 인터넷을 통해 정부 비판을 할 경우 정부의 수사권력이 비판 전체를 문제 삼을 수 있게 된다. 한나라당도 야당할 수 있음을 생각해야 한다. 자기가 만든 법률에 자기가 당할 수 있다. 스스로 철회해야 한다. 재갈물리기다. 모욕 중 가장 큰 모욕은 '비판'이다. 결국 대통령 비판은 가장 큰 모욕죄가 될 수 있다."[28]

박찬종의 이 말에 답이 있는 것 같다. 한국의 역대 정권들과 여당들은 늘 천년만년 집권할 것처럼 역지사지(易地思之)를 하지 않는 경향이 농후한데, 사이버 모욕죄도 바로 그런 경우로 볼 수 있겠다. 연세대 김호기(사회학) 교수는 "인터넷상에서의 공익·인권 침해가 방치할 수 없는 수준이라는 것은 사실"이라며 "표현의 자유를 어떻게 양립시킬 수 있을 것인지를 심도 있게 논의해야 한다"고 주장했는데,[29] 바로 그런 심도 있는 논의가 필요하다 하겠다.

"익명성을 옹호하면 진보, 비판하면 보수"인가?

2008년 봄 경기 고양시 일산의 어떤 우편집배원이 '공공기관의 개인정보 보호에 관한 법률 위반 혐의'로 불구속 입건되었다. 자신이 주로 다니던 아파트의 600여 가구 출입문 인터폰 아래에 거주자의 이름을 몰래 적어둔 것이 죄목이었다. 경찰 조사에서 그는 하루에 150건 이상의 우편물을 배달하는 동안 일일이 동, 호수와 이름을 확인하는 것이 번거로웠다고 진술했다.

서울대 환경대학원 교수 전상인(사회학)은 이 에피소드를 거론하면서 "단독주택가 대문처럼 만약 아파트 현관에도 문패가 있었더라면 과연 이런 일이 벌어졌을까. 언제부턴가 아파트 중심의 우리나라 도시 거주문화에서 문패가 일제히 사라지고 있다. 덩달아 일반 가옥에서도 옛날처럼 정성스레 문패를 만들어 다는 경우가 확연히 줄었다. 사실 요즘 아이들은 도대체 문패가 무엇인지도 잘 모른다. 문패의 실종에 따라 이웃의 이름을 쉽게 알 수 없게 되었고 이름의 은닉에 의해 사회적 친밀감 또한 많이 약해진 듯하다"고 말했다.

이어 전상인은 "익명사회는 이처럼 한편으로 도시화와 긴밀히 연관되어 있다. 전통적 농경사회의 면식(面識)관계에서 벗어나 불특정 다수의 일원으로 산다는 것이야말로 도회적 삶의 전형적 특성이다. 한편 우리나라에서는 정보화가 사회의 익명화를 특히 심화시키는 추세다. 예컨대 인터넷 게시판이나 토론방에서 실명(實名)을 사용하는 사람은 매우 드물다. 언론매체에 등장하는 일반인도 자신의 이름 대신 ID를 내세우기 일쑤다. 휴대전화 번호 끝자리 4개에 '님' 자를 붙여 호칭하는 일도 일상에서 빈번해졌다"며 다음과 같이 주장했다.

"당당한 시민과 건강한 사회를 위해 익명성은 최소화되어야 한다. 이를 위해 우선 가상공간에서의 인터넷 실명제부터 하루가 급하다. 세계적 인터넷 강국의 이면에서 범람하고 있는 사이버 폭력과 범죄는 사실상 국가적 수치다. 현실 공간에서도 주거의 실명화(實名化)를 정책적으로 유도했으면 싶다. 사실상 공동주택과 익명사회는 논리적 상관이 없는 것이다. 일본에서는 아파트에도 현관에 문패를 걸거나 출입구에 공동문패를 다는 것이 상례다. 서양의 경우에도 아파트 우편함에 이름표를 붙여 이웃에 사는 사람이 누군지 대개는 알고 지낸다. 선진국 사회가 사적 영역의 중요성을 결코 모르는 것이 아니다. 그 대신 그 나라들은 공동체의 규범과 공공성의 가치도 동시에 고려한다. 오늘날 한국 사회의 다소 유별난 트렌드로 자리 잡고 있는 익명성의 증대가 걱정스러운 것은 마치 그것이 삶의 선진화 혹은 사회적 진보인 양 인식하려는 외눈박이 시대정신 때문이다."[30]

논란의 소지가 있는 주장일망정, '익명'에 관한 논쟁이 보수―진보의 이분법 함정으로 빠져드는 걸 경계하면서, 우리 사회의 익명성 옹호가 지나친 건 아닌지 성찰해볼 필요는 있겠다. "익명성을 옹호하면 진보, 비판하면 보수"라는 식의 이분법은 너무도 조악하지 않은가?

미국 정보통신 잡지인 『와이어드(WIRED)』의 총괄 편집장 케빈 켈리(Kevin Kelly)는 "익명은 희토류(rare―earth) 금속과 같다. 이 원소들은 세포가 계속 살아있도록 하는 데 필요한 요소이다. 그러나 필요한 양은 측정하기 어려울 만큼의 소량에 불과하다. 그 양이 조금 많으면, 이 중금속들은 지금까지 알려진 것들 중 가장 유독한 물질에 속하게 된다. 이 금속은 인간의 생명에 치명적이다"며 다음과 같이 주장한다.

"익명도 이와 같다. 아주 적은 미량의 원소처럼, 익명은 가끔 내부고발자나 박해받는 비주류파에게 기회를 주기 때문에 어떤 면에서는 유익하다. 그러나 익명의 양이 많으면, 언젠가 익명은 시스템을 독살하고 말 것이다. 사람들은 익명을 언제나 손쉽게 선택할 수 있어야 하며, 익명을 보장하는 것이 통제 기술에 대한 뛰어난 방어수단이라고 믿는 경향이 있다. 그러나 이것은 위험한 생각이다. 이것은 당신 몸을 더 강하게 하려고 몸속의 중금속량을 늘리는 것과 같다. 모든 독소처럼, 익명은 가능한 한 계속 제로에 가까워야 한다."[31]

2008년 8월 28일 미국 『뉴욕타임스』의 리처드 번스타인(Bernstein) 기자는 이 신문의 해외판인 『인터내셔널 헤럴드 트리뷴』에서 인터넷 익명성의 비겁함을 비판했다.

"코넬대에서 가장 헤픈 여학생은?" 미국 59개 대학 학생들이 방문한다는 주시캠퍼스닷컴(JuicyCampus.com)이란 웹사이트에 올라온 질문이다. "○○가 숱한 남자들과 성관계를 했다"는 식으로 코넬대 여학생 이름을 언급한 답변 등 댓글 49개가 줄줄이 이어졌다.

번스타인은 주시캠퍼스닷컴을 '전국의 대학생들이 급우들에 대한 욕설, 중상, 비밀을 갈겨쓰는 가상의 화장실 벽'에 비유하며 "(인터넷의) 익명성이 남을 헐뜯으려는 사람, 비겁한 사람들에게 막대한 도움을 준다"고 비판했다. 그는 기업의 내부고발자나 취재원을 보호해야 할 언론인은 익명성이 필요한 이유가 분명하지만 "인터넷은 익명성의 가치를 떨어뜨릴 뿐 아니라, 간사하게 킬킬거리는 사람들을 기술적으로 유혹한다"고 지적했다.

번스타인은 또 "도덕적으로 볼 때 언론자유의 개념을 이보다 더 기형적으로 이용한다는 건 생각하기 힘들다"고 맹비난했다. 그는 과거 인터넷 서점 아마존닷컴에서 자신의 저서에 대해 악의적이고 사실관계도 부정확한 익명의 서평을 읽고 시정을 요구하는 이메일을 쇼핑몰 측에 보낸 경험을 토로하기도 했다. 당시 돌아온 것은 "당사는 토론 장려를 위해 익명의 서평을 허용한다"는 내용의 답장이었다는 것. 당시 그는 다시 "아마존이 겉으로는 표현의 자유와 제약 없는 토론을 장려한다고 하지만, 실제론 비겁함을 부추기는 것"이란 반박글을 써서 보냈다. 번스타인은 "요즘 인터넷은 추문이나 악의적인 인신공격성 논평뿐 아니라, 인종차별적 발언까지 장려하고 있다"면서 비판했다.[32]

미국과 한국의 사정이 다르긴 하지만, 익명성 보장은 한국이 훨씬 더하다. 오랜 세월 독재정권을 거친 한국엔 익명성에 관한 묘한 신화가 존재한다. 진보파와 자유주의파는 과거의 기억에만 사로잡힌 나머지 사이버 세계의 익명성을 열렬히 옹호하는 경향이 있다. 한국이 '악플의 천국'이 되어 수많은 사람에게 고통과 상처를 주는데도, 통제를 강하게 하면 '권력감시'와 '내부고발' 기능이 죽고 심지어 '창의력' 마저 죽는다고 아우성치는 사람들이 많다. 이들이 21세기를 1970~1980년대의 기억으로 살아가는 것도 파란만장한 대한민국사의 업보이겠지만, 뭐든지 과유불급(過猶不及)이다.

서울대 곽금주 심리학 교수는 "인터넷에서 자신을 감춘 상태에선 사람을 직접 대할 때보다 공격성이 6배 정도 높아진다는 연구결과가 있다"며 "사이버 공간에서 오가는 말들이 유난히 과격하고 자극적인 것은 이 때문"이라고 설명했다.[33]

정부 여당이 추진하려고 하는 '사이버 모욕죄'는 난센스지만, 이 법에 단호히 반대하면서도 기존의 익명성 옹호 문화에 의심을 품어보는 건 어려울까? 왜 모든 '모욕'의 문제를 이념 · 정치적 통제의 문제로만 환원하려고 하는가? 실명으로 내부고발을 시도한 이들이 탄압받는 건 외면하는 사회가 익명성 옹호엔 열을 올린다는 건 아무리 봐도 이상하다.

미국 풀뿌리 저널리스트 댄 길모어(Dan Gillmor)의 익명성에 대한 자세가 바람직한 것 같다. 그는 사이버 시민저널리즘이 반드시 극복해야 할 약점으로 신뢰성 문제를 지적했다. 길모어가 익명성의 혜택을 인정하면서도 해악을 열심히 지적하는 건 바로 그런 이유 때문이다.

"내 블로그상에서 벌어졌던 저작권 관련 토론에서, 나는 자신이 누구인지 밝히지 않으려는 '조지'라는 논객에게 문제제기를 했다. '익명으로 계시는 것은 좋습니다만, 누구신지 밝혀주시면 말씀하시는 내용이 더 큰 신뢰성을 얻을 것이라고 생각되네요. 보통의 독자라면 왜 당신이 익명을 고집하시는지 의아해할 것 같습니다.' 그는 이렇게 답변했다. '나를 판단하실 때는 내가 누구인지에 의해서가 아니라 내 주장이 사실관계, 논리적 적합성, 법적 적합성 등에 부합하는지를 기준으로 하셔야 한다고 생각합니다.' 부분적으로 그의 말은 맞았다. 토론의 기교는 어느 것도 증명해주지 않는다. 자신의 논평을 뒷받침해주는 근거가 없어서 그는 누구의 신뢰도 얻지 못했다. 신뢰는 영리한 주장에서만 나오는 것이 아니다. 신뢰는 익명으로 남아야 하는 마땅한 이유가 없는 경우에, 당당히 나서서 자신의 주장을 뒷받침하고자 하는 의지에서도 나오는 것이다. 그의 경우에는 두 가지 다 없었다."[34]

한국의 진보파만 무조건 익명성을 옹호하는 경향이 있는 건 아니다. 미국의 진보파도 그런 점이 있다. 그래서 길모어는 정면돌파보다는 차분하게 설득하는 길을 택한 것 같다.

"나는 인터넷에서 익명성을 없애기 위한 일은 전혀 하지 않을 것이다. 그러나 우리가 온라인에서 진지한 토론을 하기를 원한다면, 참여자들은 (극히 소수의 예외적 상황을 제외하면) 자신이 누구인지 밝혀야 한다고 생각한다. 밝히지 않는다면 자신이 하는 말이 의혹을 받거나 무시당할 위험을 감수해야 할 것이다."[35]

길모어가 자신의 이념적 성향과는 반대되는 인물의 실명주의를 지지하는 것도 바로 그런 원칙에서 비롯된 것으로 볼 수 있겠다.

"인터넷 가십의 대가인 매트 드러지가 '존경할 만한 저널리즘'을 행하지는 않지만(공정하게 말하기 위해 덧붙이자면, 그 역시 자신을 언론인이라고 말하지 않는다), 나는 적어도 한 가지 점에 대해서만은 그에게 경의를 표한다. 그는 자신이 올리는 모든 글에 자신의 이름을 명기한다."[36]

이제 익명성 문제에 대해선 방어를 위한 소극적인 자세보다는 신뢰를 확보하기 위한 적극적 자세로 전환하는 게 필요하다. 익명성을 옹호하는 세력은 그간 그런 노력을 충분히 보여주지 못했다. 그래서 사이버 모욕죄에 대한 여론의 지지가 높게 나오는 게 아니겠는가?

익명을 없애자는 게 아니다. 지금 우리 사회의 익명 문화가 과도하다는 것이다. 과도하기 때문에 정작 익명이 필요한 사람들의 권리마저 위협받는다. 익명성을 옹호하는 진보파는 악플과 같은 폭력이 발생하는 원인은 익명성이 아니라 '비대면성' '집단성' '대화의 단절'이기 때문에, 인터넷 내부가 아닌 외부에서의 문제해결이 선행되어야 한다고 주장한다.[37] 이건 악플을 막으려면 대화를 복원하는 근본적인 사회 구조개혁부터 해야 한다는, '배보다 배꼽

이 더 큰' 처방이다.

단계를 밟아 나가자. 우선 권력 쪽의 실명제부터 강력 추진하자. 정보공개법을 내실화하고 회의공개법을 도입하자. 모든 공직자들이 자신의 일에 실명을 내걸고 책임을 지게 하자. 언론도 가급적 취재원 실명제로 나아가게끔 하자. 공직자가 바뀌어야 언론의 그런 관행도 바뀌겠지만, 언론에게도 그런 변화를 유도할 책임이 있다.

자신의 실명을 내걸고 내부고발을 한 사람들을 철저히 보호하자. 법이 보호토록 하고 법이 미진하면 시민사회가 보호해주자. 익명성을 지키기 위해 시민사회가 투입한 노력의 반만이라도 이쪽으로 돌려졌더라면 이미 많은 변화가 있었으리라. 실명으로 대변되는 책임은 신뢰와 불가분의 관계다. 책임 없이 신뢰 없고, 신뢰 없이 책임 없다.

제6장

언론중재제도

언론중재위원회의 역사

"신문과 방송 등 언론의 잘못된 보도로 피해를 입으셨습니까? 언론중재위원
회로 연락해주십시오. 비용 없이 신속하게 처리해드립니다. 반론보도나 정
정보도를 통해 언론보도로 인한 피해를 구제해드립니다. 언론중재 신청기
간은 보도 사실을 안 날로부터 1개월 이내이며, 신청시 비용이 전혀 들지 않
습니다. 중재신청이 접수되면 14일(직권 중재결정의 경우 21일) 이내에 중
재를 해드립니다. 합의는 재판상 화해와 같은 효력이 있으며, 합의가 성립되
지 않으면 중재부 직권으로 중재결정을 내릴 수 있습니다. 가까운 언론중재
위원회로 연락해주십시오.(전국 15개 중재부) 상담: (02) 725-0050, 732-
6031 http://www.pac.or.kr"[1]

지난 2000년에 나온 언론중재위원회의 광고 내용이다. '언론중재 및 피해
구제 등에 관한 법률(언론중재법)'이 2005년 1월 27일 법률 제7370호로 제정·

공포돼, 동년 7월 28일부터 시행됨으로써, 사반세기의 역사를 갖고 있는 언론중재위원회는 큰 변화를 맞이하게 되었다. 지난 역사를 개괄적으로나마 아는 것이 오늘의 언론중재위원회를 이해하는 데에도 도움이 될 것이다.

언론중재위원회는 1980년의 언론기본법 제50조에서 비롯되어, 그후 정간물법 제17조에 그대로 승계되었다. 정간물법 제1항은 반론보도청구에 의한 분쟁을 중재하고 정간물의 게재 내용에 의한 침해 사항을 심의하기 위하여 중재위를 두도록 규정했다. 아울러 동법 제19조 1항에서는 중재위의 중재를 거치지 아니하고는 법원에 반론보도청구의 심판을 청구할 수 없도록 명시했다. 그러나 피해자가 반론보도를 요구하는 것이 아니라 민법 제750조의 손해배상, 또는 민법 제764조의 명예회복에 적당한 처분을 명할 수 있다는 규정에 따를 것을 원할 때에는 곧바로 법원에 제소할 수 있도록 했다. 여기서 말하는 적당한 처분으로는 사죄광고, 원래 기사의 취소광고, 가해자(언론)의 명예훼손죄의 유죄 판결문 게재 등이 포함된다.

중재위는 40인 이상 80인 이내의 위원으로 구성되며, 위원은 학식과 경험 및 덕망이 있는 자 중에서 공보처 장관이 위촉하되 5분의 2 이상은 법관의 자격이 있는 자 중에서 법원행정처장이 추천한 자를 위촉하도록 하고(제17조 제2항), 위원 중 5분의 1 이상은 언론계 인사(현직 언론인은 제외) 중에서 위촉하며, 정당의 당적을 가진 자와 공무원(법관의 자격을 가진 자 및 교육공무원은 제외)은 중재위원이 될 수 없도록 규정했다(동조 제5항).

제17조 2항에 대해 팽원순은 지난 1994년 "중재위원회가 사법기관도 아니고 중재가 재판인 것도 아닌데 그처럼 많은 수의 법관 내지는 법관의 자격을 갖춘 자들을 중재위원으로 위촉해야 할 필요가 어디 있는가"라면서 다음과 같이 주장한 바 있다.

"실제로 중재부마다 현직의 판사들이 중재부장의 자리를 맡고 있는데, 중재란 재판에 앞서 전치절차로서 기본적으로 화해의 성립을 의도한 것인데도 불구하고 현직의 판사를 중재부장인 것으로 하는 것은 특히 언론사 대표의 경우 마치 재판에 나온 피고와 같은 심리적 압박을 줄 수 있을 것이 아닌가 하는 생각을 가질 수도 있다. … 중재위원은 공보처장관이 위촉하도록 하고 3분의 1은 언론계 대표, 3분의 1은 공익단체 대표, 3분의 1은 법률가로 하되 사법 당국이 추천하는 현직의 판사는 피하고 변호사와 법학 교수 및 언론학 교수(언론법 전문 포함)를 대신 위촉하도록 법을 고치는 것이 필요하다."[2]

언론중재위원회는 서울에 5개 중재부와 각 시도에 10개 중재부(부산, 대구, 광주, 대전, 수원, 춘천, 청주, 전주, 창원, 제주)를 두었으며, 각 중재부는 5명의 위원으로 구성되며 중재부장은 현직 부장판사가 맡는다. 이에 대해서도 팽원순은 다음과 같이 주장한 바 있다.

"지난 11년간(1981~1991년)에 각 지방 중재부가 처리한 중재 사건의 건수를 보면 강원, 충북, 충남, 전북, 제주의 각 도와 대구의 중재부는 모두 20건에도 미달하는 것으로서 그중 제주와 강원, 충남, 전북의 경우는 15건도 되지 않아 연평균 2건도 되지 않는다는 것을 알 수 있다. 그들 지역에는 신문 등 정기간행물의 수도 많지 않으므로 지역마다 중재부를 설치하는 것은 의미가 없다고 해야 할 것이다. … 중재부의 수를 크게 줄이고 전국의 지방법원이 아니라 고등법원 소재지에 한하여 이를 설치하도록 하는 것이 마땅할 것이다."[3]

새 언론중재법에선 중재위원 구성의 상한선이 80인에서 90인으로 늘었다. 법관의 자격이 있는 자 중에서 법원행정처장이 추천한 자의 비중이 '5분의 2 이상'에서 '5분의 1 이상'으로 낮아진 반면, 변호사의 자격이 있는 자 중에서 대한변호사협회장이 추천한 자를 '5분의 1 이상'으로 하는 게 추가되었다. 중재부는 서울 5개소에서 6개소로 늘어 모두 16개 곳에 소재하고 있다. 언론중재 신청기간은 보도 사실을 안 날로부터 1개월 이내였으나, 3개월 이내로 늘었다.

반론보도 · 정정보도 · 추후보도

반론보도와 정정보도는 어떻게 다른가? 이에 대해서도 과거의 논의를 살펴볼 필요가 있겠다. 반론보도청구권은 정간물법 제16조 제1항에 규정되어 있는 바, 개정(1995년 12월 18일, 1996년 7월 1일 시행) 이전의 정간물법에서는 '정정보도청구권'이라 규정하였다.

정간물법 제16조 1항은 "정기간행물에 공표된 사실과 주장에 의하여 피해를 받은 자는 그 사실 보도가 있음을 안 날로부터 1월 이내에 정기간행물을 발행하는 자에게 서면으로 반론보도문의 게재를 청구할 수 있다. 다만, 사실보도가 있은 후 6월이 경과한 때에는 그러하지 아니하다"고 했다. 방송법 제91조(반론보도청구권) 제1항은 "방송에 공표된 사실적 주장에 의하여 피해를 받은 자는 그 사실 보도가 있음을 안 날부터 1월 이내에 방송사업자에게 서면으로 반론보도를 청구할 수 있다. 다만, 반론보도청구권은 당해 방송이 행하여진 날부터 6월이 경과함으로써 소멸된다"고 했다.

한병구는 '정정보도청구권'과 '반론보도청구권'의 개념상 차이에 대해 다음과 같이 말한다.

"정정보도청구권(right of correction)이란 언론이 보도한 사실적 주장에 의하여 피해를 받은 사람이 해당 언론사에 대해 원래의 보도 내용을 진실에 맞게 바로잡아줄 것을 요구하는 권리를 말한다. 이에 비해 반론보도청구권은 언론에 공표된 사실적 주장뿐만 아니라 비판·공격 또는 기타의 피해를 받은 사람이 이에 대한 반론문을 게재하도록 해당 언론사에 요구하는 권리를 말한다."[4]

1986년 1월 28일 대법원은 개정법률 이전의 정정보도청구권 관련 판결에서 정정보도청구권이라고 되어 있는 것은 정확한 표현이 아니며 반박보도청구권이라고 표현하는 것이 옳을 것이라고 판시한 바 있다. 대법원은 당시 언론기본법 제49조의 정정보도청구권 규정의 의의와 취지에 대해선 다음과 같이 설명하였다.

"피해자에게 보도내용의 진실 여부를 가리기 위하여 장황하고 번잡한 사실조사에 시간을 낭비하게 함이 없이 신속하고 대등하게 반박문 공표의 기회를 부여하려는 데에 있으며, 또한 언론사 측으로서도 보도내용에 대하여 이의가 있을 때마다 일일이 그 진실 여부를 소상하게 가려내어, 정정보도를 하여야한다면 언론의 신속성과 신뢰성은 저절로 위축될 수밖에 없다. 그러므로 이의가 제기된 보도내용의 진실 여부를 가려 그 시정을 요구하는 것이 아니라 단지 일정한 요건하에 피해자가 주장하는 반박내용의 게재를 요구하고 있는 것으로 풀이함은 언론의 신속성 유지라는 측면에서도 타당하다."[5]

'추후보도청구권'이라는 것도 있다. 추후보도청구권은 1987년 언론관계법의 개정에서 신설되고 1995년 12월 30일 개정으로 일부 보완된 것인데 정간물법 제20조 1, 2, 3항에 근거하고 있다: ①정기간행물에 의하여 범죄 혐의가 있다거나 형사상의 조치를 받았다고 보도된 자는 그에 대한 형사 절차가 무죄판결 또는 이와 동등한 형태로 종결된 때에는 그날로부터 1월 이내에 서면으로 언론사에 이 사실에 관한 추후보도의 게재를 청구할 수 있다. ②제1항의 규정에 의한 추후보도의 내용은 청구인의 명예나 권리회복에 필요한 범위에 국한한다. ③추후보도청구권에 관하여는 제1항 및 제2항에 규정된 것을 제외하고는 반론보도청구권에 관한 이 법의 규정을 준용한다.[6]

박용상은 추후보도청구권의 의의에 대해 "반론보도청구권이 수사단계에 있는 피의자의 범죄에 관한 사실 보도에 대해 반대 진술권을 보장하여 그 폐해를 시정할 수 있는 구제 제도이기는 하지만, 위 청구권만으로는 피의자가 무고함이 밝혀진 후 충분한 구제 수단을 제공할 수 없었다"며 다음과 같이 말했다.

"수사상 용의선상에 올랐거나 범죄 혐의를 받고 사법기관의 수사상 처분을 받았다는 사실이 진실에 부합하는 한 그에 대한 반론보도청구권은 인정되기 쉽지 아니하다. 또 무죄 판결을 받기까지는 상당한 시간의 경과가 부득이하기 때문에 무죄 판결 후에는 이미 종전 수사단계의 범죄 사실 보도에 대한 반론보도청구권의 행사 기간이 도과하였을 것이므로 반론보도청구권은 이러한 피해 구제를 위하여 하등 의미가 없었던 것이다. 이러한 점에서 1987년의 정간물법이 추후보도청구권을 신설한 것은 언론 침해에 대한 피해구제제도에서 진일보한 것이라고 할 수 있다."[7]

한동원은 "당연히 추후보도로 피해회복을 해주어야 할 사안을 가지고 중재회의에서 추후보도 여부에 관해 언론사의 동의 또는 합의를 구한다는 것은 심히 불합리하다"며 "추후보도청구는 관련 사법기관의 입증자료만 제출되면 '중재결정'으로 처리하도록 해야 한다"고 말했다.[8]

반론(정정)보도의 유형별 사례

(사례) 만평도 반론보도의 대상이다: 『조선일보』는 1983년 3월 11일자 8면에 실린 만화 '야로씨'에서 '당국: 탈락 대학생은' '당국: 밥통대학으로 가라' '그게 아닙니다' '당국: 정정한다. 방통대(放通大)로 가라'라는 문안을 곁들여 대학 정원 탈락생에 대한 문교 정책을 풍자한 내용을 게재하였다. 이에 대하여 한국방송통신대학 총학우회와 총동창회(신청인)는 이 만화가 한국방송통신대학을 왜곡하여 그 명예를 실추시켰다고 주장하면서 언론중재위원회에 반론보도청구를 하였다. 중재 결과 합의가 성립되어 피신청인이 '야로씨' 만화란 밑에 사과하는 내용의 해명을 게재하고 다시 200자 원고지 15매 이상의 분량으로 한국방송통신대학에 대한 별도의 특집 기사를 게재하기로 하였다.[9]

(사례) 광고도 청구대상이 될 수 있나?: 서울민사지방법원 제16부(재판장 임규운 부장판사)는 1984년 11월 30일 탁명환씨가 『교회연합신보』를 상대로 낸 정정보도청구소송 사건에서 광고는 정정보도 청구의 대상으로 삼을 수 없으므로 이를 기각한다고 판결했다. 탁명환씨는 『교회연합신보』(1984년 8월 26일자 2면 광고란)에 대한예수교장로회 평동노회 노회장 김만규, 노회임원 및 노회원일동 명의로 탁명환에 대한 규탄성명 광고가 게재되자, 이 광고 중에는 근거 없는 허위 사실을 적시하여 자신의 명예를 훼손하는 내용이 포함되어 있다고 주장하고, 1984년 8월 28일 언론중재위원회에 중재를 신청했다. 그러나

피신청인이 불응, 중재가 불성립되자 1984년 9월 17일 서울민사지방법원에 정정보도청구소송을 제기, 1984년 11월 30일 기각 판결을 받았다. 탁명환씨는 청구가 기각되자 항소하였으나 1985년 4월 3일 이를 취하하였다.[10]

(사례) '들어가고 싶지 않다'를 '돌아가고 싶지 않다'로: 서울민사지방법원 제50부(재판장 김헌무 부장판사)는 1989년 9월 22일 문익환씨가 주식회사 조선일보사를 상대로 낸 정정보도게재청구소송에서 "신청인이 방북 후 귀국을 원하지 않는다는 취지로 잘못 보도됨으로써 신청인은 피해를 입었다 할 것이므로 정정보도문을 게재하여 줄 의무가 있다"고 판시, 신청인의 신청을 인용했다. 피신청인은 『조선일보』 1989년 4월 5일자 1면(5판)에 「문씨 '돌아가고 싶지 않다'」 제하의 기사에서 신청인이 귀국을 원치 않는 것처럼 보도했다. 신청인은 "감옥에 들어가고 싶지 않다"고 말했던 것이라며 1989년 5월 2일 언론중재위원회에 중재신청을 하였으나 불성립되었다. 이에 신청인은 조선일보사를 상대로 서울민사지방법원에 정정보도게재청구소송을 제기하여 승소 판결을 받았고, 『조선일보』는 1989년 9월 28일자 1면(5판)에 판결에 따른 정정보도문을 게재했다.[11]

(사례) 정정보도만으론 회복할 수 없는 피해: 1993년 6월 중순 결핵치료를 받고 퇴원한 지 7개월가량 됐다는 40대 남자가 박모(44) 약사에게 찾아와 최근 다리가 붓는다면서 15일분의 한약과 양약을 조제해갔다. 이 약을 복용하던 남자는 5일 만에 갑자기 사망했다. 유가족들은 박 약사가 지어준 약에 문제가 있다면서 경찰에 부검을 의뢰했다. 이 과정에서 한 신문이 「약사 조제 한약 먹고 절명」이라는 제목으로 4단 크기의 기사를 게재했다. 이 제목은 약사가 지어준 한약 때문에 환자가 절명한 것으로 이해됐다. 이 보도가 있은 후 박 약사는 주변으로부터 눈총과 지탄을 받기 시작했으며 약국을 찾는 손님도 계속 줄어들기 시작했다. 소문은 소문을 낳았고 박 약사는 점점 더 견디기 어려워졌다. 부

검결과 사인(死人)은 폐결핵 악화로 밝혀지고 박 약사가 조제한 약과는 무관하다는 결론이 내려졌다. 따라서 '약사 조제 한약 먹고 절명' 이라는 신문의 제목 내용과는 사실이 다른 것으로 판명났다. 박 약사의 정정보도 중재신청으로 언론사가 정정보도를 했으나 박 약사의 피해는 조그마한 정정기사 하나만으로 구제되기에는 너무나 치명적이었다. 박 약사는 끝내 약국을 폐쇄하고 다른 곳으로 이사를 가지 않을 수 없었기 때문이다.[12]

(사례) 상대적으로 반론권이 부족한 경우: 서울지방법원 제18민사부(재판장 박장우 부장판사)는 1995년 10월 24일 전 보사부 약정국장 신석우씨가 조선일보사를 상대로 낸 정정보도청구소송에서 "문제의 기사 속에서 원고의 반론이 차지하는 위치, 그 게재된 양 등을 고려할 때 원고의 반론이 충분히 표현되었다고 보여지지 아니한다" 며 반론문을 게재하라고 판결했다. 『조선일보』는 1995년 4월 6일자 39면 「한—약분쟁 유발 약사법 개정 담당국장에 속아 결재」 제하의 기사에서 전 보사부장관 안필준씨가 "당시 신석우 약정국장에 속아 1993년 2월 한—약분쟁을 유발시켰던 약사법 시행규칙의 개정안에 결재했다"고 쓴 편지내용을 보도했었다. 이에 신씨는 서신 내용에 "속아서 결재했다" 는 직접적인 표현이 없음에도 불구하고 마치 안 전 장관의 서신을 그대로 따온 것처럼 표현하여 자신이 장관을 속이고 결재를 받아낸 것으로 보도했다며 1995년 4월 18일 언론중재위원회에 중재신청했다. 그 결과 피신청인이 반론을 수용할 의사는 있으나 전체적으로 볼 때 중재 대상 기사에 잘못이 없으며, 신청인이 요구하는 정정보도문을 수용할 수 없다고 하여 중재가 불성립되자 서울지방법원에 소송을 제기했다.[13]

(사례) 명백한 사실은 반론보도의 예외: 2000년 8월 3일 서울고법 제8민사부는 1999년 5월 11일 MBC 〈PD수첩〉에서 방송된 '이단파문 이재록 목사—목자님 우리 목자님' 과 관련 만민중앙교회 측이 자신의 반론이 충분히 담기지 않

았다며 소송을 제기한 것과 관련한 항소심에서 지금까지 14건의 반론보도가 나갔으나 4건에 대해서는 명백한 사실이기 때문에 반론보도를 할 필요가 없다는 판결을 내려 1심 판결 내용을 뒤집었다. 2심 재판부는 이재록 목사 측이 제기한 반론보도청구에서 "한국기독교총연합회가 이재록 목사에 대해 이단 판정을 내렸다"는 것과 "자신이 기도하면 소경이 눈을 뜨고 앉은뱅이도 일어날 수 있다"는 부분 등에 대해서는 사실과 일치하기 때문에 반론보도를 할 이유가 없다며 이 같은 결정을 내렸다.[14]

언론중재제도의 한계와 문제점

1997년 박용상은 언론중재제도가 ①새로운 생소한 제도의 도입에 따른 언론활동에 대한 충격을 완화하고 ②피해자의 권리 남용에 대처하기 위해서뿐 아니라 ③중재 절차에서 언론사와 피해자 간에 호양(互讓)에 따른 명예로운 분쟁 해결을 도모할 수 있다는 점에서 바람직한 것이라고 주장했다.[15]

　반면 박형상은 1993년 언론중재제도가 원래의 '중재제도'와는 달리 단순한 조정 절차에 불과하여 어떤 중재 권한도 주어지지 않는다는 점을 지적하면서 다음과 같이 주장했다.

　"그간의 언론중재위원회 실적에 비추어볼 때 언론중재제도는 오히려 법원에 대한 피해자의 직접 제소를 가로막는 옥상옥의 장애물 역할을 한 감이 없지 않다. 또 1개월 이내 중재신청 기간을 넘으면 법원에 정정보도 청구를 할 수 없는 점 역시 여간 불합리한 것이 아니다. 한편, 언론중재위원회 권한 강화론이 자주 제기되며 재판기관에 상응한 준사법기관으로서의 전반적 권한을 부여하자는 주장이 있으나 이는 국민의 또 다른 권리인 '정식 재판 받을 권리'에 비추어볼 때 신중히 결정해야 할 문제이다. 때문에 언론중재위원회의 홍보광고 중 '여기 또 하나의 법정이 있다'는 문구 중의 '법정'이라는 부분은 적어도 법률적 관점에서는 올바른 표현이 아니다."[16]

1999년 4월 제9대 언론중재위원장으로 취임한 박영식(58) 변호사는 언론보도에 관한 분쟁을 체계적으로 처리하기 위해 언론피해구제법(가칭)이 제정돼야 한다고 밝혔다. 그는 "언론보도 분쟁에 관련된 법조항이 민법, 정기간행물 등록 등에 관한 법, 방송법, 종합유선방송법, 공직 선거 및 선거부정방지법 등에 산재해 있어 혼란스럽다"며 "법적용과 피해구제 절차를 통일해 분쟁당사자들이 사건을 한 창구에서 모두 해결할 수 있도록 단일법을 제정해야 한다"고 말했다. 특히 박 위원장은 "언론보도에 관한 분쟁이 무조건 법원으로 가는 것을 막기 위해서는 중재위의 기능을 강화해야 한다"며 "새로 제정될 언론피해구제법에는 현재의 반론보도청구권 관련 사건 이외에 정정보도청구권과 손해배상청구권에 관한 사건도 반드시 중재위를 거치도록 하는 '필요적 전치주의 제도'를 포함시켜야 한다"고 강조했다.[17]

양삼승 변호사는 『언론중재』 2000년 겨울호에 기고한 「2000년도 정기세미나/언론관련 법률의 쟁점과 개선방안: '언론피해구제법'(가칭) 제정을 위한 입법론적 방안」에서 '언론피해구제법'을 상세히 소개했다. 이 법안의 중요한 골격은 ①중재의 주체인 언론중재위원회의 '위상의 고양' ②언론중재와 관련된 제도의 '통합'을 통한 '효율성의 확보' ③언론중재와 관련된 제도의 '신설 및 변경'을 통한 '효율성의 증대'에 관한 것인데, 이와 같은 단일법의 제정 필요성에 대해 양삼승은 다음과 같이 주장했다.

"현행법의 여러 규정상 언론피해구제와 관련된 법률은 민법, 정간물법, 방송법, 공직선거 및 부정선거방지법, 형법 등에 분산되어 규정되고 있기 때문에 일반 국민들이 이를 찾아보기 어렵고, 상호 간의 관계에 대해서도 이해하기 곤란한 점이 있을 뿐만 아니라 그 규정 내용도 서로 통일되어 있지 아니한 점이 있다. 따라서, 이와 같은 불편함을 제거하기 위하여 손해배상청구, 정정보도청구, 반론보도청구, 제작·반포·판매·방송금지가처분 등을 포괄하는 언론피해구제 방안을 일목요연하게 규율한 단일법의 제정 필요성이 오래 전부터 지적되어 왔던 것인데, 이 개정안에서 비로소 이와 같은 희망이 달성되었다. 이는 그 동안 분산되어 여러 곳에서 세 들어 있던 식구들을 이제는 여러 여건이 성숙되어 하나의 집을 지어 한지붕 밑으로 모으려는 시도로서, 법시행 20년을 맞이하여 이루어져야 할 내용이라고 생각된다." [18]

'언론중재 및 피해구제 등에 관한 법률'

바로 이런 배경에서 새로운 '언론중재법(언론중재 및 피해구제 등에 관한 법률)' 이 탄생된 것이다. 2005년 1월 27일자 관보(제15907호)는 언론중재법의 제정 이유를 다음과 같이 밝히고 있다.

"정기간행물 등록 등에 관한 법률 · 방송법 등 각 개별법에 분산 규정되어 있던 언론피해구제제도를 포괄하여 이 법에 단일화하고, 언론보도로 침해된 국민의 권리구제를 확대하기 위하여 청구기간을 확대하며, 종전의 중재제도 를 조정과 중재로 구분하고 중재위원회의 조정이나 중재 절차에 의하여도 손 해배상을 받을 수 있게 하는 한편, 언론의 자유와 독립에 상응한 언론의 사회 적 책임을 분담하게 함으로써 공정한 여론형성과 언론의 공적 책임의 실현에 기여하도록 하려는 것임." [19]

한위수는 이전의 언론중재제도와 달라진 것 가운데 가장 중요한 5개로 ① 언론중재 대상이 되는 언론을 장기간행물과 뉴스통신, 방송뿐만 아니라 인터 넷신문에까지 확대한 것 ②민법 제764조에 의한 정정보도와는 별개의 새로운 정정보도청구권을 창설한 것 ③언론보도로 인한 배상청구를 언론중재위원회 의 중재 대상에 포함시킨 것 ④고유 의미의 중재제도를 도입한 것 ⑤종래 반 론보도청구에 대하여 적용되던 언론중재의 필요적 전치주의를 폐기하고 임 의적 전치주의로 변경한 것 등을 꼽았다. [20]

민법 제764조에 의한 정정보도청구는 일반불법행위의 성립, 즉 언론사의 고의 또는 과실과 위법성이 있는 경우에만 인정되는 것인 반면, 언론중재법의 정정보도청구는 언론에 위법성이나 고의 과실이 없어 불법행위가 성립하지 아니하는 경우에도 가능하게 되었다.

고유 의미의 중재제도라 함은 이전의 '중재'가 실질적으로는 '조정'에 머물렀다는 걸 의미한다. 이제 새 법에서의 '중재'는 당사자 간의 합의로 사법상의 분쟁을 법원의 재판에 의하지 아니하고 중재인의 판정에 의하여 해결하는 절차를 말하고, 중재 판정은 당사자 간에 있어서 법원의 확정 판결과 동일한 효력을 갖게 되었다.

구정기간행물법 제19조 1항은 "중재위원회의 중재를 거치지 아니하고는 법원에 반론보도청구의 소를 제기할 수 없다"고 규정한 '필요적 전치주의'를 채택하였으나, 언론중재법은 제26조 1항에서 아무런 제한 규정 없이 "피해자는 법원에 정정보도청구 등의 소를 제기할 수 있다"고 규정함으로써 이러한 필요적 전치주의를 폐지하였다.[21]

새 언론중재법의 2005년 7월 시행을 앞두고 언론계는 바짝 긴장하였다. 그러나 처음부터 그랬던 건 아니다. 이희용(연합뉴스 대중문화팀 차장)은 "언론들은 신문법에 대해서는 과열됐다 싶을 만큼 뜨거운 관심을 보여왔으나 언론중재법에는 무관심하다 싶을 정도로 '외면'해왔다"며 다음과 같이 말했다.

"만일 신문들이 피해구제 절차가 쉬워지고 대상도 넓어진다는 사실을 독자에게 알리고 싶지 않았기 때문이라면, 그것이야말로 언론중재법 제정의 명분을 확인시켜주는 일일 것이다. 혹시 피해자의 인격권을 존중하지 않아온 '원죄'가 너무 크다는 것을 스스로 깨닫고 있어 잠자코 있었는지도 모르겠다."[22]

이화섭(KBS 시사보도팀장)은 "새 언론중재법이 '태풍의 핵'이 되고 있다. 이제 기자들이 누리던 태평성대는 끝이 났다는 예감이 든다"며 다음과 같이 말했다.

"지금까지도 언론중재위원회는 '힘은 없었지만' 기자들과 멀면 멀수록 좋았고, 들락거리고 싶지 않은 기관이었다. 쟁송은 기자들을 피곤하게 만들고 있지만 능력 있는 기자 치고 쟁송을 한두 건씩 달고 다니지 않는 기자가 드문 게 현실이다. 그만큼 '완벽한 글쓰기'가 힘들다는 얘기이다. 지금도 그렇지만 앞으로 언론중재위원회에 가는 기자들, 기자들을 대신해 출석하는 데스크들은 피곤해도 한참 피곤하게 생겼다. 이제는 예전의 언론중재위원회에 가는 게 아니라 공정거래위원회나 특허법원, 행정법원에 가는 정도로 각오를 다져야 할 것 같다.”[23]

새 언론중재법은 언론중재 대상이 되는 언론을 인터넷신문에까지 확대했지만, 포털 뉴스는 아직 '법적으로 공백인 상태'에 놓여있다.[24](인터넷신문의 기준은 취재인력 2인 이상을 포함해 편집인력 3인 이상을 상시 고용하고 기사의 30% 이상을 자체 생산하는 것 등이다.) 포털 뉴스가 언론이냐 아니냐 하는 건 해묵은 논쟁이다. 권헌영 광운대 법대 교수는 포털 뉴스 서비스의 언론성 인정론은 크게 보아 4가지 논거를 제시하고 있다고 정리했다.

첫째, 언론사로부터 제공받은 기사의 제목을 포털이 변경함으로써 기사의 진정성이 훼손되고, 또한 결과적으로 의제설정까지 달라질 수 있다는 점이다. 둘째, 인터넷 이용에서 특히 포털 이용의 규모라든지 정보전파에서의 사회적 영향력으로 인해 의제설정 주도권이 포털을 중심으로 재편되고 있다는 점이다. 셋째, 포털사이트에서의 뉴스 소비는 포털의 뉴스에디터에 의해 가장 크게 좌우되고, 또한 게이트키핑의 결과물로서 포털이 제공하는 '뉴스박스'가 네티즌의 1차 의제설정에 중요한 영향을 미치거나 사회적 주요 의제를 확산시키는 기능을 수행하고 있다는 점이다. 넷째, 포털은 비록 제한적인 취재기능을 갖고 있지만 기존 언론이 만든 뉴스의 재매개 활동 자체가 뉴스의 핵심 기능 중의 하나인 게이트키핑을 구성한다는 점이다.[25]

포털 뉴스 측은 포털 뉴스 서비스의 언론성을 인정하지 않으며, 따라서 인터넷의 특수성을 들어 피해자의 정정보도청구를 수용하기 어렵다는 입장을 보인다. 3가지 쟁점을 살펴보기로 하자.

첫째, 포털이 매개하는 기사에 대한 저작권이 기사의 생산자인 언론사에 있기 때문에 자신들 임의대로 기사에 대한 수정이 불가하다는 것이다. 이에 양재규는 “정정보도는 원 기사가 보도되었음을 전제로 그것이 잘못된 정보를 전달하고 있기 때문에 진실에 부합하는 내용의 새로운 보도를 하는 것이다"
며 저작권 문제와는 별개의 사안이라고 반박한다.

둘째, 포털은 기사 콘텐츠 공급자에 해당하는 언론사와의 계약 내용상 기사
에 대한 정정보도 권한을 갖고 있지 않다는 것이다. 이에 양재규는 "언론보도
피해자와는 아무 상관이 없는 포털과 언론사 간의 계약사항을 이유로 들어 정
정보도를 거부할 수 있다고 생각하는 것은 법률적으로 성립될 수 없는 주장이
다"고 반박했다.

셋째, 포털 측은 포털사업자를 언론사로 보기 어렵다고 주장한다. 이에 대
해 양재규는 "포털에 게재된 기사를 언론으로 볼 수만 있다면 이를 운영하는
사업주체가 비록 전통적인 언론사와 다르더라도 이는 하등의 문제가 되지 않
는다"고 반박했다.[26]

오랜 논란 끝에 2009년 8월부터 포털 및 언론사 닷컴 뉴스도 언론중재 대상
에 포함시키는 법 개정이 이루어졌다.

『동아일보』『조선일보』의 헌법소원

『동아일보』『조선일보』 등은 각각 2005년 3월과 6월 언론중재법의 일부 조항
이 자신들의 헌법상 보장된 기본권을 침해한다고 주장하며 헌법소원심판을
청구하였다. 이들이 문제 삼은 '언론의 위축 효과'와 관련이 깊은 몇 개의 조
항을 열거하면 다음과 같다.

> 제4조(언론의 사회적 책임 등) ①언론에 의한 보도는 공정하고 객관적이어야 하고, 국
> 민의 알 권리와 표현의 자유를 보호·신장하여야 한다. ②언론은 인간의 존엄과 가치
> 를 존중하여야 하고, 타인의 명예를 훼손하거나 권리 또는 공중도덕이나 사회윤리를
> 침해하여서는 아니된다. ③언론은 공적인 관심사에 대하여 공익을 대변하며 취재·
> 보도·논평 그밖의 방법으로 민주적 여론형성에 기여함으로써 그 공적 임무를 수행

한다.

제14조(정정보도청구의 요건) ①사실적 주장에 관한 언론보도가 진실하지 아니함으로 인하여 피해를 입은 자는 당해 언론보도가 있음을 안 날부터 3월 이내에 그 보도내용에 관한 정정보도를 언론사에 청구할 수 있다. 다만, 당해 언론보도가 있은 후 6월이 경과한 때에는 그러하지 아니하다. ②제1항의 청구에는 언론사의 고의·과실이나 위법성을 요하지 아니한다.

제26조(정정보도청구 등의 소) ①피해자는 법원에 정정보도청구 등의 소를 제기할 수 있다. ⑥제1항의 규정에 의한 청구에 대하여는 민사집행법의 가처분 절차에 관한 규정에 의하여 재판하며, 청구가 이유 있는 경우에는 법원은 제15조 제3항·제5항 및 제6항의 규정에 따른 방법에 따라 정정보도·반론보도 또는 추후 보도의 방송·게재 또는 공표를 명할 수 있다. 다만, 민사집행법 제277조 및 제287조는 이를 적용하지 아니한다.

제31조(명예훼손의 경우의 특칙) 타인의 명예를 훼손한 자에 대하여는 법원은 피해자의 청구에 의하여 손해배상에 갈음하거나 손해배상과 함께 정정보도의 공표 등 명예회복에 적당한 처분을 명할 수 있다. 정정보도의 청구에는 언론사의 고의 또는 과실로 인한 위법성을 요하지 아니한다.[27]

2006년 6월 29일 헌재는 언론중재법 제4조의 위헌성 유무에 대해 각하 결정을 내렸다. 헌재는 "설사 신문사업자인 청구인들이 위 조항들로 인하여 어떤 부담이나 제약을 받는다고 할지라도 그것은 헌법상 보장된 기본권에 대한 제한이나 규제라 할 수 없다"고 보았다. 반면 권성·김효종 대법관은 소수의견으로 국가가 나서서 보도가 '공정하고 객관적일 것' 등을 법률로 요구하게 되면 "이는 언론의 자유를 사전에 위축시키는 효과를 가져온다"고 보았다.[28]

헌재는 새로운 정정보도청구권에 대해선 언론보도가 진실하지 않아 타인의 권리를 계속해서 침해하고 있는데 "이를 정정하지 않은 채로 그대로 내버려두는 것은 정의에 반한다"는 이유로 재판관 전원일치로 합헌 결정을 내렸다. 청구인 측은 "신문사에게 전혀 면책특권을 주지 않은 것은 신문의 위축을 초래하여 그 자유를 침해한다"고 주장했는데, 이에 대해 양재규는 다음과 같이 말한다.

"여기서 청구인 측이 전혀 면책특권을 주지 않는다고 주장한 의미는 언론사에 고의나 과실 등 귀책사유가 없어도 정정보도 의무를 이행해야 한다는 것이다. 새로운 정정보도청구제도는 어떤 관점에서 보면 언론사에게 더 유리한 면도 있다. 입증책임상 보도의 진위 여부를 입증할 책임이 피해자에게 먼저 주어져 있다는 점에서 그러하다."[29)]

헌재는 언론중재법 제26조 제6항에 대해선 "언론사에게 충분한 방어의 기회를 보장하지 않음으로써 공정한 재판을 받을 권리를 침해하는 문제"가 있을 뿐만 아니라 "언론의 자유를 매우 위축시킨다"는 이유로 위헌 판결을 내렸다. 양재규는 "헌재가 위 규정을 위헌이라 판단한 것은 언론의 위축 효과 때문만은 아니다"며 "비교형량의 결과 가처분 절차를 통해 달성되는 공익보다 침해되는 언론의 자유가 크다는 점에서 위헌의 이유를 찾았다"고 분석했다.[30)]

김윤정은 "이로써 정정보도청구권이라는 권리 자체에 대한 위헌 논의는 종지부를 찍게 되었고, 다만 그 운영 절차 및 적용 범위에 대하여 위헌 결정이 남음으로써 종전의 규정들과의 조화로운 해석 및 부분적인 개정의 문제가 남아 있게 되었다"고 평가했다.[31)]

또 하나의 문제는 정정보도청구권과 인터넷이라는 새로운 매체와의 조화다. 전통적인 매체들은 일단 보도가 나가고 나면 원보도 자체의 수정이나 정정이 거의 불가능하지만, 인터넷 매체는 언제건 디지털화된 기사의 열람이 가능하기 때문이다. 이런 이유로, 2009년 1월 13일 국회를 통과하여 8월 7일 시행을 앞두고 있는 개정 언론중재법은 인터넷 기사에 한정하여 보도 원문 자체의 정정 내지는 수정을 청구할 수 있도록 했다.[32)]

언론 입장에선 언론중재법에 마음에 안드는 것이 있겠지만 성찰의 시간을 가져보는 것도 좋을 것 같다. 양재규 언론중재위원회 상담교육팀장(변호사)은

"판결이나 조정사건, 상담사건에는 우리 언론보도의 현실이 투영되어 있다. 이미 많은 경우 소송으로까지 번져 언론사들이 패소하는 사례들이 나오고 있고, 이러한 현실은 이제까지 당연하게 여겨져 왔거나 별 문제시되지 않았던 취재 관행과 보도 관행에 변화가 일어나야 한다는 것을 암시하고 있다"며 다음과 같이 말한다.

"그러나 쇄신은 언제나 쉽지 않다. 부단한 자기반성이 없이는 불가능하지 않을까 싶다. 언론중재위원회에 조정이 신청되거나 법원에 소송이 제기되면 발등에 떨어진 불부터 끄고 본다는 심정으로 분쟁에 뛰어들어 사건을 무마시키고 해결하는 데에 집중할 뿐, 분쟁이 종료되기만 하면 언제 그랬느냐는 듯하는 관행이 여전하다면 절망스럽다."[33]

고충처리인과 옴부즈맨

언론중재법에서 또 하나 주목할 것은 '고충처리인'의 제도화다. 제6조는 다음과 같이 규정하고 있다.

제6조(고충처리인) ①종합편성 또는 보도에 관한 전문 편성을 행하는 방송사업자, 일반 일간 신문(신문 등의 자유와 기능보장에 관한 법률 제2조 제2호 가목의 규정에 의한 일반 일간 신문을 말한다)을 발행하는 정기간행물사업자 및 뉴스통신사업자는 사내에 언론피해의 자율적 예방 및 구제를 위한 고충처리인을 두어야 한다. ②고충처리인의 권한과 직무는 다음과 같다. 첫째, 언론의 침해행위에 대한 조사. 둘째, 사실이 아니거나 타인의 명예 그밖의 법익을 침해하는 언론보도에 대한 시정권고. 셋째, 구제를 요하는 피해자의 고충에 대한 정정보도, 반론보도 또는 손해배상의 권고. 넷째, 그밖의 독자나 시청자의 권익보호와 침해구제에 관한 자문. ③제1항에 규정된 언론사는 고충처리인의 자율적 활동을 보장하여야 하고 정당한 사유가 없는 한 고충처리인의 권고를 수용하도록 노력하여야 한다. ④제1항에 규정된 언론사는 취재 및 편집

또는 제작 종사자의 의견을 들어 고충처리인의 자격 · 지위 · 신분 · 인기 및 보수 등에 관한 사항을 정하고 이를 공표하여야 한다. 이를 변경할 때에도 또한 같다. ⑤제1항에 규정된 언론사는 고충처리인의 의견을 들어 고충처리인의 활동사항을 매년 공표하여야 한다.

이는 그간 일부 언론사들이 자율적으로 운영해온 옴부즈맨(ombudsman)제도를 법적으로 강제해 모든 언론사에 적용시키는 동시에 그 내실을 기하려는 것으로 볼 수 있다. 기존 옴부즈맨제도의 한계와 문제점을 이해하는 것이 고충처리인 제도의 성공을 기하는 데에 도움이 될 것이다.

옴부즈맨제도는 행정권의 남용이나 부당행위로 국민의 권리나 이익이 침해되었을 때 그것을 신속하게 구제하자는 것으로 각국에서 다양한 분야에 걸쳐 다양한 방식으로 실시되고 있다.[34] 옴부즈맨의 최초 창안은 스웨덴에서 이루어졌지만, 처음으로 신문에 이 제도를 활용한 것은 미국이다. 켄터키주 루이즈빌의 일간지 『쿠리에 저널(Courier Journal)』이 1967년 최초로 옴부즈맨을 두었고, 『워싱턴포스트』가 그 뒤를 따랐다. 프랑스에서는 『르몽드』가 1994년에 도입했으며, 오늘날 13개국에서 70여 개의 미디어가 실시하고 있다. 옴부즈맨을 '독자의 대표' '독자의 변호사' '퍼블릭 에디터' 로 부른다.[35]

미국 『뉴욕타임스』는 옴부즈맨을 두면 편집의 독립을 해치게 될지 모른다는 우려에서 옴부즈맨을 두는 데 반대하다 2003년 최악의 내부 스캔들을 겪고 나서 2004년에 도입했다. 어떤 스캔들이었던가?

기자인 제이슨 블레어(Jaseon Blair)는 조작 · 표절 기사를 수십 건이나 저질렀는데, 이는 표절당한 신문기자가 문제를 제기해 밝혀졌다. 블레어에 대해선 평소 내부적으로 자질 문제가 거론됐지만 승진까지 했다. 그 이유가 흥미롭다. 흑인이었기 때문이라는 것이다. 즉, 차별 혐의를 배제하기 위해 우대를 한 셈이다.

『뉴욕타임스』는 2003년 5월 11일자에 장문의 1면 정정 · 사과 기사를 게재했으며, 2개 면 전체에 걸쳐 그간 블레어가 저지른 모든 사기·표절 기사 조사 결과를 발표하고 사과했다. 『뉴욕타임스』는 이 사건이 '152년사의 수치'라고 인정했다. 그런데 곧 뒤이어 릭 브랙 사건이 터졌다. 브랙은 퓰리처상까지 받은 기자였는데, 기사의 거의 대부분을 프리랜서의 정보공급에 의존했으면서도 마치 자기가 실제로 본 것처럼 기사를 작성한 것으로 밝혀졌다. 브랙은 다른 기자들도 그렇게 한다고 주장해 『뉴욕타임스』 기자들의 분노 어린 반박이 이어졌다. 『뉴욕타임스』는 28인 위원회를 구성해 진상 조사에 들어갔는데, 94쪽에 걸친 리포트는 옴부즈맨제 채택이 필요하다는 결론을 내렸다.[36]

당시 라스킨(A. H. Raskin) 논설 부주간은 "이를 데 없이 자기만족에 빠져있는 우리 사회의 모든 기관들 중에서도 언론과 같이 유아독존, 자기만족, 그리고 자화자찬에 빠져있는 데도 없을 것"이라며, 그런 함정에서 벗어나기 위해 옴부즈맨제의 도입이 필요하다고 역설했다.[37]

그런데 블레어는 해고 3개월 후에 최소한 40~50만 달러의 선불을 받고 회고록을 집필하기로 출판사와 계약함으로써 또 다른 윤리 문제를 불거지게 만들었다. 이에 대해 『타임스』 칼럼니스트 클라이드 헤이버만은 "우리는 용서하지 못할 행동을 오히려 보상하는 사회에 살고 있다. 우리는 부끄러움을 수용하는 능력을 잃은 것 같다"고 개탄했다.[38]

2007년에 일어난 옴부즈맨의 활약 사례 하나를 보기로 하자. 2007년 3월 11일 『뉴욕타임스』는 경쟁 신문의 특종 보도를 한동안 보도하지 않아 결과적으로 독자들의 '알 권리'를 침해했다고 '사과문'을 게재했다. 『뉴욕타임스』의 공공 에디터(public editor)인 바이런 칼레임(Calame)은 여론면에 「경쟁지가 특종했을 경우에도 뉴스를 전해야」라는 제목의 칼럼에서 이라크에서 다친 미육군 병사가 치료받는 월터 리드 군병원의 열악한 환경에 대한 기사가 『워싱턴포스트』에 특종 보도된 지 6일이 지나도록 『뉴욕타임스』가 한 줄의 관련 보도도 하지 않은 점을 사과했다. 『뉴욕타임스』의 공공 에디터는 독자들의 보도에 관한 의문을 조사해 처리하는 옴부즈맨 역할을 한다.

칼레임은 『뉴욕타임즈』엔 이런 늑장 보도가 몇 건 있다고 주장했다. 2006년에 시사주간지 『타임』이 미군의 이라크 하디사 마을 양민학살 사건을 특종 보도했을 때에도 『뉴욕타임즈』는 2개월 뒤에야 독자 취재에 나서 보도했다. 칼레임은 타지 특종을 무시하려는 경향은 『뉴욕타임즈』만의 현상이 아니며, 이는 기자들이 갖는 자부심(pride)으로 쉽게 설명될 수 있다고 분석했다. 기자들은 (타지에) 당하는 것을 좋아하지 않는다는 것이다. 그는 『뉴욕타임즈』는 지난 수년간 타사 특종을 무시해 독자들에게 뉴스를 제대로 전달하지 못하는 사태가 계속됐다며 중요한 뉴스는 타사 특종이라도 반드시 다뤄야 독자의 신뢰를 얻을 수 있다고 밝혔다.[39]

한국 언론의 옴부즈맨

일부 한국 언론이 실시해온 옴부즈맨은 진정한 의미의 옴부즈맨제도는 아니었다. 김균 서강대 신문방송학과 교수에 따르면, "국내 옴부즈맨제도는 1993년 3월 19일 『조선일보』가 옴부즈맨 전화를 설치함으로써 처음 도입됐다는 설이 유력하다. 최초의 정기적 옴부즈맨 칼럼은 1996년 『중앙일보』에서 처음 게재하기 시작한 것으로 보이며, 2001년 5월 현재 『중앙일보』 『동아일보』 『한국일보』 『경향신문』 『대한매일(서울신문)』 등 5개사가 옴부즈맨 칼럼을 운영했다. 2007년 3월 현재 중앙의 10개 종합지 중에서 정기적인 옴부즈맨 칼럼을 운영하는 신문은 『경향신문』 『국민일보』 『서울신문』 『한겨레』뿐이다. 2001년 5월과 비교할 때 『중앙일보』 『동아일보』 『한국일보』가 운영을 중단했으며, 『국민일보』와 『한겨레』가 새로 운영하고 있다."[40]

새 언론중재법 시행 이후 거의 대부분의 언론사가 고충처리인(옴부즈맨)을 두고 있는데, 대부분 '사내 겸직형' 이다. 사외 인사를 옴부즈맨으로 둔 언론사는 『한겨레』 『경기일보』 『경남도민일보』 『내일신문』 『무등일보』 『전남일보』 『충청타임즈』 등이다.[41]

2007년 1월 제2대 『한겨레』 시민편집인(옴부즈맨)을 맡은 김형태(51) 변호사는 "시민편집인은 기자들이 뽑아준 것도 아니고 독자가 추천한 것도 아니기 때문에 (역할 수행의) 원동력이 모호하기도 합니다. (외부인이기 때문에) 저는 구체적 신문제작 과정과 『한겨레』 내부 사정도 잘 모릅니다. 독자들이나 편집국은 저마다 자기 의견이 옳다고 주장할 것입니다. 그래서 무엇보다 제 글이 상대방한테 신뢰를 얻는 게 중요하다고 생각합니다"라면서 다음과 같이 말했다.

　　"시민편집인의 활동은 외부 여론, 독자, 『한겨레』 비판자, 『한겨레』 구성원들이 여러 가지 의견을 내야 풍부해질 수 있습니다. 개인 김형태가 개인 취향으로 끌고 갈 수 없습니다. 아무도 의견을 내지 않으면 시민편집인은 아무것도 할 수 없습니다. 시민편집인한테 다양한 의견을 보내주시길 부탁드립니다."[42]

　　2007년 3월 29일 김균 교수는 언론재단이 개최한 '신문옴부즈맨 현황과 발전방안' 세미나에서 한국 신문들이 자사 비판과 독자의견을 반영하기 위한 옴부즈맨제도를 등한시하고 있으며, 타사나 방송을 비판하는 수단으로 잘못 활용하고 있다고 지적하면서, "옴부즈맨제도를 개선해 언론의 신뢰성 회복을 위한 수단으로 적극 활용할 필요가 있다"고 밝혔다.

　　김 교수는 국내 신문의 옴부즈맨제도 현황을 분석하고 옴부즈맨제도의 본래 역할과 취지가 분명한데도 미디어 비평 칼럼과 혼동해 게재하고 있다고 지적했다. 옴부즈맨 칼럼은 엄밀하게 말해 옴부즈맨으로 임명된 이가 독자들에게서 제기된 불만과 불평, 정기적인 뉴스 모니터링의 결과 등을 토대로 정기적으로 집필하는 칼럼인데도, 국내 신문들은 언론보도나 현상을 비판하는 미디어 비평 칼럼으로 잘못 운영하고 있다는 것이다.

　　김 교수는 "미디어 비평 칼럼은 타사나 방송에 대한 비판을 주로 하고 있다는 점에서 전통적인 미디어 비평은 할 수 있어도 옴부즈맨 정신을 실현하기에는 부적합하다"며 "이들 칼럼을 분석한 결과 자기 비평의 수단이 되지 못했을 뿐 아니라 타사 또는 타 매체를 공격하기 위한 수단으로 오해될 소지가 다분했다"고 지적했다.

김 교수는 또 옴부즈맨 칼럼을 게재하는 언론사라고 할지라도 내용적인 면에서 높은 품질을 유지하지 못하고 있다고 비판했다. 옴부즈맨 칼럼이 자기비평이라는 최소한의 형식적 필요조건을 갖추고 있음에도 불구하고 내용적 측면에서 '자사 홍보용'으로 활용되고 있다는 것이다. 또, 내용에서도 "피상적인 보도내용에 관한 것이 가장 많았고, 취재 관행, 기자윤리, 언론사 경영 등의 문제를 주제로 다루는 옴부즈맨 칼럼은 거의 찾아볼 수 없었다"고 덧붙였다. 김 교수는 옴부즈맨 칼럼의 부실에 대해 "외부 필진들이 대부분 대학교수들이어서 언론인으로서 경험적 지식과 직업감각이 부족하기 때문"이라고 분석했다.

김 교수는 이처럼 한국 신문들이 등한시하는 옴부즈맨제도를 제대로 운영만 하면 언론의 신뢰도 제고에 큰 역할을 할 수 있다고 주장했다. 그는 이어 "미국의 옴부즈맨제도는 신문의 신뢰도를 높이고 독자들의 요구를 신문 제작에 적극적으로 반영하고자 하는 일상적인 노력의 하나로 인식되고 있다"며 "효과 극대화를 위해 연륜이 높고 명망 있는 전·현직 언론인들을 뉴스 옴부즈맨으로 임명하고 있다"고 밝혔다. 그는 "이것은 한국 신문에 시사하는 바가 크다"며 "기술의 변화도 언론 위기의 원인 중 하나지만 근본적인 원인은 독자로부터 신뢰를 잃었기 때문"이라고 지적했다. 김 교수는 "옴부즈맨제도를 신뢰성 회복을 위한 수단으로 적극적으로 활용하는 인식의 전환이 필요하다"며 "책임 있는 인사에게 책임에 맞는 업무를 부여해 옴부즈맨 칼럼의 제 역할을 하게 하고, 최소한 외부 필진에게 돌아가며 맡기는 현재의 관행은 심각하게 재고해야 할 것"이라고 강조했다.[43]

이 세미나에서 『한겨레』의 시민편집인인 김형태 변호사는 "오늘날 신문사는 외적 통제도 어렵지만 내적 통제도 매우 어렵다"면서 옴부즈맨 역할의 어려움을 토로했다. 언론의 생리를 잘 아는 고참 언론인이나 전직 언론인이 옴부즈맨 역할을 하면 좋겠는데, 자신이 소속된 신문을 비판하는 것이 쉽지 않다는 점도 거론됐다. 『부산일보』의 임성원 독자팀장은 지면에 옴부즈맨 칼럼이 게재되는 날이면 편집국에 비상이 걸린다. 기자들이 강력히 반발한다고 말했고, 『서울신문』의 김인철 부국장도 최근 6개월 동안 옴부즈맨 칼럼을 운영한 경험을 얘기하면서 유사한 발언을 했다.

이와 관련, 『경향신문』 설원태 선임기자는 "언론의 옴부즈맨제도는 원래 보도 수준을 향상시키기 위해 내부 비판을 수용하자는 취지일 것입니다. 자아비판에 귀를 열지 않는 한 형식적인 옴부즈맨 칼럼을 게재하든, 이 칼럼을 없애든 차이가 없을 것입니다"라면서 다음과 같이 말했다.

"언론재단의 조영현 미디어진흥팀장은 '재단은 옴부즈맨 운영 신문사를 지원하려 방안을 강구하고 있다'고 밝혔습니다. 신문법에 근거한 정부의 지원이나 언론재단의 지원을 받는 것은 어찌 보면 언론사로서 부끄러워해야 할 일입니다.(지역신문의 한 언론인은 '정부의 지원금을 받기 위해 옴부즈맨을 운영하고 있다'고 매우 솔직히 털어놓았습니다.) 언론사들은 정부나 언론재단이 신문의 품질향상을 위한 지원방안을 마련하기에 앞서 스스로 옴부즈맨 등 온갖 품질향상 방안을 강구해야 하지 않을까 싶습니다."[44]

이 세미나에서 쏟아져 나온 토론자들의 다른 발언들의 일부를 소개하면 다음과 같다.

"옴부즈맨 6개월이면 같이 밥 먹을 사람이 없어진다." "옴부즈맨은 누구한테도 칭찬을 못 받는, 사주나 편집인한테도 칭찬을 못 받는 자리임에 틀림이 없고 그 역할을 분명히 수행하는 것이 결국 모든 사람한테 욕먹는 자리다." "언론의 특성은 남을 헤집고 파헤치는 것인데, 언론 종사자들은 본인이 헤집어지는 것을 굉장히 싫어한다."[45]

이런 발언들이 시사하듯이, 옴부즈맨제의 형식적 운영은 한국의 낙후된 내부고발 문화와 무관치 않다. 지난 2004년 전국경제인연합회 등 경제 5단체는 과거 분식회계를 반성하고 투명 경영·윤리 경영의 자율적 실천을 다짐하면서 내부자 고발장치 제도화를 통한 내부통제 시스템 강화를 약속한 바 있으며, 금융기관에서는 준법감시실 운영을 통해 내부고발을 접수하겠다고 했다. 특히 외환은행은 외부 옴부즈맨에게 내부 비리를 고발하는 신문고제도를 도입하였으며, 우리은행은 아예 내부고발을 시민단체에 아웃소싱하기도 했다.

그러나 2007년 12월 7일치 『한겨레』 보도에 의하면, 기업체들은 이렇게 겉으로 내부고발자 보호를 통한 윤리경영을 떠들면서도 실제로는 내부고발에 대해 두둔 발언을 하는 입사지원자에게 불이익을 주었다고 한다.[46] 신문이나 기업이나 눈 가리고 아웅 하는 게 어찌 그리 똑같은가.

옴부즈맨제와 관련해서 언론에게 필요한 건 역발상이다. 바닥에 떨어진 신뢰를 명실상부한 옴부즈맨제로 살려보려는 적극적인 자세가 필요하다는 것이다. 사주와 경영진의 결정에 앞서 기자들의 자세 전환이 요구된다. 앞서 소개됐지만, 옴부즈맨 칼럼에 대해 기자들이 강력 반발하기 때문이다. 비판에만 익숙하고 비판은 받지 않으려는 기자 특유의 '아비투스(습속)' 탓이다. 그걸 극복해야 한다.

제7장

프라이버시

프라이버시의 사회학

우리는 문화적으로 서양 나라들에 비해 프라이버시를 대단치 않게 여기거나 그 침해에 대해 관대한 경향이 있다. 그게 무조건 잘못되었다거나 나쁘다고 말할 수는 없을 것이다. 지나친 프라이버시 보호의식도 꼭 좋은 것만은 아니기 때문이다.

지난 1994년 10월 스위스에서 '태양의 사원' 이라는 사교 집단이 스스로 떼로 죽는 참사를 일으켰을 때에 일부 전문가들은 그 사건의 이유를 스위스인들의 사생활 보호에 대한 지나친 집착에 돌리기도 했다. 스위스인들은 다른 사람의 사생활에 관심을 보이는 것을 끔찍히도 싫어하며 가족들조차 개인감정에 대해 거의 얘기하지 않는데, 이 때문에 직계 가족의 틀 밖에서 이해와 동정을 구하려는 경향이 강하며 세계에서 인구당 정신분석학자와 심리학자가 가장 많은 곳이 제네바와 취리히라고 한다.[1]

그런 진단의 타당성 여부에 관계없이 프라이버시 보호의식이 폐쇄의식을 말하는 건 아니라는 걸 확인해둘 필요는 있겠다. 프라이버시는 인권의 문제인 동시에 대단히 실용적인 효용도 갖고 있는데, 프라이버시 보호는 민주주의와 깊은 관련이 있다. 바로 다음과 같은 이유 때문이다.

"자신들에 관한 정보를 통제할 수 없게 된 개개인은 결국 소극적으로 된다. 그들을 둘러싼 세계에서 자신은 이미 그 일부가 아니라고, 즉 자신들은 그 세계의 목격자에 불과하다고 느끼기 시작하고 정책결정자가 말하는 대로 생각하기 시작한다. 그렇게 되면 그들은 창조적, 생산적 시민이기를 포기해버린 것이다."[2]

또 현실적으로 프라이버시권이 표현의 자유에 상당한 제약이 되고 있기는 하나 좀 더 깊이, 그리고 멀리 생각하고 내다볼 때에 둘이 꼭 상충된다고 볼 필요는 없을 것이다. 미국의 법학자 로드니 스몰라가 지적하였듯이, "사적인 공간이나 조용히 사색할 수 있는 기회가 없는 생활은 창조적이고 통찰력 있는 표현이 나올 가능성이 없는 생활"이므로 "프라이버시는 인간에게 말할 수 있는 뭔가를 제공함으로써 인간의 표현적인 면을" 계발한다고 볼 수 있기 때문이다.[3]

알란 웨스틴(Alan Westin)은 1967년 저서 『프라이버시와 자유(Privacy and Freedom)』에서 프라이버시권을 "자신에 관한 정보에 대한 통제권"으로 파악하고 "프라이버시권은 개인·그룹 또는 조직이 자신에 관한 정보를 언제 어떻게 그리고 어느 정도로 전할 것인가를 결정할 수 있는 권리"라고 정의했다. 그는 프라이버시를 통해서 개인은 ①개인적인 자율성의 보호 ②내부적인 감정을 해소할 수 있는 기회 ③자기평가의 기회 ④제한적인 선택적인 커뮤니케이션 등 4가지의 가치를 추구할 수 있다고 주장했다.[4]

제임스 레이만(James Reiman)은 1995년에 쓴 글에서 만약 프라이버시가 보장되지 않는다면 우리의 자유는 다음과 같은 두 가지 방식으로 매우 위축된다고 주장했다. 첫째, 프라이버시의 결여는 종종 타인들이 자신의 행위를 통제하는 결과를 낳을 수 있다. 둘째, 사람들은 프라이버시의 결여로 타인에 의해

감시되거나 감독을 당할 때 평소와는 다르게 행동한다.[5]

그런가 하면 '사회적 가면'의 필요성이라고 관점에서 프라이버시권을 주장하는 사람도 있다. 미국 조지워싱턴대 법학과 교수 제프리 로즌은 2000년 『뉴욕타임스』지에 기고한 글에서 사회학자인 어빙 고프만을 인용하며 다음과 같이 말했다.

"고프먼이 1960년대에 주장했듯이 사람들은 어떤 한 가지 성격만을 일관되게 연기하는 것이 아니라 각각 다른 상황에서 다른 역할을 연기한다. 예를 들어 교수인 나는 학생들을 대할 때, 동네 세탁소 주인을 대할 때 각각 다른 사회적 가면을 이용한다. 만약 이 가면들을 모두 강제로 벗겨버린다면 남는 것은 진정한 자아가 아니라 방어능력을 잃어버린 상처 입은 인간일 것이다. 고프만은 또한 사람들이 무대에 서는 배우들처럼 무대 뒤의 공간을 필요로 한다고 주장했다. 이 공간에서 사람들은 남들 앞에서 쓰고 있던 가면을 벗어버리고 추잡한 농담을 지껄이기도 하면서 사회생활의 불가피한 일부인 긴장을 털어낸다."[6]

허영은 "사생활의 비밀과 자유는 인간 행복의 최소한의 조건"이라고 전제한 뒤 다음과 같이 말한다.

"사생활의 내용에 대해서 외부적인 간섭을 받게 되고, '나만의 영역'이 타의에 의해서 외부에 공표되었을 때, 사람은 누구나 인간의 존엄성에 대한 침해 내지 인격적인 수모를 느끼게 된다. 사생활의 비밀과 자유를 존중하고 보장하는 것이 '인간의 존엄성' 내지 '행복추구권'과 불가분의 관련이 있다고 평가되는 이유도 그 때문이다. 사생활의 비밀과 자유를 지키는 것은 곧 인간의 존엄성을 지키는 것과 같다는 논리의 설득력이 바로 여기에서 나온다."[7]

'프라이버시권'이란 무엇인가?

프라이버시법은 영미법에서도 100년 미만의 역사를 갖고 있다. 미국에서 프라이버시권에 대한 요구를 낳게 한 요인으론 ①국가 통치영역의 확대와 사적 영역의 감소 ②대중저널리즘과 선정주의 ③전문적인 조사기관의 활성화와 민간의 조사활동 활발 ④정보사회의 테크놀로지 혁명 등을 들 수 있다.[8]

그러나 그런 요인은 동시에 그만큼 프라이버시를 지키기가 어렵게 됐다는 걸 말해주는 것이기도 하다. 캘빈 고틀립(Calvin C. Gotlieb)은 프라이버시가 "그 시대가 도래했다가 가버린" 개념이라며 다음과 같이 말한다.

"반대하는 모든 주장에도 불구하고 대부분의 사람들은 다른 이해관계가 걸려 있을 때, 프라이버시에 가치를 둘 만큼 신경을 쓰지 않는다. … 프라이버시를 희생시켜 얻은 보상이 지금은 너무 흔해져서 모든 실용적인 목적에 더 이상 프라이버시는 존재하지 않는다."[9]

선 마이크로시스템스의 최고경영자 스콧 맥닐리는 "이제는 프라이버시란 아예 없을 겁니다. 이런 상황에 적응하려면 노력하는 길밖에 없습니다"라고 단언한다.[10]

각 개인 차원에선 그런 노력이 필요할 수도 있겠지만, 공적 차원에선 그래도 프라이버시를 지키기 위한 노력이 끊임없이 전개돼 왔다. 법 이론적으론 1890년 『하버드 로 리뷰』에 게재된 새뮤얼 워렌(Samuel D. Warren)과 루이스 브랜다이스(Louis D. Brandeis)의 논문 「프라이버시권(The Right to Privacy)」이 주목할 만하다. 이 논문은 개인의 권리를 위협하는 무책임한 언론의 실태에 대해 다음과 같이 말했다.

"언론은 모든 방면에서 타당과 분별의 분명한 한계를 넘어서고 있다. 이제 가십은 더 이상 한가한 자나 불량한 자들의 단순한 소일거리가 아니고 염치불구하고 악착같이 찾아다니는 장삿거리가 되었다. 호색적인 취미를 만족시키기 위해 날마다의 신문에서는 성적 관계의 자세한 묘사를 담은 이야기들이 보도되고 있다. 태만한 자들을 독자로 끌어모으기 위해 신문의 지면은 모두가 그런 쓸모없는 가십들로 가득 차 있는데, 그런 가십들은 오직 개인의 가정 내 생활에 침입함으로써만이 얻을 수 있는 것들인 것이다."[11]

이 논문은 '홀로 있을 권리(the right to be let alone)' 를 주장하였다. 이는 원래 토머스 쿨리가 1888년에 쓴 「불법행위에 관한 연구(Treatise on the Law of Torts)」에서 제시된 것인데, 워렌과 브랜다이스를 통해 널리 알려지게 된 것이다.[12] 이는 자신에 관한 정보를 통제할 수 있는 권리라 할 수 있다. 저작권법상의 판례들이 사상이나 감정 등에 대한 프라이버시의 권리를 인정하는 것이라면, 그러한 사상이나 감정이 문서나 행위·대화·표정 등의 어떤 형태로 표현되든 마찬가지로 프라이버시에 대한 권리로서 보호되어야 한다는 것이다. 즉, 비밀·성역·독거(獨居)·정온(靜穩)·익명과 같은 인간 실존의 내면적인 문제에 관심을 집중시켜 그러한 것을 보호할 권리를 프라이버시권이라고 말할 수 있다.[13]

워렌과 브랜다이스는 프라이버시권이 갖는 한계를 다음과 같이 지적하였다. ①공공 또는 일반적인 이익에 관한 사항의 공표는 막지 못한다. ②그 공개가 문서나 구두에 속한 명예훼손의 법에 따라 면책이 인정된 표현이 될 상황 아래서 행해진 경우에는 사적인 것을 포함하여 어떤 상황에 관한 공개도 금하지 못한다. ③프라이버시권은 실해(實害)가 없는 한 사적인 사항에 관한 구두의 공표에 대해서는 어떠한 구제도 인정치 않는다. ④명예훼손에서 오래 전부터 면책사유가 되어 온 '진실' 은 프라이버시에서는 면책이 되지 못한다. ⑤악의의 결여가 프라이버시 침해에는 면책이 되지 못한다.[14]

명예훼손에 대한 법원의 대응도 주마다 각기 다르지만, 프라이버시권의 경우 그 편차가 훨씬 더 심하다. 미네소타주와 노스다코타주는 아예 프라이버시권을 법률적으로 인정하지 않고 있으며, 버몬트주와 와이오밍주에서는 프라이버시권을 법률적으로 인정한 사례가 지금까지 단 한 건도 보고되지 않고 있다. 각기 정도의 차이는 있을망정 나머지 46개 주에서는 프라이버시권을 인정하면서 법률적으로 보호해주고 있긴 하지만,[15] 판사에 따른 차이가 심하다.[16] 특히 언론보도와 관련하여 프라이버시권을 넓게 해석할 경우 언론자유에 큰 제약을 가할 수 있다는 점을 우려하기 때문인 것으로 보인다.[17]

프라이버시권의 3대 영역

프라이버시권을 단지 명예훼손의 관점에서만 보는 것은 너무 소극적이고 편협하다. 오늘날엔 적극적이고 넓은 의미에서의 프라이버시권이 사회적 현안으로 대두되고 있다. 로드니 스몰라는 프라이버시권을 ①정부의 간섭을 받지 않고 개인이 사생활적인 행위나 관계를 즐길 수 있는 자율권(autonomy) ② '개인적인 공간'을 가질 수 있는 '은둔(seclusion)'의 권리 ③ '정보적 프라이버시(informational privacy)'로서 정보의 비밀을 유지할 수 있는 권리 등과 같은 3가지 관점에서 보고 있다.[18]

같은 맥락에서 권영성이 프라이버시권의 '협의설' '광의설' '최광의설'을 소개하며 말한 다음과 같은 논의가 프라이버시권의 '지형도'를 그리기 위한 시도에 도움이 될 것이다.

"프라이버시권에 관하여 제1설(협의설)은 그것을 '사생활의 평온을 침해받지 아니하고 사생활의 비밀을 함부로 공개당하지 아니할 권리'로 이해하지만, 제2설(광의설)은 프라이버시권을 소극적으로는 '사생활을 함부로 공개당하지 아니하고 사생활의 평온과 비밀을 요구할 수 있는 법적 보장'으로 이해하나 적극적으로는 '자신에 관한 정보를 관리·통제할 수 있는 법적 능력'으로 이해한다. 이에 대하여 제3설(최광의설)은 프라이버시권을 사생활의 비밀과 자유뿐만 아니라 주거의 불가침·통신의 불가침 등도 포괄하는 개념으로 파악한다. 프라이버시권을 제2설의 입장에서 이해할 경우, 헌법 제17조의 사생활의 비밀과 자유는 곧 프라이버시권을 의미한다고 할 수 있다."[19]

이와 같은 분류에 따르자면, 이 장은 주로 협의의 프라이버시권에 대하여 논할 것이고 다음 장의 "개인정보 수집과 유출"은 '광의설'에서의 적극적인 의미의 프라이버시권을 다룬다고 말할 수 있겠다.

프라이버시 문제는 크게 언론보도와 관련된 것과 개인정보와 관련된 것으로 나눌 수 있다. 프라이버시와 관련된 법 제정은 주로 후자 중심으로 이루어져 왔다. 미국에서 그 대표적인 법은 1974년에 제정된 '프라이버시법'이다. 이 법의 목적은 프라이버시 침해에 대하여 개인의 확고한 안전장치를 강구하는 것이었는데, 그 주요 내용은 ①정부는 비밀의 데이터뱅크를 보유해서는 안되며 미국인에 관하여 정부가 모은 모든 정보는 극비로 취급해야 한다 ②사람들은 자기들에 관한 기록과 더불어 누가 자신들의 기록을 봤고 어떻게 그것들이 이용되었는가에 대해 알 권리를 갖는다 ③ 서면상의 동의 없이 정부기관은 개인기록을 누구에게라도 내주어서는 안 되며 당초의 목적 이외에 이용해서도 안 된다 등이었다.[20]

그런데 이 법은 이와 같은 숭고한 목적과는 달리 의외의 부작용을 낳았다. 그 이유는 주로 기술과 관련돼 있다. 제프리 로스페더(Jeffrey Rothfeder)는 "프라이버시법의 성립 이전에는 정부기록의 태반이 종이 위에 수작업으로 보존되어 있었다. 그러나 프라이버시법을 준수하기 위하여 연방기관은 이 시대에 뒤진 방법을 지양하고 급속하게 컴퓨터화할 필요에 쫓겼다. 수집한 데이터에 색인을 달고 그 데이터를 신속하게 분류하는 수단으로써 컴퓨터가 필요했던 것이다"며 다음과 같이 말한다.

"GAO(회계감사원)의 설명에 따르면, 프라이버시법은 아이러니컬하게도 이 법안 제출자의 의도와 상반되는 결과를 낳았다. … 그것은 '개인정보를 부당하고 부적절하게 이용할 수 있는 기회까지 증가시켜 개인의 권리에 안전조치를 강구하는 것을 한층 곤란하게 했다.' … 정보량의 엄청남에는 확실히 놀라지 않을 수 없다. 178개가 넘는 연방기관과 각 부국이 2000개에 가까운 데이터뱅크를 소유하고 있고 그 모두가 각기 수천만 종의 파일을 내장하는 특대형 컴퓨터를 사용하고 있다. … 이러한 시스템의 11%가 프라이버시법에 명백하게 위반됨에도 불구하고 내용은 물론 그 존재조차 세상에 알려져 있지 않다."[21]

로스페더는 프라이버시법을 가장 무시한 사건으로 카터 행정부 시절 보건·교육·복지장관을 역임한 조셉 캘리파노가 1977년에 도입한 '컴퓨터 매칭'을 꼽았다. 이는 정부의 복지수당 수령자 파일과 급료 수급자의 파일을 순식간에 컴퓨터로 비교하여 양쪽에서 돈을 타내는 사람을 고발하기 위해 고안된 것이었다. 문제는 이 '컴퓨터 매칭'이 그 목적으로만 이용된 게 아니라 다른 분야에까지 확산되었다는 데에 있다. 캘리파노는 후일 자신이 '컴퓨터 매칭'을 도입한 이유는 그 방식을 신용해서가 아니라 복지정책을 반대하는 사람들의 반격을 제압하기 위한 정치적인 목적이었다는 걸 실토했다고 한다.[22]

바로 그와 같은 이유 때문에 프라이버시 옹호론자들은 프라이버시법의 존재 자체를 마땅치 않게 생각하게 되었다. 이 법 때문에 프라이버시가 정부에 의해 보호되고 있다는 그릇된 생각을 사람들에게 심어주어 새로운 법의 제정을 어렵게 만들고 있기 때문이라는 것이다.[23]

로스페더는 미국에서의 프라이버시 보호가 얼마나 어설프게 이루어지고 있는가를 보여주기 위해 1988년에 제정된 '비디오 프라이버시 보호법'을 예로 들었다. 그는 이 법의 제정 배경과 관련, 다음과 같이 말한다.

"프라이버시가 법으로 가장 잘 보호되고 있는 장소를 찾는다면 그것은 비디오 대여점이다. 로버트 보크가 1987년 대법원판사로 지명되었을 때에 일어난 사건으로 인해 그 업종의 프라이버시는 확실하게 보장되었다. 당시에 워싱턴 DC의 주간 신문 『시티 페이퍼』의 야심적인 기자가, 보크가 자주 출입하는 비디오점을 방문하고 판사가 자주 빌려가는 비디오의 종유를 점원에게 물었다. 그는 〈데이비 더즈 달라스〉나 〈딥 스로트〉(모두가 에로틱한 작품)라는 대답이 나오기를 기대했지만 예상과는 달리 존 웨인물뿐이었다. 『시티 페이퍼』는 어쨌든 판사가 빌려간 영화의 제명을 기사화했다. 그것은 본 국회의원들은 열화처럼 분노하고 즉시 1988년의 '비디오 프라이버시 보호법'을 성립시켰던 것이다. 그 법에 의해 고객의 동의 또는 법원의 허가 없이 대여점은 대여기록을 공개할 수 없게 되었다. 또한 대여기록을 자료로 한 명부를 파는 것도 금지되었다."

로스페더는 '포르노영화를 보는 비밀은 보호되고 있는 반면' 더욱 중요한 것들이 보호되지 않고 있다며 그건 '머리만 가리고 엉덩이는 드러내는 격'이라고 꼬집는다.[24] 아닌게 아니라 프라이버시 보호 실태를 보자면 '머리만 가리고 엉덩이는 드러내는 격' 이라는 표현이 딱 어울리는 것 같다.

1999년 6월, 미국 연방정부는 결혼과 이혼 통계를 더 이상 작성하지 않기로 결정했는데, 예산 문제와 더불어 연방정부가 국민 개개인의 결혼이나 이혼 등 사생활에 관한 정보를 알아야 할 이유가 없다는 주장때문이었다고 한다.[25] 이런 외신을 접하면 미국이라는 나라가 엄청나게 프라이버시 보호에 엄격한 나라인 것처럼 생각되겠지만, 그 실상은 꼭 그렇지만도 않다. 이건 다음 장에서 살펴보기로 하자.

한국의 프라이버시 관련 법

한국에서 '프라이버시' 라는 외래어가 널리 쓰이기 전엔 프라이버시권(right of privacy)을 주로 '사생활권' 으로 불렸으나, 이젠 프라이버시권이란 말이 자연스럽게 받아들여지고 있다. 프라이버시권을 일본에선 내비권(內秘權), 중국에선 은사권(隱私權)이라고 부르고 있다.[26]

우리 헌법상 프라이버시 보호와 관련된 핵심 조항은 헌법 제17조 "모든 국민은 사생활의 비밀과 자유를 침해받지 아니한다(사생활의 비밀·자유 불가침권)" 이며, 그밖에 제10조 "모든 국민은 인간으로서의 존엄과 가치를 가지며, 행복을 추구할 권리를 가진다(인간존엄과 행복추구권)", 제16조 주거의 불가침, 제18조 통신비밀의 불가침 등이 있다.

우리나라에서는 1980년에 제정된 5공화국 헌법이 사생활의 비밀과 자유에 대한 보장을 규정하여 헌법상으로는 프라이버시권(사생활권)을 권리로서 인정하게 되었으나, 아직 법원에서는 프라이버시권을 별개의 권리로 인정하지 않고 있다.

다만, 대법원은 1969년 1월 31일 개인의 사생활에 관한 사실을 함부로 폭로, 유포할 경우에는 명예훼손이 성립된다고 판결하여 명예훼손 규정의 확대로서 프라이버시권의 보호를 기하고자 한 판례를 남기고 있다.[27] 그러나 원론상 명예훼손과 사생활 침해의 차이는 논의할 수 있을 것이다. 이에 대해 유일상은 다음과 같이 말한다.

"첫째, 사법적 보호법익으로서 사회적 평가가 차지하는 비중이 각각 다르다. 전자는 사회적 평가를 저하시키거나 저하시킬 우려가 있는 행위를 뜻하나 후자는 사회적 평가와 상관없이 사회적 명성이나 인망 · 덕망도 포함하는 것으로 보아야 할 것이다. 둘째, 본인의 의사와 처벌과의 관계가 다르다. 명예는 객관적으로 존재하고 본인의 의사에 반하여 처벌하지 않도록 규정하고 있으나 사생활권 침해의 여부는 본인의 의사와 승낙 여부에 따라 불법행위의 성립이 좌우된다. 셋째, 진실성의 증명이 사법적 책임의 관건이 되는가 아닌가 하는 점에서 큰 차이가 있다. 전자는 사실의 적시가 공공의 이해와 관련하여 공익을 도모하는 것일 때, 진실성 증명이 있으면 위법성이 조각되어 면책되나, 후자는 진실성 증명과 상관없이 침해의 정도가 문제된다. 넷째, 법적 장치가 있고 없음에서 큰 차이가 있다. 전자는 민 · 형사상 충분히 그 책임을 질 수 있도록 규정하고 있으나 후자는 헌법존중적 차원에서는 불법이나 형법상으로는 비밀의 침해나 업무상 비밀누설의 경우에만 불법행위를 구성할 뿐이며, 그 밖에도 사생활의 평온을 무수히 해치는 행위에 대한 책임을 명시하지 않고 있다."[28]

프라이버시 보호와 관련된 법은 여기저기 산발적으로 널려 있어 독립적인 프라이버시 보호법 제정이 필요하다는 목소리가 높다. 기존 법 가운데 소극적이고 좁은 의미의 프라이버시 보호와 관련된 걸로 볼 수 있는 법으로는 형법엔 제316조 비밀 침해와 제319조 주거 침입 등이 있으며, 경범죄 처벌법엔 제1조 1호 빈집 등에의 잠입, 24호 불안감 조성, 49호 무단 침입, 53호 장난전화 등이 있다.

1993년 12월 27일에 제정된 '통신비밀보호법'도 있다. 이 법은 "통신 및 대화의 비밀과 자유에 대한 제한은 그 대상을 한정하고 엄격한 법적 절차를 거치도록 함으로써 통신비밀을 보호하고 통신의 자유를 신장함을 목적(제1조)"
으로 제정되었지만, 범죄수사를 위한 통신제한조치(제5조), 국가안보를 위한
통신제한조치(제7조)를 규정하고 있으며, 제8조에는 법원의 허가없이 48시간
동안 통신제한조치를 할 수 있는 것으로 되어 있어 안기부 등 정보수사기관의
활동영역을 상당히 넓혀주고 있다.[29]

2001년 12월 29일 개정된 통신비밀보호법은 검사장의 승인만으로, 긴급한
사유가 있을 경우에는 사후 승인으로도 통신일시, 발·착신 통신번호, 통신회
수 등 '통신사실확인자료'를 전기통신사업자에게 요청할 수 있도록 하였다.
이에 시민사회단체들이 강력 반발해, 2005년 5월 통신사실확인자료 제공을
요청할 경우에도 법원의 허가를 받도록 통신비밀보호법이 개정되었다.[30] 국
정원은 도청 장비가 폐기된 후 휴대폰 감청이 불가능하여 범죄수사에 제약이
많다고 계속 주장했는데, 이런 요청을 반영한 통신비밀보호법 개정안이 2008
년 10월 상정됨으로써 뜨거운 논란을 빚고 있다.[31]

다른 사람의 인터넷 이메일을 당사자 동의 없이 몰래 읽으면 어떻게 될까?
통신비밀보호법에 의해 처벌된다. 최초의 적용 사례를 보자. 2001년 1월 5일
서울경찰청 사이버범죄수사대는 인터넷에서 상대방의 신상정보를 이용, 타
인의 이메일을 몰래 읽은 홍모씨(24, 남, K대 의대 4년)를 통신비밀보호법 위반
혐의로 불구속 입건했다. 홍씨는 2000년 10월초 인터넷 채팅을 통해 알게 된
장모씨(22, 여, Y대 4년)의 이메일 계정에 침입해 장씨 친구들이 보낸 편지 7통
을 몰래 읽은 뒤 장씨의 이메일 계정을 아예 지워버렸다. 장씨의 신고를 받은
경찰은 인터넷 접속 경로를 추적해 홍씨를 붙잡았다.[32]

그러나 공익을 위한 언론보도의 경우엔 달리 볼 수 있다. 2006년 8월 11일 서
울중앙지법 형사합의 24부(김득환 부장판사)는 '안기부 X파일' 내용을 보도한
혐의로(통신비밀보호법 위반) 불구속 기소된 MBC 이상호 기자에 대한 선고공판
에서 이 씨의 보도행위는 공적 관심사에 국민의 알 권리를 충족하는 정당행위
로 판단된다며 무죄를 선고했다. '통신비밀'과 '언론자유' 법리가 직접 충돌

한 사안에 대한 판결은 이 사건이 처음이다. '안기부 X파일'은 국가안전기획부 직원들이 1997년 3회에 걸쳐 서울의 호텔 일식집 등에서 이학수 당시 삼성그룹 회장 비서실장과 홍석현 당시 『중앙일보』 사장이 '정치권 동향 및 대권후보들에 대한 정치자금 제공' 등에 대하여 논의한 대화를 도청한 것이다.

항소심은 2006년 11월 23일 원심과 다르게 이상호 기자의 유죄를 선고하였다. 이 사건 대화의 내용이 공익을 위해 부득이하게 보도할 수밖에 없는 대상이었다고 평가하기엔 부족하고, 수단과 방법의 상당성이 있었다고 평가하기에도 부족하며, 보도의 긴급성 사유도 약하다는 이유에서였다.[33]

앞서 이야기한 바와 같이, 비교적 적극적이고 넓은 의미의 프라이버시권은 다음 장인 "개인정보 수집과 유출"에서 다루도록 하겠다. 신문윤리실천요강 제12조(사생활보호)도 "언론인은 공익을 위해 부득이 필요한 경우를 제외하고는 개인의 사생활을 보도·평론해서는 안 된다"고 규정하면서 다음과 같은 4개 항을 제시하고 있음을 참고할 필요가 있겠다.

①사생활 영역 침해 금지: 기자는 개인의 주거 등 사생활 영역에 허락 없이 침해해서는 안 된다. ②전자개인정보 무단검색 등 금지: 기자는 컴퓨터 등 전자통신기에 입력된 개인정보를 소유주나 관리자의 승인 없이 검색하거나 출력해서는 안 된다. ③사생활 등의 사진촬영 및 보도금지: 기자는 개인의 사생활, 사유물, 개인에 속한 기타 목적물을 동의 없이 촬영하거나 취재 보도해서는 안 된다. 다만 공인의 경우는 예외로 한다. ④공인의 사생활 보도: 언론인은 공인의 사생활을 보도·평론하는 때에도 절제를 잃지 않도록 경계해야 한다.

'도용'으로 인한 프라이버시 침해

윌리엄 프로서(William Prosser)는 1960년 8월 『캘리포니아 로 리뷰(California Law Review)』에 발표한 논문에서 300여 개의 프라이버시 관련 판례를 분석한 다음 프라이버시 침해의 유형으로 다음 4가지를 들었는데, 이는 지금까지도

널리 통용되고 있는 분류법이다.

①도용(appropriation): 타인의 성명이나 초상 등을 본인의 동의 없이 영리상의 목적으로 이용할 경우 프라이버시권의 침해가 된다. ②침입(intrusion): 가장 흔한 보통의 프라이버시 개념이다. ③공중의 오인(false light in the public eye): 개인에 관하여 공중에게 잘못된 인상을 주게 하는 공표행위다. ④개인적인 일의 공표(public disclosure of private facts): 타인의 사생활에 관한 사항을 공표하는 자는 그의 프라이버시를 침해한 것으로서 책임을 져야 한다.

이제부터 국내외 사례를 같이 소개하면서 이들 각각의 경우를 살펴보기로 하자. 도용(盜用)은 타인의 성명이나 초상 등을 본인의 동의 없이 영리상의 목적으로 이용하여 프라이버시권을 침해하는 것을 말한다. 미국의 대표적인 2가지 사례를 살펴보자.

(사례) 1977년 잿시니 대 스크립스-하워드 방송사(Zacchini v. Scripps-Howard Broadcasting Co.): 잿시니(Hugo Zacchini)는 '인간 대포'로 대포 속에 들어가 공중을 나는 묘기를 보여주는 사람이다. 그는 오하이오주의 한 방송사가 그의 묘기를 뉴스 시간에 내 보내자 그게 자신의 생계를 위협하는 일이라며 소송을 제기했다. 방송사는 겨우 15초 보여줬을 뿐인데 그게 무슨 문제가 되느냐고 항변했지만, 연방대법원은 원고 승소 판결을 내렸다. 15초지만 그의 묘기 전체를 보여줬기 때문에 공표권 침해라는 것이다.(소수 의견은 그건 영리 추구가 목적인 아닌 정당한 뉴스 아이템으로 보아야 한다고 주장했다.)[34] 이는 '도용'과 관련하여 연방대법원에까지 간 최초의 사건이었다. 이와 같은 판례에도 불구하고 많은 주들은 이 권리를 별개로 인정하지 않거나 아직 고려하지 않고 있다.[35]

(사례) 사진합성에 의한 침해: 미국의 영화배우 더스틴 호프만은 1999년 1월 자신을 여장(女裝)으로 합성한 사진을 무단 게재한『로스엔젤레스 매거진(Los Angeles Magazine)』상대로 손해배상 소송에서 승소해 150만 달러의 배상을 받

왔다.

우리나라에선 도용과 관련된 권리로 성명권과 초상권을 들 수 있는데, 이는 각기 민법 제750조와 제751조에 따라 보호되고 있다.

> 제750조 고의 또는 과실로 인한 위법행위로 타인에게 손해를 가한 자는 그 손해를 배상할 책임이 있다.
> 제751조 타인의 신체자유·명예를 해친 자에게 재산 이외의 손해에 대해서도 배상책임이 있다.

이런 권리를 공표권(right of publicity)이라고 하는데, 이는 이름의 재산권을 인정하는 것이다. 운동선수, 연예인, 작가, 기타 유명 인사 등이 이러한 권리를 누린다. '공표권'은 박용상의 번역을 따른 것이며, 권영성은 '퍼블리시티권(초상게재권)'이라고 소극적인 번역을 하면서 그 정의를 다음과 같이 내리고 있다.

"퍼블리시티권'은 사회적으로 저명한 사람이 자신의 이름이나 사진 혹은 모습 등이 상업적으로 부당하게 이용되는 것을 방지하기 위하여 보호되는 유명도에 관한 개인적 권리이며 새로운 지적재산권이라 할 수 있다."[36] 강경근은 '명성권',[37] 언론중재위원회는 '초상영리권'이라는 표현을 쓰고 있다.[38]

현재 언론에서 가장 널리 쓰이는 용어는 '퍼블리시티권'이다. 국립국어원은 퍼블리시티권을 '초상사용권'으로 쓸 것을 제안했으나, 언론은 계속 퍼블시티권으로 부르고 있다. 지금 통용되고 있는 퍼블리시티권 개념은 초상권과는 달리 양도가 가능하다. 초상권에는 인격권과 재산권의 성격이 모두 들어 있다. 촬영 및 이용을 거절할 수 있는 권리는 인격권에 해당한다. 초상 등을 상업적으로 이용할 수 있는 퍼블리시티권은 재산권이라는 측면에서 저작권과 비슷하다. 하지만 저작권은 저작자에게, 초상권은 초상의 주인에게 주어진다는 점에서 다소 차이가 있다. 예를 들어 A가 B를 촬영한 경우 A는 저작권을, B는 초상권을 갖게 된다.[39)]

퍼블리시티권의 유형별 사례

(사례) 승낙의 범위를 벗어난 침해 사례: 1988년 '한혜숙 대 럭키금성사' 간의 소송에서 서울민사지방법원은 "피고인 럭키금성사는 원고를 모델로 한 카탈로그용(반도패션 봄철·여름철 의류) 사진의 촬영 및 공표에 관하여만 원고의 승낙을 얻었음에도 불구하고 그 승낙의 범위를 벗어나 월간잡지(『여원』『월간중앙』『여성동아』『가정조선』 등)에까지 원고의 위 카탈로그용 사진을 실어 광고에 사용하였는 바 위 월간잡지상의 광고는 당초 원고가 피고들과 계약시 예상과는 판이한 별개의 광고 방법이라 할 것이어서 원고의 초상권을 침해하였다"고 판시하였다.[40)]

(사례) 퍼블리시티권을 인정한 최초의 판결: 1995년 6월 23일 서울지법은 핵물리학자 이휘소 유족들이 『무궁화 꽃이 피었습니다』라는 소설을 출간한 출판사를 상대로 낸 출판금지가처분 신청에 대해 소설에서 이휘소의 성명, 사진 등을 사용한 것이 상업적 이용에 해당되지 않는다는 이유로 퍼블리시티권 침해를 인정하지 않았다. 김동하는 이 판결을 '퍼블리시티권의 개념을 인정한 최초의 판결'로 보았다.[41)]

(사례) 최초로 음성권 인정: 1995년 9월 27일 서울지방법원은 성우인 김모씨가 그의 음성을 무단 사용한 M제약회사를 피고로 하여 제기한 손해배상청구 소송에서 M사는 음성 사용료로 금 600만 원을 지급한다는 화해를 성립시켰다. 원고인 성우 김모씨는 1989년 12월 피고 M제약회사와 1년간 라디오의 약품광고에 출연하기로 계약하였는데, 피고는 광고 계약기간이 끝났음에도 라

디오 광고에 나왔던 목소리 중 일부를 편집하여 광고 계약이 끝난 지 3년이 넘도록 자동전화 안내용 테이프로 사용하였다. 이것은 우리나라에서 목소리도 성명, 초상, 명예 등과 같이 법적인 인격권에 해당하는 것으로 처리된 최초의 사례다.[42]

(사례) 대기업 총수 평전 사건: 1995년 9월 27일 서울지법은 모 대기업 총수의 평전을 본인의 동의 없이 발간하고 그 표지와 광고에 얼굴사진을 게재한 사안에서 공적 인물은 자신의 사진, 성명, 가족들의 생활상이 공표되는 것을 어느 정도 감수해야 한다는 입장을 보였다. 뛰어난 기업인으로서 이미 우리 사회의 공적 인물이 된 신청인을 모델로 하여 쓰여진 평전의 표지 및 그 신문 광고에 신청인의 사진을 사용하고 성명을 표기하는 것은 그 평전이 신청인의 명예를 훼손시키는 내용이 아닌 한 허용되어야 한다는 것이다.[43]

(사례) 허위 출연 광고 사건: 1996년 5월 16일 서울지법 민사합의 제11부는 연극배우 윤석화씨가 이벤트 회사를 상대로 낸 손해배상청구소송에서 "김씨가 배우 윤씨와 섭외도 하지 않은 채 마치 출연할 것처럼 허위광고를 한 것은 성명권의 침해"라며 1000만 원의 배상 판결을 내렸다. 재판부는 우리 민법은 성명권에 관하여 특별한 규정을 두고 있지 않으나 일반적 인격권의 하나로 이러한 성명권을 침해할 경우 배상해야 한다고 판시했다.[44]

(사례) 계약기간 이상의 사용: 1999년 5월 18일 서울지법 민사24부는 광고계약기간이 끝났는데도 허락 없이 사진을 광고물에 실어 초상권을 침해당했다며 인기 탤런트 최진실씨가 한미약품공업(주)을 상대로 낸 5억 원의 손해배상청구소송에서 '최씨에게 2000만 원을 배상하라'며 원고 승소 판결했다. 최씨는 1992년 한미약품과 발포성 비타민 '쎄쎄'의 광고모델 계약을 맺으면서 6개월 동안만 사진을 광고물에 쓰기로 했으나 지난해까지도 약품 포장 등에 사

진을 실었다며 소송을 제기했다.[45]

(사례) "신인 땐 사진 실리려 애쓴다": 2000년 3월 16일 서울지법 민사합의 16부(재판장 하광호)는 인기 탤런트 허영란양(19)이 자신의 사진을 한복광고에 무단 도용한 것은 부당하다며 유명 한복 디자이너 이모씨를 상대로 낸 7000만 원의 손해배상청구소송에서 원고의 청구를 기각했다. 재판부는 "신인 연예인의 경우, 잡지나 방송 등의 매체에 사진이 많이 실리기 위해 애쓴다는 점을 고려하면 데뷔 초 허양이 자신의 사진 중 일부가 이씨의 광고용 사진으로 사용될 수 있다고 용인한 것으로 보인다"고 밝혔다. 허양은 1998년 12월 모 월간지 게재용으로 이씨로부터 모델료 25만 원을 받고 한복사진을 찍었으나 이 사진이 이씨의 한복광고와 함께 월간지에 실리자 소송을 냈다.[46]

(사례) 정신적 손해는 인정하지 않는다: 2004년 12월 서울중앙지법 민사합의 12부는 탤런트 이영애씨가 자기가 모델로 나선 광고를 계약기간이 끝난 뒤에도 사용했다며 D화장품사를 상대로 낸 2억 원 손해배상청구소송에서 퍼블리시티권 침해를 인정, 회사는 1500만 원을 배상하라고 원고 일부 승소 판결을 내렸다. 재판부는 이씨 측이 정신적 고통을 받았다며 함께 제기한 위자료 청구에 대해서는 "유명 연예인은 일반인과 달리 초상권을 퍼블리시티권으로 보호받으므로 초상권 침해로 정신적 손해가 발생했다고 보기 어렵다"며 기각했다.[47]

(사례) 사자(死者)의 퍼블리시티권: 사자도 퍼블리시티권을 법적으로 인정받을 수 있을까. 그 후손이 상속을 통해 권리를 보호받을 수 있는 기간은 얼마나 될까. 이와 관련된 뚜렷한 법률 규정이 없는 상황에서 2007년 2월 서울동부지법 민사13부(김용석 부장판사)가 이 같은 궁금증을 풀어주는 판결을 내렸다. 단편소설 「메밀꽃 필 무렵」으로 유명한 이효석(1907~1942)의 장녀인 이나미씨

(75)씨가 "아버지의 초상이 들어간 상품권(사진)이 성인오락실 경품용으로 사용돼 퍼플리시티권을 포함한 초상권을 침해당했다"며 상품권 업체를 상대로 낸 손해배상청구소송에서다.

재판부는 "이미 숨진 사람도 퍼블리시티권을 인정받을 수 있고, 후손이 상속을 통해 권리를 보호받을 수 있는 기간은 50년"이라고 밝혔다. 생존자에 한정해 퍼블리시티권을 인정해온 기존의 판결 내용과는 다른 것이다. 김 부장판사는 "퍼블리시티권은 인격권보다는 재산권에 가깝다"고 말했다. 퍼블리시티권을 인격권으로 볼 경우 이미 숨진 사람에게는 적용할 수 없지만 재산권으로 보면 판단을 달리해야 한다는 것이다. 따라서 상표권이나 저작권처럼 상속도 가능하다는 것이 재판부의 설명이다. 재판부가 후손이 퍼블리시티권을 행사할 수 있는 기한을 50년으로 잡은 것은 상표법과 저작권보호법 등의 규정을 유추해 판단한 것이다. 저작권보호법은 "저작재산권의 보호기간은 저자의 사망 후 50년"으로 규정하고 있다. 하지만 재판부는 이효석 선생이 세상을 떠난지 60여 년이 지난 점을 들어 이에 따른 손해배상청구는 기각했다. "상품권 때문에 아버지의 명예가 훼손됐다"는 주장에 대해서는 "오히려 상품권 사용자들에게 이효석 선생과 작품을 알리는 효과가 있었다"고 밝혔다.[48]

이에 대해 홍승일은 "저세상 사람의 얼굴까지 재산권으로 간주한 법원의 판단이 의미심장하다. 인기 스타나 저명인사들이 유산상속 목록에 퍼블리시티권 증서를 포함하는 일이 조만간 벌어질지 모르겠다"고 했다.[49]

(사례) '유명인 성대모사 소송 대상': 2007년 3월 동국대 문화예술대학원 공연예술경영 전공 김종희는 「실연자(實演者)의 지적재산권에 관한 연구, 저작인접권을 중심으로」라는 석사논문에서 특정인의 얼굴, 목소리, 이름, 별명 등을 허락 없이 묘사하거나 모방하는 행위도 퍼블리시티권 침해라고 주장했다. 이럴 경우 TV 개그 프로그램 등에서 유명인의 목소리를 따라하거나 비슷한 이름을 만들어 희화화하는 것도 법적으로 문제가 될 수 있다. 예컨대, 개그맨 유재

석의 별명인 '메뚜기' 등도 당사자 동의 없이 사용할 수 없다. 월드컵 응원단인 '붉은 악마'는 1998년 '레드데블스'라는 이름과 회원들의 얼굴사진을 담은 광고를 낸 10여 업체에 대해 이미지 사용금지를 요청했다. 또 상업적 목적으로 만들어진 패러디는 패러디로 인정받을 수 없다. 2001년 가수 서태지와 아이들의 노래 〈컴백홈〉을 패러디한 개그맨 이재수의 〈컴배콤〉에 대해 법원은 "원곡을 비평해 새로운 가치를 창출하지 않고 상업적 목적으로 단순히 웃음을 주는 데 그친 개사곡은 패러디로서 보호받을 수 없다"고 판단한 바 있다.[50]

(사례) 허락 없이 사진 제공: 2007년 11월 서울중앙지법 민사25부(재판장 한창호)는 조인성씨 등 유명 연예인 7명과 소속사가 ㈜스크린엠앤비를 상대로 "퍼블리시티권을 침해했으므로 각 5000만 원을 지급하라"며 낸 소송에서 "6명에게 500만~1500만 원을 지급하라"며 원고 일부 승소 판결했다. 재판부는 광고출연료의 차이에 따라 전지현·정우성·조인성·지진희씨에게는 1500만 원, 차태현씨에게 1000만 원, 양진우씨에게 500만 원을 지급하라고 밝혔다. 영화잡지 『스크린』을 발행하는 스크린엠앤비사가 2006년 6월 이들의 사진을 일본 회사에 넘겨 휴대전화 이용자들이 유료로 보거나 저장하자, 이들은 "허락 없이 사진을 제공해 '퍼블리시티권'을 침해했다"며 소송을 냈다.[51]

(사례) 연예인 예명을 도용한 음란 사이트: 2007년 12월 28일 서울중앙지법 민사합의 11부는 'www.twistkim.com'이란 이름의 음란 사이트를 운영한 유모씨 등 4명에게 총 2500만 원의 위자료 지급 판결을 내렸다. 배우 '트위스트 김(71, 김한섭)'은 '트위스트 김'을 도메인에 포함시킨 음란 사이트들이 생겨나자 연예활동에 피해를 입었다며 소송을 냈다. 재판부는 "김씨의 예명을 도메인 이름으로 이용한 것은 김씨가 음란 사이트의 운영자이거나 음란물과 관련이 있는 것을 암시할 뿐만 아니라 김씨의 예명으로부터 음란 사이트를 연상하게 함으로써 김씨의 사회적 가치와 평가를 저해할 가능성이 있다"고 설명

했다.[52]

(사례) 정황에 따른 퍼블리시티권 침해: 프로골퍼 최경주씨(39)는 2008년 5월 '알바트로스 정기예금'을 취급한 우리은행이 자신의 퍼블리시티권을 침해했다며 소송을 냈다. 우리은행이 "한국 국적 골프선수가 세계 4대 메이저 대회에서 1회라도 우승하면 보너스금리를 지급하고, 홀인원을 하면 보너스금리의 두 배를 준다"며 알바트로스 정기예금 상품을 출시한 지 두 달 만이었다. 최씨의 소속사가 "메이저 대회에서 우승할 수 있는 한국 선수는 현실적으로 최씨밖에 없는 상황에서 아무런 계약도 하지 않은 채 최씨의 성명권과 퍼블리시티권을 침해했다"며 배상을 요구하고 나선 것이다. 상품설명서에 '한국 국적 골프선수'라고 표현했지만, 사실상 최씨의 우승 여부에 따라 수익을 얻게 되는 상품이므로 당사자의 사전 허락을 얻었어야 한다는 주장이다. 2008년 말 서울중앙지법 민사합의15부는 "우리은행은 최씨에게 1000만 원을 지급하라"는 화해 권고안을 냈고 이를 양측이 받아들여 권고안이 확정됐다.[53]

'침입'으로 인한 프라이버시 침해

침입(intrusion)은 주거지에 대한 침입을 비롯하여 개인이 물리적으로 홀로 있거나 격리되어 있는 상태로 침입하는 것, 울타리의 틈 사이로 남의 집안을 들여다보는 것, 남의 사사로운 대화를 엿듣는 것, 전화를 도청하거나 남의 주거지에 도청장치나 고감도의 마이크나 송신기를 설치해서 도청하는 것, 전자망원렌즈가 달린 고성능 카메라로 먼 거리에 있는 개인의 주거 안을 촬영하는 것 등의 행위도 모두 해당된다. 상점에서 쇼핑백을 검색하거나, 남의 은행구좌를 권한 없이 조사하는 것도 불법행위다. 공원이나 도로 등 공공의 장소에서는 고독의 권리가 인정되지 않아 그런 자리에서 누구를 감시한다 해도 프라이버시권의 침해가 되지 않는다.

그러나 공공의 장소라도 사적인 것이 존재할 수 있다. 카메라나 마이크를 몰래 숨기고 취재할 경우, 보도의 책임은 면해도 침입의 책임은 면할 수 없다. 기자가 제3자의 침입행위로 얻어 온 자료를 복사해 보도했을 때 침입행위에 대해서는 책임을 지지 않으나 원본을 소지했을 경우엔 타인 재산 불법 전용(conversion)의 책임을 져야 한다.[54]

비극적인 사건에 대해 취재욕만 앞세우는 기자들의 무감각은 꼭 법적으로 문제가 되지 않을지라도 심각한 윤리적 문제를 낳는다. 언젠가 미국에선 불이 나 몽땅 타버린 집 앞에서 비통해하는 집 주인에게 한 방송사 기자가 "어떻게 생각하느냐"는 질문을 던지며 마이크를 내밀었다가 집 주인으로부터 얼굴에 주먹을 맞은 일도 있었다. 기자들의 이런 몰상식한 취재욕에 대해 유진 굿윈은 다음과 같이 말한다.

"비극적 사고에 대한 기사는 흔히 기자들이 슬픔에 잠긴 생존자들에게 부담을 주는 경우가 많다. '총명한 기자들도 슬픔에 잠긴 사람들을 취재할 때는 바보 같은 질문을 하는 경우가 많다'고 CBS 뉴스 워싱턴 특파원 브라이언 힐리는 말하는데, 예를 들어 방송기자들이 사고 당사자들에게 마이크를 들이대는 경우가 많다는 것이다. 신문기자들도 비슷한 일들을 하고 있다. 크리스마스 장식에 목이 막혀 질식사한 어린이의 슬퍼하는 가족들을 취재하라는 지시를 받은 시카고의 한 신문기자는 그의 편집자로부터 장식품이 무슨 색깔이었는지를 가족에게 물어보고 전화하라는 명령을 받았다는 것이다."[55]

유명인을 쫓아다니며 못살게 구는 허래스먼트(harassment)도 침입의 일종이다. 재클린 케네디를 쫓아다니던 한 사진기자에 대해 법원은 그 기자가 재클린으로부터 24피트, 아이들로부터 30피트 떨어질 것을 명령하였다.[56]

1998년 2월, 캘리포니아주 산타모니카 법원은 영화배우 아놀드 슈왈츠제네거를 집요하게 추적해 촬영한 2명의 파파라치에겐 불법감금죄 등을 적용해 금고 90일과 60일의 실형을 언도하는 동시에 벌금과 2년간의 보호관찰 처분이라는 무거운 판결을 내렸다. 사건의 내용인즉슨, 1997년 5월 슈왈츠제네거가 심장판막수술을 받고 퇴원한 직후 임신 중인 처가 운전하는 차를 타고 세 살짜리 자식을 유치원으로 보내는 도중에 2명의 파파라치가 차 두 대에 나누어 타고 협공을 하는 방식으로 슈왈츠제네거의 차를 세우게 하고 비디오와 사진을 촬영했다는 것이다.[57]

영국에서 1997년 6월부터 시행된 '1997년 괴롭힘에 대한 법(Harassment Act 1997)' 은 잠입추적자에 의한 희생자를 보호하기 위해 제정되었다. 이 법은 괴롭힘을 느끼게 하거나 불안과 비탄에 빠지게 하는 두 가지 경우를 일으킬 수 있는 뒤쫓는 행위를 처벌할 수 있다. 이 경우 최고 6개월의 징역형 또는 5000 파운드의 벌금을 부과할 수 있다. 단지 추적 과정이 '정당한' 상황은 처벌받지 않는다. 법원이 해석한 이 '정당한' 상황은 기사내용이 적법한 공공이익과 관련하여 취재원의 권리가 침해받지 않는 균형있는 행동을 취한 경우이다.[58]

1997년 9월부터 영국에서는 다이애나비 사망의 여파로 파파라치를 규제하기 위한 논의가 더욱 활발하게 이루어졌다. 언론불만처리위원회(PCC)는 보도실천요강을 개정하였는데, 새로 추가된 5가지 조항은 ①괴롭힘(Harassment) ②프라이버시 ③아동 ④공공이익 ⑤슬픔에 대한 침해(intrusion into grief) 등이었다. PCC는 언론이 보도실천요강의 실천에 협조해줄 것을 요청했는데, 특히 '언론매체의 집단취재(media scrum)' 의 근절로 파파라치가 초래한 문제를 해결하자고 제안했다. 스크럼은 신문기자나 방송기자의 적법한 취재활동 중에도 형성되지만 뉴스기사를 위해 한 사람을 에워싸는 경우도 발생하고 있으며, 취재원을 둘러싸는 경우는 '집단 괴롭힘' 의 형태로 심각한 위협이 될 수 있다는 것이다. 그러나 전국언론인노조는 "모든 것은 여론을 진정시키기 위한 허위이며 다이애나비 사망에 뒤이은 비판에 대한 과민한 반응이다. 또한 악법을 제정하려는 상습적이며 전형적인 수법" 이라며, 새로 추가된 보도실천요강 조항을 따르지 않을 것이라고 선언했다.[59]

스토킹(Stalking)도 침입의 일종으로 볼 수 있다. 우리 법원은 스토킹을 "인격권에 대한 침해" 로 간주하여 처벌한다. 불법침해(trespass)도 침입의 일종인

데, 이는 수사 또는 다른 이유로 금지선을 설정한 경찰과 취재의 목적으로 그 금지선을 침해하는 기자들 사이에서 자주 발생한다.[60] 우리나라에선 경범죄 처벌법에 따라 제1조 49호(무단침입) "출입이 금지된 구역이나 시설 또는 장소에 정당한 이유 없이 들어간 사람"에 대해선 10만 원 이하의 벌금, 구류, 과료에 처한다. 형법상의 침입 관련 조항은 다음과 같다.

형법 제319조(주거 침입, 퇴거불응) ①사람의 주거, 관리하는 건조물, 선박이나 항공기 또는 점유하는 방실(房室)에 침입한 자는 3년 이하의 징역 또는 500만 원 이하의 벌금에 처한다. ②전항의 장소에서 퇴거 요구를 받고 응하지 아니한 자도 전항의 형과 같다.

'침입'의 유형별 사례

(사례) 미행 · 도청 · 협박으로 괴롭히기: 1966년 미국의 소비자운동가인 랄프 네이더(Ralph Nader)는 자동차회사인 GM을 상대로 2700만 달러에 이르는 손해배상청구소송을 제기했다. 네이더가 GM 자동차의 안전문제를 제기하자 GM은 네이더의 뒤를 캐는 등 그를 못살게 굴었다. 사람들을 시켜 네이더를 잘 아는 사람들을 찾아다니며 그에 대한 사적 정보를 수집하면서 네이더에 대한 험담을 늘어놓았으며, 네이더의 전화를 도청하고 밤늦게 협박전화를 하고, 심지어 그를 미행하는 사람은 네이더가 은행에서 돈을 찾으면 얼마나 돈을 찾는지 알기 위해 옆에서 기웃거리는 등의 방법으로 네이더를 괴롭혔다. 우여곡절 끝에 GM은 네이더와 타협을 보아 소송취하 조건으로 네이더에게 42만 5000달러를 지불했다. 네이더는 그 돈을 GM 자동차의 안전을 감시하는 데 사용하였다.[61]

(사례) 고객으로 변장한 몰래카메라: 1971년 'Dietemann v. Time, Inc.' 사건에서 다이어트맨(Dietemann)은 돌팔이 의사였다. 그의 돌팔이 행각을 『라이프(Life)』 잡지의 두 기자가 부부로 변장해 방문한 다음 몰래카메라로 촬영하고

비밀 녹음기로 녹음을 하여 보도하였다. 『라이프』지는 이러한 취재행위가 정당한 '탐사 저널리즘' 이라고 주장하였지만 연방고등법원은 부당한 '침입' 이라며 『라이프』지에 1000달러 배상 판결을 내렸다.[62]

(사례) '침입' 의 현장이 어디인가?: 1978년 'Cassidy v. ABC' 사건에서 캐시디(Cassidy)는 시카고의 형사였다. 그는 한 마사지 팔러(massge parlor)에 들어가 돈을 주고 여자를 부른 다음 여자를 체포했다. 평소 형사들의 그런 위장 단속에 화가 난 주인은 ABC 방송 기자들을 불러 그 단속 장면을 몰래 촬영하게 했다. 캐시디는 방송사를 상대로 소송을 제기하였지만 일리노이 고등법원은 ABC에 승소 판결을 내렸다. 이 사건이 다이어트맨 사건과 다른 점은 캐시디와 그의 동료 형사들은 당시 공무 수행중인 공무원이었으며 촬영팀은 개인 집이 아니라 영업장소에 있었다는 점이다.[63]

(사례) 위장잠입 후 몰래 촬영: 1997년 1월 미국 ABC 방송국은 몰래카메라를 이용해 푸드라이언(Food Lion)사의 오염된 고기 판매 사실을 폭로했다가 취재 과정에서 불법성이 인정된다는 법원의 판결로 550만 달러(한화 약 44억 원)의 손해배상금 지불명령을 받았다. ABC 방송은 1992년 11월 프로듀서 2명을 푸드라이언사에 위장취업시켜 상한 고기를 포장하는 종업원들의 작업 모습을 몰래카메라로 잡아 〈프라임타임 라이브〉라는 뉴스매거진 프로그램으로 방송했다. 식료품점의 비위생적인 상품 관리에 대한 ABC의 보도내용에 공감하지만 방송 담당자들이 신분을 위장한 사기와 무단침입죄를 범한 것 또한 부인할 수 없는 사실이라는 것이 법원의 판결 요지였다.[64]

(사례) 허락받지 않은 몰래 촬영: 1997년 8월 17일 서울지방법원 남부지원 민사3부(부장판사 박태범)는 연세대 성악과 재학생인 성모씨 등 4명이 문화방송과 〈시사매거진 2580〉 기자 2명을 상대로 낸 손해배상청구소송에서 '피고들

은 원고에게 200만~600만 원씩 모두 1600만 원을 배상하라'며 원고 일부 승소 판결을 내렸다. 재판부는 판결문에서 "현행법상 초상권에 대한 명문규정은 없지만 헌법 10조 행복추구권 규정에 따라 모든 국민은 사생활의 비밀과 초상권을 침해받지 않을 인격권을 갖는다"며 "방송사가 성씨 등의 사전 동의 없이 신입생환영회 장면을 몰래 촬영, 방영한 것은 촬영거절권을 침해한 것으로 불법행위"라고 밝혔다. 성씨 등은 〈시사매거진 2580〉 취재팀이 취재 장소를 식당으로 국한해 음주장면 등은 촬영하지 않는 등 자신들과 사전 협의한 것과는 달리 1997년 3월 신입생환영회를 촬영하면서 음주장면과 2차 장소인 나이트클럽 화장실에서의 대화 장면 등을 몰래 촬영, '공포의 통과의례'라는 제목으로 방영하자 각각 2000만 원의 배상을 요구하는 소송을 냈다.[65]

(사례) 경찰의 기자 대동: 1999년 5월 24일 미국 연방대법원은 경찰이 구속·수색·압수 영장을 집행할 때 기자를 데리고 가는 것은 헌법 위반이라고 판결했다. 윌리엄 렌퀴스트 대법원장은 "경찰이 영장을 집행하면서 언론매체 관계자를 대동하는 것은 수색과 구속에 관한 헌법규정을 위반한 것"이라며 특히 피의자 사생활보호 조항을 위배했다고 밝혔다. 렌퀴스트 대법원장은 "경찰이 가택을 수색하거나 피의자를 체포하도록 허가받은 것은 언론매체를 동원할 수 있다는 허가는 아니다"고 덧붙였다. 미국 메릴랜드 경찰은 1992년 메릴랜드주 락빌에 사는 폭력행위 피의자를 자택에서 체포하면서 『워싱턴포스트』기자를 대동해 제소됐다. 당시 피의자였던 도미니크 윌슨 부부는 경찰이 기자를 동원해 사생활이 침해됐다며 손해배상을 청구했다. 이 재판에서 대법원은 경찰의 처사가 잘못이라고 판결했으나 경찰과 함께 가서 취재한 『워싱턴포스트』측에 대해서는 무혐의 처분을 내렸다. 1990년대 들어 미국 경찰은 영장을 집행할 때 기자를 대동할 수 있도록 허용했지만, 이 판결은 경찰의 그 같은 조치에 대한 이의 제기인 셈이다.[66]

(사례) '몰래카메라'에 대한 공포:『대한매일』2000년 2월 1일자에 따르면, "서울 A여대 기숙사에서 생활을 하는 김모씨(24, 여)는 서울 세운상가 등에 'A여대 기숙사'란 제목의 '몰래카메라' 비디오테이프가 거래되고 있다는 말을 들은 뒤 밤잠을 이루지 못한다. 혹시 자신이 찍히지 않았을까 하는 걱정 때문이다. 김씨는 '누군가 엿보고 있다는 불안감에 잠자리에 들기 전 창문이 열려 있는 지를 확인하고 옷까지 입고 자는 버릇이 생겼다'고 말했다."[67]

(사례) '전화금지 가처분': 2008년 2월 대기업 과장 심모씨(37)는 자주 다니던 술집 여주인 이모씨(39)가 전화 좀 그만하게 해달라며 법원에 '전화금지 가처분' 신청을 냈다. 심씨는 "왜 날 배신했느냐"며 무시로 전화를 걸고 찾아오는 이씨의 협박과 저주에 시달렸다. 3월 서울중앙지법 민사합의50부(재판장 이동명)는 심씨의 요청을 받아들이면서 "이를 위반할 때마다 심씨에게 100만 원씩 지급하라"고 결정했다.[68]

(사례) '접근금지 가처분': 2008년 5월 19일 오세훈 서울시장은 시장공관 앞에서 시위를 벌이고 있는 9명을 상대로 '접근금지 가처분' 신청을 서울중앙지법에 냈다. 오 시장은 신청서에서 "지난해 11월부터 성북천 삼선상가 철거민 등이 아침마다 찾아와 추가보상을 요구하며 욕설을 퍼붓고 곡(哭)소리를 하는 등 '인격권'을 침해하고 있다"며 "공관으로부터 100m 내에 오지 못하게 해달라"고 요청했다. 이와 관련『조선일보』2008년 5월 21일자는 "미국에선 활성화돼 있는 '접근금지'에 대한 요청이 요즘 우리 법원에도 심심찮게 접수되고 있다. '접근금지 가처분'은 가정폭력에 대한 제재 조치로 행해지는 경우가 많지만, 요즘은 신청 이유가 다양해졌다"며 다음과 같이 말했다.

"가수 이소은씨는 지난 14일 공개석상에서 스토킹 피해 경험을 털어놓으면서, '2년간 음란성 메시지를 보내거나 찾아오던 남자가 법원의 접근금지명령이 내려지자 한동안 나타나지 않았다'고 밝혔다. 오세훈 시장처럼 '불법 시위'에 시달리거나, '빚 독촉'에 시달리는 사람도 법원에 '접근금지' 가처분을 신청한다. 정운찬 서울대 전 총장은 지난 2006년 황우석 교수 지지자들의 '스토킹'에 시달리다 법원의 도움을 받았다. 황우석 지지자들은 황 교수가 '논문 조작' 논란으로 파면되자, 2개월여간 정 전 총장의 출퇴근 시간에 맞춰 집과 연구실에 찾아가 차량 탑승을 방해하고, 확성기로 욕설이 담긴 구호를 외쳤다. 서울중앙지법에 따르면, 지난해 접수된 '접근금지 가처분' 신청은 36건으로 이중 50%인 18건이 받아들여졌다. 이처럼 인정되는 비율이 높은 이유는 '접근금지 가처분'의 신청자가 대부분 다툼이 많은 '금전적 권리'가 아니라 인간의 기본권인 '인격권'을 주장하기 때문이다."[69]

'공중의 오인'으로 인한 프라이버시 침해

'공중의 오인(false light in the public eye)'은 개인에 관하여 공중에게 잘못된 인상을 주게 하는 공표행위로 4가지 침해 유형 가운데 가장 큰 논란이 되고 있어 미국의 10개 주는 이 경우의 프라이버시 침해를 불법행위로 간주하지 않고 있다.[70]

프로서(Prosser)도 이 '공중의 오인'이 모든 명예훼손법을 삼켜버릴지도 모른다는 견해를 표명하였으며, 아닌 게 아니라 그후 한동안 일어난 일은 그런 가능성을 어느 정도 현실화시켜주었다.[71] '공중의 오인'엔 보통 다음과 같은 3가지 경우가 있다.

첫째, 어느 개인의 것이 아닌 발언이나 의견을 그의 것처럼 공표하는 경우다. 언론이 어떤 사건에 관해 저명인사의 논평을 조작해서 싣는 경우가 많다.

둘째, 개인의 사진을 아무 합리적인 관련이 없는 보도 등에 사용하여 그 내용에 관계가 있는 것 같은 인상을 줄 경우다. 예컨대, 교통사고로 죽은 아이의 사진을 '죽기를 자청한 어린이들'이라는 제하의 어린이들의 부주의로 인한 교통사고에 관한 기사에서 사용하는 경우를 들 수 있다.

셋째, 소설이나 논픽션 등에서 개인의 이야기를 그릇되게 묘사하는 경우다. 최근 팩션(faction = fact+fiction) 열풍이 불면서 이로 인한 갈등이 많이 발생하고 있다.

'공중의 오인'으로 인한 프라이버시 침해와 명예훼손 사이의 경계가 명확한 건 아니다. 이를 잘 보여준 게 1967년 'Time, Inc. v. Hill' 사건이다. 미 연방대법원은 이 사건에 대한 판결에서 3년 전 사건인 'New York Times Co. v. Sullivan' 판결에서 제시된 '현실적 악의' 개념을 적용하였다. 이 사건의 내용은 이렇다.

1950년대 초 제임스 힐(James Hill)의 가족은 3명의 탈옥수들에 의해 집에 약 24시간 인질로 감금되었다. 탈옥수들은 힐의 집을 떠난 뒤 경찰에 체포되었다. 뭐 그렇게 드라마틱한 일이 없었는데도 이 사건은 언론에 떠들썩하게 보도되어, 급기야 이 사건을 소재로 한 소설이 쓰여졌고 연극으로까지 공연되었다. 문제는 타임사 소속의 잡지인 『라이프』지가 그 연극을 다루는 기사에서 그 연극이 힐 사건을 소재로 한 것이라고 자세히 밝히면서 시작되었다. 이 잡지는 힐의 집 사진을 크게 실었을 뿐만 아니라 연극에 출연한 배우들을 그 집(힐 가족이 이사를 가고 비어 있었음)으로 데려가 사건현장에서 사진촬영까지 하였다.[72]

힐은 이 잡지에 대해 프라이버시 침해 소송을 제기했다. 원고는 그 잡지가 자기 가족의 이름을 상업적 목적으로 이용하였으며 가족이 탈옥수들로부터 받은 고통도 훨씬 더 과장되게 묘사하였다고 주장하였다. 원고는 뉴욕주법원에서는 승소를 하였지만, 대법원의 생각은 달랐다. 대법원은 5대 4의 다수 판결에서 그 기사가 힐 가족의 이름과 사진을 사용한 걸 상업적 목적(trade purposes)으로 볼 수 없다고 판시하였다. 모든 신문과 잡지에 실린 정보적 기사들은 설사 그것들이 이윤을 추구하는 상행위로 간주되고 있을망정 상업적 목적을 위해 출간된 건 아니라는 것이었다. 그러면서 대법원은 원고는 피고의 '현실적 악의'를 입증해야 한다고 판시한 것이다.[73]

방석호는 "'오해를 낳는 공표'의 프라이버시 침해 유형에서 소위 '현실적 악의'의 요소를 다시 한 번 강조함으로써 언론의 자유를 보장하는 한편, 프라이버시 보호의 한계를 처음으로 제시한 것은 유명한 '타임 판결'이었다"며 다음과 같이 말한다.

"원고가 언론기관의 고의를 단순한 고의가 아닌 '현실적 악의'로 파악·입증하여야 하며, 더 나아가 일반 민사사건의 입증에서 통상 요구되는 '증거를 통한 심증(preponderance of evidence)' 보다 더 높은 '확실하고도 명확한(convincing clarity)' 수준의 증거를 통해서만 비로소 언론기관에 대해 프라이버시 침해의 책임을 지울 수 있게끔 판시함으로써 언론의 자유와 프라이버시 침해와의 관계 설정에 대한 분명한 입장을 정리하였다."[74]

'공중의 오인'으로 인한 프라이버시 침해 사례를 살펴 보기로 하자.

(사례) 1993년 '권순정·김현정·김연화 v. Newsweek Inc.' 사건에서 서울민사지방법원 재판부는 '본인들의 동의 없이 사진을 찍어 사회적으로 부정적 평가를 받고 있는 내용을 다룬 기사의 중간에 삽입하여 초상권을 침해하고 명예를 훼손하였으므로 원고들에게 각 2000만 원씩을 지급하라'고 판결했다. 이 사건의 요지는 『뉴스위크』지가 1991년 11월 11일자에 「너무 빨리 부자가 되다(Too Rich Too Soon)」라는 제목으로 한국의 과소비 풍조에 대하여 비판적인 기사를 게재하면서 이화여자대학교 정문 앞을 걸어 나오는 원고들의 사진을 찍어 이를 천연색으로 삽입함으로써 발생하였다.[75]

(사례) 1995년 미국 데이트라인 NBC 취재진은 트럭회사의 비리를 밝히는 프로그램을 준비하면서 이 프로가 트럭운전사들에게 호의적으로 제작될 것이라고 속여 트럭운전사들을 인터뷰했다. 그러나 이 프로그램은 '고속도로는 트럭운전사의 킬링필드다'라는 내용으로 방영됐다. 문제의 트럭회사와 트럭운전사는 보도내용이 사실이기 때문에 명예훼손을 문제 삼을 수는 없었지만 취재 과정에서 사생활을 침해당했다며 소송을 제기해 트럭회사는 35만 달러,

트럭운전사는 17만 5000달러의 손해배상액을 받아냈다.[76]

(사례) 2007년 6월 20일 서울중앙지법 민사합의 25부(한창호 부장판사)는 드라마 〈제5공화국〉이 '수지김 간첩조작 사건' 과 관련해 박철언 전 의원의 명예를 훼손한 점이 인정된다며 MBC와 담당 PD 등 6명에게 2000만 원을 배상하고 정정보도하라고 판결했다. 재판부는 "특정인에 관한 드라마가 방송될때 시청자들이 그 드라마에서 묘사한 인물이 누구인지 알 수 있고, 그 내용에 특정인의 명예를 훼손하는 내용이 포함돼 있다면 그 형식이 다소 허구적인 내용이 포함될 수밖에 없는 드라마라 하더라도 명예훼손 책임이 있다"고 밝혔다. 박철언 전 의원은 2005년 9월 자신이 '수지김 간첩조작 사건' 에 간여한 것처럼 묘사돼 명예가 훼손됐다며 10억 원의 손해배상소송을 제기했다.[77]

인터넷에선 영상 이미지 변경이나 조작이 상시적으로 일어나고 있기 때문에 '공중의 오인' 으로 인한 프라이버시 침해의 새로운 차원이 열렸다고 해도 과언이 아니다.[78] 특히 패러디가 가장 골치 아픈 문제로 떠올랐다. 패러디를 하는 쪽의 입장에선 더할 나위 없이 아름다운 '표현의 자유' 이겠지만, 당하는 쪽이야 어디 그렇겠는가.

'개인적인 일의 공표' 로 인한 프라이버시 침해

개인적인 일의 공표(public disclosure of private facts)는 그 공표된 사항이 합리적인 인물로서는 매우 불쾌한 것이고, 공중에 대해서는 정당한 관심의 대상이 되지 않을 경우 남의 프라이버시를 침해한 것으로서 책임을 져야 한다.[79] 이 경우 '공표' 는 명예훼손에서의 '공표' 또는 '공시' 와는 다른데, 이에 대해 염규호는 다음과 같이 말한다.

"프라이버시 사건에서 언론기관이 관련되면 공표의 요건은 이미 충족됐다고 보는 것이 일반적이다. 프라이버시 사건에서 공표(publicity)는 명예훼손 사건의 공시(publication)와는 다르다. 즉 공표는 '문제된 것이 일반 대중에게 알려지거나 아주 많은 사람들에게 알려져 공공이 알고 있는 것이 될 정도의 것'을 말한다. 공시는 명예훼손 피고 이외의 제3자가 비록 한 사람일지라도 문제의 내용을 알게 되는 것을 의미한다."[80]

(사례) 특이한 병에 걸린 사람의 공개: 끊임없이 먹지만 체중이 주는 병으로 한 여성이 병원에 입원했다. 『타임』지는 그녀의 뜻에 반해 사진을 찍고 '굶어 죽는 먹보(the starving glutton)'라고 보도했다. 법원은 피해 여성에 승소 판결을 내렸다. 이 보도는 일반 사람들(any reasonable person)에게도 불쾌한 (offensive) 것이며, 그녀의 병이 합법적인 공공 관심사(legitimate public concern)이라고 보기도 어렵기 때문이다.(Barber v. Time, Inc., 1942)[81]

(사례) 바람 때문에 치마가 올라간 사진 공개: 한 가정주부가 애들을 데리고 동네 장터에 놀러갔는데, 바람이 불어 치마가 위로 올라간 것이 우연히 사진에 찍혀 신문에 보도되었다. 얼굴은 가려졌지만 아이들이 옆에 있어 그녀가 누구인지 알 수 있었다. 법원은 여자에게 승소 판결을 내렸다. 그 사진은 그녀에겐 크게 당혹스러운 것이며, 그 사진의 '공적 가치'가 있는 것도 아니라는 이유였다.(Daily Times—Democrat v. Graham, 1962)[82]

(사례) 성기 일부가 드러난 축구선수의 사진 공개: 독일법원은 바짓가랑이가 찢어지면서 성기 일부가 드러난 한 분데스리가 축구선수의 골 문전 장면을 확대보도하면서 "그는 3만 관중에 대하여 스포츠맨다운 기질뿐 아니라 남성적인 자질도 확인해주었다"고 보도한 신문에 대해 1만 마르크(560여 만 원)의 배상 판결을 내렸다.[83]

그러나 공적 가치(public concern)가 높으면 원고의 곤혹스러움(embarassment)을 보호해야 할 가치를 능가할 수 있다. 예컨대, 어린이의 질식사 같은 사건이 그런 경우에 해당될 것이다. 한 개인의 과거를 밝히는 것(recounting the past)은 논란의 소지가 크다. 단지 과거의 사건을 재보도하는 건 괜찮으나 그 사건의 주인공이 지금은 무얼 한다고 말하는 건 곤란하다. 특히 범죄자나 밝히고 싶지 않은 과거를 가진 사람의 경우에 그렇다.[84]

(사례) 한 소녀가 창녀가 된 사연 공개: 1968년 3월 5일자 두 일간지의 '한 팔을 잃은 기구한 4·19 부상소녀를 한국정유사 사장이 책임지겠다'는 제하의 기사가 신문윤리위원회에서 문제가 된 적이 있었다. 두 일간지 기사내용은 영원히 민족사에 빛날 4월 혁명 때 한 팔을 잃어가면서 참가했던 소녀가 창녀로 전락했다는 줄거리였다. 이에 대해 한국신문윤리위원회는 그 소녀가 창녀로 전락했다는 사실은 그 책임이 소녀에게 있든 없든 뉴스의 소재가 아닐 수 없고, 이 기사가 소녀를 돕고자 하는 건설적인 기사라 할지라도, 그리고 이 기사로 인해 그녀가 물질적인 도움을 받았다고 할지라도 그녀의 사생활을 침해한 것이라고 하여 두 신문에 대해 경고 처분했다.[85]

(사례) 유모가 총리의 사생활을 책으로 내도 되나?: 2000년 3월 토니 블레어 영국 총리의 집에서 자녀들의 유모 역할을 했던 한 여성이 총리 가족의 사생활 관련 내용을 출판하려 해 블레어 총리와 부인 셰리 여사가 이를 막으려고 바삐 움직인 일이 벌어졌다. 블레어 총리 부부는 1994~1998년 아이들의 유모였던 로절린드 마크(30)가 총리 가족의 일상을 비망록 형태의 책으로 펴내려 하자 법적 대응에 나선 것이다. 이들 부부는 일요신문인 『더 메일 온 선데이(The Mail on Sunday)』가 마크의 책이 출간되기 전에 내용요약을 신문에 싣자 서둘러 법원의 배포금지명령을 받아냈다. 그러니 금지명령은 법원 청문회를 거쳐야 했으며 내용요약이 실린 신문 150만 부는 이미 배포됐다. 마크는 자신

이 지켜본 블레어 부부와 다른 정치인들과의 교분을 포함한 일상사, 총리 가족들이 즐겨 쓰는 물건, 습관 같은 것을 책에 자세히 담은 것으로 알려졌다.[86]

(사례) 은퇴한지 오래된 연예인은 공적 인물이 아니다: 2007년 1월 29일 서울중앙지법 민사합의25부는 1986년작 TV 드라마 〈사랑과 야망〉의 여주인공 '미자' 역으로 유명한 차화연씨가 낸 손해배상청구소송에서 '프라이버시권 침해'를 이유로 여성월간지 『여성조선』과 『주부생활』이 차씨에게 각각 1000만 원씩 배상하도록 판결했다. 두 잡지는 차씨가 인터뷰를 거절했음에도 인터뷰를 한 것처럼 허위 기사를 실었다. 재판부는 "원고는 연예계를 은퇴한 후 가정생활에만 전념하고 있어 더 이상 공적 인물이라고 볼 수도 없다"며 "원고의 사생활에 대한 대중의 관심이 갑자기 많아졌다는 이유만으로 그것이 공중의 정당한 관심사라고 볼 수도 없으며, 사생활 보도에 공익적 목적이 있었다고 보기도 힘들다"고 판결 이유를 밝혔다. 그러나 차씨가 주장했던 명예훼손 및 초상권 침해에 대해서는 "기사 내용이 원고에 대해 주로 긍정적인 측면만 다루고 있고, 기사의 사진들은 이미 공개돼 있거나 원고의 동의를 바탕으로 촬영된 것으로 볼 여지가 있다"며 받아들이지 않았다.[87]

(사례) "신정아씨 알몸사진 게재 신문사, 1억 5000만 원 배상": 2008년 12월 17일 서울중앙지법 민사합의 25부(부장판사 한호형)는 신정아씨(36)가 『문화일보』를 상대로 제기한 손해배상청구소송에서 "1억 5000만 원을 배상하라"며 원고 일부 승소 판결했다. 『문화일보』는 2007년 9월 '성 로비 의혹'을 제기하며 신씨의 알몸사진을 게재했다. 또 재판부는 "15일 이내 재판부에서 작성한 정정보도문을 신문 1면에 1회 게재하고, 자사 인터넷 사이트에 팝업창을 띄워 보도문을 일주일간 공고하라"고 명령했다. "신씨가 실제로 '성 로비'를 했다는 사실이 밝혀진 것은 없다"는 내용이다. 재판부는 "알몸사진 게재가 언론이 추구하는 '공공의 이익'을 위한 것이라 보기 어렵다"며 "선정적인 사진을 게

재해 신문판매량 증가 등 상업적 목적을 달성하기 위한 동기가 있었던 것으로 보인다"고 판단했다. 신문에 게재된 알몸사진이 지극히 개인적인 사진이고, 사진을 입수한 과정이나 절차가 정당하지 못했으며, '성 로비' 의혹을 제기하기 위해 반드시 컬러로 된 알몸사진을 게재할 필요성이 없는 점 등을 근거로 들었다. 재판부는 그러나 "사진이 합성된 것"이라는 신씨의 주장에 대해서는 "입체현미경으로 확대해 보았을 때 위·변조 흔적이 없고, 성형외과 의사가 신씨의 몸을 촬영해 대조해본 결과 실제 촬영된 뒤 유출된 것으로 보인다"고 밝혔다.[88]

성폭행 피해자 이름 공표 논란

'개인적인 일의 공표'에 있어서 특히 성폭행 피해자의 이름을 밝히는 건 뜨거운 논란을 불러일으키고 있다. 얼른 생각하면 밝히지 않는 게 너무 당연한 것 같지만, 그러한 '상식'에 이의를 제기하는 사람들도 적지 않다. 다른 범죄와는 달리 성폭행 피해자들의 이름에 대해서만 유별나게 구는 건 그들을 범죄의 피해자로 보는 게 아니라 성폭행 자체를 수치스러운 것으로 간주하는 기존의 잘못된 시각에 근거하고 있다는 게 이의를 제기하는 사람들의 주장이다. 그들은 바로 그런 태도야말로 성폭행 피해자에 대한 잘못된 사회적 편견을 강화하는 데에 일조할 뿐이라고 주장한다.

어찌됐건 대체적으론 성폭행 피해자의 이름을 밝히지 않는 것이 윤리적인 것으로 간주되고 있기는 하지만 미국에서 법적으론 주마다 각기 다르다. 플로리다주, 조지아주, 사우스캐롤라이나주, 위스콘신주 등은 오래 전 아예 성폭행 피해자의 이름을 밝혀선 안 된다는 법까지 만들었지만, 일부 주에서는 구체적인 사안의 성격에 따라 판단하기도 한다.[89]

1975년 'Cox Broadcasting v. Cohn' 사건에서 연방대법원은 조지아주법을 어겨가면서 17세 된 강간 사건 피해자의 이름을 TV 방송에 보도한 콕스 방송사에 대해 그 보도가 일반에 공개된 재판기록에 근거한 것이기 때문에 프라이버시 침해를 인정할 수 없다는 판결을 내렸다. '공공의 눈(public eye) 이론' 이라고도 불리는 이 판례이론에 따르면, "공적 기록은 공공을 위해 공적 활동을 기록하기 위하여 작성되는 것이기 때문에 일반적인 공문서 공개의 원칙에 따라 공공에게 공개되는 기록에 수록된 내용을 언론이 보도하는 것은 '공공의 눈'으로서 언론이 당연히 할 수 있는 일이라는 것이다."[90]

1981년 미국 노스캐롤라이나주의 『더럼 모닝 헤럴드(The Durham Morning Herald)』지는 18회에 달하는 연재 사설을 통해 성폭행 피해자의 이름을 밝히는 자사(自社) 정책을 옹호하였는데, 이 신문은 한 사설에서 다음과 같이 주장하였다.

"다른 범죄에서는 피고의 인권이 최고 존중된다. 사건의 증인, 경찰, 그리고 전반적인 재판체계가 가지는 동기와 성실성을 검증하는 데 의혹이 집중된다. … 강간 사건의 경우에는 사정이 달라진다. 갑자기 그들은 법률체계에 대한 신임을 가진다. 갑자기 그들은 용의자가 무죄일지도 모른다는 생각을 전혀 가져본 적이 없는 것처럼, 희생자는 정직하고 실수나 악의를 전혀 가지고 있지 않은 것처럼 행동한다."[91]

물론 성폭행 피해자의 이름을 밝혀도 된다고 주장하는 언론인들은 소수에 지나지 않는다. 이와 관련, 유진 굿윈은 "전통적인 관행에 의문을 제기하는 또다른 사람은 『뉴스데이(Newsday)』지의 그린인데, 그는 '오늘날 사회에서는 강간 사건의 피해자가 되는 것이 과거와 같이 수치스런 일은 아니다'라고 말한다"며 다음과 같이 말한다.

"그린은 이름을 밝히지 않는 것이 '여성을 보호한다는 의미에서 시대에 맞지 않는 행위'라고 주장한다. 그는 신문사의 방침 때문에 공중이 누가 강간당했는지도 모른 채 어떤 남자가 재판을 받는 경우들을 상상할 수 있다고 말한다. '그러나 어떤 사람은 그날 밤 현장 부근에 있다가 그녀의 이름을 알고 있을 때 30마일 혹은 40마일을 달려와 경찰에 알리는 경우도 있을 것이다.' 뉴욕주 로체스터의 신문들은 강간 피해자를 알리지 않는 관행을 따르고 있으나 낸시 모나간이 『데모크랫 앤드 크로니클(Democrat and Chronicle)』지의 수도권 부장으로 있을 때 여기에 반대하는 의견도 있었다. '강간만이 심리적으로 피해를 입는 범죄는 아니다'라고 모나간은 이유를 설명한다. 그녀는 신문이 강간 피해자는 보호하면서 70세 난 노파가 강도를 당했을 때 신문에 나면 다시 침입할지도 모른다는 애원에는 왜 귀를 막는지 모르겠다고 지적한다."[92]

한국에선 당당하게 그런 주장을 하는 언론은 없음에도, 사실상 피해자의 신원을 공개하는 보도를 많이 행하고 있다. 2004년 9월 성폭력 상담을 하는 여성단체들의 건의로 서울방송 시청자위원회는 "미성년 형사사건 피해자와 성폭력 피해 여성의 인권을 침해하는 직접적인 인터뷰와 보도를 하지 않는다"는 내용을 포함해 '보도취재 제작의 인권보호에 관한 7대 지침'을 제정하는 등 일부 언론의 자정 노력이 있긴 했지만, 전반적으로 보아 언론의 성폭력 사건 보도는 아직 많은 문제를 안고 있다.

일부 언론은 사회적으로 큰 논란이 되었던 밀양 여중생 집단 성폭행 사건의 최초 보도에서 피해 여중생의 나이와 성(姓), 사는 곳을 노출시켜 피해자는 물론 피해가족의 인권을 위협하는 '마녀사냥식 보도'라는 비판을 받았다. 한 언론사는 피해자 신상을 지나치게 자세히 보도한 점에 대해 사과·수정하면서 「통곡 인터뷰 "우리 딸들은 죽은 것이나 다름없다"」로 피해자 가족들의 하소연을 내보내기도 했다.[93]

한국여성단체연합 공동대표 남윤인순은 『경향신문』 2004년 12월 15일자에 기고한 「성폭력 보도 인권은 뒷전」이라는 제목의 칼럼에서 "언론은 이번 사건을 선정적이고 무책임하게 보도했다. 그동안 언론은 성폭력 사건을 범죄가 아니라 '성적 스캔들'처럼 비쳐지도록 다루는 그릇된 취재 관행을 가져왔다. 밀양 사건도 예외는 아니었다. … 언론은 그동안 성폭력 사건과 관련, 보도 과정에서 피해자의 프라이버시 보호를 약속했다. 하지만 여전히 이를 지키지 않아 피해자가 더 큰 피해를 보는 사례가 많다. … 앞으로 언론에 의한 성폭력 피해자의 인권침해를 예방하려면 인권보호와 관련된 지침을 만들고, 취재기자 등 언론인들의 인권 감수성을 높이기 위한 교육을 정기적으로 실시해야 한다"고 말했다.

한국여성민우회 성폭력상담소(이하 민우회)는 6개 일간지(경향·동아·서울·조선·중앙·한겨레)의 2006년 1월부터 7월까지 성폭력 관련 기사 전체를 모니터한 결과 80여 건의 문제적 보도 태도가 드러났다고 밝혔다. 조사결과 우리나라 신문들은 성폭력 사건 보도에서 공공성보다 선정성이 도드라진 것으로 지적됐다.

이 보고서에 따르면, 피해자에게 명백한 폭력인 사건을 연인 사이의 연애관계, 짝사랑이 빚은 결과 등으로 묘사하는 일이 잦았다. 한 언론사는 "성인이 되면 (피해자와) 결혼하려 했다"는 가해자의 진술을 액면 그대로 옮겨 폭력과 성애를 구분하지 않았다. "옷 위로 살살 자극을 주다가 …" "처녀막이 파열됐다" "최 의원에게 가슴을 잡힌 여기자" 등 불필요하고 선정적인 묘사도 많았다. "귀엽고 예쁜 여학생만 보면 당시의 성적 쾌감을 잊지 못해" 같은 사례도 남성 성욕을 강조했다.

피해자에게 책임을 전가하는 식의 보도도 있었다. "모가 이혼해 결손가정에서 생활해온 12세 소녀가 가출했다가 끝내 성폭력 피해자로 전락" 했다는 보도는 성폭력 피해가 가정환경 때문에 벌어진 것처럼 왜곡했다. 또한 성폭력으로 피해를 보았음에도, '상태가 나쁘거나 타락했다'는 사전적 의미인 '전락'이라고 표현해 문제였다. "딸 키우는 죄 어쩌면 좋겠습니까" "부모가 자녀들에게 수상하거나 낯선 사람들은 경계해야 한다고 교육을 해야 한다" 등은 성폭력을 '딸들과 딸 가진 부모가 조심해야 하는 범죄'라는 잘못된 통념을 재생산했다. "모욕 준 여성에 화나서 첫 범행" "동거녀 가출하자 성욕 채우려 했다"는 등은 피해 여성의 잘못을 강조해 문제가 됐다. 또한 범행 동기를 부분적으로나마 정당화한 점도 지적됐다.[94] 이런 조사결과를 바탕으로 민우회는 2006년 10월 31일 '성폭력 보도 가이드라인' 13개 조항을 발표했다.[95]

'수치의 문화'와 '죄의식의 문화'

한국 법원에서 프라이버시권을 별개의 권리로 인정하지 않고 명예훼손 규정의 확대로서 프라이버시권을 보호하는 건 서양과 다른 문화적 차이 때문인 것으로 보인다. 즉, '수치의 문화'를 갖고 있는 한국에선 명예와 프라이버시의 경계가 명확하지 않다는 것이다.

1940년대부터 서양 인류학자들은 '수치의 문화(shame culture)'와 '죄의식의 문화(guilt culture)'의 차이에 주목했다. 예컨대, 미국의 인류학자 루스 베네딕트가 1944년 6월 미국 정부로부터 연구를 위촉받아 1946년에 출간한『국화와 칼: 일본문화의 패턴』은 일본을 '수치의 문화', 미국을 '죄의식의 문화'로 평가하였다.[96]

미국의 정치학자 새뮤얼 헌팅턴은 중국의 문화혁명 기간(1965년 11월~1968년 9월) 중 추문 폭로는 중심적인 정치형식이 되었다는 점에 주목하면서 문화혁명을 가능하게 한 동력으로 수치의 문화를 지적하였다. 문화혁명을 이끈 홍위병들은 자발적으로 과오를 공개할 것을 강조하였고, 거의 강박관념적으로 폭로에 관심을 보였으며, 이는 과오의 교정과 더불어 대중 동원이라고 하는 두 개의 기능을 수행하였다는 것이다.[97]

'수치심'과 '죄의식'은 어떻게 다를까? 대부분의 학자들이 수치심은 집단주의 문화의 특징인 반면 죄의식은 개인주의 문화의 특징이라는 데에 동의하고 있다. 정서엔 분노, 좌절, 우월감, 공포, 비애, 기쁨 등 '자기중심적 정서'와 동정심, 수치심 등 '타인중심적 정서'가 있는데, 개인주의 문화권에서는 자기중심적 정서의 표현이, 집단주의 문화권에서는 타인중심적 정서가 발달돼 있다.[98] '수치심'과 '죄의식'은 누구를 더 의식하느냐에 따라 생기는 차이라고 볼 수 있다.

네덜란드의 사회심리학자 기어트 홉스테드(Geert Hofstede)에 따르면, 수치심은 본질상 사회적이며 죄의식은 개인적이다. 수치심을 느끼고 안 느끼고는 규칙위반 사실을 남이 알고 있느냐 아니냐에 달려있다. 수치심의 원인은 위반 자체보다도 다른 사람에게 알려진다는 사실이다. 그러나 죄의식의 경우엔 그렇지 않다. 죄의식은 비행(非行)을 다른 사람들이 알고 있건 모르건 관계없이 느낀다. 체면은 집단주의 사회의 개념이다. 영어에는 이에 해당하는 말이 없었는데, 중국어에서 영어로 들어온 표현이다. 개인주의 사회에서는 자존심을 중시하는데, 자존심은 개인의 관점에서 정의되는 반면 체면은 사회적 환경의 관점에서 정의된다.[99]

물론 한국은 '수치심 문화'에 해당된다. 한국인은 '체면'과 '망신'을 '양심'과 '자존심'과 같은 자기 내면의 세계보다 더 중요하게 생각한다. 체면은 몸을 뜻하는 체(體)와 얼굴을 뜻하는 면(面)의 합성어로 "남을 대하기에 떳떳한 도리나 얼굴"로 정의할 수 있다.[100]

250여 명의 한국인들을 인터뷰하면서 한국을 연구한 미국의 정치학 교수 찰스 프레드 앨퍼드(C. Fred Alford)는 한국인의 '수치심 문화'에 주목하면서 한국인은 악(惡)을 오직 관계의 관점에서만 이해한다고 주장했다. 앨퍼드는 수치심 문화의 사람들은 그 문화의 가치들을 죄의식으로 내면화할 수 없으며, 오직 부정이 폭로된다든가 하는 공개의 수모를 당했을 때에만 반응을 보이기 때문에 수치심 문화는 미성숙한 것이라고 평가했다.[101]

그러나 체면(수치심)과 양심(죄의식)이 지배하는 사회 중 어느 쪽이 더 낫다고 단정하기는 어렵다. 조홍식은 어떤 측면에서 보면 체면이 지배하는 사회가 훨씬 더 도덕적이고 윤리적인 사회일 가능성이 높다고 말한다. 가령 체면사회에서 사회구성원 모두가 유교적인 충과 효의 개념에 대한 높은 기준을 공유하고 있다고 가정할 경우, 남의 비난과 소외를 피하기 위해서는 모든 사회구성원이 싫더라도 충과 효를 실행하는 생존전략을 쓰게 될 것이다. 이는 매우 좋은 결과를 낳을 수 있다는 것이다.

조홍식은 그러나 체면사회와 자본주의가 결합되었을 때 최악의 결과를 가져올 수도 있다고 말한다. 부(富)가 체면의 척도가 되고 빈자는 체면을 지키기 어려운 상황에서 대다수의 사회구성원은 체면의 필요조건이랄 수 있는 부의 축적을 위해 수단과 방법을 가리지 않는 또다른 생존전략을 쓰게 될 것이기 때문이다.

'죄의식 문화' 또는 '양심 문화' 는 어떨까? 조홍식은 양심이 지배하는 사회에서는 서로 다른 종류의 양심을 가진 집단이 여럿 존재할 경우 이들 간의 갈등과 마찰은 서로 타협하기 어려운 투쟁으로 발전할 가능성이 높다고 말한다. 양심이란 남의 눈치를 보면서 가치를 조정하는 상대적인 개념이 아니고 뚜렷하게 선과 악이 존재하는 절대적 개념이기 때문이다. 동양 사회엔 종교전쟁이 거의 없었던 반면 프랑스를 비롯한 유럽의 역사는 종교로 인한 전쟁의 피비린내로 가득 차 있는 것도 바로 그런 이유 때문이라는 것이다.[102]

여기서 조홍식이 쓴 '양심' 개념은 우리가 흔히 쓰는 '양심' 개념과는 조금 다른 것이다. '신념' 이라고 표현하는 게 더 적합할 것 같다. 대한민국 헌법 제19조 "모든 국민은 양심의 자유를 가진다" 에서의 '양심' 과 비슷한 개념이다. 어찌됐건 '수치심 문화' 와 '죄의식 문화' 는 그 자체로선 어떤 것이 더 낫다고 말하기 어려운 것임에 틀림없다.

소설가 이외수는 '수치심 문화' 의 핵심이라 할 체면을 "자신을 인격적인 존재라고 확신하고 있는 사람들이 내면에는 동물적인 욕망의 찌꺼기를 간직하고 있으면서 외면에는 이성적인 겸손의 미덕을 드러내 보이려고 할 때 습관적으로 착용하는 가면" 으로 정의했다.[103]

그러나 개인이 아닌 집단 차원에선 그런 '가면' 마저 내던지는 경향이 있다. 즉, 한국의 '수치심 문화' 는 패거리주의를 만나면 급속히 부패하는 경향이 있다는 것이다. 혼자라면 도저히 양심에 찔려 할 수 없는 일도 자신이 소속된 패거리의 이름으로 이루어질 경우 부끄러워하기는커녕 오히려 당당하게 여기는 관행이 널리 퍼져있는 것도 바로 그런 이유 때문일 것이다.

제 8장

개인정보 수집과 유출

개인정보 관련 법

개인정보의 수집과 관련하여 '빅브라더'의 출현을 경계하는 사람들이 많다. 미국 의회에 프라이버시 정책 보고서를 내온 사이버스페이스정책연구소 호프먼 교수는 다음과 같이 주장한다.

"지금까지는 빅브라더는 정부 정보기관이었다. 하지만 과학기술의 눈부신 발달은 정부의 통제권을 벗어나려 하고 있다. 다음 세기엔 소비자의 개인정보를 수집하는 사기업의 자본 역시 강력한 빅브라더가 될 것이다. 한 개인의 일생에 관한 정보를 차곡차곡 모을 수도 있을 것이다. 과연 어떤 게 더 위협적일까. 지금의 국가 빅브라더일까, 아니면 자본의 빅브라더일까."[1]

유엔경제개발협력기구(OECD)는 1980년 10월 '개인정보의 국제적 유통과 프라이버시 보호에 관한 가이드라인'을 작성·공포하면서 가맹국이 개인정보처리시에 준수해야 할 8개 원칙을 제시하였다. 정보수집제한의 원칙, 양질정보의 원칙, 목적특정의 원칙, 이용제한의 원칙, 안전성확보의 원칙, 공개의

원칙, 정보주체 참가의 원칙, 책임의 원칙 등이 바로 그것이다.[2]

1998년 10월 유럽연합(EU)은 충분한 정보보호규정이 없는 국가나 지역에 대해서는 유럽연합 가맹국의 개인정보를 보내선 안 된다는 내용을 포함한 개인정보보호령을 발효시켰다. 이로 인해 유럽에 진출한 미국 기업들의 활동이 제한될 것을 우려한 미국 상무부는 유럽연합 쪽과 협의한 끝에 1999년 4월 19일 자체 지침을 마련했다. 미 상무부의 기업·단체에 대한 개인정보 보호지침 7가지는 다음과 같다.

①본인에게 개인정보의 용도와 문의 연락처를 전달한다. ②제3자에게 정보를 제공할지의 여부에 대한 선택기회를 본인에게 준다. ③정보 제공처는 이와 같은 조건을 갖춘 제3자로 한정한다. ④정보의 분실이나 악용, 변조가 없도록 정보를 관리한다. ⑤정보 가공은 본래 용도 내에서 하도록 한정한다. ⑥본인에 의한 정보접근을 원칙적으로 인정하며, 부정확한 경우는 수정한다. ⑦본인으로부터 이의가 있을 경우의 조사, 구제, 제재를 위한 체제를 마련한다.[3]

법리적으로 개인정보와 관련된 프라이버시권은 자기정보관리통제권이라고 하는 관점에서 살펴볼 수 있다. 권영성은 넓은 의미에서의 자기정보관리통제권은 "자신에 관한 정보를 보호받기 위해 자신에 관한 정보를 자율적으로 결정하고 관리할 수 있는 권리"라고 정의하면서 그 구성 요소에 대해 다음과 같이 말한다.

"자기정보관리통제권은 ①자신에 관한 정보를 함부로 침해당하지 아니하고(자기에 관한 정보의 자율적 결정권 또는 자기에 관한 정보를 수집·분석·처리하는 행위를 배재해 주도록 청구할 수 있는 권리), ②자신에 관한 정보를 자유로이 열람하며(자기정보접근권, 자기정보열람청구권), ③자신에 관한 정보의 정정·사용중지·삭제 등을 요구할 수 있고(자기정보정정청구권, 자기정보사용중지·봉쇄청구권, 자기정보삭제청구권), ④이러한 요구가 수용되지 않을 경우에 불복신청하거나 손해배상을 청구할 수 있음(이의신청권, 손해배상청구권)을 그 내용으로 한다. 이에 대하여 좁은 의미의 자기정보관리통제권이란 자신에 관한 정보의 열람 · 정정 · 사용중지 · 삭제 등을 요구할 수 있는 권리를 말한다."[4]

우리나라에서 비교적 적극적이고 넓은 의미에서의 프라이버시 보호를 위한 법으로는 1994년 1월 7일에 제정된(1995년 1월부터 시행) '공공기관의 개인정보보호에 관한 법률'을 들 수 있다. 개인정보를 유출한 공무원은 3년 이하의 징역이나 1000만 원 이하의 벌금형을 받도록 되어있다. 그러나 동 법률 제3조 제2항에는 동 법의 예외 조항이 있는데, "국가안전보장과 관련된 정보분석을 목적으로 수집 또는 제공 요청되는 개인정보"에 관하여는 적용하지 않을 것을 내용으로 하고 있다. 이러한 조항은 분단국가의 특수한 상황에서 만들어진 것으로 해석할 수 있으나, 결과적으로는 우리나라의 경우 개인정보보호에 관련된 국가정보기관의 모든 활동에 대하여 법적 보호를 받을 수 있는 장치가 없다는 것을 알 수 있다.[5]

1995년 1월 5일 법률 제4866호로 제정된 '신용정보의 이용 및 보호에 관한 법률'은 "신용정보법을 건전하게 육성하고 신용정보의 효율적 이용과 체계적 관리를 기하며 신용정보의 오용 · 남용으로부터 사생활의 비밀 등을 적절히 보호함으로써 건전한 신용질서의 확립에 이바지함을 목적(제1조)"으로 하고 있다.

1998년에 개정된 '정보통신망이용촉진 등에 관한 법률'은 1980년에 채택된 OECD의 프라이버시 지침에 따라 개인정보 보호에 대한 요건을 규정하고 개인정보 침해시 최고 5년 이하의 징역이나 5000만 원 이하의 벌금형까지 규정하고 있다.

그러나 법은 늘 새로운 기술 발전을 좇아가기에 바쁘다. 관료체제는 낡은 데다 경직돼 있어 앞서가는 시민들이 프라이버시 관련법 개정운동을 벌이고 있다. 지난 2000년 '프라이버시권'을 지키기 위한 시민단체의 사이트, '프라이버시 보호 캠페인(www.privacy.or.kr)'이 인터넷에 등장한 것도 바로 그런 이유 때문이다. '함께하는 시민행동'이 만든 이 사이트는 정보화사회에서 점차 비중이 높아져가는 프라이버시권의 개념을 정립해 그 중요성을 국내에 확산시키고 관련 법 개정을 촉구하기 위해 만들어졌다. 국내에서 개인정보를 수집하는 곳은 인터넷 업체 이외에도 병원, 백화점, 카드회사, 보험회사, 은행, 정부의 중앙부처, 동사무소 등 다양하지만, 어느 곳도 안전하게 보호하고 있지 않다는 것이 시민행동의 진단이었다.[6]

2009년 3월 개인 신용정보를 금융회사나 일반 기업의 마케팅에 쓰일 수 있도록 동의했어도 이를 철회할 수 있게끔 한 '신용정보법' 개정안이 국회를 통과했다. 개정안에 따르면 소비자는 금융회사가 자신의 신용정보를 제휴회사에 제공하거나 판촉 목적으로 이용하는 것을 중지하도록 요청할 수 있다. 지금까지는 개인정보 제공과 동의 규정만 있어 수시로 걸려오는 상품 권유 전화나 이메일을 막을 수가 없었다. 또 금융회사는 고객 신용정보를 신용정보회사에 보낼 때뿐 아니라 신용정보회사에서 신용 평점을 조회할 때도 고객의 동의를 받아야 한다. 신용평가회사는 신용평가 과정에서 자사나 계열사의 상품 또는 서비스를 구매하거나 이용하도록 강요해서는 안 된다. 금융기관이 연체 등을 이유로 금융거래를 거절할 때 고객 요청이 있으면 그 근거가 된 신용정보를 알려줘야 한다.[7]

주민등록증 논쟁

(사례) 주민등록증 논쟁: 1997년 초 정부는 전자주민카드를 실시하기 위한 주민등록법 개정안을 입법예고했다. 전자주민카드는 주민등록증, 의료보험증, 운전면허증, 국민연금증 등을 하나의 IC 카드에 통합하여 전자정부를 구현하고 행정의 효율성과 국민의 행정편의를 증진하겠다는 목적을 표방했다. 그러나 '프라이버시권 보호와 전자주민카드 반대를 위한 시민사회단체 공동대책위원회'를 중심으로 전국적인 반대운동이 일어났다. 전자주민카드 사업은 IMF 경제위기가 몰고 온 긴축재정으로 인해 1998년 초에 폐기되었지만, 1999년 들어 기존의 주민등록증을 대신하는 플라스틱 주민등록증 일제 갱신

작업이 시작되었다.[8]

1999년 3월 '프라이버시권 보호와 전자주민카드 반대를 위한 시민사회단체 공동대책위원회' 집행위원장인 김기중 변호사는 "현행 제도는 사생활에 대한 자의적 침해를 금지하고 있는 국제 규약에도 어긋나는 제도로서 당장 전면 개편해야 한다"고 주장했다.[9]

김 변호사는 "주민등록의 내용을 보면 참으로 가관이다. 주민등록법은 첫머리에 주민의 거주사항을 파악하고 인구의 동태를 명확히 하기 위한 법임을 명시하였다. 하지만 주민등록법에 의하여 수집되는 정보 항목은 140여 개에 이른다. 거주관계를 파악하고 인구의 동태를 명확히 하는 데 그렇게 많은 정보가 필요하다고 할 수는 없다. 주민등록 정보는 세대별 구성으로 출발하였는데 1977년부터는 개인별 등록부를 두어 동시에 정리하고 있다. 모든 국민은 항상 세대별, 개인별로 크로스체크가 되고 있는 것이다"며 다음과 같이 주장했다.

"주민등록제도의 내용 중 가장 직접적으로 인권을 침해하는 것은 18세 이상인 국민으로부터 열 손가락의 지문을 채취한다는 것이다. 도대체 왜 모든 국민으로부터 열 손가락의 지문을 채취하는지, 그렇게 채취한 지문을 어떤 용도로 사용하고 있는지에 대해, 정부도 별다른 설명을 하지 않는다. 지문날인 제도는 의도했든 의도하지 않았든 지문날인자에게 권력에 대한 복종을 내면화시킨다. 지문날인은 그 자체로 굴욕적인 것이기 때문이다. 정부는 이번에 새로 발급하는 플라스틱 주민등록증에도 지문을 삽입하고 있다. … 이제는 왜 신분증을 발급받아야 하는지 근본적인 의문을 제기할 때도 되지 않았나 하는 생각을 해본다. 설사 주민등록증을 발급받을 필요가 있다고 하더라도, 우리의 후손을 위해, 그리고 국민이 주인인 나라를 위해, 적어도 지문날인만은 거부해야 한다."[10]

(사례) '열 손가락 지문등록' 논쟁: 1999년 9월 7일 조국의 품으로 돌아온 권희로씨가 공식적으로 '한국인'이 되기 위해 처음 해야 했던 것은 '열 손가락

지문등록'이었다. 이에 대해 『동아일보』 1999년 9월 13일자는 "재일동포들이 '외국인 지문날인'을 거부하며 반세기 가까이 일본 정부와 싸워온 점을 감안하면 재일동포 차별 반대의 상징인 권씨가 한국인이 되기 위해 열 손가락의 지문을 날인한 점은 아이로니컬하다. 한국은 전 세계 자유국가 중 유일하게 전 국민의 열 손가락 지문을 받는 국가"라고 말했다. 인권단체들은 "지문날인은 위헌"이라며 헌법소원을 내는 등 강하게 반발하고 나섰다. 경찰은 "지문날인은 범죄수사뿐만 아니라 각종 사고 희생자들의 신원을 신속히 알아내는 데에 크게 도움이 된다"고 주장했지만 인권단체들은 "지문날인은 인권침해일 뿐만 아니라 효과도 별로 없는 제도"라고 맞섰다.[11]

(사례) "권력이, 회사가 당신을 발가벗긴다": 『한겨레』 2000년 2월 2일자는 「권력이, 회사가 당신을 발가벗긴다」라는 제목의 기사에서, 독일 헌법재판소는 1984년 "사람은 재고물건처럼 정리할 수 있는 게 아니다"라며 신분증의 일련번호를 전산망의 검색어로 사용할 수 없다고 판시하였던바 독일에서는 신분증 발급·관리 주문관청 이외에는 이 일련번호를 종이에 적어 보관하는 것도 불법이라고 말했다. 이어 이 기사는 "그러나 한국에선 생년월일과 남녀 구분, 출생지를 단박에 알아볼 수 있는 주민등록번호가 국가전산망 등 각종 데이터뱅크의 '표준식별번호'로 널리 쓰이고 있다"며 다음과 같이 말했다.

"주민전산망과 자동차전산망, 여권전산망, 은행전산망 등 각종 전산망이 구축돼 맞물려 있고, 이는 다시 경찰전산망에 연결돼 있다. 지난해 10월 한 현직 경찰이 ㅅ건설한테서 돈을 받고 그 회사 직원들의 범죄경력 등 개인신상정보를 넘긴 일은 효율성을 앞세운 정보통합의 '위험성'을 드러내준 사례다. 그 회사는 경찰에게서 넘겨받은 자료를 직원 11명을 해고하는 데 활용했다. 지난해 국감 자료에서, 통신업체들이 국가정보원·경찰·검찰 등 수사기관에 넘겨준 통화내용, 인적사항 등 정보제공 인원이 80만 명을 넘어선 것으로 밝혀졌다."

이와 관련, 김기중 변호사(전자주민카드 반대 공대위 집행위원장)는 "잘 드는 칼은 그만큼 위험하다"며 "전체주의적 법질서 등 사회 전반의 비민주적 요소가 바뀌기 전까지 정보통합보다는 프라이버시 보호가 더 중요하다"고 말했다. 그는 "국가전산망 데이터베이스 구축의 목적 명시, 정보 연동의 범위와 제한, 오남용 방지 등 다양하고 구체적인 개인정보 보호 조항을 명시한 통합 프라이버시법 제정이 필요하다"고 주장했다.[12]

2001년 8월 구성된 '지문날인반대연대'는 지문날인에 대한 헌법소원심판 청구를 하는 동시에 2002년 대선을 맞아 지문날인 반대자들의 참정권 보장과 지문날인 강요하는 주민등록증안쓰기운동 등을 전개했다.[13]

2005년 5월 26일 헌법재판소는 전 국민 지문날인제도에 대해 범죄 수사에 효율적이라는 이유로 합헌 결정을 내렸다. 이에 자극받은 것일까? 2005년 10월, 행정자치부는 새 주민등록증, 즉 제2의 전자주민카드 사업을 시작하겠다고 발표했다. 이에 진보네트워크센터를 비롯한 시민사회단체들은 2006년 4월 17일 '전자주민증 도입반대와 주민등록제도 개혁을 위한 시민사회단체 기자회견'을 개최했다.[14]

전자정부법 논쟁

2000년 말 전자정부법을 둘러싸고 뜨거운 논쟁이 벌어졌다. 『주간동아』 2000년 12월 28일자에 따르면, "행정자치부는 '전자정부 구현을 위한 법률안(이하 전자정부법)'을 국회에 상정해놓고 있는데 올해 안에 반드시 통과시킨 뒤 2001년 7월부터 전면 시행하겠다는 의지다. 전자정부는 정부 각 부처와 산하 기관에서 이뤄지는 수만 가지 민원서비스를 전자화함으로써 국민에게 획기적인 편리함을 주겠다는 취지다. 법률안에 따르면 전자정부는 정부의 생산성, 투명성, 민주성 제고라는 3대 목표를 갖는다. 현재 국회에 상정돼 있는 법률안은 그 모태다. 다르게 말하면 전자정부법은 '정부'라는 말이 뜻하듯 '인터넷 상의 최고 권력기관의 헌법'과도 같다. 인터넷이 생활화할수록 전자정부의 파워도 더 커질 것이 분명하다."

이와 관련, 고려대학교 아세아문제연구소 박동진 교수(정치학 박사)는 "전자정부법이 그대로 시행될 경우 국민 편리성과 정부 생산성이 향상되는 효과는 있을 것이다. 그러나 정부의 투명성, 민주성 제고는 기대할 수 없으며 조지 오웰의 소설에 나오는 것처럼 국민을 감시하고 통제하는 수단으로 악용될 소지까지 있다"며 정부의 법안을 정면으로 비판했다. 박 교수는 "정부가 만든 전자정부법은 비민주적, 권위적 온라인 정부의 탄생을 예고하고 있다"고 경고했다.[15]

그러나 전자정부 추진은 정부 뜻대로 밀어붙여졌다. 그 결과, 미국 브라운대학이 세계 198개국, 1687개 정부 웹사이트를 대상으로 한 2007년 세계 전자정부 평가에서 한국은 2006년에 이어 1위에 올랐다. 꼭 자랑스럽게 생각할 일만은 아니다.

2007년 7월 17일 국가정보원은 한나라당 이명박 경선후보의 부동산 자료를 열람한 '부패척결 태스크포스(TF)'가 공작정치 논란을 낳자 '부패척결 TF'의 활동내용을 공개했다. 노무현정부 출범 이후 이 TF가 수집한 부패, 비리 첩보를 검찰과 경찰 등에 제공함으로써 군납 비리, 조직폭력 등 8대 민생경제 침해사범 18만 3400여 명을 적발하도록 했다는 것이다. 이에 『동아일보』 사설은 "한나라당이 공개한 '국정원의 전산자료 활용 방안'까지 포함하면 '빅브라더'가 따로 없다. 국정원이 사회 곳곳에 이렇게 광범위하게 감시망을 구축하고 있는 줄 몰랐다"며 다음과 같이 주장했다.

"국정원의 전산자료 활용 방안은 국정원이 국세청, 행자부 등 14개 국가기관의 17개 전산 자료망에 접속해 해당 개인의 주민등록, 세금, 주택, 병역 등에 관한 자료를 열람할 수 있게 한 시스템을 말한다. '부패척결 TF'가 이 후보의 부동산 자료를 뒤질 수 있었던 것도 바로 이런 '무소불위(無所不爲)'의 정보접근권이 있어서 가능했던 것이다. 대공(對共), 테러, 국제 범죄조직 정보를 수집, 관리한다는 정보기관이 민생범죄 척결을 이유로 마음만 먹으면 국민의 사생활까지 들여다볼 수 있는 나라를 과연 자유민주국가라고 할 수 있을까. 전자정부망은 국민에게 질 높은 행정서비스를 제공하기 위해 10여 년간 막대한 예산을 들여 만든 부처 간 행정자료 공유체제다. 그런 시스템이 고스란히 국정원의 '공작정치 유혹'에 노출돼 있는 셈이다."[16]

2007년 11월 18일부터 개정된 '공공기관의 개인정보 보호에 관한 법률'이 시행되었다. 이에 행정자치부는 "개인정보 보호 수준이 한층 향상될 것이며, 전자정부에 대한 국민신뢰가 더욱 높아질 것"이라고 주장했다. 그러나 12월 전국적 범죄조직이 공공전산망에 접근할 수 있는 직원들을 매수해 수만 명의 신상정보를 빼낸 사건이 발생했다. 특히 개인정보 관리의 책임을 맡고 있는 행자부 전산망에서만 1만 3000여 건의 정보가 유출됐다. 이에 『한국일보』사설은 "행정자치부와 이동통신사의 전산망에서 새 나간 개인정보가 흥신소나 심부름센터 등에 팔려 불법적인 뒷조사나 사생활 캐기에 악용되고 있었다니 갑자기 등 뒤가 서늘하다"며 "정작 전자정부를 핵심적으로 관리·통제하고 있다는 행자부 내부에서는 보호해야 할 정보가 줄줄이 새고 있으니 지극히 무능하거나 게으르다고밖에 달리 설명할 길이 없다"고 비판했다.[17]

개인정보 수집·유출의 유형별 사례

이제부터 위에서 다룬 것 이외에 개인정보와 관련된 다양한 사례들을 시간의 흐름에 따라 차례대로 살펴보기로 하자.

(사례) 명예퇴직자의 개인신상정보 유출: 1995년 3월, 포항제철 명예퇴직자 1400명의 개인신상정보가 금융기관에 유출돼 당사자들이 크게 반발한 사건이 일어났다. 신상정보 유출로 명예퇴직자들 집마다 각 은행·신협·상호신용금고 투자사 등이 보낸 금융상품 안내장들이 쏟아지는가 하면 하루 수십 통의 전화가 걸려와 가족들이 시달렸다는 것이다.[18]

(사례) 민간인에 대한 정치 사찰: 1995년 9월 서울지법은 국군 보안사의 민간인에 대한 정치 사찰은 개인의 사생활을 침해한 불법이므로 국가는 사찰당한 사람들에게 손해를 배상할 책임이 있다고 판결하였다. 배상액수는 노무현 등 5명에 500만 원씩, 53명엔 각 300만 원씩이었다.

(사례) 미국의 쌍방향 케이블 TV의 개인정보 수집: 미국에서 인터넷 개인정보 수집은 가공할 만한 수준의 것이지만, 기술적 변화에 의한 이런 문제는 인터넷 이전에 이미 1990년대에 케이블 TV에 의해서 발생했다. 미국의 쌍방향 케이블 TV는 적어도 50가지의 서비스를 제공할 수 있는데 이 가운데 많은 것들이 프라이버시 침해의 새로운 가능성을 제기하였다. 1995년 이상식은 다음과 같은 문제들을 지적하였다.

"가정 서비스를 제공받기 위해서, 케이블 가입자들은 컴퓨터가 해독할 수 있는 형태로 저장되어질 자세한 개인정보를 케이블 시스템 운영업자들에게 제공해야 한다. 이러한 개인정보의 일부는 케이블 가입자들이 모른 상태에서 수집될 수도 있다. 예를 들면, 케이블 가입 가정의 보안장치는 가입자를 포함하여 사람들의 출입에 관해 기록할 것이다. 이것은 가입자 가정의 단말기가 작동되지 않은 상태에서도 가능하다. 운영업자들의 컴퓨터는 케이블 가입자들의 은행계좌나 금전 이체, 쇼핑 습관, 방송 시청 선호, 상세한 병력(病歷), 그리고 정치적 쟁점 사항에 대한 개인적인 의견 정보를 영구히 보관할 수 있다. 운영업자들은 이러한 정보들을 가입자들이 원하지 않는 다양한 용도로 사용할 수 있는 것이다."[19]

(사례) 미국 웹사이트의 가공할 개인정보 수집:『뉴스위크』(한국판) 1999년 4월 7일자는 "고속 네트워킹과 강력한 데이터베이스 기술 덕택에 업계는 약 4000만 명에 이르는 미국 내 인터넷 이용자를 포함해 거의 2억 명에 이르는 미국인들의 신상 정보를 저비용으로 신속히 축적할 수 있다"며 다음과 같이 말

했다.

"가령 뉴욕 교외의 부유층 거주지인 웨체스터 카운티의 주민 명단을 가구당 소득과 취향별로 알고 싶으면 'myprospects.com'을 두드리면 된다. 그 회사는 1명에 16센트만 내면 원하는 정보를 아무 조건 없이 제공한다. 비즈니스 파트너 후보자의 신용 상태나 사기 전력을 알고 싶으면 'discreetresearch.com' 같은 사이트에 접속하면 된다. 또 경쟁사 중역의 출장기록을 파악해 그들의 행선지와 만나는 상대를 알고 싶으면 '경쟁 정보'를 취급하는 회사들을 찾으면 된다. 그 회사들은 데이터베이스를 마음대로 뒤져 당신이 원하는 정보를 찾아준다. … 인터넷 거래업계에는 기본적으로 아무 규제가 없다. FTC(연방공정거래위원회)가 지난해 실시한 조사에 따르면 미국 전체 웹사이트의 85%가 고객들로부터 어느 정도 개인적인 정보를 수집하고 있으며 프라이버시 보호 지침을 띄운 사이트는 14%에 불과하다. 로버트 피토프스키 FTC 위원장은 인터넷 거래업체들이 올 여름까지 실질적인 지침을 채택하지 않을 경우 연방정부의 규제를 받게 될 것이라고 경고했다."[20]

(사례) 개인정보 '뒷거래': 2000년 2월 『한겨레』 취재팀이 서울 강남·동부 지역 심부름센터 60여 곳에 "어떤 사람의 예전 전화번호를 통해 현재의 주소를 알 수 있느냐?"고 문의한 결과, 30곳 이상이 "가능하다"며 15~50만 원을 요구했다. 특히 이들 심부름센터에선 한국통신의 유선전화뿐 아니라 011·109 등 5개 이동전화도, 번호를 통해 가입자의 주소와 인적사항 등 기본적인 개인정보를 확인해 알려줄 수 있다고 밝혔다.[21]

(사례) 인터넷 사이트의 과다한 개인정보 요구: 2000년 2월 정보통신부 산하 정보보호센터(KISA)에 따르면 국내 인터넷 사이트들이 정보 보호장치는 갖추지 않고 지나치게 과다한 개인정보를 요구해 개인정보 유출 위험이 매우 높은 것으로 조사됐다. KISA는 최근 쇼핑몰과 정보통신업체, 인터넷 포털기업 등

국내 1000여 개 인터넷 사이트를 대상으로 조사한 결과 94%가 이름과 주소 외에 많게는 10여 개의 정보를 더 요구하고 있다고 밝혔다. 이들 업체 중 개인정보를 보호하는 보안프로그램을 설치한 곳은 10%에 불과했다.[22]

(사례) 살인사건으로까지 번진 개인정보 유출: 2000년 3월 부산 연산경찰서는 수영구 망미동 권모양(18) 살해사건과 관련, 집주소 등 권양의 개인정보를 빼내 권양 살해 피의자 강모씨(30)에게 알려준 혐의(정보통신망 이용촉진 등에 관한 법률 위반)로 모 이동통신 대리점 영업과장 이모씨(29)에 대해 사전 구속영장을 신청했다.[23]

(사례) 전산용지로 만든 붕어빵 포장지: 『전북일보』 2000년 3월 20일자에 따르면, "전주에서 벤처기업을 운영하는 권봉문씨는 최근 전북대 부근에서 퇴근길에 붕어빵을 샀다가 소스라치게 놀랐다. 전산용지로 만든 포장지를 유심히 살펴보니 '보험영업정보자료' 라는 제목으로 10여 명의 자동차보험 가입자들의 차량번호 · 성명 · 주민등록번호 · 자택 및 회사 전화번호 등의 신상정보가 고스란히 기재돼 있었다. 종이 상단에는 '사용 후 폐기(절단)' 라는 문구가 선명했다."[24]

(사례) 인구주택조사의 사생활 침해: 『새전북신문』 2000년 11월 9일자에 따르면, "통계청이 '2000 인구주택 총조사' 를 실시하면서 개인의 사생활을 지나치게 침해하고 있다는 지적이 일고 있다. … 조사 항목에는 출생지와 주택건축 연대, 통근통학시간, 수세식 변기 사용 여부 등은 물론 본관과 전공분야, 거동불편 여부, 개인 휴대용 통신기기 소유, 결혼여성의 총 출생아 수 등도 포함됐다. … 통계청의 이번 조사가 핸드폰 번호 및 구체적인 직장 이름 등 지나치게 불필요한 사항까지 파악하면서 '사생활을 침해해 불쾌감을 주고 있을 뿐아니라 다른 목적으로 악용될 소지가 많다' 는 시민들의 목소리가 높다."[25]

(사례) 인구주택조사 거부: 『한겨레』 2000년 11월 24일자에 따르면, "방송에서 유명 탤런트 최불암씨 등과 〈좋은 나라 운동본부〉 등에 출연해 구수한 전라도 사투리로 큰 인기를 모으고 있는 일본인 미즈노(32, 전남대 일어일문학과) 교수가 최근 사생활 침해 소지가 있다는 이유로 인구주택조사를 거부했다. 광주시 북구청은 2000년 11월 1~21일 실시한 인구주택조사 기간 동안 두 차례에 걸쳐 미즈노 교수를 자택으로 방문했으나 미즈노 교수가 개인정보 유출에 따른 사생활 침해를 받을 수 없다며 응하지 않아 조사를 하지 못했다고 밝혔다. 미즈노 교수는 '학력과 국적, 체류목적 등 개인정보를 적도록 돼 있어 거부했다' 며 '일본에서도 인구주택조사에 응하지 않았다' 고 말했다."[26]

(사례) DM을 통한 개인정보 유출: 『주간동아』 2000년 12월 14일자에 따르면 "대학생 L씨(23, 대구 D대 3년)는 9월 말 배달된 우편물을 보고 깜짝 놀랐다. 그가 고객회원으로 가입한 한 회사에서 보낸 DM(우편 홍보물) 겉봉에 주소 말고도 자신의 주민등록번호 13자리가 고스란히 인쇄돼 있었던 것이다. 문제의 DM은 SK(주)가 자사의 멤버십 카드서비스인 'OK캐쉬백' 회원들에게 발송한 것. 내용물은 카드서비스 안내문과 가맹점 할인쿠폰이었다. … DM을 통한 개인정보 유출 사례는 이번이 최초. 특히 연매출 12조 원에 달하는 굴지의 대기업에서 발생한 문제란 점에서 더욱 경각심을 불러일으키고 있다."[27]

(사례) "생일·성별·우편번호만으로 신원을 확인한다": 『뉴스위크』(한국판) 2000년 11월 1일자는 "스파이웨어를 찾아내고, 쿠키를 없애며, 바이러스를 정복하고, 웹사이트에 본명을 입력하지 않았더라도 결코 안심해서는 안 된다. 웹상에서 익명을 유지하기는 매우 어렵다" 며 다음과 같이 말했다.

"카네기멜론대(피츠버그)의 라타냐 스위니 교수(전산학, 공공정책학)는 '생일, 성별, 우편번호만으로도 미국인 87%의 신원을 확인할 수 있다' 고 말했다. 웹사이트는 이처럼 별 문제없어 보이는 정보를 자주 요구한다. 사용자는 이 정도로는 익명성이 보장된다고 생각하고 요구한 정보를 내준다. 데이터베이스 기술은 관련은 없어 보이지만 그것을 이용해 누군가의 신원을 확인할 수 있는 정보들에 대한 접근을 용이하게 해준다. 스위니와 동료는 인터넷신문, 웹페이지, 공개자료실을 뒤져 개인신원을 대조·확인하는 표를 만들었다. 스위니는 '우리는 그런 방식으로 한 마을 주민 전체의 신상명세를 입수할 수 있었다' 고 말했다. 공적 기록이 인터넷으로 더 많이 유입됨에 따라 익명 데이터와 그 주인공을 연결하기는 더욱 쉬워졌다. 스위니는 '누가 누군지 구별하기는 쉽다. 모든 것이 기록으로 남음에 따라 막대한 양의 정보를 이용할 수 있게 됐다' 고 말했다." [28]

쿠키(cookie)는 인터넷상의 웹에서 서버가 사용자에 관한 상태 정보를 저장하고 추출할 수 있는 시스템으로, 서버가 개별사용자들에게 보다 특정화된 정보를 제공함으로써 사용자의 편의를 증진시키려는 목적으로 개발되었다. 상품구매와 같이 개인에 관한 정보의 입력이 자주 요구되는 경우, 쿠키를 이용하면 사용자는 서버에 접속할 때마다 정보를 재입력해야 하는 수고를 덜 수가 있다. 그런데 문제는 쿠키가 만들어지고 이용되는 과정에서, 사용자에 관한 많은 정보가 사용자의 동의 없이 유출된다는 점이다. 더 큰 문제는 대부분의 이용자들이 이 점을 잘 모르고 있다는 데에 있다. [29]

(사례) 인터넷 사이트 개인정보 해킹: 2000년 12월 15일 경찰청 사이버테러대응센터(단장 하옥현 총경)는 국내 46개 인터넷 사이트를 해킹, 무려 630여 만 명의 회원정보를 빼낸 뒤 해당 사이트 운영자에게 금품을 요구한 K군(17, 대전 A상고 2년)과 인터넷 경품 사이트를 해킹해 20여 만 명의 개인정보를 빼낸 뒤 경품을 타낸 김모씨(23, 대구 B대학 3년) 등 2명을 별도로 적발, 정보통신망 이용촉진 등에 관한 법률위반 혐의로 구속했다. 경찰은 이번 사건이 개인정보 해킹 사례 중 최대 규모이며 두 사람이 획득한 개인정보는 전체 인터넷 이용자 1500만 명의 절반에 가까운 수치라고 밝혔다. [30]

(사례) 일본 개인정보보호법의 부작용: 2005년 4월부터 시행된 일본의 개인 정보보호법이 여러 부작용을 낳고 있다. 학교엔 '전체학생 긴급연락망'이 없으며, 대학에 고교 은사가 제자의 연락처를 문의해도 알려주지 않는다. 관료 사회·공기업들은 학벌 편중과 '낙하산 인사'를 알 수 있는 정보를 전혀 공개하지 않는다. 국립병원은 환자를 헷갈릴 가능성이 커 의료사고로 연결될 수 있음에도 불구하고 외래 환자를 이름 대신 번호로 호출한다. 학교에서 학생이 의문사를 당하더라도 병원은 학교에 사인(死因)조차 가르쳐주지 않는다. 경찰은 사건 피해자 나이를 엉터리로 말하지만, 그 자신도 "법에 따라 수사협조 요청을 해도 병원이 입원 여부를 알려주지 않는 경우가 4~6월 석 달 동안만 500건 정도 있었다"고 하소연했다. 그 결과 일본 사회가 '익명과 기호의 집단'으로 변해가고 있다느니 '익명의 덫'에 걸렸다느니 하는 진단이 나오고 있다.[31]

(사례) 포털의 개인정보 보호 수준은 불량: 2005년 5월 30일 참여연대는 국내 15개 인터넷 포털·커뮤니티 사이트를 대상으로 개인정보 보호 실태를 조사한 결과, 11곳이 낙제점 수준을 면치 못했다고 밝혔다. 평가점수가 높은 순서는 msn코리아 84점, 다음 79점, 엠파스 66점, 네이버 64점, 드림위즈 47점, 싸이월드·세이클럽 43점, 코리아 39점, 네이트 35점, 야후 34점, 파란 33점, 프리챌 32점, 하나포스 26점, 천리안 25점, 네띠앙 23점 등이었다. msn코리아는 미국 msn과 같은 가입절차를 둬 주민등록번호 같은 개인 식별번호나 상세 주소, 전화번호를 요구하지 않아 높은 점수를 받았다.[32]

(사례) "공공기관 온갖 정보 줄줄 흘린다": 『한겨레』 2007년 1월 29일자는 「공공기관 온갖 정보 줄줄 흘린다」는 제목의 기사에서 "공공기관 홈페이지에 들어 있는 개인정보들이 해당 공공기관의 허술한 관리로 구글 검색엔진에 무방비로 드러나있는 것으로 나타났다. 노출된 일부 개인정보들은 과거 사례와는 달리 제3자가 해당 정보 조작까지 가능한 '사용자 모드'로 방치돼 있다. 또

노출 내용도 과거처럼 주민번호와 주소 등 기초적인 것들뿐만 아니라 개인 납세정보와 금융정보까지 포함된 경우도 있어 큰 피해가 우려된다"며 다음과 같이 말했다.

"『한겨레』가 한 보안전문가의 도움을 받아 검색사이트 '구글'에 떠도는 공공기관의 개인정보 노출 사례를 분석했더니, 무려 5400여 건이 확인됐다. 개인정보가 노출된 공공기관은 청와대를 포함한 정부 중앙부처, 입법 · 사법기관, 지방자치단체, 각급 학교, 의료기관 등 모두 452곳에 이른다. 한 보안전문가는 이처럼 광범위하게 개인정보가 노출된 까닭에 대해, '관리자가 작업을 하면서 일시적으로 보안을 해제했거나 홈페이지 시스템이 허술해 페이지마다 보안이 설정되어 있지 않기 때문'이라며 '아마 전체 공공기관을 상대로 조사해보면 이보다 더 많고 심각할 것'이라고 말했다."[33]

(사례) 통신업체들의 한심한 개인정보 보호 윤리: 2007년 8월 KT와 하나로텔레콤이 고객의 개인정보를 무단 사용했다가 경찰에 적발됐다. 경찰에 따르면 이들 업체는 2004년 이후 초고속 인터넷에 가입한 고객 730만 명의 개인정보를 동의도 받지 않고 자회사에 넘겼다는 것이다. 이에 『동아일보』 2007년 8월 10일자 사설은 "정보통신 기업들은 해킹과 개인정보 도용 등 인터넷 범죄의 예방과 차단에 최선을 다해야 한다. 그런데도 두 회사가 거꾸로 파렴치한 수준의 해커 같은 범죄를 저질렀다는 점에서 이만저만한 충격이 아니다"고 개탄했다. 『중앙일보』 2007년 8월 10일자 사설도 다음과 같이 개탄했다.

"개인정보 유출을 막는 데 앞장서야 할 대형 통신업체가 이런 불법을 저질렀다니 경악할 일이다. 그것도 해킹을 당하거나 실수로 유출한 게 아니고, 상습적으로 고객정보를 도용했다는 게 경찰의 판단이다. '고객 만족'을 외치는 대한민국 대표기업이 뒤에서는 고객은 안중에도 없다는 식으로 불법을 저지른 것이다. 국민은 발가벗겨진 느낌이다. 초고속 인터넷도 안심하고 가입할 수 없다니 도대체 누구를 믿으란 말인가."

개인정보는 쓰레기인가?

2008년 4월 국내 최대 인터넷거래업체 옥션에서 해킹으로 1800만 명 회원의 60%인 1081만 명의 개인정보가 유출된 사고에 이어 하나로텔레콤이 600만 명의 고객정보를 불법 유출해 상업적 목적으로 활용한 사실이 드러나면서 치열한 '개인정보 논쟁'이 일어났다.

『중앙일보』 2008년 4월 23일자는 "대한민국은 막말로 '매일 민증 까는' 사회다. 상거래 사이트는 물론 일반 기업의 고객 사이트마저 회원가입 없이는 제품에 관한 질문을 올리거나 각종 온라인 서비스를 받을 수 없다. 3100만 명이 가입한 국내 최대 검색 포털 네이버도 가입 때 이름과 주민번호·이메일 주소를 묻는다. 이렇다 보니 우리나라 인터넷에는 수많은 개인정보가 둥둥 떠다닌다. 그중 핵심은 주민번호다"고 했다.[34]

KAIST 경영대학원의 문송천 교수는 "주민번호는 세계적으로 우리나라와 중국·이스라엘·팔레스타인·싱가포르 등 8개국에만 있는 드문 제도"라고 말했다. 우리나라와 유사하게 복지번호를 부여하는 스웨덴도 광범위한 사회보장제도 관리를 위해서만 이를 활용한다. 또 기업이 특정 개인정보를 수집하려면 그 내용을 일일이 정부에 신고해야 한다. 프랑스의 중앙주민등록시스템에도 개인 식별 번호가 있지만 시민이 스스로 요청할 때만 부여한다. 미국의 경우 무작위 추출된 숫자로 만든 사회보장번호가 있으나 이를 제공하지 않았다는 이유로 서비스를 거부하면 처벌을 받는다. 문송천 교수는 "우리나라 개인정보 유출의 근본 원인은 주민번호의 남용인 만큼 이를 덜 사용하는 것이 최선"이라며 "제도를 유지하더라도 선진국 사회보장번호처럼 사고 발생 때 민원에 따라 변경 가능해야 한다"고 강조했다.[35]

2008년 4월 24일 방송통신위원회는 '개인정보 침해방지 대책'을 발표했다. 대책의 핵심은 주민번호 수집 제한이다. 방통위의 조영훈 개인정보보호과장은 "사이트 운영자가 본인 확인을 원할 경우에 주민번호 대체 수단인 아이핀

(i−PIN)을 활용하면 될 것"이라고 말했다. 아이핀(i−PIN)은 '인터넷 개인 식별 번호(Internet Personal Identification Number)'의 약자로 한국정보인증 등 6개 본인 확인기관에 대면 확인, 휴대폰, 신용카드번호 등을 통해 본인 확인 후 발급 받는 전자공인인증서 형태의 신원확인 수단이다. 인터넷상에서 주민번호 남용 부작용을 덜기 위해 방통위(옛 정보통신부)와 정보보호진흥원이 개발했으며, 성별이나 생년월일 등의 정보가 없다.[36]

그러나 한 인터넷 업체 대표는 "주민번호 수집을 최소화해야 한다는 정부 대책에 동의한다. 그러나 대다수 사이트에서 주민번호 수집을 금지하려면 전자상거래법 등 관련 법도 함께 개정이 돼야 한다"고 말했다. 그는 또 "주민번호 대신 아이핀을 쓰라고 하지만 아이핀이 해킹에 보다 안전할지는 더 따져봐야 한다"고 말했다. 해킹 시도를 자동 탐지하는 개인정보탐지시스템 'e−워치독'이 연내 구축되는데, 'e−워치독' 시스템은 이용자의 개인정보가 저장된 사업자의 서버에 탐지기를 부착해놓고 해킹 등으로 개인정보가 빠져나가면 자동 탐지하는 장치다.

『경향신문』은 "방통위 대책은 주민번호 수집 제한에 초점이 맞춰져 있으나, 인터넷 사용자의 주민번호는 이미 상당수 유출된 상태다. 따라서 유출 방지는 물론 유출된 정보의 사용을 막을 수 있는 종합대책도 나와야 한다. 방통위와 행정안전부, 지식경제부로 나눠져 있는 정보보호 관련 업무를 통합 조정하는 한편 개인정보보호법을 제정할 필요가 있다"고 말했다.[37]

업계의 반응도 냉소적이었다. 한 보안연구소 부장급 연구원은 "처벌 강화 법안이 통과되면 해킹 피해를 당한 업체들이 앞으로는 해킹 사실조차 고백하지 않을 것"이라며 "보안의식을 높이고 인프라를 구축할 생각은 하지 않고 드러난 업체만 때리겠다는 발상은 구조적 해법이 아니다"고 말했다.[38]

『한겨레』2008년 8월 26일자는 "정부가 '인터넷 정보보호 종합대책'의 하나로 인터넷 사업자의 개인정보 수집을 최소화하기로 했다. 주민등록번호는 법에 수집하도록 돼 있는 사업자만 요구할 수 있게 한다. 기존 법을 재검토해

주민등록번호의 수집·보관 의무화 대상 사업자를 구체화·최소화하는 방안
도 추진하기로 했다"며 다음과 같이 말했다.

"정부 쪽의 설명을 듣다 보면 한 가지 중요한 것을 빼먹고 있다는 느낌을 지
울 수 없다. '그럼 인터넷 사업자들이 그동안 무단으로 수집해 갖고 있는 주민
등록번호는 어떻게 할 것인가'에 대한 답이 없다. … '과도기를 두자' 전문가
들이 방통위와 인터넷 사업자들의 형편까지 살펴 내놓은 대안이다. 1~2년 정
도 시간을 줘 인터넷 사업자 스스로 주민등록번호 문제를 해결하게 한 뒤, 그
때까지 삭제하지 않으면 시정명령을 내리자는 것이다. 이 경우 시정명령을 받
고도 삭제하지 않으면 개인정보 침해로 간주해 대표를 처벌하고 이행 강제금
을 물리겠다는 점을 사전에 확실히 못박아둬야 한다. 이는 인터넷 사업자들도
바라는 방안이다."[39]

2008년 9월 GS칼텍스 고객 1100만여 명의 개인정보가 담긴 CD가 서울의
유흥가 골목길 쓰레기통에서 발견됐다. 이와 관련, 『국민일보』 2008년 9월 8
일자는 "GS칼텍스 측은 고객 정보수집과 활용에만 신경을 쓰고 이를 보호하
는 데에는 무신경하다는 비난을 받아도 할 말이 없게 됐다. 귀중한 개인정보
가 유흥가 뒷골목 쓰레기처럼 취급됐으니 피해자들이 분통을 터뜨리는 건 당
연하다"고 했다.[40]

곽동수 KCU(한국사이버대) 교수는 "만약 GS칼텍스 개인정보 유출사건에
사회지도층 인사들이 대거 포함되어 있다는 구체적인 내용이 공개되지 않았
다면 과연 지금처럼 크게 다루어졌을지 의문이다"며 다음과 같이 말했다.

"인터넷뱅킹 하나를 위해 사용자들은 공인인증서를 설치하고, 암호화 프로
그램을 깔고, 개인 방화벽 프로그램에 주기적인 업데이트까지 온갖 번거로운
과정을 거쳐야 한다. 이로도 부족해서 깨알같이 작은 글자로 적힌 보안카드의
숫자를 입력하거나 몇 천 원의 비용을 들여 OTP 카드 등을 갖춰야 한다. 30만
원 이상을 신용카드로 사려면 카드회사 사이트에 회원가입을 하고 또 다른 별
도의 보안 조치를 추가해야 한다. 이렇게 개인정보 관리를 사용자들에게 떠넘

긴 기업들은 그저 흉내만 냈다. 관련 법령이 없고, 지도 관리에도 소홀했다. 이제라도 적극적으로 대처하겠다고 말하지만 옥션 사태 이후 뭐가 달라졌는지, 이번 사건 이후 기업들이 어떻게 보강할지는 알 수도 믿을 수도 없다. 얼마나 더 큰 사건이 나야 제대로 고치려고 나설까? 수습이 자신 없다면 중소형 사이트까지 실명제를 정착시키겠다는 대책 없는 정책부터 거두길 권한다. 해킹과 내부 유출을 막을 준비도 없이 또다시 여러 곳에 훔쳐가기 편하게 개인정보를 모아두는 실수라도 하지 않는 게 국민들을 안심시키는 일이 될 테니 말이다.ᴵ[41]

개인정보와 '스파이웨어'

메신저 프로그램, 비디오 플레이어, 파일공유 프로그램 등을 내려받을 때 덩달아 다운로드되는 경우가 많다. 일반 팝업(pop-up) 광고와 달리 광고창을 지속적으로 띄우거나, 임의로 특정 웹사이트에 연결하기도 한다. 이게 바로 애드웨어(ad-ware)다. 이는 마케팅이나 상품광고를 노린 업체의 인터넷 사이트에서 다운로드된 불법 프로그램을 일컫는 용어다. 스파이웨어(spy-ware)라고도 불린다.

2000년 6월, 미국의 부모들은 세계적인 장난감 회사 마텔사(바비인형과 게임기 전문회사로 유명함)가 아이들이 쓰는 교육ㆍ오락용 CD롬에 스파이웨어를 숨겨 사용자 몰래 개인정보를 빼내간 사실을 알고 망연자실하기도 했다.[42]

『뉴스위크』(한국판) 2000년 11월 1일자는 "잠재 고객에 대한 정보수집은 수십년 전부터 시작된 수십억 달러 규모의 사업이다. 기업은 더 효율적인 마케팅을 위해 개인 신상자료를 확보하려 한다. 프라이버시 보호 시스템을 제공하는 프리바다사의 릭 잭슨 사장은 인터넷이 사용자 신상자료의 새로운 보고라고 말했다. 그는 '마케팅 업체들은 사용자가 어떤 주소를 클릭해, 어떤 웹사이트에서 얼마만큼의 시간을 보내는지 알아내려 한다. 이용자가 『뉴스위크』를 구독한다는 사실을 안다면 우리는 그에 대해 뭔가를 아는 것이며, 소비자가 무엇을 읽고 있는지까지 지켜본다면 당연히 훨씬 더 많이 알게 되는 것이다. 바로 그런 것이 인터넷에서는 가능하다'고 말했다. 그런 일을 해주는 것이 스파이웨어(개인정보를 빼내는 프로그램)다"며 다음과 같이 말했다.

"보안 소프트웨어 업체인 존 랩스사의 그레고 프런드 사장은 '마케팅 업자들은 소비자의 컴퓨터에 응용 프로그램을 설치한 뒤 개인 신상정보를 훔쳐내 전송한다. 그것은 응용 프로그램들에 집의 열쇠를 내주는 것과 같다'고 말했다. 그런 일을 어째서 용인할까. 코렐사의 워드퍼펙트 같은 유명한 소프트웨어를 포함한 많은 응용 프로그램들은 광고를 보는 대가로 고객들에게 소프트웨어를 무료 제공한다. 광고는 대개 제3자인 광고 관리회사가 게재한다. 예를 들어 버지니아주의 컨듀센트사는 코렐사를 비롯한 400여 응용 프로그램과의 제휴 아래 1250만 대가 넘는 컴퓨터에 응용 프로그램들을 설치했다고 주장한다. 웹서핑 습관은 무료 소프트웨어 사용을 위해 요구되는 결혼 여부, 나이, 직업 같은 정보와 함께 개인 신상자료의 공급원이다. 웹사이트들은 사용자의 하드 드라이브에 저장하는 작은 파일들은 쿠키를 많이 사용한다. 주로 사용자의 비밀번호 저장 같은 유용한 목적으로 사용되지만 쿠키는 그밖에도 많은 기능을 갖고 있다. 더블클릭 같은 인터넷 마케팅 회사들은 사용자들이 클릭하는 배너와 웹에서의 활동을 추적하기 위해 쿠키에 고유 ID를 저장한다. 그 데이터는 광고 전달에 사용되는 프로필에 입력된다. 더블클릭은 광고로부터 얻는 데이터만으로는 신원을 파악할 수 없지만 그것을 신상정보와 조합할 수는 있다고 시인했다. 게다가 광고를 게재하는 웹사이트들은 사용자의 이동경로를 추적해 그 정보를 더블클릭과 공유할 수도 있다."[43]

2004년 10월 마이크로소프트와 미 의회가 '애드웨어 뿌리뽑기'에 나섰다. 해킹, 바이러스, 쓰레기메일에 이어 애드웨어가 컴퓨터 사용자를 괴롭히는 골칫거리로 등장했기 때문이다. 초고속 인터넷에 접속된 컴퓨터의 90%가 최소한 한 가지 이상의 애드웨어 프로그램에 오염된 것으로 추정되었다. 이로 인해 생산성이 떨어지고 수리비용을 추가로 부담하게 된다는 것이다. 애드웨어가 깔리면 컴퓨터를 자기 의도대로 사용하지 못할 뿐 아니라 작업처리 속도를 현저하게 떨어뜨리고, 심하면 고장의 원인이 되기도 한다. 마이크로소프트 회장 빌 게이츠는 "내 PC가 지금까지 바이러스에 걸려본 적이 없는데 스파이웨어는 피하지 못했다"고 토로했다.[44]

한국에서 유포된 스파이웨어는 기존 애드웨어 기능 외에 인터넷 사용자 정보를 몰래 빼내는 기능까지 함께 했다. 2005년 6월 안철수연구소에 따르면 스파이웨어 발견 신고 건수는 2004년 4분기 668건에서 2005년 1분기에는 2342건으로 3.5배 증가했다.[45]

2005년 6월 정보통신부는 스파이웨어를 유포하면 5년 이하의 징역이나 5000만 원 이하의 벌금형에 처하는 내용의 기준안을 마련했다. 기준안은 스파이웨어를 "이용자 동의 없이 웹브라우저의 홈페이지 설정을 변경하고 프로그램을 임의 설치하는 등 불편을 초래하는 프로그램"으로 규정했으며, 정상적인 프로그램의 작동을 방해하거나 중지·삭제하고 이용자 동의 없이 키보드 입력 내용과 화면표시 내용을 수집해 전송하는 행위도 스파이웨어 범주에 포함시켰다.[46]

2005년 7월 서울 남부지법은 한글 인터넷키워드 서비스업체인 D사가 자사의 프로그램을 스파이웨어로 규정해 차단했다는 이유로 안철수연구소를 상대로 제기한 스파이웨어 차단 프로그램 배포금지 가처분 신청을 기각했다. 스파이웨어로 지목된 D사의 한글 인터넷키워드 도우미 프로그램은 처음 설치될 때 이용자의 동의를 구하지만 삭제되면 다시 설치되면서 이용자의 동의를 구하지 않는다. D사는 안철수연구소가 스파이웨어 차단 프로그램인 '스파이제로'를 통해 이용자들에게 도우미 프로그램을 삭제하도록 권유하는 등 영업을 방해했다며 스파이제로 배포금지 가처분 신청을 냈었다. 재판부는 결정문에서 "스파이웨어는 컴퓨터 이용자의 동의 없이 설치돼 시스템 설정을 변경하거나 입력 내용을 수집, 전송하는 기능을 가진 프로그램"이라며 "D사의 프로그

램을 스파이웨어로 보는 안철수연구소의 판단에 잘못이 없다"고 밝혔다.[47]

2005년 8월 24일 서울중앙지법은 스파이웨어 등을 대량 유포한 혐의 등으로 구속기소된 인터넷 광고업자 정모씨(35)에게 징역 10월을 선고했다. 정씨는 다음·네이버 등 포털사이트 카페에 수백만 건의 게시물을 등록, 이를 클릭하는 인터넷 이용자의 컴퓨터를 자동으로 스파이웨어에 감염시켰는데, 인터넷 이용자가 스파이웨어를 통해 성인사이트에 접속한 뒤 회원에 가입하면 성인사이트들로부터 가입비의 50%를 받았다. 재판부는 "피고인은 같은 범죄로 전과가 있고, 포털사이트 게시판에 광고성 게시물을 과다하게 게재해 서비스 안정성에 악영향을 주는 등 죄질이 나쁘다"고 밝혔다.[48]

2006년 4월 서울경찰청 사이버범죄수사대는 악성프로그램(스파이웨어)을 생성시키는 가짜 '스파이웨어 치료 프로그램(안티 스파이웨어)'을 퍼뜨린 뒤 이를 치료해주는 대가로 금품을 챙겨온 일당을 상습사기 등의 혐의로 구속했다.

"김씨 등은 지난해 12월 유료로 악성프로그램을 치료해주는 인터넷 사이트를 개설한 뒤 가짜 악성프로그램 치료 프로그램인 비패스트를 제작해 포털사이트의 카페와 블로그 등에 배포했다. 이들이 배포한 비패스트에는 악성프로그램 5개를 자동으로 몰래 설치하는 실행파일(smupdate.exe)이 포함돼있었다. 네티즌들이 보안경고창 등에 숨어 있는 비패스트 프로그램을 내려받아 검사를 하게 되면 자연스럽게 김씨 등이 몰래 설치한 악성프로그램이 검색된다. 이후 치료를 받으려면 홈페이지 회원으로 가입하라는 메시지가 뜨고 네티즌들은 치료를 위해 1인당 5000원~2만 4000원을 결제했다. 컴퓨터에 익숙치않은 네티즌들은 자신의 컴퓨터에 원래 악성프로그램이 있었던 것으로 생각하는 점을 악용한 것이다. 김씨 등은 포털사이트 카페나 블로그를 통해 50여 일만에 무려 25만 8000여 명에게 가짜 치료 프로그램을 유포했고 이들로부터 1억 8000만 원을 챙겼다."[49]

2007년 국내 스파이웨어의 제작과 유포가 UCC를 중심으로 활발해지면서 매달 200개가량의 스파이웨어가 발견되었다. 2007년 10월에만 999건의 피해

신고가 있었다. 그런데도 단속은 쉽지 않았다. 임지선은 "UCC에 열광하는 사이, 누군가는 그것을 이용해 스파이웨어를 깔고 그것이 또 스파이웨어를 내려받으면서 사이버 공간은 지뢰밭이 돼가고 있다"고 개탄했다.[50]

『중앙일보』 2008년 6월 2일자에 따르면, "컴퓨터 사용환경을 위협하는 악성코드의 성격도 크게 바뀌었다. 과거엔 바이러스가 최대 적이었다면 요즘은 스파이웨어·트로이목마 등이 기승을 부리는 상황. 특히 초고속 통신망의 발달로 국내외 컴퓨터가 사실상 하나로 연결되면서 정보보호의 중요성은 갈수록 커지고 있다. 이에 따라 V3제품 또한 PC용을 넘어 서버용, 모바일 기기용, 네트워크 보안장비 등으로 적용 범위가 계속 넓어지고 있다."[51]

『중앙일보』 2009년 1월 12일자는 "직장인 이주환씨(32)는 얼마 전 지인의 이름으로 날아온 메시지를 클릭했다가 낭패를 봤다. '힘들지? 먹고 힘내'라는 메시지 속에 자양강장제 모양의 파일이 첨부돼 클릭해봤더니 PC 바탕화면에 인터넷 도박사이트 바로가기 아이콘과 원격제어 프로그램이 설치된 것. 자상한 메시지는 지인의 아이디(ID)를 도용한 스파이웨어였다"며 다음과 같이 말했다.

"스파이웨어인지 알 수 없도록 형식적으로 '사용자 동의'를 거치는 교묘한 수법도 있다. 약관을 꼼꼼히 읽는 사람이 적다는 점을 악용해 불공정 약관을 버젓이 명시해놓는 것. 이런 약관에는 '개인정보를 제3자에게 익명으로 제공하겠음' '수신 거부를 해도 전자우편을 보낼 수 있음' '검색엔진이나 주소창에 적은 내용을 다른 곳으로 전송할 수 있음' '법률에 근거한 피해가 발생해도 책임지지 않음' 같은 황당한 내용이 포함되기도 한다. 스파이웨어로 인해 피해를 봐도 법률에 호소할 수 없도록 해놓은 것이다."[52]

오프라인 세계의 삶이 온라인 세계에서 그대로 반복되는 것이지만, 늘 상상을 초월하는 새로운 기법이 선을 보인다는 데에 온라인 세계의 묘미가 있다 하겠다. '스파이웨어'를 뿌리뽑을 순 없는가? 어려울 것이다. 기술발전은 악질적인 적(敵)과 동거동락하면서 이루어진다고 자위해야 할 것 같다.

왜 CCTV 논쟁이 뜨거운가?

CCTV는 감시를 목적으로 하는 폐쇄회로(CC: Closed−Circuit) TV를 말한다. 2008년 4월 현재 경찰은 전국에 설치된 CCTV를 200만 대 이상으로 추산하고 있는데, 국민 25명에 한 대꼴이다. 서울의 한 직장인이 집을 나서 돌아올 때까지 하루를 추적했더니 카메라에 39차례나 찍혔다고 한다. 그럼에도 CCTV가 일산 여자어린이 납치미수 사건의 범인을 잡는 데에 결정적인 역할을 한 이후 우후죽순 늘고 있다.[53]

사설 경비업체 K사 관계자는 "경찰과 구청에 신고할 필요도 없다"며 "우리나라 CCTV 종류는 자동차 종류보다 많다"고 말했다. 이 관계자는 "매월 수십 대가 팔리는데, 가격은 3일분 녹화 내용만 보관되는 것은 200만 원 이상, 15일 짜리는 350만 원"이라고 전했다.

CCTV는 보통 30~100m까지 감시한다. 360도 회전장치와 줌 기능을 갖추면 그보다 멀리 있는 사물도 가려낸다. 적외선투시기를 설치하면 밤에도 20m 떨어진 자동차 번호판을 식별한다. 최근에는 고화질로 실시간 감시가 가능한 네트워크 카메라가 놀이방, 유치원, 학원 등에도 널리 쓰이고 있다. 급증 추세인 만큼 악용 가능성도 커지고 있다. 경찰 관계자는 "경찰이나 행정기관이 설치 규모와 위치 등을 전혀 모른다"며 "개인의 움직임 하나하나가 자신도 모르게 고스란히 찍혀 인터넷에 떠돌아다니며 악용되는 등 명예훼손과 부작용이 심각하다"고 지적했다.

사후관리도 엉망이다. 현재 CCTV 설치와 관리는 기초자치단체 등 공공기관이 범죄예방, 쓰레기 불법투기 단속용으로 설치한 것과 개인이나 기업이 설치한 것으로 나뉜다. 공공부문은 그나마 2007년 11월 '공공기관의 개인정보보호에 관한 법률'이 개정돼 CCTV 영상을 개인정보로 인정, 범죄예방 등 공익을 위해 설치할 때도 주민 동의를 받은 뒤 촬영시간 등을 알리는 안내판과 함께 설치하도록 했다. 하지만 대부분 안내판이 없을 뿐만 아니라 관리 인력

도 제대로 배치되지 않은 게 현실이다. 민간 부문은 법적 근거도 없다.[54]

2007년 11월 'CCTV 개인영상정보보호 가이드라인'이 마련됐지만, 법적 구속력이 없고 호텔과 대형 음식점 위주로 권고하는 수준에 불과하다. 개인이 설치한 것은 아예 권고 대상에서도 빠져 있다. 국회엔 어린이보호구역에 CCTV를 설치하자는 의원 입법안이 올라있으며, 2008년 4월 1일 서울시는 568개 모든 초등학교에 4~5대씩 CCTV를 설치하겠다고 발표했다. 4월 2일 정부와 한나라당은 어린이 범죄예방을 위해 스쿨존과 어린이 놀이터 등에 CCTV 9000개를 추가 배치키로 합의했다. 한나라당 민생경제위원회 맹형규 119기동팀장은 당정 협의 후 가진 브리핑에서 "현재 우범지역 1만 3000곳 중 4000곳만 CCTV가 설치돼 있다"며 "필요한 예산 1000억 원은 각 부처에서 절감된 예산으로 마련키로 했다"고 말했다.[55]

『한국일보』는 이런 현실을 지적하면서 "CCTV가 넘쳐나지만, 설치·관리기준 등 기본법 규정조차 없어 개인 사생활 침해를 넘어 범죄에 악용될 수 있다는 우려가 높다. 전문가들은 이에 따라 회사나 개인이 맘대로 설치하고 있는 CCTV를 체계적으로 관리할 수 있는 관련 법규를 시급히 마련해야 한다고 지적한다"고 했다.[56]

양성희는 "세계적인 프라이버시 보호 NGO 단체인 GILC(Global Internet Liberty Campaign)는 프라이버시를 4개로 나눈다. 정보·신체·통신·공간 프라이버시다. 공간 프라이버시를 침해하는 대표선수는 주거, 작업장, 공공장소에 설치되는 폐쇄회로 TV다"며 다음과 같이 말했다.

"끔찍한 사건 이후 범죄예방 차원에서 CCTV를 확대 설치하자는 여론이 형성되고 있다. 일부 지자체들은 추가 설치 계획을 내놓았다. 감시자 CCTV의 이미지가 어느덧 안전 수호자로 바뀐 것이다. … 사생활과 인격권 침해에 맞닿아 있는 감시 시스템이 어느덧 우리의 안전과 즐거움을 위해 반드시 필요한 존재가 돼 가고 있는 것이다. 우리 스스로 피감시자를 자처하는 격이니, 참으로 씁쓸한 현대사회의 초상이다."[57]

2008년 5월 19일 인권단체연석회의는 '공공기관 CCTV 실태에 대한 기자회견'을 갖고 정부의 CCTV 확대 방침을 비판하였다. 그럼에도 2008년 8월 12일 행정안전부(행안부)가 공중목욕탕과 공중화장실, 탈의실 등에 폐쇄회로 텔레비전(CCTV)을 설치할 수 없도록 개인정보보호법 제정안을 입법예고했다.

이에 8월 19일 경제정의실천연합, 진보네트워크센터, 참여연대, 민주사회를 위한 변호사 모임 등 시민단체들은 제정안에 대해 기자회견을 열고 "알맹이가 쏙 빠졌다"고 혹평했다. 진보네트워크센터 장여경씨는 "공공기관이 CCTV로 개인정보를 취급하는 것을 제대로 감독하려면 독립적이고 전문적인 개인정보보호위원회의 설립이 절실한데도 감독 대상인 행안부 스스로를 감독하겠다는 것은 어불성설"이라고 꼬집었다. 권순택 문화연대 활동가는 "아무리 CCTV 사용 범위를 법에 명시했다고 하더라도 운용이 제대로 되지 않으면 소용없다는 것이 여러 사례를 통해 입증되고 있다"며 "독립적인 감독기구를 통해 이 같은 사례를 관리·감독하는 일이 절실하다"고 말했다.[58]

강호순 연쇄살인, 제과점 여주인 납치, 숭례문 방화 같은 굵직한 사건에서 CCTV가 확실한 '해결사' 역할을 하면서 CCTV는 급증 추세를 보이고 있다. 2006년 400억 원이었던 국내 CCTV 관련 시장규모가 2009년엔 3500억 원대로 팽창할 것으로 전망되었다. 2009년 4월 현재 공공기관이 설치한 CCTV는 15만 7000대, 민간에서 설치한 CCTV는 250만 대에 달한다.[59]

왜 RFID가 문제가 되는가?

RFID(Radio Frequency Identification: 무선주파수인식 또는 전자태그)는 무선 라디오 주파수를 이용해 사물을 인식, 추적, 통제할 수 있는 기반을 제공하는 기술을 말한다. 최근 널리 사용되고 있는 RFID 마케팅은 무선통신을 이용해 칩이 파악하는 정보를 통신하는 기술을 이용한 마케팅이다. 쇼핑 카트에 'RFID 전자태그'를 부착하면 고객이 어떻게 돌아다니고 어디에 얼마나 머물렀는지 손금 보듯 알아내 상품 진열과 재고관리 등에 활용할 수 있다.

RFID 협회장을 맡고 있는 SK텔레콤 사장 김신배는 "전 세계 RFID 시장은 2010년까지 98억 달러가 될 것으로 예상되는데, 이중 한국 시장이 13억 달러로 전 세계 시장의 13%를 차지, 한국이 RFID 리더 국가가 될 가능성이 높다"고 전망하면서 "RFID는 유비쿼터스(ubiquitous) 세상을 위해 가장 중요한 요소"라고 역설했다.[60]

RFID는 PC, TV, 휴대전화, PDA 등 모든 형태의 단말기로 어제 어느 곳에서나 접속할 수 있는 유비쿼터스 환경 구현의 핵심기술로서 그 응용분야는 제조, 물류, 유통, 의료, 건설, 금융 등 광범위하다. 이른바 '유비쿼터스 주택' 의 핵심도 바로 RFID 기술에 있다. 거주자 옷과 신발 등에 붙은 전자태그가 실시간으로 주택 내부 각종 장치에 거주자를 자동으로 인식시켜줘 상황에 맞는 서비스를 제공한다는 것이다.[61]

2007년 7월 25일 정보통신부는 '유비쿼터스 센서 네트워크(RFID/USN) 확산 종합대책' 을 발표했는데, 이에 따르면 내년 상반기부터 RFID를 적극적으로 활용하는 업체는 이를 도입한 날부터 3년간 부가가치세 조사 등 세무조사가 면제된다. 또 2013년까지 수출 제품을 담는 컨테이너에는 의무적으로 RFID 부착이 의무화된다. USN(Ubiquitous sensor network)은 온도나 위치, 지문, 압력 등 각종 센서에서 감지한 정보를 무선으로 수집할 수 있도록 구성한 네트워크로 RFID도 USN의 일종이다.[62]

2008년 1월 야후코리아는 KTF와 함께 모바일 RFID를 이용한 현장 검색을 시도했다. 야후의 길찾기 서비스 '야후 거기' 에 등록된 업체정보를 RFID 칩에 담아 휴대전화 무선인터넷으로 바로 확인할 수 있게 한 것이다. 이용자는 등록상점에 붙어있는 스티커에 바코드를 찍듯이 휴대전화를 대면 무선인터넷으로 해당 업소 홈페이지에 접속된다. 이곳에 등록된 서울시내 2000여 맛집의 음식가격과 이용 후기, 쿠폰 등을 현장에서 확인하고 이용할 수 있다. 야후코리아는 음식점을 시작으로 향후 서비스 영역을 확대할 계획이다.[63]

2008년 1월 16일 신세계 이마트는 이마트 수서점에서 RFID를 기반으로 한 '퓨처 스토어'를 처음 개장했다. 이마트 수서점에 들어서면 새로운 모양의 카트가 고객을 반긴다. 일반 카트에 RFID 및 바코드 리더기, LCD 모니터가 달린 '스마트카트'다. 이 카트를 이용하려면 우선 신세계 적립카드로 카트에 로그인을 해야 한다. 로그인을 마치면 인터넷 홈페이지에서 미리 골라놓은 쇼핑리스트가 카트 모니터에 일목요연하게 뜬다. 고른 상품을 쉽게 찾을 수 있도록 화면엔 매장 위치도 상세히 알려준다. 또 RFID 칩이 들어간 제품을 리더기에 대면 가격과 생산지 정보가 화면에 나타난다. 일부 제품은 조리법까지 알려준다. 카트에 물건을 담을 때는 RFID나 바코드를 리더기에 대야 한다. 그래야 금액이 누적돼 총액을 바로 확인할 수 있다. 쇼핑을 마친 고객은 모니터의 결제하기를 누른 뒤 계산대의 직원에게 알려주면 쇼핑은 끝이다. 번거롭게 그동안 고른 제품을 계산대에 모두 올려놓을 필요 없이 계산만 하면 된다. 그러나 문제는 설치비용이다. RFID 제조원가는 개당 50원 정도로 추산된다. 모든 제품에 RFID를 부착할 경우 제조업체가 감당하기 힘든 수준이다. 대중화될 경우 칩 가격이 내려갈 수 있지만 그래도 비용부담 문제는 해결이 쉽지 않다. 이마트도 비싼 비용 때문에 개별 상품에 RFID 칩을 달지 않고 진열대에 부착하는 방식이다.[64]

　RFID의 기능이 뛰어난 만큼 논란도 뜨겁다. 유로 지폐에 RFID 칩을 넣자는 제안, 베네통 옷에 RFID 칩을 부착하겠다는 계획, 공무원들의 몸에 RFID 칩을 이식하려는 멕시코 정부의 시도 등은 사생활 침해 논란을 불러일으켰다.[65]

　『한겨레』 2006년 9월 19일자에 따르면, "회사원 이아무개씨(39)는 최근 승용차요일제 전자태그(RFID)를 차량에 부착했다. 기존 종이스티커로 승용차요일제에 가입한 차량보다 자동차세, 보험료 등을 더 감면받을 수 있기 때문이다. … 승용차요일제 전자태그는 준수 요일 및 차량 정보 등이 담겨 있어 남산 1호 터널 등에 설치된 인식기와 신호를 주고받으며 요일제를 지키는지를 자동으로 감시할 수 있게끔 한다. 이 때문에 인식기를 통해 축적된 데이터베이스에는 이씨의 운행기록이 남게 된다. 현재 6곳에서, 내년 14곳 등 전자태그 리더기는 계속 확장될 예정이어서 승용차요일제 가입자들의 서울 시내 운행 기록이 고스란히 기록될 전망이다."[66]

2007년 중국 정부는 개인의 전과기록과 신용카드 사용내역, 지하철 이용기록 같은 은밀한 정보까지 담은 RFID 방식의 2세대 전자 신분증 발급도 서두르고 있어 논란이 되고 있다.[67]

정보통신부는 2005년 RFID 프라이버시 보호 가이드라인을 발표했다. 이 가이드라인은 전자태그를 통해 개인정보가 수집되고 있음을 미리 통지해야 하고, 리더기가 설치돼 있음을 표시해야 한다고 밝히고 있지만, 아직 강제성은 없다. 시민단체 '함께하는시민행동'의 김영홍 정보인권국장은 전자태그는 유용성이 많은 만큼 그 이면에는 소리없는 추적이 가능한 부작용도 있을 수 있다며 "개인정보 보호법 등 관련 법안의 입법화가 시급하다"고 밝혔다.[68]

이중원 서울시립대 교수(과학철학)는 RFID로 대표되는 유비쿼터스 사회에 선 "첨단 정보기술을 활용하여 국가나 어떤 조직이 축적과 유통이 용이한 디지털 정보들을 장악함으로써 개인에 대한 관리와 통제를 교묘한 방식으로 실시할 가능성이 매우 높다"며 다음과 같이 말했다.

"다수의 빅브라더들(Big Brothers)이 통치하는 전자 판옵티콘 사회가 도래할 수 있는 것이다. 이런 심각한 우려가 아니더라도 개인 프라이버시의 침해 및 개인정보의 악용 문제가 시도 때도 없이 제기될 것이다. 전자체계에 대한 인간의 종속이 심화되고 그에 따른 위험도 증가할 것이다. 정보 및 네트워크 시스템에 대한 보안 문제가 기술적으로 완벽하게 해결되지 못한다면, 유비쿼터스 사회는 편리성이 증대하는 만큼 재앙도 증가할 것이 분명하다. 내가 타자에 관한 모든 정보에 무한히 접근할 수 있다는 점은, 역으로 타자가 나에 관한 모든 정보에 무한히 접근할 수 있음을 의미한다는 면에서 두 상황은 대칭적이다. 이는 유비쿼터스 사회에서 공유와 감시가 동전의 양면과도 같음을 말해준다."[69]

'유연한 감옥'으로 가는 노동감시

미국의 직장을 '유연한 감옥'에 비유한 『유연한 감옥』의 저자인 크리스천 패런티는 한때 미 국방부나 몇몇 고급 카지노에서만 사용되던 기술이 이제는 새로 만들어지는 작업장들에서도 통합적으로 사용되고 있다고 했다.

"한 경영학 연구는 전체 미국 기업의 80%가 노동자들을 전자적 방식으로 감시하고 있음을 보여주었다. 최고의 소프트웨어와 감시기구들이 타코벨이나 타깃과 같은 기업의 작업장에서 일하는 저임금 서비스 노동자들의 자판 입력과 같은 육체적 움직임을 감시하고 있다. 이것도 충분치 않으면 기업들은 손님으로 가장한 '미스터리 쇼퍼(mystery shopper)'를 고용해 매장 직원들을 감시한다. 사무실에서와 마찬가지로 작업장과 매장에서도 지난날 국방부에서 사용하던 소프트웨어가 소리 없이 노동자들의 근무실적, 노동행태, 의사소통을 감시하고 분석한다. 이런 상황 속에서 노동계급의 생존전술은 모조리 격파된다."[70]

미국에서 2000년 4월 발표된 연구보고서에 의하면 미국 기업의 73.5%는 직원들의 인터넷 사용 동태에 관하여 정기적으로 감시하고 있으며, 인터넷을 부적절하게 사용한 책임을 물어 해고된 근로자의 사례는 무수히 많다. 선마이크로시스템즈의 CEO인 스콧 맥닐리는 "여러분은 이미 프라이버시가 존재하지 않는 상태에 있다. 어차피 그런 상황을 인정할 수밖에 없다"고 선언했다.[71]

2004년 12월 홍콩 기업들을 대상으로 홍콩인력관리연구소가 실시한 설문조사에 따르면, 홍콩 기업의 84%가 직원들의 사생활을 감시하고 있는 것으로 드러났다. 직원들에 대한 감시방법으로는 이메일과 컴퓨터 파일 조사가 60%로 가장 많았으며 감시카메라를 설치해 회사 내에서 직원들의 일거수일투족을 지켜보고 있는 기업도 40%에 이르는 것으로 나타났다. 직원들의 전화를 도청하고 있는 기업도 30%나 됐다.[72]

일본 『아사히신문(朝日新聞)』 2004년 12월 14일자는 NEC가 적외선을 송수신하는 소형장치와 무선 LAN을 이용해 실내에서 사람이나 물건의 위치를 단숨에 파악하는 기술을 개발했다면서, 경영자 입장에서는 관리하기가 쉬워지겠지만 사원들은 더욱더 한숨 돌리기가 어려워지게 됐다고 평가했다.[73]

한국도 크게 다르지 않다. 『한겨레 21』 2000년 11월 2일자는 「훔쳐보는 자들에게 저항하라: 이에는 이, 감시엔 감시로!」라는 제목의 표지 기사를 통해 우리 생활 깊숙이 들어온 감시 시스템의 실태를 집중적으로 다루었다. 버스 운전기사의 표정과 목소리까지 일거수일투족을 판박이처럼 담아내는 폐쇄회로 TV에 관한 이야기로 시작한 이 기사는 은행, 백화점, 버스터미널, 여관, 러브호텔 등등 그 어딜 가도 CCTV는 어김없이 자리를 차지하고 있다고 지적했다.

이 기사에 따르면, 한국타이어 대전공장에는 데이터 수집 · 분석시스템(DAS: Data Acquisition System)이라는 작업관리 컴퓨터 시스템이 설치돼 있다. DAS는 첨단화된 작업통제시스템인데, 작업자는 일을 시작할 때, 화장실에 갈 때, 휴식시간을 가질 때, 식사하러 갈 때, 퇴근할 때마다 일하는 기계에 부착된, 노트북 크기의 터치패널에 자신의 움직임을 입력하게 된다. 이 시스템에 대해 한국타이어 대전공장 쪽은 "몇시 몇분에 그 작업자가 얼마나 생산했는지 실시간으로 체크된다"며 "교대로 돌아가는 각 조의 생산량이 얼마나 되는지 리얼타임으로 중앙전산컴퓨터에 자동집계돼 관리된다"고 설명했다. 공장 쪽은 물론 작업장 감시가 아니라 '생산관리'를 위한 것이라고 밝혔지만, 작업자가 터치패널에 자신이 취할 행동을 입력하는 순간 이 작업자의 움직임 하나하나는 곧바로 중앙전산시스템에 체크된다. 결국 노동자는 항상 누군가 감시하고 있다는 생각 때문에 긴장해 있어야 하고 잠시 쉬거나 짬을 내기도 어렵다.

현대자동차 전주공장도 비슷한 작업장 감시체제를 갖추고 있다. 이 공장에 도입된 알에프(R/F: 라디오주파) 카드는 라디오주파수를 이용한 새로운 전자신분증이다. 정문을 비롯한 회사 곳곳에는 판독기가 설치돼 있어 이 카드를 지닌 노동자가 판독기로부터 1m 안을 지나치기만 하면 누가 어디에 있는지 곧바로 자동인식된다. 따라서 회사는 노동자의 출퇴근 여부나 특정장소 출입여

부, 출입시간 따위의 정보를 언제든지 앉아서 확인할 수 있게 된다.[74]

2003년 7월 '노동자감시 근절을 위한 연대모임'이 조사한 바에 따르면, 한국에서 전체 사업장의 90%가 한 가지 이상의 방법으로 노동자 감시를 하고 있는 것으로 밝혀졌다. 그래서 "24시간 감시에 숨이 막힌다"는 말까지 나왔다.[75]

2006년 2월 14일 국가인권위원회가 발표한 '사업장 감시 시스템이 노동인권에 미치는 영향' 보고서에 따르면 설문조사에 응답한 근로자 204명 중 51.3%가 직장에서 카메라나 위치추적장치, 인터넷 감시 프로그램 등에 의해 감시당하고 있다고 답했다.[76]

2006년 9월 『한국일보』 취재팀이 직장인 100명(35개 기업)에게 사생활 침해 가능성이 있는 보안시스템에 대해 물은 결과, 이메일 검열(47%), 메신저 및 인터넷 모니터링(46%), 통화내역 조회(41%), CCTV 설치(22%) 등을 꼽은 경우가 많았다. 근로자들은 사생활 침해를 막기 위해 회사 이메일이 아닌 개인 이메일을 사용(30%)하거나, 근무 중 이메일이나 문자메시지를 수시로 지우는(12%) 등의 자구책을 동원했다. 하지만 응답자의 36%는 보안시스템을 신경 쓰지 않는다고 답변, '프라이버시 불감증'도 엿보였다.[77]

2007년 12월, 한국타이어에선 최근 1년 6개월 사이에 공장과 연구소 직원 15명이 돌연사로 숨졌으며 이중 7명은 심장질환으로 사망했는데, 높은 노동 강도가 영향을 미쳤다는 조사결과가 나왔다.[78]

노동감시는 생산성 향상에 도움이 되나?

2008년 3월 인권단체들이 제시한 '이명박정부가 해야 할 5개 분야별 인권과제 의견서'에는 CCTV 등 사생활 감시를 중단하라는 내용이 포함되었다. 이 의견서는 국가인권위가 발간한 '사업장 감시 시스템이 노동인권에 미치는 영향'이라는 보고서를 인용해 근로자 204명 중 51.3%가 직장에서 카메라 등에 의해 감시를 받고 있으며 회사가 이런 장비를 설치하면서 노조와 협의를 거친 경우는 24.2%에 불과했다고 지적했다. 이들은 "직장에서의 감시는 노동자의 정신건강에 심각한 위험을 주고 있으며, 노동강도 강화, 노동조합활동 감시 등 노동기본권 전반을 중대하게 제약한다"며 "직장에서의 CCTV 사용은 보안 관련 업무에 한정해야 하며 공공기간에서의 설치 역시 제한적인 목적으로 국한하는 등 그 규제를 강화해야 한다"고 주장했다.[39)]

　노동감시는 소탐대실(小貪大失)이 될 가능성이 높다는 지적이 있다. 미국 캘리포니아주 오클랜드에 있는 '세이프웨이 스토어즈'의 노동감시 경험이 그 가능성을 시사해준다. 이 회사는 상품을 배달하는 782대의 트럭 모두에 '계기판 컴퓨터'를 부착했는데, 그 목적은 속도, 유압, 엔진회전수, 공회전시간, 트럭 정지회수 및 시간 등을 기록해 운전자의 근무실적을 평가하기 위한 것이었다. 세이프웨이 측은 그렇게 함으로써 유지비와 연료비를 줄일 수 있고 운전자에게 긴장감을 지속시킬 수 있게 되었다고 긍정적인 평가를 내렸지만, 그런 노동감시가 운전자의 사기를 저하시키고 운전자와 회사 사이의 연대감을 파괴한다는 걸 아는 데엔 오랜 시간이 걸리지 않았다. 저널리스트 제프리 로스페더는 한 운전자의 반응을 각각 다음과 같이 소개하고 있다.

　"(과거엔) 누구나 자신의 방식대로 일을 했다. 아무도 어깨 너머로 엿보거나 하지 않았다. 내가 독립된 인간이라고 느낄 수 있었다. 그리고 팀의 일원이라는 자각도 있었다. 그러나 지금은 일을 한다는 것이 고역이다. 들볶이고 감시당하고 있는 것처럼 느껴진다. 어떠한 신뢰도 없고 경의도 없다. 컴퓨터가 적의를 품고 나를 노려보고 있다."

　물론 회사 측은 그러한 노동감시를 통해 운전자들의 노동량은 늘릴 수 있었을 것이다. 그러나 과연 노동자들의 충성심을 잃은 회사가 계속 발전할 수 있을까? 소탐대실은 아닐까? 로스페더는 한 경영 컨설턴트의 말을 다음과 같이 소개했다.

　"대개의 종업원에게 있어서 회사에서의 생활은 적대적인 것이다. 새로운 모니터링 기술과, 관리자와 종업원의 거리를 멀어지게 할 뿐인 새로운 관리기술이 만나면, 종업원들은 마음이 짓밟힌 듯한 느낌과 함께 무력감을 맛본다. 사기는 계속해서 저하되고 종업원은 회사에 손해를 입히는 반항책으로 치닫는다. 자신들이 시스템의 일부분이라는 것에 혐오감을 느끼며 그 시스템을 깨부수겠다는 의식이 종업원들 사이에 싹트고, 회사에의 소원한 느낌과 분노가 뒤섞여 반항하게 된다."[80]

2004년 12월 취업포털 파인드올이 직장인 1475명을 대상으로 실시한 설문조사결과에 따르면 32.5%가 "내 능력 중 50~60%만 발휘하고 있다(짤리지 않을 정도만)"고 응답했으며, "내 능력 발휘 정도는 40% 이하(능력을 썩히고 있다)"고 밝힌 응답자도 29.8%나 됐다. 이는 10명 중 6명이 자신이 갖고 있는 능력을 다 발휘하지 않은 채 직장생활을 적당히 하고 있다는 걸 의미하는 것이다. 물론 이는 직장생활에 대한 불안감과 불만이 반영된 결과이겠지만, '노동감시'는 그런 경향을 악화시키는 쪽으로 작용할 가능성이 높다.[81]

2008년 9월 이상윤 '건강과대안' 상임연구원(노동건강연대 사무국장)은 "감시받는 노동자들은 늘 누가 지켜보고 있다는 느낌 때문에 수동적으로 작업하기 십상이다. 감시받는 노동자들은 자신의 직업에 대한 만족도가 떨어지고, 언제 해고될지 모른다는 불안감에 젖어들게 된다. 게다가 주위 동료 및 직장상사에 대한 신뢰가 사라져 인간관계에서도 많은 어려움을 겪게 된다. 노동조합 활동 등 노동자의 집단적인 문화가 설 땅이 없어지는 것도 정신건강에 적지 않은 영향을 끼친다"며 다음과 같이 말했다.

"사업주는 감시제도가 생산성을 높이고, 노동의 질도 향상시킬 것이라는 막연한 믿음에 근거해 여러 가지 전자장비를 동원해 통제에 나서는 경향이 있다. 하지만 실제로는 이는 생산성도 떨어뜨리고 노동의 질도 오히려 저하시킨다는 연구결과들이 많다. 노동자의 건강에만 나쁜 영향이 있는 것이 아니라는 얘기다. 문제는 우리 사회에는 무분별한 노동자 감시를 적절히 규제하기 위한 법 및 제도적 장치가 미비하다는 것이다. 감시에 의한 노동자 건강파괴의 실태를 파악하고, 이를 규제하기 위한 제도 마련이 시급하다."[82]

노동감시는 판옵티콘(Panopticon) 체제의 일면을 잘 보여주는 것이다. 판옵티콘은 '모두 본다'는 뜻으로, 영국 철학자 제러미 벤담이 설계한 원형 감옥을 가리킨다. 이 원형 감옥에서 간수는 중앙에 있는 탑에서 모습을 드러내지 않은 채 죄수의 일거수일투족을 감시할 수 있다. 판옵티콘의 기본 개념은 감옥뿐만 아니라 공장, 학교, 군막사, 병원, 정신병 요양소 등에도 적용되고 있으며 더 나아가 모든 사회 영역에서 작동하고 있는 기본적인 사회적 디자인이 되었다. 그러니까 푸코는 바로 판옵티콘에서 '근대 권력의 전형'을 보고 있는 것이다.[83]

'노동감시'에 대한 비판의 목소리가 높지만, 서구에서는 이마저도 옛날이야기가 되어가는 것 같다. 홀거 하이데(Holger Heide)는 다음과 같이 말한다.

"독일 등 서구에서는 갈수록 많은 회사에서 근무시간 측정기가 사라지고 있다. 즉 통제된 노동시간 대신에 '신뢰 노동시간' 제도가 들어서고, 업무를 수행하는 데 걸리는 소요시간을 제시하는 대신 달성 목표만 제시하는 것이다. 이런 현상은 금융·보험 부문이나 정보기술 분야의 중간 관리층에서 나타나기 시작하더니 갈수록 다른 분야로도 급속히 확산되고 있다. 그 중요한 결과 중 하나는, 직원들의 직무 몰입도가 엄청 높아졌다는 것이다. 또 노동시간이 늘어난 점도 특징이다."[84]

'신뢰 노동시간' 제도도 넓은 의미의 노동감시인 셈이다. 노동감시는 단기적인 효율에 집착하는 이른바 '성급한 자본주의(impatient capitalism)'의 산물이기도 하다. 이는 '내부고발'과는 매우 대조적인 현상이다. 내부고발이 정의와 투명성을 목표로 하는 것이라면, 노동감시는 효율과 수익성 위주의 감시체제라고 할 수 있다.

제9장

정보 접근과 공개

미국의 정보공개법 변천사

1966년 미 의회는 정보공개법(FOIA: Freedom of Information Act)을 제정하였
다.(1967년 발효) FOIA를 직역하면 '정보자유법'이 되겠지만, '정보공개법'이
라고 부르는 것이 의미 전달에 더 도움이 된다는 이유로 국내에선 '정보공개
법'이라고 부르는 것이 일반적이다.

　이 법의 제정을 가능케 한 원동력은 '알 권리(right to know)'라고 하는 개념
이었다. 법학자인 헤럴드 크로스(Harold L. Cross)가 1936년부터 쓰기 시작한
이 말은 그가 미국 신문편집인협회의 의뢰를 받아 1953년에 출간한 『국민의
알 권리(People's Right to Know: Legal Access to Public Records and Proceedings)』
라는 보고서 겸 책에 의해 널리 유포되었다.[1]

　또 크로스와는 별도로 1940년대 AP 통신 사장으로 있던 켄트 쿠퍼(Kent
Cooper)는 1945년 1월에 행한 한 연설에서 국민의 '알 권리'와 그걸 대행하는
언론의 취재권을 역설하였으며, 1956년엔 『알 권리(The Right to Know)』라는

책을 펴내어 '알 권리' 전도사로 맹활약하였다. 그밖에도 여러 언론인들이 '알 권리'를 강조하는 책을 내는 등의 방법으로 대대적인 '알 권리' 캠페인에 임하였다. 미국 언론계는 이런 캠페인을 확대시키는 여론공세를 통해 정보공개법 제정이라는 열매를 따낼 수 있게 되었다.[2]

그러나 언론인이라고 해서 모두 다 '알 권리' 개념에 동의하는 건 아니다. 예컨대, 시나리오 작가이자 언론인인 커트 뤼트케(Kurt Luedtke)는 1982년 미국 신문발행인협회에서 연설에서 "시민의 알 권리 같은 것은 존재하지 않는다"고 전제한 뒤 그것은 언론인들에 의해 과장되어 온 하나의 허구적 개념이라면서 다음과 같이 말하였다.

"여러분은 시민의 알 권리를 가지고 있다는 것이 구체적으로 무엇을 말하는지에 대해서는 주의를 기울이지 않은 채 그것을 뭔가 대단한 것처럼 만들어 놓았다. 여러분이 시민들에게 전달한 대로 시민들은 알고 있을 뿐이다. 만약 시민에게 알 권리가 있다면, 그것은 여러분들이 뉴스럽시고 고르는 것이 도대체 무엇인지에 대해 시민이 할 말이 있다는 것이다."[3]

뤼트케는 국민의 '알 권리'를 빙자하여 국민 위에 군림하려 드는 언론의 오만을 꾸짖고자 했던 게 아닐까? 오레곤대학의 에버렛 데니스(Everette E. Dennis) 교수도 '알 권리' 비판론자인데, 그는 크로스가 주장했던 '알 권리'라는 건 그가 쓴 책의 부제(Legal Access to Public Records and Proceedings)가 말해주듯이 공적 기록에만 국한된 것이었다는 걸 상기시키면서 그것이 언론기업들의 기업권(corporate rights)으로 전락하였다고 통렬히 비판하였다.[4]

아닌 게 아니라 한국 역시 별로 설득력이 없는 경우에도 국민의 '알 권리'라는 말이 언론에 의해 남용되는 경우가 많다. 정부에 대한 국민의 '알 권리'도 중요하지만 이젠 언론에 대한 국민의 '알 권리'를 이야기할 때가 되지 않았을까?

그러나 뤼트케의 비판은 1982년, 데니스의 비판은 1984년에 나온 것이며, 1970년대는 그 적용 범위야 어찌됐을망정 '알 권리' 개념이 절실히 요구되는 시절이었다는 건 부인하기 어렵다. 애써 제정된 정보공개법도 광범위한 예외 규정과 관료들의 비협조적인 태도로 인해 제 기능을 발휘하지 못했다. 그래서 소비자운동가인 랄프 네이더는 1970년에 이 법이 '정보의 자유(freedom of information)' 법이 아니라 '정보로부터의 자유(freedom from information)' 법이 되었다고 비판하였다.[5]

1977년 『사이언스』지의 보도에 따르면, 미국 연방 정부에 정보를 분류할 권한을 갖고 있는 공무원은 1만 4000여 명이나 되며 매년 400만 건의 문서가 분류(classification)되었다.[6] 여기서 문제가 되는 건 바로 관료제(bureaucracy)의 비대화다. 관료제는 그 속성상 비밀에 집착(preoccupation with secrecy)하며 이른바 '파킨슨의 법칙(Parkinson's law)'의 지배를 받기 때문에 보다 많은 비밀을 보유하고자 애를 쓴다.

'파킨슨의 법칙'은 공무원의 수와 업무량은 아무 관계가 없으며, 업무의 많고 적음과는 관계없이 공무원의 수는 늘어난다는 법칙이다. 영국의 역사학자이자 경영연구가였던 노스코트 파킨슨(C. Northcote Parkinson)이 1955년에 발표한 이론이다. 공무원 수가 늘어나는 이유는 공무원들은 자신이 몸담고 있는 조직이 커지고 조직원과 예산이 늘어나면 위신과 권한이 커지기 때문에 생리적으로 조직의 비대화를 바라게 된다. 결국 일이 많아서 사람이 필요한 것이 아니라 사람이 많아져서 일이 필요한 것이다. 공무원 수가 늘면 일도 많아진다. 스스로 조직에서의 안전을 보장받기 위해 새로운 규제, 새로운 개입영역을 계속 확대하기 때문이다.[7] 그 과정에서 비밀은 늘어나게 돼 있다. 또 조직 차원에서 다른 행정부서와의 경쟁에서 유리한 고지를 차지하기 위해서도 비밀을 늘려 나간다. 이런 경향은 국민의 정보 접근을 매우 어렵게 만들 것이 분명하다.

그러한 관료 조직의 속성에 대한 비판이 거세게 일면서 정보공개법은 점점 더 내실을 갖춰가게 되었다. 정보공개법은 1974년, 1976년, 1978년, 1986년 개정에 이어, 1996년 인터넷 시대에 맞게 전면적으로 개정되었는데 아예 이름도 전자정보공개법(EFOIA: Electronic Freedom of Information Act)으로 바꾸었다. EFOIA는 1997년 10월에 일부 개정되었다.

이은 1999년 12월 31일까지 해당 기관이 인터넷을 통해 기록 및 문서의 목록을 볼 수 있게 만들도록 규정하였는데, 이에 따라 모든 공공기관에서 정보공개에 대한 홈페이지를 만들어 운영하고 있다. 예컨대, 미국의 관리예산처 홈페이지의 경우 초기화면에서 정보공개(FOIA) 파트를 클릭하면 바로 정보공개 홈페이지(www.whitehouse.gov/OMB/foia/index.html)로 연결되며, 이곳에선 문서 및 자료의 목록과 함께 가상자료실을 통해 문서 대부분의 내용을 직접 볼 수 있게 했다.[8]

회의공개법과 기록보존법

정보공개법과 같은 맥락에서 1972년에 제정된 '연방자문위원회법(Federal Advisory Committee Act)'과 1976년에 제정돼 1977년 3월부터 시행된 '행정기관 회의공개법(Federal Open Meetings Law)'도 주목할 만하다.

연방자문위원회법은 "행정부 내의 각 자문위원회의 회의는 공중에게 개방되어야 하고 대통령이 국가안보의 견지에서 금지하는 경우를 제외하고는 회의 때마다 사전에 회의 예정을 미리 관보(官報)로 알려야 하며, 이해관계자는 회의에 출석하여 의견을 개진할 수 있고 회의마다 의사록을 작성해서 그것을 공개해야 한다"는 것 등을 규정하고 있다.[9]

'행정기관 회의공개법'은 '햇빛 속의 정부법(Government in Sunshine Act)' 또는 일조법(日照法)이라고도 불린다. 이 법은 서두에서 "시민은 연방정부에 의한 정책 결정의 자문과정에 관하여 최대한으로 충분한 실용적인 정보를 받을 권리가 보장되어야 한다는 것이 우리나라의 정책"이라고 밝히고 있다. 1976년 9월 13일 이 법안에 서명한 포드 대통령도 "민주체제에 있어서는 시민은 정부가 무엇을 하는가 하는 것뿐만 아니라 왜 또 어떤 과정을 거쳐 결정을 내리는가 하는 것을 '알 권리'가 있다. 이 새 법은 정부는 봉사하고 국민이 통치한다는 미국의 자랑스러운 전통에 따른 것"이라고 말했다.[10]

이 법은 국무성이나 국방성 등과 같이 1인의 장관을 장으로 하는 정부기관을 제외하고, 대통령이 임명하고 상원이 인준하는 2명 이상의 위원으로 구성된 합의제의 연방정부 기관들의 회의를 공개하도록 규정하였는데, 약 50개 기관이 해당된다. 이 법에 따르면, 비공개 회의의 내용도 기록해야 하며, 기록되지 않는 한 기관 관리들과 기업체 임직원과의 비공식 커뮤니케이션은 금지된다. 회의를 비공개로 할 수 있는 예외 조항엔 10개가 있는데, 9개는 정보공개법의 경우와 같고, 10번째는 당해 기관이 중재에 참여하고 있거나 소송에 관련돼 있을 때이다.[11]

각 주에 따라 다소의 차이는 있지만, 1995년 미국의 모든 주가 자체적으로도 이 법을 시행하고 있다.[12] 대중이나 언론은 정보공개법에서와 같이 회의공개법 위반에 대해 법원에 배상을 요청할 수 있다. 어느 주의 경우는 법 위반으로 인한 결정사항은 무효이며 다시 공개회의에서 재심되어야 한다고 규정하고 있고, 또 어떤 주는 정부기관의 계획적인 위반에 대해 형사적·민사적 처벌을 하게끔 되어 있다.[13]

1974년 12월 19일에 제정된 '대통령 기록 및 자료보존법(Presidential Recordings and Materials Preservation Act)'도 정보공개와 관련하여 유념할 필요가 있다. 우리나라에서는 역대 대통령들이 이른바 '통치 사료'를 자기 마음대로 집으로 가져가는 게 아예 관행화돼 왔기 때문이다.[14]

이 법은 리처드 닉슨이 대통령직을 물러나면서 정부와 맺은 약정을 둘러싼 파문으로 인해 만들어지게 되었다. 그 문제의 약정에 따르면, 닉슨은 대통령 재임 시절의 모든 기록과 녹음 테이프를 캘리포니아에 있는 그의 집 근처에 보관하되 3년간 그 기록물을 반출할 수 없고 5년간 녹음테이프를 반출할 수 없지만 그 기간이 지나면 닉슨 마음대로 처분할 수 있게 돼 있었다. 이런 사실이 알려지면서 여론이 들끓자 의회가 위 법을 제정하여 대통령과 관련된 모든 기록과 녹음 테이프를 정부가 직접 관장하게끔 한 것이다. 물론 지극히 사적인 것은 정부의 관장에서 제외되지만 그걸 판별하는 건 문서담당 공무원이 하게끔 되어 있다. 닉슨은 1974년 12월 20일, 이 법이 프라이버시 침해라며 소송을 제기했지만 연방대법원은 닉슨에게 패소 판결을 내렸다.[15]

미국의 정보공개법 운영방식

정보공개엔 ①정보 목록을 작성해 그것을 공개할 수 있다고 공표하는 방식 ②모든 정보는 공개되는 걸 원칙으로 하여 예외만 공표하는 방식 등 두 가지가 있는데, 미국의 정보공개법은 두 번째 방법을 택했다. 정보공개법은 정부부처와 국영기업까지 포함하는 모든 연방 기구들(federal agencies)의 '기록(record)'에만 적용된다.[16] 1997년 5월 연방대법원은 대통령 직속기구인 국가안전보장회의(National Security Council)의 비밀문서는 NSC가 독립된 권한이 없는 대통령을 보좌하는 참모기구이므로 정보공개법의 적용 대상이 아니라고 판결했다.[17]

기록은 서류, 필름, 테이프, 컴퓨터 테이프 등이다. agency와 record의 정의엔 이견이 없으나, agency record엔 이견이 있다. 예컨대, agency가 생산해내지 않은 정보를 agency가 소유하고 있을 때엔 정보공개법의 적용이 안 된다. 또 agency가 생산해낸 정보라도 agency가 소유하지 않고 있을 땐 정보공개법의 적용이 안 된다.(예컨대, 헨리 키신저의 전화녹음 테이프는 그의 국무장관 퇴임 후 미 의회 도서관에 기증되었기 때문에 적용이 안 되었다.) 또 agency가 민간기업에게 의뢰해 생산한 정보도 그 정보를 민간기업이 소유(agency는 단지 접근 가능)하고 있을 때엔 정보공개법의 적용이 안 된다.[18]

정보공개를 제약하는 다른 법들이 많이 있다. 예컨대, 세금, 첩보, 원자력, 프라이버시 등과 관련된 법들을 들 수 있을 것이다. 그밖에도 여러 예외가 있는데, 모두 다음과 같은 9개 조항으로 구성돼 있다.

①대통령령으로 정해진 기준에 따라 국방 또는 외교정책을 위해 비밀로 하도록 특별히 인정된 사항 ②오로지 행정기관 내부의 인사에 관한 규칙이나 관행에 관계된 것 ③법률에 의해 특별히 공개가 면제된 사항 ④거래상의 비밀이나 제3자로부터 얻은 것으로서, 비밀로 하기로 하고 얻은 상업상 혹은 재정상의 정보 ⑤정부기관 상호 간 또는 한 기관 내부에서 주고받는 메모나 서신 ⑥공개되면 명백히 개인의 프라이버시에 대한 침해가 될 인사 및 의학상의 자료 ⑦법 집행 목적으로 수집된 조사(또는 수사) 자료 ⑧금융기관의 규제나 감독을 위해 수집된 정보 ⑨지질학 및 지구물리상의 정보와 데이터—투기꾼이나 다른 채굴업자의 부당 이득 방지.[19)]

①의 경우, 닉슨 행정부에서 남용돼 1974년 개정을 통해 분류가 제대로 됐는지 법원에서 심사할 수 있도록 했다. 지미 카터 대통령은 agency가 공공의 이익(public interest)을 고려할 것을 요구하였는데, 그 결과 모든 비밀은 6년이면 자동적으로 분류해제(declassify) 되도록 했으며 정보공개시 국가안보에 손상을 가할 수 있다는 걸 증명하도록 했다. 그러나 로널드 레이건 대통령은 1982년 4월 대통령령으로 공공의 이익을 고려하지 말고 가능한 한 비밀로 분류하도록 했으며, 6년이면 자동 분류해제되는 것도 없앴으며, 정보공개시 국가안보 손상 증명 의무를 없앴고 1983년 3월엔 중요 정보를 다루는 연방 공무원들에게 비공개 각서를 쓸 것을 요구했다.[20)]

이와 같은 9가지 예외 사항 이외에도 행정기관이 정보공개청구가 된 문서의 존재 여부 자체에 관한 확인이나 부인도 하지 않은 이른바 'Glomar response'라고 하는 수법을 써서 정보공개를 피하는 경우도 있다. 재판 사건에서 문제되었던 Huges Glomar Explorer라는 선박의 명칭에서 유래된 이 수법에 대해 성낙인은 다음과 같이 말한다.

"법원은 당국이 기록의 존재 여부를 확인하는 그 자체가 정보자유법에서 비공개 사유로서 보호하는 정보를 공개하는 결과를 초래하게 될 경우에는 Glomar response를 인정하고 있다. 예컨대 중앙정보국(CIA)은 제2차대전의 종전과 스탈린의 사망 사이의 기간 동안에 미국과 영국 및 여타 서방 국가들이 비밀리에 정보요원이나 게릴라를 알바니아에 침투시키려는 기도에 관한 모든 정보의 정보공개청구에 대한 답변으로서 Glomar response를 제기한 바 있다. 정보공개청구의 특수성에 비추어, 법원은 '파일이 존재했는지의 여부를 확인하는 것과 마찬가지가 될 수 있다'는 점을 인정하였다. 따라서 그것은 국가안보에 유해할 수 있다고 본다. … 그런데 Glomar response를 하는 것이 적합할 경우가 있는 것도 사실이지만, 당국은 흔히 Glomar response를 남용하는 경향이 있다."[21]

정부기관은 정보공개 신청을 받은지 10일 이내에 답해야 하며, 거절 이후 appeal이 있을 경우 20일 이내 회답해야 한다. 정부기관은 분기별, 또는 그 이상 자주 서류 목록을 발표해야 한다. 자료 복사시 동일 요금 그리고 합리적인 요금을 요구해야 한다. 한때 요금으로 정보 접근을 봉쇄하는 수법이 사용됐기 때문이다.(국세청의 경우 복사비로 16만 달러를 요구한 적도 있었다.)[22]

미국 정보공개법의 문제점

정보공개법은 원론상의 절대적 장점에도 불구하고 시행상에선 여러 문제를 드러냈는데, 1981년 이전에 주로 나타난 문제들은 다음과 같다.

첫째, 정보 청구자의 80% 이상이 기업이나 기업을 대리하는 자들로서 그들이 수집하는 정보는 그들의 경쟁기업에 관한 것이거나 정부나 기타 공공기관을 상대로 한 소송 등을 준비하는 자료로 이용되고 있다. 1976년 상원에 제출된 보고에 따르면, 언론사와 공익단체의 정보청구는 5%, 개인은 8%에 불과했다. 언론은 시간 제약과 게으름 때문에 이용이 적다.

둘째, 범죄자들이 이 법률을 이용하고 있는 것으로 나타나 있다. 예를 들어 마약단속국에 정보를 청구한 자의 40%가 범죄자·전과자로서 그들이 청구한 정보는 대부분 마약의 제조실험 관계 자료나 마약단속 방침, 수사방법에 관한 것으로서 범죄를 실행하거나 체포를 면하기 위한 목적에 주로 이용되고 있다.

셋째, 행정기관의 직무 수행을 방해하려는 명백한 의도를 갖고 행해지는 경우가 있다. 특히 수사기관 등에 잇달아 방대한 양의 자료를 요구함으로써 많은 직원과 자료를 동원케 하여 그들의 수사나 그밖의 활동을 방해하는 사례가 있었다.

넷째, FBI이나 CIA는 직무 수행에 큰 지장을 받고 있다. 자료 청구가 쇄도하여 비밀유지가 매우 어렵고 정보활동에 지장을 받고 있다.

다섯째, 공개를 염려한 정보제공자들이 위축돼 정보제공을 회피하거나 거부함으로써 정보수집에 큰 지장을 주고 있다.[23]

전자정보법도 실행상 여러 문제를 드러내고 있다. 우선 '안전'의 문제가 제기되었다. 예컨대 1998년 미국에서는 미국환경보호국(EPA)의 웹사이트를 두고 정보공개의 범위에 대한 논쟁이 뜨겁게 달아올랐다. 논쟁의 발단은 EPA가 일반인들의 환경보호 의식을 높이기 위해 환경파괴 주범으로 지목되고 있는 화학공장들의 용수관리 실태 등을 EPA 홈페이지(www.epa.gov)에 등록할 것이라는 계획을 발표하면서부터였다. 이에 대해 미국 화학공업협회가 '테러리스트를 돕는 것'이라며 강력히 비난하고 나서면서 논쟁에 불이 붙었다.

미국 화학공업협회는 "그렇지 않아도 EPA 홈페이지에 환경오염 검사방법 등을 설명하는 자료들이 많아 엉뚱한 곳에 악용될 소지가 많다"면서 "여기에 화학공장들의 기능과 역할, 생산물질들에 대한 정보를 등록하는 것은 국익에 전혀 도움이 되지 않는다"고 반발했다. 특히 1993년 뉴욕 세계무역센터 폭탄테러와 1995년 오클라호마 연방건물 폭파 사건이 모두 이렇게 공개된 정보들을 참고해 만든 폭탄으로 발생한 사건으로 의심되는 상황이어서 화학공업협회의 이 같은 주장은 힘을 얻었다. EPA 측은 이에 대해 "웹사이트 구축 작업은 화학물질에 의한 대규모 참사를 방지하기 위해 추진되는 것"이라며 "악용될 소지가 있는 정보를 가려내기 위해 정보보안 전문가 두 명을 고용했다"고 밝혔다.[24]

또 하나 중요한 건 프라이버시의 문제다. 프라이버시권의 확대로 인해 정보공개와 프라이버시 보호가 상충되는 경우가 늘고 있다. 예컨대, 입양자에 친부모 정보를 공개하는 건 어떨까? 1999년 9월 21일 미국 테네시주 대법원이 "성년이 된 입양자가 요청할 경우 친부모에 관한 정보는 공개해야 한다"고 판결함에 따라 이 문제가 뜨거운 논란을 빚었다. 미국인 중 입양된 사람은 600만 명에 이르기 때문이다.

이 논란은 어린시절 입양된 한 여성이 가계(家系)의 병력(病歷)을 알기 위해 친부모에 대한 정보공개를 주정부 관련 부서에 요구하면서 시작됐다. 카프리스 이스트라는 이 여성은 정보공개 요청이 거부당하자 소송을 낸 것이다. 테네시주 대법원은 친부모에 관한 정보공개를 금지한 현행법을 뒤엎고 "21세가 넘은 입양자는 친부모에 관한 정보를 얻을 권리가 있다"고 판결하면서도 친부모의 사생활이 침해당할 가능성을 고려해 입양자에게 친부모에 대한 정보를 넘겨주기 전에 한 장의 각서를 받도록 했다. 주정부가 친부모의 동의를 얻기 전에 입양자가 먼저 친부모에게 연락하지 않겠다는 내용의 각서다. 이에 대해 입양자들은 "친부모를 찾는 것이 사생활 침해가 될 수 없다"며 각서를 제출하도록 한 데 반발했다. 반면 전국입양협회의 빌 피어스 회장은 "친부모의 동의 없이 입양자가 연락할 경우 당사자는 가벼운 처벌을 받으면 그만이나 친부모는 가정이 파괴될 위협까지 받게 된다"고 주장했다. 입양아의 '알 권리' 못지 않게 친부모의 사생활도 중요하다는 것이다.[25]

한국의 정보공개법

한국은 1996년 12월 31일 정보공개법을 제정함으로써 세계에서 12번째, 아시아에서는 최초로 정보공개법을 가진 나라가 되었다. 한국에 앞서 정보공개법을 제정한 나라는 스웨덴(1766년 제정), 핀란드(1951년), 미국(1966년), 덴마크(1970년), 노르웨이(1970년), 프랑스(1978년), 네덜란드(1978년), 호주(1982년), 캐

나다(1982년), 뉴질랜드(1982년), 오스트리아(1987년) 등이다.[26]

일본은 1999년 5월에야 정보공개법이 국회를 통과했고 2001년 4월 1일부터 시행되었지만, 1982년부터 각 지방자치단체에서 조례 형식으로 정보공개제도를 시행해 풍부하고 구체적인 경험을 축적하고 있다. 일본 시민단체들이 치중하고 있는 정보공개운동의 하나는 이른바 '관관접대(官官接待)'에 관한 것이다. 관관접대란, 거짓 출장이나 가공 접대로 서류를 통해 예산을 소모하는 것을 말한다. 지난 1995년 '전국시민옴부즈맨 연락회의'가 도도부현과 일부 시에 대해 자치단체의 지출항목인 식량비에 관한 정보공개청구를 행해 조사 결과 관관접대 비용은 무려 300억 엔에 이르렀다.[27] 순응에 익숙한 문화적 이유 때문인지 일본의 정보공개제는 전반적으로 한국의 정보공개제 운영 수준에 미치지 못하고 있다.[28]

한국의 '공공기관의 정보공개에 관한 법률'은 1996년 12월 31일에 제정되어, 1998년 1월 1일부터 시행되었지만, 법 제정까지 우여곡절이 많았다. 예컨대, 경실련은 1995년 11월 23일자 성명 "정보공개법 제정 무산을 개탄한다"를 통해 선거공약을 어긴 김영삼 대통령과 정보공개법 제정을 무산시킨 정부 부처이기주의와 관료적 비밀보호의식을 비판하기도 하였다. 정보공개법 제정 이전에 1991년 11월 청주시 조례를 출발점으로 하여 조례에 의한 지방자치단체 행정정보공개는 이루어졌지만 그야말로 유명무실한 경우가 많았다.[29] 예컨대, 1995년 정보공개청구 건수는 전주의 경우 12건, 인천 27건이 전부였다.

그래도 정보공개에 관한 논의는 무성했는데, 『시사저널』 1994년 3월 31일자는 정보공개의 장단점을 다음과 같이 정리하여 소개했다.

장점은 ①투명행정 실현: 모든 행정 문서에 날짜와 담당자의 이름이 밝혀지기 때문에 행정의 비밀주의가 사라진다. ②외압이여 안녕: 담당 공무원들은 법이라는 '기댈 언덕'이 있기 때문에 외압에서 자유로워진다. 그래서 고위직 보다는 하위직 공무원들이 찬성한다. ③국민을 위한 행정: 행정의 전 과정이 노출되어 국민을 의식하는 행정이 가능해진다. ④부처할거주의 사라진다: 행정부끼리 서로 정보를 제공하지 않으려는 폐단이 사라지고 협조와 통합이 가능해진다. ⑤정보의 평등 실현: 기업, 노동자, 사회단체의 세력이 재편되고 빠르게 정보화사회로 진입한다. ⑥학문연구도 활발: 그동안 행정정보에 대한 접근이 어려워 한계가 있었지만 수준 높은 학문 연구가 가능하다 등이 지적되었다.

반면 단점은 ①공공기관의 정보수집 차질: 제보자가 신분이 노출되는 것을 꺼려 정보 수집에 지장이 올 수 있다. ②비밀 정보 양산: 민감한 사안은 나중에 책임을 피하기 위해 웬만하면 비밀로 처리할 가능성이 높다. ③악용 가능성: 공개정보를 토대로 비공개 정부를 유추해 다국적기업과 범죄집단이 이용할 수 있다. ④사생활 침해: 행정부가 파악한 개인정보가 유출될 가능성이 있다. ⑤행정 부담 증가: 문서 목록 작성과 전담 기구 설치, 인력 배치 등 행정 부담이 가중된다. ⑥일반 업무 차질: 정보 청구가 폭주해 정상적인 행정이 불가능해질 수도 있다 등이 지적되었다.

김중양 행정자치부 소청심사위원은 정보공개제도의 순기능으로 ①국정에의 참여 촉진 ②국정의 감시 및 비판 ③국민의 권리·이익의 보호 및 구제기능 ④국민의 문화적·경제적 활동의 활성화 기능 ⑤국정에 대한 국민의 신뢰성 확보 ⑥행정의 책임성 제고 ⑦정책결정의 정당성 확보 ⑧부정부패 및 비리 방지 ⑨권위주의적인 행정풍토 쇄신과 비밀주의의 폐습 불식 ⑩정보의 자유로운 유통을 촉진시켜 정보화 사회에의 진입 촉진 ⑪국가나 지방자치단체가 보유하는 정보의 정확성 확인의 계기 등을 들었다. 반면 정보공개제도의 역기능으로는 ①국가비밀의 침해 ②개인 사생활의 침해 ③기업의 비밀 노출 위험성 ④행정 비용의 증가 등을 들었다.[30]

정보공개법의 주요 조항

공공기관의 정보공개에 관한 법률(법률 제5245호)

1996년 12월 31일 제정, 1998년 1월 1일 시행.

제1조(목적) 이 법은 공공기관이 보유·관리하는 정보의 공개의무 및 국민의 정보공개청구에 관하여 필요한 사항을 정함으로써 국민의 알 권리를 보장하고 국정에 대한 국민의 참여와 국정운영의 투명성을 확보함을 목적으로 한다.

제2조(정의) 이 법에서 사용하는 용어의 정의는 다음과 같다.

1. "정보"라 함은 공공기관이 직무상 작성 또는 취득하여 관리하고 있는 문서·도면·사진·필름·테이프·슬라이드 및 컴퓨터에 의하여 처리되는 매체 등에 기록된 사항을 말한다.

2. "공개"라 함은 공공기관이 이 법의 규정에 의하여 정보를 열람하게 하거나 그 사본 또는 복제물을 교부하는 것 등을 말한다.

3. "공공기관"이라 함은 국가, 지방자치단체, 정부투자기관관리기본법 제2조의 규정에 의한 정부투자기관 기타 대통령령이 정하는 기관을 말한다.

제7조(비공개대상정보) ①공공기관은 다음 각호의 1에 해당하는 정보에 대하여는 이를 공개하지 아니할 수 있다.

1. 다른 법률 또는 법률에 의한 명령에 의하여 비밀로 유지되거나 비공개사항으로 규정된 정보.

2. 공개될 경우 국가안전보장, 국방, 통일, 외교관계 등 국가의 중대한 이익을 해할 우려가 있다고 인정되는 정보.

3. 공개될 경우 국민의 생명·신체 및 재산의 보호 기타 공공의 안전과 이익을 현저히 해할 우려가 있다고 인정되는 정보.

4. 진행 중인 재판에 관련된 정보와 범죄의 예방, 수사, 공소의 제기 및 유지, 형의 집행, 교정, 보안 처분에 관한 사항으로서 공개될 경우 그 직무수행을 현저히 곤란하게 하거나 형사피고인의 공정한 재판을 받을 권리를 침해한다고 인정할 만한 상당한 이유가 있는 정보.

5. 감사·감독·검사·시험·규제·입찰계약·기술개발·인사관리·의사결정 과

정 또는 내부검토 과정에 있는 사항 등으로서 공개될 경우 업무의 공정한 수행이나 연구·개발에 현저한 지장을 초래한다고 인정할 만한 상당한 이유가 있는 정보.

6. 당해 정보에 포함되어 있는 이름·주민등록번호 등에 의하여 특정인을 식별할 수 있는 개인에 관한 정보. 다만, 다음에 열거한 개인에 관한 정보를 제외한다. 가) 법령 등이 정하는 바에 의하여 열람할 수 있는 정보. 나) 공공기관이 작성하거나 취득한 정보로서 공표를 목적으로 하는 정보. 다) 공공기관이 작성하거나 취득한 정보로서 공개하는 것이 공익 또는 개인의 권리 구제를 위하여 필요하다고 인정되는 정보.

7. 법인·단체 또는 개인의 영업상 비밀에 관한 사항으로서 공개될 경우 법인 등의 정당한 이익을 현저히 해할 우려가 있다고 인정되는 정보. 다만, 다음에 열거한 정보를 제외한다. 가) 사업활동에 의하여 발생하는 위해로부터 사람의 생명·신체 또는 건강을 보호하기 위하여 공개할 필요가 있는 정보. 나) 위법·부당한 사업활동으로부터 국민의 재산 또는 생활을 보호하기 위하여 공개할 필요가 있는 정보.

8. 공개될 경우 부동산투기·매점매석 등으로 특정인에게 이익 또는 불이익을 줄 우려가 있다고 인정되는 정보.

②공공기관은 제1항 각호의 1에 해당하는 정보가 기간의 경과 등으로 인해 비공개의 필요성이 없어진 경우에는 당해 정보를 공개 대상으로 하여야 한다.

한국 정보공개법의 문제점

1998년 11월 24일 언론개혁시민연대의 '시민주권과 정보공개운동' 토론회에서 '정보공개제도 활용사례'를 발표한 이상훈 변호사(참여연대 정보공개사업단 실행위원)는 "정보공개청구 대상 기관들이 자신있는 부분은 적극적으로 공개하는 반면 불리하다고 판단되는 부분은 비공개 결정을 했다"고 비판했다.

이상훈 변호사는 정보공개사업단이 활동하면서 가장 많이 나온 답변으로 ① 법률상 비공개 사유와 개인·기업의 비밀보호를 들어 정보공개 거부 ②임의로 자료를 변형·가공해 답변 ③ '자료 없음'으로 무시하는 경우 등을 꼽았다.

또 이상훈 변호사는 현 제도의 문제점으로 ①상당수 공공기관들이 정보공개청구에 대비한 주요문서 목록을 비치하지 않아 국민들이 정보청구를 특정하기가 사실상 불가능하고 ②담당 공무원의 불친절과 무지, 적대적 반응으로 접수 자체가 곤란한 경우가 있으며 ③국가기관이 자발적으로 공개한 정보가 적어 막연한 상태에서 청구해야 하는 점을 들었다.[31]

1998년 정보공개청구 실적은 ①개인목적을 위한 청구 82%(5만 4680건), ②사업운영 등에 관한 청구 9.4%(6270건) ③학술연구 5.5%(3681건) ④행정감시 2.9%(1962건) 등이었다.[32] 1998년 정보공개 건수는 모두 2만 6338건이었다. 이 수치를 근거로 정보공개제도가 활발하게 운영되고 있다는 평가가 나오기도 했지만, 참여연대 작은권리찾기운동본부가 1999년 5월 67개 기관의 운영실태를 조사한 결과에 따르면 문제가 많았다.

67개중 61개 기관의 1998년 1월부터 1999년 4월까지 청구 건수는 5097건, 이 가운데 공개 77.2%(3937건), 부분 공개 4.5%(227건), 처리 중 1.2%(63건), 기타 2.3%(118건) 등이었다. 공개율은 77.2%로 비교적 높았으나 아직 공개 요구의 수준이 자기정보 열람에 치중되는 등 매우 낮았다.

이 조사결과에 따르면 ①정보공개를 위한 독립적 창구를 운영하고 있는 곳은 단 한 곳도 없는 것으로 나타났다. ②정보공개 접수창구가 아예 개설되어 있지 않은 곳은 14개 기관이었으며, 접수창구가 있는 기관들도 대부분 민원실이나 총무과의 부속 창구로 운영했다. ③정보공개 담당 직원은 4개 기관을 제외한 대다수 기관에서 지정하여 운영하나 담당직원 역시 민원실이나 총무과의 중복업무로 정보공개업무에 대한 이해도가 낮았다. ④정보공개청구서는 국가정보원, 주택공사, 특허청, 한국통신 등을 제외한 모든 기관에 작성되어 있는 것으로 나타났으나, 민원인들의 눈에 띄게 비치돼 있는 곳은 21곳에 불과했고 나머지는 정보공개를 청구할 때만 내주는 것으로 나타났다. ⑤공개 대상 정보에 대한 주요문서 목록은 23개 기관이 작성·비치되어 있지 않았고, 보존문서 기록대장이 없는 곳은 17개, 둘 다 없는 곳은 7개였다.[33]

열람수수료가 너무 높다는 문제도 제기되었다. 『중앙일보』 1999년 5월 29일자에 따르면, "열람수수료(복사비 제외)를 10장에 200원, 10장 초과시엔 5장마다 100원씩 받는 등 만만치 않아 정보공개청구를 포기하는 일도 속출하고 있는 것. 실제로 참여연대는 최근 4개 지방국토관리청에 6건의 특정사업내용에 대해 열람을 요청했다가 열람수수료만 460여 만 원을 요구해 포기했다. 도시연대도 지난해 말 서울시 중앙고속화도로 건설 자료를 열람하려 했다가 수십 만 원에 이르는 비용 때문에 포기했다."[34]

1999년 6월 정보공개청구제도의 문제점에 대한 참여연대의 토론회에서 참여연대 하승수 변호사는 "공무원들 가운데 상당수는 정보공개법에 규정된 주요문서 목록이나 보존문서 기록대장이 무엇인지 또는 이를 공개해야 하는지조차도 모르는 경우가 많다"면서 공개·비공개 대상 정보가 혼재할 경우 따로 공개하는 '분리공개 원칙'도 무시되고 있다고 지적했다. 하변호사는 "행정기관은 비리를 숨기기 위해 변형시킨 자료를 공개하거나 사실상 공개를 거부하는 경우까지 있다"고 지적했다. "많은 공개거부 관련 소송이 2~3년 걸리는 점이 악용될 가능성도 높다"고 분석했다.[35]

1999년 7월 14일 참여연대는 국가정보원이 정보공개법상 국민에게 공개하도록 돼 있는 주요문서 목록을 공개하지 않은 것은 위법이라며 서울행정법원에 정보공개 거부처분 취소 청구소송을 냈다. 참여연대는 소장에서 "지난 4월 국정원에 보유문서 목록 공개를 요청했으나 국가안전보장 등을 이유로 공개를 거부했는데, 만약 그에 대항하는 부분이 있다면 해당 목록을 뺀 일부만이라도 공개할 수 있을 것"이라며 "국정원의 정보공개 전면 거부는 국민의 알 권리와 국정운영의 투명성을 보장하려는 정보공개청구제도 자체의 목적을 무시한 것"이라고 주장했다. 참여연대는 시민들이 정부기관에 문서 등의 열람을 요청하기 전 사전 참고자료로 활용하도록 하기 위해 40여 개 정부기관에 주요문서 목록과 보존문서 목록의 공개를 청구했으나 국정원만이 이를 거부했다고 밝혔다.[36]

2000년 1월 7일 참여연대는 공공기관의 정보공개에 관한 정책을 관리하는 행정자치부가 "1997년 이래 지출된 판공비 사용내역과 지출증빙서류에 대한 정보공개를 요구받고 이에 대한 회신을 보내왔으나 법대로 처리하지 않은 것으로 드러났다"고 밝혔다. 행자부가 보낸 회신의 형식이 정보공개법 시행규칙이 정한대로 전면공개, 부분공개, 비공개 여부 등이 적시되지 않은데다 그 이유와 내용, 시기, 방법 등도 구체적으로 표현이 안 되었으며, 공개여부 결정 시한도 어겼다는 것이다.[37]

2000년 8월 21일 참여연대는 국회의원들의 해외활동 계획과 예산 등 관련 정보공개를 거부한 것은 부당하다며 국회 사무총장을 상대로 정보공개 거부 처분 취소 청구소송을 서울 행정법원에 냈다. 참여연대는 소장에서 "지난 5월 중 이뤄진 15대 국회의원들의 해외여행 계획과 일정, 예산 등 관련 정보의 공개를 요구한 것은 임기만료를 앞두고 의원들의 호화 외유성 여행이 잦다는 언론보도에 따른 행정감시에 목적이 있었다"면서 "피고가 정보공개를 거부한 것은 정보가 공개될 경우 비판에 직면할 것을 우려해 무조건적으로 국민의 알 권리를 막은 구태의연한 행위"라고 주장했다.[38]

2000년 9월 1일, 서울고법 특별4부(부장 김목민)는 "판공비 관련 정보를 공개하라"며 '평화와 참여로 가는 인천연대'가 인천지역 6개 구청장을 상대로 낸 정보공개 거부처분 취소 청구소송에서 원심대로 원고 승소 판결을 내렸다. 재판부는 판결문에서 "피고들이 특수활동비와 업무추진비 등 판공비에 대해 사생활 및 영업비밀 침해 등을 이유로 공개를 거부하는 것은 주민들의 알 권리를 제한하는 행위"라고 밝혔다.[39]

2000년 9월 27일, 참여연대 등 34개 시민단체로 구성된 '판공비 공개운동 전국 네트워크'는 전국 114개 광역 및 기초자치단체를 대상으로 조사한 '정보공개 성실도에 대한 평가' 결과를 발표했다. 이에 따르면 16개 광역자치단체 가운데 대구광역시가 100점 만점에 81.5점으로 1위를 차지했다. 전북은 69점으로 2위를 기록했으며 서울은 51점으로 8위, 광주광역시는 18점으로 꼴찌였다. 98개 기초자치단체 중에서는 81점 이상에 해당하는 A등급을 받은 곳은 하나도 없었다. 인천광역시 옹진군과 부평구는 각각 8점과 9점 밖에 얻지 못했다. 특히 기초자치단체 중에서 점수가 40점에도 못 미치는 F등급이 63%인 62곳이나 돼 정보공개제도가 정착되지 못하고 있음을 드러냈다.

판공비 공개에서 사본으로 공개한 곳은 대구광역시와 전라북도뿐이었고, 서울시를 비롯한 8개 광역지자체는 사본 공개를 거부하고 열람만 허용했다. 제주도와 전라남도, 경기도, 광주광역시는 비공개로 일관했다. 기초지자체 중에서는 판공비를 사본으로 공개한 곳은 17곳에 불과했다. 서울 시내 25개 구청을 포함한 63%의 지자체는 공개하지 않았다. 조사결과 시민들을 위해 비치하도록 하고 있는 '정보공개편람'을 비치하지 않거나 정보검색을 위한 문서목록의 작성 실태도 부실한 것으로 드러났다.

네트워크는 성명을 통해 "지방자치단체 예산 중 업무추진비의 집행 실태가 세세하게 공개되면 30% 이상 절감할 수 있을 것"이라고 주장했다. 이 단체는 시민의 예산환수 소송이 가능하도록 납세자 소송제도를 도입할 것과 정보공개법 개정, 정보공개법 미준수 공무원들에 대한 제재를 촉구했다. 비공개하기로 결정한 70여 개 지자체를 대상으로 다음 주 중 정보공개 거부처분 취소 소송을 제기할 방침이라고 덧붙였다.[40]

2000년 10월 30일, 참여연대와 서울대공익법학회는 지난 7~8월 서울과 과천에 소재한 30개 중앙 행정기관을 상대로 주요 정보공개를 청구하고 현장을 직접 방문해 친절도와 민원실 설치여부 등을 조사한 결과를 밝혔다.

평가 항목은 ①민원실 설치여부, 정보공개 접수창구의 개설여부(10점) ②정보공개 담당직원(10점) ③정보공개청구서의 유무 및 비치여부(10점) ④정보공개편람의 비치여부(10점) ⑤주요문서 목록 및 보존문서 기록대장의 작성 비치여부 ⑥컴퓨터단말기의 설치여부(10점) ⑦정보공개 처리대장의 작성유무(5점) ⑧친절도(5점) ⑨목록의 질(20점) 등이며 90점을 100점 만점으로 환산해 점수를 부여했다. 조사결과 1위는 100점 만점에 89점을 기록한 환경부가 차지했고 이어 해양수산부(81점), 문화관광부(73점), 기획예산처 통일부(각 70점) 등의 순이었다. 국세청은 16.7점으로 30개 기관 중 최하위를 기록했고 8개(27%) 기관이 40점 이하의 낙제점수를 받았으며 절반 이상인 16개 기관이 50점에 미달했다. 참여연대는 "일선 공무원과 공직사회, 행정조직에 뿌리 깊게 박혀있는 행정편의주의적인 타성은 쉽게 사라지지 않는 것을 보여주는 단적인 예"라며 "각 기관은 정보공개법상 의무준수 사항인 각종 제도운영사항을 철저히 이행해야 할 것"이라고 지적했다.[41]

2000년 11월 3일 서울행정법원 행정4부(재판장 조병현 부장판사)는 민주사회를 위한 변호사 모임이 '사면권의 정치적 남용을 조사하겠다'며 법무부를 상대로 낸 정보공개청구 거부처분 취소 청구소송에서 "법무부는 특별사면 관련 정보를 공개하라"며 원고 승소 판결을 내렸다.

공개 판결이 내려진 정보는 1993년 이후 특정범죄가중처벌법상의 뇌물, 알선수재, 불법체포·감금, 조세포탈죄 등에 대한 특별사면자 명단과 법무장관의 사면실시 건의서, 국무회의 안건 자료 등이다. 또 한보 사건 등으로 복역했던 김현철, 황병태, 김우석 씨 등에 관한 자세한 사면 정보도 포함되었다. 재판부는 판결문에서 "법무부는 대통령사면권 행사가 고도의 정치결단적 국정행위로서 사법심사 대상이 될 수 없다고 하나, 이와는 별개로 '사면권이 정치적으로 남용되고 부정부패범 등에 행사되고 있다'는 여론도 있으므로 비판과 자유로운 의사형성을 위해서는 정보공개가 필요하다"고 밝혔다. 재판부는 특히 "김현철씨 등은 권력형 부정비리 사건 관련자로서, 범죄의 중대성과 반사회성에 비춰볼 때 공공의 이익을 위해 이들에 대한 정보도 공개해야 한다"고 밝혔다.[42]

시민단체 투쟁의 성공사례

2000년 10월 10일, 행정자치부는 정보공개법 개정안을 입법 예고하였는데, 중요한 변화 가운데 하나는 각급 행정기관은 정부대표홈페이지(www.korea.go.kr)나 기관 홈페이지에 '정보공개' 메뉴를 개설하거나 인터넷 정보공개 시스템을 구축, 민원인이 행정기관이 보유하고 있는 정보를 쉽게 검색·활용할 수 있도록 해야 한다는 것이다.

그럴 만한 변화가 있었다. 1998년 한 해 동안 전자적인 수단에 의하여 공개 청구한 건수가 74건으로 총 청구 건수 2만 6338건에 비하여 0.3%에 불과했으나, 1999년도에는 1084건으로 총 청구 건수 4만 2930건에 대하여 2.5%로 증가했다. 전자적 정보공개가 아직 미약한 것은 인터넷 등을 통하여 정보공개제도를 안내 또는 공개청구가 가능한 기관이 일부 기관에 한정되었기 때문이다. 1999년 9월 행정자치부가 각급기관에 통보한 '전자정보를 위한 운영지침'에 따르면 중앙행정기관 중 인터넷을 통하여 정보공개청구가 가능한 기관은 재정경제부, 행정자치부, 건설교통부 등이고, 공개 안내만 하고 있는 부처는 국가보훈처, 과학기술부, 조달청, 산림청 등의 기관으로 나타났다. 지방자치단체는 248개 광역기초자치단체 중 인터넷을 통하여 정보공개를 청구할 수 있는 곳은 17개 자치단체에 불과했다.[43]

그밖에 개정안은 정보공개 청구를 받은 날로부터 15일 이내에 결정하도록 된 현행 공개여부의 결정기간을 '10일 이내'로 단축시키도록 했다. 공개여부를 심의하는 정보공개심의회 위원 중 과반수는 외부전문가로 구성하도록 의무화했다. 다만 국가안전보장, 외교, 국방 등에 관한 사항으로 보안유지가 특별히 요구되는 경우에는 외부전문가의 참석을 제한할 수 있도록 했다. 그러나 공공기관이 법인 등으로부터 공개하지 않기로 하고 취득한 정보나 국가 주요 정책과 관련된 회의·협의·권고·조언·자문 등에 관한 사항은 공개하지 않아도 된다. 이와 함께 정당한 사유없이 같은 내용의 정보를 2회 이상 청구하는 경우에는 내부적으로 종결처리 할 수 있도록 했다. 또 이의신청이 접수된 경우에는 7일 이내에 심의·결정하도록 돼 있던 것을 회의소집 및 신중한 심의 필요 등 부득이한 사유가 있을 땐 7일 범위 내에서 더 연장할 수 있다. 아울러 불복신청의 심사 · 결정 · 정보공개의 제도개선 등의 사무를 수행하기 위한 전문기구를 설치할 수 있도록 했다.[44]

2002년, 참여연대가 1998년 당시 서울시장인 고건 전 총리의 판공비(업무추진비) 사용내역과 지출증빙 서류에 대해 정보공개청구를 했다가 거절당하자 서울시를 상대로 낸 행정소송이 대법원 판결에서 '원고 일부 승소 판결'이 났다. 승소한 내용은 4만 6000여 페이지의 판공비 내역서 사본 제출이었고, 업무추진비를 사용했던 장소의 상호명과 참석한 사람의 공개는 비공개 판결을 받은 것 등이다. 이 판결은 그동안 시민단체가 판공비 지출내역 등을 모니터하려면 해당 기관에 찾아가 수일에 걸쳐 일일이 그 내용을 옮겨적어야 했던 비합리적인 불편과 부담을 해결한 성공사례로 평가받았다.[45]

2005년 참여연대는 보건복지부를 상대로 감기 환자에게 항생제 처방 과다 병의원에 대한 정보공개청구를 했다가 거부당하자 행정소송을 해 원고 승소 판결을 받았다. 보건복지부와 건강보험심사평가원은 2006년 2월 9일 급성상기도감염(감기) 항생제 처방률 과다 병의원을 공개할 수밖에 없었다. 그후 보건복지부와 건강보험심사평가원은 항생제 처방률 공개 이후 요양기관 9086개소(의원 8716곳, 병원 167곳, 종합병원 120곳, 종합전문 38곳)를 상대로 처방률 변화 추이를 분석했다. 공개 이후 처방률은 2005년 대비 63.8%에서 51.4%로 12.4%가 감소했고, 항생제 처방률 감소로 보험재정은 1년 기준 약 220억 원으로 추정된다는 사실을 발표했다. 이 사례를 바탕으로 보건복지부는 주사제 처방률과 제왕절개 분만율 공개 이후의 변화 추이를 지속적으로 모니터링할 것이라고 발표했다. 정보공개청구가 국가의 재정과 국민의 건강까지 되돌아보게 만든 또 하나의 성공 사례다.[46]

정보공개법이 시행된 1998년 정보공개청구 건수는 2만 6338건이었으나, 2005년에는 13만 841건으로 늘어났다. 2006년 4월엔 '열린정부(www.open.go.kr)' 사이트가 오픈했다. 모든 정부기관과 자치단체의 정보공개업무를 간편하게 처리할 수 있도록 46억 원을 투자해 만든 '원스톱' 사이트다. 정보공개청구 방법도 무척 간단하다. 사이트의 회원으로 가입한 후 로그인한다. 그리고 '정보공개청구' 메뉴를 클릭하면 관련 화면이 뜬다. 화면에서 '청구기관' 부터 선택하면 된다. 예전에는 정보공개청구 기관을 모두 방문해야 했지만, 열린정부 사이트에서 청구기관 수십 개를 한꺼번에 지정할 수 있다. 원하는 부서를 선택한 후 정보내용을 작성하면 된다.[47]

2007년 1월 30일 광주 수완택지 주민이 한국토지공사를 상대로 낸 '수완지구 조성원가 공개' 거부처분 취소 소송에서 원고 승소 판결을 이끌어냈다. 2007년 2월 15일 수원지법 행정2부는 경기 화성시 봉담택지개발지구 내의 한 아파트 입주자협의회 운영위원이 대한주택공사를 상대로 낸 정보공개청구 거부처분 취소 소송에서 원고 승소 판결을 내렸다. 운영위원이 낸 정보공개청구는 아파트의 토지비, 건축비 등 분양원가 산출내역과 택지보상내역, 건설원가 등의 자료다. 이와 같은 판례 때문에 토지공사나 대한주택공사는 분양원가나 조성원가 공개를 무조건 반대할 수 없게 되었다.[48]

아직도 갈 길이 먼 정보공개

그러나 공공기관들은 법정투쟁을 대법원까지 끌고 가는 등 '끝까지 버티기' 수법으로 주민들을 골탕 먹이고 있다. 2007년 6월 경기 양주시 덕정주공아파트 주민들은 대한주택공사를 상대로 1년 반에 걸친 법정싸움을 벌이고서야 어렵게 임대아파트 건설원가 산출내역을 열람할 수 있었다. 이에 『한겨레』 사설은 "현행 정보공개제도의 한계를 보여주는 한 사례다. 주공임대아파트를 분양으로 전환할 때, 건설원가 산출내역은 분양값이 적정한지를 따지는 데 매우 중요한 근거자료다. 주민들이 정보공개를 요구하는 것은 지극히 당연했다"며 다음과 같이 말했다.

"정보공개를 다루는 태도는 다른 공공기관들도 별로 다르지 않다. 환경부는 춘천의 미군기지 캠프 페이지의 환경오염 조사결과에 대한 정보를 공개하라는 춘천 시민 유아무개씨의 청구를, 국회의 비준동의를 받은 적이 없는 한—미 주둔군지위협정 부속서를 내세워 거부하고 있다. 2심 법원도 정보공개를 거부할 이유가 없다고 판결했지만, 아직도 환경부는 요지부동이다. 공공기관들은 정보공개를 청구하는 이들이 일부러 돈과 시간을 들여 소송을 하기가 쉽지 않다는 점을 악용하곤 한다. … 정보공개 활성화는 청와대가 '취재지원 시스템 선진화 방안'의 전제조건으로 거론한 것이기도 하다. 뒤로 미룰 것 없이, 당장 시작하길 바란다."[49)]

2007년 10월 국정감사에선 중앙정부를 비롯한 공공부문이 파킨슨의 법칙이 적용되는 전형적인 고도비만 상태에 빠졌으며, 참여정부가 공무원 증원을 취직자리 늘리는 사회복지 개념에서 접근하고 있다는 비판이 제기되었다.[50)] 이는 한국의 정보공개도 갈 길이 멀다는 걸 시사하는 것으로 볼 수 있겠다.

2007년 10~12월 법원과 행정부가 정보를 공개해야 하는 공공기관의 범위를 제한하는 판결과 법령해석을 잇따라 내놓았다. 2007년 10월 5일 대전고법 제1특별부는 학교법인이 공공기관이 아니라고 선고했다. 이는 법제처와 대전지법이 2006년 12월과 지난 1월 학교법인도 공공기관이라고 판단한 것을 뒤집은 것이다. 정보공개법에 따르면 초중등교육법 및 고등교육법, 타 법률에 의해 설치된 각급 학교는 공공기관에 속한다. 교육인적자원부의 '교육인적자원통계'에 따르면 2006년 말 전국의 사립 초중고와 전문대 이상 고등교육기관은 2147개교에 이른다. 하지만 이들 사립학교를 운영하는 학교법인은 민법상 재단법인이기 때문에 정보공개 대상 기관이 아니라는 게 대전고법의 판단이다. 사립학교법에 따라 설치된 학교와 불가분의 관계인 학교법인은 그 역할과 기능의 특수성, 공공성 등을 감안할 때 공공기관의 성격을 갖고 있다고 본 대전지법 및 법제처의 판단과 정반대 해석이다.

법제처도 기술사법에 근거한 대한기술사회, 대한주택공사의 자회사로 설립된 주택관리공단, 건설산업기본법에 따라 설치된 건설공제조합도 공공기관이 아니라는 법령해석을 내렸다. 정부의 정보공개제도 업무를 총괄하는 행정자치부도 시중은행은 한국은행, 한국산업은행 등과는 달리 '은행법'에 따라 설치되었기 때문에 공공기관이 아니라는 판단을 내렸다. 행자부 관계자는 "정부 보조금 지원, 정부 업무 수탁, 법인의 설립 목적·역할·기능의 공공성 등 3개 요건을 모두 갖춰야 한다"고 설명했다.

이런 일련의 사태에 대해 정재호『국민일보』탐사기획팀장은 "공공기관의 정보에 대한 접근과 청구권이 지난 2007년 6월 노무현 대통령의 기자실 대못질 발언 이후 위협당하고 있다"며 다음과 같이 주장했다.

"모두 노 대통령의 대못질 발언 이후 일어난 일이다. 대못질 발언 이전에 법제처가 언론중재위원회, 한국증권선물거래소, 지방자치단체장 등의 협의체를 공공기관으로 규정했던 것과는 대조적이다. … (행자부 관계자)의 말대로라면 건설교통부의 주택청약 관련 업무를 위탁받아 수행하고 있는 국민은행 보유의 정보는 국민이 접근할 방도가 없다. 정보공개 선진국인 미국 연방대법원은 앞서 3개 요건 중 하나만 충족해도 공공기관으로 해석하고 있다. 기자실에 박힌 대못은 당장 뽑으면 될 일이다. 하지만 법과 제도는 한번 대못질하면 뽑기가 쉽지 않다."[51]

2008년 10월 9일 정보공개의 활성화를 위해 시민단체 활동가와 현직 언론인들이 정보공개센터(공동대표 신승남)를 설립했다. 비영리 민간단체로 출발한 이 단체의 사무국장을 맡고 있는 전진한 한국국가기록연구원 선임연구원은 "이명박정부 들어 기자뿐 아니라 시민들의 정보공개 요구에 대한 거부사례가 늘고 있다"며 "시민들이 알아야 하는 정보임에도 알 수 없었던 내용을 밝히고, 캠페인도 벌여나갈 것"이라고 밝혔다.[52]

2008년 12월, 국회를 상대로 정보공개청구소송을 벌이고 있는 성재호 KBS 기자는 "국민의 돈으로 운영되는 국회가 국민이 공개하라는 법을 무시하더니, 국민의 돈으로 변호사까지 사서 정보공개를 2년이 다 되도록 막고 있습니다. 정말 코미디 같은 일입니다"라고 개탄했다. 성 기자는 17대 국회의원들이 지난 2004~2006년까지 3년 동안 해외 방문외교와 관련된 자료들을 분석하기 위해 2007년 5월 소송을 제기했다. 국회가 항소에서 패했지만 대법원에 상고해 아직 재판이 진행 중이다. 그는 "외국 언론사의 경우 (정보공개를) 거부당하면 소송을 제기하는 경우가 비일비재하다"며 "아직까지 한국에선 회사에서 지원해주는 경우가 드물어 나 같은 경우에도 사적으로 돈을 들여가며 하고 있는 형편"이라며 어려움을 토로했다.

지난 10년 동안 국민들이 공공기관의 정보 비공개 결정에 맞서 제기한 소송은 모두 391건인데, 이 가운데 청구인인 원고가 승소·부분 승소한 경우는 53%에 달한다고 한다. 우리보다 30년 먼저 정보공개법을 시행한 미국은 한 해 주정부를 뺀 연방정부에만 청구되는 정보공개가 2000만 건에 달하지만, 아직 우리는 15~20만 건 수준이다. 성 기자는 "일선 공무원들의 폐쇄적인 관행, 법의 취지를 무색하게 하는 자의적인 판단, 법원의 판례까지 무시하는 비공개 남발 등 정보공개제도의 운용 과정에서 국민의 알 권리를 침해하는 상황이 끊이지 않는다"면서 공무원의 인식전환과 법령정비 등을 통한 제도의 활성화를 주문했다.[53]

전진한(투명사회를 위한 정보공개센터 설립준비위원)은 정보공개법의 주요 조항에 대해서 이행하지 않을 시 징계 및 처벌을 할 수 있는 근거 조항을 마련하고, 국민의 알 권리가 침해받았을 경우 그 권리를 구제할 수 있는 책임기관을 두는 것 등을 포함한 정보공개법의 개정을 촉구했다.[54]

2009년 3월 정보공개센터 전진한 사무국장은 "지난 1월 정보공개센터가 전국 16개 광역자치단체에 2009년 기관장 업무추진비 예산액을 청구했더니 놀라운 결과가 나왔다. 극심한 불황이 예상되는 2009년도에 업무추진비를 증액한 곳이 서울, 경기 등 5곳이나 되는 것으로 밝혀졌다"며 다음과 같이 말했다.

"업무추진비는 기관장님들이 고급식당에서 밥값, 술값으로 지출하는 돈이다. 또한 이 돈으로 화환도 보내고, 금일봉도 하사한다. … 이뿐만 아니다. 지난해 12월 정보공개센터가 각 중앙행정부처에 지난해 연말 대통령업무보고를 하면서 사용되었던 예산내역을 정보공개청구 한 적이 있다. 무엇이 걱정스러웠는지 이 정보공개청구에 대해서 대부분의 부처가 상세한 내역을 공개하지 않았다. 하지만 그중에서 비교적 상세하게 공개한 지식경제부의 예산 지출 내역을 분석해보니, 놀라운 것들을 발견할 수 있었다. 우선 3개 부처가 동시에 업무보고를 하는 데 사용된 비용이 2000만 원이 넘는다. 단 하루 몇 시간 동안 업무보고를 하는데 어떻게 2000만 원의 돈이 지출된 것일까? 그 항목을 살펴보면 실소를 금할 수 없다. 거의 돈을 길바닥에 뿌리고 있는 수준이기 때문이다. … 이런 행정이 반복될수록 서민들의 고통은 분노로 바뀐다. 또한 세금을 내는 이유를 상실한다. 공직자들은 이럴 때일수록 모범을 보여야 한다. 어려워진 경제로 생존을 위협받는 계층을 돌아봐야 한다.”[55]

내부고발자보호법

미국·영국·뉴질랜드 등 10여 개국에서는 '휘슬 블로어(whistle—blower)' 또는 '딥 스로트(Deep Throat)'로 불리는 내부고발자를 보호하는 법이 제정돼 있다. 미국의 각 주는 누구 및 어떤 행위를 보호하는가와 관련해 공무원뿐만 아니라 '주 및 지방자치단체와 계약관계를 맺고 있는 기업의 직원'도 보호대상에 포함하고 있다. 공중보건·안전·환경 등 공익과 관련된 기업 비리를 폭로할 경우도 신고 및 보호대상으로 정하고 있다.[56]

그러나 미국에서도 관련 법이 상당한 우여곡절을 겪은 끝에 제정되었다는 걸 유념할 필요가 있겠다. 1978년 제정된 공무원제도개혁법은 "불법활동과 권한남용, 국민건강 및 안전에 위험한 활동을 폭로 또는 신고한 경우 정부가 공무원들을 보호해야 한다"고 규정했다. 그러나 고발자에 대한 보호규정이 너무 약해 오히려 행정부의 탄압수단으로 이용되는 부작용이 나타났다. 이에 따라 1989년 별도의 내부고발자보호법이 만들어졌다. 특별조사국이 행정부 내 독립기관으로 자리잡아 내부고발 내용을 조사하고 고발자를 행정부의 보복으로부터 보호하는 역할을 맡고 있다. 의회의 발의로 이뤄진 이 법안은 대통령이 한때 거부권을 행사했으나 다시 의회가 법안을 통과시켜 결국 대통령이 서명하는 진통을 겪어야 했다.

이와 함께 미국은 이른바 '링컨법'으로 일컬어지는 부정주장법(False Claims Act)을 제정해놓고 있다. 이 법은 기업이 정부와 맺은 계약과 관련해 부정을 저지른 경우 내부고발을 허용하고 나아가 정부는 고발자에게 되찾은 돈의 15~30%를 보상금으로 지급하도록 규정하고 있다. 링컨법은 남북전쟁 당시 톱밥을 화약에 섞거나 같은 말(馬)을 두세 번 팔아먹는 군수물자 부정사례가 빈발하면서 만들어졌다. 남북전쟁 종료 이후 유명무실해졌다가 1980년대 후반에야 다시 빛을 보게 됐다.[57]

2002년 엔론(Enron)·월드콤(Worldcom) 등 기업의 대형 회계비리 사건이 계기가 돼 '사베인-옥슬리법'이 제정되었다. 회계 부정을 비롯해 투자자에게 피해를 입힐 수 있는 회사의 문제점을 회사의 상사나 정부에 제보하는 내부고발자를 보호하는 법안인데, 제보를 이유로 보복을 받을 경우 소송을 통해 구제받을 수 있는 길을 열어놓고 있다.

2006년 10월 오라클은 2005년 인수한 소프트웨어 회사 피플소프트가 프로그램을 연방정부에 제공하면서 값을 높게 받아왔다는 사실이 전직 직원의 제보로 밝혀져 9850만 달러의 벌금을 부과 받았고, 제보 직원은 내부고발자 보상규정에 따라 무려 1770만 달러의 보상금을 받았다. 그러나 이는 지극히 예외적인 경우이며, 기업들은 내부고발을 막기 위해 몸부림치고 있다. 2008년 1월 『워싱턴포스트』는 "회사들이 내부고발자 보호법을 무력화시키기 위해 다양한 대책을 짜내 법이 유명무실해질 위기에 놓였다"면서 "기업들이 내부고발자 법안을 최대한 좁게 해석해 스스로를 방어하려고 하고 있다"고 보도했다.[58]

한국의 내부고발은 어떤가? 1990년 5월 감사원의 이문옥 감사관이 재벌 소유의 비업무용 부동산에 대한 감사보고의 내용을 신문을 통해 밝혔다고 해서 업무상 비밀누설 혐의로 검찰에 구속된 사건이 발생했다. 이 감사관의 구속 근거가 된 형법 제127조는 "공무원 또는 공무원이었던 자가 법령에 의한 직무상 비밀을 누설한 때에는 2년 이하의 징역이나 또는 5년 이하의 자격정지에 처한다"고 규정하고 있다.

이 감사관은 6년여에 걸친 법정투쟁 끝에 1996년 5월 10일 대법원에서 무죄 확정 판결을 받았다. 대법원 형사2부(주심 이용훈 대법관)는 판결문에서 "형법 127조에서 공무원 또는 공무원이었던 자가 누설할 수 없도록 한 직무상 비밀은 법령에 의해 비밀로 규정됐거나 비밀로 명시되지 않았다 하더라도 정치·군사·외교·경제·사회적 필요에 따라 비밀로 된 사항 등을 포함하는 것이나 이 조항에서 말하는 비밀이란 실질적으로 비밀로서 보호할 가치가 있다고 인정할 수 있는 것이어야 한다"며 "이 사건의 감사보고서 내용은 공무상 비밀에 해당한다고 할 수 없다고 판단한 원심 판단은 정당하다"고 밝혔다.[59]

이문옥 감사관은 1996년 10월 11일 파면취소 판결을 받아 복직했다가 1999년 12월 31일 정년퇴직했다. 그는 퇴임시 정부가 장기 근속공무원에게 수여하는 녹조근정훈장 수상을 거부했다. 그 이유는 간단했다. "정부가 부패방지법을 제정하지 않는 한 훈장을 받을 수 없"는 것이었다.

1994년 참여연대 등에 의해 '내부고발자 보호법안'이 입법 청원됐으나 통과에 실패하고 대신 2002년 부패방지법에 내부고발자 보호규정이 일부 포함됐다. 그러나 부패방지법은 내부고발자가 보호받을 수 있는 부패행위를 공직자의 부패행위, 공공기관에 재산상 손해를 가한 행위로 한정하고 있다. 공공기관이 내부고발자에게 보복성 징계를 한 경우 원상회복을 명령할 수 있지만, 민간기업의 내부고발자는 보호의 사각지대에 놓여있는 것이다. 이와 관련해 2007년 8월에는 내부고발자가 비공직자인 경우에도 보호받을 수 있도록 부패방지법이 개정됐다. 민간기업과 민간단체 소속 내부 공익신고자도 공직자의 경우처럼 부패행위 신고를 이유로 신분상 불이익을 받았을 때 국가청렴위원회가 원상회복 등 적절한 조치를 요구할 수 있도록 바뀐 것이다.

그러나 참여연대 맑은사회만들기본부 이재근 팀장은 "국민들이 청렴위의 내부고발자 보호를 별로 신뢰하지 않기 때문에 이번 법안 개정만으로 민간기업에서 내부고발이 활성화될 것 같지는 않다"며 '특히 삼성은 퇴직 후에도 임원들을 일정 기간 (돈으로) 관리하기 때문에 내부고발자가 나오기 힘든 구조'라고 말했다.[60]

법원도 그런 구조의 지속에 일조하고 있다. 1996년 내부고발로 감사원에서 파면된 현준희의 경우가 좋은 사례다. 그는 2008년 11월에야 마침내 대법원에서 무죄확정 판결을 받아냈다. 재판부(주심 전수안 대법관)는 "현씨의 양심선언은 헌법상 독립적·중립적 기관인 감사원의 기능을 공정하게 수행하도록 촉구하고, 공공 이익을 위한 것으로 보기에 충분하다"며, 현씨에게 무죄를 선고한 원심을 확정했다.

그러나 12년 세월 동안 현준희는 가난과 고통 속에서 신음해야만 했다. 현씨는 "감사원보다 대법원이 더 밉다"고 했다. 그는 1996년 1심, 2000년 2심에서는 명예훼손 혐의에 대해 무죄를 선고받았다. 그런데 2002년 대법원(당시 주심 이규홍 대법관)이 하급심 결과를 뒤집어 유죄 취지로 파기환송을 했다. 그러나 2006년 파기환송심은 극히 이례적으로 대법원 판결을 깨고 다시 무죄를 선고했다. 그만큼 당시 대법원의 판단은 잘못됐다고 현씨는 말한다. 현씨는 40대 초반 싸움을 시작할 때만 해도 "이런 '간단한' 사건이 12년을 끌지 몰랐다"고 했다. 그래서 "이겼다고 좋아해야 하는데, 누구 하나 책임지고 사과하는 사람이 없다는 것에 화가 난다"고 말했다.[61]

이게 바로 한국 내부고발 문화의 현실이다. 한 공무원은 "그 조직 안에서 누가 어떻게 돈 받아먹는지 다 안다. 내부고발자보호법이라도 제대로 만들어져 시행된다면 비리의 90%는 차단할 수 있을 것이다"라고 말한다.[62] 생각하면 생각할수록 참 희한한 일이다. 정부와 정치권은 기회가 있을 때마다 부정부패 척결을 외치면서도 부정부패 척결에 가장 효율적이라는 내부고발을 적극 보호하지 않는 것일까?

그건 아마도 입으로는 뭐라고 떠들건 부정부패의 존속을 원하는 세력이 이나라의 상층부에 그렇지 않은 세력보다 더 많기 때문일 것이다. 물론 그게 전부는 아닐 것이다. 조직 내의 의리를 중시하는 문화적 저항도 만만치 않다. 이에 대해 이문옥 전 감사관이 남긴 명언이 하나 있다. "도둑놈끼리 지키는 의리가 무슨 의리입니까?"[63]

왜 '불감사회'인가?

나치의 종교정책에 저항하다가 1937~1945년 집단수용소에 수용되었던 독일의 신학자 마틴 니뮐러(Martin Niemller)는 1968년 10월 14일 독일 의회에서 행한 연설에서 다음과 같이 말했다.

"처음에 그들은 공산주의자들을 잡으러 왔습니다. 저는 공산주의자가 아니었고, 그래서 아무 말도 하지 않았습니다. 그 다음에 그들은 사회민주주의자들을 잡으러 왔습니다. 저는 사회민주주의자가 아니었기 때문에 아무 행동도 취하지 않았습니다. 그리고 나자 그들은 노동조합 운동가들을 잡으러 왔습니다. 저는 노동조합 운동가가 아니었습니다. 그리고 그들은 유태인을 잡으러 왔습니다. 저는 유태인이 아니었습니다. 그래서 아무 일도 하지 않았습니다. 그러자 그들은 저를 잡으러 왔습니다. 그때에는 저를 지켜줄 만한 사람들이 아무도 남아 있지 않았습니다."[64]

이건 다른 나라, 먼 옛날의 이야기일 뿐일까? 그렇진 않은 것 같다. 지금 우리 사회엔 "나는 불의를 고발했다. 그러나 정작 싸움의 상대는 불감사회였다"는 절규가 외쳐지고 있다. 참여연대 공익제보지원단이 기획하고 이 지원단의 실행위원 신광식이 지은 『불감사회: 9인의 공익제보자가 겪은 사회적 스트레스』라는 책은 읽기에 고통스럽다. 공익제보자들이 겪은 고통이 가슴 아파서인 점도 있지만, 더욱 고통스러운 건 대다수 선량한 사람들이 그 공익제보자들이 겪은 고통의 가해자일 수 있다는, 아니 가해자라는 사실 때문이다.

'추천의 글'을 쓴 공익제보단당 김창준이 지적한 "한국 사회 특유의 이중

잣대와 위선, 조직문화의 폭력성, 저급한 의리의식, 절대권력에 굴종하는 비열한 인간군상 등 한국 사회의 모순"에서 자유로운 사람이 과연 얼마나 있을까?[65] 평소엔 모든 사람들이 그 모순을 키우는 데에 직·간접적으로 일조해놓고 막상 자신이 피해자가 되거나 불이익을 당할 경우에 한해서 울분을 터뜨리며 이 사회에 정의가 있느냐고 묻는 일은 얼마나 흔한가.

김창준은 "공익제보자들은 우리 공동체의 커다란 명분을 위하여 정당한 행위를 하고 있다고 믿었는데 우리는 좀 더 작은 이익집단의 이해관계에 반한다는 이유로 이들에게 사실상 집단적으로 가혹행위를 하였다"고 개탄했다.[66] 그런데 왜 우리는 평소엔 이 사회의 부정부패를 개탄하는가? 나와 내 조직의 부정부패는 '사람 사는 인정'이지만 너와 네 조직의 부정부패는 척결되어야 할 악(惡)으로 보기 때문은 아닌가? 신광식의 다음과 같은 결론이 가슴 아프게 다가온다.

"한국 사회에서 제보자들의 가혹한 경험을 고려할 때 공익제보는 장려될 수 있는 방법이 아닐 수 있다. 이들에게 희생을 감수하고 공동체를 위하여 결행하도록 장려할 만큼 공동체의 신의와 도덕성은 아직 충분히 축적되지 못했다. … 바램은 공익제보의 방법이 좀 더 조심스럽게 자신의 보호를 염두에 두는 방향으로 문화적 형성을 해 나가는 것이다."[67]

'남 탓'은 우리 모두의 유전자에 각인돼 있는 건 아닐까? '불감사회'의 충실한 신민으로 살아가면서 세상 잘못 돌아가는 걸 남 탓으로만 돌리는 일만큼은 그만두어야 한다는 게 이 책의 메시지일 수 있다는 게 안타깝지만, 그래도 그런 인식이 우리에게 성찰의 실마리를 제공할 수 있다는 것으로 위안을 삼아야 할지도 모르겠다. 그럼에도 우리가 정색을 하고 문제 삼아야 할 것은 우리 모두가 적극 참여하고 있는 '조직인간' 사회일 것이다.

"조직의 요구는 강력하고 끊임없다. 조직생활에 빠져있을수록 조직의 요구에 저항하거나 그 요구를 알아차리기가 힘들다. 조직에 굴복해야만 마음의 평화를 얻는 것이다."

월리엄 화이트가 1956년에 출간한 『조직인간』이라는 책에서 한 말이다. 그로부터 5년 후인 1961년 유태인 학살을 저지른 나치 전범 아돌프 아이히만 재판은 '조직인간'에 대해 뜨거운 논쟁을 불러일으켰다. 어느 잡지의 특파원 자격으로 이 재판과정을 취재한 한나 아렌트는 아이히만이 유태인 학살이라는 반인륜적 범죄를 저지른 것은 그의 타고난 악마적 성격 때문이 아니라 아무런 생각 없이 자신의 직무를 수행하는 '사고력의 결여' 때문이라고 주장했기 때문이다. 아렌트가 말하고자 했던 건 '악(惡)의 평범성'이었다. 아이히만이 악마와 같은 인물이었다면 많은 사람들의 마음을 편하게 했겠지만, 아이히만이 평범한 가장이었으며 자신의 직무에 충실한 모범적 시민이었다고 하는 사실이 많은 사람들을 곤혹스럽게 만든 것이다.[68]

한국의 악명 높은 고문 기술자들도 가정과 직장에 충실한 '모범적 시민'이었다는 사실이 밝혀졌다. 안기부 도청 요원들도 모범적 시민이었을 가능성이 높다. 그들은 조직의 요구에 응했던 것뿐이다. 독재정권 시절도 아니었는데, 그 요구를 거부할 순 없었을까?

이 질문은 연쇄 질문을 불러온다. 어느 분야에서건 수위를 달리고 있는 조직의 특성은 무엇인가? 그 조직이 다른 조직과 가장 다른 점이 무엇인가? 그건 그 조직구성원의 '조직인간' 정신이 투철해 일사불란한 단결력을 과시하고 있다는 점이다. '마피아'라고 해도 좋을 정도다. 그렇다고 해서 여론의 지탄을 받는 법도 없다.

한국인의 정의감은 독특하다. 광장의 구경꾼이 될 때에 한해서 불 같은 정의감이 발동한다. 구경거리가 되지 않으면 정의감도 없다. '우우' 소리가 날 정도로 사람이 몰릴 때에 한해서만 '진실'과 '정의'와 '개혁'을 엄청나게 사랑한다. 한국 특유의 '사이버 조직인간'이 탄생해 '사이버 패거리주의'를 유감없이 보여주고 있는 것도 바로 그런 이치 때문이다.

그렇지 않다면, 우리는 내부고발자를 잔인하게 대하는 한국 사회의 강고한 풍토를 이해할 길이 없어진다. 최근 한 내부고발자는 "만약 누가 내부고발 문제로 고민하고 있다면 절대 하지 말라고 말리고 싶습니다"라고 한(恨)을 토로했다. 내부고발자를 보호하는 법과 제도가 엉터리라는 것도 문제지만, 더욱 중요한 건 내부고발자를 싸늘하게 대하는 한국인 다수의 '조직인간' 근성이다.

광장에서 무슨 일이 벌어졌을 때 진실과 정의의 수호자가 되는 것도 좋은 일이지만, 평소 '조직의 쓴 맛'에 대한 공포가 초래하는 인간 자율성의 상실에 대해 관심을 가져보는 것도 좋을 것 같다. 비정규직의 시대에 '조직인간'은 동경의 대상이 되고 있기에 더욱 그렇다.

제10장

취재원 보호

미국의 취재원 보호 논란

기자의 취재원 보호와 관련된 핵심적인 질문은 취재와 보도의 관계에 관한 것이다. 보도의 자유는 보장받아도 취재의 자유는 보장받지 못하는 경향이 있기 때문이다. 미국 법원은 취재를 보도의 준비행위로 간주하여 수정헌법 제1조의 적용대상에서 제외시키는 경향을 보여왔다. 기자가 취재를 위해 정부의 정보에 접근할 수 있는 권리를 헌법으로 보장해주기는 어렵다는 것이다.

일반 공중과 달리 기자에게만 그런 특권을 베푸는 데 따르는 문제가 만만치 않기 때문이다. 과연 누가 '기자'이고 누가 '언론'인가 하는 문제가 발생할 수 있다.[1] 혼자서 신문을 내는 사람의 행위는 언론행위가 아니란 말인가? 그렇게 범위를 넓게 잡을 경우, 정부 정보를 실질적으로 모든 사람에게 다 공개해야 한다는 문제가 발생한다. 그래서 법원은 '제한된' 접근권만 인정하고 있다. 당연히 기자의 취재원 보호도 그런 문제의 연장선상에서 다뤄지고 있다.

이 논란은 19세기로 거슬러 올라간다. 1896년 매릴랜드주는 『볼티모어 선』

지의 J. J. 모리스 기자가 법정에서 취재원을 밝히기를 거부한 사건이 계기가 되어 최초로 기자들에게 제한적인 진술거부권을 허용하는 법이 제정되었다. 이 사건의 전말은 이렇다.

　모리스 기자는 대배심에서 심리 중인 어느 중대사건에 관한 판결내용을 예측하는 기사를 보도했는데, 그 보도내용이 실제의 판결과 거의 일치하여 재판소에서는 모리스 기자를 법정으로 소환하여 기사의 출처, 즉 뉴스원을 밝히도록 명령하였다. 모리스 기자가 뉴스원의 공표를 완강히 거부하자 대배심은 법정모욕죄로 그에게 수일간의 금고형을 선고했다. 모리스 기자의 투옥사건을 계기로 『볼티모어 선』지는 뉴스원을 보호하여 취재보도의 자유를 보장하는 주법을 제정하기 위한 운동을 시작했다. 그 운동이 곧 주효해서 모리스 기자가 석방된 지 2개월도 못 되어 메릴랜드주 의회는 법률을 제정하게 된 것이다. 이 법의 주요 내용은 다음과 같다.

　"신문이나 잡지의 제작을 담당하거나 이에 관계하거나 고용되어 있는 사람은 어떠한 소송절차나 또는 입법부의 위원회가 기타의 심리에 관해 그가 스스로 취득·입수하여 그가 종사하거나 또는 고용돼 있는 신문이나 잡지에 발표한 뉴스나 정보의 출처를 밝히도록 강요되어서는 아니 된다."[2]

　그러나 이런 보호 조치는 연방입법 수준으로 나아가진 못했다. 연방대법원은 1972년 세 명의 기자와 관련된 세 사건을 합병 심리한 'Branzberg v. Hayes' 사건의 판결에서 5대 4의 다수로 기자의 취재원 보호를 위한 법정 출두 및 증언의 거부가 법적으로 근거가 없는 것이라고 판시했다. 기자에게 주나 연방의 대배심에 출두하여 증언하도록 요구하는 것이 수정헌법 제1조가 보장하는 언론·출판의 자유를 침해하지 않으며 뉴스원의 범죄적 행동이나 그와 관련된 증거를 음폐(蔭蔽)하기로 동의한 것이 헌법상 증언에 관한 기자의 특권을 발생시키지 않는다는 것이다.[3]

　그러나 이 판결은 기자의 뉴스 취재원 보호를 위해 연방이나 주의회가 필요한 입법 조치를 취하는 것은 자유라고 규정하였다. 이는 연방입법을 촉구한

것으로 여겨져 이 판결 이후 20여 건의 각종 법안이 제출되었지만 모두 다 실패로 돌아가고 말았다.[4]

1972년 'Branzberg v. Hayes' 판결은 당시의 시대적 상황으로 인해 미국 언론계에 큰 파문을 던졌다. 1968년의 시카고 민주당대회의 폭동사건 이후 법무성을 비롯한 정부기관이 블랙 팬더(흑표범)단, 민주사회학생단 등 과격 단체의 단속을 이유로 다수의 기자들에게 출두와 취재메모, 필름, 서신 등 기타 자료의 제출을 요구하는 소환장을 마구 발급하던 때였기에 그 판결은 언론인들에게 적지 않은 충격을 주었다. 법무성은 그때 과격 집단의 일제 소탕을 위해 그들을 기소할 증거로 대량으로 준비 중이었던 것으로 알려졌는데, 소환장 남발로 언론계의 반발에 부딪치자 당시의 존 미첼 법무장관은 기자에 대한 소환장(subpoena)을 발부할 때는 반드시 법무장관의 사전승인을 받도록 지시할 정도였다.[5]

당시 『뉴욕타임즈』지는 사설을 통해 "경찰, 대배심, 기타 정부기관의 자료 요구는 신문·방송의 중요한 취재원을 고갈시킬 뿐만 아니라, 언론기관이 공중에게 정보를 전하는 독립된 조직이 아니라 정부를 위한 수사기관의 구실을 하고 있다는 인상마저 주게 될 것이다"라고 경고하였지만, 많은 언론사들이 반발하면서도 결국 굴복해 정부의 증거 제출 요구에 응하거나 증인으로 출두하였다.[6]

1972년 11월 캔자스 시티에서 열린 AP 회원사 편집국장회의(APME)는 이 판결과 관련해 결의문을 채택하였다. 결의문은 "APME는 재판소가 법정모욕죄에 관한 권한을 더욱 빈번히 행사하여 비밀정보원의 폭로를 기자들에게 강제함으로써 뉴스를 검열하고자 하는 사실을 깊이 우려한다"며 다음과 같이 말했다.

"그러한 재판소의 조치가 멋대로 허용된다면 출처를 밝히지 않는다는 조건으로 지금까지 정보를 얻어 온 기자들이 정보원으로부터 뉴스를 얻어 그것을 국민에게 전달하는 것이 불가능하게 된다는 것이 가장 염려스러운 것이다. 신문은 다년간에 걸쳐 조사탐구의 보도를 계속하여 공직자나 사인(私人)의 부정을 폭로하는 등 국민의 알 권리를 위한 정보를 수많이 보도해왔다. 그러한 보도는 공공의 이익을 위해 존재하는 것이며 정보원을 밝히지 않으면 투옥한다는 위협으로 저해되어서는 안 되는 것이다. 최근 수년간에 있어서 몇 가지 사건은 뉴스원의 보호를 지켜줄 수 있는 연방 또는 주의 법률이 필요함을 말해주고 있다."[7]

1972년 그 유명한 워터게이트 사건에서 『워싱턴포스트』지의 두 기자는 취재원을 끝내 밝히지 않은 채 버텼는데, 이 사건의 전말은 이렇다. 1972년 6월 17일 미국 대통령 리처드 닉슨의 재선을 위해 비밀공작반이 워싱턴 서쪽 워터게이트 빌딩의 민주당 전국위원회 본부 사무실에 무단 침입해 도청장치를 설치하려다 발각된 사건이 벌어졌다. 처음에는 단순 주거침입으로 주목받지 못했지만 2년 후 미국 역사상 최초의 대통령 사임이라는 결과를 가져왔다. 닉슨은 1974년 7월 하원 사법위원회에서 탄핵결의가 가결된 후 8월 8일 스스로 대통령직에서 물러났으며, 대통령직을 승계한 제럴드 포드는 9월 8일 닉슨의 모든 죄를 특별사면했다.

『워싱턴포스트』의 두 기자 밥 우드워드와 칼 번스타인은 이 워터게이트 사건에 대해 잇따라 특종을 터뜨렸는데, 이들에게 정보를 준 익명의 제보자를 가리켜 '딥 스로트(deep throat)' 라는 별명이 붙었다. 원래 '딥 스로트' 는 1972년에 개봉된 최초의 합법적 포르노 영화제목이었지만, 이후 '은밀한 제보자' 또는 '심층취재원' 을 가리키는 보통명사가 되었다. '딥 스로트' 의 정체를 놓고 그간 수많은 추측들이 난무했는데, 33년만인 2005년 5월에서야 월간지 『배니티 페어(Vanity Fair)』의 보도를 통해 모든 진실이 밝혀졌다.

'딥 스로트' 는 당시 연방수사국(FBI) 2인자였던 마크 펠트였다. 이제 91세가 된 그가 왜 스스로 자신의 정체를 드러내게 된 것인지, 당시 정보를 제공한 진정한 동기는 무엇이었는지, FBI와 백악관의 힘겨루기 때문에 누설한 것이라면 워터게이트 사건을 재평가해야 하는 건 아닌지 등에 대한 논란이 분분한 가운데 미국 사회엔 한동안 '워터게이트 복고 열풍' 이 불었다.[8]

그러나 모든 기자들이 우드워드와 번스타인처럼 화려한 무용담의 대접을
받을 수는 없는 일이었다. 『뉴욕타임즈』지는 1978년 8월 6일자 사설 'Our
Man in Jail'에서 "수정헌법 제1조는 보도뿐만 아니라 취재에까지 적용되어야
한다"면서 다음과 같이 주장했다.

"겁먹고 위협받고 당혹한 소스들이 날마다 우리 기자들에게 그들의 정체를
비밀에 붙인다는 것을 조건으로 해서 사실이나 고백, 소문, 고발 등을 전해주
고 있다. 그중 어느 한 소스라도 배반한다면 그 모든 소스를 위태롭게 하는 결
과가 될 것이다."[9]

그러나 1980년대는 물론 1990년대 들어서도 기자들에 대한 소환장 발부는
왕성하게 이루어졌다. 1991년에 미국의 언론인들에게 발부된 소환영장은 모
두 443개 언론사를 대상으로 3281건이나 되었으며, RCFP(Reporters Committee
for Freedom of the Press)의 조사에 응하지 않은 언론사가 반이 넘어 실제 발부
건수는 2배가 넘을 것으로 추산되었다.[10]

1997년에 발부된 압수수색영장(search warrant) 및 소환영장(subpoena)은 모
두 2725건에 이르렀다. 형사사건 검사나 피고인의 의뢰인으로부터 제기된 소
환장이 대부분이고 정부 관련 사건, 혹은 개인분쟁에 의해서 제기된 것들도
있었다.[11]

소환영장은 법원의 권위에 따라 증인을 법정에 출석시키기 위해 발부하는
영장인데, 이 영장에 불응할 때는 법정모독죄로 처벌받게 될 수 있으며, 압수
수색영장은 수색과 압류의 권한을 포함하는 법관의 명령이다.[12] 1980년 사생
활보호법(Privacy Protection Act of 1980)은 뉴스룸이나 기자의 집을 수색할 때엔
수색영장이 아닌 소환장을 발부받을 것을 요구한다. 단 기자가 범죄 혐의를
받고 있거나 자료가 훼손될 우려가 있을 경우엔 수색영장만으로도 수색이 가
능하다.[13]

전화회사는 시외전화의 경우 전화기록을 6개월간 보유하게 돼 있는데,
1974년 AT&T는 소환장 없이 정부에 전화기록을 주지 않겠다고 선언했다. 또

소환장에 의해 전화기록을 주더라도 전화가입자에게 즉시 통고하겠다고 밝혔다. 그러나 중범죄 수사에서 전화가입자에게 알릴 경우 수사에 지장이 있을 때는 알리지 않겠다는 단서를 달았다. 이에 대해 RCFP는 전화회사가 정부가 전화기록을 넘겨주는 것 자체에 항의해 소송을 제기했지만, 법원은 1978년 'Reporter's Committee v. AT&T'에서 전화회사에 승소 판결을 내렸다.[14]

2006년 8월 연방 검찰 당국은 취재원을 확인하기 위해 『뉴욕타임스』 기자 두 사람의 전화통화 내역을 조사할 수 있게 되었다. 이에 반발한 판사는, 앞으로 기자가 취재원을 만날 때에는 마약 밀매업자들이 서로 만나듯이 '어두운 출입구에서' 불법적으로 비밀스럽게 만나야 할지도 모른다고 우려했다.[15]

미국의 법정모욕죄

미국신문편집인협회 윤리강령 제6조: "뉴스원 보호의 서약은 어떠한 희생을 치르더라도 지키지 않으면 아니되며 경솔한 서약을 해서는 아니된다. 비밀을 지킬 명확하고 절실한 필요가 없는 한 정보원은 명확하게 밝혀야 한다."[16]

미국 라디오 텔레비전 보도국장협의회(RTNDA) 방송보도강령 제4항: "방송언론인들은 … 정보와 그 제공자를 보호해야 할 언론윤리를 숙지해야 하고, 공익을 해치지 않는 한, 확고하게 지켜야 한다."[17]

미국 NBC 뉴스업무지침: "뉴스 출처의 공개요구를 거절할 경우에 직원은 재판에 회부되거나 투옥·벌금 등을 각오해야 한다. 이때 뉴스 출처 공개여부는 방송사와 관계없이 개인의 판단에 따른다. 그러나 언론에서의 오랜 관행이고 NBC도 지지하는 바, 만일 기자가 출처공개를 거부할 때 방송사는 모든 법률적 절차를 전적으로 지원한다. 이 지원에는 NBC 경영진에 의한 보도 관련 지도와 법률부서의 법적 지도가 포함된다. 만일 직원이 회사로부터의 법률지원을 거부한다면 그가 필요로 하는 법적 후원 경비를 회사가 부담한다."[18]

위와 같이, 언론은 취재원 보호를 금과옥조(金科玉條)로 여기고 있지만, 법률가들은 그러한 기자의 권리(언론의 자유)가 법정에서의 의무보다 우선할 수는 없는 것이라고 주장한다. 그래서 취재원 보호는 연방입법의 차원에까지는 이르지 못하고 있다. 이 문제는 언론과 사법부의 헤게모니 갈등 차원에서 볼 수도 있지만, 미국을 포함한 서방 국가들에선 기자가 취재원 보호를 위해 감옥에 가더라도 그걸 떳떳하고 자랑스럽게 생각하는 경향이 있다.

민사소송에선 기자가 취재원과 관련된 증언을 거부할 특권이 인정되었지만, 다음의 3가지 요건이 모두 들어맞으면 증언을 해야 한다. ①기자가 갖고 있는 정보가 소송과 관련돼 있을 때 ②그 정보가 소송에 절대적으로 필요할 때 ③기자의 정보 이외의 다른 정보 출처를 찾을 수 없을 때.[19]

기자는 형사소송의 경우엔 민사소송의 경우보다 불리한데, 여기에서도 3가지 기준이 적용된다. 첫째, 기자의 정보가 범죄의 입증 또는 피고의 변호와 관련된 것인가? 둘째, 그 정보를 공개해야 할 절실한 필요가 있는가? 셋째, 그 정보 요구자가 다른 출처로부터 얻고자 모든 노력을 다했는가?[20]

미국에선 소송과 관련하여 진술을 거부하는 기자들에게 법정모욕죄를 적용하여 보통 구류 처분을 내린다. 이는 우리의 형법 제138조의 법정모욕죄와는 다른 성격의 것이다. 제138조(법정 또는 국회회의장모욕)는 "법원의 재판 또는 국회의 심의를 방해 또는 위협할 목적으로 법정이나 국회회의장 또는 그 부근에서 모욕 또는 소동한 자는 3년 이하의 징역 또는 700만 원 이하의 벌금에 처한다"고 돼 있다.

법정모욕죄의 기원은 17세기로 거슬러 올라간다. 1631년 영국에서 유죄 판결을 받은 피고가 판사에게 벽돌을 던졌다가 오른 손이 잘려 교수형에 처해졌다. 이는 판사가 왕을 대신한다고 하는 영미법의 전통에 따른 것이다.[21] 학자들은 판사의 모욕처벌권(contempt power)에 대해 시대착오적인 전제군주제의

유산이라고 강력히 비난하고 있다.[22]

법정모욕엔 민사적 모욕(civil contempt)과 형사적 모욕(criminal contempt)이 있다. 민사적 모욕은 법정 자체에 대한 모독이 아니라, 법원의 평결·결정 또는 소송 당사자의 권리를 보호하기 위한 지시에 불응하였을 때 적용된다.[23] 형사적 모욕엔 '직접 형사적 모욕'과 '간접 형사적 모욕' 등 두 종류가 있다. 직접 형사적 모욕(direct criminal contempt)은 판사가 있는 데에서 취해진 법정모독으로, 이 경우 판사는 약식 처벌권(summary contempt power)을 갖는데, 이는 판사가 검사·배심원·판사의 3가지 역할을 다하는 것이다. 간접 형사적 모욕(indirect or constructive contempt)은 법정 밖에서 취해진 법정 모독행위로 재판기간 중 법원 판결을 비난하는 신문 사설 등이 여기에 해당된다.[24]

모욕처벌권에 대한 제한(limitations on contempt power)엔 3가지가 있다.

①입법적 제한(legislative limits): 여러 법들이 제한을 가하고 있다. 예컨대, 노사분쟁에서 비롯된 구성적 모욕(constructive contempt)에 관한 한 배심원 재판을 거쳐야 한다든가 또는 형량이 45일 이상일 경우엔 배심원 재판을 거쳐야 하는 경우이다.

②법원 자체의 제한(court−imposed limits): 간접모욕(indirect contempt)의 경우 통고(notice)가 주어져야 하고 해명을 들을 기회가 주어져야 한다. 그밖에 자문을 받을 권리, 증인에 대한 반대 심문권, 진술을 할 권리, 그리고 많은 경우 배심원 재판을 받을 권리를 보장한다.

③수정헌법 제1조에 따른 제한(First Amendment limitations): 소송이 진행 중인 재판일지라도 재판 진행에 '명백하고 현존하는 위험'이 안 되는 경우에 한해서 언론의 비판 기능을 보장해야 한다. 그러나 보호받는 건 판사에 대한 평가 또는 비판이지(예컨대, 판사는 범죄자들을 보호하기 위해 더 애쓰고 있다는 식의 비판) 자료 증거 또는 증언의 신뢰도에 관한 것은 아니다. 대법원은 판사들이 여론에 흔들리지 말고 소신껏 하라는 자신감을 표시하고자 한 것이다.(판사 비판이 '모욕'이 아니라는 판결을 내림으로써 그런 효과를 기대한 게 아니겠느

냐는 것이다.)[25]

1972년 'U.S. v. Dickinson' 사건은 법원 내 청문회에 대해 보도하지 말라는 명령을 어기고 보도한 건에 대해 형사적 모욕(criminal contempt)를 적용한 사례이다. 고등법원은 보도하지 말라는 명령이 잘못됐으나, 모욕 유죄는 유효하다고 판결했다. 이걸 가리켜 기자의 이름을 따 '디킨슨 룰(the Dickinson rule)'이라 한다.[26]

취재원 보호를 위해 감옥에 가는 기자들

언론사는 기자에게 내려진 법정모욕 처분을 언론에 대한 대중의 신뢰도를 높이기 위한 PR 기회로 활용한다. 그 대표적인 사건이 1929년 취재원 공개를 거부해 40일간 금고형을 살고 나온 『워싱턴포스트』지의 세 기자에 대한 범언론계 차원의 대대적인 환영식이었다. 당시 허스트 계열 신문 총지배인이었던 프랭크 녹스는 세 기자에게 각기 1000달러짜리 수표와 금시계를 주면서 다음과 같이 말했다.

"나는 이들 젊은 기자의 커다란 용기에 대해 무한한 찬양의 뜻을 표하는 것이 전 미국 신문인의 뜻을 대표하는 것으로 믿는다. 이들 세 사람은 그들 직업에 대한 신임을 지키고 명예를 보전했으며 신문인의 전통과 윤리와 기준을 어기기보다는 차라리 고난을 감수했던 것이다."[27]

이 사건에 자극받은 일부 의원들이 상하원에서 연방 취재원보호법안을 제출했지만 성공하지는 못했다. 이후로도 기자들의 투옥 사건은 계속해서 일어났다. 1958년 『뉴욕 헤럴드 트리뷴』지의 마레 토레 기자는 10일간 구류 처분을 받았는데, 이유는 별것도 아닌 것이었다. 그녀는 칼럼에서 여배우 주디 갈란드가 너무 뚱뚱해졌기 때문에 다음 프로그램에서 빠지게 된다고 말한 것으로 인용된 CBS 방송의 중역이 누구인가를 밝히기를 거부했다.[28]

이후 취재원 보호를 위해 감옥행을 택한 기자들은 ①1978년 『뉴욕타임스』

의 마이런 파버 40일 수감(외과의사 살인사건 관련 취재수첩 제출거부), ②1981년 『로스엔젤레스 타임스』의 윌리엄 파 46일 수감(찰스 맨슨 일가가 엘리자베스 테일러를 포함한 유명 인사들을 암살할 것이라고 말한 취재원 공개 거부), ③1990년 KMOL TV의 브라이언 케이렘 16일 수감(살인용의자 옥중인터뷰 성사에 협조한 취재원 공개 거부), ④1993년 스튜어트 뉴스의 팀 로체 18일 수감(아동학대 관련 법원의 비밀명령 사본 입수경위 증언 거부), ⑤1994년 트리뷴 크로니클의 리사 에이브러햄 22일 수감(시 공무원의 권력남용 관련 대배심 증언 거부), ⑥1996년 앤더슨밸리애드버타이저의 브루스 앤더슨 13일 수감(살인 용의자의 자필 편지 제출 거부), ⑦1996년 마이애미헤럴드의 데이비드 키드웰 14일 수감(살인범 인터뷰 내용 공개 거부), ⑧2000년 새크라멘토밸리미러의 티모시 크루스 5일 수감(권총 훔친 전 주 교통경찰관 관련 취재원 공개 거부), ⑨2001년 휴스턴의 바네사 레게트 168일 수감(텍사스 청부살인 저서 관련 기밀자료 제출 거부), ⑩2004년 WJAR TV의 짐 타리카니 6개월 가택연금(정부 부패 폭로한 FBI 비디오테이프 건네준 취재원 공개 거부), ⑪2005년 『뉴욕타임스』의 주디스 밀러 85일 수감(부시 행정부의 이라크 침공을 비판한 전직 외교관 조지프 윌슨의 부인이 CIA 비밀요원이라는 이른바 '리크게이트' 취재원 공개 거부) 등이었다.[29]

주디스 밀러는 '취재원의 여론조작에 이용당한 기자'라는 비판을 받은 경우다. 밀러가 보호하려고 한 취재원은 내부고발자가 아니라 여론조작을 꾀한 백악관 고위 관리였으며, 밀러는 사실상 그런 여론조작의 공모자가 되었다는 것이다. 이게 문제가 되어 밀러는 『뉴욕타임스』를 사임했다. 이에 대해 장행훈은 "리크게이트가 주는 교훈은 간단하면서도 아주 중요하다. 신문과 언론인은 정보를 주는 소스의 동기를 의심하고 분석하고 소스가 주는 정보를 반드시 확인해야 한다는 것이다. 그렇지 않으면 신문과 기자는 소스에 이용당하고 독자와 사회에 회복할 수 없는 피해를 줄 수 있다는 것이다"고 말했다.[30]

2008년 2월 하순 미국 연방지법은 『USA투데이』 재직 때 기사를 썼던 토니 로시가 탄저균 테러 수사용의자 관련 정보를 제공한 익명의 취재원들을 밝히지 않았다는 이유로 법정모욕죄를 걸어 취재원을 밝힐 때까지 하루 최고 5000 달러씩 벌금을 내야 한다는 혹독한 벌금형을 부과했다. 사건은 연방 항소법원 으로 올라가 누적 벌금은 일시 정지되었지만, 이 판결은 이른바 '언론의 취재 원 보호'를 둘러싼 해묵은 논쟁에 다시 불을 지폈다.[31]

2008년 7월 24일 미 연방 캘리포니아주 지방법원은 방위산업 스파이에 대 한 신원을 건네준 미 행정부 내 소식통의 신원을 공개하라는 것을 거부, 소송 을 당한 『워싱턴타임스』의 국가안보 전문기자 빌 거츠에 대한 결심 공판에서 무죄를 선고했다. 거츠 기자는 지난 2006년 5월 16일자 신문에 중국 출신 엔지 니어 치막과 그의 친인척들이 미 국방부 군사기술 기밀을 빼내 중국에 건네준 사실을 보도하면서, 법무부 내 관리로부터 신원을 확인해 보도했었다. 이로 인해 거츠 기자는 연방 보안당국으로부터 법무부 내 신원 정보제공자를 밝히 라는 요구를 거절, 법정에 서게 됐다. 재판장 코맥 카니 판사는 "미 헌법이 보 장한 언론의 자유는 최고로 중대한(paramount) 권익이다"고 지적하고 "거츠 기자가 스파이의 신원을 보도한 것은 매우 중요한 '공공을 위한 서비스'인 것 을 부인할 수 없다"고 판시했다.[32]

이는 토니 로시에 대한 혹독한 벌금형과는 대비되는 판결이다. 거츠 기자 의 변호사 찰스 리퍼는 "법정마다 판결은 다르겠지만 이번 재판을 담당한 판 사의 추론은 매우 사려깊은 것이기 때문에 다른 관련 재판에도 영향을 미칠 것으로 본다"고 의미를 부여했다. 그러나 또 언제 이와 반대되는 판결이 나올 지 알 수 없다.

미국의 취재원 보호법

미국 언론계에선 취재원 비닉법(秘匿法) 또는 방패법(shield law)이라 불리는 법을 연방 차원에서 제정할 것을 요구하고 있다. 현재 미국 32개주와 컬럼비 아특별구는 방패법을 만들어 주법원에서 시행하고 있고 또 다른 17개 주는 판결 등의 형태로 언론인의 취재원 보호 특권을 인정하고 있다. 그러나 주마다 허용 정도가 달라 비일관성(inconsistency)이 가장 심각한 문제이며, 또 법원이 해석하기 나름이라는 문제가 지적되었다.[33]

연방 차원의 방패법안(federal media shield law)이 2007년 10월 16일 하원에서 조지 부시 대통령의 거부권 행사 경고에도 불구하고 398대 21이라는 압도적 찬성으로 통과되었다. 이 법안에 따르면 기자는 취재원이나 취재원 관련 정보를 국가안보 범죄에 해당하는 테러 용의자 체포 등에 직결되는 경우가 아니면 공개를 강요받지 않고 보호받을 수 있다. 또 전화 회사나 인터넷 회사도 기자의 취재원을 보호해야 한다고 규정하고 있다. 낸시 펠로시 하원의장은 법안 통과 뒤 "언론의 자유는 우리의 민주주의와 안보에 가장 근본적인 요소"라고 강조했다. 그러나 백악관은 이 법안이 기자들에게 광범위한 특권을 부여함으로써 기밀정보 유출에 대한 조사가 불가능하게 된다는 이유 등으로 거부권 행사 입장을 밝혀왔다. 대통령이 거부권을 행사할 경우, 상하원에서 3분의 2 이상의 찬성을 얻어야 법안이 성립된다.[34]

결국 연방 방패법은 불발로 끝나고 말았지만, 이 법의 적용에 있어서 가장 큰 문제는 누구를 '기자'로 보고 무엇을 '언론'으로 볼 것인가 하는 점이다. 이는 '1인 저널리즘'이 가능해진 인터넷 시대엔 딜레마다.[35] 미국의 비디오 블로거인 조쉬 울프(Josh Wolf)는 샌프란시스코에서 촬영한 2005년 시위 동영상 제출을 거부했다가 226일 동안 교도소에 수감되었다. 그가 언론사에 소속된 기자라면 그렇게까지 당하진 않았을 것이다. 이와 관련 클레이 서키는 "이제 언론행위를 할 수 있는 사람들에 대한 자격제한이 없어졌으니 이 새로운 현실에 맞춰 기자의 특권을 어떻게 바꿔야 하는가?'라는 문제를 생각해봐야 한다고 말한다.[36]

언론계의 모든 이들이 다 언론의 취재원 보호권에 동의하는 것도 아니다. '익명의 소식통'을 통해 나오는 정보들이 선의의 내부고발도 있지만, 대부분은 정치적 목적을 띤 '정보 흘리기'라고 보기 때문이다. 컬럼비아대학 언론학과장인 니컬러스 레먼은 "요즘은 그런 사례의 95%가 어떤 동기를 갖고 정보를 흘리는 경우다. 이들을 '내부고발자'로 볼 수는 없다"고 말했다.[37]

언론인들 가운데에도 취재원 보호를 위한 연방입법에 반대하는 사람들이 적지 않다. 그 반대론의 논거로는 "①취재원 보호는 기자의 직업상 윤리이므로 그것을 지키기 위해서는 어떠한 수난도 감수해야 할 각오가 있어야 한다. ②어느 특정계층의 특권도 인정하지 않는다는 걸 전통으로 삼아온 언론인들이 그들만의 특권을 보장하는 법률을 만들도록 요구하는 것은 자기모순이다. ③무책임하거나 공명심이 앞선 기자가 근거도 없이 기사를 쓰고선 문제가 되면 있지도 않은 취재원을 보호한다는 식으로 악용할 소지가 있다. ④재판에서의 진술 거부권은 의회가 사법권에 제한을 가하는 것으로 삼권분립의 원리에 위배된다" 등이다.[38]

유럽과 일본의 취재원 보호

1969년 1월 26일 하까다 역 사건을 판결한 일본 최고재판소(대법원)는 취재원의 은닉이 법적인 권리로 인정되든 말든 그것이 갖는 민주주의 체제의 기능적 과점에서 갖는 역할로 말미암아 취재원의 은닉을 될 수 있는 한 존중해야 한다는 입장을 보였다.

이 사건은 하까다 역 구내에 주둔한 경찰대에 의한 학생진압을 둘러싸고 특별 공무원의 직권남용 및 폭행혐의에 관한 심판청구를 심리하는 과정에서 생겼는데, 이 혐의를 확인하는 증거로 삼기 위해 당시 상황을 촬영한 TV 각사에 대하여 법원이 그 취재 필름을 제출토록 명령했다. 그러나 최고재판소는 그 장면을 찍은 TV 각사에게 필름 제출의 명령을 거부할 수 있음을 인정하면서 다음과 같이 판시했다.

"일면에 있어 심판의 대상이 되고 있는 범죄의 성질, 양태, 경중 및 취재한 것의 증거로서의 가치, 나아가서 공정한 형사재판에 합당한 필요성의 유무를 고려함과 동시에 타면에 있어서 취재한 것을 증거로 제출시킴으로써 입게 되는 언론기관의 취재의 자유가 저해받는 정도 및 이것이 보도의 자유에 미치는 영향의 비중, 그밖의 제반 사정을 비교형량하여 결정하지 않으면 안 되고, 이것을 형사재판의 증거로서 사용하지 않을 수 없는 것으로 인정하는 경우에도 그것 때문에 입게 되는 보도기관의 불이익은 필요한 한도를 넘지 않도록 배려하지 않으면 안 된다."[39]

1996년 3월, 언론인의 취재원 보호는 정당하다는 판결이 유럽 인권재판소에서 내려졌다. 유럽인권재판소는 3월 27일 취재원 공개를 거부한 영국 잡지 『엔지니어』의 기자 윌리엄 굿윈에게 법정모욕죄를 선고한 영국 법원의 판결은 부당하다고 파기한 것이다. 재판소는 "취재원 보호는 언론자유의 기본적 조건 가운데 하나"라며 "이런 보호가 없다면 취재원들이 공익과 관련된 정보를 대중에 전달하는 언론을 돕는 일을 주저하게 될 수 있다"고 밝혔다. 이 판결에 대해 에단 화이트 국제언론인보호연맹(IFJ) 사무총장은 언론자유를 위한 "기념비적인 판결"이라고 평가했다.[40]

2000년 3월 11일 유럽의회는 기자의 취재원 보호 권리를 인정하는 권고안을 채택, 회원국에게 시행을 요구했다. 이 권고안은 정보제공자를 알아내기 위한 언론사 사무실 압수수색, 기자들에 대한 도·감청을 언론자유에 대한 유럽인권협약의 중대한 위반사항으로 간주, 금지시켰다. 또 기자의 취재원 보호를 언론자유의 개념으로 포함시킨 유럽인권법원의 1996년 판례를 각국에서 원용토록 했다.[41]

2006년 10월 일본 최고재판소는 취재기자가 취재원을 보호하기 위해 법정 증언을 거부한 것은 정당하다는 판결을 내렸다. 재판부는 판결문에서 "취재 방법이 일반 형벌 법령에 저촉되는 등의 사정이 없는 한 원칙적으로 취재원에 대한 증언을 거부할 수 있다며 NHK 기자를 상대로 소송을 낸 미국 건강식품 회사의 상고를 기각했다.

미국 식품회사는 미국과 일본 세무 당국의 조사를 받아 과세 처분을 받았다는 사실이 일본에서 보도되자 미국 정부가 일본 측에 제공한 정보가 흘러나가 보도됨으로써 주가가 하락했다며 미 정부를 상대로 소송을 냈다. 그러면서 이 회사는 미일 사법 공조에 입각해 문제의 기사를 보도한 NHK 기자를 상대로 일본의 재판소에 의뢰해 증인 심문을 하도록 했으나 기자가 증언을 거부하자 이 회사는 증언 거부의 정당성 여부를 묻는 재판을 제기했다. 일본 재판부는 기자가 함부로 취재원을 밝힐 경우 취재원과의 신뢰관계가 깨져 자유로운 취재활동이 불가능해질 수 있다며 취재원 보호는 민사소송법에서 원칙적으로 증언 거부를 인정하는 '직업의 비밀' 에 해당한다는 판단을 제시했다.[42]

2007년 2월 27일 독일 연방헌법재판소는 월간 『치체로(Cicero)』 압수수색 사건에 대해 7대 1의 압도적 찬성으로 "언론사 기자에 의한 정부기밀의 단순한 공개는 압수수색을 정당화하는 근거가 되지 못한다"고 결정했다. 이 사건은 독일 수사당국이 2005년 9월 이라크 내 알 카에다 지도자 알 자르카위를 다룬 기사에 독일 연방수사국(BKA)의 기밀서류가 인용됐다는 이유로 정치잡지 『치체로』의 편집실과 브루노 시라 기자의 집을 수색한 데서 비롯됐다. 수색 과정에서 문제의 기밀서류가 실제로 발견돼 시라 기자는 공무상 기밀누설 방조 혐의로 기소됐다. 이에 『치체로』의 볼프람 바이메르 편집국장은 2006년 11월 압수수색이 위헌이라며 헌법재판소에 헌법소원을 제기했고 헌법재판소는 이를 받아들였다. 당시 헌법재판소가 밝힌 결정 요지는 다음과 같다.

"『치체로』 편집실에 대한 수색과 그곳에서 발견된 문서의 압수는 언론자유에 대한 신문사의 기본권을 침해한 것이다. 편집실 수색은 편집작업에 대한 침해가 동시에 이뤄지는, 언론자유에 대한 침해다. 수사당국은 (편집실 압수수색으로) 편집 원자료에 접근할 가능성을 열어놓음에 따라 언론자유에 대한 기본권에 의해 보장된 편집 작업의 비밀과 취재원과의 신뢰관계를 침해했다. 그 침해는 헌법적으로 정당화되지도 못했다. 하급 법원은 압수수색을 정당화하는 법률의 해석과 적용에 있어서 헌법상 보장된 취재원 보호를 충분히 고려하지 못했다. 기자에 의한 정부기밀의 단순한 공개는 기밀누설 방조 혐의를 받는 기자에 대한 압수수색의 근거가 되지 못한다. 비밀 소지자가 기자에게 정보를 넘기는 순간 이미 기밀누설 행위는 끝났다. 이에 이어지는 기자의 공개행위에서 방조행위라는 것은 있을 수 없다. 또 범죄행위를 밝히는 것이 아니라 취재원을 찾는 것이 목적인 한 언론사에 대한 압수수색은 헌법적으로 용인될 수 없다. 그러한 압수수색은 헌법적으로 보장된 취재원 보호를 침해할 소지가 크다."[43]

2007년 5월 프랑스에서는 전직 대통령과 총리가 개입한 권력형 음해사건을 조사하기 위해 수사판사가 주간지『카나르(Canord)』의 편집실을 압수수색하려다 실패했다. 토마 카쉬토 수사판사는『카나르』편집실에 진입하려다 잡지사 측이 열쇠를 제공하지 않자 열쇠공까지 불러 압수수색을 시도했다. 그러나 기자들의 반발에 밀려 약 2시간 뒤 압수수색을 포기했고 이후 다시 시도하지 않았다. 당시 카쉬토 수사판사가 수색의 이유로 든 것은 이 잡지가 2006년 "자크 시라크 전 대통령이 개설한 것으로 추측되는 계좌가 일본에 있다"고 보도한 데 따라 이 기사에서 인용된 정보요원 '필리프 롱도'의 비밀보고서를 찾겠다는 것이었다.『카나르』측 변호인 장폴 레비는 공권력의 간섭 없이(without interference by public authority) 정보를 얻고 전할 자유를 규정한 유럽인권협약 10조를 들면서 "수사판사가 법에 따라 수색할 권리가 있다 하더라도 이는 유럽인권협약과 배치되기 때문에 불법" 이라고 주장했다.[44]

2008년 5월 프랑스 하원은 기자가 취재원을 보호할 수 있는 권리를 크게 강화한 '언론 취재원 보호법'을 통과시켰다. 가장 핵심적인 내용은 기자가 취재원을 보호할 수 있는 권리가 크게 강화된 점이다. 법률에 "기자들의 취재원 비밀유지는 공공의 이익과 대중의 알 권리를 위해 보호된다"고 명문화했다. 구체적으로는 기자들은 수사·재판 전 과정에서 취재원을 밝히지 않아도 사법상의 어떠한 불이익을 받지 않도록 돼 있다. 현재는 수사과정에서 기자를 참고인 신분으로 심문할 때만 취재원에 대한 묵비권이 인정된다. 만일 재판과정에서 재판부나 수사판사, 검사 등의 취재원 공개 요구에 응하지 않을 경우 기자에게 3750유로(약 600만 원)의 벌금을 부과할 수 있다.

라시다 다티 프랑스 법무부 장관은 "기자는 어떤 상황에서도 취재원에 대해 묵비권을 행사할 수 있으며 이 경우 수사팀 또는 재판부는 기자에게 심문하는 것 이외의 방식으로 추가 조사를 해야 한다"고 설명했다. 단 테러와 관련된 취재원의 경우 큰 인명 피해 등을 예방한다는 차원에서 보호규정에서 예외로 했다.[45]

한국의 취재원 보호

우리나라에서는 구 언론기본법에 언론인의 취재원에 관한 진술거부권이 인정된 바 있다. 언론기본법 제8조는 "언론인은 그 공표 사항의 필자, 제보자 또는 그 자료의 보유자의 신원이나 공표 내용의 기초가 된 사실에 관하여 진술을 거부할 수 있다"고 규정하였던 것이다. 그러나 이건 예외 조항이 너무 많아 사실상 '껍데기'에 지나지 않았으며, 이 조항은 한 번도 적용되지 않은 채 폐기되었다. 팽원순은 "이들 예외 조항은 국가의 형사사법권과의 가능한 충돌을 피하기 위해 마련된 것이지만 지나치게 확대해서 적용된다면 취재원 보호를 위한 진술거부권제도의 실효성을 기대하기 어려울 것으로 생각된다"고 말했다.[46]

시늉일망정 악법으로 욕을 먹었던 언론기본법이 취재원 보호권 이외에도 제1조에 '알 권리'의 보호를 법 제정의 목적으로 직접 규정하였고 제6조에 '언론의 정보청구권' 조항을 따로 설치했다는 건 흥미로운 일이 아닐 수 없다. 제6조는 여러 예외 조항을 두긴 했지만, "국가 및 지방자치단체와 공공단체는 신문, 통신의 발행인 또는 방송국의 장(長)이나 그 대리인의 요구가 있을 경우에는 공익사항에 대한 정보를 제공하여야 한다"고 규정하였던 것이다.[47] 이는 5공 정권이 공격적으로 시도한 여론조작술의 산물이었겠지만, 선의 해석을 하자면 독일법을 많이 참고한 탓에 그런 결과가 나오지 않았나 하는 생각이 든다.

취재원에 관한 진술거부권은 취재원 비닉권, 취재원 보호권이라고도 한다. 현재 한국에서 취재원 보호권은 인정되고 있는가? 유럽의 여러 국가들에선 전문 직종에 대한 업무상 비밀을 인정해주는 차원에서 기자들의 취재원 보호권을 인정해주고 있다. 우리의 경우 형사소송법 제149조(업무상 비밀과 증언거부)와 민사소송법 제286조(증언거부권)은 변호사, 변리사, 공증인, 공인회계사, 세무사, 의사, 한의사, 치과의사, 약사, 종교의 직에 있는 자 또는 이러한 직에 있던 자만 직무상의 비밀에 대한 증언 거부권을 인정하고 있지만, 기자는 해당되지 않는 걸로 간주되고 있다.

임병국은 "민사소송이든 형사소송이든 막론하고 명문의 규정이 없는 기자에게는 증언거부권이 인정되지 않는다는 것이 일반적인 견해"라면서 다음과 같이 말한다.

"기자가 증언을 거부한다거나 언론기관이 제출명령에 응하지 아니하는 경우 그 제재 수단이 미약한 우리나라의 경우 기자가 받게 될 불이익은 경미하기 때문에 소송법상의 증언의무나 제출의무가 공공연히 유린될 우려가 있다. 우리의 법제에 의하면 증인이 정당한 사유없이 소환된 기일에 법정에 출석하지 아니하는 때에는 법원은 구인을 명하거나, 결정으로서 그로 인한 소송비용의 부담을 명하고 50만 원 이하의 과태료에 처한다고 규정되어 있을 뿐이다."[48]

양재규(언론중재위원회 법무상담팀장)는 취재원 공개거부가 문제되는 영역을 4가지로 유형화했다. 첫째, 기자가 증인으로 채택되어 취재원에 대한 증언을 요구당하는 경우이다. 둘째, 기자가 수사절차상 참고인으로 소환되어 취재원에 대한 진술을 요구당하는 경우이다. 셋째, 기자 자신이 타인으로부터 민·형사상 소송을 당하여 그 책임을 면하기 위해서는 취재원을 공개하지 않으면 안 되는 경우이다. 넷째, 수사기관에서 기자가 소유·소지하고 있는 취재원 관련 물적 증거를 압수·수색하고자 하는 경우이다.[49]

우리나라에서는 여전히 '정치적 해결'이 '법적 해결'을 압도하고 있기 때문에 특별한 경우를 제외하곤 기자의 진술 거부가 법적으로 문제가 되는 경우는 드물다. 한국에서 자주 문제가 되는 것은 언론사 압수수색이다.

언론사 압수수색

1989년 7월 12일 새벽 안기부는 '서경원 의원' 사건과 관련, 법원으로부터 압수수색영장을 발부받아 『한겨레』 편집국을 강제 수색, 윤재걸 기자의 책상에서 사진 및 취재 스크랩 등 취재자료를 가져간 사건이 발생했다. 김정기는 이 사건이 "남북 분단 상태에 있는 한국의 안보상황을 감안하더라도 취재원 보호에 대한 국가당국의 의식수준이 아직 원시적 단계에 머물러 있음을 보여준다" 면서 다음과 같이 말했다.

"첫째, 윤재걸 기자가 1989년 3월 서경원 의원의 방북에 관해 인터뷰한 사실에 대해 윤 기자에게 '불고지죄' 의 혐의를 씌웠다는 점이다. 이는 우리나라 사법기관이 취재원 은닉을 법적인 권리로서 인정하지 않고 있음은 물론 최소한 윤리적 관행으로서도 인정하지 않고 있음을 반증한 행태이다. 둘째, 이 압수수색은 안기부 수사당국이 기자의 취재자료를 구체적 항목의 명시도 없이 무한정 압수할 수 있음을 보여주었는데 이는 취재의 자유의 본질을 훼손하는 행위라는 점이다. 셋째, 안기부는 기자를 소환하여 증언을 요구하거나 특정자료의 제출을 요구하는 대신 언론사 취재의 심장인 편집국을 강제 수색하여 언론자유의 상징을 파괴했다는 점이다." [50]

1997년 6~7월 압수수색에까지 이르진 않았지만, 정부당국이 언론보도와 관련 기자들에게 취재원 공개를 요구하거나 자체적인 취재원 색출작업을 벌이는 사례가 여러 건 발생했다.

『서울경제』는 1997년 5월 21일 삼성자동차가 국내 자동차산업 전반에 걸친 내부 보고서를 작성했다는 내용을 처음 보도해 큰 파장을 불러일으켰다. 서울지검은 『서울경제』 산업부 정모 기자에게 "삼성자동차 보고서 보도 경위에 대해 참고인 자격으로 조사가 필요하다" 며 검찰에 출두해줄 것을 요청했다. 이에 대해 『서울경제』 산업부 측은 "삼성 보고서가 실제로 존재하는데다 그 내용도 언론보도를 통해 백일하에 드러난 상태" 라며 "진정서가 접수됐다는 이유만으로 취재윤리의 가장 원론적인 단계인 취재원을 공개하라는 것은 납득할 수 없다"고 밝혔다. 국방부는 6월 29일자 『한국일보』 1면 머리기사로 보도된 '고가 군장비 일부 낮잠' 보도가 3급 군기밀에 해당된다며 기무사를 통해 내부 제보자 색출작업을 벌였으며, 안기부는 7월 3일과 13일 황장엽씨 보도와 관련 『국민일보』와 『세계일보』 편집국을 각각 방문해 해당 기자들을 상대로 보도 경위를 조사했다.[51]

정부당국의 그런 강수는 기자들에게 심리적 위축감을 주겠다는 뜻으로 해석되었다. 이에 대해 『미디어오늘』 1997년 7월 9일자는 "최근 취재현장에서 잇따라 발생하고 있는 취재원 공개 요구는 기본적으로 그간 익명성을 중시해온 한국 언론의 고질적인 문제에서 비롯된 것이다. 취재원의 불이익과 또는 취재원 요청으로 인해 취재원을 명시하지 않는 것이 오랜 관행으로 자리잡아 왔고 그 과정에서 출입처와 기자들 간에 취재원 색출을 위한 숨바꼭질이 허다하게 벌어진다"며 다음과 같이 말했다.

"특히 공무원들의 경우 이러한 취재원 보호가 필수 불가결하다. 제보자 신원이 밝혀지면 어김없이 불이익을 당하기 때문이다. … 정보기관이나 군은 정도가 더 심하다. 지난 1993년엔 한 일간지 기자에게 정보를 건네 준 안기부 요원 3명이 보안감사에 적발되면서 퇴직하기도 했다. … 기자들은 사실여부와 관련 없이 '취재원 공개'가 곧바로 '취재원 처벌'로 이어지는 풍토에선 사활을 건 '취재원 보호'가 불가피하다는 반응들을 보이고 있다. 신문협회와 편집인협회, 기자협회가 지난해 개정한 '신문윤리강령' 실천요강 제5조 5항에서 취재원 보호와 관련 '취재원이 위태롭거나 불이익을 당할 때는 보도를 해선안 된다'고 규정하고 있다. 그러나 이러한 강령에 대해 취재현장의 분위기는 '지키기 어렵다'는 반응이 지배적이다. 취재원을 밝힐 수 없는 경우가 많고 원리원칙대로 취재에 응한다면 '쓸 수 있는 기사'가 거의 없다는 것이다."[52]

2003년 8월 4일 청주지방법원은 SBS방송국 건물을 대상으로 SBS가 방영한 청와대 부속실장 양길승 씨의 유흥업소 출입 장면 등에 관련한 제보 비디오테이프 원본 및 제보문, 기타 취재와 관련된 녹음 등에 대해 압수수색영장을 발부했다. 검찰은 이러한 압수수색영장의 집행을 시도했으나 SBS 기자 등과의 물리적 충돌로 뜻을 이루지 못했다.

압수수색에 찬성한 안상운 변호사는 "이 사건은 SBS가 적극적으로 취재를 한 것이 아니라 익명의 제보자가 보낸 테이프를 받아 보도한 것이다. 제보자가 방송사에 테이프를 보낸 것은 공개를 전제로 한 것이며, 이미 일부 장면이 보도로 나갔다. SBS와 제보자 사이에 테이프를 비밀로 하겠다는 약속도 없어 보인다. 당사자의 동의 없는 몰래카메라 촬영은 불법적인 행위이므로 공익목적으로 제보를 한 것인지 여부는 당사자를 조사해봐야 알 수 있는 일이다"고 주장했다.[53]

압수수색에 반대한 오양호 변호사는 "압수수색 필요 사유를 보면 해당 방송에 의해 양길승 씨의 명예가 훼손됐다는 내사 사건상의 범죄사실을 수사하기 위한 필요에 의해 영장이 발부된 것으로 되어있는 바, 이러한 출판물에 의한 명예훼손죄가 사실상 친고죄에 준하는 반의사불벌죄로 기본적으로 개인적 법익을 침해하는 범죄라는 점을 고려할 때 과연 이러한 개인적 법익의 침해범죄를 수사하기 위한 필요에 의해 방송국의 건물을 수색할 수 있는 압수수색영장이 발부돼야 하는 것인지에 관한 근본적인 의문이 있을 수 있는 것이다"고 주장했다.[54]

2007년 7월 검찰이 월간 『신동아』가 6, 7월호에 보도한 이른바 '최태민 보고서'의 출처를 확인하겠다는 이유로 동아일보사 전산실 서버에 대한 압수수색을 시도했다. 검찰은 "후보자에 대한 흑색선전은 선거풍토 개선 차원에서 엄정하게 수사돼야 한다"고 강조했는데, 이는 이 보고서가 한나라당 박근혜 전 대표에 대한 허위 사실을 공표하는 것일 수도 있는 만큼 언론사가 어떻게 이를 입수하고 보도했는지 밝히는 것이 중요하다는 뜻이었다.[55] 이에 『동아일보』는 압수수색영장 집행을 물리적으로 저지하고 7월 30일 3개면에 걸쳐 '취재원 보호와 언론자유'의 중요성을 강조하는 기사를 실었다.

『동아일보』 30일자 사설 「언론자유 흔드는 검찰의 본보 압수수색 시도」를 통해 "수사기관이 기사 출처를 밝혀내려고 기자들의 이메일 계정을 압수수색하는 것은 기자가 생명처럼 여기는 취재원 보호 원칙을 짓밟는 것"이라며 "언론자유를 심대하게 위협하는 과잉수사로 헌법정신을 훼손하는 것"이라고 강조했다. 『동아일보』는 이 사설에서 "자유 언론이 취재원을 보호하지 못하면 권력의 비리 등에 관해 취재하기도, 제보를 받기도 어려워 결국 국민의 알 권리를 충족시킬 수 없게 된다"며 "검찰이 출처를 밝히려는 '최태민 보고서'는 국가안보와 관련된 긴박한 사안도 아니"고 "정치적 논란의 대상일 뿐"이라고 주장했다.

이에 대해 『미디어오늘』은 "동아의 이 같은 사설은 지난달 초 한나라당 대선 경선후보인 이명박 전 서울시장의 처남 김재정씨가 전국 47곳에 224만㎡의 땅을 보유했다는 『경향신문』 보도 직후 나온 사설의 논조와 크게 다르다. 당시 『동아일보』는 「이명박씨 '부동산 의혹' 제기 경위와 실체적 진실」이라는 제목의 사설에서 '의혹 제기의 과정부터 투명해야 한다'며 '의혹의 근거가 되는 자료의 취득 경위도 떳떳하다면 마땅히 밝혀야 한다'고 주장했다"고 지적했다.[56] 『경향신문』도 『동아일보』의 대응을 '언론 자유를 수호하기 위해 합리적이고 타당한 행동'으로 규정하면서 "그러나 이 같은 잣대는 다른 언론의 보도에도 동일하게 적용돼야 한다"고 꼬집었다.[57]

윤리강령의 취재원 보호

위와 같은 유형의 압수수색 사건은 꽤 일어나지만 법정에서의 진술거부 문제까지 가는 경우는 거의 없다. 언론 윤리강령은 취재원 보호를 명문화하고 있다. 한국신문편집인협회의 신문윤리강령을 비롯하여 각 언론사별 윤리강령은 취재원 보호에 대해 다음과 같이 밝히고 있다.

신문윤리강령의 실천요강 제5조(취재원의 명시와 보호) 보도 기사는 취재원을 원칙적으로 익명이나 가명으로 표현해서는 안 되며 추상적이거나 일반적인 취재원을 빙자하여 보도해서는 안 된다. 그러나 기자가 취재원의 비보도 요청에 동의한 경우 이를 보도해서는 안 된다. ①(취재원의 명시와 익명조건) 기자는 취재원이나 출처를 가능한 한 밝혀야 한다. 다만 공익을 위해 부득이 필요한 경우나 보도가치가 우선하는 경우 취재원이 요청하는 익명을 받아들을 수 있다. 이 경우 그 취재원이 익명을 요청하는 이유, 그의 소속기관, 일반적 지위 등을 밝히도록 노력해야 한다. ④(취재원의 비보도 약속) 기자가 취재원의 신원이나 내용의 비보도 요청에 동의한 경우 취재원이 비윤리적 행위 또는 불법행위의 당사자인 경우를 제외하고는 보도해서는 안 된다. ⑤(취재원 보호) 기자는 취재원의 안전이 위태롭거나 부당하게 불이익을 받을 위험이 있는 경우 그 신원을 밝혀서는 안 된다.(이 신문윤리실천요강은 1961년 7월 30일에 제정돼 1996년 4월 7일에 개정되었는데, 개정 이전의 실천요강에는 "신문인은 기사 출처의 비밀을 지켜야 하며 전직 후라도 이 원칙을 지켜야 한다"고 돼 있었는데, 개정 실천요강엔 '전직 후라도 이 원칙을 지켜야 한다'가 빠졌다.)[58]

『경향신문』 기자윤리강령 실천요강 2의 라항: 보도는 취재원의 공개를 원칙으로 한다. 다만 출처를 밝힐 수 없는 경우, 그 정보는 신뢰성이 있어야 하며 취재원의 비공개 약속은 준수한다.

『동아일보』 기자윤리강령 실천요강 3항 취재원의 보호: ①취재원의 공개로 그의 안전이 위협받지 않는 한 취재원을 밝히는 것을 원칙으로 한다. ②다만 해당 정보를 입수할 수 있는 다른 현실적인 방법이 없고, 그 정보 또는 배경설명이 신뢰할 수 있으며 뉴스 가치가 있다고 판단될 때에 한 해 취재원을 익명으로 할 수 있다. ③취재원을 공개하지 않기로 결정했을 때에는 동아일보사 밖의 어느 누구에게도 그의 신분을 밝히지 않으며 신분을 밝힐 수 없는 이유를 가능한 한 기사에 덧붙인다.

『한겨레』 윤리강령 제5항 (취재원의 보호): 우리는 기사의 출처를 밝히지 않기로 한 약속을 반드시 지키며 기사내용을 제공한 사람을 보호한다.

MBC 방송강령 프로그램기준 II, 보도 프로그램 기준 1의 6항 '취재원의 공개와 보호': MBC는 취재원을 공개함으로써 정보제공자의 신변에 위험이 초래되지 않는 한, 보도의 공신력을 높이기 위해 가능한 한 취재원을 밝히는 것을 원칙으로 한다. 그러나 회사가 정보제공자의 신원을 보호하기로 결정하면 MBC 외부의 아무에게도 그 신원을 밝히지 않는다.

KBS 방송강령 제30항: 우리는 취재원의 비밀을 보장했을 경우 공개하지 않는다는 직업윤리를 존중한다. 그러나 절실한 필요가 없는 한 경솔하게 비밀보장을 약속하지 않는다. [59]

이상과 같은 윤리 강령들은 오히려 지나치게 지켜져서 문제인 경우들이 많다. 취재원을 익명으로 처리하는 경우가 너무 많다는 뜻이다. 그럼에도 취재원 보호를 둘러싼 법적 갈등이 잘 일어나지 않는 이유는 무엇일까? 앞서 지적한 바와 같이, '정치적 해결'이 '법적 해결'을 압도하는 탓도 있겠지만, 그만큼 익명이나마 '내부고발'이 드물다는 걸 시사해주는 건 아닐까? 앞서 지적한 바와 같이, 앞으로 '1인 저널리즘' 시대를 맞아 누가 기자이며 기자의 특권을 누구에게까지 줘야 하는가 하는 문제도 뜨겁게 달아오를게 틀림없다.

취재원 보호를 어떻게 볼 것인가?

언론인의 취재원 보호권에 대해선 찬반 논란이 있다. 허영은 "취재의 자유는 신문의 자유의 불가결한 한 내용"이라고 전제하면서 다음과 같이 취재원 보호권을 역설한다.

"취재의 자유가 보장되지 않고 '주는 뉴스'만을 편집·보도하는 경우, 그것은 이미 신문의 기능을 상실한 output의 창구에 지나지 않기 때문이다. 그러나 취재활동도 다른 공공이익을 침해하지 않는 범위 내에서만 허용되는 것이기 때문에, 예컨대 사생활의 비밀을 침해하는 취재활동, 중대한 국익을 해치는 취재활동, 형법에서 금하고 있는 방법으로 취재하는 행위 등이 허용될 수 없는 것은 당연하다. 취재의 자유에는 취재원 묵비권이 당연히 포함된다고 보아야 한다. 취재원을 밝히지 아니할 권리는 신문의 진실보도·사실보도 및 공정보도를 위한 불가결한 전제조건이기 때문이다. 취재원묵비권이 인정되지 않는 경우 취재원의 봉쇄효과를 가져와 진실보도의 공적 기능을 신문이 수행하기 어렵게 된다."[60]

반면 박형상은 취재원에 관한 진술거부권을 그 자체로서만 볼 게 아니라 기존의 무기명 기사 관행과 연결시켜볼 것을 사실상 제안하고 있어 흥미롭다. 우선 무기명 기사 관행에 대한 박 형상의 생각부터 들어보자.

"한국 언론 관행의 큰 특징 중 하나가 기명 칼럼이나 미담, 선행 기사 등 피처 기사 외에 언론 침해 문제의 소지가 엿보이는 사건 보도 기사의 경우 그 작성자를 대부분 무기명으로 처리한다는 점이다. 무기명 기사제는 지금껏 누리고 있는 우리 언론기업의 특권적 지위에 편승한 채 기사 작성자 추적을 곤란케 하여 최소한 법적, 윤리적 책임 파악을 어렵게 한다. 피해자로서는 신문 사회부에 전화 항의하는 정도가 고작이다. … 무기명 기사의 관행은 보도와 논평이 혼재된 무책임한 가십 기사를 조장하고 미확인 기사, 표절 기사, 창작 기사, 관급 기사, 담합 기사 등을 횡행케 하는 만악의 주된 근원이라 여겨진다."[61]

그런 상황에서 취재원 보호권은 별로 어울리지 않는다는 생각이 드는 것도 사실이다. 박형상은 아마도 그런 관점에서 취재원 보호권에 대해 거리두기를 하는 게 아닌가 하는 생각이 든다. 그는 "우리나라에서 무기명 기사가 횡행하게 된 연유를 추측해보면 '그간의 강압적 독재체제하에서 언론자유를 지키는 수단으로 기사 작성자를 숨겨 권력으로부터 보호할 수 있다는 점'도 있었겠지만 다른 한편으로는 언론자유라는 낭만적 신화에 도취된 나머지 미국의 일부 주에서 제한적으로 채택한 취재원 비닉권에 관한 순진한 오해에 기인한 것 같다. 뉴스 정보원의 보호를 위해 정보원을 밝히지 않는다면 그 취재기자도 밝히지 않는 게 보다 원칙적인 방법이 아니겠느냐는 발상인 듯하다. 나아가 이런 발상은 한국의 법체계와 전혀 다른 미국의 법적 관행에 대한 무지에서 비롯된 것으로 볼 수 있다"며 다음과 같이 말한다.

"미국 민사 법정에서는 취재기자가 취재원 비닉권을 이유로 증언을 거부하다가 결국 법정모욕죄로 처벌 받은 사례가 있다. 그 당사자는 언론자유의 충실한 희생양이자 순교자로서 뉴스의 각광을 받곤 한다. 그러나 한국에서는 취재원 비닉권 논쟁의 상황 조건이 되는 미국식 법정모욕죄 자체가 없을뿐더러 (우리 형법 제138조 법정모욕죄와 전혀 다른 내용이다) 법체계상 진술거부권 및 증언거부권이 원칙적으로 주어지고 있으므로 취재원 비닉권을 특권으로 따로 논의할 여지가 없다. 또한 취재원 비닉권이 세계적으로 일반화된 입법 예도 전혀 아니다. 어떻게든 특권이 될 수 없는 것이며, 무기명 기사 관행과도 아무런 논의의 연관이 없다. 다만 한국 법체계하에서는 서경원 의원 사건에 연루된 윤재걸 기자의 사례처럼 국가보안법상의 불고지죄 조항에서나 취재원 비닉권이 문제될 수도 있으나 이는 개별적 특권의 차원이 아닌 국가로부터의 언론자유라는 본질적인 차원에서 해결되어야 할 문제이다."[62]

2009년 5월 김민환 고려대 언론학부 교수는 "최근에는 검찰이 MBC에 대해 압수수색을 시도했다. 이럴 때 MBC가 취할 매뉴얼은 무엇인가. 미국의 예를 참조한다면, 압수수색은 당연히 회사에서 공식적으로 불응해야 한다. 수색은 노조가 아니라 회사 경비 담당 직원들이 막아야 한다. 증거자료 제출을 요구하는 소환에 응할지는 회사 차원에서 판단해야 한다. 회사가 소환에 응하도록 결정한 경우라 하더라도 해당 기자가 소환에 응할지는 그 기자에게 맡겨야 한다. 소환에 불응토록 지시했다가 기자에게 벌금 처분이 내려졌을 경우 벌금은 마땅히 회사가 부담해야 한다. 기자가 소환에 응해 증언할 경우에는 사전에 반드시 취재원의 동의나 양해를 구해야 한다. 증언을 할 경우에도 취재수첩이나 컴퓨터는 절대로 공개하지 않고 사수해야 한다"며 다음과 같이 주장했다.

"압수수색에 대응하는 매뉴얼은 여기서 끝나지 않는다. MBC가 해야 할 일이 또 있고, 다른 언론사가 해야 할 일도 있다. 우선 MBC는 쟁점이 된 방송의 내용이 사실에 부합한 것인지, 공정성을 엄수했는지 자체적으로 가려야 한다. 사내 기구가 아니라 외부인사로 위원회를 구성해 엄정하게 조사한 뒤 방송 내용에 문제가 있었거나 취재과정에서 정도에 벗어난 일이 있었다면 추상같이 처벌해야 한다. 마땅히 지휘책임도 물어야 한다. 다음에 다른 언론사는 무얼해야 하는가. 언론사에 대한 압수수색은 언론자유 자체에 대한 중대한 위협이므로 모든 언론사가 그야말로 벌떼같이 들고 일어나 MBC를 엄호해야 한다. 언론노조가 아니라 사장단이 비상대책회의를 긴급 소집해 압수수색의 부당성을 지적해야 한다. 이런 일련의 매뉴얼은 불행하게도 우리나라 현 단계에서는 우스갯소리에 지나지 않는다. 특히 공동대응이란 잠꼬대 같은 일이다. 그러나 이런 미국식 매뉴얼이 하나의 관습으로 굳어질 때 우리나라에서도 비로소 '품격 있는 언론'을 구현할 수 있을 것이다. 우리 언론도 이제 막장에서 나와야 한다."[63]

취재원 보호 문제를 판단함에 있어선 언론의 '평소 실력'도 중요한 의미를 갖는 게 아닐까? 평소 언론이 윤리를 엄격하게 지켜왔고 국민적 신뢰를 받아왔다면 취재원 보호가 당연하게 생각되겠지만, 정반대의 평가를 받는 언론이라면 일반 국민들조차 취재원 보호에 대해 시큰둥하게 생각하지 않겠느냐는 것이다. '평소 실력'이 중요하다는 건 비단 공부하는 학생들에게만 해당되는 건 아니다.

제11장

공정재판과 언론보도

법원재판과 언론재판

미국에서 공정 재판을 둘러 싼 논란은 수정헌법 제1조와 수정헌법 제6조(피고의 공정한 재판을 받을 권리) 사이의 갈등인데, 이는 1807년 10월에 발생한 아론 버(Aaron Burr) 사건에서 연유되었다. 버는 분리주의운동을 주창하여 반역죄로 고소되었는데 법원의 판결이 내려지기도 전에 이른바 '언론재판'에 의해 사실상 '유죄'가 확정된 것이나 다를 바 없었다.[1]

1932년 린드버그 납치사건도 '언론재판'이 극성을 떨친 사건이었다. 린드버그의 19개월된 아들을 부르노 하우프트만이 납치하여 살해하였는데, 하우프트만은 사형을 당했다. 그런데 문제는 하우트프만이 언론의 선정주의적 보도로 인해 공개재판을 받기 전에 이미 언론재판에 의해 사형이 내려진 거나 다름이 없었다는 점이다.[2]

(사례) 1961년 'Irving v. Dowd' 사건: 레슬리 어빙(Leslie Irvin)은 6명을 살인

한 혐의로 체포됐는데, 재판이 성립되기 전 검찰과 경찰은 피고가 6건의 범죄를 고백한 내용이 담긴 기사 자료를 언론에 미리 배포해 널리 보도되도록 했다. 재판이 시작되기 전 배심원 후보 430명 중 375명이 어빙의 유죄를 믿는다고 판사에게 대답했으며, 선출된 12명의 배심원 중 8명이 유죄라고 생각한 것으로 나타났다. 연방대법원은 "재판 전 공표는 형사피고인이 공정한 배심원 앞에서 공정한 판결을 받을 수 없게끔 만든다"는 이유를 들어 하급 법원의 판결을 번복하였다.[3]

(사례) 1975년 'Murphy v. Florida' : 잭 머피(Jack Murphy)는 강도로 유죄 판결을 받았는데, 과거 전과기록이 너무 알려져 배심원이 편견을 갖게 되었다고 항소했다. 그러나 연방대법원은 당시 배심원 후보 78명 중 20명만이 재판 전 머피가 유죄라고 생각한다고 대답한 점을 들어 기각하면서 다음과 같이 말했다. "피고는 불평부당한 배심원들에 의해 재판받을 권리가 있지만, 그렇다고 그것이 배심원들이 재판 중인 사건에 관한 사실들에 대해 무지해야 한다는 걸 의미하는 건 아니다."[4]

언론의 범죄 관련 재판 보도는 많은 문제를 안고 있는데 미국 변호사협회가 언론에게 주의를 환기시키기 위해 열거한 잘못된 보도내용은 다음과 같다.

①피고의 자백 또는 그것에 관한 이야기: 수정헌법 5조는 피고가 자신의 이익에 반하는 증언을 할 필요가 없다고 명시하고 있으며 그 자백은 법정에서 피고에게 불리하게 사용될 수 없다. ②피고의 거짓말 탐지기 등의 조사결과 또는 그것을 거부했다는 이야기 따위: 그건 법정에서 채택되지 않는다. ③피고의 전과기록: 법정에서 채택되지 않는다. ④증인의 신뢰도를 의심하는 이야기: 검사·경찰·희생자·판사 등에 대한 증인의 개인적 감정에 관한 이야기나 '분명히 유죄야' 라고 말한 판사의 발언을 재판 전에 보도하는 것을 말한다. ⑤피고의 품성(애와 개를 증오한다든가), 친구(폭력배들과 어울렸다든가), 성

격(조금만 건드려도 불같이 화를 낸다든가) 등에 관한 이야기. ⑥피고에 대한 공중의 느낌을 자극할 경향이 있는 이야기: 충분한 증거가 없는데도 혐의자를 체포할 것을 요구하는 사설 캠페인, 피고의 유죄 여부나 유죄시 받아야 할 형량에 대한 길거리 인터뷰, 피고의 유죄 여부에 대한 TV 토론 등을 말한다.[5]

일반적으로 언론의 재판 보도에 대한 미국 법조계 입장은 다음과 같다. ① 언론은 가능한 한 판결 전 보도를 삼가해야 한다. ②능력있는 기자를 법원 출입기자로 파견해야 한다. ③사실이 법정기록의 일부가 될 때까지 일체의 보도를 보류해야 한다. ④언론의 수사적 보도는 삼가해야 한다. ⑤법정모욕에 관한 법원의 권한을 회복하든지 아니면 유사한 제한 입법으로 언론의 공정재판 방해를 막아야 한다. ⑥언론재판은 반드시 일소해야 한다. ⑦전문적 행위에 대한 자율적 행동강령을 제정해야 한다.[6]

반면 미국 언론계의 입장은 다음과 같다. ①국민은 어떤 문제에 대해서도 알 권리가 있다. ②기밀 은폐는 공표보다 기소된 자의 권리를 더욱 위협한다. ③철저한 취재보도는 법원이나 법을 집행하는 관리들의 부패, 비능률, 편견을 폭로하는 데 도움이 된다. ④편견적 보도란 법조계를 포함한 법집행 기관들과 관계되는 사람으로부터 유래한다.[7]

미국 언론의 자율강령

미국 언론은 '자율강령'이나 '뉴스 지침' 등을 통해 공정 재판을 위해 애쓸 것을 다짐하고 있다. 예컨대, 『워싱턴포스트』지의 「스타일 데스크북」은 "우리는 범죄 기사를 보도할 때 용의자의 권리를 생각하고 유죄, 무죄의 판결은 법정에서 날 수 있도록 조심성과 정확성에 유의해야 한다"고 밝힌 뒤, 구체적으로 주의해야 할 점 몇 가지를 다음과 같이 열거하고 있다.

"용의자나 구금된 사람의 유죄 여부에 관한 사항을 기사나 제목에서 암시하면 안 된다. … 경찰이나 기자, 검찰에 대해서 하는 말이 곧 자백은 아니다.

법정에서 피의자가 유죄에 대해 인정하는 경우가 아닌 한 자백이라는 말을 기사의 본문이나 제목에 써서는 안 된다. 용의자가 말했다, 이야기했다, 설명했다, 전했다 등이라고 써야 한다. 우리는 심지어 일정했다거나 시인했다는 말도 사용하면 안 된다. … 재판에 관한 보도는 과정을 상세히 반영하도록 정확하게 써야 한다. 기자들이나 편집자들은 기소 당국이나 변호인 모두에 대해 공정히 보도해야 한다. … 법을 어긴 것으로 기소된 사람에게는 혐의에 대하여 반박할 수 있는 기회도 가능한 한 주어야 한다. … 범죄 기사에서 용의자의 체포 전력을 일상적으로 다루지 마라. 체포 자료(처리 결과가 반드시 포함되어야 함)를 보도할 때는 부서 책임자의 처분을 받으라. 과거 전과 자료를 보도함으로써 현재의 재판에 영향을 미치는 것은 철저히 배제해야 한다. … 피의자의 재판에 영향을 줄 수 있는 사진의 게재는 피해야 한다. … 일반적 규칙으로 우리는 기소된 사람의 이름을 보도한다. 그러나 '추세'나 '개관'을 보도하는 것처럼 몇몇 사건들이 함께 다루어질 때, 그렇지 않았으면 보도되지 않을 수도 있는 사람들의 이름을 보도하는 경우가 있을 수 있으므로 각 부서 편집자들이 신중하게 고려해야 한다."[8]

NBC, CBS, ABC 등 방송사들도 각기 나름대로 엄격한 기준을 갖고 있으나, 일반적으로 보도해선 안 될 것들이 '불가피하게 보도되어야 할 특별한 상황'까지 예시하고 있다. NBC의 경우 "우리가 정부 관리의 비리, 혹은 잘못된 시민 권리의 박탈, 혹은 부당한 투옥이나 재판의 오심 등을 조사할 때는 얻어 낼 수 있는 모든 사실과 적절한 사실들을 모두 보도해야 한다"고 했고, CBS의 경우엔 다음과 같이 '예외적인 상황'을 예시하고 있다.

"범죄를 저질렀는데 아무에게도 영장이나 체포, 기소가 이루어지지 않는다면 우리는 목격자의 말을 인용(대체로 혐의가 있는 사람에 대해서 분명한 지적이나 신원 확인을 하지는 않지만)하여 보도하고 경찰이 설명해주는 용의자의 모습을 보도하는 수밖에 없다. 더욱이 경찰이나 정부 관리 스스로 미국법률가협회 지침을 어기고 뉴스 가치가 있는 상황에서 피의자의 유죄 여부와 관련이 있는 자백이나 경찰 수사 자료 등을 공표한다면 그것을 보도하지 못하게 하는 것은 우리의 책임이 아니다. 후자의 경우에 대한 극단적인 예는 댈러스 경찰국장이 여러 사람 앞에서 소총을 흔들어 대면서 이것이 오스왈드가 사용했던 소총이며 그 자는 명백히 유죄라고 외쳤던 경우다. 또한 닉슨이 맨슨의 선고 이전에 맨슨이 유죄라고 말했던 것도 마찬가지다. 이러한 경우들이 우리가 자제할 수 없는 것들이다. 닉슨과 경찰 간부는 대체로 잘못한 것이지만 우리가 이렇게 공공의 이익이 걸려 있는 특별한 경우에 신의 역할을 한다거나 일어난 일을 못 본 체할 수는 없는 것이다."[9]

미국의 공정재판을 위한 조치

법원이 재판에 대한 편견적 보도 또는 홍보 효과를 상쇄 · 차단하기 위해 사용하는 방법엔 다음과 같은 7개가 있다. ①재판 전 배심원 심사(voir dire) ②재판지 이동(Change of venue) ③재판 연기(continuance) ④배심원 교육(admonition to the jury) ⑤배심원 격리(sequestration of jury) ⑥법원―변호사―언론의 자율협정에 따른 보도통제(bench―bar―press guidelines) ⑦보도금지(restrictive order) 및 방청금지(closed―court room).

'재판 전 배심원 심사'는 배심원이 재판 전에 언론의 보도 · 홍보 효과에 노출되었는가를 심사한다. 이외의 다른 부적격 사유도 심사 대상이다. 예컨대, 경찰관을 살해한 사건에 다른 경찰관의 어머니를 배심원으로 앉힐 수는 없다. 또한 피고와 친분관계, 그밖의 어떠한 관계에 있다면 곤란하다.[10]

'배심원 교육'의 주요 내용은 ①신문, 텔레비전을 보지 말 것 ②배심원들끼리, 혹은 다른 사람과 의논하지 말 것 ③당신에게, 당신 앞에서 다른 사람이 이 사건에 대해 이야기하는 것을 허용치 말 것 등이다. 이런 지시를 배심원이 잘 따르더라는 연구결과도 나와 있다.[11]

'배심원 격리'는 재판에 대한 대량 홍보가 예상되고, 그걸 피하는 게 어렵다고 판단될 때 사용한다. 격리 기간은 3~4일간은 괜찮지만 6개월까지 가는 수도 있어 문제가 복잡하다. 이 경우, 완전 격리 수용으로 인한 희생 때문에 피고에게 불리할 수 있다는 지적도 나오고 있다.[12]

'보도금지'를 내릴 수 있는 경우는 다음과 같다. ①피고의 권리에 명백하고 현존하는 위험이 있을 때 ②사건에 관한 강도 높고 광범위한 보도가 확실할 때 ③다른 방법(재판지 이동, 연기 등)으로 재판 전 홍보를 막을 수 없을 때 ④재판 전 자료가 잠재적 배심원들에게 도달하는 걸 효과적으로 막을 수 있다고 판단될 때.[13]

(사례) 1964년 워렌 보고서: 케네디 대통령 암살 사건의 진상을 조사하기 위해 구성된 워렌위원회가 1964년에 낸 워렌 보고서는 암살범으로 체포된 하비 오스왈드에 대한 언론보도와 관련, "당시의 언론보도는 정보를 얻을 공중의 권리와 공평하고 평등한 재판을 받을 개인의 권리 사이의 정당한 균형을 초래하기 위한 수단의 필요성을 극적으로 확인해준 것이었다"고 밝혔다.[14]

(사례) 1966년 Sheppard v. Maxwell: 1954년 7월 오하이오주의 저명한 의사 샘 쉐퍼드(Sam Sheppard)는 그의 아내 마릴린(Marilyn)을 살해한 혐의로 체포되었는데, 이 사건은 전국적인 미디어에 의해 널리 보도되었다. 언론보도는 난장판 센세이셔널리즘의 극치를 보여주었다. 피고의 현장검증은 변호사도 없이 수백 명이 방청하는 가운데 체육관에서 텔레비전으로 생중계되었으며 사건 관련자들의 자발적이고 흥분된 증언이 그대로 보도되었고 피고는 언론에 의해 유죄 판결이 내려졌다. 연방대법원은 피고의 상고를 처음엔 기각했으나 1966년에서야 번복 판결을 내리면서 "재판장소의 변경 청원이 무시되었고, 배심원들이 필요하지 않은 언론보도로부터 편견을 갖지 않도록 보호되지도 않았다"고 비판하였다.[15]

워렌 보고서 발표와 쉐퍼드 사건에 대응하기 위해 미국변호사협회가 '공평한 재판 및 보도 자유에 관한 자문위원회'를 구성하여 적상한 이른바 '리어든 (Reardon) 보고서'는 언론에 대한 강한 규제 조치를 권고했다. 사전 또는 재판 전 공개는 언론과 공중으로부터 피고인 측을 보호하기 위해 금지되어야 하며, 말을 잘 안 듣는 언론인에게는 법정모욕죄를 적용해야 한다고 권고했다. 언론 보도와 관련된 법정모욕죄는 사실상 1941년 이후 사문화된 것이었는데, 이 보고서는 그걸 되살리자고 권고한 것이다.

연방대법원은 1941년의 브리지스 사건에서 재판에 관한 법정 외의 발언이나 보도는 수정헌법 제1조의 보호하에 있으며, 홈즈 판사의 '명백하고 현존하는 위험'의 원리를 적용하여 사법의 운영상 '명백하고 현존하는 위험'이 있을 때에만 언론보도를 제한될 수 있다고 판시한 바 있다. 이 판결은 재판에 관한 보도의 자유를 크게 확대시켜준 것으로써, 피고인의 공평한 판결을 받을 권리를 침해하는 보도라 할지라도 그것을 법정모욕으로 제재한다는 것은 불가능하게 된 것이었다.[16]

그러나 그런 권고 때문인지는 알 수 없으나, 이 판결 이후 '보도금지'가 많이 사용되었다는 건 분명하다. '보도금지'는 1966~1976년 사이에 174개나 내려졌는데, 이 가운데 39개가 직접적으로 언론을 겨냥한 것이었다. 그러다 보니 '보도금지'의 남용도 적지 않았다. 예컨대, 한 젊은 차 도둑의 유죄 판결은 12월 7일이었는데 이 판결에 대해 12월 9일까지 보도금지가 내려졌다. 12월 8일이 그의 형의 결혼이라는 이유를 앞세운 가족의 요청을 판사가 받아들인 것이다.[17]

1970년대 말엔 '보도금지' 대신에 재판 전 청문회(pretrial hearing)를 비공개로 하는 것이 보통이었다. 예컨대, 강요에 의한 자백을 한 피고가 그 자백에 대해 이의제기를 하는 게 재판 전 청문회에서 다뤄지는데 자백을 했다는 사실이 널리 보도된다면 곤란하기 때문이다. 1979년 7월에서 1981년 5월까지 모두 246건의 비공개 재판이 요청돼 141건이 받아들여졌다. 청소년 범죄 재판과 같

은 경우엔 본 재판도 비공개로 할 수 있다.[18]

　'보도금지'와 '방청금지'는 법원과 언론의 사이를 악화시킬 수 있어 일부 주에서는 위원회를 구성하여 법원－변호사－언론의 자율 협정에 따른 보도 통제를 이용한다. 그러나 이 방식도 쉽지는 않아, 일부 주에서는 전혀 실시하지 않고 있다.[19]

O. J. 심슨 살인 사건

1995년 O. J. 심슨(Simpson) 살인 사건의 재판은 거의 광기에 이른 미디어와 그 부추김을 받은 여론 앞에선 재판부조차 얼마나 무력할 수 있는가 하는 걸 여실히 보여주었다. 미식축구 스타로 엄청난 돈을 번 흑인이 백인 아내와 그녀의 남자친구를 죽였다는 혐의를 받았으니, 이 어찌 흥미진진한 사건이 아니었으랴.

　심슨 재판을 둘러싼 언론의 과열 보도 경쟁은 '미디어의 서커스'가 되었다. CNN은 588시간을 중계했고, '법정 TV'는 656시간, '엔터테인먼트 TV'는 935시간에 걸쳐 사건 관련 프로그램을 방영했다. 신문 잡지들도 똑같이 미쳐 돌아갔다. 사건 관계자들도 한탕주의 유혹에 빠져들어갔다. 심슨은 말할 것도 없고, 검사, 재판관, 배심원, 피해자 가족, 친구들 등이 수기를 써 출간했다. 사건 직후 출판된 책이 50권이 넘었다.[20]

　배심원이 선발되어 재판의 종결까지 걸린 시간은 372일, 배심원 선발 후 호텔에 격리 당해 재판이 시작되고 나서부터 걸린 시간은 266일이었다. 이는 찰리 맨슨 재판에서 격리된 225일이라는 기록을 깬 것이었다. 로스앤젤레스시가 재판에 사용한 돈은 약 900만 달러였는데, 그 중에서 배심 격리에 든 돈이 300만 달러였다.[21]

　유일상은 "심슨 재판은 시청자들에게 성공적인 흥행이 되기는 했지만 최소한도의 실체적 진실을 밝히려는 이토(Ito) 판사는 재판의 진행기간 중에 '법정에서의 카메라 추방안'을 내놓았다가 언론자유의 침해라는 TV사의 총공세에 밀려 재판의 공정성에 심각한 의혹을 남기는 판결을 내리고 말았다"며 다음과 같이 말했다.

"심슨은 재력을 총동원하여 유능한 변호사를 자신의 변호사로 선임하여 '의심스러울 때는 벌하지 않는다'는 재판 원칙을 내세우며 배심원의 마음을 헷갈리게 했다. 즉 심슨의 변호사들은 불리한 증거를 숨기고 증인을 매수하고, 선서를 토대로 거짓말을 번복하지 못하도록 옥죔으로써 실체적 진실보다는 적정 절차의 진행과정을 유효하게 운영하여 자신의 유능함을 보여주었다. 즉 공개재판이라는 이름으로 심슨의 변호사들은 피살된 부인의 가족이나 친구들이 알코올중독자 또는 마약중독자라는 점을 공개하고, 피해자의 포르노 출연경력 등 사건과는 직접적인 인과관계가 없는 사실들을 들춰냈다. 또한 법률전문가들의 사생활도 마구 공개했는 바, 담당판사의 신경쇠약 치료경력, 저명변호사의 부인학대습관, 미모의 여성 주임 검사가 혼자 아이를 키우는 어머니로서 재판 때문에 집에 돌아가지 못해 전 남편으로부터 친권위양 소송을 당한 것 등이 그것이다. 배심원의 건전한 판단을 흐리게 함으로써 과다한 자기 방어를 도모하려는 심슨을 위해서 변호사는 최선을 다하고 있지만 언론마저 덩달아 국민의 알 권리를 담보로 심슨의 살인사건 재판에서 실체적 진실을 밝혀낼 수 없게 만들어버렸다. 언론기관 특히 텔레비전사의 치열한 상업적 경쟁이 만들어낸 거대한 거품이 공중들에게 물줄기를 찾지 못하게 해버린 후, 심슨 재판으로 호황을 누렸던 케이블 TV는 또 다른 먹이를 찾는 야수 떼처럼 또 다른 사건 사냥에 나서고 있는 게 오늘날 세계 초일류국인 미국 미디어의 현주소이다."[22]

심슨 재판 후 캘리포니아주에서는 재판 취재의 일부를 제한하는 법률이 통과되었다. 첫째, 심슨 사건의 경우처럼 증인이 사건에 관한 정보를 파는 걸 불법화했다. 둘째, 배심원이거나 배심원이었던 자가 재판 종료 90일 이내에 자신의 경험을 써서 돈을 받는 걸 경범죄로 규제했다. 셋째, 법률가가 법정 밖에서

사건에 대해 말하는 것을 규제하는 '개그 오더(Gag Order)' 제가 도입되었다.[23]

그럼에도 재판 전 홍보가 공정 재판에 미치는 악영향은 과대평가된 면이 있다는 걸 지적하는 연구결과도 있다. 배심원들을 언론보도에 쉽게 놀아날 수 있는 어리석은 사람들로 본 건 아니냐는 비판마저 나오고 있다.[24]

1990년대 들어 상업적인 TV와 신문들이 세인의 관심을 끈 재판 후 배심원들에게 많은 돈을 주고 그들과 인터뷰를 하는 건 아주 흔한 일이 되었는데, 이런 인터뷰는 도덕적으론 문제의 소지가 있을망정 법적으론 배심원들이 자율적으로 결정하게끔 허용되고 있다.[25]

그러나 1997년 11월, 연방 제5순회항소법원은 루이지애나주의 두 신문이 평결 심의과정에 대한 배심원들과의 인터뷰를 제한한 원심 결정을 파기해달라고 신청한 항소를 기각한 바 있다. 그 결정 내용은 기자들의 배심원들과의 인터뷰가 사법부의 권위를 근본적으로 위협하지 않는 범위에서 아주 정교하게 이루어져야 한다는 것이었는데, 이 결정에 대해 신문사 측 변호사는 다음과 같이 주장했다.

"이 나라의 다른 모든 곳에서는 배심원들이 언론사와 자유롭게 인터뷰를 하고 있다. 배심원들은 자기의 주관에 따라 기자회견을 할 수도 있고, 책도 쓰고, 잡지에 기고도 하고, 토크쇼에도 출연하여 자신의 의견을 말할 수 있다. 그런데 이번 재판부의 결정으로 배심원에 대한 기자의 취재활동이 제약되고 언론의 활동이 위축되는 결과를 낳을 수 있다는 문제점이 있다. 배심원들은 말할 자유가 있지만, 기자들에게는 물을 수 있는 자유조차 없게 되었다. 이것은 매우 불합리한 처사다."[26]

한국의 공정재판

한국에서 공정재판과 관련된 헌법 조항은 제109조로 "재판의 심리와 판결은 공개한다"고 했으며 다만 "심리는 국가의 안전보장 또는 안녕 질서를 방해하거나 선량한 풍속을 해할 염려가 있을 때에는 법원의 결정으로 공개하지 않을 수 있다"고 했다.(국회의 경우, 헌법 제50조는 "국회의 회의는 공개한다"고 했으며 "다만 출석의원 과반수의 찬성이 있거나 의장이 국가의 안전보장을 위하여 필요하다고 인정할 때에는 공개하지 아니한다"고 했다.)

형법 제138조(법정 또는 국회회의장모욕)는 "법원의 재판 또는 국회의 심의를 방해 또는 위협할 목적으로 법정이나 국회회의장 또는 그 부근에서 모욕 또는 소동한 자는 3년 이하의 징역 또는 700만 원 이하의 벌금에 처한다"고 규정하였다.

법원조직법 제58조(법정의 질서유지) 제2항은 "재판장은 법정의 존엄과 질서를 해할 우려가 있는 자의 입정금지 또는 퇴정을 명하거나 기타 법정의 질서유지에 필요한 명령을 발할 수 있다"고 규정하였으며, 제59조(녹화등의 금지)는 "누구든지 법정 안에서는 재판장의 허가 없이 녹화·촬영·중계방송 등의 행위를 하지 못한다"고 규정하였다.

법원조직법 제61조(감치 등) 제1항은 "법원은 직권으로 법정 내외에서 제58조 제2항의 명령 또는 제59조에 위배하는 행위를 하거나 폭언·소란 등의 행위로 법원의 심리를 방해하거나 재판의 위신을 현저하게 훼손한 자에 대하여 결정으로 20일 이내의 감치 또는 100만 원 이하의 과태료에 처하거나 이를 병과(倂科)할 수 있다"고 규정하였다.

형법 제138조와 법원조직법 제61조 및 영미식 법정모독죄와의 차이와 관련, 박형상은 "우선 형법 제138조 법정모욕죄 경우는 반드시 검사의 기소에 따른 정식 재판을 거쳐야 되지만 법원조직법 제 61조의 경우는 법원의 직권에 의한다는 점, 형벌을 가하는 정식재판이 아니라는 점(과태료는 '형벌로서 벌금형' 이 아니다)에 본질적인 차이가 있다"며 다음과 같이 말한다.

"법원조직법 61조는 재판 질서유지를 위해 직권에 의하는 점에서 오히려 영미식 법정모독죄(contempt of court: 법조계는 통상 법정모욕 아닌 법정모독으로 번역한다. 물론 영국과 미국 사이에도 상당한 차이가 있다)는 '법원의 명령이나 판결 소환에 대한 불복종' '판사가 재정한 법정에서의 불미스런 행동' '사법 활동을 방해하거나(예컨대 위증) 이에 영향을 미치려는 행위' '법원을 경멸하거나 모욕하는 내용의 출판과 방송' '법원에의 진행 중인 사건의 서류 파괴나 은닉' 등등 그 규정 범위가 상당히 포괄적이며 그 처벌정도가 강력하다. 검사의 기소 없이 판사 직권에 의해 무제한의 구금 또는 매일 강제이행금까지 부과될 수도 있다.(미국의 어떤 법정모독죄 사건에서는 45일간 구금된 기자도 있었다.)"[27]

이제 '공정재판과 언론자유'에 대해 살펴보자. 김철수는 "재판에 대한 보도기사가 공판개정에 앞서 피고인에게 불리한 자료를 공연히 보도하고, 또 장래에 소환될 것이 예상되는 증인의 담화를 게재하는 일은 재판의 공정한 운영을 어렵게 하므로 이의 자제가 요망된다"며 다음과 같이 말한다.

"재판 비판 중에서 판례비평과 같은 것은 유익하기 때문에 인정된다. 또 재판이 국민의 비판의 대상에서 제외될 수 없을 것은 명확하다. 문제는 계속(係屬) 중인 사건의 사실 인정을 일정한 결론으로 유도하기 위하여 행해지는 재판 비판에 있다. 재판 비판은 본질적으로 사법권의 독립과 언론 등 표현의 자유에 관한 문제이며, 그 비판은 신중을 요할 것이나 형사변론을 위한 경우에는 허용된다 하겠다."[28]

임병국은 언론의 재판 기사가 안고 있는 문제점으로 4가지를 꼽았다.

첫째, 재판 기사의 신뢰성에 문제가 있다. 형사재판의 판결을 언도받은 피고인의 표정이 법정스케치로 기사화되고 있다. 피고인은 법관을 향해서 서 있으므로 방청석의 기자는 피고인의 표정을 볼 수 없음에도, 법정안의 정경 묘사에서 피고인이 "갑자기 어깨를 늘어뜨렸다"든지 "엷은 미소를 지었다"는 등 판에 박힌 양식의 표현이 많다.

둘째, 재판 기사의 난해성 때문에 독자가 이해할 수 없는 표현이 많다. 재판 기사가 어려운 이유 중에 재판절차 및 용어가 어려운 것은 틀림없지만, 이것을 독자들이 쉽게 이해할 수 있도록 전달하는 것이 법조기자의 첫 번째 임무이다.

셋째, 재판 기사의 정확성에 문제가 있다. 이해하기 쉽게 만드는 것은 상당히 어렵지만, 전문가를 납득시키는 기사이어야 한다. 재판은 오랜 기간에 걸쳐서 당사자들이 다투기 때문에 배후가 복잡하고 큰 배경을 가지고 있다. 그 다툼이 치열하면 할수록 보도의 영향도 크다. 보도가 정확하지 않으면, 독자에게 오해를 줄 뿐만 아니라 당사자에게도 큰 타격을 준다.

넷째, 재판 기사에 대한 평형감각에 문제가 있다. 재판 취재에서 가장 중요한 것은 사건에 대한 평형감각이다. 민사재판이나 형사재판에서 일반적인 경향은 원고 측 입장이 크게 보도되고 있다. 형사재판의 경우에 검사의 주장에 귀를 기울이는 경향이 높다. 피고 측을 취재하지 않으면 사건의 전체 윤곽이 잡히지 않는다.[29]

신문윤리실천요강 제4조(사법보도준칙): 언론인은 사법기관의 독립성을 부당하게 훼손하는 취재, 보도, 평론을 해서는 안 된다. ①(재판에 대한 부당 영향 금지) 언론인은 재판에 부당한 영향을 끼치는 취재, 보도, 평론을 해서는 안 된다. ②(판결문 등의 사전보도 금지) 언론인은 판결문, 결정문, 공소장 및 기타 사법문서를 사전에 보도, 평론해서는 안 된다. 다만 관련 취재원이 사법문서에 포함된 내용을 제공할 때는 예외로 한다.

MBC 방송강령 'II. 보도 프로그램 기준'의 '5. 재판에 대한 보도': 범죄 피의자 및 이에 관한 법적 절차를 다룰 때 국민의 알 권리와 공정한 재판을 받을 권리 사이의 균형을 항상 염두에 두어야 한다. 형사사건을 보도함에 있어 피의자가 유죄 판결을 받을 때까지는 무죄라는 원칙을 존중하며, 검찰 또는 경찰이 공표하는 피의자혐의 사실을 보도할 때에는 피의자의 인권이 부당하게 침해받지 않도록 신중을 기해야 한다. ①재판에 영향을 미칠 보도와 논평을 해서는 안 되며, 언론에 의한 여론재판은 배제해야 한다. 재판 전에 피고에게 불리한 피고의 자백 또는 과거의 경찰기록을 자세히 보도하거나, 피고의 유죄를 주장하는 사람들의 인터뷰를 보도하는 것을 삼간다. 다만, 사회적으로 중요한 공중의 관심사나 사회정의의 실현과 관련된 사건인 경우에는 재판이 진행 중이라 할지라도 심층, 탐사 보도가 허용된다. 또한 사법절차 또는 법 적용의 오류에 대한 취재 보도도 가능하다. 그러나 이런 경우에도 객관성을 유지해야 하며, 사법부를 모독하거나 유죄 또는 무죄를 주장해서는 안 된다. ②재판과정을 비롯한 법정에 대한 취재와 보도는 실정법의 규정에 따라 하여야 한다.

언론과 직접적으로 관련된 건 아니지만, 공정 재판과 관련하여 정보공개의 문제도 짚고 넘어갈 필요가 있다. 형사소송법 제55조는 형사피고인이 공판조서의 열람 또는 등사를 청구할 수 있음을 규정하고 있고, 동법 제292조 제2항은 형사피고인에게 증거된 서류의 열람 또는 등사를 하게 할 수 있음을 규정하고 있으나, 잘 지켜지고 있지 않다. 헌법재판소는 1997년 11월 27일 다음과 같이 판결한 바 있다.

"검사가 보관하는 수사기록에 대한 변호인의 열람·등사는 실질적 당사자 대등을 확보하고, 신속 공정한 재판을 실현하기 위하여 필요불가결한 것이며, 그에 대한 지나친 제한은 피고인의 신속·공정한 재판을 받을 권리를 침해하는 것이다. 변호인의 조력을 받을 권리는 단순히 접견교통권에 그치지 아니하고 더 나아가 피고인이 그의 변호인을 통하여 수사 서류를 포함한 소송관계 서류를 열람·등사하고 이에 대한 검토결과를 토대로 공격과 방어의 준비를 할 수 있는 권리도 포함된다고 보아야 한다."[30]

2000년 12월 28일 서울행정법원 행정1부(재판장 정호영)는 고모씨가 "검찰이 형사법상 피고인에게 사건기록의 열람, 복사를 거부하는 것은 부당하다"며 광주지검 목포지청을 상대로 낸 정보공개 거부처분 취소 청구소송에서 원고 승소 판결을 내렸다. 재판부는 판결문에서 "재심을 청구하기 위해 사건 당사자가 요청한 '사건기록의 열람 및 등사 신청'을 검찰이 공무상 비밀누설 등 사무규칙을 이유로 거부한 것은 공정한 재판을 받을 권리를 침해한 행위에 해당한다"고 밝혔다. 사기, 상법 위반 등의 혐의로 구속기소돼 대법원에서 징역 4년을 선고받은 고씨는 지난 1월 재심을 청구하기 위해 '사건기록 열람 및 복사'를 신청했지만 검찰이 "비밀누설 등 보존사무규칙에 위배된다"며 공개를 거부하자 소송을 냈다.[31]

'공정재판과 언론자유'는 한국에선 비교적 큰 문제가 되지 않으나 배심원 제도가 있는 미국에선 특별히 중요한 의미를 갖는다. 그러나 판사도 인간인 이상 이른바 '언론재판'의 압력이나 영향력으로부터 완전히 자유로울 수는 없을 것이므로, 이 문제에 대해 깊은 관심을 가질 필요가 있다. 또한 국민이 배심원으로 재판에 참여하는 '국민참여재판'이 2008년부터 도입돼 점차 확대되고 있기에 배심원제가 남의 나라 이야기만은 아니다.

법정과 카메라

미국에서 법정 내의 카메라 촬영 허용은 주에 따라, 상황에 따라 다르다. 또 기술발전 수준(TV 카메라의 경우엔 조명 등이 너무 혼란스럽다고 금지시키기도 했다)과 피고의 요구 등에 따라 다르다. 연방 차원에서는 텔레비전 중계를 금지하다가 1995년 9월부터 3년간 실험적으로 생중계를 허용했다. 앞서 거론한 심슨 재판에서는 처음부터 끝까지 텔레비전 중계가 허용되었다.[32]

1998년 법정 내 TV 카메라 허용을 전면 금지한 주는 미시시피, 뉴욕, 사우스 다코타 등 3개 주뿐인 것으로 나타났다. 실험적이거나 항구적으로 법정 내 사건 진행에 대해 TV, 라디오, 사진 보도를 허용하고 있는 미국의 모든 주에서는 보도행위를 규제하기 위해 법정명령이나 가이드라인을 채택하고 있다. 카메라를 이용한 법정 취재의 가이드라인은 대체로 보도장비나 조명, 취재인원수, 카메라의 종류, 촬영위치 및 법정 내에서의 언론인의 행동 등에 대한 내용을 담고 있다.

　거의 모든 주에서 법정 내 카메라 취재보도는 담당 판사의 사전동의가 필요하며, 담당 판사는 재판이 진행되고 있는 동안 직접 보도를 통제할 재량권도 지닌다. 미성년자 관련 재판에 대해서는 거의 모든 주에서 법정 내 카메라 사용이 금지돼 있으며, 성범죄, 친족 관련 사건, 무역기밀과 관련된 사건의 재판 등에서도 금지하고 있다. 또한 배심원의 신분 노출을 막기 위해 이들에 대한 카메라 사용 보도도 금지 또는 제한되고 있다. 일부 주에서는 출두한 증인에 관한 보도를 금지하고 있으며, 상당수 주에서는 법정증인이나 피해자가 반대할 경우 촬영을 하지 못한다.[33]

　한국의 법원조직법 제59조는 "누구든지 법정 안에서는 재판장의 허가 없이 녹화 · 촬영 · 중계방송 등의 행위를 하지 못한다"고 했으며, 대법원 규칙은 따라 그 허가를 받은 자는 "목적, 대상 시간, 소속기관명 또는 성명" 등을 명시하여 허가 신청의 절차를 거쳐야 하며 또 재판장이 그것을 허가할 경우에도 ①촬영이나 녹화 행위를 원칙적으로 심리 개시 이전에 하게 하고 ②법대 위에서의 촬영 등 행위를 금하게 하고 ③촬영 등 행위에 의한 소란을 금지한다고 규정했다.[34]

　1998년 10월 13일 서울지법 최복규 판사는 KBS 카메라 취재부 고모 기자가 10월 4일 새벽 서울지법 321호 법정에서 진행된 총격 요청 관련 피의자인 한성기씨와 장석중씨의 신체검증 장면을 법정 투시창을 통해 허가 없이 촬영한 것과 관련, 법원조직법 61조를 위반했다며 고모 기자에게 100만 원의 과태료를 부과했다. 이에 앞서 KBS는 10월 10일 저녁 〈9시 뉴스〉 시간에 앵커 멘트로 "KBS는 국민의 알 권리 충족을 위해 보다 충실히 보도한다는 뜻에서 검증 장면을 보도했으나 국민들이 재판장의 허가를 받고 재판장면을 촬영한 것으로 오인할 수 있으며, 나아가 재판의 존엄성과 중립성을 훼손할 수 있다는 우려를 낳은 점에 대해 유감의 뜻을 표한다"며 고모 기자가 취재한 법정 신체검증 장면을 방영한 데 대한 사과의 뜻을 밝혔다.

이와 관련, 조용환 변호사는 "법원조직법에는 허가받지 않은 법정 안에서의 녹화, 촬영을 금지하고 있는데 이를 법정 밖에까지 적용된다고 보는 것은 문제가 있다"며 "당사자에게 불이익이 가해질 수 있는 만큼 적용 요건을 엄격히 해야 할 것"이라고 말했다. 반면 안상운 변호사는 "법정 밖에서 촬영했다고 해도 법원조직법에 위반되는 것은 사실"이라며 "법원의 결정을 문제 삼을 수 없다"고 말했다.[35]

범죄보도와 공정재판

"(피의자가) 체포될 당시 매스컴은 범인으로 단정하고 있다. 체포 시점에서의 '펜을 쥔 경찰관'은 피의자가 기소되면 '펜을 쥔 검사'가 된다. 이따금 피고인이나 변호인의 말도 실을 때가 있지만 스페이스가 적어 공평한 취급이라고 말할 수는 없다. 그리고 판결이 있으면 이번에는 '펜을 쥔 판사'가 된다. 유죄판결이 내려지면 그때까지 연장되지만 무죄(재심 개시 결정을 포함)로 되면 완전히 바뀐다. 경찰·검찰에의 격렬한 비판이 시작된다. 무죄가 확정되면 '펜을 쥔 변호인단장' 또는 '펜을 쥔 구원회대표'로 변신한다. 이것이 '객관적이고 공정한 범죄보도'의 실태이다. 범죄 보도에서의 '펜을 쥔 저널리스트'는 도대체 어디에 있는 것일까."[36]

이는 1984년 일본의 한 기자가 당시 일본 언론의 범죄보도에 대하여 쓴 글이다. 일본의 일부 연구자들은 프라이버시 보호와 관련된 범죄보도의 문제를 근본적으로 개혁하기 위해서는 경찰 기자실을 해체해야 한다고 주장한다. 이들은 신입 기자들의 첫 훈련 장소를 반드시 경찰순회 취재부터 시작하도록 하는 전통도 폐지할 것을 요청하면서 다음과 같이 말한다.

"'경찰보도'를 통해 취재의 기본을 몸에 익히는 것은 기자에게는 크나큰 손해다. 경찰순회 취재는 기자들이 시민적 입장에서 사건을 보는 시각을 빼앗아 경찰의 가치관에 동조시키고, 권력의 정보를 '객관적 사실'로 여과 없이 보도하도록 만드는 바람직하지 않은 수습과정이다. 기자가 수습기간에 지방 지국에서 취재를 시작하는 것에는 이론이 없다. 그러나 기자들이 올바른 비판 정신을 몸에 익혀 시민의 입장에서 권력을 감시할 수 있는 힘을 기르기 위해서는 처음부터 거리취재를 포함한 시민 속에서의 취재에서부터 직무를 시작해야 한다."[37]

우리나라에서도 '펜을 쥔 저널리스트'는 도대체 어디에 있는지 궁금해할 사람들이 적지 않을 것이다. 우리나라의 신문윤리실천요강 제7조(범죄보도와 인권존중)는 다음과 같이 아름다운 말을 늘어놓고는 있지만 과연 그게 제대로 지켜지는 지는 의문이다.

"언론인은 유죄가 확정되기 전 형사사건의 피의자 및 피고인의 인권을 존중해야 한다. 또한 범죄에 연루된 피해자 및 무관한 가족들의 인권을 존중해야 하며 특히 이들의 신원을 밝히는 데 신중해야 한다. ①(형사피의자 및 피고인의 명예존중) 언론인은 형사사건의 피의자 및 피고인이 무죄로 추정된다는 점을 유의하여 경칭을 사용하는 등 그의 명예와 인격을 존중해야 한다. 다만 피의자가 현행범인 경우와 기소 후 피고인에 대한 경칭의 사용 여부는 개별 언론사의 편집정책에 따른다. ②(정신이상자의 익명존중) 기자나 편집자는 범죄에 연루된 사람이 정신이상자 또는 박약자로 밝혀질 경우 면책되는 점에 유의하여 신원을 밝히는 데 신중해야 한다. ③(성범죄와 무관한 가족보호) 기자나 편집자는 성범죄를 보도하는 경우 무관한 가족의 신원을 밝혀서는 안 된다. ④(미성년피의자 신원보호)기자나 편집자는 미성년(18세 이하)의 피의자 또는 피고인의 사진 및 기타 신원 자료를 밝혀서는 안 된다. ⑤(피의자 촬영금지) 기자는 당사자의 동의 없이 형사사건의 피의자를 촬영거나 사진이나 영상을 보도해서는 안 된다. 다만 현행범과 공인의 경우는 예외로 한다. ⑥(참고인 등의 촬영금지) 기자는 당사자의 동의 없이 피의자 아닌 참고인 및 증인을 촬영하거나 보도해서는 안 된다. 다만 공인의 경우는 예외로 한다."

언론의 범죄보도에 제약을 가하는 법은 주로 피해자의 보복 위험을 염두에 두고 만들어진 것이지만 명예와 프라이버시 보호, 그리고 더 나아가 공정재판을 기하기 위한 목적도 갖고 있다.

1990년 12월 31일에 제정된 특정강력범죄의 처벌에 관한 특례법 제8조(출판물 등으로부터의 피해자 보호)는 특정강력범죄 중 일부 "범죄로 수사 또는 심리중에 있는 사건의 피해자나 특정강력범죄로 수사 또는 심리 중에 있는 사건을 신고하거나 고발한 자에 대하여는 성명, 연령, 주소, 직업, 용모 등에 의하여 그가 피해자 또는 신고하거나 고발한 자임을 미루어 알 수 있는 정도의 사실이나 사진을 신문 기타 출판물에 게재하거나 방송 또는 유선방송하지 못한다. 다만, 피해자, 신고하거나 고발한 자 또는 그 법정대리인(피해자, 신고 또는 고발한 자가 사망한 경우에는 그 배우자, 직계친족 또는 형제자매)이 명시적으로 동의한 경우에는 그러하지 아니하다"고 규정하고 있다.[38]

또 가사소송법 제10조(보도금지)는 "가정법원에서 처리 중에 있거나 처리한 사건에 관하여는 성명 · 연령 · 직업 · 용모 등에 의하여 그 본인임을 추지(推知)할 수 있는 정도의 사실이나 사진을 신문 · 잡지 · 기타 출판물에 게재하거나 방송할 수 없다"고 규정하였다.

언론의 청소년범죄 보도

소년법 제68조 제1항은 "소년법에 의하여 조사 또는 심리 중에 있는 보호사건 또는 형사사건에 대하여는 성명 · 연령 · 직업 · 용모 등에 의하여 그 자가 당해 본인으로 추지할 수 있는 정도의 사실이나 사진을 신문지 기타 출판물에 게재 또는 방송할 수 없다"고 했고, 제2항은 "제1항의 규정에 위반한 때에는 신문지에 있어서는 편집인과 발행인, 기타 출판물에 있어서는 저작자와 발행자, 방송에 있어서는 방송 편집인과 방송인을 1년 이하의 징역이나 금고 또는 300만 원 이하의 벌금에 처한다"고 했다.

(사례) 언론은 향정신성 의약품의 사용방법과 사용량 등을 공표해서는 안 된다. 다음과 같은 사례는 환각성 유해화학물질의 명칭, 사용방법, 효능, 구입방법 등을 지나치게 자세하고 자상하게 보도함으로써 이를 아직 모르고 있는 사람들까지도 과오에 빠지게 할 우려가 있으며 미성년 피의자들의 주소까지 공표하는 잘못을 저질렀다.

"형사기동대는 18일 환각증세에 빠지는 벤졸을 동네 약국에서 구해 흡입한 김모군(18, 서울 마포구 창전동) 등 8명에 대해 유해화학물질관리법 위반 혐의로 구속영장을 신청했다. … 이들은 약국에서 벤졸 7병을 구입한 뒤 … 비닐봉지에 넣어 냄새를 흡입하고 환각상태에 빠져 … 황모군은 '벤졸이 본드나 부탄가스보다 빨리 환각상태에 빠지고 값이 싸 주위 친구들이 자주 사용한다'며 '동네 약국 등에서 가죽점퍼를 손질할 것이라고 말하면 의심받지 않고 손쉽게 구입할 수 있다'고 말했다."[39]

그러나 미국과 영국에서는 청소년 범죄자와 관련된 보호규정 또는 원칙이 도전을 받고 있다. 영국에서는 1993년 유죄 평결이 나온 후 판사의 허가에 따라 두 살된 유아를 유괴·살해한 11세의 소년 2명(범행시 10세)의 실명과 사진이 보도된 바 있다. 미국에서는 1997년 5월 뉴욕에서 15세의 소년과 소녀가 중년 남성을 살해한 사건에서 신문과 TV 모두 얼굴사진까지 곁들여 대대적으로 보도하였다. 심지어 소녀가 부유층의 딸이라는 것 등 가정환경까지도 소상하게 보도하였으며 『뉴욕타임즈』도 연행되는 사진을 그대로 게재했다.(인도에서는 12세 이상이면 형사소추되는데 그 이하의 소년이라도 실명보도가 당연시되고 있다고 한다.)[40]

1997년 12월 1일 켄터키주 서부의 한 도시에서 발생한 고교생 총기난사 사건의 경우에도 언론은 범인이 14세의 소년이었음에도 불구하고 사건의 특이성 등을 이유로 얼굴사진과 함께 소년의 이름을 실명으로 보도한 바 있다.[41]

또 1998년 3월, 11세와 13세의 소년 2명이 아칸소주 존즈보로의 중학교에서 총을 난사, 학생 등 5명을 살해한 사건에 대해서도 미국 언론들은 일제히 2명의 얼굴 사진을 1면에 개재하면서 실명보도를 단행하였다. 『워싱턴포스트』지의 경우 "소년 사건에서는 혐의자의 (인권) 보호를 위해 익명이 원칙이나 지역 신문, TV 등이 실명을 보도했기 때문에 더 이상 숨기는 것은 의미가 없다"는 '변명'을 신문에게 게재하였으나 "『존즈보로 선(Jonesboro Sun)』지의 부편집장은 다음과 같은 '당당한' 주장을 내놓았다.

"소년이 차를 훔친 것이라면 실명으로 보도하지 않는다. 그러나 학교에서 계획적으로 총을 난사하는 등 충격적인 사건의 정보는 상세한 부분까지 사회에서 공유해야만 한다는 결론에 도달했다. (소년의 장래에 미칠 영향에 대해서는) 5명을 살해한 것만으로도 두 소년은 죄에 대한 큰 부담을 계속 안고 갈 것이다."[42]

소년 범죄와 관련해 미국 언론이 보이고 있는 이와 같은 경향에 대해 유진 굿윈은 "청소년들에 의한 범죄 빈도가 늘어나고 살인, 강간, 강도, 그리고 무장 강도 등으로 그 내용이 흉포화함에 따라 이러한 보호적인 태도는 많은 언론인들에 의해 도전을 받고 있다. 예를 들어 『필라델피아 인콰이러(The Philadelphia Inquirer)』지 같은 명망 있는 신문은 청소년이라도 체포되어 재판에 회부될 때는 가능한 경우 완전한 신원을 공개하고 있다"며 다음과 같이 말한다.

"청소년 범죄 사건에서 기자들은 경찰이나 법원으로부터 완전한 정보를 얻기 어려울 때가 많다. 종종 관리들은 이름이나 관련 정보를 언론에 제공하는 것을 법에 의해 제한당하고 있으며, 청소년 재판과정은 공개되지 않는 경우가 많다. 그러나 청소년이라도 살인과 같이 죄질이 중대한 경우 대부분 주의 재판체계는 성인과 마찬가지로 자료와 절차를 공개한다. 그리고 때때로 관리들이 협조하지 않거나 입을 다물 때도 기자들이 법률 절차를 무시하거나 도전하는 경우가 있다. 언론기관들이 법률이 인정하는 것 이상으로 공중의 이해관계가 걸려 있다고 판단할 때는 제한된 정도 이상의 완전한 사실을 공개하게 되고, 그때는 기자들이 독자적인 정보원을 통해 취재하게 된다."[43]

피의사실 공표

형법 제126조(피의사실 공표) 검찰, 경찰 기타 범죄수사에 관한 직무를 행하는 자 또는 이를 감독하거나 보조하는 자가 그 직무를 행함에 당(當)하여 지득(知得)한 피의사실을 공판청구 전에 공표한 때에는 3년 이하의 징역 또는 5년 이하의 자격정지에 처한다.

이와 같은 피의사실 공표금지 조항은 국민의 명예 및 프라이버시 보호를 위한 것인 동시에 범죄수사의 원만한 수행과 공정한 재판을 위한 것이다. 공정한 재판과 관련, 김동철은 다음과 같이 말한다.

"피의사실이 공개되었을 때는 법에 의한 공정한 재판을 해칠 수도 있다. 우리 헌법에는 '모든 국민은 헌법과 법률이 정한 법관에 의하여 법률에 의한 재판을 받을 권리를 가진다'고 규정되어 있는데, 피의사실이 공개되는 경우, 국민의 이러한 재판청구권이 손상될 수 있고, 또 공정한 재판으로 올바른 국법질서를 유지하려는 국가적 법익도 침해될 수밖에 없는 것이기도 하다. 왜냐하면 피의사실이 기소 전에 공개되면 '법에 의한 재판'이 '여론에 의한 재판'으로 변질될 가능성이 많아지게 되고, 이렇게 되는 경우 법에 의한 공정한 재판을 받을 수 있는 국민의 기본권이 침해되기 쉽기 때문이다."[44]

피의사실 공표는 검찰과 언론의 줄다리기 싸움의 성격이 짙다. 이를 잘 보여준 게 1992년에 일어난 '영장열람금지 사건'이다. 1992년 6월 8일 서울지법 동부지원은 그간 관행으로 인정돼왔던 기자들의 영장열람금지 조치를 취했다가 12일에 취소하는 해프닝을 빚었다. 당시 동부지원은 "언론기관이 영장내용보도로 법률상 유죄 확정 판결 전까지 무죄로 추정되어야 할 형사사건 피의자의 인권이 침해되는 등 그 피해가 심각하다"는 이유를 내세웠다. 동부지원은 "현행 형법 제126조에 따르면 피의사실을 공판청구 전에 공개할 경우 처벌한다는 규정이 있고, 또 형사소송법 제47조도 구속영장이나 소송관계 서류

를 비공개 서류로 규정하고 있다"는 법적 근거를 내세우며 다음과 같이 덧붙였다.[45]

"최근 일부 언론의 무책임한 편집자세로 명예훼손 여부 관련 시비가 크게 늘고 있는 실정이고, 언론기관 역시 초헌법적 무제한의 자유를 누릴 수는 없으므로 피의사실 공표를 금지한 법조항에 따라 지금까지의 탈법적 영장공개 관행에 종지부를 찍기로 했다."[46]

동부지원의 조치는 공정재판이나 인권존중을 위해서라기보다는 당직자들의 편의를 위한 배려에서 나온 것이라든가 다른 한편으론 기자들의 '무례한 취재 태도'가 원인이었다는 등의 의혹이 제기되었지만, 대한변협사협회(이하 대한 변협)의 생각은 달랐다. 대한변협은 6월 22일 서울지법의 취소에 대한 성명을 내고 "법원이 언론기관에 구속영장의 열람을 관행적으로 허용한 것은 명백한 실정법 위반행위이기 때문에 시정돼야 한다"고 밝혔다. "법은 피고인 피의자 기타 소송관계인의 인권보호를 위해 공판개정 전에는 소송에 관한 서류를 원칙적으로 공개하지 못한다"고 밝힌 대한변협은 "법원이 공익상 필요할 때 소송 서류를 공개하는 합리적이고 통일적인 기준이 마련될 때까지 구속영장의 열람금지를 원칙으로 하고 공개 기준이 마련된 후에 그 규정에 따라 선별적으로 공개하는 것이 합리적이다"고 주장하였다.[47] 그러나 재야 법조계에선 동부지원의 조치를 비판하는 의견도 많았다. 당시의 비판 의견에 대해 김동철은 다음과 같이 말한다.

"특히 재야 법조계에서는 '피의자에 대한 인권침해는 언론보도로서가 아니라 오히려 검찰과 경찰 등의 수사결과 발표에 의해 이루어진 경우가 많았음'을 지적하고 있다. 재야 법조계는 또 공안사건과 관련하여, 법원의 '비밀 영장'이 적지 않게 발부되고 있음을 감안할 때 법원의 이와 같은 영장열람금지 조치는 언론에 의한 사법부에 대한 감시기능을 저해하고 피의자의 인권보호를 오히려 후퇴시키는 결과를 초래할 우려마저 없지 않음을 지적하고 있다."[48]

또 언론계에선 1992년 4월 법무부가 마련하여 입법예고한 형법개정안에서 피의사실공표죄 조항에 '공공의 이익을 위한 때에는 처벌하지 아니한다' 는 단서 규정을 추가한 걸 지적하면서 동부지원의 조치를 비판하기도 했다. 이처럼 언론계와 재야 법조계 일각의 반발이 워낙 거센데다 대법원이 6월 10일 영장열람금지 조치는 시기상조라는 비공식 입장을 동부지원에 전달함에 따라 동부지원은 금지 조치를 4일 만에 해제하게 된 것이다.[49]

피의사실 공표는 저널리즘 윤리의 문제이기도 하다. 한위수는 "형사사건의 보도에 의하여 피의자가 진범으로 단죄되는 것은 대부분 단정적인 표현을 사용하는 데 기인한다" 며 단정적 표현을 지양하고 전문(傳聞)의 경우 전문임을 그대로 명시하는 것이 필요하다고 말한다. 그는 다음과 같이 구체적인 사례를 들고 있다.

"흔히 범죄보도에 있어 '범인은 ○○였다' 또는 '범인 ○○○을 체포' 라고 하는 등 '범인' 이라는 표현을 함부로 사용하고 있는데 '범인' 이란 표현은 무죄추정원칙에 비추어 형사사건 기사에 있어 가장 피하여야 할 표현이다. 수사단계에 있어서는 '용의자' 또는 '피의자(형사소송법에는 피의자라는 용어만이 사용되고 있으나, 경찰에서는 단순히 범죄혐의가 있는 자를 용의자, 범죄혐의가 짙어져 사건부에 기재가 된 이후에는 피의자로 구별하여 부르고 있다고 한다)' 란 표현을, 재판단계에서는 '피고인' 이란 표현을 사용하여야 할 것이다. 그리고 '××사건은 ○○의 소행으로 밝혀졌다' 라는 표현도 흔히 사용되고 있으나 이도 무죄추정원칙에 비추어 삼가야 할 것이고, 또한 기사 중에 기자가 직접 견문(見聞)한 것과 제3자로부터 간접적으로 들은 것을 명확히 구별하여 독자로 하여금 이를 확실히 알 수 있는 형태로 기사를 써야 확정 판결이 있기도 전에 진범으로 오해하는 것을 피할 수 있을 것이다.(예컨대, '경찰의 발표에 의하면 ○○이 ××을 칼로 찔러 살해하였다는 것이다. ○○은 기자에게 ××을 살해한 사실을 인정하였다' 는 식의 기사가 되어야 할 것이다.) ⋯ 유명한 성희롱 사건의 제1심 판결에 대한 보도를 보면, 1994. 4. 19. D일보 사회면의 기사는 판결 결과보도와 함께 '우씨는 지도교수인 신 교수의 조교로 있던 지난 1992년 5월부터 지난해 8월까지 수십 차례에 걸쳐 신체적 접촉과 데이트 요구 등 성희롱을 당하다 이를 거부, 재임용에 탈락하자 지난해 10월 소송을 냈었었다' 는 부분이 있는데, 그 재판이 확정된 것이 아니므로 '우씨는 … 이를 거부하여, 재임용에서 탈락되었다며 지난해 10월 소송을 냈었었다' 는 식으로 표현되어야 할 것이다."[50]

피의사실 공표 사례

피의사실 공표로 인한 문제는 연례행사라고 해도 좋을 정도로 늘 논란의 대상이 되어왔다. 언론개혁시민연대는 1999년 피의사실 공표가 "한국 언론이 관행적으로 범해오는 대표적 인권침해 사례 중의 하나"라고 지적하면서 다음과 같이 주장했다.

"관행이라는 이름으로 수사단계에서 피의자의 실명을 밝힐 뿐만 아니라 범인 혹은 범법자로 단정하는 기사를 접하게 된다. 이는 언론이 피의사실공표죄의 공범이 되는 셈이다. 당사자들이 소송을 하지 않아서 아직도 이런 류의 기사가 버젓이 나오지만 외국 언론에서는 위험천만한 보도이다. 예외적으로 공익을 위해서 또 중대한 국민의 알 권리 확보를 위해 필요하고 그 내용이 진실인 경우에는 피의사실 공표죄가 성립되지 않을 수 있겠으나 언론으로서는 진실이라고 믿을 만한 자료가 확보되지 않는 한 피해자와 언론 모두를 위해 이런 보도는 자제해야 한다."[51]

(사례) 6개 언론사 손해배상 판결: 이혼 소송 중인 남편으로부터 위자료를 받아내달라며 청부폭력을 행사한 혐의로 구속되었다가 대법원에서 최종 무죄 확정 판결을 받은 원고 유○○씨는 공소제기 전에는 공표할 수 없을 뿐 아니라 결국 허위로 밝혀진 피의사실을 공표하여 명예를 훼손했다며 소를 제기했

다. 소송 대상은 경찰관의 사용자인 국가와 공표내용을 공개한 6개 언론사였다. 서울지방법원 제12민사부는 1995년 5월 19일 국가 및 2개 언론사는 원고에게 1000만 원의 금액을 각 지급하라며 원고 승소 판결을 내렸다. 재판부는 판결문에서 "피고 중앙일보사의 기사내용은 기자 자신의 견해를 덧붙여 보도했고, 경향신문사는 보도자료 및 수사기관의 비공식적인 확인 절차를 받아 보도했다는 것만으로는 이 사건 기사 내용이 진실하다고 믿을 만한 상당한 이유가 있다고 할 수 없다"며 손해배상을 명했다. 아울러 국가에 대해서도 "그 소속 공무원이 직무를 행함에 있어 지득한 피의사실을 공소제기 전에 공표한 직무 집행상의 잘못으로 인하여 원고가 입은 손해에 대해 배상할 책임이 있다"고 판결했다.[52]

위 사건의 원고는 1심에서 4개 언론사에 대해서는 패소했고 2개 언론사에 대해서만 명예훼손을 인정받았는데, 4개 언론사에 패소한 원고와 원고에 의해 패소한 국가와 2개 언론사가 제기한 쌍방 항소심에선 6개 언론사 모두 패했다. 서울고등법원 제9민사부는 1996년 2월 27일 원고 승소와 함께 국가와 6개 언론사에게 손해배상 판결을 명한 것이다. 서울고법은 국가 및 6개 언론사는 5명의 원고에게 최하 100만 원에서 최고 1000만 원까지의 손해배상을 지불하도록 명령했다.[53]

(사례) '한건주의 경찰과 선정주의 언론' : "원조교제는 남자만 하나." 2000년 12월 13일치 『조선일보』 사회면 상자기사의 제목이다. 다른 일간지들도 '주부가 고교생과 원조교제' 라는 제목으로 일제히 이 사건을 보도했다. 미묘한 표현의 차이가 있었지만, 이씨가 원조교제를 했다는 혐의가 사실인 양 기사화했다. 특히 이씨가 이군에게 100만 원을 건넸다는 사실은 확정된 것처럼 표현됐다. 기사 중에는 경찰수사에서도 확인되지 않은 부분까지 포함돼 있다. 예를 들어 "이씨는 지난 10월 말 두 자녀가 학교에 간 사이 이군을 집으로 데려와 성관계를 맺었으나 나중에 아이들에게 들켜 행각이 드러났다"(『중앙일

보』), "조사결과 이씨는 남편이 집을 비운 사이 … 집으로까지 이군을 데려와 성관계를 맺었으며…"(『한국일보』) 등의 기사들이 그것이다.

타블로이드판 잡지들은 훨씬 자극적인 표현을 마구잡이로 사용해 수사기록에도 나오지 않는 '소설'을 써댔다. 원조교제 그 유부녀 유치장 고백, 남편 외도 복수혈전, 고2와 20여 차례 불륜 드라마, 소년사냥·영계 보신·집안으로 끌어들여 그짓, 애들한테 들켜 철창신세, 말 잘 듣는 고교생이 남편보다 좋아, 17살 남학생 심경고백: 용돈 주는 누님 싫지 않았다 등 선정보도의 극치를 보여주었다.

『한겨레 21』 2001년 1월 4일자는 「원조교제'가 아니었다: 한건주의 경찰과 선정주의 언론에 의해 부풀려진 '유부녀와 고교생의 관계'」라는 제목의 기사에서 일부 언론의 선정주의를 위와 같이 지적한 뒤 다음과 같이 말했다.

"언론의 선정보도를 특히 부추긴 것은 공공연히 피의사실 공표를 행한 경찰의 무분별한 태도라고 할 수 있다. 경찰은 허술한 수사결과를 마치 확정된 것인 양 기자들을 상대로 모두 공개했고, 언론은 프라이버시로 가득한 수사기록을 무차별적으로 기사화한 꼴이 돼버렸다. 특히 검찰수사가 끝나고 기소한 뒤 수사내용을 발표하는 '피고사실의 공표'보다 경찰수사 단계에서 수사결과를 알리는 '피의사실의 공표'가 피의자의 인권침해 소지가 훨씬 높음을 이번 사건은 잘 보여주고 있다."[54]

(사례) 6개 언론사 손해배상 판결: 2001년 4월 25일 서울지방법원 제25민사부(부장판사 안영률)는 가수 조덕배 씨가 대마초를 피운 혐의 사실을 확정 보도한 『대한매일』을 비롯한 5개 중앙일간지와 문화방송을 상대로 제기한 손해배상청구소송에서 피고 언론사들에게 총 4800만 원을 배상하라고 판결했다. 경찰은 정밀검사 결과 혐의 사실을 확인할 수 없어 원고를 석방하고 검찰은 무혐의 결정으로 사건으로 종결했었다. 재판부는 "피고 언론사들이 '가수 조덕배 또 대마초 적발' '조덕배씨 또 대마법 위반' 등 원고의 범행을 단정하는 듯

한 문구를 사용하여 원고가 단순히 범죄 혐의를 받고 있다는 인상을 받기보다는 이번에도 또 대마초를 피웠을 것이라는 인상을 주어 원고의 명예를 훼손하였다"고 판시했다.[55]

(사례) 반인륜적 범죄의 경우: 2002년 5월 13일 서울고법 민사8부(재판장 이종찬 부장판사)는 조모씨 등 2명이 "경찰이 언론사 기자들에게 피의사실을 공표, 명예를 훼손했다"며 국가를 상대로 낸 손해배상청구소송 항소심에서 1심 판결을 뒤집고 원고 패소를 판결했다. 조씨 등은 지난 1998년 4월 채무자 장모씨에게 생명보험에 들게 한 뒤 자살을 강요하는 방법으로 빚 변제를 독촉한 혐의로 서울 마포경찰서에 구속됐다가 2000년 3월 서울고법에서 자살교사 혐의에 대해 무죄선고를 받자 국가를 상대로 소송을 냈다. 재판부는 판결문에서 "경찰관들이 언론사 기자들에게 조씨 등에 대한 혐의를 공표할 시점에는 피의사실이 진실이라고 믿을 만한 충분한 근거가 있었고, 이들의 범행 내용도 사회적 대책 강구 등 여론 형성에 필요한 정보였다는 점에서 공소제기에 앞서 피의사실을 공표한 행위는 공공의 이익에 부합된다"고 밝혔다.[56]

(사례) '일심회' 피의사실 공표, 국가배상 판결: 2008년 7월 9일 서울중앙지법 민사합의36부(재판장 김홍준 부장판사)는 북한의 지령에 따라 국가기밀을 수집해 보고하는 등 국가보안법 위반으로 유죄를 선고받은 장민호씨 등 '일심회' 사건 관련자 5명이 "피의사실을 공표하고 변호인 접견교통권을 침해했다"며 김승규 전 국가정보원장과 국가를 상대로 낸 손해배상청구소송에서 장씨에게는 700만 원, 나머지 4명에게 200만 원씩 배상하라고 판결했다. 재판부는 "당시 국정원이 간첩 혐의 피의사실을 뒷받침할 객관적인 증거를 확보한 것으로 보이지 않는다"며 "객관적이고 충분한 자료를 바탕으로 사실을 발표하는 데 한정돼야 하는 수사기관의 발표 요건 등을 충족시키지 못했다"고 밝혔다.[57]

(사례) 노무현 서거와 피의사실 공표: 2009년 5월 23일 검찰의 수사를 받던 노무현 전 대통령의 자살로 피의사실 공표가 비난과 저주의 대상이 되었다. 전국언론노조는 5월 24일 성명에서 "검찰과 조중동이 앞서거니 뒤서거니 하면서 도덕적 흠집 내기에 혈안이었다"며 "노 전 대통령의 서거는 이명박 대통령과 검찰·조중동이 만들어낸 정치적 타살"이라고 규정했다. 이어 "이들 세 집단은 조문이 아니라 고인은 물론 비탄에 빠진 유족에게, 충격과 슬픔에 빠진 국민에게 무릎 꿇고 사죄하라"고 촉구했다. 민주언론시민연합도 "시민들이 노 전 대통령의 서거를 놓고 이명박정권, 검찰뿐 아니라 조중동에 대해서도 분노하고 있다"며 "자신들이 그토록 공격했던 전직 대통령이 서거한 순간까지 악의적 왜곡과 모욕주기를 중단하지 않은 행태는 심판받을 것"이라고 밝혔다. 대검을 출입하는 한 기자는 5월 25일 포털 다음 '아고라'의 토론 게시판에 글을 올려 "여론의 비난처럼 검찰의 발표를 스피커처럼 확대 재생산하진 않았는지, 당하는 사람의 심정을 헤아리지 못한 채 특종에 눈이 멀어 사실을 과대포장하진 않았는지, 이런 자문에 스스로 떳떳하다고 당당히 말하진 못하겠다"고 자성하기도 했다.[58]

노 전 대통령을 지켜주지 못했다며 후회와 참회의 목소리가 폭포수처럼 쏟아졌다. 심지어 『한겨레』마저 비난의 대상이 되었다. 이봉수 시민 편집인은 『한겨레』에 쏟아진 그런 비난을 소개하면서 『한겨레』도 노 전 대통령의 흠집 내기에 일조했다는 진단을 내린 뒤 아프게 반성할 것을 촉구했다.[59] 실제로 『한겨레』와 『경향신문』은 그런 '자책감' 때문이었는지, 반성을 넘어서 노 전 대통령의 자살을 미화하는 주장들을 많이 실었다.

그러나 노 전 대통령 서거 책임의 장본인으로 지목된 이명박정권의 반대편에 있던 사람들도 서거 전의 노 전 대통령에 대해 실망과 분노와 좌절을 드러냈다. 이미 그때에도 검찰 수사의 문제를 몰랐던 게 아니었다. 그걸 충분히 감안한다 해도 노 전 대통령 측이 "해도 너무 했다"는 정서였다. 그러나 노 전 대통령의 서거로 모든 게 일순간에 역전되었다.[60]

이와 관련, 박경신 고려대 법대 교수(참여연대 공익법센터 소장)는 "노 전 대통령은 우리의 슬픔의 크기만큼이나 공적인 인물이었고 그의 임기 중 비리 혐의에 대한 정보는 국민들에게 중요한 것이었고(으며) 검찰이 이 정보들을 공개하는 한 언론은 이를 보도할 의무가 있었다. 노 전 대통령이 임기 중에 아무리 적은 액수의 돈이라도 이를 임기 중에 '잘 나가는' 기업인으로부터 받았는지를 확인하는 것은 매우 공적인 일이었고 편파적이거나 추측성일지라도 일부 부정확한 점이 있더라도 보도는 이루어지는 것이 마땅했다"며 다음과 같이 말했다.

　"특히 일부 진보 매체들의 경우 '친한 사람일수록 엄정한 것이 언론의 정도' 라는 굳은 결의를 가지고 아픈 속을 다스리며 노 전 대통령에 대해 공격적인 글들을 쓴 것으로 알고 있다. 노 전 대통령이 서거하였다고 해서 이제 와서 이런 자세를 포기한다는 것은 당시 아픔을 견뎌내었던 데스크와 기자들의 영혼을 파는 일이다. 이러한 원칙적인 입장이야말로 노 전 대통령이 한국 사회에 보여주려고 했었던 모습이며 언론이 앞으로 나아가야 할 길이다. … 혹자는 노 전 대통령의 사인으로 치욕적인 검찰 출두보다도 검찰의 피의사실 공표를 꼽는다. 하지만 검찰의 피의사실 공표가 금기시되어야 하는 이유는 추후에 그 사건을 맡을 판사나 배심원에게 편견을 가지도록 하거나 여론을 통해 압력을 넣어 공정한 비판을 받을 권리를 해하기 때문이다. 그러므로 피의사실 공표가 피의자가 공인인 경우 등의 최소한으로 한정되어야 함은 불문가지이다. 사실 지금 '참회' 하는 상당수 언론사들이 검찰의 피의사실을 전달하는 나팔수 역할을 한 것에 대해 집중적으로 참회하고 있다. 하지만 언론사의 참회도 '피의자가 공정히 재판받을 권리를 침해하지 않도록 주의해야 한다' 는 선에서 그쳐야지 '유죄확정 전까지는 범죄수사에 대해 드러난 단서들의 보도는 공인이라 할지라도 자제해야 한다' 는 범위까지 확대되는 것은 곤란하다."[61]

'피의자 초상권'과 언론보도

2004년 '밀양 여중생 성폭행 사건'으로 경찰이 인권침해 수사를 했다는 비판이 제기되면서, 이후 경찰은 수사관행을 바꾸라는 권고를 인권위로부터 수차례 받았다. 이에 따라 경찰은 2005년 10월 경찰청 훈령 '인권보호를 위한 경찰관 직무규칙'을 마련해 "경찰서 안에서 피의자와 피해자의 신원을 추정할 수 있거나 신분이 노출될 우려가 있는 장면이 촬영되지 않도록 해야 한다"는 '초상권 침해금지' 규정을 포함시켰다. 또한 2005년 7월 시행된 '언론중재 및 피해구제 등에 관한 법률(언론피해구제법)'은 처음으로 '초상권과 성명권(姓名權)'을 명문화해 인정했다. 이 법에는 언론의 피해를 입은 사람들은 '반론, 정정, 소송' 등의 구제 절차를 밟을 수 있다고 돼있는 바, 이후 언론은 자백 또는 확실한 증거로 범인임이 확실시되는 경우에도 중범죄자들의 신원을 적극적으로 공개하지 않았다.[62]

중대 범죄인이 소송을 제기한 경우가 없었기 때문에, 피의자 초상권과 성명권에 관련된 판례는 별로 없다. 다만 1999년 헌법재판소가 보도 대상이 ①공인인지 사인인지 ②공적 관심사안에 관한 것인지, 사적 영역에 속하는 사안인지 여부에 따라 판단해야 한다는 결정을 내린 바 있으며, 대법원도 2002년 "공공적, 사회적인 의미를 가진 사안에 관한 것인 경우에는 평가를 달리해야 하고 언론의 자유에 대한 제한이 완화되어야 한다"고 판시한 바 있다. 공인의 범위도 판례상 정립돼있지 않고 모호하기 때문에 최근에는 '공적 관심사안'이란 개념이 중요해졌으며, 국민의 여론형성에 필요한 사안이면 그 범주에 속하는 것으로 간주되고 있다.[63]

이와 관련해 언론이 패소한 경우로는 1990년 남편에 대한 청부폭력을 행사한 혐의로 구속된 A씨의 얼굴과 실명을 보도했다가 상당수 언론이 손해배상 책임을 지게 된 사건이 있다. 1998년 대법원은 판결문에서 "당사자가 공적인 인물이 아니고 사건의 공공성도 없다"고 판시했다. 박용상 전 헌법재판소 사무처장은 "범죄자의 인권, 국민의 알 권리, 취재의 자유 등 세 요소를 서로 비교해 어느 것이 공익에 기여하는지를 사안별로 판단해야 한다"고 설명했다.[64]

2008년 3월 31일 일산 초등학생 납치사건의 유력한 피의자 이모씨(41)가 체포돼 일산경찰서로 압송될 때에 그의 얼굴은 경찰이 씌운 모자와 마스크로 인해 전혀 드러나지 않았다. 그 직전의 안양 초등학생 납치살해범 정성현씨(39), 남대문 방화범 채종기씨(70) 경우도 비슷했다. 이에 『조선일보』는 "이 같은 중대 범죄자들의 '얼굴'과 '이름'이 보호할 만한 가치가 있는지 생각해봐야 한다는 지적이 나오고 있다. 인권적 차원에서 '피의자 인권보호'도 중요하지만, 중범죄자들의 경우 신원을 공개함으로써 주위에 널리 알려 이들이 다시 비슷한 범죄를 저지르지 못하도록 막아야 한다는 것이다"며 강력한 이의 제기를 하고 나섰다.[65]

그러나 국가인권위 김형완 정책총괄팀장은 "끔찍한 범죄를 저지른 사람에 대해 국민들이 느끼는 분노는 이해하지만 법치주의 국가에서는 범죄자라 해도 법에 따라 처분 받아야 하고 유죄가 확정되기 전까지는 얼굴 등 신원이 노출되지 않을 권리가 있다"고 주장했다.[66]

『조선일보』 문갑식 기획취재부장은 "올 들어 어린이 성폭행 및 살해사건이 끊이지 않고 있습니다. 누구 책임일까요? 저는 불의(不義)를 철저하게 응징하지 못하는 우리의 의식(意識)이 낳은 결과라고 봅니다. 만일 동일범죄를 반복적으로 행하는 자를 용서하지 않겠다는 의식을 국민이 공유한다면 오늘날 이런 일이 이토록 자주 일어났겠습니까? 그런데 우리 사회의 일부는 어설픈 '인권(人權)'에 사로잡혀 피해자가 받은 상처는 무시하고 가해자의 인권만 감싸고 돈 것 아닙니까? 일부 인권단체, 기관과 사법부는 이런 지적에 뭐라고 답할지 궁금합니다"라고 주장했다.[67]

박용현 『한겨레21』 편집장은 "어린이 납치·살해 사건이 잇따르면서 피의자 인권을 부정하는 주장이 스멀스멀 번져나온다. 더 이상 용의자의 얼굴을 가려주지 말자는 주장부터 모든 가능한 수단으로 범죄자를 처벌·감시하자는 아우성 속에, 10년 동안 정지된 사형집행의 부활을 불러내려 주문을 외는 이들도 있다. 법의 지배와 인권은 위축돼가고 있다. 문제는 중요한 원칙이 한 번 기울기 시작하면 가속도가 붙는다는 점이다. 그 쏠림 현상 속에 한 사회의 정신과 힘도 길을 잃는다는 점이다"고 주장했다.[68]

2008년 10월 20일 경찰은 서울 논현동 고시원에서 6명을 무참히 살해하고 7명에게 중경상을 입힌 방화·살인 피의자 정상진(30)을 언론에 공개하면서, 또 모자와 마스크를 씌워 얼굴이 노출되지 않도록 했다.

이에 『동아일보』 사설은 "인권 선진국인 미국·영국·프랑스·독일·일본은 아동 성폭행, 연쇄살인 같은 반사회적 흉악범은 얼굴과 신원을 다 공개한다. 일본 경찰은 올 6월 도쿄 아키하바라에서 칼을 휘둘러 7명을 숨지게 한 청년의 얼굴을 공개했고, 2005년에는 7세 어린이를 유괴 살해한 피의자도 마스크 없이 카메라 앞에 세웠다. 반인륜 범죄자의 얼굴 공개는 그 자체로도 범죄예방 효과가 높고 추가 범행을 목격자의 제보를 통해 밝혀낼 수도 있다"며 다음과 같이 주장했다.

"우리 법조계에서도 반인륜 중범죄자의 초상권보다 범죄로부터 사회를 방어하기 위한 공익(公益)이 우선한다는 의견이 지배적이다. 검찰은 국민적 관심이 쏠린 주요 사건의 피의자를 소환할 때 포토라인을 통과하도록 하고, 구속영장 집행 때도 자연스럽게 얼굴을 노출시킨다. 검찰에 조사받으러 나온 재벌그룹 회장이나 변양균, 신정아씨의 모습은 언론에 공개됐는데 극악무도한 반인륜 범죄자들의 얼굴을 보호해주는 것은 법적 형평성에도 맞지 않는다. 보건복지가족부는 아동과 청소년 상대 성범죄자의 얼굴과 주소를 인터넷을 통해 열람할 수 있게 하는 방안을 추진하고 있다. 상습적인 범죄자들로부터 아동과 청소년을 보호하려는 목적에서다. 경찰청 훈령대로라면 살인·강도 같은 강력범죄자의 신원을 공개하고 현상수배하는 것도 초상권 침해에 해당하지 않는가. 정상진은 범행현장에서 붙잡힌 현행범이다. 경찰은 잘못된 훈령을 즉각 바로잡고, 검찰은 정상진을 송치받을 때 얼굴을 공개하기 바란다."[69]

『국민일보』 사설도 "미국을 비롯해 우리나라보다 인권을 더 중시하는 나라들도 극악무도한 범죄를 저지른 피의자는 자연스럽게 얼굴을 노출시키고 있다. 피의자의 초상권을 보호하는 것보다 유사범죄 예방이라는 공공의 이익을 위해서다. 국민의 알 권리를 위한 측면도 있다. 다른 범죄 혐의까지 받고 있는 중범죄자라면 얼굴 공개가 결정적인 제보를 받는 계기가 될 수도 있을 것이다. 우리 경찰도 무작정 피의자 인권보호만을 고집해서는 안 된다. 피해자나 그 가족들의 억장이 또 한번 무너져내리지 않도록 피의자를 우대하는 듯한 행태는 사라져야 한다"고 주장했다.[70]

강호순 사건 논쟁

2009년 1월 31일 『조선일보』가 연쇄살인범 강호순(39)의 얼굴사진을 공개함으로써 범죄자의 얼굴을 공개하는 것이 마땅한지에 대해 논란이 뜨겁게 일어났다. 이 사진은 조선닷컴에서 이틀간 100만 명이 넘는 독자들이 열람했다. 300여 건의 댓글 중 90% 이상이 "얼굴 공개를 환영한다"는 입장이었고, "범죄자 가족에게 돌아갈 피해를 고려해야 한다"는 의견도 일부 있었다. 국가인권위원회 홈페이지 게시판에는 경찰에 '피의자 인권을 보호하라'고 권고한 데 대한 비난 글이 쏟아졌다.

『조선일보』에 이어, SBS는 31일 저녁 〈8시뉴스〉의 5번째 리포트 '흉악범 얼굴 공개논란'에서 앵커 멘트로 "저희 SBS는 오늘부터 강호순의 얼굴도 화면에 공개하기로 결정했다"면서 "국민의 알 권리와 추가 범행 수사에 대한 시청자들의 제보를 돕기 위한 조치"라고 밝혔다. KBS도 같은 날 〈뉴스9〉에서 강호순의 얼굴을 내보냈다. SBS와 달리 얼굴을 공개한 이유를 밝히지는 않았다. MBC는 하루 늦게 1일 저녁 9시 〈뉴스데스크〉에서 강호순의 얼굴이 나오는 사진 11장을 내보내면서, "국민의 알 권리와 경각심 등 공익적인 차원에서 증거가 명백한 흉악범의 얼굴을 공개하기로 결정했다"고 밝혔다.[71]

『조선일보』 사설은 "강호순처럼 인간이기를 포기한 연쇄살인범에게까지 신원보호원칙을 적용해야 하는지 따져볼 때다. 경찰은 강호순의 자백에 따라 그가 암매장한 시신 6구를 이미 확인했다. 이렇게 범죄사실이 명백한 반사회적 범죄자까지 만에 하나 무죄가 될 것을 걱정해 보호해줄 가치가 있는가"라면서 다음과 같이 주장했다.

"흉악범 얼굴 공개는 시민들의 분노를 풀어주는 것 이상 공익효과가 크다. 당장 강호순의 얼굴을 공개함으로써 그가 극구 부인하고 있는 추가 범행에 대한 시민 제보도 나올 수 있다. 다른 잠재적 범죄자들에겐 얼굴이 공개될 수 있다는 압박이 된다. … 흉악범 얼굴을 가리는 것은 변양균 · 신정아 사건처럼 공인의 얼굴 공개와 비교해서도 불공정하고, 경찰이 수배 범죄꾼들의 얼굴사진을 전국 곳곳에 붙여놓는 것과도 모순된다."[72]

『중앙일보』도 1월 31일 강호순의 얼굴사진을 공개했는데, 조인스닷컴이 실시한 인터넷 여론조사에선 2월 1일 6000여 명이 참가해 95%가 '찬성'에 표를 던졌다.[73] 1일 오후까지 '중앙일보, 공익 위해 연쇄살인범 강호순 이름 · 얼굴 공개' 기사의 IP당 조회수는 106만 건을 넘어섰는데, 단일 기사의 조회수가 100만 건을 넘은 경우는 조인스닷컴이 생긴 이래 처음이었다.[74]

박용상 변호사는 『중앙일보』 2월 2일자 칼럼에서 "평범한 사인(私人)의 경우엔 유죄 판결이 확정됐더라도 그 신원을 공개하는 것은 원칙적으로 허용되지 않는다. 공공이 알 필요가 있는 것은 범죄 내용과 처벌이지, 범죄자가 누구인지가 아니기 때문이다. 이것이 대법원 판례가 요구하는 익명보도 원칙의 취지다"며 다음과 같이 주장했다.

"하지만 강호순의 경우는 공인이 아니지만 그 보도에 있어서 공인보다 더 유리하게 취급될 수 없다. 독일의 판례와 학설이 그 근거가 될 수 있다. '극악한 범죄를 범해 국민의 지대한 관심을 야기한 범죄자는 범죄에 관한 확실한 증거가 있는 경우 수사단계에서도 그 실명과 사진이 공개될 수 있다'는 것이다. 이번 사건에서 범죄의 증거는 충분해 보인다. 연쇄살인범은 물론 유괴살해범, 강간살해범 등 언론의 광범위한 보도를 야기한 흉악범은 그 범죄의 증명이 확실한 경우 그 실명과 함께 사진도 공개돼야 한다. 그러한 범죄자의 검거를 위해서는 성명과 사진에 의해 공개 수배될 수도 있다. 이러한 보도에는 사후에 손해배상 책임이 지워져서도 안 된다. 2005년 제정된 경찰청 훈령인 '인권보호를 위한 경찰관 직무규칙'은 이러한 점을 고려해 개정돼야 한다. 개정 전에도 경찰은 흉악범에게 모자와 마스크를 씌워서는 안 될 것이다."[75]

반면 『한겨레』는 "『한겨레』는 흉악범이라 할지라도 공인이 아닌 이상 실명과 얼굴을 공개하지 않는다는 원칙을 지키고 있습니다. 이는 헌법상 무죄추정의 원칙, 그리고 아무리 끔찍한 범죄를 저지른 사람이라 할지라도 신상 공개는 수사상 필요한 최소한의 범위에서 이뤄져야 한다는 인권적 · 형사법적 측면을 두루 고려한 결과입니다"라고 밝혔다.

『한겨레』 기사에서 이준웅 서울대 언론정보학부 교수는 "언론에 공개된 강 씨의 잘생긴 얼굴은 그의 얼굴이 범죄 도구로 사용됐다는 주장이 가능한 '뉴스'"라며 "언론의 선정적 접근은 경계해야 하지만 무죄추정 원칙을 기계적으로 적용하는 것은 바람직하지 않다"는 견해를 밝혔다. 주동황 광운대 미디어영상학부 교수는 "이번에는 정답이 없다. 무죄추정 원칙과 피의자 인권, 공익적 가치가 평행선을 달리고 있어 사회 · 문화적 가치관에 따라 판단할 수밖에 없다"고 설명했다.

반면 법조계 일부와 인권단체 쪽은 "어렵게 지켜온 헌법의 무죄추정 원칙이 죄질에 따라 달라지면 안 된다"며 우려를 나타냈다. 허일태 동아대 교수(형법)는 "자백과 증거가 있다고 범인으로 확정하고 신상을 공개해버린다면 재판 등 사법제도가 존재할 의미가 없어진다"고 말했다. 허 교수는 또 '범죄 예방이나 추가 범죄 제보 등의 효과'를 들어 신상을 공개하자는 주장에 대해서도 "수사기관 등 국가가 해야 할 일을 개인의 권리를 희생시켜 하겠다는 것"이라고 부정적 견해를 밝혔다. 서울중앙지법의 한 판사는 "(정치인 등) 공인이 아닌 사인의 신상 공개는 현상수배 등을 통해 추가 범죄를 막기 위한 긴박한

필요성이 있을 때 가능하다"며 "하지만 강씨는 이미 붙잡힌 상태로 긴박성이 떨어진다"고 말했다.[76]

『한국일보』 2월 3일자 사설은 "얼굴 공개는 피의자의 여죄 수사, 피해자들에 대한 심리적 보상, 유사 범죄 예방 등 공익적 측면이 있다. 하지만 이 경우에도 실질적 효과에 대한 논의와 합의가 있어야 한다. 피해자의 억울함과 안타까움을 달래는 것이 소중하지만, 얼굴 공개로 인해 피의자 주변에서 무고한 피해자들이 새로 만들어지는 것도 고려해야 한다. 일본과 미국 등의 언론이 얼굴을 공개하고 있다지만 우리와는 상황이 다르다. 피의자의 가족과 친지 등에까지 적개심이 발산되지 않는 문화, 피해를 제대로 보상받을 수 있는 법과 제도 등 그들 나름의 사회적 합의가 깔려 있다"고 주장했다.[77]

『한국일보』 2월 3일자 지상토론회엔 박경신 고려대 법대 교수, 박용상 변호사, 김서중 성공회대 신문방송학과 교수, 송호창 변호사 등이 참여했다. "사진 공개로 강씨의 가족 등이 입을 피해는 어떻게 하나"라는 질문에 대해 이들은 다음과 같이 답했다.

> 박경신 : 이미 실명이 공개됐기 때문에 새로운 피해는 없다. 얼굴 공개가 없더라도 (주변인들이) 이름을 통해 (강씨의 가족임을) 결국 알게 될 것이다.
>
> 박용상 : 이처럼 특수한 경우는 범죄자가 국민의 알 권리의 대상이 되도록 해야 한다. 가족들의 경우 (얼굴 공개로 인한 피해를) 감수해야 한다.
>
> 김서중 : 우리나라에 연좌제로 인한 큰 피해가 있었다는 것을 되새겨보자. 한 사람의 잘못을 이유로 다른 가족이 피해를 입는 일이 반복돼선 안 된다.
>
> 송호창 : 사진공개를 통해 아무 죄가 없는 피의자의 가족들이 입게 될 정신적 · 육체적 고통과 피해를 막을 방법이 없다. 죄를 저지른 것은 피의자이지 그의 세 아들과 친지가 아니다.[78]

박경신 고려대 법대 교수는 제3의 의견을 제시했다. 그는 『경향신문』 2월 3

일자 칼럼에서 "강호순의 얼굴사진 공개에 대한 논의가 매우 위험한 곳으로 빠지고 있다. 공개를 지지하는 대부분의 사람들은 '흉악범에게 인권은 무슨 인권인가' 라는 식의 논거를 대고 있다. 하지만 이렇게 유죄를 단정하고 이를 조건으로 얼굴사진 공개를 정당화하는 것은 무죄추정의 원칙에 반한다. 필자도 공개를 지지하지만 그가 흉악범이라서가 아니다. 한 개인이 자신의 얼굴사진들을 찍어 다른 사람들에게 나누어주었다면 국민들은 그 사진들을 돌려보며 소통할 자유를 가진다. 이 자유는 바로 헌법상 표현의 자유이며 사진 속 사람이 일순간 피의자가 되었다고 갑자기 없어지지 않는다"며 다음과 같이 주장했다.

"이에 대해 여러 반론들이 있다. 첫째, 명예훼손이다. 그러나 공익을 위해서라면 타인의 평판을 저하하더라도 진실을 밝힐 수 있다. 뿐만 아니라 진실에 대해 명예훼손 책임을 묻는 국가는 전 세계에서 우리나라와 일본뿐이다. 우리나라도 타인들이 자신에 대해 잘못된 믿음을 계속 갖도록 하여 자신의 체면을 유지할 권리를 폐기할 때가 되었다. 둘째, 사생활 보호이다. 그러나 개인에 대한 정보와 개인적인 정보는 구별돼야 한다. 보통 얼굴은 개인에 '대한' 정보이지 개인적인 정보는 아니다. 프라이버시는 그 사람이 공개하지 않고 비밀로 보호해왔던 정보를 보호한다. 사람들의 병력, 학력, 주민번호 등등이 좋은 예이다. … 셋째, 초상권이다. 초상권은 타인이 자신의 초상을 허락 없이 사용할 수 없도록 할 권리로 오해되고 있다. 하지만 우리의 초상은 방송국들의 날씨 보도 및 스포츠 중계에서, 유명인들의 초상은 거의 모든 보도에서 아무런 문제없이 허락 없이 사용되고 있다. 우리나라 판례들에서도 명예훼손이 없고 상업적 남용이 없고 프라이버시 침해가 없는 상황에서 초상의 단순한 사용 자체가 문제 된 경우는 거의 없다."[79]

또 박경신은 "혹자는 우리나라는 유죄율이 높아서(95%) 일반 국민들이 '피의자' 를 '범죄자' 와 동일시하여 '피의자의 얼굴' 을 공개해도 '범죄자의 얼굴' 로 받아들이기 때문에 명예가 부당하게 훼손된다고 주장한다. 하지만 선진국들도 대부분 유죄율이 매우 높고(미국 85%) 도리어 우리나라의 유죄율에는 '무죄를 대신하는 집행유예'도 포함되어 있다. 단지 차이는 우리나라 법은 국민들이 '피의자'와 '범죄자'를 구별하지 못할 것이라고 걱정하고 있는 반면 다른 선진국들의 법은 국민들의 소양을 신뢰하여 '피의자'의 신원공개를 허용하는 것이다. … 민족성이 '우매하다'고 보고 이를 이유로 구태를 정당화하는 '대한민국 예외론'은 종식될 때가 됐다"고 주장했다.[80]

2009년 2월 초순 한국언론재단이 실시한 설문조사에 따르면, 기자 64.7%, PD 52.2%, 언론학자 54.2%가 강호순의 얼굴공개에 찬성한 것으로 나타났다.[81]

2009년 3월 4일 한국신문방송편집인협회는 강호순과 같은 흉악범이나 주요 형사사건 피의자의 얼굴사진을 신문에 공개할지 여부는 해당 언론사가 전적으로 자체 판단할 수 있도록 신문윤리강령을 개정해 확정 공포했다. 개정안은 피의자의 사진 공개를 금지하던 규정을 "형사사건의 피의자, 참고인 및 증인을 촬영하거나 사진 및 영상을 보도할 때는 최대한 공익과 공공성을 고려해야 한다"로 개정했다.[82]

제12장

음란

음란이란 무엇인가?

음란(淫亂)이란 무엇인가? 삼성출판사에서 나온 『새 우리말 큰사전』을 찾아보
다 웃고 말았다. '음란하고 난잡함' 이라는 정의가 내려져 있었기 때문이다.
노골적인 동어반복(同語反覆)이 아닌가. 또 다른 사전엔 "주색에 빠짐, 성생활
이 문란함" 이라고 나와 있지만, 이것 역시 만족스럽지는 않다.

　무어라 '음란' 의 정의를 내리건 각자 막연히 생각하는 그 어떤 것이 더 정
확한 답이 아닐까? 법률적으로 정확한 개념은 내로라하는 법 전문가들 사이에
서도 각자 견해가 다르거니와 또 그것이 이제부터 우리가 살펴볼 내용이므로
한두 줄로 요약할 수 있는 정의를 내리는 건 일단 보류하기로 하자.

　음란은 영어로는 obscenity이고, 유사 개념으로는 외설(猥褻)이 있다. 앞서
언급한 『새 우리말 큰사전』에 외설은 "남녀 간의 난잡하고 부정한 성행위, 또
는 남의 색정(色情)을 자극하여 도발시키거나, 또는 자기의 색정을 외부에 나
타내려고 하는 추악한 행위" 라고 설명돼 있다.

용어상의 혼란은 미국에서도 심각한 것 같다. 미국의 언론법학자 돈 펨버 교수는 obscene을 사전에서 찾으면 'indecent, lewd, or licentious' 라고 나와 있는데, licentious를 똑같은 사전에서 찾으면 'lewd, or lascivious' 라고 나와 있으며, lascivious는 'lewd or lustful' 로 나와 있으며, lustful은 'obscene or indecent' 로 나와 있어, 처음에 출발했던 지점으로 다시 돌아가게 된다고 푸념한다.[1]

아무래도 국어사전이나 영영사전으론 안될 것 같다. 전문가들의 해설을 들어보기로 하자. 한병구는 "음란(obscenity)이란 용어는 라틴어의 ob-caenum에 어원을 두고 있으며 본래 '오물' 이라는 뜻으로 사용되었다. 그러나 오늘날에 와서 상영금지(off-the-scene)라는 의미로 사용되면서 점차 일반화되었다" 며 다음과 같이 말한다.

"음란이라는 용어는 외설(pornography)의 의미로도 사용되고 있는데 그 원래 뜻은 동일하다고 볼 수 있다. 이에 대해 유기천은 '음란이란 용어는 독일 형법의 Unyucht의 번역에서 비롯된 것으로 구법시대에는 외설이라고 불렀다' 고 언급하고 있다. 외설, 즉 pornography라는 용어는 그리스어의 창녀(pornoi)와 문서(graphos)의 합성어로서 원래는 '매춘부에 관해서 쓴 것' 이라는 뜻으로 사용되었다. 따라서 두 용어는 사실상 동일한 개념으로 쓰이고 있으나 여기에서는 음란이란 용어로 통일해서 쓰기로 한다."[2]

김병국은 "우리 형법의 음란죄에 관한 규정은 대체로 일본법을 본보기로 한 것인데 다만 용어상으로는 일본은 외설이라고 표현하고 있으나 동의어라 할 수 있다"고 밝히면서 다음과 같이 말한다.

"우리나라 구형법상의 용어도 외설이었고 일반적으로는 '외설' 이라는 표현을 많이 쓰고 있으며 신문윤리실천요강이나 광고윤리실천요강에도 외설이라는 용어를 사용하고 있다. 음란이나 음란물이라는 용어는 막연한 것으로 자의적인 해석을 할 수 있는데 형법의 규정만으로는 구체적으로 음란이 무엇을 뜻하는지 표현하고 있지 않아 판례에 의할 수밖에 없으나 대체로 일본과 비슷하다."[3]

김일수는 "음란은 외설보다는 개념의 폭이 좁고 그 정도가 심하다"면서 그 구분을 다음과 같이 하고 있다.

"'외설'은 단지 미적·도덕적 감정을 해하는 것으로서 원초적 본능의 영역으로부터 완전히 벗어나지는 않았지만 어느 정도 해방되어 있는 상태를 지칭하는 데 반해, '음란'은 오로지 또는 주로 보는 사람들에게 성적 흥분을 자극시킬 것을 목적으로 하고, 일반적인 사회적 가치관념과 일치하는 성적 품위의 한계를 현저히 일탈한 경우를 말한다. 음란이라는 용어는 독일형법의 Unzucht를 번역한 말인데, 구법시대에는 외설이란 용어를 대신 사용했다. 그러나 독일학자들은 외설(Das Obszne)과 음란을 구별하여 쓴다. 사전적 의미로도 외설(obszn)은 '수치를 모르는, 무례한, 음탕한' 등의 뜻으로, 음란(unzchtig)은 '성윤리에 반하는, 부도덕한' 등의 뜻으로 사용된다. … 음란은 강간과 추행의 죄에 규정된 추행과도 구별되는 개념이다. '추행'은 피해자와의 관계에서 자기 또는 타인의 성욕을 자극·만족시킨다는 행위자의 주관적 의도를 개념필연적 요소로 하고 있으나, '음란'은 이러한 주관적 의도가 아니라 대상물이 일반인의 성욕을 자극·흥분시키기에 적합한 객관적인 인상·표현을 중시한다."[4]

그런가하면 김택환은 "어떤 물건(또는 표현)이 '음란하다거나 포르노그라피다'라고 말을 하면 그것은 이미 도덕적인 선악의 판단의 거친 결과"라고 지적하면서 다음과 같이 '성 표현물'이라는 용어를 쓸 것을 제안한다.

"적어도 학문적으로 판단할 때에는 이러한 도덕적 가치 판단을 전제로 하는 것보다는 객관적이고 가치중립적인 것을 대상으로 하는 것이 바람직할 것이다. 따라서 음란물이나 포르노그라피라는 용어보다는 '성 표현물(sexual representation)'이라는 용어가 적합하다고 생각한다. 여기서 성 표현물이란 어떤 도덕적 가치판단도 개입되지 않은 개념으로 이는 인간의 신체, 성기, 성행위 등을 외부적으로 표현한 일체의 것을 말한다. 따라서 성 표현물이라는 용어를 사용하면 성을 표현한 일체의 표현물이 포함되기 때문에 상당히 포괄적인 물건을 대상으로 고찰할 수 있다는 장점이 있다."[5]

전적으로 공감이 가는 말씀이다. 다만, 우리는 법적으로 '음란' 개념을 따지고자 하는 것이기 때문에 이 표현을 계속 사용할 수밖에 없다. 앞서 펨버의 푸념도 상식 차원의 개념 정의가 어려우니 법적으로 따져보는 수밖엔 없지 않겠느냐는 말로 들린다.

우리나라에서 법적으로 주로 사용되는 용어는 음란이다. 한국에서의 통설과 판례에 따른 음란 개념의 3대 기준은 ①그 내용이 함부로 성욕을 자극 또는 흥분시키거나 ②보통인의 정상적 수치심을 해하고 ③선량한 성적 도의 관념에 반하는 것(대법원 1982. 2. 9)이라 할 수 있다.

김일수는 음란성에 관해 우리 판례와 학설에 나타난 기준들을 ①사회통념에 따라 객관적으로 판단해야 한다 ②평균인(보통인) 표준주의에 입각해야 한다 ③작품 전체를 평가하는 전체적 고찰 방법에 따라야 한다 ④법적 판단이어야 한다 ⑤전문가적 의견을 존중해야 한다 등과 같이 5가지로 요약하여 제시하고 있다.[6]

또 김일수는 "예술의 자유도 헌법상 기본권적 가치체계의 일부로서 최상위 가치인 '인간의 존엄성'에 의해 제약받는 기본권"이라고 전제한 뒤, 음란물을 '형법적 음란물'과 '예술적 음란물'로 구분하면서 다음과 같이 말한다.

"음란성 정도가 낮은 외설물은 형법적 음란물의 대상이 되지 않는다. 이를테면 만화나 주간지, 스포츠신문에 실린 글 중에서 외설적 표현이 있더라도 그것만으로 형법적 음란물이라고 단정하기는 어렵다. '예술적 음란물'은 아직 예술의 자유보장 한계 안에 있으므로 형법적 음란물에서 제외해야 한다. 예술적 음란물에서 음란성은 보통 작품 전체를 위해 어떤 메시지를 담는 부분으로 쓰인다. 예술적 상상력에 의해 음란성은 여기서 예술적 미로 승화되어 있다. 이에 반해 감성적 쾌락이나 지적 쾌락이 아니라 말초신경을 자극하는 관능적 쾌락만을 주로 추구할 때, 그것은 참다운 예술·문학일 수 없다. 예술·문학에서 추구하는 쾌락은 정신적 대결이나 미적·지적 쾌락이기 때문이다."[7]

음란과 관련된 문제들은 도덕과 성 표현의 자유라고 하는 두 가지 관점 모두에서 보아야 할 것이다. 언론인들이나 지식인들은 정치적 표현의 자유는 고급한 것인 반면 성 표현의 자유는 저급한 것이라는 확신 비슷한 것을 갖고 있다. 그래서 이 문제와 관련, 언론인들도 성 표현을 추구하고자 하는 동료 언론인들에 대해 냉소적인 태도를 보이는 경향이 있으며, 마광수에 대해 진보와 보수를 막론한 다수 문인들이 냉소를 넘어서 혐오를 보낸 것도 그런 사정과 무관치 않을 것이다. 먼저 미국의 '음란'에 대해 예습을 한 뒤에 한국의 '음란'을 살펴보기로 하자.

'히클린 원칙'(1868)·'율리시즈 판결'(1933)

미국에서 1870년대 반음란활동의 선구자로 앤서니 콤스톡(Anthony Comstock)이라는 인물이 있었다. 그의 운동 덕분에 1873년 연방 음란규제법 또는 속칭 '콤스톡법(Comstock law)'이 통과되었다. 그는 그 법의 통과 이후 체신부 하청업체 사장으로 변신하여 음란 우편물을 적발하는 일을 맡았다. 그 일을 하는 보상은 벌금에서 일정액을 받는 방식이었으므로, 적발을 많이 할수록 많은 돈을 벌게끔 되어 있었다. 물론 그는 종교적 열정을 갖고 열심히 달려들어 많은 적발을 했다. 콤스톡이야말로 포르노로 큰돈을 번 최초의 인물이었던 셈이다.[8]

19세기 말 미국엔 광신적인 포르노 단속 바람이 불었다. '에로틱한 예술(erotic art)'조차 인정되지 않았다. 체신부는 성교육·의학 저널까지 섹스 문제를 다루었다는 이유만으로 발송을 금지시켰다. 예컨대, 『미국우생학저널(American Journal of Eugenics)』은 『매춘의 역사(The History of Prostitution)』라는 책의 광고를 실었다는 이유로 발송을 금지당했다.[9]

1940년대엔 심지어 스킨 다이버의 매뉴얼조차 상체가 노출된 여성의 사진이 실렸다는 이유로 발송금지 처분을 받았다. 이처럼 체신부의 권한은 막강해 일부 잡지들은 원고를 체신부에 사전에 보여주고, 체신부가 변경을 요구하면 그 지시에 따르기도 했다.[10]

이런 사회적 상황을 배경으로 인해 20세기 전반까지 음란에 대한 법적 대응은 매우 보수적이었다. 미국에서 음란을 판별하는 법적 테스트(legal test)엔 크게 보아 3가지 방식이 있다. ①히클린 룰(Hicklin rule) ②로스-맴와즈 테스트(Roth-Memoirs test) ③밀러-햄링 테스트(Miller-Hamling test) 등이 바로 그것이다. 이제 이것들을 하나씩 살펴보기로 하자.

'히클린 룰'(1868)은 원래 영국의 판례로 한동안 미국에서도 적용된 것이다. 벤자민 히클린(Benjamin Hicklin)은 런던의 판사로 어떤 팜플렛이 음란이 아니라고 판결했다. 정부가 이의를 제기하자 대법원은 히클린의 판결을 번복했다. 대법원장 알렉산더 콕번(Alexander Cockburn)은 다음과 같은 판결을 내렸는데, 엉뚱하게도 이 판결의 원칙에 히클린의 이름이 사용되고 있다. 코크번의 이름을 따 '콕번 테스트(Cockburn's Test)'라고도 한다.

"음란이라고 비난되는 것이 부도덕적 영향을 받기 쉬운 사람의 손에 들어갔을 때에 그 사람들을 타락 부패시킬 만한 경향을 갖고 있는지 여부가 음란성을 판가름하는 기준이 된다."

여기서 중요한 것은 "경향이 있다"는 표현이다. 이런 식으로 따지면 거의 모든 게 다 해당될 수 있는 문제가 있기 때문이다. '영향을 받기 쉬운'이라는 표현도 어린이를 기준으로 삼은 것이어서 너무 광범위하다. 또한 이 원칙에 의하면 책의 음란성을 증명하는 데에 그 책의 일부분만이라도 음란적 내용이 있으면 그 책은 음란하다고 판단하게끔 되어 있다. 즉, 일부로 전체를 판단하는 것이다. 이 원칙은 1933년 '율리시즈 판결(the Ulysses Decision)'에 의해 타격을 받았고, 1957년 'Butler v. Michigan' 사건에서 성인이 어린이가 안전하게 읽을 수 있는 것만을 읽어야 한다고 요구하는 건 위헌이라는 판결이 나옴으로써 완전히 뒤집어졌다.[11]

'율리시즈' 사건은 제임스 조이스의 소설 『율리시즈』를 한 여배우가 미국으로 들어오려 하자 세관원이 관세법의 음란물취급단속 규정에 따라 이를 압수하면서 벌어졌다. 이 작품이 음란도서에 해당되느냐 하는 문제를 놓고 1심 판결에서는 평균적인 성 본능을 구비한 사람을 표준으로 하여 성적 자극을 줄 우려가 있는가를 기준으로 하여 판단하여야 한다는 '표준인설'이 주장되었으며, 2심 판결에서는 '전체 효과성'이 주장되었다. 결국 법원은 『율리시즈』가 음란물이 아니라는 판결을 내렸는데, 당시 판사였던 존 울시(John Woolsey)가 평소 법률서적보다는 문학서적에 더 정통한 문인이었다는 것이 큰 영향을 미쳤던 것으로 보인다.[12] 당시 재판부는 음란성의 기준에 대해 다음과 같은 4가지 원칙을 제시하였다.

첫째, 책을 서술할 때의 집필자의 의도가 고려되어야 한다. 이는 책에 대하여 사법적인 이득을 제공하려는 방법이며 그 이유는 의도의 순수성이 발견된다면 법원이 음란성을 무시할 수 있을 것이기 때문이다. 둘째, 부분적인 음란성의 표현을 거부하고 책 전체의 효과를 고려하여 음란성의 여부를 판단해야 한다. 셋째, 책은 어린이 또는 비정상인이 아니라 정상인에게 끼치는 효과에 따라서 판단해야 한다. 넷째, 문학적 또는 예술적 공헌도는 책의 어떤 부수적인 음란성보다 더욱 고려되어야 한다.[13]

1948년 연방대법원은 'Winters v. New York' 사건과 관련, 음란을 다룬 서적 등의 출판 판매를 금지하는 뉴욕주 형법에 대해 "범죄는 적절한 용어로 정의되지 않으면 안 된다. … 보통의 지성을 갖고 있는 사람이 법문의 의미를 살필 수 있게 되어야 한다"라고 지적하면서 뉴욕주 형법은 표현의 자유를 제약하는 입법으로서는 그 기준이 불명확하기 때문에 위헌이라고 판시하였다. 이 사건은 "이른바 '불명확한 법령 규정의 무효이론(doctrine of void-for-vagueness)'의 선구적 판결로서 널리 알려진 것"이다.[14]

1949년 펜실바니아주 법정에서는 최초로 이제까지 정치적 사상의 표현에 한하여 적용되어 온 '명백하고도 현존하는 위험의 원칙'이 음란출판물에 적용되었다.[15] 그러나 이러한 적용은 후일 연방대법원에 의해 거부되었다.

'로스-맴와즈 테스트'(1966)

'로스-맴와즈 테스트(Roth-Memoirs Test)'는 1957년과 1966년에 나온 두 가지 판결을 하나로 엮은 것이다. 뉴욕 서적상 새뮤얼 로스(Samuel Roth)는 음란문서를 우송한 혐의로 지방법원에서 유죄 판결을 받았으며 LA 서적상도 우편판매 형식으로 음란도서를 팔았다고 유죄 판결을 받은 두 사건에서 제법 체계적인 이론이 하나 구성되었는데, 1957년에 나온 로스 판결의 의미는 다음과 같은 3가지였다.

첫째, 음란의 표현은 그로 인한 문제를 보상할 만한 사회적 중요성을 전혀 결여하고 있고 또한 이런 표현은 사상 표현에 있어서 필요불가결한 역할을 담당하는 것이 아니므로 수정헌법 제1조에 의한 헌법상 보호대상은 아니다.

둘째, 음란 표현물의 규제에 있어서는 언론출판자유의 제한 원리로서 인정되어 온 '명백하고도 현존하는 위험의 원칙'의 적용을 받지 않는다.

셋째, 어느 특정한 부분의 음란한 표현의 영향력에 대하여 유달리 민감한 사람을 기준으로 하여 음란성을 판단하려고 한 히클린 원칙을 부정하고 "현사회적 기준에 비추어볼 때에, 전체적 주제가 평균인의 호색적 흥미에 호소하는가"에 의해 음란성 여부를 결정하여야 한다.[16]

'로스 사건'에서 대법원의 수정헌법 제1조에 대한 절대주의 이론의 신봉자인 더글러스 대법관과 블랙 대법관은 소수 의견을 내 "어떤 문서가 전혀 사회적 의의가 없다고 보는 법원의 판단으로 표현의 자유의 가치를 희생해서는 안 된다"고 주장하였다. 더글라스 대법관은 "오늘날 쓸데없는 팸플릿을 발매금지하려고 하는 조치는 내일 주옥과 같은 문학작품조차 발매금지할 수 있는 것이다"는 명언을 남겼다.[17]

그런가 하면 대법원장인 얼 워렌(Earl Warren)은 로스 판결시 찬성 의견에서 음란물 재판시 책 자체의 성격보다는 피고의 평소 행동이 '중심적 이슈'가 되어야 한다고 주장했다. 그 책을 다른 맥락에서 판단할 경우엔 전혀 다른 결론에 도달할 수도 있으므로 더 중요한 건 피고의 평소 행동이라는 것이다.[18]

'로스 사건'에서 약 10년이 흐른 1966년의 'Memoire v. Massachusetts' 판결에서 연방대법원은 로스 판결에서 제시한 음란물 판정 기준을 약간 수정해 "조금이라도 사회적 가치가 있다면 음란물로 판정할 수 없다"고 선언함으로써 음란물의 범위를 대폭 축소시켰다. 이 사건은 매사추세츠주 검찰총장이 『Memoire of a Woman of Pleasure』라는 책이 외설물로 단속하면서 일어난 사건이다.

이 판결 이후 음란물에 대한 처벌이 더욱 어려워졌는데, "명백한 음란도서에 성교육에 관한 일부 문구를 삽입하거나, 건전한 성생활을 하는 방법이라고 위장 포장해 경찰의 단속을 피하는 사례가 빈번해졌다."[19] 따라서 '로스-멤와즈 테스트'에 따르자면, 음란 판정의 3대 요건은 다음과 같이 정리할 수 있겠다.

첫째, 어린이나 매우 민감한 사람을 기준으로 판정하는 것이 아니라 평균인을 기준으로 판정해야 하며, 문서의 부분이 아니라 전체로 판정을 해야 한다. 둘째, '명백하게 불쾌한(patently offensive)'의 기준은 '당대 지역 기준(contemporary community standards)'인데, 그 기준이 local, state, national 중 어느 것인지는 확실치 않다. 셋째, '결점을 보완하는' 사회적 가치가 있을 때엔 음란물이 아니다. 일부 법관들은 극소수의 사람이라도 가치가 있다고 생각하면 그걸 인정하기 때문에 피고 측 변호사들은 보통 정신과 의사, 영문학교수, 예술비평가 등 전문가들을 증인으로 채택한다.[20]

'밀러-햄링 테스트'(1973~1974)

1967년 대통령의 명에 의해 구성된 '음란 및 포르노 조사위원회(the Commission on Obscenity and Pornography)'는 보고서를 통해 위원 17명 중 12명이 포르노가

해롭다는 증거는 없으므로 금지법을 해제해야 한다는 결론을 내렸다. 이 결론에도 불구하고 상원과 리처드 닉슨 대통령 등 보수파는 강력 반발하였다. 여론의 반발도 커 1969년의 경우 전체 국민의 80%가 보다 강력한 포르노 단속을 요구하였다.

그런 사회적 분위기에 힘입어 1973년에 밀러(Miller) 판결, 1974년에 햄링(Hamling) 판결이 나왔다. '밀러 사건'은 마빈 밀러(Marvin Miller)라는 사람이 포르노 서적을 소개하는 광고지를 어느 레스토랑에 보냈다가 그 레스토랑 주인의 고발로 유죄 판결을 받은 사건이며, '햄링 사건'은 햄링을 비롯한 여러 사람들이 아이로니컬하게도 음란서적을 소개하기 위한 광고지에 '음란 및 포르노 조사위원회'가 낸 보고서에 실린 사진들을 합성해 사용한 것에 문제가 되어 유죄 판결을 받은 사건이다. '햄링 사건'에 대한 판결에서 소수 의견을 낸 더글라스 대법관은 '음란 및 포르노 조사위원회'에서 낸 공식 보고서에 실린 사진을 이용한 게 왜 문제가 되는지 모르겠다는 의견을 피력했다.[21]

밀러 판결은 다음의 3가지 요건이 충족될 때에 음란이라고 판시하였다.

첫째, 작품이 전체적으로 보아 동시대의 사회(전국적인 아닌 지역적) 가치를 지닌 일반 사람들에게 호색적 관심을 유발시키는 경우다.

둘째, 작품이 주정부의 법에 의해 구체적으로 명시된 성적 행위를 명백하게 도발적인 방식으로 묘사한 경우다.

셋째, 작품이 진지한 문학적, 예술적, 정치적, 또는 과학적 가치를 갖지 못한 경우다.

이 판결은 기준을 지역(local)으로 정함으로써 음란의 의미가 지역에 따라서도 달라질 수 있는 상대적인 것이라는 점을 분명히 했다. 미국은 너무도 크고 다양한 나라여서 모든 50개주를 하나의 공식에 넣어 판단할 수는 없다는 것이었다.[22] 이와 관련된 판결문의 일부 내용은 다음과 같다.

"미국 헌법개정 제1조가 메인주나 미시시피주의 사람들에게 라스베거스나 뉴욕에 사는 사람들이 용인하고 있는 것과 같은 행동의 규범을 받아들이도록 요구하는 것이라고 해석하는 것은 현실적인 것도 아니며 헌법해석의 견지에서 필요한 것도 아니다."[23]

또 이 판결에서 제시된 '문학적, 예술적, 정치적, 과학적 가치'는 '결점을 보완할 만한 사회적 가치'보다 훨씬 편협하다는 점에서 이전에 비해 보수적인 것이었다. 여기서 중요한 것은 '명백하게 불쾌한'이라는 기준인데, 연방대법원은 '하드코어 섹스물(hard-core sexual material)'이 그 기준에 해당된다고 밝혔다.[24]

그러나 밀러 판결 이후에 음란 단속이 강화되었다는 증거는 찾을 수 없는데 아마도 다음과 같은 3가지 이유 때문일 것으로 추정된다.

첫째, 기준을 로컬에 두어 기소를 매우 번거롭게 만들었다. 한꺼번에 소송을 제기하지 못하고 각 로컬별로 문제제기를 해야 하기 때문에 비용이 급증했다. 예컨대, LA의 경우 음란 1건당 기소 비용이 1만 달러에서 2만 5000달러로 올랐다. 둘째, 더 시급한 다른 주요 범죄가 범람했다. 셋째, 주가 연방대법원의 판결을 잘 따르지 않는 불이행(noncompliance)이 증가했다.[25]

미국의 음란물 규제 방식

음란 관련 판결은 법이론상으론 대단히 복잡하지만 현실적으론 대부분 '타협'에 의해 문제가 해결된다. 피고가 유죄를 인정하면 벌금형으로 대신해주는 것이다. 영리를 목적으로 하는 사람들의 경우엔 복잡하게 이론적으로 싸우느니 그렇게 타협하고 다시 영업을 계속하는 것이 훨씬 더 큰 이익일 것이다. 검찰의 입장도 어느 검사의 다음과 같은 말에 잘 나타나 있다. "음란물 유포를 막으면 되는 것이지 사람들을 감옥에 처넣는 게 우리 일은 아니잖아요."[26]

음란물을 상습적으로 판매하고 그것이 주종 업종이라는 것을 입증하면, 법원은 차후의 판매나 전시를 금지하는 명령을 내릴 수 있다.[27] 1977년 시애틀의 경우처럼, 법적으로 음란에 해당되지 않는다 하더라도 문제의 소지가 있는 에

로물들을 특정 지역에만 제한하여 영업을 할 수 있게 만들 수도 있다. 그러나 반대로 1972년 디트로이트의 경우처럼 그런 업종이 밀집하지 못하도록 규제하기도 한다.[28]

우편 검열은 고전적인 방법 같지만, 실제로는 가장 많이 사용하는 방법이다. 1종 우편은 검열하지 않으나 할인 혜택을 받는 잡지·책의 경우 검열을 하기도 한다. 1968년엔 수취인의 요청이 있을 경우 특정 우편물 발송을 금지하는 방안을 채택하기도 했다.[29]

드물게는 음란 판결을 받은 피고에게 금고형과 벌금형이 동시에 내려지는 건 물론 재산몰수령까지 가해지는 경우도 있다. 지난 1993년 연방대법원은 외설도서를 암매하여 유죄를 선고받은 서점 경영자의 재산을 주정부가 몰수한 사례에 대해 5대 4의 다수 의견으로 주 정부의 결정을 지지하는 판결을 내린 바 있다. 사건의 전말은 이렇다.

미네소타지구 연방법원은 1989년 자신이 경영하는 13개의 소매점을 통해 외설도서를 판매해 온 훼리스 알렉산더 피고에게 금고형 6년, 벌금 9만 달러(7500만 원 상당)를 선고하는 한편 암매행위·부패기관법(RICO) 위반죄를 적용, 알렉산더 피고 소유의 도매점과 소매점 전부를 주정부가 몰수하도록 명했다. 알렉산더 피고는 판결이 너무 극단적이며 도서판매까지도 할 수 없게 되었으므로 언론의 사전억제가 된다는 이유로 상고했다. 항소심에서는 1심 판결을 지지하며 언론의 사전억제에 해당되지 않는다고 밝혔다. 연방대법원의 다수의견은 하급심의 판결을 다음과 같이 지지했다.

"판결은 언론의 사전억제라는 헌법위반 요건을 구성하지 않는다. 판결은 제소인이 장래 언론활동을 하는 것을 금지하고 있지 않으며 이로 인해 사전에 인가를 받을 필요도 없다. 판결은 이전의 법률위반 행위에 의해 축적한 자산을 몰수하는 것뿐이다. 제소인은 성인용 서점을 개점할 수 있으며 에로틱한 것을 만들어 배포할 수도 있다."

이에 대해 케네디 판사는 다음과 같은 소수 의견을 냈다.

"알렉산더 피고의 유죄 판결과 포르노활동에 관심을 뺏겨 지금 무엇이 문제인가를 놓쳐서는 안 된다. 당 법원이 내리려고 하는 판결에 의하면 모든 서점과 언론이 단 하나의 유죄 판결 때문에 자산을 몰수당할지도 모르는 결과가 된다. 몰수 조항은 성인용 또는 분명한 성적 작품을 판매하는 사업과 관련된 모든 사람들에게 위협이 되는 것이다. 하급심의 판결을 뒤집지 않는 대법원의 판결은 자유로운 언론과 표현의 권리에 대한 명백한 침해이다."[30]

정부는 음란성의 논란이 있는 예술작품에 대한 지원을 철회할 수 있는가? 1990년 시작된 'NEA(국립예술기금) 대 캐런 핀리' 재판은 바로 이 문제를 다뤘다. 1998년 6월 25일 연방 대법원은 "NEA는 예술활동에 대한 공익자금 지원을 결정할 때 '일반적 윤리기준'과 '공익 가치'를 고려할 수 있다"고 판결함으로써 캐런 핀리를 포함한 예술가들에게 패배를 안겨 주었다. 대법원은 하원이 제정한 같은 내용의 법률이 표현의 자유를 침해한다고 볼 수 없다며 8대 1로 '합헌' 결정을 내린 것이다.[31]

미 의회는 1996년 반음란 조항을 제정, 음란물을 방영하는 케이블 TV사는 원치 않는 시청자들에게 그 내용이 송신되지 않도록 주파수를 차단하고 그런 장치가 없을 경우 어린이들이 시청하지 않는 시간대에만 방송하도록 했다. 이에 플레이보이 엔터테인먼트 그룹이 "방송시간 제한은 명백한 언론자유 침해"라며 소송을 냈다. 치열한 법정공방은 연방대법원으로까지 이어졌다. 2000년 5월 22일, 미국 연방대법원은 케이블 TV 성인채널의 방송시간을 오후 10시부터 오전 6시로 제한한 연방통신법상의 반음란 조항이 헌법에 위배된다는 판결을 내렸다. 연방대법원은 판결문에서 "수정헌법 제1조가 보장하는 언론의 자유가 무엇보다 우선"이며 "국민들은 정부의 간섭이나 통제 없이 어떤 사상을 지지하거나 거부할 수 있는 권리가 있다"고 밝혔다.[32]

2004년 2월 1일 미국 프로풋볼(NFL) 슈퍼보울 하프 타임 공연시 팝가수 재닛 잭슨이 노래를 부르는 동안 함께 무대에 오른 저스틴 팀버레이크가 잭슨의 상의를 잡아당겨 유두(젖꼭지)가 2초간 노출되는 사건이 벌어졌다. 원래는 다른 천으로 가려져 있었어야 했는데, 그것마저 같이 벗겨져버렸기 때문에 생긴 일이었다. 미국 방송 규제를 담당하는 FCC엔 50만 건의 항의가 폭주했으며, 쇼의 제작과 중계를 전담한 MTV · CBS(둘 다 Viacom 그룹 소속)는 55만 달러(약 5억 5000만 원)의 벌금을 물어야 했다.[33] 이 노출 사건은 미리 치밀하게 준비된 이벤트였다는 증거가 나왔다. 이 사고 이후 CBS는 그래미 시상식을 중계하면서 실제 시간보다 방영을 5분 늦춰 돌발화면을 걸러낼 수 있는 '방송시간 지연제'를 실시했다.[34]

이 사건이 미친 영향은 컸다. FCC 위원장 마이클 파웰(Michael K. Powell)은 2004년 4월 1일 사상 최초로 소집된 미국방송협회 확대회의(약 300여 명 참가)에서 만약 방송협회가 음란물 등의 방송을 자제하는 자율규제 조치를 취하지 않는다면 FCC가 직접 나서겠다고 경고했다. 방송협회는 이 경고를 귀담아 듣지 않았다. 그 결과 나온 게 방송품위시행법(The Broadcast Decency Enforcement Act)이다.[35]

2006년 6월 15일 조지 부시 대통령의 서명으로 발효된 방송품위시행법은 외설방송에 대한 벌금을 건당 27만 5000달러에서 300만 달러로 대폭 인상했으며, 3번 이상 이 법을 위반할 경우 FCC가 즉시 허가취소 청문회를 열 수 있게끔 했다. 이 법이 발효된지 1년이 지난 2007년 6월 1일 FCC는 새로운 법을 수용한 규칙을 채택했다.[36]

그러나 규제가 강해지면 늘 법원이 제동을 걸고 나서는 법이다. 2007년 6월 4일 제2순회항소법원은 FCC가 '순간적인 욕설(fleeting expletives)'까지도 외설에 포함시키는 새로운 규제정책에 제동을 가하였다. 이 사건의 발단은 NBC가 2003년 1월 19일에 생방송으로 골든 글러브 시상식을 방영할 때 수상을 한 가수 보노(Bono)가 "this is really, really, fucking brilliant. Really, really, great"라고 한 데 있다. 법원은 2대 1의 결정으로 FCC의 새로운 정책은 정책 변화의 정당한 근거를 적시하여야 하는 행정절차법(Administrative Procedure Act)상의 의무를 위반한 임의적이고 일시적인 결정이라고 판시하였다.[37]

한국의 음란 관련 법

음란에 관한 대표적인 법조문으로는 형법 제243조, 244조, 245조가 있다.

> 제243조(음화반포 등) "음란한 문서, 도화, 필름 기타 물건을 반포·판매 또는 임대하거나 공연히 전시 또는 상연한 자는 1년 이하의 징역 또는 500만 원 이하의 벌금에 처한다."
>
> 제244조(음화제조 등) "제243조의 행위에 공할 목적으로 음란한 물건을 제조·소지·수입 또는 수출한 자는 1년 이하의 징역 또는 500만 원 이하의 벌금에 처한다."
>
> 제245조(공연음란) "공연히 음란한 행위를 한 자는 1년 이하의 징역, 500만 원 이하의 벌금, 구류 또는 과료(科料)에 처한다."

특별법에 의한 성 표현물의 규제 입법엔 미성년자보호법, 공연법, 영화법, 음반 및 비디오에 관한 법률, 옥외광고물 등 관리법, 관세법, 외국간행물 수입배포에 관한 법률, 방송법, 출판사 및 인쇄소의 등록에 관한 법률, 청소년보호법 등이 있다.[38]

관세법 제146조는 "국헌을 문란케 하거나 공안, 풍속을 해할 서적, 간행물, 도화, 영화, 음반, 조각물 기타에 준하는 물품의 수출이나 수입을 금할 수 있다"고 규정하고 있는데, 팽원순은 "세관에서 실시하는 서적, 간행물 등에 대한 심사가 성격상으로 검열에 해당될 수 있다"고 지적한 바 있다.[39]

또 전기통신기본법 제48조의 2(벌칙)는 "전기통신역무를 이용하여 음란한 부호·문언·음향 또는 영상을 반포·판매 또는 임대하거나 공연히 전시한 자는 1년 이하의 징역 또는 1000만 원 이하의 벌금에 처한다"고 규정하고 있으며, 성폭력범죄의처벌및피해자보호등에관한법률 제14조(통신매체이용음란)는 "자기 또는 다른 사람의 성적 욕망을 유발하거나 만족시킬 목적으로 전화·우편·컴퓨터 기타 통신매체를 통하여 성적 수치심이나 혐오감을 일으키는 말이나 음향, 글이나 도화, 영상 또는 물건을 상대방에게 도달하게 한 자는 1년 이하의 징역 또는 300만 원 이하의 벌금에 처한다"고 규정하고 있다.[40]

1997년 3월 7일에 제정되어 7월 1일 발효된 청소년보호법은 다음과 같은 음란 관련 규제 조항의 규정을 위반한 자는 3년 이하의 징역 또는 2000만 원 이하의 벌금에 처하도록 규정하였다.

제10조 (청소년유해매체물의 심의 기준) ①청소년보호위원회와 각 심의기관은 제8조의 규정에 의한 심의를 함에 있어서 당해 매체물이 다음 각호의 1에 해당하는 경우에는 청소년보호매체물로 결정하여야 한다. 1. 청소년에게 성적인 욕구를 자극하는 선정적인 것이거나 음란한 것. 2. 청소년에게 포악성이나 범죄의 충동을 일으킬 수 있는 것. 3. 성폭력을 포함한 각종 형태의 폭력행사와 약물의 남용을 자극하거나 미화하는 것. 4. 청소년의 건전한 인격과 시민의식의 형성을 저해하는 반사회적 · 비윤리적인 것. 5. 기타 청소년의 정신적 · 신체적 건강에 명백히 해를 끼칠 우려가 있는 것. ②제1항의 규정에 의한 기준을 구체적으로 적용함에 있어서는 현재 국내 사회에서의 일반적인 통념에 따르며 그 매체물이 가지고 있는 문학적 · 예술적 · 교육적 · 의학적 · 과학적 측면과 그 매체물의 특성을 동시에 고려하여야 한다. ③ 청소년 유해 여부에 관한 구체적인 심의기준과 그 적용에 관하여 필요한 사항은 대통령령으로 정한다.

제17조 (판매금지 등) ①청소년유해매체물은 이를 청소년을 대상으로 판매, 대여, 배포하거나 시청 · 관람 · 이용에 제공하여서는 아니된다. ②제14조의 규정에 의하여 청소년 유해표시를 하여야 할 매체물은 청소년 유해표시가 되지 아니한 상태에서는 당해 매체물의 판매 또는 대여를 위하여 전시 또는 진열하여서는 아니된다. ③제15조의 규정에 의하여 포장을 하여야 할 매체물은 포장이 되지 아니한 상태에서는 당해 매체물의 판매 또는 대여를 위하여 전시 또는 진열하여서는 아니된다. ④청소년유해매체물의 판매금지 등에 관하여 기타 필요한 사항은 대통령령으로 정한다.

이와 같은 청소년보호법은 뜨거운 논란을 불러일으켰는데, 『씨네 21』 1997

년 7월 22일자는 다음과 같이 비판하였다.

"청소년보호법의 세부 조항은 차치하고 명시한 용어만 살펴보더라도 입법의 경직성은 한눈에 알 수 있다. '성인출입업소' 나 '청소년출입제한업소' 가 아니라 '청소년유해업소' 다. 시행령 규정에 따르면 만화대여점, 비디오대여점, 소극장 등 18개 업종이 '청소년유해업소' 다. 또 청소년유해매체물의 심의 기준으로 정한 13개 항목은 하나같이 '~지나치게 묘사한 것' '~조장하는 것' '~우려가 있는 것' 으로 되어 있다. 자의적인 판단에 따른 법 적용의 여지를 최대로 열어놓은 것이다. 심지어 국가보안법의 불고지죄처럼 '누구든지 청소년에게 유해하다고 생각되는 … 신고하여야 한다(제44조1항)' 는 '무시무시한' 규정까지 못 박아 두고 있다. 참 '놀라운' 법이 아닐 수 없다."

청소년보호법 제45조 제1항은 '유해 간행물로부터 청소년을 보호하고 간행물의 윤리적·사회적 책임을 구현하기 위하여 한국간행물윤리위원회를 설치한다' 고 규정하고 있다. 원래 한국간행물윤리위원회는 1970년 1월 19일 대한출판문화협회와 한국잡지협회가 공동으로 채택한 한국도서잡지윤리강령에 바탕을 두고 처음에는 신문윤리위원회와 마찬가지로 자율적 기구로 존재해오다가 청소년보호법이 제정되면서 법적 기구로 변신하게 된 것이다.

간행물윤리위원회는 위원장 및 부위원장을 포함한 10인 이상 20명 이내의 위원으로 구성토록 하고 있다(제45조 제2항). 심의는 사후심의를 원칙으로 하고 있으며 심의 기준은 '청소년에게 성적인 욕구를 자극하는 선정적·음란적인 것' '청소년에게 포악성이나 범죄의 충동을 일으킬 수 있는 것' 등을 비롯한 5가지 기준(동법 제10조 제1항)을 그 내용으로 하고 있다. 간행물윤리위원회는 이 기준에 따라 심의·결정한 후 청소년 유해매체물로 결정된 경우에는 이를 청소년보호위원회 또는 관계 행정기관의 장에게 위반 사실을 통보하고 필요한 조치를 건의할 수 있는 기능을 수행한다.[41]

2004년 11월 2일 청소년보호위원회는 청소년에게 유해한 내용을 담은 스포츠신문 『굿데이』에 과징금 600만 원을 부과하였다. 이는 청소년보호법에 의

해 정기간행물 발행자에게 과징금이 부과된 첫 사례다.[42]

2009년 6월 '음란물'의 표현도 헌법이 보장하는 언론·출판 자유의 보호 영역에 속한다는 헌법재판소의 결정이 나왔다. 다만 헌법재판소는 인터넷 등을 통한 음란물 유포 행위를 형사처벌토록 한 법률 조항은 헌법에 위배되지 않는다고 판단했다. 6월 7일 헌재 전원재판부는 음란물 유포 혐의로 기소된 최모씨 등이 "옛 정보통신망 이용촉진 및 정보보호 등에 관한 법률의 처벌 조항은 위헌"이라며 청구한 헌법소원 사건에서 재판관 만장일치로 합헌 결정했다고 밝혔다. 해당 법률 제65조(개정법 제74조) 1항 2호는 '정보통신망을 통해 음란한 부호·문헌·음향·화상 또는 영상을 배포·판매·임대하거나 공연히 전시한 자'를 1년 이하의 징역 또는 1000만 원의 벌금에 처하도록 하고 있다. 헌재는 우선 "'음란 표현'은 헌법 제21조가 규정한 언론·출판의 자유의 보호영역에는 해당하되, 국가 안전보장·질서유지 또는 공공복리를 위해 제한할 수 있는 것이라고 해석해야 한다"고 밝혔다. 음란 표현이 언론·출판 자유의 보호영역 밖에 있다고 해석해버리면, 그에 대한 최소한의 헌법상 보호마저도 부인하게 될 위험성이 있다는 게 헌재의 판단이다.

헌재는 이에 따라 1998년 내린 선례도 재판관 6대 3의 의견으로 변경했다. 당시 헌재는 "헌법적 보호영역 안에 있는 '저속'과 달리, 음란은 사회의 건전한 성도덕을 크게 해칠 뿐 아니라 사상의 경쟁에 의해서도 그 해악이 해소되기 어려워 언론·출판의 자유에 의한 보호를 받지 않는다"고 밝혔다. 그러나 헌재는 음란물 유포 행위에 대한 형사처벌은 "공공복리를 위해 필요한 기본권 제한으로 과잉금지 원칙에 반하지 않는다"며 합헌 결정했다. 재판부는 "'음란' 개념을 보다 구체화하는 게 바람직하겠지만, 현 상태로도 적정한 판단기준과 해석기준을 제시하고 있어 자의적인 법 해석이나 법 집행을 배제할 수 있다"며 "명확성의 원칙에 위반되지도 않는다"고 설명했다. 김희옥·이동흡·목영준 재판관은 선례 변경에 대해 "엄격한 의미의 '음란' 개념은 인간존엄 내지 인간성을 왜곡하는 노골적이고 적나라한 성 표현을 뜻하는 것으로 헌

법적 한계를 벗어난 표현"이라며 "언론·출판의 자유에 의해 보호되지 않는다"고 반대의견을 냈다.[43]

『채털리부인의 사랑』과 〈춘몽〉

1927년 영국의 작가 D. H. 로렌스는 이탈리아의 피렌체에서 『채털리 부인의 사랑』을 자비로 1000부를 찍어 가까운 친구들에게만 2파운드씩 받고 팔았다. 그는 1929년 5월 파리 출간본에서 「채털리 부인의 사랑에 대하여」라는 글을 통해 작가적 입장을 밝혔으나, 1930년에 사망했다. 이 책이 부분 삭제된 상태로나마 영국에서 처음 출판된 것은 1932년이었지만, 곧 금서로 묶였고 미국과 영국에서 30년 동안 법정 공방에 휘말렸다. 영국에서 무삭제본이 출간된 것은 1960년이었다. 미국에서도 『채털리 부인의 사랑』은 1959년 7월 연방지방법원, 1960년 3월에서야 연방고등법원에서 비음란물로 판결받았다.[44]

그런 파란만장한 역사를 가진 『채털리 부인의 사랑』은 일본과 한국의 음란 논란에도 큰 영향을 미쳤다. 한국의 음란 관련 판결은 일본의 영향을 많이 받았는데, 특히 일본에서의 '채털리 부인의 사랑' 사건(1957)에 대한 일본 최고 재판소의 다음과 같은 판결 내용이 한동안 한국에서도 적용되었다.

"예술적 측면에서 아무리 훌륭한 작품일지라도 이것과 차원을 달리하는 도덕적, 법적 측면에서 외설성을 갖고 있다고 평가될 수도 있다. … 예술이라고 할지라도 공중에게 외설한 것을 제공할 하등의 특권을 갖고 있지는 않다. 예술가도 그 사명을 완수함에 있어 수치감정과 도덕적 법을 존중해야 할 일반 국민이 부담해야 하는 의무에 위반돼서는 안 되기 때문이다. 외설성의 준재 여부는 순 객관적으로, 즉 작품 자체로부터 판단하지 않으면 안 되고 작가의 주관적 의도에 따라 영향받아서는 안 될 일이다."[45]

1967년 6월 10일 서울형사지방법원은 변태성욕자의 린치 행위를 다룬 영화 감독 유현목의 영화 〈춘몽〉에 유죄 선고를 내렸는데, 이는 일본 '채털리 부인의 사랑' 사건 판결을 원용한 것이었다. 문제가 된 장면은 주인공인 여인이 앞가슴 일부에 살색의 나일론 천을 두르고 나체로 음부를 노출시킨 채로 변태성 욕자에게 쫓겨 계단 위층으로부터 아래층계로 도망쳐 내려오면서 완전 나체가 된 모습을 약 6초가량 촬영해 보여준 것이었다.

판결문은 "위 영화는 상대방 여자에게 폭행, 린치, 전기고문 등 가혹한 행위를 하여 고통을 받고 신음하는 현상을 보고 또 이와 같은 행위를 당하고 남녀가 서로 성적인 자극과 만족을 얻는 것을 그린 후 이와 같은 상황에서 변태성 욕자에게 쫓기어 완전 나체로 달아나는 장면을 촬영한 것이므로 이는 현재 우리 사회의 건전한 양식에 비추어 정상인에게 이상적 성적 자극을 주고 수치·혐오의 감정을 일으키게 함에 족하다고 인정된다"며 다음과 같이 말했다.

"예술작품은 궁극적으로 인간의 성적 충동을 다루면서 그 정서에 호소하는 것이기 때문에 예술작품에 있어서의 그 성적 충동의 표현은 완곡하고 미화되어 나타나는 것이 정상적이나 예술인이 그 작품에서 성적 충동을 강조한 나머지 건전한 정상인에게 윤리적으로 혐오의 대상이 되는 내용을 싣고 이를 예술작품이라고 하고 그 예술성을 강조하더라도 작품이 갖는 음란성은 동시에 스스로 별개의 차원에 속하는 도덕적, 법적 측면에 있어서의 평가대상이므로 작품의 예술적 가치 여부는 별개의 개념인 그 음란성을 정하는 표준으로 될 수 없다. 따라서 (문제의) 영화가 인간의 선악 문제를 다룬 예술적 가치가 있는 작품이라 하더라도 별개의 측면인 법적 가치판단 기준에서 그 내용의 일부가 음란성을 띠고 있는 한 그 예술성의 유무는 그 음란성의 소장(消長: 쇠하여 사라짐과 성하여 자라 감)에 아무런 영향이 없다고 할 것이다."[46]

고야의 나체화 사건

1969년 7월 검찰은 시중에 범람하는 음란도서에 대한 일제 단속에 나섰다. 당시 서울지검 이종원 차장검사는 '외설 출판물 단속 3대 원칙'을 발표했다.

첫째, 성욕을 흥분 또는 자극하고 정상적인 수치심을 해하거나 성도덕 관념에 위해되는지의 여부가 사회통념, 즉 건전한 양식에 의해 판단되어야 한다.

둘째, 예술작품이라도 차원을 달리하는 법적인 면에서 음란성이 있다면 외설로 인정되어야 한다.

셋째, 작품이 발표되는 때와 장소에 따라 음란성이 판별되어야 한다.

이종원 차장검사는 이 같은 원칙을 발표하면서 외설 여부를 판별하는 데 있어 "작품 전체의 효과를 고려해야 한다는 전체 평가 원칙과 예술에 대한 소양이 적은 소인의 육감으로서 음란성을 독단하는 위험성을 배제하기 위하여 전문적인 비평가와 감정인의 의견을 음란성 인정의 주요 자료로 삼겠다"고 밝혔다.[47]

1970년 10월 30일 스페인 화가 고야의 명화 '나체의 마야'를 성냥갑에 부착 판매한 사람이 대법원에서 유죄 판결을 받았다.(1심에서 벌금 5만 원) 과학이나 예술작품은 본래 음란물은 아니지만 음란적인 부분만 따로 떼어서 상업적 목적으로 반포하게 되면 그것은 음란물로서 법적 규제를 받을 수 있다는 것이다. 대법원의 판결 요지는 다음과 같다.

"침대 위에 비스듬히 위를 보고 누워 있는 천연색 여자 나체화 카드 사진이 비록 명화집에 실려 있는 그림이라 하여도 이를 예술·문학·교육 등 공공의 이익을 위해서 이용하는 것이 아니고 다른 상품, 특히 성냥갑 속에 넣어서 판매할 목적으로 그 카드 사진을 복사 제조하거나 시중에 판매할 때에는 이를 보는 자에게 성욕을 자극하여 흥분시키는 동시에 일반인의 정상적인 성적 정서와 선량한 사회의 풍기를 해칠 가능성이 있다 할 것이므로 이를 음화라고 본다."[48]

이 판결의 이론적 배경은 '상대적 음란성 이론'이다. 이 이론은 "문서나 작품의 내용뿐만 아니라 작가나 출판자의 의도, 광고·선전·판매의 방법, 독자나 관람자의 제한성 등의 부수적 사정에 따라 음란성에 대한 평가가 달라진다는 이론"이다.

이에 대해 임병국은 "예컨대 성교(性交)에 관한 논문이 학술지에 실리면 음란성이 부정되지만 일간신문에 게재되면 음란성이 인정될 수 있고, 미술작품이라도 복제되어 일반에게 반포된 때에는 음란 도화로 처벌할 수 있다는 것이다. 대법원 판례가 고야의 '나체의 마야' 사건에서 명화집의 나체화를 성냥갑에 넣어서 시판할 목적으로 복사하여 제조한 것은 음란죄가 성립한다고 판시한 것도 상대적 음란 개념에 따른 것이다"며 다음과 같이 말한다.

"스위스, 일본 및 우리나라 판례도 종전 상대적 개념에 입각한 것이 주류를 이루었다. 상대적 음란 개념은 뚜렷한 내용이 없는 개념이므로 음란이라는 개념의 명확성이 결여되어서, 그 결과 처벌의 대상이 되는 행위의 사전의 명시 · 예고가 불충분하기 때문에 표현 자유에 위축적 효과를 주고, 그 인정이 판단자의 주관에 위임될 우려가 있어서, 그러한 의미에서 학문 · 예술 등의 자유가 부당하게 억압될 위험이 있다. 즉 동일한 작품이 그 전체적 내용은 도외시된 채 공개 대상의 범위에 따라 음란성 여부가 달리 결정된다면 불합리하다. 더욱이 접촉하는 사람의 부류에 따라 대상물의 음란성을 증감시킬 수 있다는 착상은 음란한 문서 · 도화의 범위를 불명확하게 할 위험이 있다. 음란성 여부는 대상물의 전체적 내용을 고려하여 그 대상물 자체에 부착된 객관적 성격 · 인상에 따라 평가해야 한다. 이 점에서 상대성 음란 이론을 따를 필요는 없다. 다만 음란성 여부의 판단은 부수 사정도 고려하는 종합적 고찰방식에 따라야 한다는 점에서 음란성 개념은 상대적이라 할 수 있다."[49]

「동경의 밤 25시」와 「서울의 밤」

수기 「동경의 밤 25시」 사건(1971년 6월 24일): 「동경의 밤 25시」라는 글은 월간지 『인기』가 일본 『주간 여성』의 글을 연재한 것인데 재벌 대기업의 간부들이 미혼 여사원과 놀아나는 내용을 담고 있었다. 이 수기를 실은 잡지는 서울형사지방법원에서 유죄 판결을 받아 항소를 하였는데, 항소심 판결 요지는 '히클린의 원칙'을 따랐다.

판결문은 "어떤 문서가 구체적으로 음란한가의 여부를 결정함에 있어서 그 판단의 기준은 일반 사회에서의 양식 즉 건전한 사회통념에 두어야 한다고 할 것인바 그 사회통념이란 결코 단순한 국민 개개인의 인식의 집합 또는 그 산술적 평균가치가 아닌 그들을 초월한 집단의식인 동시에 때와 장소에 따라 계속적으로 변천을 거듭하는 유동적인 관념이라고 하겠으므로 본건 음란성의 유무는 현재의 시점에서 본 우리나라 전체의 집단의식인 건전한 사회통념을 기준으로 하여 작품의 주관적인 의도를 떠나 객관적으로 판단해야 될 것이다"며 다음과 같이 말했다.

"이와 같은 관점에서 … 본건 수기는 재벌 상사의 40대 부장과 미혼 여사원(19세) 사이에 자동차 내에서의 성교 장면을 묘사함에 있어서 '내 것은 킹사이즈야, 킹사이즈란 흔치 않은 것'이란 부장의 말이라든가 '차 내에서 옆으로 누운 탓인지 좀처럼 잘 되지 않는다'라는 여사원의 말 … 등 성적 행위를 노골적이고도 상세하게 표현하고 있는바 이러한 표현은 한국의 현재의 시점에서의 건전한 사회통념에 비추어 보아 이를 읽는 사람에게 성욕을 자극하여 흥분시키는 동시에 일반인의 정상적인 성적 정서와 선량한 사회 풍기를 해칠 가능성이 있다 할 것이므로 결국 본건 수기 중 위 표현 부분은 음란성이 있다고 봄이 상당하다."[50]

박승훈의 문학작품 「서울의 밤―남대문에서 워커힐까지」와 「영점구멍과 뱀과의 대화」 사건(1973): 이 사건에 대해 서울 형사지법은 "비록 문예작품이라도 그 일부 내용이 음란성을 지닌 것이라면 그 작품이 음란물이 될 수 있다"는 요지의 판정을 하여 유죄(벌금형)를 선고하였다. 이 판결은 처음으로 문예작품에 대한 음란성 판정을 내린 것인데 이 역시 예술성과 음란성을 별개의 차원으로 볼 수 있다는 일본 판례의 이원론적 입장을 따른 것이었다. 이 판결에 대해 저자는 불복, 항소하면서 자신의 작품들은 "현대에 있어서의 성의 부패, 타락상을 있는 그대로 공개, 고발함으로써 사회에 경종을 울림과 동시에 현대인에 원죄로부터의 해방을 위한 미래 모색의 길을 터줌을 목적으로 한 고차원적인 예술작품으로서 음란문서가 아닐 뿐만 아니라 비록 부분적으로 음란한 표현이 있다고 하더라도 이는 작품이 갖는 고도의 예술성 내지 사상성에 의하여 순치되는 것이어서 음란문서로는 볼 수 없는 것"이라고 주장하였으나 항소심에서도 받아들여지지 않고 기각되고 말았다.[51]

이 사건은 1975년 「반노」 사건과 더불어 다분히 정치적인 동기가 작용한 사건으로 평가받고 있다. 팽원순은 "1969년 공화당 정부가 3선 개헌을 계획하게 되자 서울의 대학생들이 그에 반대하는 데모를 벌이면서 그 전초전으로 에로잡지, 도서 추방 캠페인을 전개하게 되었는데 그러자 검찰이 갑자기 음란도서 단속에 나서 문제 작품의 작가인 박승훈을 「반노」의 작가인 염재만 등과 함께 체포하여 구속, 기소한 것이었다. 작가인 박승훈은 미국의 소설가인 존 도스 파소스의 강한 영향을 받아 사회의 퇴폐상과 부정, 부패를 적나라하게 파헤쳐 이를 고발하려는 고발문학의 작가로서 문제의 작품들도 그러한 고발문학의 성격을 지닌 것이었다고 주장하고 있다. 그 점에도 불구하고 음란, 불량도서 일소를 내세운 검찰의 단속에 따라 그의 작품이 음란도서로 지목되어 재판을 받게 된 것이다"고 했다.[52]

유일상도 "우리나라의 음란물 무더기 단속은 반정부적 언론탄압과 거의 동시에 진행된 사례가 흔하다. 1969년 3선 개헌 반대운동에 대한 언론탄압에 앞서 제기된 작가 박승훈의 「서울의 밤―남대문에서 워커힐까지」 및 「영점구멍과 뱀과의 대화」 사건은 「반노」 사건과 더불어 이러한 시대상의 한 단면이었다. 박승훈의 작품은 제2심의 유죄 선고에 대해 애석하게도(!) 상고를 포기해 대법원 판례를 남기지 않았다"고 했다.[53]

염재만의 「반노」 사건 외

염재만의 소설 「반노」 사건(1975년 12월 9일): 이 소설에 나오는 남녀 간의 변태적인 성생활 묘사에 대해 대법원은 정상적인 성적 정서를 해칠 정도로 노골적이고 구체적인 묘사로 볼 수 없다며 무죄 판결을 내렸다. 이 소설은 1969년 7월 30일 서울지검에 기소된 지 1년여 만인 1970년 6월 11일 제1심에서 벌금 3만 원의 유죄 선고를 받고 2심에서 무죄 판결을 받았다. 항소심에서 무죄가 판결된 후에도 원고인 검찰 측은 2차에 걸쳐 불복 상고하였으나 그때마다 기각되었고, 결국 1975년 12월 9일 대법원은 최종심에서 역시 무죄를 확정하였다.

이 판결의 의의는 문학작품에 대한 음란성 여부는 작품 전체와 관련시켜 판단해야 하며 어느 한부분만 떼어놓고 논할 수 없다는 것이다. 이 작품은 남녀 성교를 직접 묘사하여 문제가 되었지만 당시 문제가 되었던 표현은 지금 기준으론 소박하기까지한데, 그 일부 내용은 다음과 같다.

"그는 날쌔게 내 볼에 입 맞추고 내 얼굴을 온통 핥습니다. … 자신의 옷도 벗고 내 옷도 익숙하게 벗깁니다. 서로의 나체만이 남습니다. 서로의 국부가 교면스러운 빛을 발산하면서 한껏 부조되고 그 위에 온갖 충동이 요동쳐 감깁니다. … 나는 옷을 벗었습니다. 그가 하라는 대로 그의 등 뒤에 올라타기도 하고 거꾸로 매달려 바둥대기도 했습니다. … 막 발버둥치는 그를 억지로 안아도 이불 위에 눕히고 힘을 다해 타고 누르면서 입술을 빨고 어깨며 허리를 사정없이 쥐어 비틀면서 힘차게 애무했습니다."[54]

유죄를 선고한 원심에 대해 항소심은 「반노」가 "그 주제나 표현에 있어서 선정적인 작품이라고 인정되지 아니함에도 불구하고 원심이 이를 음란문서라 하여 피고인에게 유죄를 선고한 것은 음란성에 관한 법리를 오해한 것"이라고 지적하면서 다음과 같이 판결했다.

"「반노」는 인간의 성에 대한 본능을 그 주제로 하고 군데군데 성교 장면이 나오기는 하나 남녀 간의 성교에서 향락적이고 유희적인 면을 탈피해버리고 본능에 의해 맹목적인 성교와 그 뒤에 오는 허망함을 반복 묘사함으로써 인간에 내재하는 성에 대한 권태와 허무를 깨닫게 하고 권태로부터 벗어나 새로운 자아를 발견하자는 것을 주제로 한 작품으로서 그 주제나 표현에 있어서 음란성 즉 선정적인 면이 없다고 인정된다."[55]

『애법』 및 『고위결혼』 책자 사건(1982년 2월 9일): 여자 누드모델의 6가지 성교 체위 사진 등을 수록한 『애법』과 48가지 성교 체위를 그린 그림과 사진 등을 담은 '고위결혼' 등의 사진집에 대해 대법원은 일반 보통인의 성욕을 자극하고 성적 흥분을 유발하고 정상적인 수치심을 해하는 것이라고 유죄 판결을 내렸다.[56]

영화 〈사방지〉 포스터 사건(1990년 10월 16일): 대법원은 동성애를 소재로 한 영화 〈사방지〉 광고 포스터 스틸 사진은 음화라는 판결을 내렸는데, 그 판결 요지는 다음과 같다.

"공연윤리위원회의 심의를 마친 영화작품이라 하더라도 관람객의 범위가 제한된 영화관에서 상영하는 것이 아니고, 관람객을 유치하기 위하여 영화 장면의 일부를 포스터나 스틸 사진 등으로 제작하였고, 제작된 포스터 등 도화가 그 영화의 예술적인 측면이 아닌 선정적인 측면을 특히 강조해 그 표현이 과도하게 성욕을 자극시키고 일반인의 정상적인 성적 정서를 해치는 것이어서 건전한 성풍속이나 성도덕 관념에 반하는 것이라면 그 포스터 등 광고물은 음화에 해당한다고 봐야 한다."[57]

『부부 라이프』 『명랑』 『러브다이제스트』 사건(1991년 9월 10일): 대법원은 이 잡지들에 대해 "성 계몽 지도서의 한계를 벗어나 음란성의 요건을 충족하고 있다"는 판단을 내렸다. 특히 "대중매체가 민주화와 개방의 바람을 타고 자극적이고 선정적인 방향으로 흐르고 있는 것이 일반적인 추세라 하더라도 정상적인 성적 정서와 선량한 사회풍속을 침해하고 타락시키는 정도의 음란

물까지 허용될 수는 없다"는 것이다.[58]

　조동수의 「꿈꾸는 열쇠」 사건(1995년 2월 10일): 조동수의 소설 「꿈꾸는 열쇠」는 피고 측이 작품의 음란성을 검증하기 위해 일반인을 증인으로 채택해 수치심을 유발하는지 확인해야 된다는 주장을 한 사건이었다. 이에 대해 대법원은 "최종적인 판단의 주체는 사건을 담당하는 법관인 만큼 법관이 자신의 정서가 아닌 일반 보통인의 정서를 규준으로 이를 판단하면 족하다"며 음란문서로 판단한 원심대로 징역 6월에 집행유예 1년을 선고하였다.[59]

마광수의 『즐거운 사라』 사건

마광수의 『즐거운 사라』 사건(1995년 6월 16일): 연세대 마광수 교수는 1992년 10월 29일, 『즐거운 사라』가 외설시비에 휘말리면서 검찰에 의해 음란물 제작 및 배포 혐의로 전격 구속되었다. 이에 대해 『한겨레』 10월 31일자 사설은 "작가의 창작 표현의 자유와 사회적 책임이라는 상충하는 과제는 물론 어제 오늘의 일이 아니다. 어느 사회에서나 시대 상황과 인간의식의 변화에 따라 예술과 외설의 거리를 재는 작업의 필요성이 끊임없이 제기되기 때문일 것이다. 다만 외설 시비를 불러일으켰던 문학작품이 해금되는 데 수십 년이 걸린 외국의 적지 않은 사례들이 보여주듯, 예술과 외설, 그리고 인간의 미의식에 대한 사법적 재단이란 아무리 신중해도 지나치지 않다는 점 또한 분명하다"며 다음과 같이 말했다.

　"그런 뜻에서 엊그제 검찰이 소설 『즐거운 사라』를 쓴 연세대 교수 마광수 씨와 이 책을 펴낸 도서출판 청하 대표 장석주씨를 구속한 처사는 이러한 '신중함'이 모자랐다는 걱정부터 앞세우게 된다. … 검찰이 신중하지 못했다고 생각하는 또 하나의 이유는 도주나 증거 인멸의 우려가 도무지 없는 대학교수와 출판사 대표를 덜컥 구속부터 시켜버린 과잉 조처에 있다. … 더 근본적으로 문학과 예술의 성 표현 문제에 공권력이 사법의 잣대를 들이대는 것은, 그것이 시위하는 창작활동에 대한 잠재적 제약을 감안할 때 결코 바람직한 일이 아님은 말할 필요조차 없다."[60]

마광수 교수는 1992년 12월 28일 1심에서 징역 8월 집행유예 2년을 선고받았다. 판결 요지는 "이 사건 소설은 다양한 종류와 형태의 성행위에 대한 묘사가 전반에 걸쳐 지속적으로 이어져 그 주조를 이루고 있고 … 성행위에 대한 묘사가 병적이고 동물적인 차원에서 통속적으로 형성화되어 있을 뿐 건강하고 인간적인 차원에서 이를 서술함으로써 인간의 성적 욕구의 본질을 제시하거나 삶에 대한 새로운 통찰이나 비전을 제시한 흔적을 찾아볼 수 없으며" 등이었다.[61]

마 교수는 1995년 6월 16일 대법원에서도 유죄 확정 판결을 받았다. 대법원은 "작가가 주장하는 '성 논의의 해방과 인간의 자아 확립'이라는 전체적인 주제를 고려한다고 하더라도 음란한 문서에 해당되는 것으로 보지 않을 수 없다"고 판시했다. "문학작품이라고 하여 무한정의 표현의 자유를 누릴 수는 없다"고 강조했다.[62] 판결의 법리적 요지는 다음과 같다.

"형법 제243조의 음화 등의 반포 등 죄 및 형법 제244조의 음화 등의 제조 등 죄에 규정한 음란한 문서라 함은 일반 보통인의 성욕을 자극하여 성적 흥분을 유발하고 정상적인 성적 수치심을 해하여 성적 도의관념에 반하는 것을 가리키고, 문서의 음란성의 판단에 있어서는 당해 문서의 성에 관한 노골적이고 상세한 묘사 서술의 정도와 그 수법, 묘사·서술이 문서 전체에서 차지하는 비중, 문서에 표현된 사상 등과 묘사·서술과의 관련성, 문서의 구성이나 전개 또는 예술성·사상성 등에 의한 성적 자극의 완화의 정도, 이들의 관점으로부터 당해 문서를 전체로서 보았을 때 주로 독자의 호색적 흥미를 돋우는 것으로 인정되느냐의 여부 등의 여러 점을 검토하는 것이 필요하고, 이들의 사정을 종합하여 그 시대의 건전한 사회통념에 비추어 그것이 공연히 성욕을 흥분 또는 자극시키고 또한 보통인의 정상적인 성적 수치심을 해하고, 선량한 성적 도의관념에 반하는 것이라고 할 수 있는가의 여부에 따라 결정되어야 한다."[63]

마광수 교수는 대법원의 유죄 확정 판결이 나온지 약 보름 후인 6월 말 연세대로부터 면직처분을 받았다. 당시 대법원의 유죄 확정 판결과 관련하여 대구 효성카톨릭대 최상천 교수는 다음과 같이 말했다.

"『즐거운 사라』 사건은 권력을 잡은 사람들의 횡포라는 측면에서만 우리나라 자유민주주의의 실체를 보여주는 것이 아니라, 권력에 대항할 수 있는 세력의 민주주의 인식에 대한 수준도 마찬가지로 보여주었다. 우리나라 언론의 수준은 누구나 인정하는 것이니 만큼 여기서 굳이 언급할 필요를 느끼지 않는다. 그러나 우리 사회를 지탱하고 있는 상당수의 진보적인 지식인이 『즐거운 사라』 사건에 대해 침묵을 지킨 것은 이해할 수 없다."[64]

2007년 마 교수는 홈페이지에 『즐거운 사라』를 올린 혐의로 약식기소돼 200만 원의 벌금형을 선고받았다. 1992년 마 교수를 구속시켰던 검찰이 15년 후에는 약식기소한 점을 놓고 "사회 인식의 변화를 보여주는 것"이라는 분석이 나왔다.[65]

『내게 거짓말을 해봐』 사건 외

『산타페』『이브의 초상』『에이스』 사건(1995년 6월 16일): 대법원은 ①일본 배우 미야자와 리에의 누드집 『산타페』에 대해서는 선정성보다 예술성을 강조했고 호색적 흥미를 돋우는 것이 아니라며 무죄를 선고했고, ②유명인사와 간통 사건으로 화제를 모은 가수겸 배우인 유연실씨의 사진첩 『이브의 초상』은 사회통념에 비추어 성욕을 흥분, 자극시킬 정도가 아니라며 무죄를 선고했으나, ③소피 마르소, 브룩 실즈, 마릴린 먼로, 샤론 스톤 등 세계적인 유명 여배우의 '야한' 사진을 실은 사진집 『에이스』에 대해서는 예술성 없이 선정적 측면을 강조하는 음화라며 유죄를 인정했다.(대법원은 1995년 6월 29일 『이브의

초상』을 출판한 도서출판 큐의 등록 취소는 재량권 남용이라는 판결을 내렸다.)[66]

『오렌지 걸』 사건(1997년 8월 29일): 대법원 형사3부는 전라 또는 반라 상태로 다양한 자세를 취한 여자 모델 사진이 수록된 사진첩『오렌지 걸』 등을 제조·판매한 혐의로 기소된 한아무개(35,여)씨에 대한 상고심에서 벌금 70만원을 선고한 원심을 확정했다. 판결 요지는 남녀 간 성관계 장면이나 음부가 완전히 노출된 사진이 아니더라도 보통사람에게 성적 흥분을 유발하거나 성적 수치심을 준다면 음화로 봐야 한다는 것이었다.[67]

『아마티스타』 사건(1998년 1월 13일): 외국에서 작품성을 인정받은 소설이라도 국내의 성적 도의관념에 어긋난다면 음란물로 봐야한다. 대법원 특별2부는 아르헨티나 작가 알라시아 스테임베르그의 소설『아마티스타』를 번역·출간했다가 출판사등록을 취소당한 열음출판사 대표 김수경씨가 부산 동래구청장을 상대로 낸 출판사등록 취소처분 취소청구 소송 상고심에서 이 같은 판결을 내렸다. 재판부는 판결문에서 "이 소설이 국제상 최종 후보에 올랐던 사실은 인정되나 우리 사회에서 용납될 수 없을 정도로 노골적이고 상세한 성묘사를 담고 있는 만큼 음란물에 해당한다"고 밝혔다. 이에 앞서 대법원은 1997년 12월 26일, 열음출판사의 등록 취소에 대해서는 소설의 음란성이 인정된다 하더라도 출판사의 등록 취소로 얻게 되는 공익보다 원고가 입게 될 불이익이 더 커 재량권 남용이라는 판결을 내렸다.[68]

장정일의『내게 거짓말을 해봐』 사건(1998년 2월): 1996년 가을 김영사에서 출간된 장정일의『내게 거짓말을 해봐』는 30대 후반의 조각가 제이와 여고생 와이의 파격적인 사랑을 소재로 다뤘는데 두 사람간의 섹스를 묘사한 부분이 너무 노골적이고 변태적이라고 하여 음란성 시비를 불러일으켰다. 출판사 측의 재빠른 책 회수에도 불구하고 김영사의 김영범 상무이사는 1996년 11월 13

일 구속되었고, 법원에 의해 12월 30일 『내게 거짓말을 해봐』는 음란물 판정을 받았다. 김영범 상무이사는 벌금형에 처해졌다. 프랑스에서 1996년 말에 귀국한 장정일은 1심에서 징역 10월의 실형을 선고받고 법정 구속됐으며 항소심 재판부의 보석 결정으로 석방됐으나, 1998년 2월 항소심에서 징역 6월에 집행유예 1년을 선고받았다. 재판부는 판결문에서 "피고인이 쓴 소설이 30대 유부남과 여고생 사이의 변태적인 성행위를 묘사함으로써 일반인들의 성적 흥분을 자극한 만큼 음란물로 인정된다"며 "그러나 피고인이 전업 작가인 점 등을 고려해 집행유예를 선고한다"고 밝혔다.[69]

『플레이보이』 한국어판 사건(1998년 7월 29일): 서울고법 특별8부는 『플레이보이』의 한국어판 간행을 추진하다 1997년 정기간행물 등록신청이 거부된 한국브라이트스타그룹(주)이 문화관광부 장관을 상대로 낸 정기간행물 등록신청 반려처분 취소청구 소송에서 '이유 없다'며 원고 패소 판결을 내렸다. 재판부는 판결문에서 "『플레이보이』란 이름 자체가 갖는 음란물로서의 상징성에 비춰볼 때 같은 상표가 붙은 의류 등과 달리 건전한 사회질서를 해칠 우려가 크다"며 "이를 허용할 경우 외국의 유사한 음란물 범람이 우려된다"고 밝혔다.

그러나 재판부는 1994년 누드화보집 『세미걸』을 펴냈다가 출판사등록을 취소당해 소송을 제기한 출판사에겐 승소 판결을 내렸다. 재판부는 판결문에서 "화보집에 모델의 알몸이 전라로 노출된 점이 인정된다"며 "그러나 여성의 음부가 그대로 드러나지는 않은 만큼 오늘날 성표현 자유화의 경향에 비춰 유두 정도의 노출은 음란물이 되지 않는다"고 밝혔다. 재판부 관계자는 "『플레이보이』 등의 정기간행물은 사회적 영향이 큰 만큼 엄격한 기준이 적용되는 게 당연하다"며 "음란성의 기준을 달리 적용하거나 형평에 어긋나게 판결한 것은 아니다"고 설명했다.[70]

일본 소설 『울』 전량 수거 파문 사건(1999년 9월): 『한국일보』 1999년 9월 28 일자는 "아쿠타가와상을 받은 일본 소설가 하나무라 만게쓰의 소설 『울(鬱)』 이 열흘 전부터 전량 수거되고 있다. 간행물윤리위원회와 청소년보호위원회 는 이 책이 혼음(混淫) 등 심각하게 음란한 내용을 담고 있다며 책을 낸 출판사 씨엔씨미디어에 책을 전량 거둬 폐기하도록 통보했다. 당국은 이 책이 청소년 보호법은 물론 형법(성풍속에 관한 죄)도 위반하고 있다는 판단"이라며 다음과 같이 말했다.

"『울』이 지나친 폭력성과 음란한 장면을 담고 있는 것은 사실이다. 출판사 도 이 점을 의식해 청소년 구독 불가의 딱지를 붙이고 비닐까지 씌워서 책을 팔았다. 씨엔씨미디어의 김일호 총괄이사는 '책을 내면서 어른까지 이 책을 보아서는 안 된다는 생각은 하지 않았다'고 말했다. 하지만 간행물윤리위의 판단이 내려지자 출판사의 태도는 돌변했다. 이의 제기 한번 해보지 않고 즉 시 책들을 수거했다. 마광수나 장정일 사건을 겪을 자신이 없었던 건지, 아니 면 이럴 줄 충분히 짐작은 했지만 다행스럽게도 판매를 허락한다면 그 음란·폭력성을 이용해 책을 좀 팔아보겠다는 '얄팍한' 상술이 생각대로 되지 못한 것인지는 알 수 없다. 아쿠타가와상 수상자라는 딱지가 하나무라 문학의 모든 것을 보증하는 것은 아니다. 하지만 과연 『울』이 한국의 어떤 성인도 손에 쥐 어서는 안 될 소설인지는 의문이다. 출판사가 제도권의 검열과 지시에 따라 이렇게 고분고분 책에 '사형(死刑)'을 집행한 것은 어쨌든 의외다."[71]

2000년대 들어 음란은 모두 다 인터넷으로 옮겨간 듯하다. 인터넷이 음란 논란의 소굴이 되었다고나 할까. 이는 다음 장에서 살펴보기로 하자.

공연음란죄

형법 제245조(공연음란) 공연히 음란한 행위를 한 자는 1년 이하의 징역, 500만 원 이 하의 벌금, 구류 또는 과료(科料)에 처한다.

임병국은 "여기서 '공연히'는 행위 상황에 해당하고 기본적 구성요건 행위는 음란행위이다. 이 점에서 음란물공연전시죄(제243조)의 '공연히'와 법적 성격이 같으며, 명예훼손의 '공연히'와는 다르다. 명예훼손죄의 '공연히'는 구성요건적 행위 상황이 아니라 명예훼손 행위의 수행 방법으로서 구성요건적 행위 방법이기 때문이다"며 다음과 같이 말한다.

"폐쇄공간에서 절친한 수인 사이에서 벌어진 음란행위는 여기에 해당하지 않는다. 몇 명 정도를 다수로 보느냐에 관해 두 사람이 보는 경우에 다수라고 할 수 없다. 현실적으로 다수가 인식했는지 여부는 묻지 않는다. 공연성(公然性)은 규범적 구성요건 표지이고, 공연음란죄를 잠재적 위험범으로 이해하는 한, 다수인이 현존하거나 왕래하는 장소(도로, 공원, 학교 운동장, 백화점, 음식점, 열차 객실, 해수욕장 근처의 해변 등)라면 극소수가 보거나 또는 현실적으로 통행인이 없더라도 공연성이 인정된다. 그러나 장소의 공연성만으로는 족하지 않다. 길거리에서 음란행위를 했더라도 남몰래 숨어서 또는 사람의 왕래가 드문 한적한 오솔길에서 행한 경우에는 공연성이 없다. 그러나 집안에서의 음란행위라도 외부에서 쉽게 볼 수 있도록 개방되어 있으면 공연성이 인정된다."[72]

(사례) 연극 〈미란다〉 사건: 이 사건은 1995년 초 〈미란다〉라는 연극 내용이 문제가 된 사건으로서 연극에 대한 음란성을 문제 삼아 재판에 회부된 우리나라 최초의 사건이라는 점에서 의미를 갖는다.[73] 문제가 되었던 내용의 줄거리는 다음과 같은 것이었다.

"연극 제5장의 '피고인은 옷을 모두 벗은 채 팬티만 걸친 상태로 침대 위에 누워 있고, 여주인공은 뒤로 돌아선 자리에서 입고 있던 가운을 벗고 관객들에게 온몸이 노출되는 완전 나체 상태로 성교를 갈구하는 장면을 연기하고…' 연극 제6장의 '…여주인공이 완전 나체의 상태에서 음부가 관람객들에게 정면으로 노출되는 방식으로 연기가 행하여졌다…'"[74]

피고는 1심에서 징역 6월 집행유예 1년을 선고받았는데, 1996년 6월 11일

대법원도 만장일치로 원심을 확정했다. 대법원 판결에서 제시된 음란성 판단 기준은 다음과 같다.

"형법 제245조의 공연음란죄에 규정한 음란한 행위라 함은 일반 보통인의 성욕을 자극하여 성적 흥분을 유발하고 정상적인 성적 수치심을 해하여 성적 도의관념에 반하는 것을 가리키는 바, 연극 공연행위의 음란성의 판단에 있어서는 당해 공연 행위의 성에 관한 노골적이고 상세한 묘사 · 서술의 정도와 그 수법, 묘사 · 서술이 행위 전체에서 차지하는 비중, 공연 행위에 표현된 사상 등과 묘사 · 서술과의 관련성, 연극작품의 구성이나 전개 또는 예술성 · 사상성 등에 의한 성적 자극의 완화의 정도, 이들의 관점으로부터 당해 공연 행위를 전체로서 보았을 때 주로 관람객들의 호색적 흥미를 돋우는 것으로 인정되느냐 여부 등의 여러 점을 검토하는 것이 필요하고, 이들의 사정을 종합하여 그 시대의 건전한 사회통념에 비추어 그것이 공연히 성욕을 흥분 또는 자극시키고 또한 보통인의 정상적인 성적 수치심을 해하고, 선량한 성적 도의관념에 반하는 것이라고 할 수 있는가 여부에 따라 결정되어야 한다." [75]

(사례) 노상 알몸시위 사건: 노상에서 알몸시위를 벌였다면 형법상 '공연음란죄'에 해당한다는 대법원 판결이 나왔다. 2000년 12월 31일 대법원 제2부 (주심 이강국 대법관)는 고속도로에서 경찰단속에 항의, 알몸시위를 벌인 혐의로 기소된 황모씨(23, 농업)에 대한 상고심에서 '음란행위에 해당한다'며 무죄를 선고한 원심을 깨고 사건을 수원지법으로 돌려보냈다. 재판부는 판결문에서 "알몸시위는 보통인의 정상적 수치심을 유발하는 행위"라며 "게다가 경찰관의 제지에 대항, 알몸시위를 벌였다면 '타인의 성적 수치심을 해한다'는 인식도 있었던 것으로 보이는 만큼 이를 음란행위로 간주해야 한다"고 밝혔다. 황씨는 2000년 4월 하남시 중부고속도로상에서 차를 몰고 가다 진로를 방해한다며 앞서 가던 문모씨와 시비를 벌이던 중 출동한 경찰의 제지에 항의, 옷을 모두 벗고 바닥에 드러눕는 등 시위를 벌인 혐의로 구속 기소됐다. [76]

(사례) 영국의 누드 재판: 2001년 1월 10일 영국 사법사상 처음으로 벌거벗은 채 법정에서 재판을 받았던 나체주의자 빈센트 베설(28)이 런던에서 열린 선고 공판에서 "누드가 대중에게 불쾌감을 유발하지는 않는다"는 배심원 평결을 받아내 석방됐으나 곧 다시 체포됐다. 5개월간 독방에 수감됐던 베설은 알몸으로 법정을 빠져나와 영하에 가까운 날씨 속에서 "인간적인 것은 범죄가 아니다"라고 외치며 법적 투쟁의 승리를 자축하다가 다시 체포된 것이다. 조지 배서스트-노먼 판사는 배심원 평결이 무한정 알몸으로 맘껏 뛰어다닐 수 있도록 허가한 것이 아니며 누드를 금지한 현재의 법은 계속 유효하다고 지적했다. 이에 앞서 그는 나체로 버킹엄궁으로 행진하고 국회의사당 맞은편 나무를 기어오르는 등 다채로운 알몸시위 경력으로 숱하게 체포된 바 있다. 특히 이번 재판 중에는 알몸으로 법정에 출두할 수 있도록 허용을 받음으로써 사법사상 신기록을 세우기도 했다.[77]

(사례) 생방송 중 의도적 성기 노출: 2005년 7월 30일 MBC 생방송 주말프로 〈음악캠프〉에서 초대형 사고가 터졌다. 오후 4시 15분쯤 펑크그룹 '럭스'의 공연 도중 함께 무대에 오른 퍼포먼스팀 '카우치' 멤버 두 명(각각 27세, 20세)이 갑자기 바지를 벗어내리고 춤을 추는 등 의도적으로 성기를 5초 정도 노출시킨 화면이 방송되는 사고가 발생했다. MBC는 공식 사과하고 출연자 고발과 함께 프로 중단 결정을 내렸다.[78] 경찰은 알몸을 드러낸 두 명을 공연음란 및 업무방해 혐의로 불구속 입건했다.

〈음악캠프〉홈페이지의 '시청자 의견' 코너에는 하루 만에 1만 건이 넘는 비난 댓글이 쇄도해 한때 서버가 다운되기까지 했지만, 그와 동시에 "동영상과 방송 장면을 캡처했으니 보러 오라"는 유혹성 댓글도 쏟아져 한 포털 사이트에 올려진 캡처 사진은 5000명이 넘는 누리꾼이 내려받기도 했다. 자신의 미니홈페이지 조회수를 높이려는 거짓 홍보 메시지를 담은 댓글로 난무했는데, 한 누리꾼은 자신의 미니홈페이지 주소를 댓글에 수십 차례 도배해 다른

누리꾼들에게서 항의를 받기도 했다.[79]

경찰 수사 결과, 이들은 방송 며칠 전부터 '화끈한 신고식'을 준비했으며 "바지를 까고 난장을 치겠다"고 말한 것으로 알려졌다. 경찰은 8월 4일 두 사람에 대해 사전구속영장을 신청했으며, 이들은 구속되었다. 이들은 각각 징역 2년, 1년 6월을 구형받았으나, 9월 27일 서울남부지법은 카우치 멤버 2명에게 각각 징역 10월과 8월에 집행유예 2년을 선고했다.

재판부는 판결문에서 "방송 출연 전에 복장과 분장 및 눈짓을 주고받고 그 전날 했던 발언 등을 감안하면 범행을 사전에 모의할 의사가 있었다고 판단돼 업무방해가 성립한다"며 "시청자를 충격에 빠뜨리고 방송 관계자들에게 현실적·재산적 피해를 입힌 점을 고려하면 처벌이 불가피하다"고 밝혔다. 재판부는 그러나 "젊은 나이의 혈기에 범행을 저지른 점, 상당 기간 구금돼 반성할 기회가 있었고 업무방해를 해야겠다는 구체적 목적이 있지는 않아 보인다는 점, 범죄 전력이 없다는 점 등을 감안해 집행유예를 선고한다"고 밝혔다.[80]

이 사건이 일어난 지 한 달 뒤 지상파 방송3사는 공동성명을 발표하고 "생방송 돌발사고 예방장치를 마련하겠다"고 약속했다. 이에 따라 MBC는 프로그램 제목을 〈쇼 음악중심〉으로 바꾸고 5분 지연방송을 했으며, KBS는 일요일 오전 방영되던 〈뮤직뱅크〉를 금요일 오후 사전 녹화로 바꾸었다. SBS는 소극적이었는데, 1년 뒤 사고가 터지고 말았다. 2006년 8월 20일 SBS 생방송 음악프로그램인 〈인기가요〉 방송 도중 한 여성그룹 댄서가 실신해 발작을 일으킨 사건이 일어난 것이다. 이에 SBS는 "30초였지만 시청자들에게 충격적인 장면이 노출됐다는 점에서 제작진의 미흡함을 인정한다"며 "오는 26일 방송부터 5분 지연방송을 할 계획"이라고 밝혔다.[81]

(사례) 바바리맨 구속: 2006년 9월 25일 의정부지법은 길가던 여학생과 주부들이 보는 앞에서 음란한 행위를 한 박모씨(39)에 대해 성폭력범죄의처벌 및 피해자보호등에 관한 법률위반 혐의로 청구된 구속영장을 발부했다. 영장실

질 심사에서 법원은 피의사실이 상습적으로 이루어지고 피해자가 다수 발생해 사회불안을 가중시켜 격리 필요성이 인정된다며 구속사유를 밝혔다. 그동안 바바리맨은 대개 경범죄로 처리돼왔는데, 법원이 바바리맨에게 구속영장을 발부한 것은 더 이상 이들을 단순한 풍속사범으로 방치하지 않겠다는 의지로 해석되었다.[82]

경범죄처벌법 제1조 41호 과다노출 조항은 '여러 사람의 눈에 띄는 곳에서 알몸을 지나치게 내놓거나 속까지 들여다보이는 옷을 입는 자, 가려야 할 곳을 내놓아 다른 사람에게 부끄러운 느낌이나 불쾌감을 준 자'에 해당된다. 2005년 과다노출로 즉결심판에 넘겨진 사람은 모두 118명이었다. 이들은 경범죄처벌법에 따라 10만 원 이하의 벌금, 구류 또는 과료의 형이 내려졌다. 그러나 형법인 공연음란죄가 적용됐다면 처벌 수위는 훨씬 올라갔을 것이다. 공연음란죄는 1년 이하의 징역 또는 500만 원 이하의 벌금 등에 처해진다. 2006년 11월 경찰청이 경범죄의 대명사로 불리는 과다노출을 경범죄 유형에서 삭제할 계획이라는 소식에 시민들은 당장 "거리에서 옷을 벗고 다녀도 괜찮은 건가" 등 갖가지 궁금증을 쏟아냈다. 『국민일보』는 경찰 및 전문가들이 밝힌 가이드라인을 소개했다.

여성들 앞에서 성기를 노출시키는 속칭 '바바리맨'은 현재도 공연음란죄로 처벌돼 과다노출 삭제와는 상관없다. 다만 속옷을 입고 거리를 다니는 것 자체로는 공연음란죄를 적용하기 어렵다. 경원대 법학과 최영승 겸임교수는 "단순히 속옷 차림으로 활보했다면 공연음란죄로 처벌하기 쉽지 않다"며 "노출 수위와 다른 사람들이 느낀 혐오감 등을 고려해 검찰이 기소 여부를 고민하게 될 것"이라고 말했다.

공공장소에서 알몸(누드) 퍼포먼스를 하면 예술성이나 상업성 등을 따져봐야 한다. 2005년 1월 서울 명동에서 모피 사용에 반대하는 알몸시위를 벌였던 미국 환경단체 회원들은 과다노출로 벌금 5만 원을 냈다. 과다노출 조항이 삭제되면 법적 처벌 없이 단순 해프닝으로 마무리될 가능성이 높은 행위였다.

반면 국내 한 우유회사가 누드모델들을 동원, 알몸홍보 행사를 벌인 데 대해 2006년 1월 대법원은 공연음란 혐의로 유죄를 선고했다. 행위예술로의 성격은 있지만 상업적 행위인데다 정도를 넘어선 음란성을 부정할 수 없다는 게 이유였다.[83]

(사례) "길에서 음란행위 혐의 교사 해임 정당": 2008년 12월 2일 서울고등법원 제4행정부는 술에 취해 길에서 자위행위를 하다 경찰에 체포돼 해임된 서울 H고 노모(47) 교사가 교원소청심사위를 상대로 낸 소송에서 원심을 깨고 원고 패소 판결했다. 노 교사는 2007년 3월 만취한 상태로 자신의 집 근처 길에서 자위행위를 하다 남녀 고교생들의 신고로 경찰에 체포됐다. 재판부는 판결문에서 "여학생까지 있는 상황에서 공연음란행위를 한 것은 교육적 견지에서 용인될 수 없고, 또 노 교사가 상당한 사회적 물의를 일으켜 학생, 학부모들의 교사들에 대한 불신과 불만을 초래했다"고 밝혔다. 재판부는 또 "단순 노상방뇨라고 주장하며 선처가 되지 않을 경우 학교에 혼란이 초래될 것이라는 내용의 탄원서를 학생에게 나눠주고 학부모 서명을 받아오게 한 점 등은 자신의 잘못을 반성하고 있다고 보기 어렵다"며 "결국 해임처분이 사회통념상 현저하게 타당성을 잃거나 재량권을 남용했다고 볼 수 없다"고 판시했다.[84]

(사례) "18禁? 13禁? 7禁? '벗는 공연' 등급 딜레마": 현행 공연법에는 영화처럼 관람 등급 규정이 없다. 공연에 대한 각본 심의와 등급 심사는 1999년 이후 사실상 폐지됐다. 영화는 영상물등급위원회 심의에서 전체 관람가, 15세, 18세 이상 관람가 등으로 결정되지만 공연의 등급은 제작사의 몫이다. 미국 브로드웨이나 영국 웨스트엔드도 마찬가지다. 국내 공연의 관람 등급은 3세부터 19세 이상 관람가까지 다양하다. 등급은 예매 사이트에 공지되고 서울연극센터가 매달 발행하는 '대학로 문화지도'에도 표시돼 있다. 다만 현장 구매 때는 미리 알려주지 않는다. 이와 관련, 『동아일보』 2009년 5월 28일자는 다음

과 같이 말했다.

"16일 막을 내린 연극 〈페르귄트〉를 남자친구와 보러 갔던 직장인 고선영 씨(34)는 공연 중 시선을 어디에 둬야 할지 몰라 머릿속이 하얘졌다. 연극에는 전라(全裸)의 남자 배우 두 명이 등장했다. 이 씨는 '예매 사이트에 17세 이상 관람가라는 사실과 동화 같은 포스터가 있어 파격적인 장면이 나올 줄 몰랐다'고 했다. … 서울연극제 폐막작이었던 〈길 떠나는 가족〉(13세 이상 관람)에서는 광기 어린 이중섭(정보석)이 팬티를 벗고 성기를 소금으로 씻는다. 좌석에 따라 노출 부위가 달리 보인다. 〈불가불가〉(만 7세 이상 관람)에서도 독립군의 아내가 고문받는 장면에서 상반신을 드러낸 채 철봉에 매달린 뒷모습이 나온다. 6월 30일 시작하는 브로드웨이 뮤지컬 〈스프링 어웨이크닝〉(고등학생 이상 관람)은 사춘기를 겪는 멜키어와 벤들라의 성행위가 신체 일부의 노출과 함께 묘사된다. 제작자들은 공연 등급을 정하며 고민에 빠진다. 공연 내용이 파격적이어서 18세 이상 관람가로 정하면 공연 자체보다 노출 사실만 부각될 수 있기 때문 … 자칫 '18금(禁)'을 홍보 전략으로 삼는다는 비판도 불거질 수 있다. … 그렇다고 노출 수위를 무시하고 낮은 등급을 정하면 항의도 피할 수 없는 일. 30대 아줌마들의 수다를 다룬 뮤지컬 〈걸스 나잇〉은 '제2의 맘마미아'라는 홍보문구를 내걸었다가 모녀 관객이 몰려들어 고민에 빠졌다. 부부 관계와 관련된 센 성적 농담들이 자주 등장하기 때문이었다. 공연 제작사 측은 항의를 면하기 위해 공연 전 농담을 섞어 녹음방송을 했다. '이 공연은 미성년자 관람불가입니다. 옆에 미성년자가 있으면 관공서에 신고해주시고 그래도 보겠다고 하면 발밑에 깔아주세요.'"[85]

제13장

인터넷과 음란

미국의 통신품위법 논란

1996년 2월 미국 상원의원 제임스 엑슨은 인터넷에서 다운로드 받은 외설적이고 폭력적인 자료들을 모아 의회 동료들을 설득해 이런 자료들을 불법화할 수 있는 통신품위법안(Communications Decency Act)을 제안 및 통과시켰다. 2월 8일 빌 클린턴 대통령의 서명을 거쳐 시행에 들어간 '정보통신법안(Telecommunications Act)'에 포함된 '통신품위안'은 인터넷 통제를 목표로 한 것이었다. 이 법은 컴퓨터 통신망을 통해 18세 이하의 청소년들에게 '상스러운(indecent)' 또는 '명백히 모욕적인(patently offensive)' 내용의 표현물을 전송하는 것을 금지시켰다. 이 법을 위반한 사람들은 최고 2년 이하의 징역과 25만 달러 미만의 벌금형을 받게 되었다.

　단, 인터넷에 포르노물을 게시하긴 하지만 신용카드번호나 성인 전용 비밀번호 등을 사용해 청소년들이 접근할 수 없도록 적절한 조치를 취했다고 인정될 경우는 처벌을 면할 수 있다는 단서조항이 첨가되었다. 인터넷을 통해 포르노를 제공하는 업자들은 이미 청소년들이 접속하지 못하도록 신용카드번호나 성인확인시스템 등을 개발해 사용하고 있었기 때문에 통신품위법을 무서워할 필요가 없었으며, 은근히 반가워했다.[1]

그러나 1주일 후 20개 시민단체가 개인 권리 침해의 우려가 있다며 제소한 데 대해 1996년 6월 11일 필라델피아 연방지방법원 3명의 판사 모두 통신품위법이 위헌이라고 판결했다. 이 법안의 '상스러운(indecency)'이라는 표현이 지나치게 모호해서 인터넷상의 자유로운 발언권을 침해할 우려가 있다는 시민단체의 주장을 받아들인 것이다.

판결 내용과 의미에 대해 장호순은 "법정에 제시된 증거에 비추어 인터넷은 방송보다는 인쇄매체에 유사하다는 결론을 얻었다고 판사들은 설명했다. 재판부는 텔레비전이나 라디오를 켜는 경우와 마찬가지로 인터넷 사용자들이 예기치 않게 음란물을 컴퓨터 화면에서 발견하는 경우는 거의 없을 것이라고 보았다. 간단히 마우스를 조작해 인터넷에서 정보를 쉽게 입수할 수는 있지만 단순히 라디오 다이얼을 돌리거나 텔레비전 채널을 바꾸는 것보다는 훨씬 복잡한 사용 지침을 따라야 하기 때문이었다. 따라서 인터넷 사용자가 성적인 표현물을 우연히 접하게 될 기회는 거의 없다고 보았다"며 다음과 같이 말한다.

"재판장이었던 슬로비터 판사는, 청소년들을 보호하는 것은 정부의 마땅한 의무이지만 헌법상 보장된 표현의 자유를 제약하는 정부의 규제가 허용되기 위해서는 그러한 조치가 절실히 필요하고 그 방법 외에 다른 대안이 없다는 것을 입증해야 한다는 것이 연방대법원의 판례라고 지적했다. … 또한 슬로비터 판사는 아동을 보호한다는 이유로 성인들의 표현의 자유를 침해하는 것은 용납할 수 없다고 강조했다. 통신품위법이 적용되면 성행위를 묘사한 영화나 연극, 책 등에서부터 현대미술이나 사진까지도 금지될 것이기 때문이었다. 이렇게 될 경우 인터넷은 결국 어린이들을 위한 놀이터에 머물고 그 무한한 잠재력은 사장될 것이라고 경고했다. 그녀는 또 통신품위법이 규제하는 정보 중에는 성인뿐만 아니라 미성년자들에게도 중요한 문학적 · 예술적 · 교육적 정보가 포함될 수 있다고 보았다."[2]

이 판결에 대해 법무부는 즉시 연방대법원에 상고하였고 연방대법원도 이를 허가하였다. 1997년 6월 26일 연방대법원은 '연방통신품위법'에 대해 7대 2로 위헌 판결을 내렸다. 그 판결 요지 역시 새로운 통신매체로 등장한 인터넷에서의 언론 자유는 책이나 신문 같은 활자매체의 경우와 마찬가지로 보호되어야 한다는 것이었다. 이와 함께 대법원은 인터넷 규제를 담은 법안의 '품위없는' '명백히 저속한' 같은 표현이 지나치게 불명료해 논란의 여지가 많다고 밝혔다. 존 폴 스티븐스 대법관은 "이 법안은 인터넷의 상당히 큰 부분을 손상시킬 우려가 있다"고 했는데, 미성년자가 음란물로부터 보호될 권리가 있는 만큼 성인들이 그같은 표현물을 향유할 권리도 중요하다는 것이다.

이 판결은 즉각적으로 큰 반향을 불러일으켰다. '민주주의와 과학기술센터'의 제리 버만은 이번 결정이 "21세기의 권리장전"이라며 큰 환영의 뜻을 보였고, 인터넷 규제에 반대해온 패트릭 리히 상원의원도 "언론 자유 정신의 승리"라고 기뻐했다. 컴퓨터 황제 빌 게이츠도 이 결정에 즉각 환영의 뜻을 표했다. 반면 포르노 규제를 주장해온 시민 · 종교단체 회원들은 앞으로 미성년자와 어린이들이 음란물에 무방비로 노출될 것이라고 우려하면서 판결 직후 대법원 앞에서 항의 시위를 벌이는 등 반대 목소리를 높였다.[3]

그러나 연방대법원의 위헌 판결을 무조건 반길 일만은 아니라고 말하는 사람들도 적지 않았다. 유현오는 "인터넷에서 파란 색깔의 조그마한 리본이 붙은 사이트를 만나는 경우가 있다. 이 '블루리본'은 1996년 미국 정부가 추진한 '통신품위법'에 대한 반대의 상징으로, '표현의 자유'를 지키려는 수많은 네티즌들의 호응을 얻었다. … 그러나 이 운동은 '인터넷 상품화'의 주역인 '자본'에 대해서는 침묵함으로써 '반쪽 승리'에 머물 수밖에 없었다. 문제는 바로 '표현의 자유'라는 개념의 한계에 있었다"며 다음과 같이 말했다.

"세월의 흐름은 '제1차 수정조항'을 작성한 독립투사들이 전혀 짐작할 수 없었던 문제들을 만들었다. … 18세기에 비해 가장 달라진 것은 통제가 불가능할 정도로 커져가는 다국적 거대 기업들의 출현일 것이다. 특히 몇몇 미디어 기업들은 신문·잡지에서 영화·TV·케이블 TV·위성방송·인터넷까지 각종 매체들을 소유하고 전 세계적으로 시장을 넓혀가고 있다. '늑대(국가권력)'의 횡포로부터 '양(시민사회)'을 지키려는 목적에서 발전된 '표현의 자유'는 오히려 이들 '호랑이(다국적자본)'에 날개를 달아주는 논리가 돼버렸다. '블루리본 운동'의 성공 이면에 드리워진 그림자가 더욱 짙게 느껴지는 것은 바로 이런 이유 때문이다.[4)]

미국의 '어린이 온라인 보호법'

'블루리본 운동'의 성공 이면에 드리워진 '그림자'는 미 의회로 하여금 인터넷 음란물 검열을 다시 시도하게끔 하는 자극이 되었던 것일까? 1998년 10월 미국 하원은 미성년자의 음란 사이트 접속을 제한하는 '어린이 온라인 보호법(COPA: Child Online Protection Act)'을 통과시켰다. 이 법은 "실제의 성행위 장면을 묘사하거나 각종 변태적 성행위, 남녀 성기나 여성의 가슴 등이 화면에 나타나는 상업적인 사이트"로 음란의 내용을 규정하고, 음란 인터넷 사이트에 미성년자를 가입시키는 사업자, 미성년자가 음란 인터넷 사이트에 접속할 수 있도록 해주는 모든 사람에 대해 5만 달러의 벌금과 6개월의 징역형에 처하도록 했다. 이 법안을 추진했던 댄 코츠 상원의원은 "인터넷에 횡행하는 외설적이고 천박한 형태의 음란물로부터 어린 자녀들을 보호할 수 있는 이성적인 방안을 찾는 것이 우리 목표였다"라고 말했다.

그러나 일부에서는 실제로 미성년자의 접속을 얼마나 막을 수 있을지 그 효과가 의문시되고, 미국이 아닌 나라에서 제공되는 사이트에 대한 규제가 안 되며, 인터넷 사이트의 통신 자유를 억제할 우려가 있다며 반론을 폈다. 여러 시민단체들과 비평가들은 "어린이를 보호한다는 명분으로 상원이 추진하는 수정법안은 2년 전 입안했다 좌절된 통신품위법의 재판에 불과하다"면서, "결국 인터넷상의 표현의 자유를 억압하게 될 것"이라고 비판했다.[5]

1998년 10월 22일, 미국 출판업계와 의학계, 동성애 단체들은 '어린이 온라인 보호법'이 언론자유 등을 침해할 우려가 있다면서 연방법원에 법시행 금지를 요구하는 가처분 소송을 냈다. 이들은 문제의 법률이 성문제에 관한 여성의 자유와 예술품, 후천성면역결핍증(에이즈), 유방암 등에 관한 인터넷상의 토론을 규제하는 데 이용될 수 있다면서 헌법이 보장하는 언론자유를 모욕하는 것이라고 비난했다. 미 민권자유연맹의 내딘 스트로센 회장은 "이 법률은 어린이들을 위한다는 명목을 내세우고 있지만 그보다 언론자유를 침해할 소지가 크다"면서 시행 반대를 위해 투쟁할 것이라고 말했다.[6]

'어린이 온라인 보호법'은 1999년 1월 필라델피아 연방법원에 의해 저지되었다. 연방법원은 이 법이 자기검열을 초래할 것이며, "이로 인해 나타난 부정적인 영향은 결국 헌법에서 보장하고 있는 자유로운 표현에 대한 검열로 귀결될 수 있으며, 이는 원고(시민)에게 돌이킬 수 없는 해를 미치게 될 것"이라는 주장을 받아들여, 이 법의 시행을 보류하는 예비명령을 내린 것이다.[7]

리차드 스피넬로(Richard Spinello)는 '통신품위법'과 '어린이 온라인 보호법' 등에 대한 일련의 판결 덕분에 인터넷 게재물 통제의 짐은 부모와 지역단체가 떠맡게 되었다며, 이와 같은 지역공동체의 권한은 몇 가지 문제를 제기하고 있다고 말한다.

"지역공동체나 (학교, 감옥, 도서관 등과 같은) 기관들이 어느 정도까지 인터넷상의 게재물 통제에 대한 직접적인 책임을 져야만 하는 것일까? 예를 들어 도서관은 인터넷상의 음란물로부터 나이 어린 이용자들을 보호하기 위한 차단 프로그램의 사용 여부를 고려해야만 한다. 이것이 과연 지역공동체나 기관의 규범을 유지하기 위한 유익하고 현명한 방법인가? 또는 이러한 성격의 검열이 사고의 자유로운 흐름이라는 도서관의 전통적인 책무와 양립할 수 있는가?"[8]

이제 그밖의 다른 음란 관련 사례들을 살펴보도록 하자.

1999년 4월 19일 연방대법원은 인터넷 이메일을 통해 음란한 내용을 유포시키는 행위를 금지한 연방법률이 미 헌법이 보장하는 언론 자유에 위배되지 않는다고 판시했다. 대법원은 인터넷 이용자들이 익명으로 공공관리자들에게 저속한 용어의 메일을 보낼 수 있는 'annoy.com' 웹사이트를 개발한 아폴로 미디어가 "1996년에 제정된 통신품위법의 일부 조항이 언론 자유를 침해하는 위헌"이라고 상고한 데 대해 이렇게 밝혔다.

문제의 법조항은 "다른 사람들을 성가시게 하거나 학대, 위협, 공격할 의도를 갖고 외설적이거나 선정적, 추잡한 또는 점잖지 못한 통신을 전송하는 것은 범죄행위에 해당한다"고 규정하고 있다. 미 연방법원은 그러나 "오직 음란한 내용물만이 미 헌법상의 보호를 받지 못한다"는 주석을 달아 문제의 법조항이 합헌이라고 판시했으며 대법원은 이러한 해석을 확인했다. 전문가들은 이 판결이 앞으로 미국 내에서 인터넷 이메일을 통한 음란물의 유포에 결정적인 제동을 걸 것으로 내다봤다.[9]

2000년 8월, 연방법원은 청소년 보호를 위한 인터넷 음란물 판매금지법이 위헌이라고 판결했다. 제임스 마이클 2세 연방 지법 판사는 청소년에게 음란물 판매를 금지한 버지니아주법이 헌법에 보장된 온라인 사용자들의 권리를 침해하고 있다며 이 법의 시행 중단을 명령했다. 이번 판결은 연방 및 주정부들이 인터넷 사용자들의 헌법적 권리를 보장하는 한편, 온라인에서 범람하고 있는 음란물로부터 청소년들을 보호하기 위해 적절한 법적 규제 조치를 마련하고 있는 중에 나온 것이다. 이 판결은 버지니아주법에서 금지하고 있는 온라인 음란물판매 대상 및 방법이 너무 광범위해 온라인 사용자들의 권리를 침해할 수 있다는 판단에서 내려진 것으로 해석되었지만, 『워싱턴포스트』는 온라인상의 음란물로부터 청소년들을 보호하려는 운동에 큰 타격을 가할 것이라고 우려했다.[10]

2000년 12월 20일 18세 미만 청소년들의 언론 자유 모임인 '피스파이어

(Peacefire)'는 한번 클릭으로 포르노 차단 필터를 제거할 수 있는 프로그램 '피스파이어'를 웹 사이트에 게재했다. 이 프로그램은 연방정부의 지원을 받는 학교나 도서관 컴퓨터에 포르노 차단 필터 설치를 의무화한 법률이 의회를 통과한 데 대한 반발에서 비롯된 것으로 넷 내니(Net Nanny)와 사이버시터(Cybersitter) 등 7개 회사가 제공했다. '청소년과 가족을 위한 법률센터'의 브루스 테일러는 피스파이어를 두고 '포르노 산업계가 아주 좋아할 일'이라며 '포르노 산업의 승리'라고 비난했는데, 피스파이어 측은 "18세 미만 청소년이라도 권리를 보장받아야 한다"고 반박했다.[11]

2006년 미국 성인용 비디오의 판매·대여 규모는 36억 2000만 달러를 기록해 전년보다 약 15% 줄어들었다. 『뉴욕타임스』 2007년 2월 2일자는 인터넷 덕에 흥한 포르노 산업이 인터넷 때문에 망하게 생겼다고 보도했다. 디지털 기술의 발달로 시장에 등장한 다수의 '아마추어 제작자'들이 인터넷을 이용해 '직접' 공급에 나섰기 때문이다. 제작회사나 출연 배우에 크게 신경쓰지 않는 소비자들의 취향도 한몫했다. 성인물 시장매체 '에이브이엔'의 폴 피쉬베인 사장은 "이 산업은 진입장벽이 너무 낮다"며 "비디오 카메라와 성행위 할 사람만 있으면 된다"고 말했다. 지난 1~2년 동안 많은 손실을 입은 대형 제작사들은 '질적' 차별성으로 위기 탈출을 시도하고 있다. 포르노 제작사 '레드라이트디스트릭트'를 운영하는 데이비드 조셉 사장은 "양질의 조명과 우수한 음질을 사용하고 있다"며 "장소·방·소파 등에서 뭔가 다른 것을 사용해 질적 수준을 높이는 데 집중한다"고 말했다.[12]

한국의 '통신질서확립법' 파동

인터넷 음란물은 인터넷 이용의 초기 단계에서 나타나는 일시적인 현상인가, 아니면 영원히 피할 수 없는 인터넷의 속성인가? 1998년 10월 유병선은 "네티즌 사이엔 인터넷 포르노는 찬반의 문제가 아니라는 견해가 많다. 대중에 고

개된 지 5년밖에 안된 인터넷의 음란물 문제는 미디어 초기 단계에서 필연적으로 겪는 포르노그라피 진통이라는 지적이다"며 다음과 같이 말했다.

"인쇄기 출현이 음란서적을 양산했고 사진기 발명 이후 음화(淫畵)가 판을 쳤으며 초기 비디오테이프의 70%는 성인물이었다. 현재 기술적 장벽에 갇혀 있는 인터넷의 잠재력이 깨어날 21세기 초면 포르노 문제도 미디어 발달사의 궤적을 좇아 정보의 바다에 떠 있는 작은 섬에 지나지 않게 될 것이라는 전망이다. 포르노에 빠진 자녀에게 매를 대기보다 인터넷의 다른 보물섬을 부모가 함께 찾아나서는 건설적 애정이 요구되고 있다.[13]

전기통신기본법 제48조의 2(벌칙)는 "전기통신역무를 이용하여 음란한 부호·문언·음향 또는 영상을 반포·판매 또는 임대하거나 공연히 전시한 자는 1년 이하의 징역 또는 1000만 원 이하의 벌금에 처한다"고 규정하고 있다.

2000년 7월 정보통신부는 '정보통신망이용 촉진 등에 관한 법률' 의 제정을 통하여 정보통신윤리위원회가 시행하는 '인터넷내용등급제' 의 도입을 시도하였다. 인터넷내용등급제는 영화나 서적에 등급 표시를 하는 것과 같이 콘텐츠의 내용에 따라 홈페이지에 등급을 매기도록 하자는 것이었다.

2000년 8월 26일, 정보통신부가 입법고시 예정 중인 '정보통신망 이용촉진 등에 관한 법률 개정안(가칭 개인정보보호 및 건전한 정보통신질서확립 등에 관한 법률)' 에 반대하는 네티즌들은 정통부 홈페이지로 몰려가 온라인 가상연좌시위(virtual sit—in)를 벌였고, 이 시위로 정통부 홈페이지가 10시간가량 접속 불능 사태를 빚었다.[14] 왜 네티즌들은 이처럼 분노한 것일까?

7월 20일 법안 추진 소식이 알려진 이후로 네티즌들은 이를 '통신질서확립법' 이라고 부르면서 격렬하게 반대해왔는데, 이 '통신질서확립법' 의 주요 골자는 '정보내용등급 자율표시제(인터넷등급제) 실시' 와 '개인정보보호' '인터넷 주소자원의 관리감독' 등이었다. 법 조항이 종전에 비해 3배 가까이 늘어난 만큼 업무 영역과 규제 범위가 넓어질 것이고, 이에 따라 정보통신부 산하 기구의 확대와 권한 강화가 이루어질 것이 틀림없었다. 시민단체와 네티즌들이 가장 거세게 항의한 대목은 인터넷등급제 실시에 관한 부분이었는데, 법안에 따르면 청소년에게 유해한 정보를 제공하려는 자는 (자율적으로) 등급을 표시하거나(제48조) 정보통신윤리위원회의 등급 심의를 받아야 한다는 것(제50조)이었다.

정통부는 이 법안이 시민단체와 네티즌의 격렬한 반대 의견에 부딪히자 8월 28일 등급표시의무 대상자 범위를 '청소년에게 유해한 정보를 제공하려는 자'에서 '청소년보호법상의 청소년유해매체물로 지정된 정보를 제공하려는 자'로 규정, 수정할 뜻을 밝혔다. 그러나 진보네트워크는 이날 설명서를 통해 "명백히 문제가 있는 몇몇 조항이 수정되었을 뿐, 인터넷에서 국가의 검열을 일상화하고 내면화하려는 큰 틀은 여전하다"고 비판했다.[15]

'통신질서확립법'을 포함하여 온라인 관련 3개 법안의 국회 상정으로 공이 국회로 넘어가자 시위를 주도한 진보네트워크와 민주노동당은 10월 22일 "통신질서확립법, 전기통신사업법개정안, 정보통신기반보호법은 네티즌들의 자유와 인권을 침해할 여지가 많다"면서 "단순한 항의가 아니라 이 같은 문제점을 의원과 국민들에게 알린다는 의미에서 대중 로비와 온라인 시위를 전개키로 했다"고 밝혔다. 네티즌들이 23일부터 국회 과학기술정보통신위원회 소속 의원들의 인터넷 홈페이지에서 '통신 3대 악법'의 국회 통과에 반대하는 '사이버 시위'를 벌이면서 "사이버 공간의 국가보안법을 막자" "통신 검열 반대한다"는 구호(?)를 외쳤다.[16]

장여경 진보네트워크 정책실장은 "이들(네티즌들)은 정보통신윤리위원회의 인터넷내용등급제(법안 제43조, 제45조)와 학교·도서관에 정보통신윤리위원회의 기준이 적용되는 내용선별소프트웨어를 설치하고(제46조) 이용자 금지행위를 지정하고 사업자가 이를 처리하도록 한 조항(제48조 내지 제49조)이 국가와 사업자에 의한 검열을 제도화하는 것이며 표현의 자유 침해하고 있다고 주장한다. 반면 정부는 인터넷내용등급제와 선별차단소프트웨어 설치는 자율적으로 이루어지며 정부는 기준을 정할 뿐이라고 응수해왔고, 명예훼손 등 온라인 매체에서 증가하고 있는 여러 분쟁을 국가가 조정할 필요가 대두되었다고 주장해왔다"며 다음과 같이 말했다.

"정부는 통신질서확립법과 같은 시기에 '전기통신사업법' 개정안과 '정보통신기반보호법' 제정안도 함께 내놓음으로써 정부의 강경한 입장을 확인시켜주었다. 전기통신사업법 개정안에서는 위헌 시비가 일고 있는 정보통신부 장관의 임의삭제 명령권을 존속하고 정보통신윤리위원회의 권한을 강화해서 이들이 인터넷내용등급제와 온라인상의 명예훼손 분쟁을 다루도록 했다. 정보통신기반보호법에서는 국가정보원이 온라인 정보에 관여할 수 있도록 보장하고 일체의 온라인 시위를 불법화(제15조3항)했다. 특히 몇 년간 계속된 정부의 정책으로 국민의 온라인 접근이 양적으로 늘어나면서 온라인 시위가 증가하자 되레 시위를 규제할 명분으로 끌어들이는 것은 매우 모순적이라 할 것이다."[17]

2000년 12월 8일, 국회 과학기술정보통신위원회는 전체 회의에서 '정보통신망 이용촉진 등에 관한 법률' 개정안과 '정보통신기반보호법'을 의결하였다. 독소조항으로 지목받았던 인터넷내용등급제는 정보통신부 장관의 시책과 대통령령으로 유보되었으며, 온라인 시위를 처벌하기 위한 목적으로 사용될 수 있다는 지적을 받아왔던 통신질서확립법 제49조 3항과 정보통신기반보호법 제12조 3항은 "온라인 시위를 금지하기 위한 조항이 아니다"는 입법 취지를 속기록에 남기고 원안대로 통과되었다.

이 의결에 대해 진보넷·민언련·정보통신검열반대공동행동 등 40여 개 시민단체는 공동성명에서 "인터넷의 자유를 외치며 한 목소리로 활동해온 청소년, 시민, 노동자 네티즌들과 노동·정치·시민사회 단체들의 투쟁과 노력으로 결국 일부 조항들이 유보된 것이다. 그러나 우리의 우려는 여전히 남는다. 인터넷내용등급제와 온라인 시위는 유보되었으나 골격이 남아있다. 도메인 네임 등 인터넷주소자원관리 권한이 정보통신부에 주어졌다. 그리고 정보통신서비스제공자가 정보의 불법성 여부를 자의적으로 판단하고 삭제하게 되었다. 정보통신망의 프라이버시권에 대한 문제임에도 불구하고 사업자들이 인수·합병시 거래할 수 있는 상품으로 취급되고 있다. 무엇보다 통신질서확립법은 인터넷의 자유를 둘러싼 논란의 시작일 뿐이다"며 다음과 같이 주장했다.

"통신질서확립법과 같은 시기에 행정자치부와 지방자치단체들이 인터넷 운영에 관한 조례안을 추진하기도 했고 여러 학교와 작업장에서 자유게시판이나 인터넷 접근이 폐쇄되는 사건이 발생하기도 하였다. 여기서 우리는 인터넷을 통제하려는 시도가 결코 중단되지 않을 것이며 이제 시작되었을 뿐이라는 사실을 느낀다. 대립 지점은 '잠재적 위험'과 '잠재적 가능성' 사이에 놓여져 있다. 인터넷이라는 미디어가 사회적으로 악한 영향을 끼칠 것이라는 잠재적 위험론에 대하여, 우리는 인터넷이라는 자율적 미디어에 대한 사회적 수용력이 성숙해야 한다고 지적해왔다. 이는 이 사회가 어느 정도로 민주주의를 옹호하고 다른 사람의 표현에 대해 관용할 것이냐의 문제이기도 하다. 따라서 논란은 계속될 것이며, 우리는 앞으로도 계속 인터넷의 자유를 위해 싸울 것이다."[18]

정보통신부가 2001년 시행령을 통해 인터넷내용등급제를 부분적으로 부활시키자, '정보통신검열반대공동행동'은 사이트 파업(2001년 6월 29일~7월 2일), 60일 릴레이 철야단식농성(2001년 10월 22일~12월 20일), 거리 문화공연 등을 통해 격렬한 반대활동을 전개하였다. 2002년 3월 3일 보다 광범위한 시민사회단체들이 참여하는 '인터넷 국가검열 반대를 위한 공동대책위원회'가 발족해 운동을 계속해나갔다.[19]

2005년 10월 25일 대만 행정원 신문국은 2004년 4월 발표한 '인터넷 콘텐트 등급 처리방법'의 시범 운영에 들어갔다. 이로써 대만은 웹사이트, 블로그, 온라인 대화방 등에서 어린이·청소년이 음란·폭력물에 노출되는 것이 막기 위해 인터넷등급제를 실시하는 세계 최초의 나라가 되었다. 학부모들은 자녀 보호를 위해 인터넷 콘텐트 사용언어, 포르노 멀티미디어, 폭력·유혈 이미지, 기타 등 4가지로 분류된 '필터링 소프트웨어'를 다운로드 받아 음란·폭력물을 차단할 수 있다. 2006년 1월 25일부터 등급 규정을 위반한 업자에게는 10만~50만 (대만)달러(약 300만~1500만 원)의 벌금이 부과된다. 그러나 출판업계와 동성애 단체 등이 참가한 '등급제도 반대연맹'은 "출판, 언론, 창작, 열람의 자유를 확보해야 한다"며 반발했다.[20]

인터넷 음란 유형별 사례

(사례) 이승희 누드사진 사건: 1998년 10월 13일 서울지법은 1997년 말 인터넷에 누드 모델 이승희의 전신 나체 사진 3장을 게재한 혐의로 불구속 기소된 노모씨(32)에 대해 "노씨가 인터넷에 게재한 이승희의 누드 사진은 체모까지 드러나는 등 음란성이 인정된다"며 전기통신기본법 위반죄를 적용, 벌금 200만 원을 선고했다. 재판부 판결문의 요지는 "노씨가 인터넷에 게재한 이승희의 누드사진은 체모까지 드러나는 등 음란성이 인정된다"며 "그러나 컴퓨터 영상에 대해서는 음란한 문서·도서·필름 등을 음란물로 규정하고 있는 형법으로 처벌할 수 없고 대신 음향이나 영상물까지 포함해 처벌토록 한 전기통신기본법을 적용할 수 있다"는 것이었다.

벌금형을 받은 홍익인터넷 대표 노상범씨는 "이승희씨의 팬으로 그녀의 홈페이지를 개설하고 여러 장의 사진을 올렸다"며 "필자 역시 두 아이를 가진 부모로서 음란물에 대한 미성년자의 보호가 필요하다는 것에는 십분 공감하지만, 과연 그렇다면 우리나라에서 인터넷상의 표현의 자유는 어떤 기준하에 보장되어야 하는가, 인터넷에 대한 기존 법률의 무리한 적용이 과연 합당한 것인가를 이번의 재판을 계기로 고민하지 않을 수 없다"고 밝혔다.[21]

(사례) 음란 사이트 폐쇄 조치: 2000년 4월 21일, 정보통신윤리위원회(1995년 설립)는 성인 전용 사이트 '베드러브' 게시판에 올라온 글들이 음란물에 해당

한다고 규정, 폐쇄조치 판정을 내렸다. 5월 1일 베드러브를 운영해 온 (주)비엘커뮤니티는 "본사 홈페이지를 음란 사이트라는 이유로 폐쇄조치한 처분은 부당하다"며 정보통신윤리위원회와 웹호스팅업체 (주)오늘과 내일을 상대로 홈페이지 폐쇄중지 가처분신청을 서울지법에 냈고 비엘커뮤니티 사이트에 항의게시판도 운영하기 시작했다. 이 회사 이상호 사장은 "인력부족으로 일부 문제될 만한 게시판 글을 삭제하지 못한 것은 우리 잘못이지만 이를 확대해석해 사이트 전체가 음란하다고 판정한 것은 과잉대응"이라며 "우리 사이트는 음란 사이트와는 달리 건전한 성문화 확산과 음지에 있던 성에 관한 토의를 양지로 끌어올리는 데 목적이 있다"고 말했다. 이에 대해 정욱 정보통신윤리위원회 심의부 제2팀장은 "베드러브는 선량한 풍속과 사회질서를 해하는 내용을 담지 못하도록 한 전기통신사업법 불온통신 규정에 해당한다"며 "섹스 파트너를 구한다는 등의 게시판 글은 일반인이 보더라도 음란한 내용"이라고 반박했다.[22]

(사례) "미술교사 부부 알몸사진은 음란물": 2005년 7월 27일 대법원 3부(주심 박재윤 대법관)는 인터넷 홈페이지에 남녀의 알몸 사진과 성기 그림 등 '음란물'을 게재한 혐의(전기통신기본법 위반)로 기소된 충남 태안군 안면중 미술교사 김인규씨(43)에 대해 무죄를 선고한 원심을 깨고 사건을 일부 유죄 취지로 대전고법에 돌려보냈다.

애초 검찰이 "음란하다"고 규정해 기소한 작품은 모두 6개였다. 대법원은 이 가운데 환자용 변기에 놓인 남성 성기 그림, 포르노 장면을 고속 편집한 동영상 등 3개 작품은 1, 2심과 마찬가지로 음란물이 아니라고 판단했다. "그림 전체에서 성기가 차지하는 비율이 작거나, 화면이 너무 빠르게 움직여 내용파악이 어렵다"는 것이다. 하지만 대법원은 여성 성기를 정밀 묘사한 그림, 만삭의 아내와 김씨가 알몸으로 찍은 사진, 발기된 채 정액을 분출하는 남성 성기 그림은 음란물로 판정했다.

대법원은 각각 "묘사가 사실적이고 성기가 전체 그림을 압도한다" "얼굴과 성기를 적나라하게 드러낼 필연성이 없다" "보통사람이 성적 상상과 수치심 외에 다른 사고를 할 여지가 크지 않다"는 이유를 들었다. 같은 작품에 대해 하급심 재판부는 "성기를 세밀하게 묘사했더라도 호색적 흥미를 위해서가 아니라, 성 상품화를 반대하려는 의도가 쉽게 파악돼 사회통념상 허용범위를 벗어나지 않는다"며 무죄를 선고했다.

1, 2, 3심 재판부는 모두 '음란'을 "보통사람의 성욕을 자극해 성적 흥분을 유발하고 수치심을 해쳐 성적 도의 관념에 반하는 것"이라고 정의한 뒤 "음란물 여부는 제작자의 관점이 아니라 사회 평균인의 입장에서 객관적으로 평가해야 한다"고 밝혔다. 하지만 '사회 평균인의 입장'에 대한 판단은 분명하게 갈렸다. 문화연대는 이날 성명을 내 "대법원 판결은 재판부의 구태의연한 윤리의식과 동시대 가치와 방향을 가늠하지 못하는 반문화적 법리를 보여준 것"이라고 비판했다.[23]

(사례) 영등위 통과 동영상 유죄 판결: 법원이 적법한 심사를 거쳐 인터넷 포털을 통해 유통된 성인용 동영상에 대해 첫 유죄 판결을 내렸다. 2006년 2월 1일 서울중앙지법 형사7단독 판사 이병세는 남녀 간 성관계 장면을 노골적으로 묘사한 동영상을 인터넷 포털을 통해 유포한 혐의(음란물 유포)로 기소된 동영상 제작업체 대표 김모씨에 대해 벌금 700만 원을 선고했다. 재판부는 "문제의 동영상들은 의미있는 스토리 없이 성적인 장면만 반복되어 전혀 예술성을 논할 위치에 있지 않고, 성에 대해 호기심을 미끼로 한 돈벌이 목적이라는 점에서 비록 성기가 노출되지 않았다 하더라도 음란하다고 보지 않을 수 없다"고 밝혔다.

재판부는 특히 영상물등급심의위원회의 심의 등 1차적인 검증절차가 형법상 음란여부를 따지는 데 있어 구속력을 가지지 않는다고 판단했다. 재판부는 "영등위가 '음란'의 문제에 대해 최종적·궁극적 판단을 내리거나 문제에 관해 면죄부를 주는 지위에 있는 것은 아니며 최종적 판단은 사법부의 몫"이라고 했다. 또 "다른 직업과 겸임하고 있는 영등위 위원들이 연간 5000건이 넘는 영상물을 충실히 심의했다고 보기 어렵다"고 했다. 1990년 대법원은 공연윤리심의위원회의 심의를 거친 영화 〈사방지〉의 포스터에 대해 "심의를 거쳤더라도 선정적 측면을 강조해 건전한 성풍속을 해치는 것이라면 음란하다"며 유죄 판결을 내린 바 있다.[24]

(사례) 화상채팅 성매매 성행: 『경향신문』 2006년 3월 4일자에 따르면, "자신의 알몸을 상대방에게 보여주는 대가로 돈을 받는 음란 화상채팅이 인터넷에서 활개를 치고 있다. 이들 사이트는 대부분 여성회원들을 특별관리하며 불특정 다수의 남성을 상대로 사실성 '성매매'를 하고 있다. 여성회원 중 상당수는 주부나 여대생들. 사이버 세계의 익명성이 우리 주변의 평범한 여성들까지 '성매매의 덫'으로 끌어들이고 있는 것이다."[25]

(사례) 해외에 서버를 둔 음란 사이트: 2006년 8월 17일 국가청소년위원회는 17일 학부모 정보감시단과 대구 YWCA에 의뢰해 6월과 7월, 모두 2개월에 걸쳐 인터넷 사이트를 모니터링한 결과 306건을 청소년유해매체물로 정보통신윤리위원회에 신고하고, 이들 사이트의 삭제나 차단 등을 요청했다고 밝혔다. 음란 사이트들의 경우 해외에 서버를 두고 운영하는 경우가 대부분인 것으로 드러났다. 해외에 서버를 두고 운영하는 경우 국내법의 적용을 받지 않기 때문에 이들 사이트가 게시물이 한글로 돼 있는 등 국내 사이트와 다를 바가 없는데도 주소가 해외에 있다는 이유로 해외 서버로 분류돼 처벌을 받지 않고 있다.[26]

(사례) 자작(自作) 음란물 사이트 적발: 2006년 8월 26일 전문 포르노 배우가 아닌 일반인의 배우자나 애인 등의 성행위 및 누드 사진을 인터넷에 올리는

코너를 운영해 6억 2000여만 원의 부당이득을 챙긴 음란 사이트 운영자 이모 씨(32)와 남녀 회원 40여 명이 경찰에 적발됐다. 몰래카메라가 아닌 자작(自作) 음란물을 유포한 인터넷 사이트를 적발한 것은 이번이 처음이다.

서울 모대학 교수 K씨(34)는 아내(32)와 성행위를 하는 장면, 집과 차 안에서 찍은 아내의 나체 등 음란 사진 7000여 장을 올려 사이트 운영자에게 수수료(50%)를 뗀 뒤 2000만 원을 챙겼다. 그는 사진 속 인물이 자신의 아내임을 증명하기 위해 아내가 딸(5)과 함께 있는 사진까지 게시판에 올렸다. 그는 2000만 원을 촬영용 소품을 사거나 주 촬영장소인 집안을 꾸미는 데 쓴 것으로 알려졌다. 경찰은 가족끼리 찍은 사진을 버젓이 올린 사람이 적지 않다고 밝혔다.

주부 G씨(27)는 일용직 노동자인 남편(32) 권유로 1년 동안 자신의 나체 사진 1700여 장을 올려 500여 만 원을 벌어들였다. G씨는 남편 월수입이 100만 원도 안 되지만 나는 아이가 있어 일자리를 구할 수 없었다면서 "(번 돈으로) 아이 유치원도 보내고 먹을 것도 샀다"고 했다. 주부 A씨(25) 역시 무직인 남편을 대신해 스스로 옷을 벗었다. 그는 누가 알아볼까봐 밖에는 나가지 못하고 집에서 다른 부업을 했다고 전했다.

자신의 아내 및 여자친구의 미모를 과시하고 비정상적인 성적 만족을 얻기 위해 사진을 올린 사례도 많았다. 이밖에 스와핑(부부 교환)을 시도한 모 회사 상무(38), 20대 채팅 남과 함께 사진을 찍어 올린 40대 주부, 애인의 나체 사진을 찍은 현직 군수의 아들(25), 3명의 여성과 동시에 나체 사진을 찍은 회사원, 모델을 기용해 음란 사진을 찍은 사진작가 등도 있었다.

경찰 관계자는 처음엔 재미로 사진을 올렸다 다른 사진들과 경쟁이 붙으면서 중독에 빠져들었다며 당사자들은 오히려 (경찰의) 사생활 침해라고 주장하고 있다고 말했다. 서울경찰청 사이버범죄수사대는 P성인 사이트 운영자 이씨와 교수 K씨에 대해 정보통신망 이용촉진 및 정보보호 등에 관한 법률 위반 혐의로 구속영장을 신청하고, 회원 41명을 불구속 입건했다.[27]

(사례) '한국의 래리 플린트' 김본좌 구속: 2006년 10월 18일 인터넷 음란계에서 '음지의 슈바이처' '야동의 문익점' '한국의 래리 플린트' 등으로 불리는 '김본좌(本座: 자칭 최고수를 뜻하는 말)'가 일본 음란물 2만여 건을 P2P 사이트를 통해 불법 유통시킨 혐의로 경찰에 붙잡혔다. 김본좌는 지난 2년 반 동안 일본에서 제작된 음란비디오를 내려받은 뒤 곧바로 P2P에 올려 회원 3만 1000여 명에게 건당 300원에 다운로드하게 해 불법 이득(5000여 만 원)을 취한 혐의로 구속됐다. 다음 아고라에는 김본좌의 석방과 음란물을 허용할 분위기를 조성하도록 투쟁하라는 선동적인 글들이 올랐다. 누리꾼 '천상'은 "한국 정부가 청소년 보호를 명목으로 성인문화를 탄압한다며 김본좌가 미국 포르노 대부 래리 플린트처럼 정부에 맞서 싸워야 한다"고 주장했다.[28]

김본좌는 2007년 7월 징역 10월에 집행유예 2년을 선고받았다. 이에 김홍진 『조선일보』 논설위원은 "김본좌의 죄질에 비해 집행유예 선고는 너무 약했다. 그런데도 검찰은 항소하지 않아 형이 확정됐다고 한다. 김본좌뿐 아니라 일반 음란물 사범도 대부분 처벌이 가볍다"며 다음과 같이 주장했다.

"정보통신망법의 음란물 유포 법정형량이 '1년 이하 징역이나 1000만 원 이하 벌금'이다. 법원의 선고 형량도 너무 낮다. 작년 음란물 유포로 기소된 사람 497명 중 실형을 선고받은 사람은 5명밖에 안 됐다. … 인터넷 음란물이 특히 청소년에게 끼치는 해악을 생각하면 세상이 거꾸로 돌아가고 있다는 생각마저 든다. 이래서야 정말 누가 김본좌에게 돌을 던질 수 있겠는가."[29]

(사례) 성인 동영상 경험자 96.9%: 2006년 10월 『서울신문』이 리서치 전문업체 엠브레인에 의뢰해 20~50대 남성 260명을 설문조사한 결과 96.9%가 성인 동영상을 본 경험이 있거나 현재도 보고 있다고 응답했다. 거의 모든 남성이 해당되는 셈이다. 이 가운데 절반은 1년에 10차례 정도 보는 것으로 조사됐다. 하루에 한 번 이상 보는 사람도 3.6%나 됐고 주 1~5회는 12.7%, 월 10회 정도는 33.7%로 집계됐다. 남성들의 82.5%는 인터넷을 통해 성인 동영상을 접

하고 있는 것으로 나타났다. 고등학교 2학년 김모군(17)은 "부모님이 컴퓨터에 아무리 유해 영상물 차단 프로그램 같은 것을 깔아놔도 (야동을) 볼 수 있는 방법이 다 있다. 이번에 잡힌 김본좌도 어른들보다는 중·고등학생들 사이에 더 잘 알려진 사람일 것"이라고 했다.[30]

(사례) 포털의 음란물 노출 사고: 2007년 3월 포털사이트 야후에 이어 네이버, 다음에서도 음란물 노출 사고가 잇따라 일어났다. 이에 민경배 경희사이버대학교 NGO학과 교수는 "기어코 터질 일이 터지고야 말았다. 유명 포털 사이트에 올라온 음란 동영상 말이다. 어찌 보면 여태껏 안 터지고 용케 버텨왔던 것이 오히려 신기할 노릇이었다. 인터넷 공간에서 음란물 유통은 새삼스러운 일이 아니었기 때문이다"며 다음과 같이 말했다.

"지금처럼 동영상이 활성화되기 이전에도 텍스트나 사진으로 만들어진 음란 UCC들은 인터넷에 독버섯처럼 널리 퍼져 있었다. 동영상 UCC라고 음란물의 폐해로부터 예외일 리 없음은 누구나 쉽게 짐작했던 일이었다. 게다가 진작부터 조짐도 감지됐다. UCC 전문 사이트와 포털에 네티즌들이 올린 음란물이 대량 유통되고 있다는 보도는 이미 지난해부터 나오고 있었다. 네티즌들사이에서도 알 만한 사람은 공공연히 알고 있는 일이었다. 하지만 이들 업체는 현금과 경품으로 네티즌들을 유혹하며 UCC 확보에만 혈안이 되었을 뿐 뾰족한 대비책 마련에는 별다른 신경을 쓰지 않았다. 기껏해야 모니터 요원들이 24시간 음란물을 감시하고 있지만 100% 완벽한 차단은 현실적으로 불가능하다며 앓는 소리를 하는 게 전부였다. … 자신들에게 부여된 막중한 사회적 책임을 감당할 자신이 없다면 진작에 동영상 UCC 서비스를 과감히 접는 용단이라도 내릴 줄 알았어야 했다. '김본좌만도 못한 포털'이란 소리를 듣고 싶지 않다면 말이다."[31]

(사례) 사람의 존엄성과 가치를 심각하게 훼손했는가?: 2008년 3월 23일 대법

원3부(주심 안대희 대법관)는 음란 동영상을 유포한 혐의(정보통신망 이용 촉진 및 정보보호 등에 관한 법률 위반)로 기소된 인터넷 동영상 콘텐츠 제공업체 대표 김모씨(45)에 대한 상고심에서 벌금 700만 원을 선고한 원심을 깨고 사건을 서울중앙지법으로 돌려보냈다고 밝혔다. 김씨는 남녀 간 성행위를 묘사한 동영상 12편을 인터넷 포털사이트 네이버와 야후코리아에서 '사용자 주문형 동영상(VOD)' 서비스로 제공, 2004년 8월부터 8개월간 월평균 400만 원의 매출을 올린 혐의로 기소됐다. 김씨는 "동영상의 원본인 비디오는 영상물등급위원회가 '18세 관람가' 등급으로 분류할 정도로 음란성이 없다"고 주장했지만 1, 2심 재판부는 "음란성 개념은 법원이 판단할 사안이며, 해당 동영상이 포르노보다 노출이 경미하다고 음란물이 아닌 것은 아니다"며 유죄를 선고했다.

그러나 대법원 재판부는 "형사법이 개인 사생활인 성적 문제에 개입하는 것은 최소화해야 하며, 개인의 성적 자기결정권, 행복추구권을 부당하게 제한하지 말아야 한다"며 "법에 규정된 '음란' 개념은 단순히 저속하거나, 문란한 느낌을 준다는 정도를 넘어 존중·보호되어야 할 인격을 갖춘 존재인 사람의 존엄성과 가치를 심각하게 훼손할 정도로 노골적인 방법으로 성적 부위, 행위가 적나라하게 표현되는 것"이라고 지적했다. 재판부는 "해당 동영상은 주로 성행위와 애무 장면을 묘사했지만, 성기 등의 직접적 노출이 없다"며 "저속하고 문란한 느낌을 주긴 하지만 형사법상 규제 대상이 될 정도로 노골적인 표현이라고 할 수는 없다"고 설명했다.[32]

『경향신문』 2008년 7월 30일자는 "최근 음란물 유포 혐의로 기소된 사건들에 대해 법원의 무죄 판결이 잇따르고 있다. 대법원이 지난 3월 '음란'의 개념을 구체화하는 방향으로 판례를 변경한 이후 법원이 음란성 여부를 엄격하게 판단하고 있기 때문이다"며 다음과 같이 말했다.

"새 대법원 판례에 따라 법원이 '음란물' 여부를 따지는 가장 중요한 기준은 남녀의 성기나 음모가 직접 또는 의도적으로 노출됐는지다. 카메라가 '은밀한 곳'을 강조했더라도 속옷으로 가려져 있거나 노출이 의도적이지 않았다면 음란물에 해당하지 않는다. … 강간 등 폭력을 동원한 강제적인 성관계를 묘사했는지도 수위에 따라 음란물 여부가 갈린다. 이동통신 서비스에 '야동'을 제공한 혐의로 기소된 양모씨(47)는 강제로 성관계를 맺는 장면이나 쇠사슬과 수갑을 이용한 가학적인 성행위를 묘사한 동영상을 배포했지만 법원으로부터 지난달 무죄를 선고받았다. '의사에 반하여 성관계를 시작하는 듯한 상황 설정이 있기는 하나 폭력을 수반한 장면은 보이지 않는다' 는 것이 재판부의 판단이다. 하지만 미성년자를 대상으로 한 성행위나 근친상간과 같이 사회통념으로 용인되기 어려운 변태적인 설정은 음란물에 해당한다. 다만 동성애 · 집단 성행위 · 음식물이나 도구를 이용한 성행위 · 자위행위를 담은 영상은 음란물에 포함되지 않는다. 법원이 음란 여부를 가리는 기준을 구체화함에 따라 앞으로 예술작품 등에 대한 음란성 논란은 크게 줄어들 것으로 전망된다. 그러나 법적 · 제도적으로 보완이 더 필요하다는 지적도 있다. 대법원 판례 변경 사건을 맡았던 송호창 변호사는 '음란성 여부에 대한 판단을 판사의 개인적인 주관에 맡겼던 과거에 비하면 진일보했지만, 여전히 자의적 판단의 여지가 남아있다' 며 '아동 및 동물에 대한 학대, 상대방에 대한 가혹행위 등을 음란물로 분류해 법률로 못 박은 독일처럼 기준을 법제화할 필요가 있다' 고 말했다."[33]

인터넷이 촉진하는 스와핑

스와핑(swapping)은 부부 맞교환 성행위로, 서구 사회에선 1950년대부터 등장했다. 스와핑은 원래는 일정기간 배우자를 바꾸어 사는 것을 의미하는데, 엄밀하게 말하자면 지금 문제가 되는 건 스윙잉(swinging)이다. 스윙잉은 마치 원숭이들이 이 나뭇가지에서 저 나뭇가지로 옮겨다니듯, 이 침대에서 저 침대로 돌아다니는 별난 사람들을 야유하는 뜻으로 쓰이기 시작했다.[34]

2000년대 들어 스와핑이 유행하면서 텔레비전 아침 프로그램에서까지 상세히 다룰 정도가 되었다. 2003년 10월 16일 MBC의 〈아주 특별한 아침〉은 방송 서두에 남성 진행자가 "오늘은 신선한 뉴스를 전달하게 되었다"고 밝힌 가운데 스와핑 관련 보도를 3개 코너에 걸쳐 30여 분간 방송하기도 했다.[35]

스와핑을 촉진한 건 단연 인터넷이다. 2005년 3월 부산 강서경찰서는 인터넷에 음란 사이트를 개설해 스와핑을 주선한 유모씨를 정보통신망 이용 촉진 및 정보보호 등에 관한 법률 위반 혐의로 구속했는데, 유모씨는 경찰에서 "광고도 하지 않았는데 입소문을 통해 가입한 회원이 5000명을 넘었고 회원들이 자발적으로 1000여 건의 나체사진과 스와핑 동영상을 올렸습니다"라고 진술했다. 1년간 이뤄진 성관계만 400여 건이었으며, 3년 전에도 6000명의 '스와핑' 행위가 적발된 바 있었다.

이와 관련, 『세계일보』 사설은 "스와핑이 성매매와는 다르고 부부 간 합의 하에 이뤄진 행위라는 이유로 아무런 법적 제재도 받지 않는다고 하니 이게 도대체 무슨 소린가"라면서 다음과 같이 주장했다.

"가정의 화목이 배우자에 대한 순결의무 이행에서 출발함은 삼척동자로 알 일인데, 미풍양속을 해치고 전통적인 가족관마저 무너뜨리는 성도착증을 개인의 사생활로 치부해 보호할 수는 없는 일이다. 따라서 법률체계가 미비하다면 이를 정비해 처벌함으로써 '스와핑'이 독버섯처럼 번지는 것을 막아야 한다. 특히 여성들은 남편의 강요에 의해 끌려가는 경우가 많다고 하는데, 그렇다면 이는 인권 차원에서도 방치할 수는 없지 않은가."

반면 네티즌들은 "나는 스와핑한 사람들에게 돌을 던지고 싶지만 그들이 스와핑했다는 이유만으로 형사처벌된다면 사법 당국을 향해 또다시 돌을 던지겠다"는 의견이 우세했다. 도덕의 문제일 뿐 법의 문제는 아니라는 것이다.[36]

2006년 10월엔 애인을 바꿔 성관계를 갖도록 하자는 '스와핑' 약속을 해놓고 이를 어긴 상대방을 협박, 금품을 뜯어낸 30대 남자가 붙잡힌 사건이 일어났다. 이 남자는 경찰에서 "'스와핑'에 합의했는데 김씨가 얌체처럼 내 애인

과는 동침하고 자기 애인은 빼돌려 억울한 마음에 협박까지 하게 됐다"고 진술했다.[37]

2007년 6월 약 1만 명의 회원을 모아 아내나 애인의 나체 사진을 올리게 해서 함께 보는 음란 사이트를 운영하고 스와핑을 알선한 30대 남자가 구속됐다. 경찰은 이 사이트에 음란물을 올린 회원 53명을 불구속 입건했다. 경찰 관계자는 "운영자 L씨와 회원 K씨(35) 등 10명은 이 사이트를 통해 스와핑이나 2대 1 섹스를 1~7회씩 한 것으로 드러났다"고 말했다. 부부 3쌍이 스와핑을 한 경우도 있었고, 2쌍이 성관계를 할 때 다른 회원이 곁에서 지켜본 경우도 있었다고 경찰은 밝혔다. 경찰 관계자는 "스와핑 같은 변태 성행위를 처벌할 법적 근거는 없지만 스와핑 대가로 돈이 오가면 성매매에 해당한다"고 말했다.[38]

2007년 10월 대전지방경찰청 사이버수사대는 스와핑 카페를 만들어 자기 부부의 성행위 사진이나 경험담을 올린 혐의(정보통신망 이용촉진 및 정보보호 등에 관한 법률 위반)로 문모씨(44) 등 남성 20명을 불구속 입건했다. 문씨 등 20명은 2004년 6월 해외 인터넷 사이트에 카페를 만들어 자기 부부의 성관계 장면 등을 올린 혐의다. 이 카페의 회원은 직접 만나 스와핑을 한 정회원 96명과 음란물만 공유한 일반회원 134명 등 총 230명이지만, 경찰은 현행 법률상 부부의 동의하에 이뤄지는 스와핑과 단순히 음란물을 보기만 한 행위는 처벌할 근거가 없어 나머지 210명은 입건하지 않았다.

경찰 조사결과 문씨 등 정회원 96명은 소그룹별로 주말에 다른 지방에 사는 부부를 찾아가거나 1년에 두 번 있는 정기모임 때 펜션 등에 모여 스와핑을 한 것으로 나타났다. 또 이들은 태국 푸껫 등 해외 관광지로 스와핑 여행을 다녀오기도 한 것으로 조사됐다. 경찰 관계자는 "이들 중 일부는 경찰이 연락을 취하자 '부부간 동의 아래 이뤄졌고 위법도 아닌데 무슨 상관이냐. 잘못이 있다면 영장을 가져오라' 며 화를 내기도 했다"고 말했다.[39]

인류 역사상 새로운 매체가 출현할 때마다 그 매체의 성장에 결정적인 역할을 한 늘 '섹스' 와 '음란' 이었다. 인간의 억누르기 어려운 본능과 호기심 때문이다. 인터넷 음란도 그런 관점에서 볼 수도 있겠지만, 인터넷은 이전의 모든 매체들과는 다르다는 주장도 있다. "원래 그런 법이야" 하고 가볍게 넘어가선 안 될 정도로 그 접근성 · 영향력 · 파괴력이 이전의 매체들과는 차원을 달리 한다는 것이다. 심각하게 토론해볼 주제라 하겠다.

제14장

저작권

지적재산권에 대한 의식

저작권(copyright)은 지적재산권(intellectual property)의 일종이다. 지적재산권은 지적소유권이라고도 하며, 무체(無體)재산권이라고도 한다. 지적재산권이란 무엇인가? 세계지적재산권기구(WIPO: World Intellectual Property Organiation) 설립조약 제2조 8항은 "지적재산권이란 문학 · 예술 및 과학적 저작물, 실연자의 실연, 음반 및 방송, 인간노력에 의한 모든 분야에서의 발명, 과학적 발견, 의장, 상표, 서비스표, 상호 및 기타의 명칭, 부정경쟁으로부터의 보호 등에 관련된 권리와 그밖에 산업, 과학, 문학 또는 예술분야의 지적활동에서 발생하는 모든 권리"로 규정하고 있다.

우리나라에서 지적재산권은 ①산업재산권(특허권, 실용신안권, 의장권, 상표권) ②저작권(저작인격권, 저작재산권, 저작인접권)으로 대별된다. 담당 부처도 각기 다르다. 이는 우리의 지적재산권 관리가 그만큼 비효율적이라는 걸 시사하는 것이다. 이와 관련, 상지대 법학과 윤성희 교수는 다음과 같이 말한다.

"부처별로 분산되어 있는 지적재산 관련 업무를 통합해 인력·예산·전문성이 확보된 전문 부서를 설치함으로써 업무를 능률적이고 효율적으로 수행하고, 불필요한 중복투자 및 연구로 인한 세금의 낭비를 막아야 한다. 이제는 대학에서도 교양강좌에 지적재산을 포함시켜 자신의 권리를 지킬 수 있도록 지도해야 할 시기라고 생각한다. 전문 커리큘럼을 가지고 기업에서 지적재산을 관리 운영하는 이들의 재교육을 시켜야 함은 물론이고, 소위 '정보와 법'과 같은 지적재산 관련 강좌를 개설해, 작은 발명이나 정보가 가져다줄 수 있는 긍지와 그것으로 얻어지는 이익에 대해 가르쳐야 한다. 또한 졸업논문 제출시에 남의 것을 베끼는 것은 지양하고 인용문의 원전을 철저히 밝히는 기본자세에 대해서도 지도해야 한다. 이는 벤처사업의 기본이 되며 국가경쟁력의 원동력이 될 것이다."[1]

아직 우리에겐 문화적으로 '지적재산권' 의식이 없거나 약하다는 게 가장 큰 문제다. 컴퓨터프로그램보호위원회(컴보위)의 '2008년 상반기 불법 SW 실태조사'에 따르면, 전국 991개 조직을 점검한 결과 4곳 중 3곳에서 불법 소프트웨어(SW)를 쓰고 있었다. 컴보위가 2008년 8월 4~10일 1013명을 상대로 '국민의식 조사'를 한 결과 절반 가까이(48%)가 SW를 온라인이나 친구한테서 얻는다고 답했다. 유인식 컴보위 기획팀장은 "온라인에서 얻는 건 대부분 불법 복제"라고 설명했다. 같은 조사에서 10명 중 8명은 포털에서 콘텐츠를 내려받았다고 응답해 온라인 영화·음악·게임 등 디지털 콘텐츠의 저작권 침해도 심각한 수준으로 나타났다.

이와 관련, 『중앙일보』 2008년 9월 3일자는 "정보기술(IT) 강국이라는 한국은 '지식정보 도둑질'에서도 강국이다. 지적재산권 보호를 외치는 정부기관도 해적판 SW를 버젓이 쓸 정도다. 중국을 '짝퉁 천국'이라고 조롱하지만 따지고 보면 우리에겐 그럴 자격이 없다"고 개탄했다.[2]

동시에 '지적재산권' 개념을 비판하는 목소리도 있다. 예컨대, 1984년 FSF(Free Software Foundation)를 창설한 미국 MIT의 리처드 스톨만 교수는 아예

'intellectual property' 라는 말을 쓰면 안 된다면서 굳이 저작권, 상표권, 특허 등을 한 단어로 묶고 싶다면 '인위적 독점(artificial monopolies)' 이라는 말을 써야 한다고 주장한다.[3]

이러한 주장에 일면 공감이 갈 만큼 '지적재산권' 은 가진 자들이 더 많이 갖기 위한 탐욕의 도구로 전락한 감도 없지 않지만, 여기서 말하고자 하는 건 최소한의 양식이다. 예컨대, 표절을 함부로 일삼으면서 "나는 지적재산권에 반대한다" 고 말하면 되겠는가? 그리고 그와 동시에 이론적 차원에선 '지적재산권' 개념에 반대할망정 현실적인 국제관계마저 그러한 반대로 대응할 수 없다는 건 분명한 만큼 '지적재산권' 에 너무 의연한(?) 우리 문화에 대해 반성을 한다고 해서 큰일 날 건 없을 게다. '저작권 침해 사건은 소송비만 건져도 성공' 이라는 말이 나오는 것도 저작권을 보호하기 위한 사회적 제도마저 그런 문화를 반영하는 게 아닌가 하는 생각이 든다.

미국의 법학자인 폴 골드스타인(Paul Goldstein)은 1970년 『콜럼비아 로 리뷰』에 기고한 글에서 "저작권은 검열의 독특하게 합법적인 산물(Copyright is the uniquely legitimate offspring of censorship)"[4]이라고 말했지만, 오늘날엔 오히려 저작권이 '인정욕구 충족' 과 금전적 보상을 제공함으로써 저작자들의 창의력을 향상시킨다는 데에 주목하는 경향이 있다. 그러나 그런 바람직한 정도를 넘어서 저작권이 이른바 '카피레프트(copyleft)운동' 을 낳게 할 만큼 맹목적인 상업주의의 도구로 이용되는 경향도 강하게 나타나고 있는 것도 부인할 수 없는 현실이다. 저작권 문제는 인간 본성에 관한 문제와 긴밀히 연결돼 있는 주제라고 해도 과언이 아니다.

지적재산권의 국제정치학

지적재산권과 저작권 개념은 국제관계에서 매우 복잡한 양상을 띠고 있다. 1948년 UN 총회가 채택한 세계인권선언 제27조 2항은 "인간은 누구든지 자기가 창작한 모든 형태의 과학적, 문학적, 예술적 저작물로부터 발생한 정신적 및 물질적 이익의 보호를 받을 권리를 가진다"고 명시하였지만, 이는 미국적 '편견'이 스며든 게 아닌가 하는 생각이 든다.

미래주의자로서 전직 외교관인 할란 클리블랜드(Harlan Cleveland)는 "소유할 수 없는 것을 공유하기를 거부하는 어리석음"에 관해 쓴 글에서 "대회사나 대국을 만들어주는 것은 이미 알고 있는 것을 보호하는 것이 아니라 다른 회사나 국가로부터 새로운 지식을 얻어 적용하는 것이다. '지적소유권'을 어떻게 '보호'할 수 있을까? 이 질문 자체가 혼란의 씨앗을 안고 있다. 그것은 명사도 잘못되고 동사도 잘못된 질문이다"고 말했다.

미래학자인 앨빈 토플러는 『권력이동』에서 "이러한 논거는 모든 정보가 자유롭게 유통되고 속박받지 않는 환상의 세계를 뒷받침하는 데 종종 원용되고 있다. 그것은 경제적 저개발 상태를 타개하기 위해 과학기술을 달라고 요구하는 지구상의 가난한 나라의 호소와 꼭 들어맞는 꿈이다. 그러나 그것은 고도기술국가들이 제기하는 다음의 반대 질문에 대해서는 대답을 주지 못한다"며 다음과 같이 주장했다.

"세계의 기술혁신 흐름이 고갈된다면 빈국이나 부국은 모두 어떻게 될까? 만일 어떤 제약회사가 해적행위 때문에 새 의약품 개발에 투입한 거액의 자금을 건지지 못한다면, 그 회사가 연구개발에 더 투자하게 될 가능성은 거의 없다고 보아야 한다. 모든 나라가 지식·문화·예술·과학을 해외에서 들여올 필요가 있다고 한 클리블랜드의 말은 옳다. 그러나 그렇더라도 교류를 위한 어느 정도의 문명화된 경기규칙은 있어야 하며, 이 규칙은 기술혁신을 제약하기보다는 촉진시킬 수 있는 것이어야 한다."[5]

토플러는 저개발국 협상대표들이 종종 해적판 서적을 구입하는 아랍 학생들의 입장을 반영하여 "서방 측의 저작권 개념은 엘리트주의적이며 출판업자의 돈주머니를 채우기 위한 것"이라고 주장한다고 꼬집었지만, 꼭 저개발국 협상대표들만 그런 주장을 하는 건 아니다. 호주의 브라이언 마틴 교수는

1995년에 발표한 「지적재산권에 반대한다」는 글에서 "지적재산권은 부유한 나라가 가난한 나라의 부를 짜내는 효과적인 방식의 하나"라면서 다음과 같이 말한다.

"만약 가난한 민중들에 대한 대규모 착취가 세계 무역체제 내에서 이루어진다면, 부유한 나라에서 생산된 아이디어를 가난한 나라에 제공해야 마땅할 것이다. 그러나 '관세 및 무역에 관한 일반 협정(GATT)' 협상에서는 부유한 나라, 특히 미국의 대표자들이 지적재산권의 강화를 주장해 왔다. 우리는 이 사실을 통해 지적재산권이 근본적으로 권력과 부를 소유한 이들에게 가치 있다는 사실을 분명하게 알 수 있다. 지적재산권으로 인한 금전적 보상이 차악의 동기를 부여한다고들 말한다. 그러나 설사 그렇다고 해도 사실 대부분의 창작자들은 지적재산권으로 많은 이익을 얻고 있지 못하며, 개별 발명가들은 자주 무시되고 이용당한다. 기업과 정부에 고용된 이들이 보호가치가 있는 아이디어를 갖고 있는 경우에, 저작권이나 특허권을 취득하는 당사자는 창작과 발명의 당사자인 직원이 아니라 해당 기관이 된다. 또한 지적재산권은 매매가 가능하기 때문에 통상적으로 부유하고 권력을 가진 이들이 이익을 취한다. 여기서 주목해야 할 점은, 그들이 새로운 아이디어 창작에 많은 지적 노동을 기울이는 경우는 거의 없다는 사실이다."[6]

아무래도 지적재산권에 대한 인식은 '힘의 논리'에 따라 상대적인 것 같다. 우리나라 사람들은 미국의 지적재산권 공세에 대해 못마땅하게 생각하지만, 우리나라의 지적재산권이 다른 제3세계 국가들에서 수난을 겪고 있는 것에 대해선 어떻게 생각할까? 우리에게 필요한 건 역지사지(易地思之)가 아닐까?

그럼에도 미국이 지나치다는 생각을 떨치기는 어렵다. 2004년 9월 29일 미국 연방 하원에서 통과된 저작권 관련 법은 영화상영관에서 디지털 캠코더 등으로 몰래 촬영을 하다가 적발되면 초범일지라도 중범죄로 간주돼 징역 3년, 두 번째부터는 가중 처벌돼 그 2배인 최고 6년형까지 선고받을 수 있게 만들었다.[7] 저작권 강박증이라고나 할까? 세계 시장을 염두에 둔 '경제학'이 읽혀진다.

2006년 3월 세계 시장의 50%를 점유하고 있는 최대의 이미지 생산·판매·대여업체인 미국 '게티 이미지(Getty Image)'가 줄소송을 경고하고 나섰다. 게티 이미지의 국내 파트너인 (주)멀티비츠는 이미지 무단사용이 확인된 국내 50여 개 웹 제작업체들에 2005년 말부터 손해배상청구 공문을 보냈다. 소규모 병원·호텔·교회 등에 홈페이지를 유료로 만들어준 영세 웹 제작업체들이 주 타깃이 됐다. 멀티비츠가 요구한 배상액은 원래 이미지 가격(개당 15만 원)의 10~20배에 이른다.[8]

베른협약 · 세계저작권협약 · TRIPs

1886년 스위스 베른(Berne)에서 성립된 베른협약은 원래 유럽의 선진국들 간의 저작권 보호를 위한 협약인지라 세계저작권협약(UCC: Universal Copyright Convention)보다 보호범위가 훨씬 넓고 까다롭다. 오늘날엔 이 베른협약이 국제적인 저작권 보호의 기준이 되고 있다. 베른협약을 구체적으로 관장하는 건 1967년에 탄생한 세계지적재산권기구(WIPO)로, 이는 정부 간 기구이자 UN의 전문기구이다. 베른협약의 특징은 ①내국민 대우의 원칙 ②무방식주의 ③저작물의 국적주의 및 발행지주의 ④저작물의 소급보호 ⑤상호주의 원칙 ⑥저작권의 원칙적 보호기간은 최소한 저작자의 사후 50년 이상 등이다.[9]

'내국민 대우(national treatment)의 원칙'은 "저작물의 본국 이외의 동맹국은 그 나라의 법령이 그 국민에 대하여 현재 부여하고 있거나 장래 부여하게 되는 권리 및 이 조약이 따로 부여하는 권리를 외국의 저작자에게도 인정하고 보호해주는 것이다. 쉽게 말해서, 자국 내에서 다른 동맹국의 저작물을 보호하는 범위와 정도는 자국민의 저작물에 대하여 자국의 법령으로 보호해주는 만큼만 보호해주면 된다는 것이다."[10]

'무방식주의(無方式主義)'는 '자동적 보호의 원칙(principle of automatic protection)'이라고도 한다. 세계저작권협약 방식으론 모든 저작물에 ⓒ기호와 저작년도, 저작자 성명을 표시하고 저작권청에 등록을 해야만 저작물로서의 보호를 받는다. 세계저작권협약을 고수했던 미국과 같은 제도를 방식주의, 우리나라와 같은 제도를 무방식주의라고 한다. 그러나 1989년 세계저작권협약의 제창국인 미국이 무방식주의를 채택한 베른협약에 가맹함으로써 전 세계 대부분의 국가들이 무방식주의로 전환하고 있기 때문에 이제 ⓒ표시는 국제적으로 저작권을 소유하고 있다는 걸 알리는 일종의 관행일 뿐, 그 표시의 유무는 구속력을 잃고 있다.[11]

'저작물의 국적주의 및 발행지주의'는 공표되지 아니한 저작물에 대하여는 저작자가 속해 있는 나라를 그 본국(저작권 보호상의 본국)으로 하고, 공표된 저작물에 대해서는 가장 먼저 발행된 나라를 본국으로 하는 걸 말한다. 다시 말하자면, 미공표 저작물에 대해서는 국적주의, 공표 저작물에 대해서는 발행지주의로써 보호한다는 뜻이다. 한승헌은 "그러므로 비동맹국 국민의 저작물이라 할지라도 동맹국에서 최초로 공표되기만 하면 동맹국 내에서 조약상의 보호를 받게 되는 기현상도 일어나서 '뒷구멍 보호(back door protection)'라는 비난을 받은 사례도 있다"고 했다.[12]

'상호주의(reciprocity) 원칙'은 각 나라의 국내법은 저작물 보호의 범위나 정도가 서로 같지 않을 수도 있기 때문에 만일 내국민 대우를 그대로 적용한다면 불공평한 결과를 빚어낼 가능성도 있는 바, 바로 이러한 불공평을 해소하고자 고안된 것이다. 즉, 저작물의 보호기간을 예로 들면 자국의 보호기간이 상대국보다 길 때에도 상대국의 보호기간 만큼만 보호해주면 된다는 원칙이다.[13]

미국은 베른협약의 창립 회의에 대표를 보내고 제반 결의에 참여했음에도 불구하고 100여 년이 지난 1989년에서야 베른협약에 가입했다. 이는 일종의 강대국 이기주의이자 횡포였다. 이에 대해 한승헌은 "그때(가입)까지는 납본과 등록을 저작권 보호의 요건으로 하는 방식주의를 국내법으로 고수하는 한편, 미국 내에서 인쇄 제본된 책이 아니면 보호대상으로 삼지 않는다는 이른바 '제조조항(manufacturing clause)'을 두는 등, 까다로운 제한을 설정하여 이기적인 태도를 취했다. 외국인이 미국의 국회도서관에다 등록과 납본을 하기는 손쉬운 일이 아니다. 하물며 미국 내에서의 인쇄 제본은 더 말할 나위가 없다. 결국, 미국은 외국인 저작물을 아무런 대가도 치르지 않고 거저 사용하자는 속셈이었다"며 다음과 같이 말한다.

"그뿐만이 아니었다. 베른협약에 가입은 하지 않고서도 그 조약상의 발행지주의를 교묘히 이용하여 그 조약상의 보호를 받기도 하였다. 사연인즉, 베른협약에 가입한 동맹국에서 최초로 발행된 저작물은 그것이 비동맹국인의 저작물이라 할지라도 베른협약의 보호를 받는다고 하는 조항을 지능적으로 이용한 것이었다. 예컨대, 미국인이 베른협약 가입국인 영국이나 캐나다에서 미국에서보다 먼저 혹은 미국에서와 동시에 자기의 저서를 발행함으로써 베른협약의 보호를 받는 수법을 썼다. 이러한 동시발행에 대하여는 캐나다가 실제로 항의를 했고, 이에 따라 만일 그 저작자가 동맹국 내에 주소를 갖지 않았을 경우에는 동시발행된 비동맹국인의 저작물에 대하여 동맹국은 그 보호를 제한할 수 있다는 보복 규정을 신설했다. 어쨌든 미국은 훗날(1955년) 세계저작권협약에 가입할 때까지 근 70년간 '저작권 먼로주의'니 '뒷구멍 보호(back door protection)'니 하는 비난을 무릅쓰고 무임승차와 부당이득을 누렸다."[14]

구소련도 베른협약에 가입하지 않은 채 무조약으로 버티다가 1973년에서야 세계저작권협약에 가입했다. 이에 대해 한승헌은 "구소련 국민의 저작물도 베른협약 가입국 내에서 처음 발행되어 발행지주의의 혜택을 누린 예가 있으나, 그 사정은 미국의 상술과는 달리 소련 내의 출판 통제 때문이었다"며 다음과 같이 말한다.

"예컨대 파스테르나크의 유명한 『의사 지바고』가 소련 아닌 이탈리아에서 처음 간행된 것도 소련 정부가 그 소설의 반전적(反戰的)인 내용을 트집 잡아 국내에서의 간행을 금지시켰기 때문이었다. 솔제니친의 『암병동』 이후의 작품들 역시 반체제적이라는 이유로 국내 출판이 허용되지 않아서 프랑스, 영국, 독일 등의 베른협약국에서 처음 발행되었는데, 저작권 보호의 관점에서는 오히려 전화위복이 되기도 하였다."[15]

세계저작권협약은 1952년 유네스코 주도하에 무방식주의의 베른협약 가입국과 방식주의의 미주 간 협약 국가들 사이의 가교 역할을 하기 위해 성립된 것으로 1955년 9월 6일에 발효되었다. 세계저작권협약은 ①내국민 대우의 원칙 ②최소한의 권리보호 수준(최소한의 보호기간, 권리 등) ③개발도상국에 특혜 부여 등의 적용 면에서는 베른협약과 동일하다. 베른협약과의 차이점은 ① 방식주의의 채택 ②동시발행의 불인정 ③저작인격권의 불인정 ④불소급의 원칙(저작권의 보호기간은 원칙적으로 25년 이상이어야 한다고 규정) 등이다.[16]

로마조약 또는 인접권조약(실연자 음반제작자 및 방송사업자의 보호에 관한 국제조약)은 1961년 10월 로마에서 열린 외교회의에서 채택되어 1964년 5월 18일에 효력을 발생하였다.[17] 제네바조약 또는 음반조약(음반의 무단복제로부터 음반제작자를 보호하기 위한 조약)은 UNESCO와 WIPO의 공동 노력에 의하여 1971년 10월에 성립돼 1973년 4월에 발효되었다.[18]

미국 등 선진국들은 기존의 협약들이 지적재산권 침해에 대한 국제적 제재 수단을 결여하고 있고 신기술 분야의 지적재산권 보호가 미흡하다는 불만을 갖고 이 문제를 이른바 '우루과이라운드'에 포함시키기에 이르렀다. 1994년 우루과이라운드가 일괄 타결됨에 따라 탄생한 세계무역기구(WTO)가 마련한 협정의 6개 부속서 가운데 하나가 바로 '무역관련 지적재산권 협정(TRIPs: Agreement on Trade Related Aspects of Intellectual Property Rights, Including Trade in Counterfeit Goods)'이다. TRIPs는 지적재산권 분야가 기존의 서비스 시장 및 농산물 교역과 함께 중요한 협정 분야로 부상했다는 걸 의미하는 것이었다. TRIPs는 "회원국들은 베른협약의 제1조 내지 제21조와 부속서를 준수한다"고 규정함으로써 가입국에게 베른협약 수준의 저작권 보호를 요구하고 있다.[19]

미국의 저작권법

세계 최초의 저작권법은 영국에서 1709년에 제정되었으며, 영국의 영향을 받은 미국은 일부 주들이 1783년에 저작권법을 입법화시켰지만 최초의 연방 저작권법은 1790년 제헌의회에서 제정되었다. 이 법은 1909년과 1976년에 대폭적인 개정과 1990년의 개정을 거쳐 1998년 10월 28일에 디지털시대에 맞게 디지털 밀레니엄 저작권법(DMCA: Digital Millennium Copyright Act)으로 바뀌 오늘에 이르고 있다.[20]

미국은 뒤늦게 1989년에서야 베른협약에 가입하였는데, 그 이유는 베른협약이 "저작권 보호를 위한 무방식주의를 채택하기 때문에 통지·등록 등의 절차적 요건을 갖추어야 저작권보호를 받을 수 있는 미국의 저작권법과 배치되었고, 또한 미국의 영화산업계가 반대해온 저작권의 인격권적 측면 인정을 베른이 규정하고 있기 때문"이었다.[21] 그러나 앞서 지적한 바와 같이, 자국의 이익만을 꾀하는 강대국의 이기주의 또는 횡포 때문이었다는 것도 부인할 수 없는 사실이다.

미국에서 저작권 보호의 대상이 되는 건 우리나라와 거의 비슷하다. 저작권 보호의 대상이 되지 않는 걸 아는 것이 보호의 기준을 이해하는 데에 도움이 될 것이다. 다음과 같은 것들이다.

첫째, 제목이나 슬로건처럼 사소한 것들이다. 그러나 이들도 '불공정 경쟁'에 관한 법으로는 보호받을 수 있다. 둘째, 아이디어다. 아이디어의 문학적 또는 드라마틱한 표현은 보호해도 아이디어 그 자체는 보호하지 않는다. 셋째, 실용품이다. 예컨대, 램프는 빛을 내기 위한 실용품이므로, 그 기본적 디자인은 보호받을 수 없다. 그러나 실용성과는 무관한 티파니 램프는 보호받을 수 있다. 넷째, 방식, 수학공식, 방정식 등이다. 그러나 아이디어 또는 시스템의 묘사, 설명, 도해 등은 보호받을 수 있다.[22]

오직 독창적인 작품만이 저작권 보호를 받을 수 있는데, 독창적이라는 건 그 작품의 기원이 그 저작자에게 있다는 걸 의미한다. 예컨대, 남의 말을 기록한 사람이 그 기록물의 저작권을 주장할 수는 없으며, 애를 써서 이것저것 모아 교통지도를 만들었다 하더라도 오리지널 하지 못하면 저작권의 보호를 받을 수 없다.[23]

뉴스 이벤트, 즉 사건에 관한 보도는 저작권을 주장할 수 없다. 어느 신문의 사건 보도를 요약하거나 일부를 뽑아 보도한다 해도 문제되지 않는다. 출처를 밝히지 않는 건 윤리적 문제다. 그러나 그 기사의 문장 스타일이나 질적 측면(literary style and quality), 즉 보도의 창의적 측면은 저작권의 보호를 받을 수 있다. 그런 경우 출처를 밝혀도 허락을 받지 않았으면 저작권 침해에 해당된다. 오히려 출처를 밝히는 건 허락을 받았다는 암시를 주므로, 더욱 나쁠 수도 있다.[24]

저작권 등록을 하지 않았다고 그냥 가져다 쓸 수 있는가? 그럴 경우 '불공정 경쟁(unfair competition = misappropriation)'에 해당된다. 예컨대, 어느 통신사가 다른 통신사의 직원을 매수해 뉴스를 빼내 보도한 경우나 방송국이 신문의 허락도 받지 않고 신문의 기사를 자체 취재한 것인 양 읽거나 보도하는 것도 '불공정 경쟁'에 해당된다.[25]

저작권 보호기간은 어떤가? 1976년도에 통과된 저작권법하에서는 1978년 1월 1일 이후 저작권은 창작자가 죽을 때까지 그리고 그 이후 50년까지(50년은 창작자의 가족에 대한 배려) 보호한다. 그 이후론 공공의 것이 되어 누구나 사용할 수 있다. 공동 저작의 경우엔 가장 나중에 죽는 저자가 죽고 나서 50년간 보호한다. 누군가를 고용해서 만들고 저작권은 고용한 측에 있을 경우 발행 후 75년, 또는 창작 후 100년간 보호한다.[26]

그런데 1998년도의 소니 보노 저작권 기한 연장법(Sonny Bono Copyright Term Extension Act)은 대부분의 저작권 기한을 기존 50년에서 70년으로 20년 확대했다. 이게 과연 잘한 일일까? 제임스 보일(James Boyle)은 저작권의 과도한 정당화는 지나치게 낭만화된 '원저자(authorship)' 개념에 토대를 두고 있다고 했다. 리차드 스피넬로는 "이와 같은 '저자 위주의 관점' 은 우리로 하여금 지적재산을 보호하려는 노력에 지나치게 몰두하고 또한 공공영역에 남아있어야 할 지적 상품들을 사유화하도록 부추기고 있다"며 다음과 같이 말한다.

"확실히 보일과 다른 사람들이 우려했던 바와 같이 저자에 대한 보다 근본적인 보호가 우선되는 상황에서 공공영역은 위축되어 가고 있다. 그러나 만일 미국과 같은 국가들이 자신들의 정보 자원들을 너무 과도하게 보호한다면, 이는 공동으로 이용할 수 있는 지식의 샘물을 고갈시키고 이와 더불어 미래의 창의적인 연구를 위한 초석이 되는 아이디어들을 사장시키는 위험을 저지르는 것이다."[27]

저작권 침해(infringement) 여부를 결정하는 주요 기준은 3가지이며, 입증의 의무는 원고에게 있다. 첫째, 독창성(originality)이다. 예컨대, 역사는 독창성을 주장하기 어렵다. 역사서 저작권 침해 논란을 빚은 알렉스 헤일리의 '뿌리' 사건에서 헤일리에게 승소 판결이 내려진 것도 그런 이유 때문이다. 둘째, 접근(access)이다. 원고는 피고가 저작권의 보호를 받는 작품에 접근했다는 것을 입증해야 한다. 많은 영화사들이 자발적으로 보내온 원고를 뜯지 않는 것도 나중에 저작권 분쟁에 휘말리지 않으려고 하기 때문이다. 셋째, 유사성 정도다. '바꿔쓰기(paraphrasing)'는 저작권 침해다. 캐릭터의 성격을 바꾸거나(예컨대, 디즈니의 도날드를 전혀 다른 성격의 캐릭터로 바꾼다든가) 매체를 바꾸는 것(예컨대, 만화에 나오는 주인공을 장난감으로 만든다든가) 등도 저작권 침해다.[28]

미국의 '공정 이용'의 원칙

미국의 1976년 저작권법 제107조는 저작권 보호의 예외로 '공정 이용의 원칙 (the doctrine of fair use)'을 두었다. 이는 저작권자의 권리와 공익 사이의 균형을 꾀하고 비판, 논평, 뉴스, 교육, 연구 등과 같은 활동을 자유롭게 할 수 있도

록 보장하기 위한 것이다.[29]

　법원은 '공정 이용'의 여부를 결정하기 위해 ①이용의 목적과 성격 ②저작물의 성격 ③저작물 전체와 비교하여 이용된 것의 양과 질 ④이용된 것이 저작물의 잠재적 시장 또는 가치에 미치는 효과 등 4가지 사항을 고려한다.[30]

　①이용의 목적과 성격: 비평, 코멘트, 뉴스 보도, 교육, 학술, 연구 등은 '공정 이용'에 해당된다. 책 서평자는 길게 인용해도 문제가 안 되지만, 포스터의 경우처럼 상업적 목적이라면 아주 조금만 인용해도 문제가 된다. 이용의 목적과 성격을 판단함에 있어서 1966년 'Rosemont v. Random House' 사건 판결은 상식이 중요하다는 걸 강조했다. 이 사건의 내용은 이렇다. 하워드 휴즈에 대한 책을 랜덤하우스가 내려고 했다. 휴즈는 그 책이 『룩』 매거진에 실린 기사들을 많이 인용했다는 걸 알고 『룩』 잡지를 사들여 그 책을 내지 못하게끔 막는 소송을 제기했다. 그러나 법원은 랜덤하우스에게 승소 판결을 내렸다. 저작권법의 목적은 홍보를 극도로 싫어하는 공인에 대한 정보의 확산을 막기 위한 것은 아니라는 것이다.[31]

　②저작물의 성격: 시장에서 구할 수 있는가? 어느 책이 절판되어 나오지 않는다면, 그 일부를 복사해도 더욱 정당화될 수 있다. 어떤 종류의 작품인가? 워크북(연습장, 규칙서), 표준화된 테스트 등과 같은 것을 복사하는 것은 '공정 이용'이 되기 어렵다. 신문, 잡지 등의 경우엔 저작권 침해에 해당될 가능성이 더 낮다. 출판된 것인가? 출판되지 않은 것이 출판된 것보다 더욱 강력한 보호를 받는다.[32]

　③ 저작물 전체와 비교하여 이용된 것의 양과 질: 이와 관련된 판단은 상대적이다. 450페이지 책에서 500단어를 가져다 쓰는 건 5줄 시에서 3줄을 가져다 쓰는 것보다 훨씬 안전하다. 패러디(parody)는 어떻게 볼 것인가? 패러디는 저작권 침해가 아니다.[33] 1994년 3월 미연방대법원은 패러디는 저작권 침해가 아니라는 걸 재확인하는 판결을 내렸다. 가수 로이 오비슨의 1964년곡〈오 프리티 우먼〉을 패러디화해 랩송〈프리티 우먼〉으로 바꿔 연주한 그룹 투라이브

크루를 상대로 원곡의 저작권 소유자인 애커프 로스 뮤직사가 낸 저작권 소송에서 피고 승소 판결을 내린 것이다. 그러나 패러디가 '공정 이용' 이 되기 위해선 단지 코믹한 효과 이상의 것, 즉 어떤 사회적 가치를 추구해야 한다.[34] 연방대법원의 판결은 공정 이용의 4가지 요소를 다 고려한 것이었는데, 그 내용은 다음과 같다.

첫째(이용의 목적 및 성질), 랩 밴드가 완전히 새로운 별개의 저작물이라 인정될 수 있을 정도로 '프리티 우먼을 변용(transformative)' 한 것이므로 패러디 곡은 원곡을 대체하는 것이 아니다. 둘째(저작권이 있는 저작물의 성격), 패러디 곡은 창작성이 인정되므로 저작권의 보호를 받을 수 있다. 셋째(이용된 부분의 양 및 실질성), 랩 밴드가 리메이크에 이용한 부분은 원곡의 실질적인 부분을 지나칠 정도로 이용한 것이 아니다. 넷째(이용이 저작물의 시장에 주는 효과), 패러디 곡이 원곡이나 그 2차적 저작물에 관한 시장에 부정적인 영향을 주지 않는다는 것이다. 특히 '이용의 목적이나 성질' 과 관련하여 중요한 것은 패러디 작품이 상업적 목적으로 창작되었다 하더라도 공정 이용이 인정된다고 한 점이다.[35]

④이용된 것이 저작물의 잠재적 시장 또는 가치에 미치는 효과: 저작권자에게 경제적으로 해를 미치느냐 미치지 않느냐가 판단의 기준이다.

(사례) 소니사의 VCR 베타맥스 사건: 1979년 유니버설과 디즈니사는 소니사를 걸어 소송을 제기했다. 자기들의 프로그램을 복사하는 것은 저작권 위반이므로 제조할 수 없다는 것이 영화사들의 주장이었지만, 연방대법원은 1984년 소니사에게 승소 판결을 내렸다.[36]

(사례) 할리우드 영화사들은 1979년의 패배를 만회하려는 것일까? 미국영화협회(MPAA)는 최근 연방통신위원회(FCC)에 고화질텔레비전(HDTV)에 디지털 프로그램 복제를 방지하는 기술을 탑재할 것을 요구하고 나섰다. 이에 대해

이광석은 "앞으로 이 기술이 표준으로 자리잡는다면, 복제방지 정보를 지닌 프로그램들을 일반 가정에서 녹화하는 것이 불가능해진다. 소비자단체들은 협회 쪽이 기술적 수단을 동원해 각 가정에서 누렸던 소비자들의 정당한 이용에 대한 권리를 뺏으려 한다며 강력히 항의하고 있다"며 다음과 같이 말한다.

"특히 디지털시대에 저작권은 법조문에 의지하기보다는, 이를 보장하는 기술적 수단 속으로 기어든다. 하버드 법대 교수인 로렌스 레식이 주장했던 것처럼 이제 기술적 코드가 법이 된다. 일단 어떤 기술이 표준이 돼버리면 바꾸기가 어렵고 그 파장 또한 일반인들이 의식하기가 힘들어진다. 미국영화협회의 복제방지용 장치는 바로 저작권 관련법이 수행할 수 있는 것보다 더 완벽하게 기술적 코드의 형태로 그 기능을 갖춘 경우다. 소비자는 정당한 이용에 대한 권리가 침해받는 사실도 의식하지 못하는 사이에, 저작권의 새로운 기술적 코드가 정착할 가능성이 한결 높아지고 있다. 이런 상황에선 저작권과 정당한 이용에 대한 권리를 배치되는 개념으로 파악할 것이 아니라, 공적 권리로서 소비자의 정당한 이용을 저작권의 틀 안에서 함께 고려해야 한다. 곧 양자의 균형을 유지하는 것이 저작권의 목표여야 하며, 이를 기술적 코드의 설계에 적절히 반영하려는 노력이 필요하다.[37]

그런데 오늘날 미국에서 이 '공정 이용'의 원칙이 사실상 사라졌다고 개탄하는 목소리가 높다. 미국 법원은 식별할 수 없는 음원은 물론이고 0.5초짜리 사운드 클립조차도 저작권법의 보호를 받으므로, 샘플로 사용하기 전에 반드시 허가를 받아야 한다고 판결했다. 대학에서 수업을 위해 사용하는 비공개 웹사이트에 논문에서 발췌한 내용을 돌리는 것은 '교육적인 공정 이용'으로 간주되어야 마땅하겠건만, 소송을 피하고 싶어하는 대학 측은 교수들에게 학생들이 돈을 주고 자료를 사게 하라고 말한다. 이런 문제를 지적한 마이클 헬러(Michael Heller)는 다음과 같이 말한다.

"공정 이용은 원래 창작자들과 합의가 이루어진 부분이다. 불행히도 저작권을 소유한 대기업은 의회와 법원을 압박하면서 이러한 전통을 무시하라고 강요한다. 공정 이용을 적용할 수 있는 영역은 점점 줄어들고 있다. 그래서 뭐가 어떻다는 거냐고? 저작권 보호를 확대하는 게 무슨 문제냐고? 사실 공정 이용이 확대되면 눈에 보이지 않는 가치가 발생한다. 이제 우리는 그 가치에 이름을 붙일 수 있다. 공정 이용은 문화의 그리드락을 방지한다."[38]

그리드락(gridlock)이란 교차점에서 발생하는 교통정체, 즉 오도 가도 못하는 상황을 말하는 것으로, 지나치게 많은 소유권이 경제활동을 오히려 방해하고 새로운 부의 창출을 가로막는 현상을 의미한다. '자유시장의 역설'인 셈이다. 헬러는 그리드락을 해결하는 것이 우리 시대의 핵심 과제라고 주장한다.[39]

한국의 저작권법 조항과 개념

한국 최초의 저작권법은 1957년 1월 28일에 제정·공포된 법률 제432호이다. 굳이 더 거슬러 올라가자면, 1908년에 칙령 제200호로 반포된 조선저작권령은 1910년까지 적용되었고 1910년 8월 29일부터는 일본 저작권법이 그대로 시행되었으며, 이 법은 1957년 저작권법이 제정될 때까지 효력이 있었다.[40]

한국은 1987년 7월 1일(효력 발생일) 저작권법을 전면 개정하였으며, 1987년 10월 1일에 세계저작권협약에 가입하였다. 김기태는 "우리나라의 세계저작권협약 가입은 미국의 무역보복을 피하기 위한 방책이었던 것으로 보인다"고 했다.[41]

또 WTO에 가입한 한국은 1995년 12월 6일 법률 제5015호로 저작권법을 개정하여 베른협약과 상충되는 조항을 개정하였고 1996년 8월 21일 베른협약에 정식 가입하였다. 1996년 7월 1일부터 시행된 우리나라의 개정 저작권법은 ① 베른협약의 소급보호 원칙을 수용하였으며 ②저작권 보호 기간을 저작자 생존기간과 사후 50년으로 연장하였다. 다만, WTO협상을 통하여 1995년 1월 1일 이전에 작성된 2차적 저작물(derivative works: 파생적 저작물)에 대해서는 1999년 12월 31일까지 회복저작물(소급보호저작물)에 한해 보상 없이 이용하도록 유예기간을 두는 데 성공했다. 한편 1999년 12월 31일 이후의 이용에 대하여 원저작물의 권리자는 상당한 보상을 요구할 수 있도록 되어 있으므로 2000년 1월 1일부터 외국 저작권 이용에 대해서는 그 이용방법이 달라지게 되었다.[42]

저작권법은 1986년, 2006년 두 차례 전부 개정되는 등 총 14회 개정됐다. 주요 개념의 이해와 관련된 현행 법조항들은 다음과 같다.

> 제2조에서 '저작물'의 정의: "인간의 사상 또는 감정을 표현한 창작물."
> 제4조(저작물의 예시 등): 소설 · 시 · 논문 · 강연 · 연설 · 각본 그밖의 어문저작물, 음악저작물, 연극 및 무용 · 무언극 그 밖의 연극저작물, 회화 · 서예 · 조각 · 판화 · 공예 · 응용미술저작물 그 밖의 미술저작물, 건축물 · 건축을 위한 모형 및 설계도서 그밖의 건축저작물, 사진저작물(이와 유사한 방법으로 제작된 것을 포함한다), 영상저작물, 지도 · 도표 · 설계도 · 약도 · 모형 그 밖의 도형저작물, 컴퓨터프로그램저작물 등 9개.
> 제5조(2차적저작물) ①원저작물을 번역 · 편곡 · 변형 · 각색 · 영상제작 그밖의 방법으로 작성한 창작물(이하 "2차적저작물"이라 한다)은 독자적인 저작물로서 보호된다.
> 제7조(보호받지 못하는 저작물) 다음 각 호의 어느 하나에 해당하는 것은 이 법에 의한 보호를 받지 못한다. 1. 헌법 · 법률 · 조약 · 명령 · 조례 및 규칙 2. 국가 또는 지방자치단체의 고시 · 공고 · 훈령 그밖에 이와 유사한 것 3. 법원의 판결 · 결정 · 명령 및 심판이나 행정심판절차 그밖에 이와 유사한 절차에 의한 의결 · 결정 등 4. 국가 또는 지방자치단체가 작성한 것으로서 제1호 내지 제3호에 규정된 것의 편집물 또는 번역물 5. 사실의 전달에 불과한 시사보도
> 제10조(저작권) ①저작자는 제11조 내지 제13조의 규정에 따른 권리(이하 "저작인격권"이라 한다)와 제16조 내지 제22조의 규정에 따른 권리(이하 "저작재산권"이라 한다)를 가진다. ②저작권은 저작물을 창작한 때부터 발생하며 어떠한 절차나 형식의 이행을 필요로 하지 아니한다.

제11조(공표권) ①저작자는 그 저작물을 공표하거나 공표하지 아니할 것을 결정할 권리를 가진다.

제12조(성명표시권) ①저작자는 저작물의 원본이나 그 복제물에 또는 저작물의 공표 매체에 그의 실명 또는 이명(異名)을 표시할 권리를 가진다.

제13조(동일성유지권) ①저작자는 그 저작물의 내용·형식 및 제호의 동일성을 유지할 권리를 가진다.

공표권, 성명표시권, 동일성유지권 등을 저작인격권이라고 한다.

제16조(복제권) 저작자는 그의 저작물을 복제할 권리를 가진다.

제17조(공연권) 저작자는 그의 저작물을 공연할 권리를 가진다.

제18조(공중송신권) 저작자는 그의 저작물을 공중송신할 권리를 가진다.

제19조(전시권) 저작자는 미술저작물 등의 원본과 그 복제물을 전시할 권리를 가진다.

제20조(배포권) 저작자는 저작물의 원본이나 그 복제물을 배포할 권리를 가진다. 다만, 저작물의 원본이나 그 복제물이 당해 저작재산권자의 허락을 받아 판매 등의 방법으로 거래에 제공된 경우에는 그러하지 아니하다.

제21조(대여권) 제20조 단서의 규정에 불구하고 저작자는 판매용 음반을 영리를 목적으로 대여할 권리를 가진다.

제22조(2차적저작물작성권) 저작자는 그의 저작물을 원저작물로 하는 2차적저작물을 작성하여 이용할 권리를 가진다.

복제권, 공연권, 공중송신권, 전시권, 배포권, 대여권, 2차적저작물작성권 등을 저작재산권이라고 한다. '2차적저작물작성권' 은 저작물의 개작(改作)이용권이라고도 부른다. 제23조(재판절차 등에서의 복제), 제24조(정치적 연설 등의 이용), 제25조(학교교육 목적 등에의 이용), 제26조(시사보도를 위한 이용), 제27조(시사적인 기사 및 논설의 복제 등), 제28조(공표된 저작물의 인용), 제29조(영리를 목적으로 하지 아니하는 공연·방송), 제30조(사적이용을 위한 복제), 제31조(도서관등에서의 복제 등), 제32조(시험문제로서의 복제), 제33조(시각장애인 등을 위한 복제 등), 제34조(방송사업자의 일시적 녹음·녹화), 제35조(미술저작물 등의 전시 또는 복제), 제36조(번역 등에 의한 이용) 등은 저작재산권을 제한할 수 있는 '공정한 이용'의 경우들이다. 제28조(공표된 저작물의 인용)는 "공표된 저작물은 보도·비평·교육·연구 등을 위하여는 정당한 범위 안에서 공정한 관행에 합치되게 이를 인용할 수 있다"고 했으나, 다음과 같은 주의가 요망된다.

"미술작품이나 시 같은 경우는 전재하기가 비교적 용이하기 때문에 문제가 될 소지가 많다. 평론을 빙자하여 한 시인의 시집 전체 또는 주요한 상당 부분을 그대로 전재하고 약간의 설명을 부가하는 등의 행위는 저작권자의 복제권 침해가 된다고 할 수 있다. 또한 미술평론을 한다면서 한 작가의 주요 작품 대부분을 사진으로 찍어 새로운 책자를 발간하는 경우 등은 저작권 침해가 될 수 있다."[43]

저작권법 '제3장 저작인접권'은 제64조에서 제90조까지 저작인접권을 다루고 있다. 저작인접권(neighbouring rights; related rights)은 저작물의 복제, 전파 기술의 발달로 인하여 전통적인 저작권의 보호 외에 저작물의 배포, 전파에 기여한 사람들의 권리를 보호해주기 위해 인정된 권리 개념으로 실연자, 음반 제작자, 방송사업자 등이 이 권리를 누린다.[44]

저작권법 '제7장 저작권위탁관리업'은 제105조에서 제111조에 이르기까지 저작권위탁관리를 다루고 있다. 이에 따라 저작권 집중관리제도가 도입되었는데, 이는 권리자 개인이 이용에 따른 실태파악 및 이용허락 계약체결, 사용료 징수, 관리업무, 위법한 행위에 대한 유효한 법적 대응 등을 개별적으로 수행하기 어렵기 때문에 도입된 제도다.[45] 2006년 6월 7일 한국언론재단이 문화관광부로부터 온라인상의 뉴스저작물에 대한 복제, 전송권에 대한 저작권 신탁관리업 허가를 받음으로써 12번째의 저작권 집중관리단체가 되었다.[46]

처음에 저작권법 위반죄는 친고죄였으나, 현행 법에서는 영리를 위하여 상습적으로 저작재산권 등을 침해한 행위 등을 친고죄에서 제외하여 권리자의 고소가 없어도 형사처벌이 가능하도록 변경(제140조)했다.[47] 1996년 한승헌은 저작권법 위반죄를 친고죄로 한 이유에 대해 다음과 같이 말했다.

"저작권법 위반죄를 친고죄(고소가 있어야만 논할 수 있는 죄)로 할 것인가, 반의사불벌죄(고소가 없어도 입건 수사할 수 있으나, 피해자의 명백한 의사에 반하여 처벌할 수 없는 죄)로 할 것인가의 양론이 나왔을 적에도 나는 저작권조약 가입 이후의 문제를 고려하자는 의견을 제시했다. 반의사불벌죄로 할 경우에는 피해자의 고소가 없이도 처벌이 가능하기 때문에 외국 정부나 권리자가 우리 정부에 대해서 저작권법 위반자의 수사나 처벌을 놓고 왈가왈부할 빌미를 제공해주는 일면도 생각해야 했다."[48]

아닌 게 아니라 후일 미국은 자국 출판물의 무단 출판행위를 적발 · 처벌해주도록 한국 정부에 거듭 요구해왔으며, 급기야는 저작권법 위반행위의 친고죄 조항을 삭제하도록 하는 법의 개정을 요구하기까지 했다.[49] 이런 요구가 반영된 것이었을까?

저작권 보호기간의 원칙

제39조(보호기간의 원칙) ①저작재산권은 이 관에 특별한 규정이 있는 경우를 제외하고는 저작자의 생존하는 동안과 사망 후 50년간 존속한다. 다만, 저작자가 사망 후 40년이 경과하고 50년이 되기 전에 공표된 저작물의 저작재산권은 공표된 때부터 10년간 존속한다. ②공동저작물의 저작재산권은 맨 마지막으로 사망한 저작자의 사망 후 50년간 존속한다.

제40조(무명 또는 이명 저작물의 보호기간) ①무명 또는 널리 알려지지 아니한 이명이 표시된 저작물의 저작재산권은 공표된 때부터 50년간 존속한다. 다만, 이 기간 내에 저작자가 사망한지 50년이 경과하였다고 인정할 만한 정당한 사유가 발생한 경우에 그 저작재산권은 저작자 사망 후 50년이 경과하였다고 인정되는 때에 소멸한 것으

로 본다. ②다음 각 호의 어느 하나에 해당하는 경우에는 제1항의 규정은 이를 적용하지 아니한다. 1. 제1항의 기간 이내에 저작자의 실명 또는 널리 알려진 이명이 밝혀진 경우 2. 제1항의 기간 이내에 제53조 제1항의 규정에 따른 저작자의 실명등록이 있는 경우

제41조(업무상 저작물의 보호기간) 업무상 저작물의 저작재산권은 공표한 때부터 50년간 존속한다. 다만, 창작한 때부터 50년 이내에 공표되지 아니한 경우에는 창작한 때부터 50년간 존속한다.

제42조(영상저작물의 보호기간) 영상저작물의 저작재산권은 제39조 및 제40조의 규정에 불구하고 공표한 때부터 50년간 존속한다. 다만, 창작한 때부터 50년 이내에 공표되지 아니한 경우에는 창작한 때부터 50년간 존속한다.

한미 FTA가 어떻게 결판이 날진 알 수 없지만, 2007년 5월에 공개된 한미 FTA 협정문 중 저작권 분야는 저작권 보호기간을 저자 사후 50년에서 70년으로 연장했다. 이에 대해 우지숙(서울대 행정대학원 교수)은 "저자에게 영구 권리를 주는 것이나 다름없다. 이미 창작된 저작물에 소급 적용되므로 저자에게 새로운 창작의 유인을 주지 못하면서 보상만 늘려주는 경우가 많다. 이렇게 보호기간 제한의 원리가 무너짐으로써 공공의 영역에 귀속되는 저작물이 줄어들고 새로운 창작물이 활성화할 수 있는 기회가 줄어드는 것이다"고 비판했다. 그밖의 다른 문제점에 대해 우지숙은 다음과 같이 말했다.

"허가받지 않은 저작물이 유통되면 해당 인터넷 사이트에 책임을 물어 폐쇄까지 할 수 있게 한 부속서의 내용은 빈대 잡으려다 초가삼간 태우는 격이다. 저작권자의 권리 행사를 도우려고 저작물이 이용되는 매체 자체를 없앤다면 문화 환경이 위축되는 것은 당연한 결과다. 이번 협상은 우리 국민의 프라이버시권도 소홀히 다뤘다. 저작권자가 요청하면 국내 법기관의 명령 없이도 인터넷 서비스 제공자가 이용자의 개인정보를 제공하도록 했다. 재산권을 인권보다 우선시하겠다는 것이다. 기득권자의 독점권을 보장하기 위한 정부의

기능은 강화하고 절차적 정당성과 공공의 이익을 위한 정부의 기능은 축소하는 것이 자유무역협정의 기본 태도다. 이것이 과연 선진 제도인가 아니면 오히려 후진적인 제도인가."

이어 우지숙은 "최근 들어 미국에서 저작권 보호가 강화된 것은 디지털 환경에서 기득권을 포기하지 않으려는 콘텐츠 제작자들이 법원에서 힘겨루기와 의회 로비에 성공함으로써 나타난 결과다. 이들은 인터넷회사, 소프트웨어 개발자, 이용자들을 상대로 공격적인 소송들을 계속해 자신들의 권리를 확대하는 판례 규범을 만들어내는 데 성공했다. 나아가 이를 의회에서 법령화하도록 엄청난 로비력을 동원한 바 있다"며 다음과 같이 말했다.

"이렇게 만들어진 저작권법을 전 세계적으로 확대해왔고 국제기구나 WTO 다자 협상에서 관철하지 못한 부분을 양자 협상을 통해 성취한 것이 자유무역 협정 협상의 결과다. 결국 저작권의 강화는 합리적·경험적 근거보다는 관련 업계의 상업적 이해관계에 따라 급속히 진행되어 온 것이며 미국 내에서도 비판이 만만치 않게 제기되고 있다. 그런데 우리 유관 부처에서는 지적재산권제도에 대한 몰이해 때문이든, 부처의 이해관계 때문이든, 저작권을 강화하는 것이 곧 선진 제도라는 논리를 그대로 받아들여 재생산해왔다. 외교통상부는 또한 이번 협상에서 지적재산권을 단순히 경제통상 이슈로만 접근하여 저작권제도의 근본원칙을 뒤흔드는 결과를 내고 말았다. 이제 공익을 위한 독점 제한의 원칙 자체가 우리 저작권법에서 사라질 위험에 처해 있다."[50]

저작물 이용의 법정허락

제50조(저작재산권자 불명인 저작물의 이용) ①누구든지 대통령령이 정하는 기준에 해당하는 상당한 노력을 기울였어도 공표된 저작물(외국인의 저작물을 제외한다)의 저작재산권자나 그의 거소를 알 수 없어 그 저작물의 이용허락을 받을 수 없는 경우에는 대통령령이 정하는 바에 따라 문화체육관광부장관의 승인을 얻은 후 문화체육

관광부장관이 정하는 기준에 의한 보상금을 공탁하고 이를 이용할 수 있다.〈개정 2008. 2. 29.〉②제1항의 규정에 따라 저작물을 이용하는 자는 그 뜻과 승인연월일을 표시하여야 한다. ③제1항의 규정에 따라 법정허락된 저작물이 다시 법정허락의 대상이 되는 때에는 제1항의 규정에 따른 대통령령이 정하는 기준에 해당하는 상당한 노력의 절차를 생략할 수 있다. 다만, 그 저작물에 대한 법정허락의 승인 이전에 저작재산권자가 대통령령이 정하는 절차에 따라 이의를 제기하는 때에는 그러하지 아니하다. ④문화체육관광부장관은 대통령령이 정하는 바에 따라 법정허락 내용을 정보통신망에 게시하여야 한다.〈개정 2008. 2. 29.〉

제51조(공표된 저작물의 방송) 공표된 저작물을 공익상 필요에 의하여 방송하고자 하는 방송사업자가 그 저작재산권자와 협의하였으나 협의가 성립되지 아니하는 경우에는 대통령령이 정하는 바에 따라 문화체육관광부장관의 승인을 얻은 후 문화체육관광부장관이 정하는 기준에 의한 보상금을 당해 저작재산권자에게 지급하거나 공탁하고 이를 방송할 수 있다.〈개정 2008. 2. 29.〉

제52조(판매용 음반의 제작) 판매용 음반이 우리나라에서 처음으로 판매되어 3년이 경과한 경우 그 음반에 녹음된 저작물을 녹음하여 다른 판매용 음반을 제작하고자 하는 자가 그 저작재산권자와 협의하였으나 협의가 성립되지 아니하는 때에는 대통령령이 정하는 바에 따라 문화체육관광부장관의 승인을 얻은 후 문화체육관광부장관이 정하는 기준에 의한 보상금을 당해 저작재산권자에게 지급하거나 공탁하고 다른 판매용 음반을 제작할 수 있다.〈개정 2008. 2. 29.〉

법정허락(legal licence, statutory license)은 의제허락이라고도 하며 좁은 의미의 법정허락과 강제허락(complusory licence)으로 나눌 수 있다. 법정허락과 강제허락의 차이는 전자의 경우 처음부터 저작권자와의 협의가 필요치 않다는 점이다.[51] 강제허락은 저작물의 이용을 희망하는 자와 저작권자 사이에 협의가 이루어지지 않았을 경우에 저작권자에 대하여 그 저작물의 이용 허락을 강제하는 제도이다. 이에 대해 방석호는 다음과 같이 말한다.

"강제허락제도 자체에 대해서는 전체 사회적 효용을 극대화시키면서, 동시에 사회적 비용을 극소화시키기 위한 합리적 제도라는 찬성 의견과 함께, 사적 자치(自治)의 원칙에 반할 뿐 아니라 배타적 지배권이라는 독점권을 한낱 물질적 보상을 받을 수 있는 권리로 변질시켜 놓았다는 비난도 제기되고 있다. 강제허락제도는 CATV 사업자가 프로그램을 재송신할 때 저작권자의 동의를 받아야 하는가에 대한 해답으로 미국의 1976년 저작권법이 제시한 것이다."[52]

김형진은 지난 1999년 24시간 인터넷 방송으로 야심차게 출발한 iCrave TV가 불과 수개월 만에 디즈니나 MGM 같은 미국 엔터테인먼트 업계 연합의 반격에 문을 닫은 것도 저작권 침해 때문이었다면서 '강제허락' 제도의 필요성을 역설했다.

그는 "1970년대 미국에서는 기존의 공중파 TV 방송이 독주하던 시대에서 벗어나 케이블방송이 막 성장하려 하고 있었다. 그러나 이미 거의 모든 프로그램에 대해 저작권을 가지고 있던 공중파 TV 방송국들이 케이블 TV 방송국들에게 턱없이 높은 저작권료를 요구해 사실상 케이블 방송국이 프로그램을 확보하지 못하게 됐다. 그러자 미국 정부는 1976년에 법을 제정, 케이블 방송국이 공중파 방송국의 허락 없이도 일정한 비용을 지불하고 프로그램을 방영할 수 있도록 하였다"며 다음과 같이 말했다.

"80년대에는 위성방송이라는 새로운 매체가 출현하자 미국 정부는 1988년 위성방송국들에게 강제허락권을 주어서 새로운 위성방송업이 기존의 TV업계에서 프로그램을 가져다 쓸 수 있도록 기회를 주었다. 과거에 케이블방송이나 위성방송이 가졌던 같은 문제를 지금 인터넷 방송이 겪고 있다. … 우리나라에서는 어떤 이유에서든지 강제허락제도가 잘 활용되지 않고 있다. 인터넷 방송이 풍부한 컨텐츠를 가지고 발전할 수 있고 또 저작자들은 충분한 보상을 받을 수 있는 방안을 지금부터 본격적으로 연구해야 할 때라고 본다. 특히 앞으로 인터넷방송이 양적, 질적으로 빠른 속도로 발전하게 되면서 국제적 저작권문제 특히 강제허락의 활용 여부와 조건 등의 문제에 대해 관심을 가져야 할 것이다."[53]

세계저작권협약에는 '번역권 7년 강제허락제도'라는 것이 있는데, 우리나라는 이를 1995년 저작권법 개정 때 삭제해버렸다. 이에 대해 김성재는 "이것은, 문서(writing)의 최초 발행일로부터 7년이 지났어도 그 번역이 공표되지 않았을 때는, 그 나라의 권한 있는 기관으로부터 비배타적인 허락을 받을 수 있다는 것이다. 단, 허락 취득을 위해서는 번역권자와 교섭하였으나 거부당했다든가, 많은 노력을 했는데도 연락할 수 없었다든가 하는 것을 입증하는 절차를 거쳐야 하고, 자국의 권한 있는 기관의 재정으로 소정의 보상금을 내야 하며, 정확한 번역을 약속해야 하는 등 까다로움이 있어, 실제로 이용되지는 않았다"며 다음과 같이 말한다.

"우리나라 저작권법에 있던 '번역권 7년 강제허락' 조항은 1995년의 저작권법 개정 때 삭제되었는데, 그 대신 베른협약에 규정돼 있는 '번역권 10년 유보' 선언(〈제30조 2항 b〉 '10년 안에 번역이 발행되지 않으면 번역권은 소멸한다'는 조항)에 따른 규정을 채택했어야 했다. 원래는 이 규정을 신설하기로 하여 개정안에는 제39조의 2(번역권에 대한 특칙)에 '이 법에 의하여 보호되는 저작물이 공표된 지 10년 이내에 대한민국 내에서 번역·발행되지 아니한 경우에는 그 저작물을 국어로 번역·발행할 수 있다'는 조문까지 만들어놓았다가 없애버렸으니, 무엇 때문이었는지 그 이유를 알 수 없다. 일본에서도 1970년까지 이 제도를 채택하여 큰 혜택을 보았고, 이 제도를 폐지한 후에도 1980년 이전에 발행된 저작물에 대해서는 이 제도를 적용할 수 있도록 그들 조작권법에 경과조처로 규정(부칙 제8조)하고 있는 것이다."[54]

우리나라가 일본처럼 그렇게 하지 않은 이유는 아마도 무지해서라기보다는 국력이 약해서였기 때문이 아닐까 하는 생각이 든다. 일본은 베른협약 가입 후 번역권을 둘러싼 실리 확보를 위해 대단히 공격적인 태도를 취했다.

이와 관련, 한승헌은 "일본의 경우 1899년에 베른협약에 가입했고, 2차대전 후인 1956년에는 세계저작권협약에도 가입했는데, 베른협약에 가맹하면서부터 가장 큰 관심사가 된 것은 번역권 문제였다. 베른협약은 당초 베른협약국 내에서 처음 발행된 저작물의 번역권은 10년이 지나면 소멸한다(따라서 누구나 자유로 번역할 수 있다)고 되어 있었다. 즉 번역권의 수명은 10년이었다. 그런데 1896년 파리수정 조항에서는 번역권도 일반 저작권의 보호기간처럼 저작자의 사망 후 50년까지로 연장되었다. 다만 초판 발행 후 10년 안에 번역출판이 없는 경우에는 번역권이 소멸한다고 되어있다. 그러나 1908년의 베를린 규정에 의하여 번역권 10년이라는 예외 규정이 폐지되고, 번역권도 기본 저작권과 마찬가지로 저작자 사망 후 50년까지 보호한다는 원칙만 남게 되었다"며 다음과 같이 말한다.

"이때 일본은 문화수입국으로서의 불리함을 덜기 위하여 번역의 자유 및 일본어로의 번역의 특수성을 위의 번역권 10년 조항의 폐지를 맹렬히 반대한 결과, 파리규정의 번역권 10년 조항을 계속 향유할 수 있다는 유보선언 조항을 따내는 데 성공했다. 1928년 로마회의에서 번역권 10년 유보선언 조항을 폐지하자는 논의가 일자, 일본 대표는 각국의 집중적인 비난을 무릅쓰고 이를 반대했다. 마침내 '본 협약의 서명국은 종전에 행한 유보의 이익을 계속 유지한다는 선언을 할 수 있다'는 요지의 한 항목을 끼워넣는 성과를 거두었다. 결국 일본은 줄곧 그 유보의 이익을 누려오다가, 1970년의 저작권법 개정 때에도 단서를 두어 1970년 12월 31일까지(즉 신법 시행 전에) 발행된 외국인 저작물의 번역에는 다시 '10년간의 유보'를 적용한다고 하였다."[55]

신문 · 출판 저작권 사례

(사례) 제호(題號)도 보호받을 수 있나?: 제호는 아무리 길어도 몇 개의 단어로 구성되어 있기 때문에 창작성을 인정하기가 곤란하다는 이유로 저작물로

보지 않는 것이 통설이다. 한승헌에 따르면, "작년(1990년)에 『자유인』이라는 제목의 자서전을 낸 변호사 한 분이 리영희 교수의 『자유인 自由人』이라는 논문·에세이집의 제목을 문제 삼아 소송까지 제기한 적이 있었다. 그 사건에서 법원은 제목의 저작권을 인정하지 않았을 뿐 아니라 두 책은 각기 표지나 글의 성격(하나는 자서전, 하나는 논문집) 또는 독자층으로 보아 서로 '혼동의 우려'가 없다고 하여 부정경쟁행위도 성립되지 않는다고 판단했다."[56]

제호의 저작권과 관련, 대법원은 이미 1977년 7월 12일의 판결에서 만화제명 '또복이'에 대해, 그리고 서울민사지법 제11부는 1990년 9월 20일의 판결에서 영화제목 〈행복은 성적순이 아니잖아요〉에 대해 저작권 침해를 인정하지 않았다. 프랑스나 이탈리아 등의 저작권법에서는 제호의 저작권을 명시적으로 보호해주고 있지만, 우리의 경우는 저작권법으론 힘들고 상표법이나 부정경쟁방지법에 의해 보호될 수는 있다.

문화체육부의 『생활 속의 저작권』(1996)은 "제호가 상표법에 의해서 보호되려면, 먼저 저작물이 상품으로서 상거래에 제공되는 것이어야 하고, 그 제호는 상표로서 상품의 출처 기능이나 품질보증 기능을 가지고 있어서 등록될 수 있는 것이어야 한다"며 다음과 같이 말했다.

"따라서 예컨대 서적 중 일반 단행본의 경우, 그 제호는 이런 상표로서의 기능이 없기 때문에 상표등록이 되지 못하여 보호를 못 받지만, 신문이나 잡지와 같은 정기간행물, 백과사전이나 사전의 제호는 그것이 출판사나 편집자의 상품임을 표시하는 기능을 가지고, 편집 등에 의해서 축적된 신용이 제호로 체화되어 품질보증기능도 갖는다면 상표등록이 될 수 있을 것이다. 한편, 저작물의 제호가 부정경쟁방지법에 의해서 보호되려면 그 제호가 널리 인식되어 있어서, 그 모방이 거래자들에게 혼동을 가져와 경제질서를 해하는 것이어야 한다. 따라서 저작물이 유명하지 않아 제호가 일반인들에게 주지되어 있지 않거나, 저작물이나 영업주체상의 혼동을 일으키지 않아 건전한 경제질서를 깨뜨리는 것이 아닌 한 그 제호의 모방은 부정경쟁방지법에 의해서도 금지되지 않을 것이다."[57]

(사례) 동일성유지권의 침해 범위: "망인 이광수의 작품에 대해서, 허락을 받지 아니하고 그의 소설을 다소 수정한 내용을 실은 도서를 출판하였으나, 수정한 내용이 주로 해방 후 맞춤법 표기의 변동에 따라 오기를 고치거나 일본식 표현을 우리말 표현으로 고친 경우에는 저작자 사망 후의 저작인격권 침해라고는 볼 수 없다.(서울민사지방법원 1992. 12. 21. 선고92가합38121)"[58]

(사례) 북한 『리조실록』의 저작권: 1994년 2월 서울지법 남부지원은 북한 『리조실록』의 저작권을 인정하였다. 여강출판사가 북한의 사회과학원과 계약을 체결해 저작권을 행사하려하자 저작권 계약없이 『리조실록』을 펴낸 다른 출판사가 이의를 제기한 것이다. "북한 사회과학원은 우리 법이 인정하는 단체가 아니므로 저작권자가 될 수 없고 또 북한은 세계저작권협약에 가입하지 않아 우리 저작권법의 보호를 받을 수 없다"는 주장에 대해, 법원은 "대한민국의 주권은 헌법상 북한지역에까지 미치므로 북한이 세계저작권협약에 가입하지 않았다고 하더라도 북한 저작물은 우리 저작권법상의 보호를 받아야 한다"고 밝혔다.

(사례) 강연 내용도 독창적인 저작물에 포함된다: 1994년 4월 서울민사지법은 『이랜드사람들』(다름원)이라는 서적 발행에 대한 금지가처분 신청 관련 판결에서 "이랜드 사장 박성수씨가 기업윤리와 직장인의 행동규범을 주제로 임직원들에게 한 강연 내용도 독창적인 저작물에 해당한다"며 "다름원 측이 박씨의 강연 내용을 녹음한 뒤, 이를 전재, 책을 펴낸 것은 명백한 저작권 침해"라고 밝혔다.

(사례)신문 클리핑 서비스와 저작권: 1994년 초 영국 신문계는 신문기사의

무단복사에 의한 손실액을 1500만 파운드(약 200억 원)로 추정, 이를 회수하기 위한 적극적인 조치를 강구하기 시작했다. 기업 등의 조직에서 그날의 신문기사를 복사하여 사내에 배포하거나 특정 문제에 관한 많은 신문기사를 복사하여 널리 판매하는 신문기사 클리핑 서비스는 영국을 비롯한 각국에서 널리 행해지고 있다. 기사를 게재한 신문의 허가를 받지 않았다면 당연히 저작권의 침해가 되는데, 출판계는 신문계가 이제 겨우 대항조치를 하기 시작한 것을 놀라운 눈으로 지켜보고 있다는 말이 나왔다.[59)]

(사례) 신문 사설과 칼럼에 대한 저작권 독점계약: 1994년 4월 학습참고서 출판사인 지학사는 『중앙일보』『동아일보』『조선일보』『한국일보』 등 4개 일간지와 사설 및 칼럼에 대한 저작권 독점계약을 체결(3년간)했다. 이에 따라 그동안 임의로 전재·인용 등이 가능했던 4개 일간지의 사설과 칼럼을 상업적인 목적의 출판물에 사용하기 위해서는 지학사와 별도 협의를 거쳐야 한다.

(사례) 편집저작물의 보호: "한국입찰경매정보지가 편집저작물에 해당하는가에 대해서 법원 게시판에 공고되거나 일반 신문에 게재된 내용을 토대로 경매사건번호소재지·종별·면적·최저 경매가 등을 구분하여 수록하고, 이에 덧붙여 경매기록이나 등기부등본 등을 통하여 알게 된 목적물의 주요 현황, 준공일자·입주자·임차금·입주일 등의 임대차 관계, 감정평가액 및 경매결과, 등기부상의 권리관계 등을 구독자가 알기 쉽게 필요한 부분만을 발췌 요약하여 수록한 경우라면 소재의 선택이나 배열에 창작성이 있어 편집저작물에 해당한다고 보고 있다.(1996. 6. 14. 선고96다6254)"[60)]

(사례) 교과서에 실린 글의 저작권: 2000년 2학기부터 시, 소설 등 교과서에 실린 저작물도 저작권료를 받게 되었다. 저작권료 지급은 개정 저작권법 시행에 따른 것으로 어문, 음악, 미술, 사진저작물 등 3개 분야로 나눠 문화관광부 장관 고시에 따라 저작권자에게 주도록 돼 있다. 1만 부를 발행하는 교과서를

기준으로 시는 1편에 5900원, 신문은 200자 원고지 1장 분량당 590원을 지불해야 한다. 이에 따라 학년당 60만 부 정도를 발행하는 고교 국어 국정 교과서의 경우 시 1편에 5900×60=35만 4000원을 내야 한다. 새로 지불하는 저작권료는 교과서 값에 반영돼 교과서 값이 약간 오를 것으로 예상된다.

개정안은 이와 함께 초·중·고교의 컴퓨터 및 예체능계, 어학 등 국제 전문교과의 교과서는 별도의 검인정 절차를 거치지 않고 학교 내 해당과목 교사 3명의 심사만 통과하면 교과서로 사용할 수 있도록 했다. 교육부는 특히 CD롬, DVD 등 전자 저작물도 교과서로 인정, 교육자료로 적극 활용하는 한편 학부모와 물가 당국자, 학계, 교과서 발행기관 대표 등으로 '교과용 도서 발행심의회'를 구성, 교과서 가격결정 및 발행권 부여 등을 맡도록 했다.[61]

(사례) 문학상 수상집에 실린 작품: 2000년 12월 29일 서울 지법 민사합의 12부(부장 정장오)는 "문학상 수상 작품집을 계속 출판하는 것은 저작권을 침해하는 것"이라며 한국문예학술저작권협회가 '이상문학상'을 주관하는 '문학과사상사'를 상대로 낸 서적제작복제배포금지 청구소송에서 "피고는 작가들에게 작품 사용료 4400여만 원을 지급하라"고 판결했다. 그러나 "서적 출판을 막아달라"는 청구에 대해서는 "이미 수상집 출판에 동의했기 때문에 서적의 출판까지 막을 수 없다"며 기각했다. 재판부는 판결문에서 "피고는 문학상 수상 작품집을 단행본으로 발간한 뒤 계속 출판하는 것이 관행이고 원고료는 이미 수상 상금 형식으로 작가들에게 지급했다고 주장하지만 피고와 작가들 사이에 정식 계약서가 작성되지 않았고 수상자에게 준 상금을 원고료로 볼 근거가 없기 때문에 별도의 인세 없이 수상작을 작품집으로 계속 출판하는 것은 위법"이라고 밝혔다."[62]

(사례) 세계 언론계의 '뉴스 저작권 지키기' 운동: 2007년 12월 세계신문협회(WAN), 국제출판인연합회(IPA), 유럽출판인위원회(EPC) 등 세계적인 유력

언론단체들이 미국 AP 본사에서 회의를 열어 "신문사와 출판사들이 막대한 자본과 인력을 투자해 만든 뉴스 콘텐츠를 거대 포털이 공짜나 헐값에 무제한으로 사용하는 것을 막고, 온라인 뉴스 유통권리를 되찾겠다"고 밝혔다. 언론단체들은 이를 위해 'ACAP'란 인터넷 기술을 이용해 온라인 뉴스 유통을 통제하기로 했다. ACAP(The Automated Content Access Protocol)는 자동콘텐츠접근규약을 각각의 온라인 기사에 내장해 뉴스 사용권한을 통제하는 기술을 말한다. 이 기술을 이용하면 신문사나 출판사가 온라인에서 유통되는 기사에 대해 사용권, 게재 가능 기간 등 구체적인 사용조건을 지정할 수 있다. WAN 등 언론단체들이 지난 1년간 공동 개발한 ACAP 기술을 이용하면 뉴스 생산자의 허락을 받은 포털만 해당 뉴스를 게재할 수 있게 된다. 언론사가 정한 사용기한이 지난 뉴스는 포털에서 저절로 삭제된다.[63]

(사례) 한국 신문들의 '뉴스 저작권 지키기' 운동: 2006년 한국언론재단의 조사에 따르면 조사 대상 2984개 인터넷 사이트 중 25.5%인 760개 사이트가 언론사의 사전 동의나 계약 없이 뉴스를 무단 게재하고 있었다. 뉴스를 게재하는 사이트를 기준으로 하면 91.5%나 저작권 침해를 하고 있었다. 이에 언론사들은 뉴스 콘텐츠의 저작권 보호를 위해 발 벗고 나서기 시작했다.[64]

2007년 12월 2일 서울서부지법 민사제1부(김건수 부장판사)는 동아닷컴의 웹사이트에 게재된 보도기사를 동의 없이 자사의 웹사이트에 올려온 (주)하이 쎌의 항소를 기각하고 동아닷컴에 640여만 원의 손해배상금을 지급하라고 판결했다. 재판부는 "사실 전달을 위한 보도기사라고 하더라도 소재의 선택과 배열, 구체적인 용어 선택, 어투, 문장 표현 등에 창작성이 있거나 작성자의 평가, 비판 등이 반영되어 있는 경우에는 저작권법이 보호하는 저작물에 해당한다"며 판결 이유를 밝혔다. 또 (주)하이쎌이 "기사 게재로 인해 재산상 이득을 보지 않았을 뿐 아니라 동아닷컴에 손해를 끼쳤다고 볼 수도 없다"고 주장한데 대해 "영리 목적이 없다 하더라도 이는 저작권 침해 결정 여부와는 무관하다"고 밝혔다.

(주)하이쎌은 2002년 3월부터 2005년 7월까지 동아닷컴에 게재된 보도기사 총 171건을 동의 받지 않고 자사 홈페이지에 게재해왔다. (주)하이쎌이 게재한 기사는 'LG전자 PDP 특허 마쓰시타와 화해키로(2005. 04. 02.)' 'LCD TV 이번에 사볼까(2005. 05. 06)' 등 보통 스트레이트라 불리는 사건 기사로, 이 같은 형식의 기사가 저작권법의 보호대상이 되는 저작물에 해당한다고 하는 판결은 이번이 처음이다. 재판부는 "같은 스트레이트 기사라 하더라도 작성자인 기자가 직접 소재를 선택하거나, 제공된 소재라 하더라도 일정한 기준에 의하여 간추린 소재를 기사의 내용으로 하고 있기 때문에 저작물로 인정해야 한다"고 말했다.[65]

『조선일보』 2007년 12월 13일자는 "국내 주요 신문사들도 포털에 맞서 뉴스 저작권을 지키기 위해 힘을 합쳤다. 『조선일보』『국민일보』『동아일보』『문화일보』『세계일보』『스포츠조선』『전자신문』『한국경제』『한국일보』『헤럴드미디어』 등이 참여한 온라인 뉴스 사업연합체 '뉴스뱅크'가 대표적이다. 뉴스뱅크가 개발한 기사추적 기술을 이용하면 언론사가 제공한 기사를 포털에서 얼마나 많은 사람이 보는지, 카페나 블로그에 몇 번이나 스크랩되는지 등을 해당 언론사가 직접 확인할 수 있다"며 다음과 같이 말했다.

"WAN 등이 도입한 ACAP 기술은 기사 하나하나에 포털이 게재할 수 있는 시기와 방법을 표시해놓는 것이다. 포털은 뉴스를 검색할 때 이 내용을 읽고 따라야 한다. 반면 뉴스뱅크는 포털의 협조가 없어도 인터넷에서 기사를 추적해 몇 사람이 기사를 읽었는지 어느 사이트에 기사를 걸어놓았는지를 직접 추적한다. 신문사들은 공동으로 동영상 뉴스 서비스도 하고 있다. 사건 현장에서 뛰는 기자들이 직접 만든 동영상을 인터넷으로 전달하는 태그스토리(tagstory.com) 서비스가 바로 그것이다. 태그스토리에는 『조선일보』『국민일보』『세계일보』『스포츠서울』『노컷뉴스』 등 국내 20여 언론사가 참여하고 있다. 기자들이 제작한 동영상 뉴스는 태그스토리를 거쳐 포털에 제공된다. 동영상 뉴스를 어느 사이트에서 몇 번이나 봤는지 등 각종 정보는 해당 기자와 언론사가 언제든지 조회할 수 있다. 동영상 뉴스에서 발생하는 수익도 언론사와 포털이 적절한 비율로 배분하는 방식이다."[66]

2008년 11월 28일 언론사들은 별도 규정이 없는 디지털 뉴스라는 개념을 현행 저작권법에 도입해줄 것을 요구하고 나섰으며, 뉴스를 제공하는 인터넷 사업자들이 프린트하기, 이메일 보내기 등 뉴스 콘텐츠 복제·방조 행위를 할 수 없도록 기술적 조치를 의무화할 것을 촉구했다.[67]

(사례) "살짝 '애드리브' 한 서평 기사 저작권은 누구 것?": 2008년 12월 이광석 성공회대 신문방송학 외래교수는 "국내 출판사 대부분이 언론사나 잡지사 등에 신간을 위한 자체 제작 홍보용 기사를 뿌린다는 것쯤은 많이들 알고 계실 것이다. 출판사에서 보낸 맞춤형 글에 자신의 글 몇 줄을 가감해, 힘들여 읽지 않고도 희한하게 서평을 써댄다.(물론 『한겨레』 신문의 최재봉 같은 걸출한 서평 전문기자도 있음을 외면하지는 않는다.) 그리곤 법적으로 그 기사에 대한 저작권은 언론사가 갖는다"며 다음과 같이 말했다.

"내가 아는 영세한 출판사의 사장은, 기획도 하고 책도 만들고 번역도 하고 거의 모든 일을 홀로 하는 외곬의 책쟁이다. 그이는 여느 때처럼 기자들에게 신간 소개 기사를 보냈고, 기자들은 받아서 서평을 썼다. 의당 책 선전도 할 겸, 그이는 자랑스럽게 활자화된 서평 기사를 출판사 홈페이지에 올렸다. 그런데 얼마 지나지 않아 언론사를 대리하여 한 변호사 사무실로부터 소송이 들어왔다. 저작권자인 언론사의 동의 없이 감히 글을 무단으로 올린 죄란다. 불쌍한 사장은 법적으로 붙어봐야 이길 수 없는 싸움, 그저 벌금을 물고 물러섰다 한다. 시장 논리를 군이 따지자면, 글의 권리가 언론사에 있음을 모르는 바가 아니다. 하지만 원저자 혹은 원창작자로 따지면 정작 출판사 사장이 그 당사자다. 언론사는 원래 글에 '애드리브' 하고 저작권을 쉽게 가져간 꼴이다. 대부분을 직접 쓰고도, 그리고 남도 아닌 본인의 출판사 홈페이지에 게재한

글을 저작권 위반으로 옭아매는 행위는 촌극 수준이다. 저작권이 얼마나 비상식에 근거하는지를 극명히 보여준다."[68]

(사례) "출판업 붕괴시키는 '도서관법 개정안'" : 2009년 4월 2일, 민주당 최문순 의원이 대표 발의한 '저작권법 일부 개정 법률안'에는 "공중의 사용에 제공하기 위하여 설치된 복사기기에 의한 복제를 허용"하고 "도서관 등은 판매용으로 발행한 도서 등이 발행일로부터 5년이 경과하면 컴퓨터 등을 이용하여 도서관 등의 안, 다른 도서관 등의 안, 도서관 등의 밖에서 이용할 수 있게 복제하거나 전송할 수 있도록" 한다는 조항이 들어 있다. 이에 대해 한기호 한국출판마케팅연구소 소장은 "이 법이 통과되면 적법한 저작물의 무단 대량 복제가 범람하고 디지털 기술을 이용한 무단 배포와 사용이 광범위하게 이뤄질 것이다. 이것은 출판업의 존립 근간을 뒤흔드는 경악할 만한 법적 조항이라 할 것이다"고 비판했다.

한 소장에 따르면, 앞서 통과된 저작권법에도 이해할 수 없는 조항들이 포함돼 있다. "국립중앙도서관이 온라인 자료의 보존을 위하여 수집하는 경우에는 해당 도서를 복제할 수 있다"(정병국 의원 대표발의)거나 국가나 지방자치단체가 설립한 교육기관과 교육지원기관은 "그 수업 또는 지원 목적상 필요하다고 인정하는 경우에는 공표된 저작물의 일부분을 복제 · 배포 · 공연 · 방송 또는 전송할 수 있다"(강승규 의원 대표발의)는 조항이 바로 그렇다.

한 소장은 "디지털 기술은 순식간에 전 세계로 퍼져나가는 복제마저 가능하게 만든다. 이런 세상에서 40만 대의 복사기로 책의 복사를 허용하고 디지털 복제된 파일을 도서관을 통해 전 사회에 유포시킨다는 것은 종이책뿐만 아니라 미래의 유망 산업인 전자책 시장을 원천적으로 붕괴시키려는 불순한 의도가 아니고서는 도저히 생각해낼 수 없는 법적 조처다"며 다음과 같이 주장했다.

"정보기술의 비약적 발달로 말미암아 국가 차원에서 보존가치가 높은 온라인 자료를 수집 또는 보관하겠다는 뜻이나 장애인의 학습 및 독서 환경을 조성하기 위해 효율적 제작·배포에 유용한 디지털 파일의 필요성을 이해 못하는 바가 아니다. 하지만 그런 뜻을 관철하기 위해서 저작권의 존재 자체를 부정하는 법을 만든다면 출판업 자체가 사라져 지적 생산물이 원천적으로 생산되지 않는 세상이 도래할 것이다. 지금 온라인상에서는 P2P, 웹하드, 포털 등을 통해 불법 저작물이 광범위하게 유포되고 있다. 최근 일련의 개정 법률안들은 이런 불법행위를 합법화하는 것과 다름없다. 이미 온라인상에서 많은 이득을 얻고 있는 온라인서비스 업체나 무지한 도서관 관계자들의 농간에 놀아난 듯한 이런 법적 조처는 장차 지식·출판계를 학살해 문명 후진국을 만들게 될 것이다. 따라서 이런 경악할 만한 법적 조항들은 즉각 폐지되어야 마땅하다. 정책 당국의 빠른 대응이 있기를 바란다."[69]

방송 저작권 사례

　(사례) 녹음권·녹화권·방송권: 1993년 12월 이순재 의원이 발의한 '저작권법 중 개정 법률안'이 국회를 통과하였다. 저작권법 제75조중 "영상 저작물의 제작에 협력할 것을 약정한 실연자의 저작물에 대한 녹음권과 녹화권, 방송권은 영상제작자에게 양도된 것으로 본다"는 3항을 "특약이 없는 한 영상제작자에게 양도된 것으로 본다"로 수정한 것이다. 원래는 "1회 방송목적에 한하여 영상제작자에게 양도된 것으로 본다"로 되었으나 방송사들의 로비로 수정되었다. 1994년 7월 1일부터 발효하지만, 5년간의 유예기간을 두어 1999년부터 혜택을 받게 되는데, 탤런트와 배우들도 1999년부터 재방송이나 녹화물 복제, 프로그램 수출, 비디오 제작의 경우 수익금 중 일정 비율의 저작권료(일본의 경우 수익금의 4%)를 받을 수 있게 되었다.

　(사례) 녹화내용 임의 삭제는 저작인격권 침해: 1994년 9월 27일 서울고등법

원 제9민사부(재판장 박용상 부장판사)는 서울대학교 한상진 교수가 한국방송
공사를 상대로 제기한 사죄광고방송 청구소송 항소심 재판에서 피고 한국방
송공사에 "본 방송사는 한상진 교수의 강의프로그램 녹화방송시 20분간의 내
용을 삭제하여 중민이론가로서의 한상진 교수의 강연내용에 대한 저작인격
권을 침해하였다는 내용의 패소 판결을 선고받았다"는 내용의 고지방송을 하
라고 판결했다. 재판부는 판결문에서 "60분간 방송하기로 한 프로그램을 그
녹화 내용대로 방송하지 아니하고 임의로 삭제·수정 방송함으로써 적극적
으로 계약을 침해함과 동시에 원고의 저작인격권을 침해하였으므로 원고가
입을 손해를 전보할 의무가 있다"고 판결 이유를 밝혔다."[70)]

　(사례) 방송사들의 외주제작 프로그램에 대한 저작권: 2000년 5월 30일 TV
프로그램제작사협회가 방송회관에서 가진 "독립제작사의 영상물 저작권 보
호되고 활용되어야 한다"는 주제의 세미나에서 한국방송진흥원 송경희 선임
연구원은 외주제작 프로그램에 대한 저작권 양도에 공영방송인 KBS가 가장
인색한 것으로 드러났다고 발표했다. 송 연구원의 자료에 따르면 KBS는 최근
5년간 제작된 외주제작 프로그램 중 98.2%에 대해 방송사가 전권을 가져, 사
기업인 SBS의 96.7%보다 오히려 많은 저작권을 독립제작사로부터 양도받았
다. MBC는 독립제작사 제작물에 대해 본사가 전체 권리를 갖는 비율이 73.6%
이며 일부 혹은 전권을 제작사에 양도한 경우는 22.6%였다."[71)]

　(사례) KBS, 외주제작사에 저작권 부분 이양: 2000년 7월 초 KBS는 외주제작
사들과 간담회를 열어 외주제작 프로그램의 저작권 중 지상파, 위성, 미주지
역, 인터넷 방송권만을 KBS가 갖기로 하는 개선안을 공식 발표했다. KBS는
또 프로그램 불방시 70% 미만의 제작비만 지급하던 불공평 조항을 수정해 편
성·삭제 사유가 KBS에 있을 때에는 제작비 전액을 지급하기로 하고, 특집프
로그램의 경우에는 계약이행보증보험 가입 등 까다로운 절차를 거치지 않고

도 제작비의 50% 이내에서 선급금을 지급하기로 했다. 제작비 현실화와 함께 저작권 이양을 줄기차게 요구해온 외주제작사들은 KBS의 이번 조치가 해외 판로 개척에 큰 도움이 될 것으로 환영했다.[72]

(사례) TV 드라마의 원안 저작권 인정: 『경향신문』 2000년 11월 3일자는 "남매로 알고 자라온 남녀의 가슴 아픈 사랑 얘기로 폭발적인 인기를 끌고 있는 KBS 2TV 〈가을동화〉의 원안을 작성한 작가가 현재 방송되고 있는 SBS 〈천사의 분노〉를 집필하는 작가 고선희씨로 밝혀졌다. KBS는 이 같은 사실을 뒤늦게 인정하고 방송 도중 작가에게 원안 사용에 관한 사후 승인과 원안 사용료 500만 원을 지급했다"며 다음과 같이 보도했다.

"고선희씨는 1998년 자신이 KBS 드라마국에 제출한 기획안 가운데 〈가을동화〉와 줄거리가 동일한 시놉시스가 있었다며 이의를 제기한 바 있다. 병원에서 아이가 뒤바뀐 점은 실화가 있는 만큼 문제되지 않는다 하더라도 '남매가 헤어져 성인이 된 후 사랑에 빠지고 여주인공이 병에 걸리는 등의 줄거리'는 고씨의 작가적 상상에서 나온 창작이라는 것이다. 그러나 KBS는 고씨의 원안을 바탕으로 하지 않았다고 주장했다. 윤석호 프로듀서가 기획한 내용을 모 작가가 줄거리로 완성하고 오수연 작가가 대본작업을 했다는 것이다. 윤석호 프로듀서는 '〈가을동화〉를 구상한 것은 상해 TV 페스티벌 참가 당시 영상이 뛰어난 유럽의 한 작품을 보고 영상적 영감을 받은 데서 비롯됐다'고 설명했다. 중재에 나선 방송작가협회 저작권위원회는 조사결과 1998년 고씨가 KBS에 이 같은 내용의 시놉시스를 제출한 것은 확실하고 그 내용이 〈가을동화〉와 상당 부분 동일한 점을 들어 원만한 합의를 이끌어냈다. 원안자 명시는 KBS 측과 고씨 모두 밝히기를 꺼려 방송자막에 명시되지 않았다."[73]

(사례) 라이브 공연 허락 없이 무단방영: 2000년 12월 19일 서울지법 민사합의 12부는 가수 신중현씨(57)가 (주)인천방송과 아리랑 TV를 운영하는 국제방

송교류재단, 음악전문 케이블TV 방송 Mnet의 (주)뮤직네트워크, 공연기획자 황모씨 등을 상대로 낸 손해배상청구 소송에서 "피고들은 원고에게 3000만 원을 배상하라"며 원고 일부 승소 판결을 내렸다. 재판부는 판결문에서 "3개 방송사가 신씨의 라이브 공연을 기획한 황씨에게서 공연 녹화테이프를 받아 신씨의 허가 없이 1~3차례 방송해 저작인접권과 초상권을 침해한 사실이 인정된다"며 "황씨는 방송사가 공연을 홍보해주는 대가로 공연 방영을 허락받는 게 관행이라고 주장하지만 신씨는 방송을 허락하지 않았다"고 지적했다.[74]

(사례) 계속되는 드라마 저작권 갈등: 2008년 2월 13일 한국드라마제작사협의회 소속 25개 제작사는 공정거래위원회에 KBS, MBC, SBS 등 지상파 방송 3사를 신고했다. 신고 이유는 지상파 방송사들이 시장지배적 지위를 남용해 저작권의 일반 원칙을 파괴했고, 동일한 계약서 내용 등으로 미뤄볼 때 부당한 공동행위(담합)의 정황이 있는데다, 가장(假裝) 외주제작 계약을 체결하는 등 불공정한 거래행위를 해왔다는 것 등이다.

협회는 "드라마 저작권 귀속은 제작과정에서 창작 기여도, 투자 비율, 계약 조건 등을 고려해서 정해야 한다는 게 저작권법의 일반 원칙이지만 지상파 3사가 이를 무시하고 드라마에 대한 모든 권리를 포괄적으로 양도받는 계약 관행을 고집해왔다"면서 "이 같은 관행의 개선을 위해 수차례에 걸쳐 지상파 3사에 대화를 요청했지만 이들이 응하지 않아 공식적으로 문제제기를 하게 됐다"고 밝혔다.[75]

이에 대해 공정거래위원회는 무혐의 처분을 내렸다. 해외 수출이 될 경우 아시아 지역에 한해 3년간 판매이익의 40%가량이 제작사 몫이다. 다른 지역의 경우 방송사가 수익을 전부 가져간다. 방송사들은 "기획·제작·투자를 방송사와 공동으로 하고, 방송에 대한 위험부담을 전적으로 방송사가 지고 있는 현실에서는 불가능하다"는 입장을 고수하고 있는 반면, 제작사들은 "저작권은 생존권 문제"라고 반박한다.

2008년 11월 드라마제작사협회 김승수 사무총장은 "저작권을 인정받지 못하는 한 드라마를 통한 부가가치 창출은 불가능하다. 저작권의 필수 요소인 기획·극본·연출 등에서 주도적 역할을 한 김종학프로덕션의 〈이산〉같은 드라마조차 저작권을 온전히 인정받지 못하는 불합리한 현실이 바뀌지 않는다면, 결국 제작사들의 줄도산으로 이어질 것"이라고 주장했다.[76]

2009년 2월 최영기 독립PD협회장은 "독립 PD들이 제작한 프로그램의 저작권을 방송사들이 일방적으로 가져가면서 프로그램이 1회성에 그쳐 부가가치 창출이 어렵다"며 "저작권을 일방적으로 넘기지 않고, 설령 방송되지 않더라도 콘텐츠를 전파할 수 있도록 프로그램을 제작하는 방안을 고민 중이다. 그 창구역할을 협회가 맡고, 저작권도 협회가 보유하도록 할 것이다. 올해 안에 해볼 생각이다. 여지껏 해보지 않은 중요한 사업이 될 것이다"고 말했다.[77]

음악 저작권 사례

(사례) 저작인접권 보상금 분배문제: 1996년 2월 가수와 국악인, 반주자들로 구성된 한국예술실연자단체연합회는 '저작인접권 보상금 분배의 이상과 현실'이라는 주제로 포럼을 갖고 보상금 지급을 촉구했다. 보상의 방법은 '공개재현료'와 '복제보상금' 그리고 '방송의 2차 사용료' 등 3가지. 공개재현권은 개인용으로 판매된 음반을 레스토랑이나 디스코테크 등에서 틀었을 때 별도의 사용료를 내는 것이고, 복제보상금은 소비자가 공테이프를 살 경우 노래를 녹음할 가능성이 있기 때문에 미리 복제보상금을 내야 한다는 것이고, 2차 사용료는 방송사가 음반을 방송하는 데 따른 보상금이다. 유럽 등에서는 이를 모두 보상하고 있지만 우리나라는 방송 4사가 연간 총 3억 5000만 원의 2차 사용료만 예술실연자단체연합회에 지급하고 있는 실정이다.

(사례) 노래방의 저작권법 위반: 1996년 3월 대법원 형사3부는 노래방업자

정모씨에 대한 저작권법 위반 사건 상고심에서, 벌금 50만 원을 선고한 원심을 확정했다. 대법원은 "노래방은 누구나 요금만 내면 이용할 수 있는 시설이므로 노래방기기 사용은 저작물을 공중에 공개하는 공연에 해당한다"며 "피고인은 노래방기기를 구입할 때 이미 저작물 사용료를 지불했다고 항변하고 있으나 이는 노래방기기 제조업자가 저작권협회에 내는 사용료로 노래방업자는 공연행위에 대해 따로 사용료를 내야 한다"고 밝혔다.

(사례) 허술한 음악 저작권 관리: 『중앙일보』 1999년 2월 25일자는 "〈X〉〈정〉〈타인〉 등 히트곡 수십곡을 터뜨린 윤일상씨는 노래방에 30여 작품이 깔린 '스타 작곡가'이다. 사단법인 한국음악저작권협회는 그에게 3개월마다 방송 저작권료(TV, 라디오 등에서 윤씨 작품이 방송되는 횟수에 따라 지급)로 2000만원씩 분배한다.(1997년 기준, 이하 동일)"며 다음과 같이 말했다.

"그러나 이 협회가 단란주점, 룸살롱, 나이트클럽 등 유흥업소에서 거둬 분배한 저작권료('유흥·단란 수입')는 매달 20만 원도 안됐다. 이 금액은 매달 300만 원선인 윤씨의 노래방 저작권료 수입의 10%에도 미치지 못하는 수치다. 지난해(1998년) 한국음악저작권협회가 유흥·단란업소로부터 거둬들인 수입은 58억 원으로, 방송(70억 원)·노래방(58억 원)과 더불어 협회의 가장 큰 수입원이다. 그러나 히트곡 발표가 활발한 20~30대 소장작가들 사이에는 단란·유흥 수입이 불공정하게 분배되고 있다는 불만이 높다. 협회와 가까운 일부 원로작가들이 인기에 비해 터무니없이 높은 수입을 받는 반면 연주 빈도가 높은 소장작가들은 극히 적은 액수를 받고 있다는 것"[78]이다.

(사례) "음악 저작권 피해 구제하라": 2000년 3월 22일 작사·작곡·편곡가들의 모임인 대중음악작가연대는 서울 강남 음악저작권협회 사무실에서 기자회견을 열고 '저작권협회 개혁과 회원들의 저작권 침해 피해 구제'를 요구했다. 작가연대는 "협회 자료를 분석한 결과 국내 노래방기기 제조업체들의

수록곡 가운데 50~60%가 저작권을 침해한 혐의가 있다"며 "협회는 노래방기기 제조업체들을 상대로 그동안 조사해온 결과를 공개하고 특정 업체를 조사 대상에서 제외시킨 경위를 설명하라"고 요구했다. 작가연대는 또 "90년대 초부터 국내외 5~6개 항공사들이 기내 방송용 테이프를 외주제작하면서 편집 복제업자들에게 지급한 복제권료 등이 협회로 입금되지 않았다"며 "협회는 이 문제도 즉각 조사해 침해 보상에 대한 법적 조치를 취해야 한다"고 주장했다.[79]

(사례) 미국 음악저작권법 국제규범 위반: 2000년 4월 19일 아일랜드 음악저작권기구(IMRO)는 성명을 통해 미국의 음악 저작권 위반혐의에 대해 조사해온 세계무역기구의 패널이 "저작권료를 지급하지 않고도 공공장소나 대중업소 등에서 음악을 연주 또는 재생할 수 있도록 허용하고 있는 미국의 저작권법에 대해 WTO가 국제 무역규범에 어긋난다는 예비판정을 내렸다"고 전했다. 미국의 음악저작권 위반문제에 대한 이번 세계무역기구의 심사는 애초 아일랜드 음악저작권기구가 처음 문제를 제기한 뒤 유럽연합(EU)이 세계무역기구에 이 문제를 정식으로 제소한 데 따른 것이다. 아일랜드 음악저작권기구는 아일랜드를 포함한 유럽 음악인들이 저작권을 갖고 있는 음악작품들이 그동안 미국의 술집, 레스토랑, 소매점포, 쇼핑몰 등에서 라디오나 텔레비전을 통해 무단 연주·재생돼 왔으며, 이에 따른 유럽 전체 음악인들의 저작권료 수입 손실액은 연간 2650만 달러에 이른다고 주장했다.[80]

(사례) 노래방에 신곡이 실종된 사연: 『중앙일보』 2001년 1월 9일자에 따르면, "새해 들어 노래방에 최신곡들이 자취를 감췄다. 한국음악저작권협회(회장 김영광)가 1일부터 전국 노래방에 지난해 말 이후 출시된 신곡의 공급을 중단했기 때문이다. T.K.A 등 노래방기기 제작사들이 저작권료를 제대로 내지 않고 반주기들을 시중에 팔고 있다는 게 이유다. … 음악저작권협회는 이달

초 노래방기기 제작사들을 저작권법 위반으로 고소한 데 이어 제조·판매금지 등 가처분신청과 손해배상청구를 곧 낼 계획. 이에 대해 노래방기기산업협의회(회장 윤재환)는 '저작권협회가 노래방 기기에 부당한 저작권료를 요구하고 있다'며 '갑자기 신곡 공급을 중단해 영업손실이 막대하다'고 맞선 상태다."[81]

(사례) EU의 공연보상청구권 도입 요구: 2007년 7월 한·EU FTA 협상에서 EU 측은 음식점이나 카페에서 음악을 틀 때 작곡자뿐 아니라 가수와 음반제작사에도 로열티를 주는 '공연보상청구권'을 도입하라고 요구했다. 우리나라는 백화점, 비행기, 대형 유흥음식점 등 규모가 큰 공공장소에서 음악을 틀 경우에 한해 작사·작곡가에게만 보상하고 있다. 와인바 '카사델비노'의 은광표 사장은 "당황스럽다. 이런 개념이 도입된다면 한국의 수많은 음식점, 와인바, 카페들이 심대한 타격을 입게 될 것이다"며 "공연보상청구권이 적용된다 하더라도 각 매장에서 어떤 음악을 틀고 있는지를 어떻게 확인하겠다는 것인지 이해하기 어렵다"고 했다. 반면 대중음악평론가 김작가씨는 "뮤지선 입장에서는 음악을 통한 새로운 수익 모델이 생겨나는 것이기 때문에 환영할 일"이라며 "이 참에 지적재산권 보호도 국제수준에 맞춰 강화할 준비를 해야 한다"고 말했다.[82]

(사례) 저작권료 징수방법 갈등: 2008년 9월 문화부가 유흥·단란주점, 노래방 등 사용료 분배규정 개선안을 승인하면서 음악저작권 협회는 온라인으로 연결된 노래방 사용횟수 표본을 근거로 저작권료를 지급하기 시작했다. 2009년 4월 30일 중견 대중음악 작곡가들의 모임인 '분배악법 개선 비상대책위원회(공동위원장 정풍송, 임종수)'는 서울 세종로 문화체육관광부 앞에서 시위에 나서 일부 표본조사에 의한 정수시스템이 원로 작곡가들에게 절대 불리하다며 '전수(全手)' 조사 방식으로 바꿀 것을 요구했다. 비대위는 새로 도입된 온

라인 노래방기기에 의한 표본 정산방식이 중견 작곡가들에게 지나치게 불리하다는 입장이다. 이용자가 고르는 곡 목록이 음악저작권협회로 자동 전송되는 표본조사 대상의 노래방 기기들이 대부분 젊은이들이 밀집해 있는 시내 중심부에 설치돼있는데다가 유흥주점의 연주자 등이 연주하는 곡은 산정대상에 포함되지 않아 불리하다는 것이다. 음악저작권협회 저작권 정산시스템이 설치된 온라인 노래방기기는 전체 노래방기기의 3%정도에 그치는 것으로 알려졌다. 〈노란 샤쓰의 사나이〉 등을 작곡한 정풍송 비대위 공동위원장은 자체 조사한 유흥·단란주점 인기곡 리스트를 근거로 "청소년들이 출입할 수 없는 장소의 인기곡이 〈총 맞은 것처럼〉(백지영 노래) 등의 젊은 가수들의 곡인 게 말이 되느냐"며 "비리를 저질러온 음악저작권협회 몇몇 임원진 때문에 작품활동에 전념해온 대다수의 작곡가들이 손해를 본다는 것은 말이 안 된다"고 말했다. 반면, 음악저작권협회 관계자는 "과거의 사용목록보고서가 직원들의 손을 타다 보니 일부 부정이 있었으며, 새로 도입된 표본조사 기기가 일부 지역에 편중돼 있는 것도 인정한다" 면서도 "새 사용료 징수 규정이 부작용을 방지하기 위해 도입된 만큼 흔들기만 할 것이 아니라 차후 민관협동, 갤럽 합동조사 등을 통해 보완을 하는 것이 현명하다"고 말했다.[83]

연극 저작권 사례

1995년 개정된 새 저작권법의 5년 유예기간이 1999년 12월 31일로 끝남에 따라 2000년부터 모든 공연물이 저작권료를 내게 되었다. 아니나 다를까, 2000년 3월 24일, 뮤지컬 〈캣츠〉의 저작권자인 영국 더 리얼리 유스풀그룹(The Really Useful Group)의 동남아판권대행사는 서울지법에 '극단 대중'의 뮤지컬 〈캣츠〉에 대해 공연금지 가처분신청을 냈다. 『경향신문』 2000년 3월 29일자는 "이는 태풍으로 번질 조짐이다"고 말하면서 그 의미에 대해 다음과 같이 보도하였다.

"그동안 저작료 문제를 강 건너 불구경하듯 등한시해온 연극·음악·무용계는 발등에 불이 떨어졌다. 올해 1월 1일부터 발효된 새 저작권법은 WTO 가입국이면 어느 나라나 적용받는 트립스협정에 따라 연극·음악·무용 등 모든 공연물의 저작권을 저작권자 사후 50년까지 보호한다. 그러나 국내 예술단체들은 원작자 모르게 작품을 '슬쩍' 공연해온 게 사실이다. 특히 연극의 경우 1998년에 총 2537편이 공연됐는데 이 가운데 301편이 번안·번역극 작품이었다. … 박명성씨(극단 신시 대표)는 '공연장 객석의 40% 이상을 채울 경우 총 수익금의 11%를 저작료로 지불해왔다. 흥행의 성공 여부에 따라 외국 저작권자와 저작료에 따른 의견을 조절할 수 있다'고 설명했다. … 〈캣츠〉의 판정 결과를 지켜보는 연극인들은 '외국 유명작품을 몰래 공연하기는 이제 어렵다. 그들은 인터넷을 통해 한국에서 행해지는 공연정보를 모두 입수하기 때문이다. 가뜩이나 영세한 국내 연극계에 저작권 문제는 또 다른 폭탄'이라며 한숨짓는다.[84]

그러나 순천향대 연극영화과 오세곤 교수 오세곤 『뉴스메이커』 2000년 4월 13일자에 기고한 「외국 연극작품 저작권료 피하기만 할 것인가」라는 제목의 글에서 국내 연극계의 반성을 촉구하고 나섰다. 그는 "우리나라가 저작권을 포함한 지적소유권 문제 전반에 있어 대단히 낙후되어 있음은 전 세계적으로 잘 알려진 사실이다. 다행히 최근 몇 년간 노력으로 '해적판의 천국'이라는 오명은 어느 정도 씻었지만, 아직도 우리에게 쏟아지는 의심과 감시의 눈초리는 날카롭기만 하다"며 다음과 같이 말했다.

"아마도 '1995년 이전에 작성된 2차적 저작물은 2000년 1월 1일 이후의 이용분에 대하여 보상 의무만을 진다'는 저작권법 규정도 우리의 현실을 최대로 감안한 결과로 보인다. 하지만 여기에 대한 일반의 상식은 사뭇 달라서, 번역이건 번안이건 각색이건 편곡이건 애당초 원작이 없었다면 불가능한 것이므로 저작권료를 지불하는 것은 당연하며, 따라서 '극단 대중'의 〈캣츠〉도 법규정을 내세우기 이전에 이러한 상식선의 태도 표명이 있어야 하지 않느냐는 의견이 많다. 그렇기에 대부분의 연극인이 오랫동안 저작권료를 지불하지 않고 공연됐다는 사실 자체에 놀라고 있다."[85]

2000년 5월 16일, 〈캣츠〉에 대한 공연금지 가처분신청이 법원에 의해 받아들여졌다. 서울지법은 뮤지컬이 악곡, 대사, 의상, 안무, 조명 등이 결합된 종합저작물이므로 저작권법의 적용을 받는다고 결정했다.

뮤지컬의 악곡·각본·가사·안무 등은 각각 독립된 저작물인가? 물론이다. 2007년 5월 22일 서울고등법원은 1심에 이어 이를 확인한 판결을 내렸다. 사건의 전말은 이렇다. 서울뮤지컬컴퍼니의 창단기념 작품인 〈사랑은 비를 타고〉는 기획 설도윤·제작 김용현·연출 박해일씨가 힘을 합쳐 1995년 초연됐다. 순수 창작 뮤지컬로는 처음으로 1076회 공연이라는 대기록을 세웠다. 그런데 초연 당시 작곡과 각본을 맡았던 C씨와 D씨가 2004년 다른 기획사와 계약을 하고 재공연에 들어갔다. 박씨 등은 "저작권을 침해당했다"며 C와 D씨를 상대로 공연금지 등을 요구하는 소송을 냈다. 그러나 서울고등법원은 C와 D씨의 저작권을 인정했다. 제작자나 연출가에게는 저작권이 없다고 본 것이다.

최정환 변호사는 "영화는 저작권법의 영상저작물 특례 조항 덕분에 영화사가 저작권을 갖지만 뮤지컬은 다르다"며 "제작자가 저작권을 가지려면 스토리 작가와 미술가·음악가·연기자와 각각 별도 계약을 해야 한다"고 지적했다. 설도윤 대표는 "계약서를 쓰지 않은 것은 잘못이지만, 제작자의 공동 저작권을 인정하지 않는 현행법도 문제"라며 "뮤지컬 산업이 발전하려면 관련법이 속히 정비돼야 한다"고 주장했다.[86]

디자인 저작권 사례

1994년 4월 서울고등법원은 한글 활자체 연구가들이 문화체육부를 상대로 낸 저작권등록반려처분취소청구 소송에서 "서체 도안은 저작권으로 인정할 수 없다"고 판결했다. 법원은 저작권을 너무 광범위하게 보호하면 경쟁이나 공유를 방해할 수 있다는 우려를 한 것으로 보인다.

1999년 7월 서울고법은 "기능적 수준을 넘어선 개성과 창의적 선택이 들어 있는 만큼 한글 서체 자체에는 저작권이 인정되지 않더라도 폰트 파일의 저작권은 보호받을 필요가 있다"라고 밝혔다. 이는 그에 앞서 나온 "예술적 가치가 있는 경우 이외의 한글 폰트 저작권은 인정할 수 없다"는 원심 판결을 뒤엎은 것이다. 곡절을 겪은 끝에 폰트 프로그램 파일은 저작권을 보호받게 되었지만 그 원안이 되는 글꼴 디자인은 보호대상에서 제외됐다.

이와 관련, 『시사저널』 노순동 기자는 "글꼴 디자인의 저작권 논쟁은, 우리 저작권법이 디자인을 보호하는 데 얼마나 무능한가를 보여준 대표적인 사건으로 회자된다. 숙련된 디자이너가 꼬박 1년을 매달려야 개발할 수 있다는 글꼴은 저작권을 인정받지 못했을뿐 아니라, 의장권(意匠權)으로도 보호가 불가능했다"며 다음과 같이 말했다.

"그나마 글꼴 개발자들이, 그것을 구현하는 컴퓨터 프로그램의 저작권을 인정해 달라고 우회해 보호를 요청한 것은 새로운 매체환경을 고려한 적절한 전략이었다. 폰트 프로그램을 보호받음으로써 글꼴 디자인까지 보호받는 효과를 거둘 수 있기 때문이다. 하지만 본질적인 해결은 아니라는 것이 글꼴 디자이너들의 주장이다. 게다가 현실적인 문제도 있다. 만약 육안으로 보기에 같은 글꼴이라고 해도, 도구(폰트 프로그램)가 다르면 손을 쓸 도리가 없는 것이다. 저작권심의조정위원회 이영록씨는 '기존 침해자들이 컴퓨터 프로그램 보호법에 의해 면죄부를 받은 듯이 행동하고 있다'라고 지적한다."[87]

2000년 1월 2일 공표된 저작권법 개정안은 디자인 부분을 새로 명기했다(11의 2 '응용미술저작물' : 물품에 동일한 형상으로 복제될 수 있는 미술 저작물로서 그 이용된 물품과 구분되어 독자성을 인정할 수 있는 것을 말하며, '디자인 등을 포함한다', 200년 7월 1일 이후 효력 발생). 1999년 글꼴 디자인과 관련해 싸움을 벌였던 한재준 교수(서울여대)는 개정법에 한 가닥 기대를 걸면서 "싸우는 과정에서 입법자나 법원 모두 디자인에 대한 개념이 잡히는 것을 느꼈다. 다음에는 승산이 있다"고 말했다.[88]

2000년 4월 4일 대법원은 생활한복에 대해서는 독창성이 인정되더라도 저작권으로 보호하지 않는다는 판결을 내렸다. 사건 당사자는 생활한복 업체인 '질경이우리옷' 이기연 대표였다. 1998년 질경이 디자인 가운데 시장의 반응이 좋았던 제품과 유사한 상품이 나도는 것을 보고 보호를 요청했지만 결과는 '보호 불가' 였다. 1심에서 저작권 침해라는 판결이 내려졌으나 2심에서 뒤집혔고, 이번에 그 원심이 확정된 것이다. 대법원의 판결이 곧바로 문제의 디자인이 보호할 만한 독창성이 없다는 뜻은 아니며, 저작권으로 보호하기에는 적당하지 않다는 것일 뿐이다. 그 밑에는 대량생산되는 의복의 디자인은 의장권 보호로 충분하다는 전제가 깔려 있다.[89]

『중앙일보』 2000년 4월 27일자는 "전자출판 시대를 맞아 컴퓨터에서 사용되는 한글꼴(한글 폰트)의 개발이 봇물을 이루고 있으나 한글 생성원리나 기술적 문제 등에 대한 깊은 연구 없이 졸속으로 진행되고 있다. 현재 국내의 글꼴 개발업체는 10여 곳. 업체들에 따르면 시중에 유통되는 한글 폰트는 지난해 말 기준으로 1600여 종에 달한다. 특히 지난해에만 수백 종의 글꼴이 만들어진 것으로 업계 사람들은 본다. 하지만 이들 글꼴 중 개선작업을 거치면서 3~4년 이상 존속하는 것은 C업체의 '윤명조' 등 손으로 꼽을 정도로 적다. 대부분 개발된 지 1년도 안 돼 사라진다. 6개월을 못 버티는 것도 흔하다" 며 다음과 같이 말했다.

'반면 로마자의 경우 '유니버스' '타임' 등 수십 종의 고품격 글꼴이 전 세계적으로 쓰일 뿐 아니라 '게라몬드' 서체는 1500년대에 디자인된 후 꾸준한 개정작업을 거쳐 지금까지도 대표적인 알파벳 서체로 자리잡고 있다. 세종대왕기념사업회 소속 글꼴연구원의 조사에 따르면 국내 업체들 중에는 글꼴 1벌을 개발하는 데 200만 원의 적은 비용을 투입, 불과 15일 만에 제작해 출시하는 경우까지 있다. 업체 관계자들은 졸속 개발의 이유로 한글 서체가 저작권보호 대상에 포함되지 않는 점을 꼽고 있다. 한 업체가 개발한 글꼴이 인기를 끌면 며칠 만에 비슷한 글꼴이 시장에 출시되고 있는 형편이다. 글꼴개발자협의회 도상권 회장은 '글꼴 시장의 정상화를 위해서는 유럽처럼 저작권 대상에 포함시켜야 한다' 고 주장했다."[90]

2007년 말 그룹 '컨츄리꼬꼬' 와 가수 이승환 사이의 콘서트 무대 도용 논란이 벌어졌다. '무대 사용을 허락받았다' 는 컨츄리꼬꼬 측과, '일부만 쓰라고 했다' 는 이승환 측의 주장이 엇갈리는 가운데 일부 관계자는 "무대 사용과 관련된 주먹구구식 계약 관행이 빚어낸 예견된 분쟁" 이라고 지적했다. 이와 관련, 『동아일보』는 "무대 도용 공방은 무대디자인이 전문 분야로 자리 잡지 않고 저작권 의식도 희박한 데서 비롯된다" 며 다음과 같이 말했다.

"한 공연기획사 관계자는 '이 바닥에서는 무대디자인을 베끼고 짜깁기하는 것이 관행이 돼 최초로 무대디자인을 한 사람이 누군지도 모르는 상황' 이라고 말했다. 콘서트를 위한 전문적인 무대디자이너는 거의 없는 실정이다. 이승환, 이문세, 이승철, 김장훈, 싸이 등 '브랜드 콘서트' 로 인정받는 가수들도 전문 디자이너 없이 가수가 직접 구상한 디자인으로 공연을 연출하는 경우가 많다. 한 가수는 '연극, 뮤지컬보다 콘서트의 기간이 짧고 추석과 연말연시에 집중되다 보니 아무래도 무대디자인에 신경을 덜 쓴다' 며 '가수의 의도를 이해해줄 전문가가 부족해 가수 혼자 끌고 가는 측면이 있다' 고 말했다. 이로 인해 무대디자인과 관련된 매뉴얼이 없고 저작자의 권리를 내세우기도 만만치 않다."[91]

2008년 5월 건설업체가 다른 업체의 아파트 외관 디자인을 베끼는 이른바 '짝퉁 아파트' 논란이 처음으로 법정 분쟁으로 비화됐다. 대림산업은 1일 "대림산업의 'e-편한세상 외관 디자인' 을 베낀 아파트 공사 등을 중지해달라" 며 S종합건설을 상대로 저작권 침해 정지 가처분 신청을 서울중앙지법에 냈다고 밝혔다. 그동안 음악, 미술, 영상물 등의 저작권 침해와 관련한 법적 분쟁은 많았지만 건축물의 외관 디자인을 놓고 저작권 침해 분쟁이 불거진 것은 이번이 처음이다.

대림산업 측은 "2005년 업계 최초로 저작권 등록을 한 자사의 외관 디자인을 S종합건설이 지난해 말 경기도 양평군 강상면에서 분양한 아파트 외관에 무단 도용했다"며 "올 1월 말 S종합건설에 저작권 침해 사실을 정식 통보했지만 시정하지 않아 법적 조치를 취하게 됐다"고 설명했다. 이에 대해 S종합건설 측은 "아파트 외관 설계는 제3의 설계사무소가 맡아서 한 일이어서 구체적인 내용은 모른다"고 했다.[92]

기타 저작권 사례

(사례) '돈 광고'는 저작권법 위반: 1999년 7월 8일 한국은행은 화폐 디자인을 이용해 할인용 쿠폰이나 광고용 전단 등을 만들어 배포하는 행위에 대해 형사고발 등 적극적으로 대응할 방침이라고 밝혔다. 한국은행 관계자는 "화폐도안을 이용한 광고 행위는 돈의 품위를 떨어뜨릴 뿐만 아니라 화폐위조 충동을 유발할 소지가 크다"고 지적했다. 화폐도안을 무단으로 이용해 광고물을 만들면 저작권법에 따라 3년 이하의 징역 또는 3000만 원 이하의 벌금이 부과될 수 있다.[93]

(사례) 저명 화가 서명도 저작권 보호대상: 2000년 4월 26일 대법원 제2부(주심 이용훈)는 스페인 출생의 화가 파블로 피카소의 유족들이 유작에 표시된 피카소의 서명을 허락 없이 국내에 상표로 등록·출원했다며 대만의 ㄷ인터내셔널리미티드를 상대로 낸 상표등록 무효청구 소송 상고심에서 원고 승소 판결을 내린 원심을 확정했다. 재판부는 판결문에서 "화가가 미술품에 표시한 서명은 자신의 작품임을 나타내는 수단에 불과해 저작권법상 독립된 저작물로 보기는 어렵다"며 "그러나 세계적으로 저명한 화가의 서명이라면, 이를 무단으로 상표로 쓸 경우 화가 개인에 대한 심각한 명예훼손이 될 뿐 아니라 상

품 유통질서를 침해할 우려가 있어 저작권법상 보호대상으로 보는 것이 타당하다"고 밝혔다. 피카소의 유족 2명은 1991년 ㄷ인터내셔널 쪽이 특허청에 위스키와 편지지 등 40여 가지 상품의 상표로 피카소의 서명을 국내에 등록하자 소송을 냈다.[94]

(사례) 북한 저작권도 보호된다: 『중앙일보』 2000년 6월 6일자는 "남북 정상회담을 앞두고 일고 있는 북한 붐에 편승, 북한 대중가요나 책 등을 무단으로 사용 · 복사하려는 사람들은 조심해야 할 것 같다. 북한에서 만든 저작물들도 국내 저작권법에 의해 보호를 받고 있어 막대한 손해배상 소송에 걸릴 수 있기 때문이다"며 다음과 같이 말했다.

"문화관광부에 따르면 남북한은 1992년 9월 17일 발효한 '남북 사이의 화해와 불가침 및 교류협력에 관한 합의서'에서 양측의 각종 저작물의 권리를 인정하기로 했다. 이 합의는 양측 어느 곳에서라도 책 · 음반 · 영화 · 미술 · 공연 등 저작물을 무단으로 복제하거나 일부 변조해서 사용할 수 없도록 한 것이다. 작곡 · 작사자의 허락을 받지 않고 제작한 것으로 알려진 국내 첫 북한 대중가요 음반 '통일소녀'도 저작권 문제의 소지를 안고 있다. 문광부 저작권 관계자는 '북한 저작물을 무단으로 사용 · 복제할 경우 북한 측이 제3국 대리인을 통해 소송을 제기할 수 있다'며 '경우에 따라선 막대한 손해배상을 해야 한다'고 말했다. 북한 저작물을 사용하기 위해서는 사전에 통일부에 북한 측 접촉 승인을 받아 저자의 허락을 구해야 한다."[95]

(사례) '아이디어 단순 이용'은 저작권 침해 아니다: 2000년 7월 4일 서울지법 남부지원 민사2단독 윤현주 판사는 만화가 천계영씨(30)가 저작권 침해를 이유로 해태제과(주)와 광고대행사 (주)코래드 등을 상대로 낸 5000만 원의 손해배상청구 소송을 기각했다. 천씨는 자신의 만화에서 주인공이 동호대교를 건너가며 막대기로 난간을 두드리는 내용을 해태제과가 자사 제품의 초콜릿

광고에서 소녀가 다리 난간을 우산으로 두드리는 장면에 이용했다며 손해배상을 청구했다. 재판부는 판결문에서 "통상적인 아이디어의 영역을 넘어 만화 내용의 구체적인 표현을 무단 이용했다고 볼 수 없으며 단지 아이디어를 이용했다는 것만으로는 저작권 침해가 성립되지 않는다"고 밝혔다.[96]

(사례) 그림의 저작권 침해: 2000년 11월 21일 부산고법 제2민사부(재판장 이홍권 부장판사)는 화가 이모씨(43)와 부산 K대 이모(49) 교수 사이에 그림 표절과 관련해 제기된 손해배상청구소송 항소심 선고공판에서 "그림 저작권 침해를 한 화가 이씨가 이 교수에게 1000만 원의 위자료를 지급하라"는 판결을 내렸다. 화가 이씨는 지난 1996년 서울과 대구에서 작품전시회를 열고 이를 달력으로 제작해 일반인에게 판매했는데 전시회 팸플릿을 본 이 교수가 "이씨의 작품은 자신의 기존 작품을 베낀 것"이라며 대구 모 신문사에 제보, 이 사실이 보도되는 바람에 부산과 서울에서 열기로 예정돼 있던 전시회가 취소되자 이씨는 이 교수를 상대로 명예훼손에 따른 손해배상청구 소송을 냈고 이에 대해 이 교수도 이씨를 상대로 저작권 침해에 따른 손해배상을 청구하는 맞소송을 제기했다. 그림 작품과 관련, 한 화가의 특정한 작품이 다른 화가의 특정 작품을 표절한 것이라는 사실을 인정한 판결이 나온 것은 국내에서 이번이 처음이다.[97]

(사례) 설치미술 작품의 저작권 침해: 서울 강남의 A호텔 라운지에서 찍은 B건설사의 아파트 광고의 배경에 작가 박성태씨의 설치미술 작품이 10초가량 등장했다. 알루미늄 철망을 이용해 달리는 말들을 형상화한 작품은 박 작가가 2002년 2000여만 원을 받고 호텔에 판 것이다. 호텔 측은 라운지에 작품을 배치했다. B사와 광고대행사는 A호텔에 임대사용료 350만 원을 내고 아파트 광고를 찍었고 배경에 들어간 '작품'은 대수롭지 않게 생각했지만, 박씨는 B건설사와 광고기획사에 손해배상을 청구했다. 2007년 5월 17일 서울중앙지법

민사13부는 "B건설사와 광고기획사는 박씨에게 500만 원을 지급하라"고 판결했다.[98]

(사례) 학원 강좌의 저작권 침해: 2007년 6월 서울중앙지검 형사6부(윤진원 부장검사)는 종로구 ㅍ어학원의 영어 말하기 강좌를 몰래 수강한 뒤 유사한 강좌를 개설해 운영한 혐의(저작권법 위반)로 인근 ㅇ어학원 강사 ㅇ씨와 어학원을 각각 벌금 1000만 원에 약식기소했다. 검찰에 따르면 ㅇ어학원 강사 ㅇ씨는 인근 ㅍ어학원의 유명 강좌를 3개월간 수강했다. ㅇ씨가 몰래 수강한 강좌는 TSE(Test Of Spoken English)라는 강좌로, ㅍ어학원의 강사들이 자체 개발한 방식으로 진행돼 큰 인기를 끌고 있었다. ㅇ씨는 얼마 후 소속된 어학원에서 같은 형식의 수업을 개설해 강의했다. 검찰 수사결과 ㅇ씨는 강의를 큰 틀에서 참고한 데 그치지 않고 주요 예시문까지 그대로 끌어다 쓴 것으로 드러났다. 검찰 관계자는 "보통 유명강사의 강의안은 농담까지 미리 짜여있을 만큼 체계적"이라며 "이번 강의의 경우 강사에게 저작권이 있다고 인정된다"고 밝혔다. 애초 강의를 진행했던 ㅍ어학원의 이모 강사는 "오랜 연구 끝에 만든 강좌였는데 강좌 내용은 물론 수업 중간에 던진 농담까지도 비슷하다는 한 수강생의 말에 정말 허탈했다"며 "유명 강좌를 무조건 베끼는 일부의 관행은 반드시 개선됐으면 좋겠다"고 말했다.[99]

(사례) EU의 추급권 도입 요구: 2007년 7월 한·EU FTA 협상에서 EU 측은 '추급권'을 도입하라고 요구했다. 추급권(追及權; resale right)은 미술작품이 경매나 중개상을 통해 3000유로(약 375만 원)가 넘게 팔릴 경우 판매금의 0.25~4%를 원저작자나 상속권자에게 1만 2500유로 한도 내에서 주는 것이다. 화가 이수동씨는 "작가의 저작권을 강화하고 생전에 저평가됐던 작고 작가들에게 보상해줄 수 있는 것이라 희소식"이라며 "하지만 현실적으로 어떻게 실행될 수 있을지는 의문"이라고 말했다. 반면 김순응 K옥션 대표는 "국내에서

거래되는 EU 국가 작가는 피카소나 몇몇 사진작가들 정도라 아직 큰 영향을 받지는 않을 것으로 보인다"며 "다만 장기적으로 국내 작가의 추급권도 인정될 텐데, 이상적인 제도이지만 자칫 시장을 주춤하게 만들 수 있다"고 말했다.[100]

(사례) "문화 죽이는 불법 복제, 〈워낭소리〉마저 낚다": 『한겨레』 2009년 3월 7일자 사설은 "독립영화 〈워낭소리〉마저 불법 복제돼 인터넷을 떠돌기 시작해, 지금은 일본과 미국에까지 넘어갔다고 한다. 올해 최고의 화제작이니 가만둘 리 없겠지만, 〈워낭소리〉의 경우엔 가슴이 쓰리다. 무관심과 외면 속에 오로지 좋은 영화 한 편을 위해 혼신을 쏟아 제작한 작품이기 때문이다. 제작자의 분신 혹은 영혼과도 같은 존재인데, 그것이 싸구려 잡동사니와 함께 암시장을 떠도는 걸 보고 느끼는 제작자의 심정이 어떨까. 고영재 피디가 유출·유포자, 불법 내려받기 사이트 및 업로더와 끝까지 싸우겠다고 한 심정을 알 만하다"며 다음과 같이 말했다.

"이런 도덕적 분노를 넘어 더 우려스러운 것은 불법 복제, 불법 내려받기로 비롯된 문화콘텐츠 제작기반의 붕괴다. 올해 들어 가장 많은 관객을 동원한 상업영화 〈과속 스캔들〉도 이미 불법 동영상이 나돌고 있다. 이런 식이라면 영화도 이미 붕괴한 음반의 뒤를 따르지 않을 수 없다. 지난 2007년 불법 음반시장은 합법시장보다 세 배나 규모가 컸다. 영화의 불법시장도 3600억 원에 이르렀다. 더 큰 문제는 매년 50%씩 증가하고 있다는 사실이다. 불법 복제는, 1차 시장에는 극장 관객 감소로 나타나지만 디브이디(DVD), 비디오 등 2차 판권시장은 아예 붕괴시켜버린다. 할리우드 영화사들은 이미 한국 시장에 비디오나 디브이디 출시를 포기했다. 판권시장이 망가지면 영화사는 오로지 극장에 매달리고, 극장은 홍보를 많이 한 영화를 선호한다. 영화 제작비용 상승으로 상업영화도 위축되지만, 예술영화나 독립영화는 존립 자체가 어려워진다. 영화의 다양성을 잃은 한국 영화는 버틸 수 없다. 이런 현상은 다른 문화상품에도 그대로 적용된다. 현대의 문화는 영혼이고 또 밥이다. 그 기반을 지키는 데 어떤 노력도 아껴선 안 된다. 단속과 규제도 중요하다. 더 중요한 것은 수용자의 인식을 바꾸는 일이다. 정부의 각별한 노력을 기대한다." [101]

〈워낭소리〉 제작자인 고영재는 같은 동네에 사는 한 학부모와 벌인 논쟁을 소개했다.

"그 분이 제게 그러더군요. '나는 한국 영화는 불법 다운로드 받아서 보지 않습니다.' 그래서 물었습니다. '그러면 외국 영화는요? 한국 영화는 돈 내고 보고 외국 영화는 불법 다운로드 받아서 보겠다? 왜 그런 자의적인 판단을 가지고 자꾸 비논리적인 이야기를 하나요. 논리적인 이야기는 딱 한 가집니다. 영화를 안 보든지 아니면 돈 내고 봐주든지.'" [102]

바로 이게 문제다. 저작권의 국적을 따지는 데엔 나름의 일리가 있기는 하나, 문제는 그런 이중 기준이 궁극적으로는 저작권 의식을 약화시킨다는 데에 있다. 이 저작권 딜레마는 영원히 끝나지 않을 게임일 것 같다.

제15장

인터넷과 저작권

디지털 시대의 저작권

필리핀 녹색당의 로베르토 베르졸라(Roberto Verzola)는 지적재산권을 방패 삼아 디지털 정보의 속성을 이용해 엄청난 규모의 초과수익을 올림으로써 디지털시대의 자산계급이 된 세력을 사이버군주(Cyberlords)라 부른다.[1] 노암 촘스키는 인터넷이 그런 사이버군주들의 돈벌이의 수단으로 전락해가고 있는 현실에 대해 다음과 같이 말한다.

"인터넷을 국방부가 관장하는 동안에는 사용료가 없었다. 정보를 원하는 사람은 누구나 무료로 얻을 수 있었다. 미국 국립과학재단이 관장하던 때도 마찬가지였다. 1994년까지만 해도, 빌 게이츠 같은 사람들은 인터넷에 관심이 없었고, 인터넷 관련 회의에도 참석하지 않았다. 인터넷이 돈벌이가 되리라고 생각하지 않았기 때문이다. 그 뒤 인터넷이 개인기업으로 넘어가자, 그들은 새로운 돈벌이를 찾았던 것이다. 인터넷의 상당 부분을 공공영역에서 빼앗아 인트라넷으로 구축하려 한다. 다시 말해서 기업 내부용으로만 활용하면서 엄

밀한 방화벽으로 보호막을 치고 있던 인트라넷을 확대하려는 것이다." [2]

2000년 9월, 미국에서는 특허상표권사무국(USPTO) 주최로 이틀에 걸쳐 남북미 대륙의 거의 모든 나라 대표들이 모인 가운데 지적재산권 강화를 위한 심포지엄이 열렸다. 후원자는 마이크로소프트, 루커스아츠 등이 주축이 된 인터랙티브디지털소프트웨어협회(IDSA: Interactive Digital Software Association)였다. 심포지엄의 마지막날 오찬장에서 재닛 리노 미국 법무장관은 지적재산권 침해자는 마약을 거래하는 조직과 다를 바 없다고 강도 높게 비판했다. 리노는 또 이 위반자들이 어디에도 발붙이지 못하도록 해당 국가들끼리 범죄인 인도협정을 맺자고 주장했다.

이에 대해 이광석은 "이런 그의 말에서, 남미 국가들까지 끌어들여 대규모 심포지엄을 구성한 이유가 단적으로 드러난다. 예컨대, 남미에서 사용되는 소프트웨어 가운데 거의 절반 정도가 무단 복제품이라는 사실은, 미국 처지에서 그 막대한 경제적 손실을 지켜볼 수만은 없게 만들었다. 비록 직접적인 관련성은 적지만, 한창 논란이 일었던 음악파일 교환 프로그램인 냅스터와 디브이디 암호해독 프로그램인 'DeCSS' 등으로 대표되는 네티즌의 정보공유에 대한 집단적인 흐름 또한 저작권 옹호론자들에게 상당한 위기감을 준 듯하다"며 다음과 같이 말했다.

"결과적으로 이번 지적재산권 심포지엄과 리노의 발언은 국내외 저작권 위반자들에 대한 미국 정부의 경고 메시지의 성격을 띠고 있다. 하지만 문제는 지적재산권의 옹호에 대한 사법적이고 원칙적인 강경 대응의 논리가 얼마나 디지털 기술의 현실에 부합하는가이다. 디지털과 이를 담는 거대한 인터넷은 근본적으로 자유로움에 기반한다. 정보의 나눔과 공유 정신은 디지털 네트워크 기술의 핵심이다. 리노도 이날 토로했지만, 지적재산권의 잣대를 새로운 디지털 현상에까지 확대시키기에는 현실적인 무리가 따른다. 지적재산권과 관련한 최근의 중요한 판결들이 주로 기업의 손을 들어주고 있지만, 이것이 저작권 흐름의 미래라고 점치기는 어렵다. [3]

사이버 저작권 논쟁

인터넷에서의 텍스트 생산은 레비스트로스가 브리콜라주(bricolage)라고 이름 붙인 것과 유사하다. 본질적 일치를 통해서가 아니라 짜맞추기 또는 '샘플링'에 의해 텍스트가 생산된다. 이에 따라 저작권은 자료를 창조한 사람인가, 아니면 자료를 한데 모은 사람인가 하는 문제가 대두되었다.[4] 이에 대한 명확한 답이 없는 만큼 저작권을 둘러싼 갈등이 양산될 수밖에 없다.

인터넷기업협회 김지연 정책실장은 "저작권은 독점적 지위를 보장하는 형태이지만, 인터넷은 '공유'를 기본 물적 기반으로 하고 있다. 둘 사이에서 갈등이 불거져 나올 수밖에 없다"고 말했다. 김실장은 "저작권법이 200여 년 전 처음 만들어진 것은 출판물과 관련한 권리관계를 만들기 위함이었다"며 "때문에 출판물에 적용하던 법 개념을 온라인이라는 상황에 적용시키는 것이 적절한가를 고민해야 한다"고 주장했다.[5]

그러나 인터넷이 한 가지 성격으로 단정할 수 없을 만큼 다양하고 복합적인 면을 갖고 있다는 게 문제다. 저작권 개념에 대해 동시에 애증의 감정을 갖지 않을 수 없을 정도로 복잡다단한 이모저모를 사례들을 통해 살펴보기로 하자.

(사례) PC 통신 정보의 무단 복제 판매: 1998년 10월 24일 PC 통신에 오른 정보를 돈 주고 이용하더라도 무단 복제해서 파는 것은 저작권 침해라는 법원의 결정이 나왔다. 서울지법 민사합의 51부(재판장 신영철 부장판사)는 각종 입찰정보를 분석정리해서 PC 통신에 띄워 이용료를 받는 한국입찰정보시스템 등이 "정보제공업자(IP) 조모씨 측이 회원을 가장해 우리 정보를 빼낸 뒤 판매했다"며 낸 저작권침해금지 가처분 신청에서 이같이 밝히고 일부 신청을 받아들였다. PC 통신 등 '가상공간의 저작권'에 대한 법원의 구체적인 해석은 처음이다.[6]

(사례) 인터넷 무단 복제 첫 사법처리: 2000년 6월 1일 서울지검 컴퓨터수사부(부장검사 정진섭)는 인터넷 홈페이지에 실린 글을 무단 복제한 인터넷 도메인 등록대행업체 (주)후이즈 대표 이모씨(31)를 출판물에 의한 명예훼손 혐의로 불구속 기소했다. 또 후이즈와 이 회사의 경쟁업체인 인터넷프라자시티(주)를 저작권법 위반 혐의로 각각 벌금 100만 원에 약식기소했다. 인터넷 홈페이지에 실린 글을 무단 복제한 행위에 대해 검찰이 저작권법 위반 혐의로 기소하기는 처음이다.

1999년 1월 창업한 이씨는 한국전산원 홈페이지에 실린 도메인 관련 글에 자신이 쓴 글 4~5장을 붙여 인터넷 콘텐츠를 만든 뒤 장당 10만 원씩 받고 1주일간 빌려주거나 도메인 등록을 대행해주고 1만~4만 원씩 받는 등 영업을 하면서 유망 벤처사업가로 떠올랐다. 그러나 인터넷프라자시티가 후이즈의 홈페이지에서 퍼온 글을 자사 홈페이지에 띄우자 후이즈는 인터넷프라자시티 등을 상대로 54억여 원의 손해배상청구 소송을 내고 5개 일간지에 이런 사실과 "불법 복제와 무단 도용이 난무하는 인터넷 문화는 바뀌어야 한다"는 내용을 담은 광고를 게재했다. 후이즈는 또 도용 증거를 확보한다며 인터넷프라자시티의 홈페이지 내용을 다시 베껴 자사 홈페이지에 연결해두고 이 업체를 저작권법 위반 혐의로 검찰에 고소했다. 검찰은 후이즈의 글 중 직접 만든 '좋은 도메인과 나쁜 도메인'이란 글 등 4~5쪽에 대해서만 저작권을 인정해 인터넷프라자시티를 벌금 100만 원에 약식기소하고 후이즈도 똑같이 약식기소했다.[7]

2000년 12월 20일 서울지법 형사3단독 신일수 판사는 인터넷프라자시티(주) 홈페이지 내용을 복제, 자사 홈페이지에 올린 혐의로 기소된 인터넷 도메인 등록업체 (주)후이즈에 대해 무죄판결을 내렸다. 재판부는 판결문에서 "후이즈가 퍼온 글은 인터넷프라자시티가 저작권을 가지고 있다는 사실을 알 수 있게 했고, 영업상 이익을 위한 것도 아니었다"고 밝혔다. 인터넷에 실린 글을 퍼왔더라도 '영리 목적 없이 출처를 분명히 밝힐 경우'에는 저작권법 위반으

로 볼 수 없다는 것이다.[8]

(사례) 소프트웨어 무단 복제 첫 배상 결정: 2000년 6월 15일 서울지법 민사 합의 12부(재판장 정장오 부장판사)는 MS사, 어도비시스템즈, 시만텍코퍼레이션, 한글과컴퓨터, 안철수컴퓨터바이러스연구소 등 국내외 8개 컴퓨터 소프트웨어 업체가 한국전력을 상대로 낸 손해배상청구 소송에서 "한전은 1000만 원을 배상하라"고 강제조정 결정을 내렸다. MS사 등은 1999년 봄 검찰의 소프트웨어 무단 복제 단속 결과, 한전 부산 고리원자력본부에서 'MS오피스97' '한컴오피스97' 등의 복제 소프트웨어를 사용한다는 사실이 밝혀지자 총 6900여만 원의 손해배상청구 소송을 냈다.[9]

(사례) "데이터베이스도 저작권 인정" 첫 배상 판결: 2004년 2월 5일 서울중앙지법 민사89단독 김정만 판사는 국내 최대 병역특례 취업안내 유료웹사이트 운영자인 이모씨가 "웹사이트의 데이터베이스를 그대로 복제해 사용했다"며 또 다른 이모씨를 상대로 낸 손해배상청구 소송에서 "피고는 원고에게 3840만 원을 지급하라"며 원고 일부 승소 판결했다. 재판부는 판결문에서 "데이터베이스라도 편집자가 가지는 지적인 독창성, 즉 일정한 방침이나 목적을 가지고 소재를 모아 분류, 선택하고 배열한 창작성이 있으면 편집저작물로 보호받을 수 있다"고 밝혔다.[10]

(사례) UCC(사용자생산콘텐츠)와 인용권 논쟁: 2007년 2월 미국에서 MTV와 영화사인 파라마운트를 자회사로 둔 바이아컴은 UCC 공유 사이트 유튜브(YouTube)와 모회사인 구글을 상대로 손해배상금 10억 달러를 청구하는 소송을 제기해 화제가 되었다. 유튜브는 자사 콘텐트 10만여 건을 모두 제거하라는 바이아콤의 요구에 응했다.[11]

2007년 3월 문화관광부와 저작권보호센터는 UCC가 '저작권 갈등'의 현안으로 떠오르자 'UCC 가이드라인 컨퍼런스'를 개최했다. 미국의 경우는 이용자가 직접 제작하는 본래 의미의 UCC가 60% 정도를 차지하지만 한국의 UCC는 정반대다.[12] 2006년 저작권심의조정위원회가 UCC 저작권 침해 실태를 조사한 결과 사용자가 직접 창작한 UCC는 전체의 16.25%에 불과했으며, 나머지는 방송 프로그램이나 광고, 뮤직비디오, 영화 등 기존 저작물을 편집·재가공한 '불법물'이었다. UCC가 대부분 네티즌을 잠재적 범법자로 만드는 사용자복제콘텐츠(User Copied Contents)라는 말이 나올 정도다.

'UCC 가이드라인 컨퍼런스'에서 성균관대 법학과 이대희 교수는 "저작권법이 허용하는 '인용' 개념과 온라인업체들이 주장하는 '인용권'은 다르다"면서 "제작자의 창작성이 가미되지 않은, 다른 저작물을 베껴서 만든 UCC는 2차 저작물로 보기 힘들다"고 말했다. 이 교수는 "제작자가 직접 촬영, 제작한 순수 창작물은 보호받아야 하지만 타인의 저작물을 전체 또는 일부를 그대로 이용해 만든 동영상은 명백한 저작권 침해고 UCC의 활성화를 막는 요소"라고 강조했다. 하동근 iMBC 대표는 "대형 포털들은 검색어 입력시 자동 인기검색이나 추천 키워드를 통해 불법 방송물들을 소개하거나 아예 메뉴 분류에서 TV 또는 방송명을 사용하는 등 불법 복제물 유통 인프라를 제공해왔음에도 그저 불가항력이라고 주장해왔다"고 비판했다.

이에 대해 UCC 업체인 판도라TV의 김경익 대표는 "음악의 경우 4마디가 표절의 기준이 되고 있으나, 동영상의 경우 아무런 기준 없이 1초만 인용해도 불법으로 취급받고 있다"면서 "다양한 수익원을 보유하고 있는 방송사의 입장에서 비영리 목적의 UCC 제작자들에게 콘텐츠 활용의 개방을 검토할 필요가 있다"고 반박했다. 판도라TV가 처음 제안한 인용권은 비영리 목적이라면 5분 미만 방송물에 대해선 편집을 합법화해주고, 대신 원본 출처와 라이선스 표기, 저작권자와 수익 분배 등이 주 내용이다. 그러나 iMBC 김형진 팀장은 "권리자들이 있고 권리자들이 손해를 보는 문제인데 (인터넷 업체들이) 싸잡아서 이야기하고 있다"고 반박했다. 불법 복제 콘텐츠의 사용에 대해 문제제기를 했는데, 그 부분은 접어두고 인용권을 주장하는 것은 본질을 호도하는 것이라는 주장이다.

다음커뮤니케이션의 도학선 법무팀 차장은 "UCC는 재미로 만드는 '사소한 침해'"라며 "저작권법의 원칙을 들이대는 것은 정책적으로 합당한가 여부로 판단할 문제"라고 주장했다. 상업적으로 작정하고 하는 저작권법 침해는 당연히 제재해야 하지만 일반 사용자들이 재미로 만드는 것까지 엄격한 법의 잣대를 들이대는 것은 무리라는 지적이다.[13]

그러나 다른 분야에선 '재미로 하는 사소한 침해'에 칼을 들고 나선 '저작권 사냥'이 2007년 하반기부터 본격 개시되었다. 인터넷 포털도 지상파 방송사들의 강력 대응을 외면할 순 없었다. 그리하여 2007년 9월 NHN, 다음커뮤니케이션 등의 포털과 지상파 방송3사는 방송 콘텐츠의 불법 유통 방지를 위한 합의서를 체결하였다. 합의서에 따르면, 지상파 3사의 저작권을 위반한 동영상은 블라인드 처리하기로 했다.[14]

(사례) 파일 불법 공유: "파일 불법 공유한 이용자들에게 합의금 받아내는 것이 저작권 문제의 해결책인가?" 그런 질문을 던진 『한겨레21』 2007년 6월 12일자는 "온라인상의 저작권법 위반자 적발과 처벌은 경찰과 저작권자 대리인 사이에 철저히 분업화돼 있다"며 다음과 같이 말했다.

"ㅅ법무법인은 상시적으로 위반자 명단을 경찰에 넘긴다. 5월 28일 ㅅ법무법인 홈페이지 대문에는 '5월 3주 고소 리스트' '5월 4주 고소 리스트'라는 제목의 피고소인 명단이 인터넷 아이디로 죽 나열돼 있었다. 이 법무법인은 4월 한 달에만 300여 건, 5월에는 180여 건의 적발 사례를 경찰에 넘겼다. 이렇게 고소가 이뤄지면 경찰은 이들을 출두시켜 '합의냐, 벌금이냐'를 묻는다. 고소당한 이들은 경찰의 '안내'에 따라 법무법인에 연락하고, 법인이 정한 합의금을 묻는다. 고소될지 안 될지는 운이다. 파일 공유 사이트로 가장 많은 사용자를 확보하고 있는 '프루나'는 하루 평균 방문자 수가 70만 명이다. 이 다음으로 '클럽박스'는 67만 명, '파일구리'는 54만 명 등(정보통신부·인터넷진흥연구원 공동조사, 2006년)이다. 이 사이트들은 파일 업로드·다운로드 외에 별다른 기능이 없기 때문에 이용자 대부분이 불법적인 업로드·다운로드를 한다고 보면 된다."[15]

(사례) '저작권 자살' : 2007년 11월 15일 전남 담양에서는 인터넷 소설을 내려받은 고교 1학년생 송모군이 같은 혐의로 고소당해 아버지에게 꾸지람을 들은 후 스스로 목숨을 끊은 사건이 발생했다. 이 사건으로 인터넷에는 '저작권 자살'이라는 신조어까지 생겨났다.[16]

이에 대해 한승헌(변호사·법무법인 과장)은 "우리 사회에서 저작권의식은 아직도 낮은 수준에서 벗어나지 못하고 있다. 심지어 대학교수들조차 대담하거나 지능적인 표절을 해서 물의를 일으키는 사례가 드물지 않고, 더러는 그런 일을 약점 삼아 마땅치 않은 상대방을 쓰러트리기도 한다. … 대학생들은 어떤가? 부산의 한 대학교수가 학생들의 리포트 채점을 하려고 보니, 110명의 학생 중 39명의 리포트가 똑같아서 표절로 처리했다는 보도가 있었다"며 다음과 같이 말했다.

"대학교수와 대학생들의 저작권 의식이 이러할진대, 10대의 어린 세대들에게 어른들도 외면하는 준법을 기대하기란 무리일 수밖에 없다. 우선 그들은 지능이나 지각 또는 판단력이 어른들보다 낮을 수밖에 없다. 어디서 교육을 받거나 계몽을 받은 적도 거의 없을 것이다. 그런 소년에게 경찰에서 난데없는 소환장(출석요구서)이 날아왔으니, 그 두려움이 어떠했겠는가? … 그 어린 학생들에게 사전에 주의나 경고 한 번 주지도 않고 그런 무자비한 짓을 하는 곳이 다름 아닌 법무법인이라니 부끄럽기 짝이 없다. 어린 학생들을 표적 삼아 무더기 고소를 해서 큰 이득을 챙기는 변호사라면, 그 과오가 어린 네티즌의 내려받기에 비할 수 있을 것인가? 다 큰 성인들에게는 몰라도 청소년들을 상대로 그래서는 안 된다. 죽음으로까지 몰아넣는 무더기 고소, 그것은 '법의 극은 무법의 극'이란 말을 떠올리게 한다. 저작권 침해의 예방에는 무엇보다 교육과 계몽이 중요하다."[17]

(사례) 인터넷에 '저작권 쓰나미': 『경향신문』 2007년 12월 19일자는 "인터넷 공간에 '저작권 쓰나미'가 강타하고 있다. 3년 전 무심코 내려받은 영화 1편 때문에 80만 원을 합의금으로 줘야 했다느니, 블로그에 게시한 웹 만화 때문에 100만 원을 물어주었다는 등의 '괴담'이 돌고 있다"며 다음과 같이 말했다.

"법무법인은 중고생은 60만 원, 대학생 80만 원, 일반인의 경우 100만 원까지 합의금을 요구한다. 경찰 관계자는 '법무법인들은 아르바이트생까지 고용해 공유 사이트, 포털, 카페, 개인블로그까지 검색해 기업형으로 단속하는 경우도 많다'고 귀띔했다. 저작권법이 변호사만 배불리는 법이라는 비판이 나오는 것도 이 때문이다. 심지어 일부 법무법인은 저작권자로부터 위임조차 받지 않고 멋대로 고소를 일삼다가 한국대중문학협회 소속 작가 8명으로부터 사기 및 횡령 혐의로 고소를 당하기도 했다. 저작권 위반자들은 대부분 영화 한두 편을 내려받은 개인 이용자들이다. 영리를 목적으로 음원이나 영화 등을 대량으로 업로드하거나 불법 저작물 유통을 주선하는 P2P업체나 포털 등은 거의 적발되지 않고 있다."[18]

(사례) 미국 최초의 유일한 P2P에 대한 저작권 침해 소송: 2008년 9월 24일 미국 미네소타주 지방법원은 미국 최초의 유일한 P2P에 대한 저작권 침해 소송에서 피고인 재미 토머스 부인이 24개의 디지털 음원 파일을 카자(KaZaA)라는 P2P 프로그램의 공유폴더에 놓아두었다는 이유로 총 22만 2000달러의 벌금을 물도록 했던 배심원 평결을 파기 환송하는 결정을 내렸다. 이 재판을 맡았던 데이비스 판사는 판결문에서 "불행하게도 토머스 부인은 카자를 이용해서 다른 여타 수많은 인터넷 이용자들이 저지르는 행위를 저질렀다. 그녀가

저지른 행위는 불법적인 것이지만 일반화된 것이다. 그녀가 소비자이기 때문에 경쟁 사업자에게 불이익을 주려한 것이 아니었다거나 스스로 이익을 추구한 것이 아니었다고 해서 그녀의 행위가 용서받을 수 있는 것은 아니다. 하지만 그런 정도 손실에 대해서 수십만 달러의 벌금을 부과하는 것은 전례도 없을 뿐만 아니라 소비자를 심대하게 억압하는 것이다"라고 밝혔다.[19]

　(사례) '교육 조건부 기소유예제' : 2008년 7월부터 경미한 저작권 위반 청소년에 대해 8시간짜리 교육을 받도록 하는 '교육 조건부 기소유예제'가 실시되었다. 2006년 1만 건 남짓이던 고소 건수는 2007년 2만 5027건, 2007년 8만여 건으로 폭증한 가운데, 형사 입건된 청소년만 해도 2006년 538명에서 2007년에는 2669명으로 5배나 증가했기 때문이다. 2009년 1월 저작권을 침해한 청소년이 초범이고 미성년자이면 고소를 각하한다는 정부 방침이 선 것에 대해 『국민일보』는 다음과 같이 주장했다.

　"정부 대책은 너무 단선적인 차원에 머물고 있다. 초범이고 미성년자인 경우 고소를 각하한다는 방침은 현행법의 정신과 어긋난다. 고소를 각하한다는 것은 처벌의 가치가 없다는 의미인데, 권리자가 항고하면 의미가 없어지고 만다. 더욱이 저작권 침해가 분명하고 권리자의 고소가 정당한데도 관용을 베풀 경우 오히려 저작권 침해를 부추길 우려도 있다. 따라서 사소한 침해는 처벌의 그물망에서 빠져날 수 있도록 면책범위를 정하는 등 법을 개정하는 것이 우선이다. 저작권 침해사범에 5년 이하의 징역 또는 5000만 원 이하의 벌금을 물리도록 한 현행법은 사례가 천차만별인 점을 감안하면 합리적이지 못하다. 통상적인 이용방법과 충돌하지 않고 저작자의 이익을 불합리하게 해치지 않은 경우 저작물을 이용할 수 있도록 하는 변재일 의원의 개정안도 대안이 될 수 있겠다. 다음으로 반드시 뒤따라야 하는 것이 교육이다. … '교육 조건부 기소유예제'를 전국으로 확대해야 한다. 교육 전 저작권 지식점수는 60점 이하가 71.4%였으나 교육 후에는 60점 이상이 95.1%에 이를 만큼 효과가 입증

됐다. 앞으로는 학교에서 저작권 교육이 이뤄져야 하고 침해의 주무대인 인터넷 포털들이 이 같은 교육을 적극적으로 후원하고 나서야 한다."[20]

2009년 2월 전응휘 녹색소비자연대 상임이사는 "인터넷을 이용하는 청소년들이 음악파일이나 영화파일 같은 것을 업로드 다운로드하다가 어느 날 갑자기 전혀 일면식도 없는 법무법인으로부터 경고장을 받고 합의를 종용받는 일이 숱하게 벌어지고 있다는 것은 이미 언론의 보도를 통해서 널리 알려진 바 있다"며 다음과 같이 말했다.

"이 같은 '영파라치' 활동은 실제 저작권리자들로부터 정식으로 위임을 받아 이루어지는 경우도 없지 않지만, 이용자를 추적하는 기술을 제공하는 사업자와 제휴하여 적극적으로 권리자들에게 영업을 통해 계약을 맺고 사실상 해당 법무법인의 주 비즈니스로 삼는 경우가 적지 않다는 사실도 드러난 바 있다. 우리나라 법조계에 대한 실망과 개탄은 새로운 일도 아니지만, 로펌들이 이 같은 거의 앵벌이 수준이나 다름없는 행태를 보이는 것에 대해 변호사협회조차도 별다른 조치를 취하지 못하는 것을 보면 법조계의 제 식구 감싸기나 윤리적 불감증의 수준은 범인의 상상 정도를 훨씬 뛰어 넘는 듯하다."

이어 전응휘는 "일부 법무법인들의 이 같은 앵벌이 행태가 나타난 것은 저작권법에서 친고죄 원칙이 비친고죄로 바뀌면서부터였다. 법무법인들은 이용자들의 행태를 모니터하여 불법행위를 추적해서 경찰에 고발하고, 경찰은 한 달에 평균 500~600건 정도의 고소사건을 처리하면서 합의금을 받고 고소를 취하하는 일을 반복해왔다. 당연히 일선 경찰의 불만도 늘어났다"며 다음과 같이 말했다.

"그런데 최근 대전 중부서에서는 이 같은 사례로 저작권 위반으로 고발된 청소년을 즉결심판에 회부하였는데 즉결재판에서는 해당 청소년에게 벌금 5만 원을 선고하여 사건을 마무리 지은 사례가 나타났다. 즉심의 경우에는 20만 원 이하의 벌금이나 구류 처분을 할 수 있는데 전과기록은 남지 않는다. 현재 검찰과 경찰은 초범이나 미성년자의 경우에는 아예 고소를 각하하거나 교육하는 방안을 강구 중이라고 한다. 저작권 관련 정책을 전담하는 문화체육관광부는 이제서야 교육 위주의 해결책을 찾아보겠다는 계획을 발표하고 있다."[21]

와레즈 논쟁

와레즈(warez)는 프로그램의 복사방지장치(Copy Protection)나 등록장치, 셰어웨어(shareware)의 시간제한 등을 풀어 누구나 제한 없이 사용할 수 있게 만든 소프트웨어를 일컫는 말이다. 그 어원에 대해서는 몇 가지 주장이 있으나 'Where is it'의 구어체적 발음표기라는 주장과 'ware'의 복수형 'wares'의 표기가 일부 바뀐 것이라는 설이 있다. 시작은 1980년대 사설 게시판(BBS)의 활성화로 통신을 통한 파일의 교환이 가능해지면서다. 정품을 공짜로 얻으려는 이용자의 요구와 해커들의 활동이 맞물려 만들어낸 작품이다. 그러니 논란이 일어나지 않을 리 없다. 2000년 7월 컴퓨터 프로그램보호법이 발효되면서 특정 회사의 소프트웨어를 무단으로 다운받을 수 있는 불법 사이트와 연결만 해도 처벌할 수 있는 근거가 마련됐지만, 논란은 계속되었다.[22]

　(사례) 와레즈의 명암: 『스포츠투데이』 2000년 11월 30일자는 "'백지영 동영상 사건'이 '와레즈'의 위력을 다시 한 번 보여줬다. 유료로 제공되던 문제의 동영상 파일이 순식간에 공짜로 전파됐다. 바로 인터넷 와레즈 사이트를 통해서였다. '인터넷은 공짜고, 정보는 공유돼야 한다'고 주장하는 네티즌에 의해 유료 웹의 로크(Lock)가 풀려버린 것이다. 추정이긴 하지만 이번에 백지영 동영상을 처음으로 보급한 사이트는 40억 원 이상을 벌었을 것으로 예상된다"며 다음과 같이 말했다.

　"연일 계속되는 클릭 폭주 상황에서 아마 와레즈 사이트가 없었더라면 해당 사이트는 더 많은 수입을 올렸을 게 분명하다. 이 때문에 인터넷 사이트들이 가장 무서워하는 것도 바로 이 와레즈 사이트다. 막대한 돈을 들여 개발해 올린 프로그램도 순식간에 복사돼 해적판으로 마구 나돌기 때문이다. 인터넷 상에는 수없이 많은 와레즈 사이트들이 존재한다. 이를 통해 문제가 된 '백지영 동영상'이나 'O양 비디오'처럼 야한 동영상과 각종 음란물, 수십만 원에서 수백만 원에 이르는 프로그램들을 돈 한푼 안 들이고 손쉽게 얻을 수 있다. 때문에 '정보공유'라는 본래 취지에서 벗어나 불법, 타락의 온상이 되고 있다는 지적이다. … 와레즈는 불법 복제다. 하지만 일부에서는 정품을 복사해 불법적으로 쓸 수 있게 만든 것이 아니라 로크를 푸는 프로그램을 추가해 부분적인 리프로그래밍(reprograming)이라고 주장한다. 기술적인 면에서 해커와 맥을 같이 하지만 해킹한 자료를 공개한다는 점에서 다르다. 카피레프트운동과도 다르다. 카피레프트는 저작권을 기반으로 정보공유의 확산에 노력하지만 와레즈는 저작권 자체를 무시한다."[23]

(사례) '와레즈'는 저작권 침해: 2000년 12월 22일 서울지법 형사2단독 김철현 판사는 자신의 인터넷 홈페이지에서 홈페이지 제작프로그램인 '나모웹에디터' 등 프로그램을 다운받을 수 있도록 무단으로 링크시킨 혐의로 기소된 김모씨(27) 등 2명에 대해 컴퓨터프로그램보호법 위반죄를 적용, 벌금 500만 원을 선고했다. 재판부는 판결문에서 "프로그램 제작사의 허가 없이 자신의 홈페이지에 프로그램을 링크시켜 다수의 사용자들이 전송받을 수 있게 한 것은 저작권 침해에 해당한다"며 "직접 전송을 해주거나 배포하지는 않았다 하더라도 이는 명백한 불법행위"라고 밝혔다. 그러나 재판부는 "김씨 등이 이미 인터넷에 공개된 프로그램을 다시 공개했고, 영업목적이 없었던 점을 참작해 벌금형을 선고한다"고 덧붙였다.[24]

(사례) 미 · 유럽 10개국 합동 단속: 2005년 6월 30일 미국 정부는 미국과 영국 등 10개국이 각종 영화와 음악, 소프트웨어 등의 해적판을 제작, 유포하는

'와레즈' 사이트에 대한 합동 단속을 펴 4명을 체포하고 해적판 제조 장비 등을 압수했다고 밝혔다. 미 연방수사국(FBI)과 각국 경찰은 '사이트다운 작전'이란 이름의 이 단속에서 29일부터 세계 90여 곳을 수색, 미국에서 해적판 제조 용의자 4명을 체포하고 컴퓨터 수백 대를 압수했으며 해적판 소프트웨어 유포용 대형 온라인 서버 8대를 폐쇄했다. 사이트다운 작전에는 캐나다, 이스라엘, 프랑스, 벨기에, 덴마크, 네덜란드, 독일, 포르투갈, 호주 등도 참가해 '와레즈'로 불리는 인터넷상 해적행위 단체를 단속했다. 앨버토 곤잘레스 미 법무장관은 "법무부가 방대한 양의 불법 디지털 콘텐츠를 온라인으로 배포하는 네트워크인 해적판 공급망 상층부를 공격하고 있다"고 말했다. FBI는 와레즈 조직은 암호화된 채팅룸과 접속암호를 사용하고 해외에 위치한 경우가 많아 단속이 어려웠으나 20여 개 유명 와레즈가 단속대상이었다고 밝혔다. 미 법무부는 이번 단속에서 압수한 해적판 소프트웨어와 디지털 콘텐츠의 총액이 5000만 달러를 넘는 것으로 추정했다.[25]

(사례) 컴퓨터프로그램보호법 시행령 개정: 2007년 4월 4일 정보통신부는 컴퓨터프로그램보호법(이하 '컴법') 시행령을 개정해 컴퓨터프로그램보호위원회에 부정 복제물 신고센터를 설치, 온라인상의 불법 복제물 유통에 대해 직접 경고하거나 삭제를 명령할 수 있도록 하는 '시정권고' 제도를 시행한다고 밝혔다. 정보통신부 임차식 소프트웨어진흥단장은 "최근 다양한 기능이 부가된 저장용, 공유용 인터넷 사이트가 확산되면서 온라인상의 소프트웨어 불법 유통에 대한 대처가 시급한 상황"이라며 "이번 컴법 및 동법의 시행령 개정안이 발효되면 주요 포털업체의 웹 스토리지 서비스를 비롯해 P2P, 와레즈 등에서 유포되던 불법 소프트웨어에 보다 신속하고 적극적으로 대처할 수 있을 것"이라고 말했다.[26]

(사례) 2007년 SW 불법 복제 피해액 1000억: 2008년 3월 12일 한국소프트웨

어저작권협회(SPC)는 '2007 AP 모니터링 결과보고서'를 통해 2007년 1월부터 12월까지 국내의 대표적 웹스토리지 업체 및 와레즈 사이트 등 18개 사이트에 대해 모니터링을 진행한 결과, 불법 소프트웨어 공유에 대한 삭제·요청 건수가 6만여 건에 달했으며 이는 피해 금액으로 환산했을 때 1040억 원 규모라고 발표했다.[27]

인터넷 도메인 네임 논쟁

인터넷 종주국인 미국은 국제인터넷주소관리기구(ICANN: Internet Corporation for Assigned Names and Numbers)를 통해 인터넷을 실질적으로 통제하고 관리해왔다. 이 기구는 '인터넷 과학 공동체에서 가장 존경받는 인물 중 하나' 인 존 포스텔이 사망하기 한 달 전인 1998년 9월 미국 정부에 제안한 것이 기원이 돼 탄생하게 되었다.[28]

ICANN은 '.kr' 같은 국가코드를 할당해주고 '.com' '.net' 같은 '최상위 도메인' 신설 여부 등을 결정한다. 인터넷 주소 관리도 무시할 수 없는 권력이다. 주소 관리의 핵심은 "사용자가 www.hani.co.kr라는 인터넷 주소를 입력하면 특정한 아이피 주소를 지닌 컴퓨터로 연결해주라" 는 식으로 인터넷 주소와 아이피 주소(12자리 숫자)의 짝을 맞추고 이 정보를 관리하는 걸 말한다. 루트 서버에서 '.kr' 정보를 삭제하는 순간 전 세계에서 한국 내 인터넷 사이트 접속이 차단되는데, 실제로 미국과 적대관계에 있던 리비아와 소말리아의 정보가 한때 사라진 적이 있다. 이런 사례를 들어 다른 나라들은 미국의 인터넷 독점 관리는 '사이버 패권' '신식민주의' 라고 비난하고 있다.

미국이 인터넷 지배에 집착하는 것은 경제적인 이유 때문이기도 한데, 도메인 등록비용만 연간 10억 달러(약 1조 원)이며 '.web' 이나 '.sex' 같은 새로운 도메인을 배분하는 것은 그 자체가 엄청난 권력이다.[29] 도메인을 둘러싼 이런 갈등을 주요 사례를 통해 살펴보자.

(사례) 상표희석화방지법 적용(Antidilution Statutes): 1995년 시애틀의 IEG사는 candyland.com을 개설하고 성인잡지를 판매하기 시작했다. 그러나 1996년 1월 'Candy Land' 라는 이름의 어린이용 보드게임 상표를 침해한 혐의로 거대 완구업체인 하스브로(Hasbro)사에 의해 제소 당했다. 연방법원은 IEG 측의 행위가 하스브로의 상표가치를 희석화시키는 것이며, 피고의 행위가 연방 상표희석화방지법 및 위싱턴주의 상표희석화방지법을 위반한 것이라는 가처분을 내렸다. 캔디랜드는 희석화방지법이 적용돼 인터넷상에서 저명상표에 대한 보호가 이뤄진 대표적인 예다.[30]

희석화(dilution)란 "영업상의 표지(상표, 상호, 상품의 용기ㆍ포장ㆍ포장ㆍ형태 등)가 갖고 있는 재산적 가치, 즉 그 표지의 식별력, 긍정적인 이미지, 고객 흡인력이나 광고력 등을 희박하게 하고 감소시키는 것과 같은 제3자에 의한 당해 영업상 표지의 사용행위 일반을 말한다. 가령, '진로' 상표를 변기나 살충제 등 상품에 사용하는 경우가 이에 해당한다."[31]

(사례) 인터넷 색인어 '메타태그' 분쟁: 1997년 도메인 네임 분쟁을 취급하는 법률사무소인 오페달&라손(Oppedahl&Larson)은 'Oppedahl' 과 'Larson' 이라는 메타태그를 웹사이트에 집어넣은 어드밴스드컨셉(Advanced Concepts)을 상대로 미국 콜라도주와 연방의 부정경쟁 및 희석화 규정에 의거, 소송을 제기했다. 메타태그로 인한 방문자 유인문제를 다룬 최초의 사례에서 법원은 피고들이 허락 없이 그 명칭을 사용하는 것을 금지했다.[32]

메타태그(Meta Tag)란 검색엔진이 웹사이트를 돌아다니며 색인작업을 할 때 자동으로 식별될 수 있도록 웹사이트 개발자들이 집어넣는 색인이다. 일부 개발자들은 보다 두드러지게 하기 위해 동일한 단어를 수 차례 반복해서 집어넣거나 사이트의 성격과 무관한 단어를 집어넣기도 한다. 예를 들어 성인사이트의 경우 'sex' 라는 단어는 기본이고, 대표적 성인잡지 이름인 'playboy' 도 메타태그로 집어넣는다. 검색엔진에서 성인사이트를 찾으려는 네티즌이 주

로 입력하는 단어를 메타태그로 사용, 검색결과에 자신의 사이트를 포함시키려는 것이다.[33]

(사례) 점(.)만 뺀 음란 사이트에 대한 폐쇄 명령: 1999년 4월 9일, 미 버지니아주 법원은 미 5위 증권사인 페인웨버의 홈페이지 주소(www.painewebber.com)에서 점(.)만 뺀 주소를 사용해 온 음란 사이트에 대해 폐쇄 명령을 내렸다. 이는 유명 기업 사이트와 유사한 주소의 사이트를 개설해놓고 사용자들의 오자나 탈자를 이용해 돈벌이를 해온 음란 사이트에 대해 처음으로 법적 제재가 가해졌다는 것을 의미한 것이다. 법원은 "이 사이트가 페인웨버 사이트를 찾아온 고객들을 음란 사이트로 유도해 페인웨버의 명예를 훼손시켰다"고 밝혔다. 페인웨버 측은 "실수로 음란 사이트에 들어간 고객들의 전자우편 항의가 빗발치고 있다"고 주장했다.

모건 스탠리도 1999년 4월 15일 플로리다주에서 이와 비슷한 소송을 법원에 제기하는 등 유명 증권·투자은행들이 앞다퉈 소송 준비에 뛰어들었다. 금융회사의 피해 사례가 늘어나고 있는 것은 미 증시의 호황으로 미 소비자들의 금융 사이트 조회수가 급증하면서 음란 사이트의 주공략 대상이 되고 있기 때문이다. 이미 유명 사이트인 아마존이나 월트 디즈니, 다우 존스 등과 유사한 음란 사이트는 100여 개가 넘었다.

이와 관련, 『워싱턴포스트』는 "이번 판결을 계기로 유명 기업명과 유사한 음란 사이트가 잇따라 철퇴를 맞을 것"이라고 내다봤지만, 일각에서는 주소가 유사하다는 이유만으로 법적 제재를 가할 경우 주소 독점의 폐해를 부를 것이라며 우려했다. 또 비슷비슷한 주소가 수없이 많은 상황에서 유사성의 기준을 정하고 고의성을 가려내는 것 역시 현실적으로 불가능하다는 지적도 나왔다.[34]

(사례) '선접수 선등록 원칙' 파기: 특정 기업의 문패에 해당되는 주소를 미

리 차지하고 비싼 값의 보상금을 타내는 도메인 선점방식을 가리켜 사이버 스 쾃팅(cyber squatting)이라고 하는데, 이를 둘러싼 논란도 뜨겁다.[35] 1999년 10월 8일 서울지방법원은 프랑스의 샤넬(CHANEL)사가 'chanel.co.kr'이라는 인터넷 주소를 사용하고 있는 김모씨(32)를 상대로 낸 상표권 등 침해금지 청구 소송에서 "김씨는 샤넬 상호를 인터넷 주소(도메인 네임)나 홈페이지에 사용할 수 없다"고 원고 일부 승소 판결을 내렸다. 상표권 침해는 인정하지 않았지만 도메인 네임의 선등록 우선주의 원칙을 파기하는 이번 판결은 관련 업계뿐만 아니라 법조계 내부에서도 파란을 일으켰다. 재판부는 판결문에서 " '선접수 선등록 원칙'이라는 등록방침은 일반 법률질서를 위반한 경우에까지 적법한 것이라고 할 수 없다. 김씨가 사용하고 있는 도메인 네임은 일반 소비자들에게 샤넬과 어떤 관련이 있다는 생각을 갖게 하는 것으로 이는 부정경쟁방지법상 타인의 상표가 갖고 있는 명성에 편승해 부정이익을 얻는 '영업주체 혼동행위'에 해당한다"고 그 이유를 밝혔다.[36]

(사례) '상표 사이버해적행위 규제법' : 1999년 10월 26일 미국 의회는 기존 상표와 같거나 유사한 도메인 네임을 투기 속셈으로 등록하는 사람에 대해 최고 10만 달러의 민사상 책임을 지우도록 규정한 '상표 사이버해적행위 규제법안'을 통과시켰다.[37]

(사례) 비아그라 사건(서울지법 1999년 11월 18일 선고): 이 사건에서 원고는 발기기능장애 치료제인 비아그라(Viagra)를 비롯한 다수의 의약품을 개발하여 판매하는 미국 회사 및 그 한국 자회사이고 피고는 'viagra.co.kr'이라는 인터넷 도메인 네임의 홈페이지를 개설·운영하면서 인터넷 통신망으로 생칡즙, 칡수 등의 건강식품을 판매하고 있었다. 서울지방법원은, 피고의 도메인 네임이 원고의 문자상표와 동일한 문자를 포함하고 있지만 원고 등록상표의 지정상품인 약제와 피고가 판매하는 생칡즙 등의 건강식품은 유사한 상품이라고

보기 어렵기 때문에 상표법상 상표권의 침해가 있다고 인정할 수 없다고 판시했다. 다음으로, 부정경쟁행위의 성립 여부에 대해서도 3가지 이유를 들어 피고의 도메인 네임 사용으로 인해서 일반인이 원고 약제와의 혼동이나 원고와의 특수 관계가 있는 것으로 혼동할 위험이 있다고 보기는 어렵다고 했다. 첫째, 피고의 판매상품인 생칡즙은 원고 상품과는 전혀 달리 숙취해소에 그 효능이 있음을 분명히 하고 있고 그 제조원과 브랜드를 그 홈페이지에 명시한 점, 원고의 약제인 비아그라는 국내에서도 의사의 처방을 받은 자에 한하여 약국에서만 구입하게 되어 있고 인터넷 통신망을 통하여 구입할 수 없게 되어 있는 점이다. 둘째, 원고들의 위 각 상표 중 '비아그라', 'Viagra'는 원고들이 개발하여 판매하는 발기기능장애 치료제를 지칭하는 기능(상표의 개별화 기능)이 다른 상표들에 비하여 무척 강하여 다른 상품과 혼동하기가 쉽지 않다. 셋째, 일반적으로 외국이나 외국계의 제약회사가 생칡즙, 칡수 등의 재래의 건강식품을 판매한다고는 쉽사리 생각되지 않는다.[38]

(사례) 하이마트 사건: 1999년 12월 1일 서울지법은 "인터넷을 통해 전자제품을 판매해오던 himart.co.kr는 하이마트(HI-MART)의 상호와 비슷하기 때문에 사용할 수 없다"고 결정했다. (주)한국신용유통이 (주)로마사업개발을 상대로 낸 도메인 이름 등 사용금지가처분 사건에서 재판부는 "피신청인의 도메인 네임 himart는 신청인의 상호인 HI-MART와 거의 동일한 것으로 보인다. 신청인의 하이마트 상호는 가전제품 유통에 있어서 그 거래자나 수요자들에게 가전제품 판매업을 표시하는 상호로 인식될 정도로 널리 알려져 있어 혼동을 초래할 수 있다"고 밝혔다.[39]

(사례) '유명상표 희석화 방지' 규정: 2000년 6월 특허청은 상표법 및 부정경쟁방지 및 영업비밀보호에 관한 법률 개정안을 준비하면서 '유명상표 희석화 방지' 규정을 포함시켰다. 특허청은 공청회 등을 통해 'WTO의 TRIPs 협정 유

명상표 보호 규정'과 'WIPO의 유명상표 보호 규범안'을 국내 유명상표 희석
화 방지 규정으로 도입해 상표권의 보호범위를 강화하겠다는 입장을 밝혔다.
특히 개정안 규정에는 인터넷 도메인 네임을 직접 언급하지 않았으나, 유명상
표를 희석시키는 인터넷 도메인 네임을 방지하여 상표권자의 보호범위를 강
화하겠다는 의도를 분명히 했다.[40]

　　(사례) "도메인 다툼 심판 잣대는 '정글논리'": 2000년 6월 유엔에 딸린 WIPO
의 분쟁조정기구는 미국의 유명 영화배우 줄리아 로버츠의 이름을 딴 도메인
주소(juliaroberts.com)를 선점한 러셀 보이드에게 "문제의 도메인 사용권이 없으
니 로버츠에게 넘기라"고 판시했다. 영국의 유명 소설가 지네트 윈터슨도 이른
바 '도메인 무단점거자'와의 분쟁에서 승리했다. 이 기구는 7월엔 야후가 캠프
야후닷컴(campyahoo.com)이라는 도메인 주소를 가진 웹사이트를 제소한 사건
과 관련해 캠프야후 쪽에 도메인을 야후에 넘겨주라고 판정했다. "캠프야후 등
이 유명 기업의 명성을 이용해 비슷한 상호의 도메인 주소를 등록한 뒤 이를 되
팔아 부당이득을 얻으려 한 것으로 판단된다"는 이유에서였다. 또 미국 에이티
앤티가 'attmexico.com' 'attlatinamerica.com' 등의 도메인을 갖고 있는 오스트
리아의 월드클래스 미디어를 상대로 낸 소송에서도 비슷한 사유를 들어 에이티
앤티의 손을 들어줬다. 마이크로소프트와 일본담배공사(Japan Tobacco Inc) 역시
각각 'microsoftnetwork.com' 'jt.com' 등의 도메인 등록자를 상대로 한 소송에
서 이겼다.
　　이에 『한겨레』 2000년 8월 3일자는 "이 기구는 최근 '유명한 기업이나 사람
의 이름을 이용한 도메인 주소를 선점해 이득을 얻으려는 것은 부당하다'는
취지의 판정을 거듭하고 있고, 네티즌 단체들은 이에 반발하고 있다며 "올 들
어 지금까지 이 기구에 접수된 도메인 분쟁 900여 건 가운데 평결이 내려진
350여 건의 80%가 원고의 승리로 끝났다. 이들 원고의 대다수는 대기업이나
유명 인사들이 차지하고 있음은 물론이다"고 비판했다.[41]

(사례) '소극적 보유'도 '선점': 2008년 5월 9일 서울중앙지법 민사합의13부(부장 이균용)는 김밥 전문점을 운영하는 김모씨가 도메인의 권리를 확인해달라며 삼성전자를 상대로 낸 소송에서 원고 패소 판결했다고 밝혔다. 이로써 삼성전자는 자사의 노트북 브랜드 '센스(SENS)'의 이름을 딴 도메인(sens.co.kr) 사용권을 10년 만에 되찾게 됐다. 김씨는 1998년 정보제공업체 대표인 조카사위의 부탁을 받고 한국인터넷진흥원에 'sens.co.kr' 도메인을 등록하고 사용권을 취득했다. 삼성전자는 2007년 6월 김씨를 상대로 인터넷주소분쟁조정위원회에 해당 도메인을 넘겨달라는 신청을 냈고, 분쟁조정위는 이전 결정을 내렸다. 그러나 김씨는 이에 불복, "'sens'는 일상적으로 통용되는 단어이며, 지금은 사업 형편상 일시적으로 사용하지 않는 것에 불과하고, 도메인을 판매하거나 대여해 상업적 이익을 얻을 목적이 없다"며 소송을 냈다.

재판부는 "삼성전자의 상표 'SENS'는 국내 거래자나 수요자 사이에 널리 인식된 주지상품 표지에 해당하고, 해당 도메인은 김씨의 김밥집이나 조카사위가 운영한다는 업체의 상호나 영업형태와 아무런 관련성이 없다"며 "김씨가 도메인 등록 후 사용은 않고 오랜 기간 보유만 하고 있는 것은 'sens'에 대한 도메인 등록을 선점하려 했던 것으로 보인다"고 판단했다. 재판부는 "이 같은 소극적 보유처럼 도메인을 선의로 사용하고 있다고 보기 어려운 경우도 부당한 이득을 꾀하려는 목적을 암시하고 있다고 봄이 상당하다"며 "김씨는 한국인터넷진흥원에 'sens.co.kr'의 말소 등록 절차를 이행할 의무가 있다"고 밝혔다.[42]

(사례) 도메인 등록의 실명화: 2008년 9월 25일 방송통신위원회는 도메인 이름 등록 실명제 및 유보제 및 부정한 목적으로 보유, 사용되는 도메인 이름에 대한 이전 청구권 허용 등을 주요 내용으로 하는 인터넷주소 자원에 관한 법률 개정안을 30일 입법예고한다고 밝혔다. 이 개정안에 따르면 도메인 이름 등록자는 본인의 실명으로 등록해야 하며, 실명이 아닌 경우 등록이 말소된

다. 현재 '.kr'를 제외한 '.com' '.net' 등의 도메인 이름은 가명으로 등록할 수 있다. 방통위는 2007년 적발된 사기 사이트 60곳 가운데 59곳은 허위정보로 개설된 사이트였다고 개정 배경을 설명했다. 또 음란 또는 비속어로 된 도메인 이름은 등록이 제한된다. 아울러 국가기관과 지방자치단체 등 법률이 정하는 공공기관 및 단체의 명칭은 해당 기관을 제외하고는 도메인 이름으로 등록할 수 없게 된다. 이와 함께 돈을 노리는 등의 부정한 목적으로 도메인 이름을 선점했을 경우 피해자가 법원에 등록 이전을 청구할 수 있게 된다. 현재 피해자는 법원에 도메인 이름의 등록 말소만 청구할 수 있어 승소를 하더라도 도메인 이름을 등록해야 하는 번거로움이 있다.[43]

디지털음악 저작권 사례

(사례) MP3 분쟁: 1999년 6월 하이텔, 천리안, 유니텔, 나우누리 등 국내 4대 PC 통신업체는 일제히 'MP3' 파일 전송서비스를 중단했다. CD를 대체할 '차세대 음반'으로까지 불리던 MP3 서비스가 중단된 것은 저작인접권을 둘러싼 갈등 때문이었다. 현행 저작권법은 음악 저작권자(작사자, 작곡자) 외에도 저작물의 배포와 전파에 기여한 사람들의 권리를 별도로 보호하기 위해 저작인접권 조항을 두고 있다. 연주자 음반제작자 등이 이에 해당된다. 실제 소비자인 네티즌들이 노래 1곡을 다운받으려면 분당 30~40원을 부담했다. 이 수익금은 하이텔 등 통신망 운영업체(50%) 저작권협회(11%) 제작자협회(22%) 레코딩뮤지션협회(3%) MP3 파일 공급업체(14%) 등이 나누어가졌다.

이런 가운데 음반제작사의 모임인 한국연예제작자협회와 연주자의 권리를 보호하는 한국레코딩뮤지션협회 등 저작인접권 단체들은 부가요금 인상안이 받아들여지지 않자 전송망 대행업자인 PC 통신에 서비스 중단을 요구했다. 이에 발끈한 희성미디어와 골든넷 등 MP3 파일 서비스업체들이 다시 PC 통신을 상대로 음악파일 전송서비스 방해금지 가처분 신청을 제기해 8월 "MP3 파일과 관련된 저작권 사용료 분쟁이 있다는 이유로 PC 통신 업체들이 일방적으로 서비스를 중단한 것은 부당하다"는 결정을 받았다. 이같은 법원 결정에도 불구하고 분쟁의 발단이 된 저작인접권 문제는 여전히 미결 상태여서 MP3 서비스가 재개되지 못하고 있다.[44]

MP3는 'MPEG 1 Layer—3 Audio' 규격의 약칭으로, 화상 압축기술로 유명한 mpeg의 음성 부분 데이터 압축 알고리즘이다. MP3는 압축 전의 데이터와 비교해 10분의 1 정도의 고압축임에도 불구하고 CD에 가까운 음질을 유지해 네티즌들에게 많은 사랑을 받고 있다.[45]

(사례) 미국의 '냅스터' 폐쇄 판결: 2000년 7월 27일 미국 캘리포니아주 연방 지방법원은 소니뮤직, 워너뮤직, 유니버설, BMG, EMI 등 5대 메이저 음반사와 미국레코드공업협회(RIAA)가 힘을 뭉쳐 소송을 건 재판에서 냅스터(Napster)사 측에 운영하는 사이트를 폐쇄하라는 명령을 내렸다. 이틀 후인 29일 항소법원은 잠정적인 서비스 운영을 허락했다. RIAA의 보고서에 따르면 냅스터 서버를 통해 오가는 MP3 파일의 70%가 불법 복제 파일이다.[46]

냅스터는 같은 이름의 회사가 만든 음악파일 공유 프로그램이다. 약 1.5MB 크기인 냅스터는 각 개인의 컴퓨터에 설치되어 일종의 안테나 겸 플레이어 구실을 한다. A라는 냅스터 이용자가 B라는 음악을 찾으면, 냅스터사의 서버는 전 세계에 깔린 냅스터 프로그램에 신호를 보내 해당 파일을 찾는다. 각 개인의 하드디스크에 담긴 음악파일을 검색하는 것이다.[47]

'냅스터' 판결에 대해 찬반 의견이 엇갈렸다. 흥미롭게도 지금까지 늘 자유와 기성세대에 대한 반항을 주장하던 록 그룹 메탈리카는 냅스터사가 지금 하고 있는 영업은 마치 음반가게에 들어가서 아무 음반이나 마음에 드는 대로 집어오는 것과 똑같은 것으로 음악가들이 오랫동안 고생해서 만든 음악작품을 마음대로 도둑질하는 것이라고 비난했다.[48]

반면 유명 랩그룹 '퍼블릭 에너미'의 리더인 척 디(Chuck D)는 법원의 판결에 대해 "미래를 내다보지 못한 결정"이라고 비난했다. 그는 "정부는 인터넷 상의 파일공유를 막을 수 있을 것이라고 생각한다. 그러나 그들이 막을 수 있는 것은 한두 기업일 뿐 파일 공유의 문화는 아니다"며 냅스터의 음악파일 공유방식을 지지했다. 또 웹진 '살롱'의 칼럼니스트인 스콧 로젠버그는 "음악산업계는 이번 판결을 승리로 해석할지 모른다. 그러나 실상은 더 깊은 무덤을 판 것에 불과하다. 음반사는 처음부터 질 수밖에 없는 싸움을 벌이고 있다"고 주장했다. RIAA나 이를 두둔하는 언론이 "일개 회사로서의 냅스터와 심대한 '현상(Phenomenon)'으로서의 냅스터를 동일시"하는 착각을 저지르고 있다는 것이다.[49]

　김형진은 "더욱 흥미로운 것은 냅스터사의 사이트에 저작권이나 상표권에 대한 경고문이 있다는 점이다. 이는 냅스터사가 얼마나 자기의 저작권이나 상표권을 보호하려고 하는지를 보여주는 것이다. 그러므로 누군가가 이제는 이미 유명해진 냅스터사의 이름을 훔쳐서 자기가 돈을 벌 목적으로 쓴다면 냅스터사도 아마 분개할 것이다. 이러한 비판에 대해 냅스터사는 자기들의 영업이 법적으로 아무 문제가 없을뿐더러 음반의 판매에 있어서도 오히려 음반판매를 촉진하는 결과를 가져온다고 주장한다"며 다음과 같이 말했다.

　"물론 냅스터사의 그러한 주장이 일리가 있을지도 모른다. 그러나 만약 냅스터사의 주장대로 음반판매가 촉진된다면 왜 RIAA가 굳이 소송을 제기했는지 모를 일이다. 냅스터 사이트를 열광적으로 지지하는 많은 사람들이 냅스터 사이트로 인해 혹시 앞으로 음반판매가 감소하게 된다면, 음악가들이 고생하여 새로운 작품을 창작하려는 의욕이 점차 약화될 것이라는 점을 기억해야 할 것이다. 만일 아무도 돈을 주고 음반을 사지 않게 된다면 음반 유통시장의 붕괴뿐만이 아니라 결국 팝송이나 가요시장도 급속히 쇠락해지고 좋은 음악이 새로 만들어지기가 어려워질 것이다. 그것은 마치 고등학교에서 몇몇 학생들이 점심을 싸오지 않고 남의 점심을 빼앗아 먹기 시작하면 얼마 안가 결국 대부분의 학생들이 점심을 싸오지 않게 되는 것과 비슷한 이치일 테니까."[50]

미국 법원이 저작권을 침해한 냅스터에 대해 사실상 폐쇄를 판결했다고 알려졌지만, 이는 사실과 다르다는 지적도 있다. 우지숙은 "미국 법원이 냅스터에 폐쇄 판결을 내린 게 아니라 저작권 침해 파일전송을 금지한 것"이라며 "이후 냅스터가 유료 서비스로 활로를 모색했지만 배상액 등을 치르지 못해 파산신청을 하고 사이트를 자진 폐쇄한 것"이라고 밝혔다.[51] 냅스터는 2001년 문을 닫았다가 UBS은행의 투자로 겨우 일어섰지만 재무상태가 좋지 않다.[52]

(사례) 미국 MP3닷컴도 저작권 침해: 2000년 9월 6일 미국 연방법원은 음반사 유니버설 뮤직이 MP3닷컴을 상대로 제기한 저작권 침해 관련 소송에서 원고 승소 판결을 내렸다. 재판 담당 제드 라코프 판사는 MP3닷컴이 고의로 유니버설 뮤직의 저작권을 침해했다며 CD 한 장에 2만 5000달러씩 모두 2억 5000만 달러(약 2800억 원)의 배상금을 유니버설 뮤직에 지급할 것을 명령했다. 이 같은 액수는 저작권 소송사상 최대 규모다. 라코프 판사는 이번 판결이 별다른 제재 없이 마음대로 저작권을 침해하는 인터넷 업체들에 대한 경종을 울리는 의미를 가진다고 밝혔다. 그는 "몇몇 업체들이 자신들의 기술이 특별하다는 이유로 통상적 법적용에서 벗어날 수 있을 거라고 착각하고 있다"고 말했다.

이와 관련, 『경향신문』 2000년 9월 8일자는 "법원의 결정이 매우 가혹한데 대해 관계자들은 대체로 의외라는 반응을 보이고 있다. 이 같은 액수의 지급명령은 파산선고와 마찬가지라는 것. 법원이 강력한 저작권 보호 의지를 보여주기 위해 MP3닷컴을 이른바 '시범 케이스'로 택했을 것이란 분석도 있다. 이번 판결로 무료음악 제공업체들의 입지는 갈수록 좁아질 전망이다"고 말했다.[53]

(사례) '월드뮤직' 대 '인터넷제국': 『한겨레』 2000년 10월 10일자는 "음반회사들이 냅스터 방식으로 MP3 파일을 직접 주고받는 서비스에 대한 법적 대응 방침을 밝힌 데 이어 다른 형식의 디지털 파일로 된 가요를 제공하던 사이

트를 검찰에 고소하는 등 저작권 문제를 계속 제기하고 있다. 인기그룹 샵과 컨츄리꼬꼬 등을 소속으로 두고 있는 '월드뮤직'과 인기가수 제이 등을 거느리고 있는 '모스트베스트미디어'는 최근 음악사이트인 vjzone과 vqfzone을 운영하고 있는 (주)인터넷제국(대표 최건)을 저작권 침해 혐의로 경찰에 고소했다"며 다음과 같이 말했다.

"월드뮤직 쪽은 고소장에서 '인터넷제국이 회사가 판권을 가지고 있는 음원(노래)을 사전 동의 없이 불법으로 사용해 저작권을 침해했다'고 주장했다. 인터넷제국이 이들 사이트에서 제공하던 음악파일은 MP3 형식이 아니라 일본 야마하에서 만든 VQF 방식의 파일들이었다. 사건을 맡은 서울 강남경찰서는 9일 인터넷제국의 최건 사장을 불러 조사를 마쳤다. 최 사장은 '인터넷제국은 저작권 시비를 피하기 위해 휴대용 플레이어가 개발된 MP3가 아니라 컴퓨터상에서만 작동이 가능한 파일을 공급했기에 상업성이 배제된 것'이라며 '같은 논리라면 음악제공 사이트를 소개해주는 검색사이트도 문제가 될 수 있다'고 주장했다. 그러나 월드뮤직 소속 가수들뿐만 아니라 신승훈, 김건모, 핑클 등의 다른 인기가수들도 추가로 문제를 제기할 움직임을 보이고 있어 디지털 음원의 인터넷 공개를 둘러싼 공방은 계속될 것으로 보인다."[54]

(사례) 휴렛 팩커드 불법 복제 부담금 지불: 2000년 11월 23일 독일 저작권 당국은 휴렛 패커드가 인터넷을 통해 고음질의 음악을 다운 받아 저장할 수 있는 CD 버너를 생산, 저작권 침해를 손쉽게 했기 때문에 불법 복제 부담금을 지불해야 한다는 결정을 내렸다. 이에 대해 가트너 그룹의 뉴미디어 분석가 로버트 러바트는 "저작권 보호의 대상은 개별 예술작품임에도 불구하고 복제장비 제조업체에 모든 책임을 지웠다"고 말했다.

이와 관련, 『내일신문』 2000년 11월 27일자는 "독일의 이번 결정은 유사한 법률을 가진 프랑스, 이탈리아, 그리스 등 인접국으로 확산될 가능성이 있다는 점에서 상당한 파장을 가져올 것으로 보인다. 이번에 적용된 법률은 아날로그 시대 카세트 레코드와 비디오 레코드를 겨냥해 만들어진 것이다. 독일 당국의 결정은 아날로그 시대의 법제를 디지털 시대로 확대 적용한 것으로 불법 복제 부담금 적용대상이 CD 버너에서 프린터, 하드 드라이버, 초고속 모뎀 제조업체 등으로 확산될 여지를 남겨놓았다"고 말했다.[55]

(사례) 음원시장 저작권을 둘러싼 갈등: 『한겨레』 2006년 10월 19일자는 "음반시장이 위축되고 디지털 음원시장이 커진 지가 제법 됐다. 디지털 음원시장은 핸드폰과 인터넷 등을 통해 음악을 내려받아 즐기는 형태가 주종이다. 시장 규모가 커져 '먹을 것'이 늘다보니 생기는 현상일까? 음원 저작권을 관리하는 단체들에서 내부 잡음과 비리가 연이어 불거져 나오고 있다. 현재 문화관광부로부터 음악인들의 저작권을 신탁받아 관리하는 단체로는 한국음원제작자협회, 한국음악저작권협회, 한국예술실연자단체협의회 등 '저작권 3단체'가 있다. … 익명을 요구한 업계의 관계자는 '세 단체 모두 시대에 뒤떨어진 운영체계를 가지고 몇몇 간부에 의해 오랫동안 자의적으로 운영되었는데, 디지털 음원시장이 커지면서 잠복된 문제들이 터져나온 것'이라고 말했다."고 보도했다.[56]

(사례) 미 법원, 음악파일 불법 다운로드에 2억 원 배상 판결: 2007년 10월 4일 미 미네소타주 연방법원은 캐피털레코드 등 6개 업체의 음악 24곡을 불법으로 내려받은 제이미 토머스(30)에게 저작권법 위반 혐의를 인정해 22만 달러(약 2억 원, 1곡당 9250달러)를 업체에 배상하도록 판결했다. 온라인 음악을 불법으로 내려받은 소비자가 이런 거액의 손해배상 판결을 받은 것은 처음이다.
레코드 업체들은 토머스가 파일 공유프로그램 카자를 통해 1702곡을 불법적으로 내려받아 저작권을 침해했다고 주장하고, 이중 24곡을 명시해 배상을 청구했다. 미국에서는 저작권법을 위반했을 때, 건당 750~3만 달러를 배상하도록 규정하고 있다. '의도성'이 인정되면, 최대 15만 달러의 배상금을 물어야 한다. 이번 재판에서 배심원들은 의도성을 인정했지만, 배상금액은 중간 정도로 책정했다.

판결 전 RIAA 캐리 셔먼 회장은 "불법 내려받기는 이제 일상사가 돼 누구도 이 문제를 심각하게 생각하지 않고 있다"며 "소송에서 이기든 지든 우리가 저작권 보호를 위해 애쓰고 있다는 걸 사람들에게 다시금 인식시킬 것"이라고 말했다. 협회는 파일 공유 프로그램을 이용해 음악을 불법으로 내려받는 횟수가 2003년 4월 690만 건에서 2007년 3월 780만 건으로 늘어났다고 밝혔다. 협회는 불법 음악 내려받기와 공유 실태를 조사해 2003년부터 지금까지 2만 6000명을 고발한 상태다. 토머스는 고발된 뒤 업체들의 수천 달러 합의금 요구를 거부하고 정식 재판을 청구했다가 거액을 물게 됐다.[57]

(사례) "소리바다 운영자 '저작권 침해' 방조 유죄": 2007년 12월 14일 '한국판 냅스터'로 불리는 음악파일 공유 프로그램 '소리바다'의 운영자들에 대해 음악파일의 불법적인 복제·배포로 인한 형사책임을 인정하는 대법원 첫 판결이 나왔다. 대법원 2부(주심 박일환 대법관)는 P2P(개인 대 개인)방식 음악파일 교환 프로그램인 '소리바다'를 운영해 음반사들의 복제권 및 배포권을 침해하고 네티즌들이 저작권을 침해하도록 방조한 혐의(저작권법 위반)로 기소된 양정환·양일환씨 형제에게 무죄를 선고한 원심을 깨고 일부 혐의에 대해 유죄 취지로 사건을 서울중앙지법 항소부로 돌려보냈다. 대법원이 유죄 취지로 판단한 혐의는 소리바다 이용자인 조모씨 등 3명이 대량의 음악파일을 다운로드 받아 컴퓨터에 저장한 뒤 다른 사용자들과 공유하도록 피고인들이 방조한 부분이다.

재판부는 판결문에서 "피고인들은 P2P 프로그램을 이용한 음악파일 공유 행위는 대부분 정당한 허락 없는 음악파일 복제라는 결과에 이르게 됨을 예견하면서도 인터넷 웹사이트를 통해 소리바다 프로그램을 널리 제공해 사용자들이 다운로드 받을 수 있도록 했다"고 밝혔다. 재판부는 "피고인들은 적어도 미필적인 고의를 갖고 소리바다 프로그램을 배포하고 서버를 운영해 조씨 등의 복제권 침해를 용이하게 해준 것"이라며 "그럼에도 복제권 침해 방조에 대해서까지 무죄로 판단한 원심은 잘못"이라고 덧붙였다. 양씨 형제는 2000년 5월부터 소리바다 사이트를 운영하면서 회원들이 서버를 이용해 저작권 사용 대가를 치르지 않은 MP3 음악파일을 교환하도록 매개해 음반사들의 권리를 침해한 혐의로 불구속 기소됐다.[58] 2008년 9월 대법원은 한국 사법 60년사에서 '사회를 바꾼 12대 판결' 중 하나로, '소리바다 저작권 침해 방조 유죄' 판결을 꼽았다.

구본권은 "양정환(34) 소리바다 대표는 MP3 플레이어 사용자에겐 널리 알려진 이름이다. 2000년 5월 인터넷으로 이용자끼리 음악파일을 교환하는 P2P 서비스인 소리바다를 선보인 이후 양씨에게 지난 9년은 끝없는 소송의 연속이었다. 지난 9일 소리바다는 국내 최대 음반 제작·유통사인 엠넷미디어와 과거 음원 사용에 대한 보상을 합의하고, 저작권 문제를 모두 해결했다. 소리바다를 둘러싼 소송은 한국 디지털 저작권 다툼의 단면도다"며 다음과 같이 말했다.

"미국에 이민을 가서 컬럼비아대 전산학과를 나온 뒤 2000년 귀국해 27살 나이에 소리바다를 개발·서비스한 양씨는 음악저작권자들과 누리꾼들로부터 극단적 평가를 받아왔다. 음반을 사지 않고 도둑질하게 만들어 산업 자체를 고사시킨 주범이라는 평가와 새 기술을 이용해 편리하게 음악을 들을 수 있게 해준 혁신가라는 평가가 엇갈렸다. 양씨는 잇단 민형사 소송과 압력에도 불구하고 '새 시대에 맞는 새 기술'을 주장하며 끝내 합법 판결을 받아내겠다고 고개를 숙이지 않아 온, 인터넷 시대의 대표적 '이단아'였다."[59]

양정환은 『동아일보』(2008년 11월 7일자) 인터뷰에서 "국내 포털업체들은 웹하드나 P2P 사이트와 성격상 크게 다르지 않은 데도 그동안 직접적 책임이 없다고 발뺌해왔다"며 "포털업체들은 저작권 침해 방조 혐의에 대해 더는 '눈 가리고 아웅' 식으로 버틸 게 아니라 책임을 져야 합니다"라고 주장했다. 그는 "포털의 서비스가 다치지 않는 선에서 단순한 기술적 조치만으로 얼마든지 저작권을 보호할 수 있다"면서 "음원 파일 업로드를 제한하거나 광고비를 받고 올려주는 스폰서링크 명단에서 불법 웹하드 사이트를 골라내기만 해도 효과가 크다"고 덧붙였다.

소리바다는 저작권 분쟁을 해결하기 위해 250억 원 이상의 보상금을 지불했으며 무료로 운영해 온 초기 서비스를 유료로 바꾸는 등 사업 형태를 근본적으로 뜯어고쳤다. 이런 노력에 힘입어 과거 저작권 위반 논란에 자주 휘말리기도 했던 소리바다는 최근에는 저작권 침해 사례가 거의 없다는 것이 관련 업계의 대체적 평가다. 그는 "음악 외에도 게임, 동영상 등 신규 콘텐츠 확보를 통해 종합 디지털콘텐츠서비스 제공업체로 거듭나겠다"며 "설립 이후 내내 힘들게 했던 저작권 문제가 완전히 해결돼 기쁘다"고 말했다.[60]

(사례) 검찰의 포털 압수수색: 2008년 10월 7일 검찰은 음원 불법 유통을 내버려 둔 네이버와 다음에 대해 저작권 침해 방조 또는 방치한 혐의로 압수 수색했다. 이는 한국음악저작권협회가 7월 2일 네이버를 운영하는 NHN과 다음 커뮤니케이션을 같은 혐의로 형사 고소한 데 따른 것이다. 2007년 12월 발족한 불법음원근절국민운동본부의 박경수 홍보팀장은 "콘텐츠들이 실시간으로 쏟아지는 상황에서 포털사이트 측이 적절한 대응책을 마련하지 않고 있어 인터넷 이용자들이 공짜로 정보를 이용하는 것에 대한 범죄의식을 느끼지 못하고 있다"고 말했다.[61]

왜 DRM 갈등이 치열한가?

DRM(Digital Rights Management: 디지털 저작권 관리)은 일종의 전자지문으로, 유료 디지털 콘텐츠 불법 복제를 막는 데 주로 사용되는 기술이다. 예컨대 사용자가 MP3 파일을 인터넷에서 내려받아 처음 저장한 컴퓨터에서 다른 컴퓨터로 옮길 수 없게 하거나, 전용 소프트웨어를 사용해야만 즐길 수 있게 해주는 기술이다.

DRM 옹호자들은 DRM이 새로운 멀티미디어 시장에서 디지털 콘텐츠의 안전한 배포와 더불어 디지털과 인터넷의 기술적 파워를 최대한 이용할 수 있는 새로운 사업 모델을 형성할 것이라고 주장하는 반면, 비판자들은 디지털 콘텐츠의 보호라는 커다란 대의에는 기본적으로 찬성하지만 DRM이 불법 디지털 콘텐츠 복제와 생산에 관하여 할 수 있는 일이 (해킹 등에 의해) 기술적으로 거의 없으며 결국 DRM이 가져올 파급효과는 디지털 콘텐츠 소비자들의 이용범위를 불필요하게 제한하는 것이라고 주장한다.[62]

DRM 논쟁은 특히 디지털 음악 분야에서 뜨거웠다. 디지털 음악시장이 형성되기 시작한 것은 2001년 애플의 MP3 플레이어 아이팟과 인터넷 음악파일 판매 사이트 아이튠즈가 나오면서부터다. 아이팟은 미국 MP3 플레이어 시장의 90%를, 디지털 오디오기기 시장의 70%를 차지하고 있다. 또 애플의 인터넷 음악판매 사이트 아이튠즈는 2007년 4월까지 대부분 음악파일에 애플 고유의 DRM을 장착, 아이팟을 비롯한 애플의 디지털 오디오기기에서만 들을 수 있도록 했다. 음악시장이 디지털로 바뀌면서 기존의 빅4 음반업체(유니버설뮤직·소니BMG·EMI·워너뮤직)가 경쟁하는 시장구조가 애플 독점체제로 바뀌는 것 아니냐는 우려가 제기됐다.

이를 의식한 스티브 잡스 애플 CEO는 2007년 2월 "디지털 음악에 DRM을 없애 온라인 음악시장을 개방하자"고 주장했다. 그는 "DRM이 불법 복제로부터 음악산업을 보호하는 데 실패했다"고 말했다. 스티브 잡스의 말에 가장 먼저 동의하고 나선 사람이 EMI의 에릭 니콜리 CEO였다. 애플과 EMI는 2007년 5월부터 애플의 아이튠즈를 통해 DRM을 삭제한 음악을 공급하기 시작했다. 이어 2007년 8월 글로벌 음반사인 유니버설뮤직이 디지털 음악의 복제를 방지하는 DRM이 없는 음악파일 판매에 들어갔다. 유니버설뮤직과 EMI가 제공하는 DRM 없는 음악파일은 이를 구입한 소비자가 한번 구입하면 MP3·PC

등 다양한 디지털 오디오기기에 다운로드해서 들을 수 있고, 무제한 복제도 가능하다. 반면 DRM이 있는 음악은 특정 오디오기기에서만 들을 수 있고, 복제 횟수가 제한돼 있다. 사용기간이 정해져 있어 1~2년이 지나면 음악파일이 저절로 사라진다.[63]

2007년 9월 25일 미국의 전자상거래 업체 아마존은 MP3 음악파일을 한번 다운로드 받으면 어떤 기기에서도 마음대로 사용할 수 있게 한다고 발표했다. DRM을 제거하겠다는 것이다. 소비자 반응은 환영 일색이었지만, 한국 음반업계와 음원권리자는 대부분 DRM 정책을 고수하고 있다. 예를 들어 SK텔레콤 '멜론' 서비스로 음악파일을 내려 받은 사용자는 SK텔레콤이 허용한 휴대전화 등에만 음악파일을 쓸 수 있다. 반대로 DRM을 제거해 음악파일을 파는 서비스업체는 고전을 면치 못하고 있다. 벅스는 2007년 2월 DRM이 제거된 음악파일을 팔기 시작했다가 5월부터 다시 DRM을 설치해 팔고 있다. 음원권리자들의 반발이 거셌기 때문이다. 한국 소비자들의 반응이 미진한 이유는 DRM과 무관하게 약 70%(업계 추산)의 사용자가 불법으로 공짜 음악파일을 사용하고 있기 때문이다. 벅스 관계자는 "DRM이 제거된 파일을 팔아도, 신규 사용자가 별로 유입되지 않았다"며 "충실한 유료 사용자만 오히려 새 요금제로 이동해 손해를 봤다"고 말했다.[64]

2007년 EMI에 이어 유니버설뮤직과 워너뮤직이 잇달아 DRM 없이 음악파일을 제공키로 하더니 2008년 1월 세계 음반업계 2위인 소니BMG도 미국 전자상거래 사이트 아마존에 DRM이 없는 음악파일을 제공하기로 합의했다. 이로써 세계 4대 음반회사는 모두 저작권 보호 장치 없이 음악파일을 제공하는 셈이 됐다. 결국 음반업계는 당장 시장 축소를 감수하는 대신, 편의성을 높여 장기적으로 음악파일 소비를 촉진하는 방안을 선택하기로 한 것이다.[65]

2008년 3월 음악 저작권 징수규정이 개정되면서 DRM을 떼어낸 'DRM Free' 음원이 합법적으로 유통될 수 있게 됐고, 전체 음원 중 80%가량(일부 해외 음반사 음원 등 제외)을 DRM Free 방식으로 유통할 수 있게 됐다. 2008년 7

월부터 SK텔레콤(멜론), KTF(도시락), 엠넷미디어, 소리바다 등 기존 음원 유통 사업자들은 잇달아 다양한 DRM Free 상품들을 선보여 서비스 한 달 만에 수만 명의 이용자를 확보했다. 이 같은 시장환경 변화에 자극받은 네이버도 2008년 8월 14일 각종 음악들을 MP3 파일 형태로 내려받을 수 있는 'DRM Free' 방식의 음원 유통 서비스를 시작하기로 했다.[66]

『중앙일보』2008년 9월 1일자는 "이동통신 3사가 최근 'DRM(디지털 저작권 관리) 프리' 상품을 잇달아 선보였다. 멜론(SK텔레콤)·도시락(KTF)·뮤직온 (LG텔레콤) 등 음악 서비스 사이트를 통해서다. 이로써 국내 음악시장에도 DRM 프리 시대가 활짝 열렸다"며 다음과 같이 말했다.

"이통사들이 이처럼 DRM 관련 정책을 바꾼 것은 디지털 음악시장이 지난 해 7월을 정점(유료 이용자 250만 명)으로 줄고 있기 때문이다. 지난 7월 말 현 재 이용자는 200만 명으로 20%나 감소했다. 이동통신 이용자들이 돈을 내고 합법적으로 내려받은 음악을 DRM으로 인해 다른 단말기로 옮길 수 없는 등 이용이 불편했기 때문이다. 소비자가 부주의로 자신이 가진 단말기에서 재생 불가능한 음원을 내려받아도 환불받을 길이 없었다. 반면 불법으로 온라인에 서 내려받은 음악은 어떤 MP3 플레이어에서도 재생이 가능하고, 사용기한이 없으며, CD나 이동식 메모리에 저장하는 것도 가능해 오히려 편했다. 이로 인 해 유료 음악 이용자들이 불법 음악 다운로드 서비스로 몰려가자 위기의식을 느낀 이통사와 음악 저작권자들이 DRM Free 상품을 내놓게 된 것이다."[67]

토발즈와 스톨먼

"마이크로소프트의 독재를 무너뜨릴 자비로운 혁명가." 1991년 스물 한 살의 나이에 컴퓨터 네트워크 운영체계인 리눅스(Linux)를 개발한 핀란드 헬싱키대 학 출신의 컴퓨터 프로그래머 리누스 토발즈(Linus Torvalds)를 가리키는 말이 다.[68] 리눅스 체계와 관련된 업종이 미국 주식시장에서 상한가를 치고 있고 한국에서도 큰 관심의 대상으로 떠오른 가운데 그는 미국의 경제 전문지 『포춘』이 선정한 2000년 세계 경제계의 주목을 받을 경영인 12명, 또 다른 경제 전문지 『포브스』가 선정한 21세기 세계 경제혁명을 이끌어 나갈 인터넷시대의 '뉴 디지털 기업인' 12명에 모두 포함되었다.[69]

컴퓨터 역사에서 빼놓을 수 없는 하나의 기록으로, 벨 연구소에서 데니스 리치(Dennis Ritchie)와 케네스 톰슨(Kenneth Thompson)이 유닉스(Unix)를 개발한 건 1969년이었다. 리누스 토발즈는 바로 그해에 핀란드의 한 저널리스트 가정에서 출생했다. 리누스 토발즈의 나이 10살 때 통계학 교수였던 할아버지는 손자에게 코모도 컴퓨터(Commodore Vic−20)를 선물했다. 그때 이후 토발즈는 늘 컴퓨터를 끼고 살았으며 프로그래밍에 몰두했다. 그는 헬싱키대학에 들어가서도 컴퓨터 사이언스를 전공했다. 그는 대학에 들어간 그 때에 이미 "나는 세계 최고의 프로그래머"라고 하는 강한 자부심을 갖고 있었다.

토발즈의 강한 자부심에 자극을 준 건 유닉스였다. 그는 컴퓨터 프로그래머로서 그간 마이크로소프트 운영체계를 써왔지만 더욱 강력한 유닉스 시스템을 원했다. 당시 유닉스는 PC용이 아니었기 때문에 그 값이 수천 달러에 이르렀다. 대학생 신분에 그걸 살 돈이 있을 리 없었다. PC에서 유닉스를 쓸 수는 없을까? 토발즈는 "내가 직접 만들어버리지 뭐"라는 결심을 했고 그걸 실행에 옮겼다. 토발즈가 직접 만든 작품은 조잡했지만 자신이 사용하기엔 무리가 없었다.

그게 바로 오늘날 리눅스로 알려진 공개 유닉스 운영체계의 맹아였다. 토발즈가 자신만의 운영체계를 인터넷에 띄우면서부터 리눅스의 역사는 이루어지기 시작했다. 이러쿵저러쿵 훈수를 두는 사람들이 생겨난 것이다. 그들은 토발즈에겐 필요가 없었던 기능까지 지적하며 다양한 제안을 했고 그런 사람들의 수는 점점 늘어났다.

이러한 참여가 시사하듯이, 마이크로소프트와는 달리 리눅스 운영체계 코드는 비밀이 아니다. 무료로 배포하는 개방체계다. 다른 전문가들도 자유롭게 참여할 수 있을 뿐만 아니라 10대 컴퓨터 마니아도 리눅스에 들어가 코드를 이모저모 살펴본 다음 토발즈에게 제안을 할 수 있다. 해커들도 리눅스를 개선하는 데에 크게 기여했다.

자발적인 참여자들의 쇄도 이후 토발즈는 리눅스를 유지하고 업그레이드하는 역할을 해왔다. 그는 참여자들의 각종 제안을 읽는 데만도 하루 평균 2시간을 소비하며 그걸 나름대로 검증하는 데엔 하루 평균 2~3시간을 소비한다. 그의 석사 학위 논문도 리눅스에 관한 것이다. 토발즈는 그런 식으로 과거 8년간 리눅스제국의 중추신경절 역할을 맡아온 것이다.

이제 리눅스는 마이크로소프트 운영체계보다 기술적으로 더 우월한 것으로 평가받고 있다. 이는 리눅스 애호가들의 정열 덕분에 가능한 것이었는데, 그들의 정열은 거의 종교적이다. 그들은 마이크로소프트를 '악(惡)의 제국'으로 보고 리눅스를 '구세주'로 간주한다. 그들의 리눅스제국 건설은 이윤추구에 미친 자본주의 탐욕에 대한 도전이라는 정치적 의미를 내포하고 있었던 것이다. 언론은 이들의 도전을 '소스－코드 공개운동(open－source movement)'이라고 불렀다.

그러나 토발즈의 생각은 그런 열성적인 '신도'들의 생각과는 좀 다르다. 그는 "나는 마이크로소프트가 돈을 버는 것엔 개의치 않는다. 내가 관심을 갖는 것은 마이크로소프트의 운영체계가 불량하다는 것이다"라고 말한다.[70] 그는 마이크로소프트의 기술적 결함이 판매를 강조하는 이윤추구욕에서 기인한다고 주장한다. 그러나 그는 자신의 작업과 관련해 정치적 명분은 내세우지 않는다. 왜 힘들여 만든 걸 공짜로 주느냐는 질문을 받을 때마다 그가 내놓는 모범답안은 '인정'과 '재미'다. 남들로부터 인정을 받는 게 좋고 그렇게 일하는 게 재미가 있다는 것이다.

토발즈는 처음엔 사람들이 리눅스를 다른 사람에게 파는 걸 원치 않았기 때문에 그걸 디스크에 옮기는 걸 불가능하게 만들었다. 그러나 그는 1992년에 생각을 바꿔 GPL(General Public License)과 FSF(Free Software Foundation)의 이

름으로 등록을 해 GPL이 저작권(copyright)을 갖게 만들었다. 그러나 이는 FSF
가 부르는 바에 따르면 카피라이트(copyright)가 아니라 카피레프트(copyleft)이
다. 토발즈는 한 푼의 커미션도 받지 않았다. 그는 그 조건으로 리눅스 시스템
을 팔 수는 있으나 코드의 변화는 공개하게끔 규정했다. 나중에 토발즈의 마
음이 바뀌더라도 그 자신은 이득을 취할 수 없게끔 한 것이다.

 '소스-코드 공개운동' 은 이미 리눅스 이전에 나온 것이다. 1984년에 FSF
를 창설한 MIT 인공지능연구소 컴퓨터학자 리처드 스톨먼(Richard Stallman)은
1983년에 GNU(GNU' s Not Unix)라고 하는 무료 운영체계 개발 작업에 착수했
으며 나중에 리눅스의 발전에 큰 기여를 했다. 리눅스는 GNU 프로젝트의 하
나일 뿐이다. 스톨먼은 1985년에 발표한 GNU 선언문을 통해 이후 카피레프
트로 지칭되는 일련의 라이선스 규약을 발표했다.

 "이 규약은 누구든지 이 라이선스에 동의하는 사람은 소프트웨어를 무료로
다운로드하거나 복제할 수 있고, 소스 코드를 수정하거나 분배할 수도 있다는
내용을 담고 있다. 유일한 조건은 소스 코드의 변경 사항을 공개해야 한다는
것이며, 코드를 이용한 새 소프트웨어 역시 GPL 라이선스에 따라 공개되어야
한다는 것이다. 이러한 GPL 규약은 금세 인터넷의 수많은 개발자들에게 엄청
난 호응을 받았다." [71]

 스톨먼이 GNU 프로젝트를 시작한 동기는 자신의 개인적 경험에서 비롯되
었다. 그는 자신의 연구실에서 개발한 고성능 운영체계가 한 컴퓨터 업체의
라이선스에 의해 돈벌이 이용 수단으로만 이용되는 것을 목격하고, 기존의 소
프트웨어 저작권 개념에 대한 근본적인 회의를 갖게 되었다. [72]

 스톨먼은 컴퓨터 개발 초기의 왕성했던 상호협력 정신을 재건하자고 역설
한다. 그는 1970년대 MIT에서 컴퓨터를 연구할 당시만 해도 소프트웨어는 자
유로웠고 연구 그룹은 모두 이를 공유했으며, 상업적 컴퓨터 회사조차도 자유
소프트웨어를 배포했고 프로그래머들은 아무런 제약없이 정보를 나눠가졌다
고 말한다. 그러나 1980년대 들어 소프트웨어에 대한 소유와 독점을 규정하는

법률에 의해 이 같은 분위기는 사라졌고 독점 소프트웨어 소유자들은 돈벌이를 위해 높은 장벽을 쌓기 시작했다는 것이다. 스톨먼은 이 같은 독점의 장벽이야말로 자유의 구속이라고 주장하면서 자유 소프트웨어의 자유(free)는 공짜의 의미가 아니라 '언론의 자유'를 말할 때의 자유라는 점을 강조했다.[73] 그는 이렇게 말한다.

"작가나 출판업자에게 저작권이 중요한 것처럼 독자에게는 읽을 권리가 중요하다. 정보가 공유되지 않으면 미래의 사이버 사회는 열린 공동체는커녕 지금보다 더욱 폐쇄적인 불평등한 사회가 될 것이다."[74]

토발즈도 무료 시스템의 장점을 역설하는데, 가장 중요한 것이 수많은 사람의 협동을 가능케 한다는 것이다. 이는 기존의 상업 시스템이 가질 수 없는 장점이라는 것이다. 물론 이건 빌 게이츠의 생각과는 다르다. 흔히 토발즈를 가리켜 빌 게이츠의 라이벌이라곤 하지만, 토발즈는 빌 게이츠와는 정반대의 길을 걷고 있음에 주목할 필요가 있다.

게이츠는 1976년에 쓴 'Open Letter to Hobbyists'라는 글에서 소프트웨어를 공유하는 것은 오히려 발전을 저해한다고 주장한 바 있다. 누가 아무 보상도 없이 그런 힘든 일을 하려 들겠는가? 이게 바로 게이츠가 던진 질문이었다. 그러나 그 질문엔 "토발즈가 있지 않은가"라는 답이 제기된 셈이다.

토발즈와 게이츠의 생각의 차이는 단지 컴퓨터 분야에만 국한되지 않는다. '이기심 대 이타심' 또는 '이기심 대 재미'의 대결구도라고나 할까? 어느 한쪽이 완전히 옳다고 말하기는 어려울 것이다. 한 가지 분명한 건 '소스-코드 공개운동'의 성과도 만만치 않다는 것이다. 다음에 이야기할 '넷스케이프와 파이어폭스'와 'CCL 운동'도 바로 이런 흐름의 연장선상에 놓여있다.

'넷스케이프'와 '파이어폭스'

미국 일리노이대학을 갓 졸업한 23세의 청년 마크 앤드리슨은 1993년 1월 모자이크라는 새로운 브라우저(Browser) 프로그램을 발표하였다. 브라우저는 웹에 진입해 이동을 하는 데에 필요한 프로그램으로 인터넷의 성패를 좌우할 수 있는 핵심이었다. 모자이크는 누구든지 인터넷을 통해 무료로 다운받을 수 있게 공개했기 때문에 웹 이용자의 웹 사이트는 급속히 확산되었다.[75]

모자이크의 개발은 일반인들이 인터넷에 접근하는 계기가 되었다. 모자이크의 사용자 수가 백만 명에 이르렀고 1993년 한 해 동안 인터넷 이용자 수의 성장률이 무려 342,000%에 달했다.[76] 사람들은 웹상에 글을 올리기 시작했고 서로 자료를 제공하는 등 정보를 교환하기도 했다. 인터넷의 폭발이 일어나고 있었던 것이다.

실리콘 그래픽스의 회장이었던 짐 클라크는 1994년 3월 앤드리슨과 그의 동료들을 스카웃해 그들이 만들 새 제품과 그들의 회사에 넷스케이프(Netscape)라는 이름을 붙이고 새로운 브라우저 개발에 총력을 기울였고, 이는 내비게이터(Navigator) 프로그램의 개발로 나타났다.

1995년 말 넷스케이프의 시장가치는 약 40억 달러까지 치솟았다. 인터넷 소프트웨어 시장지배 전망 때문에 시장가치가 그렇게 폭등한 건만은 아니었다. 그것은 부분적인 이유에 불과했다. 사람들이 넷스케이프의 내비게이터 프로그램을 이용해 웹에 접속할 때, 항상 넷스케이프의 웹 사이트를 맨 먼저 보게 된다는 사실과 관련된 것이었다. 즉, 컴퓨터 사용자들의 눈길을 독점적으로 붙들어 매둘 수가 있다는 점이 중요했던 것이다.[77]

1994년 웹 브라우저 '넷스케이프 내비게이터'와 1995년 '야후'를 필두로 한 검색 엔진의 발명은 인터넷 대중화의 불을 지폈다. 마이크로소프트도 1995년부터 새 버전의 인터넷 익스플로러(IE: Internet Explorer) 브라우저들을 잇달아 쏟아내기 시작했다.[78] 이처럼 선점을 위한 '브라우저 전쟁'이 벌어진 이유는 "브라우저를 공급하는 업체가 소비자들의 주목을 끄는 데 결정적으로 유리한 위치를 차지할 수 있기 때문"이었다.[79]

1995년 8월 9일 넷스케이프의 기업 공개는 인터넷 투자의 열풍을 촉발시켰다. 인터넷 분석가인 메리 미커는 그날이 "온라인 시대의 원년을 연 날"이라고 말했다. 이후의 인터넷 광풍(狂風)이 넷스케이프의 기업 공개에서 시작되었기 때문이다.[80] 마이클 만델은 그날 신경제가 태어났다고 주장할 수 있다면서 그 이유에 대해 다음과 같이 말한다.

"2년 전에는 존재하지도 않았던 회사가 세계에서 가장 거대하고 강력한 소프트웨어 회사인 마이크로소프트와 빌 게이츠에 도전하게 되었다는 것이 중요하다. … 넷스케이프의 기업 공개는 신경제의 양식을 결정했다. 경쟁의 격화, 급속한 기술 변화, 그리고 낮은 인플레이션 … 신경제는 이제 금융시장이 혁신을 지원하도록 명령을 내리고 있다. 이것은 엄청난 차이이다."[81]

이후 4년여간 '인터넷'이나 'com'이란 단어를 내비치기가 무섭게 주가가 하루아침에 수십배 폭등하는 이상 현상이 발생했다. 투자전문가 릭 베리는 "인터넷 주식의 광적인 매수에 비하면 17세기의 튤립 매수자들은 아무것도 아니다"고 말했다.[82]

17세기 네덜란드에서 벌어진 튤립열풍은 인류 역사상 손가락에 꼽히는 광기의 발산으로 간주돼 왔다. 귀족과 상인은 말할 것도 없고 빈곤층까지 재산을 현금으로 바꾸어 튤립에 투자했지만, 2년여 만에 광풍이 가라앉으면서 주식은 휴지조각이 돼버렸기 때문이다.[83]

MS는 1996년 윈도95에 익스플로러를 '끼워팔기' 하면서 '넷스케이프 죽이기'를 시도했다. 1998년 말 넷스케이프는 자사의 웹브라우저 넷스케이프 내비게이터가 마이크로소프트의 인터넷 익스플로러에게 점차 시장점유율을 빼앗기자 내비게이터 프로그램의 소스 코드를 인터넷에 공개하고 카피레프트 성향의 프로그래머들이 이를 개선시켜주길 기대했다.[84]

"온라인 시대의 원년을 연 날"로부터 약 10년의 세월이 흘렀다. 『포춘』 2005년 7월 17일자는 1994년 설립 후 인터넷 웹브라우저 내비게이터로 시장을 완전 장악했던 넷스케이프가 시장에서 도태된 이유에 대해 보도했다. 흔히 넷스케이프는 마이크로소프트가 브라우저 익스플로러를 무료로 배포하면서 쇠락의 길을 걷기 시작해 1999년 아메리카온라인(AOL)에 인수되는 운명을 맞은 것으로 알려져 있지만 이유는 그것만이 아니라는 것이다.

넷스케이프의 최고경영자를 지낸 짐 박스데일은 "우리는 일반인들이 쓸 수 있는 인터넷을 만들었다. 하지만, 우리는 인터넷 검색업체인 구글처럼 됐어야 했다"고 아쉬움을 나타냈다. 넷스케이프의 프로그램 개발자였던 대니 세이더는 "인터넷으로 다양한 사업이 가능했지만 넷스케이프는 자신을 소프트웨어 회사라고만 규정하고 만 것이 실패의 원인"이라고 밝혔다. MS를 불필요하게 자극하고 지나친 경쟁에 몰입한 것도 실책으로 지적됐다.[85]

물론 한국에서도 마찬가지였다. 1990년대 중반 한국 웹브라우저 시장의 90% 이상을 차지했던 넷스케이프는 마이크로소프트가 윈도우에 인터넷 익스플로러를 무료 탑재하면서 순식간에 시장을 잃어버렸다.[86]

원래 실패하면 수많은 실패의 이유가 쏟아져 나오게 돼있는 법이다. 물론 성공의 경우에도 마찬가지다. 마이크로소프트와 비교해 말하자면, 넷스케이프의 실패 이유는 단 하나다. '탐욕'이 비교적 약했고, 그렇기 때문에 경쟁자의 탐욕의 끝을 미처 헤아리지 못했다.

게이츠의 '넷스케이프 죽이기'가 그의 원죄로 따라다니는 것도 우연이 아니다. 1990년대 중반 넷스케이프와 벌인 브라우저 전쟁, 반독점 논란 등은 '원죄'처럼 따라다니는 꼬리표다. 마이크로소프트가 '끼워팔기'로 넷스케이프를 시장에서 쫓아낸 이후 내내 반독점 소송의 단골이 돼버린 것이다.[87]

그러나 넷스케이프가 흔적도 없이 사라진 건 아니다. 2008년 9월 IT 평론가 김국현은 "마이크로소프트에 도전한 신생 소프트웨어업체 넷스케이프의 참패. 그러나 그 정신적 유산은 곳곳에서 대안 브라우저 '파이어폭스'로 피어나 면면히 살아있다"고 했다.[88]

2003년에 첫 선을 보인 파이어폭스는 비영리로 운영되는 미국 모질라재단이 개발·배포하는 대표적인 오픈 소스 프로그램이다. 모질라재단에 소속돼 일하는 전업 개발자 150명을 포함해, 소스 코드 개발에 자원한 프로그래머는

400명이 넘는다. 한국에서는 윤석찬씨를 비롯한 2명이 지난 1년간 날마다 20~30분씩 짬을 내서, 한글화 작업을 했다.[89]

2008년 9월 현재 브라우저 시장은 마이크로소프트의 인터넷 익스플로러가 72.2%로 독보적인 1위, 파이어폭스가 19.2%로 2위를 기록했다. 9월 3일 선보인 구글크롬은 출시 24시간 만에 브라우저 시장점유율 1.48%로 오페라 (0.74%)와 넷스케이프(0.72%)를 제쳤다.[90]

2008년 12월 1일 인터넷 시장조사업체 넷애플리케이션즈의 발표 자료에 따르면 MS의 웹 브라우저 인터넷 익스플로러의 11월 점유율이 69.88%로 나타났다. 이 업체 조사에서 IE의 점유율이 60%대로 떨어진 건 이번이 처음이다. 반면 IE의 유력한 대안으로 주목받고 있는 모질라 파이어폭스의 점유율은 20.72%로 역시 처음으로 20%를 넘어섰다. 이밖에 애플 사파리가 7.08%로 3위, 구글 크롬이 0.83%로 4위에 올랐다. 9월에 출시된 크롬이 3개월 만에 1% 수준까지 뛰어오른 것도 놀랍지만 무엇보다도 파이어폭스의 무서운 상승 추세가 돋보였다. 파이어폭스는 지난 2년 동안 인터넷 익스플로러의 점유율을 10% 포인트 이상 끌어내린 것으로 분석되었다.[91] 이와 관련, 천지우는 2009년 3월 다음과 같이 말했다.

"해외에선 탈(脫) 마이크로소프트 바람으로 다양한 브라우저가 인기를 끌고 있지만 우리나라에선 인터넷 익스플로러 점유율이 98% 수준으로 마이크로소프트 아성이 확고하다. '이 소프트웨어를 설치하시겠습니까' 라고 묻는 마이크로소프트 고유의 파일 유포 기술인 액티브X가 공공기관과 금융권 사이트에 깊이 뿌리박혀 있기 때문이다. 인터넷 익스플로러가 아닌 브라우저로는 인터넷뱅킹이나 민원접수 등이 어려운 것이다. 지난해 인터넷 익스플로러8 개발 단계에서 액티브X 기능이 축소될 것으로 알려지자 국내에선 인터넷 대란 우려가 나오기도 했다."[92]

왜 'CCL 운동'이 주목받는가?

CC란 '크리에이티브 커먼스(Creative Commons)'의 약자로 '창조적 재산공유'로 번역된다. 정보공유와 콘텐트의 창조적 재생산을 유도하는 열린 저작권 운동이다. CCL(Creative Commons License)은 저작권자가 자신의 저작물에 대한 이용방법과 조건을 표기하는 일종의 표준약관이자 저작물 이용허락 표시를 말한다. CCL은 '저작권 보호'와 '정보공유'라는 두 마리 토끼를 잡을 수 있는 대안으로 세계적 관심을 모으고 있다. IT 칼럼니스트 명승은은 "CCL은 저작권의 배타적 보호보다 '내 저작물을 이 정도 범위에선 충분히 활용해도 좋다'는 메시지를 담은 것"이라고 설명했다.[93]

구체적으로 CCL은 일반적으로 많이 쓰이는 저작물의 이용방법 및 조건을 규격화해 몇 가지 표준 라이선스를 정한 것으로, 저작자가 이 중에서 자신이 원하는 라이선스 유형을 선택해 저작물에 표시하는 방식이다. 이 같은 라이선스 유형은 크게 저작자표시(attribution), 비영리(Noncommercial), 변경금지(No Derivative), 동일조건변경허락(Share Alike) 등 4가지가 있다. 통상 이 4가지 요소를 조합해서 이용 조건을 설정한다.

CCL 개념은 20여 년 전 리처드 스톨먼이 제기한 자유소프트웨어 운동에서 비롯된 것으로, 2001년 스탠퍼드대학 법대 교수인 로렌스 레식이 제창했다. 레식이 설립한 비영리단체 크리에이티브 커먼스가 2002년부터 실시한 CCL을 도입하면 저작권자의 의사를 일일이 묻지 않더라도 저작물에 대한 이용방법과 조건을 쉽게 알 수 있고, 이에 따라 저작권 침해 없이도 널리 유통시킬 수 있게 된다.[94] 레식은 "크리에이티브 커먼스 프로젝트는 저작권과 경쟁하려고 하지 않는다"며 다음과 같이 말했다.

"이 프로젝트는 오히려 저작권을 보완한다. 그 목적은 저작자들의 권리를 패퇴시키는 것이 아니다. 오히려 저작자와 창작자들이 보다 신축적이고 저렴한 비용부담으로 자신의 권리를 보다 쉽게 행사할 수 있도록 하자는 것이 이

프로젝트의 목적이다. 이런 변화로 생겨나는 차이는 창작물이 더욱 원활하게 전파되도록 할 것이라고 우리는 믿는다."[95]

크리에이티브 커먼스는 2007년 말 기존의 CCL을 보완한 CC제로(Zero)와 CC플러스(Plus) 등을 새로 제안했다. CC제로는 저작권자가 권리를 아예 포기하거나 거부해 해당 저작물을 이용할 때 어떠한 의무도 부과하지 않는 표시다. CC플러스는 CCL이 정한 범위를 넘어서 상업적인 목적으로 해당 저작물을 활용하고 싶은 이용자들을 위한 표시로, 안내문이 들어가 있다. CC제로는 주로 공공재 성격을 지닌 법률, 과학, 의학 자료 등에 적용되는 반면, CC플러스는 비즈니스를 위한 라이선스 조건이다. 기존 CCL의 범위를 넘어 해당 컨텐츠를 상업적 용도로 사용하고자 할 때 이 표식을 누르면 상업적 조건을 의논할 수 있는 안내 표시가 뜬다. 저작자와 상업적 이용자를 연결하는 안내자 역할이다.[96]

최근에는 CC문화를 과학 영역에 접목하려는 시도도 일고 있다. 2007년 12월 출범한 사이언스 커먼스(Science Commons)는 연구자나 기업별로 폐쇄적으로 이루어지는 신약 개발이나 과학 실험의 한계를 합법적인 실험자료 공유와 협업을 통해 극복하자는 취지로 출범했다. 이들은 전 세계 학술 저널들을 CC 라이선스 조건으로 공유하는 오픈 저널 프로젝트 등을 진행하고 있다. 존 윌뱅스 프로젝트 책임자는 "현재 서울대와 오픈 저널 프로젝트를 논의하고 있다"고 전했다.[97]

2008년 3월 현재 전 세계 46개국이 CCL 사용에 참여하고 있다. 특히 최근 UCC(사용자생산콘텐츠)의 저작권 문제가 부각되고 있는 가운데 네티즌들이 UCC를 공유·활용하는 조건으로 일부 상업적인 옵션을 두는 등의 방법을 통해 수익 모델을 찾거나 불법적인 저작물 이용을 통제할 수 있을 것으로 기대되고 있다. 한국정보법학회는 2005년 3월부터 CCL을 정식 보급하고 있다. 따라서 저작자들은 누구나 CCL 사이트(www.creativecommons.or.kr)에서 본인 저작물에 대한 권리를 무료로 설정할 수 있다.[98]

국내 최대 포털사이트인 네이버는 2008년 2월 말 블로그나 카페에서 만든 콘텐츠에 CCL을 표시할 수 있도록 했다. 앞서 네이버는 이용자가 스스로 만든 블로그 스킨에 CCL을 적용했다. '손수저작물(UCC)'을 강조하고 있는 다음은 2005년부터 2007년까지 단계적으로 블로그, 유스보이스, 티스토리, 카페 등에서 CCL을 표시할 수 있는 서비스를 제공해왔다. 파란에서는 2007년부터 블로그와 사진공유 서비스 '푸딩'에서 CCL을 도입했다.[99]

2008년 3월 네이버를 운영하는 NHN의 곽대현 과장은 "서비스 시작 보름 만에 3만 명의 블로거가 CCL 기능을 선택했다"며 "다음 달 말이면 사용자가 10만 명을 넘어설 것으로 예상된다"고 말했다. 네이버 등 포털에서 CCL 기능을 설정하면 블로그 글이나 커뮤니티 게시물에 저작물 활용조건과 범위를 직접 표시할 수 있다. 제3자가 자신의 게시물을 복사해 가면 글 제목과 사용자 정보 등 원문 출처 정보가 자동으로 표시된다. 다음의 민윤정 커뮤니티본부장은 "'변경금지' CCL을 부착하면 원문을 변형해 마구잡이로 인용하는 횟수가 확실히 줄어든다"며 "CCL제도 도입으로 저작권에 대한 네티즌들의 인식이 한층 높아졌다"고 말했다.[100]

CCL 채택이 늘고 있지만, '정보공유와 창작 확산'이라는 목표를 이루기에는 아직 갈 길이 멀다. 민윤정 본부장은 "양적으로는 CCL을 채택하는 이용자들이 많이 늘었지만, 공유를 통해 또 다른 2차, 3차 저작물을 제작하는 등의 활동으로까지 발전하지 못했다"며 "아직까지 이용자들은 CCL을 저작권 보호 도구로 생각하는 것 같다"고 말했다. 또 여전히 많은 저작물을 소유한 방송사 등에서는 CCL 도입을 고려하지 않고 있다. 외국에서도 주류 매체보다는 인터넷 등 뉴미디어를 중심으로 CCL 도입 사례가 늘고 있다. 2007년 12월 미국의 케이블 텔레비전 '커런트 티브이(current TV)'가 CCL 도입을 선언했다. 영국에서는 공영방송 BBC의 주도로 〈채널4〉, 영국영화진흥원(BFI) 등이 기금을 조성해 크리에이티브 아카이브를 구축하고 CCL과 유사한 크리에이티브 아카이브 라이선스를 통해 일부 프로그램에 대해 내려받기와 변형을 허용하고 있다.[101]

2008년 3월 14일 서울 용산 국립중앙박물관에서는 '크리에이티브 커먼스 코리아' 창립 3돌을 기념해 국내 CC운동의 현황과 발전 방향을 토론하는 '2008 CC코리아 국제 컨퍼런스'가 열렸다. CC운동의 주창자이자 인터넷 관련 법규의 세계적 권위인 로런스 레식 스탠퍼드대 교수가 참석한 이 행사는 비영리단체인 CC코리아가 주관했다. 2005년부터 CC코리아를 이끌고 있는 윤종수 대전지방법원 판사는 "CC의 핵심가치는 저작물의 합법적 공유"라고 말했다. 그는 "CCL이 활성화되면 네티즌들은 다양한 저작물을 좀 더 자유롭게 이용할 수 있고, 이를 통해 더 큰 가치를 창출할 수 있다"고 말했다. CC코리아의 모토가 '창조, 나눔으로 모두가 함께하는 열린문화'인 것도 그 때문이라는 설명이다.[102]

이 컨퍼런스에서 레식은 "디지털 기술은 창작물의 공유와 창작 기회를 넓혀주지만, 기존 저작권 시스템에서 창작물을 이용하려면 매번 허가가 필요했다"며 "자신의 창작물을 나누고 싶어하는 이들에게 도구를 마련해주고 싶었다"고 제안 배경을 설명했다. 그는 "일단은 저작권 시스템을 합리적(sense)으로 만드는 것, 그리고 창작자들을 존중(respect)하는 마음을 갖는 것, 이것이 CC의 최종 목표"라고 말했다.

레식은 "최근 (누리꾼들이) 기존의 창작물을 리믹스해 창작물을 만들고, 공유하는 문화가 새로운 비즈니스로 등장하고 있다"며, 이를 '하이브리드 비즈니스'로 정의했다. 그는 얼마 전 야후가 사진공유 사이트인 '플리커'를 인수한 예를 들면서 "기업들이 인터넷 공유문화에서 상업적 가치를 찾고 있는 것이 눈에 띄는 변화"라고 설명했다.

레식은 "스타워즈 매시업 사이트처럼 스타워즈에 대한 다양한 콘텐츠를 제공하고 사용자들은 이를 이용해 다양한 창작물을 만들지만 모든 저작권은 조지 루카스가 갖는 경우가 있다"며 "창작물의 소유권이 누구에게 있는지 관심을 갖지 않거나, 플리커처럼 CCL을 도입해 창작자에게 소유권을 주는 경우도 있다"고 말했다. 그러나 그는 "여기서 나타난 비즈니스 모델의 차이는 매우 중요하다"며 "창작자의 권한을 인정하고 무료 사용 및 배포 범위를 직접 정할 수 있도록 하는 게 필요하다"고 덧붙였다.

레식은 미국 주도로 이루어지고 있는 저작권법 강화 흐름에 강한 우려를 표시했다. 그는 "저작권 보호기간을 저작자 사망 뒤 70년까지로 연장한 것은 창작자에게 인센티브를 주자는 기본 취지에 어긋나는 것"이라며 "미국의 광범위한 저작권 시스템은 문화뿐 아니라 과학 영역까지 접근을 막고 있다"고 주장했다. 그는 또 최근 정치문제에 관심을 두고 있다며 "저작권법 문제는 할리우드의 이익을 대변하는 정책 입안자들과 연관이 있다"고 설명했다.[103]

2009년 5월 현재 CCL이 적용된 국내 콘텐츠는 370여만 건으로 규모로 따지면 스페인, 이탈리아, 미국, 대만에 이어 세계 5위 수준이다. 하지만 국내 CCL 콘텐츠의 상당수가 CCL 검색기능이 지원되지 않는 대형 포털사이트에서 유통되고 있는 점을 감안하면 실제 콘텐츠의 양은 이보다 훨씬 많은 걸로 추정되고 있다.[104]

온라인에서건 오프라인에서건 저작권 문제는 '국제관계'가 개입됨으로써 그 정체성을 규명하는 데에 혼란을 겪고 있다. 물론 국내에서도 '대자본 대 개인'이라고 하는 힘의 관계가 작동하지 않는 건 아니지만, 국제관계에선 오직 그런 힘의 관계만이 있는데다 '민족주의'까지 가세하기 때문이다. 바로 이런 배경에서 길러진 습속이 국내에서 저작권자의 피와 땀에 대한 정당한 보상마저 유린하는 '파렴치 행위'를 창궐하게 만든다고 볼 수 있겠다.

제16장

광고규제

광고와 표현의 자유

미국은 광고에 의해 생겨났고 광고에 의해 성장한 나라다. 자신이 살던 곳을 버리고 새로운 미지의 세계로 훌쩍 떠날 수 있는 사람이 얼마나 될까? 무엇이 사람들을 유럽에서 신대륙으로 불러들였던가? 미국의 역사학자 다니엘 부어스틴은 이렇게 말한다.

"정착민들을 이곳으로 데려오기 위해 이민사업 추진업자들이 썼던 광고만큼 터무니없고 왜곡된 것은 없었다. 17세기 또는 그 이전에 영국에서 출판되었던 소책자들을 보면 낙천적이고 과장된 문구와 노골적인 거짓말, 그리고 아직도 그 진실 여부를 더 조사해보아야 할 그러한 것들로 가득 차 있다. 신대륙은 금과 은, 젊음의 샘, 무진장한 고기떼들과 사슴들이 약속된 땅이라는 그런 종류들이었다."[1]

그렇게 탄생된 미국이 오늘날 '광고의 천국'이 된 것은 결코 우연이 아니다. 부어스틴은 오늘날 미국적 경험을 지배하는 건 현실이 아니며, 특히 광고의 부상은 진실의 개념에 대한 사회적 재정의를 가져왔다고 말한다. 미국 문명에서 광고의 주된 역할은 교육시키고 알리는 것보다는 설득하고 어필하는 것이었다. 그것도 무수한 반복을 통해서 말이다.[2]

　미국의 건설 자체가 광고의 역사였다고 단언하는 부어스틴은 광고야말로 대표적인 '민주주의의 수사학(rhetoric of democracy)'이라고 말한다. 그는 플라톤과 그밖의 철학자들이 경고한 민주주의의 한 가지 위험은 '수사학(rhetoric)'이 '인식론(epistemology)'을 대체하거나 압도하는 것이었음을 상기시킨다. 즉, 설득의 문제가 지식의 문제를 압도하게끔 허용하는 건 위험하다는 것이다. 그런데 민주사회는 무엇이 진실인가 하는 것보다는 사람들이 무엇을 믿느냐에 더욱 관심을 갖는 경향이 있다는 것이다.[3]

　그런 건국의 역사 때문이었을까? 미국에서는 19세기 말까지 각종 허위·과장 광고가 판을 쳤지만 이를 규제할 수 있는 법적 조치가 전혀 마련돼 있지 않았다. 가장 큰 이유는 자유경제체제에 대한 미국인의 굳은 신념과 이른바 구매자위험부담(購買者危險負擔; caveat emptor)이라는 원칙 때문이었다. 물론 오늘날엔 이 원칙은 판매자위험부담(caveat venditor)의 원칙으로 바뀌었다. 즉, 사는 사람이 아니라 파는 사람이 주의를 기울일 것을 요구하는 것이다.[4]

　광고 규제를 위한 최초의 연방법이 마련된 건 1914년이었다. 연방거래위원회법(Federal Trade Commission Act) 제5조가 바로 그것이다. 그러나 이 법은 광고 규제가 직접적인 목적은 아니었고 허위나 기만적인 광고를 이용한 부정 상거래로부터 다른 경쟁업자들을 보호하는 것이 주된 목적이었다. 따라서 그 어떤 허위광고도 그것이 부당경쟁의 수단으로 사용된 것이 아니면 처벌할 수 없었던 것이다.[5]

　1938년에 제정된 휠러-리(Wheeler-Lea)법은 제5조에서 소비자에게 해를 미칠 수 있는 '불공정 또는 기만행위 또는 관행'으로 허위 또는 기만적인 광고를 규제할 수 있게 하였고 제12조에서는 '허위광고'의 금지를 규정함으로써 본격적인 광고규제의 근거를 마련해주었다.[6]

1942년 연방대법원은 'Valentine v. Chrestensen 사건'과 관련, "순수하게 상업적인 광고에 대해서 헌법은 정부에 대해 어떤 제한도 가하지 않는다"는 판결을 내렸다. 이는 광고가 수정헌법 제1조에 의해 보호되지 않는다는 걸 의미하는 것이었다.(이 사건은 잠수함을 돈 내고 구경하라는 전단을 길거리에서 나눠주는 사람에 대한 시 당국의 규제로 인해 일어난 것이었다.)[7]

1964년 연방대법원은 'New York Times Co. v. Sullivan' 사건과 관련, 정치 또는 의견광고(political or editorial advertising)는 수정헌법 제1조의 보호를 받는다는 판결을 내렸지만, 이 판결은 순수한 상업적 광고의 지위에 아무런 영향을 미치지 못했다.[8]

1974년 FTC(Federal Trade Commission: 연방공정거래위원회)법 개정에 따라 FTC는 주간(州間) 상거래뿐 아니라 각 주에서 발생한 부정광고에 대해서도 이를 규제할 수 있게 되었다.[9] FTC의 광고규제가 본격화됨에 따라 표현의 자유와 관련된 논란이 점점 더 부각되게 되었다.

미국에서 상업적인 광고도 수정헌법 1조의 보호를 받을 수 있게 된 건 1970년대 중반에 이르러서였다. 1975년 연방대법원은 Bigelow v. Virginia 사건에서 어떤 표현이 단지 상업 광고의 형식으로 제시되었다고 해서 그것이 수정헌법 제1조의 보호를 받지 못하는 건 아니라는 판결을 내렸다. 물론 이 판결은 광고 규제에 대한 자세한 판단은 유보하였지만, 광고의 자유에 관한 한 과거에 비해 큰 진전이었다. 이 사건은 1971년 버지니아주에서 한 신문이 '낙태를 하려면 뉴욕으로 오라'는 내용의 광고를 실은 게 발단이었다. 그 광고는 뉴욕의 한 산부인과 병원이 실은 것이었는데, 당시 버지니아주에선 낙태가 불법이었기 때문에 그 신문 발행인은 주법원에선 유죄 판결을 받았었다.[10]

여기서 한 걸음 더 나아간 진전은 1976년 Virginia State Board of Pharmacy v. Virginia Citizens' Consumer Council 간의 소송에 대한 연방대법원 판결에서 비롯되었다. 대법원은 제약회사가 처방약의 가격을 광고하는 걸 금지시킨 버지니아주 법이 위헌이라는 판결을 내리면서 "자유기업경제(free enterprise economy)에서 상업적 정보의 자유유통(free flow of commercial information)은 필수 불가결하다"는 논거를 내세웠다.[11] 흥미롭게도 당시 소비자운동과 광고산업은 한 배에 탄 것이나 다름없었다. 소비자운동은 광고 등을 통한 경쟁을 통한 가격인하에 관심이 있었고, 광고산업은 소비자운동을 등에 업고 광고가 수정헌법 1조의 보호대상이 되길 원했다.[12]

연방대법원은 1977년 Linmark Associates Inc. v. Township of Willingboro 사건에 대한 판결에서도 자신의 집에 '주택 매매' 표지를 써붙이거나 내거는 걸 금지시킨 윌링보로(Willingboro) 읍의 결정은 위헌이라고 판시함으로써 1976년의 위헌 논거를 재확인하였다.[13]

언론은 광고의 자유가 점점 더 언론의 자유에 근접해 가는 걸 불안한 시선으로 바라보고 있었다. 1978년의 First National Bank of Boston v. Belloti 사건에 대한 대법원의 판결은 급기야 『뉴욕타임즈』지로 하여금 이 주제로 사설을 쓰게 하고야 말았다.

워렌 버거 대법원장은 수정헌법 1조가 꼭 신문기자와 같은 특정 범주에 속하는 사람들이나 출판계와 같이 어떤 특수한 분야를 위한 것이 아니라 모든 사람을 보호하기 위한 것이라고 강력하게 주장했다. 이에 『뉴욕타임즈』지는 1978년 5월 7일자 사설에서 자사(自社)가 수정헌법 1조에 의해 받는 권리가 제너럴 모터사가 받는 권리보다 더 나을 것이 없다는 법적 판결이 어느 날엔가 내려질지도 모른다고 경악을 토로했다. 이 신문은 출판이 명백한 헌법상의 보호를 받는 유일한 사적(私的) 사업체라고 언명한 1974년 스튜어트 판사의 발언을 상기시켰다. 이와 관련, 이시엘 드 솔라 풀은 다음과 같이 말했다.

"그러나 버거와 법원 내의 다수파는 헌법을 이러한 방식으로 해석하지는 않는다. 버거가 지적한 바와 같이, 정부가 누가 언론이며 누가 아닌가를 결정할 수 있을 때 이는 수정헌법 제1조가 배격하는 영국의 튜더 및 스튜어트 왕조 시대의 그 혐오스러운 면허제도의 유산이 될 것이다. 수정헌법 1조는 히피 반골주의자나 거리에서 때묻은 전단을 나눠주는 여호와의 증인이나 보스톤의

제일 은행(First National Bank)을 『뉴욕타임즈』나 『애틀랜틱 먼슬리』를 보호하는 것과 똑같은 방식과 정도로 보호하는 것이다."[14]

상업적 표현 원칙

광고에 수정헌법 제1조의 보호를 허용한 일련의 판결들이 정부의 광고규제권을 전면 부인한 건 아니었다. 대법원도 허위 · 기만 광고는 여전히 규제의 대상임을 인정했다. 언론도 그 정도의 규제는 받고 있는 게 아니냐는 항변도 가능하겠지만, 아무리 광고의 자유가 언론의 자유에 근접했을망정 여전히 언론이 광고에 비해 우위를 누리고 있다는 건 분명했다. 다만 '상업적 표현(commercial speech)'에서 '상업적' 보다는 '표현'에 더 무게를 두는 쪽으로의 변화가 있었다고 말할 수 있을 것이다. 그간 누적된 판결로 이른바 '상업적 표현 원칙(commercial speech doctrine)' 이라는 게 형성되었다. 이 원칙은 다음과 같은 3가지 내용으로 구성돼 있다.

첫째, 수정헌법 1조는 불법적인 활동을 위한 광고를 보호하지 않는다.

둘째, 수정헌법 1조는 허위, 기만, 오도하는 광고를 보호하지 않는다.

셋째, 정부는 합법적인 활동을 위한 진실된 광고의 경우 다음 2가지의 조건들을 충족시킬 때에 한하여 규제할 수 있다. ①광고의 규제가 직접적으로 정부의 상당한 이익을 증진시킬 때. ②규제가 국가에 의해 주장된 이익을 수행하는 데에 필요한 것보다 광범위하지 않을 때.[15]

(사례) 1980년 Central Hudson Gas & Electric Corp. v. Public Service Commission of New York 사건: 에너지 절약을 위해 전기회사의 전기사용 광고를 금지시킨 건 정당한가? 정당치 않다. 그 광고는 불법적인 활동을 위한 것도 아니고, 허위 · 기만 · 오도도 없다. 에너지 절약이라고 하는 공익을 수행하는 데에 전기 광고 금지는 지나치게 광범위한 것이다. 다른 대안들이 있다.[16]

이 사례에서 중요한 것은 규제가 최소한의 것인가 하는 것이다. 이를 가리켜 '최소 제한적 수단의 원칙(the least restritive means test)'이라고 하는데, 이 원칙은 연방대법원의 1989년 판결에서 '적합성(fitness)의 원칙'으로 대체되었다.

1989년의 판결은 뉴욕주립대학 캠퍼스에서 학생들이 식기 및 용기 제조업체인 타파웨어(Tupperware)의 후원을 받는 상업적 파티를 개최하기로 한 데서 발단이 되었다. 학교 당국은 이러한 행사는 교육적 분위기를 유지하고 학생이 상업적으로 이용되는 것을 방지하려는 학교의 목적에 위배된다고 제소했다. 이에 학생들은 언론의 자유에 위배된다고 맞섰다. 법정은 학교 당국의 금지가 옳다는 판정을 내렸다. 학교 당국의 제재가 그 목적을 이루기 위해 과연 최소한의 규제 수단이었는가? 이에 대해서 법정은 규제 당국(학교)이 그걸 보여줄 필요는 없으며 규제 당국의 원래 목적과 그러한 목적을 이루기 위한 광고제재가 '조화'를 이루고 있는지가 보다 중요하다고 판단했다.[17]

(사례) 1993년 City of Cincinnati v. Discovery Network, Inc. 사건: 1993년 3월 24일 연방대법원은 6대 3의 다수결로 시 당국이 전단 배포기의 설치를 금지한 건 위헌이라는 판결을 내렸다. 디스커버리 네트워크는 시내의 공터나 보도에 배포기를 설치, 무료지와 광고용 전단지 등을 배포해왔는데 신시내티시 당국은 "공공의 장소에서는 누구도 광고 전단을 배포해서는 안 된다"는 이유로 이를 금지시켰다. 연방대법원은 "정보나 의견의 자유로운 흐름은 그것이 광고의 분야라 하더라도 보호받아야 할 가치가 있으며 신시내티시 당국은 상업광고의 가치를 너무 과소평가하고 있다"고 지적했다.[18]

(사례) 1993년 Edenfield v. Fane 사건: 1993년 4월 26일 연방대법원은 8대 1의 다수결로 공인회계사가 직접, 시민에게 본인의 이용을 호소하는 것을 막은 플로리다주 정부 당국의 금지령은 위헌이라는 판결을 내렸다. 시 당국은 "공

인회계사의 과도한 행위를 예방하고 그 직업상의 독립을 지키기 위한" 금지령이었다고 설명했으나, 연방대법원은 "시 당국의 목적은 이론상으로는 인정될 수 있으나 금지령이 그 목적한 바 역할을 다할 수 있을 것이라는 증명이 없거나 미흡하다"고 밝혔다. 따라서 정부가 금지령을 내리기 위해서는 어떤 행위가 해악을 가져올 것이라는 것, 그리고 금지령이 이 해악을 상당한 정도로 경감시킬 것이라는 것을 증명해야 한다는 것이다.[19]

(사례) 팩스 광고: 1995년 2월 1일 샌프란시스코 연방고등법원은 수신자의 양해 없는 일방적인 광고의 팩스 송신을 금지한 연방법은 합헌이라고 판결했다. 미국 사람들은 좀 지독한 면이 있다. 우리 같으면 상식선에서 판단할 일도 악착같이 법정으로 끌고가 끝장을 보려고 한다. 일방적으로 팩스 광고를 보내는 걸 금지한 법이 표현의 자유를 침해한다고 소송을 제기하다니 이게 말이 되나? 그러나 말이 되는 나라가 바로 미국이다.

이 연방법은 1992년 12월부터 시행되었다. 원고 측은 "팩스 광고는 자금이 적은 중소기업들에게는 값싸고 유력한 시장참여의 방법이며 용지대는 불과 1페이지당 약 2센트(약 17원)로 읽고 싶지 않으면 버리면 된다. 불필요한 규제이다"라고 주장했다. 이에 대해 피고 측의 연방통신위원회(FCC)는 "용지대는 경우에 따라서는 1매에 40센트(약 320원)까지도 된다"고 반론을 제기했다. 연방고등법원도 "어쨌든 영리만을 목적으로 한 송신자의 행위에 의해 소비자는 까닭도 없는 돈을 지불해야 한다"고 판단했다.[20]

(사례) 대량 이메일 발송과 스팸: 1998년 11월 캘리포니아주 고등법원은 Intel Corporation v. Hamidi 사건 판결에서 인텔사에서 해고된 하미디가 인텔 종업원들에게 자신의 부당 해고를 알리는 대량 이메일을 발송하는 것을 금지하는 명령을 내렸다. 이는 대량 이메일이 스팸이냐 아니냐, 스팸은 광고로서의 '상업적 표현의 자유'를 누릴 수 있느냐 없느냐 하는 논쟁을 불러일으켰다.

스팸 옹호자들은 스팸이 전통적인 광고로서 수정헌법 1조의 보호를 받을 권리가 있는 자유로운 상업적 표현의 또 다른 형태에 불과하다고 주장한다. 스팸에 대한 금지는 비현실적일 뿐만 아니라 헌법으로 보장된 커뮤니케이션 권을 침해하기 때문에 위헌이라는 것이다.[21]

미 연방정부는 2003년 반스팸법을 제정해 2004년 1월부터 시행에 들어갔다. 이 법은 스팸메일 발송자가 자신들의 ID를 감추거나 허위로 작성치 못하게 규정하고 발송자의 실제 주소를 명기하여 제목에 스팸메일의 주된 내용을 표기토록 하는 한편 이를 어기면 최대 5년의 징역이나 스팸메일 1건당 최고 250달러의 벌금을 물리도록 했다. 한국도 스팸메일에 대해 '정보통신망이용 촉진법' 제50조(영리목적의 광고성 정보전송의 제한)를 2003년에 이어 2004년도에도 개정, 과태료를 1000만 원에서 3000만 원 이하로 잇달아 올리는 등 벌칙을 강화했다.[22]

2004년 다보스 포럼에서 빌 게이츠는 "스팸은 2년 만에 해결될 것"이라고 단언했지만, 스팸은 '산업화'로 자신의 살길을 찾았다. 스팸업자들은 바이러스를 통해 세계 도처의 PC를 감염시키고, 그 PC를 통해 스팸메일을 보낸다. 절대로 자신의 컴퓨터나 인터넷 계정을 쓰지 않는다. 아무런 기술적 지식이 없는 이도 이 일을 할 수 있다. 인터넷에서 70달러면 안전하게 스팸을 보내는 프로그램과 계정을 구할 수 있기 때문이다. 세계적으로는 매초 약 200만 개, 매일 1710억 개의 스팸메일이 발송되는 것으로 알려져 있다. 이 스팸을 보관하는 데에만도 미국에서 100억 달러(약 10조 원)의 비용이 들어간다.

'스팸메일' 차단업체 지란지교소프트에 따르면 2007년 현재 한국에서는 하루에 전달되는 10억 통가량의 이메일 중 9억 통이 스팸메일로 추정된다. 발송 비용을 통당 10원씩만 쳐도 매일 90억 원이 낭비되는 셈이다. 정보통신부 통계로는 우리는 하루 평균 5통의 스팸메일을 받는다.[23] 이젠 노이로제에 '스팸 노이로제'라는 게 추가되었으며, 스팸은 심지어 '인터넷 종말론'의 주범으로까지 지목되고 있다.

미국의 자율규제

1913년 미국 광고인들은 이른바 '볼티모어 진실 선언'이라는 것을 했다. 광고를 진실되게 하자는 일종의 광고윤리 강령이었다. 그러나 다니엘 부어스틴은 광고가 아무리 진실을 선언해봐야 광고가 진실의 의미 자체를 바꿔버렸기 때문에 그건 무의미하다고 주장했다.[24]

부어스틴은 그 한 예로 쉴리츠 맥주 광고를 들었다. 이 맥주는 병이 증기로 살균처리되기 때문에 순수하다는 것을 강조하는 광고 공세를 벌임으로써 시장 점유율 5위에서 1위에 근접하게 되었다. 맥주병을 증기로 살균처리하는 건 다른 맥주들의 경우에도 마찬가지였다. 그렇지만 다른 맥주들은 흉내낸다는 비판을 받을까봐 그걸 뒤늦게 따라서 강조하기는 어려웠다. 쉴리츠 맥주의 광고는 진실인가? 부어스틴은 그건 '의사사건'을 이용한 '의사진실(quasi-truth)'에 지나지 않는다고 말한다.[25]

그러나 광고주와 광고대행사들에게 중요한 건 그런 철학적인 고민은 아니다. 그들에게 중요한 건 법적 규제를 피해가는 것이다. 그래서 그들은 자율규제를 통해 법의 손길을 뿌리치려고 애를 쓴다.

미국의 대표적인 광고 자율규제 기구는 1971년에 출발한 전국광고심의위원회(NARB: National Advertising Review Board)이다. 이 위원회의 명령권은 광고의 진실성과 정확성에만 적용되었지만 나중엔 몇 개의 자문위원회를 두고 다양한 분야에서 공공의 관심사를 검토하고 소견서를 발표할 정도로 그 업무 영역을 넓혀나갔다.[26] 또 경영개선협회이사회(Council of Better Business Bureau)의 전국광고부(National Advertising Division)도 자체적으로 신문·방송의 광고를 조사하고 심사해 시정을 권고하는 자율규제 활동을 하고 있다.[27]

광고인의 윤리성이 낮은 수준이라면 자율규제가 효과적일 수 있을까? 2000년 광고업계 내부에서 윤리성 문제가 핵심 쟁점으로 대두돼 '윤리인증' 제도 도입을 둘러싼 논란이 한창인 상황에서 광고 주간지인 『피알위크』가 광고업계 관계자 1700명을 직접 만나 벌인 조사결과는 그런 의문을 제기하기에 충분했다. 4명 가운데 한 명이 직업과 관련해 거짓말을 한다고 시인했으며, 과대선전을 한다는 응답은 그보다 많은 39%로 나타났다. 응답자의 62%는 고객인 기업들로부터 받아 내놓는 정보가 신빙성이 있는지 확신할 수 없다고 말했고, 아예 거짓정보를 듣거나 기업들의 거부로 충분한 정보접근을 봉쇄당한다는 응답도 60%를 넘어섰다. 이 조사결과 발표에 매우 당황한 광고업체위원회 위원장 잭 버진은 고객의 요구에 충실하지 않을 수 없는 광고업의 속성 등 광고업계의 현실을 감안해줄 것을 요청했지만, AT&T의 대변인 버크 스틴슨은 '결코 변명의 여지가 없으며, 부끄러워해야 할 일'이라고 비난하고 나서는 등 파장이 일었다.[28]

광고업계에만 윤리를 요구할 수는 없는 일이다. 모든 대중매체는 각기 나름대로의 광고윤리 기준을 갖고 있으며 나름대로 자체 심의를 하고 있다. 『뉴욕타임즈』지의 경우 광고조사부를 두고 모든 광고를 게재에 앞서 심사하며, 『워싱턴포스트』지는 그러한 심사에 더하여 광고 담당 옴부즈맨을 두어 독자들의 항의를 별도로 처리하기도 한다.[29] 방송의 경우 텔레비전 네트워크 3사만 하더라도 각기 광고심의위원(commercial editor)을 두고 있는데, 1980년대에 ABC는 15명, CBS는 8명, NBC는 6명이었다. ABC는 10개의 광고 중 4개를 퇴짜 놓은 적도 있다.[30]

2000년 다이아몬드판매회사(Diamond.com) 광고에는 전라의 여성 모델이 신체의 부분별로 다이아몬드를 거미줄처럼 걸친 모습과 전라의 여성 모델이 황혼녘에 다이아몬드 해변에서 바닥을 기어가는 모습이 등장했다. 이 광고는 큰 논란을 불러일으켰다. 『월스트리트저널』은 노출이 심하다는 이유로 이 광고의 게재를 거부했다. 다이아몬드사는 신체노출 부위를 다이아몬드로 더 많이 감춘 광고를 재제작해 게재를 요청했으나 또다시 거부당했다.[31]

또 시민단체들의 압력에 의한 규제도 있다. 아마도 1960년대 말부터 이루어진 여성단체들이 벌인 운동이 가장 대표적인 예일 것이다. 전국여성단체

(NOW: National Organizatin for Woemen)는 여성을 격하시키거나 왜곡하는 광고에 대해 스티커 배포, 편지쓰기, 광고주·광고대행사·매체에 대한 항의, 상품 불매, 주주총회에서의 저항, TV 방송국 면허 갱신에 대한 도전 등과 같은 다양한 방법을 통해 큰 성과를 거두었다.[32]

소비자단체도 광고규제 세력으로 볼 수 있다. 2000년 샤워장 바닥에서 기어가는 전라의 여성 위에 서 있는 남성의 모습이 등장한 페리 엘리스사의 의상 광고는 소비자단체의 반발로 중도하차했다. 페리 엘리스사의 파블로 드에키바리아 부사장은 "여성 소비자들로부터 약을 먹고 강간당한 듯한 느낌을 준다"는 고발을 받고 곧바로 광고 철회와 생산 중단에 들어갔다고 밝혔다.[33]

미국 FTC의 대응 방안

미국의 대표적인 광고규제 기관은 FTC(Federal Trade Commission: 연방공정거래위원회)이다. FTC의 활동 이외에도 광고규제 관련 법은 32개나 된다. 심지어 성조기나 FBI의 이름을 광고에 사용하지 못하게 하는 법까지 있다.[34]

FTC의 규제권 발동은 크게 보아 ① '부당한 설득의 수단'을 사용해 소비자의 판단을 흐리는 경우 ②중요한 정보의 미공개 ③과장 광고 ④부적절한 판매 후의 시정조치 등과 같은 4가지 경우이다.[35]

FTC 광고규제의 가장 큰 어려움은 '시간'이다. 광고 캠페인은 금방 끝나는데, FTC가 무슨 조치를 취하기까지엔 시간이 그 캠페인 기간 이상 걸린다.[36] 그래서 FTC의 각종 대응 방안의 중요한 고려 사항 가운데 하나는 바로 '시간'이다. FTC의 각종 대응 방안은 크게 보아 8개로 나누어 살펴볼 수 있다.

첫째, 광고주들에게 사전에 알려주는 주의(guides or advisory opinions)이다. 그러나 이 '주의'엔 강제력이 없다. 이는 어디까지나 광고 관련 법에 대한 FTC의 의견일 뿐, 나중에 문제가 되었을 경우 광고의 허위·기만성은 처음부터 다시 입증해야 한다.[37]

둘째, 허위·기만적인 광고를 하지 않겠다는 광고주들의 자발적 승낙(voluntary compliance)이다. 광고주의 과거 실적이 좋을 경우 다시는 그런 주장을 하지 않겠다고 약속함으로써 피차 노력과 경비를 절약할 수 있지만, 잘 사용되지 않는다.[38]

셋째, 허위·기만적인 광고를 하지 않겠다는 광고주들의 서약(consent orders or written agreements)이다. 이는 FTC가 공식적인 문제제기를 한 다음에 취해지는 것으로 '자발적 승낙'에 비해 더욱 복잡하고 더욱 구속력이 있다. 가장 많이 쓰이는 방식이다. 구체적으로 무엇 무엇을 앞으론 하지 않겠다든가 하는 식으로 공식 문서를 통해 밝히게끔 돼 있다. 그러나 이건 광고주가 '유죄'를 인정했다는 걸 의미하는 건 아니다.[39]

넷째, 광고중지 명령(cease and desist orders = litigated order)이다. 이는 FTC에 의한 공식 조사결과 '유죄' 판정이 난 다음에 광고주들로 하여금 특정 주장을 하지 못하게끔 하는 것으로 이 명령을 어길 경우 광고주는 하루에 1만 달러 하는 식으로 막대한 벌금을 물게 된다. 광고주가 '서약'에도 따르지 않고 광고내용이 정당하다고 버틸 경우에도 사용된다. 광고주는 60일 내에 FTC에 항소할 수 있다. FTC는 이 명령을 언론매체를 통해 널리 알림으로써 그 효과를 극대화할 수도 있다.[40]

다섯째, 입증(substantiation)이다. 광고주로 하여금 광고속의 주장을 입증케 하는 것이다. 이는 1971년부터 도입된 것으로 FTC가 광고주에게 자료를 제출케 함으로써 FTC의 부담이 크게 줄어들었다.[41]

여섯째, 교정 광고(corrective advertising)다. 광고주로 하여금 과거의 광고가 옳지 않았다는 것을 교정케 하는 조치이다. 교정 광고에 FTC로부터 명령을 받았다는 것을 밝히게 하는 데, 광고주 입장에선 가혹한 것이어서 속칭 주홍글씨(Scarlet Letter: 옛날 간통자의 가슴에 달게 했던 adultery의 머리글자 A)라고도 불린다.

그러나 1977년 연방고등법원에서 나온 판결은 교정 광고를 지지는 하였지만, '이전 광고와는 달리(contrary to prior advertising)'라는 삽입 구절이 광고주에게 지나치게 굴욕적이며, FTC에겐 문제를 교정할 권한은 있어도 응징할 권한은 없다는 걸 밝힘으로써 이러한 조치의 전망을 어둡게 했다.[42] 연구결과에 따르면, 교정 광고를 하더라도 소비자들은 그것이 교정 광고임을 깨닫지 못하고 교묘한 수법의 또 다른 광고로 아는 경향이 있어 원래 의도했던 효과도 의문시되는 점이 있다.[43]

(사례) "일반 구강위생, 입 냄새, 감기 그리고 감기로 인한 아픈 목을 위하여" "리스터린에 닿기만 하면 수백만의 세균을 소멸시킵니다" 이는 두 개의 병렬된 문장이 인과관계의 주장으로 이해되게끔 하여 리스터린이 감기까지 치료한다고 믿게끔 오도했다는 이유로 FTC에 의해 다음과 같은 '교정 광고'를 내야 한다는 명령을 받았다. "리스터린의 지난 광고와는 상반되게 리스터린은 감기나 아픈 목을 예방하지도 않고 치료하지도 않습니다."[44]

일곱째, 광고금지 명령(injunction)이다. 이는 분명히 법을 어겼고 소비자에게 해를 미칠 수 있다고 판단될 때 광고 캠페인을 즉각 중단시키게 하는 명령으로 '광고중지 명령'과 비슷하나 그 강도에 있어서 더 높다. 이는 1973년 일부 여행사들의 필리핀 여행광고시 적용된 바 있다. 당시 광고되었던 심령 수술(psychic surgery)은 피를 흘리지 않고 마음으로 수술을 한다는 것이었는데, 이는 부당 이득을 취하려는 속임수라는 것이 FTC의 판단이었다.[45]

여덟째, 동종업계 일괄 규제(trade regulation rules)다. 이는 동종업계 전체의 광고를 규제할 수 있는 조치이다. 동종 산업 기업들의 광고에 공통된 문제가 있을 때 개별 광고에 대해 규제를 하는 것이 아니라 업계 전체에 대해 할 수 있다.[46]

허위 · 기만 광고의 유형

미국에서 허위 또는 기만 광고(false or deceptive advertising)의 3대 판정 기준은

다음과 같다.

첫째, 소비자를 오도할 수 있는 표현, 누락, 또는 관행이다. 예컨대, 진실의 전부를 말하지 않는 것도 기만에 속한다. "1952년 이래로 만들어진 우리 시계의 93%가 지금도 정확히 시간이 맞는다"는 주장의 경우, 그 시계가 시장에서 팔리기 시작한 건 불과 3년 전이므로 이는 기만광고다.[47]

둘째, 합리적으로 행동하는 보통 소비자의 관점에서 판단한다. 예컨대, 데니시 패스트리(Danish pastry)라고 해서 덴마크에서 만들어진 것이라고 생각할 사람은 극소수에 불과하다. 그래서 그건 허위·기만 광고에 해당되지 않는다.[48] FTC는 처음에 이 '합리적 소비자 기준(the reasonable standard man)'에서 출발하였다가 1938년 '무지한 소비자 기준(the ignorant standard man)'으로 돌아섰다가 1968년부터 다시 '합리적 소비자의 기준'으로 복귀하였다. 일본의 경우엔 다음과 같은 세밀한 기준을 적용한다고 한다.

"고교 졸업(표준적인 지식 수준)의 일반 가정주부(전문지식이 없으나 구매경험이 있는 자)가, 오후 5시경(약간은 부주의한 상태로) 시장에서 물건을 살 때(조금이라도 싸고 좋은 물건을 사려고 할 때)의 상황이다. 이러한 상황에서 소비자가 착각을 일으킬 만한 표시는 부당한 표시라고 정의한다."[49]

셋째, 표현, 누락, 또는 관행이 실질적인 것일 때에 한하여 허위·기만 광고로 판정한다. 예컨대, 모의 실연 또는 실물 크기의 모형 사용(fake demonstration or mock-ups)은 그것이 판매 소구점일 경우에만 문제가 된다. 촬영시 조명관계로 아이스 큐브의 경우 모형을 쓰는 것이 불가피하나, 아이스 큐브를 보여주면서 광고하는데 그것이 모형일 경우엔 안 된다. 그러나 그것을 포장한 채로 모형을 쓰거나 음료수 광고에 쓰는 건 괜찮다.[50]

(사례) 1970년 캠프벨 수프 회사(Campbell Soup Co.) 사건: "그 수프는 수프 캔의 사용법에 따라 만들어졌고 먹기 바로 직전의 화면이었다. 소비자는 그 화면 중의 수프그릇 속에 담긴 당근, 완두콩, 감자, 파 등 많은 양의 야채를 보

았다. … 캠프벨 수프 회사는 TV 광고 시연 때 그릇 아래 대리석을 받쳐놓았다. 이것이 수프 내용물이 표면에 떠 있도록 만들었다. … 캠프벨 수프 회사는 미디어 자체의 한계 때문에 이러한 모형이 필요하다는 항변을 제기하였다. 연방공정거래위원회는 이 논리에 동의하지 않고 광고중지 명령을 내렸다."[51]

그러나 3대 판정 기준만으론 판단하기 어려운 경우들이 많다. 다양한 경우들을 살펴보기로 하자.

증언(testimonials)기법 광고: 1932년 전 까지는 증언에 돈을 지불했을 경우 그 사실을 광고에 밝혀야만 했는데, 오히려 지금은 규제가 느슨해졌다. 몇 가지 원칙이 있다. 첫째, 증언 중 전체 사실을 왜곡할 수 있는 부분 인용은 안 된다. 예컨대, "This is the worst movie of the year"라고 하는 영화평 중 "the movie of the year"만 인용하는 건 안 된다. 둘째, 1975년부터 FTC는 증언 광고와 관련, 전문가의 증언을 사용할 경우 그 사람은 그 증언에 대해 전문적인 지식(특히 건강과 안전에 관한 광고)을 가져야 한다고 밝혔다. FTC는 항공 우주인의 자동차 윤활유 광고 증언은 부적합하다는 판정을 내렸다. 셋째, 유명인 또는 전문가 증언은 증언 당시 그 인물이 실제로 그 상품을 사용해야 한다. 넷째, 유명인 증언은 광고하는 제품과의 물질적 이해관계가 없어야 한다. 가수 팻분(Pat Boone)은 피부 얼룩을 빼는 약 광고에 출연했다. 그러나 자신의 연예프로덕션 회사가 그 약의 마케팅을 담당한 회사들 중의 하나라는 게 밝혀졌다. 한 병에 9 달러 받는 그 약의 판매가 중 25%가 팻분의 몫이었다. 그는 자신의 네 딸이 그걸 쓰고 있다고 했는데, 이는 사실이 아닌 것으로 밝혀졌다. 팻분은 큰 벌금을 물었고, 그 약을 산 사람들에게 부분적인 보상까지 하는 봉변을 당했다.[52]

이중적 의미(double meaning): "단 350달러에 당신 차의 모터를 새로운 모터로 갈아드립니다"는 광고가 있다고 하자. 알고 보니 소비자가 새로운 모터를

갖고 올 경우 갈아주는 값만 그렇다면 이건 기만광고에 해당된다.[53]

반(半) 진실 또는 부분적 진실(half-truths; partial truths): 어느 담배 광고는 자사의 담배가 니코틴과 타르가 가장 적다는 연구조사 결과를 인용해서 광고했다. 이건 사실이다. 그러나 그 광고는 모든 담배의 니코틴과 타르가 안전할 정도로 낮지는 않다는 연구결과는 언급하지 않았다. 이는 기만 광고에 해당된다. 또 원더 브레드(Wonder Bread)의 경우는 그 빵이 젊은이들이 튼튼해지는 데에 도움이 되는 비타민과 미네랄을 함유하고 있다고 광고했다. 그러나 다른 모든 빵도 그렇다는 걸 밝히지 않음으로써, 이 광고는 기만이라는 판정을 받았다.[54]

미끼상품 마케팅(loss-leader marketing)과 미끼 광고(bait-and-switch advertising): 어느 백화점에서 비교적 가격이 낮은 상품 한두 가지를 원가 이하로 판매한다. 백화점이 2200원에 들여와 3000원을 받아야 할 것을 백화점이 200원을 손해보면서 2000원에 파는 것이다. 백화점은 이걸 광고해 손님을 끈다. 그걸 사러간 손님이 그거 하나만 달랑 사들고 가지는 않을 것이다. 온 김에 백화점 구경이나 하자고 하다가 몇 만원 어치 쇼핑을 할 가능성이 매우 높다. 백화점이 노리는 바가 이것이다. 이를 미끼상품 마케팅이라고 한다.

2005년 6월 홈플러스, 롯데마트, 그랜드마트, 킴스클럽 등 국내 대형할인점들이 쌀 할인판매 경쟁에 앞다퉈 나선 것도 바로 그런 경우다. 할인폭도 5%에서 20%나 됐다. 쌀을 미끼상품으로 활용하겠다는 것이다.[55]

미끼상품 마케팅과 유사한 걸로 'bait-and-switch marketing'이라는 게 있다. 굳이 번역을 하자면 '미끼로 유인해 뒤통수 때리기 마케팅'이라고나 할까? 한때 미국에서 성행했던 수법이다. 예컨대, 어느 업소가 세탁기를 단돈 57달러에 팔겠다고 광고했다고 가정해보자. 손님이 찾아가면 업주는 그 세탁기는 아주 나쁘다고 혹평을 하면서 좋은 걸 사라고 꾀는데 그건 395달러였다. 처음부터 광고한 세탁기를 팔 의도가 없었던 것이다. 그래도 손님이 사겠다고 하면 업주는 그 세탁기가 마침 다 나가고 없다고 할 게 분명하다. 이건 불법으로 규제 대상이다.[56]

기타 기만: ①free라고 해놓고 우편료 과다 청구와 같은 수법으로 이익을 챙기는 수법이다. 이는 우리나라 고속버스에서 회사홍보용으로 뭘 공짜로 주겠다고 해놓고 나중에 세금만 내달라고 떼를 쓰는 상술과 비슷한 것이다. ②미국에서는 antique(골동품)이라는 단어 사용에 대해 엄격히 규제하는데, 가구는 1830년 이전 제작, 양탄자는 1701년 이전, 바이올린은 1801년 이전의 것이어야 antique라는 말을 쓸 수 있다. ③remedy(구제)라는 단어는 완전 치료를 의미할 경우에만 사용할 수 있다. headache remedy는 있을 수 없다. 두통이 앞으로 영원히 생기지 않는다면 모를까 일시적인 치료를 remedy라고는 할 수는 없다는 것이다.[57]

부풀리기 · 기만적 진실

과장 또는 부풀리기(puffery): 광고시 사실과 의견은 구분해 의견의 과장은 용납된다. 예컨대, "가장 멋있게 보이는 옷이다"는 정도의 표현은 무방하다. 장난 광고(spoof ad)도 오도할 가능성이 희박하다는 이유로 용인되고 있다.[58] "코크(Coke)는 진실한 제품입니다"라든가 "실리(Sealy) 침대 위에서 잠자는 것은 구름 위에서 잠자는 것과 같습니다"라는 표현도 부풀리기의 대표적 사례들이다. 일정한 수준의 부풀리기는 합법적이나 때로는 그 표현방법상 한계선이 명확치 않아 갈등을 빚기도 한다.

FTC와 법원은 부풀리기적 광고 표현을 일반적으로 허용하고 있다. 법원은 소비자들이 광고주의 그러한 의견 표현에 대하여 신뢰를 두고 있지 않기 때문이라고 설명하고 있으며, FTC는 이에 더하여 부풀리기적 의견 표현으로써는

'속일 수 있는 능력(capacity to deceive)'의 표준에 미달하기 때문이라고 설명하고 있다.[59]

(사례) 1962년 다농 우유 사건: 다농은 "다농 요구르트는 과학이 발전시킨 자연의 완벽한 음식으로 알려져 있습니다"라고 광고했다. 다농은 '완벽한 음식(perfect food)'이라는 표현은 단순한 부풀리기에 불과하다고 항변했지만, FTC는 다이어트, 건강, 영양에 대한 관심이 최근 극도로 고조되고 있으므로 음식이 '완벽하다'는 표현은 품질에 대한 부풀리기나 과장을 넘어 중요 사실에 관한 허위적 표현에 해당한다고 결론을 내렸다. '가장 좋은(best)' '완벽한(perfect)' '최고의(prime)' '예외적인(exceptional)' '오리지널한(original)' '비교되는(comparable)' '훌륭한(wonderful)' 등의 표현은 FTC나 법원에서 부풀리기적 표현으로서 인정되지 않으며, 허위적 표현으로 인정될 가능성이 높다.[60]

기만적 진실: 리드 매거진사는 1945년에 퍼즐 콘테스트를 광고하였다. 소비자(구독자)들은 3달러를 지불하면 상을 탈 자격이 있는 것처럼 믿었다. 그러나 실제로는 42달러를 지불해야만 했다. 또 소비자들은 이 콘테스트가 퍼즐 콘테스트라고 믿었지만, 실제로는 그렇지 않았다. 이 퍼즐은 너무 쉬워서 누구나 풀 수 있는 내용이었으며, 동점자가 발생하면 이 상은 수필 작문 테스트에 의해 결정하도록 되어 있었다. 리드 매거진사는 이 사항이 모두 광고에 표시되었다고 주장했지만, 그 표시는 글씨가 작고 긴 문장으로 된 정황한 설명문에 불과했다. 광고문은 "퍼즐을 잘 풀면 큰돈을 벌 수 있는 기회가 있구나"라는 믿음을 줄 수 있게끔 만들어졌다. 이런 걸 가리켜 '기만적 진실'이라고 한다. 법원은 1947년 '도널드슨 대 리드 매거진사' 사건에서 광고 표현 속의 각 문장이 모두 진실이라고 하더라도 전체적으로 허위인 광고라는 판단을 내렸다. '기만적 진실'은 사실 중의 일부가 생략되었든가 광고 표현 내용이 허

위가 되도록 조합했을 때에도 발생한다.[61]

'기만적 진실'을 판단함에 있어서 자주 문제가 되는 건 제한적 조건(disclaimer)
의 가시성이다. 내셔널 비디오는 우디 알렌과 닮은 사람을 등장시켜 광고했다.
"알렌이 아니다"라는 문구가 있었지만 너무 작았다. 따라서 이 광고는 광고 모델
이 알렌일 것이라는 믿음을 주었거나 알렌이 아니라고 판단한 소비자에게 적어
도 알렌이 그 모델의 등장을 지지했을 것이라고 믿게끔 만들었다. 이는 기만 광
고로 판정되었다.[62]

비교 · 이미지 · 양의어 광고

비교광고(comparative advertising)는 경쟁 제품과의 비교를 광고 소구점으로 삼
는 광고를 말한다. 비교광고가 활발한 미국에선 1972년까지 3대 TV 네트워크
중 두 개 네트워크와 주요 신문사들은 비교광고를 금지하였지만, 1972년 연방
거래위원회가 상대 제품 실명 거론까지 허용하는 등 비교광고의 실시에 호의
적인 반응을 보이기 시작하면서 비교광고는 활발하게 이루어졌다.[63]

1976년에는 약 300여 개의 광고회사 중 44%가 비교광고를 활용하였고,
1977년 3대 지상파 방송사가 방영한 900개의 광고 중에서 약 20%가 비교광고
였다. 1979년 4대 인기 잡지에서 8500개의 광고에 대해 비교광고 여부를 조사
한 결과, 1965년에 7.9%, 1970년 8.9%, 5년 후인 1975년에는 거의 10%로 증가
하였으며, 1980년의 재조사에서는 전체 광고의 32%가 비교광고의 형식을 띤
것으로 나타났다. 1985년 미국 전체 광고에서 약 35% 정도이던 비교광고는
1987년에는 전체의 50%를 차지하였다.[64]

비교광고의 대표적 성공사례로 꼽히는 건 미국의 패스트푸드점 웬디스
(Wendy's)의 비교광고다. 웬디스는 "고기가 어디 있어"라는 광고 캠페인에서
경쟁사인 맥도널드의 빅맥, 버거킹의 와퍼와 비교함으로써 광고 시행 한 달
만에 매출액을 20%나 늘렸다.[65]

미 의회는 1946년 란함(Lanham)법 43조 (a)항을 통과시켰는데, 그 내용은 허위광고로 피해를 입은 기업이 직접 가해 기업을 대상으로 소송을 할 수 있도록 한 것이다. 란함법을 적용하기 위해서는 허위광고의 주장이 비교광고이어야만 한다.[66]

연방정부의 법령 이외에, 많은 주들이 '상표희석화방지법(Antidilution Statutes)'을 제정해 허위 비교광고를 판결하는 데 적용하고 있다.[67] 앞서 제14장에서 설명했듯이, 희석화(dilution)의 의미는 다음과 같다. "영업상의 표지(상표, 상호, 상품의 용기·포장·포장·형태 등)가 갖고 있는 재산적 가치, 즉 그 표지의 식별력, 긍정적인 이미지, 고객흡인력이나 광고력 등을 희박하게 하고 감소시키는 것과 같은 제3자에 의한 당해 영업상 표지의 사용행위 일반을 말한다. 가령, '진로' 상표를 변기나 살충제 등 상품에 사용하는 경우가 이에 해당한다."[68]

이미지 광고의 문제에 대해 생각해보자. FTC의 광고규제에서 대두되어 온 또 하나의 중요한 문제는 FTC의 규제 자체가 언어지향적(word−oriented)인 것에만 국한돼 있다는 것이었다. 즉, 직접적인 주장을 하지 않는 이미지 광고의 경우 언어적으론 침묵할망정 광고에 나타나는 이미지는 연상에 의해 언어 이상의 주장을 하기 때문에 그 실제적 효과는 허위와 기만일 수 있다.

밴티지(Vantage) 담배 광고 실험이 이 점을 잘 말해준다. 정복에 넥타이를 맨 잘생긴 남자가 담배를 손에 들고 "흡연, 내가 지금 하고 있는 게 바로 그것이다"라고 말하는 모습을 보여준다. 이 광고에 대한 거의 모든 응답자의 대답은 한결같았다. 그 사진 속의 남자는 대학을 나왔고, 바람기가 있고, 연 3만 달러 이상의 소득을 올리며 비싼 아파트에서 살 것이라고 대답한 것이다. 이 광고가 말하고자 하는 건 무엇인가? 그 담배를 피워야 그게 가능하다고 말하려는 게 아닌가? 만약 이 주장을 언어로 했다면 즉각 응징당했을 것이다.

이와 같은 문제를 거론하면서 FTC는 '마르코니식의 문제'에 '구텐베르그식의 해결책'을 적용하는 어리석음을 범하고 있다고 비판하는 사람들이 많다. 그러나 문제제기만이 있을 뿐 대안은 없다. 현재의 광고가 제공하지 않는 중요한 정보를 공급할 '역광고(counter ads)'를 해야 한다고 말하는 사람들도 있지만 그게 가능할 것 같지는 않다. 이데올로기적으로 대단히 보수적인 칼럼니스트 조지 윌(George Will)은 그런 시각은 소비자를 "바보 같은 환상 속으로 쉽게 속아 빠져드는 나약한 존재"로 가정하고 있으며, 그래서 "정부가 유모의 역할을 해야 한다는 이론"에 불과하다고 비판하고 있지만, 이러한 비판도 그리 가슴에 와닿지는 않는다. 그렇다고 해서 이미지 광고에 대한 규제를 하는 건 현실적으로 매우 어려우므로, 이는 광고규제의 가장 핵심적인 딜레마로 보아야 할 것이다.[69]

이미지 광고가 아닐지라도 성적 암시를 갖는 양의어(兩意語; double entendre) 광고도 규제상의 딜레마라고 할 수 있다. 함민복 시인은 이를 소재로 다음과 같은 시를 썼다.

"잘 벗겨지지 않아요—제비(?)표 페인트/ 알아서 빨아줘요—대우 봉(?) 세탁기/ 구석구석 빨아줘요—삼성(?) 세탁기/ 빨아주고 비벼주고 말려주고—금성(?) 세탁기/ 우리는 그이가 다 빨아줘요, 잘 빨아주니 새댁은 좋겠네—럭키 슈퍼타이"[70]

오동명 전 『중앙일보』 기자가 「'오늘은 뭘 따먹을까? ???:『조선일보』의 '호객행위'」라는 글에서 고발한 다음과 같은 사례도 참고하는 것이 좋겠다.

"오늘 아침 교보문고로 가는 길에 광화문 지하도에서 『조선일보』로부터 '오늘 너는 무엇을 따먹을 거니?'라는 질문을 받았다. 아니, 무엇인가 따먹을 것을 제안 받았다. 다름 아닌 지하도 벽에 걸려 있는 『조선일보』의 인터넷 사이트인 디지털조선의 대형광고 속 큰 글귀가 바로, '오늘은 뭘 따먹을까?'이다. 조금 술에 취해 남을 의식하며 귓속으로나 할 수 있는 말로 서울 시내 한복판에서 버젓하게 호객행위를 하고 있다. 노상의 호객행위자는 '조선일보'임을 당당하게 드러내놓고 … 돈이 되면 뭐든 할 한국의 루퍼트 머독, 『조선일보』. … 나만의 지나친 적대감일까 싶어 지나다니는 시민들을 붙들고 물었다.… 『조선일보』에서 성인전용 사이트를 만들었나보죠? 요즘 『조선일보』 막가는군.'"[71]

한국의 광고규제법

우리나라에서 광고규제는 1961년에 제정된 부정경쟁방지법(1986년 전면 개정), 1973년에 제정된 물가안정 및 공정거래에 관한 법(1980년 개정), 1980년대 제정된 독점규제 및 공정거래에 관한 법률(1986년 개정) 등을 비롯하여 다양한 분야의 법들이 허위 또는 과대광고를 금지한 조항을 삽입시킴으로써 이루어져왔다.

1989년에 조사된 한국광고협의회 광고산업발전제도 연구위원회의 『광고관련법규자료집』에 따르면 광고에 직간접적으로 영향을 미치는 법규는 모두 153건이나 되었으며, 1993년 제일기획의 조사에 따르면 광고 관련법은 모두 82개인 것으로 나타났다.[72]

광고규제의 실천에 있어선 공정거래위원회(FTC: Fair Trade Commission), 소비자보호원, 방송광고심의위원회가 주요 규제 기관이나 그밖에도 수많은 관련 법들에 의해 여러 정부 기관들이 규제를 하고 있다.

2000년 8월 1일부터 한국광고자율심의기구(www.karb.or.kr)는 법적 사전심의의 존속과 민간위탁이라는 절충 형태로 결론지어진 통합 방송법에 따라 방송위원회의 방송광고 심의 업무를 위탁받아 업무를 개시하였다.

2000년 12월 20일, 공정거래위원회는 부당한 표시·광고 내용을 정정해 광고하게 하는 '정정광고에 관한 운영지침'을 마련했으며, 2001년부터 시행에 들어간다고 밝혔다. 공정위는 ①인체에 직접적으로 영향을 미치거나 ②안전 또는 환경에 관련됐을 경우 ③성능·효능·품질에 관한 내용으로 소비자의 구매선택 및 거래질서에 중대한 영향을 미치는 부당광고의 경우 사업자에게 정정광고 명령을 내리기로 했다.

부당광고로 판정받을 경우 부당광고가 실렸던 같은 매체와 같은 크기를 통해 정정 내용을 내보내야 하며, '해당 광고 가운데 구체적으로 어떤 부분이 잘 못됐으며 사실은 어떻다'는 내용이 포함돼야 하며, 정정광고의 횟수도 부당 광고 횟수의 10~30까지라고 못박았다. 또한 정정광고임을 알 수 있는 내용의 글이 정정광고의 제목으로 들어가진 않더라도 다른 본문에 비해 눈에 띌 수 있게 광고의 본문 앞 부분에 들어가야 하며, 본문과 글자 크기가 적어도 같아야 하고, 본문과 글자의 모양·색상이 달라야 한다고 규정했다.[73]

또 다른 타율규제로는 시민단체들의 활동을 들 수 있다. 시민단체 압력에 의해 광고를 포기하는 경우도 있는데, 금성사와 에바스화장품이 누드광고를 도중하차시킨 것이 바로 그런 경우에 속한다고 볼 수 있다.

물론 업계 자율규제도 동시에 이루어지고 있다. 1971년 7월에 발족된 한국 광고협의회(후에 광고단체연합회로 개칭)는 1972년 7월 전문 7조로 된 '광고윤 리강령'을 제정한 바 있다. 1991년 3월엔 광고주협회가 주동이 되어 광고업협 회, 신문협회광고협의회, 잡지협회 등 관계 단체의 참여 아래 한국 최초의 광 고자율기관인 '한국광고자율심의기구'를 설치하였다.[74]

자율규제의 일환으로 업계 사전심의가 이루어지는 경우도 있다. 예컨대, 화 장품 광고는 화장품협회의 사전심의를 받아야 한다. 그러나 미국에서는 동업 자들끼리의 그러한 규제약정이 독점금지법(Antitrust Act)에 위반될 수 있기 때 문에 광고규제를 위한 공동기준이나 강령 등을 정할 경우 실시에 앞서 미리 FTC에 그 초안을 제출하여 승인을 받아야 한다.[75]

언론사에 의한 자율규제도 이루어지고 있는데, 예컨대 『한국일보』는 최초 로 1958년에 신문광고윤리요강과 신문광고게재 기준을 마련하였다. 한국신 문윤리위원회는 1976년 12월 신문협회와 공동으로 신문광고윤리강령과 그 실천요강을 제정하였다.

2008년 6월 26일 TV 방송 광고를 사전심의하도록 규정한 방송법 조항은 행 정기관에 의한 사전검열에 해당되고, 이는 헌법상 표현의 자유를 침해하기 때 문에 위헌이라는 헌법재판소의 결정이 나왔다. 이에 따라, 행정기관의 성격을 가진 방송통신심의위원회가 공익광고를 제외한 TV 방송광고를 사전심의 하도록 한 방송법 제32조 제2항과 제3항, 시행령 제21조의 2 등은 이날로 효력을 잃게 됐다.

헌법재판소 전원재판부는 강릉시에서 건어물 가게를 운영하는 김모씨가 "YTN에 가게 광고를 청약했으나 사전심의를 받지 않았다는 이유로 거절당했다"며 2005년 제기한 헌법소원 사건에서 관련 방송법 조항에 대해 위헌 결정을 내렸다. 헌재는 "사전검열은 실질적으로 행정권이 주체가 되어 사상이나 의견이 발표되기 전에 그 내용을 심사·선별해 발표를 사전에 억제하는 제도"라며 "이는 헌법뿐 아니라 법률로서도 불가능하다"고 밝혔다. TV 광고의 사전심의는 방송위로부터 위탁 받은 한국광고자율심의기구가 진행하고 있지만, 헌재는 "그렇더라도 방송위가 자율기구에 대한 지휘·감독권을 갖고 있는 만큼 심의 주체는 방송위로 봐야 한다"고 밝혔다.[76]

헌재의 위헌 판결 이후, 지상파 방송광고는 한국방송협회가, 케이블 방송광고는 케이블방송협회가 각각 사전자율심의를 담당하고 있다. 33개 지상파 방송사를 회원사로 두고 있는 방송협회는 "불법 및 위해 광고로부터 시청자를 보호하고 방송광고의 심의에 따른 회원사의 중복업무를 해소하기 위해 협회 정책실 내에 광고심의팀을 신설했다"며 "한국방송광고공사(KOBACO)의 방송광고 전자상거래 시스템인 코바넷(KOBAnet)을 통해 회원사의 청약 방송광고물에 대한 심의를 진행 중"이라고 밝혔다.[77] 이제 명실상부한 자율규제가 더욱 중요한 의미를 갖게 되었다 하겠다.

1990년대 한국의 비교광고

비교광고는 미국에선 1972년, 일본에선 1986년에 공식 허용되었지만, 한국에선 '표시·광고의 공정화에 관한 법률'이 시행된 1999년 7월에서야 비교광고의 시대가 열렸다.[78] 그러나 법리상으로 그렇다는 것일 뿐, 그 이전에도 비교광고는 있었다.

한국에서 비교광고의 뿌리는 1977년 '냉장고 서리전쟁' 으로 거슬러 올라가지만, 본격적인 비교광고로는 1988년의 '초고온살균 대 저온살균' 논쟁을 야기한 파스퇴르 우유 광고를 들 수 있다. 이어 매일유업은 '93년 햅쌀로 만든 이유식은 맘마밀뿐' 이라는 광고 하나로 판매량이 2배 급증하는 재미를 봤는데, 법정 분쟁의 위험을 동반하면서도 업계가 비교광고의 유혹에서 쉽게 놓여나지 못하는 것은 이 때문이다.

『뉴스피플』 1999년 6월 3일자는 "MSG 유해논쟁을 벌였던 '맛그린' 광고를 비롯해 '물에 대해 말 못하는 맥주(하이트맥주)' '과일을 삶아드시겠습니까(썬업100주스)' 등은 모두 비교와 비방의 경계선에서 논란이 됐던 광고들. '피자, 헛먹었습니다' 라는 미스터피자의 피자헛 공격 광고는 결국 부당광고로 판명났다. 비교 수위도 갈수록 높아지고 있다" 며 다음과 같이 말했다.

"세탁기 4사의 빨래엉킴 공개시연회 결과를 신문에 대문짝만하게 실은 동양매직 세탁기광고, '새 비행기를 타시겠습니까, 헌 비행기를 타시겠습니까(아시아나항공)' '하나네(한화)보다 예지네(LG)보다 좋아요(고려화학 바닥장식재 우드피아)' '3% 더 쌉니다(데이콤)' '국내 경차 중 4기통 엔진은 아토스뿐(현대차)' '저 차는 대관령을 못갑니다(대우차)' 를 거쳐 급기야는 '지는 IBM이 있으면 뜨는 컴팩이 있다(컴팩)' 는 실명거론 광고까지 등장했다. 탤런트 이영애가 '처음엔 보통 소주겠거니' 하고 마셨다는 최근의 진로 '참이슬' 광고도 비교광고다. '아직도 그런(그린) 소주를 드시니' 는 그린소주 공격편의 2탄이다."[79]

좀 더 구체적으로 1999년에 일어난 사례를 4개만 더 살펴보자.

(사례) 한국통신 대 하나로통신: "타잔으로 분장한 전유성이 코끼리를 부른다. 아아아 외침이 떨어지기가 무섭게 한쪽 컴퓨터에서는 코끼리 떼가 뿌우하며 달려오는데 바로 옆 컴퓨터는 깜깜무소식이다. 무반응 컴퓨터 위에 써

져 있는 작은 글씨, '기존 구리전화선'. 광케이블을 깐 하나로통신이 100배 빠르다는 속도의 우위성을 강조한 광고다. 화가 난 전유성이 '느려터진' 구리선 컴퓨터를 발로 차지만 저속하다는 이유로 심의에서 잘렸다. … '우리는 6년 됐는데' 라는 카피로 하나로통신의 김을 쏙 뺀 한국통신 광고제작사 휘닉스커뮤니케이션즈 최지훈 부장은 '전화와 인터넷을 동시에 쓴 지 6년 됐다' 는 정보통신부 입증자료를 제출했다면서 '비교와 비방은 분명히 구분돼야 한다' 고 강조했다."[80]

(사례) 두산─진로의 비방성 비교광고: "'세상 따라 소주도 부드러워졌습니다. 이제 그린이 정말 소주입니다. 추억은 추억으로 간직할 때 가장 아름답습니다. 흘러가는 시절은 가게 두시고…' '왜, 그런 소주를 마셨는지 모르겠다, 말로만 부드럽다는 그런 소주로 고생 많으셨죠.' (주)두산과 (주)진로가 상대방의 소주 제품을 노골적으로 폄하하는 광고싸움을 벌이고 있다. (주)두산이 먼저 싸움을 걸었다. 부도를 내고 화의 상태에서 힘겹게 살고 있는 (주)진로를 '흘러간 시절' '흘러 간 노래' 로 비유하며 '부드러운 그린 소주' 를 마시기를 권하는 광고를 시작했다. 이에 발끈한 (주)진로는 10일부터 맞불을 놓으며 반격에 나섰다. 역시 신문광고를 통해 (주)두산의 '그린' 소주를 노골적으로 깎아내리고 있다. 광고문구에서 '그린' 의 '린' 자 획 가운데 'ㅓ'를 'ㅣ'로 보이게 표기하는 방법으로 두산의 '그린' 소주를 소비자들이 '왜 마셨는지 모르겠다' '말로만 부드럽다는 그런 소주로 고생 많으셨죠' 라고 직격탄을 쏘았다. 두 회사는 상대방을 허위·비방 광고 혐의로 공정거래위원회에 제소할 준비도 하고 있다."[81]

(사례) 현대─대우의 비방성 비교광고: "대우자동차는 '서울─부산, 누비라 II로 힘차게 왕복할 것인가. 아, 반대로 힘없이 왕복할 것인가' 라는 문구를 담은 전면 컬러광고를(1999년 3월) 29일부터 주요 일간지에 게재하기 시작했다.

당연히 현대자동차 측이 발끈했다. 이 광고문구 가운데 '아, 반대' 는 현대자동차의 경쟁 차종인 아반떼를 빗댄 것이 분명하다고 주장했다. 현대 관계자는 '잘 나가는 경쟁 차종을 물고 늘어져 이득을 보려는 치졸한 광고' 라며 '적절한 대응 방안을 검토 중' 이라고 밝혔다. 대우자동차 측도 할 말이 있다는 입장이다. 현대자동차가 TV 광고를 통해 먼저 누비라II를 깎아내렸다는 것이다. 최근 들어 방영되고 있는 현대의 TV 광고는 고객이 대우자동차 판매영업소를 연상케 하는 영업소에 찾아와 '한번 기름을 넣으면 서울−부산을 왕복하는 차가 없느냐' 고 묻자, 판매사원이 현대영업소를 가리키며 '저쪽으로 가보라' 고 얘기하는 내용을 담고 있다."[82]

(사례) 곧바로 이어진 대우(레간자)의 반격: "검은색 정장 양복을 말쑥하게 차려입은 두 남자가 서 있다. 한 남자(전광렬)가 묻는다. '너, 중형차 샀다며? 에어백 2개 있니?' '없어' '미끄럼장비 시스템은?' '없어!' 계속 없다고 말하다보니 열 받은 남자(권해효), '내 차는 완전 이거잖아' 하고 양복을 젖혀보인다. 드러나는 맨살. 언뜻 말쑥한 신사인 것 같지만 와이셔츠도 넥타이도 없이 양복저고리만 걸친 이 남자, 겉만 그럴 듯한 빈껍데기를 뜻한다. 현대차를 빗댐이다. 상황 전개마저 현대광고를 패러디해 통렬함이 두 배다."[83]

1999년 4월, 공정거래위원회는 경차(輕車) 시장을 놓고 비방광고전을 벌여온 현대·대우자동차에 대해 광고부문 불공정행위로는 유례가 없는 합계 10억 원이 넘는 과징금(현대자동차 5억 6800만 원, 현대자동차서비스 3억 2200만 원, 대우자동차판매 2억 100만 원)과 함께 법 위반 사실을 신문에 공표토록 명령했다. 이들은 광고 전단에서 각기 영국의 자동차 전문잡지 『오토카』가 실시한 경차실험 결과를 전하면서 서로 상대회사의 차만 전복됐다며 '국민의 생명을 담보로 한 문제투성이의 차' '안전에서 치명적인 결함 발견' 등 서로 헐뜯기에 나섰다는 것이다. 그러나 공정위는 문제의 실험이 법적 기준에 따른 정규시험이 아닌데다 후진 중 핸들을 90도로 꺾는 등 무리한 방법을 동원하다 보

니 시험 도중 아토스와 마티스가 모두 전복됐었다고 밝혔다.[84]

1999년 7월 1일부터 공정거래법에 속해 있던 표시광고 규정이 '표시광고의 공정화에 관한 법률(이하 표시광고법)'로 독립하자 광고계의 관심은 이를 계기로 비교광고가 얼마나 활성화될 수 있는지에 모아졌다.

표시광고법은 '객관적 근거가 없거나 비교대상 및 기준을 명시하지 않고 비교하는 경우'를 제재대상으로 삼았다. 이전 공정거래법의 '객관적 근거가 없거나 자기 것의 유리한 부분만을 들어 경쟁사업자의 것과 비교하는 경우'와 달리 정확하고 객관적인 기준이 있다면 비교대상을 밝혀도 된다는 뜻이었다. 이에 따라 표시광고법에서는 비교광고와 관련, 2가지 사항을 추가했다. 우선 광고실증제의 도입이다. 광고 내용 중 사실과 관련된 사항에 대한 실증자료를 공정위가 요청할 경우 업체는 30일 안에 자료를 내야 한다. 두 번째는 임시중지 명령제다. 잘못된 광고에 대한 공정위의 처리기간이 일반적으로 2~3개월이 걸리는 점을 고려해 부당성이 명백해 보이고 소비자와 경쟁사의 피해가 예상될 경우 소비자단체나 광고심의기관이 요청하면 공정위 직권으로 광고를 일시 중지할 수 있게 했다.

그러나 웰컴의 이사 이두학은 "우리나라 국민정서상 비교광고를 직설적으로 하면 소비자들에게 오히려 반감을 살 수 있다"며 "정확한 효과 검증이나 자신이 없는 한 비교광고는 광고주로서는 대단한 모험이 될 것"이라고 밝혔다.[85]

2000년대 한국의 비교광고

2001년 9월 공정거래위원회는 '비교광고 심사지침'을 마련하였지만, 한국에선 바로 그런 '국민정서'상의 문제 때문에 비교광고는 비교광고에 거부감이 덜한 젊은층을 주요 대상으로 삼았다.

2004년 2월, 다음이 네이버가 '카페' 명칭을 사용하지 못하도록 법원에 가처분 신청을 낸 직후, 네이버는 "있을 때 잘하지 그랬어, 안녕~. 난 네이버 카페로 간다"며 톱스타 전지현이 작별의 키스를 날리며 '카페'를 쏴버리는 홍보 CF를 내놓았다. 다음 카페를 겨냥한 노골적인 비교광고였다. 다음도 유명 연예인들을 내세워 '당신이 다음의 주인공이다'라는 광고를 내놓았지만, 결과는 네이버의 완승이었다. 다음은 2003년 매출 실적 1위를 네이버에 내준 뒤 이해와 다음 해에 걸쳐 트래픽과 페이지뷰 모두 네이버에 자리를 내주고 2위로 내려앉았다.[86]

2005년 9월 29일 국무조정실이 발표한 '표시광고 규제 합리화 방안'에 따르면 2006년 하반기부터 그동안 금지해온 식당, 약국, 변호사 등의 광고제한을 풀고 그동안 비교광고가 허용되지 않았던 정수기와 화장품, 동물용 의약품 등 3개 업종도 비교광고를 할 수 있게 되었다.

2007년 5월 24일 공정거래위원회는 소주업체인 진로와 두산이 2006년 7~8월 '참이슬'과 '처음처럼'의 광고에서 상대방 제품을 비방하는 등 이미지를 훼손시킨 점을 적발, 시정명령을 내렸다고 밝혔다. 공정위에 따르면 진로는 신문과 전단지 광고에서 두산의 '처음처럼'이 전기분해 과정을 거쳤다는 점을 강조하면서 '전기 충격' 등의 표현으로 전기에 감전되는 위험한 상황이 연상되도록 광고했다. 두산은 신문광고에서 두 제품을 비교하면서 '처음처럼'이 알칼리성 소주 제조의 기준이고 진로의 '참이슬'은 이를 모방한 제품인 것처럼 표현했다. 공정위는 양사 광고가 모두 경쟁사 제품에 대한 이미지를 훼손하고 소비자를 오인시킬 우려가 있어 표시광고법상 비방 및 부당비교 광고에 해당한다고 밝혔다.[87]

『국민일보』 2008년 3월 6일자에 따르면, "비교광고로 재미를 봤던 현대자동차가 '되치기'를 당했다. GM대우는 5일 현대차의 심기를 불편하게 하는 비교광고를 냈다. 광고는 '싼타페에 갔다. 좋은 건 다 옵션이란다'라는 카피로 시작한다. 현대차 싼타페의 이름이 미국 사막지역 이름에서 따왔다는 점에 빗

대어 싼타페라고 쓰인 도로 이정표와 함께 도시 이미지도 넣었다. 이어 '싼타페 등 다른 SUV들에게 200만~300만 원이 넘는 옵션인 내비게이션! 윈스톰은 후방카메라까지 되는 최첨단 내비게이션이 기본'이라는 설명도 곁들였다. 지난 4일부터 중형 SUV 윈스톰에 후방카메라와 DMB 내비게이션을 기본으로 장착해 판매에 들어간 것을 강조하기 위해 싼타페를 끌어들인 것이다. … 현대차는 앞서 지난 1월 프리미엄 세단 제네시스를 출시하면서 '유럽의 명차에 정면 도전한다'는 광고문구와 함께 아우디 최고급 세단 A8과 정면충돌하는 장면을 담은 TV 광고를 내보내 짭짤한 효과를 봤다."[88]

2008년 3월 11일 다음은 '카페검색'을 론칭하면서 "이젠 검색도 다음입니다"라는 광고문구를 내걸었다. 정용인은 "광고는 상당히 공격적이다. 다음은 초기화면에서 '다음 검색 vs 네이버 검색'이라는 타이틀까지 내걸며 타도 대상이 '네이버'임을 숨기지 않고 있다. … 카페검색을 시작으로 '검색쇼'와 '검색트렌드' 등 올 한해 내내 차별적인 검색 기술을 차례로 선보여 '검색왕국' 네이버의 아성을 무너뜨리겠다는 계획이다. 다음의 야심은 성공할 것인가"라고 말했다.[89]

2008년 6월 1일 SK텔레콤은 지난달 LG텔레콤의 3세대 이동통신 무선인터넷 '오즈(OZ)'의 광고에 대해 공정위에 시정조치를 요청했다고 밝혔다. SK텔레콤은 "LG텔레콤이 오즈 광고에서 '힘이 되는 3G(3세대 이동통신), 힘이 드는 3G'라고 한 문구는 비방광고이며, LG텔레콤(월 6000원)과 SK텔레콤(월 2만 6000원)의 상품은 월간 데이터 이용한도가 다른 상품인데, 이를 비교한 것은 부당하다"고 주장했다. 이에 대해 LG텔레콤은 "광고에 'SK텔레콤' 대신 'A사'로 표시했고, 상대적으로 경제적인 요금제를 부각한 광고인데, SK텔레콤이 문제 삼는 것은 이해할 수 없다"고 밝혔다.

SK텔레콤은 이 광고의 문구가 자사에 대한 비방을 담고 있다고 주장하고 있다. 반면 LG텔레콤은 'SK텔레콤' 대신 'A사'로 표시했으므로 문제될 것이 없다는 입장이다. LG데이콤은 휴대폰 국제전화 할인상품인 '002 모바일 스페셜' 사용자들에게 통화료를 문자메시지로 보내주면서, 경쟁사인 SK텔링크의 '00700 일반요금' 을 이용했을 때와 비교해 절감된 통화료를 함께 알려준다. SK텔링크 관계자는 "LG데이콤이 자사의 국제전화 할인요금 상품을 휴대폰 화면으로 광고하면서 이보다 비싼 SK텔링크의 일반요금 상품을 비교한 것은 부당하다"고 주장했다. LG텔레콤의 오즈 서비스는 출시 1개월 반 만에 17만 명의 가입자를 모집했고, LG데이콤의 '002 모바일 스페셜' 은 두 달 만에 사용자가 10만 명을 돌파했다.[90]

"교수님, 정말로 고대 경영이 서울대보다 더 좋습니까?" "어머님, 하나 빼고 다 좋습니다."

"선배님, 정말로 하나 빼고 다 좋아요?" "당연히 고대 경영이 서울대보다 더 좋아요!"

2008년 12월 고려대 경영대가 주요 일간지에 낸 2009년 정시모집 광고, 일명 '하나 빼고' 광고가 논란을 빚었다. 고려대 경영대의 장학금 및 각종 혜택을 담은 이 광고는 신문을 좌우로 나눠 학부모와 교수, 고3 수험생과 고려대 경영대 재학생이 질문을 주고받는 틀로 제작해 대학광고로선 파격적인 형식을 취했다. 광고 관련 업체 관계자들은 "광고가 나간 빈도, 크기나 배열 위치 등을 고려하면 20억 원 정도는 들었을 것" 이라고 예측했다.

이와 관련, 『주간동아』 2009년 1월 13일자는 "특히 경영대 장하성 학장이 아이디어를 낸 것으로 알려진 '고대 경영이 하나 빼고 서울대보다 낫다' 는 카피가 화제를 불렀다. 그 '하나' 가 무엇을 의미하는지에 대해 누리꾼(네티즌)들의 추측이 난무했고, 전통적으로 상경계열이 강세인 라이벌 학교 연세대에 대해서는 언급조차 하지 않고 서울대와 노골적으로 비교한 터라 두 대학을 모두 자극했다" 며 다음과 같이 말했다.

"일부 언론매체에서는 서울대가 광고의 위법성과 관련해 공정거래위원회에 문의했다고 보도했고, 젊은층이 많이 모이는 인터넷 커뮤니티에는 '안중에도 없다' 는 카피 아래 연세대를 상징하는 커다란 독수리가 창공을 뒤덮고 멀리 고려대를 상징하는 조그마한 호랑이가 서 있는 패러디 비교광고도 떠돌았다(연세대 측은 이 광고가 텍스트는 연세대 경영대의 실제 광고를 따온 것이지만 나머지 이미지는 출처를 알 수 없다고 밝혔다)."[91]

서울대 관계자는 "간절한 소망을 다소 경망스럽게 표출한 것으로 보아 넘길 수도 있지만, 인간정신의 깊이와 세상의 이치를 존중해야 할 대학의 품격에는 적합하지 않아 보인다"며 "광고라도 지켜야 할 기본 예의와 도리가 있다"고 비판했다. 또 서울대 경영대의 고위 관계자는 "각 대학들이 '품질' 경쟁을 하는 것은 좋은데 일반 기업도 하지 않는 비교광고로 상대를 비하하는 것은 바람직하지 않다"며 "귀중하게 거둔 등록금을 홍보 마케팅으로 너무 많이 지출하는 것 아니냐"고 꼬집었다.[92]

대학마저 비교광고를 하는 세상이 되었으니, 이를 비교광고의 선진화로 반겨야 할까? 고려대의 광고는 '서울대의 나라'에 대한 도전이라는 점에서 긍정 평가할 점이 있으나, 아무래도 '비교광고의 선진화'로 보기는 어려울 것 같다. 한국의 비교광고는 소비자에게 이익이 돌아가게끔 하는 합리적 비교라기보다는 이른바 '노이즈 마케팅'의 성격이 강하다. 비교광고에 대한 문화적 저항이 만만치 않음에도 비교광고가 성행하는 것도 바로 그런 효과를 염두에 두고 있기 때문이 아닐까?

PPL을 어떻게 볼 것인가?

PPL(Product Placement: 콘텐츠 내 상품 간접광고)은 돈을 받고 영화나 TV 드라마 속에서 특정 상품, 협찬업체의 이미지, 명칭, 장소 등을 드라마의 일부로 자연스럽게 소화시켜 홍보해주는 간접광고기법을 말한다. PPL은 원래 영화제작시 필요한 소품을 확보하기 위해서 기업으로부터 협찬을 요청한 데서 유래되었는데, 1945년 영화 〈밀드리드 피어스〉에 등장한 버번위스키를 그 시초나 1950년대 〈이유 없는 반항〉에서 제임스 딘이 사용한 빗이 젊은이들의 필수품이 되면서 PPL에 대한 관심이 생기기 시작했다.

미국에서는 PPL이라는 명칭에서 '프로덕트 인티그레이션(Product Integration)'
이나 '브랜디드 엔터테인먼트(Branded Entertainment)'라는 식으로 바꿔 부르고
있다. '브랜디드 엔터테인먼트'는 PPL이 한 단계 더 발전한 것으로, 엔터테인먼
트 콘텐츠 내에서 특정 브랜드나 제품, 상징, 이미지 등이 중요한 모티브 및 소재
로서 콘텐츠의 중심으로 자리매김하는 걸 말한다. PPL는 리얼리티 쇼와 서로 잘
맞아떨어져, 1회당 PPL 광고비가 수십억 원 단위인 사례까지 있다. 이제 PPL은
게임, 연극, 뮤지컬, 소설, 만화 등에까지 진출했다. 미국 시장조사기관 피큐미디
어에 따르면, 2006년 전 세계 유료 PPL 시장은 33억 6000만 달러(약 3조 1000억 원)
로, 2005년보다 37.2% 성장했다.[93]

영화 쪽에서 협찬 규모가 역대 최고였던 작품은 2002년 〈007 다이 어나더
데이(Die Another Day)〉다. 당시 이 영화는 20개 협찬사가 총 4400만 파운드(약
940억 원)의 물품을 협찬해 '바이(Buy) 어나더 데이'라는 비판을 받았었다. 그
런데 2008년 새로운 007시리즈 〈퀀텀 오브 솔러스(In Quantum of Solace)〉는 이
를 능가한 것으로 보도되었다.[94]

영화보다 더 논란이 되는 분야는 방송이다. 미국 시민단체 'Commercial
Alert'는 2006년 4월 현재 미국 광고주의 3분의 2에 해당하는 기업들이 어떤
식으로건 간접광고를 하고 있고, 이중 80%는 텔레비전 프로그램에 집중돼있
다며, PPL을 포함한 모든 간접광고는 일종의 사기행각이라고 주장했다.[95] 미
국과 일본은 PPL을 허용하고 있으나, 프랑스와 독일은 상황에 따라 허용하거
나 불허하며, 영국은 불허한다.[96]

한국은 방송심의규정 제7절 제47조에서 PPL을 통한 간접광고를 금지하고
있지만, 협찬 형식은 허용하고 있다. 현재 가능한 협찬은 ①캠페인 협찬 ②방
송사 주최, 주관 문화예술 스포츠 등 공익행사에 한한 행사 협찬 ③공익성 대
형 기획 프로그램이나 자회사가 아닌 독립제작사가 제작한 기획물에 한한 프
로그램 협찬 ④시상상품이나 장소, 소품, 의상, 정보 협찬만 가능한 프로그램

내 협찬 등 4가지로 구분된다. 이중 가장 자주 문제가 발생하는 것은 프로그램 협찬과 프로그램 내 협찬이다.[97]

2006년엔 일부 지상파 방송사 PD들이 특정 기업 제품을 프로그램 안에 노출되도록 끼워 넣어주고 그 대가로 금품을 받은 혐의로 구속되기도 했다. 세명대 교수 정연우는 갈수록 노골화되는 PPL 문제의 한 해법으로 협찬 사전심의제를 시행할 것을 제안했다. 협찬심의위원회를 구성해 사전심의를 함으로써 방송사 제작진과 외주제작사, 제작사와 협찬사 간에 오가는 음성적 거래를 차단해야 한다는 것이다.[98]

방송의 PPL 규제를 피하기 위해 게임·만화·연극 등 다른 매체의 PPL을 적극 활용하는 추세도 나타났다. 방송과 통신의 경계가 모호해진 만큼 방송 PPL에 대한 규제를 풀거나, 아니면 인터넷 콘텐츠 등에도 규제를 해야 한다는 의견도 제기되었다.[99]

2009년 2월 3일 방송통신심의위원회는 SBS〈며느리와 며느님〉과 KBS〈아내와 여자〉에 대해 각각 "시청자에 대한 사과"를 의결했다. 특정 제품의 사용방법과 장점 등을 소개하는 것을 비롯해 제품을 근접 촬영하고 브랜드명이나 로고 등을 일부 변경해 노출하는 방식으로 협찬주에게 광고효과를 줄 수 있도록 프로그램을 제작해 방영했다는 이유였다.

2007년 양문희 MBC 전문위원은 간접광고 및 협찬과 관련하여 금지 규정이 여전히 존재하며 심의 제재를 받고 있음에도 불구하고 간접광고가 만연하고 있는 원인으로 3가지를 들었다.

첫째, 규제 범위의 모호성이다. 방송심의규정 제47조(간접광고) 조항은 프로그램에서 간접광고가 이루어지더라도 특정 상품에 대한 소개를 하지 않거나 의도적으로 부각시키지 않는다면 간접광고를 해도 괜찮은 것처럼 보인다. 실제로 최근의 PPL은 상품을 로고 등을 가리지만 실제 제품은 보여주는 방식을 취한다. 둘째, PPL에 대한 개념 규정이 명확하지 못하다. PPL, 간접광고, 협찬의 경계가 모호하기 때문에 PPL을 판단하는 기준이 불분명하다. 셋째, 외주제작사는 드라마제작에 있어 협찬을 받을 수 있지만, 지상파 방송사는 협찬을 받을 수 없다. 외주제작사는 협찬을 통해 제작비를 충당하면서 PPL을 하고 있는 바, 이는 PPL을 규제하려는 원래 의도와 상반된다.[100]

2008년 7월 미국에선 뉴스 프로그램에까지 PPL이 등장해 논란을 빚었다. 미 일간 『뉴욕타임스』는 7월 22일 "〈폭스 뉴스〉의 지역 제휴사인 메리디스가 최근 각 지역 채널의 뉴스 쇼에서 처음으로 맥도널드의 커피를 홍보하는 PPL을 도입해 논란이 되고 있다"고 보도했다. 대표적 프로그램은 메리디스의 라스베이거스 채널인 KVVU의 오전 뉴스 쇼. 남녀 앵커 앞에 놓인 컵에는 맥도널드 로고가 선명히 드러난다. 잔에 담긴 커피는 강한 조명에 녹지 않도록 가짜 얼음과 액체로 만들어져 직접 마시는 앵커를 볼 수는 없다. 맥도널드의 커피 컵은 메리디스의 애틀랜타 WGCL TV나 시애틀 KCPQ TV, 시카고 WFLD TV, 뉴욕 Univision 41의 뉴스 데스크에서도 찾아볼 수 있다.

메리디스의 이 같은 행보에 학계는 물론 업계에서까지 광고주의 영향으로 저널리즘이 훼손될 수 있다고 우려했다. 그러나 KVVU 보도국장 애덤 브래드쇼는 "비행기 사고 뉴스를 전할 때 항공사 광고를 중단하는 것처럼 맥도널드 관련 뉴스를 전할 땐 커피컵도 치워질 것"이라며 "PPL이 보도에 미치는 영향은 전혀 없다"고 주장했다.[101]

미국 일리노이대 커뮤니케이션학과 교수 로버트 맥체스니(Robert W. McChesney)는 PPL을 '하이퍼상업주의(hyper-commercialism)'라 부르면서 이것이 소비자에 미치는 영향은 고전적 의미에서의 민주주의 실천에 큰 장애가 된다고 진단한다. 민주주의, 자유, 개인성, 평등, 교육, 공동체, 사랑, 건강 등과 같은 소중한 가치들이 광고의 도구로 전환되고 모든 사람들에게 폭포수처럼 퍼부어지면서 공적인 삶에 암적인 존재인 심각한 냉소주의와 유물론이 팽배해질 것을 우려한다.[102]

2008년 10월 17일 경제정의실천시민연합은 '방송프로그램 간접광고의 제도적 대안모색' 세미나를 개최했다. 이 세미나에서 경실련 미디어워치 이현정 모니터분과장은 "여전히 드라마에서는 제품배치(PPL)를 위한 갑작스런 설정이 생겨나고 각종 정보프로그램들은 아이템 빈곤을 채우기 위해 간접광고로 보기에 무리가 없는 내용들을 생산하고 있다"며 "프로그램을 통해 양질의 콘텐츠를 제공하는 게 아니라 교묘하게 시청자를 광고의 대상으로 전락시켜버리는 건 아닌지 따져봐야 한다"고 했다.[103]

2009년 5월 드라마제작사협회 김승수 사무총장은 "현재 지상파 방송사들이 지급하는 제작비는 실제 드라마를 만드는 데 들어가는 돈의 50~70%"라며 "부족한 돈은 협찬과 간접광고를 통해 해결하라는 식"이라고 말했다. 이와 관련, 『조선일보』는 "지상파 방송사가 이처럼 '배짱'을 부릴 수 있는 것은 수요·공급의 불균형 때문. 드라마를 방영할 수 있는 지상파 채널은 4개에 불과한데, 외주제작사는 100여 개에 이르는 상황을 이용해 제작사 측에 무리한 요구를 하고 있는 것이다"며 다음과 같이 말했다.

"이 때문에 외주제작사들은 대부분 '마케팅 PD'를 두고, 적극적으로 '간접광고 수주'에 나서고 있다. 미리 광고대행사와 광고주들에게 대본을 돌려 광고영업을 하는 건 기본. 한 광고대행사 관계자는 '대부분 해당 드라마의 대본이나 시놉시스(줄거리)를 입수한 상태에서 광고주에게 간접광고 제안을 한다'고 말했다. 이 과정에서 광고주 입김에 따라 스토리와 설정이 바뀌는 건 자주 있는 일이다. 제작비 확보를 위해 일부 외주제작사는 술 접대, 골프 접대 등 로비도 서슴지 않는 것으로 알려져 있다."[104]

김진웅(선문대 언론광고학부교수, 언론인권센터 정책위원장)은 "PD의 불행은 드라마 제작영역을 자본시장 논리라는 물신(物神)이 지배하기 때문이다. 따라서 물권(物權)이 인권(人權)을 지배하는 현상이 일반화된다. 물신화된 스타 작가·제작자가, 연출자·감독인인 PD를 협박할 수 있는 상황에서 좋은 작품이 나올 가능성은 낮다. PD는 물신지배 시대의 희생자이다. 따라서 오늘날 드라마 PD가 처한 위기는 구조적이고 치유하기 힘든 인권 침해에 해당된다"며 다음과 같이 주장했다.

"공익적 지상파 방송사의 프로그램을 제작하는 이들의 권리는 개개인이 누리는 자유권에 그치는 것이 아니다. 전 국민의 염원을 담고 이를 대신 수행하는 권리의 의미도 포함하고 있다. 따라서 연출자이자 제작자로서 이들이 향유하는 권리는 보호되어야 한다. 아울러 PD들도 대오각성해야 한다. 예술작품으로서 드라마를 제작하는 권리를 지켜왔는지, 혹은 PPL을 위해 드라마로 위장한 광고를 제작하고 있는지를 진지하게 고민해보아야 한다. PD들이여! 감독으로서 자존심을 회복하라."[105]

속 편한 마음으로 PPL을 이해하자면 모든 경계를 허물어뜨리는 융합현상으로 보아야 하는 걸까? 아니면 한국에선 뉴스 프로그램에까지 PPL이 등장하는 일은 없을 테니 현 수준에서 만족해야 하는 건가? 이명박정부는 방송 중 PPL 허용을 모색할 방침이라고 밝힌 바 있는데, 음성적인 걸 양성화하겠다는 것인가, 아니면 기존 수준에서 한 단계 더 허용하겠다는 것인가? 앞으로도 PPL을 둘러싼 논란은 계속 될 것이니, 이 문제를 예의주시하는 게 좋겠다.

1990년대 광고규제 사례

비교광고·간접광고를 제외한 다른 광고규제 사례들을 살펴보기로 하자.

(사례) 비교적 표현규제: 1993년 9월 방송광고심의위원회는 (주)신원 에벤에셀의 "주일은 휴무입니다"라는 광고 내용에 대해 '주일' 표현을 사용하지 못하게끔 조치했다.

(사례) 은행의 과장광고: 1994년 2월 은행감독원은 「저축상품의 거래조건 공시기준」을 발표해 '우대' '최고' 등과 같은 현혹적 표현을 못쓰게 했다. 이는 금융상품의 과장광고가 극심해 폐해가 잇따르자 그걸 추방하기 위해 내린 조치였다.

(사례) 허위 구인광고 처벌강화: 1994년 노동부가 입법예고한 직업안정법시행령개정안 및 고용정책기본법시행령개정안은 허위 구인광고 처벌을 강화하는 내용을 담았다.

(사례) 환경용어 남용규제: 1994년 3월 한국소비자연구원은 「환경마크제도의 개선과 환경상품의 광고에 관한 연구」를 통해 환경제품 광고규제 필요성을 정부에 건의했다. 이는 '녹색상품' '무공해제품' 등과 같은 표현을 마구 사용하는 걸 규제하기 위한 것이었다. 이 건의 때문인지, 이후 환경처가 특허청에 보낸 공문은 기업들이 상표를 등록할 때 '그린' '바이오' 등 환경용어를 사용하지 못하게끔 요청했다.

(사례) 어린이가 약 먹는 장면 금지: 1994년 보건사회부는 '의약품 대중광고 관리기준'을 만들어 그해 7월 1일부터 어린이가 약을 먹거나 물약을 마시는 장면이 나오는 광고를 전면 금지시켰으며, 1월 1일부터 청량음료 제조업체 '빈병 환불' 광고를 의무화했다.

(사례) 모시 없는 '모시메리' : 1994년 3월 대법원은 실제로 모시가 안 들어갔는데도 상표를 '모시메리' 로 붙이는 건 온당치 않다며 그 상표를 금지시켰다.

(사례) 화장품업계의 판매량 경쟁: 1994년 4월 애경산업은 태평양을 제소하였다. 태평양의 리도 투웨이 댄트롤이 애경의 하나로를 누르고 판매량 1위를 차지했다는 신문기사를 인용해 광고했기 때문이었다. 애경산업은 실제로는 애경의 판매량이 더 많고, "한 번만 써보면 확실히 느끼는 비듬방지 효과" 등은 과장표현이며, 게다가 태평양의 광고는 화장품협회의 사전심의도 받지 않았다고 제소 이유를 밝혔다.[106]

(사례) 카이로프랙터는 의사가 아니다: 1994년 5월 6일 공정거래위원회는 상일 리베가구의 허위·과장 광고 행위에 대해 시정명령을 내렸다. "척추의사들이 설계한 침대"라는 표현과 관련, 미국에서 카이로프랙터는 의사라고 부르지 않기 때문에 소비자들을 오인시킬 우려가 있다는 것과, 킹코일사와 기술도입 계약을 맺었다곤 하지만 국내에서 생산·판매하는 제품인데도 불구하고 USA Kingkoil이라는 영문을 크게 표시한 상표를 부착해 수입제품인 것처럼 보이게 만든 건 문제가 있다는 지적을 받았다.[107]

(사례) 일부 약품 방송광고 금지: 1995년 1월 14일, 보건복지부는 지나친 대중광고로 인한 약품의 오남용을 방지하기 위해 강심제·비뇨기관용 약 및 항문용 약의 방송광고를 금지하는 내용을 골자로 한 '의약품 대중광고 관리기준'을 개정해 4월부터 시행키로 했다.

(사례) '세계 3대 정상급 고급우유': 1995년 5월 19일, 공정거래위원회는 파스퇴르유업에 대해 허위·과장 광고 시정령을 내렸다. 공정위는 미 군납 자격을 근거로 "세계 3대 정상급 고급 우유가 되었습니다"라는 표현을 사용한 것에 대해 다른 경쟁사들은 아예 군납신청을 하지도 않았다는 점을 지적했다.

(사례) '짜리'는 비방이다: 1995년 5월 공정거래위원회는 여행사 에주투어(국제학생여행공사)에 대해 경고 조치를 취했다. 이 여행사는 서울시내 대학가에서 유럽여행설명회를 개최하면서 "이 비행기는 62만 원짜리 소련항공이 아닙니다"라는 문구의 포스터 2만 장을 돌렸는데, '짜리'라는 표현은 비방광고라는 것이 그 이유였다.

(사례) 광고언어 오용: 한국광고자율심의기구의 '95년 광고언어 오용사례 분석 보고서'에 따르면 문제가 된 1207건(인쇄매체 광고) 가운데 내용이 잘못

된 광고가 693건(허위·과장, 타사제품 비방, 외제 우월성 강조, 과소비 조장, 선정성), 표현이 잘못된 광고가 514건(부적절한 낱말, 표기 오류, 어색한 표현, 잘못된 문법)이었다. 허위·과장으로는 '세계 최초, 또다시 쾌거, 동양 최초로' 등과 같은 표현이 지적되었으며, 잘못된 문법으론 '컴퓨터를 확 벗겨 드립니다' '영어를 확실하게 좋내드립니다' 등과 같은 표현이 지적되었다.

(사례) 옥상에서 투신하는 장면 금지: 1996년 1월 방송위원회는 고층건물 옥상에서 한 여자 모델이 투신하는 장면을 담은 초콜릿 '안전지대' 광고가 분별력이 부족한 어린이들에게 모방심을 조장할 위험이 있다고 판단해 '방송 불가' 결정을 내렸다.

(사례) '클리닉'과 '종합병원' : 1996년 2월, 보건복지부는 의료기관이 진료의 전문성을 강조하기 위해 사용하는 '클리닉'이나 '종합병원'이라는 명칭은 위법이라는 유권 해석을 내렸다.

(사례) 막연한 환경 관련 문구사용 금지: 1996년 4월, 공정거래위원회는 소비자를 현혹하는 환경 관련 광고문구의 남발을 막기 위해 '환경 관련 표시광고에 관한 고시 및 지침'을 마련, 관계 기관 의견 수렴을 거쳐 이르면 내달부터 시행하기로 했다. 이에 따라 앞으로는 상품 광고에 구체적 효능 설명 없이 '그린' '청정' '저공해' 같은 막연한 환경 관련 문구를 사용할 수 없게 된다.

(사례) 다이어트 광고에 대한 방송불가 판정: 1996년 4월 17일 방송위원회는 (주)한국파마 제품인 '헬스다이어트' 광고에 대해 방송불가 판정을 내렸다. 광고는 "먹으면서 한다고?" "비만인을 위한 특수 영양식품" 등의 멘트와 함께 체중계에 올라가 90kg이 넘는 몸무게를 보고 놀랐다가 제품을 보며 즐거워하는 내용으로 돼있다. 방송위는 "광고내용이 전반적으로 입증되지 않은 제품

의 효능에 대하여 소비자가 오인할 우려가 있는 표현 및 의약품으로 오인하게 하는 표현을 하고 있다"고 판정 이유를 밝혔다. 방송위는 이와 비슷한 다른 다이어트 음료에 대해서도 "이 제품은 다이어트와 무관하다"는 내용을 자막 처리하는 걸 조건으로 하여 방송가 판정을 내렸다.[108]

(사례) 병원 광고해제 방침: 1996년 5월, 보건복지부는 잘못된 의료정보 유통을 막고 컴퓨터 통신 등 새로운 정보전달 매체의 발달에 발맞추기 위해 현재 엄격히 막고 있는 병원 광고를 빠르면 올 하반기부터 크게 풀 방침이다.

(사례) 광고언어 오용: 1998년 12월, 문화부가 광고언어를 문제 삼아 펴낸 『이런 말 실수 저런 글 실수』라는 책자는 표준어 사용, 한글맞춤법과 외래어 표기법 준수, 비속어나 은어 사용금지, 외래어 남용 불가 등의 기본 방향에 따라 실제로 잘못 표현된 사례와 가능한 대안을 소개했는데, 그 가운데 몇 가지를 예를 들면 다음과 같다. "국물이 끝내줘요(아주 얼큰해요), 왕액션(멋진 액션), 찝찝한(찝찔한), 애숭이(애송이), 아가에겐 모유가 좋습니다(아가는 아기야의 준말 또는 어린이들이 쓰는 말로 부적절), 1원이라도 아껴서 구입하십시요(구입하십시오), 당신의 힘이 되어드릴께요(되어 드릴게요), 아마 처음일껄요(처음일걸요), 그날의 느낌이 새로워 집니다(새로워집니다), 누네띠네(눈에 띄네), 마쪼니(맛 좋으니), 마니커(많이 커), 소프트터치(촉감), 타이트한 아웃웨어(꼭 달라붙는 겉옷), 의사 약사에게(와) 상의하십시오."[109]

(사례) 술―담배 광고 경고문구: 1999년 1월 대한보건협회 산하 담배―주류 광고 심의위원회는 1998년 국내에서 발행되는 주간지 11종과 월간지 5종에 개재된 담배―주류 광고를 모니터링한 조사결과를 발표했다. 이번 조사결과 담배와 주류 광고 거의 대부분이 경고문구 글자의 크기를 규정하고 있는 국민건강증진법을 위반하면서 실리고 있어 이에 대한 관련 법규의 강화나 새로운

규정 제정이 시급한 것으로 지적됐다. 시행규칙 제4조 1항에서는 경고문구의 글자가 차지하는 면적을 판매용 용기에 부착 또는 새겨진 상표 면적의 10분의 1 이상이라고 규정하고 있다. 이번 조사결과 거의 모든 매체의 광고문안에서 흡연이나 과음의 위험성을 적시한 경고문구가 누락되거나 독자들이 읽기 어려운 부분에 아주 작은 글씨로 써져 있었다.[110]

(사례) 청소년보호법에 의한 규제: 1999년 7월 5일, 국무총리실 산하 청소년보호위원회는 전화방, 휴게방, 700 음성사서함, 남녀 만남주선 이벤트 등 일체의 폰팅 전화번호 광고를 금지키로 하고 이 광고를 10일자로 청소년보호법상 '청소년 유해매체'로 고시했다. 이에 따라 폰팅 전화번호 광고가 게재된 생활정보지 · 스포츠신문 · 잡지 등은 자동기계장치, 무인판매장치 등을 통한 진열 및 전시가 금지된다. 19세 미만 청소년들을 대상으로 한 배포도 할 수 없게 된다. 또 폰팅 전화번호는 PC 통신이나 인터넷을 통해서도 광고를 할 수 없으며, 전화번호가 적힌 전단의 배포나 벽보 부착도 허용되지 않는다. 이를 어길 경우 3년 이하의 징역 또는 2000만 원 이하의 벌금형에 처해진다.[111]

(사례) 3개 백화점 9억 과징금: 1999년 7월, 롯데와 신세계 등 3개 유명 백화점이 입점업체에 경품 · 광고비용을 떠넘기는 등 불공정거래 행위를 한 사실이 적발돼 공정거래위원회로부터 모두 9억 5900만 원의 과징금을 부과받았다. 또 이들 3개 백화점을 비롯한 13개 백화점에 경고 이상의 시정 조치가 내려졌다.[112]

(사례) 허위 · 과장 광고에 대한 중지 명령: 1999년 9월 7일, 허위 · 과장 광고에 대해 중지명령이 처음 발동됐다. 공정거래위원회는 누에동충하초의 효능을 대대적으로 광고해온 대한잠업개발공사에 대해 진품누에동충하초 광고를 일시중단할 것을 명령한 것이다. 공정위는 "쥐를 대상으로 한 실험을 근거로

수명 연장 효과가 203%라고 표현한 것 등은 소비자를 오인하게 하는 것"이라고 밝혔다.[113]

2000년대 광고규제 사례

(사례) 음주 조장 표현 무조건 금지는 위헌: 2000년 3월 30일, 헌법재판소 전원재판부(주심 고중석 재판관)는 식품의 광고에 '음주 전후' 및 '숙취해소' 등 음주를 조장하는 표현을 무조건 쓰지 못하도록 한 것은 위헌이라는 결정을 내렸다. 재판부는 결정문에서 "분명한 효능이 있는데도 광고를 금지하는 것은 영업의 자유 및 광고 표현의 자유, 헌법상의 재산권의 자유를 지나치게 제한하는 것이다"며 "의학적 효과를 입증받은 식품의 경우 판매자는 이를 용기나 포장에 광고할 수 있다"고 밝혔다. 재판부는 그러나 "숙취해소 작용이 전혀 없거나 극히 부분적인 효과밖에 없는 식품에 대해 이 같은 광고를 할 경우 허위광고나 과대광고에 해당돼 형사처벌과 행정제재를 받는다"고 밝혔다. 한편 재판부는 이날 '스쿠알렌' 등 건강보조식품 판매업자인 백모씨가 의학적 효능을 광고하지 못하도록 규정한 식품위생법 11조에 대해 낸 헌법소원 사건에서는 "의약품과 혼동할 우려가 있어 규제가 마땅하다"고 합헌 결정했다.[114]

(사례) 인터넷 쇼핑몰의 과장광고: 2000년 8월 식품의약품안전청은 지난 1·4분기 의약품 등에 대한 허위·과대 광고 실태를 점검한 결과 약사법을 위반한 93개사 274개 품목을 적발, 66개사를 수사기관에 고발하고 27개사에 대해 행정처분을 내렸다. 인터넷에 의약품이나 건강식품, 의료기기의 효능을 과장한 엉터리 광고가 부쩍 늘었지만, 식약청은 인터넷 광고가 일일이 주소를 검색해 실태를 파악해야 하고 적발해도 광고자의 소재 파악이 쉽지 않아 단속에 애를 먹고 있다.[115]

(사례) 스포츠신문의 선정적 광고: 2000년 9월 5일, 유해간행물로부터 청소년을 보호하고 간행물의 윤리적·사회적 책임 구현을 목적으로 설립된 한국간행물윤리위원회는 스포츠지 4사의 광고 담당자 등 관계자가 모인 자리에서 스포츠신문의 선정성 자제를 요청했다. 간행물윤리위원회는 특히 광고에 있어 ①700 음성정보서비스 ②휴대전화번호를 기재한 원조교제 광고 ③남녀교제 알선광고 ④성인용품 광고 ⑤성기확대술 광고 등 성적 의미가 지나치게 드러나는 일련의 광고를 줄여줄 것을 당부했다."[116)

(사례) 중계유선방송에 대한 1개월 업무정지: 2000년 12월 28일 방송위원회는 단란주점 등의 광고를 불법으로 방영한 강원도 원주중계유선방송사에 대해 2001년 1월 5일부터 1개월간 업무정지 명령을 내렸다. 원주유선방송은 업무정지 기간 동안 중계유선방송을 통한 TV 방송의 송출 서비스를 비롯해 일체의 업무를 중단해야 한다. 원주유선방송은 현행 방송법이 중계유선방송의 광고를 금지하고 있는데도 2000년 10월 룸가요방, 포장마차 호화쇼, 미시클럽 등 청소년에게 유해한 유흥주점의 자막광고를 방송했다. 이에 따라 이 유선방송에 가입한 4만 5000가구 시청자들은 업무정지 기간 동안 공중파를 제외한 다른 채널의 시청이 불가능하며 이 가운데 16%에 해당하는 난시청 7200가구는 공중파 시청도 어려움을 겪게 될 것으로 보인다.[117)

(사례) 비방광고 시정명령: 2007년 5월 20일 공정위는 청주·충주 지역과 고속도로 서울 톨게이트 등에서 전단지와 플래카드를 통해 오비맥주를 "껍데기만 빼고 다 빼간다" "외국 열강들의 배만 불려주고 이익금만 빼가는" "유상감자로 차익 챙기고 세금은 회피" 등의 표현으로 비방한 하이트맥주에 대해 시정명령을 내렸다. 공정위는 경쟁사업자가 탈세를 저지르거나 해외로 자금을 빼돌리는 부도덕한 사업자라는 인상을 갖도록 소비자를 오도할 우려가 있는 비방광고에 해당된다고 지적했다. 하이트맥주는 스스로도 외국인 지분이

30%를 넘는 처지임에도 불구하고 해당 광고에서 "오직 하이트만이 우리나라 우리맥주" "100% 국내 자본기업"이라고 표현했다. 국내 맥주시장 점유율은 하이트맥주가 61.3%, 오비맥주가 38.7%를 차지하고 있다.[118]

(사례) 미디어 종사자 광고출연의 윤리적 문제: 김병희 서원대 광고홍보학과 교수는 신문과 방송 2007년 4월호에 기고한 글에서 "최근 들어 방송 프로그램 진행자와 고정 패널 또는 신문기자가 자신이 전문가로 인정받고 있는 관련 분야의 광고에 출연하는 사례가 늘고 있다"며 다음과 같이 말했다.

"현재의 프로그램이나 기사의 중심에 있는 사람들이 광고에 출연하는 일은 지탄받아야 마땅하다. 현재 그들의 광고 출연을 제재할 법적 제도가 마련되지 않은 마당에 일단 그들 자신의 윤리적 판단에 맡길 수밖에 없다. … 방송사나 신문사에서는 이들의 광고 출연을 제재할 방안들을 시급히 마련해야 한다."[119]

(사례) 성인용품 광고의 품위 손상 표현: 2007년 7~8월 들어 급속한 증가세를 보인 성인용품의 무분별한 광고가 청소년들이 많이 구독하는 스포츠신문에 집중 게재되고 있는 게 문제시되었다. 한국광고자율심의기구가 광고를 중지토록 의결한 표현들은 다음과 같다.

"남자 구실을 못했다. 토끼 콤플렉스가 심하다! 밤만 되면 자신감이 없다." "우와 정말 대단합니다! 막 때려주고 흔들어주고 비벼대는데, 한마디로 말해서 따봉! 또 따봉입니다." "사용 당일부터 사이즈가 커지고 단단해지며 힘이 엄청나게 세지면서 시간이 오래가는…." "정을 나누다가 깜짝 놀랐어요. 전에는 그런 일이 없었는데 몇 번씩 느끼니 참 신기해요."[120]

(사례) 보험 소비자 불리한 깨알글씨 광고 금지: 2007년 10월 2일 금융감독위원회와 금융감독원은 "최근 홈쇼핑과 전화, 인터넷 등을 통한 보험상품 판매가 늘면서 피해 사례가 늘고 있어 소비자보호 방안을 마련키로 했다"고 밝혔

다. 보험상품 과장광고는 ①소비자에게 유리한 보장 내용은 크게, 보상하지 않는 손해 등은 작게 표기 ② '최고 3억 원' 등 특수한 경우의 최고 보장금액만을 강조 ③주계약과 특약의 보장내용을 구분하지 않는 경우 등이 대표적이다. 금융감독 당국은 보험사들이 광고를 할 때 보상하지 않는 손해 등 소비자에게 불리한 내용과 보험금 등 보장내용을 같은 크기로 표기하도록 했다. 또 주계약과 특약의 보장내용을 구분해 설명하되 주계약 내용을 먼저 제시하고 '특약가입시' 라는 문구를 주계약 내용과 같은 크기로 함께 표기토록 했다.[121]

(사례) 인터넷 광고의 부정 클릭: 2008년 8월 20일 방송통신위원회는 광고료를 늘릴 목적으로 부당하게 광고 조회수를 부풀리거나 인터넷 포털의 검색결과와 검색어 순위를 인위적으로 조작하는 행위를 금지하는 내용을 담은 정보통신망 이용촉진 및 정보보호 등에 관한 법률(정보통신망법) 개정안을 국회에 제출할 예정이라고 밝혔다. 또 방통위는 특정 세력이 부정한 목적으로 인터넷 포털에서 특정 단어를 집중적으로 검색해 검색어 인기순위를 조작하는 행위도 금지하기로 했다.[122]

(사례) 유럽의회의 섹시광고 규제: 2008년 9월 3일 유럽의회는 27개 회원국에 성적인 내용에 호소하거나 남녀의 '정형화(stereotype)' 한 역할에 초점을 맞춘 광고에 대한 규제를 요구하는 보고서를 채택했다. 이 보고서는 찬성 504표(반대 110표)로 통과됐다. 아직 법률로서 강제력을 지닌 것은 아니지만, 유럽연합(EU) 회원국의 광고 당국은 광고심의 등을 할 때 보고서의 권장내용을 의식해야 해 파급이 적지 않을 전망이다. 보고서는 나체의 여성이나 지나치게 날씬한 여성을 앞세우거나, 여성은 설거지하고 남성은 차를 고치는 식의 정형화된 성적 역할을 보여주는 광고도 금지할 것을 회원국에 권고했다. 날씬한 여성 모델은 청소년들에게 거식증(拒食症)을 유발할 수 있고, 남녀의 '전통적인' 성역할을 강조하는 광고는 남녀가 지닌 다른 능력의 발현을 방해한다는 것이

다. 그러나 유럽의 광고업계에서는 유럽의회의 규제안은 너무 지나치고 현실성도 떨어진다면서, 이 규제안이 현실화되면 수많은 광고 모델이 직업을 잃게 되고 광고산업이 큰 위기에 처하게 될 것이라고 비판했다.[123]

(사례) 광고 자율심의를 어떻게 할 것인가?: 2008년 6월 헌법재판소가 방송발전기금으로 운영해온 한국방송광고자율심의기구를 정부기관으로 보고 정부에 의한 TV 방송광고 사전심의에 대해 위헌 결정을 내린 뒤, 방송사 등의 자율적인 사전심의 방안모색 작업이 활발해졌다. 『경향신문』 2008년 11월 12일는 "요즘 방송광고 대행사들은 정부기관에 의한 사전심의제도 폐지 이후 제작한 광고영상물 파일을 한국방송광고공사(KOBACO)의 전산망인 '코바넷'에 올려놓고 광고 편성이 예정된 개별 방송사가 해당 광고에 대한 방영의 적합성 여부를 자체 심의토록 하고 있다"며 다음과 같이 말했다.

"그러나 방송사마다 심의기준이 다르고 방송이 예정된 광고물이 갑자기 부적합 판정을 받을 경우 편성에 차질이 생기는 등 부작용이 속출하자 보완책 마련이 모색되고 있다. 방송사들은 지상파 연합체인 한국방송협회에 사전심의를 일임키로 하고 심의위원회를 구성, 지난 3일부터 코바넷에 올려진 파일을 공동 시사하는 형식으로 심의에 들어갔다. 광고업계도 자율심의기구 구성을 논의하고 있지만 아직 구체적인 그림을 내놓지는 못하고 있다."[124]

(사례) '어린이 식생활안전관리 특별법' 시행령 개정안: 2008년 말 보건복지가족부는 400kcal 이상의 열량을 함유한 과자류와 컵라면, 햄버거 등 1000kcal가 넘는 식사대용품 등에 대해 청소년의 주시청 시간대인 오후 5~9시에 광고를 할 수 없도록 하는 '어린이 식생활안전관리 특별법' 시행령 개정안을 입법예고했다. 이 개정안이 시행될 경우 과자, 라면, 패스트푸드 업종의 광고 수주물량이 20% 이상 격감할 것이라는 전망이 지배적이다. 이에 2009년 3월 6일 MBC 엄기영 사장과 KBS 이병순 사장, SBS 하금열 사장, EBS 구관서 사장 등

방송협회 임원단은 전재희 보건복지가족부 장관과 조찬 간담회를 갖고 "열량이 높은 과자와 라면의 TV 광고를 제한하는 조항은 시행 시기를 다소 늦춰줬으면 한다"고 요구했다. 방송 4사 사장들은 현재도 경기 불황으로 광고 수주에 어려움을 겪고 있다는 점 등을 들면서 최소한 시기라도 연기해달라고 요청했고, 이에 대해 전 장관은 즉답을 자제한 채 "실무자들끼리 논의해보도록 하겠다"고 말한 것으로 전해졌다.[125]

(사례) 'ㅇㅇ협회 공식인증' 광고 못한다: '하얀 피부로 눈부시게 ─ 대한한방피부미용학회 공식 인증' '숙취해소껌 ─ 대한약사회 공식인증.' 이처럼 의사협회나 학회의 공식인증을 받았다며 건강과 미용 효능을 강조하는 음식료가 홍수를 이루고 있는데, 2009년 5월 21일 식품의약품안전청은 "각종 민간단체의 인증이나 보증 표시가 소비자들에게 잘못된 정보를 줄 수 있다는 지적에 따라 이런 광고를 제한하기로 했다"고 밝혔다. 식약청은 7월 말까지 현행 식품위생법 시행규칙을 개정해 '허위표시·과대광고 및 과대포장의 범위'에 '정부기관이 아닌 단체나 협회의 인증 또는 보증'을 포함시키기로 했다.[126]

제 17장

방송법 · 방송윤리 · 방송정책

2000년 통합방송법

5년여 동안 500여 회에 달하는 세미나와 토론회에 수십억 원 비용이 투입되고 이루 헤아릴 수 없이 많은 성명서와 주장이 발표된 끝에, 통합방송법이 1999년 11월 30일 국회 문광위를 통과하고, 12월 17일 법사위를 통과했다.

시행령은 2000년 3월 7일 국무회의를 거쳐 최종 확정되었으며, 통합방송법은 2000년 3월 13일부터 시행되었다. 통합방송법은 방송법, 한국방송공사법, 종합유선방송법, 유선방송관리법 등으로 분산된 법체계를 통합하였으며, 위성방송의 실시 근거를 마련하였다. 방송의 정의를 "방송프로그램을 기획, 편성 또는 제작하고 이를 공중에게 전기통신설비에 의해 송신하는 것"으로 하여, 지상파 방송은 물론 중계유선방송과 음악유선방송 및 전광판 방송 등을 방송법의 적용대상으로 포함시킨 것이다.

제도적 차원에서 통합방송법의 가장 큰 의미는 방송위원회의 위상 강화다. 지상파 방송(방송위원회), 케이블 TV(종합유선방송위원회), 중계유선방송(정보통신부) 등 다원화됐던 소관 부처가 방송위원회로 일원화됨으로써 방송위원회는 명실상부한 방송 총괄 기구로 격상되었으며 향후 실시될 위성방송까지 다루는 막강한 권한을 갖게 됐다.

또 그간 심의기능만 갖고 있던 방송위원회는 적어도 형식상으론 문화관광부에 있던 방송정책권은 물론 방송운영·편성정책·방송영상진흥정책·방송기술정책 등을 도맡게 됐다. 방송위원회의 권한이 막강해진 만큼 방송위원회의 방송위원 구성 방안을 놓고 여야는 막판까지 첨예한 대립을 보였는데, 결국 야당은 9명의 방송위원 중 국회의장 추천 몫 3명 중 1명, 문광위 추천 몫 3명 중 1명 등 2명을 확보하는 선에서 매듭이 지어졌다.

다음으로 중요한 변화는 한국방송공사(KBS)를 '국가기간방송'으로 명시한 점이다. 통합방송법은 제44조에 공사의 공적 책임을 명시하였는바 국회에서 KBS의 결산을 승인하고 확정토록 해 예산집행의 투명성을 높이도록 했다. KBS의 수신료 징수방식도 바뀌어, KBS 이사회가 심의결정해 징수해오던 수신료는 법안에서 방송위원회를 거쳐 국회 승인을 얻도록 했다. 또 KBS의 업무에 EBS의 방송송신 지원을 구체화했는데, EBS의 수신료 지원을 전체 수신료의 3%로 확정했다.

통합방송법은 기존의 공익자금 대신 방송발전기금을 광고 매출액의 6% 선에서 징수하게끔 했는데, KBS는 향후 10년간 약 1조 300억 원이 소요될 것으로 예상되고 있는 지상파 디지털 전환사업의 추진을 위한 재원조달에 대한 정책적인 지원으로 방송발전기금을 타 방송사의 3분의 2 수준으로 차등 징수토록 했다. 또 소외계층 등을 포함하는 다양한 집단의 의견이 방송을 통하여 제시될 수 있도록 시청자 참여 프로그램의 편성을 공영방송의 채널에 월 100분 이상 의무적으로 편성토록 했다.

그간 논의되어 오던 MBC 민영 방송화안은 백지화됐으며 예산권은 MBC가 갖는 대신 결산권은 MBC의 대주주인 공익재단 '방송문화진흥회'에 주어졌다. MBC 이익에 대한 강제 환수 조항도 만들어졌는데, 방송문화진흥회법에 영업이익의 15%를 강제 출연토록 명문화하였다.

외주제작물 편성도 크게 강화되었다. 시행령 제58조는 외주제작물을 매월 전체 방송시간의 40% 이내에서 방송위원회가 고시하는 비율 이상 편성할 것, 외주제작물의 30%의 범위 안에서 방송위원회가 고시하는 비율을 초과하여 방송사의 자회사가 제작한 프로그램을 편성하지 말 것, 외주제작물을 매월 주 시청시간대 방송시간의 15% 이내에서 방송위원회가 고시하는 비율 이상 편성할 것 등을 규정하였다.

EBS는 숙원사업이던 교육방송공사법 제정으로 기존의 국영에서 한국교육 방송공사로 출범해 운영자율권을 갖게 되었지만, EBS 노동조합은 수신료 3% 지원은 "한국교육방송공사의 정상적인 출범을 불가능하게 하는 규모"라고 반발했다.[1]

통합방송법은 종합유선방송에 대해 프로그램 공급자(PP)의 승인제를 2001 년부터 등록제로 바꾸었고 중복·교차 소유에 대한 제한을 없앴다. 중계유선 방송에 시스템운영자(SO) 자격을 부여하기에 앞서 두는 유예기간은 1차 지역 (1995년 허가)의 경우 1년, 2차 지역(1997년 허가)은 2년 6개월로 했다. 홈쇼핑 채널 난립에 따른 시청자 피해를 막기 위해 쇼핑 방송은 방송위원회 승인을 얻도록 제한했다.

그러나 시간이 흐르면서 방송 분야의 통합만으론 기술적인 '방송·통신 융합' 현상에 대처하기가 어렵다는 게 분명해졌다. 이에 방송·통신을 통합해 관리하는 방송통신위원회의 설립이 요청되었다. 2008년 2월 26일 방송과 통신을 통합해서 관장하는 방송통신위원회 설치 법안이 국회 본회의를 통과해 3월 방송통신위원회가 출범했다. 방송통신위원회가 대통령 직속기구로 되고, 그 수장에 이명박 대통령의 멘토라 불리는 최시중이 임명되면서 방송통신위 원회는 정치적 편향성으로 인해 뜨거운 논란의 한복판에 서게 되었다.

방송통신위원회 논쟁

방송통신위원회는 2008년 2월 여야 합의로 통과된 '방송통신위원회 설치 및 운영 등에 관한 법률'에 따라 방송·통신 융합시대 네트워크 규제·진흥을 선도할 상임위원 5인의 합의제 기관으로 2008년 3월 26일 출범했다.

2008년 7월 1일 한국언론회관 18층 외신기자클럽에서 열린 '한국의 민주주의와 언론운동 토론회'(민주언론 시민연합·성공회대 '민주주의와 사회운동연구소' 주최, 한겨레신문사·오마이뉴스·시사인 후원) 둘째날 주제발표에서 이남표 문화방송 전문연구위원은 '방송통신위원회 체제와 방송의 공공성 확보 방안'이라는 발제문을 통해 방송통신위원회가 대통령 직속 행정기구로 존치하고 대통령이 5명 위원 가운데 2명을 지명하는 구조로는 언론의 자유를 지킬 수 없다고 주장했다. 이 위원은 방송통신위원회는 근본적으로 대통령과 국회라는 정치권력의 영향력을 벗어날 수 없다며 "장기적으로 방송통신위원회가 개헌을 통해 헌법기구화돼야 한다"는 의견을 제시했다. 지금 당장 할 수 있는 현실적 대안으로는 방송통신위원회 내부에 공공방송특별위원회를 두고 "규모의 경제가 필요한 방송산업은 산업의 시각으로, 사회적 여론형성 영역에 해당하는 공공방송은 공공성의 시각으로" 접근하자고 제안했다. 이렇게 되면 보도전문 채널과 종합편성 채널은 산업적 관점에서 따로 떼 내어 민주주의적 가치를 지키는 공공영역으로 다룰 수 있다는 견해다.[2]

2008년 8월 14일 방송통신위원회가 방송통신심의위원회 방송심의국장 앞으로 보낸 '방송심의에 관한 규정 위반 내역 월별 통계현황 요청'(사진)이란 공문으로 인해 두 기관 간의 권한 분쟁이 일어났다. 방송통신위원회는 이 공문에서 "'방송 심의에 관한 규정 위반 내역' 실적 통계관리에 철저를 기해달라"고 요구한 뒤 "매월 5일까지 전월 및 누계 통계현황을 방송통신위원회에 제출해달라"고 덧붙였다. 이에 방송통신심의위원회 관계자는 "공문 내용은 누가 봐도 방송통신위원회가 방송통신심의위원회에 대해 업무지시나 근로감독을 하는 것으로 이해할 것"이라며 "방송통신위원회가 과거에도 전화 등을 통해 독립성을 훼손하는 월권적 지시나 간섭 같은 행위를 남발해왔다"고 주장했다.

두 기관의 갈등은 '방통위법' 제정 당시부터 예견됐다. 국회가 네트워크 규제는 방송통신위원회가, 콘텐츠 규제는 방송통신심의위원회가 맡도록 업무 기능과 권한을 분리시킨 뒤 각각 독립기관의 위상을 부여했으면서도 방송통신심의위원회의 예산 배정과 심의 결정에 대한 집행권을 방송통신위원회에 예속시켜놓았기 때문이다. 전문가들은 "추후 법 개정을 통해 잘못된 점을 바로 잡아야 갈등이 없어지고 위상도 바로잡힐 것"이라고 말했다.[3]

2008년 9월 10일 최시중 방송통신위원장은 국회 문화관광방송통신위원회(문방위)에서 "민영방송이 (공영방송에 비해 정부가) 조종하기가 더 쉽지 않으냐"는 한나라당 한선교 의원의 질문에 "그런 측면이 있다"고 답변했다. 이에 대해 SBS 노조는 즉각 성명을 내고 "명색이 방송통신 정책을 총괄하는 방송통신위원장이라는 자가 방송을 '조종'의 대상쯤으로 생각하는 발상도 놀랍지만 정부와 한나라당이 KBS 2TV와 MBC 민영화를 거론하는 상황에서 '민영방송이 더 조종하기 쉽다'는 속내를 드러내는 대담함은 충격적"이라고 지적했다. 성명은 이어 "결국 방송 민영화라는 정부의 목표는 '조종하기 쉬운 방송 만들기' 차원이었다"고 비판했다.

이와 관련, 『경향신문』 2008년 9월 13일자 사설은 "이것은 결코 간단히 넘겨도 될 에피소드가 아니다. 돌아보건대 이명박정권의 모든 언론장악 논란의 중심에는 최시중이란 인물이 있었다"며 "우리는 다공영 1민영 방송체제를 1공영 다민영으로 바꾸는 것이나 신문·방송 겸영 허용을 반대한다. 더욱이 지금처럼 사회적 합의 과정을 생략한 채 성급하게 밀어붙여서는 안 된다. 최시중 씨가 퇴진해야 할 또 하나의 이유다"고 주장했다.[4]

2008년 10월 1일 방송통신위원회가 지난 대선에서 이명박 후보를 공개지지했던 김현태 창원대 교수를 한국방송 보궐이사로 추천한 직후, "야당 추천 상임위원들은 앉아서 놀고 있나?'라는 불만의 목소리가 터져 나왔다. 최상재 전국언론노동조합 위원장은 "지금은 시민사회가 여당 위원들보다 최 위원장 '거수기' 노릇 하는 야당 위원들을 더 감시해야 하는 상황"이라며 "최 위원장 일인체제로 전락한 방송통신위원회를 바로잡으려 노력하지 않는 한 곧 시민사회가 퇴출운동에 나서게 될 것"이라고 경고했다.[5]

2008년 12월 19일 최시중 방송통신위원장은 MBC의 주주인 방송문화진흥회 20주년 기념식장에서 "MBC는 공영·공민영·민영 방송 등 여러 이름으로 불리는데 바른 이름(正名)이 무엇인지 돌아볼 때가 됐다"고 주장했다. MBC는 이 발언 이후 반박 방송을 연이어 내보냈다. MBC의 박성제 노조위원장은 최시중의 발언 배경에 대해 다음과 같이 주장했다.

"속내를 드러낸 것이다. 방송을 통제하겠다, 그 1차 목표는 MBC다, MBC를 컨트롤하기 위해서는 민영화시켜야 한다는 속내다. '방송통제위원장' 다운 망언이다. 이것은 최시중 개인의 생각이 아니라 이명박정권과 한나라당의 언론정책을 담당하고 있는 사람들의 공통된 생각이다. 이미 대선 전부터 집권하면 MBC를 '사영화' 하겠다는 공언을 노골적으로 해왔다. 그 시나리오에 의해 진행되고 있는 것이다."[6]

방송통신위원회 출범 1년을 맞아 『경향신문』은 "방송통신위원회는 방송·통신 융합시대의 새로운 매체로 인터넷멀티미디어방송(IPTV)을 출범시키고 논란 끝에 다른 선진국처럼 디지털 전환 계획을 수립했다. 지난 20일 취임 1주년 기자간담회에서 밝힌 최 위원장의 자평처럼 보편적 시청권 문제 등을 해결한 점은 호평을 받았다. 콘텐츠산업 활성화를 위해 종합유선방송사(SO)로 하여금 수신료의 25% 이상을 채널사업자(PP)에게 주도록 못박은 점도 긍정적인 평가를 받았다"며 다음과 같이 주장했다.

"정책면에서 공익성보다 산업 논리에 치우친데다 방송·통신산업 전체를 아우르는 미디어산업의 청사진을 제시하지 못했다는 지적을 받았다. 특히 IPTV에 지나치게 집착하면서 케이블 TV 등 다른 매체의 반발을 불러일으켰다. 방송사업 참여 범위를 자산 10조 원 미만 기업까지 확대시키는 방송법시행령 개정을 강행하고 한나라당의 미디어법안 통과를 측면 지원해 편파 시비에서 벗어나지 못했다. 거품 논란이 일고 있는 통신료도 단가조정 등 근본적인 인하 대책을 강구하기보다 효과가 미약한 기본요금 인하나 저소득층 지원 단계에 머물러 미흡했다는 평가를 받았다. 방송통신위원회는 출범 2년을 맞아 방통융합을 제도로 완결하고 위기에 처한 국내 미디어시장을 건강하게 이끌 정책을 내놓아야 할 과제를 안고 있다. 2012년으로 예정된 디지털화 완료도 핵심과제 중 하나다. 몇 달 앞으로 다가온 MBC 대주주인 방송문화진흥회(8월)와 KBS · EBS 사장 · 이사진(11월) 개편 작업도 공정하게 추진해야 한다는 주문이 많다."[7]

방송통신위원회를 둘러싼 논쟁은 한국 사회의 '정치 과잉'을 여실히 웅변해주는 해묵은 사건이다. 한국은 '중립 영역'을 믿지 않는다. 뭐든지 권력의 품 안에 두려고 한다. 정도의 차이는 있을망정 이는 모든 역대 정권들에 똑같이 해당되는 고질병이다. 도무지 역지사지(易地思之)를 모르는 권력의 탐욕이라고나 할까. 이명박정권은 그 극단을 보여주고 있는 셈이다. 그렇게 늘 싸우면서 커나가는 게 한국의 저력일까?

방송통신심의위원회 논쟁

2008년 5월 15일 민간 독립기구로서 방송 · 통신 · 인터넷의 콘텐츠 심의제도 마련과 심의를 담당할 방송통신심의위원회가 출범했다. 『한겨레』 2008년 5월 21일자는 "방송통신심의위원회는 방송의 공공성 심의를 맡아 온 방송심의위원회와 통신산업의 불공정 행위 시정에 초점을 맞춰온 정보통신윤리위원회가 합쳐진 기구로 방송 · 통신 · 인터넷의 콘텐츠 심의를 맡게 된다. 심의위원은 상임위원 3명과 비상임위원 6명으로, 대통령 추천 3명, 국회의장 추천 3명, 국회 소관 상임위 추천 3명으로 구성된다"며 다음과 같이 말했다.

"방송통신시장의 글로벌화라는 추세를 감안할 때 내용규제(심의) 영역을 방송통신위원회에서 분리해 별도의 규제 기구를 두는 큰 그림은 맞지만 방송통신심의위원회가 제 기능을 하기 위해서는 개선해야 할 점이 많다는 게 전문가들의 지적이다. 방송통신위원회가 당장 맞고 있는 고민은 내용규제 방식이 전혀 달랐던 방송과 통신을 합해 하나의 일관된 심의 기준을 설계해야 한다는 데 있다. 기존 아날로그 방송에 적용돼 왔던 심의 기준을 그대로 갖고 갈 경우 방통융합의 경계에 있는 뉴미디어는 규제에서 누락되는 문제가 발생하기 때문이다. … 이런 점에서 방송통신위원회로부터의 독립적 관계 설정이 관건이라는 지적이다. 하지만 이 기구에는 심의 권한만 있고 집행권은 방송통신위원회에 있다. … 또 방송이나 통신, 인터넷의 사회적 기능이나 역할, 전체적인 프로그램 구조에 대한 큰 틀의 내용규제는 사실상 방송통신위원회에 권한이 있어 사실상의 '방송통신위원회 종속기구' 라는 우려도 제기됐다."[8]

2008년 7월 1일 방송통신심의위원회는 포털 다음의 '광고 불매운동 게시글' 80건을 심의해 그중 58건에 대해 '해당 정보의 삭제' 시정요구를 했다. 이에 류제성 변호사는 "위원회는 엄격한 법률적 판단이 아닌 정치적 판단으로 헌법과 법률을 위반한 권한 남용을 저질렀다" 며 "독립성과 공정성을 지킬 수 없다면 위원회는 차라리 간판을 내리고 휴업하는 것이 민주주의를 위해 좋을 것이다" 고 주장했다.[9]

2008년 7월 16일 방송통신심의위원회는 전체회의를 열어 MBC 〈PD수첩〉의 광우병 보도(4월 29일, 5월 13일)에 대해 "단정적인 표현과 의도적인 화면 편집, 과장된 발언을 통해 국민들에게 광우병 공포를 조장했다" 며 '시청자 사과' 결정을 내렸다.

이에 한진만 강원대 신문방송학과 교수는 "이 방송을 통해 잘못을 인정했지만 말로 끝내서는 안 될 문제"라며 "공정성과 객관성, 오보정정 규정을 위반했다는 방송통신심의위원회의 지적이 옳다" 고 긍정 평가했다. 한 교수는 또 "방송통신심의위원회의 결정을 정치적인 시각으로 보기보다 순수한 심의로 봐줘야 한다"고 말했다. 반면 김신동 한림대 언론정보학부 교수는 "이미 방송을 통해 사과를 했는데 '시청자에 대한 사과' 제재를 의결했다"며 "오역을 충분히 반성하고 있는 상황에서 이번 제재는 실효성 없는 정치적 제스처로만 읽힌다"고 꼬집었다. 김 교수는 "언론 자유의 위축을 막기 위해선 언론에 대한 심의와 징계는 매우 조심스러워야 한다"며 "이런 점을 감안했을 때 방송통신심의위원회의 의결은 강수"라고 지적했다.

이재경 이화여대 언론홍보영상학부 교수는 "대통령과 정당 추천 인사들이 심의를 한다는 것 자체가 우스꽝스러운 일"이라며 "심의위원들이 특정 시각에 갇히지 않고 허심탄회하게 의견을 나눌 수 있도록 정파성을 배제해야 한다"고 주장했다. 손영준 국민대 언론정보학부 교수는 "공영방송은 논쟁의 중심에 있는 이슈에 대해 스스로 판단하기보다 시청자들이 판단할 수 있는 충분한 자료를 제시해야 한다"며 "MBC 등은 이번 심의로 공영방송이 해야 할 역할을 되돌아보는 기회로 삼아야 한다"고 강조했다.[10]

2008년 11월 취임 6개월을 맞은 박명진 방송통신심의위원장은 〈PD수첩〉의 광우병 보도에 대한 심의 기준에 대해 다음과 같이 말했다.

"심의위에는 정치적 입장이 다른 분도 있었고, 여권 추천을 받았다고 해서 의견이 모두 일치되진 않았습니다. 기준은 공정성과 객관성에 대한 것이었습니다. 〈PD수첩〉 담당자들은 의견진술에서 '방송의 공정성이란 사회적 정의를 실현하고 약자의 입장을 대변하는 것이라 생각한다'고 말했어요. 물론 방송이 특정한 주장을 할 수 없는 것은 아닙니다. 심의 기준은 주장의 내용이 아니라 주장의 방법이고, 쟁점 의견에 대한 균형 감각입니다."

방송통신심의위원회는 아직 불안정한 법적 지위로 논란을 낳고 있다. 국정감사장에서 박 위원장은 국회의원들이 질문 도중 방송통신심의위원회를 '방송통신위원회 산하기관'으로 지칭하자 "방송통신심의위원회는 방송통신위원회 산하기관이 아니라 법정 민간 독립기구"라고 정정하기도 했다. 방송통신심의위원회의 법적 지위에 대한 논란에 대해 박명진은 다음과 같이 말했다.

"방송통신심의위원회를 민간 독립기구로 만든 것은 방송내용을 심의하는데 국가가 개입해선 안 되기 때문입니다. 그런데 현행법엔 모순이 많습니다. 민간기구인 방송통신심의위원회가 심의, 의결한 사안에 대해 국가기구인 방송통신위원회가 행정처분을 내리고, 재심권도 갖습니다. 이는 방송 심의에 국가가 개입해 방송의 독립성을 해칠 우려가 있습니다. 금융위원회, 금융감독원, 옛 방송위원회는 민간위원회인데도 정부가 법에 의해 행정처분권을 부여했습니다. 방송통신심의위원회도 이렇게 운영해야 설립 취지에 맞습니다." [11]

2008년 10월 8일 YTN 앵커와 기자들은 이틀 전 내려진 회사 쪽 징계에 항의하는 의미로 검은색 옷차림으로 방송에 나섰다. 이에 대해 방송통신심의위원회는 11월 26일 '시청자에 대한 사과'라는 중징계를 의결했다. 방송심의규정 제7조(방송의 공적책임)와 9조(공정성) 외에도 27조(품위 유지) 조항에 위배된다는 이유에서였다. 뉴스 보도 프로그램에서 앵커나 기자의 옷차림이 문제가 되거나, 일반 프로그램에서 선정적인 이유 외에 출연자의 옷차림이 문제가 돼 법정제재가 결정된 것은 이게 처음이었다.

SBS · MBC 아나운서들은 2008년 10월 30일과 11월 20일 'YTN과 공정방송을 생각하는 날'을 맞아 YTN '블랙투쟁'을 지지하는 차원에서 검은색 옷차림으로 방송에 나선 바 있다. 이에 대해 방송통신심의위원회 방송심의소위는 2009년 1월 13일 회의에서 4시간이 넘는 격론 끝에 SBS · MBC 일부 아나운서의 검은색 옷차림에 대해 '문제없음'을 결정했다. [12]

이에 따라 2008년 말 "사과" 조치를 내린 YTN 앵커들의 '검은옷 투쟁' 건 심의에 대해 '무효' 논란이 제기되었다. 이런 난맥상으로 심의위원들 사이에선 "심의위가 바로 서려면 다른 나라처럼 정치적 내용은 심의하지 말아야 한다"는 주장도 제기되었다. 한태선 언론노조 방송통신심의위원회 지부장은 "문제점을 개선하려면 삼권분립의 취지를 반영해 입법, 사법, 행정을 포함한 다양한 분야에서 추천을 받아 심의위원을 임명하도록 법을 바꿔야 한다"고 말했다. [13]

『경향신문』 2009년 1월 14일자는 "방송통신심의위원회(위원장 박명진)가 '정치적 심의'에서 벗어나지 못해 심의기관으로서 공정성과 신뢰도가 계속 추락하고 있다는 지적을 받고 있다. 자문기구인 특별위원회부터 최종 심의기구인 전체회의까지 심의 결과를 보면 정부·여당 추천위원 6인과 야당 추천위원 3인의 불균형적 구도가 예외 없이 반영되고 있기 때문이다"며 다음과 같이 주장했다.

"13일 현재 계류 중인 안건만 봐도 보수·친여 단체들이 무더기로 심의를 요청한 안건에 대해서는 속도를 내며 해당 단체들의 의도에 부합하는 '자판기 심의'를 하고 있다는 지적이 있다. 반면 진보적 시민단체들이 제기한 안건의 경우 전혀 다른 태도를 취해 전체회의의 최종 결정에 따라 심의위에 대한 존폐 논란이 불거질 조짐도 보인다."[14]

『한겨레』 2009년 1월 14일자도 "방송통신심의위원회는 보수단체의 민원처리소인가? 방송통신심의위원회가 최근 보수단체가 문제삼은 프로그램에 대해 잇달아 징계를 내리거나 징계 절차를 밟으면서 심의의 편향성 논란이 일고 있다"며 다음과 같이 주장했다.

"이런 편향성의 뿌리에는 여당과 야당 성향의 심의위원들이 6대 3으로 나뉜 인적 구조가 자리잡고 있다는 지적이다. 민원이 접수되면, '방송분과특위−방송심의소위−전체회의'라는 3단계 절차를 거친다. 1단계 특위 위원도 9명 중 6명이 친정부 성향이어서 사회적 논란이 큰 사안에 대해 정파적 이해에 따른 제재 의견을 낸다. 이에 대해 방송통신심의위원회 쪽은 '구체적 내용을 지적한 민원이 들어오면 심의를 안 할 수 없다'고 밝혔다."[15]

2009년 5월 13일 방송통신심의위원회(위원장 박명진) 출범 1년을 이틀 앞두고 53개의 언론·시민·사회단체들은 서울 목동 방송회관에서 기자회견을 열고, "심의위가 지난 1년간 정치적 및 불공정 심의로 헌법에 보장된 언론과 표현의 자유를 침해하고 있다"며 심의위의 직무와 구조를 바꿔야 한다고 주장했다. 단체들은 "정치적 심의의 잣대로 악용되고 있는 '방송심의에 관한 규정' 9조 2항(균형성)에서 정부나 정부추진사업 등에 대한 비판적인 보도는 예외로 해야 한다"고 제안했다. 이들은 또 자의적인 확대해석으로 과거 '불온통신 단속' 같은 검열을 하고 있는 '방송통신위원회의 설치 및 운영에 관한 법률' 21조 4호(건전한 통신윤리의 함양을 위하여 필요한 사항으로서 대통령령이 정하는 정보의 심의 및 시정 요구)를 폐지해야 한다고 주장했다.[16]

2009년 8월 7일 이진강 전 대한변호사협회 회장이 제2대 방송통신심의위원장으로 선출됐는데, 이에 대해서도 논란이 일었다. 공정성과 독립성이 핵심인 자리에 대통령과 가까운 친정부 성향의 인사가 발탁되었다는 이유에서였다. 『한겨레』는 "이 위원장은 이명박 대통령의 고려대 1년 후배이자, 이 대통령 소유로 지난달 재단에 출연하기로 한 서울시 서초구 영포빌딩에 자신 이름의 법률사무소를 두고 있다. 변호사 사무실을 연 1994년부터 지금까지 이 대통령 소유 건물에 세를 들어 있는 것이다. 그는 또 변협회장 시절 인터뷰를 통해 'BBK 특검법' 위헌론을 펼치는 등 '친 MB' 행보를 보였다"고 지적했다.[17]

한국 사회의 모든 분야가 다 그렇지만, 모든 논란의 근본 원인은 '정치 과잉'에 있는 것 같다. 현재와 같은 정치적 추천제도가 사라지지 않으면 이른바 '6대 3' 정치는 계속될 것이다. 시민사회 역량을 믿지 않고 뭐든지 정파적으로 '나눠먹기'를 해서 정치적 영향력을 행사하려는 한국의 정치지상주의는 앞으로도 계속될 가능성이 높다. 한국인들은 중립영역을 만들어내는 데에 무능하거나 아니면 그걸 혐오하는 걸까?

방송심의 · 판결 사례

(사례) 방송사 자체심의 총체적 부실: 2000년 7월 7일부터 보름간 방송위원회가 지상파 및 케이블 TV 등 전국 143개 방송사의 자체심의 의무 이행 현황을 조사한 결과 대부분 이를 지키지 않고 있는 것으로 밝혀졌다.

방송법 86조는 자체 심의기구를 두고 방송 전 대본과 프로그램 등을 심의하도록 규정하고 있다. 그러나 KBS, MBC, SBS 등 지상파 방송 3사만이 별도의 심의기구를 두고 있었고, 이마저도 '프로그램 심의'가 아닌 '대본 심의'만 하고 있었다. 실질적인 제작물 심의는 대부분 심의부서가 아닌 일선 제작부서장에게 권한을 대폭 위임하고 있어 선정·폭력적 내용에 대한 예방조치가 부실할 수밖에 없었다. 특히 MBC 계열사 및 지역민방의 경우 인력부족 등의 이유로 '대본 심의'까지 대부분 제작진에게 위임하고 있어 프로그램을 만든 PD나 동료 PD가 심의까지 하고 있는 것으로 드러났다.

케이블 TV는 더 열악했다. 77개 지역방송국(SO)과 29개 채널사용업자(PP)들은 대부분 자체 심의기구를 기획·홍보 등의 부서에서 다른 업무와 겸하고 있어 형식적인 심의가 될 수밖에 없다. 케이블 TV SO의 경우 전담 부서를 설치한 곳은 19.4%, PP는 6.8%에 불과했다.

방송위는 해당 방송사업자들에게 유예기간을 두고 자체 심의기구 설치와 심의 강화를 촉구하기로 했으며, 일정 기간까지 시정되지 않을 경우 과태료(2000만 원 이하) 부과 등 방송법 규정대로 조치할 방침이라고 밝혔다.[18]

(사례) 뮤직비디오가 가장 선정·폭력적: 2000년 8월 14일 방송위원회가 발표한 '케이블 TV 방송프로그램의 심의·제재 현황'에 따르면 지난 3월부터 8월 1일까지 선정성 및 폭력성을 사유로 '경고' 이상의 제재조치를 받은 사례는 모두 57건이며, 이는 총 체재 건수(267건) 22%에 해당된다. 특히 선정성 및 폭력성을 사유로 제재를 받은 프로그램 가운데 뮤직비디오 등 음악프로가 21건(36.7%)으로 가장 많았다. 이어 영화 14건(24.6%), 영화정보 6건(10.5%), 연예오락 등 기타 16건(28.1%) 등이다. 뮤직비디오의 경우 애무 및 성애 장면, 동성애, 혼음 묘사 등 선정적 장면이 많았다.

방송위원회는 이와 관련해 '케이블 TV의 선정적·폭력적 방송프로그램 대책'을 발표하면서 동시에 각 케이블 TV 방송국에 권고문을 보내 관련 프로의 개선을 촉구했다. 방송위원회가 이날 케이블 TV에 권고한 주요 내용은 ①저속한 성인영화를 편성하지 말 것 ②영화정보 프로그램의 청소년시청시간대 편성시 주의할 것 ③성인 취향의 드라마와 시트콤 편성시 방송시간과 내용 표현에 주의할 것 ④난잡한 의상·율동·과도한 노출 등 어린이, 청소년에게 부정적인 영향을 주는 국내외 뮤직비디오의 편성을 지양할 것 등이다.[19]

(사례) 무력한 방송심의규정: 2000년 8월 말 방송위원회는 방송심의에 관한 규정을 확정, 발표했다. 새 심의규정은 흥미를 목적으로 특정인의 사생활을 몰래 촬영해 동의 없이 방송하는 것을 금지(제19조)하고 있고, 출연자나 시청자에 대한 예의(제26조)를 지키도록 규정하고 있다. 또 특정 성(性)에 대한 차별금지(제29조)를 포함해, 타인의 명예를 훼손하지 못하도록(제20조) 명시하고 있다.

『문화일보』에 따르면, "그러나 이 같은 규정에 대한 일선 PD들의 반응은 냉소적이기만 하다. 한 오락프로 PD는 '몰래카메라 촬영 뒤에 본인의 동의를 얻어 방영하는 것이기 때문에 아무런 문제가 없다' 며 '본인 동의 없이 방영하는 경우는 시사보도 프로 쪽이 더 많은데 왜 우리만 문제 삼느냐' 고 되물었다. 또 다른 PD는 '심의규정이야 예전에도 있었고, 오락프로를 만들다보면 실수로 걸러지지 않은 장면이 나갈 수도 있는 일' 이라고 일축했다. 또 한 PD는 '방송위의 징계 강도가 높아지는 추세이긴 하지만, 징계보다는 시청률 떨어지는 게 더 무섭다' 고 털어놨다."[20]

(사례) 외국어 및 국적불명 조어사용 자제 권고: 2000년 9월 5일 방송위원회 산하 방송언어특별위원회(위원장 고흥숙)는 각 방송사에 방송 프로그램 이름에 외국어 및 국적불명의 조어를 사용하는 행위를 자제하라고 권고했다. 이는 방송위원회(위원장 김정기)가 KBS 1·2와 MBC, SBS, EBS 등 지상파 5개 채널과 라디오 11개 채널, 케이블방송 채널사용사업자(PP) 19개 채널, 종합유선방송사(SO)의 10개 지역채널의 프로그램들을 조사한 결과 외국어 남발이 심각

한 지경에 이른 것으로 확인됨에 따라 취해진 조치였다.

조사결과 지상파 TV는 KBS 1과 EBS를 제외한 3개 채널 프로그램의 3분 1 이상이 외국어를 제목에 사용했다. KBS 2가 28편(40.6%)으로 가장 높았고 MBC 28편(37.85), SBS 22편(33.3%), KBS1 16편(22.9%)의 순이었다. 방송사들은 '뮤직' '시네마' '뱅크' 등 우리말로 표현할 수 있는 단어임에도 외국어로 표현했거나 〈시사터치 코미디 파일〉 〈김혜수의 플러스 유〉 등 외국어를 조합하기도 했다. 또는 '스타 서바이벌 미팅' '러브러브 쉐이크' 처럼 무슨 뜻인지도 모를 부제목을 쓰거나 '피자(피디+기자)' '엔포(엔터테인먼트+인포메이션)', '토커넷(토크+인터넷)' 등 국적불명의 조어를 만들어내기도 했다.

지상파 라디오는 291개 프로그램 중 80개(27.5%) 프로그램이 외국어를 제목에 사용했다. 특히 KBS, MBC, SBS 등 방송3사의 FM 채널 프로그램 중 50% 이상이 제목이나 부제를 외국어로 붙였다. 케이블 방송에서는 19개 채널 738개 프로그램 중 198개(26.8%)가 외국어 제목을 사용했고 케이블 TV 종합유선방송사(SO)는 조사대상 116개 프로그램 중 32개(27.6%)가 외국어 제목을 사용한 것으로 조사됐다.[21]

(사례) 방송중지 명령: 2000년 11월 28일 방송위원회는 경인방송(iTV) 〈김형곤쇼〉에 대해 '방송중지' 및 '해당 프로그램의 관계자에 대한 징계' 명령을 내렸다. 방송위원회가 선정성 등을 이유로 특정 프로그램에 방송중지 명령을 내린 것은 이번이 처음이다. 〈김형곤쇼〉는 11월 3·10·17일 방송에서 발기부전 치료제인 비아그라를 복용한 노인과 치매에 걸린 노인 등을 소재로 삼으며 선정적인 내용으로 일관했고, 심지어 일본군 위안부였던 여성들의 당시 상황을 웃음소재로 썼다. 또 '조깅과 칼국수를 좋아해서 머리가 나빠진 전직 대통령 때문에 IMF가 찾아왔다' 는 등 전직 대통령들을 희화화하기도 했다. 한편 성생활과 관련된 내용을 여과 없이 방송한 경인방송의 〈마법의 성〉도 '시청자에 대한 사과' 명령을 받았다.[22]

방송위원회의 조치는 방송법 32조의 사후심의 원칙과 헌법에서의 표현의 자유와 어긋난다는 주장이 제기되었다. 이덕우 변호사는 "이번 프로그램 중지 결정은 문제가 된 방영분에만 제재한 것이 아니라 앞으로 있을 방송 전부를 중지한 것이기 때문에 사전심의에 해당될 수 있다"고 말했다. 그는 또 "법원이 방송을 중지하는 가처분 신청도 사전검열에 해당될 수 있는데 법기관이 아닌 행정기관인 방송위원회가 방송중지라는 강력한 제재조치를 행사한 것은 사전심의로 비칠 수도 있다"고 지적했다. 안상운 변호사는 "해당 프로그램의 광고수입에 과징금을 부과하는 등의 간접적 제재를 해야 방송의 선정성 문제가 해결될 수 있을 것"이라고 주장했다.[23]

　　(사례) 선정적 자료화면 '연출' 의혹: 2000년 11월 30일 방송위원회는 청주방송(CJB)이 신종 전화방의 경찰단속 장면을 보도하는 과정에서 선정적인 장면을 그대로 사용해 물의를 일으켰던 것에 대해 주의 조처를 내렸다. 방송위원회는 11월 17일 청주방송이 종합뉴스 시간대에 미성년자를 고용해 윤락을 알선해온 신종 전화방의 경찰단속 장면을 보도하면서 자료화면으로 여성이 폐쇄회로 카메라 앞에서 옷을 벗는 장면을 그대로 사용한 것은 방송심의에 관한 규정 27조(건전한 생활기풍)와 32조(준법정신의 고취 등)를 위반한 보도였다고 밝혔다.
　　이 보도와 관련해 지역 언론계에서는 당시 자료화면으로 방영된 화면 가운데 일부분이 당시 상황을 몰래카메라로 촬영한 것이 아닌 연출에 따라 방송용 카메라로 촬영된 부분이 있다는 의혹이 제기되었다. 이에 대해 당시 취재를 담당했던 신모 기자는 "문제의 화면은 자료화면 가운데 끝부분 3초 분량으로, 몰래카메라로 찍은 부분이 너무 선정적인데다가 당사자가 미성년자인 것으로 밝혀져 화면사용이 불가능해 부득이 개인적으로 아는 여성에게 부탁해 옷벗는 장면을 재연한 것일 뿐"이라며 "일부에서 돈을 주고 고용했다는 주장은 사실과 다르다"고 말했다.[24]

(사례) B양 비디오 사건 선정보도: 2000년 12월 방송위원회는 가수 B양의 정사 비디오 파문을 선정적으로 보도한 〈MBC 뉴스데스크〉에 경고 및 관계자 경고를 명령했다. 〈MBC 뉴스데스크〉는 11월 24일 가수 B양의 정사 비디오 파문을 '이번엔 B양 비디오'라는 제목으로 보도하면서 여자가 바지를 벗는 장면 등 사건을 흥미 위주로 방송했다는 지적을 받았다.[25]

(사례) 방송사 자체심의 부실: 2001년 5월 7일 방송위원회는 자체심의 의무를 지키지 않은 MBC, KBS, EBS에 대해 500만~300만 원의 과태료를 물리기로 했다. 지상파 방송사에 과태료가 부과되기는 이번이 처음이다. 방송법은 방송프로그램의 사전 자체심의 의무를 어긴 경우 2000만 원 이하의 과태료를 물리도록 하고 있다.[26]

(사례) 과도한 성적 농담: 2001년 6월 14일 방송위원회는 한국케이블 TV 서대구방송 〈김경동의 성 TV 동의보감〉에 대해 방송의 품위를 떨어뜨리고 시청자에게 예의를 지키지 않았다는 이유로 경고 및 해당 방송프로그램의 관계자에 대한 경고를 내렸다. 문제가 된 내용은 다음과 같다. "고속도로에서 노상방뇨를 한 부부가 경찰에게 스티커를 끊겼는데 남편이 경찰에게 '왜 나는 8만 원짜리고 집사람은 4만 원이냐?'며 항의하자 경찰이 '당신은 잡고 흔들었지 않았습니까'라고 했다." "미국에서 활동 중인 골프선수 박세리와 야구선수 박찬호의 영문표기에서 박찬호는 PARK, 박세리는 PAK라고 표기하는데 그 이유는 박찬호는 알(R)이 있고 박세리는 알이 없어서 그랬다."[27]

(사례) MBC의 '시청자주권위원회' 설치: MBC는 2002년 국내 방송사상 처음으로 시청자 권익보호와 고충처리 등을 위해 '시청자주권위원회'를 설치하고, 자사 프로그램으로 인권침해나 재산상의 피해를 입었다고 구제요청을 해 올 경우 사전조정과 처리방안을 심의·의결하고 그 결과는 시청자 프로그램

인 〈TV 속의 TV〉를 통해 알리기로 했다. 그 첫 케이스로 2003년 1월 8일 〈아침뉴스〉에서 자신들의 사진을 사전 동의 없이 방송했다고 이의를 제기한 2명의 시청자에게 각각 150만 원과 100만 원씩의 위로금을 지급키로 했다.[28]

(사례) 취재대상 '비이성적 진술'만 부각하면 명예훼손: 2004년 2월 15일 서울중앙지법 민사합의25부(재판장 임종윤 부장판사)는 '남침 땅굴을 찾는 사람들의 모임(남굴사)' 회원 8명이 "편파 보도로 명예가 훼손됐다"며 모 방송사를 상대로 낸 8000만 원의 손해배상청구 소송에서 "방송사는 원고 1인당 150만 원씩 1200만 원을 배상하라"고 판결했다. 재판부는 판결문에서 "피고 방송사는 전체적으로 흥분한 상태에 있던 회원의 진술만 보도하고 증거를 제시하는 회원의 진술은 생략해 남굴사 회원들이 이성적 판단력을 잃은 채 무모한 행동으로 불필요한 긴장감을 조성한다는 인상을 줘 명예를 훼손했다"고 밝혔다.[29]

(사례) TV 고발 프로그램 "공익방송 땐 위법 아니다": 2004년 12월 13일 서울남부지법 민사2단독 정인숙 판사는 김모씨가 자신을 부유층 고액 체납자로 고발한 방송프로그램을 상대로 낸 위자료청구 소송에서 "원고에 대한 명예훼손은 인정되지만 방송 보도의 목적이 오로지 공공의 이익을 위한 것이었다"며 기각했다. 수천만 원의 세금을 체납한 김씨는 2001년과 2003년 KBS 시사프로그램인 〈추적 60분〉과 〈최재원의 양심추적〉에 네 차례 등장했다.[30]

(사례) 왜곡 편집으로 인한 명예훼손: 2006년 2월 9일 서울 남부지법 민사12부(재판장 신명중)는 "노무현 대통령 부인 권양숙 여사의 학력 관련 발언을 MBC 〈신강균의 뉴스 서비스 사실은〉이 왜곡 편집해 명예를 훼손당했다"며 방송인 송민기씨가 MBC 측을 상대로 낸 소송에서 "MBC 측은 송씨에게 1000만 원을 지급하라"며 원고 일부 승소 판결했다. 송씨는 2004년 4월 노 대통령 탄핵찬성 집회에서 사회를 보며 한 발언을 왜곡했다며 MBC 등을 상대로 5억

원의 손해배상을 청구하는 소송을 냈다. 재판부는 "최소한 그 발언자가 한 발언 중 앞뒤의 말을 생략하여 일반인들이 발언자의 발언 의미를 정반대의 취지로 이해하거나 전혀 다른 의미로 이해할 위험성이 있도록 편집하여서는 안 된다"고 밝혔다.[31]

(사례) "국회의원 사적 대화 '돌발영상' 삭제하라": 2006년 11월 17일 서울고법 민사30부(재판장 김경종)는 "사적인 대화 내용을 몰래 촬영해 인터넷 '돌발영상'에 게시하는 것은 부당하다"며 임종인 열린우리당 의원이 (주)YTN과 디지털 YTN을 상대로 낸 영상물게재 금지 가처분신청 항고심에서 원심을 깨고 임 의원의 신청을 받아들였다. 재판부는 결정문에서 "임 의원이 동료의원들과 사적인 대화를 하는 장면을 몰래 촬영하고 녹음한 것은 통신비밀보호법에서 금지하는 행위이며, 이 대화가 담긴 내용을 인터넷에 게재한 것은 사생활 비밀과 자유를 중대하게 침해한다"며 "'돌발영상' 난에 '불만 엿듣기'라는 제목으로 게시한 동영상 가운데 임 의원이 동료 의원들과 대화하는 부분을 삭제하라"고 밝혔다.

그러나 재판부는 "임 의원이 공적 인물이기 때문에 국회 본회의장에서 그 모습을 촬영한 것만으로 초상권을 침해한다고 보기 어렵다"며 명예훼손과 초상권 침해 주장은 받아들이지 않았다. YTN은 2006년 6월 임 의원이 법사위 배정에 불만을 토로하는 장면을 촬영해 방영하고 인터넷에 올렸다.[32]

2007년 9월 19일 서울고법 민사13부(재판장 조용구 부장판사)는 임종인 의원이 YTN을 상대로 낸 정정보도 및 손해배상청구 소송 항소심에서 원고 패소 판결했다. 재판부는 "임 의원의 사회적 평가를 저하시킬 수 있는 구체적 사실이 포함돼 있으나 전체적인 취지는 당시 국회의원들이 비인기 상임위 기피와 일부 의원들의 불만을 보도하려는 것이어서 공익성이 인정된다"고 설명했다.[33]

(사례) "심의 과정의 공개가 필요하다": 2007년 이창현 국민대 언론정보학부 교수는 "현행 방송심의제도는 신문과 정치권의 방송규제 패러다임이 그대로 담겨있으며, 방송제작자들의 의견은 제대로 반영되지 않고 방송내용은 일방적인 제재의 대상이 되어 있는 구조이다"며 다음과 같이 말했다.

"방송심의위원들의 심의록은 기록되지도 않고 공개되지 않음은 물론이고, 제작자의 입장에서 본다면 방송심의 자체가 위압적이고 경직되었다고 할 수 있다. 그러므로 무엇보다 먼저 시작되어야 할 것은 심의과정의 공개이다. 방송심의 과정 자체가 공론의 장이기 때문이다. 심의를 둘러싼 다양한 세력들이 자신들의 입장을 개진하고 그에 대한 개선방안을 마련하는 갈등조정의 공적 영역이라는 것이다. 그러므로 방송심의를 둘러싼 공론의 장을 활성화하는 것이 타당하다."[34]

(사례) 자사 입장 옹호 방송에 '주의' 처분: 2008년 7월 28일 방송통신위원회는 KBS가 감사원 특별감사에 대해 지난 5월 22일과 6월 11일 〈KBS 뉴스 9〉를 통해 '공영방송 장악의도' '공정성 훼손 우려' '표적감사 비판 확산' 등 제목으로 자사 입장을 옹호하는 정치권이나 단체 등의 주장을 중점 보도, 방송의 공정성을 훼손했다며 '주의' 처분을 내렸다. 방송통신위원회는 KBS 측에 명령 7일 이내에 〈KBS 뉴스 9〉 프로그램 종료시 이 같은 주의조치 내용을 고지할 것을 통보했다. KBS는 이에 불복해 "처분의 근거가 되는 방송법 및 방송통신위원회 규칙이 모호한 개념을 쓰고 있고 이는 기본권을 제한하는 법률이 명확해야 한다는 원칙에 어긋난다"며 서울행정법원에 방송제재처분 취소 소송을 냈다.

2008년 8월 5일 서울행정법원 행정13부(재판장 정형식 부장판사)는 KBS 측이 소송과 함께 "방송통신위원회의 주의·제재 처분을 본안 소송 판결 선고 때까지 효력을 정지해 달라"며 낸 집행정지 가처분신청을 받아들였다. 재판부는 "KBS가 제출한 자료를 살펴보면 주의 처분으로 인해 회복하기 어려운 손해가 발생할 수 있고 이를 예방하기 위한 긴급한 필요가 있다고 인정된다"며 이같이 결정했다. 재판부는 이어 "주의 처분의 효력을 정지한다고 해서 공공복리에 중대한 영향을 미칠 우려가 있다고 볼 자료도 없다"고 덧붙였다.[35]

(사례) 혐오감 조성에 '권고' 처분: 2009년 2월 방송통신심의위원회는 SBS 예능프로그램 〈놀라운 대회 스타! 킹〉에서 출연자들이 한우 쇠고기로 만든 옷으로 패션쇼를 하고 의상을 잘라 즉석에서 구워먹는 모습을 방송한 데 대해 '혐오스럽다'는 민원이 22건에 달했으며 품위유지 관련 방송심의규정 위반으로 '권고' 조치를 취했다.[36]

(사례) MBC 〈뉴스 후〉 등 무더기 중징계: 2009년 3월 4일 방송통신심의위원회는 언론법의 문제점을 집중적으로 보도한 문화방송 〈뉴스 후〉 등의 프로그램에 대해 시청자 사과 등 무더기 중징계 처분을 내렸다. 방송통신심의위원회는 2008년 12월20일과 2009년 1월 3일치 〈뉴스 후〉에 대해 공정성과 객관성 위반으로 '시청자 사과'를 의결했다. 언론법 문제를 집중적으로 다룬 〈뉴스 데스크〉(12월 25·26·27일) 보도도 역시 같은 이유로 '경고' 제재를 의결했다. 〈시사매거진 2580〉(12월 21일)은 행정지도 성격의 '권고'를 내렸다.

박명진 방송통신심의위원회 위원장은 "MBC 처지에서 적극적으로 의견을 개진해야겠다는 생각으로 (프로그램들을) 제작했다. 공영방송으로서 과도하게 편향돼 공정성과 객관성을 잃었다"고 밝혔다. 또 "사실과 논평을 구분해야 한다는 MBC 방송강령과 심의규정이 있는데도 애매모호하게 다뤄져서 시청자의 건전 여론 형성을 저해했다"고 덧붙였다. 박혜진 앵커가 파업참가를 예고한 신상 발언을 한 것(12월 25일〈MBC 뉴스데스크〉)에 대해서는 "노조의 불법파업을 옹호한 셈이라며 위법행위를 방조해선 안 된다는 심의규정 33조도 위반했다"고 말했다. 박혜진 앵커의 발언에 대해서 친여 성향 심의위원 4명은 '시청자 사과' 징계 의견을 제시하기도 했다. 이에 대해 문화방송 쪽은 "방송법 개정은 문화방송 자사의 입장을 넘어 한국 언론환경에 큰 변화를 주는 것이기 때문에 국민의 알 권리 차원에서 언론법 개정의 의미와 문제점을 짚는 것은 언론의 당연한 의무"라고 반박했다.[37]

2009년 3월 6일 48개 언론시민사회단체의 연대 모임인 '미디어행동'은 성명을 내고 "방송통신심의위원회 결정은 철저한 정파적 이해에 따라 이명박정권과 한나라당의 이해만을 대변한 정치적 언론탄압"이라며 "언론탄압을 자행하는 방송통신심의위원회의 해체를 요구한다"고 밝혔다. 한국기자협회도 성명에서 "심의제재는 방송사의 재허가나 재승인 심사 등에도 반영되기 때문에 방송보도 전체가 여권의 눈치를 보는 불행한 사태를 초래할 수 있다"며 "이같은 일이 반복된다면 방송통신심의위원회는 방송사들의 불복운동과 국민적 저항에 직면할 것"이라고 말했다. 앞서 전국언론노조와 한국PD연합회, 방송기자연합회 등도 방송통신심의위원회의 조치를 비판하며 심의위원들의 사퇴를 촉구했다.[38]

'미디어렙' 설립 논쟁

2004년 10월 12일 공정거래위원회가 한국방송광고공사(KOBACO)의 광고시장 독점체제를 풀기로 함으로써 방송사들을 중심으로 추가적인 방송광고 판매 대행사인 미디어렙(Media Representative) 설립 논의가 활발해지게 되었다.[39]

2008년 4월 정부가 지상파 방송광고 판매방식으로 민영 미디어렙 도입을 추진하겠다고 나서자 종교방송과 지역민방 등은 반대의사를 밝혔다. 박원식 불교방송 기획팀장(종교방송협의회 간사)은 "기업들은 광고효과가 높은 지상파 TV 3사만 선호하고 다른 매체는 외면할 것"이라며 "국가가 지상파 주파수에 대한 인허가권은 유지하면서 지상파 광고만 시장원리에 맡기겠다는 것은 앞뒤가 맞지 않는다"고 말했다.[40]

2008년 8월 27일 유인촌 문화체육관광부 장관은 방송광고 판매제도 개편과 관련, 민영 미디어렙 도입시기를 2012년으로 잡고 있다고 밝혔다. 유 장관은 이날 서울 삼청각에서 한국지역민영방송협회 사장단과 가진 오찬 간담회에서 "지상파 방송광고 판매의 한국방송광고공사 독점체제를 개선해야 한다는 데 사회적 합의가 있지만, 지역민방이나 종교방송이 어려워질 수 있어 지원책을 마련하고 단계적으로 시행해야 한다"면서 "민영 미디어렙은 지상파 방송의 디지털화가 마무리되는 2012년까지는 준비를 해야 한다"고 말했다.[41]

2008년 9월 4일 방송통신위원회(위원장 최시중)는 대통령업무보고에서 '방송통신 선진화를 위한 신성장 동력과 일자리 창출방안'이란 주제로 민영 미디어렙 도입을 통한 한국방송광고공사의 방송광고 판매시장 독점체제 해체와 대기업의 지상파 방송 및 보도·종합편성 방송채널사용사업자 진입제한 완화, 종합유선방송사업자 간 겸영규제 완화 등의 계획을 밝혔다.

이에 전국 19개 지역 MBC와 9개 지역 민영방송 노동조합으로 구성된 지역방송협의회는 성명을 통해 "지역방송의 존립기반을 뿌리째 흔드는 민영 미디어렙 신설을 즉각 폐지하고 현 방송광고공사의 공적기능을 유지해라"고 촉구했다. 협의회는 성명에서 "방송통신위원회의 '방송부문 선진화 계획' 업무보고는 대대적인 규제 완화를 통한 친시장적인 방송정책이다"며 "기존 지상파 방송에 대한 방송장악과 공공미디어 질서마저 뿌리째 흔들려는 잔인한 음모를 만천하에 드러낸 것"이라고 규탄했다. 협의회는 "민영 미디어렙이 도입되면 방송3사 등 메이저 방송사들 광고매출은 급증하고 지역방송 등 취약매체는 급감할 것"이라며 "이는 재원 위기를 가속화시켜 지역방송 존립에 심각한 상황을 유발할 것"이라고 밝혔다.[42]

2008년 9월 16일 5개 종교방송은 대책회의를 열고 기획재정부가 미디어렙 도입을 공기업 선진화 방안에 포함시킬 경우 강만수 기획재정부 장관 퇴진과 모든 종교인이 결집해 정권 퇴진운동을 펼치겠다고 선언했다. 기획재정부가 22일 발표할 공기업 선진화 3차 방안에 미디어렙 도입이 포함될 것으로 알려지자 나온 긴급성명이었다.

종교방송협의회 간사를 맡고 있는 박원식 불교방송 경영기획실장은 "정부가 지상파 주파수 인허가권은 그대로 가지면서 지상파 광고만 시장에 맡긴다는 것은 앞뒤가 맞지 않는다"고 지적했다. 전국 19개 지역 문화방송과 9개 지역민방으로 구성된 한국지역방송협회도 9월 12일 다시 성명을 내어 "미디어렙이 도입되면 5000여 지역 방송인의 열패감과 분노는 상상할 수 없을 것"이라고 주장했다.

최영묵 성공회대 신문방송학과 교수는 『한겨레』 2008년 10월 6일자 칼럼에서 "최근 미디어 시장 불황이 계속되고 있다. 특히 지상파 방송시장이 가장 심각하다. 심지어 주말드라마에 광고가 거의 없는 경우도 있다. 지상파 방송은 뉴미디어 방송과 경쟁하기 위해 중간광고, 광고총량제 등을 요구했으나 실현되지 않았다. 2001년 지상파 방송의 광고시장 점유율은 41.4%였으나 2007년에는 29.9%로 하락했다. 인쇄매체 점유율도 33.9%에서 28.3%로 떨어졌다. 반면 케이블과 온라인 미디어는 5.5%에서 23.4%로 급상승했다"며 다음과 같이 주장했다.

"정부 주장대로 민영 미디어렙 도입을 통한 경쟁체제 구축은 시급한 과제다. 하지만 미디어 연쇄 '도산'을 막으려면 현행 광고공사의 핵심기능이 유지되어야 한다. 광고연계판매에 준하는 작은 방송 '지원시스템'을 구축해야 한다. 민영 미디어렙의 설립은 한편으로 광고시장의 '융합'을 의미한다. 민영 미디어렙에 여러 관련 사업자가 참여할 수 있기 때문이다. 이럴 경우 중요한 것은 신문기업 등의 투명성이다. 조선·중앙·동아 등 주요 일간지들이 발행부수도 제대로 공개하지 않으면서 시장경쟁 운운하는 것은 코미디다. 정부 입장에서 지상파 방송 광고시장을 정상화하는 방법으로 두 가지를 검토할 수 있다. 하나는 민영 미디어렙을 도입하는 것이고 다른 하나는 한국방송 수신료를 적정선 인상하는 것이다. 한국방송 수신료 인상은, 절대다수 의석을 차지하고 있는 한나라당이 적극 추진한다면 크게 어려운 일이 아니다. 한국방송 수신료가 인상되고 제2채널 광고가 분산되면 지상파 방송 시장의 숨통이 트일 수 있다. 민영 미디어렙은 이후 여유를 가지고 추진해도 늦지 않다."[43]

2008년 11월 27일 헌법재판소 전원재판부는 한국방송광고공사와 코바코의 출자를 받은 광고대행사만 지상파 방송광고 판매대행을 할 수 있도록 규정한 방송법 73조 5항 등에 대해 헌법 불합치 결정을 내렸다. 재판부는 "뚜렷한 기준 없이 방송광고 판매 대행사를 코바코와 코바코가 출자한 회사로 제한하는 것은 민영 광고판매 대행사 등의 직업 수행의 자유를 침해한다"고 밝혔다. 재판부는 방송의 공익성을 보장하면서 실질적 경쟁체제를 도입할 수 있는 방법으로 ①요건을 갖춘 판매 대행사에 대한 허가 ②중소 방송사에 일정량의 광고 제공 의무화 ③광고가격의 상한선 책정 등을 예로 들며 "현행법은 방송의 공익성·공공성을 확보할 수 있는 다양한 방법들을 외면한 채 코바코와 그 출자 회사에만 판매 대행을 허가함으로써 기본권 침해의 최소성 원칙을 위반했다"고 설명했다. 재판부는 2009년 12월 31일까지 법을 개정하라고 밝혔다. 이에 따라 민영 미디어렙 도입을 추진하는 정부 정책도 더욱 탄력을 받게 됐다.

반면 지역·종교방송 쪽에선 격앙된 목소리들이 터져나왔다. 이영훈 지역방송협의회 공동의장은 "헌재가 지난 27년간 유지돼온 코바코 체제의 사회적 합의를 신중치 못한 판단으로 뒤집어버려 실망스럽다"며 "앞으로 지역방송은 태풍 앞에 놓인 가녀린 민들레 신세가 됐다"고 비판했다. 김민기 숭실대 언론홍보학과 교수는 "헌재 판결에 따른 법 개정은 언론 전체를 자본논리에 휩싸이게 만들 것"이라고 우려했다.[44]

『한겨레』 2008년 12월 31일자는 한나라당의 7대 언론법안 처리에 반발해 전국언론노조 조합원들이 총파업 투쟁에 나선 것과 관련, "지역·종교방송사들을 총파업 대열에 합류시킨 가장 민감한 요인은 정부·여당이 내년 말 도입을 추진하는 민영 미디어렙이다. 민영 미디어렙 도입은 지역방송 광고의 20~30%, 종교방송 광고의 80~90%를 감소시킬 것으로 각종 연구결과는 예측하고 있다"고 했다.[45]

2009년 2월 10일 이수범 인천대 신문방송학과 교수는 정보통신정책연구원

(KISDI)과 한국방송영상산업진흥원(KBI)이 서울 목동 한국방송회관에서 공동 개최한 '민영 미디어렙 도입 방안 공개 토론회' 발제를 통해 3년 동안 공·민영 미디어렙 간 업무영역을 유지하면서 한시적으로 미디어렙 허가제를 도입해야 한다고 주장했다. 이 교수는 한시적 미디어렙 허가제를 시행하면 공·민영 미디어렙 체제가 유지되는 3년간 경쟁 도입으로 발생하는 문제를 억제할 수 있고 완전 경쟁으로 이행할 경우 발생할 문제점을 완화할 수 있는 사회적 조정기간이 확보된다는 장점이 있다고 설명했다.[46]

정부·여당의 미디어렙 정책은 약자나 소수자를 배려하지 않는 한국 특유의 '대세 우선주의'를 반영한다. 대(大)를 위한 어떤 조치를 취하더라도 소(小)에 대한 배려책을 시늉으로나마 제시할 법도 한데, 그런 경우는 거의 없다. 그래서 온몸으로 항거하는 시위가 번성한다.

IPTV는 'TV 문화혁명' 인가?

방통융합(放通融合) 열풍이 뜨겁다. 방통융합은 정보 테크놀로지의 발달로 방송과 통신의 구분이 없어지고 하나로 융합되는 현상을 가리킨다. 방통융합의 대표적인 매개체로 등장해 현재 뜨거운 논란의 대상이 되고 있는 매체로는 DMB와 IPTV 등을 들 수 있다. 방송업계에선 '방통융합', 통신업계에선 '통방융합'이라고 부르는데, 이는 주도권을 둘러싼 양쪽의 갈등이 심상치 않음을 시사한다.

IPTV(Internet Protocol TV)는 인터넷을 기반으로 제공되는 TV 서비스로, 주문형비디오(VOD), 디지털 영상저장(DVR) 서비스뿐만 아니라 TV 스크린을 통한 인스턴트 메시지 전송서비스 등을 제공할 수 있다. 1999년 영국에서 시작돼 2002년과 2003년에 걸쳐 유럽과 동아시아를 중심으로 그 서비스가 점차 확대되었다. 이미 일본, 프랑스, 스페인, 이탈리아, 미국, 홍콩 등이 IPTV 사업을 시작한 가운데 그 수는 계속 늘고 있다. 한국에선 관할권을 놓고 방송위원회

와 정보통신부가 갈등을 빚어 도입이 늦어졌다.[47]

2008년 2월 26일 방송과 통신을 통합해서 관장하는 방송통신위원회(이하 방송통신위원회) 설치 법안이 국회 본회의를 통과하면서 지난 10여 년간 IPTV뿐만 아니라 DMB(디지털 멀티미디어 방송), 인터넷 동영상 서비스 등 방송과 통신 두 영역에 걸친 새로운 서비스가 나올 때마다 벌어진 정통부와 방송위의 '관할 싸움'이 종지부를 찍게 되었다.[48]

IPTV는 지상파 방송사들과 실시간 재전송을 놓고 교착상태에 빠졌으나, 2008년 말 협상을 타결지었다. 2008년 12월 12일 IPTV, 상용서비스 출범기념식에서 이명박 대통령은 "세계는 지금 미디어 빅뱅의 시대로 급변하고 있으나, 지난 10년간 우리 방송은 미디어를 산업적 가치로 인식하는 데 소홀하였으며, 이제 새로운 전기를 마련할 때"라고 강조하면서 "IPTV 산업을 기반으로 방송통신대국으로 나아가야 하며, 일자리 창출과 생산성 향상에 크게 기여하기 위해 네트워크 고도화와 원천기술 개발에 최대한 지원하겠다"고 천명했다. 이 대통령은 구체적으로 "IPTV 서비스를 잘 활용하면 공공서비스 혁명과 더불어 사교육비 경감과 교육격차 해소 및 진료 서비스의 획기적인 개선이 이루어질 것"이라고 주장했다.[49]

KT 메가TV(2008년 11월)에 이어 2009년 1월 1일부터 SK브로드밴드 브로드앤TV, LG데이콤 마이엘지TV 등 3개 사업자가 상용 서비스를 시작하면서 가입자 확보를 위한 본격 경쟁에 들어갔다. 이들은 "TV, 다시 태어나다"는 광고 문안을 내세웠다. IPTV는 'TV 문화혁명'으로 불리면서 관련 산업은 물론 언론의 지대한 관심을 받게 되었다.[50]

『조선일보』 2009년 1월 12일자는 "IPTV의 보급과 함께 시청자들이 TV 편성표에서 벗어나고 있다. 실시간 TV뿐만 아니라 수만 건의 프로그램을 VOD로 서비스하는 IPTV 특성상 필요한 것만 시간에 구애를 받지 않고 '골라 보는' 가정이 늘고 있기 때문이다. IPTV는 현재 160만 가구가 가입해 있고, 올 연말 200만 가구 이상으로 확대될 전망이다"며 다음과 같이 말했다.

"시청 시간의 분산과 함께 지상파 방송의 '광고 위력'도 줄어들 전망이다. 미국에서는 'DVR(디지털녹화기)' 보급으로 인해 프라임 타임(황금시간대)이 사라졌다. 지난해 12월 29일 『LA타임스』는 '평일 밤 10시대에 여전히 많은 사람이 TV를 보지만, 상당수는 DVR에 녹화된 프로그램을 다시 보기하고 있다'고 보도했다. 미국의 경제주간지인 『비즈니스 위크』는 '프라임 타임이 실종되면서 기존 TV 광고의 형태와 가격이 바뀌는 것도 불가피하다'는 전망을 내놓았다. TV 시청방식은 다양화되고 있지만, 지상파 프로그램 위주의 시청패턴은 쉽게 바뀌지 않고 있다. 메가TV와 브로드앤TV의 VOD 재생횟수 상위권에는 여전히 지상파 방송사의 드라마와 오락 프로그램이 대거 포진하고 있다. 하지만 이들 지상파 프로그램의 틈바구니 속에서 어린이 교육용 콘텐츠 등 각광을 받는 '비지상파' 콘텐츠도 속속 생겨나고 있다. 메가TV가 최근 선보인 〈방학에 보는 세계사〉 시리즈나 KT의 자체제작 드라마 〈미스터리 형사〉 등은 지상파에서는 볼 수 없지만, 인기는 꽤 높다. 〈미스터리 형사〉의 경우 지난 11월 첫 방영 이후 지상파 프로그램과 경쟁하며 VOD 순위에서 항상 2~5위를 지키고 있다. IPTV 업계는 콘텐츠가 다양화되면 장기적으로 지상파 '쏠림' 현상이 해소될 것으로 기대했다."[51]

전응휘 녹색소비자연대 상임이사는 정부와 언론의 IPTV 장밋빛 홍보에 대해 "이러한 설명들이 얼마나 부정확하고 과장되어 있으며, 심지어는 사실까지도 왜곡하고, 현재의 IPTV 서비스가 가지고 있는 문제점들을 얼마만큼 간과하고 있는지 설명해야 할 의무감까지 느끼게 된다"며 다음과 같이 주장했다.

"우선 첫째로 IPTV는 융합 서비스이기는 하지만 융합 서비스로서 첨단기술의 선진적인 서비스는 전혀 아니다. 뿐만 아니라 IPTV는 인터넷의 가장 근간이 되는 TCP/IP 프로토콜을 사용하긴 하지만 폐쇄적이며, 중앙통제식의 과거 전통적 모델의 서비스이다. 개방적이며 종단통제식인(이것을 end-to-end 특성이라고 한다. 종단통제식은 경쟁을 통한 기술혁신을 유발하지만 중앙통제식은 기술 정체를 낳는다) 인터넷 모델과는 정반대로 IPTV는 과거회귀적인 퇴행적 서비스이다. 그렇기 때문에 세계 어디에서도 IPTV는 인터넷 서비스라고 부르지 않으며 단지 온라인 멀티미디어 서비스로만 분류한다. … 둘째로, CATV와 다르게 IPTV는 대역폭의 제한을 받지 않기 때문에 처음부터 채널수가 확정되어 있지 않고 최종 사용자가 얼마든지 콘텐츠 서비스를 불러다 쓸 수 있기 때문에 수백 개 채널 서비스가 가능한 것은 사실이지만 이것은 단지 기술이 허용하는 가능성에 불과하다. IPTV는 중앙통제형 폐쇄 서비스이기 때문에 어떤 콘텐츠를 제공하느냐 하는 것은 콘텐츠 제공사업자(Contents Provider)에게 달린 것이 아니라 어떤 콘텐츠 제공사업자와 계약을 할 것인가를 결정하는 IPTV 서비스 사업자가 결정한다."[52]

IPTV 수출 전망을 거론하면서 "IPTV는 국가경제 살리는 요술상자"라는 주장도 있다.[53] 이에 대해선 흥미롭게도 최시중 방송통신위원회 위원장이 사실상의 반박을 한 바 있다. 그는 2009년 1월 7일 방송통신위원회 전체회의에서 'IPTV 기술개발·표준화 종합계획'을 보고 받은 뒤 "우리가 IT 기술강국이라고 생각했는데 실망했다"며 "기술적 뒷받침이 없으면 우리의 위상은 모래성처럼 허망한 것"이라고 말했다.

최 위원장이 개탄한 이유는 정부에서 육성하는 IPTV 서비스가 핵심기술 미비로 국내 산업발전에 기여하지 못할 수 있다는 지적이 나왔기 때문이다. 홍진배 방송통신위원회 IPTV활성화 지원팀장은 "IPTV의 주요장비와 기술 등에서 외산 비중이 높다"며 "국산화가 이뤄지지 않으면 기술사용료 부담이 클 것"이라고 말했다. 기술사용료 부담이 큰 외산 기술은 IPTV의 수신제한시스템(CAS). 이 기술은 IPTV 셋톱박스에서 가입자 여부를 판별하는 중요한 기술이지만, 외산 비중이 60%에 이른다. IPTV 방송 송출장비도 일본, 독일 등 외산 비중이 62%이며, IPTV 셋톱박스도 저가형은 대부분 중국산이다.[54]

KT·SK브로드밴드·LG데이콤 3사가 제시한 2009년 IPTV 가입자 목표치는 224만 명이었으나, 2009년 5월 말 현재 IPTV 가입자는 36만 가구 안팎으로 전체 초고속인터넷 가입자(1264만 가구)의 5%에도 미치지 못했다. 이에 따라 콘텐츠 사용료 대가를 놓고 지상파 방송 3사와 IPTV 사업자 간 갈등이 증폭되었다. IPTV 사업자들은 "IPTV 가입자 수가 미미한 상황에서 방송사에 일방적으로 유리한 계약을 이행하기 힘들다"며 재협상을 요구하고 나섰다.[55]

IPTV가 'TV 문화혁명' 인지는 보는 관점에 따라 다를 것이나, 한 가지 분명한 것은 신기술이 도입될 때마다 장밋빛 전망을 쏟아내는 '허풍의 대향연'이 벌어지곤 한다는 사실이다. 그것도 직접적인 이해관계를 갖고 있는 세력에 의해서. 이익의 극대화를 위한 홍보행위로 이해하면 되겠다. 이렇듯 정치경제적 이해관계가 동력이 돼 문화를 형성하고 지배하는 양상이 하나의 패턴으로 자리 잡았다.

디지털방송 논쟁

영국은 1996년 세계 최초로 지상파의 디지털화 방침을 발표하고, 1998년 9월 23일 BBC가 디지털방송을 시작했다. 1998년 11월엔 미국이 가세했다.[56] 미국과 일본은 2009년 6월과 2011년 7월에 아날로그 방송을 각각 종료한다. 미국은 원래 2009년 2월 17일에 종료하기로 했는데, 전환을 위한 수용자 지원 등의 준비 미흡으로 6월 12일로 연기했다.[57]

한국은 어떤가. 2007년 9월 21일, 2012년 말까지 지상파 TV들이 아날로그 방식을 종료하고 디지털로 전환하는 것을 의무화한 '디지털방송 특별법안' 이 국무회의에서 통과됐다. 방송위원회와 정보통신부가 공동 발의한 이 법안은 TV 방송을 디지털 방식으로 바꿔 현재 아날로그 방송보다 6~7배 깨끗한 고화질과 음질을 제공하고 전자거래 등 부가서비스를 가능하게 하는 것이 주요 내용이다. 또 TV 수상기를 비롯해 관련 전자제품에는 디지털 방송수신장치(튜너)를 내장해야 하며 아날로그 방송 종료와 디지털방송 수신 여부에 대한 안내문도 부착해야 한다. 이와 함께 정부는 사회적 약자가 디지털방송 서비스를 제공받을 수 있도록 지원해야 한다.[58]

2007년 11월 22일 방송위원회의 주최로 개최된 '시청자 복지와 방송의 디지털 전환'이라는 세미나에서 서울산업대 IT정책전문대학원 김광호 교수는 현재 아날로그 지상파 방송 종료에 대한 시청자들의 인지도는 26%에 그치고 있다고 밝혔다. 같은 시기 아날로그 지상파 방송이 종료되는 영국의 시청자 인지도가 66%, 스웨덴은 94% 수준인 것과 비교하면 훨씬 못 미치는 상황이다.

김 교수는 "사회 전체적으로 아무리 효과가 크더라도 시청자가 디지털방송을 수신할 수 있는 TV를 구입하지 않는다면 논의의 시발점에서부터 문제가 발생할 것"이라고 꼬집으며 "시청자 복지 차원에서 이 문제를 더욱 심도 있게 논의해야 한다"고 주장했다. 우리나라 디지털 TV 보급률은 2006년 12월 기준으로 24.4%에 그쳐 영국(77.2%), 미국(60.1%), 일본(51.5%) 등에 견줘 낮은 수준이다. 또 방송사의 디지털 전환도 송신설비는 100% 갖췄으나 제작·편집설비는 40%선, 중계설비 등은 평균 28%선에 불과했다.[59]

2008년 3월 28일 국회에서는 '지상파 TV방송의 디지털 전환과 디지털방송의 활성화에 관한 특별법'이 공포되었다. 디지털방송의 가장 큰 문제는 이것이 사회적 약자에게 매우 불리하다는 점이다. 그래서 '디지털방송 특별법안'도 정부가 사회적 약자가 디지털방송 서비스를 제공받을 수 있도록 지원해야 한다고 규정했겠지만, 이게 과연 실현될 수 있겠느냐가 관건이다.

2009년 말부터 출범하는 프랑스의 디지털 라디오사업은 그런 문제를 잘 보여주고 있다. 2008년 10월 김지현은 "지역 및 커뮤니티 라디오는 대부분 비영리, 저예산 형태로 운영되고 있으며, 정부 지원금에도 불구하고 재정적 어려움은 날로 커져왔다. 이러한 상황에서 디지털 전환 비용이 추가로 들 경우 지역 및 커뮤니티 라디오의 존재 자체가 위협받을 것이라는 문제가 제기되고 있다"고 했다. 또 그는 상업라디오 방송사업자들에게도 인터넷과의 경쟁, 새로운 매체 소비방식 등 디지털 라디오의 미래를 낙관적으로만 볼 수 없는 문제들이 놓여있다며 다음과 같이 말했다.

"우선 디지털 라디오가 멀티미디어 기능, 수신범위 개선 등 수많은 장점을 가지고 있는 것은 분명하지만 청취자들은 이를 수신하기 위해 새로운 기기를 수입해야만 한다. 그러나 아직까지 어느 시기에 어떤 가격으로 디지털 라디오 수신기가 시장에 판매될지 불확실한 상황이어서 사업자들의 우려를 자아내고 있다. 또한 일정 기간 FM과 디지털 라디오를 동시 방송할 경우 추가비용은 들지만 광고수익은 늘지 않을 것으로 예상되어 디지털 라디오방송의 수익성 또한 예측하기 어려운 상황이다. 이에 대해 상업 라디오방송사들은 라디오의 디지털 전환을 위한 정부 지원을 요청한 바 있지만 받아들여지지 않았다."[60]

정부는 디지털 TV 보급률을 높여 2013년이 됐을 때 갑자기 TV 시청을 못하는 가구가 생기지 않도록 한다는 방침이지만, 국내에서 판매된 디지털 TV는 693만 대(2008년 4월 말 누적판매량)로, 1가구당 디지털 TV 1대씩 보급되려면 아직도 1000만 대가 모자란다. 설정선 방송통신위원회 방통융합정책실장은 "디지털 TV 구매여력이 없는 생활보호대상자에게는 디지털 TV를 구매하지 않고도 기존 아날로그 TV로 시청할 수 있도록 해주는 셋톱박스를 무료로 제공할 계획"이라고 밝혔다. 또 케이블(유선방송) 사업자는 아날로그 TV를 가진 가정에 대한 서비스 차원에서 2012년 이후에도 상당기간 디지털 방송을 아날로그로 바꿔 가입자 가정에 제공할 방침으로 알려졌다.[61]

특히 지방이 문제다. 지역 MBC(19개사)의 경우 전체 264개 디지털 전환 대상 시설 가운데 2007년 말까지 152개가 전환을 마쳐 57.5%의 전환율을 보이고 있으며, 향후 투자비는 총 2308억 원으로 개별 방송사 별로 약 150억 원에 이르는 것으로 집계됐다. 한국지역방송협회 자료에 따르면 지역 9개 민영방송은 2007년 12월말 기준으로 29.6%에 그쳐 앞으로 1903억 원에 이르는 금액이 더 필요한 것으로 드러났다. 특히 지역 민방의 경우 제작설비는 29.6%, 중계설비는 39%에 불과하다. 지역 MBC 역시 제작설비는 57.5%로 평균 전환율을 웃돌고 있지만 중계설비는 20%에 그치고 있는 것으로 드러났다. 이는 같은 시기를 기준으로 MBC 본사가 77.4%, SBS가 80.6%의 디지털 전환율을 보인 것과 비교하면 매우 낮은 수치다.

이와 관련, 『PD저널』 2008년 12월 23일자는 "지상파 디지털 전환 완료시점이 4년 앞으로 다가오고 있지만 지역방송사들이 앞으로 디지털 전환에 필요한 금액은 4000여억 원으로 추정돼 정부 차원의 대책이 시급히 요구되고 있다. 특히 상당수의 지역방송사들이 올해 광고매출 급감으로 적자가 예상되자 내년도 예산에서 디지털 전환비용을 대폭 삭감하고 나서 디지털 전환일정에 차질이 불가피할 것으로 보인다"며 다음과 같이 말했다.

"지난 2003년부터 2007년까지 방송통신위원회가 지역방송에 지원한 디지털 전환비용은 총 19억 2000만 원에 그치고 있다. 이마저도 방송발전기금의 융자 형태로 지원하고 있는 상황이다. 이에 반해 방송통신위원회는 그동안 케이블 TV 업계의 디지털 전환을 위해 SO와 PP에 각각 457억 원, 117억 8000만 원을 지원했다. 단순 비교만 해도 금액면에서도 차이가 크게 난다. 이런 이유 때문에 지역방송 안팎에서는 방송통신위원회가 무료 보편적이고 공익적인 가치를 구현하는 지역방송에 대한 지원에 지나치게 인색한 것 아니냐는 지적이 일고 있다."[62]

2009년 4월 28일 최진용 한국지상파디지털방송추진협회(DTV Korea) 사무총장은 "디지털 전환의 수혜자인 가전업계가 전환비용 부담을 나눠져야 할 것"이라며 "방송발전기금 경감 등 정책협조도 필요하다"고 주장했다. DTV Korea는 KBS · MBC · SBS · EBS 등 지상파 4사와 지역 MBC 19개 계열사, 시민단체 소비자시민모임 등이 참여해 2008년 10월 출범했다. 최 사무총장은 "디지털 전환의 수혜자는 가전업계"라며 다음과 같이 말했다.

"국내 가전업계는 수출국인 중국이나 영국에서 디지털 전환과 관련해 협력하고 있는 것으로 알고 있다. 국내 점유율도 LG와 삼성이 95%에 이르고 있다. 가장 많은 혜택을 보는 업체들이 어느 정도 부담을 같이 나누는 것은 당연하다. 방송사 광고가 굉장히 어렵기 때문에 자체적으로 투자하기는 어렵다. 이런 상황을 감안한다면 가전업계 분담 외에도 방송발전기금을 경감해주는 등 정책 협조가 있어야 할 것이다."[63]

디지털방송은 아날로그보다 화질이 6배 이상 좋고 각종 부가서비스가 가능하기 때문에 각국은 경쟁적으로 아날로그에서 디지털 방송으로 전환을 서두르는 것이지만, 그 과정의 손익계산이 모든 이들에게 똑같이 돌아가진 않으리라는 데에 문제가 있다 하겠다.

MMS 논쟁

MMS(Multi Mode Service)라고 하면 보통 지상파 MMS를 가리키는데, 디지털 신호 압축기술을 이용해 기존 채널을 여러개로 쪼개 '다채널 서비스'를 하는 것을 말한다. 당초 디지털 지상파 TV 1개 채널에 할당된 6MHz 범위의 주파수 대역을 이용해 HD(고화질)급 TV 채널 1개 외에도 1개 이상의 SD(표준화질)급 TV 채널과 오디오·데이터 채널을 제공하는 서비스다. 이를 도입할 경우 지상파 사업자에게 추가적인 TV·오디오·데이터 채널을 제공해주는 결과를 가져온다.[64]

MMS의 추진 논거는 ①디지털 방송 활성화를 위한 촉매제 역할 ②지상파를 매개로 한 무료 보편적 서비스 및 공공서비스 강화를 위한 유력한 수단 ③지상파 방송의 경쟁력 강화 등이었다. 반면 MMS의 추진을 우려하는 논거는 ①기술적 불완전성 ②기존 HD 중심의 디지털 전환정책과 정면 배치 ③지상파 방송의 광고시장 독과점 심화 ④지상파 방송의 상업주의 심화 ⑤충분한 재원 조달 의문 ⑥수용자 혜택의 불균등 문제 등이었다.[65]

2006년 6월 월드컵 기간에 방송 3사는 MMS 시범 서비스를 실시했지만, 디지털 TV의 화질 저하 및 오작동에 대한 시청자의 불만이 쏟아지는 바람에 서비스를 중지했다.[66] 2007년 8월 MMS 도입을 목표로 내건 '시청자를 위한 무료 방송서비스강화협의회'라는 단체가 출범했다. 2007년 10월 KBS는 한 토론회에서 KBS 1TV의 MMS 서비스로 뉴스 전문 채널을 도입할 방침임을 밝혔으며, 또 EBS의 MMS는 외국어·과학 전문 채널로, MBC는 문화·교양, 지역 전문

채널로, SBS는 문화 · 교양, 퍼블릭액세스 전문 채널로 특화할 것을 제안했다.

케이블협회 자료에 따르면 지상파 방송사가 현재보다 채널을 한 개 더 늘려서 광고를 했을 경우 광고수입이 첫 해에 1800억 원이 늘어난 3조원, 2011년에는 3조 9000억 원으로 증가할 것으로 예상된다. 케이블협회 김진경 부장은 "기술의 발달로 늘어나게 된 채널을 지상파가 독점하게 해주는 것은 명백한 특혜" 라고 말했다. 방송위원회는 KBS가 2008년부터 신설 채널을 이용해 24시간 뉴스방송을 하겠다는 계획에 대해 "다채널 서비스 허용 여부는 아직 방침이 정해지지 않은 상태" 라며 "정책적 판단과 사회적 공감대가 필요하고, 충분한 논의를 거쳐야 한다" 는 입장을 밝혔다.[67]

2007년 11월 15일 미래방송연구회가 주최하고 '시청자를 위한 무료방송서비스강화협의회' 가 주관한 '방송 공공성 제고를 위한 무료보편서비스 강화방안—멀티모드서비스(MMS), 어떻게 도입할 것인가?' 토론회가 열렸다. 문효선 언론개혁시민연대 집행위원장은 '지상파디지털방송의 MMS 도입을 위한 바람직한 정책 방향' 이라는 발제문을 통해 "지상파 MMS의 도입은 공공재인 주파수 대역을 추가로 할당하지 않고 지상파 방송의 경쟁력을 높일 수 있는 유력한 방안" 이라면서 "MMS 채널은 기존 지상파 방송 채널과 구별되는 공익 · 전문 채널로 특화해 운영하는 것이 적절하다" 고 제안했다.

문 위원장은 "MMS가 기존 지상파 방송 채널과 같이 종합편성 방송으로 운영될 경우 필연적으로 지상파 방송들 사이의 시청률 경쟁에 뛰어들 수밖에 없으며, 이는 지상파 방송의 외연적 확대만을 초래할 것이기 때문" 이라고 이유를 설명한 뒤 "기존의 지상파 방송 채널에서 방송하던 공익 프로그램의 시간대를 확대해 편성하거나 각 방송사의 MMS 채널 성격에 걸맞은 새로운 형식의 공익 프로그램을 시도하는 방향으로 나아가야 한다" 고 주장했다. 그는 이어 "KBS는 공영방송으로서의 책임을 감안해 뉴스 · 시사 전문 채널과 어린이 · 청소년 · 방송 소외계층을 위한 전문 채널을 도입하는 것이 적절하다" 는 의견을 내놓았다.

이에 반해 정두남 한국방송광고공사 연구위원은 '지상파 DTV MMS 도입의 쟁점과 전망'이라는 발제에서 MMS 도입으로 추가되는 채널의 콘텐츠와 관련해 "방송위원회와 한국방송광고공사 등의 조사에 따르면 수용자는 공익적 장르와 오락 장르 모두를 기대하고 있다"면서 "공익성 강화만으로는 수용자의 호응을 얻기 어렵고 MMS 도입이 특히 중하위 계층을 위한 무료보편적 서비스의 확대·강화를 목표로 한다고 할 때 오락적 요소도 포함될 필요도 있다"는 의견을 제시했다.[68]

지상파 방송의 '식욕'에 대해 매우 비판적인 『조선일보』 2008년 3월 12일자는 "지상파 방송시장을 장악한 KBS, MBC, SBS 3사가 MMS(다채널서비스), 케이블방송, DMB(디지털멀티미디어방송) 등 신규 방송사업으로 문어발식 확장을 계속하고 있다. 특히 MMS에 대해서는 아직 법적 근거가 없는데도 마치 지상파 방송사의 소유가 당연한 것인 양 일방적인 주장을 뉴스로 내보내고 있다. 드라마, 오락 등 콘텐츠 생산력을 무기로 방송시장 전체에 대한 독과점 구조를 강화한다는 비판도 높아지고 있다"고 주장했다.[69]

2008년 8월 방송통신위원회가 대기업의 지상파 진입 허용 등이 포함된 방송법 시행령 개정안을 입법예고한 이후 지상파와 시민단체가 미디어의 공공성을 훼손하고 대기업·케이블 TV업계를 위한 특혜를 남발했다며 반발하고 나섰다. 협회는 시행령이 그대로 확정되면 코오롱·효성 등 자산 10조 원 미만의 기업들이 추후 지상파의 소유지분 상한선(30%)을 확보하거나 신규 사업자로 진입할 가능성이 있다고 보고 있는데, 최악의 경우 MMS 주파수를 임대하는 방식으로 지상파 사업에 진입할 수 있다는 관측도 있다.[70]

2008년 10월 21일 국무총리실 산하 정보통신정책연구원(KISDI·원장 방석호)이 개최한 '방송경쟁력 강화·공공성 구축' 방안 워크숍에서 문재완 한국외국어대 법대 교수는 "현 다공영 1민영의 방송체제는 권력의 간섭 논란과 비용 증가의 문제가 필연적으로 발생한다"며 "2012년 지상파 방송의 MMS가 허용돼 신규 채널이 늘어날 경우 신문사업자에게 방송 겸영을 허용하지 않거나,

대규모 신문사업자와 다른 신문사업자를 차별대우할 근거가 미약해진다"고 주장했다.[71]

2009년 5월 방송통신위원회의 '2012년 차질 없는 디지털 전환 추진을 위한 디지털 전환 활성화 기본계획(안)'에 따르면, 정부는 2010년 다채널방송(MMS)을 도입하는 방안을 검토하고 있다. 『조선일보』는 "현재 지상파 방송 3사와 EBS가 HD 방송을 송출하고 있어 MMS 서비스를 도입할 경우 방송 채널 숫자가 한꺼번에 10여 개 늘어난다"며 다음과 같이 말했다.

"새로운 지상파 방송의 출현을 놓고 갖은 논란이 벌어지고 있다. 미디어 업계 내부에선 새 채널 운영주체를 놓고 신경전이 펼쳐지고 있다. 지상파 방송사 측은 'MMS 서비스 운영권은 HD 방송 주파수를 받은 지상파 방송사에 돌아가야 한다'고 주장한다. 반면, 케이블방송사 등 다른 매체들은 '지상파 방송사는 정부로부터 HD 방송 허가만 받았을 뿐'이라며 '새로 생기는 채널의 사업자는 백지 상태에서 다시 선정해야 한다'는 입장이다. 방송 인허가권을 쥔 방송통신위원회가 채널 운영정책을 정하지 않은 상태이기 때문에 이런 논란은 한동안 계속될 전망이다."[72]

이처럼 MMS는 정치의 한복판에 놓여있다. MMS와 관련해 지상파 방송사의 '탐욕'을 꾸짖던 쪽이 MMS를 방송 진출의 명분으로 이용하려 하고 있는 점도 흥미롭다. 매사가 그렇긴 하지만, MMS도 새로운 기술의 정치경제적 오염에서 자유롭지 못하다는 것을 보여주는 사례로 볼 수 있겠다.

스카이라이프는 어디로 가나?

스카이라이프(Skylife)는 2002년 3월 1일 무궁화 3호 위성을 기반 삼아 3000억 원의 자본금과 30만 가입자를 대상으로 시작한 한국의 디지털 위성방송이다. 2006년 12월 현재 총자본금은 4840억 원이고, 지분은 KT 24.5%, JP모건 10.8%, KBS 9.5% 순이다.

2007년 3월 1일 개국 5주년을 맞은 스카이라이프는 5년 만에 200만 가입자를 확보하고, 개국 이래 처음으로 당기 흑자(약 36억 원)를 달성했다. 전국 시청가구 수를 1800만으로 볼 때, 200만 가입자는 전체 시장 10%를 넘어서는 숫자이며, 1995년 3월에 본방송을 시작한 케이블 TV는 6년 만인 2000년에 유료 가입자 200만을 달성했다. 1993년 서비스를 시작했던 스페인의 위성방송이나 1996년 시작했던 독일이 200만 가입자를 확보하고 있는 사례에 비추어 본다면 한국 위성방송시장은 가파르게 성장해온 셈이다.[73]

2008년 6월 이몽룡 스카이라이프 사장은 "다음 달 15일을 기점으로 스카이라이프가 본격적 고화질(HD) 시대를 연다. 7개의 HD채널을 추가해, 15개 HD채널을 보유하게 된다. 특히 스카이 HD에 더해 또 하나의 24시간 풀 HD 채널이 개설된다"며 "이에 맞춰 광고 등 마케팅도 대폭 강화할 예정이다. 연내엔 HD 채널을 20개 이상으로 늘릴 계획"이라고 밝혔다.

그는 "국내 HDTV 보급대수는 600만에 이르지만 유감스럽게도 대부분의 시청자는 HD 화면 구현 조건을 모르고 있기 때문에 35만 화소의 표준화질(SD)급 화면을 보면서 200만 화소의 HD 화면을 보고 있는 것으로 착각한다"고 지적했다. 그는 "진정한 HD 화면을 보기위해서는 HD로 제작한 프로그램을 HD 방송이 수신되는 지역에서 HD 전용 셋톱박스 또는 디지털 튜너가 내장된 HDTV로 수신해야 한다"고 말했다.

이 사장은 "2012년 말 아날로그 방송 종료를 앞두고 방송통신위원회 차원의 홍보를 통해 이 같은 점이 알려져야 한다"고 역설하면서 "시청자들이 디지털과 HD를 혼동했었다는 걸 깨닫게 되면 HD로 넘어가는 과정이 빠르게 진행될 것이며 백문이 불여일견"이라고 했다. 그는 "기존 225만 가입자의 대부분인 SD급 가입자 가운데 HD로 전환하는 가구가 폭발적으로 늘고 있다"며 "궁극적으로 유료방송 가입자의 3분의 1 수준인 500만 확보를 목표로 하고 있다"고 밝혔다.

이 사장은 "통신사업자와의 제휴를 통해 인터넷프로토콜(IP)망을 확보해,

우리 나름대로 방송콘텐츠의 장점을 살리면서 트리플플레이서비스(TPS)나 쿼드러플플레이서비스(QPS)를 할 수 있도록 준비하고 있다"면서 "내년 상반기까지는 실시간 방송은 위성으로 수신하고 IP망을 통해 주문형비디오(VOD) 서비스를 제공받을 수 있도록 하는 새로운 셋톱박스 개발을 완료할 예정"이라고 했다.[74]

이명박정부의 'IPTV 밀어붙이기'와 관련, 『경향신문』 2008년 7월 30일자는 "방송정책 전문가들은 기존 방송사업에 대한 정리와 재획정 등의 대책을 마련하지 않고 IPTV 사업을 허가해주는 것은 위성·지상파 DMB와 스카이라이프 등 기존의 뉴미디어와 IPTV가 '함께 죽는 게임'이라며 우려하고 있다"며 다음과 같이 말했다.

"2003년 '꿈의 방송'이라 불리며 추진된 한국디지털위성방송(스카이라이프) 역시 2007년까지 4674억 원의 누적적자를 기록하며 활로를 찾지 못하고 있다. 이런 상황에서 KT는 자사가 대주주인 스카이라이프의 시장을 잠식하는 IPTV 사업을 추진하고 있다. IPTV 사업에 뛰어든 SK텔레콤(하나로텔레콤)도 같은 입장이다. 방송통신위원회도 그간 각 매체들이 극심한 경영난을 호소한 데 대해 근본적인 대책을 강구하기보다 시장논리에 어긋나는 대증요법을 남발해왔다. 사업자가 경영난을 읍소하면 법을 무너뜨리고 특혜를 주는 방식이다. 지난해 TU미디어와 스카이라이프가 경영난을 겪자 방송법을 개정해 최대 주주인 대기업의 지분참여 범위를 33%에서 49%로 확대해준 것이 대표적이다. 1995년 3월에 시작된 케이블 TV도 1998년 외환위기 전후 1조 원대의 누적적자를 기록, 도산위기에 처하자 지역 종합유선방송사(SO)의 소유규제 완화, 중계유선의 SO 전환 등의 특혜조치를 내놓았다."[75]

『경향신문』 2008년 8월 12일자는 "10월부터 시작되는 IPTV 서비스 상용화를 앞두고 관련 업체들이 사전준비에 박차를 가하고 있다. IPTV란 초고속인터넷망을 통해 실시간 방송을 시청하는 것으로, 사업자들은 지상파 방송 등 시청률이 높은 콘텐츠를 확보하는 데 사활을 걸고 있다"고 했다. 업계 관계자는

"지상파 방송사들이 협상에서 전권을 갖고 있어 IPTV 사업자들이 불리한 게 사실"이라며 "그러나 과거 위성방송 스카이라이프, 위성 DMB TU미디어 등이 지상파 프로그램을 받지 못해 실패한 사례를 본다면 비싼 돈을 내더라도 지상파 프로그램을 받아 서비스할 수밖에 없다"고 말했다.[76]

이렇듯, 스카이라이프는 새로운 방송기술의 장밋빛 전망이 나올 때마다 반면교사의 사례로 거론되곤 한다. 이 법칙은 2009년 1월에도 다시 작동되었다. 한나라당은 국무총리실 산하 정보통신정책연구원(KISDI)의 '미디어개혁법안의 경제적 효과 분석' 문건을 기반으로 방송소유규제가 완화되고, 신문·방송 겸영이 허용될 경우 연간 최대 2만 6000여 개의 일자리 창출이 기대되며, 경제 전체적으로는 2조 9419억 원의 생산유발 효과가 있다고 주장했다. 이에 대해 『한국일보』 2009년 1월 9일자는 다음과 같이 말했다.

"'차세대 성장 동력' '황금알을 낳는 거위' 등의 수식어가 붙었던 위성방송과 DMB 등 신규 미디어의 시장 실패를 반면교사로 삼아야 한다는 지적도 나오고 있다. 2002년 출범한 위성방송 스카이라이프는 당초 22조 원의 경제적 파급효과와 13만 명의 고용창출 효과가 기대됐다. 하지만 현재 4674억 원의 누적적자에 허덕이고 있다."[77]

2009년 5월 KT는 자회사인 스카이라이프와 제휴해 7월부터 IPTV와 고화질(HD) 실시간 위성방송을 동시에 볼 수 있는 서비스를 시작하기로 했다. 2008년 12월 상용서비스를 시작한 이후 가입자 확보에 어려움을 겪고 있는 IPTV와 출범 7년째 4000억 원대의 누적적자를 기록하고 있는 위성방송이 '위기 탈출'을 위해 서로 손을 잡은 것이다.[78]

앞으로 스카이라이프는 어디로 갈까? 순수한 시장논리만으로 결정되진 않을 것이다. 스카이라이프만의 노력으로 크게 달라질 것도 없다. 정치적·행정적 결정에 의해 그 향방이 결정될 가능성이 높고, 이는 한국 미디어계의 익숙한 풍경이다.

왜 시민방송이 위기인가?

시민방송(RTV)은 위성방송 스카이라이프 531채널과 케이블 방송의 일부를 통해 프로그램을 방송하는 퍼블릭액세스 채널(일반 시민이 참여할 수 있는 채널)이다. RTV라고도 하는데, 'R'은 특별한 의미는 없고 그냥 부르기 쉽고 뉘앙스가 좋아 붙인 것이다. 영어의 Right(올바른), Resistant(대안), Revolution(혁명), Real(참된), Responsible(책임감 있는), 한국어의 '알찬' '알짜배기' '씨알' '알 권리' 등에서의 R과 '알'을 상징한다고 볼 수도 있다.[79] 광고 없이 방송하는 RTV는 "소외된 계층의 목소리를 대변하겠다"는 설립 목적을 갖고 있으며, 2002년 9월 16일 개국했다.

제작은 하고 싶지만 기술이 부족해 어려움을 겪는 사람들은 시민제작지원센터 홈페이지(http://www.rtvcnc.or.kr)에서 신청서를 접수하면 기본적인 미디어 교육을 받을 수 있다. 김창석은 "RTV는 외부에 완전 개방돼 있다. 편집실과 스튜디오도 공짜로 제공된다. 미국에 '퍼블릭액세스 채널'이 있고, 유럽에 개방채널이 있고, 라틴아메리카에 '공동체TV'가 있다면 한국에는 'RTV'가 있다"고 말했다.[80]

2007년 10월 이정훈 RTV 편성국장은 "상근 인원 26명을 가진 RTV의 프로그램 제작은 자체 인력보다는 주로 일반 시민들이 제작한 것을 방송하고 있다"며 "600여 명의 일반회원과 103명의 시민기자 회원이 프로그램을 제작해 텍스트와 영상을 보내주고 있다"고 말했다.[81]

시민방송은 그간 〈노동자, 노동자〉〈이주 노동자 세상〉〈나는 장애인이다〉를 비롯해 사회적 약자나 소수자의 목소리가 담긴 프로그램을 편성의 주축으로 삼아 사회적 소외계층에 매체 접근을 쉽게 해 참여와 소통을 적극 실천한다는 평을 받았다. 미국 · 남미 · 유럽 등의 퍼블릭액세스 채널은 대부분 지역공동체를 기반으로 하지만, 시민방송은 전국 대상의 퍼블릭액세스 전문 채널로 출발했다. 현재 시민방송 재단은 방송발전기금으로 연 15억 원을 지원받고 있는데, 앞으로 가장 큰 숙제는 재원 확보와 법적 위상 강화이다.

문현숙은 "RTV이가 방송시장에서 살아남으려면 재정적 자구책 마련뿐 아니라 존재 자체도 모르는 시청자에게 가까이 다가가 인지도를 높이는 노력이 중요하다. 또 프로그램 내용과 소재의 다양화가 필요하다는 의견도 있다"고 했다. 이와 관련, 김금녀 상명대 교수는 "시민들이 미디어교육센터 등을 통해 교육을 받다 보니 제작한 영상물이 획일화되어 간다"며 교육 프로그램부터 다양성의 구조를 갖추어야 한다고 강조했다.[82]

2007년 10월 31일 세종문화회관에서 열린 '시민방송 RTV 개국 5주년 기념식 및 후원의 밤' 행사에선 "일천만 시청자여, 카메라를 들어라"라는 표어가 내걸렸다.

그러나 2008년 2월 이명박정권이 출범하면서 시민방송은 위기에 처하게 되었다. 2008년 8월 현재 시민방송은 방송위원회가 정보통신부와 합쳐져 방송통신위원회로 바뀌면서 지원체제가 정착되지 않아 몇 달째 기금을 지원받지 못했다. 게다가 방송통신위원회는 시민방송의 시청률이 높지 않고 상업성도 없다는 이유로 내년도 지원 여부를 재검토하겠다는 입장을 밝혀 시민방송의 앞날을 어둡게 만들었다.[83]

2008년 8월 방송통신위원회는 2009년부터 스카이라이프가 모든 방송채널사용사업자를 상대로 공모를 통해 시청자 참여 프로그램을 방송하도록 제도를 바꿨다. 방송통신위원회 관계자는 "스카이라이프가 해마다 시민방송에 편성을 위탁해 기금 지원의 공정성 논란이 일었다"며 "그러나 법에 명시된 공공채널은 시청자 참여 프로그램 성격에 맞지 않아 공모를 하게 됐다"고 설명했다. 이에 대해 이상훈 전북대 교수는 "방송법에 공공채널을 통해 방송하라고 명시한 것은 시청자 참여 프로그램의 공익적 성격에 주목했기 때문"이라며 "그러나 상업방송사들을 대상으로 한 공모제는 이런 취지에 정면으로 어긋난다"고 지적했다. 이상훈 교수는 "미국과 유럽 등에서 시청자의 방송접근권은 시민의 기본권으로 시청자 참여 채널은 공적 지원의 대상"이라고 밝혔다.

이와 관련, 『한겨레』는 "방송통신위원회가 국내 유일의 시청자 참여 전문 채널인 시민방송에 대한 기금 지원을 간접방식으로 바꿈에 따라 시민방송 등으로 대표되는 시청자 참여 프로그램이 위기에 직면할 것이라는 우려가 제기되고 있다"며 다음과 같이 말했다.

"이 때문에 공모제가 '현 정권과 코드가 맞지 않는' 시민방송을 배제하기 위한 '꼼수'가 아니냐는 해석이 나온다. 위성방송사업자의 판단 여하에 따라, 국내 유일의 시청자 참여 전문채널이 고사 위기에 빠질 수도 있는 것이다."[84]

이처럼 시민방송에 대한 이명박정권의 시각이 곱지 않은 것이 가장 큰 문제다. 2008년 9월 한나라당 한선교 의원은 방송통신위원회로부터 제출받은 자료에 근거해 '시민방송'이 뚜렷한 법적 근거 없이 지원금의 69%를 독점했다고 지적했다. 한 의원은 "지원제도가 'RTV'가 개국한 직후인 2003년에 도입돼 이 방송사에만 지원이 집중된 것을 비춰볼 때 '시민방송' 지원을 위해 만들어진 것이 아닌가 하는 의혹이 있다"며 "자신이 제작한 시청자 프로그램 중 실제 방영된 것에 한해 SO를 통해 '방송채택료'를 지원받는 것 외에 '시민방송'에 지원된 모든 금액은 모두 위법"이라고 주장했다.

이와 관련, 『동아일보』는 2008년 9월 29일자는 "노무현정부가 2003년부터 5년 동안 '시청자 참여 프로그램 지원비' 120억 원 중 83억 원을 '시민방송'에 집중 지원한 것으로 나타났다"며 다음과 같이 말했다.

"시민방송에는 백낙청 6·15공동선언실천 남측준비위원회 상임대표, 이종회 진보네트워크 대표, 박석운 한국진보연대 상임운영위원장, 이석행 전국민주노동조합총연맹 위원장 등 좌파 성향 인사들이 주도적으로 참여하고 있다. 특히 시민방송은 2006년부터 2007년 3월까지 22차례에 걸쳐 '한미 자유무역협정(FTA) 저지를 위한 일일학교' 'FTA 반대 예술 놀이' '한미 FTA 협상 중단이 최선' 등 FTA 반대 프로그램을 방영했다. 당시 방송위는 시청자 참여 프로그램 지원 명목으로 2704만 원의 예산을 지원했다."[85]

이에 최영묵 성공회대 교수는 "'그들'은 공영방송 KBS와 MBC, YTN에 이어 시민방송 RTV를 정조준했다. 이번에 저격수로 나선 것은 한나라당 한선교 의원과 『동아일보』다"며 다음과 같이 주장했다.

"방송위원회에서 RTV를 지원한 것이 불법이라면 모든 정부기구의 관련 단체 지원은 다 불법이다. 가령 국가보훈처는 지난 10년간 재향군인회에 무려 947억 원 이상 지원했다. RTV의 주요 프로그램에 대해서도 공격했다. 특히 한미 FTA 반대 방송이 압도적으로 많았다는 점을 문제 삼았다. 시민방송은 기존의 미디어에서 잘 다루지 않는 소외된 시민의 목소리를 가감 없이 방송하는 데 그 목적이 있다. RTV가 노무현정부가 강력한 의지를 가지고 추진한 한미 FTA를 비판하는 프로그램을 지속적으로 방송한 것은 전혀 욕먹을 일이 아니다. 오히려 우리 사회에 왜 RTV가 필요한가를 잘 보여준 것이다. … RTV와 지역의 공동체 라디오 등은 지난 10년간 국내 미디어운동의 성과로 자리를 잡게된 한국의 대표 시민 미디어다. 케이블 TV 이후 새로운 미디어들이 주로 기업의 이윤추구 수단으로 전락하는 상황에서 힘없는 시민들에게 최소한의 '숨 쉴 공간' 역할을 하고 있다. 시민방송에 노인, 노동자, 장애인, 이주노동자, 촛불소녀와 조총련 등 소수자의 이야기가 '과도'하게 많은 것은 당연하다. 사회적 약자의 눈물을 닦아주는 프로그램이 더 늘어나야 한다. 물론 조중동은 이런 목소리를 듣기 싫을 것이다. 듣지 않는 것은 자유다. 하지만 근거 없는 비판은 '폭력'이다."[86]

2008년 11월 17일 방송통신위원회는 국회 문화체육관광방송통신위원회 소속 한나라당 한선교 의원에게 제출한 서면 답변서에서 "제작 지원금이 참여 프로그램의 질을 높이려는 취지로 도입됐으나 시민방송에만 지원하고 있어 형평성에 대한 우려가 있다"며 "내년부터 제작 지원금 지급을 중단할 예정이다"고 밝혔다.[87]

『한겨레』 2008년 12월 17일자는 "이명박정부 들어 고사 위기에 놓인 국내 유일의 시청자 참여 전문채널 시민방송의 생존 노력이 눈물겹다. … 한해 예산 약 25억 원 가운데 방송발전기금 15억 원과 공익채널 선정에 따른 케이블

방송사업자(SO) 수신료 5억 원 등 20억 원 정도가 날아가버렸다. 시민방송은 지난 8일 이런 위기상황 돌파를 위한 임시이사회를 열었다"며 다음과 같이 말했다.

"시민사회 인사와 방송학자들로 구성된 이사들은 시민사회의 목소리를 대변하는 유일한 방송을 이대로 접을 수 없다는 데 뜻을 모았다. 김영철 상임부이사장은 '시민방송이 인지도와 영향력은 낮지만 시민사회의 목소리를 대변하는 보루로서 꼭 필요하다는 데 이사들의 공감대가 형성됐다'고 말했다. 최소 경비로 방송사를 운영하기 위해 경영을 총괄하고 있는 김 부이사장을 제외한 나머지 20명 전 직원의 고용 및 연봉계약을 이달 말로 해지하기로 했다. 그리고 이들을 상대로 급여 없이 자발적으로 '봉사'할 직원을 모집하고 있다. 김 부이사장도 물론 무급으로 일하게 된다. 이렇게 절감하는 인건비가 약 4억~5억 원이다. 또 사무실 재임대, 스튜디오 임대와 방송장비 대여, 자체 제작 중단에 따른 제작비 절감 등 생존 노력을 진행할 계획이다. 이사회는 또 한국YMCA전국연맹 사무총장과 시민사회단체연대회의 공동대표를 겸하고 있는 이학영 부이사장을 새 이사장으로 선출해 시민·사회단체의 광범위한 지원과 연대를 기대하고 있다. 김 부이사장은 '지금은 어떻게든 살아남아야 하는 노력이 불가피하다'며 '꼭 생존해 시민들의 사랑을 받는 방송으로 뿌리내리겠다'고 다짐했다."[88]

2009년 들어 지원금이 끊긴 탓에 시민방송의 2009년 수입은 스카이라이프에서 PP공모제로 받는 4억 원이 전부다. 2009년 2월 김영철 상임부이사장은 "시민사회의 소중한 자산인 RTV를 지키는 게 당면목표"라면서도 "직원들이 자기 생계를 내팽개치고 언제까지 버틸 수 있을지 두렵다"고 털어놨다.

"지난해 RTV 직원은 저를 포함해 21명이었습니다. 2009년 예산의 대부분이 단절된 사실을 확인한 후에 종업원들에게 사연을 다 얘기했어요. 나까지 포함해 고용계약을 전원 해지하겠다고. 그러나 '정부가 사안을 정치적으로 판단해 지원금을 중단한 것인 만큼 이 채널 자체를 죽이지는 말아야 한다, 여러분 중에 자원봉사로 이 채널의 생존을 같이 할 사람이 있으면 나와달라' 고 말했습니다. 저를 포함해 10명이 남더군요. 지금 10명이 실업급여 받아가면서 일하고 있어요."[89]

시민방송에 죄가 있다면, 그건 오락성을 추구하지 않는다는 점일 것이다. '시민' 은 '대중' 으로 전락한지 오래다. 시민은 없고 대중만 넘치는 사회에서 시민의 복원을, 그것도 사회적 약자·소수자 위주로 꾀한다는 건 쉬운 일이 아니다. 정치적 갈등을 떠나, 그게 바로 시민방송이 위기에 처하게 된 근본 이 유가 아닐까?

공동체 라디오는 어디로 가는가?

FM 주파수(88~108MHz) 대역에서 적은 출력(1W)을 이용해 제한된 지역(반경 5km)에 프로그램을 송출하는 소출력 라디오를 미국에선 '커뮤니티 라디오', 국내에선 시민의 참여와 지역 밀착성을 강조하는 뜻에서 '공동체 라디오' 라 고 부른다. 최초의 공동체 라디오는 1948년대 남미 볼리비아 광산 커뮤니티에 서 나타났으며, 이후 많은 제3세계 국가로 확산되었다.[90]

한국의 공동체 라디오는 1995년 7월 공보처가 발표한 선진방송 5개년 계획 안에서 논의된 이후, 10년 만인 2005년 9월부터 서울 마포, 관악구, 분당, 대구 달서구 등 8곳에서 방송되고 있다. 2008년 5월 20일 서울 광화문 일민미술관 5 층 미디액트 회의실에서 열린 기자회견에서 한국커뮤니티라디오협의회(이하 커라협, 회장 정용석)는 "전국 8개 공동체 라디오 사업자들을 대상으로 지난 3년 간 시범사업을 한 결과, 지금의 1와트(W)는 청취구역이 반경 1km에 불과해 들 리지 않는 방송이라는 지역민들의 비판을 받아왔다" 며 "새로 발족한 방송통신 위원회는 종합적인 자료를 토대로 새롭게 정책을 마련해야 한다" 고 주장했다.

이와 함께 커라협은 허가받은 기초자치단체 지역을 커버할 수 있도록 '10W 이내' 로 규정된 현행법을 개정할 것과 시범사업의 지원금의 유지 또는 단계적

축소를 요구했다. 정용석(분당 FM 대표) 회장은 "공동체 라디오에 대한 방송지원금을 중단하고 지역단체의 후원과 광고수입으로 재정문제를 해결하면 된다고 하지만 이는 현실을 모르는 정책"이라고 비판했다. 출력 1W로 반경 1km도 안 되는 가청권역을 갖고 있는 전파환경에선 광고수입은 물론 후원도 불가능하다는 것이다.

공동체 라디오의 한 관계자는 "청취구역이 현실적으로 확대되지 않고 광고수입도 예측할 수 없는 상태에서 방송지원금마저 없어지는 건 사실상 사업자들에게 알아서 하라는 것"이라며 "벌써부터 지역 공동체 라디오들은 인력감축 등 긴축재정에 들어섰다"고 밝혔다. 커라협은 또 "공동체 라디오는 세계적으로 증가 추세며 이들의 출력은 100W 이하"라며 "10W라는 규정도 시정돼야한다"고 주장했다. 현행 방송법에 따라 출력을 10W로 높여도 방송권역은 크게 늘지 않는다는 것이다.[91]

2008년 8월 14일 방송통신위원회(위원장 최시중)는 전체회의를 열어 8월 안에 허가 만료되는 공동체 라디오방송 시범사업 기간을 1년 연장하기로 의결했다. 대상은 FM 분당, 마포 FM, 관악 FM, 금강 FM 방송국, 성서공동체 FM, 영주 FM 방송, 광주시민방송, 나주방송 등 8개 사업자다. 이날 회의에서 일부 위원은 3년간의 시범사업에 대한 평가가 부족한 점 등을 지적하기도 했다. 결국 방송통신위원회는 올 연말까지 그동안 미비했던 시범방송사업의 평가와 가용주파수 확보, 재정문제, 법제도 개선 문제 등을 살피자는 논의 끝에 시범사업 1년 연장으로 의견을 모았다.[92]

2008년 12월 13일 국회는 공동체 라디오에 대한 예산을 전액 삭감했다. 2008년 12월 23일 4년여 간 시범사업을 해온 공동체 라디오를 평가한 연구결과가 나왔다. '공동체 라디오 시범방송사업 평가 연구'를 맡은 성동규 중앙대 신문방송학과 교수와 최성진 서울산업대 매체공학부 교수는 "공동체 라디오는 여전히 공익적인 매체로서 존재 의의를 가지고 있으나 인터넷 등 상호작용적인 뉴미디어들이 쏟아져 나오고 있고 케이블 TV가 운영되고 있는 상황에서 과거와는 다른 차원의 논의가 필요하다"며 "가장 큰 문제인 출력과 공적지원 문제는 방송통신위원회의 의견 수렴이 좀 더 이뤄져야 한다"고 주장했다.

이와 함께 출력문제를 풀기 위해서는 방송통신위원회가 주파수 배정이 어떻게 이루어지고 있는지 투명하게 밝혀 사업자들의 오해를 풀고 시뮬레이션 과정을 통해 여분의 주파수를 찾고자 하는 노력을 보여줘야 하며 사업자에게는 청취자를 조사해 양질의 방송을 하기 위한 노력을 하라고 조언했다. 공적 지원 문제에 대해서는 자생적인 생존능력을 갖춘 사업자를 정규사업자로 전환한 뒤 한시적으로 지원해 공동체 라디오 산업의 안정적인 기반을 마련해야 한다고 말했다. 이들의 자생력을 위한 재원 마련 방안으로는 ①광고 도입 ②회원 모집 ③지방자치단체의 지원 확대 등을 거론했다.

이에 대해 시범사업자들은 시민미디어로서 공동체 라디오가 갖는 잠재력과 중요성에 대한 인식이 부족한 상황에서 나온 '우려했던 실망스러운 결과'라고 평가했다. 시범사업자들이 가장 큰 문제로 지적하는 것은 '지역성을 구현하는 대안매체가 공동체 라디오밖에 없는 것은 아니며, 인터넷을 통해 자신의 의견을 얼마든지 표출할 수 있는 기회가 제공됐다'는 부분이다.

송덕호 마포 FM 방송본부장은 "미디어는 공영미디어와 민영미디어 그리고 시민미디어로 나뉘는데 현재 우리나라 미디어에는 시민미디어 영역이 빠져 있다"며 "하지만 방송통신위원회는 시민미디어에 대한 배려는커녕 인정조차 하지 않고 있다"고 지적했다. 또 신규 매체가 공동체 라디오를 대신할 수 있다는 부분에 대해서는 "보편적 무료 매체인 라디오의 성격을 고려하지 않은 것이며 뉴미디어는 유료 매체이기 때문에 라디오에 비해 접근성이 떨어진다"고 반박했다. 다른 매체가 공동체 라디오의 역할을 대신할 수 있다는 접근부터 잘못됐다는 지적이다. 출력에 대한 조언 부분에 대해서도 "방송통신위원회가 시범사업자들의 의혹을 해소해야 한다고 돼 있는데 이것은 주파수가 부족하다는 것을 기정사실화한 채 내놓은 결론"이라고 비판했다. 송 본부장은 "현재 공동체 라디오는 자생력을 갖기 쉽지 않은 상황으로 공동체 라디오가 스스로 살 수 있도록 먼저 지원과 정책적인 배려를 해준 뒤 자생력을 갖추었는지 평가하는 게 순서 아니냐"며 "공동체 라디오가 공공성을 실현하는 매체라는 데에는 인식을 같이하면서도 현실을 외면한 채 경쟁력만을 강조하는 것은 앞뒤가 맞지 않는 말"이라고 지적했다.[93]

2009년 1월 6일 한국커뮤니티라디오협의회(커라협)와 전국공동체 라디오협의회(전공협)는 서울 광화문 방송통신위원회 앞에서 기자회견을 열고 '공동체 라디오에 대한 출력증강과 공적지원'을 다시 한 번 촉구했다. 7일부터는 방송통신위원회 앞에서 무기한 1인 시위를 하기로 했다.

이들은 기자회견문에서 "(시범사업에 대한) 종합적인 평가를 거쳐 정식사업을 한다고 하더니 방송통신위원회는 1개월 동안 현장에 대한 조사도 없이 서면 인터뷰 하나로 종합적인 평가를 마쳤다"며 "출력증강과 지원정책, 신규사업에 대한 계획조차 마련되지 않은 것은 총체적인 정책 실종"이라고 비판했다. 정용석 회장은 "방송통신위원회는 현재 공동체 라디오에 대한 정책 로드맵을 가지고 있지 않다"며 "시범사업이 본궤도에 오르도록 지원하고 그간 부족했던 점을 개선하는 게 방송통신위원회의 역할"이라고 지적했다.

박채은 전공협 운영위원은 "방송통신위원회가 지난달 23일 발표한 공동체 라디오 시범사업평가 연구결과에는 인터넷과 IPTV시대에 라디오가 무슨 실효성이 있겠냐는 내용을 담고 있다"며 "매우 실망스럽다"고 말했다. 송덕호 마포FM 방송본부장은 "시범사업을 하는 동안 방송위와 방송통신위원회 담당자가 9번 바뀌었다"며 "그때마다 처음부터 공동체 라디오에 대해 설명해야 했다"고 말했다. 안병천 관악 FM 방송본부장은 "시범사업을 시작할 때만해도 출력을 10와트(W)까지 올려준다고 호언장담했는데 이제 와 '1년 전 지원금 끊겠다고 하지 않았냐'고 말하는 것은 너무 무책임한 것"이라고 비판했다. 안 본부장은 "신규사업을 준비해온 이들은 한마디로 사기를 당한 것"이라고 말했다.[94]

2009년 4월에도 아무런 진전이 없었다. 안병천 본부장은 "방송통신위원회가 정책을 추진하려는 의지가 없다"며 담당자가 공동체 라디오에 대해 잘 모르기 때문에 올 때마다 담당자에게 공동체 라디오에 대해 설명하고 설득해놓으면 담당자가 바뀌어버린다고 말했다. 이병준 영주 FM 방송국장은 "방송통신위원회를 상대로 행정소송이라도 걸고 싶다"며 "방송통신위원회가 공동체 라디오와 관련해 일을 하고 있는지조차 의심스럽다"고 말했다. 그는 "방송통신위원회가 이렇게 시범사업을 질질 끄는 동안 사업자들이 고사하지 않을까 걱정"이라고 덧붙였다.[95]

공동체 라디오는 '참여'에 관한 근원적인 문제를 제기한다. 미국의 공동체 라디오 KOPN을 연구한 한선·이오현은 "한국 공동체 라디오를 활성화시키기 위해서는 제도나 정책 측면 못지않게 공동체 라디오 구성원들의 참여문화 또한 중요한 축"이라며 다음과 같이 말한다.

"공동체 라디오는 상업방송의 포맷이나 내용을 이상적 모델로 삼아 상업방송을 닮으려고 할 것이 아니라 상업방송과 인터넷 등 복잡한 방송환경 틈새에서 매력적인 아마추어리즘으로 무장한 자신들의 정체성을 명확히 구축해야 할 것이다. 그런 면에서 영화 〈라디오스타〉에서 지역민 생활 속으로 깊이 파고들었던 주인공 캐릭터와 방송 소재는 시사하는 바가 크다. 그러나 연구결과를 한국의 공동체 라디오에 직접 적용하기에는 다음과 같은 이유로 한계가 있다. 우선 미국의 자원봉사문화가 한국의 그것과 사뭇 다르다는 점이다. 미국 사회는 일찍부터 자원봉사를 격려하는 문화가 형성돼 우리나라의 자원봉사문화와 근본적으로 다르다. 둘째 커뮤니티(지역성)와 이질적인 문화(다양성)를 강조하는 미국인의 정서와 사회구조가 공동체 라디오의 필요성을 더욱 부각시켰을 가능성이다."[96]

그런 차이와 더불어 '참여'에 대한 철학 부재가 한국에서 공동체 라디오의 발전을 어렵게 만든다. 공동체적 가치 구현과 실천에 있어서 라디오는 인터넷과는 다른 영역의 매체라는 것을 인정하지 않는 것도 바로 그런 이유 때문일 것이다. 그런데 우리는 과연 공동체 문화의 구현을 원하는 걸까? 이미 소비주의 공동체문화에 길들여져 다른 가능성을 부정하는 편견을 갖게 된 건 아닌가?

제18장

신문법과 신문정책

신문법 논쟁

2004년 12월 31일 열린우리당과 한나라당은 국가보안법 문제로 국회가 파행을 겪는 등 우여곡절 끝에 가까스로 신문법(신문 등의 자유와 기능보장에 관한 법률)과 언론피해구제법만 통과시켰다. 기존 정기간행물 등록 등에 관한 법률을 대체한 신문법의 가장 큰 특징은 신문의 사회적 책임을 강조한 것인데, 이는 일부 신문의 강한 반발을 불러일으켰다.

신문법은 국회, 신문협회, 언론학회, 언론노조, 시민단체 등이 추천한 9명의 위원으로 운영되는 신문발전위원회와 신문유통원을 설치하게끔 했다. 또 인터넷 언론을 '신문'으로 정의했는데, "이로서 세계 최초로 '인터넷 신문'이 법적인 지위는 물론 권한과 의무를 갖게 되었다"는 평가도 있다.[1]

언론피해구제법은 언론중재위원회가 피해자의 신청이 없더라도 위원회 자신의 판단과 제3자의 신청에 따라 국익과 개인의 법익 침해를 심의해 시정 권고를 할 수 있게 했으며, 언론사에 의무적으로 '고충처리인'을 두도록 하고,

이를 어기면 3000만 원 이하의 과태료를 물게 했다. 또 이 법은 "일간지와 인터넷 신문은 공적인 관심사에 대해 공익을 대변해야 한다"고 규정했다.

『동아일보』 2005년 1월 3일자 사설 「신문시장 점유율 규제는 위헌이다」는 "(신문법)은 언론의 암흑기였던 전두환정부 시절 언론기본법의 독소조항을 상당부분 부활시켜 '참여정부'의 정체성에 의구심을 갖게 만든다. '신문사업'에 관한 사항을 신고 의무화하고 신문사의 자율영역이어야 할 '사회적 책임'과 '보도의 균형성' 등을 명문화한 것 등이 대표적 예다"고 주장했다.

반면 『서울신문』 1월 3일자 사설 「신문시장 정상화를 기대한다」는 "새 법은 용두사미가 됐다고 해도 좋을 정도로 개혁적 내용은 후퇴했다"고 평가하면서도 "4월부터 불법 경품 및 무가지 신고 포상금제가 실시된다. 정부는 언론에 간섭해서는 안 되지만 시장 정상화를 위한 제도적 조치 이행을 망설여서도 안 된다. 새 법의 시행령 준비와 공정거래법 적용을 철저히 해 올해는 신문시장 질서가 바로잡히는 해가 되길 바란다"고 말했다.

『세계일보』 신임 편집국장 정서진은 "중요한 것은 다 빼버린 신문법에 무슨 내용이 있나? 이빨 빠진 호랑이에 불과한 신문법은 별 영향을 끼치지 못할 것이다"고 말했다.[2]

2005년 1월 27일 '신문 등의 자유와 기능보장에 관한 법률'과 '언론중재 및 피해구제 등에 관한 법률'이 공포(7월 28일부터 시행)되었다. 2005년 3월 23일 동아일보사, 『동아일보』 사회부 기자 조용우, 독자 유재천(한림대 교수) 등은 '신문 등의 자유와 기능보장에 관한 법률(신문법)'과 '언론중재 및 피해구제 등에 관한 법률(언론중재법)'이 위헌이라며 헌법재판소에 헌법소원 심판청구서를 냈다.

동아일보사와 조용우는 청구서에서 "신문법과 언론중재법의 주요 조항들은 부당한 공권력의 행사로서 헌법이 보장하고 있는 언론·출판의 자유(21조 1항)와 직업의 자유(15조), 경제적 자유(119조 1항) 등을 침해하고 있다"고 주장했다. 유재천은 "신문법은 독자가 좋아하는 신문을 구독할 자유를 제한하고 있으므로 헌법 10조의 행복추구권에서 파생되는 자기결정권(신문선택권)과 21조 1항의 알 권리(언론의 자유)를 침해하고 있다"고 주장했다. 헌법소원 심판청구서의 주요 내용은 다음과 같다.

"신문법 제15조 제2, 3항은 신문사는 뉴스통신·방송매체를 겸영할 수 없도록 하고 있다. 현대 미디어는 방송통신의 융합, 정보통신 기술로 인한 매체 융합이 현실화하고 있다. 또 기술의 발전으로 방송전파의 희소성도 줄어들고 있다. 따라서 겸영금지는 여론형성의 다양성에 손상을 입히므로 과잉금지 원칙에도 위배된다. 신문법 제16조는 신문사의 경영정보 공개를 의무화하고 있다. 신문사는 국가예산으로 지탱되는 공기업이 아니다. 이 조항은 평등의 원칙과 기업활동(영업)의 자유를 침해하고 과잉규제 금지에도 위반된다. 신문법은 제17조에서 1개 일간 신문사의 시장점유율이 30% 이상, 3개 신문사 점유율이 60% 이상이면 공정거래법에 의해 과징금 부과가 가능하도록 했다. 이는 3개 과점 신문(조중동)을 규제하기 위한 것으로 보인다. 공정거래법은 과점사업자들의 묵시적인 공동행위에 의한 가격 조종을 방지하는 데 그 목적이 있다. 과점 신문 3개사는 각각 독자적인 사시와 논조를 가졌고 자본이나 인적인 유대관계도 없다. 정부가 신문에 개입을 자제하여야 하는 이유는 더 큰 공익인 민주주의 자체가 훼손될 우려가 있기 때문이다. 신문에 대한 국가의 지원은 일정한 조건하에서 허용할 수도 있겠으나 중립성의 원리를 준수하는 경우로 한정하여야 한다. 신문법 제27조의 '신문발전위원회'는 국가가 여론시장에 직접 개입할 수 있도록 하면서 이를 통제하는 자치가 없으므로 헌법에 위반된다. 신문발전위원회는 또 3개 과점 신문에 대해서는 지원을 배제하고 있다. 특정 성향의 신문에 대한 형평성을 의심받는 재정지원은 견해차별로서 위헌이다. 언론중재법은 언론중재위원회가 언론보도 내용이 국가적 사회적 법익이나 타인의 법익을 침해하는지 심의해 언론사에 시정권고 하고 외부에 공표할 수 있게 하고 있다. 이는 신문의 사후검열을 가능하게 한 위헌 조항이다. 특히 시정권고는 피해자가 아닌 자(시민단체 등)에게도 그 신청권을 허용하고 있어 신문의 자유를 한층 더 위축시킬 우려가 있다."[3]

2005년 5월 10일 문화관광부는 '신문 등의 자유와 기능보장에 관한 법률' 시행령안을 공개했다. 주요 내용은 편집위원회와 편집규약을 만들거나, 연평균 광고지면이 50%를 넘지 않는 신문에 신문발전기금을 우선 주도록 했으며, 기금 운영을 맡을 신문발전위원회의 기금 지원 기준에 경영 투명성과 공정성도 포함시키도록 했다.

2005년 5월 12일 문화관광부는 편집위원회와 관련해 상위법에도 없는 것을 하위법에서 살려놓았다는 지적에 대해 "법률이 위임했으며 노사가 참여하고 근로자의 대표는 투표 등의 방법으로 선출하는 것이 바람직한 절차라고 판단했기 때문"이라고 반박했다. 또한 편집위원회의 구성 방법에 대해서도 "구성 자체가 임의 사항이기 때문에 이로 인해 경영권이 침해될 우려는 없다"고 밝혔다. 문화부는 평균 광고지면 50% 이하, 편집위원회 구성 등 신문발전기금의 우선 지원 규정 등의 설정도 "법 제정의 사회적 합의를 반영한 것"이라고 설명했다. 문화부는 또 "신문발전기금의 우선 지원, 편집위원회 구성 등의 규정은 일부 언론에서 주장하고 있는 것처럼 비판 신문을 길들이기 위한 것이 아니라, 신문산업의 발전을 위해서 바람직한 방향을 제시한 것에 불과하다"고 주장했다.[4]

2005년 6월 9일 조선일보사도 신문법과 언론중재법이 위헌이라며 헌법재판소에 헌법소원을 냈다. 『조선일보』는 회사(대표이사 방상훈)와 독자인 홍익대 법학과 교수 방석호, 『조선일보』 미디어팀 기자 이한우 명의로 된 헌법소원 심판청구서를 통해 "해당 법이 사기업인 신문사의 편집·경영을 광범위하게 규제하고 있고, 소유권을 제약하는 등 헌법상 권리인 표현의 자유와 경제적 자유를 침해한다"고 주장했다.

『한겨레』 2005년 6월 11일자 사설 「신문법이 '전두환의 언론기본법' 빼닮았다니」는 『조선일보』가 세 면에 걸쳐 헌법소원과 관련한 자신들의 주장을 소개하면서 신문법이 과거 전두환 군사독재정권이 언론탄압을 위해 만든 언론기본법을 빼닮았다고 주장한 것과 관련, 다음과 같이 말했다.

"조선일보사 출신을 포함해, 독재정권의 군홧발에 맞서 싸우다가 거리로 내쫓긴 수많은 해직기자가 아직 시퍼렇게 이 땅에 살아있다. 20여 년이 지나도록 그들의 사과 요구를 외면해 온 신문사가, 지금 상황을 전두환 시절에 비교한다는 건 묵과할 수 없는 망발이자 역사에 대한 모독이다. 게다가 조선일보사는 전두환정권 시절 혜택을 누린 몇 안 되는 언론사 아닌가?"

헌법재판소의 신문법 판결

2006년 6월 29일 헌법재판소는 '신문 등의 자유와 기능보장에 관한 법률(신문법)' 등에 대해 대체적으로 일부 합헌, 일부 위헌 결정을 내렸다.

신문법 중 큰 논란을 빚었던 경영자료 신고 조항(16조)은 합헌 결정이 났다. 재판관 3명은 위헌으로 봤지만 다수인 6명의 재판관은 "신문은 공적기능과 사회적 책임이 크기 때문에 소유구조는 물론, 경영활동에 관한 자료를 신고 · 공개해 투명성을 높일 필요성이 크다"고 판단했다. 그간 위헌론을 편 측에서는 이 조항이 신문의 자유를 지나치게 침해하고 다른 사기업에 비해 심한 제재를 해 평등원칙에 어긋난다는 주장을 해왔다. 16조는 발행부수, 주식 분포구조, 광고수입 등을 정부기관에 신고하도록 하고 있다.

일간 신문이 뉴스통신사나 방송사를 같이 경영하지 못하도록 한 신문법 15조 조항도 합헌 판정을 받았다. 이 조항도 그간 평가가 엇갈렸던 만큼 헌재 재판관의 견해도 합헌과 위헌이 6대 3으로 나뉘었다. 합헌론에 선 재판관들은 "겸영금지를 하느냐 여부 등은 고도의 정책적 판단사항으로 입법자(국회)의 판단에 맡겨야 한다"고 밝혔다. 위헌 청구인들은 이 조항이 달라진 미디어 환경을 반영하지 못하는 등 통합 미디어시대에 역행한다고 주장했다.

시장지배적 사업자에 관한 법규정은 위헌결정이 났다. 이 조항(17조)은 1개사의 발행부수가 전체 발행부수의 30% 이상 또는 3개 이하 사업자의 점유율이 60% 이상이면 시장지배적 사업자로 규정, 지원대상에서 제외되는 등 불이익을 받도록 하고 있다. 7명의 재판관이 "신문사업자를 일반사업자에 비해 더 쉽게 시장지배적 사업자로 추정하도록 하는 것은 불합리하다"고 판단했다. 재판관들은 또 "취급 분야와 독자층이 완연히 다른 일반 일간신문과 특수 일간신문(경제지·스포츠지 등)을 같은 시장에서 있는 것으로 본 것은 역시 불합리하다"고 밝혔다. 시장지배적 사업자가 되면 신문발전기금 지원대상에서 아예 빠지도록 한 34조 2항 2호도 '합리적 이유 없이 발행부수가 많은 신문을 차별하는 것'이라며 재판관 전원일치로 위헌결정이 났다.

이밖에 신문 경영인이 신문제작자들의 편집 자율을 보장하도록 의무화한 3조와 신문의 사회적 책임과 공정성·공익성을 규정한 4·5조 등에 대해서는 일부 재판관의 위헌 의견이 나왔으나 6명의 재판관은 각하 결정을 내려 법조항의 효력을 그대로 유지시켰다.[5]

이에 『한겨레』는 "전체적으로 볼 때, 이번 헌재의 결정은 신문의 다양성을 보장하고 신문의 사회적 책임을 높인다는 법제정 취지를 인정했다고 할 수 있다. 신문의 경영정보 공개, 독자보호를 위한 고충처리인 제도 등이 합헌 결정을 받은 점이 이를 뒷받침한다. 신문의 잘못된 보도에 따른 피해를 신속하게 구제한다는 언론중재법의 취지 또한 존중됐다. 그동안 논란이 끊이지 않던 신문과 방송의 겸업금지에 대해서도 합헌 결정이 나온 점 또한 의미를 둘 수 있다. 하지만 몇몇 보수 신문이 돈을 무기로 시장을 장악하고 여론을 왜곡하는 걸 규제하기 어렵게 된 점은 문제가 아닐 수 없다"며 다음과 같이 주장했다.

"공정거래법에선 세 개 기업의 시장점유율이 75%를 넘어야 시장지배적 사업자로 보는 반면, 신문법은 이 기준을 60%로 규정하고 있다. 이 규정에 대해 헌재는 신문의 다양성을 보장하는 적절한 수단이 못되는데다가 시장지배적 지위는 결국 독자의 개별적·정신적 선택의 결과라고 지적했다. 헌재는 이런 논리의 연장선에서 시장지배적 신문에 대한 정부의 기금지원을 금지한 조항 또한 위헌이라고 결정했다. 논리적으로만 보면 헌재의 지적이 크게 틀리지 않을 수도 있다. 하지만 이는 현실과는 동떨어진 인식이다. 현재 신문시장은 독자의 개별적·정신적 선택이 주도하는 게 아니라 과도한 경품과 무료신문 제공처럼 돈을 앞세운 판촉이 좌우하고 있다. 수요자가 아니라 공급자가 이끄는 시장구조인 것이다. 신문이 기본적으로 사기업이긴 하더라도 공익기관이라는 특수성도 있다는 점 또한 고려돼야 마땅했다. 게다가 이미 시장을 지배하고 있는 거대 신문에 굳이 정부가 공적 기금까지 지원할 이유는 없다. 서로 다른 목소리를 내는 신문들을 보호·육성함으로써 다양한 여론을 형성한다는 공익에 부합하지 않는 한, 사기업인 신문사에 대한 공적자금 지원은 정당성을 얻을 수 없다.”

이어 『한겨레』는 “한 신문사가 여러 신문을 거느리지 못하도록 한 규정에 대해 헌법불합치 결정이 나온 점도 우려되는 대목이다”고 했다.

“많은 전문가들이 신문과 방송의 겸업금지를 주장하는 건 기본적으로 언론의 독과점 폐해를 막자는 것이다. 이런 폐해는 한 기업이 여러 신문을 거느리는 경우에도 마찬가지로 나타난다. 특히 앞으로 시장지배적 사업자에 대한 규제가 더욱 어려워질 것을 생각하면, 신문시장의 독점 폐해가 더욱 심해질 것으로 우려된다. 헌법불합치 결정에 따른 보완 입법 과정에서 충분히 고려돼야 할 대목이다.”

또 『한겨레』는 “이밖에 언론중재법상의 정정보도 청구 소송을 가처분 절차에 따라 하도록 한 규정이 위헌이라는 결정 또한 따져볼 여지가 있다”고 했다.

“헌재의 결정 자체는 충분히 납득할 수 있으나, 이 규정이 언론의 보도에 따른 피해를 신속하게 구제하자는 취지에서 나왔다는 것은 고려해야 한다. 언론보도 내용은 빠르게 번져나가고 일정한 시간이 지나면 잊혀지고 마는 경우가 흔하다. 이 때문에 신속한 정정보도가 이뤄지는 건 아주 중요한 문제다. 이 점을 생각할 때, 정정보도 소송은 다른 소송과 달리 신속하게 처리되도록 하는 보완 장치가 꼭 필요하다.”

끝으로 『한겨레』는 “헌재의 이번 결정은 몇 가지 부분에서 우려스럽지만,

신문법과 언론중재법의 기본 취지가 정당성을 확보했다는 측면에서 의미를 둘 수 있다. 그동안 보수 신문들이 마치 언론탄압을 위한 법이라도 되는 양 떠들던 것을 생각하면 더욱 그렇다. 신문법을 둘러싼 소모적인 논쟁은 끝내야 한다"고 했다.

"이제 필요한 것은 헌재의 결정 취지를 고려하면서 신문의 독과점을 막을 다양한 정책적 수단을 모색하는 일이다. 신문의 다양성을 보장함으로써 균형 잡힌 여론형성을 유도하는 건 민주주의를 위해 결코 게을리할 수 없다."[6]

반면 헌법소원을 낸 『동아일보』는 "핵심 쟁점이던 시장지배적 사업자 지정 조항과 시장지배적 사업자가 되면 신문발전기금을 지원하지 않는다는 조항은 각각 재판관 7대 2와 전원일치로 위헌 판정을 받았다"며 "이 같은 결정은 신문법이 메이저 신문을 탄압하기 위해 무리를 거듭한, 민주국가에서 유례가 없는 악법(惡法)임을 웅변한다"고 했다.

"헌재는 일부 다른 조항에 대해 합헌 또는 각하 결정을 내렸지만 핵심 조항이 위헌이므로 신문법은 폐기돼야 마땅하다. 신문법은 이제 대들보가 무너진 집과 같다. 사필귀정(事必歸正)이다. 국민의 알 권리를 무시하고 언론을 권력의 손아귀에 넣으려고 만든 신문법은 이미 정당성을 잃었다."

『동아일보』는 "대표적 위헌 조항은 역시 시장지배적 사업자에 관한 것이다. 1개 신문사의 시장점유율이 30% 이상일 때와 3개 이하 사업자의 점유율이 60% 이상일 때 공정거래법상 시장지배적 사업자로 정해 불이익을 주는 내용이다. 공정거래법은 1개사 점유율 50%, 3개사 합계 75% 이상을 시장지배적 사업자로 규정하고 있는데도 신문에 대해서만 이를 낮춘 것은 『동아일보』『조선일보』『중앙일보』 3개사를 겨냥한 명백한 '표적 입법'이었다"고 했다.

"이 정권 사람들은 '신문은 일반 상품과 달리 공익성이 요구되기 때문에 다른 잣대를 적용해야 한다'는 해괴한 논리를 폈다. 하지만 재판부는 '신문의 시장지배적 지위는 독자(讀者)의 개별적, 정신적 선택에 의해 형성되는 것인 만큼 불공정 행위의 산물이 아니다'고 명시하면서 법조항이 평등권과 신문의 자유를 침해했다고 못박았다. 신문의 발행부수가 많고 적음은 독자들이 선택한 결과라는 것이다. 특정 신문들을 옭죄기 위해 정권이 내세운 궤변을 헌재가 정면으로 물리친 셈이다."[7]

『동아일보』와 같이 헌법소원을 낸 『조선일보』는 "헌재는 신문이 방송을 함께 경영할 수 없게 한 신문법 15조 2항에 대해선 고도의 정책적 판단이 필요한 사항으로 신문의 자유를 크게 해치지 않는다며 합헌으로 판단했다"며 "그러나 이 조항에 대해 권성·김효종·조대현 세 재판관은 '통신·디지털 기술이 발달하면서 방송·통신 등 미디어 간의 융합이 이뤄지고 있고 위성방송, 인터넷 등 새로운 매체가 발전하면서 신문산업이 위축되고 있는 상황에서 신문이 방송·통신의 콘텐츠 사업자가 되거나 방송·통신을 겸영해 경영 효율화를 꾀할 필요가 크다'며 이 조항이 언론표현 방법의 자유와 기업경영의 자유를 침해한다고 밝혔다. 앞으로 활발한 논의가 이뤄져야 할 부분이다"고 했다.

"언론의 보도를 가로막음으로써 최종적으로 피해를 보는 것은 결국 국민이고 독자다. 국민은 자신들이 선출한 권력이 정당하게 업무를 수행하고 있는가를 판단할 정보를 얻지 못하면 그들을 통제할 수단을 상실하게 되기 때문이다. 따라서 국민의 대표기관인 국회가 헌재의 부분적 위헌과 부분적 합헌 결정으로 누더기가 돼버린 신문법과 언론중재법을 국민의 관점에서 재개정하는 것만이 최선의 해결책인 셈이다."[8]

미디어법 논쟁

2008년 12월 국회에 제출된 이래 정국 긴장과 사회적 논란을 부른 방송법, 신문법, 인터넷멀티미디어방송사업법(IPTV법) 등 미디어 관련 3법이 2009년 7월 22일 오후 여야 의원들의 거친 몸싸움 속에 35분 만에 강행 처리돼 국회 본회의를 통과했다.

방송법은 대기업과 신문이 지상파 방송 및 종합편성·보도전문 케이블 채널을 소유할 수 있도록 조건을 완화한 것이 핵심 내용이다. 통과 법안은 신문과 대기업의 지분참여 한도를 지상파 방송 10%, 종합편성 채널 30%, 보도전문 채널 30%로 정했다. 또 2012년까지 신문·대기업의 지상파 방송 겸영은 유예하되, 지분 참여는 허용키로 했다. 방송사에 대한 1인 지분한도를 현행 30%에서 40%로 상향시켰다.

법안은 구독률이 20%를 넘는 신문의 방송 진출을 불허키로 했다. 방송사업자의 시청점유율이 30%를 넘으면 광고 제한 등의 방식으로 '사후규제'에 나선다는 내용도 포함하고 있다. 여기에 신문의 방송 소유·겸영시 신문구독률을 10% 범위 내에서 시청점유율로 환산하는 '매체합산 시청점유율' 제도를 도입했다. 추산방법에 따라 달라질 수 있지만 '구독률 20%'를 넘는 신문사는 현재 없다. 사후규제 조치로 도입된 '시청점유율 30% 제한'도 현재 평균 시청점유율이 20%를 넘는 국내 방송사조차 없어 실효성을 갖기 어렵다.

신문법은 일간신문과 뉴스통신사의 상호겸영 금지를 폐지하고 지상파, 종합편성, 보도전문 방송의 겸영 역시 허용한 것이 골자다. 대기업은 일간신문에 한해 지분의 50%를 초과해 취득 또는 소유할 수 없도록 했다. 또 일간신문·뉴스통신·방송사의 일간신문사 주식 및 지분 취득 제한을 없애, 일간신문 지배주주가 여러 신문 소유를 가능토록 했다. 신문 지원기관인 신문발전위원회와 한국언론재단을 통합해 '한국언론진흥재단'을 신설하고, 신문 유통을 신설 재단에 맡기도록 했다. IPTV법은 대기업, 신문·통신사가 IPTV에서의 종합편성 및 보도전문 PP에 대한 지분 소유를 30%까지 허용했다. 외국 자본은 종합편성PP는 20%, 보도전문PP는 10%까지 지분을 가질 수 있도록 출자나 출연을 할 수 있게 했다.[9]

이 가운데 가장 뜨거운 논란은 조중동으로 대변되는 보수 거대신문들의 방송 겸영이 가능해졌다는 점이다. 이와 관련, 『경향신문』은 "지난해 한국언론재단이 전국 성인 남녀 5000명을 대상으로 조사 발표한 '2008 언론수용자 의식조사'에 따르면 종합일간지, 경제지, 지방지 등을 가리지 않고 신문을 하나 이상 보는 사람의 비율인 신문 정기구독률은 36.8%였다. 이중 『조선일보』의 구독률이 11.9%였고, 『중앙일보』 9.1%, 『동아일보』 6.6% 순이었다"며 다음과 같이 말했다.

"『조선일보』는 현재의 구독자를 절반, 나머지 두 신문은 100% 더 늘려도 '20% 이상' 조항에 걸리지 않는 것이다. 사실상 세 신문에 방송 진출을 '완전 개방'한 셈이다. 하지만 그 기준을 민주당이 주장하는 '구독(시장)점유율 15% 이상'으로 바꾸면 얘기가 달라진다. '신문을 보는 가구 중에서 특정 신문을 구독하는 비율'인 '구독점유율'로 할 경우 언론재단의 같은 조사에서 『조선일보』는 25.6%, 『중앙일보』는 19.7%, 『동아일보』는 14.3%였다. 『조선일보』 『중앙일보』는 독자가 줄지 않는 한 방송에 나설 수 없는 것이다." [10]

『한겨레』는 "어제 강행 처리한 방송법은 구독률 20% 이상인 신문의 방송 진입을 사전에 금지하고, 방송 진입 이후에도 신문·방송 겸영 기업의 시청점 유율을 30%로 제한하겠다고 했다. 하지만 이 법이 정한 구독률은 신문을 구독하는 가구 가운데 특정 신문을 보는 가구의 비율이 아니라 전체 가구에 대한 비율이다. 분모가 커지니 어느 신문도 그 기준에 걸리지 않는다. 시청점유율 제한도 마찬가지다. 기존 민영 방송의 시청점유율도 10%대라니, 누구도 잡을 수 없는 성긴 그물이다. 게다가 시청점유율에 합산하는 신문구독률은 10% 이상 반영하지 않도록 했다. 제한을 뒀다는 알리바이일 뿐, 사실상 아무런 규제도 하지 않겠다는 얘기다. 이러니 협잡, 사기란 비난을 피할 길 없다"고 말했다. [11]

반면 『조선일보』는 "미디어법의 취지는 지상파 3사가 방송시장의 80%, 여론시장의 60%를 차지하는 독과점 구조를 허물어 세계적 추세인 디지털시대를 헤쳐갈 수 있도록 경쟁력과 품질을 높이고 특정 이념에 편향된 방송계를 정상화하겠다는 것이었다. 이날 통과된 미디어법으로는 이런 목표를 상당 부분 접을 수밖에 없다"며 다음과 같이 말했다.

"1인 소유 지분한도를 30%에서 40%로 높여 사실상 방송 1인지배 시대의

문을 열어주면서, 대기업과 신문사의 지분 참여는 지상파 10%, 케이블 30%로 제한한 것부터가 그렇다. 이 조항의 혜택은 지분 30%를 소유한 대주주에서 40% 지분의 실질적 지배주주로 경영권이 강화되는 SBS 대주주가 차지하게 됐다. 현재 SBS는 지분 30%를 지닌 지주회사 SBS미디어홀딩스가 사실상 지배하고 있고, SBS미디어홀딩스는 다시 태영과 태영 사주 윤세영씨 부자가 63%를 소유한 형태로 돼 있다. 지분 30%까지 참여할 수 있는 케이블TV 종합편성채널과 보도채널의 전망도 밝지 않다. 지금 케이블에서 가장 영향력이 크다는 보도채널 YTN의 시청률이 1%에도 못 미칠 정도다. 지금도 포화상태인 광고 시장이 종합편성채널 등이 신설된다고 해서 늘어날 가능성은 거의 없다. 이래선 세계적 미디어기업을 육성한다는 얘기가 공허하다." [12]

『중앙일보』는 "일각에서는 개정법을 핵심 목표가 사라진 '누더기 법'이라고 비난한다. 이런 아쉬움에도 불구하고 미디어산업 선진화를 위한 첫 단추를 꿰었다는 성과는 결코 폄하할 수 없다. 경제협력개발기구(OECD) 국가 중 신문·방송 겸업을 원칙적으로 금하는 나라는 우리뿐이었다. 법 개정으로 후진국형 산업족쇄 하나를 풀고 글로벌 미디어 시장에서 선진국들과 경쟁할 계기를 마련한 것이다. 미디어법 개정을 계기로 이제 소모적인 방송산업 진입 논란을 끝내고 복합 미디어그룹 육성에 매진해야 한다"고 말했다. [13]

『동아일보』는 "한나라당이 법안 저지를 노렸던 야당과 오랜 줄다리기를 하는 과정에서 당초 안에서 크게 후퇴했다. 이 법이 실제로 미디어산업의 지각변동을 일으키고 지상파의 시장 및 여론 독과점을 완화하는 단계에까지 이를 수 있을지는 두고 봐야 한다는 시각도 있다. 미디어산업의 육성과 뉴스의 다양성 확보라는 원래 취지를 살리기 위해 보완할 부분이 있다면 서둘러야 한다. 새로운 방송국이 등장하면서 경쟁 심화로 상업적 프로그램이 만연할 우려에 대해서는 엄격한 사후규제를 통해 해결할 일이다. 수신료를 받는 KBS는 공영성 강화에 힘써 방송의 모범을 제시해 나갈 필요가 있다"고 말했다. [14]

이 논란의 핵심은 지금의 구조개편이 "10년 동안 좌파와 노조에 물들었던 방송의 '제자리 찾기'"라는 이명박정권의 인식과 동기에 있는 것 같다. 즉, 과도한 이념 · 정치적 의도가 개입되는 바람에 차분한 논의 자체를 어렵게 만들었다는 것이다. 게다가 이해 당사자인 보수 신문들이 이 문제에 일방적인 홍보성 기사를 폭포수처럼 쏟아낸 것도 이 논의를 '과잉 정치화' 시키는 데에 큰 역할을 했다. 출발부터가 그렇게 과열됐으니, 이 논란은 국력을 소모시키는 비생산적인 혈투(血鬪)가 될 가능성이 높아졌다. 세계적인 미디어 기업을 육성하자는 취지도 좋지만, 그 이전에 상호신뢰 구축과 합의의 과정을 거쳤더라면 하는 아쉬움이 크다 하겠다.

신문고시 논쟁

신문의 경품 제공은 세계적인 현상이다. 영국의 경우 신문사들이 신문에 CD를 끼워주는 게 유행이다. '70년대 사랑노래 20선'과 같은 CD들이다. 그 바람에 일부 신문사들의 지방 보급소는 마치 대형 음반매장처럼 돼버렸다. 미국에서도 일부 신문들은 독자들을 유혹하기 위해 "여기 이 핸드폰을 받으세요. 그리고 13주 동안 신문을 공짜로 보실 수 있습니다"고 외쳐댄다.[15]

일본에선 1998년 9월 『요미우리신문(讀賣新聞)』이 정기구독자를 대상으로 1등에 3만 엔, 4등에 2000엔 상당의 경품을 주는 총액 2억 엔 경품 잔치를 시작하면서 다른 신문들도 본격적인 경품 전쟁에 뛰어들었다. 보급소 차원의 경품 전쟁도 치열해 "신문은 인텔리가 만들어서 야쿠자가 판매한다"는 말이 나올 정도가 되었다.[16]

한국 신문들의 경품 경쟁도 매우 치열한 편에 속한다. 현행 신문고시에서는 연간 구독료의 20%를 넘는 액수의 공짜 신문과 경품을 제공할 경우 신문사나 지국이 처벌을 받게 돼 있다. 불법 사례를 신고할 경우 최고 1000만 원까지 포상금을 받는다. 월 구독료가 1만 2000원인 경우 2만 8000원 이상, 월 구독료가 1만 5000원일 경우 3만 6000원어치 이상의 무료신문이나 경품을 주면 위반이다.

민주언론시민연합(민언련)이 2008년 4월 29·30일 『조선일보』『중앙일보』
『동아일보』와 『한겨레』신문 4개사의 서울지역 지국 각 40곳씩 160곳의 신문
고시 위반 실태를 조사한 결과, 『중앙일보』와 『동아일보』의 위반율은 100%였
으며 『조선일보』는 97.5%(39곳)였다. 『한겨레』는 16곳이 위반해 위반율이
40%였다. 4개사의 신문고시 위반율은 84.4%에 달했다.

위반 유형별로 보면 무가지 4개월 이상 제공이 56곳으로 가장 많았다. 『동
아일보』가 27곳으로 가장 많았으며 『조선일보』(14곳)과 『중앙일보』(11곳)이
뒤를 이었다. 신문고시 위반 정도가 가장 심한 무가지 4개월 이상과 경품 제공
에 해당하는 지국도 55곳이나 됐다. 『중앙일보』가 23곳이었으며 『조선일보』
와 『동아일보』는 각각 21곳과 11곳이었다. 상품권 대신 현금 5만 원을 제공한
지국도 총 3곳이나 있었다. 특히 중앙 지국 8곳은 무가지와 경품, 구독료 할인
등을 포함한 혜택이 17만 9000원으로 1년 신문구독료(18만 원)와 맞먹었다.
『한겨레』의 위반 사례는 무가지 3개월 제공(9곳)이 가장 많았다.[17]

2008년 5월 한국신문협회가 산하 신문공정경쟁위 이름으로 공정거래위원
회에 신문고시를 완화해 달라는 의견서를 제출한 사실이 뒤늦게 밝혀졌다. 신
문협회는 지난 3월 30일 신고포상금제 폐지, 신문 무가지 규정완화, 불법·불
공정 행위에 대한 신문업계의 자율규제 등 건의를 담은 의견서를 공정거래위
에 제출했다고 밝혔다. 이에 『경향신문』은 "문제는 이런 일이 대부분 회원사
들이 까맣게 모르는 사이에 이뤄졌다는 점이다. 많은 신문 관계자들은 신문협
회가 공정거래위에 의견서를 보낸 것은 금시초문이라며 신문고시와 관련해
의견을 물어온 적이 없다고 밝히고 있다" 며 다음과 같이 말했다.

"우리는 이번 사안이 『조선일보』『중앙일보』『동아일보』 등 일부 신문의 의
견만을 중점적으로 대변해 온 신문협회의 평소 관행과 무관치 않다고 본다.
협회는 이 건의서가 협회 차원이 아니라 산하기구가 낸 것이라고 하지만 궁색
한 변명이다. 협회는 2001년 신문고시 부활 이후 유명무실해진 신문공정경쟁

위를 내세워 마치 전 회원사의 뜻인 양 의견서를 냈다. 이 의견을 받아들였음인지 백용호 공정거래위원장은 4월 중순 신문고시 전면 재검토 방침을 밝혔다. 『조선일보』『중앙일보』『동아일보』는 즉각 이를 환영하는 보도 논평을 했다. 신문협회는 신문경영의 발전과 공동의 이익을 도모하기 위해 설립된 단체다. 당연히 회원사들의 권익을 보호하고 서로 입장이 다른 문제에 대해서는 충분한 협의를 거쳐 의견을 모아야 한다. 그러나 이번처럼 전체 회원사의 뜻을 거슬러 일을 독단적으로 처리하는 사례가 잦다. 신문협회 의견서는 신문 전체의 의견이 아니다. 이와 정반대로 많은 언론, 시민들은 신문시장 정상화를 위해 신문고시를 강화해야 한다고 믿고 있다. '신문협회는 뭐하는 곳인가'란 의문이 드는 이유다."[18]

2008년 6월 4일 민주언론시민연합, 언론개혁시민연대, 언론인권센터, 한국기자협회, 전국신문판매연대, 전국언론노조 등 6개 단체는 한국프레스센터에서 신문 불법경품 공동신고센터 발족식을 열었다. 이들은 "지난해부터 불법경품이 급증하고 있지만 단속기관인 공정거래위원회(공정위)가 손을 놓고 있어 신문시장을 정상화하기 위해 신고센터를 설립했다"고 밝혔다. 이들은 "지난 5년간 감소세를 보였던 불법경품이 신문고시 폐지를 주장한 현 정권의 출범과 함께 다시 기승을 부리고 있다"며 "올해부터 조중동의 거의 모든 지국들이 불법 경품과 무가지를 살포하고 있다"고 밝혔다.[19]

2008년 9월 탁종렬 전국언론노동조합 교육선전실장은 "『조선일보』한 개지국 당 경품과 상품권으로 월 58부를 늘린다. 지국에서 차지하는 비중으로 따지면 3% 정도다. 1년이면 연간 36%다. 『중앙일보』도 홍석현 회장이 자연절독률을 연 46%라고 밝힌 바 있다. 두 신문 모두 자연절독률을 경품과 상품권으로 막고 있는 것이다"고 주장했다. 그는 불법경품 규모에 대해 다음과 같이 말했다.

"공정거래위원회에서 2004년 이후부터 신문고시 위반으로 『조선일보』350개 지국을 조사한 뒤 행정처분한 자료가 있다. 그 의결서에 따르면 『조선일보』한 지국당 한 달 동안 신규 독자로 등록하는 사람이 평균 58명이다. 신문을 한 부 확장하는 데 드는 비용을 무가지 6개월, 상품권 5만 원이라고 쳐서 대략 14만 원 정도 든다고 하면 한 달 동안 부수 확장하는 데 드는 비용이 700여만 원이다. 일년이면 7000여 만 원, 『조선일보』 지국이 1500개니까 이 가운데 1000개 지국이 신문고시를 위반한다고 해도 연 600억~700억 원 규모다. 『조선일보』 『중앙일보』 『동아일보』 세 개 신문을 합치면 1500억 원은 될 것이다. 『한겨레』 『경향신문』을 합친 연 매출액이 1500억 원 선인데 해마다 『조선일보』 『중앙일보』 『동아일보』에서 불법으로 뿌려지는 경품 규모가 이렇다는 것이다. … 사실 지국에서도 경품이 없어지길 바란다. 1년 동안 신문 배달하는 비용이 3만 원인데 부수 확장비 14만 원에 경품까지 합치고 나면 1년치 구독료 18만 원 받아봤자 남는 게 뭐 있나? 지국도 경품 때문에 힘들다. 거기다 1년 무가지로 뿌리는 경우도 많기 때문에 지국도 울며 겨자 먹기로 하고 있는 셈이다. 하지만 본사와 맺고 있는 불공정계약 때문에 지국도 본사가 요구하는 지대나 독자수를 맞춰야 한다. 그래서 상담을 하며 '언론노조가 불법 경품추방운동을 벌여 꼭 성공시키겠다' 고 하면 고맙다면서 울먹거리는 지국장도 있다."[20]

2008년 9월 24일 서울고법 행정6부(부장 조병현)는 과다한 무가지를 공급한 『조선일보』 『중앙일보』 『동아일보』에 대해 과징금을 부과하고 시정을 명령한 처분은 정당하다는 판결을 내렸다. 재판부는 "구 신문고시에서는 무가지 신문 배포를 유료신문 대금의 20% 이하로 제한하고 있다"며 "이를 초과해서 무가지를 배포하는 것은 불공정거래행위에 해당하며 경쟁관계에 있는 다른 신문을 시장에서 배제시킬 우려가 있다"고 밝혔다. 재판부는 또 "(무가지 공급은) 가격·품질·서비스 등 정확한 정보를 전달하는 방법이 아니라 자금력을 바탕으로 부당한 이익을 제공하여 고객을 유인해 자유롭고 공정한 경쟁을 저해한다"고 밝혔다. 공정위는 이들 신문이 2002년 1년간 유료신문 판매대금의 20%를 초과하는 무가지를 제공했다며 2007년 5월 시정명령과 함께 『조선일보』에 2억 400만 원, 『중앙일보』와 『동아일보』에 각각 1억 7400만 원의 과징금을 부과했고, 3사는 이에 불복해 소송을 냈었다.[21]

2008년 10월 7일 공정위가 홈페이지를 통해 공개한 신문지국들의 신문고시 위반사례 조치 현황을 분석한 결과 2008년 들어 9월 말까지 적발된 건수는 모두 165건이었다. 이들 중 공정위 직권조사는 단 한 차례도 없었고 모두 독자들의 신고를 받고 불법 판촉 사실을 확인한 것으로 나타났다. 신문사별로는 『조선일보』가 74건(44.8%)으로 가장 많았고 『동아일보』 46건, 『중앙일보』 42건이었다. 이들 3개 신문이 전체 적발 건수의 98.2%를 차지할 정도로 압도적이었다. 공정위가 판촉과정에서 불법 경품을 제공한 사실을 확인한 뒤 시정명령과 함께 과징금을 부과한 신문지국은 이들 중 불과 4.5%인 14곳에 총 1700만 원뿐이었다. 공정위는 나머지 141개 지국에 대해선 독자의 신고 내용을 전화 등으로 확인한 뒤 "앞으로는 불법 경품과 무가지를 제공하지 말라"는 시정명령을 내리는 것으로 마무리했다. 공정위 자료에 따르면 2006년엔 89개 신문지국에 1억 5210만 원, 2007년엔 48곳에 7530만 원의 과징금을 부과했다. 이명박정부 출범 이후 신문지국의 불법행위에 대한 과징금 부과 현황은 참여정부 때 공정위가 신문시장의 혼탁상을 단속하기 위해 취한 조치와 비교하면 급감한 것이다.

이에 대해 『경향신문』은 "신문시장의 불법 경품 제공 등 신문고시 위반행위가 여전한데도 이를 단속해야 할 공정거래위원회의 직무유기가 심각한 것으로 드러나고 있다. 불법행위가 드러난 신문지국에 대해 형식적인 시정명령으로 시늉만 내고 있을 뿐 과징금 부과 등 실질적 제재는 사실상 외면하고 있다. 이 때문에 이명박정부 출범 이후 사실상 신문시장의 혼탁상을 방조하면서 신문고시를 사문화하고 있다는 비판도 제기된다"며 다음과 같이 말했다.

"공정위의 직무유기 기류는 백용호 공정위원장이 지난 4월 언론과의 인터뷰에서 신문고시 전면 재검토 방침을 밝힌 것과 무관치 않아 보인다. 백 위원장은 지난 9월에도 국회 정무위원회 업무보고에서 '신문시장이 여전히 혼탁하지만 신고포상금제도 자체가 신문고시에 너무 집중돼 예산 문제가 있으며 신고도 하루에 한 건 이상 처리해야 하는 등 문제가 있다'고 언급한 것도 같은 맥락이다."[22]

2009년 5월 7일 문화체육관광부는 '신문 발행부수 신고제' 개선안을 통해 2010년 1월 시행을 목표로 신문잡지부수공사기구(한국ABC협회)의 부수 검증에 참여한 신문사에만 정부 광고를 배정하고, 유가부수 인정 기준을 '80% 이상 수금'에서 '50% 이상 수금'으로 낮추겠다고 밝혔다. 이에 대해 신문고시가 제대로 작동하지 않는 상태에서 문화부가 신문값의 반값만 내도 유가부수로 인정하겠다는 것은 신문 정상화를 역행하고 불법 판촉에 기름을 붓는 격이라는 지적이 쏟아졌다. 이렇게 되면 『조선일보』+『스포츠조선』 '『중앙일보』+『일간스포츠』' '『동아일보』+『스포츠동아』'등 스포츠지를 '본지 판촉용'으로 활용하는 '2종 세트'가 양성화할 여지가 크다는 것이다. 특히 신문 1부를 넣어주고 유가부수가 2부라고 신고할 수도 있어 부풀리기가 쉬워지며, 여기에 경제지까지 얹어주는 '3종 세트'등 온갖 편법이 난무해 출혈경쟁이 더욱 심화될 것으로 각 신문사 판매 담당자들은 예측했다.[23]

'언론소비자주권국민캠페인' 논쟁

2008년 가장 주목받은 언론시민단체는 언론소비자주권국민캠페인(언소주)이었다. 언소주는 "촛불을 들고 거리로 나온 시민들을 좌파세력, 혹은 폭도라고 평가한 『조선일보』 『중앙일보』 『동아일보』에 광고하는 기업제품을 불매한다"는 구호를 내걸고 해당 기업에 전화를 걸어 불매의사를 밝히는 운동을 벌였다. 김상만은 "여론에 민감한 신문사가 급격한 광고매출 하락에 위기의식을 느껴 이 단체를 검찰에 고소하지 않으면 안 될 정도로 코너에 몰렸다는 것은 이 운동의 파급력을 보여주는 상징적인 사건이다"고 했다.[24]

2008년 9월 최영묵 성공회대 신문방송학과 교수는 "효과는 대단했다. 일부 보수 신문의 경우 발행 면수가 군소 신문 수준으로 떨어졌고, 월 광고수입이 그 전달의 절반 수준으로 줄기도 했다. 조중동 처지에서는 방치할 경우 폐간될 수도 있는 치명적 상황이었다. 예상대로 조중동의 무차별 공격과 검찰의 '막가파식' 수사가 이어졌다. 관련자에 대한 출국금지, 가택 압수수색, 소환조사, 사전 구속영장 청구가 이어졌다. 결국 검찰은 커뮤니티 개설자와 운영자를 구속했고, 도우미 등 22명을 불구속 기소했다"며 다음과 같이 주장했다.

"보수 신문은 영업방해 운운하며 관련자 엄벌을 주장한다. 언론 본분을 망각한 터무니없는 협박일 뿐이다. 심지어는 소비자의 광고불매운동도 불법이라고 주장한다. 미국에서는 다반사로 이루어지는 일이다. 심지어 미국 민주당 대선후보인 오바마는 공개적으로 특정 미디어에 광고하는 기업에 대해 불매운동을 이야기하기도 했다. … 언소주 운동은 확실히 한국 언론의 선진화에 기여할 것으로 보인다. 이 운동이 성공할 경우 '기업광고' 집행이 투명해지고, '광고기업'의 서비스와 품질이 제고될 뿐 아니라 조중동이 언론으로 '정상화'할 수 있을 것이기 때문이다."[25]

하태훈 고려대 법대 교수는 "검찰이 '광고 안 싣기 운동'을 수사표적으로 삼았다면, 그것을 범죄행위로 판단했다는 얘기다. 그렇다면 형법 전문가인 검찰이 제대로 형법을 공부했는지 점검해보자. 허위 사실을 유포하거나 위계 또는 위력으로써 사람의 업무를 방해한 자는 형법 제314조에 따라 업무방해죄로 처벌된다. 공연히 사실을 적시하여 사람의 명예를 훼손한 자는 제307조의 명예훼손죄에 해당한다. 사람을 협박한 자는 제283조에 따라 협박죄로 처벌된다"며 다음과 같이 주장했다.

"범죄가 성립하려면 범죄 구성요건을 충족해야 한다. 괘씸하거나 사회질서를 위협한다고 모두 처벌할 수는 없다. 범죄 구성요건을 충족하지 못하면 범죄가 성립하지 않는다는 것이 형법의 대원칙인 죄형법정주의(罪刑法定主義)이다. 무엇이 범죄이고, 어떤 형벌을 가할 것인가는 형법에 명확히 규정돼 있어야 하고 유추 해석을 금지한다는 내용이다. 특정 신문에 광고를 게재한 기업의 명단이나 전화번호 등을 인터넷에 올리는 행위는 '허위사실 유포'나 '위계'가 아니다. 광고 기업에 전화를 조직적으로 했거나 한 사람이 전화를 수백 통 걸었다면 모를까, '위력'도 아니다. 협박도 아니고 명예훼손도 아니다. 업무방해도 아니다. 광고주가 광고중단 결정을 내렸다면, 그것은 '전략적 영업판단의 결과'라고 볼 수 있다. 혹시 기업에 손해가 있다면 민사소송으로 해결할 일이다. 지금 인터넷 공간에서 이루어지는 '광고 안 싣기 운동'의 주류는 헌법에 보장된 소비자보호운동이자 자유로운 의사표현의 한계 내에 있는 것이다. 보수 신문에 광고를 게재하면 죽이겠다는 식의 행위가 있다면 업무방해나 협박에 해당한다. 하지만 이는 빙산의 일각으로, 법무부 장관이나 검찰총장이 나설 일이 아니라 그저 조용히 수사하고 혐의가 있으면 기소하면 된다. 언론에 등장해 엄포를 놓거나 전국 부장검사를 모아놓고 위력을 보일 필요도 없다. 이거야말로 누리꾼에 대한 협박이고, 의사표현의 자유나 소비자권리 행사를 방해하는 행위다. 엄포성 수사는 검찰에 대한 국민의 불신만 키운다."[26]

2009년 1월 20일 검찰은 『조선일보』『중앙일보』『동아일보』광고 싣지 말기 운동을 이끈 혐의(업무방해)로 기소된 이아무개씨 등 누리꾼 16명에 대한 결심 공판에서 "이들의 행동은 헌법이 보장하는 표현의 자유와 기본권을 일탈했다"며 징역 1년 6월~3년을 구형했다. 검찰은 서울중앙지법 형사2단독 이림 부장판사 심리로 이날 열린 공판에서 "특정 언론의 논조가 자신들의 생각에 반한다는 이유로 폐간을 목표로 광고주를 상대로 지속적이고 조직적인 압박을 가했다"고 주장했다. 검찰은 벌금형에 약식기소됐다가 정식재판을 청구한 8명에게는 벌금 300만~500만 원을 구형했다.

변호인들은 "검찰은 광고주 업체에 전화한 사람이 누군지, 피고인들이 올린 글을 보고 전화를 한 것인지 등을 밝히지 못했고, 피고인들과 전화를 건 사람들 사이의 공모관계도 전혀 특정하지 못하고 있다"며 무죄를 주장했다. 하태훈 고려대 교수(법학)와 황필규 변호사 등 전국 법학 교수와 변호사 80명은 이날 "일간지 광고주에 대한 불매 독려 글을 인터넷에 올렸다는 이유로 소비자를 처벌하는 것은 헌법에 보장된 표현의 자유와 소비자주권을 침해하는 결과”라며 무죄 판결을 촉구하는 탄원서를 재판부에 냈다.[27]

재판을 받고 있는 이오른 언소주 회원은 이날 결심 공판에서 밝힌 법정 최후진술문에서 “2003년 5월 11일 미국 『뉴욕타임스』는 1면부터 4면까지 지면을 통해 자사 기자인 제이슨 블레어가 썼던 기사가 오보였음을 밝히며 국민들에게 사과했습니다. … 대한민국의 메이저 신문인 『조선일보』는 1997년 11월 10일, 대한민국의 경제는 위험하지 않다는 논조의 사설을 실었습니다. … 2008년 8월 27일치 조선 데스크 칼럼과 9월 4일치 조선 사설은, 산업은행의 리먼브러더스 인수가 대한민국을 금융강국으로 만드는 길이라는 논조의 글을 실었습니다. … 그럼에도 조선은 자신들이 실은 기사에 대한 그 어떤 사과의 글도 올리지 않았습니다”라고 지적하면서 다음과 같이 말했다.

“공정성과 객관성을 생명으로 여겨야 할 언론기관의 기업윤리가 땅에 떨어진 작금의 현실 앞에서 피해자 입장으로밖에 있을 수 없는 국민들이, 조선의 기업윤리가 『뉴욕타임스』 수준으로까지 향상돼야 한다는 의식을 함께 하기 시작한 것이 바로 이번 사건의 시초였다고 생각합니다. 클레이번 사건(전미유색인종지위향상협회가 1966년 백인 의원들이 인종평등 정책을 실현하라는 청원을 받아주지 않자 백인상점 불매운동에 나선 사건) 이후, 정치적인 목적으로 이루어진 2차 불매운동은 정당한 시민운동이라는 것이 세계적인 상식이었습니다. 또한, 마이클 잭슨 내한반대운동 사건(2001년 마이클 잭슨 내한공연에 반대하여 공연기획사에 협찬·광고했던 광고주 기업을 대상으로 광고불매운동을 벌였던 사건)에 대한 판결을 통해 우리나라에서도, 대중에게 정치적인 목적으로 2차 불매운동을 호소하는 것이 합법이라고 인정되었습니다. 이번 사건은 판결 이후, 오랜 시간이 지난 뒤 역사라는 이름의 배심원이 다시 한 번 판결을 내리게 될 것이라고 생각합니다.”[28]

허광준(위스콘신대학 신문방송학 박사과정)은 『시사IN』 2009년 2월 9일자 칼럼에서 “미국에서 언론 소비자의 광고주 압박운동은 흔히 벌어지는 소비자운동의 하나일 뿐이다. 이런 일을 이유로 사법 당국의 조사를 받고 처벌되는 어이없는 일은 일어나지 않는다"며 여러 사례들을 제시했다. 두 개의 사례만 살펴보자.

2003년 여름, CBS 방송은 레이건 대통령 가족을 소재로 2회짜리 다큐멘터리 드라마 〈레이건 가족〉을 방송하겠다고 발표했다. 레이건을 부정적으로 묘사한 대본 내용이 알려지자 정치 컨설턴트인 마이클 파란지노는 즉시 BoycottCBS.com을 개설하고, 이 프로그램에 대한 반대를 조직했다. 사이트가 다운될 정도로 몰린 사람들에게 파란지노는, 30일 동안 CBS에 광고를 내는 기업의 제품을 불매하자고 제안했다. 그는 "기업은 어떤 방송이든 광고를 내고 지원할 권리가 있으며, 마찬가지로 시청자는 불매압력으로 이런 기업을 응징할 권리가 있다"라고 말했다. 결국 CBS는 이 프로그램 방영 계획을 포기했다.

2007년 10월, 미국의 우익 라디오 방송인 러시 림보는 자기의 토크쇼에서 "미국의 자유주의자들은 조국을 증오한다"라고 비난했다. 정치평론가 앤디 오스트로이는 자신이 평론을 쓰는 인터넷 매체에 림보를 비판하는 글을 실었다. 그는 〈러시 림보 쇼〉에 광고를 내는 16곳의 목록과 자세한 연락처를 밝히면서, 전국의 자유주의자가 분연히 일어나 이들 회사에 편지를 보내고 전화를 걸어 항의할 것을 촉구했다. 오스트로이가 제시한 항의문구는 "귀사가 림보의 라디오 프로그램에 붙이는 광고를 철회하지 않는 한, 나는 귀사의 제품을 이용하지 않을 것입니다"였다.[29]

2009년 2월 19일 서울중앙지법 형사2단독 이림 부장판사는 업무방해 등의 혐의로 기소된 다음 카페 '언소주' 개설자 이모씨(41)에 대해 징역 10월에 집행유예 2년을 선고했다. 함께 기소된 네티즌 23명에 대해서도 가담 정도에 따라 징역 4월에 집유 2년, 징역 6월에 집유 2년, 벌금 100만~300만 원씩의 유죄를 선고하면서 이중 벌금 100만 원을 받은 10명에 대해서는 선고를 유예했다.

이 부장판사는 "소비자주권운동의 하나로 광고주 리스트를 게시하고 설득과 호소를 하는 것은 인정할 수 있지만 의도적으로 집단 괴롭힘을 벌인 것은 절차적 정당성을 결여한 것"이라고 밝혔다. 이어 "특정업체에 전화를 걸어 업무를 할 수 없도록 하고 여행업체에 대해 예약과 취소를 반복하는 등의 행위는 위력에 의한 업무방해 혐의가 인정된다"고 말했다. 이 부장판사는 "당시 미국산 쇠고기 수입과 관련해 여론이 격앙된 상황에서 분위기에 편승한 면이 있고 소비자운동의 한계에 대한 인식이 미숙했다는 점 등을 양형에 참작한다"고 밝혔다.[30]

이 사건 변호인단의 김정진 변호사는 "평화적인 소비자 의견 개진인데 일부 돌출 행동이 있었다는 것만으로 위력을 썼다고 본 것은 지나치다"며 "카페 회원이 5만 4000명인데 그들과 공모했다고 판단한 것도 과도한 게 아닌가 싶다"고 말했다. 김기창 고려대 법학 교수도 "광고불매운동을 해달라고 호소만 한 게 어떻게 위법한 행위냐"고 반문했다.[31]

『한겨레』 사설은 "업주가 위력이라고 느끼면 불법일 수 있다는 것이니, 소비자운동이 설 자리가 없어진다. 소비자운동을 보장한 헌법 규정(제124조)과 시민단체의 불매운동을 적법하다고 인정한 대법원 판결에 어긋난다"며 다음과 같이 주장했다.

"또, '위력' 과시가 불법이라는 판결 논리대로라면, 아무런 불법이나 폭력을 수반하지 않은 여러 사람의 모임이나 주장까지도 제재 대상이 될 수 있다. 법원이 인터넷 카페 운영과 활동까지 업무방해의 공모공동정범으로 처벌한 것도 억지스럽다. 업무방해의 공모관계가 구체적이지 않은데도 이런 식의 처벌을 강행한다면, 인터넷에서의 자유로운 의사소통은 크게 위축될 수밖에 없다. 곧, 헌법상 표현의 자유 등에 대한 실질적인 침해다."[32]

유죄 판결을 받은 지 4개월여 만인 2009년 6월 8일 언소주는 다시 조중동 광고 기업을 대상으로 불매운동에 돌입했다. 유죄 판결 이후 운동방식의 변화를 모색해오던 언소주가 새롭게 선택한 방법은 조중동에 광고하되 『한겨레』와 『경향신문』엔 광고를 내지 않는 기업의 제품을 구입하지 않는 적극적 불매운동이다. 언소주는 법원이 누리꾼들의 집단적 항의전화를 업무방해라고 판결하면서도 광고주 명단을 인터넷에 올리거나 불매운동에 나서는 것은 정당한 소비자운동이라고 밝힌 점에 주목했다. 김성균 언소주 대표는 "기업에 직접 전화를 걸어 광고중단을 요구하는 것보다 재판부도 인정한 불매운동을 통해 해당 기업의 제품을 사지 않는 것이 회원들의 부담을 줄이면서 참여도를 높일 수 있는 방법"이라며 "법원 판결 후 법률·경영 전문가들의 자문을 거쳐 회원들과 고민 끝에 결정한 운동전략"이라고 설명했다.[33] 그러나 이 방식도 2009년 6월 현재 뜨거운 논란의 대상이 되고 있다.

무료신문 논쟁

무료신문은 1995년 스웨덴의 스톡홀름에서 시작되었다. 그로부터 10여 년 후 전 세계 신문들이 무료신문으로 몸살을 앓았다. 『인터내셔널 헤럴드 트리뷴(IHT)』 2006년 8월 7일자는 유럽에서 무료신문들이 눈부신 성장세를 보이면서 기존 신문업체 들이 앞 다퉈 무료신문 시장 진출을 모색 중이라고 보도했다. 세계신문협회에 따르면 현재 전 세계에서 배포되는 무료신문 2800만 부 중 1900만 부가 유럽에서 읽히고 있으며 스페인의 경우 전체 신문 발행부수 중 절반이 넘는 53%를 무료신문이 차지하고 있다. 이밖에 포르투갈의 경우 전체 신문시장에서 무료신문 점유율이 33%, 덴마크는 31%, 프랑스는 19%를 차지하고 있을 정도로 유럽의 무료신문 시장은 최근 4~5년 초고속 성장을 기록했다.[34]

2007년 세계적으로 유료신문 발행부수는 전년 대비 2.6% 증가한 반면, 무료신문은 전년 대비 20.1% 증가했다. 발행부수 기준으로 주요 국가들의 유료와 무료신문의 점유율을 보면 유료 93%, 무료 7%이나, 유럽에서는 유료 77%, 무료 23%였다. 스페인에 이어 덴마크, 아이슬란드에서도 무료신문이 유료신문을 앞질렀다.[35]

한국은 어떤가? 2002년 5월 31일 국내 최초로 등장한 무료신문 『메트로』가 성공을 거둔 이후 무료신문 창간 붐이 일어 종합시사지인『더데일리포커스』(2003년 6월 창간)와『AM7』(2003년 11월 창간), 만화지인『데일리줌』, 스포츠지인『굿모닝서울』,『스포츠한국』등이 잇달아 창간돼 출근길에 하루 300만 부를 뿌려댔다. 무료신문의 열기가 넘쳐 지역에서도 2003년 9월 유료신문에서 무료신문으로 전환한『목포일보』와『메트로 부산』이 등장했다.[36]

2004년 3월『스포츠서울』이 창간한『굿모닝서울』은『스포츠서울』경영에 치명적인 피해를 입혀, 나중에 문제가 되었다.『미디어오늘』2009년 1월 7일자에 따르면, "구성원 대다수가 반대했지만 당시『스포츠서울』경영진은 창간을 강행했다.『스포츠서울』노조는 '다른 곳보다 비싼 인쇄비와 판매위탁비용을『서울신문』에 지불하는 불공정한 계약을 해왔다'며 '특히『서울신문』과의 이해관계에 따라 창간된『굿모닝서울』은 인쇄대행을 맡았던『서울신문』의 수익만 늘려줬을 뿐『스포츠서울』은 160억 원이 넘는 적자를 떠안았다'고 말했다.『굿모닝서울』은 창간 1년 뒤인 2005년 8월 1일 적자누적을 견디지 못하고 정간했다. 무료신문과 가판시장의 붕괴와 같은 외부요인도 악재로 작용해 2002년 949억 원에 이르렀던『스포츠서울』매출이 2007년에는 356억 원으로 추락했다. 경영진의 경영실패로 구성원들의 고통도 커졌다. 2002년 320명이었던 직원은 구조조정과 아웃소싱으로 2007년 5월에는 125명 수준으로 줄어들었다."[37]

2006년 9월 13일 한나라당 의원 정병국은 정부가 지난 3년 동안 무료신문들에 50억 원 이상 광고를 한 사실을 공개하며 "주 수입원이 광고인 무료신문들에 정부가 상당한 액수의 광고를 함으로써 친여 매체화하려는 의도가 있는 것으로 보인다"고 주장했다.[38]

『동아일보』2006년 9월 14일자 사설은 "유료신문은 공정거래법으로 꽁꽁 묶어 독자 확대를 위한 경품도 못 주게 하고, 무가지 비율도 엄격히 규제하고 있다. 이에 반해 무료신문은 무제한 발행을 허용하고 정부광고라는 젖줄까지 대주고 있는 것이다"며 다음과 같이 주장했다.

"포털사이트와 오마이뉴스 같은 인터넷 매체에 할애한 정부광고는 올해 규모가 크게 늘어날 전망이다. 노 대통령은 6월 포털 대표들을 청와대로 초청해 '포털사이트는 중요한 언론기능을 하고 있다'고 격려했다. 포털뉴스를 친여화(親與化)하려는 의도는 뉴스편집을 비롯해 사실상 언론기능을 하는 포털에 대해서는 유독 '채찍 대신 당근'을 주려는 데서도 나타난다."

이어 이 사설은 "구글, 야후 같은 미국의 포털은 검색 중심이고 뉴스는 해당 언론사 사이트로 연결시켜주는 기능만 한다. 한국의 포털은 세계 최대의 '인터넷 무가지'라고 할 수 있을 정도다. 한국의 포털은 60여 종의 별도 사업까지 꾸리며 외국에선 유례를 찾기 어려운 '권력'이 돼 가고 있다"며 다음과 같이 말했다.

"그럼에도 정보통신부와 공정거래위원회는 어떤 규제도 하지 않는다. 기존 신문 경품에는 무거운 과징금을 부과하면서도 포털의 무더기 경품 제공은 간섭하지 않는다. 노 대통령은 권언(權言)유착을 끊고 권력과 언론 간의 건강한 긴장관계를 조성한다는 명분으로 비판언론을 옥죄어왔다. 그러면서 친여 방송, 포털, 마이너신문, 무료신문 등에 대해서는 노무현판(版) 권언유착을 심화하고 있는 양상이다. 이런 이중성을 읽지 못할 국민이 얼마나 있을까. 잔꾀로 통치를 하려고 하니 지지율이 오를 리 있겠는가."[39]

2007년 9월 현재 무료신문은 종합지 6개, 스포츠지 1개, 경제지 1개 등이며, 전체 신문 광고시장에서 차지하는 비중은 5.2%(2006년), 수도권에만 뿌려지는 무료신문 부수는 약 300만 부다.[40] 2008년 5월 현재 무료신문은 주간지를 포함 수도권에만 9종류가 발행되고 있으며 총 발행부수만 300만 부, 전국적으로는 400만 부가 넘을 것으로 추산되고 있다.[41] 2007년 『포커스』는 396억 원, 『메트로』는 362억 원의 매출액을 기록했다.[42]

2008년 10월 23일 시민과 함께하는 변호사들, 한국인터넷미디어협회 등 보수단체로 구성된 '미디어발전국민연합'은 석간 무료신문 『이브닝』을 도로교통법 위반으로 경찰에 고발했다고 밝혔다. 미디어발전국민연합은 "도로교통법상 도로에 신문배포대를 설치하기 위해서는 해당 시·군·구청의 허가를 받아야 하지만 『이브닝』은 구청의 허가 없이 무단으로 신문배포대를 설치한 것으로 드러났다"고 주장했다. 이 단체는 이미 같은 내용으로 석간 무료신문 『더 시티』를 고발했으며, 다른 무료신문도 조사해 위법한 내용이 있으면 추가로 고발할 계획이다. 미디어발전국민연합은 "무료신문에 대한 법적 대응은 노무현정권의 '언론 죽이기 정책'으로 무너진 유료신문·잡지시장을 활성화시키는 데 목적이 있다"고 말했다.[43]

2008년 11월 현재 서울에서만 줄잡아 매일 160만~190만 부의 무료신문이 지하철에 뿌려졌다. 서울메트로 노선(1~4호선)에서만 하루 60만 부가 단 몇 분만 살고는 1kg에 200원짜리 휴지가 되었다. 노인들의 치열한 신문수거 경쟁 때문이다.

『한국일보』 논설위원 이대현의 관찰에 따르면 "여전하다. 5분이 멀다 하고 나타난다. 보고 나서 선반에 올려놓기 무섭게 집어간다. 심지어는 들고 있는 것까지 달라고 하기도 한다. 키가 작은 노인들은 신발을 신은 채 의자를 밟고 올라가 신문을 집는다. 서 있는 사람을 밀치거나 앉아 있는 사람의 무릎을 치고, 가슴으로 얼굴을 미는 것도 예사다. 미안하다는 표정도 말도 없다. 서로 가지려고 다투는 일도 종종 눈에 띈다. 지하철을 타면 보통 서너 명은 만난다. 대놓고 불평할 수도 없다. 그렇게 해서라도 모은 종이(무료신문)를 몇 천원에 팔아 생계를 이어가는 노인들이 대부분이기 때문이다. 그들에게 지하철은 '생존경쟁'의 일터다."[44]

승객들의 민원이 쏟아지자 서울메트로는 2008년 4월 '무료신문 수거인 인증제'를 도입해 허가 받은 노인 180명에게만, 그것도 한가한 시간에 무료신문을 가져가도록 했다. 그러나 오히려 복잡한 출퇴근 시간에 이리저리 부딪치며 신문을 가져가는 노인들만 더 극성을 부리게 만드는 결과만 낳아 6개월 만에 폐지하고 말았다. 이어 서울메트로는 9월 30일 "보고 난 신문을 선반 위에 올려놓지 말고 대합실 수거함에 버려달라"는 캠페인을 시작했다. 심지어 서울

지하철 5, 7호선이 선반을 없앴다가 시민들의 항의로 다시 설치하는 어이없는 일까지 벌어졌다.[45]

이대현은 "대한민국에서만 볼 수 있는 별난 풍경이다. 정보홍수시대는 지하철 풍속도 많이 변화시켰다. 이제 사람들은 책을 읽지 않는다. 손쉽게, 공짜로 제공되는 정보와 지식과 오락이 지하철 안에도 넘치기 때문이다. 유비쿼터스 휴대폰이 있고, MP3가 있다. 무료신문들도 널려 있다. 사람들은 습관적으로 휴대폰 화면을 보고, 무료신문을 펼쳐 정보를 먹는다. 그리고는 '정보의 포만감'을 느낀다"며 다음과 같이 말했다.

"그 정보라는 것들이 어떤가. 대부분 말초적이고 자극적이다. 극소수 매체를 제외하면 무료신문들 역시 통신사가 제공하는 뉴스를 여과 없이 천편일률적으로 옮겨놓았다. 다양한 것 같은데 사실은 단지 그릇만 따로일 뿐인, 또 다른 정보의 획일화이다. 정보가 아니라 정보라는 이미지만을 먹는다. 공짜라는 의식은 사람들에게 정보의 품질에 대해 너그러운 태도를 가지게 했다. 정보의 깊이나 가치에 대한 기준까지 앗아갔다. 지하철에서의 정보는 일회용이다. 무료신문을 집이나 사무실까지 가지고 가는 사람은 없다. 그곳에도 정보는 넘쳐흐르기 때문이다. 그러니 다른 사람이 본 신문을 내가 다시 볼 필요도, 그럴 기회도 없다. 사람들은 지하철을 내리며 미련 없이 신문을 선반에 던지고, 그것을 수거노인이 잽싸게 집어가는 순간 그것은 휴지가 된다. 정보 역시 쓰레기가 된다. 수거노인과 지하철의 선반철거 해프닝은 우리사회에 대한 일종의 조롱이다. 정보와 자원의 무분별한 생산과 소비와 낭비에 대한 비웃음. 과거에도 사람들은 신문을 선반에 올려놓았다. 그러나 지금처럼 누구도 그것을 쓰레기로 생각하지 않았다. 길게는 이틀, 적어도 그날 하루 동안은 누군가 다시 봐도 좋을 정보로 살아있었다. 그 시간이 지금은 불과 몇 초, 몇 분으로 줄었다."[46]

무료신문 쪽은 포털이나 영상매체의 영향으로 신문을 읽지 않는 젊은이들에게 짧은 기사와 볼거리를 통해 신문으로 옮겨가는 순기능을 한다고 강조하지만, 이화여대 언론홍보영상학부 교수 이재경은 "무료신문들은 기사의 가치

판단이나 언론윤리 측면 등에서 우리나라 저널리즘을 추락시키고 되레 잘못된 읽기 습관을 줄 수 있다"고 우려했다. 대구가톨릭대 교수 최경진도 "유럽의 무료신문은 품질제고와 공공의 이익을 추구하는데 우리나라의 경우는 광고에만 집착하여 문제"라고 지적했다.[47]

유료신문이 무료신문을 비난할 자격이 있느냐는 반론도 만만치 않다. 프랑스의 『르몽드』는 사설에서 무료신문을 '사회적 경제적 덤핑', 『리베라시옹』 사장 세르주 줄리는 '해적'이라고 비난했지만, 이 두 신문을 포함한 프랑스 고급지들이 비행기, 호텔 주차장, 식당 등에서 매일 수만 부의 신문을 무료로 뿌리고 있다는 게 그 근거로 지적된다. 뿐만 아니라 한국 유료신문의 경우 광고유치 수준을 넘어 기업에 과도한 협찬을 요구하고 있어 무료신문보다 더 '독립적'이라고 주장하기가 어렵다는 것이다.[48]

이런 점에서 보자면 무료신문은 유료신문의 자화상이라고 보아야 하지 않을까? 무료신문 붐은 산업적 차원의 결속은 약한 반면 산업 내 경쟁은 치열한 데서 비롯된 현상이다. 물론 전 세계적으로 일고 있는 붐이기에 특별히 한국만 문제 삼을 수는 없겠지만, 기존 신문산업이 다른 건 카르텔 체제를 잘 유지하면서도 유독 이 문제만큼은 슬기롭게 대처하지 못해 스스로 자신들의 산업적 기반을 약화시켰다는 점에서 속된 말로 '제 무덤 파기'라고 볼 수도 있겠다.

취재 및 보도 윤리

왜 '발표 저널리즘'이 문제인가?

'발표 저널리즘'이란 1970년대 말 일본에서 처음 사용되기 시작한 것으로 언론이 기자단을 중심으로 정부 발표에 따라 기사를 만드는 관행을 말한다. 이는 신문 획일화의 주범인 동시에 언론이 정부에 놀아나는 결과를 초래하고 있다. 또한 그로 인해 일본의 전체적인 '의제설정' 과정이 취재원과 언론사 사이의 관계로 변질돼버렸다는 지적도 나오고 있다.[1]

한국의 '발표 저널리즘'은 어떤가? 우리나라 신문의 1면과 사회면 머리기사 가운데 80%가 이른바 '관급기사'로 나타나 '발표 저널리즘'에 편중된 정도가 극심하다는 비판의 목소리가 높다. 공보처는 '정부기관의 효율적인 정책수립과 국정홍보에 활용키 위해' 『경향신문』『국민일보』『동아일보』『서울신문』『세계일보』『조선일보』『중앙일보』『한겨레』『한국일보』등 9개 신문이 1995년 1년간 게재한 43개 정부기관 관련기사 건수를 조사해 통계를 냈다. 집계결과 1면과 사회면의 톱기사 6026건 중 정부 관련 기사가 80%(4803건)에 달했으며, 중톱 기사는 5951건 중 67%(3971건)나 차지했다. 톱기사는 청와대(대통령) 기사가 25%(1204건)로 가장 많았고 다음이 국무총리(12%), 재경원(6%), 교육부(5%), 경찰청(4%) 순이었다.[2]

'발표 저널리즘'의 문제를 극복하기 위해 언론사 스스로 이슈를 포착하거나 개발해내는 '이슈 저널리즘'이 주창되었다. 이를 실천하기 위한 방안에 대해 『기자협회보』 1996년 8월 16일자는 "스트레이트와 해설로 나누는 패턴화가 아니라 뉴스와 비뉴스를 분리, 사건·속보를 신속하게 보도한 공간과 전문가 시각에서 심도 있게 분석하는 공간으로 이원화시켜야 한다는 것이다. 편제도 정치·경제·사회·국제 등 뉴스 파트와 이들 부문 및 문화·생활 흐름 중심의 기획 파트로 나눠야 한다는 제안이다. 면의 장벽, 부의 장벽이 파괴되어야 한다는 것이다. 과도기적인 1단계로 '정치지상주의'를 깨기 위해 정치도 고정면을 만들어야 한다는 주장도 제기된다"며 다음과 같이 말했다.

"『중앙일보』는 최근 많은 변화를 시도하고 있다. 가시적인 '성과'의 하나가 바로 정치 기사를 1면 머리기사로 올리는 빈도가 굉장히 낮아졌다는 것이다. 1면 편집을 책임지고 있는 박두원 편집부장은 '정치 기사가 1면 머리기사로 등장하는 비율은 한달에 한두 번 정도'라며 '기사화되지 않은 기획물을 각 부서별로 준비토록 해 총 100건 정도는 예비하고 있으며, 3개 부서 이상이 1면 머리기사 꺼리를 내놓고 세일을 한다'고 최근 달라진 편집회의 풍속도를 소개한다. 『중앙일보』는 또 월요일자 머리기사는 보도자료에 의존하지 않는다는 내용 등을 담은 '취재 및 기사 작성 원칙'을 확정, 기자들에게 배포했다."

『중앙일보』가 새로운 '취재 및 기사 작성원칙'을 얼마나 실천에 옮겼는가 하는 데엔 의문의 여지가 있지만, 오늘날에도 이 원칙을 모든 신문들이 주목할 가치는 있을 것이다. 다음과 같은 내용이다.

출입처 개념 타파: ① 현재의 출입처는 취재 분야의 배정으로 이해한다. ② 정부기관이나 기타 출입처의 단순한 업무계획 발표는 연합통신으로 대체하

고 본사 기자는 발표의 배후를 취재해서 한번 더 가공한 기사를 쓰는 것을 원칙으로 한다. 중대 발표는 다루되 기사의 배경, 외국과의 비교, 관련 상황 비교 등 관련 자료를 최대한 활용하여 부가가치가 증폭된 기사를 쓰도록 한다. ③모든 기자는 자신의 기획취재 '꺼리'를 확보하여 계속 취재한다. 필요할 경우 특별취재팀을 구성하거나 사회부 중심으로 별도의 기동취재를 하고, 출입처의 부담을 벗어나 당분간 따로 기획취재를 할 경우에는 국장단 소속으로 기획취재를 하도록 한다.

현장추적 · 기획기사: ①매주 월요일 각 부 및 팀별로 소속 부원의 취재계획을 받고 이를 리스트—업(list—up)해서 담당 국장에게 제출한다. ②담당 국장은 담당 섹션의 부별 · 팀별 취재계획 중 중요한 것을 발췌해서 매주 화요일 편집국장에게 제출하고 이 취재계획을 보완해서 전체적인 취재 지시를 내린다. ③매주 월요일자는 월요기획 · 현장추적 기사를 머리기사로 하는 것을 원칙으로 하고 월요기획 기사는 금요일까지 완성해서 편집국장이 점검 · 선택할 수 있도록 한다. ④기자에 대한 평가는 기획 및 현장추적 기사의 양과 질을 우선적인 기준으로 한다. ⑤매달 1일엔 그 달의 취재계획을 편집국장에게 제출하고 국장단은 연말에 다음 해의 연간 취재계획 일정을 수립한다.

기사 스타일의 혁신: ① 부기관이나 정당, 업체 등 발표 주체를 주어로 하는 지금까지의 기사 스타일을 전면적으로 바꾼다. ②발로 현장을 확인한 구체성 있는 기사만 다루는 것을 원칙으로 하고 이것이 기사의 머리에서부터 나타나도록 구체성 있는 리드를 쓰는 방안을 강구한다. 특히 각 데스크는 구체성 없는 기사는 모두 버린다는 생각으로 기사를 다루고 편집부 또한 현장감 없는 기사를 받거나 출고하지 않도록 한다. 각 부에 배부되는『인터내셔널 헤럴드 트리뷴』의 기사체를 참고하고 모든 기사가 그와 같은 스타일을 활용할 수 있도록 한다. ③기자 개인마다 자신의 문장 스타일을 가진다는 생각으로 기사를

쓰도록 한다.[3]

정치보도의 경우 기존 출입처 시스템은 기자의 당파성을 강화하는 문제점
도 안고 있다. 1998년『한겨레』 부국장 김효순은 '정치개혁과 언론' 이란 주제
의 토론회에서 발표한 발제문에서 "여당 출입기자는 여당편을 들고 야당 출
입기자는 야당 주장을 앵무새처럼 대변하는 현상이 끊이지 않고 있다. 특히
선거 때가 되면 이 같은 현상이 정치부 내에서 큰 갈등요인이 되는 사례도 적
지 않다"고 비판했다. 그는 "정당팀의 주력부대들이 여야 중앙당에 자리잡고
상호 대립이나 갈등을 전하는 것에 주력하는 것이 정치보도의 관행"이라며
"정치 부내의 정당팀 편제를 여야 중심이 아니라 의정활동 중심으로 바꿔야
한다"고 주장했다. 그는 출입처 중심의 취재시스템이 갖고 있는 고질병, 특히
'큰그림'을 보지 못하고 출입처의 일방적인 발표만을 수용하는 문제를 이 같
이 지적했던 것이다.[4]

2001년 이화여대 교수 이재경의 한·미 신문의 취재원 이용 관행 비교분석
에 의하면 미국 신문들은 1개 기사당 평균 10.06개의 취재원을 이용하는 데 반
해 한국 신문기사들은 1.75개에 그치고 있으며, 기사작성시 사용하는 단어수
도 4분의 1 정도에 그치고 있는 것으로 나타났다. 물론 이는 단순 비교할 수 없
는 한·미 신문 간 차이를 감안하면서 평가해야겠지만 발표 저널리즘의 문제
가 심각하다는 통설을 뒷받침해주는 걸로 보는 데엔 무리가 없다. 발표 저널
리즘의 학자들의 지속적인 관심 대상이 되는 이유도 바로 여기에 있다.[5] 신문
의 다양성 진작과 당파성 억제는 바로 이 발표 저널리즘과 깊은 관련이 있는
데, 이에 대해 생각해보기로 하자.

신문을 보지 않는 사람들이 이구동성으로 하는 말은 "인터넷으로 충분하
다"는 것이다. 그럴 수도 있겠다. 물론 동의할 수 없는 점도 있지만, 중요한 건
사실 여부가 아니라 많은 사람들에게 그런 느낌을 주었다는 점일 것이다. 신
문들은 인터넷 분야에 뛰어드는 것으로 신문의 위기를 타개해보려고 하지만,

그렇게 하더라도 지금의 신문이 이대로 좋은가 하는 반성이 선행되어야 소기의 성과를 거둘 수 있을 것이다.

우선 지적할 수 있는 것은 기사 의제와 내용이 너무도 획일적이라는 사실이다. 신문들이 '상대적 전문화' 전략을 택하면 안 될까? '상대적 전문화'란 종합일간지로서의 정체성은 유지하되 신문들이 분야별로 특화하는 걸 의미한다. 정치는 모든 신문들의 주식(主食)이고 경제는 경제지가 따로 있어 특화가 큰 의미가 없겠지만, 다른 분야는 얼마든지 특화가 가능하다. 예컨대, 대외 의존도가 70%가 넘는 나라에 국제뉴스를 전문으로 하는 신문이 하나도 없다는 건 놀랍게 생각해야 할 일이다.

신문들이 특화를 몰라서 안 하는 건 아닐 게다. 광고·유통시장의 왜곡으로 인해 특화의 동기부여가 이루어지기 어렵다는 걸 모르지 않는다. 중요한 건 어차피 들어가는 신문제작비용을 지금처럼 '똑같아지기 경쟁'을 위해 쏟아붓는 건 신문업계 전체의 공멸로 갈 수 있다고 하는 점이다.

신문이 가장 두렵게 생각해야 할 것은 '뻔하다'는 말이다. "인터넷에서 대충 봤는데 신문에서 더 얻을 게 없더라"라는 말이다. 믿기 어려운 주장이지만, 활자매체 지향적일 수밖에 없는 대학교수들 중에서도 신문을 끊었다고 당당하게 말하는 사람들이 늘고 있다는 점에 주목할 일이다.

신문제작의 원가계산 좀 해보자. 가장 큰 비중을 차지하는 인건비의 대부분이 인터넷이나 다른 신문과 다를 바 없는 '뻔한' 내용을 전하는 데에 들어간다. 다른 언론매체들이 다 나가는 출입처에 우리만 기자를 안 보낼 순 없다는 이유에서다. 즉, 다른 언론매체들과의 차이를 드러내기 위한 것이 아니라 같아지기 위해서 쓰는 돈이 가장 큰 비중을 차지한다는 것이다.

신문들은 비용이 싸게 들어가는 맛에 갈등을 빚는 양쪽의 이야기만 전달하는 데에 급급할 뿐, 독자적인 심층 취재로 양쪽의 주장을 평가하려는 자세는 보이지 않는다. 그건 마치 저널리즘의 기능이 아니라는 듯이 말이다. 갈등을 빚는 양쪽에서 다 욕먹을 수 있다는 생각 때문이거나 게으른 습관 때문에 그럴 수도 있겠다. 그러나 '뻔하다' 는 평판 이상 더 치명적인 게 있을까?

일부 신문들이 차별성을 보이는 건 주로 당파성인데, 이 또한 '거리두기' 에 실패해 배타적인 편가르기 양상을 보임으로써 '뻔하다' 는 느낌을 주는 데에 일조할 뿐이다. 중간파 신문들이 아니라 당파성이 강한 신문들일수록 발행부수가 많다는 건 한국 사회가 당파싸움으로 골병들 수밖에 없는 이유가 되고 있다.

취재원의 발표를 그대로 옮겨 전하는 '발표 저널리즘' 의 상당 부분은 통신사 또는 언론사 간 협력체제로 대체하고, 기자들은 각자 전문분야를 찾아 열심히 발로 뛰거나 아니면 열심히 머리 노동을 통해 만든 기사와 칼럼으로 '뻔하지 않다' 는 걸 보여줘야 한다.

그걸 누가 알아주겠느냐고 성급하게 굴면 안 된다. 매체 이용은 습관의 문제다. 뻔하게 굴었던 과거에 대한 비용은 치러야 한다. 특히 보수 신문들은 당파성으로 세상을 바꾸려 들지 말고 상호 공존 가능하고 지속 가능한 대안 제시로 세상을 바꿀 일이다.

왜 '익명 저널리즘' 이 문제인가?

미국 전문직언론인협회 윤리강령은 "가능한 한 언제나 취재원을 밝혀야 한다. 익명보도를 약속하기 전에는 반드시 정보제공 동기를 물어야 하며 익명 약속은 지켜야 한다"고 규정하고 있다. 미국 『뉴욕타임스』의 '익명 취재원' 에 관한 규정(2004년)의 전문은 "『뉴욕타임스』의 독자는 우리가 어디에서 정보를 얻었는가, 그리고 왜 그 정보를 신뢰할 가치가 있는가에 대해 가능한 많이 알기를 원한다"는 말로 시작하고 있다. 이처럼 미국은 출처 명시를 강조하고 있으나, 영국 · 독일 · 프랑스 등은 윤리강령에서 이를 다루지 않고 있다.[6]

미국이라고 해서 늘 출처 명시를 엄격하게 지키는 건 아니다. 익명의 취재원을 이용해 권력의 핵심부의 비리를 파헤친 이른바 '워터게이트 무용담' 은 미국 언론계에 한동안 익명의 취재원을 유행시킨 결과를 초래했다. 그래도 이 때엔 '두 명의 소식통 규칙(two-source rule)' 은 지켜졌다. 한 익명의 소식통에게서 정보가 입수됐더라도 제2의 익명의 독립적인 소식통이 이를 확인하지 않으면 기사화하지 않는다는 원칙이다.

그러나 기자가 아예 기사를 조작을 하겠다고 들면 어떻게 할 것인가? 속수무책으로 당할 수밖에 없다는 것이 1981년 그 유명한 『워싱턴포스트』지의 자넷 쿠크 사건으로 입증되었다. 8살 난 아편중독자에 관한 기사를 쓴 쿠크 기자는 그 기사로 퓰리처상까지 받았지만, 이 기사는 완전히 조작된 것으로 밝혀진 것이다. 이 사건은 무기명 뉴스 출처를 포함해 그간 관례화된 언론의 취재방법에 대한 의문을 제기하였는데, 이에 대해 언론학자 유진 굿윈은 다음과 같이 말한다.

"『워싱턴포스트』의 벤 브래들리 편집 이사는 인용되는 어떤 취재원에 대해서도 적어도 편집자는 그 신원을 알고 있어야 한다고 선언했다.(1981. 6. 5. 면담) '그러나 그렇다고 해서 또 다른 자넷 쿠크가 나오지 않는다고 생각한다면 오산' 이라고 그는 경고했다. '내가 필요하다고 느낄 때면 나는 취재원이 누구냐고 물을 것이다. 믿음이 없고서는 조직을 운영하기 어렵지만, 나는 필요할 때면 물을 것이다. 나는 모든 기사에 대해 취재원이 누구냐고 묻지는 않겠지만, 그 따위 엉터리가 또 나온다면 반드시 출처를 확인할 것이다!' 브래들리는 또한 『워싱턴포스트』지는 '인용자의 출처를 최대한으로 밝히기 위한 노력을 새롭게 시작하겠다' 고 말했다."[7]

그러나 1998년 1월~3월 미국 언론의 클린턴-르윈스키 스캔들 보도에선 익명보도가 난무했다. 전 기사의 43%가 익명의 취재원을 지칭하는 '소식통' 과 '소식통들' 이라는 표현을 썼으며, 또 다른 16%의 보도에서는 취재원이 '수사내용을 잘 아는 소식통들' '수사팀에 가까운 소식통' 등으로 표현되었다. 두 경우 모두를 합치면 당시 보도의 59%는 '미지의 취재원' 의 정보에 의존한 것이다.[8]

2001년 이화여대 언론홍보영상학과 이재경 교수는 「한국과 미국 신문의 취재원 사용 관행 비교」라는 논문에서 『뉴욕타임스』의 정치담당 기자 프랭크 브루니와 『한겨레』의 청와대 출입기자 박찬수가 쓴 기사를 분석했다.

　박찬수는 2000년 7월 10일부터 7월 23일까지 15일 동안 10건의 1면 기사를 썼고, 브루니 기사의 1면 게재 기사는 10건으로서 2000년 1월 21일부터 7월 14일까지 6개월에 걸쳐 쓰여졌다. 한국의 정치부 기자는 기사를 매일 같이 쓴 반면, 『뉴욕타임스』 기자는 한 달에 2개 정도의 기사를 쓴 것이다. 박찬수는 하나의 기사를 쓰는 데 2.3명의 취재원을 인용한 반면, 브루니는 기사당 6.1명의 취재원을 동원했다. 박찬수 기사의 평균 단어수는 242개, 브루니가 사용한 단어는 997개였다. 브루니가 네 배 정도 긴 기사를 쓴 것이다. 이재경은 "조사결과는 한국 기자들이 취급하는 사안을 복합적으로 인식하지 않고 있고, 이해당사자의 입장을 균형 있게 취재하려는 인식도 일상화하지 못했다는 걸 말해준다"며 "이런 사정은 한국의 신문과 방송 양쪽에 공통된 것"이라고 말했다.[9]

　이에 대해 박찬수는 "우리나라의 경우 1면 기사를 대개 스트레이트 기사로 채웁니다. 또 1면 스트레이트는 가능하면 짧고 간결하게 쓰라고 주문합니다. 미국 신문처럼 1면에서 다른 지면으로 기사를 흘려 쓰는 경우는 별로 없습니다. … 1면 기사를 취급하는 편집 관행에서 미국과 차이가 있는데, 1면 기사의 취재원 수와 실명, 익명 여부를 단순 비교하는 것은 좀 무리가 있다고 봅니다. 그리고 기사 스타일을 보면 우리는 압축적으로 쓸 것을 요구받습니다"라면서 다음과 같이 말했다.

　"기자 수와 시간적 제약이라는 측면도 큽니다. 미국의 경우는 취재를 할 때 주제를 선정하면 기사가 될 수도 있고 안 될 수도 있는 제로베이스에서 시작하기 때문에 많은 사람들을 만나서 취재하고 그 과정에서 방향과 내용을 채워 기사를 내보내는 반면, 우리는 일단 기자 수가 적고 시간이 촉박하기 때문에 기획취재를 할 때도 대개 기사의 방향을 정해놓고 시작합니다. 이게 기사가 될지 안 될지 모르겠다, 일단 한번 취재해보자 하고 취재에 들어가는 경우는 거의 없습니다. 기사가 안 될 수도 있는 주제는 기피하게 되는 거죠. 취재를 시작할 때 이미 취재 방향과 취재 경로가 정해진 것만 하게 되니까 그 틀에 맞는 전문가들만 찾아서 원하는 말만 듣게 되고, 그러니 취재원을 적게 만나는 경향이 나타납니다.”[10]

『월간조선』 기자 김연광은 “『뉴욕타임스』식으로 가야 한다, 한 사람이 긴 기사를 써야 한다, 이렇게 얘기는 하지만 우리 독자들이 긴 기사를 읽을 것인가, 핵심주제도 없이 ‘○○는 나쁜 놈이다’ 이런 식으로 가지 않고 ‘사립학교법은 이런 면도 있고 저런 면도 있다’ 식으로 가면서 20장씩 가는 것이 우리 한국 시장에서 선택받을 수 있겠는가 하는 의문이 있는 거죠. 한국의 독자들이 20장짜리를 읽기 원하는가? 저희도 회의적입니다. 호흡이 길어서 점프기사까지 가는 것이 좋은지, 3장~4장으로 핵심주제어를 바짝 세워서 가는 것이 나은지 고민이 있죠”라고 말했다.[11]

익명보도는 바로 이런 기사분량, 노동 강도, 취재원 다양성 문제와 직결된다. 게다가 익명을 선호하는 문화적인 문제가 도사리고 있다. 김연광은 “한국 언론이 후진적인 이유에는 여러 가지가 있겠지만 우선 우리 사회가 권위주의적인 의사결정 구조에 젖어 있다는 점이 무엇보다 큰 문제입니다”라면서 다음과 같이 말했다.

“한국의 경우는 특별히 취재원이 상급자의 눈치를 봐야 하는 경우가 많습니다. … 취재원 익명문제에 있어 좀 우스운 이야기지만 가끔 기자들이 자기 스스로가 당국자가 되는 경우가 있어요. 어떤 기자는 전화를 걸지도 않고 ‘당국자는…’ 하고 기사를 써서 ‘당국자’라는 별명이 붙은 기자도 있습니다.”[12]

박찬수도 “청와대의 경우, 공보수석(대변인) 외에는 어느 누구도 자기 이름이 나기를 원하는 사람이 없어요. 미국에선 백악관 보좌관들이 TV에 나와서 토론도 하는데, 청와대 수석비서관들은 대부분 ‘고위 관계자’로 해달라고, 그래야 얘기를 하겠다고 합니다. 비서관이나 행정관들도 아무도 자기 이름이 나가는 것을 원하는 사람이 없어요”라고 말했다.[13]

2003년 '취재원 익명보도 관련 민언련 기획모니터팀 보고서'에 따르면, 『조선일보』『중앙일보』『동아일보』와 『한겨레』 신문의 익명보도 중 46.5%가 습관적으로 익명을 인용한 것으로 나타났고, 26.6%는 추측보도, 17.6%는 언론사의 주장을 뒷받침하기 위해 익명을 인용한 경우로 조사되었다. 취재원 보호의 목적으로 익명 처리한 경우는 6.17%에 지나지 않았다.[14]

2006년 한국언론재단이 10대 일간지의 지면을 분석한 결과에 따르면, 신문에 나타난 취재원 가운데 익명의 취재원은 기사당 평균 0.48명으로, 전체 기사에 등장하는 취재원 가운데 24.3%에 이르는 것으로 나타났다. 그리고 기관·단체 취재원을 제외할 경우 익명 취재원 인용 횟수는 42%로 기사 한 건당 0.76명에 달했다. 기자들의 80.5%가 우리 언론의 익명보도가 많은 편이며, 64.4%가 익명 취재원의 사용을 지금보다 줄여야 한다고 생각하는 것으로 조사됐다.[15]

그러나 그게 영 쉽지 않은 일이다. 앞서 박찬수와 김연광이 토로한 문제들 때문이다. 한국언론재단은 익명보도에 대한 기자들의 생각을 정리해 소개했는데, 그 일부를 보면 다음과 같다. 무엇보다도 실명에 대한 문화적 저항이 큰 장애라는 걸 보여준다.

"최근 개인의 명예훼손에 대한 법적 입장이 엄격해 사건 기사의 경우 실명 게재에 위험부담이 많다. 보도를 하고 싶은데 나중에 빚어질 명예훼손 문제가 불거질 것이 우려돼 곤란을 많이 느낀다."

"고발은 물론 미담기사도 익명을 요구하는 게 대부분이다. 누구를 도왔다고 하면 각종 관변단체나 장애인단체들이 서로 도와달라고 난리치기 때문이다. 언론이 호의적 기사를 써도 결과적으로 그 사람의 발목이 잡히는 것을 수도 없이 봤다."

"공무원들의 경우 취재원이 요구하지 않아도 관행적으로 '관계자'를 사용하는 경우가 많다. 조직 자체 내 위아래 사람은 물론 국회 다른 부처 사람들 등 여기저기 눈치보는 데가 많은 데다 무사안일이 몸에 배어 있어 그런 듯하다. 혹여라도 관행에서 벗어나 실명을 박아버리면 바로 항의전화가 온다. 별다른 중요도가 없어 보이는 멘트에 대해서도 말이다."

"모사의 외교안보 기자가 '한 전문가에 따르면'이라고 기사를 썼는데 나중에 시간이 흐른 뒤 그게 누구였냐고 묻자 '그거…, 나지 뭐'라고 얘기해 황당했던 일도 있다."

"외국 언론의 경우 실명보도를 원칙으로 하고 그 대상으로 대리급 등도 인용하고 있으나 우리나라 신문의 경우 기사의 신뢰성 향상 차원에서 낮은 직급의 실명을 인용하지 않으려는 경향이 있다. 이 경우 낮은 직급 대신 익명으로 처리해 신뢰성을 높이려는 사례도 빈번하다."[16]

"때론 데스크에 의해 익명보도가 '창조'될 때도 있다. 특히, 이른바 '조지는' 내용일 경우 코멘트가 가필되는 경우가 많다. 예컨대 '당 안팎에서는 ~는 비판이 나온다'는 식이다. 이 경우 기자 개인의 비판적 시각이 당 안팎의 여론으로 순식간에 둔갑하게 되는 것이다. … 익명보도에 관해 기자는 거의 무한대의 재량을 갖는다. 이런 자유재량 속에서 기자에겐 권력처럼 달콤할 수도 있는 게 익명보도다."[17]

'경마 저널리즘'은 언론의 숙명인가?

경마 저널리즘(horcerace journalism)은 기자가 선거를 마치 경마를 취재하는 스포츠기자처럼 오로지 누가 앞서고 누가 뒤지느냐에만 집착하여 보도하는 관행을 뜻한다. 경마 저널리즘의 실상을 가장 잘 묘사하고 있는 '고전'으로 미국의 '언더그라운드 페이퍼'인 『롤링 스톤즈』의 기자 티모시 크라우즈가 1972년의 대통령선거 취재진에 직접 가담해 쓴 『버스를 타고 다니는 녀석들(The Boys on the Bus)』이 거론된다.[18]

'홀스 레이시스트(horce racist)'라는 별명이 어울리게끔 미국 언론은 선거보도 시 움직이지 않는 이슈 또는 배경이야기보다 빨리 움직이는 뉴스를 선호한다. 이슈가 아무리 재미있어도 경마의 재미를 따를 수는 없다. 『월스트리트 저널』지의 워싱턴 지국장 알란 헌트는 언론은 '순간의 열정(passion of the moment)', 전통적인 지식, 그리고 경마에 호의적인 편견 등을 갖고 있다고 주장했다. '경마에 호의적인 편견'이란 다음과 같은 '보도의 초점'으로 나타난다. 누가 출마할 것인가? 누가 지명될 것인가? 누가 앞서고 있는가? 유권자들은 어떻게 반응할 것인가? 누가 승리할 것인가?

1984년 대통령선거에 출마했던 조지 맥거번은 기자들의 질문이 한심하다고 개탄했다. 선거자금은 얼마나 모았느냐? 왜 여론조사에서 지지도가 그렇게 낮으냐? 왜 당신의 아내는 선거운동을 하지 않느냐? 런닝메이트로 여성을 내세울 생각이 있느냐? 1972년 선거에서 참패해 놓고 왜 또 출마했느냐? 기자들은 이따위 질문들만을 던진다는 것이다. 맥거번은 이슈와 관련된 중요한 질문은 기자들이 아니라 고교생과 대학생들로부터 받았다고 말했다.

맥거번이 기자들로부터 받은 질문들이 시사하듯이, 경마 저널리즘의 한 가지 중요한 특성은 '의인화(personification)'와 그에 따른 '개인화(personalization)'이다. 비인간적인 문제들을 인간적인 문제로 바꾸고 집단적인 문제들을 개인적인 문제로 바꾼다는 뜻이다. 뉴스의 의인화와 개인화는 비단 선거보도에만 한정된 건 아니다. 그 역사는 미국에서 신문이 대중의 관심을 끄는 데에 눈을 뜨기 시작한 1830년대로 거슬러 올라간다.

사람들은 '인간흥미(human interest)' 기사를 선호하기 때문에 언론은 모든 정치·경제·사회·문화적 문제들을 늘 인물 중심으로 보도하게 된다. 기자들은 사회를 사회문화적 시스템을 포함한 제도보다는 인간 퍼스낼러티의 관점에서 분석하는 경향을 갖게 된 것이다. 경마 저널리즘은 언론상품을 팔아먹기 위한 '촉진수단'인 셈이다. 실제로 경마 저널리즘을 변호하는 기자들은 경마 저널리즘이 제공하는 '당의(sugar coating)'가 없이는 독자들이 이슈를 수용하지 않을 것이라고 말한다. 그러나 문제는 경마 저널리즘이 이슈를 둘러싼 '당의'의 정도를 넘어 아예 이슈를 축출해버리는 데에 있다.

기자들의 냉소주의에도 책임이 있다. 정치평론가 폴 위버는 "기자들은 선거를 개인적인 출세를 목표로 하는 정치인들의 게임으로 이해한다"고 말한다. 언론이 경마 저널리즘에 집착하는 또 하나의 이유는 '객관적 저널리즘'의 한계에서 비롯되고 있다. 객관적 저널리즘은 전통적으로 객관성이 비교적 잘 보장될 수 있는 '일어난 사건(happening)' 또는 이벤트들을 취재의 대상으로 삼아왔다. '경마'는 일어나는 사건임에 틀림없지만 선거 이슈는 일어나거나 발생하는 건 아니며 단지 존재하고 있을 뿐이다.

칼럼니스트 데이빗 브로더는 객관적 보도의 한계를 포함한 경마 저널리즘의 문제를 극복하기 위해 '제도적 보도(institutional reporting)'의 필요성을 강조했다. '이 사람 대 저 사람'의 대결구도가 아니라 제도의 발전과 변화에 보도의 초점을 맞추자는 것이다. 그러나 그렇게 말하는 브로더 자신도 그런 보도는 시도하지 못했다. 경쟁관계에 놓여있는 모든 언론이 그걸 다 도입해야 하는데 그건 상업언론에겐 기대하기 어렵기 때문이다.

경마 저널리즘은 팩저널리즘(pack journalism)과 밀접한 관계를 맺고 있다. 팩 저널리즘은 언론의 선거보도에서 기자들이 한 무리(pack)가 되어 취재하고 보도하는 행태를 가리키는 것으로 기사 획일화의 주범으로 지목되고 있다. '무리 저널리즘' '패거리 저널리즘' '떼거리 저널리즘' 등으로 불린다. 영어로는 herd journalism이나 fuselage journalism이라는 표현도 쓰인다.

미국 대통령선거에 출마했던 상원의원 유진 매카시는 언론을 전화선 위에 앉은 개똥지빠귀에 비유한 적이 있다. 하나가 날면 다른 새들도 날고 하나가 앉으면 모두 따라서 한 줄로 앉는다는 것이다. 후보자를 따라 비행기에서 버스에 이르기까지 취재기자들은 일단의 패거리를 형성하여 그야말로 개똥지빠귀들처럼 일사불란하게 행동하는 걸 실감나게 묘사한 것으로 볼 수 있겠다.

기자들은 패거리에 속함으로써 낙종의 공포로부터 해방되는 안전의 욕구를 충족시키고 또 육체적·신체적 수고도 덜게 되는 장점이 있다. 그래서 언론사에 소속되어 있지 않은 독립언론인들조차 그런 패거리의 문화와 압력에서 완전히 자유로울 수 없게 된다. 기자들에게 취재할 것을 지시하는 데스크의 압력도 무시할 수 없다. 취재현장에서 멀리 떨어져 있는 데스크는 다른 언론매체와의 비교를 통해 기자의 업무수행능력을 평가하는 경향이 있다. 그래서 데스크는 AP나 UPI 통신 또는 다른 신문들에 보도된 기사가 자사 기자로부터 송고되지 않을 경우엔 기자가 묵고 있는 호텔로 전화를 걸어 "넌 왜 그 기사 안보냈어?"라고 윽박지르곤 한다.

패거리에 속하면 그런 심리적 부담에서 해방될 수 있다. 사실 언론은 의외로 소심하다. 설사 기자가 독자적인 취재를 해 데스크에 송고한다 하더라도 데스크는 다른 신문 또는 텔레비전이 그 기사를 확인해주기 전까지는 보도를 하지 않으려는 경향이 있다. 행여 오보를 저지르는 실수를 할까봐 염려하기 때문이다. 처음엔 취재 편의를 위해 형성된 패거리가 시간이 지남에 따라 기자들에게 '그룹사고(group thinking)'를 낳게 하고, 모든 언론매체의 선거보도를 비슷하게 만드는 결과를 초래하는 것이다.

팩저널리즘은 유명 정치인을 중심으로 기자들이 벌떼처럼 몰려드는 결과를 초래해 선거보도의 획일화를 낳을 뿐만 아니라 '스타 중심의 보도'를 하게 만드는 주범으로 지목되고 있다. 획일적인 기사라 하더라도 사람마다 기사를 다르게 읽을 수는 있지만, 팩저널리즘이 다르게 읽을 수 있는 범위마저 결정할 수 있다는 건 분명하다. 무엇보다도 선거보도 의제 자체가 극히 제한적인데다 유명 정치인 중심으로 이뤄지기 때문에, '스포츠 저널리즘'이나 '연예 저널리즘'의 보도 프레임이 선거보도를 지배하게 된다.

학자들은 팩저널리즘에 문제가 많다고 열심히 비판하지만, 언론 수용자가 '의미'보다는 '흥미'에 치중하며, 그걸 극단으로 끌고 가려는 언론의 상업주의적 속성이 바뀔 수는 없기 때문에 변화를 기대하기 어려운 게 현실이다. 그럼에도 부분적인 변화의 가능성이 전혀 없는 건 아니다. 모든 언론의 선거보도 내용이 비슷하기 때문에, 과감한 혁신을 시도하는 언론사의 차별화 전략이 먹혀들 수도 있다. 문제는 위험부담을 감수할 수 있는 혁신 의지다.[19]

2008년 미국 대선보도에서도 경마 저널리즘은 여전히 기승을 부렸다. 언론

전문지인『아메리칸 저널리즘 리뷰』의 선임 부사장 렘 리더는 이 잡지의 2·3월호에 게재된「그들이 게임을 하게 내버려 두라」는 칼럼에서 "이것은 단순히 경마 저널리즘의 문제가 아니다"면서 "언론이 출발 총소리가 나기도 전에 승자를 고르고 있다"고 비판했다.[20]

2008년 10월 류정민은 한국의 주요 언론은 연일 미국 대선보도를 쏟아내고 있지만, "특정후보 띄우기, 경마식 보도 등 한국 대선에서 나타난 언론의 고질병이 재연되고 있다"고 했다. 김홍국『뉴시스』정치부장은 "미국 특파원들이 워싱턴 정가 현장취재보다는 외신 받아쓰기에 열중하다보니 경마식 보도에 끌려 다니는 양상"이라며 "보수 언론이 '페일린 효과'를 이용해 자신들이 바라는 미국 대선결과를 지면에 투영시킨 측면도 있다"고 말했다.[21]

경마 저널리즘은 미국에 비해 선거유세 기간이 짧고 선거유세 구역이 좁고 또 예비선거제도가 없는 한국의 실정에 꼭 들어맞는 건 아니지만, 한국 언론의 선거보도에서도 경마 저널리즘적인 요소를 꽤 발견할 수 있다. 특히 여론조사가 경마 저널리즘의 도구로 이용되고 있다.

양승찬은 제17대 총선 보도와 관련, "표집오차 등을 고려할 때 단순히 비교하기 힘든 타 기관의 조사결과를 종합하여 '약진' '역전' '급락' 등의 용어를 사용하며 차이를 강조하는 기사는 '경마식 보도'의 문제이다. 게다가 친절히 그래프까지 제공하여 제시할 때 이 문제는 더욱 심각해진다"고 지적했다.[22] 인터넷 언론도 경마 저널리즘을 답습하고 있어 문제를 더 키우고 있다.[23]

김영호는 2007년 2월 대선출마 예상자 보도와 관련, 여론조사를 '현대판 점쟁이'로 규정하면서 "대통령선거는 아직도 출발점에 머물러 있다. 하지만 여론조사에서 인물검증도 정책검증도 찾아보기 어려웠다. 한마디로 새해 벽두부터 '누가 이기고 누가 지고 있습니다'이다. 전형적인 경마식 중계보도이다"고 비판했다.[24]

'경마 저널리즘'은 '상업 언론'의 속성이지만, 여기에 선거에서 인간 드라마를 보고 싶어하는 유권자들의 속성이 가세하면 사실상 언론의 숙명이라고 볼 수 있는 면이 없지 않다. 전 세계인들을 감동시킨 미국의 '오바마' 현상과 '경마 저널리즘'이 추구하는 인간 드라마 사이의 거리는 그리 멀지 않다. 어쩌겠는가. 우리 인간이 드라마에 약한 것을.

'수표 저널리즘'을 어떻게 볼 것인가?

수표 저널리즘(checkbook journalism)은 언론사 측에서 취재원에게 특별한 인터뷰나 정보에 대해 대가를 지불하는 걸 말한다. 몇 가지 사례를 보자.

미국 잡지 『에스콰이어』는 1970년 11월 베트남 미라이학살 사건을 저지른 미군 캘리 중위에게 군복차림으로 활짝 웃으면서 베트남 소년들과 함께 사진을 찍도록 요청했다. 이 잡지는 캘리 중위에게 협조 대가로 2만 달러(요즘 시가 10만 달러)를 지불하는 등 여러 차례에 걸쳐 취재원에게 금품을 제공했다. 미국 CBS는 1975년 닉슨의 고위 보좌관이었던 할데만에게 두 번의 인터뷰를 방영한다는 조건으로 10만 달러를 제공했다.[25] 클린턴 행정부 시절, ABC TV의 바바라 월터스는 클린턴과 성추문을 일으킨 모니카 르윈스키를 단독으로 인터뷰하면서 거액의 돈을 지불했다.[26]

이와 같은 '수표 저널리즘'은 영국에서 더욱 성행하고 있다. 영국엔 타블로이드 대중지들을 위한 전문적인 '스캔들 사냥꾼'들이 있어 기사를 파는 게 관행화되어 있다. 이들은 고객 관리사업도 하는데, 매달 고객으로부터 수천 달러를 고정적으로 받는다. 기자에게는 더 큰 기사거리를 약속하는 대신 자신이 관리하는 고객의 사생활 관련 기사를 빼내는 방식으로 '관리'를 해주는 것이다.

1992년 8월 20일 『데일리미러』지에 앤드류 왕자와 별거 중인 왕자비 사라 퍼거슨이 토플리스 차림으로 그의 재정고문인 미국인과 포옹하고 있는 장면이 '퍼기의 은밀한 키스'라는 제목으로 게재되었는데, 이는 '스캔들 사냥꾼'으로부터 8000만 원에 사들인 것이었다.

타블로이드판 주간지인 『뉴스 오브 더 월드』지는 1996년 9월 여덟 쌍둥이를 임신한 한 여인의 자궁 속 태아를 보여주는 초음파 사진을 '세계적 특종'이라는 선전과 함께 1면에 게재하였는데, 이는 35만 파운드(약 4억 5000만 원)라는 거액을 주고 이 여인의 임신·출산 이야기를 단독 구입해 이루어진 것이었다. 2000년 5월 토니 블레어 총리가 뒤늦게 아들을 낳았으나 사진을 공개하지 않자 독점촬영권 입찰가 총액이 16억 원에 육박하기도 하였다.[27]

이른바 '루이스 우드워드 사건'은 영국식 '수표 저널리즘'의 타락상이 어느 정도인가를 잘 보여주었다. 『경향신문』 1998년 6월 24일자는 "자신이 돌보던 미국인 아기를 살해한 혐의로 기소돼 종신형을 받았던 영국인 보모 루이스 우드워드(20)의 구명운동까지 벌였던 『더 선』 『미러』 등 영국의 타블로이드판 대중 신문들이 갑자기 그녀를 비난하고 나서 독자들을 어리둥절하게 하고 있다"며 다음과 같이 말했다.

"이들 신문이 하루아침에 '안면몰수'를 하게 된 것은 그녀가 귀국한 뒤 이들 신문에 수기를 연재하기 앞서 BBC 방송과 먼저 인터뷰를 했기 때문. 영국의 대중지들은 그녀의 수기를 독점 게재하기 위해 치열한 경쟁을 벌였으며 이에 따라 그녀의 몸값은 15만 파운드(약 3억 5000만 원)까지 치솟았다. 하지만 BBC에서 먼저 그녀를 낚아채자 이들 신문은 '복수의 칼날'을 휘두르기 시작한 것이다. 공교롭게도 그녀를 인터뷰한 사람은 다이애나비의 사생활 등을 인터뷰했던 마틴 배셔 기자였고 인터뷰 당시 그녀의 의상, 화장, 머리스타일 등이 다이애나비와 거의 비슷했다. 이 인터뷰가 방송되자 신문들은 22일 다이애나비와 우드워드의 사진을 나란히 게재하고 이는 '다이애나에 대한 모독'이라며 그녀에게 집중포화를 퍼부었다. 사실 그녀는 2급 살인에서 과실치사로 죄목이 변경돼 풀려난 후 미국에서 하루 1300달러짜리 호텔 스위트룸에 묵으면서 쇼핑을 즐기는 등 호화생활을 했다. 그녀가 근신보다는 호화생활 및 인터뷰 등으로 떳떳한 체하는 것도 문제가 있지만 그보다는 자신의 이익에 배치될 때는 여지없이 얼굴을 바꾸는 언론의 '하이에나적 속성'이 더 큰 문제라는 게 대체적인 시각이다."[28]

그런데 미국 『컬럼비아 저널리즘 리뷰』 2008년 1·2월호엔 수표 저널리즘이 경우에 따라 정당화될 수 있다는 글이 실렸다. 이런 경우다. 『월스트리트저널』지 기자였던 알렉스 코틀로비치는 어린이 문제에 관한 책을 쓰기 위해한 흑인 가족을 2년 가까이 만나면서 아이들에게 옷을 사주거나 그 가족에게식사비를 지불했다. 코틀로비치는 취재가 마무리되고 책이 출간된 뒤 아이들을 돕기 위해 인세의 일부를 기부해 신탁기금을 세웠다. 또한 작가 존 크라카우어는 한 가난한 여성의 회고담을 주된 내용으로 책을 썼다. 작가는 이 여성이 핵심적 내용이 되는 귀중한 정보를 제공해 책을 썼으며, 그것이 자신에게이익이 됐다고 판단해 이 여성에게 2만 달러를 지불했다.

요컨대, 취재기자가 정보를 제공한 취재원에게 금품을 지불하는 행위는 원칙상 금지돼 있지만, 이런 경우처럼 기자가 취재를 이유로 오랜기간 취재원의사생활을 침해하거나 정보를 이용해 상당한 금전적 이익을 얻었을 경우에는그런 원칙이 적용되지 않을 수도 있다는 것이다. 이 글의 필자 로버트 보인튼은 그럼에도 "취재원들에게 통상적으로 금품을 주어야 하는 것은 아니며, 대부분 그렇게 해서는 안 된다"고 강조했다.[29]

한국은 어떤가? 김옥조는 "이러한 관행 역시 한국에서는 아무런 검토나 반성 없이 성행하고 있다"며 다음과 같이 말한다.

"우리 신문윤리 실천요강은 '언론인은 반사회적 범죄자에게 금전을 제공하는 등 비윤리적 방법에 의해 취재하거나 기타 자료를 취득해서는 안 된다'(제15조 3항)고 규정, 돈을 주더라도 반사회적 범죄자에 전 경우만 비윤리적이라 하고 있다. 아무리 자본주의 사회이지만 돈으로 공익과 관련이 있는 정보를 배타적으로 가질 수 있는 현상은 바람직하지 않다."[30]

그런데 '수표 저널리즘'의 경계선은 명확치 않다. '수표 저널리즘'에 대한비판은 주로 '금품'을 문제 삼지만, 그게 아닌 다른 유형의 이익이 매개 역할을 하는 건 어떻게 볼 것인가? 취재원은 금품으로 환산될 수 있는 홍보 효과를바라고, 언론은 거래 조건으로 호의적 보도를 제공한다면, 이는 무엇으로 불러야 할 것인가?

왜 '가차 저널리즘'이 생겨났는가?

'Gotcha'는 'I got you'의 줄임말로 우리말의 "너 딱 걸렸어"에 해당되는데, '가차 저널리즘(Gotcha Journalism)'은 언론이 바로 그런 자세로 정치인의 실수나 해프닝을 꼬투리 삼아 집중적으로 반복, 보도하는 보도 행태를 말한다. 언론이 주로 수익 증대를 위해 갈등과 스캔들에 초점을 맞춰 보도하려는 경향에서 비롯되었다.[31]

　미국 정치평론가 제리 랍딜은 '가차 저널리즘'을 '암과 같은 존재'라고 비난했다. 그럴 정도로 미국에선 기승을 부리고 있다.[32] 빌 코바치와 톰 로젠스틸은 '가차 저널리즘'이 나타나게 된 배경으로 베트남전쟁과 워터게이트 사건을 겪은 후 24시간 케이블 뉴스의 출현으로 저널리즘이 더욱 현저하게 주관적이고 판단적인 경향을 띠게 된 점에 주목했다.

　"『뉴욕타임스』와 『워싱턴포스트』의 1면에 관한 조사에서는 '스트레이트 뉴스'가 줄어든 반면, 해설 기사와 분석 기사는 늘어난 것으로 밝혀졌다. 이러한 분석적 기사들은 흔히 '분석'으로 구분되거나 명시되지 못했다. '스핀 닥터(spin doctor: 정치인을 위해 국민의 호응을 얻기 힘든 결정이나 정책 등을 호의적인 방향으로 알리는 것을 주업무로 하는 홍보 전문가)', '포토 오프(photo op: 정치가나 다른 공인의 보도할 가치가 있는 사진, 특히 유리하게 선전하기 위해 교묘히 연출한 사진을 찍는 것)'와 같은 용어를 포함해 공공생활의 장막을 열어 젖히기 위해 만들어낸 새로운 전문 용어가 언론에 나타나기 시작했다. 이것은 뒤이어 '피딩 프랜지(feeding frenzy: 무자비하고 광적인 특종 경쟁)' '가차 저널리즘' 등 기자들의 유쾌하지 않은 행동에 대한 새로운 언론계 용어가 태어나게 했다. 어느 의미에서 더욱 해설적인 스타일은 그 어떤 것보다도 공적인 인물을 창조하려는 기자들의 욕구를 충족시키기 위한 것이다. … 일부 기자들은 너무 많은 동료가 일정한 선을 넘어 회의에서 냉소로 심지어 아무것도 믿지 않는 저널리즘 특유의 허무주의에 빠져들었다고 우려하게 되었다."[33]

가차 저널리즘은 당파성 요소와 더불어 바로 그런 허무주의가 낳은 산물이다. 박주현은 "가차 저널리즘은 독자나 시청자들의 흥미와 관심을 모으기 위해 집중 반복해 보도한다는 점에서 어떤 목적을 위해 특정 정치인을 공격하는 공격 저널리즘(attack journalism)과는 차이가 있다"고 했다.[34] 그런데 한국의 '가차 저널리즘'은 자주 '공격 저널리즘'과 결합한다는 데에 그 특성이 있다. 이른바 '이해찬 골프 사건'과 '이명박 테니스 사건'을 중심으로 '가차 저널리즘'의 뉴스담론 구성에 관한 탐색적 연구를 한 박주현은 다음과 같은 결론을 내렸다.

"첫째, 정치인들에 대한 부정적인 보도경쟁이 가차 저널리즘적인 보도행위를 조장하는 것으로 분석됐다. … 둘째, 신문사의 이념적 또는 정치적 성향과 가차 저널리즘과 무관치 않다 하겠다. 보수적 성향을 지닌 『조선일보』와 『동아일보』는 (이해찬 관련) 기사의 절반 이상을 여당인 이해찬 전 국무총리에 대한 부정적 성격의 기사를 반복적으로 내보낸 반면 진보적 색채를 띤 『한겨레』와 『경향신문』은 반대로 이명박 서울시장과 관련된 기사에서 절반 이상을 부정적인 태도를 보인 데서 알 수 있다. … 셋째, 가차 저널리즘적인 보도행위는 사건의 본질과는 다르게 특정 정치인의 약점이나 실수를 꼬투리 잡아 반복적으로 보도함으로써 개인의 이미지를 중요시하는 정치인에게 치명적인 상처를 안겨주는 결과를 낳는다고 할 수 있다."[35]

박주현은 2006년 5월 한 언론학술대회에서 이 주제로 논문을 발표했을 때에 생뚱맞은 질문에 당황한 적이 있었다며 다음과 같이 말했다.

"한 노교수는 발제가 끝나자마자 내게 살며시 다가오더니 툭 내던진다. '그거 가차 저널리즘이 아니라 꼴통 저널리즘이라고 하면 오히려 이해가 더 빠르지 않을까?' 하면서 잔뜩 긴장한 내게 조언을 아끼지 않았다. 굳이 어려운 용어 붙이지 말고 쉽게 풀이하자는 취지로 들렸다. … 그런데 그 노교수는 가차 저널리즘을 왜 꼴통 저널리즘으로 해석했을까, 의식에서 비롯되는 소통에 현격한 차이를 보이고 있기 때문이었을까?[36)]

최영재는 2008년 2월 숭례문 화재 보도에서도 '가차 저널리즘'이 나타났으며, 이는 신문들의 정파적 편향성에 의해 증폭됐다고 보았다. 그는 "『동아일보』는 2월 12일자 2면 기사에서 이명박 대통령 당선인이 숭례문 화재 현장을 방문한 사진을 크게 실으면서 '숭례문 화재현장 찾은 이 당선인, 중건은 문제 없을 텐데 국민들 가슴이 아플 것'이라는 큰 제목을 달았다"며 다음과 같이 말했다.

"5공, 6공 때 대통령 동정 보도를 연상하게 만드는 것은 왜일까. 『동아일보』는 대통령의 국민성금 발언도 이렇다 할 비판 없이 두둔하는 기사와 칼럼을 썼다. 반면에 『한겨레』 신문은 이 당선인의 발언을 비난과 힐난조의 사설로 대응했다. 이것은 노무현 대통령에 대한 조중동의 공격 보도를 연상시킨다."

최영재가 문제 삼은 『한겨레』 2월 13일자 사설은 "특히 이 당선인의 '국민모금 방식' 복원 제안은 차라리 '허무 개그'이길 바란다. … 국민은 청소부가 아니다. 정부와 재벌의 안전 불감증이 빚은 태안 앞바다 기름유출 재앙의 뒤처리도 국민이 도맡았다. 도대체 무슨 염치로 그런 제안을 하는가"라고 주장했다.

이어 최영재는 "숭례문 화재는 방화사건 뉴스로 시작했지만 종국은 문화재 정책 기사로 마무리해야 하는 사건이다. 언론보도는 이 사건을 마치 범죄사건 다루듯이 이런저런 의혹들을 우왕좌왕 보도하면서 때로는 엉뚱한 희생양을 거론하며 공격적인 보도를 하고 있다"며 다음과 같이 결론 내렸다.

"숭례문 화재 이후 언론의 공격적 보도는 한국 언론의 고질적인 문제인 정파성과 결합하면서 문제를 혼란스럽게 하고 있다. 이 결과 문화재 문제는 숭례문처럼 방치되고 정치적 이해관계와 갈등, 분열만이 전면에 부각되는 본말전도를 경험하고 있다. 보라, 숭례문 화재 보도가 얼마나 오래가는가를. 숭례문 화재 이후 문화재 보호 정책이 어떻게 바뀌었는지를. 언론이 얼마나 중요하게 보도하는가를."[37]

'가차 저널리즘'이란 용어는 미국에서 수입되었지만, 그 실천에 가장 능한 나라는 한국이 아닐까? 한국 언론은 권위의식이 강해 이념·정치적 차원을 떠나 일상적으로 "나(우리)를 어떻게 보고!" 의식이 강하며, 이에 근거한 보복을 자주 저지른다. 앞서 어느 노교수는 '꼴통 저널리즘'이라고 부르는 게 어떻겠느냐고 제안했다지만, 그것보다는 '보복 저널리즘'이라고 부르는 게 훨씬 더 나을 것 같다.

기자실(기자단) 논쟁

기자단은 그 '폐쇄성' '배타성' '독점성' '유착성' 등으로 인해 늘 비판의 도마 위에 오르고 있다. 기자들의 향응접대, 촌지 수수, 엠바고 등이 모두 기자단을 통해 이루어지고 있다는 것도 문제로 지적되고 있다. 1991년 특히 촌지 문제가 불거져 언론사 스스로 윤리강령을 만들고 기자단 탈퇴 결의까지 한 적도 있지만, 시간이 흐른 다음 그게 '쇼'에 지나지 않았다는 게 밝혀졌다.[38]

1999년 장호순 순천향대 신문방송학과 교수는 기자실 또는 기자단이라고 하는 "출입처 제도는 기자들에게 편리한 관행인 반면, 국민의 알 권리 차원에서는 긍정적인 면보다는 부정적인 면이 훨씬 많은 제도"라면서 이 제도를 폐지해야 한다고 주장한다.[39]

물론 현실적인 이유를 들어 시기상조론을 펴거나 기자실 존속을 전제로 한 개혁론을 펴는 언론인들도 적지 않았다.[40] 그러나 적어도 언론계 밖에선 폐지론의 목소리가 압도적으로 높았다. 폐지론적 비판은 뒤이어 다루기로 하고 그 전에 기자단의 순기능은 없는 것인지 그 점에 대해서도 관심을 기울이는 것이 공정할 뿐만 아니라 궁극적으로 기자단의 개선 또는 폐지를 위해서도 필요할 것이다. 팽원순은 기자단의 순기능으로 다음과 같은 5가지를 지적한 바 있다.

"첫째, 기자단은 명목상으로 '친목단체'로 되어 있지만 기자들 간의 친목과 유대를 가질 수 있게 함으로써 공동의 힘으로 공동의 문제에 대처하고 공동의 이익을 도모할 수 있게 한다는 것이다. … 둘째, 기자단은 취재원과의 긴밀한 관계를 갖게 해주고 그와의 접촉을 용이하게 하여 취재활동을 원활하게 해준다는 것이다. … 셋째, 기자단은 기자들 간의 과다경쟁을 억제함으로써 그러한 경쟁으로 인한 불필요한 노력의 소모를 방지할 수 있는 이점이 있다. … 넷째, 기자단은 조직이라는 힘으로 취재원 측의 신뢰를 얻어 기자 개인이나 1개사만으로는 기대할 수 없는 뉴스 브리핑이나 배경 설명, 간담회 등과 같은 취재를 도울 수 있는 모임이나 행사 같은 것을 마련하기에 유리하다는 이점이 있다. … 다섯째, 기자단은 기자들의 전문화를 도와주는 구실을 한다는 것이다."[41]

송정민은 기자단에 의한 현행 취재방식의 장점으로 ①다양한 뉴스원 및 취재대상에 대한 접근의 용이 ②선의의 경쟁성 제고와 의견 교환 ③관료들의 정보 은폐에 대한 집단적 대응 등을 드는 반면, 그 단점으로는 ①왜곡된 뉴스 또는 단편적인 정보의 양산 ②사회적인 문제 파악을 위한 관련 출입처 간의 연계성 부족 ③황금알을 낳는다는 유사이익단체 성격 ④ '엠바고'와 '오프더레코드'의 빈발과 독자 우롱 ⑤ '데스크' 오염원으로서의 출입처 등을 들었다.[42]

기자단은 이와 같이 여러 장점에도 불구하고 무엇보다도 그 '폐쇄적 구조'에 대한 원성이 워낙 높아 늘 개혁의 대상으로 지목돼왔다. 2001년 1월 박인규는 비리나 특혜의 문제를 넘어 좀 더 크고 적극적인 차원과 의미에서 기자실을 근거로 한 출입처제도의 문제점을 지적하였다. 그는 "교육, 농어촌, 영세민 등 현장의 사정은 전통적 언론의 취재대상에서 점점 멀어져가고 있다. 이런 주제들을 그나마 다루는 것은, 미안하지만 기자가 아니라 PD들이다. PD들에게는 출입처가 없다. 출입처가 없으니 친한 고위관리 하나 있을 턱이 없다. 당연히 이들은 힘없고 빽 없는 언론인들이다. 하지만 이들은 출입처를 가진 기자들보다도 훨씬 진지하게 현장의 사정을 탐구하고 있다"며 다음과 같이 말했다.

"출입처라는 것이 기자들에게 '사이비 권력자'라는 달콤한 환상을 심어주는 것은 아닌지 심각하게 자문할 때가 됐다. 정치세력, 또 대기업의 힘과 부를 갖춘 집단들의 파워게임에는 그토록 열광하면서 힘없고 빽 없는 사람들의 어려움에는 무관심한 데에는 출입처제도도 한몫을 하고 있는 것은 아닌지 자문해야 한다. 기자들이여, 이제 현장으로 되돌아가자. 국회와 법원, 전경련도 물론 뉴스의 현장이다. 그러나 우리는 농어촌과 공장, 학교와 달동네 등 무궁무진한 뉴스의 현장을 외면하고 있는 것은 아닐까. 이제 기자실은 1주일에 한두 번만 가고 뉴스의 현장을 찾아가 보자."[43]

2001년 3월 인천국제공항 개항에 즈음하여 인터넷 신문 『오마이뉴스』기자가 기자실에 들어가려다 저지당한 것을 계기로 온라인 매체 기자들이 일제히 기자단·기자실 개방을 부르짖고 나섰다. 이런 요구는 노무현정부의 출범과 함께 현실로 가시화되기 시작했다. 노 정부는 기존의 기자단제도 대신 '열린 브리핑제'를 추진했다.

2003년 3월 14일 이창동 문화관광부장관은 정부부처 기자실 개방과 통합브리핑제도 운영, 기자의 사무실 방문취재 금지, 공무원의 기자면담 내용보고 의무화, 기사내용의 취재원 실명제 등을 포함한 '홍보업무 운영방안'을 발표했다. 이어 4월 16일 문화관광부가 기자실 개방의 첫 테이프를 끊음으로써, 이는 전 부처로 확산되었다.[44]

대북송금 특검 취재를 맡은 서울지검 출입기자들은 2003년 4월 특검팀이 입주한 빌딩 1층에 85평짜리 사무실을 4개월간 임차료 3400만 원과 함께 잡비 500만 원 등 모두 3900만 원을 22개사가 분담(1사당 177만 3000원), 한국 언론사상 최초로 사설 기자실을 마련하기도 했다. 이게 논란이 되자 노무현 대통령은 2003년 5월 1일 MBC TV 〈100분 토론〉에서 "기자실을 폐쇄한 것이 아니라 기자단을 폐쇄한 것이고 브리핑룸으로 개조되었다"고 말했다. 청와대는 2003년 6월 2일부터 정부부처 가운데 처음으로 기자실을 개방형으로 전환했다. 그 결과 2003년 6월 현재 165개사 275명의 기자가 출입등록을 마쳤는데, 이는 종전

의 49개사 87명에 비해 3배 이상 늘어난 숫자였다.[45]

이렇듯 노무현정부 시절 기자실 개혁을 위한 대대적인 조치가 취해졌지만, 보수 신문에 대해 과도하게 전투적인 자세를 취함으로써 정치·정략적 의혹의 소용돌이에 휘말리는 바람에 소기의 성과를 거두진 못했다. 예컨대, 노무현은 2007년 1월 16일 공개적으로 "기자들이 기자실에 딱 죽치고 앉아 기사를 담합하고 기사의 흐름을 왜곡하는" 등의 거친 발언을 함으로써 필요 이상의 반발을 불러일으켜 일을 그르치게 하는 데에 크게 기여하였다.

2008년 4월 4일 한국기자협회와 한국방송학회가 공동 개최한 '이명박정부, 새 언론 관계의 모색: 출입처와 기자실 개선 방안' 세미나에서 이건호 인하대 교수(언론정보학과)는 '기자실의 효율적 운영을 위한 진단과 제언'이라는 주제발표를 통해 "기자실을 폐쇄할 경우 언론은 권력감시의 전진기지를 포기하는 셈"이라며 권력기구 내부의 기자실 존치를 전제로 한 해결책들을 내놓았다.

이 교수는 "기자의 오랜 출입은 해당 부처에 대한 전문성을 높이는 순효과도 불러오지만 여기에 따른 역효과가 바로 가까운 관계로 인한 권언유착"이라며 "이를 막기 위해 개별 기자를 한 부처에만 오래 둘 게 아니라 다른 연관 부처로 자주 순환시키는 체계적인 교차·순환 출입 시스템으로 전환할 필요가 있다"고 제언했다. 그는 또 "브리핑제의 확대가 기자실의 장점을 보완하고 단점을 극복하는 단초가 될 수 있다"며 "우선 케이블을 연결한 구내방송을 통해 브리핑을 실시하는 제도를 도입하는 것도 하나의 현실적 대안"이라고 조언했다.

김사승 숭실대 교수(언론홍보학과)는 '정치권력과 언론관계에 있어서 출입처 관행의 의미'라는 발제를 통해 의회 및 총리실을 취재하는 일부 기자들에게 배타적 취재 특혜를 주는 영국의 로비 시스템을 소개한 뒤 이에 대한 개편 전략인 블레어정부의 개방형 브리핑제도의 평가를 통해 국내 언론환경에서의 시사점을 이끌어냈다. 김 교수는 "블레어 정부의 취재방식 일원화는 신문과 방송 사이의 경쟁관계와 메이저·마이너 언론 간의 경쟁관계를 부정적으로 변질시킬 우려가 크다"며 "정부가 전문성과 공정성을 담보하는 강력한 정부 정보공개 시스템을 구축, 정치적 목적에 의한 정보조작 가능성을 차단하는 동시에 TV 중계 및 녹화를 전제로 로비 시스템을 완전히 개방해야 한다는, 영국 필리스위원회 보고서의 해결책이 눈여겨볼 만하다"고 말했다.

토론자들은 정부의 정보공개 제도개선이 우선돼야 한다고 입을 모았다. 정동우 건국대 교수(전 『동아일보』 기자)는 "궁극적으로 정보공개법을 미국에 버금가는 수준으로 강화해 입안 단계의 정보 외에는 모두 의무적으로 공개하는 시스템을 마련하는 게 기자실이 원상태로 돌아가는지 여부보다 더 중요하다"고 역설했다. 이광엽 YTN 기자도 "충실한 정보공개 없이는 양질의 언론이 요원할 뿐만 아니라 사회적으로도 비공식적 커뮤니케이션이 많아지고 특정 언론사가 어젠다를 독점할 수 있는 환경이 조성된다"며 "이명박정부는 정보공개 제도개선과 브리핑 품질 향상을 키워드로 삼아야 할 것"이라고 당부했다. 최영재 한림대 교수(전 연합뉴스·YTN 기자)는 "이명박정부는 '취재지원 선진화 방안'의 개방·투명·공평성 원칙은 계승하면서 출입기자의 취재 자율성은 더 보장해야 한다"면서 "미국식 대변인제도 도입과 자율적 질의·응답 보장, 브리핑의 TV·인터넷 중계 등을 통해 브리핑제도도 개선할 필요가 있으며 기자실제도의 내실화를 위해선 정보공개법 강화가 핵심"이라고 강조했다.[46]

'엠바고'를 어떻게 볼 것인가?

"이 자료는 조간용으로 0일 0시까지 보도를 자제해주시기 바랍니다." 언론사의 취재기자들이 출입처에서 흔히 듣는 요청인데, 이런 요청을 가리켜 엠바고 (embargo)라 한다. '보도시점 제한'을 뜻하는 엠바고는 국가이익이나 생명에 끼칠 수 있는 폐해를 막는다는 취지에서 도입됐으나 '국민의 알 권리' 침해라

는 비판도 받고 있어 늘 논란의 대상이 되고 있다.[47]

엠바고엔 보충취재용 엠바고, 조건부 엠바고, 공공이익을 위한 엠바고, 관례적 엠바고 등 4가지가 있다. 보충취재용 엠바고는 뉴스가치가 매우 높은 발표기사이면서도 전문적이고 복잡한 문제를 다루고 있을 때 취재기자들과 취재원의 합의 아래 이루어지는 시한부 보도중지를 뜻한다. 조건부 엠바고는 뉴스 가치가 있는 사건이 일어나는 것은 확실히 예견할 수 있으나 정확한 시간을 예측하기 어려울 경우, 그 사건이 일어난 이후에 기사화한다는 조건으로 보도자료를 미리 제공하는 형태이다. 국회의원들이 대정부 질문 자료를 미리 제공하는 것은 이 범주에 속한다. 공공이익을 위한 엠바고는 국가이익과 관련된, 혹은 인명과 사건에 위해를 끼칠 수 있는 사건이 해결될 때까지 시한부로 보도 중지를 하는 경우이다. 관례적 엠바고는 주로 외교 관례를 존중하여 재외공관장의 인사이동에 관한 소식을 주재국 정부가 '아그레망'을 부여할 때까지 보도를 보류하는 경우이다.[48]

신문윤리실천요강 제6조(보도보류시한)는 "기자는 취재원이 요청하는 합리적인 보도보류시한을 특별한 이유가 없는 한 존중하여야 한다. ①(보도보류시한의 연장금지) 기자는 자의적인 상호협정으로 취재원이 원래 요청한 보도보류시한을 연장해서는 안 된다. ②(보도보류시한의 효력상실) 보도보류시한은 한 언론사가 이를 지키지 않을 때에는 그 시점부터 다른 언론사들도 지켜야 할 의무를 지지 않는다"고 밝히고 있다.

2007년 8월 정부는 이른바 '취재지원 선진화 방안'의 구체화된 조치로 '취재지원에 관한 기준안(총리 훈령)'을 마련했는데, 이에 따르면 비보도·엠바고를 파기한 언론사에 자료제공·인터뷰 거부 등 제재를 내리기로 했다.

이에 대해 김창룡 인제대 교수는 엠바고·비보도는 취재원(정부)과 기자 상호 간의 신사협정으로 만들어지는 약속이라며 "정부의 일방적인 엠바고 설정은 언론의 자율권과 편집권을 침해하는 중대한 행위"라고 비판했다. 김사승 숭실대 교수는 "엠바고는 기자와 취재원의 합의에 의한 것일 때 유효하다"며

"엄밀히 말해 일방적인 엠바고는 엠바고가 아니며, 이 경우 엠바고 파기라는 말은 성립하지 않는다"고 말했다. 박상범 한국기자협회 취재환경개선특별위원장은 "기자단이라는 논의 채널도 없는데 정부가 일방적으로 엠바고를 정하고 불이익 조처를 하는 방식이야말로 전형적 보도통제"라며, 엠바고가 남발되면 언론 자유를 침해할 것이라고 우려했다.

이처럼 반발이 거세지자, 국정홍보처는 정부가 기준안에 일방적으로 설정한 엠바고(보도유예)를 위반하는 기자에 대한 자체 징계권을 조항에 포함시켰다가 반발이 거세지자 삭제했다. 이에 대해 『경향신문』은 "'그때그때 달라요.' 노무현 대통령의 구상에 따라 국정홍보처가 추진 중인 이른바 '취재지원 선진화 방안'이 원칙없는 잣대로 자중지란에 빠져들고 있다"고 했으며, 김창룡은 "정부가 우왕좌왕하고 정책이 신뢰성을 잃는 것은 처음 취재지원 방안이 나왔을 때 지적된 바와 같이 필연적인 결과"라고 말했다.[49]

이명박정부 들어선 나아졌을까? 2008년 5월 26일 청와대는 '청와대 출입기자 등록 등에 관한 규정'을 개정했다. 제12조를 보면 '대변인은 운영위원회와 협의하여 보도자료에 특정 시점까지 보도제한 등을 내용으로 하는 사전보도 금지를 설정할 수 있다'고 돼 있다.

이에 대해 『미디어오늘』은 "엠바고 결정 권한이 기자들에게서 청와대 대변인으로 넘어갔다. 특히 비보도와 엠바고를 깬 기자는 등록취소, 출입정지 등의 조치를 취할 수 있도록 했다. 또 대변인은 출입기자가 정당한 사유 없이 주 1회 이상 청와대 출입 취재를 하지 않는 경우에는 소속 언론사에 통보 조치하고 통보가 3회 누적될 때에는 출입기자 등록을 취소할 수 있도록 했다. 참여정부 시절 논란이 됐던 6개월 동안 주 1회 이상 브리핑 참가가 아니라 매주 1회 이상 기자실에 와야 한다는 강화된 조건이 포함된 셈이다"고 말했다.

이준희 한국인터넷기자협회장은 "참여정부에서 하려다 논란이 됐던 부분을 명문화한 것"이라며 "100일 동안의 언론정책을 봤을 때 이전 정부보다 후퇴했다는 느낌을 지울 수 없다"고 지적했다. 김창룡 인제대 언론정치학부 교수는 "참여정부 때 문제라고 지적했으면 지금도 그래야 하는 것 아니냐. 이해가 안 된다"고 비판했다.[50]

엠바고가 정치보도에서만 문제되는 건 아니다. 과학보도의 엠바고도 심각하다. 2005년 5월 22일 황우석 교수의 연구성과와 관련된 국제학술지 『사이언스』가 내건 엠바고를 국내 일부 언론이 파기한 건 국제적인 논란거리가 된 바 있다. '한국언론의 수치'라는 비판도 있었지만, 『사이언스』의 '엠바고 권위주의'를 비판하는 목소리도 높았다.[51]

미국에서 20년 넘게 과학전문기자로 활동한 빈센트 키어넌(Vincent Kiernan)은 『엠바고에 걸린 과학』이라는 책에서 "엠바고제도가 기자들이 공공의 이익보다는 과학·의학기관의 이익만 대변하게 만들었다"며 폐지할 것을 주장한다. 특색이 없는 기사를 같은 시간에 양산하는 이른바 팩저널리즘을 만들어냈으며, 기자들이 취재원이 제공하는 '정보 보조'에만 의존하고 정작 과학 현장에서 이뤄지는 탐사보도는 설 자리를 잃었다는 것이다.[52]

키어넌은 "엠바고 시스템의 가장 중요한 문제는 언론의 과학보도가 발견의 진정한 의미와 큰 상관없이 '최근의' 발견에 주목하도록 왜곡하는 것이다. 엠바고 시스템은 몇 개의 학술지에 발표되는 논문에 대해 인위적으로 위급하다는 인상을 만들어낸다"고 꼬집는다.[53]

그런데 왜 엠바고가 지속되는 것일까? 그럴 만한 이유가 있다. 상호 공생 또는 유착 때문이다.

"기자와, 언론사, 특히 매일 마감이 있는 신문, 텔레비전, 웹 사이트도 엠바고의 혜택을 본다. 엠바고는 언론사의 제작여건에 맞춰 조정된 일정에 따라 뉴스를 제공한다. … 엠바고는 기자들이 급하게 기사를 쓰거나 방송을 내보내야 하는 스트레스를 덜어주고 다른 기자들에게 특종을 빼앗길 가능성을 줄여준다."[54]

이어 키어넌은 "기자들과 과학계 모두가 엠바고로부터 이익을 본다고 해서 대중 또한 이익을 얻는다고 볼 수는 없다. 사실 엠바고는 여러 면에서 공공의 이익과 상충되는 방식으로 작동한다"며 다음과 같이 말한다.

"엠바고는 기자들로 하여금 기만행위, 인간을 대상으로 한 실험에서의 부적절한 처우, 실패한 연구, 우선순위의 잘못된 배치 등 과학·의학의 제도적인 문제를 다루기 힘들게 만든다. 기자들은 최신 엠바고 학술지 기사를 찾다 보니 이런 과학·의학 문제를 조사할 시간이 없는 것이다. … 엠바고가 기자와 언론사에 정말 중요한 사실을 보도하지 못하도록 주의를 산만하게 만드는 것은 진정 엠바고의 핵심적인 문제인 동시에 엠바고 시스템이 폐지되어야 할 이유이다."[55]

'오프더레코드'를 어떻게 볼 것인가?

언론의 취재원 인용 방식에는 보통 5가지가 쓰이고 있다.

첫째는 'on the record'로 뉴스의 출처는 물론 발표한 전문을 대조 인용할 수도 있는 방식으로 지극히 의례적이고 공식적인 경우에 사용된다.

둘째는 'for background only'로 인용은 할 수 있되 출처는 '고위관리' 따위와 같은 불확실한 출처를 사용하기를 요구하는 방식이다. 여론 시험용 또는 경고의 목적으로 국제관계에서 많이 사용된다. 미국 국무성은 출입기자들에게 이러한 형태로 정보를 제공할 때가 많다. 연방이나 주의 예산 문제를 다룰 때 이러한 설명이 주어지는 것이 상례다. 기자들은 때로 이러한 행태의 설명회를 마련하고 대통령을 비롯한 고위 공직자나 유명인사들을 초청하여 이야기를 듣고 '출처를 밝히지 않는(without attribution)' 조건으로 이야기를 나누기도 한다.[56]

셋째는 'on deep background'로 정보를 이용하되 정확한 인용과 출처 명시는 금지시키는 방식인데, 가령 '~으로 알려지고 있다' 따위의 수동적 표현으로 보도를 요구하여, 심증은 가나 물증이 없는 성격 따위의 발표에 사용된다. 이는 워터게이트 사건 때 우드워드 기자가 비밀 제보자인 '딥 스로트'로

하여금 자신을 도와주도록 설득하고 번스타인 기자가 워터게이트 스캔들을 폭로할 때 사용함으로써 일반화되었다. 우드워드 기자는 그 정보원에게 그의 신원이나 직위를 아무에게도 밝히지 않는 건 물론 그 제보자를 절대로 인용하지 않겠으며 심지어 익명의 취재원으로도 쓰지 않겠다고 약속했다. 그들 사이에 오간 이야기는 다른 곳에서 알아낸 정보를 확인하는 데 그치겠으며 그렇지 않으면 다른 관점을 덧붙여 그 정보를 사용하겠다는 데 동의했다는 것이다.[57] 이런 특성 때문에 이 방식을 위의 'for background only'와 더불어 '강제적인 표절(compulsory plagiarism)'이라고 평하는 사람도 있다.[58]

넷째는 'off the record'인데 정보를 보도에 사용해서는 안 되는 것으로, 단지 어떤 사건 및 조치에 대한 기자들의 이해를 도와주기 위한 방식이다.

다섯째는 'for your guidance'로 위의 넷째방식과 똑같은 것이나 차이가 있다면 단지 우회적으로 주어진 정보를 보도에 다소 이용할 수 있는 것이다.[59]

이 5가지 인용방식을 예를 들어 설명해보자. 고위 관리가 "우리는 무기를 실은 비행기 한 대를 중국에 파견했다"고 말했을 경우, 각 인용방식에 따른 보도는 어떻게 달라질까?

①on the record : 그걸 밝힌 관리가 누구인지 밝혀야 한다.

②for background only : "한 미국 관리가 무기를 실은 비행기 한 대가 중국으로 갔다고 밝혔다"고 보도한다.

③on deep background : "무기를 실은 비행기 한 대가 중국으로 갔다"라고만 보도할 수 있다.

④off the record : 보도 불가

⑤for your guidance : 우회적으로 주어진 정보를 보도에 이용. 다른 이야기를 하면서 무기를 실은 비행기가 중국으로 갈 개연성은 얼마든지 있다는 식으로 보도한다.[60]

윤석홍은 미국의 경우도 익명 등 출처가 명확하지 않은 기사의 비중이 전체 기사의 약 30% 가까이 된다는 조사도 있다고 밝히면서 '오프더레코드'의 필요성을 ①충분한 정보를 얻기 위한 수단 ②고급 취재원 확보 ③'발표 저널리즘' 문제의 극복 ④공익 차원의 '오프더레코드' 등으로 보고 있다. 또 그는 '오프더레코드'의 폐해로 ①취재원과의 담합 ②언론의 감시기능 약화 ③취재원의 악용(언론플레이, 여론조작) ④미디어와 일반인간의 정보 격차 ⑤보도의 질 저하(오보의 위험) ⑥시민에 의한 견제 불가능 ⑦취재원과의 분쟁 가능성 ⑧기자회견 등의 유명무실화 등을 들고 있다.

'취재원의 악용'과 관련, 미국 스탠퍼드대학의 부르스 매키타이어는 다음 3가지를 제시했다.

"첫째, 관측기구(Trial Balloon)의 역할이다. 정보를 띄워 언론의 반응을 살피거나, 여론을 의도한 방향으로 유리하게 몰고가기 위한 방법으로 이용하는 것이다. 정치인들이 즐겨쓰는 방법이다. 둘째, 연막전술(Smoke-screen) 효과다. 민감한 문제에 대해 언론과 여론을 혼란시켜 화살을 피하자는 전법이다. 이때는 기자들에게 거짓정보를 주거나 사태의 배경과 사건의 원인을 엉뚱한 쪽으로 몰고 가면서, 연막을 쳐서 진상에 접근하지 못하게 하는 방법이다. 셋째, 역정보 작전이다. 베트남전쟁과 워터게이트 사건 때 닉슨 대통령의 백악관 참모들이 쓰던 고육책으로 역정보를 '오프더레코드'를 통해 흘리는 방법이다. 이런 정보는 과장되거나 거짓인 것이 대부분이다."[61]

흘리기(leak)는 '배경설명(background)'이나 '오프더레코드'에서 비롯된 한 변형인데, 이에 대해 유진 굿윈은 다음과 같이 말한다.

"그런 종류의 정보제공은 어떤 정보원이 이런저런 이유로 한 사람 또는 소수의 기자들에게 은밀히 정보를 주는 것을 의미한다. 그런 제보자는 흔히 자신이 일하는 기관에서 일어나는 일에 불만을 품은 공직자나 정부 고용인에 의해 일어난다. 우드워드 기자나 번스타인 기자의 몇몇 제보자는 바로 그런 사람들이었다. 때로 그런 정보유출자는 자신의 정체를 감춘 채 어떤 정보를 흘림으로써 무엇인가 목적 달성을 하려는 사람일 경우도 있다. 『워싱턴포스트』의 브래들리 편집장은 1970년경 워싱턴 기자단이 소위 배경설명이라는 형태의 정보제공을 거부해야 한다고 주장한 적이 있다. 몇몇 대형 언론사들이 이에 동조했으나 많은 다른 언론사들이 따라주지 않음으로써 그의 시도는 실패했다."[62]

2008년 5월 8일 오후 청와대 대변인실이 이명박 대통령의 움직임에 대해 보도 자제를 요구한 사실을 공개적으로 문제 삼은 김연세 『코리아타임스』 기자에 대해, 청와대 출입기자들이 '기자실 출입정지 1개월'이라는 중징계를 내려 논란이 일었다. 김 기자는 5월 8일 오전 한승수 국무총리의 '한·미 쇠고기 협상' 관련 기자회견에서 질문자로 나서서 "미국을 순방 중이던 이명박 대통령이 (정식발표 이전에) 쇠고기 협상타결 소식을 전한 뒤, 참석자들이 박수를 친 사실에 대해 이동관 청와대 대변인이 '비보도(오프더레코드)'를 요청했다"고 말했다. 그런데 청와대 기자단은 총리 기자회견이 있던 8일 오후, 운영위원회를 열어 김 기자에게 출입정지 징계를 내렸다. 간사 5명으로 구성된 기자단 운영위원회는 "백그라운드 브리핑은 실명을 밝히지 않는 것이 원칙인데, 이를 어기고 이동관 대변인의 실명을 거론했다"는 점 등을 징계사유로 들었다.

이에 대해 언론학계는 청와대가 대통령의 말 실수 등에 '비보도'를 요청하는 일이 잦고, 기자단이 이를 큰 고민 없이 받아주는 점을 문제로 꼽았다. 권력과 언론 간 관계가 "취재원과 기자단이 유착하는" 과거의 퇴영적 행태로 되돌아가고 있다는 것이다. 김서중 성공회대 교수는 "청와대의 보도자제 요청은 국민의 알 권리보다 취재원의 편의를 먼저 고려해달라는 것"이라며 "청와대와 기자단의 행동 모두가 국민의 관점에서 볼 때 바람직한 일로 볼 수 없다"고 말했다.[63]

이에 『한겨레』 사설은 "김연세 기자 징계는 청와대 전체 기자들의 의견이 아닌, 기자단을 이끄는 몇몇 운영위원들에 의해 자의적으로 결정된 측면이 커 보인다. 기자단이 존재하는 건 자유로운 취재와 보도를 위한 공간을 확보하려는 데 있는 것이지, 기사내용을 두고 취재원과 담합하고 스스로를 규제하기 위한 게 아니다. 어떤 경우에도 '진실보도'보다 중요한 원칙은 없다는 사실을 청와대 출입기자들은 되새기길 바란다"고 말했다.[64]

'위장 취재'의 딜레마

취재 윤리상 가장 많이 거론되는 게 기자의 위장 취재다. 이는 미국 언론의 오랜 전통이었다. 이미 1890년대에 『뉴욕 월드』지가 기자를 정신병자로 가장해 잠입시켜 정신병자 수용소에서 환자들이 받는 대우를 보도한 이래로 수많은 위장 취재가 이루어졌는데, 이러한 취재 기사엔 종종 퓰리처상도 주어졌다.

1971년 『워싱턴포스트』의 벤 바그디키안 기자는 신문사는 물론 펜실바니아주 법무장관의 양해를 얻은 다음 죄수로 가장하여 수개월 동안 10여 개의 주 교도소를 취재해 보도하였다. 물론 교도소장조차 그가 기자라는 사실은 알지 못했다.

당시 바그디키안의 계획을 승인했던 그의 상관 벤자민 브래들리는 7년 뒤인 1979년 퓰리처상 심사위원이 되었을 때에 그 해의 수상 후보인 『시카고 선타임스』의 위장 취재에 의한 기사를 취재 방법의 윤리성을 문제 삼아 제외시켰다. 『시카고 선 타임스』는 4개월 동안 '미라지 바'라는 술집을 차려놓고 기자를 종업원으로 위장시켜 시청 공무원들의 비리를 취재 · 보도해 큰 사회적 반향을 불러일으켰는데, 브래들리는 "우리 언론인들이 속임수를 밝혀내기 위해 수만 시간을 사용하는 지금 이 시대에, 신문이 속임수를 사용하는 일은 있을 수 없다"는 이유를 들어 이 기사를 수상작에서 제외시킨 것이었다.[65] 브래들리의 이런 모순에 대해 유진 굿윈은 다음과 같이 말한다.

"브래들리의 비밀 취재 방법에 대한 반감은 닉슨 대통령 시대에 있었던 워터게이트 사건에서 정부의 거짓을 폭로하는 데서부터 싹트기 시작한 것으로 보이는데, 그 사건 보도에서 그의 신문은 주도적인 역할을 했다. '그 당시 기자들이 수천 시간을 들여 관리들의 거짓을 폭로하다 보니 우리는 남을 속일수 없다는 기분이 들었다'고 브래들리는 말한다. '신문이 정직하지 못한 방법으로 취재를 하면서 어떻게 정직과 성실을 위해 싸울 수 있겠는가? 만일 경찰이 기자를 가장하여 수사를 한다면 참을 수 없는 일이다. 그 반대도 마찬가지인 것이다. 따라서 어떻게 우리가 다른 사람을 가장하여 취재를 하겠는가?"[66]

그러나 정도와 상황의 문제일 뿐 기자가 자신의 신분을 속이고 하는 취재는지금도 많이 이루어지고 있으며 또 일부는 정당한 것으로 간주되고 있다. 예컨대, 좋은 식당을 소개하는 기자, 상인들의 서비스를 조사하는 소비자 담당기자, 여행사나 여행사의 서비스를 조사하는 여행 담당 기자 등이 기자 신분을 감추는 것은 정당화된다.[67]

그밖의 다른 경우에도 기자 신분을 속이는 것이 용인되고 있다. 『탐사보도(Investigative Reporting)』라는 책의 저자인 앤더슨과 벤자민슨은 그 경계에 대해 다음과 같이 말한다.

"기자는 종종 고전적인 윤리문제에 봉착한다. 그것을 했을 때도 욕을 먹고하지 않았을 때도 욕을 먹는 경우다. 이중 거래를 하는 공직자에게 거짓말을했을 때 독자들은 윤리문제를 들먹여 기자들을 공격한다. 그러나 그렇게 해서라도 기사를 쓰지 않았을 때는 부정한 공직자가 배를 불리고 그에 따라 공중은 피해를 보게 되는데도 말이다. 많은 기자들이 속임수에 의한 방법으로 정보를 수집한다. 민주사회에서의 공중의 알아야 할 권리는 공직자들이 속임을당하지 않아야 할 권리보다 더 중요하다는 이론적 근거 위에서 말이다. 그러나 속임수에 의한 취재는 사실이 공표되었을 때 개인이 입는 피해보다 그것이은폐되고 있을 때 공중이 받는 피해가 더 크다고 인정될 때에 한해서 사용되어야 한다. 기자는 다른 방법으로도 정보를 얻을 수 있을 때는 절대로 수상스러운 수법을 사용해서는 안 된다. 어느 쪽인지 판단하기 어려울 때에 기자들은 쉽게 부정직한 쪽을 택한다. 중요한 전제는 사회가 부패로 인해 생기는 불편으로 잃는 것보다 정확한 보도로 얻는 것이 더 많다는 것이다. 대부분 전문

언론인들은 개인적인 윤리문제를 이유로 독자들에게 알려야 할 정보를 보류하려 하지 않는다. 궁극적인 목표는 공중에게 알려야 한다는 것이기 때문이다."[68]

1994년 7월 30일 영국의 PCC(언론불만처리위원회)는 『선데이 타임스』지가 의회의 특권남용에 관한 기사를 만들기 위해 속임수 취재를 한 것은 공공의 이익에 적합한 정당한 행위로 볼 수 있다고 평결했다. 이 사건은 『선데이 타임스』지의 기자가 실업가로 위장, 두 사람의 의원에게 접근하여 각각 1000파운드(약 125만 원)씩을 건네주면서 특정 회사와 의약품에 관한 질문을 의회에서 행하도록 부탁했는데 두 의원이 이 부탁을 받아들였다는 것이다. 이런 일련의 상황에 관한 취재를 근거로 한 기사가 1994년 7월 10일자 『선데이 타임스』지에 게재된 후 의회는 자금제공을 받은 그래함 리딕 의원과 데이비드 트레드닉 의원의 행위가 특권남용에 해당되는가의 여부에 대한 조사를 개시했다.[69]

우리나라의 신문윤리실천요강 제2조(취재준칙)의 첫 항이 '신분 사칭·위장 및 문서반출금지'라는 건 결코 우연이 아니다. 실제로 이게 가장 많이 일어나고 있기 때문이다. 제2조(취재준칙)의 내용은 다음과 같다.

제2조(취재준칙) 기자는 취재를 위해 개인 또는 단체를 접촉할 때 필요한 예의를 지켜야 할 뿐만 아니라 비윤리적인 또는 불법적인 방법을 사용해서는 안 된다. 또한 기자는 취재를 위해 개인을 위협하거나 괴롭혀서는 안 된다. ①(신분 사칭·위장 및 문서반출금지) 기자는 신분을 위장하거나 사칭하여 취재해서는 안 되며 문서, 자료, 컴퓨터 등에 입력된 전자정보, 사진 기타 영상물의 소유주나 관리자의 승인 없이 검색하거나 반출해서는 안 된다. 다만 공익을 위해 부득이 필요한 경우와 다른 수단을 통해 취재할 수 없는 때에는 예외로 정당화될 수 있다. ②(재난 등 취재) 기자는 재난이나 사고를 취재할 때 인간의 존엄성을 침해하거나 피해자의 치료를 방해해서는 안 되며 재난 및 사고의 피해자, 희생자 및 그 가족에게 적절한 예의를 갖추어야 한다. ③(병원 등 취재) 기자는 병원, 요양원, 보건소 등을 취재할 때 신분을 밝혀야 하며 입원실을

포함한 지역을 허가 없이 들어가서는 안 된다. 또한 기자는 허가 없이 환자를 상대로 취재하거나 촬영을 해서는 안 되며 환자의 치료에 지장을 주어서는 안 된다. ④(전화취재) 기자는 전화로 취재할 때 먼저 신분을 밝혀야 함을 원칙으로 하며 취재원이 취재요청을 거절한 경우 거듭된 통화의 연속적인 반복으로 취재원을 괴롭혀서는 안 된다. ⑤(도청 및 비밀촬영 금지) 기자는 개인의 전화도청이나 비밀촬영 등 사생활을 침해해서는 안 된다.

가장 자주 문제가 되는 건 '몰래카메라'의 사용이다. 한 연구결과에 따르면, 언론인의 30%정도는 몰래카메라를 사용한 취재가 정당화될 수 있다고 본다. 이와 관련 제주대 언론홍보학과 교수 김경호는 "몰래카메라의 사용이 위법행위를 구성한다 하더라도 면책사유가 되기 위해서는 어떠한 기준을 충족시켜야 하는지, 그리고 윤리적 비판으로부터 합리적으로 보호받기 위해 어떠한 노력이 있어야 하는지 원칙과 기준을 도출할 필요가 있다"며 다음 5가지 기준을 제시했다.

첫째, 취재 대상이나 내용이 지대한 공적 관심사이어야 한다. 둘째, 동일한 정보를 얻기 위한 대체 취재 수단이 부재한 상황이어야 한다. 셋째, 몰래카메라의 사용이 정상적인 언론활동의 일환으로 사용된 것인지에 대한 판단은 프로그램의 성격이나 목적, 마감시간의 압력, 사용된 정보원과 보도내용의 신뢰성 등에 따라 따져볼 수 있다. 넷째, 사생활이 보호되는 사적 공간에서의 몰래카메라 사용은 경계해야 한다. 다섯째, 외주제작사의 위법행위에 대해서도 해당 방송사가 책임을 져야 한다.[70]

취재 · 보도 윤리의 유형별 사례

(사례) 수사관 신분 위장: 1993년 봄, 김문기 국회의원의 '상지대 재단비리 사건'의 전모가 하나씩 공개될 무렵 『국민일보』 사회부 ○○○기자는 김 의원의

자금을 누가 관리하고 있으며 어느 은행에 예치돼 있는지 추적 취재하라는 지시를 받고 대검 수사관의 신분을 위장해 모 금융기관의 관계자를 불러 정보를 알아낸 다음 그걸 사회면 톱으로 특종 보도하였다. 기자의 신분 위장 사실을 알아낸 서울지검 검사장은 기자를 사법처리하겠다는 강력한 뜻을 밝혔으나 언론사 막후 로비 덕분에 사법처리는 면하고 출입처에서 쫓겨나는 선에서 마무리되었다. 형법 제118조(공무원자격의 사칭)는 "공무원의 자격을 사칭하여 그 직권을 행사한 자는 3년 이하의 징역 또는 700만 원 이하의 벌금에 처한다"고 규정하고 있다.[71]

(사례) 주거침입·공무원 사칭: 1994년 3월, 상문고 비리사건이 터지자 『중앙일보』ㅇㅇㅇ기자는 검찰 직원을 사칭해 상문고 서무과장의 집에 들어가 서류 등을 뒤져 이중 일기장과 일부 서류를 들고 나와 주거 침입, 공무원 사칭 등의 혐의로 불구속 기소되었다. 검찰은 징역 1년을 구형했으나 재판부는 "기자가 실정법을 어긴 것은 인정되지만 그동안의 언론사 취재 관행과 언론의 사회적 역할을 감안, 관용을 택한다"며 징역 8월의 선고를 유예했다.[72]

(사례) 절도 미수 및 건조물침입: 1998년 10월 16일 검찰은 검사방에 몰래 들어가 컴퓨터에 입력된 수사기록을 빼내려던 『국민일보』 사회부 ㅇㅇㅇ기자를 절도 미수 및 건조물침입 등의 혐의로 구속했다.(구속 9일 만인 10월 24일 구속취소) 2000년 2월 9일 서울지법은 징역 1년 6월을 구형받은 피고인에게 징역 8월에 집행유예 2년을 선고했다. 이 사건과 관련, 박미영은 다음과 같이 말했다.
"3공화국 시절 기자가 야당 당수 책상 밑에 숨어 회의내용을 엿듣다가 들켜버린 것이나, 한 기자가 경찰 수사본부 마룻바닥 밑에 잠복해있다 들킨 사례 등이 언론계 미담처럼 전해 내려오고 있다. … 누구나가 인정하는 취재윤리에도 불구하고 정반대의 '현실'로 치닫는 이유는 간단하다. 기자라면 누구라도 헤어나올 수 없는 '특종욕' 때문이다. 언론계도 수단 방법을 가리지 않고 '한

건' 가져오는 기자를 유능한 기자로 평가, 이런 관행을 고착화시켰다."[73]

(사례) 광고성 기사의 남발: 『미디어오늘』 1999년 2월 3일자는 "광고성 기사 혹은 광고유치를 염두에 둔 듯한 기사가 남발하고 있다. 얼마 전까지만 해도 광고인지 기사인지 분간하기 어려울 정도의 편집이 유행하더니 이젠 숫제 기사와 광고를 직접 연결시키는 추세다. 최근 들어 부쩍 지면을 차지한 뮤추얼 펀드 관련 기사가 대표적이다. 신종 투자상품이라 주목할 만한 측면도 있겠지만 신문마다 경쟁하듯 기사를 내보냈다. 그렇지만 증권사, 투신사별 상품 소개나 투자요령 등을 소개하는 선에서 그쳤을 뿐 투자의 위험성 등 부작용은 상대적으로 부각되지 않았다. 왜일까? 아무래도 광고와 연관된 듯한 느낌이다"고 비판했다.

(사례) 인터뷰 위해 무단침입 PD 벌금형: 2002년 3월 15일 서울지법 형사9단독 박태동 부장판사는 취재 과정에서 남의 집에 무단 침입해 인터뷰를 하려 했다가 폭력행위 등 처벌에 관한 법률 위반 혐의로 약식기소된 모 방송사 PD 윤모씨에게 벌금 200만 원을 선고했다. 윤씨는 1998년 모 신흥종교 여신도들이 교단 간부들에게 폭행을 당했다는 제보를 받고 관계자 집에 허가 없이 들어가 인터뷰를 시도했다가 약식기소됐다.[74]

(사례) 부상자에 대한 강제 인터뷰: 2002년 4월 15일 김해공항 근처에서 일어난 중국 국제항공기의 추락사고 때 기자들이 몰려들어 병원에서 치료를 받고 있던 조종사에 대해 병원의 만류를 뿌리치고 강제로 인터뷰를 시도함으로써 조종사협회로부터 강력한 항의를 받았다.[75]

(사례) 검사 사칭해 통화한 PD 구속: 2002년 6월 1일 수원지검 성남지청 형사1부 정성윤 검사는 수사 중인 지방자치단체장과 검사를 사칭해 통화한 혐

의(공무원 자격사칭)로 KBS PD 최모씨를 구속했다. 최씨는 5월 10일 김병량 성남시장과 휴대폰으로 통화를 하면서 자신을 '모 검사'라고 지칭, 김 시장으로부터 시민단체 고발사건 등과 관련된 진술을 이끌어내 녹음한 뒤 이를 제보받은 것처럼 제작, 방영한 혐의다.[76]

(사례) 협찬 사실을 밝히지 않은 협찬 기사: 2002년 11월 『매일경제신문』은 대한상공회의소로부터 상당액의 협찬금을 받고 이 사실을 밝히지도 않은 채 11회에 걸쳐 '노사관계'를 다룬 특집 시리즈를 보도해 논란이 되었다.[77]

(사례) 의사를 사칭한 기자: 2003년 2월 스포츠신문 『굿데이』 기자가 남편의 폭행으로 병원에 입원한 연예인 이경실씨를 취재하기 위해 의사를 사칭, 인터뷰를 하다가 들켜 사과하는 해프닝이 있었다. 그러나 인터뷰 기사는 다음 날 보도되었다. 게다가 경쟁사의 비판에 대해 "취재 경쟁에서 뒤졌을 경우 상대 매체의 취재 행위를 의도적으로 '평가절하'하는 경우도 있다"며 "앞으로도 의사를 사칭하면서도 취재에 나설 것"이라고 큰소리쳤다.[78]

(사례) 해외출장의 윤리: 2003년 8월 KBS는 특별인사위원회를 열고 〈TV, 책을 말하다〉의 해외출장에 가족을 동반하고 취재와 무관한 관광까지 즐긴 사실이 드러난 신모 PD의 해임을 결정하고 책임 PD와 담당 국장에는 감독 소홀 등의 책임을 물어 각각 감봉 3개월과 1개월을, 제작본부장에는 견책처분을 내렸다.[79]

(사례) 자신이 쓴 글을 네티즌 글로 조작: 2003년 10월 스포츠신문의 한 기자는 한국 국가대표 축구단이 베트남과 오만에 잇달아 지자 네티즌들이 '분노의 마중'을 나갈 것 같다는 기사를 실으면서 "토마토와 계란을 잔뜩 들고 인천공항으로 갑시다"는 네티즌의 글을 인용했으나, 이 글은 자신이 축구 관련

사이트에 올린 글로 밝혀져 논란이 되었다.[80]

(사례) 몰래 녹음기 부착한 기자 긴급체포: 2004년 1월 모 정당 의장실에 한 신문기자가 녹음기를 몰래 부착해두었다가 적발돼 경찰에 건조물 침입과 통신비밀보호법 위반 혐의로 긴급 체포되었다.[81]

(사례) 기사형 광고 가이드라인: 2006년 9월 18일 문화관광부는 신문법 시행에 따라 기사형 광고 가이드라인을 한국신문협회와 잡지협회 등을 통해 의견수렴을 거친 뒤 확정하고 10월부터 시행할 예정이라고 밝혔다. 신문법 제11조 제2항은 "정기간행물 편집인은 독자가 기사와 광고를 혼동하지 않도록 명확하게 구분하여 편집하여야 한다"고 규정했으며, 위반시 2000만 원 이하의 과태료를 부과하도록 했다.

문화부가 관련 협회에 제시한 '신문의 기사형 광고 가이드라인'은 ①광고의 명시 ②광고 크기에 따른 표시 ③기만 표시 금지 ④기만적 표현의 금지 등 의무조항 4개항과 권고사항 5개항으로 구성됐다. 가이드라인에 따르면 기사형 광고에는 '광고'와 '기획광고' '전면광고' 중 하나를 반드시 표시해야 하고 전면 크기의 광고는 해당 매체의 면별(종합, 정치, 사회 등) 안내와 같은 크기의 글자체로 '전면광고'라고 표시해야 한다. 따라서 앞으로 기사형 광고에 '특집'이나 '광고특집' 'PR특집' 'PR광고' 'PR고지' 'PR기획' '전면PR' 등과 같은 기만적인 표시를 해서는 안 된다. 아울러 기사형 광고에는 독자가 기사로 잘못 알 수 있는 표현인 '취재' '편집자주' '도움말 주신 분' '자료제공' '전문기자' 등을 써서도 안 된다.[82]

이에 따라 신문발전위원회가 2006년 11월 중 23개 신문의 '기사형 광고 가이드라인' 위반 사례를 조사한 결과 54건의 광고가 가이드라인을 어긴 것으로 나타났다. 매체별로 보면 무료신문이 가장 많은 50건으로 전체 위반 건수의 92.6%를 차지했다. 가이드라인 조항별로 위반 사례를 보면 '광고의 명시'

위반이 49건(90.7%)으로 가장 많았다.[83]

2009년 들어서도 광고를 기사형식으로 게재하는 기사형 광고가 여전히 범람하고 있으나, 아직 이에 대한 규제는 없는 실정이다. 기사형 광고는 "정기간행물 편집인은 독자가 기사와 광고를 혼동하지 않도록 명확하게 구분하여 편집하여야 한다"고 규정한 신문법 제11조 제2항과 신문윤리강령 제7조 언론인의 품위 규정을 위반하는 것이다.[84]

미국 월스트리트의 금융회사들은 카메라와 장비, 그리고 세트 등 방송제작 시스템을 자체적으로 두루 갖춰놓은 '인하우스 스튜디오(in-house studio)'에서 자신들의 입맛에 맞는 전문가의 말을 담은 테이프를 방송사에 보낸다.[85] 비용절감에 혈안이 된 방송사들은 이걸 그대로 내보낸다. 이는 방송의 기사형 광고라 할 만한 것이다.

(사례) 연예인 파파라치 프로그램 '위험수위' : 『PD저널』 2008년 2월 26일자는 "최근 케이블 TV의 연예정보 프로그램을 보던 한 연예인 매니저는 TV를 보다 자신의 두 눈을 의심했다. 케이블 TV 연예정보 프로그램에 자신의 기획사 소속 연예인의 집과 사생활이 몰래카메라에 찍혀 무방비 상태로 TV에 흘러나오고 있었기 때문이다. 그는 울분이 솟아올랐지만 분을 삭여야만 했다. 기획사 차원에서 이들을 고소·고발할 경우 일만 더 커져 피해는 결국 해당 연예인이 고스란히 떠안을 것이 뻔하기 때문이다"며 다음과 같이 말했다.

"이처럼 최근 우후죽순 늘어나는 케이블 TV 파파라치식 연예정보 프로그램들이 사전예고 없이 연예인들의 사생활을 노출해 도덕적으로 문제가 되고 있다. 또한 이 같은 제작방식이 연예정보 프로그램 사이에서 무분별하게 확산되고 있어 우려를 낳고 있다. … 제작진은 해당 연예인의 소재지를 찾기 위해 동네 주민이나 경비원을 통해 소재지를 파악하는가 하면 아파트 주차장이나 집 앞에서 그 연예인이 나올 때까지 몰래카메라를 켜놓고 뒤를 끈질기게 뒤쫓으며 말 그대로 '은밀한 취재'를 감행했다. 최근 방영한 이영애 편의 경우 제작진은 팬으로 위장해 꽃을 선물한다며 집을 방문해 부모님에게 근황을 묻는 가 하면 박명수 편의 경우 여자친구를 은밀하게 뒤쫓은 뒤 얼굴을 몰래카메라에 담기도 했다."[86]

(사례) 프랑스 공영방송 F2 잠입취재 프로그램 논란: 2008년 11월부터 방송된 프랑스 공영방송 F2의 새로운 프로그램 〈잠입자들(Les infiltres)〉은 F2의 가을 개편에서 가장 주목을 받았다. F2의 8시 메인 뉴스 앵커인 다비드 퓨자다스(David Pujadas)가 진행을 맡고, 프랑스 사회의 숨겨진 문제들을 짚어본다는 이 프로그램은 방송 초기부터 큰 논란을 불러일으켰다. 잠입자들의 취재는 기자나 PD가 철저하게 신분을 속이고 다른 신분으로 취재대상 기관이나 단체에 잠입해 일을 하면서 몰래카메라로 촬영을 한다.

『PD저널』 2008년 11월 25일자는 "〈잠입자들〉과 같은 르포 프로그램은 예외적인 상황과 문제들을 아주 예외적인 취재 방법으로 제작되는 만큼 자칫 선정적인 방향으로 흘러갈 위험성이 있다는 주장과 문제의 현장이 분명 존재하는데 정상적인 취재 방법으로 문제제기가 힘든 경우 취재자의 신분위장이나 몰래카메라의 사용은 정당화될 수 있고, 영상으로 메시지를 전달해야 하는 TV의 특성상 이와 같은 취재방식은 어쩔 수 없다는 주장이 팽팽하게 맞서고 있다"며 다음과 같이 말했다.

"미디어비평 프로그램에 초대된 〈잠입자들〉의 진행자 다비드 퓨자다스는 불법고용, 사이비종교, 불법체류자 등 프랑스 사회의 민감한 문제들에 대한 취재가 진행되고 있다고 밝혔고 프랑스에서 최대 판매를 기록하고 있는 연예전문 주간지 『클로저(Closer)』에 〈잠입자들〉의 취재진이 기자로 취업해 연예전문 언론들의 제작 메커니즘에 대한 고발 취재가 진행 중이냐는 질문에 연예전문 언론에 대한 취재가 진행 중이기 때문에 취재자의 보호를 위해 대상 언론사는 밝힐 수 없다고 답했다. 때문에 연예전문 신문, 잡지사들이 가짜 기자 또는 위장 취업 기자 색출에 나서는 등 현재 프랑스는 〈잠입자들〉의 몰래카메라 공포에 떨고 있다."[87]

(사례) '군부대 룸살롱' 취재기자 실형 논란: 2008년 4월 24일 공군본부 보통
군사법원은 허위 신분증을 제시해 초소를 통과한 혐의(군형법상 초소침입죄)로
불구속 기소된 문화방송 김세의(32) 기자에게 징역 1년에 집행유예 2년을 선
고했다. 재판부는 판결문에서 "김 기자는 초병을 속이고 초소를 통과해 부대
내 유흥주점 실태를 몰래 취재하고 촬영했다"며 "다만 공익적 목적의 취재였
다는 점을 고려해 형의 집행을 유예한다"고 밝혔다. 징역 1년은 초소침범죄에
대한 형량으론 법정 최고형이다. 김 기자는 2007년 2월 육해공군 3군 본부가
있는 충남 계룡대 한 건물 2층에 여성 접대부까지 고용한 룸살롱이 운영되고
있다는 제보를 받고 당시 공군 중위로 복무 중이던 대학 후배(예비역 중위)의
신분증을 빌려 군부대 안에 들어갔다. 김 기자는 룸살롱에서 양주와 맥주 등
을 팔고 노래방 기계 반주에 맞춰 군 간부들이 여성 접대부와 춤을 추는 장면
을 취재해 2월 6일 〈MBC 뉴스데스크〉 등을 통해 보도했다.

이 판결에 대해 문화방송 기자회는 성명을 내어 "정식으로 취재요청을 했
으면 군이 룸살롱을 공개했겠느냐"면서 "자신의 치부를 들춰낸 기자를 직접
재단해 염치없이 징역형을 선고했다"고 비난했다. 한국기자협회도 성명을 내
어 "군부대 내 룸살롱 영업은 기자라면 당연히 국민에게 알리고 바로잡아야
하는 문제"라며 "김 기자의 보도가 없었다면 아직도 룸살롱은 계속 불을 밝히
고 있었을 것"이라고 지적했다.[88] 김창룡 인제대 언론정치학부 교수는 "사사
로운 차원의 보도도 아니고 군사기밀을 유출한 것도 아닌데 잘못된 판결이라
고 본다"며 "이번 판결은 군 당국이 앞으로 더 이상은 언론의 감시를 받지 않
겠다고 한 것과 같은 경고음으로 들린다"고 지적했다.[89]

2009년 1월 30일 대법원으로부터 유죄 확정 판결을 받은 김세의 기자는 "민
간법원이라 다른 판단이 내려지길 기대했는데 아쉬움이 많이 남는다"며 다음
과 같이 말했다.

"제가 취재에 있어서 조금이라도 부끄러움이 있었다면 타협할 수도 있었을 거예요. 그런데 절대 부끄러운 취재가 아니었고, 공익적 목적을 갖고 한 보도였기 때문에 2년이란 시간 동안 싸울 수밖에 없었죠. 군의 논리대로 당시 정상적인 출입 절차를 거쳤다면 이러한 고발보도는 불가능했을 겁니다. 스트레스도 많이 받았지만, 타협하고 싶은 생각은 없었습니다."[90]

사진 윤리의 유형별 사례

신문윤리실천요강

제8조(출판물의 전재와 인용) 제4항(사진 및 기타 시청각물의 저작권 보호) 언론사와 언론인은 개인이나 단체의 사진, 그림, 음악, 기타 시청각물의 저작권을 보호해야 하며 보도나 평론에 사용할 경우 그 출처를 밝혀야 한다.

제10조(편집지침) 제7항(사진조작의 금지) 편집자는 보도사진의 실체적 내용을 삭제, 첨가, 변형하는 등 조작해서는 안 된다. 다만 편집의 기술적 편의를 위해 부득이한 경우 최소한의 조작기법을 사용할 수 있되 그 사실을 밝혀야 한다.

일본 신문사 가운데 초상권 시비에 말려들지 않기 위해 가두에서 촬영하는 경우 장비에 회사 마크를 크게 넣거나 완장을 차는 방법을 채택하고 있다. 이는 시민들의 특별한 항의가 없는 한 묵시적 승낙이 있는 걸로 항변할 수 있게 하기 위해서다.[91]

『전북일보』 오병권 기자는 그의 석사학위논문인 「신문 보도사진의 연출과 윤리성에 관한 연구」에서 윤리적으로 논란의 소지가 있을 수 있는 사진 연출기법으로 ①프레밍(framing) ②특수렌즈(필터)의 사용 ③크로핑(cropping) ④포토 몽타주(photo montage: 오려붙이기) ⑤필름 인화지 다중 노출 ⑥특정 부분의 첨가 삭제 ⑦컴퓨터에 의한 변형 ⑧사진의 출처(credit), 설명(caption)의 부정확 등을 들고 있다.[92]

'프레밍'의 경우는 부정확한 전달로 사실을 왜곡할 수 있다. 신문보도에 있어서 한 사건에 대해 한 장의 사진만 실리게 되는데 그 사진이 사건에 대한 결정적인 특징을 잘 보여주지 못하는 장면이라면 정확한 사실을 전달했다고 볼 수 없기 때문이다.

'특수렌즈(필터)의 사용'도 마찬가지다. 일반인들이 평소 접할 기회가 없는 특수한 렌즈를 사용했거나 필터를 이용해 얻은 사진에 대해 그러한 기술적 측면을 밝히지 않을 경우, 독자들은 신문에 나타난 장면을 현실 그대로인 것처럼 착각할 수 있다.

'크로핑'에 의해 여러 명이 함께 찍은 사진을 중심 인물 두세 명만 남기고 주변 인물을 생략했다면, 피사체 상호 간 각별한 사이인 것처럼 보이게 할 수도 있다. 이 같은 크로핑을 트리밍이라고도 한다.

(사례) 사진합성:『국민일보』1994년 10월 1일자는 국군의 날 기념식 보도에서 지상의 기계화부대와 상공의 항공기들을 한꺼번에 잡은 사진을 실었는데, 이는 지상부대와 공중의 전투기들은 도저히 한꺼번에 잡을 수 없는 고도차가 있기 때문에 두 사진을 따로 찍어 합성한 것으로 밝혀졌다.[93]

(사례) '특종욕심 대 인명구출': 남아공 출신의 프리랜서 케빈 카터(Kevin Carter)는 수단 남부의 길가에서 굶어죽어가는 어린 소녀를 독수리가 덮치려는 장면을 찍어『뉴욕타임스』에 게재해 1994년 퓰리처상을 수상했다. 그러나 그는 그 어린이를 구하지 못한 양심의 가책에 시달리다 결국 수상 2개월 후에 자살했다.[94]

(사례) 사진내용 일부 조작: 1998년 8월 7일 일본의 류쿠(琉球)신문사는 지면을 통해 사진기자가 사진내용의 일부를 조작한 것과 관련, "보도사진의 수법으로서는 용서될 수 없다"고 독자에게 사과하고 사진기자에게 1개월의 징계 휴직과 50%의 감봉처분, 편집국장에게 3%의 감봉 1개월의 징계처분을 내렸

으며, 사진부장은 부장대우로 강등처분했다. 또한 사장에게는 5% 감봉 3개월, 담당임원에게는 3%의 감봉 1개월의 처분을 내렸다. 문제가 된 사진은 무더위 속에 가로수 기둥에 떼지어 운집한 여덟 마리의 매미를 촬영한 것으로 1998년 7월 2일자 석간에 게재되었다. 이 사진이 게재되자 사내에서 "부자연스러운 점이 있다"는 지적이 나와 자체 조사가 시작되었는데, 조사결과 사진기자가 사진의 박력을 더하기 위해 접착제를 사용하여 가로수 기둥에 두 마리의 죽은 매미를 부착했다는 사실이 밝혀졌다.[95]

(사례) 사진 도용 위험 수위: 『미디어오늘』 2000년 3월 23일자는 "『동아일보』가 3월 7일 「'선거접대' 홍청」이란 제목으로 보도한 강원도 홍천의 한 지구당대회 근처의 식당에 신발이 즐비한 사진은 사실 『문화일보』 『경향신문』 사진기자만 찍었다. 그러나 정작 사진을 찍은 곳은 두드러지지 않은 지면에 사진을 사용하고 그 자리에 없었던 『동아일보』는 1면에 자사 사진기자의 이름으로 사진을 보도했다. … 3월 18일자 자민련 영주지구당 '금품 살포' 의혹 사진도 『경향신문』 『한국일보』 『문화일보』 단 세 언론사만 사진을 찍었지만 『동아일보』 『조선일보』 『중앙일보』 『국민일보』 『한겨레』 『대한매일』 『세계일보』 등 대부분의 언론사에게 사진을 넘겨줬다"며 다음과 같이 말했다.

"그러나 사진제공을 표시한 언론사는 『국민일보』 『한겨레』 『대한매일』 세 곳뿐이었다. … 18일자 보도 후 자민련에서 '보험사 직원이 보험료 납부를 하는 장면을 오인한 것'이라고 반발하면서 '자민련'을 명시한 『경향신문』과 『한겨레』를 명예훼손으로 고발하겠다고 나서자 사진을 빌려 사용한 언론사가 한발 빼는 모습을 보였다는 후문도 있다. 언론사들이 이같이 사진 제공처를 밝히지 않는 이유는 언론사의 특종욕과 자존심 때문이라는 의견이 지배적이다. 한 사진기자는 '취재기자의 낙종에 대한 두려움과 언론사의 오만이 이런 현상을 낳았다'며 '이번처럼 문제가 불거졌을 때보다 일상적으로 사진을 나눠 쓰면서도 기자 이름을 명시하지 않는 언론의 윤리 실종이 더욱 큰 문제'라고 말했다. … 이와 관련 『한국일보』 고명진 사진부장은 '사진기자협회 차원에서 좀 더 강력한 개선 방향과 윤리강령 제정이 필요하다' 고 촉구했다."[96]

(사례) 『중앙일보』의 사진 변조: 『미디어오늘』 2000년 8월 24일자는 "『중앙일보』가 언론사 사장단 방북 당시 자사 금창태 사장과 김정일 국방위원장과의 악수장면 사진을 게재하면서 사진 속에 등장하는 박지원 문화관광부장관의 모습을 지운 것으로 뒤늦게 밝혀졌다" 며 다음과 같이 말했다.

"언론사 사장단은 서울 귀환일인 8월 12일 목란관에서 마련된 김정일 국방위원장과 악수를 했다. 이 장면은 사진으로 촬영돼 14일 대부분의 일간지가 자사 사장과 김 국방위원장과의 악수장면을 1면에 실었다. 그러나 『중앙일보』는 금사장과 김 국방위원장의 사진을 1면 머리기사인 「김정일 '9·10월에도 이산상봉'」의 관련 사진기사로 처리하면서 박 장관의 모습을 임의로 지웠다. … 이에 대해 일간지의 한 사진기자는 '신문사진은 사실성과 진실성이 생명' 이라며 '어떤 방식으로든 사진의 의미를 훼손하거나 왜곡하는 조작을 해서는 안 된다' 고 말했다. 이번 사건은 『중앙일보』 자체적으로 제정한 기자윤리강령과도 배치된다는 점에서 내부 논란도 예상된다. 『중앙일보』 기자 윤리강령 5항 '정당한 정보수집' 에는 '우리는 항상 정당한 방법으로 취재하며 기록과 자료를 조작하지 않는다' 고 돼있다."[97]

(사례) 올림픽 비판 '연출사진' : 2000년 9월 4일, 호주에서 개최된 올림픽에 대해 비판적인 논조를 유지해온 『시드니 모닝 헤럴드』가 8월 30일자 1면에 톱스토리로 실은 홈리스 사진이 연출되었음이 드러났다. 오스트리아의 올림픽 수영 국가대표 선수인 이안 소프를 모델로 찍은 올림픽 공익광고판 아래에서 한 노숙자가 잠을 자는 사진이 '가짜' 라고 주장한 것은 24시간 시사 라디오 채널 〈2UE〉였다. 9월 4일 오전 방송된 〈앨런 존〉 프로그램은 "사진담당 기자가 어떤 부랑인을 20달러를 주고 매수해 시드니 도심의 피트 거리의 광고판 밑에서 잠자는 시늉을 한 것" 이라고 폭로했다. 이 사진은 『시드니 모닝 헤럴

드』가 「신종 게임 이벤트: 홈리스 숨기기」란 제목하에 "시드니 시 당국이 미관을 해친다며 은밀하게 노숙자들을 도심에서 몰아내고 있다"는 고발기사와 함께 실은 것이다. 『시드니 모닝 헤럴드』의 경쟁지인 『데일리 텔레그라프』지는 "『시드니 모닝 헤럴드』가 4일 관련 사실을 모두 시인했으며, 사진기자는 7일간 정직과 올림픽 취재금지 조치를 당했다"고 보도했다. 이 신문은 또 "사람들이 붐비는 광고판 밑은 좋은 잠자리가 아니다"는 사진에 찍힌 노숙자 콜린 테일러의 인터뷰와 "올림픽 세계의 다른 언론은 이 같은 부정적인 과오를 되풀이하지 않는 계기로 삼아달라"는 재무장관 마이클 이건의 주문도 함께 싣는 기민한 모습을 보여줬다.[98]

(사례) 스포츠신문의 선정적 사진: 2000년 9월 5일, 유해간행물로부터 청소년을 보호하고 간행물의 윤리적·사회적 책임 구현을 목적으로 설립된 한국간행물윤리위원회는 스포츠지 4사의 광고담당자 등 관계자가 모인 자리에서 스포츠신문의 선정성 자제를 요청했다. 간행물윤리위원회는 이날 각 사의 담당자에게 사회적으로 만연돼 있는 스포츠신문의 선정성에 대해 문제를 제기하고, 문제가 되는 보도나 광고 유형을 구체적으로 제시했다. 간행물윤리위원회가 제시한 문제 내용은 전라 또는 상반신 나체 사진 게재, 성의 장면 담은 스틸 사진 게재와 성행위를 묘사한 연재소설 및 만화, 선정적 광고 등이었다.[99]

(사례) 1년 전 사진의 사용: 2001년 9월 『조선일보』 『동아일보』 『한국일보』 『한겨레』 등이 1면에 컬러로 실은 적조 피해 항공사진은 이를 제공한 『경남신문』이 1년 전에 찍은 사진으로 밝혀져 일제히 사과문을 싣는 일이 벌어졌다.[100]

(사례) 엉뚱한 사진의 이용: 『조선일보』가 2003년 4월 2일자에 실은 "교통·전교조 교사 식사도 '끼리끼리'"의 사진은 교통과 전교조와의 갈등을 다룬 본기사내용과는 다른 서울 D여고의 재단비리 항의집회 사진이어서 당사자들의

반발을 샀다.[101]

(사례) 중국산 대구 촬영 연출: 2003년 5월 9일 MBC TV 〈미디어 비평〉은 "〈MBC 뉴스데스크〉가 2003년 4월 22일 내보낸 '중국산 대구에서 납이 나왔다'는 보도는 담당 기자가 납을 구해 대구에서 납이 나오는 장면을 연출하여 찍은 것"이라고 비판했다.[102]

(사례) 미국산 쇠고기 사진 연출: 2008년 7월 8일 『중앙일보』는 7월 5일자 9면에 실린 '미국산 쇠고기 1인분에 1700원' 제목의 사진이 연출됐다는 사실을 알리고 사과했다. 『중앙일보』는 "사진기자는 시험판 신문의 마감시간 전에 사진을 전송하기 위해 사진부문 내근기자에게 '일단 우리 일행이 식사하는 사진을 찍어 보낸 뒤 일반 손님 사진으로 교체하겠다'고 보고했습니다. 그러고는 경제부문 기자의 뒷모습과 대학생 인턴의 얼굴이 나온 사진을 찍었습니다"라면서 다음과 같이 말했다.

"기자가 자세한 취재에 나섰지만 손님들은 신문에 나고 싶지 않다는 반응을 보였습니다. 거듭 요청했지만 사진을 찍거나 인터뷰는 하지 않겠다고 말했습니다. 그 사이에 연출 사진이 전송돼 사진부로 들어왔습니다. 사진부 내근기자는 이 사진에 아는 얼굴이 없어, 손님들이 들어온 뒤 찍어 보낸 사진으로 잘못 알고 출고했습니다. 현장 사진기자는 추가 보고 없이 퇴근했습니다. … 이번 사태는 현장취재 기자들과 내근 데스크 및 선임기자들의 '취재윤리 불감증'과 부주의로 벌어진 일입니다. 연출 사진을 쓸 경우 독자의 판단을 특정한 방향으로 유도하려는 의도가 있다는 오해를 부를 가능성이 크다는 점을 간과한 중대한 실책입니다. 이 때문에 『중앙일보』는 9일 징계위원회를 열어 지휘책임을 진 편집국장과 관련 데스크, 해당 기자들에 대해 각각 그 책임에 따라 감봉·경고 등 징계조치를 했습니다."[103]

공공저널리즘의 윤리

미국 언론이 안고 있는 모든 문제는 아닐망정 일부 문제에 대한 대안으로 미국에선 공공저널리즘(public journalism; civic journalism; public service journalism)이 거론돼왔다. 『컬럼비아 저널리즘 리뷰』 1992년 7·8월호가 처음 주목한 이후 1995년 현재 170여 개 언론사에 의해 실천되었던 공공저널리즘은 나이트−리더 신문 체인의 최고경영 책임자였던 제임스 배튼, 오하이오주의 케터링재단(민주주의 증진 목적), 선 오일 컴퍼니의 상속자들이 설립한 퓨 자선기금이 지원한 퓨 공공저널리즘센터(1993년 설립) 등의 지원을 받았다.

공공저널리즘은 언론은 시민의 교육자이며 민주주의의 수호자라는 자유언론의 이상적 견해는 신화로 전락했다는 문제의식에서 비롯되었다. 공공저널리즘은 공동체 보도에 소홀한 기존의 시장논리 저널리즘에 대한 반발이기도 하다. 언론은 수용자를 민주시민이 아닌 소비자로만 보고 있으며 갈등지향적 보도의 상업성만을 높이 산 나머지 정치혐오 유발의 주범이 되고 있다. 언론은 문제를 해결하기보다는 논쟁을 계속하는 데에 이해관계를 갖고 있으며, 언론의 방관, 자만, 냉소는 역겨울 정도다. 그리고 기자가 군림하는 계급인가? 기자의 특권계급화에 대한 의문도 앞서 제기한 문제들과 더불어 공공저널리즘을 부르짖게 만든 배경이 되었다.

공공저널리즘은 언론이 보도 이상의 그 무엇을 해야 한다고 주장한다. 정치사회적 이슈에 '관찰자'가 아닌 '해결사'가 되어야 하며, 그렇게 하기 위해 주민들의 여론을 조사, 지면에 반영할 뿐만 아니라 지역사회의 이슈를 해결하기 위해 주민들이 참여하고 토론할 수 있는 무대를 만들어줘야 한다는 것이다. 언론매체를 지역사회의 조직자로 활용하는 건 무리한 것일까? 예컨대, 시민모임 주선에 언론사가 나서면 안 되는 걸까? 이를 위해 언론은 전통적인 객관주의나 중립성도 기꺼이 포기해야 하는 건 아닐까? 수용자에게 객석이 아닌 무대를 제공해야 하는 건 아닐까? 공공저널리즘은 바로 이런 의문에 답하기 위해 제시된 새로운 저널리즘 패러다임인 것이다.

물론 공공저널리즘에 대한 반론도 만만치 않다. 가장 강력한 반론은 언론이 사회변화를 조직하고 이끌려고 하면 객관성, 불편부당성의 자세를 잃을 우려가 있다는 것이다. 예컨대, 미국에서 환경문제는 공화당보다는 민주당 후보에 유리한 이슈라 언론이 환경문제에 적극 나설 경우 정치적 편향성을 갖기 마련이라는 것이다. 또 뉴스에 개입하는 게 원론적으론 타당하다 할지라도, 문제는 언론의 힘이 너무 커졌다는 것이며 또 늘 좋은 방향으로만 개입이 이루어지리라는 보장이 없다는 것도 문제로 지적되고 있다. 공공저널리즘은 오래된 전통적 저널리즘일 뿐이며 새로운 것은 아무것도 없으며, 영악한 경영자들에 의해 수용자의 환심을 사려는 도구로 이용될 수 있다는 비판도 제기되고 있다. 또 종교적 열광이 엿보여 위험하다거나 현실적으로 돈과 노력이 많이 들어 경제적 압박을 가져올 수 있다는 반론도 제기되고 있다.[104]

김동률은 "비판자들은 공공저널리즘에 차가운 눈길을 보내고 있다. 한마디로 독자(시청자)에게 아부하지 말라는 것이다. 신문이, 크게는 언론이 언론 본연의 고전적인 사명을 게을리 한 채 주머니속의 돈뭉치나 헤아리면서 거리의 여인들처럼 저급하게 독자에게 아부하고 있다고 맹공하고 있다. 비판론자는 이미 독자에게 아부하는 경향으로 빠져들고 있는 현재의 언론들이 더욱 그러한 흐름에 휩쓸리고 있다고 경고했다" 며 다음과 같이 말했다.

"강력한 공공저널리즘의 실현이란 곧 편집인에게 의제설정 기능을 포기하라는 요구와 같다며 이는 곧 지나친 소비자 중심의 저널리즘(User-driven Journalism)의 발호를 의미한다고 또 다른 비판론자들은 목청을 높인다. 이들 신문들은 별 볼일 없는 지역사회의 사소한 사건이라도 가능한 한 크게 키운다. 이럴 경우 연방정부의 중요한 대외정책보다는 그 지방의 고교생 살인사건이나 지역 연고 스포츠팀의 우승 여부가 톱뉴스로 장식되는 경우가 곧잘 등장하게 된다. 하다못해 누가 언제 결혼하며 이혼했다는 시시콜콜한 기사까지 등장하는 게 현실이다. 로컬페이퍼를 어느 정도 감안하더라도 지나치다는 것이 이들의 비판이다. 큰 것은 잃고 작은 것에만 집착한다는 것이다. 지역광고 유치, 부수 증가(시청률 확보) 등에 따른 손익계산서를 염두에 둔 경제적인 동기임에 분명하다고 비판가들은 냉소를 보내고 있다."[105]

아무래도 비판이 장점을 압도했던 것 같다. 코바치·로젠스틸은 2001년에 출간한 『저널리즘의 기본요소』에서 공공저널리즘은 '훌륭한 생각'을 담고 있었지만 "이 운동은 여론조사가 보도 범위를 지시하거나 시민 저널리즘의 기치를 마케팅에 편법으로 이용하는 것과 같은 잘못도 내포하고 있었다"며 "전국 규모의 우수한 언론기관 사이에서 공공저널리즘은 대체로 비웃음을 받았으며, 크게 영향을 미치지 못했다"고 평가했다.[106]

예컨대, 미국 위스콘신주에서 발행되는 『위스콘신 스테이트 저널(Wisconsin State Journal)』의 경우, 신문 1면 기사를 이용자들이 웹 사이트 투표를 통해 결정하는 방식을 취했다. 웹 사이트에 5개의 기사 아이템을 소개하고 이용자들이 가장 좋아하는 것을 선택토록 한 뒤 이를 신문지면 제작에 반영하는 형식이다.[107] 과연 이런 방식이 바람직한 것인지 논란의 소지가 있겠다.

그러나 그 어떤 문제에도 불구하고 미국 저널리즘의 기존 모델을 그대로 방치할 수 없다는 데엔 이론의 여지가 없는 것으로 보인다. 동아대 교수 김민남은 그의 저서 『공공저널리즘과 한국언론』에서 '공공저널리즘의 한국적 수용을 위한 제언'으로 다음과 같은 것들을 제시하였다.

"사회의 시민 커뮤니케이션 네트워크를 보다 강화해야 한다. … 지역사회 구성원들의 공동체 의식을 강화해야 한다. … 지역언론의 사회적 기반이 강화되어야 한다. … 지역 미디어들의 사회적 위상을 강화해야 한다. … 지역 미디어들의 자체 자원 부족을 해결해야 한다. … 언론인들의 인식이 변화해야 한다."[108]

양성희는 "초기 공공저널리즘이 '시민을 찾아가는 언론'이었다면 인터넷으로 상징되는 기술 발달은 아예 시민이 저널리즘의 주체가 되는 시대를 가능하게 만들었다. 이름하여 '1인 미디어' '시민 저널리즘' 혹은 거리의 기자를 뜻하는 '스트리트 저널리즘' 의 탄생이다" 며 다음과 같이 말했다.

"최근 광우병 정국 역시 스트리트 저널리즘의 경연장이라 할 만하다. 무선 인터넷과 노트북을 이용해 현장을 생중계하는 거리의 기자들이 넘쳐난다. 웹 2.0시대, 뉴스의 수용자였던 시민들이 스스로 보도와 유통을 주도하는 '생비 자(생산적 소비자)' 로 전환하고 있는 것이다. 물론 스트리트 저널리즘에는 객 관성 부족, 아마추어리즘, 과(過)일반화와 지나친 감성주의 등 한계가 없는 것 은 아니다. 그러나 오늘 우리 사회가 또 한 번 미디어 교과서의 한 장을 쓰게 된 것은 분명해 보인다. 동시에 촛불 정국의 스트리트 저널리즘은, 권력은 미 디어에서 나온다는, '미디어가 권력' 이라는 명제도 새삼 확인시켜 준다. 이제 진짜 필요한 것은 이처럼 변화하는 미디어 환경 속에서 미디어 간 진검승부일 지도 모른다." [109)]

시민참여 저널리즘은 무한한 가능성과 더불어 현실적으로 오보의 책임문 제, 기사의 저작권 관련 문제, 기사를 가장한 홍보 등과 같은 윤리문제에 직면 해 있다. [110)] 기존 언론은 시민기자를 법률적 문제가 잠복한 '시한폭탄' 으로 보 기도 한다. [111)] 이봉렬은 시민참여 저널리즘의 새로운 도약을 위해선 여성참여 유도, 특종과 속보에 대한 강박 탈피, 기사형식에 대한 파괴, 시민기자에 대한 언론계 전체의 지원, 시민기자 간 연대 등을 제안했다. [112)]

시민참여 저널리즘을 한 축으로 삼는 공공저널리즘은 어차피 '전국 규모의 우수한 언론기관' 용으로 제시된 것은 아니다. 이는 '시민 없는 민주주의' 에 대한 성찰에서 비롯된 것이므로 한국에선 지역언론 차원에서 시도해볼 만한 가치가 있다. 그 부작용을 염려하기엔 한국의 지역언론이 너무 비참한 상황에 있다는 걸 감안할 필요가 있겠다.

블로그 저널리즘의 윤리

전 세계적으로 '블로그(blog: web+log) 혁명' 이 일어나고 있다. 미국에서 블로

그는 1999년에 50개였지만, 2000년에 수천 개, 2004년에 1000만 개, 2005년에 3000만 개를 돌파했고, 2006년 7월 말 현재 5000만 개를 넘어섰다.[113] 블로그의 반 이상은 19세 이하 청소년이 개설했으며, 가장 큰 블로거 집단은 "다섯에서 열 명 안팎의 친구와 교류하는 10대 여자아이"며, 대부분 논평 혹은 지식보다는 일기에 가까운 글을 쓴다.[114] 블로그는 '공개적으로 쓰는 일기'인 셈이다.[115]

로렌스 레식은 블로그를 통해 사실상 언론활동을 하는 '블로그 저널리즘'의 의미에 주목했다. 그는 블로그 저널리즘은 그 자체의 영향력을 떠나 주류 미디어의 보도에 영향을 끼칠 뿐만 아니라, "자신의 생각을 드러내고 방어하는 글을 쓰는 시민들이 점점 늘어나면서 그들이 사회적 쟁점들을 이해하는 방식도 변하게 될 것이다"고 했다.[116]

한국은 '블로그 선진국'이다. 2008년 5월 현재 국내 인터넷 사용자 10명 중 4명은 블로그를 이용하고 있는 것으로 조사됐다.[117] 이에 따라 블로그가 기업의 새 마케팅 수단으로 각광 받고 있다. 블로그는 RSS(업데이트 된 정보를 자동적으로 알려주는 기술)나 트랙백(댓글을 내 블로그에 쓰면 상대방에게 이를 알려주는 기술) 등으로 소통이 원활한 매체로 평가받는다. 2008년 2월 현재 업계에서는 블로거 수를 1000만여 명, 스스로 콘텐츠를 만드는 블로거를 10만여 명으로 추산했다. 블로그를 운영하는 기업은 50여 곳이 넘는다. 정보통신(IT) 기업뿐 아니라 현대자동차, 엘지전자 등 대기업과 금융사, 물류회사, 병원까지 다양화되고 있다.[118]

블로거들이 수익을 얻을 수 있는 방법도 늘고 있다. 다음은 블로거들이 자신의 글과 관련이 있는 광고를 게재하고 이를 클릭하는 수에 따라 수익을 얻을 수 있는 애드클릭스를 운영 중이다. 구글의 애드센스와 비슷한 방식이다. 메타블로그 사이트인 올블로그는 블로거의 글에 맞는 콘텐츠와 광고 등을 함께 보여주는 올블릿을 선보이고 있다. 블로그에 일정한 상품광고를 노출한 뒤 이를 통해 구매로 이어지면 블로거가 판매수익금의 일부를 받는 형태다. 태터앤미디어는 유명 블로그들과 파트너십을 맺고 광고를 유치해 해당 블로그에 노출한 뒤 수익을 배분한다. 블로거들이 실질적으로 얻는 수익은 아직 많은 편은 아니다. 다음 관계자는 "애드클릭스 사용자 가운데 상위 5%의 한 달 평균 수입은 5만~6만 원"이라고 설명했다.

그러나 블로그의 상업적 이용이 늘어나면서 우려의 목소리도 나오고 있다. 고객을 찾아 나서는 것에 만족하지 않고 블로거들에게 현금 등을 주고 자사에 유리한 글을 쓰도록 하는 업체들이 많이 생겨났기 때문이다. 일반 네티즌들 입장에선 순수한 글과 홍보성 블로그를 구별하기 힘들어 당할 수밖에 없다. 아예 공개적으로 돈을 받고 인터넷에 홍보글을 올려주는 대행업체까지 등장했다. 업체의 의뢰를 받은 대행업체가 수백명의 블로거를 모아서 3000원에서 10만 원까지 대가를 주고 3~4개월간 집중적으로 해당 업체의 제품을 칭찬하는 글을 올려주도록 요청하는 식이다.[119]

『중앙일보』 멀티미디어랩 소장 김택환은 『웹 2.0시대의 미디어 경영학』에서 블로그의 문제를 신뢰성 부족, 저널리즘의 총체성 결여, 수익원 확보의 어려움, 이통사나 포털사이트 더부살이 등을 들었다.[120] 수익원 확보의 어려움 때문에 기업이 블로그를 이용할 가능성은 더욱 커지고, 또 그에 따라 블로그의 문제가 더욱 두드러질 가능성도 높다. 호사다마(好事多魔)라 했으니, 이 모든 문제는 블로그의 축복에 대해 치러야 할 비용인지도 모른다.

언론사와 언론인의 윤리

촌지와 배임수증죄

기자들이 취재원으로부터 받는 이른바 '촌지' 는 한국 언론계의 오랜 관행으로서 아직 법적 처벌의 대상이 되지 않고 있다. 팽원순 교수는 형법 제129조 수뢰죄는 "공무원 또는 중재인이 그 직무에 관하여 뇌물을 수수, 요구 또는 약속한 때" 에만 적용돼 기자들에게는 적용될 수 없으나, 형법 제357조 배임수증죄 "타인의 사무를 처리하는 자가 그 임무에 관하여 부정한 청탁을 받고 재물 또는 재산상의 이득을 취한 자는 5년 이하의 징역 또는 1000만 원 이하의 벌금에 처한다" (1항)에는 '촌지' 가 해당된다는 다수 법조인들의 의견이라고 말한다.[1]

실제로 대법원은 1970년 9월 17일의 판결에서 취재기자를 겸하고 있는 신문사의 지국장이 무허가 벌채 사건에 관한 기사를 본사로 송고하지 말아달라는 청탁과 함께 돈을 받은 행위에 대해 배임수재죄의 적용을 인정한 바 있고, 1991년 1월에는 검찰이 출연을 부탁하는 연예인으로부터 돈을 받았다고 구속

입건된 방송 PD에 대해서도 배임수재죄를 적용한 바 있다.[2]

그러나 1991년에 일어났던 보사부 기자단 촌지사건의 경우엔 확인된 촌지만 해도 8800만 원에 이르렀지만 검찰은 "반대급부가 분명치 않아 배임수재죄를 적용하기에 곤란"하다는 이유를 들어 아예 수사에 착수조차 하지 않았다. 특별히 무엇인가 청탁했다는 증거가 없다는 것인데, 이에 대해 팽원순 교수는 다음과 같이 반론을 제기하였다.

"청탁이란 두 가지 종류를 생각할 수 있다. 첫째는 당장에 어떠한 조치나 행위를 취해주도록 요구하는 것이고, 둘째는 장기적으로 두고두고 '알아서 잘 봐달라'고 부탁하는 것과 같은 것이다. 업자들이 비록 추석과 같은 명절을 이용해서 떡값으로 준 것이라고는 하지만 1억에 가까운 거액의 돈을 기자들에게 주었을 때는 어떤 형태의 것이든 반대급부를 바랐기 때문인 것임은 길게 설명할 필요도 없다. 신문이나 방송의 보도생활은 늘 계속되는 것이기에 여러 업체나 업종으로서는 수시로 예상치 않게 나타날 수 있는 불리한 보도에 미리부터 대비할 필요가 있다. 그래서 업체나 업체들의 단체인 각종 협회가 일상적으로 기자나 기자단과 접촉하면서 여러 가지 명목으로 금품을 촌지라고 하여 제공하고 있음을 우리가 익히 알고 있는 사실이다. 그런 경우에 주어지는 촌지는 장기적인 반대급부를 예상해서 하는, 말하자면 '포괄적인 청탁'을 위한 것이라고 할 수 있는 것이다. 그런 장기적이고 포괄적인 청탁을 위해 제공되는 금품도 분명히 뇌물로 보아야 마땅할 것이다. 만약 공무원에게 업자나 업자들의 단체인 협회가 수시로 촌지라고 해서 몇 십만 원이나 몇 백만 원의 돈을 제공한다면 검찰이나 경찰이 반대급부가 분명치 않다고 해서 그대로 버려두리라고 볼 수 있을 것인가. 그것은 생각할 수도 없는 일이다."[3]

팽원순 교수는 국회의원들도 반대급부가 분명치 않았지만 업자들로부터 돈을 받았다는 이유로 구속돼 수사를 받은 바 있고 PD들의 경우도 마찬가지였지만 배임수재죄를 적용해 기소한 바 있는데도 불구하고 유독 기자들에게만 특권을 베푸는 현실에 대해 다음과 같이 비판하였다.

"방송 PD가 돈을 받는 행위도 벌을 받아 마땅한 것이지만 기자들이 뇌물로서 촌지를 받는 것은 그들의 책임이나 영향력으로 보아 비교도 안 될 만큼 죄질이 나쁜 행위라고 하지 않을 수 없을 것이다. 기자들의 가장 중요한 책임은 더 말할 것도 없이 사회환경을 감시하고 우리 사회를 좀먹는 부정이나 비리를 찾아내서 그것을 국민에게 알리고 고발하는 것인데 기자들이 촌지라는 뇌물을 받는 행위가 그들의 그러한 책임을 실질적으로 약화시킬 것이 틀림없는 것이다. 만약 기자들이 일상적으로 취재원이나 업체들로부터 돈을 받아 그 결과로 보도할 것을 보도하지 않고 부정이나 비리를 보고도 이를 고발하는 대신 오히려 그것을 은폐하는데 도움을 준다면 그것은 국민의 알 권리를 돈으로 팔아먹는 것이고 곧바로 국민을 배신하는 행위라고 해야 할 것이다."[4]

왜 기자들만 그런 특권을 누릴 수 있는 것일까? 이제 곧 '사례'에서 살펴보겠지만 검찰과 경찰 모두 기자에게 촌지를 주거나 향응을 베푸는 당사자로서 배임수증죄 2항(제1항의 재물 또는 이익을 공여한 자는 2년 이하의 징역 또는 500만 원 이하의 벌금에 처한다)에 저촉되기 때문이 아닐까?

촌지와 향응 사례

촌지엔 종류가 많다. 이민웅은 촌지를 매월 출입처로부터 정기적으로 받는 '월례성 촌지', 추석·연말·여름 휴가 등에 받는 '보너스성 촌지', 출입처의 특별 이벤트가 있을 때에 받는 '이벤트성 촌지', 특별기획 취재·인터뷰 등 특정 취재보도와 관련해 받는 '개인베이스 촌지' 등으로 분류하였다.[5]

이젠 그런 분류와 더불어 '촌지'의 내용물도 분류를 해야 하지 않나 하는 생각이 든다. 돈 이외에도 이미 주식이 등장했거니와 향응도 술과 음식 이외에 해외여행과 골프 접대가 기승을 부리고 있으니 말이다.

한국언론재단이 1999년 8월에 전국 700여 명의 기자들을 상대로 실시한 제6회 언론인 의식조사(2년마다 시행)에 따르면, 최근 1년간으로 한정해서 촌지를 '금전' '선물' '향응·접대' '무료티켓' '취재관련 무료여행' '취재와 무관한 외유성 여행'으로 나누어 수수내역을 알아본 결과 응답자의 65.6%가 한 가지 이상의 촌지를 받은 것으로 나타났다. 각 유형별로 보면 '향응·접대'가 39.5%로 가장 많았고 '선물'은 32.9% '금전'은 18.9% '무료티켓'은 15.5% '취재관련 무료여행'은 9.7% '취재와 무관한 외유성 취재여행'은 3.4% 등이었다.[6]

(사례) 『기자협회보』 이경숙 기자는 『기자통신』 1999년 6월호에 쓴 「흔들리는 '기자윤리' 현장스케치: "아직도 촌지, 향응 접대 사례가 사라지지 않았다"」라는 제목의 기사에서 다음과 같이 말했다.

"기획예산위원회의 칼바람이 한창 정부기관과 산하기관의 목덜미를 서늘하게 한 지난해 가을의 일이다. 우연히 한 정부산하기관 간부 D씨를 찾아갔다가 전화로 나누는 얘기를 듣게 됐다. 한 일간지 기자에게 온 전화였다. D씨는 미리 챙기지 못해 미안하다며 계좌번호를 받아적었다. 의아했다. 이유를 묻자 D씨는 엠바고가 걸려있던 자기 기관의 구조조정안을 미리 보내준 데 대한 감사의 표시라고 대답했다. 30만 원. 적은 액수는 아니었다. D씨는 당연한 성의 표시일 뿐이라고 거듭 강조했다. 자기 기관으로선 하루라도 빨리 대응책을 마련할 수 있는 기회가 되었다는 것이다. 기자가 아니라면 맺을 수 없는 관계에서 돈이 오가는 것 역시 문제다. E기자는 자신이 최근 '친한 친구'로부터 촌지를 받은 얘기를 털어놓았다. E기자가 속한 회사 역시 지난해 40%가량 임금이 삭감돼 어렵긴 하지만 생계를 유지 못할 정도는 아니었다. 문제는 용돈. 10년차 기자로서 후배들도 챙겨야 하는데 자기 용돈으로는 자가용 유지도 어려울 지경. 그래서 친구들에게 가끔 손을 벌린다는 것."

이어 이경숙은 "한때 기자들 사이에선 '1단 기사 10만 원, 2단 기사 20만 원, 인터뷰 기사는 40만 원'이라는 농담이 오갔다. 지난해 4월 군포 경제정의실천시민연합이 밝힌 '군포시 출입기자 촌지사건' 이후 떠돌던 말이다. 한편 촌지

받길 껄끄러워하는 기자들도 접대나 향응은 받아들이는 경우가 많다. 취재원들과 밀접한 관계를 맺을 수도 있고 뜻하지 않은 정보를 얻을 수도 있다는 기대 때문이다. 그렇지만 접대나 향응은 촌지 못지않게, 때로는 훨씬 많이 비용이 든다고 홍보 관계자들은 말한다"며 다음과 같이 말했다.

"남자 기자들에겐 매춘 기회를 제공하기도 한다. 대검이 '국제마약회의'라는 행사를 주최했을 땐 남자 기자들의 방에 아가씨를 들여보낸 일도 있었다. 법집행 기관이 불법행위까지 서슴지 않고 제공한 '향응'이 단순히 기자들의 여흥을 위한 것이라고 말할 수 있을까? 최근 들어선 경제불황과 박세리 열풍의 영향인지 술자리 접대보다는 골프 접대가 느는 추세다. 그러나 이 또한 건전한 풍토는 아니었다. 국민회의는 지난해 11월 14·15일 이틀 동안 태능 CC에서 출입기자 일부가 국민회의 전액지원으로 골프대회를 열었다. 자신의 골프비용 영수증을 당 대변인실에 갖다주며 '해결'을 요구하거나, 의원보좌관에게 골프장 예약을 빈번히 청탁해 물의를 빚은 기자들도 있었다. 천용택 국방부 장관은 언론사 사회부장을 골프장으로 초대해 입방아에 오르기도 했다. 일주일 안팎의 '해외연수'도 본질은 촌지나 향응과 같다. 비용면에서 보면 오히려 더 강력한 뇌물일 수도 있다. 한 기자는 '촌지 규모가 기껏해야 30~50만 원인데 비해 해외연수나 해외취재 편의제공은 몇 백만 원의 촌지효과'라며 '촌지보다 더 나쁜 관행'이라고 지적했다."[7]

(사례) 고질화된 영화계 촌지 비리: 김호일 『부산일보』 서울주재 문화부 차장은 『신문과 방송』 1999년 9월호에 기고한 글에서 "사실 기자는 '신문과 방송'의 원고청탁을 받고 적지 않은 고민을 했다. '과연 나는 그들에게 돌을 던질 자격이 있는가'라는 자문자답을 수없이 했고 '자칫하다간 영화계에서 매장될 수 있다'는 경고성 조언도 들여왔다. 그러나 기자 개인의 언론계 정화노력과 함께 젊은 영화인들이 '척박한 영화계 현실을 대변해달라'며 전해준 용기 있는 격려와 IMF 당시 부도를 맞고 재기를 몸부림치던 한 영화사 사장의

솔직한 고백이 글을 쓰게 된 결정적 동기가 됐음을 밝히고 싶다"며 다음과 같이 말했다.

"한국영화의 경우 10억 원을 들인 영화는 10만 명, 20억 원짜리 영화는 20만 명의 관객이 들어야 투자비나 겨우 건지는 '본전치기'를 한다. 따라서 영화계에선 개봉에 앞서 실패 확률을 줄이기 위해 가능한 방법을 총동원한다. '홍보'가 안 되면 아무리 영화를 잘 만들어도 홍행에 성공할 수 없기에 언론을 상대로 영화업자들 간 과열경쟁이 발생한다. 기자들에게 건네지는 돈이 10~20만 원 정도의 '기름값' 수준이 아니라 100만 원 단위를 넘는 '고액배팅'으로 부풀려진 것은 바로 '과열경쟁의 산물'이다. 또한 일부 언론사의 그릇된 인식은 영화계를 더욱 좀먹게 한다. 영화계의 촌지는 당연한 것으로 인식한 일부 데스크는 일선 기자에게, 일선 기자는 영화업자에게 노골적으로 손을 벌린다는 것. … 한 영화 기획자의 말. '한국영화는 기획, 시나리오 공모, 주연 캐스팅, 제작과정, 시사회까지 여러 단계에 걸쳐 홍보가 필요하다'며 '각 단계마다 기자들에게 초를 쳐야 기사화되고 영화를 띄울 수 있다'고 밝혔다. … 한국영화 제작자나 직배사, 수입업자가 영화담당 기자 모두에게 '초 치는 것'은 불가능한 일이기에 '촌지'가 건네지는 신문과 방송은 영화기사가 제대로 먹히는 언론사 일부로 '특화'돼 있는 것으로 보인다. 따라서 대부분의 언론과 기자들은 '한국판 유상기자'와 무관하다. 그렇기 때문에 일부 언론사가 '발상의 전환'을 한다면 언론계 일각에서 기생하는 비리는 얼마든지 척결될 수 있다."[8]

(사례) 외유에 약한 기자들:『미디어오늘』2000년 2월 3일자는 "지난 1월에 외유를 보내준 업체들은 당장의 '이권사업'이 걸려 있는 업체들이 대부분이다. 5명의 기자와 14명의 기자를 각각 디트로이트 자동차 박람회장에 보내준 GM과 현대자동차는 대우자동차 인수를 두고 신경전을 벌이고 있는 업체들이다"며 다음과 같이 말했다.

"정통부 기자들의 경우 지난해 5차례나 정보통신업체들의 제공으로 외유를 다녀오기도 했다. 정보통신업체들이 이처럼 앞다퉈 정보통신부 기자들을 보내준 것은 정보통신업체의 흥망을 좌우할 수 있는 IMT 2000 사업권 획득을 위한 사전 여론정지작업의 일환이라는 분석이다. 영화업계에서 외유를 보내주는 것 역시 자사 영화의 흥행을 위한 사전 정지작업으로 볼 수 있다. 한국언론재단에서 사회부장, 편집부장 등의 외유 일정을 잡고 있는 것도 정부 여당의 총선용 선심행정이란 의혹을 사고 있다. … 언론재단의 한 관계자는 '기자들의 해외취재가 정당하다면 왜 매번 동남아로 가겠는가' 라고 반문한 뒤 '몇몇 언론사 기자들을 제외하면 정부와 기업들의 의도를 더 경계해야 할 언론인들이 오히려 이런 천박한 풍토를 조장·강화하고 있다' 고 비판했다. 기자들이 오히려 외유를 요구하고 있다는 것이다."[9]

(사례) 김우중과 기자들의 동유럽 외유: 『미디어오늘』 2000년 2월 3일자에 따르면, "한 신문사의 경제부 기자는 '지난해 연초 김우중 전 대우그룹 회장이 금감원 출입기자들을 동유럽 등으로 외유를 보내준 적이 있다. 국내외에 대우그룹 위기설이 파다하게 퍼져있는 상황에서 김회장은 언론을 잡아야겠다는 생각을 했을 것이다. 기자들이 그 여행 때문에 엉터리 기사를 쓰지는 않았다고 생각하고 싶지만 어쨌거나 찜찜한 기억으로 남아 있다' 고 회상했다."[10]

(사례) "재경·금융권 출입기자 '골프 접대' 말썽": 『미디어오늘』 2000년 6월 8일자는 "정부가 공무원의 '접대성 골프' 를 금지하고 있는 가운데 재경부와 금융권 출입기자들이 은행권의 홍보성 '나들이' 에 참가해 골프 접대를 받거나 받을 예정인 것으로 확인돼 눈살을 찌푸리게 하고 있다. 기자들에게 골프접대를 하고 있는 은행은 산업은행과 조흥은행, 한빛은행 등으로 이들 은행은 대우 해외매각과 합병이라는 현안을 안고 있어 골프 접대의 배경에 의혹의 눈길마저 쏠리고 있다" 며 다음과 같이 말했다.

"행사비용 일체는 산업은행에서 제공했으며, 방 한 개당 투숙비용 29만 원, 개인당 골프비용 15만 원(캐디비용 별도), 연회장, 세미나장 사용비, 술값 등을 합하면 어림잡아도 수천만 원의 비용이 사용된 것으로 보인다. … 조흥은행과 한빛은행도 '은행 경영설명회' 명목으로 금융권 출입기자를 초청해 산업은행과 비슷한 행사를 준비 중에 있다. … 한 은행의 관계자는 '세미나나 경영설명회 이후 기자들에게 골프 접대를 하는 것은 관행'이라고 말했다."[11]

(사례) "기자 '골프 접대' 기승": 『미디어오늘』 2000년 8월 24일자는 "언론사 부장들과 기자들의 접대성 골프가 줄어들 기미를 보이지 않고 있다. 언론사의 골프접대의 심각성은 로비 주체가 각 부처 장관들뿐만 아니라 기업·금융권·증권사 관계자 등 광범위하고 그 대상도 국장급부터 일선 기자들까지 가리지 않는다는 데 있다. 특히 골프 로비는 로비 주최가 언론 홍보의 필요성이 절실할 때 중점적으로 이뤄진다는 점에서, 언론계 내부에서조차 정언유착·권언유착을 낳고 있다는 비판의 목소리가 높다"며 다음과 같이 말했다.

"한국증권업협회는 지난달 28일부터 30일까지 제주시 그랜드호텔에서 '언론사 경제부장단 초청세미나'를 개최했다. 이 행사에는 증권업협회 회원사 사장들과 협회관계자, 각 언론사 경제부장, 재경부 공부관 등이 참석했으며 … 이 세미나를 위해 증권업협회는 1000여만 원의 비용을 지출했다. 이 세미나에 참석한 언론사 부장들은 10여 명 안팎으로 이들은 29일, 그랜드호텔 자회사 오리골프장에서 증권사 사장 등 협회 관계자 5명과 재경부 공보관 등과 함께 3팀으로 나뉘어 골프를 쳤다. … 정보통신부는 7월 15일 안병엽 장관이 참석한 가운데 경기도 용인의 레이크사이드 골프장에서 관련 언론사 부장 10여 명과 골프를 쳤다. … 이밖에도 일선 기자들은 현대자동차·포항제철 견학 등의 이유로 지방출장을 가거나 재계 관계자들과의 개인적인 약속 등을 통해 공공연히 골프 접대를 받고 있다. 현대자동차·포철의 경우 정부부처 출입기자단을 순회하면서 골프 행사를 하고 있다."[12]

(사례) 출입기자 부친 고희잔치까지 알려야 하나?:『미디어오늘』2000년 9월 7일자는 "서울시청 보도과가 시청 출입기자 부친 고희연을 알리는 통신문을 각 구청에 보내 구청의 반발을 사고 있다. 서울시 보도과는 한 달 전 「출입기자실 동정」이라는 제목으로 모 신문사 모 출입기자 부친의 고희잔치의 일시와 장소, 가족관계 등을 알리는 팩스를 25개 구청에 보냈다"며 다음과 같이 말했다.

"한 구청 관계자는 '이런 통신문이 오면 구청 입장에서는 축의금에 대한 압박을 받게 된다'며 '본인도 아닌 가족 애경사까지 알리는 것은 관혼상제를 중시하는 우리 풍토를 감안해봐도 지나친 것'이라고 반발했다. 이에 대해 서울시 보도과의 한 관계자는 '동정을 알리는 차원에서 보낸 것일 뿐 축의금을 내라는 뜻은 아니었다'며 '이런 사안은 기자실에 붙어있는 안내문 등이나 개인적인 관계를 통해 보도과에서 처리하는 관례에 따라 매달 한두 건 이상을 보내고 있다'고 해명했다. 그는 또 '일부에서는 반발할 수도 있겠으나 「왜 안 알려줬느냐」「다시 보내달라」는 주문도 있다'고 말했다."[13]

(사례) 경찰서장들의 기자 접대:『한겨레21』2000년 10월 19일자는 "지난 10월 6일 경찰청 기자단 수속 출입기자의 일부인 9명이 대구를 찾았다. 방문 목적은 '일선 경찰개혁 세미나' 참가. 하지만 세미나는 없었다. 정작 이들이 한 일은 지역 경찰간부들에게서 향응을 받은 게 전부였다"며 다음과 같이 말했다.

"7일 하루는 경주 보문단지의 한 골프장에서 골프를 치고 나서 경찰간부들과 술자리를 가졌다. 둘째날 숙박비를 제외하고 일체의 비용은 물론 지역경찰이 맡았다. 6일 저녁식사와 술자리, 숙박은 대구경찰청이, 7일 저녁식사와 술자리는 두 명의 지방경찰서장이 나누어 책임졌다. 경북경찰청에서는 여비조로 봉투까지 돌린 것으로 알려졌다. 한 출입기자는 '봄, 가을에 한 차례씩 간부들 지방청 순회에 동행하는 건 관행이다'라고 말했다."[14]

(사례) "기자실 도박을 없애자": 2001년 9월 경인방송 송채수 기자는 「수치심조차 없이 멱살잡이까지: 기자실 도박을 없애자」라는 제목의 글에서 모 자치단체 기자실에서 하루에 오가는 판돈은 평균 100만 원을 넘고 그 때문에 여직원은 하루 종일 은행에 잔돈 바꾸러 다니느라 볼 일 다 보는 현실을 지적하면서 다음과 같이 말했다.

"여의도의 국회 기자실과 정부 각 부처는 어떤지 알아봤다. 앞서 말한 지자체 기자실과 달리 극히 일부 기자들만이 화투나 카드놀이를 가끔 하고 있었지만 역시 예외는 아니었다. … 그렇지 않아도 기자실을 개혁해야 한다는 목소리가 우리 사회 곳곳에서 터져나오고 있는 이 시기에 그 속에 들어앉아 화투나 카드놀이를 하고 있다면 어느 누가 그런 기자를 신뢰하고 그가 쓴 기사를 진실이라고 믿으려 하겠는가." [15]

(사례) "접대 골프는 신종 뇌물": 2002년 1월 KBS 보도제작부 용태영 기자는 「1년에 천만원 가까운 신종 뇌물: 접대 골프, 부킹 청탁을 하지말자」라는 제목의 글에서 정·관·재계의 모든 이들이 기자들을 골프로 접대하려 하기 때문에 "기자들은 마음만 먹으면 돈 안들이고 골프를 칠 수 있다"며 다음과 같이 말했다.

"주말마다 한 번씩 골프 접대를 받는다면 한 달에 80만 원, 1년에 근 1000만 원에 이르는 접대를 받는 셈이 된다. 문제는 이 뿐만이 아니다. 이제 접대 골프는 촌지와 결합하기도 한다. 일부 스폰서(골프접대 제공자)들은 골프시합 때 내기 돈을 내놓기도 한다. 기자들은 그 돈을 돌아가면서 따먹는다. 결국 기자들은 공짜로 골프를 즐길 뿐만 아니라 돈까지 벌어들인다. 한 단계 더 나가서 일부 기자들은 스폰서를 적극적으로 '콜' 하기도 한다. '한번 바람이나 쐬러 가지요' 은근한 압박을 가한다. 이쯤 되면 접대 골프도 아니다. 기자라는 우월적 지위를 이용해 접대를 강요하는 범죄적(?) 수준에 이른다." [16]

(사례) 돈 받고 영화 홍보해준 기자 집행유예: 2002년 4월 10일 서울지법 형사3단독 하현국 판사는 영화사로부터 돈을 받고 홍보성 기사를 써준 혐의로 구속 기소된 『스포츠서울』 전 편집국장 이모씨에 대해 배임수재죄를 적용해 징역 10월에 집행유예 2년, 추징금 2000만 원을 선고했다. 또 같은 혐의로 불구속 기소된 서모 기자 등 2명에게 각각 1000만 원과 800만 원의 벌금형, 추징금 1050만 원과 600만 원을 선고하고, 돈을 건넨 영화사 관계자 최모씨에게 700만 원의 벌금형을 선고했다.[17]

(사례) 전국언론노조의 명단공개 불발: 2002년 4월 전국언론노조는 삼성전자로부터 각종 편의와 향응을 받은 회원들의 강령 위반을 심의하기 위해 2001년 자정선언 이후 첫 케이스로 윤리위원회를 열었으나 회원들의 반발로 징계와 명단공개는 하지 못하고 기자들에 향응을 베푼 삼성전자 측에 유감표명을 하는 수준에 그쳤다. 전국언론노조는 2001년 11월 23일 회원들의 윤리강령을 제정해 위반시 윤리위를 열어 징계와 함께 이를 『미디어오늘』 등에 공개하기로 했었다.[18]

(사례) 왜 언론은 대우에 침묵했나?: 제정임은 2002년 12월에 출간한 『경제뉴스의 두 얼굴: 화려한 유혹과 은밀한 배신』에서 "한보나 기아와 마찬가지로 대우 역시 회사의 자금이 말라가는 상황에서도 언론에 대해서만은 인심 좋은 광고주 노릇을 계속하고 있었다. 평소 대우 임원들과 밥 먹고 술 마시고 함께 골프 치고 광고 부탁하고 회사 사업에 대한 협찬을 부탁하는 편집 간부의 입장에서, 대우 측이 절대 보도하지 말아달라고 당부하는 '신용등급 하락' 소식을 누락시키는 것은 어쩔 수 없는 선택이라고 스스로 합리화했을 것이다"며 다음과 같이 말했다.
"대우는 이밖에도 많은 기자들과 논설위원, 경제·경영학 교수들에게 해외 여행 기회를 제공하면서 대우의 세계경영을 홍보했고, 이 여행을 다녀온 많은 사람들이 대우의 세계경영에 우호적인 글을 썼다. 대우가 파국을 향해 달려가는데도, 언론계와 학계에서 좀처럼 따끔한 경고의 목소리가 나오지 않았던 이유를 짐작할 수 있는 대목이다. … 섣불리 보도하면 멀쩡한 회사도 무너진다는 논리를 방패 삼아 언론이 대우그룹의 진상에 대해 침묵하는 동안, 대우그룹의 상황은 더욱 악화되었다. 그래서 투자자들의 피해는 더 커졌고, 국민들이 부담해야 할 공적자금 부담도 더 늘어나게 된 것이다. 그때 언론이 알고도 보도하지 않았던 책임, 그리고 1999년 초에 이미 대우 사태의 심각성을 알고도 처리를 미뤘던 정부의 책임을 묻는다면 손해배상 소송감이 될지도 모른다."[19]

(사례) 왜 여성 접대부가 필요하나?: 2003년 8월 『문화일보』 기자들은 환경부와 기자단의 회식자리에서 일어난 성희롱과 폭행 사건에 대해 철저한 진상조사와 함께 환경부 출입기자단에 적절한 조치를 요구했다. 『문화일보』 기자협회 지회의 성명에 따르면, '7월 11일 한명숙 환경부장관 주재 회식자리에 이어 차관 주재의 술자리에 『문화일보』 출입기자로서 참석한 여기자의 수차례 반대와 제지에도 불구, 다른 참석자들이 여성 접대부를 불러 함께 춤을 추고, 더구나 이를 제지하는 과정에서 폭행사태가 발생" 했다는 것이다.[20]

(사례) 촌지의 끈질긴 생명력: 2003년 말 현재 미디어 비평지인 『미디어오늘』과 『기자협회보』가 지난 5년 동안 보도한 '촌지' 관련 기사는 각각 195건과 152건이었다.[21] 한국언론재단의 '한국언론인 2003' 보고서에 따르면, 취재원으로부터 촌지를 받은 경험이 있는 기자는 59.9%였다. 유형으로는 선물이 30%, 향응 24.7%, 금전 19.6%, 무료티켓 16%, 취재관련 무료여행 1.3%, 취재관련 없는 무료 외국여행 1.3% 등이었다.[22]

(사례) 윤리기준의 세대차이: 2004년 연말 MBC의 미디어비평 프로그램인

〈신강균의 뉴스 서비스 사실은〉의 제작팀과 보도국장이 방영된 프로그램 관계자와 만나 향응을 대접받고 고액의 구치 핸드백을 받았다가 되돌려주었다는 사실이 제작진의 홈페이지를 통해 폭로됐다. 구치 핸드백을 제공한 사람은 SBS 방송의 대주주인 태영의 부회장이었다. 이 파문으로 이 프로그램은 막을 내렸고 보도국장은 그 자리에서 물러났지만, 이 사건을 보는 시각은 세대별로 달랐다. 백병규는 다음과 같이 말한다.

"의도한 것은 아니었지만 구치 핸드백 사건은 구치 핸드백을 받은 것은 물론이고 그런 부적절한 자리에 대해 선배들과는 달리 극심한 갈등을 겪은 젊은 기자의 고백으로 드러났다. 이를 두고 MBC 내부는 물론 언론계 전반적으로 '너무 튀는 것 아니냐?'는 시선도 적지 않았다. 그러나 그것은 오히려 언론과 언론인들에게 요구되는 윤리기준이 훨씬 엄격해진 데 대해 '너무 둔한 것 아니냐'는 메아리로 되돌아왔다."

2005년 10월 『경향신문』의 간부 '골프회동 사건'에서도 그런 세대별 시각 차이가 드러났다. 편집국장은 사장선거 뒤 흐트러진 편집국 분위기 일신을 위해 간부들과 골프회동을 가졌는데, 경찰청에 부탁해 경찰대 골프장을 이용한 것이 문제가 되었다. 간부들은 "크게 무리한 것도 아닌데 뭐가 문제냐"며 오히려 이를 문제 삼은 후배 기자들을 질책하는 듯한 모습을 보인 반면, 젊은 평기자들은 선배들의 그런 태도가 문제라며 공개적으로 반발했다.

이에 대해 백병규는 "사장이 나서 책임자들에 대한 엄중 문책을 지시하고 편집국장에게 1호봉 감호 조치를 하는 것 등으로 사태는 일단락됐지만 윤리 기준에 대한 세대별 시각차는 좁혀지지 않았다"고 했다.[23]

(사례) 왜 취재원과의 술자리가 필요한가?: 2006년 2월 말 한나라당 최연희 사무총장의 『동아일보』여기자 성추행 사건이 발생했다. 양측의 집단회식 자리에서 빚어진 일이었다. 이에 대해 충남대 언론정보학과 교수 김재영은 "성추행 이외에도 이 사건은 우리 사회의 또 다른 치부를 보여주었다. 그것은 바

로 정치권과 언론사가 '술자리'에서 회동했다는 사실이다. 그것도 어느 때보다 불편부당이 요구되는 지방선거를 코앞에 두고서 말이다. 대부분의 언론은 이에 대해 함구로 일관했다. 따라서 성추행의 직접적인 계기로 작용한 술자리는 왜 마련되었으며, 그것은 적절한 것인가에 대한 지적은 고사하고 그 의미조차 제대로 부각되지 않았다"고 비판했다.[24]

(사례) 기자들이 골프를 치지 않을 수 없는 이유: 『미디어오늘』 2006년 3월 15일자에 따르면, 최근에서야 골프를 배우기 시작한 중견기자 ㅂ씨는 "골프를 안 치면 대화가 안 되는 사회"라고 토로했다. 주요 취재원과의 정보 접근성이 떨어져 경쟁에서 도태될 것 같은 위기감 때문에 골프를 배우게 됐다는 것이다. 1주일에 많게는 2번 골프를 한다는 대기업 홍보실 임원 ㄱ씨는 "솔직히 골프보단 등산을 좋아한다. 어쩔 수 없이 치는 경우가 많다"고 말했다. 그는 "기자 5년차만 돼도 골프를 하려고 한다. 아주 죽을 맛이다"라며 "주말 어느 골프장에나 가보라. 기자들이 수두룩하다"고 언론인들의 '공짜 골프'를 질타했다.[25]

(사례) '강원랜드, 기자들 접대·협찬에 12억 4000만 원 제공': 『미디어오늘』이 입수한 강원랜드의 2007년 홍보팀 광고선전비 집행 내역에 따르면 강원랜드는 2007년 97억 9211만 원의 광고선전비를 집행했는데 이 가운데 6억 5357만 원이 행사비와 무료이용권 등에 지출한 것으로 확인됐다. 특히 언론사를 상대로 쓴 행사비가 7723만 원, 무료이용권 배포가 4억 4716만 원에 이르는 것으로 나타났다. 광고 이외에 언론사 협찬 명목으로 지출된 비용도 7억 1970만 원이나 됐다.

『미디어오늘』 2008년 10월 29일자는 "강원랜드의 과도한 접대비 지출이 문제되는 것은 접대를 받은 언론사들이 강원랜드의 비리 의혹을 눈감아줬을 가능성도 있기 때문이다. 실제로 강원랜드 전 본부장 등이 구속 기소되고 조일현

전 민주당 의원과 무소속 최욱철 의원 등이 소환 조사됐거나 수사선에 올라 있다는 사실을 보도한 언론은 거의 없었다. 최근 자살한 김영철 전 국무총리실 사무차장도 이 사건과 관련 있는 것으로 알려졌으나 상당수 언론이 이 사건을 축소하거나 강원랜드의 이름을 빼고 보도했다"며 다음과 같이 말했다.

"광고선전비 집행 내역을 구체적으로 살펴보면 단순히 취재 편의제공 차원이 아님을 알 수 있다. 지난해 4월 강원도청 출입기자 간담회 때는 15명 기자들에게 행사비 530만 원과 무료이용권 405만 원 상당이 지출된 것으로 나와 있다. 1인당 62만 원이 넘는 셈이다. 5월 산업자원부 출입기자단 간담회 때는 2443만 원 상당이 지출된 것으로 기재돼 있다. 1인당 60만 원 꼴이다. 이밖에도 4월 관광·레저 기자들 간담회 때는 20만 원 상당의 점퍼를 맞춰서 나눠주는데 675만 원 상당이 지출됐고 9월 한국방송작가협회 방문 때는 26명이 참석해 848만 원 상당의 무료이용권을 비롯, 1028만 원 상당의 접대를 받은 것으로 기재돼 있다. 이밖에도 편집기자협회 회원 20명에게 443만 원, 경제지 사진부장단에게 100만 원, KBS 아나운서 가족에게 173만 원 상당이 지급됐다."

이어 이 기사는 "이밖에 두 달에 한 번 꼴로 열리는 지역 주재기자들 기자간담회에도 수백만 원씩 지출됐다. '투어'라는 항목으로 기재된 지출내역도 주목된다"며 다음과 같이 말했다.

"7월에는『조선일보』외 51개사에 콘도 208실, 석식 이용권 832매를 비롯해 9048만 원이 지출됐다. 1월에도 콘도 250실, 스키장 이용권, 1000매를 비롯해 1억 2575만 원이 지출된 내역이 기재돼 있다. 스키장 개장에 맞춰 11월에는 출입기자단에 스키장 이용권이 800매 이상 뿌려졌다. 매당 8만 9000원 꼴로 계산돼 있는데 이것만 해도 모두 7000만 원이 넘는다. 광고비와 별도로 협찬 관련 지출도 상당한 규모다. 특히 지역 일간지가 많은데『강원일보』가 4차례에 걸쳐 2억 6720만 원을 협찬받은 것을 비롯해『강원도민일보』가 5차례에 걸쳐 2억 7500만 원을 협찬 받았다. 지난해 전체 협찬 지출비용은 7억 1970만 원에 이른다.『강원일보』등 언론사에 마카오와 말레이시아 등 지역기자 탐방 명목으로 3559만 원을 지급한 내역도 기재돼 있다."[26]

　(사례) '신세계 공짜견학 따라간 기자들의 대형마트 찬가': 『미디어오늘』 2009년 5월 29일자는 "공짜 해외견학에 나섰던 신세계 출입기자들이 아니나 다를까 온갖 홍보성 기사를 쏟아내고 있다. 4박 6일 네덜란드 견학의 모든 비용은 신세계가 댔는데 경비가 억대를 넘어선다"며 "재벌 대기업이 비용을 대는 공짜 해외견학에 따라가서 '올해 소형점포 확대하겠다'는 등의 인터뷰를 싣기는 하지만 대형마트의 무차별 공습의 부작용과 자영업자의 연쇄부도를 고민하고 대안을 모색하는 기사는 찾아보기 어렵다"고 비판했다.[27]

언론사·언론인의 주식투자

1990년대 말 일부 신문사들이 "앞다퉈 투자설명회라는 이름으로 재테크 강좌를 열어 '전 국민의 투기꾼화'를 부추기고 있다"는 비판의 목소리가 높았다. 언론개혁시민연대 김주언 사무총장은 『기자협회보』 1999년 5월 24일자에 기고한 글에서 "일부 경제신문이 시작한 투자설명회가 중앙 일간지로 확산됐다. 경제부 기자들을 강사로 내세워 일반인들에게 '투기 기법(?)'을 가르치고 있는 셈이다. 대부분 주식투자의 위험성을 강조하기보다는 수익률을 많이 올릴 수 있는 비법에 초점을 맞추고 있는 것으로 알려졌다. 급기야는 신문의 무책임한 투자설명회 보도에 대해 신문윤리위원회가 제재하고 나섰다"며 다음과 같이 말했다.

　"언론사들은 '전 국민의 투기꾼화' 캠페인을 벌이는 데서 더 나아가 자신들이 직접 '투기꾼'으로 나서고 있다. 막강한 정보력을 주식투자에 활용하고 있는 셈이다. 문제는 언론사들이 주가에 영향을 미칠 수 있는 보도를 한다는 데 있다. 언론사들은 자신들에게 유리한 방향으로 주가 예상보도를 하고 있다. 많은 경우 밑도 끝도 없이 일부 전문가의 말을 빌어 주가가 오를 것이라는 기사를 내보낸다. 물론 형평성을 강조하기 위해 반대입장도 곁들이지만 주된 논조는 주가가 오를 것으로 예상하는 기사다. 언론사들은 투기꾼이라는 오명에서 벗어나려면 당장 주식투자를 중단해야 할 것이다."[28]

신문사들은 투기꾼이라는 오명에서 벗어날 뜻이 없었을까? 아니면 자기들의 행위를 건전한 투자라고 생각한 걸까? 그리고 경제보도를 자기들의 투자에 이용하는 건 정당한 상술이라고 생각한 걸까? 날이 갈수록 신문사들의 투기 또는 투자규모는 커져갔는데, 『미디어오늘』 2000년 1월 13일자는 다음과 같이 보도하였다.

"중앙 언론사의 주식투자 사례가 속속 드러나고 있다. 언론사들은 지난 1996년부터 최근까지 코스닥시장에 상장된 정보통신주를 중심으로 주식을 매입해 적지 않은 수익을 얻은 것으로 확인됐다. 또 정보통신주를 중심으로 지분에 참여해 1000억 원대의 자산가치 증액효과를 본 것으로 확인됐다."[29]

김옥조는 "신문윤리강령 제14조의 '정보의 부당이용 금지' 조항에는 기자만 규제대상으로 삼는 것처럼 되어 있으나 이를 빙자하여 언론사와 언론사 임원들이 '정보의 부당 이용' 오해를 받아가며 주식투자를 하고 있는 것은 한국 언론윤리의 전근대성을 그대로 드러낸 것이다"고 했다.[30]

그런 신문사에 있는 기자들이 무얼 보고 배우겠는가. 기자들도 주식투자에 뛰어들었다. 주식투자에 미쳐 있는 신문들의 경제보도와 논평이 정상일 리 만무하다. 아무래도 나라 망하게 할 짓이라는 우려를 느낀 언론시민단체들이 일간지들의 주식투자를 본격적으로 문제 삼고 나섰다. 민주언론운동시민연합(이사장 성유보)은 중앙 언론사들의 주식투자 현황에 대해 금감원에 정보공개를 청구하였으며, 뒤이어 언론개혁시민연대(상임대표 김중배)는 중앙 언론사들의 주식투자와 관련해 금융감독원에 5개항의 공개질의서를 보냈다.

언개련은 질의서에서 ①언론기업이나 언론종사자가 주식투자할 경우 주식과 관련된 공정보도가 가능하다고 보는지 ②언론기업의 주식투자가 헌법이 보장하는 국민의 알 권리를 침해한다고 보는지 ③미공개 정보가 많이 모이는 언론기업의 주식투자가 증권거래법의 불공정거래 행위에 해당한다고 보는지 등을 물었다. 또 ④언론기업의 주식투기에 대해 조사한 적이 있는지, 없다면 조사할 계획이 있는지 ⑤언론기업의 주식투자를 규제할 법적 근거가 있는지, 없다면 관련 법률 개정의 뜻이 있는지를 밝혀달라고 요구하고, 외국에서 언론기업의 주식투자 규제 사례가 있다면 알려달라고 촉구했다.[31]

그러나 감히 누가 신문을 건드리랴. 신문들은 그러한 문제제기에 전혀 아랑곳 하지 않았다. 그렇게 '돈독'이 오른 신문들의 눈에 국가 경제가 웬 말이겠는가. 국가 경제를 망치는 한이 있더라도 내 주머니부터 챙겨야 하지 않겠는가? 아무려면 그랬을라구? 그러나 그렇게 의심할 일은 아닌 것 같다. 『한겨레』2000년 2월 10일자의 다음과 같은 보도를 참고하는 게 좋을 것 같다.

"주요 언론들이 '조세정의'를 외면하고 있다. 지난 1일 김유배 청와대 복지노동수석이 일정기간에 걸친 주식·채권 등 유가증권 매매차익에 대해 세금을 매기는 이른바 '자본이득세' 도입을 적극 추진한다고 밝히자, 주요 언론들이 약속이나 한 듯한 목소리로 딴죽걸이에 나섰다. … 언론개혁시민연대·민주언론운동시민연합등 언론시민단체들은 주요 언론들이 자본이득세 도입에 적대적 태도를 보일 수밖에 없다고 지적한다.『조선일보』『중앙일보』『동아일보』『한국일보』등 중앙 일간지들이 엘지텔레콤·한국통신프리텔 등 정보통신주식에 투자해 막대한 시세차익을 보고 있기 때문에 애초 공정한 보도는 기대할 수 없다는 것이다. 현재 경제협력개발기구(OECD) 대부분의 회원국이 시행중인 자본이득세가 우리나라에 도입이 불가능할 것이라는 우려가 나오는 것도 이런 이유에서다."[32]

신문사의 부도덕한 주식투자 행위는 기자들만 제정신을 차리고 있으면 얼마든지 내부적으로 견제해서 바로잡을 수 있는 일이다. 미국『LA타임즈』의 경우가 그걸 잘 말해준다. 이와 관련,『미디어오늘』2000년 1월 13일자는 다음과 같이 보도한 바 있다.

"『LA타임즈』가 자사가 합작투자를 하거나 파트너로 참여하는 사업이 있으면 이를 곧바로 편집인에게 통보하고 이 내용을 독자들에게 알리도록 하는 내용을 뼈대로 한 직원윤리규정을 지난해 12월 19일자 신문 1면 사고를 통해 밝혔다. 『LA타임즈』는 이날 사고를 통해 ①이사들은 다른 회사나 조직에 참여할 수 있지만 회사의 승낙을 받아야 하며, 이런 사실은 기자나 독자들에게 공표되어야 한다 ②기사에 영향을 줄 목적으로 광고를 게재하려는 광고주와는 어떤 거래도 하지 않는다 ③후원 사업은 무엇보다 공공성과 지역 기여를 우선하며, 어떤 특정한 조직이나 단체를 후원함으로써 신문이 공정성을 훼손할 수 있는 사업은 후원하지 않는다는 조항도 함께 발표했다. 『LA타임즈』가 이 같은 윤리강령을 제정, 공표하게 된 것은 발행인인 캐서린 다우닝이 광고주인 스포츠업체 스테이플센터가 신축한 스포츠센터와 이윤을 나눠 갖는 계약을 비밀리에 추진하다가 발각되자 『LA타임즈』 기자들이 발행인의 사과를 요구한 데 따른 것이다."[33]

그러나 한국에서는 기자들도 사주나 경영진과 비슷한 행태를 보이고 있기 때문에 그러한 견제를 기대하기 어렵다. 몇 가지 사례를 살펴보기로 하자.

(사례) 1999년 8월 30일 서울지법 형사2단독 임준호 판사는 신동방이 무세제 세탁기를 개발했다는 미공개 정보를 동생에게 누출시켜 4억 6400만 원의 부당이익을 챙긴 혐의로 기소돼 징역 3년을 구형받은 전 『중앙일보』 경제부 차장 ○○○피고인에게 증권거래법 위반죄를 적용, 징역 1년 6개월에 집행유예 2년을 선고했다. 징역 5년을 구형받은 동생 ○○○피고인에 대해서도 같은 죄를 적용, 벌금 9억 2800만 원을 선고했다.[34]

(사례) 『미디어오늘』 2000년 3월 9일자는 "기자들이 다양한 방법을 통해 벤처기업의 주식을 거래하고 있으나 이를 법적으로 금지할 방법이 없어 대책마련이 시급하다는 지적이 일고 있다"면서 다음과 같이 보도하였다.

"전문가들에 따르면 기자들이 돈을 주고 주식을 샀거나 차명으로 주식을 받는다면 이를 제지하거나 추적할 법적 근거와 방법이 없다는 것이다. … 박형상 변호사는 '현재 언론윤리라는 것이 전혀 실효성이 없다'며 '공직자들처럼 기자들의 주식투자에 대한 명확한 규정이 있어야 한다'고 주장했다. 즉 사문화된 규정으로는 기자들의 비뚤어진 관행을 바로잡을 수 없다는 것이다. 그러나 기자들의 주식 취득을 무조건 막는 것도 옳지 않다는 지적이 있다. 부동산 기자가 집을 사면 안 되느냐는 식의 반발에 부딪칠 수 있기 때문이라는 것이다. 따라서 외국처럼 매년 초 기자들의 보유주식을 공개하거나 금액을 제한하는 등 구체적이고 실현 가능한 윤리규정의 마련이 검토돼야 한다는 목소리가 높아지고 있다."[35]

(사례) 『미디어오늘』 2000년 11월 9일자는 기자들이 홍보를 대가로 벤처기업의 '공짜' 주식을 받는 등의 방식으로 상호 유착을 꾀하는 이른바 '벤언유착'의 실태에 대해 보도하였다. 이 기사는 "벤처열풍이 불기 시작한 것은 지난해 초반쯤. 기자들의 상당수가 주식투자를 했다는 것은 공공연한 비밀이었다. 벤처들은 '대박' 꿈에 부푼 기자들을 주요 대상으로 삼았다. 주로 커뮤니티 기업들의 홍보활동이 왕성했다. 이들에게 언론보도는 곧 생사를 가르는 것이었다. 벤처들의 '떡값' '향응' 로비가 이어질 것은 뻔하다. 일부 벤처는 10%의 주식을 공무원·교수·기자들에 대한 로비를 위해 따로 관리하는 경우도 있었던 것으로 전해진다"며 다음과 같이 말했다.

"기자들의 주식거래가 사회적인 지탄의 대상에 오르자, 이제는 학맥과 인맥을 동원하는 사례가 늘고 있다. 최근 고대·이대 벤처클럽에 기자들이 가입됐다는 사실이 알려지자 기자들은 한결같이 '공정성을 해친다'고 비판했다. … 최근 검찰의 수사가 고대벤처클럽으로 확대되면서 일부 기자들이 정현준 씨의 사설펀드에 가입됐다는 얘기가 흘러나왔다 … '벤처와 언론의 안면 익히기' 수단으로 골프가 각광받고 있다. 정부·대기업에 집중돼 있던 기자들의 골프 접대 분위기가 벤처로 이전되는 현상이 나타나고 있는 것이다. 서울·경기 인근의 골프장을 예약하기 위해서 벤처 관계자들은 2~3달 전에 기자들과 약속을 잡아놓는 일이 생기고 있다고 한다. 벤언유착의 고리가 증거를 남기지 않는 접대·향응 등으로 패턴이 바뀌고 있는 것이다. 벤처기업의 한 관계자는 '기자가 골프비를 내는 것을 본 적이 있느냐'면서 윤리불감증에 빠진 기자들을 강하게 질타했다.[36]

(사례) 주식 받아먹은 기자·PD 구속: 2002년 1월 이른바 '윤태식 게이트'에 연루된 『매일경제』이모 기자가 윤씨의 벤처기업인 '패스21' 관련 홍보성 기사를 써달라는 조건으로 현금과 주식 등 1억 9000만 원을 받은 혐의로 배임수재죄로 구속되었다. 이에 앞서 SBS PD는 불리한 방송을 막아준다는 명목으로 2억 5000만 원 상당의 현금과 주식을 받은 혐의로 사기죄로 구속되었다. 이에 전국언론노동조합연맹은 각 언론사의 경제 관련 취재·보도를 하는 언론인의 주식 등 유가증권 보유내역을 윤리위원회에 공개하도록 임금단체협약에서 관철하라는 지침을 각 지부에 내리기로 했다.[37]

2004년 인터넷 경제정보 전문사이트 이데일리(www.edaily.co.kr)는 직원들에게 입사와 동시에 다음과 같은 내용의 각서에 서명하게끔 했다.
"본인은 이데일리 임직원으로 재직하는 동안 증권거래소 상장기업 및 코스닥시장 등록기업의 주식에 대한 매매를 하지 않을 것을 약속합니다."[38]

언론사의 윤리강령

언론의 자율규제 방식으로 외국에서 자주 거론되는 건 신문평의회와 옴부즈맨제도이다. 1916년 세계 최초로 스웨덴에서 신문평의회가 발족한 이래 세계 20여 개국에 이와 같은 기구가 존재하고 있지만, 쇠락해가는 추세를 보이고 있다. 언론사들의 불참과 협조거부로 1984년 미국전국뉴스평의회(National News Council)가 창설 10년을 채우기 바쁘게 해체된 데 이어, 전 세계 신문윤리위・신문평의회의 효시이자 전형이라 할 영국신문평의회가 1991년 1월에 해체되고, 자율규제기구로 신문불만처리위원회(Press Complaints Commission)가 만들어졌다.[39]

18세기 초 스웨덴에서 공무원에 대한 민원 조사관이란 뜻에서 비롯된 옴부즈맨(Ombudsman)제도는 여러 나라들에서 실시되고 있다. 미국의 경우 신문(보도)평의회와 옴부즈맨제도가 활성화돼 있지 않은 편인데, 이는 미국적 특성에 기인한 것으로 보인다. 이에 대해 표성수(서울지검 부장검사)는 다음과 같이 말한다.

"옴부즈맨이 존재하는 신문사는 미국의 일간지 1700여 회사 중 30여 개로 극소수에 불과하며, 대신문사로는 『워싱턴포스트』가 이에 참여하고 있다. 보도평의회에 관하여 보면, 1973년 20세기 기금(Twentieth Century Fund)의 후원으로 전국 차원의 평의회가 설립되었으나, 대언론사의 외면으로 1984년 폐지되고 … 미네소타주에서만 보도평의회가 활발히 운영되고 있다. 미국에서 이 제도가 정착하지 못한 것은 언론인들이 자신들의 편집활동에 제3자가 개입하는 것을 기피한 것에 중요한 원인이 있다."[40]

미국에서 언론의 자율규제에 대해 강력히 반발하는 대표적인 이론가는 절대주의적인 개인주의와 이기주의를 찬양하는 존 메릴(John C. Merrill) 교수이다. 그는 언론인 개개인의 책임과 윤리를 강조한다.[41]

우리나라에는 신문평의회가 없으며 옴부즈맨제 역시 전혀 독립성과 내실을 기하지 못한 채로 자사PR의 방식으로만 도입되고 있을 뿐이다. 일종의 자율규제기구로 한국신문윤리위원회가 있지만 큰 활약은 하고 있지 못하다.

1957년 4월 7일에 발족된 한국신문편집인협회는 다음 날 우리나라 최초의 신문윤리강령을 채택하였다. 그로부터 4년이 지난 1961년 8월 3일 편협은 언론의 자율규제를 통하여 군사정권의 언론통제에 대처하기 위한 일환으로 한국신문윤리위원회 회칙과 그 준칙이 될 신문윤리실천요강을 채택하였다. 이에 따라 같은 해 9월 12일 한국신문윤리위원회가 정식으로 발족하고 초대 회

장에 대법관을 지낸 김세완 변호사가 선출되었다.[42]

한국신문윤리위원회는 심의결과로 주의, 비공개 경고, 공개 경고, 정정, 취소, 사과, 관련자에 대해 윤리위가 정한 징계요구, 시정하지 않는 신문·통신사에 대한 경고와 회원자격 정치 또는 제명요구 등 '벌칙'의 8단계가 규정돼 있다. 그러나 주로 낮은 단계의 '벌칙'만 사용되고 있다. 1998년 6월부터 1999년 5월까지 신문윤리위의 제재 상황을 보면 기사는 공개 경고 3건, 비공개 경고 69건, 주의 160건이고, 광고는 비공개 경고 52건, 주의 132건으로 주의가 가장 많았다.[43] 2002년 4월부터 2003년 3월까지 1년 동안 처리한 안건에 대한 처분은 가장 낮은 단계의 3가지에 그쳤으며 '정정'부터 그 이상의 처분은 단 1건도 없었다.[44] 이런 경향은 이후에도 계속되었다.[45]

우리나라 언론의 가장 대표적인 자율규제 방식은 외화내빈(外華內貧)일망정 '윤리강령'이라고 보아야 할 것이다. 이 윤리강령은 단 한 번도 개정되지 않은 채 약 40년을 버티다가 『독립신문』 창간 100주년을 맞는 1996년 4월 8일(4월 7일은 일요일인 관계로)에서야 개정된 모습으로 나타나게 되었다.[46]

개정 신문윤리실천요강은 제1조 언론의 자유·책임·독립, 제2조 취재준칙, 제3조 보도준칙, 제4조 사법보도준칙, 제5조 취재원의 명시와 보호, 제6조 보도분류시한, 제7조 범죄보도와 인권존중, 제8조 출판물의 전재와 인용, 제9조 평론의 원칙, 제10조 편집지침, 제11조 명예와 신용존중, 제12조 사생활 보호, 제13조 어린이 보호, 제14조 정보의 부당이용금지, 제15조 언론인의 품위, 제16조 공익의 정의 등으로 구성되었다.

2009년 3월 4일 한국신문방송편집인협회는 신문윤리강령 및 실천요강을 개정해 확정 공포했다. 2008년 7월 개정 검토에 착수한지 약 8개월 만에 공포된 개정안은 앞서 소개한 바와 같이 범죄 피의자의 사진공개를 금지하던 규정을 바꾸었다. 개정안의 가장 큰 쟁점은 실천요강 제8조(출판물의 전재와 인용) 2항(타언론사 보도 등의 표절금지)이었다. 기존 요강은 "언론사와 언론인은 타언론사의 보도와 평론을 표절해서는 안 되며 출처를 명시하지 않고 실체적 내용을 인용해서는 안 된다"고 돼있었다. 이는 인터넷 시대엔 맞지 않다는 판단 하에 '복수의 매체나 웹사이트 등을 통해 공개된 정보'에 대해서는 출처를 명시하지 않아도 되게 예외를 인정하는 쪽으로 개정되었다.[47]

개별 언론사 차원에서도 각자 윤리강령을 갖고 있다. 개별 언론사로 가장 먼저 사내 윤리강령을 제정한 언론사는 『한겨레』신문이다. 『한겨레』신문은 1988년 5월 15일 10개항으로 돼 있는 윤리강령 전문과 6개항으로 돼 있는 윤리강령 실천요강을 채택하였다.

윤리강령 전문: ①언론자유의 수호 ②사실과 진실보도의 책임 ③독자의 반론권 보장 ④오보의 정정 ⑤취재원의 보호 ⑥사생활의 보호 ⑦정당 및 종교활동에 대한 자세 ⑧언론인의 품위 ⑨판매 및 광고 활동 ⑩사내 민주주의의 확립

윤리강령 실천요강: ①언론자유의 수호 ②금품 ③보도 및 논평 자료 ④취재비용과 여행 ⑤다른 목적을 위한 정보활동 금지 ⑥외부 활동의 제한

한겨레신문사에 이어 KBS 방송강령(1990년 1월 1일), MBC 방송강령(1990년 6월), 동아일보사 기자윤리강령(1991년 3월 29일), 부산일보사 사원윤리강령(1991년 9월 9일), 경향신문사 기자윤리강령(1991년 11월 5일), 조선일보사 편집국취재준칙(1991년 12월 8일), SBS 방송강령(1991년 12월) 등이 잇따라 채택되었다.

KBS 방송강령은 총 43개항으로 구성돼 있으며 총강은 "1.자유 2.책임 3.독립 4.방송의 공정성 5.인권의 존중 6.정정 7.품위" 등으로 나뉘어져 있다. MBC 방송강령은 '프로그램 기준'과 '행동준칙'으로 구성돼 있으며 총강은 "1.인권의 존중 2.사회정의와 민주질서 3.평화통일과 민족화합 4.민족문화의 창출 5.편성·보도·제작의 자유 6.공정성과 반론권 7.직업윤리와 품위" 등으로 나뉘어져 있다.

KBS 방송강령 전문: "우리는 이 땅의 방송을 대표하는 KBS인이다. 우리는 공영방송의 기능을 다해 국가발전과 국민생활 향상에 이바지하고 인간의 존엄성을 존중하며 세계평화와 인류의 행복을 추구하는 높은 이상을 실현한다. 우리는 자유언론의 실천자로서 국민의 알 권리를 충족시키고 진실과 정직, 그리고 균형을 바탕으로 한 공정방송을 성실히 수행한다. 우리는 전문방송인으로서의 직업윤리를 준수하며 지혜와 용기를 다하여 품위있고 책임있는 방송을 함으로써 우리에게 부여된 시대적 사명을 다할 것을 엄숙히 선언한다."

MBC 방송강령 전문: "국민의 방송인 문화방송에서 근무하는 우리는 방송의 사회적, 역사적 사명을 깊이 인식하고, 진실과 정의를 바탕으로 언론과 문화의 창달을 통해 국가의 발전과 국민의 복리 증진에 이바지하며, 나아가 세계평화와 인류공영을 위해 노력할 것을 엄숙히 선언한다. 우리는 방송에 국민이 참여하는 기회를 확대하여 사회구성원의 열망이 반영되고 조화될 수 있도록 노력함으로써 바르고 의로운 공동체적 삶을 실현하는 데 최선을 다한다. 우리는 이러한 사명이 진실을 바탕으로 다양한 의견을 불편부당하게 다루는 공정방송을 통해 수행되며, 공정방송은 문화방송의 독립성, 자율성, 그리고 이에 상응하는 강한 책임감이 뒷받침되어야 이루어진다고 확신한다. 우리는 이에 전문직업인으로서의 자질 향상을 위해 끊임없이 노력할 것을 다짐하며, 올바른 윤리의식을 확립하기 위한 원칙과 실천 기준을 마련하여 행동지침으로 삼기로 한다."

'인터넷 한겨레'가 2000년 4월 1일에 창간한 인터넷 신문 '하니 리포터'를 만드는 사이버 기자단 617명은 4월 29일 '사이버 기자 윤리강령'을 선포하였는데, 이 강령은 '출입처는 없으며, 취재영역에 금기와 성역이란 없다, 사실에 입각한 보도를 하고 퍼온 글의 출처는 반드시 밝힌다, 사이버 촌지를 비롯한 일체의 촌지를 받지 않는다, 크래킹하지 않는다, 네티즌의 반론권을 보장한다, 이메일 취재원도 철저히 보호한다, 사이버상의 인권보호와 올바른 인터넷 문화를 만들기 위해 노력한다' 등 7개의 문항으로 돼있다.[48]

윤리강령의 '이해 상충' 조항

언론인의 윤리에 있어서 가장 중요한 것 가운데 하나가 이해의 상충(conflict of interest)과 관련된 것이다. 이에 관한 윤리강령상의 조항은 언론인이 언론 활동을 하면서 그의 직분과 이해가 상충하는 다른 활동에 종사하거나 관여할 수 있느냐 하는 것에 관한 기준을 정한 것이다.

미 언론계 일각에선 이러한 윤리강령에 대한 반발도 있다. 팽원순은 "미국의 신문들 중에서 신문의 윤리기준은 기자들에게 새로운 부담을 과하거나 손해를 줄 수도 있는 것이기 때문에 신문사가 새로이 윤리기준을 정하고자 할 때는 먼저 기자노조 측과 협의를 거쳐야 한다는 주장을 기자들이 제기한 예도 있다"며 다음과 같이 말한다.

"위스콘신주 매디슨에서 발행되는 『캐피틀 타임스』와 펜실베니아주 포츠타운의 머큐리의 기자들은 기자들이 선물이나 공짜표를 받는 것은 그들의 정당한 수입에 속하는 것이므로 그런 것을 받지 못하도록 금하는 윤리기준을 신문사가 새로이 제정한 것은 기자들에게 손해를 입히는 것이기 때문에 기자노조와 새로이 협의를 거쳐야 한다고 주장했다. 그중 『캐피틀 타임스』 기자노조는 1976년에 전국노조조정국(NLRB)에 그 문제에 관한 판정을 신청한 일이 있었다. NLRB는 판정에서 신문사가 기자의 보도활동의 기준을 정하는 윤리강령은 자유로이 제정할 수 있으나 제재를 규정하는 기준을 정할 때에는 노조 측과 협의를 해야 한다는 판정을 내렸는데 그 판정을 미국신문노조 측에서는 지지했으나 많은 신문인은 선물이나 공짜표를 정당한 수입이라고 한 것은 '수치스러운 주장'이라고 반박하고 있다."[49]

미국언론의 '이해 상충' 조항은 다음과 같다.

AP 통신: ①뉴스원 또는 직장 외의 다른 곳에서 값있는 물건을 받아서는 아니 되며 ②선물이나 무료 또는 할인여행, 오락, 상품 및 숙박비 등을 제공받아서는 안 되며 ③뉴스보도에 관련된 비용은 통신사가 지불해야 하며(그리고 보도 기관의 멤버에 대한 특별 혜택 및 특별 대우는 피해야 하며) ④이해 상충되는 정치, 지역문제, 시위, 사회운동 등에 관여하는 것은 피해야 하며 ⑤통신사의 간부진은 투자 또는 다른 외부의 사업적인 이권을 피해야 하며 ⑥보상금이나 상금을 얻기 위해 기사를 쓰거나 편집을 해서는 안 되며 ⑦약삭빠른 상업 저널리즘의 경쟁 등으로 통신사 또는 그 직업에 불리한 인상을 주는 것도 피해야 한다.[50]

『뉴욕타임스』: ①사업 및 금융 분야를 담당한 직원은 공중에게 알려지지 않은 정보를 이용했다는 인상을 주지 않기 위해 어떤 주식도 단기로 사거나 팔아서는 아니 된다. ②사업 및 금융 기자는 그가 일상적으로 취재하는 회사들의 주식을 소유할 수 없다. ③사무원을 포함하여 뉴스부 직원은 누구도 본사에 고용되어 있는 기간 중 취득한 비공개 정보를 공개함으로써 또는 그 정보에 의거해서 행동함으로써 자신이나 타인을 위한 재정적 또는 기타의 이득을 취할 수 없다. ④사업·금융 담당 기자는 보상이 있든 없든 간에 타인을 위한 돈 관리를 할 수 없다. ⑤뉴스부 직원은 가족이나 또는 다른 사람의 명의로 주식을 거래하거나 소유할 수 없다.[51]

『워싱턴포스트』: ①우리는 우리의 비용을 우리 자신이 지불한다. ②뉴스원으로부터 선물을 받지 않는다. ③기업이나 금융시장을 보도함에 있어 이해 상충을 피하기 위해 기업 및 금융을 담당하는 직원은 그 부서의 부장에게 자신들의 증권소유를 공개해야 한다. ④직원들은 자체의 운영에 대한 민감한 정보도 공개해서는 아니 된다. ⑤부장의 승낙 없이는 다른 사람을 위해 자유기고나 연설을 할 수 없다. ⑥언론의 관심과 조사의 대상이 될 수 있는 지위에 있는 사람들과의 친밀한 교제나 사회적 결합을 경계해야 한다. ⑦가문이나 가족 성원의 기업적·직업적 연계는 부장에게 공개해야 한다.[52]

『밀워키 저널』: ①(『저널』지의 커넥션 이용) 사원은 본지에서의 지위를 상업계약, 기타 개인적인 치부를 위하여 이용해서는 안 된다. 특히 개인적인 비즈니스, 항의문 혹은 동종의 거래 등의 대외관계에 본지의 문방구를 사용하는 행위는 금지한다. ②(투자) 사원은 『저널』지의 뉴스보도와 모순되거나 그러한 이해 충돌의 인상을 주게 되는 재정투자 등 비즈니스 활동을 해서는 안 된다.[53]

『필라델피아 인콰이어러』: 입장하기 위하여 돈을 지불하지 않으면 안 되는 스포츠 경기, 영화, 연극, 서커스, 어이스 쇼 등등의 무료 티켓이나 패스를 사원과 사원 가족은 받아서는 안 된다. 업무 때문에 행사에 출석하지 않으면 안 되는 사원은 표를 사고, 본사에서 지불을 받도록 한다. 비평을 위하여 영화나 연극을 볼 필요가 없는 사원은 무료로 입장하는 짓을 해서는 안 된다.[54]

『디 모인 레지스터』: 윤리위원회는 한 잔의 커피, 핫도그, 혹은 식사 같은 것을 개인집에서 접대받는 것으로부터 문제가 일어난다고 인정했다. 이러한 상황을 푸는 열쇠는 판단이다. 커피값을 서로 지불하겠다고 하여 종업원이나 회사가 당혹하거나 가정에서 접대받은 식대를 지불하겠다고 하여 주부를 난처한 입장에 빠트리거나 하는 것을 바라지는 않는다 … 개인 또는 회사로부터 점심 또는 저녁 식사에 초대되었을 때 '네 당신과 만나는 것은 기쁩니다. 그러나 이런 경우 우리 회사 방침은 자신의 식사에 관해서는 자신이 지불하게 되어 있습니다. 이 점에 대해 사전에 미리 양해를 구해두고 싶습니다' 라는 의미의 말을 하는 것은 무례하지도 않고 프로답지 못하지도 않다. 이것은 윤리적인 것이라고 생각한다.[55]

『미네아폴리스 스타』: 서적, 레코드, 테이프를 포함한 상품 견본은 일반적으로 증여로 처리하고, 뉴스 목적에 사용하지 않은 것은 자선사업에 기부하지 않으면 안 된다. 이러한 처리 결과를, 보낸 사람에게 설명하는 편지를 우송하여야 한다. 뉴스 목적을 위하여 바람직한 상품, 레코드, 테이프 등은 기준 소매 가격으로 『스타』지가 보낸 사람으로부터 구입하여 『스타』지의 자산으로 한다. 매매의 결정은 편집장실에서 담당하며 이 방침은 개개 사원의 가정 혹은 직장에 송부된 것을 포함하여 모든 상품 견본에 적용된다.[56]

외국 언론만 엄격한 '이해 상충' 조항을 갖고 있는 건 아니다. 우리나라 언론사들도 대부분 나름대로 아름다운 '이해 상충' 조항을 제시하고 있다. 우선 신문윤리실천요강의 제14조와 제15조를 소개한 다음, 언론사들 가운데 비교적 자세한 '이해 상충' 조항을 '행동준칙'으로 제시한 문화방송의 경우를 살펴보기로 하자.

제14조(정보의 부당이용금지) 기자는 취재과정에서 얻은 정보를 본인, 친인척 또는 기타 지인의 이익을 위해서 사용하거나 다른 개인이나 기관에 넘겨서는 안 된다. ① (기자 본인 및 친인척의 소유 주식에 관한 보도제한) 기자는 본인, 친인척 또는 기타 지인이 이해관계를 갖는 주식 및 증권정보에 관해 보도해서는 안 된다. ②(소유 주식 및 증권의 거래 금지) 기자는 주식 및 증권정보에 관해 최근에 기사를 썼거나 가까운 장래에 쓰고자 할 때 그 주식이나 증권의 상업적 거래에 직접 또는 간접적으로 참여해서는 안 된다. ③(부동산 등 부당거래 금지) 언론인은 취재 및 기타 언론활동에서 얻은 정보를 부동산 거래 등 기타 사사로운 이익을 위해 이용해서는 안 된다.

제15조(언론인의 품위) 언론사와 언론인은 언론의 사회적 공기성에 합당하는 높은 직업적 기준을 준수함으로써 공인으로서의 품위를 지켜야 한다. ①(금품수수 및 향응 금지) 언론사와 언론인은 취재, 보도, 평론, 편집에 관련하여 이해 당사자로부터 금품, 향응, 무료여행 초대, 취재여행의 경비, 제품 및 상품권, 고가의 기념품 등 경제적 이

익을 받아서는 안 된다. 다만 서평을 위해 받은 서적은 예외로 하며 제품소개를 위해 받은 제품은 공공목적을 위해 사용해야 한다. ②(부당한 집단영향력행사 금지) 기자는 공동취재나 친목 또는 직업적 공동이익을 위한 목적 이외에 단체를 구성하거나 활동해서는 안 된다. 특히 이들 취재원으로부터 금품이나 부당한 향응을 받아서는 안 된다. ③(부당한 금전지불 금지) 언론인은 반사회적 범죄자에게 금전을 제공하는 등 비윤리적 방법에 의해 취재하거나 기타 자료를 취득해서는 안 된다. ④(기자의 광고·판매·보급행위 금지) 언론사는 언론직 종사자(편집자, 기자 등)에게 보급행위 및 광고 판매를 요구해서는 안 되며 언론직 종사자도 그런 요구를 받아들여서는 안 된다.

'MBC 방송강령'의 '행동 준칙'은 모두 '이행 상충' 조항으로 볼 수 있으며 그 내용은 다음과 같다.

1. 금품, 향응, 무료 서비스의 수수: ①우리는 직무와 관련하여 제공될지도 모를 특권을 바라거나 받아들이지 않는다. ②우리는 뉴스의 취재·보도, 또는 프로그램의 제작과 관련하여 금전 또는 선물을 받지 않는다. ③우리는 무료 여행 및 여행경비 보조를 받아들이지 않는다. 무료 교통, 또는 무료 숙박은 군사작전 지역이나 과학탐사 같은 불가피한 경우에 한한다. ④우리는 MBC의 권위와 신뢰를 해치고, 취재·보도 및 프로그램 제작과 관련된 판단에 영향을 끼칠지도 모를 금전, 선물, 무료서비스, 또는 향응은 평상시만이 아니라 휴가 때라 할지라도 받아들이지 않는다. ⑤흥행 또는 스포츠 행사에의 무료입장은 정상적인 취재활동에 한해서만 허용된다. ⑥우리는 취재·보도 또는 프로그램의 제작 등에 영향을 미칠 수 있는 외부의 어떠한 청탁도 받지 않는다. ⑦우리는 직책을 이용하여 외부기관 또는 외부인에게 어떠한 청탁도 하지 않는다.

2. 외부활동(이권개입): ①우리는 회사의 권위와 신뢰에 손상을 주는 사업 또는 투자에 개입하지 않는다. ②기업 또는 금융 프로그램 담당자는 그들의

증권 소유 상황을 해당 국장에게 신고해야 한다. ③취재 또는 제작 프로그램에 관련되는 개인이나 이익단체의 친인척은 이를 해당 국장에게 보고해야 한다. ④증권시장 담당자는 어떠한 기업의 주식도 소유할 수 없다. 다만, 국·공채, 투자신탁 등 자신들의 통제에 의해 영향을 받지 않는 투자는 제외한다. ⑤MBC에 고용되어 있기 때문에 획득한 정보(글, 영상자료 등)를 회사의 허가 없이 사적인 이익을 위해 사용할 수 없다. 특히 이미 보도되었거나 프로그램으로 방송된 정보는 비록 고쳐 쓰거나 시의에 맞게 자료를 보완했다 하더라도 회사의 허가 없이 타인에게 제공할 수 없다.

3. 외부활동(정치적 개입): ①우리는 정당에 가입하거나 정치활동을 하지 않으며, 방송내용을 통하여 공직 선거의 특정 후보자나 정당을 지지 또는 반대하는 행위를 하지 않는다. ②자신이 직·간접으로 관련된 정치적·사회적 이익단체에 대한 취재, 보도 및 프로그램의 제작에 직접 참여할 때에는 특정 이익단체와의 관련 사항을 해당 국장에게 밝혀야 한다.

4. 외부 취업: ①우리는 외부 취업을 원칙적으로 하지 않는다. 다만 제한적이지만 경우에 따라 예외가 있을 수 있다. 각 직원에게 부과된 업무활동에 지장을 초래하지 않는 범위 내에서 사전에 허락을 받고 정규 또는 비정규 업무, 특히 기구, 집필, 강의, 강연 등의 업무에 종사할 수 있다. 정규 외부 업무는 사장의 허가를, 비정규 외부 업무는 해당 국장의 허가를 받아야 한다. 회사는 합리적인 이유 없이 허가를 유보하지 않는다. 다만, 어떠한 경우든 회사 업무에 지장을 주는지의 여부에 대한 결정권은 회사가 갖는다. ②우리는 공공문제 프로그램으로서 그 목적이 언론의 문제와 관행을 토론하는 프로그램이거나, 가맹사의 프로그램인 경우를 제외하고는 원칙적으로 다른 방송사의 프로그램에 출연·참여할 수 없으며, 다른 방송사의 프로그램에 출연, 참여하고자 할 경우에는 해당 국장의 허가를 받아야 한다. ③어떠한 경우라도 우리나라 정부

나 외국 정부의 기관에 고용되거나, 정규적으로 용역을 제공할 수 없다.

5. 외부기관과의 관계: ①우리는 원칙적으로 외부기관, 예를 들면 정부기관이나 이익단체와의 무분별한 협조를 하지 않는다. 다만, 취재 또는 프로그램의 제작과정에서 개인의 생명이나 재산, 또는 국가안전에 중대한 위협이 되는 상황을 알게 됐을 경우에는 예외적으로 유관 기관에 신고하는 등 시민으로서의 의무를 행할 수 있다. ②뉴스 또는 프로그램의 공정성과 독립성을 저해하거나 그럴 가능성이 있는 외부기관, 또는 단체의 압력이나 요청을 배제한다.

윤리강령 무용론

"입사 때 한번 들쳐보는 것을 빼곤 누군가 비리 혐의로 세간에 오르내릴 때나 겨우 윤리 규정에 관심을 갖는다."

지난 1999년 한 언론인이 솔직하게 밝힌 윤리강령의 현주소다. 『한겨레』 1999년 6월 29일자는 "실제로 1988년 『한겨레』의 윤리강령 제정을 시작으로 중앙 일간지들과 방송사들도 앞다퉈 개별 윤리강령을 제정했으나 지금은 대부분 사문화됐다"며 다음과 같이 말했다.

"강령 내용 또한 경제부 기자들의 주식투자 제한 규정조차 없을 정도로 단순히 '청렴선언' 수준인 경우가 많다. 경제지들은 그나마 이런 윤리강령조차 아예 없는 상태다. 한국외국어대 김정기 부총장(신문방송학)은 '윤리강령이 추상적이라 위반 때도 제재를 못하고 있다'며 '비리가 불거질 때마다 비난을 무마하는 홍보수단으로 이용되는 조짐마저 있다'고 비판했다."[57]

"윤리강령이란 게 있다는 건 알지만 구체적인 내용은 잘 모른다. 아마도 촌지 같은 거 받지 말라는 규정이 있겠지." "입사해서 교육받을 때 한번 '그런 게 있구나'라고 봤을 정도다." "내용이 잘 기억 안 난다. 그런데 그거대로 지키는 기자가 얼마나 있겠나."

지난 2000년 윤리강령에 대해 질문을 받은 기자들이 솔직하게 밝힌 윤리강령의 현주소는 여전히 그 수준이었다.[58] 결국 '윤리강령 무용론'까지 나오는 지경에 이르렀다.[59] 이대로 무너질 수는 없다고 생각한 걸까?

2000년 11월 창사 10주년 기념식에서 SBS 윤세영 회장은 정직과 근검절약을 모토로 삼는 '뉴클린운동'을 선언했다. 이에 따라 각 본부별로 구체적인 실천방안을 모색했으며, 기자들 사이에서는 골프 접대, 광고 청탁, 취재원들과의 술자리, 협찬강요 등부터 고쳐야 한다는 건의가 나왔다. 또 기자의 정부위원회 참여, 특혜와 향응, 취재정보의 사적 이용, 외부기고 및 강연 원칙 등도 토론 안건으로 올라왔다. 이밖에도 지나친 회식 및 음주관행 자제, 공짜 골프 금지, 에너지 절약 실천, 호화 결혼식 자제, 근무 중 주식거래 및 불건전 사이트 접속 자제, 선물센터 설치 등에 대해서도 논의하기로 했다.

그러나 SBS 노조(위원장 오기현)는 "본부별로 실천방안을 공모하고 있지만 담당자를 빼곤 대부분 시큰둥한 반응"이라며 "2000년대의 실패한 새마을운동이 되지 않을까 우려된다"고 밝혔다. 박수택 전국부 차장 겸 기협 자정위원장은 "이번 기회에 제몫은 제가 부담하는 자비량(自備量)의 원칙이 확립돼야 한다"며 "기자들은 취재원과의 만남, 선후배와의 식사 등 일상 업무에서 소요되는 비용을 각자 부담하고, 회사는 취재여행, 연구·견학 등 외부에서 주선하는 취재활동에 대해 비용을 부담해야 한다"고 주장했다. 보도국의 한 기자는 "이 운동이 진행되는 것을 지켜보면서 추후 단순한 경비절감이나 사원들을 옥죄려는 의도라고 판단되면 적극 대응할 것"이라고 말했다.[60]

SBS 노조의 반발의 이면엔 한국 언론기업의 오랜 관행에 대한 문제제기가 숨어 있다. 윤리강령은 주로 미국에서 수입해오는데 미국의 경우엔 언론기업의 경비부담 원칙이 비교적 철저한 반면, 한국 언론기업들은 기자들에게 '각자 알아서 해결하라'는 식이니 바로 여기에서 윤리강령이 실효성을 거두기 어려운 괴리가 발생하는 것이다.

이와 같은 문제를 지난 1998년 연합뉴스의 윤리강령 제정에 참여했던 권훈 기자는 "우리가 베낀 참고서(주로 미국 언론의 윤리강령)에는 취재원이 경비를 대는 취재여행이 금물인 것은 물론 공연장 입장권이나 서평용 서적조차 제 돈으로 사야 한다는 것인데, 하루아침에 이런 관행을 없애는 것은 불가능하다는 지적이 제기됐다" 며 다음과 같이 토로했다.

"더 서글픈 사실은 '취재에 따른 모든 경비는 회사가 부담한다' 는 원칙이 회사 형편상 도저히 준수할 수 없는 것이 될 것이라는 뻔한 전망이었다. 고민에 빠졌다. 현실과 타협하자면 뭐 하러 이런 헌장을 만드느냐는 '강경파' 와 적어도 준수할 수 있는 윤리헌장을 만들어야 실효를 거둘 수 있다고 맞서는 '온건파' 와의 지루한 논쟁이 더위에서 오는 짜증을 더했다. 그러나 현실을 무시할 수 없다는 논리가 차츰 힘을 더해갔고 '강경파' 들은 '사안에 따라 취재 편의 제공을 받아들이되 원칙에 충실하자' 는 선에서 양보, 이 부분이 가까스로 정리됐다."[61]

그러나 모든 언론사의 윤리강령이 연합뉴스처럼 그런 논의 과정을 거쳐 만들어진 건 아니다. '윤리강령 무용론' 의 이면엔 애초부터 윤리강령이 실천보다는 홍보의 차원에서 만들어지기 때문에 실효성이 떨어진다는 점이 있다는 걸 간과해선 안 될 것이다. 그런 점에서 한국기자협회 KBS 지회장이자 KBS 사회1부 기자인 박선규 기자가 『신문과 방송』 1999년 9월호에 기고한 「대접 받았으면 나도 한번 사면 된다」는 제하의 글에서 한 말은 주목할 만하다.

박 기자는 "10년 넘게 기자생활을 하면서 나도 세상에 거절할 수 없는 촌지와 선물이 있다는 것을 몇 차례 경험했다. 그런 것은 죽어도 안 되겠다고 거절할 수도 없는 것이었다. 물론 절대 그렇게 할 수 없다고 아주, 아주 단호하게 거절할 수는 있겠지만 그것은 인간관계가 깨지는 것을 각오해야만 할 수 있는 선이었다. 이것은 인간관계를 가장 중요한 수단으로 삼아야 하는 기자들에게는 치명적인 일이 될 수밖에 없는 일이었다"며 다음과 같이 말했다.

"향응도 마찬가지다. 무엇을 향응이라고 규정해야 하고 또 어디까지를 지나친 것이고 어디까지는 지나치지 않은 것이라고 봐야 하는지 … 취재원과 함께 밥 먹고 술 마시지 않겠다는 선언은 무슨 의미인가. 결과적으로 기자의 길을 포기한다는 그런 얘기이거나 내근이나 하겠다는 의미 아닌가. 사람을 만나 사귀고 얘기를 통해 문제를 찾아내야 하는 그런 직업을 가진 사람들이 취재원과의 술자리, 밥자리를 하지 않겠다니. … 이것은 애당초 기자라는 직업의 특성을 전혀 고려하지 않은 지극히 무책임한 발상이 아닐 수 없다. 선언으로만 끝날 수밖에 없는 한계를 스스로 설정해놓은 꼴이었으니 그것이 어찌 제대로 지켜질 수 있었겠는가. 거듭 말하거니와 그렇다고 촌지를 받고 향응을 받아도 된다는 얘기는 결코 아니다. 원칙적으로 이 두 가지는 당연히 거부해야 하는 것이지만 거절하기 어려운 경우가 있다는 현실을 얘기하는 것이다. 다행히 우리는 이 문제를 해결할 능력을 가지고 있다."[62]

박 기자는 직업인의 상식을 강조한다. "이 상식을 통해 해도 되는 일, 해서는 안 되는 일, 해도 되는 선, 절대 해서는 안 되는 선을 구분할 충분한 능력"이 기자들에게 있다는 것이다. 그러나 '능력'의 문제는 결코 아닌 것 같다. '능력'은 있지만 '의지'가 없는 게 아닐까? 그리고 보통 문제 삼는 기자들의 촌지는 박 기자처럼 양심적인 기자가 어쩔 수 없는 경우로 거론하는 그런 건 아닐게다. 그러나 박 기자의 항변에서 분명히 귀담아 들을 건 있다. 기자들의 '촌지·향응'을 무조건 비난만 할 것이 아니라 한국 사회 전체가 거대한 '촌지와 향응의 소굴'이라는 점에 눈을 돌리고 그런 문제까지 감안한 보다 현실적인 윤리강령 제정이 어떨까 하는 생각이 든다.

기자들은 여전히 윤리강령을 거들떠보지도 않기에 더욱 그렇다. 한국언론 재단의 2005년 조사에 따르면, 전국 단위 10개 종합일간지 기자 10명 중 8명, 방송사 기자의 10명 중 9명 정도가 '신문윤리강령 및 실천요강'의 내용을 잘 모르고 있는 것으로 나타났다. 강령을 자세하게 정독한 경험이 있거나 포함하고 있는 내용을 알고 있다는 응답자는 신문이 19%, 방송은 11%에 지나지 않았다.[63]

'폴리널리스트'를 어떻게 볼 것인가?

언론사·언론인의 주식투자와 더불어 언론인의 사외이사 활동과 정부 위원회 참여도 논란거리다. 방송대의 김기원 교수는 언론인의 사외이사 겸직에 대해 '재언유착'이라고 비판하며 즉각 사퇴해야 한다고 주장한 반면, 『동아일보』의 한 기자는 "누가 사외이사를 맡느냐가 중요한 것이 아니라 제 역할을 다하는지가 중요하다"고 말했다. 이에 대해 『미디어오늘』은 "그러나 기업 사주와 특수 관계에 있는 언론인이나, 현직 경제부장 등이 사외이사를 맡는 것에 대해서는 대체로 '적절치 않다'는 반응을 보이고 있다"며 "특수 관계자나 경제 관련 데스크가 사외이사를 맡을 경우 사외이사의 본래 역할인 기업감시가 제대로 이루어질 수 없을 뿐 아니라 더 나아가 언론의 감시기능마저 퇴색될 수 있다는 지적이다"고 말했다.[64]

언론인의 정부 산하 자문위원회 참여에 대해 전남대 신문방송학과 변동현 교수는 "정부 자문 언론인은 정부에 대한 견제와 환경 감시기능을 수행해야 할 상황이 생겼을 때 이해의 상충을 느끼지 않을 수 없게 될 것"이라며 반대한 반면,[65] 『동아일보』 김재홍 논설위원은 언론인의 직업의식과 윤리관이 문제일 뿐 "정부가 정책을 결정하기 전에 민간 전문가들의 의견을 듣고 조정하는 자문위원회는 언론인들에게 매우 중요한 현장으로서 의미가 있"으며 그러한 '현장'은 "비판을 하더라도 비판을 하기 위한 비판이 아니라 정책의 본질과 관련된 지적과 제언을 내놓을 수 있는 심층자료를 얻는 현장"이라며 찬성했다.[66]

언론인의 사외이사 활동과 정부위원회 참여와 더불어 논란이 되는 건 언론인의 정치활동이다. 법적으론 1980년 이래 정당법 제6조에 의해 금지되어 오던 언론인의 정당 가입이 1993년 법개정으로 완전히 해제되었지만, 윤리적으론 여전히 논란의 대상이다.

2002년 12월 『한겨레』 홍세화 기획위원은 민주노동당에 가입한 후 16대 대통령선거 관련 MBC TV의 〈100분토론〉에 권영길 민노당 후보의 지지자로 참석해 사측으로부터 제재를 받았다. 한겨레신문사는 "정당에 가입하지 않으며, 특정 정당이나 특정 종교 및 종파의 입장을 대변하지 않는다"는 자사 윤리강령 제7조 위반을 이유로 홍 위원이 맡고 있던 '왜냐면'의 편집권을 정지시켰다. 이에 대해 김옥조는 "언론인에 대한 이해 상충을 예외 없이 경계하고 있는 언론윤리의 측면에서는 윤리강령의 규제 여부와 관계없이 자제하는 것이 옳다고 본다"고 했다.[67]

가장 문제가 되는 건 이른바 폴리널리스트다. 폴리널리스트(polinalist: politics+journalist)는 언론인으로서의 위상을 이용해 정관계 진출을 시도하는 언론인을 가리킨다. 『경향신문』 2007년 7월 6일자 사설은 "올해 12월 대통령선거와 내년 4월 총선이라는 본격적인 정치의 계절을 맞아 하루 전까지만 해도 신문사 편집국장과 논설위원 등으로 일하면서 '정치 중립' '공정 보도'를 부르짖었던 중견 언론인들이 바로 다음 날 대선주자 캠프로 출근하는 사례가 속출하고 있"다며 "이들에게는 '폴리페서'처럼 정치(politics)와 언론인(journalist)의 의미를 합친 '폴리널리스트'란 이름을 붙일 수도 있겠다"고 했다.

이 사설은 "직업선택의 자유가 보장돼 있는 민주국가에서 언론인들의 정치 참여를 봉쇄할 수는 없는 일이다"며 "그러나 이른바 '이해 충돌'을 막기 위해 퇴직공무원의 특정분야 취업을 일정기간 동안 제한하는 공직자윤리법 등을 감안한다면 각 언론사도 이에 준하는 제도적 장치를 마련할 필요가 있다"고 했다.

『한겨레』는 폴리널리스트를 언론계의 '산업 스파이'라고 불렀다.[68] 2007년 10월 24일 서울 프레스센터에서 열린 '2007 대선, 언론인과 교수의 정치참여 어떻게 볼 것인가' 토론회에서 『경향신문』 기자 이재국은 언론인의 정치참여에 대해 과감한 실명비판을 하면서, 언론인의 무분별한 정계 진출로 인해 언론에 대한 신뢰의 위기가 선을 넘었다고 경고했다.[69]

폴리널리스트가 극소수라면 굳이 폴리널리스트라는 작명도 필요 없었을 것이다. 폴리널리스트는 집단적 현상이다. 언론인 출신 국회의원은 늘 전체 국회의원의 10%를 넘는다. 2000년 제16대 총선에선 44명(16.1%), 2004년 제17대 총선에선 42명(14%), 2008년 제18대 총선에선 36명(12%)이었다. 18대 의원 36명을 언론사별로 보면 KBS 6명, MBC 5명, 『동아일보』 4명, 『중앙일보』 4명, 『조선일보』 3명, 『한국일보 3명, SBS 3명, 『한겨레』 2명, YTN 『경향신문』 『서울일보』 『헤럴드미디어』 『한국경제』 『경인일보』 출신은 각 1명씩이다. 정당별로 보면 한나라당 21명, 민주당 7명, 무소속 3명, 자유선진당 2명, 민주노동당 1명 순이었다.[70]

국회의원이 되려고 시도를 한 언론인들까지 합하면 그 수는 훨씬 더 많아진다. 제18대 총선의 경우 언론인 출신 공천자의 수는 64명이었는데, 공천 탈락자와 그 비슷한 수준에서 포기한 수까지 합하면 100여 명은 되지 않을까? 늘 꿈은 꾸고 있지만 여건상 시도하지 못한 잠재적 폴리널리스트의 수는 수백 명에 이른다고 보는 게 옳으리라.

국회 외에도 폴리널리스트가 갈 수 있는 곳은 많다. 2009년 2월 『미디어오늘』의 조사에 따르면, 지난 대선에서 이명박 대통령 선거캠프에 있던 언론인 출신 인사 41명을 추적한 결과 29명이 공직에 있거나 언론계에 재직 중인 것으로 드러났다. 또 청와대 및 정부기관에도 언론계 출신이 다수 입성했다.

대선 캠프에 있던 전직 언론인 상당수는 정부 산하기관으로 직행했다. 신재민 전 『주간조선』 편집장은 문화부 차관, 임은순 전 『경향신문』 논설위원은 신문유통원장, 기세민 전 『남도일보』 정치부장은 신문유통원 경영기획실장, 서옥식 전 연합뉴스 편집국장은 한국언론재단 사업이사, 양휘부 전 방송위원회 상임위원은 한국방송광고공사 사장, 김인규 전 KBS 이사는 한국디지털미디어산업협회 회장, 최규철 전 『동아일보』 논설주간은 뉴스통신진흥회 이사장으로 임명됐다. 또 임연철 전 『동아일보』 논설위원은 국립중앙극장장, 김종완 전 『동아일보』 부국장은 국민체육진흥공단 상무이사, 김용한 전 CBS 본부장은 한국토지공사 감사로 재직 중이다. 특히 구본홍 YTN 사장, 이몽룡 스카이라이프 사장, 정국록 아리랑 TV 사장, 차용규 OBS 사장 등 캠프 출신 인사

상당수가 언론계로 와 '낙하산' 논란이 일기도 했다. 공보단 소속 이동관 전 『동아일보』 정치부장, 박홍신 전 『경향신문』 부국장, 김좌열 전 『경북일보』 서울지사 부국장은 모두 청와대에 입성했다. 방송특보였던 곽경수 전 KBS 기자는 청와대 춘추관장, 언론위원을 역임한 이성준 전 『한국일보』 편집인 · 함영준 전 『조선일보』 사회부장은 각각 언론문화특별보좌관과 문화체육비서관에 임명됐다.[71]

이 정도면 언론인 개개인의 윤리의식을 문제 삼는 건 기본일 뿐, 그것이 논의의 중심이 되어서는 안 된다는 걸 시사한다. 왜 이렇게 폴리널리스트가 많은가? 그 첫 번째 이유는 두말할 필요 없이 '폴리페서(polifessor: politics+professor)'의 경우처럼 한국의 '정치지상주의' 문화 때문이다. 얼른 생각하면 '정치혐오주의'와 '정치지상주의'는 상호 상극일 것 같지만, 실은 동반자 관계다. 그건 마치 삼성의 온갖 비리 의혹에 비판적 자세를 취하는 20대들이 취업 제1순위로 삼성을 원하는 것과 같은 이치다. 파란만장한 역사를 살아온 한국인은 '이상은 이상, 현실은 현실'이라는 분리주의에 익숙하다.

두 번째 이유는 언론산업의 불안정성과 미래의 불확실성 때문이다. 아니 불확실한 정도가 아니라 불안하다. 언론이 치열한 경쟁을 하더라도 산업적 차원의 비전을 위해선 상호협력해야 함에도 우리에겐 그런 문화가 없다. 그저 서로 못 잡아먹어 으르렁 거리기에만 바쁜 나머지 산업적 차원의 자해(自害)도 서슴지 않는다. 자본 없는 단독자로 존재하는 폴리널리스트 개개인을 탓하기 이전에 자본 상층부의 그런 문제를 바로 잡아야 할 것이다.

세 번째 이유는 산학협동체제의 부재 때문이다. 한국엔 미국이나 일부 유럽 국가들의 경우처럼 산학협동체제가 마련돼 있지 않다. 언론사 상층부 승진 경쟁에서 낙오되었거나 그런 경쟁 자체를 싫어하는 사람들은 대학 강단에 서서 예비 언론인들을 가르치는 직업으로 전환할 수 있어야 하는데, 우리 현실은 전혀 그렇지 못하다. 물론 극소수 언론인들이 대학 강단에 서기도 하지만, 그건 그야말로 상징적 수준에만 머무르고 있을 뿐이다. 대학이 지금처럼 변하지 않는다면, 언론계가 협력해 언론전문대학을 세우거나 이 카드로 대학을 압박하는 방법도 있을 텐데, 이는 그간 전혀 시도되지 않았다.

네 번째 이유는 언론인이라는 직업의 전후후박(前厚後薄) 문화 때문이다. 언론인은 조직의 리더 역을 맡기도 하지만 기본적으론 전문가 단독자 모델이다. 그런 특성은 다른 분야에 진출한 자신의 학교 동기들과 비교해 20~30대엔 빛나지만, 40~50대엔 처량해진다. 이 점에선 교수도 똑같다. 시간강사나 정교수나 스스로 학생 출석 부르고 답안지 채점해야 하는 건 똑같다. 기사 딸린 자가용, 아무리 써도 마르지 않는 판공비, 미모의 여(남)비서 등은 영원한 그림의 떡이다. 그래서 자신의 삶에 욕심이 많은 이들은 자꾸 눈길을 정치권으로 돌린다.

다섯 번째 이유는 언론의 신뢰 저하로 인한 자긍심의 박약이다. 사람이 물질만으로 사는 건 아니다. 자긍심이라는 게 있다. 그런데 언론 신뢰도가 바닥으로 추락했으니 무슨 재미로 버티겠는가. 많은 이들이 폴리널리스트가 언론 신뢰도를 떨어뜨린다고 우려하지만, 폴리널리스트들의 생각은 다르다. "더 떨어질 신뢰가 남아 있는가?" 이 점에서 또 안타까운 게 언론계의 리더들이다. 일부 언론의 과도한 당파성과 언론계 내부의 이전투구(泥田鬪狗)가 신뢰 저하를 불러온 주범이라는 걸 깨닫고 다른 길을 모색했어야 했는데, 그렇게 하지 않았다.

이런 상황에서 폴리널리스트만 비판해선 달라질 게 있을 것 같지 않다. 언론계 전체의 문제로 알고 집단적 차원의 대응 방안을 차분하게 모색해보는 것이 더 발전적이다. 일부 언론이 국가와 민족을 생각하느라 거친 모습을 보이는 것도 좋겠지만, 제발 그런 애국심을 자제하고 언론의 살 길부터 먼저 찾으면 좋겠다. 그게 곧 폴리널리스트를 줄이는 길이기도 하다.

왜 전문가주의가 언론의 고립을 낳는가?

전문가주의(professionalism)는 전문직의 실력과 권위를 인정하고 존중하는 걸 의미하는 동시에 그 권위가 부당하게 권력화하는 걸 비판하는 의미로도 쓰인다. 이 후자의 용법과 관련, 조지 버나드 쇼는 "모든 전문직은 평범한 사람들에 대한 음모"라고 주장했다.

권위를 권력화하지 않더라도 전문가주의에 불가피한 분업으로 인한 폐해도 만만치 않다. A. N. 화이트헤드는 일정한 전공 분야를 좁고 깊게 탐구하고, 인접 분야에 대해 전혀 무지한 상태는 상당한 위험성을 내포하고 있다며 다음과 같이 주장했다.

"왜냐하면 이러한 전문화는 일정한 틀에 박힌 정신을 낳게 할 뿐이기 때문이다. 정신적으로 틀에 박힌다는 것은 자유분방한 창조적 상상력을 그만큼 약화시킨다. … 세부적으로 편중된 진보는 통합하는 작용을 약화시키기 때문에 그만큼 위험성이 증대된다. 무엇보다도 전체적으로 통합된 비전을 구현할 건전한 지혜는 균형을 유지하는 발달에서만 생겨난다."[72]

이 전문주의는 지식인들에게도 심각한 문제로 대두되고 있다. 에드워드 사이드는 지식인의 타락이 부분적으론 전문주의라고 하는 '프로화'에서 비롯된 것이라고 보기 때문에 지식인은 '아마추어'가 되어야 한다고 역설한다.[73]

조흡의 해설에 따르면, "그는 소위 학원 프로정신을 비판하고 있는데, 그가 생각하는 미국 대학 내에서의 프로정신이란 시대에 순응해 현재 통용되고 있는 말하는 방법을 읽히는 것일 뿐이라고 얘기한다. 그러나 바로 이런 정형화된 형식논리 때문에 지적 생명이 커나가지 못하고 위축되고 있으며, 학생들이 공부나 일을 좋아서 또는 호기심으로 아마추어적 열정을 가지고 접근하기보다는 해야 되기 때문에 하게 되는 프로정신을 낳게 되었다고 개탄하고 있다. … 지식인이란 아마추어적 열정을 가지고 어떤 압력에도 굽히지 않고 반드시 해야 할 이야기는 하는 저술가를 의미하며, 이들은 오로지 일반 시민들의 이익을 위해 본인의 철학을 바탕으로 그들을 계도할 수 있는 여론을 환기시킬 책임이 있다고 주장한다. 그러기 위해서는 자신이 소속되어 있는 기관의 이데올로기와 타협할 것이 아니라 독립적인 목소리를 낼 수 있는 용기를 가져야 한다고 말하고 있다."[74]

그러나 현실적으로 전문주의의 위험성은 쉽게 간과되지 않는다. 전문가들의 전문주의적 언어가 대중의 사고의 틀마저 규정해버리기 때문이다. 이는 마치 여론조사를 아무리 많이 한다 해도 설문이 어떻게 구성돼 있느냐에 따라 영원히 알아낼 수 없는 대중의 생각이 있는 것과 같은 이치이다. 홍성민이 피에르 부르디외와 관련하여 다음과 같이 한 말에 주목할 필요가 있겠다.

"부르디외의 예를 따르면, 오늘날 정치에 대해서 말을 한다는 것은 사회적으로 이미 존재하고 있는 언어를 얼마나 많이 습득하고 있는가에 달려 있다. 즉 정치적 능력이란 언어에 대한 독점과 관련되어 있다는 뜻이다. 더욱이 정치적 언어에 대한 독점은 소위 '전문가(professional)' 들에게 위임되는 경우가 일반적이고 보면, 정치적으로 중요한 문제가 무엇인가를 결정하기 위해 여론조사를 한다는 절차 자체가 이미 전문가들이 만들어놓은 언어게임의 놀이에서 벗어나지 못하고 마는 것이다. 왜냐하면 정치적 문외한은 자신의 개인적인 판단과는 상관없이 전문가들이 만들어놓은 언어를 통해서만 정치에 대하여 의견을 말할 수 있기 때문이다."[75]

이정우도 "현대사회의 거의 모든 문제는 복합적이며, 각종 담론들의 종합을 통해서만 제대로 접근할 수 있다. 그러나 많은 경우 학자들의 논의는 결국 자신의 전공을 강조하는 행위로 빗나간다. 현대사회에 있어 '전공' 이라는 개념 자체가 커다란 사회문제이다" 라고 주장했다.[76]

기술연구는 전문가주의가 당연시되는 분야이지만, 여기에도 함정은 있다. 이상욱은 현대 기술연구에 필수적인 '전문성' 을 기술 연구자만이 가지고 있지 않으며, 현대 기술연구의 특징을 고려할 때 사회적 합의는 선택이 아니라 필수라고 지적하면서, 기술연구 과정에는 기술 자체에 대한 지식만이 아니라 그 기술을 사용할 사람들이 어떤 생각을 가지고 그 기술에 반응할 것인지에 대한 사회문화적인 고려와 잠재적인 부작용에 대한 명시적 고려가 필요하다고 주장했다.[77]

많은 사람들이 언론인의 '전문가주의'를 예찬하는 경향이 있으나, 비판적 시각을 갖고 있는 사람들은 전문가주의를 작업의 본질적 특성을 향상시키기 위한 과정이 아니라 작업에 대한 보다 큰 통제를 갖기 위한 정치적 과정으로 파악한다.[78]

언론인들에게 전문가주의는 ①보다 높은 사회적 지위를 누리기 위한 방편 ②객관주의를 근간으로 하여 공정하다고 하는 신뢰를 얻기 위한 후광효과의 전술 ③'동료집단통제'와 '동료집단평가'를 앞세운 조직적 필요의 산물 ④언론인들의 조직에 대한 종속을 은폐하고 자율성을 과시하기 위한 수단 등의 성격을 갖고 있는 것으로 지적되고 있다.[79]

언론의 전문가주의는 언론의 권위를 높이는데 기여하였지만, 동시에 언론이 '독립'을 넘어서 '고립'으로 전락하는 데에 일조하였다. 한 가지 단적인 예를 들자면, 기자와 일반인의 관심 분야가 다르다. 기자들은 특종을 중요하게 여기는 이른바 전문가의 함정에 빠져있다. 그러나 과연 특종이 일반인에게도 그렇게 중요한 의미를 갖는 것인가?

미국의 경우, 1997년의 한 조사에 따르면 신문기자의 3분의 2가 그들이 성장한 지역이 아닌 다른 곳에서 취재하고 있었다. 코바치·로젠스틸은 "언론인들은 뜨내기 노동자, 저널리즘의 사회에서만 거주하는 사람, '뉴스의 배두인족(News Bedouins)'이 되고 있다"고 꼬집었다.[80] 이는 언론인이라는 직업이 전문직업화한 탓이다.

더욱이 오늘날의 전문직업은 관료조직을 배격하는 것이 아니라 오히려 선호하는 경향이 있다. 조직적 연계가 없는 전문직업인들은 완벽한 자율성을 누린다고 뽐낼 수는 있겠지만 그건 '권력 없는 자율성'에 지나지 않는다.[81] 언론인들이 내세우는 전문가주의의 가장 큰 함정이 바로 여기에 있다고 볼 수도 있다.

그렇다고 해서 전문가주의가 필요 없다거나 사라져야 한다는 건 아니다. 전문가주의에 대한 비판은 전문가주의가 '특권'이나 '면죄부'의 도구로 이용

되고 있는 현실에 대한 경고일 뿐이다. '열린 전문가주의'나 '봉사하는 전문
가주의'로 좀 더 낮은 곳에 임하면서 사회적 소통에 충실해야 한다는 주문으
로 여기는 게 옳으리라.

'신뢰' 만이 살 길이다

KBS · MBC가 BBC보다 나은 점도 많다

2008년 7월 30일 영국 방송통신규제기구인 오프콤(Ofcom:Office of Communications)은 BBC에 퀴즈 프로그램 등을 조작했다는 이유로 40만 파운드(약 8억 원)의 벌금을 부과했다. 이는 공영방송에 부과된 벌금 중 가장 많은 액수다. 오프콤은 "BBC 일부 프로그램 제작진은 시청자가 퀴즈에서 우승할 가능성이 거의 없다는 것을 뻔히 알면서도 퀴즈 참여를 계획적으로 부추겼고, 심지어 어떤 프로그램은 기술적 결함이 발생하자 가상의 인물을 우승자로 만들기도 했다"고 이유를 밝혔다. 지적받은 프로그램은 TV와 라디오 부문에서 4개씩 모두 8개인데, 이 프로들은 녹화된 방송을 생방송인 것처럼 내보냈을 뿐 아니라 시청자 퀴즈 코너에서는 BBC 직원 10명 정도가 시청자를 가장해 전화를 걸고 가상의 인물을 우승자로 선정했다는 지적을 받았다.[1]

이 이야기를 소개한 이유는 한국의 KBS나 MBC가 BBC보다 나은 점도 많다는 걸 말하기 위해서다. 이 책은 '법과 윤리'를 다루느라 불가피하게 한국 대중매체의 어두운 면을 많이 소개했지만, 그렇다고 해서 우리의 대중매체를 너무 폄하하지는 말자는 것이다. 언론도 마찬가지다. 노암 촘스키가 미국 언론을 비판한 책들을 읽다보면, 미국언론이나 한국언론이나 거기서 거기라는 데에 공감하게 될 것이다. 미국 사회가 거짓과 편법이 흘러넘치는 '치팅컬처(Cheating Culture)'의 지배하에 놓여있다는 정치학자 데이비드 캘러헌(David Callahan)의 개탄도 참고할 필요가 있겠다.[2]

이 책에서 지적된 한국 대중매체의 문제점은 앞으로 더욱 잘해보자는 뜻으로 이해하면 좋겠다. 법과 윤리를 지키는 수준을 높이기 위해 무슨 일에서부터 출발해야 할까? 언론, 특히 신문이 바람직한 변화를 위한 출발점이다. 신문이 모든 대중매체의 기본이자 원형이라는 점에서 그렇다. 그런데 신문이 위기에 처해 있다. 특히 신뢰의 위기가 가장 심각하다. 지난 2001년 한국언론재단에 의해 언론의 신뢰도를 제고하기 위한 연구가 본격적으로 이루어졌지만,[3] 이후에도 신뢰도는 계속 추락하기만 했다.

15.0%로 떨어진 신문 신뢰도

한국언론재단의 조사에 따르면, 한국인의 신문구독율은 1996년 69.3%, 1998년 64.5%, 2000년 58.9%, 2002년 53.0%, 2004년 48.3%, 2006년 40.0%, 2008년 34.6%로 지속적인 감소 추세를 보였다. 지난 12년간 연평균 2.9% 포인트 정도의 구독률 하락세가 나타나고 있다.[4]

훨씬 더 심각한 문제는 신뢰도의 추락이다. 신문의 신뢰도는 1984년 49.3%, 1986년 52.2%, 1988년 56.2%, 1990년 55.4%, 1992년 46.2%, 1998년 40.8%, 2000년 24.3%, 2006년 18.5%, 2008년 15.0% 등으로 점차 하락했다. 2008년 조사에서 특정 사안에 대해 신문, TV, 잡지, 라디오, 인터넷 등 5개 매체가 동시에 보도했을 경우 어떤 매체의 보도 내용을 가장 신뢰하는지 알아본 결과, TV를 '가장 신뢰한다'는 응답이 61.7%로 가장 많았고, 다음은 인터넷(20.0%), 신

문(15.0%), 라디오(2.7%), 잡지(0.4%) 순으로 나타난 것이다.[5]

반면 2008년 봄 한국리서치가 한국신문협회의 의뢰를 받아 실시한 '신문독자 프로파일 조사'에선 신문의 신뢰성·심층성·유익성·신속성·정확성·다양성을 평가하는 항목의 점수는 2년 사이 모두 올라간 것으로 나타났다. 신문의 신뢰도는 2006년 62.7%에서 2008년 71.4%로 가장 큰 폭의 변화를 보였다.[6] 이에 『중앙일보』 4월 8일자 사설은 다음과 같이 주장했다.

"어제는 제52회 신문의 날이었다. 이날 한국신문협회가 발표한 독자 조사 결과는 신문에 대한 믿음과 기대가 크다는 점을 다시 확인하게 한다. 독자들은 세상 돌아가는 정보를 주로 신문에서 얻고 있으며 그 다음이 인터넷, 방송의 순서였다. 특히 신문의 신뢰성 지수는 71.4%를 기록, 2년 전 조사 때보다 더욱 높아졌다. 하지만 신문이 이런 응답에 만족해서는 안 된다. 지난 정권에서 방송이 정권 편들기 보도로 신뢰를 잃은 탓에 상대적으로 신문이 믿음직해 보인 측면이 크기 때문이다."[7]

신문구독률 하락의 이유

과연 어느쪽 조사를 믿어야 할까? '신뢰'의 개념과 조사방법의 차이에 따른 차이이겠지만, 한국언론재단의 조사가 더 중립적일 수밖에 없다는 점을 지적하는 것으로 족할 것 같다. 비슷한 시기에 『경향신문』이 독립 언론으로 출범한지 10주년을 맞아 한국사회여론연구소에 의뢰해 한국언론학회 회원 190명을 대상으로 '한국 언론 상황에 대한 진단 및 평가'에 대한 여론조사를 실시한 결과가 그걸 말해준다.

이 조사에서 언론학자들은 기본적으로 언론과 언론인을 신뢰하지 않는 것으로 나타났다. '언론을 신뢰한다(매우 신뢰한다+신뢰하는 편이다)는 응답은 33.7%에 그친 반면, '신뢰하지 않는다(전혀 신뢰하지 않는다+별로 신뢰하지 않는다)'는 대답은 65.8%로 무려 두 배 가까이 높았다. 언론인에 대한 신뢰도 조사는 더 참담했다. 학자들 가운데 언론인을 '매우 신뢰한다'고 응답한 사람은 단 1명도 없었고, '신뢰하는 편'이라는 응답도 29.5%에 그쳤다. 반면, '별로 신뢰하지 않는다'(64.2%)는 응답과 '전혀 신뢰하지 않는다'(6.3%) 등 '신뢰하지 않는다'는 대답이 70.5%로 '신뢰하는 편'이라는 응답의 2배 이상이었다. 언론학자들은 신뢰 회복을 위해 가장 필요한 것으로 41.1%가 '언론인의 직업윤리와 전문성 강화'를 꼽았다. 이어 '특정 정치세력에 치우치지 않는 공정성 유지(35.3%)' '과점구조 등 언론시장 환경 개선(13.2%)' '광고주 등 경제권력으로부터의 종속성 탈피(8.4%)' 순이었다.[8]

신문의 구독률 하락은 인터넷 등 경쟁매체의 출현, 신뢰도 하락은 과도한 정파성 때문인 것으로 분석되고 있다.[9] 신문의 대 인터넷 전략도 큰 실수였다. 2007년 5월 한국언론재단 미디어연구팀 최민재 박사는 『경향신문』 초청강연에서 "국내 신문들이 최근 4~5년 사이 포털사이트에 염가로 뉴스를 제공해온 탓에 신문시장이 반토막 났다"면서 "이렇게 가면 신문이 살 수 없다"고 말했다. 이와 관련, 설원태는 "포털사이트에 기사를 염가로 제공하는 것은 국내 신문업계에만 있는 기이한 '자아 파괴' 현상인 듯합니다"라고 말했다.[10]

미국 · 일본 신문들의 자구책

한국이 특히 심하긴 하지만 신문의 위기는 전 세계적인 현상이다. 2007년 세계적으로 유료신문 발행부수는 전년 대비 2.6% 증가하긴 했지만, 이는 신문발전도상국들 덕분이다. 발행부수 기준 세계 100대 신문 중 가장 많은 수인 25개가 있는 중국에서 발행부수가 지난 1년간 3.8% 증가했으며, 2위로 100대 신문에 포함되는 신문이 19개인 인도는 전년 대비 11.2% 증가했다. 그러나 이미 신문이 발달한 나라에선 계속 감소 추세를 보이고 있다.[11]

신문은 새로운 온라인 전략으로 위기를 돌파하려 애쓰고 있다. 2007년 6월 20일 미국 뉴욕에서 열린 '2007 미디어 중간 리뷰' 행사에서 22개의 지역신문과

150개의 주간신문 등을 경영하는 미디어 제너럴(Media General)의 COO(Chief Operating Officer)인 라이드 애시는 "인터넷은 더 이상 부가서비스(add-on)가 아니다. 속보 등에서 인터넷은 우리의 필수불가결한 미디어"라며 "얼마나 많은 사람들이 특정한 신문을 읽는가는 중요하지 않다. 어떤 플랫폼(신문, 인터넷, 휴대폰 등)을 통해서든 우리의 콘텐츠를 본 모든 독자가 중요하다"고 선언했다. 미국ABC협회도 미국신문협회(NAA), 조사업체인 스카보로 리서치사와 함께 '종이신문 부수'와 '웹사이트 방문자 수'를 병합해서 측정하는 새로운 시스템을 공동개발키로 했다고 밝혔다.[12]

2007년 9월 온라인 유료 콘텐츠의 성공적 모델이었던 미국의 유력지 『뉴욕타임스』와 『월스트리트저널』이 무료서비스로 돌아섰다. 유료 콘텐츠 수익보다는 광고시장에 무게를 두겠다는 것이다.[13] 2007년 10월 일본에선 『요미우리신문』 『아사히신문』 『니혼게이자이신문』이 포털에 대항해 공동 뉴스 사이트를 만들기로 합의했다. 그러나 전국지와 지역지 52개사가 참여해 만든 인터넷 동맹 '47뉴스'가 아사히 및 요미우리의 아성과 포털의 영향력을 무너뜨리지 못한 것처럼 3사의 제휴 파급력이 미미할 수도 있을 것이라는 전망도 나왔다.[14]

2007년 11월 미국에서 아마존닷컴이 출시한 전자책 단말기 '킨들(Kindle)'에는 전자책 외에 매일 신문을 자동으로 내려받을 수 있는 기능이 포함되었다. 독자가 잠든 새벽에 종이신문이 집 앞에 배달되듯이 전자파일 형태의 신문도 무선통신망을 통해 킨들 단말기에 자동으로 전달된다. 이처럼 IT 기술이 발달하면서 신문은 종이매체의 한계를 벗어나 유무선 인터넷, 멀티미디어와 적극적으로 결합하는 추세다.[15]

"인터넷이 신문을 가지는 형태가 될 것"

한국은 언론사와 포털의 공동 비즈니스 모델을 찾자는 움직임이 특징인데, 『조선일보』 『국민일보』 『동아일보』 『문화일보』 『세계일보』 『스포츠조선』 『전

자신문』『한국경제』『한국일보』『헤럴드미디어』등이 참여한 온라인 뉴스사업 연합체 '뉴스뱅크'가 대표적이다. 10개 신문사로 구성된 뉴스뱅크협의회가 포털에 뉴스 콘텐츠 판매와 이에 따른 광고 수익분배를 제안했고, NHN, 다음 등 포털들이 이를 수용했다.[16]

휴대폰으로 신문을 보는 모바일 서비스도 이루어지고 있다. 『조선일보』는 2006년 10월 업계 최초로 휴대폰 이용자에게 아침마다 무료로 신문기사를 보내주는 '모바일조선' 서비스를 시작했으며, 2007년 11월 현재 27만 명이 아침에 휴대폰을 열어 신문을 본다. 『한국경제』 신문도 2007년 1월 같은 서비스를 시작했다. 신문사들이 힘을 합쳐 공동으로 온라인 동영상 서비스를 하기도 하는데, 사건의 현장에서 뛰는 기자들이 직접 만든 UCC(사용자생산콘텐츠)를 인터넷을 통해 독자들에게 전달하는 태그스토리가 바로 그것이다. 태그스토리에는 『조선일보』『국민일보』『세계일보』『스포츠서울』『노컷뉴스』 등 국내 20여 개 언론사가 참여해 제작한 뉴스 동영상을 언론사 사이트와 주요 포털에 기사와 함께 제공하고 있다.[17]

2008년 6월 1일부터 4일까지 스웨덴 남부도시 예테보리에서 제61회 세계신문협회(WAN) 총회 겸 제15회 세계편집인포럼(WEF)이 열렸다. 세계 각국의 신문발행인, 편집인, 언론인 등 1800여 명이 신문산업을 멀티미디어 시대에 성장산업의 핵심이 되도록 하자는 취지 아래 편집국을 어떻게 통합해 정보의 핵심조직으로 만들지 등을 논의했다.

이 포럼에서 이노베이션 대표 후안 세뇨르(Juan Senor)는 "혁신이냐 죽음이냐"라는 주제를 들고 신문의 혁신을 강조하면서 그리스의 『타이포스(Typos)』신문을 사례로 들었다. 그는 "이 신문이 유럽에서 가장 선진적인 뉴스룸을 가졌다"고 평가했다. 『타이포스』 신문에는 '슈퍼데스크'가 있어서 미디어 사이의 종합적인 지휘를 하고 있다. 슈퍼데스크는 콘텐츠를 먼저 파악한 다음 이것이 어느 매체로 갈 것인지 결정한다. 어느 매체에 가느냐에 앞서 이 회사는 콘텐츠에 중점을 두면서 "어떻게 하면 변화의 흔적 없이 제대로 변화하느냐"

를 놓고 노력했다고 한다. 세뇨르에 의하면, 『타이포스』는 작업의 흐름을 변화시켰고, 온라인과 오프라인을 통합했고, 마감시간을 없애 '굴러가는 마감(rolling deadline)' 제를 도입했다. 멀티미디어 상황에서는 하루 중 언제라도 마감시간이기 때문이다. 세뇨르는 "앞으로는 신문이 인터넷 사이트를 가지는 형태가 아니라, 인터넷이 신문을 가지는 형태가 될 것"이라고 예측했다.[18]

'신뢰'를 외면할 것인가?

미국 노스캐롤라이나대학의 저널리즘 교수 필립 마이어는 지난 수십 년간의 신문구독자 감소 추세가 앞으로도 지속된다면, "2043년이면 신문구독자는 하나도 존재하지 않게 된다"고 주장했다.[19] 이와 관련, 허광준(위스콘신대학 신문방송학 박사과정)은 "신문이 살아남기 위해서 중요한 조건이 또 한 가지 있다. 마이어 교수의 모델에 따르면, 신문의 수익성은 최종적으로 독자의 신뢰에서 나온다. 신문은 그 생존의 양 축이라 할 영향력과 구독자 수가 모두 독자의 신뢰로 결정된다. 독자가 굳게 믿고 신뢰하는 신문은 하다못해 망하더라도 가장 늦게 망할 것이다"며 다음과 같이 말했다.

"최근 일부 신문사가 지상파 방송시장에 진출하려고 한다. 신문이 방송시장을 엿보며 군침을 흘리는 것은, 그 정당성과는 별개로, 신문산업의 밝지 않은 미래로 미루어보아 이해가 되는 일이다. 그러나 새로운 미디어 시장 진출을 통해 살아남는 일보다 독자의 신뢰를 확보하면서 생존하는 일이 우선이다. 전자가 기업 마인드라면 후자는 언론 마인드다. 신문이 장사꾼인가, 언론인가. 그 선택은 신문 스스로가 한다."[20]

신문위기론은 기우(杞憂)인가? 신뢰의 문제를 어떻게 극복할 것인지 신문 스스로 결정할 일이다. 이는 "앞으로는 신문이 인터넷 사이트를 가지는 형태가 아니라, 인터넷이 신문을 가지는 형태가 될 것"이라는 세뇨르의 예측을 어떻게 평가하느냐에 달린 문제이기도 하다. 신문은 살아남겠지만 그 위상과 형태가 예전과는 크게 다르리라는 것이다.

한국의 경우, 신문들이 위기라고 하면서도 스스로 자화자찬(自畵自讚)하는 방식으로 신문 홍보에 주력하고 지금처럼 과도한 정파성을 드러낸다면 급속한 몰락의 길을 걸을 수밖에 없다. 특히 일부 유력지들이 신문·방송 겸영을 유일한 대안으로 삼고 '올인' 하느라 다른 자구책을 소홀히 한다면 몰락의 속도는 더욱 빨라질 수도 있다.

"나이키의 진짜 경쟁자는 닌텐도"

"나이키의 진짜 경쟁자는 아디다스나 리복이 아니라 닌텐도다."

『중앙일보』 정진홍 논설위원의 말이다. 그는 그 이유를 이렇게 설명했다. "게임에 빠진 아이들은 집안에 틀어박혀 바깥으로 나와서 놀려고 하지 않는다. 그러니 나이키 운동화나 운동복을 신고 입을 기회는 그만큼 줄어든다. 아이들이 나와서 뛰놀아야 나이키든 아디다스든 리복이든 입고 신을 것 아닌가. 그래서 나이키와 아디다스 그리고 리복은 더 이상 경쟁자이기 이전에 공동운명체가 되는 것이고 이들 가운데 선두인 나이키의 진짜 경쟁자는 닌텐도가 되는 셈이다." [21]

정진홍의 이 충고는 정치권을 향한 것이지만, 이는 우리 신문들에게 더욱 필요한 게 아닐까. 신문들 사이의 작은 경쟁에만 함몰된 나머지 신문산업 전체를 공멸의 위기에 빠트릴 수 있는 악수를 거듭한 게 한두 번이 아니었다. 출혈 판촉경쟁에서부터 인터넷에 대한 대응에 이르기까지 어쩌면 그렇게 자해에 능한지 감탄을 금치 못하게 만들었다.

한동안 우리 신문들은 '블루오션(Blue Ocean)' 바람의 전도사 역할을 자임하면서 기업들을 향해 서로 피투성이가 될 때까지 싸우는 '레드 오션(Red Ocean)'의 문제를 직시하라고 충고했다. 그런데 정작 자신은 '레드 오션'에서 탈출할 생각은 전혀 하지 않았으니, 이 어찌 놀라운 일이 아니랴.

신문의 '제 살 깎아먹기'

신문들이 산업 차원의 자구책을 완전히 외면한 건 아니다. 그런 자구책 가운데 하나는 '독서' 캠페인을 들 수 있겠다. 책과 신문은 공동운명체라는 걸 간파한 현명한 전략이다. 그런데 이 캠페인조차 겉돌고 있다. 신문의 출판면을 보라. 번역서 우대가 지나치다.

한국 출판시장에선 번역서가 전체 종수의 4분의 1 이상, 베스트셀러 목록 중 절반 이상을 차지한다. 한국의 번역서 비율 29%는 세계최고기록이며, 그것도 일본 8%, 중국 4%, 미국 2.6%에 비해 월등히 높은 최고 기록이다.[22] 출판 담당 기자들은 이런 현실을 반영할 수밖에 없으며, 번역서 우대의 책임은 자신들보다는 번역서의 수준에 근접하지 못하는 국내 필자들의 역량에 있다고 말하고 싶을 것이다.

일리가 있는 반론이긴 하지만, 그게 신문의 '제 살 깎아먹기'일 수 있다는 생각도 해보는 게 좋겠다. 책과 신문은 공동운명체이긴 하지만, 번역서의 경우는 좀 다르다. 지방신문이 겪는 최대의 어려움 중 하나는 지방민들이 자신이 살고 있는 지역보다는 서울에 더 관심을 갖고 있다는 점이다. 그러니 지방신문 기사가 영 시시하게 보인다. 이런 이치는 중앙지에도 그대로 적용될 수 있다. 신문은 한국 사회의 이모저모에 대한 관심을 상행위의 동력으로 삼는 장사인데, 신문 스스로 그런 관심을 홀대하고 독자들의 눈을 밖으로만 돌리게 할 경우 빚어질 결과가 무엇이겠는가.

국내 필자의 역량이라는 것도 주요 필자층이 될 수 있는 대학교수들이 대중과의 대화를 외면하는 바람에 생겨난 문제지만, 신문이 주도권을 행사할 수 있는 여지는 있다. 예컨대, 출판을 염두에 둔 연재기사나 외부기고 기획을 상시적으로 시도함으로써 기사의 품질도 높이는 동시에 출판효과도 거둘 수 있잖은가. 『경향신문』의 『민주화 20년의 열망과 절망』『민주화 20년, 지식인의 죽음』 등이 그 좋은 예다. 그밖에 만화제작이나 강연회 개최 등과 같은 다양한 시도를 함으로써 이른바 '원 소스 멀티 유스(one-source multi-use)'나 '창구 효과(window effect)'를 실현할 수도 있는 것이다.

신문의 진짜 경쟁자는 누구인가?

그런 맥락에서 신문의 과도한 재벌 싱크탱크 의존도도 다시 생각해볼 일이다. 2007년 10월 한달 동안 18개 주요 일간지의 삼성경제연구소 인용 보도가 무려 251건에 이르렀다는 건 신문 스스로 '지식산업'의 일원이 되겠다는 걸 포기한 것에 다름 아니다. 그렇게 하는 게 단기적인 인건비 절감효과는 있을지 몰라도 장기적으론 신문의 경쟁력을 죽이는 것이다. 기자를 '소모품'으로만 쓸 것이 아니라 그들을 한국 사회의 중추적인 지식인 집단으로 육성하는 게 한국 사회를 위해서나 신문산업을 위해서나 바람직한 일이 아니겠는가.

비판과 조롱과 권모술수 해설 일변도로 나아가고 있는 기존 정치 저널리즘의 틀도 이젠 전면 재고할 때가 되었다. 정치야말로 신문의 영원한 효자상품인데, 총선 투표율이 46%로까지 떨어진 상황에서 무엇을 더 기대할 수 있겠는가. 정치인들 뒤꽁무니만 쫓아다니는 기자 인력을 과감히 줄여서 그들로 하여금 '정치와 민생'에 관한 의제설정을 주도하게 해야 한다.

지난 2006년 7월 한국개발연구원(KDI) 경제정보센터가 국민 1500명을 표본 추출해 설문조사한 결과에 따르면, '정당을 믿는다'는 11.4%, '국회를 믿는다'는 8.7%였다. 한국의 사회적 신뢰가 그야말로 엉망진창 수준이라는 걸 말해주는 것이다. 이런 극단적인 불신체제하에서는 신문도 같이 죽는다. 이제 각 신문은 스스로 다짐하고 실천해야 한다.

"우리의 진짜 경쟁자는 A신문이나 B신문이 아니라 한국 사회에 대한 무관심과 공적 불신과 우리의 지적 태만이다."

'카타르시스 산업'의 구조변동

신문의 신뢰도 추락은 '표현의 자유'의 위기로도 볼 수 있는 게 아닐까? 왜 '표현의 자유'가 필요한가? 그간 여러 이론들이 제시되었지만, 프로이트의 견해는 독특하다. 앞서 살펴본 바와 같이, 그는 개인이나 집단이 표현의 자유를 통해 현명한 결정을 내릴 수 있다고 믿기보다는 표현의 자유가 심리학적으로 유익하다는 걸 높이 평가했다. 표현의 자유는 이른바 '카타르시스 효과'를 가져와 공격적 욕구를 해소하는 데에 기여할 수 있다는 것이다.

그러나 전통 언론이 주도해온 '카타르시스 산업'은 인터넷의 등장으로 크게 성장한 동시에 내부적인 구조변동에 직면해 있다. 카타르시스 기능에 관한 그 어떤 매체도 인터넷을 능가할 수 없기 때문이다. 주요 기능이 엔터테인먼트인 텔레비전은 큰 타격을 받진 않을 것이다. 생사의 기로에 서 있는 건 바로 신문이다.

미국 『뉴욕타임스』의 칼럼니스트 윌리엄 새파이어는 인터넷의 힘이 커져 온갖 매체의 뉴스가 난무할수록 신뢰성 있는 정보에 대한 대중의 욕구는 더욱 강해질 것이기 때문에 신문은 결국엔 '절망의 구렁텅이'에서 벗어날 것이라고 전망한 적이 있다.

비단 새파이어뿐만 아니라 많은 전문가들이 신문의 위기에 대한 대안으로 제시하는 건 '신뢰'와 '권위'다. 만약 이 대안이 타당하다면, 한국 신문은 기존 '카타르시스' 기능과 '정파적 저널리즘' 모델에 대해 다시 생각해봐야 할 것이다.

이념의 좌우를 막론하고 자신의 이념적 당파성에만 충실한 대안은 대안이라고 보기 어렵다. 대안은 실천을 전제로 해야하기 때문에 '소통' 가능성을 활짝 열어놓는 것이어야 한다. 그런데 우리 시대의 논객들은 이념 전사(戰士)로서의 투지와 기상만 돋보일 뿐, '화합'의 방안은 전혀 고려하지 않는다. 자신의 옳음을 전제로 하는 가운데 상대편은 이미 '악인'이거나 '바보'로 규정돼버렸기 때문에 그들이 달라져야만 한다는 게 유일한 화합 방안이라면 방안인 셈이다.

과거 '내지르기'가 필요한 시절이 있었다. 도저히 화합으로 수렴을 할 수 없는 상황 말이다. 그러나 이제 김대중·노무현 정권을 거친 이 시점에서도 수렴 대신 '내지르기'로만 내달려야 할까? 귀찮고 고통스럽더라도 익숙한 것과의 결별을 시도하면서 전체 판의 상황 분석과 판단을 다시 해봐야 하는 게 아닐까?

'배설'보다는 '신뢰'와 '권위'

한국 신문이 고수하고 있는 기존 '계몽 패러다임'도 다시 생각해볼 일이다. 신문의 생명은 비판에 있다는 대원칙을 의심해보자는 것이다. 인터넷 덕분에 이젠 보통사람들도 비판에 참여할 수 있게 되었다. 또 비판은 정파적으로 해석되기 때문에 '신뢰'와 '권위'를 주장하기 어렵다. 그런데도 겨우 30%대의 구독율과 10%대의 신뢰도를 누리고 있는 신문이 비판에만 몰두해야 하겠는가?

정치인 및 정치화된 시민들은 각자 평행선을 달리며 따로 놀기 때문에 비판의 효과가 있을 것 같지도 않다. 카타르시스 기능에 충실한 정치인과 정치집단이 크게 성공할 수 있는 것도 그런 '정치 과잉'의 현실을 웅변해주고 있다. 한국 정치는 '누가 더 잘 하나' 경쟁이 아니다. 누가 더 못하는가를 고발하는 경쟁이다. 그래서 비판을 받으면 더 잘해볼 생각은 않고 왜 저쪽이 더 잘못했는데 우리를 비판하느냐고 억울하게 생각한다.

요즘은 어린 애들도 훈계하고 가르치기가 어려운 세상이다. 권모술수에 능한 정치권을 대상으로 계몽을 시도하기보다는 차라리 중간적 입장을 부각시키고 대안제시에 주력해 '신뢰'와 '권위'를 얻는 게 더 효과적이지 않을까 하는 생각이 든다.

비판은 쉽고 대안제시는 어렵다. 이건 신문의 입장에선 제작비용의 문제다. 그래서 신문이 비판을 선호하는 것이겠지만, 습관도 적잖이 작용한다. 이제 기자들은 모든 전통적 저널리즘의 관행을 의심해보고 새로운 자기계발에 나서야 한다. 외부 필자에게도 대안제시 위주의 칼럼을 요청함으로써 비용의 문제를 어느 정도 극복할 수 있을 것이다. 신문은 '배설 기능'에 탁월한 인터넷과는 다르게 가면서 '신뢰'와 '권위'를 가져야만 생존할 수 있다. 그것이 스스로 이루는 언론개혁의 길이기도 하다.

주

머리말

1) 기획취재팀, 「'사법 저울'이 기울었다: 강한 자엔 '솜방망이' 약한 자엔 '쇠몽둥이'」, 『경향신문』, 2000년 12월 26일, 1면.

2) 임지선 · 김보미, 「젊을수록 '사회 불신' 강하다」, 『경향신문』, 2009년 2월 6일자; 임지선, 「고교 · 대학생, 가족 · 친구만 믿고 사회집단 못 믿는다」, 『경향신문』, 2009년 2월 6일자.

3) 오관철, 「소득 · 학력 높을수록 '연줄 중시'」, 『경향신문』, 2006년 12월 27일, 3면.

4) 강준만, 『각개약진공화국』, 인물과사상사, 2008.

5) 이재진, 「한국 언론법제 교육의 현실과 쟁점: 대학에서의 언론법제 교육을 중심으로」, 『언론중재』, 통권 105호(2007년 겨울), 4~20쪽.

제1장

1) Thomas I. Emerson, 「The Function of Freedom of Expression in a Democratic Society」, 『Toward a General Theory of the First Amendment』(New York: Vintage Books, 1966), pp.3~15.

2) 팽원순, 『매스코뮤니케이션 법제이론』, 법문사, 1988, 58~59쪽.

3) 염규호, 「미국에서의 명예훼손과 사생활침해: 헌법이론과 학설을 중심으로」, 『언론중재』, 통권 51호(1994년 여름), 38쪽.

4) 염규호, 「미국에서의 명예훼손과 사생활침해: 헌법이론과 학설을 중심으로」, 『언론중재』, 통권 51호(1994년 여름), 38~39쪽에서 재인용.

5) 염규호, 「미국에서의 명예훼손과 사생활침해: 헌법이론과 학설을 중심으로」, 『언론중재』, 통권 51호(1994년 여름), 40쪽에서 재인용.

6) 팽원순, 『매스코뮤니케이션 법제이론』, 법문사, 1988, 65쪽에서 재인용; 염규호, 「미국에서의 명예훼손과 사생활침해: 헌법이론과 학설을 중심으로」, 『언론중재』, 통권 51호(1994년 여름), 41쪽.

7) 팽원순, 『매스코뮤니케이션 법제이론』, 법문사, 1988, 61쪽; 고명섭, 「"책은 생명과 진리의 담지자": 언론 자유의 경전 '아레오파기티카'」, 『한겨레』, 2008년 5월 31일자.

8) 로버트 하그리브스(Robert Hargreaves), 오승훈 옮김, 『표현자유의 역사』, 시아출판사, 2006, 187~188쪽.

9) 존 밀턴(John Milton), 임상원 역주, 『아레오파지티카: 존 밀턴의 언론 출판 자유에 대한 선언』, 나남, 1998); 박상익, 『언론자유의 경전 아레오파기티카』, 소나무, 1999.

10) 로버트 하그리브스(Robert Hargreaves), 오승훈 옮김, 『표현자유의 역사』, 시아출판사, 2006, 193~194쪽.

11) 로버트 하그리브스(Robert Hargreaves), 오승훈 옮김, 『표현자유의 역사』, 시아출판사, 2006, 194~195쪽.

12) 존 네론(John Nerone) 엮음, 차재영 옮김, 『최후의 권리: '언론의 4이론'을 넘어서』, 한울아카데미, 1998), 66, 172~174쪽.

13) 염규호, 「미국에서의 명예훼손과 사생활침해: 헌법이론과 학설을 중심으로」, 『언론중재』, 통권 51호(1994년 여름), 40쪽.

14) 팽원순, 『언론법제신론』, 나남, 1989, 21쪽.

15) 표성수, 『언론과 명예훼손』, 육법사, 1997, 50쪽.

16) Joel Schwartz, 「Freud and Freedom of Speech」, 『American Political Science Review』, 80:4(December 1986), pp.1227~1248.

17) 강재륜, 『논리학』, 대왕사, 1996, 67~68쪽; 에드워드 데이머, 김회빈 옮김, 『엉터리 논리 길들이기』, 새길, 1999, 188쪽.

18) 염규호, 「미국에서의 명예훼손과 사생활침해: 헌법이론과 학설을 중심으로」, 『언론중재』, 통권 51호(1994년 여름), 37쪽.

19) 이구현, 『미국언론법』, 커뮤니케이션북스, 1998), 508쪽.

20) 정태철, 「언론 전문직업인주의(professionalism)의 필요성: 1987년 민주화 이후 한국 언론의 문제와 개혁에 대한 논의」, 『언론과학연구』, 제5권2호(2005년 8월), 438쪽.

21) 설원태, 「저널리즘이여 안녕: 의심스러운 시대의 커뮤니케이션 정치」, 『신문과 방송』, 제415호(2005년 7월), 144~145쪽.

22) Richard Buel, Jr., 「Freedom of the Press in Revolutionary America: The Evolution of Libertarianism, 1760~1820」, Bernard Bailyn · John B. Hench eds., 『The Press and the American Revolution』(Boston, Mass.: Northeastern University Press, 1981), pp.87~88.

23) 엄기열, 「자치적 민주주의 위해 언론책임 강조해야: 미 수정헌법 1조에 대한 해석의 문제」, 『신문과 방송』, 제377호(2002년 5월), 137쪽.

24) Don R. Pember, 『Mass Media Law』 1996 ed.(Dubuque, Iowa: Brown & Benchmark, 1996), p.43.

25) 한병구, 『언론과 윤리법제』 증정판, 서울대학교출판부, 2000, 317쪽.

26) 팽원순, 『매스코뮤니케이션 법제이론』 개정판, 법문사, 1988, 117~118쪽에서 재인용.

27) Brian Morton, Chomsky Then and Now, 『Nation』, May 7,1988,pp.646~652.

28) 리처드 커니(Richard Kearney), 김재인 외 옮김, 「노엄 촘스키: 언어의 정치학」, 『현대 사상가들과의 대화』, 한나래, 1998, 87쪽.

29) 리처드 커니(Richard Kearney), 김재인 외 옮김, 「노엄 촘스키: 언어의 정치학」, 『현대 사상가들과의 대화』, 한나래, 1998, 87~88쪽.

30) 리처드 커니(Richard Kearney), 김재인 외 옮김, 「노엄 촘스키: 언어의 정치학」, 『현대 사상가들과의 대화』, 한나래, 1998, 88~89쪽.

31) 리처드 커니(Richard Kearney), 김재인 외 옮김, 「노엄 촘스키: 언어의 정치학」, 『현대 사상가들과의 대화』, 한나래, 1998, 89쪽.

32) Don R. Pember, 『Mass Media Law』 1996 ed.(Dubuque, Iowa: Brown & Benchmark, 1996), p.43.

33) 팽원순, 『매스코뮤니케이션 법제이론』, 법문사, 1988, 110쪽에서 재인용.

34) 이시엘 디 솔라 풀(Ithiel de Sola Pool), 원우현 옮김, 『자유언론의 테크놀러지』, 전예원, 1985, 101쪽.

35) 이시엘 디 솔라 풀(Ithiel de Sola Pool), 원우현 옮김, 『자유언론의 테크놀러지』, 전예원, 1985, 102쪽.

36) 김철수, 『헌법학개론』 제12전정신판, 박영사, 2000, 599~600쪽.

37) 양건, 「표현의 자유」, 김동민 편저, 『언론법제의 이론과 현실』, 한나래, 1993, 57쪽; 한병구, 「언론법 사조」, 한병구 편, 『언론법제통론』, 나남, 1990, 329쪽.

38) 마이클 H. 헌트(Michael H. Hunt), 권용립·이현휘 옮김, 『이데올로기와 미국외교』, 산지니, 2007, 239~241쪽.

39) F. L. 알렌(Frederick Lewis Allen), 박진빈 옮김, 『원더풀 아메리카』, 앨피, 2006, 82쪽.

40) 양건, 「표현의 자유」, 김동민 편저, 『언론법제의 이론과 현실』, 한나래, 1993, 39쪽.

41) 하워드 진(Howard Zinn)·레베카 스테포프(Rebecca Stefoff), 김영진 옮김, 『살아있는 미국역사』, 추수밭, 2008, 186쪽; 마이클 H. 헌트, 권용립·이현휘 옮김, 『이데올로기와 미국외교』, 산지니, 2007, 245~246쪽.

42) F. L. 알렌(Frederick Lewis Allen), 박진빈 옮김, 『원더풀 아메리카』, 앨피, 2006, 56~65쪽.

43) F. L. 알렌(Frederick Lewis Allen), 박진빈 옮김, 『원더풀 아메리카』, 앨피, 2006, 98쪽.

44) 팽원순, 『매스코뮤니케이션 법제이론』, 법문사, 1988, 112쪽에서 재인용.

45) 팽원순, 『매스코뮤니케이션 법제이론』, 법문사, 1988, 113쪽.

46) Don R. Pember, 『Mass Media Law』 1996 ed.(Dubuque, Iowa: Brown & Benchmark, 1996), p.44.

47) 장호순, 『미국헌법과 인권의 역사: 민주주의와 인권을 신장시킨 명판결』, 개마고원, 1998, 33쪽.

48) 장호순, 『미국헌법과 인권의 역사: 민주주의와 인권을 신장시킨 명판결』, 개마고원, 1998, 105쪽.

49) 강준만, 「조셉 매카시와 매카시즘」, 『커뮤니케이션 사상가들』, 한나래, 1994, 11~41쪽.

50) 팽원순, 『매스코뮤니케이션 법제이론』, 법문사, 1988, 115~116쪽.

51) Don R. Pember, 『Mass Media Law』 1996 ed.(Dubuque, Iowa: Brown & Benchmark, 1996), pp.43~44.

52) 성낙인, 『언론정보법』, 나남, 1998, 68쪽에서 재인용.

53) 팽원순, 『매스코뮤니케이션 법제이론』, 법문사, 1988, 63쪽에서 재인용.

54) Don R. Pember, 『Mass Media Law』 1996 ed.(Dubuque, Iowa: Brown & Benchmark, 1996), pp.44~45.

55) Alexander Meiklejohn, 「To Advocacy, the First Amendment Guarantees Freedom; To Incitement, It Guarantees Nothing」, Harold L. Nelson ed. 『Freedom of the Press from Hamilton to the Warren Court』(Indianapolis: Bobbs~Merrill, 1967), pp.66~78.

56) 염규호, 「미국에서의 명예훼손과 사생활침해: 헌법이론과 학설을 중심으로」, 『언론중재』, 통권 51호(1994년 여름), 41쪽.

57) 제롬 A. 배런(Jerome A. Barron), 김병국 역, 『누구를 위한 언론자유인가』, 고시계, 1987.

58) Merle W. Loper, 「Media Access and the First Amendment's Romantic Tradition: A Commentary on Jerome A. Barron, Freedom of the Press for Whom?」, 『Maine Law Review』, 26(1974), p.427.

59) John R. Snowden, 「Barron's 'Good Book' Examines Access Notion」, 『Nebraska Law Review』, 53:2(1974), p.323.

60) 한병구, 『언론과 윤리법제』 증정판, 서울대학교출판부, 2000, 76쪽에서 재인용.

61) Jack McDonald, 「Book Reviews: Freedom of the Press For Whom?」, 『North Dakota Law Review』, 50(1973 Fall), pp.153~160; Clifton Daniel, 「Right of Access to Mass Media: Government Obligation to Enforce First Amendment?」, 『Texas Law Review』, 48(1970), pp.783~790.

62) Don R. Pember, 『Mass Media Law』 1996 ed.(Dubuque, Iowa: Brown & Benchmark, 1996), p.45.

63) 김동철, 『자유언론법제연구』, 나남, 1987, 207~208쪽.

64) Don R. Pember, 『Mass Media Law』 1996 ed.(Dubuque, Iowa: Brown & Benchmark, 1996), p.554.

65) 팽원순, 『매스코뮤니케이션 법제이론』 개정판, 법문사, 1988, 209~210쪽; 김동민, 「편집권과 언론에 대한 국민의 권리」, 김동민 편저, 『언론법제의 이론과 현실』, 한나래, 1993, 228쪽.

66) 김동민, 「서론: 언론법제연구의 새로운 관점」, 김동민 편저, 『언론법제의 이론과 현실』, 한나래, 1993, 21쪽에서 재인용.

67) 김동민, 「서론: 언론법제연구의 새로운 관점」, 김동민 편저, 『언론법제의 이론과 현실』, 한나래, 1993, 21~22쪽.

68) 제롬 A. 배런(Jerome A. Barron), 김병국 역, 『누구를 위한 언론자유인가』, 고시계, 1987), 22쪽.

69) 김동철, 『자유언론법제연구』, 나남, 1987, 219쪽.

70) 팽원순, 『매스코뮤니케이션 법제이론』 개정판, 법문사, 1988, 203~207쪽.

71) 제롬 A. 배런(Jerome A. Barron), 김병국 역, 『누구를 위한 언론자유인가』, 고시계, 1987, 313쪽.

72) Ben H. Bagdikian, 「Right of Access: A Modest Proposal」, 『Columbia Journalism Review』, Spring 1969, p.12.

73) 제롬 A. 배런(Jerome A. Barron), 김병국 역, 『누구를 위한 언론자유인가』, 고시계, 1987, 315~316쪽.

74) 제롬 A. 배런(Jerome A. Barron), 김병국 역, 『누구를 위한 언론자유인가』, 고시계, 1987, 317쪽.

75) J. A. 바론, 「미국에서의 언론매체에 대한 반론권」, 『언론중재』, 통권 50호(1994년 봄), 73쪽.

76) 이민웅, 「언론의 경쟁적 취재·보도와 권익 침해」, 『언론중재』, 통권 63호(1997년 여름), 25쪽.

77) 장원호, 『미국신문의 위기와 미래: 21세기 한국신문의 과제』, 나남, 1998, 28쪽.

78) 장원호, 『미국신문의 위기와 미래: 21세기 한국신문의 과제』, 나남, 1998, 30쪽.

79) 클리퍼드 크리스천스(Clifford G. Christians) 외, 김춘옥 옮김, 『78개의 최신 사례로 보는 미디어 윤리』, 커뮤니케이션북스, 2007, 67~68쪽; Ben H. Bagdikian(벤 바그디키언), 정연구·송정은 옮김, 『미디어 모노폴리』, 프로메테우스, 2009, 27~28쪽.

80) 양건, 「표현의 자유」, 김동민 편저, 『언론법제의 이론과 현실』, 한나래, 1993, 47쪽에서 재인용.

81) 장호순, 『미국헌법과 인권의 역사: 민주주의와 인권을 신장시킨 명판결』, 개마고원, 1998, 192쪽.

82) 장호순, 『미국헌법과 인권의 역사: 민주주의와 인권을 신장시킨 명판결』, 개마고원, 1998, 194쪽.

83) 유일상, 『언론법제론』 개정판, 박영사, 2000, 299~301쪽.

84) 김동철, 『자유언론법제연구』, 나남, 1987, 70쪽에서 재인용.

85) 김동철, 『자유언론법제연구』, 나남, 1987, 32쪽; 팽원순, 『매스코뮤니케이션 법제이론』 개정판, 법문사, 1988, 102쪽.

86) 유일상, 『언론법제론』 개정판, 박영사, 2000, 302~303쪽.

87) 김동철, 『자유언론법제연구』, 나남, 1987, 75쪽에서 재인용.

88) 로버트 하그리브스(Robert Hargreaves), 오승훈 옮김, 『표현자유의 역사』, 시아출판사, 2006, 443쪽.

89) 김동철, 『자유언론법제연구』, 나남, 1987, 78~82쪽.

90) 양건, 「표현의 자유」, 김동민 편저, 『언론법제의 이론과 현실』, 한나래, 1993, 49쪽에서 재인용.

91) 김동철, 『자유언론법제연구』, 나남, 1987, 86쪽.

92) 신광호, 「넥타이 영업사원 랄프 로렌, 패션계 전설 되기까지」, 『조선일보』, 2007년 10월 27일자.

93) 장호순, 『미국헌법과 인권의 역사: 민주주의와 인권을 신장시킨 명판결』, 개마고원, 1998, 133~134쪽.

94) 장호순, 『미국헌법과 인권의 역사: 민주주의와 인권을 신장시킨 명판결』, 개마고원, 1998, 131~135쪽.

95) 『한국일보』, 1989년 6월 24일자; 『조선일보』, 1989년 6월 27일자.

96) 장호순, 『미국헌법과 인권의 역사: 민주주의와 인권을 신장시킨 명판결』, 개마고원, 1998, 142~145쪽.

97) 장호순, 『미국헌법과 인권의 역사: 민주주의와 인권을 신장시킨 명판결』, 개마고원, 1998, 145쪽.

98) 최철호, 「미(美) '성조기 훼손금지' 다시 논쟁」, 『대한매일』, 99년 6월 26일, 11면.

99) 권순택, 「'성조기 훼손 처벌' 여론몰이: 미(美) 정치권에 부는 애국주의 바람」, 『동아일보』, 2005년 6월 25일, A13면.

100) 김일수, 『형법각론』 새로쓴 (제3판), 박영사, 2000, 828쪽.

101) 고경태, 「촌스럽다, 국기 치워라」, 『한겨레 21』, 2006년 1월 24일, 8면.

102) 『중앙일보』, 1990년 2월 17일자.

103) 김창균, 「미 LA '밀착구걸'에 중형」, 『조선일보』, 97년 2월 26일, 9면.

104) 「LA 의회, 공격적 구걸 금지」, 『국민일보』, 97년 6월 29일, 7면.

105) 백상현, 「지하철 에티켓 광고 '선교 폄하' 논란」, 『국민일보』, 2008년 7월 10일자.

106) Thomas A. Hughes, 「미·캐나다간 명예훼손법 비교연구: 현실적 악의론의 적용을 중심으로」, 『언론중재』, 통권 68호(1998년 가을), 82쪽.

107) Don R. Pember, 『Mass Media Law』 3rd ed. (Dubuque, Iowa: Wm.C.Brown, 1984), pp.77~78.

108) Don R. Pember, 『Mass Media Law』 3rd ed. (Dubuque, Iowa: Wm.C.Brown, 1984), p.78.

109) Don R. Pember, 『Mass Media Law』 3rd ed. (Dubuque, Iowa: Wm.C.Brown, 1984), p.78.

110) Don R. Pember, 『Mass Media Law』 3rd ed. (Dubuque, Iowa: Wm.C.Brown, 1984), pp.79~80.

111) Don R. Pember, 『Mass Media Law』 1996 ed. (Dubuque, Iowa: Brown & Benchmark, 1996), pp.84~85.

112) Don R. Pember, 『Mass Media Law』 3rd ed. (Dubuque, Iowa: Wm.C.Brown, 1984), pp.80~83.

113) 박선영, 「미 최고 동화, 단어 한 마디에 금서 위기」, 『한국일보』, 2007년 2월 21일, 14면.

114) 노현웅, 「'불온서적 억지논리'에 재판부 질책: 국방부 "부잣집 아들이 고급승용차 가져온다면 제한"」, 『한겨레』, 2009년 5월 26일자.

115) Don R. Pember, 『Mass Media Law』 3rd ed. (Dubuque, Iowa: Wm.C.Brown, 1984), p.85.

116) Don R. Pember, 『Mass Media Law』 3rd ed. (Dubuque, Iowa: Wm.C.Brown, 1984), p.86.

117) Don R. Pember, 『Mass Media Law』 3rd ed. (Dubuque, Iowa: Wm.C.Brown, 1984), pp.86~87.

118) Don R. Pember, 『Mass Media Law』 1996 ed. (Dubuque, Iowa: Brown & Benchmark, 1996), pp.95~96.

119) Don R. Pember, 『Mass Media Law』 3rd ed. (Dubuque, Iowa: Wm.C.Brown, 1984), pp.85~88.

120) Don R. Pember, 『Mass Media Law』 3rd ed. (Dubuque, Iowa: Wm.C.Brown, 1984), p.89.

121) Don R. Pember, 『Mass Media Law』 3rd ed. (Dubuque, Iowa: Wm.C.Brown, 1984), p.89.

122) Don R. Pember, 『Mass Media Law』 3rd ed. (Dubuque, Iowa: Wm.C.Brown, 1984), pp.89~90.

123) Don R. Pember, 『Mass Media Law』 3rd ed. (Dubuque, Iowa: Wm.C.Brown, 1984), pp.90~91.

124) Don R. Pember, 『Mass Media Law』 3rd ed. (Dubuque, Iowa: Wm.C.Brown, 1984), pp.91~92.

125) Don R. Pember, 『Mass Media Law』 3rd ed. (Dubuque, Iowa: Wm.C.Brown, 1984), pp.92~93.

126) Don R. Pember, 『Mass Media Law』 3rd ed. (Dubuque, Iowa: Wm.C.Brown, 1984), p.93.

127) Don R. Pember, 『Mass Media Law』 3rd ed. (Dubuque, Iowa: Wm.C.Brown, 1984), p.94.

128) 나오미 클라인(Naomi Klein), 정현경·김효명 옮김, 『NO LOGO: 브랜드 파워의 진실』, 중앙M&B, 2002, 225쪽.

129) 이종훈, 「미 연방 대법원 "나체춤 이젠 안돼요"」, 『주간동아』, 2000년 4월 13일, 82면.

제2장

1) 권영성, 『헌법학원론』, 보정판, 법문사, 2000, 464쪽.

2) 권영성, 『헌법학원론』, 보정판, 법문사, 2000, 465쪽에서 재인용.

3) 팽원순, 『한국언론법제론』, 법문사, 1994, 132쪽.

4) 김철수, 『헌법학개론』, 제12전정신판, 박영사, 2000, 597~598쪽.

5) 권영성, 『헌법학원론』, 보정판, 법문사, 2000, 483쪽에서 재인용.

6) 권영성, 『헌법학원론』, 보정판, 법문사, 2000, 484쪽.

7) 김철수, 『헌법학개론』, 제12전정신판, 박영사, 2000, 600~601쪽.

8) 양재규, 「언론중재법 관련 헌재결정(2005헌마165 등)에 대한 소고: 언론의 위축 효과를 중심으로」, 『언론중재』, 통권 100호(2006년 가을), 16쪽.

9) 팽원순, 『현대신문방송보도론』, 범우사, 1989, 25~26쪽.

10) 팽원순, 『현대신문방송보도론』, 범우사, 1989, 26쪽.

11) 고흥길 기자, 『중앙일보』, 1985년 10월 9일자.

12) 김동철, 『자유언론법제연구』, 나남, 1987, 47쪽에서 재인용.

13) 김동철, 『자유언론법제연구』, 나남, 1987, 46쪽.

14) 김동철, 『자유언론법제연구』, 나남, 1987, 148~149쪽.

15) 최영도, 「국가보안법은 왜 폐지되어야 하는가」, 국가보안법 폐지를 위한 천주교 정의구현전국사제단, 『단식기도소식 2』, 99년 9월 13일자.

16) 「노벨상은 받았지만…현 정권 2년차 국보법 구속 286명」, 『인권하루소식』, 2000년 10월 14일, 1면.

17) 김동훈, 「국보법 구속자 실현선고 2% 그쳐」, 『한겨레』, 2000년 10월 16일, 15면.

18) 김민배, 「국가보안법·반공법과 한국인권 50년」, 『역사비평』, 1999년 봄, 47쪽.

19) 최영도, 「국가보안법은 왜 폐지되어야 하는가」, 『활보』 창간준비호 1999년 9월 5일, 2면.

20) 김민배, 「국가보안법·반공법과 한국인권 50년」, 『역사비평』, 1999년 봄, 48쪽.

21) 민주사회를 위한 변호사 모임 외, 『김대중 정부 1년 국가보안법 보고서』, 사람생각, 1999, 136쪽.

22) 최영도, 「국가보안법은 왜 폐지되어야 하는가」, 『활보』 창간준비호 1999년 9월 5일, 2면.

23) 백승헌·임광규, 「국가보안법 6대 쟁점: 헌법수호의 첨병인가 인권탄압의 도구인가」, 『신동아』, 1999년 11월, 227~228쪽.

24) 안창현, 「"형법보완·대체입법 필요없어": 형사법 학자들이 말하는 '보안법 폐지되면…'」, 『한겨레』, 2004년 9월 21일, 3면; 장화경, 「"보안법은 비민주·비인도적 악법"」, 『경향신문』, 2004년 9월 21일, 4면.

25) 이재환, 「"국보법은 자유민주주의 독소, 폐지 마땅": 국보법 폐지 촉구 박원순 변호사」, 『시민의 신문』, 2004년 9월 20일, 9면.

26) 이재환, 「"국보법은 자유민주주의 독소, 폐지 마땅": 국보법 폐지 촉구 박원순 변호사」, 『시민의 신문』, 2004년 9월 20일, 9면.

27) 이재현, 「박육근혜론: 수구냉전 국가주의의 이단(異端)심문관」, 『인물과사상 32』, 개마고원, 2004, 155~189쪽.

28) 김대호, 「보건의료 개혁 시론: 근대적 개혁과 탈근대적 개혁의 병행」, 사회디자인연구소, 『다시 시작하는 한국사회 디자인: 2008년 활동성과 모음집』, 사회디자인연구소, 2009, 165쪽.

29) 「국가보안법 상식: 불고지죄」, 『활보』 창간호 1999년 9월 20일, 5면.

30) 팽원순, 『한국언론법제론』, 법문사, 1994, 312쪽.

31) 팽원순, 『한국언론법제론』, 법문사, 1994, 314쪽.

32) 한병구, 『언론과 윤리법제』, 증정판, 서울대학교출판부, 2000, 273쪽.

33) 박용상, 『언론과 개인법익: 명예, 신용, 프라이버시 침해의 구제제도』, 조선일보사, 1997, 176~177쪽.

34) 박용상, 『언론과 개인법익: 명예, 신용, 프라이버시 침해의 구제제도』, 조선일보사, 1997, 178~179쪽.

35) 성낙인, 『언론정보법』, 나남, 1998, 216쪽.

36) 임병국, 『언론법제와 보도』, 나남, 1999, 156쪽.

37) 장호순, 『언론의 자유와 책임』, 한울아카데미, 2004, 196쪽.

38) 이진동, 「"방송금지 가처분은 언론자유침해"」, 『한국일보』, 2000년 5월 4일, 29면.

39) 이규진, 「언론자유와 사전제한의 법리: 방영금지가처분 합헌 결정을 중심으로」, 『언론중재』, 통권81호(2001년 겨울), 20~35쪽.

40) 장호순, 『언론의 자유와 책임』, 한울아카데미, 2004, 200~201쪽.

41) 최현준, 「'친일인명사전' 발행금지 가처분 기각」, 『한겨레』, 2009년 2월 23일자.

42) 한국언론재단, 『언론인의 직업윤리: 책임언론을 위한 현실 점검과 대안 모색』, 한국언론재단, 2000, 57쪽.

43) 라제기, 「영등위 등급판정 시대착오」, 『한국일보』, 2009년 1월 31일자.

44) 김택환, 『영상커뮤니케이션의 자유와 윤리: 영상(film) 통제 및 심의제도에 관한 연구』, 커뮤니케이션북스, 1998, 3~4쪽에서 재인용.

45) 강한섭, 「이제 게임은 끝났다」, 『어떤 영화를 옹호할 것인가』, 필커뮤니케이션즈, 1997, 338쪽.

46) 김택환, 『영상커뮤니케이션의 자유와 윤리: 영상(film) 통제 및 심의제도에 관한 연구』, 커뮤니케이션북스, 1998, 4쪽.

47) 오동진, 「'색, 계'는 되고 '숏버스'는 안 되는 이유」, 『조선일보』, 2007년 11월 17일자.

48) 라제기, 「박명진 위원장 "방송 선정성 엄격히 다룰 것"」, 『한국일보』, 2008년 5월 29일자.

49) 김남일 · 이재성, 「영화 '제한상영가 등급' 헌법불합치: 헌재 "어떤 영화인지 규정없어 명확성 원칙 위배"」, 『한겨레』, 2008년 8월 1일자.

50) 라제기, 「영화 등급제 무너지나: 대법 '숏버스' 제한상영가 취소 확정」, 『한국일보』, 2009년 1월 24일자.

51) 이재성, 「영등위 '제한상영가' 유지방침 논란: "등급기준 법률에 명시" …영화계 "표현자유 제한 의도" 반발」, 『한겨레』, 2009년 2월 3일자.

52) 백승찬, 「[흐름과 소통]"제한상영은 사실상 검열" "청소년 보호 위한 안전판"」, 『경향신문』, 2009년 2월 11일자.

53) 허영, 『헌법이론과 헌법』 신정5판, 박영사, 2000, 673쪽.

54) 허영, 『헌법이론과 헌법』 신정5판, 박영사, 2000, 677쪽.

55) 허영, 『헌법이론과 헌법』 신정5판, 박영사, 2000, 678~679쪽.

56) 박현철, 「'야간집회금지 위헌제청' 박재영 판사 사직서」, 『한겨레』, 2009년 2월 3일자.

57) 조국, 「복면착용 집회 · 시위는 범죄라고?」, 『한겨레』, 2008년 12월 17일자.

58) 최희진, 「"집시법 사실상 허가제로 운영… 약자들의 언론 자유 침해": 집시법 헌법소원 맡은 염형국 변호사」, 『경향신문』, 2009년 6월 5일자.

제3장

1) Don R. Pember, 『Mass Media Law』 3rd ed. (Dubuque, Iowa: Wm.C.Brown, 1984), p.102.

2) Harold L. Nelson & Dwight L. Teeter, Jr., 『Law of Mass Communications: Freedom and Control of Print and Broadcast Media』 3rd ed.(New York: Foundation Press, 1978), p.60.

3) 표성수. 『언론과 명예훼손』, 육법사, 1997, 30쪽.

4) Tom Crone, 『Law and the Media: An Everyday Guide for Professionals』 3rd ed. (Oxford: Focal Press, 1995), p.1

5) Don R. Pember, 『Mass Media Law』 1996 ed.(Dubuque, Iowa: Brown & Benchmark, 1996), pp.35~38.

6) Don R. Pember, 『Mass Media Law』 1996 ed.(Dubuque, Iowa: Brown & Benchmark, 1996), p.205.

7) Tom Crone, 『Law and the Media: An Everyday Guide for Professionals』 3rd ed. (Oxford: Focal Press, 1995), p.58.

8) John D. Stevens, 『Shaping the First Amendment: The Development of Free Expression』 (Beverly Hills, Ca.: Sage, 1982), p.121.

9) 표성수. 『언론과 명예훼손』, 육법사, 1997, 47~48쪽.

10) 염규호, 「미국의 명예훼손법: 판례를 중심으로」, 『언론중재』, 통권 52호(1994년 가을), 28쪽에서 재인용.

11) Don R. Pember, 『Mass Media Law』 3rd ed. (Dubuque, Iowa: Wm.C.Brown, 1984), p.103.

12) Don R. Pember, 『Mass Media Law』 3rd ed. (Dubuque, Iowa: Wm.C.Brown, 1984), p.104.

13) 염규호, 「미국의 명예훼손법: 판례를 중심으로」, 『언론중재』, 통권 52호(1994년 가을), 30쪽.

14) 표성수, 『언론과 명예훼손』, 육법사, 1997, 151~152쪽.

15) 표성수, 『언론과 명예훼손』, 육법사, 1997, 87쪽에서 재인용.

16) 표성수, 『언론과 명예훼손』, 육법사, 1997, 87쪽.

17) 표성수, 『언론과 명예훼손』, 육법사, 1997, 89쪽.

18) 박용상, 『언론과 개인법익: 명예, 신용, 프라이버시 침해의 구제제도』, 조선일보사, 1997, 148~149쪽.

19) Don R. Pember, 『Mass Media Law』 3rd ed. (Dubuque, Iowa: Wm.C.Brown, 1984), pp.107~111.

20) Harold L. Nelson & Dwight L. Teeter, Jr., 『Law of Mass Communications: Freedom and Control of Print and Broadcast Media』 3rd ed.(New York: Foundation Press, 1978), p.60.

21) 이상철, 「언론과 명예훼손」, 한병구 편, 『언론법제통론』, 나남, 1990, 117쪽.

22) Don R. Pember, 『Mass Media Law』 3rd ed. (Dubuque, Iowa: Wm.C.Brown, 1984), p.112.

23) Don R. Pember, 『Mass Media Law』 3rd ed. (Dubuque, Iowa: Wm.C.Brown, 1984), pp.113~114.

24) 『언론중재』, 통권 69호(1998년 겨울), 84쪽.

25) Don R. Pember, 『Mass Media Law』 3rd ed. (Dubuque, Iowa: Wm.C.Brown, 1984), p.114.

26) Don R. Pember, 『Mass Media Law』 3rd ed. (Dubuque, Iowa: Wm.C.Brown, 1984), p.115.

27) Don R. Pember, 『Mass Media Law』 3rd ed. (Dubuque, Iowa: Wm.C.Brown, 1984), p.116.

28) 이구현, 『미국 언론법』, 커뮤니케이션북스, 1998, 87쪽.

29) 「전염성이 없고 사회활동에 지장을 주지 않는 병이라면, 누군가가 병에 걸렸다고 보도하는 것이 명예훼손적인 것이 아니다」, 『언론중재』, 통권 64호(1997년 가을), 86쪽.

30) Don R. Pember, 『Mass Media Law』 3rd ed. (Dubuque, Iowa: Wm.C.Brown, 1984), pp.116~117.

31) Don R. Pember, 『Mass Media Law』 3rd ed. (Dubuque, Iowa: Wm.C.Brown, 1984), p.117.

32) Don R. Pember, 『Mass Media Law』 3rd ed. (Dubuque, Iowa: Wm.C.Brown, 1984), p.120.

33) Don R. Pember, 『Mass Media Law』 3rd ed. (Dubuque, Iowa: Wm.C.Brown, 1984), p.112.

34) 김경호, 「'의견표현'과 '사실적시' 이분법에 따른 대법원의 표현의 자유 보호 법리에 관한 연구」, 『언론과학연구』, 제8권1호(2008년 3월), 48쪽.

35) Don R. Pember, 『Mass Media Law』 1996 ed.(Dubuque, Iowa: Brown & Benchmark, 1996), pp.207~209; 「Flynt, Larry」, 『Current Biography』, 60:9(September 1999, p.26.

36) 최민재, 「'표현의 자유' 진짜 수혜자는?」, 『신문과 방송』, 제398호(2004년 2월), 124~125쪽.

37) 박형상, 「언론으로부터의 자유와 법적 대응」, 김동민 편저, 『언론법제의 이론과 현실』, 한나래, 1993, 209쪽.

38) 장호순, 『미국헌법과 인권의 역사: 민주주의와 인권을 신장시킨 명판결』, 개마고원, 1998, 198~199쪽.

39) 장호순, 『미국헌법과 인권의 역사: 민주주의와 인권을 신장시킨 명판결』, 개마고원, 1998, 200쪽에서 재인용.

40) 「Libel Landmark」, 『Newsweek』, March 23, 1964, p.74.

41) 제롬 A. 배런(Jerome A. Barron), 김병국 역, 『누구를 위한 언론자유인가』, 고시계, 1987, 23쪽.

42) Don R. Pember, 『Mass Media Law』 3rd ed. (Dubuque, Iowa: Wm.C.Brown, 1984), pp.125~126.

43) Don R. Pember, 『Mass Media Law』 3rd ed. (Dubuque, Iowa: Wm.C.Brown, 1984), pp.147~148.

44) 염규호, 「공직자와 명예훼손: 미국 언론법의 '현실적 악의'를 중심으로」, 『언론중재』, 통권 73호(1999년 겨울), 82쪽에서 재인용.

45) 염규호, 「설리번판결과 미국의 언론자유: "현실적 악의" 원칙의 40주년을 맞으면서」, 『언론중재』, 통권91호(2004년 여름), 62쪽.

46) 팽원순, 『한국언론법제론』, 법문사, 1994, 275쪽.

47) Don R. Pember, 『Mass Media Law』 3rd ed. (Dubuque, Iowa: Wm.C.Brown, 1984), pp.129~131.

48) Don R. Pember, 『Mass Media Law』 3rd ed. (Dubuque, Iowa: Wm.C.Brown, 1984), p.132.

49) Don R. Pember, 『Mass Media Law』 3rd ed. (Dubuque, Iowa: Wm.C.Brown, 1984), pp.133~134.

50) 황성기, 「전자미디어와 명예훼손법: 사이버공간에서의 적용문제를 중심으로」, 『언론중재』, 통권 74호(2000년 봄), 30쪽에서 재인용.

51) Don R. Pember, 『Mass Media Law』 3rd ed. (Dubuque, Iowa: Wm.C.Brown, 1984), pp.137~138.

52) 방석호, 『미디어법학』, 법문사, 1995, 150쪽에 재인용.

53) 박형상, 「언론으로부터의 자유와 법적 대응」, 김동민 편저, 『언론법제의 이론과 현실』, 한나래, 1993, 209~210쪽.

54) 제인 커틀리(Jane Kirtley), 노성환 편역, 「보호가 우선, 다른 경로로 범인 찾아라: 영·미 법원의 취재원 보호 시각 차이」, 『신문과 방송』, 2000년 9월, 173쪽.

55) 방석호, 『미디어법학』, 법문사, 1995, 147~148쪽.

56) 방석호, 『미디어법학』, 법문사, 1995, 147~148쪽.

57) 방석호, 『미디어법학』, 법문사, 1995, 150~151쪽.

58) 염규호, 「공직자와 명예훼손: 미국 언론법의 '현실적 악의'를 중심으로」, 『언론중재』, 통권 73호(1999년 겨울), 84쪽.

59) 염규호, 「공적 인물과 명예훼손: 미국 언론법의 '현실적 악의'를 중심으로」, 『언론중재』, 통권 74호(2000년 봄), 77~78쪽.

60) 배금자, 「보도와 명예훼손, 대안적 검토: 한·미간 비교를 중심으로」, 『언론중재』, 통권 72호(1999년 가을), 33쪽.

61) 염규호, 「공적 인물과 명예훼손: 미국 언론법의 '현실적 악의'를 중심으로」, 『언론중재』, 통권 74호(2000년 봄), 80쪽.

62) Don R. Pember, 『Mass Media Law』 3rd ed. (Dubuque, Iowa: Wm.C.Brown, 1984), pp.159~161.

63) Don R. Pember, 『Mass Media Law』 3rd ed. (Dubuque, Iowa: Wm.C.Brown, 1984), p.165.

64) Don R. Pember, 『Mass Media Law』 3rd ed. (Dubuque, Iowa: Wm.C.Brown, 1984), pp.168~173.

65) Don R. Pember, 『Mass Media Law』 3rd ed. (Dubuque, Iowa: Wm.C.Brown, 1984), pp.174~175.

66) Don R. Pember, 『Mass Media Law』 3rd ed. (Dubuque, Iowa: Wm.C.Brown, 1984), pp.175~176.

67) Don R. Pember, 『Mass Media Law』 3rd ed. (Dubuque, Iowa: Wm.C.Brown, 1984), pp.176~178.

68) 「미국의 일부 주, 기자에게 부과된 징벌적 손해배상금을 언론사가 지불토록 규정」, 『언론중재』, 통권 65호(1997년 겨울), 79~80쪽.

69) 손태규, 「검사들의 언론 상대 명예훼손 소송에서 산정된 위자료의 타당성 연구」, 『한국언론학보』, 제47권6호(2003년 12월), 66~67쪽.

70) Don R. Pember, 『Mass Media Law』 3rd ed. (Dubuque, Iowa: Wm.C.Brown, 1984), pp.178~179; 표성수, 『언론과 명예훼손』, 육법사, 1997), 148~150쪽.

71) 표성수, 『언론과 명예훼손』, 육법사, 1997, 183~184쪽.

72) 표성수, 『언론과 명예훼손』, 육법사, 1997, 181~182쪽.

73) 염규호, 「공적 인물과 명예훼손: 미국 언론법의 '현실적 악의'를 중심으로」, 『언론중재』, 통권 74호(2000년 봄), 80쪽; 염규호, 「방어 저널리즘과 변호사의 역할: 기사사전열람을 통한 미국언론의 명예훼손소송 대책」, 『언론중재』, 통권81호(2001년 겨울), 72~89쪽.

74) R. Michael Hoefges, 「언론자유와 신원보호」, 『언론중재』, 통권 65호(1997년 겨울), 54쪽.

75) 유진 굿윈(H. Eugene Goodwin), 우병동 옮김, 『언론윤리의 모색』, 한나래, 1995, 273~274쪽.

76) 유진 굿윈(H. Eugene Goodwin), 우병동 옮김, 『언론윤리의 모색』, 한나래, 1995, 274쪽에서 재인용.

77) 배금자, 「보도와 명예훼손, 대안적 검토: 한.미간 비교를 중심으로」, 『언론중재』, 통권 72호(1999년 가을), 36~37쪽.

78) Don R. Pember, 『Mass Media Law』 1996 ed.(Dubuque, Iowa: Brown & Benchmark, 1996), p.114.

79) 염규호, 「미국에서의 명예훼손과 사생활침해: 헌법이론과 학설을 중심으로」, 『언론중재』, 통권 51호(1994년 여름), 37쪽에서 재인용.

80) 표성수, 『언론과 명예훼손』, 육법사, 1997, 169쪽.

81) 표성수, 『언론과 명예훼손』, 육법사, 1997, 170~171쪽.

82) Floyd Abrams, 「Why We Should Change the Libel Law」, 『New York Times Magazine』, September 29, 1985, p.87.

83) Floyd Abrams, 「Why We Should Change the Libel Law」, 『New York Times Magazine』, September 29, 1985, pp.87~92.

84) 표성수, 『언론과 명예훼손』, 육법사, 1997, 176쪽.

85) 표성수, 『언론과 명예훼손』, 육법사, 1997, 177쪽.

86) 표성수, 『언론과 명예훼손』, 육법사, 1997, 169~170쪽.

87) 표성수, 『언론과 명예훼손』, 육법사, 1997, 180~181쪽.

제4장

1) 권영성, 『헌법학원론』, 보정판, 법문사, 2000, 424쪽.

2) 한병구, 『언론과 윤리법제』, 증정판, 서울대학교출판부, 2000, 230~232쪽.

3) 김철수, 『헌법학개론』, 제12전정신판, 박영사, 2000, 616~617쪽.

4) 박용상, 『언론과 개인법익: 명예, 신용, 프라이버시 침해의 구제제도』, 조선일보사, 1997, 106쪽.

5) 박용상, 『언론과 개인법익: 명예, 신용, 프라이버시 침해의 구제제도』, 조선일보사, 1997, 106쪽.

6) 한병구, 『언론과 윤리법제』, 증정판, 서울대학교출판부, 2000, 241~243쪽.

7) 한위수, 「집단명예훼손소송에 관한 연구」, 『언론중재』, 통권 67호(1998년 여름), 59쪽.

8) 한병구, 『언론법제이론』, 나남, 1987, 77, 82쪽.

9) 표성수, 『언론과 명예훼손』, 육법사, 1997, 360~361쪽.

10) 유일상, 『언론법제론』, 박영사, 1998, 137~138쪽.

11) 강충식, 「"상징적 표현은 명예훼손 성립 안돼"」, 『대한매일』, 2000년 3월 9일, 26면.

12) 「언론이 자주 범하는 위법취재보도 8가지」, 『언론개혁』, 1999년 8월, 18쪽.

13) 한병구, 『언론과 윤리법제』, 증정판, 서울대학교출판부, 2000, 293~294쪽.

14) 하태원, 「적색경보! 명예훼손, 걸면 걸린다」, 『신동아』, 2000년 3월, 398쪽.

15) 김창룡, 『법을 알고 기사 쓰기: 취재보도 판례』, 한국언론연구원, 1997, 117~118쪽.

16) 하태원, 「검사 명예훼손 소송 KBS 기자 1억배상 판결」, 『동아일보』, 1999년 6월 24일, A22면.

17) 이광호, 「"조선일보 1억8천 배상" 감청의혹 보도관련 판결」, 『국민일보』, 2000년 2월 3일, 27면.

18) 김상철, 「이번엔 군관사 집단 소소」, 『기자협회보』, 2000년 7월 17일, 1~2면.

19) 성선제, 「2006년도 국내언론관계판결의 동향」, 『언론중재』, 통권102호(2007년 봄), 45~46쪽.

20) 임병국, 『언론법제와 보도』, 나남, 1999, 145쪽; 김일수, 『형법각론』(제3판), 박영사, 2000, 166쪽.

21) 임병국, 『언론법제와 보도』, 나남, 1999, 145쪽에서 재인용.

22) 유일상, 『언론법제론』, 박영사, 1998, 137쪽; 표성수, 『언론과 명예훼손』, 육법사, 1997, 332~337쪽.

23) 하태원, 「적색경보! 명예훼손, 걸면 걸린다」, 『신동아』, 2000년 3월, 396~397쪽.

24) 팽원순, 『매스코뮤니케이션 법제이론』, 개정판, 법문사, 1988, 166쪽; 팽원순, 『언론법제신론』, 나남, 1989, 332~338쪽.

25) 「명예훼손에 대해 재판부는 어떤 판결을 내렸나?」, 『기자통신』, 1999년 6월, 83~84쪽.

26) 함석천, 「공적 사항·공인 등에 대한 언론의 비판 가능에 대한 소고(小考)」, 『언론중재』, 통권108호(2008년 가을), 46쪽.

27) 함석천, 「공적 사항·공인 등에 대한 언론의 비판 가능에 대한 소고(小考)」, 『언론중재』, 통권108호(2008년 가을), 48~49쪽.

28) 팽원순, 『한국언론법제론』, 법문사, 1994, 287쪽.

29) 한병구, 『언론과 윤리법제』, 증정판, 서울대학교출판부, 2000, 264~265쪽.

30) 박용상, 『언론과 개인법익: 명예, 신용, 프라이버시 침해의 구제제도』, 조선일보사, 1997, 223~224쪽.

31) 한병구, 『언론과 윤리법제』, 증정판, 서울대학교출판부, 2000, 250쪽.

32) 임병국, 『언론법제와 보도』, 나남, 1999, 162쪽.

33) 한위수, 「판결에 나타난 언론보도의 문제점」, 『언론중재』, 통권 72호(1999년 가을), 18쪽에서 재인용.

34) 최영진, 「명예훼손 소송 전성시대」, 『위클리경향』, 제823호(2009년 5월 5일).

35) 「명예훼손에 대해 재판부는 어떤 판결을 내렸나?」, 『기자통신』, 1999년 6월, 85~86쪽.

36) 팽원순, 『언론법제신론』, 나남, 1989, 339~341쪽.

37) 「명예훼손에 대해 재판부는 어떤 판결을 내렸나?」, 『기자통신』, 1999년 6월, 85쪽.

38) 안상운, 「실질적인 제재 수단, 더 상향돼야: 명예훼손 거액 배상액 합당한가」, 『신문과 방송』, 제352호(2000년 4월), 47~51쪽.

39) 김창룡, 『법을 알고 기사 쓰기: 취재보도 판례』, 한국언론연구원, 1997, 132~133쪽.

40) 「언론이 자주 범하는 위법취재보도 8가지」, 『언론개혁』, 1999년 8월, 21쪽.

41) 「언론이 자주 범하는 위법취재보도 8가지」, 『언론개혁』, 1999년 8월, 21쪽; 염규호, 「통신사 기사 게재와 명예훼손: 미국의 언론자유에 대한 법·판례」, 『언론중재』, 통권 49호(1993년 겨울), 61~70쪽.

42) 「명예훼손에 대해 재판부는 어떤 판결을 내렸나?」, 『기자통신』, 1999년 6월, 88쪽.

43) 하태원, 「적색경보! 명예훼손, 걸면 걸린다」, 『신동아』, 2000년 3월, 393~394쪽.

44) 부형권, 「"교리등 종교비판 명예훼손 안 된다"」, 『동아일보』, 1998년 7월 16일, A18면.

45) 권석천, 「'김상택만평' 손배소 김인호씨 패소」, 『경향신문』, 1998년 8월 13일, 19면.

46) 임민, 「"교수임용논문 표절" 발언 명예훼손이라 볼 수 없어」, 『한겨레』, 1998년 12월 29일, 26면.

47) 권석천, 「"언론 사소한 오보 형사책임없다"」, 『경향신문』, 1999년 6월 25일, 27면.

48) 이본영, 「'O양 비디오' 남자 주인공   씨 언론사 상대 손배소송 승소」, 『한겨레』, 2000년 10월 12일, 19면.

49) 「지하철 성추행 몰카 방영 방송에 '명예훼손' 판결」, 『스포츠투데이』, 2000년 10월 17일, 27면.

50) 김호경, 「신문에 잘못된 제목 손해배상 청구 승소」, 『국민일보』, 2000년 12월 14일, 27면.

51) 이경희, 「실명 도용 명예훼손 창작물이라도 "판금"」, 『중앙일보』, 2000년 12월 16일, 25면.

52) 『연합뉴스』, 2001년 5월 4일; 『언론중재』, 통권79호(2001년 여름), 161쪽에서 재인용.

53) 『미디어오늘』, 2001년 5월 24일자; 김옥조, 『미디어 윤리』, 커뮤니케이션북스, 2004, 434쪽에서 재인용.

54) 손태규, 「검사들의 언론 상대 명예훼손 소송에서 산정된 위자료의 타당성 연구」, 『한국언론학보』, 제47권6호(2003년 12월), 69~81쪽.

55) 이윤주, 「방송에 허위제보·인터뷰한 농부 "천만원 배상"」, 『경향신문』, 2007년 7월 18일자.

56) 『연합뉴스』, 2007년 10월 17일; 『언론중재』, 통권 105호(2007년 겨울), 172쪽에서 재인용.

57) 『연합뉴스』, 2008년 7월 29일; 『언론중재』, 통권108호(2008년 가을), 154쪽에서 재인용.

58) 『연합뉴스』, 2008년 10월 6일; 『언론중재』, 통권109호(2008년 겨울), 174쪽에서 재인용.

59) 박현철, 「이 대통령 'BBK 소송' 일부승소…한겨레 "비판에 재갈": 김경준씨 인터뷰 보도 손배소 1심서 "3천만 원 배상" 판결」, 『한겨레』, 2009년 2월 7일자.

60) 안상운, 「실질적인 제재 수단, 더 상향돼야: 명예훼손 거액 배상액 합당한가」, 『신문과 방송』, 제352호(2000년 4월), 51쪽.

61) 박용상, 『언론과 개인법익: 명예, 신용, 프라이버시 침해의 구제제도』, 조선일보사, 1997, 190~191쪽.

62) 「"인격권 보호 위축 추세, 징벌적 손해배상 도입해야"」, 『신문과 방송』, 제394호(2003년 10월), 15쪽.

63) 함석천, 「손해배상청구권의 도입과 언론중재」, 『언론중재』, 통권94호(2005년 봄), 47쪽.

64) 박현철, 「'신정아 누드' 배상금 1억 5천만 원의 무게는」, 『한겨레』, 2008년 12월 26일자.

65) 이상도, 「피의자 보도와 인격권」, 『언론중재』, 통권103호(2007년 여름), 91쪽.

66) 이철용, 「명예훼손 손해배상 보험 국내 첫선」, 『동아일보』, 1999년 6월 11일, B6면; 천원주, 「예방교육 강화, 자문변호사 활용 극대화: 명예훼손 소송, 언론사 대비책은」, 『신문과 방송』, 제352호(2000년 4월), 64쪽.

67) 이수형, 「언론보도의 자율규제」, 이광범 외, 『한국언론과 명예훼손소송』, 나남출판, 2002, 325~326쪽.

68) 천원주, 「예방교육 강화, 자문변호사 활용 극대화: 명예훼손 소송, 언론사 대비책은」, 『신문과 방송』, 제352호(2000년 4월), 63쪽; 『언론중재』, 통권83호(2002년 여름), 163쪽.

69) 「1999년도 정기세미나/언론보도와 명예훼손소송: 종합토론」, 『언론중재』, 통권 72호(1999년 가을), 42쪽.

70) 천원주, 「예방교육 강화, 자문변호사 활용 극대화: 명예훼손 소송, 언론사 대비책은」, 『신문과 방송』, 제352호(2000년 4월), 64쪽.

71) 이수형, 「언론보도의 자율규제」, 이광범 외, 『한국언론과 명예훼손소송』, 나남출판, 2002, 295쪽.

72) 성선제, 「2007년도 국내언론관계판결의 동향」, 『언론중재』, 통권106호(2008년 봄), 51쪽.

73) 이승한, 「인격권에 관한 2006년 판결례」, 『언론중재』, 통권 101호(2006년 겨울), 79~80쪽.

74) 장현철, 「언론피해법률지원본부 조영황 본부장: "언론피해 구제 앉아서 기다리지 않겠다"」, 『미디어오늘』, 1999년 1월 27일, 6면.

75) 박용상, 『언론과 개인법익: 명예, 신용, 프라이버시 침해의 구제제도』, 조선일보사, 1997, 224쪽.

76) 한병구, 『언론과 윤리법제』 증정판, 서울대학교출판부, 2000, 251~252쪽.

77) 『한겨레』, 2004년 1월 26일자.

78) 이종탁, 「여적/모욕죄」, 『경향신문』, 2007년 2월 8일, 26면.

79) 김남일·윤은숙,「'경찰에 욕했다고 구속까지 하나' 논란」,『한겨레』, 2007년 4월 23일, 9면.

80) 정재학,「허수아비 사형식은 모욕죄… 벌금형 선고」,『국민일보』, 2007년 7월 28일자.

81) 최재혁,「"아파트 벽에 '악덕사채업자' 낙서는 모욕죄": 대법원 확정 판결」,『조선일보』, 2008년 4월 21일자.

82) 임병국,『언론법제와 보도』, 나남, 1999, 190쪽.

83) 한병구,『언론과 윤리법제』 증정판, 서울대학교출판부, 2000, 299쪽.

84) 박용상,『언론과 개인법익: 명예, 신용, 프라이버시 침해의 구제제도』, 조선일보사, 1997, 162쪽.

85) 한병구,『언론과 윤리법제』 증정판, 서울대학교출판부, 2000, 299~300쪽.

86) 최병묵,「'찌라시'」,『조선일보』, 2008년 10월 8일자.

87) 문병주,「사설정보지 넘쳐난다: 여의도 등지에 '소문 제조공장' 100여개」,『중앙일보』, 2005년 3월 16일, 11면; 이명희·맹경환,「믿거나 말거나식 '검은 정보' 멀쩡한 개인·기업 잡는다」,『국민일보』, 2005년 3월 16일, 3면.

88) 오창민 외,「'~카더라' 정보폭력 뿌리 뽑는다」,『경향신문』, 2005년 3월 16일, 2면.

89) 황성혁 외,「사람잡는 '찌라시' 유통실태」,『매일경제』, 2005년 3월 16일, A7면.

90) 권기석,「미확인 정보 팔아 수억대 챙겨」,『국민일보』, 2005년 4월 27일, 9면.

91) 소종섭,「'찌라시' 시들고 '귓속말 통신' 만발: 사설정보지 단속 100일, 달라진 풍속도」,『시사저널』, 2005년 7월 26일, 38~39면.

92) 조용우,「대선의 해 '카더라 찌라시' 기승」,『동아일보』, 2007년 4월 2일, A14면.

93) 정경민,「최진실씨 죽음 계기로 본 '증권가 정보지': '믿거나 말거나' 식… 악성 루머의 진원지」,『중앙일보』, 2008년 10월 4일자.

94) 강준구·박지훈,「증권가 불법 '찌라시' 뿌리 뽑는다」,『국민일보』, 2008년 10월 7일자.

95) 강훈·이길성,「회사가 휘청대고 사람이 죽어도 지껄인다 못 말리는 '찌라시 공화국'」,『조선일보』, 2008년 10월 7일자.

제5장

1) 황인경,「인터넷상 '펌'이나 '링크'에 의한 명예훼손의 문제: 명예훼손에 있어 사실적시 방법인지 여부를 중심으로」,『언론중재』, 통권99호(2006년 여름), 51쪽.

2) 이재진,「사이버 공간에서의 표현의 자유와 인격권 보호」,『언론중재』, 통권 77호(2000년 겨울), 71쪽.

3) 유의선,「인터넷상의 명예훼손 위법성 구성 및 조각사유 준용에 관한 연구: 형법 307~310조를 중심으로」,『한국언론학보』, 제43~2호(1998년 겨울), 189~190쪽.

4) 유의선,「인터넷상의 명예훼손 위법성 구성 및 조각사유 준용에 관한 연구: 형법 307~310조를 중심으로」,『한국언론학보』, 제43~2호(1998년 겨울), 190쪽.

5) 이재진,「인터넷에서의 정보생산 및 유통구조의 변화와 법적 쟁점」,『언론중재』, 통권109호(2008년 겨울), 12~13쪽.

6) 「2008년도 정기세미나 토론내용 요약」,『언론중재』, 통권109호(2008년 겨울), 52~53쪽.

7) 다니엘 솔로브(Daniel J. Solove), 이승훈 옮김,『인터넷세상과 평판의 미래』, 비즈니스맵, 2008, 57~58쪽.

8) 다니엘 솔로브(Daniel J. Solove), 이승훈 옮김,『인터넷세상과 평판의 미래』, 비즈니스맵, 2008, 11~28쪽.

9) 손석민,「인터넷상 명예훼손 첫실형」,『한국일보』, 2000년 3월 14일, 31면.

10) 이재진,「사이버 공간에서의 표현의 자유와 인격권 보호」,『언론중재』, 통권 77호(2000년 겨울), 79쪽.

11) 김석,「'백지영 비디오' 파일 인터넷 올린 10대 영장」,『문화일보』, 2000년 12월 1일, 31면.

12) 이종석,「"댓글 명예훼손 방치땐 포털사이트 배상 책임"」,『동아일보』, 2007년 5월 19일자.

13) 『국민일보』, 2008년 1월 20일자.

14) 고주희,「"1대1 대화방서도 남 헐뜯다간 콩코": 대법 "제3자 비방, 외부 알려질 가능성 있다면 명예훼손"」,『한국일보』, 2008년 2월 16일자.

15) 박소영,「"신문기사 인터넷에 옮길 때 부제 생략했다면 사실 왜곡": 일본 법원 "인터넷판만 위법" 판결」,『중앙일보』, 2008년 9월 16일자.

16) 김용석,「악플 해법 없나: "누리꾼이 알게 악플~허위글 ID에 경고표시 해야"」,『동아일보』, 2009년 1월 15일자.

17) 이종식,「대법 "비방 글 방치한 포털, 배상 책임"」,『동아일보』, 2009년 4월 17일자.

18) 천인성, 「"던진 돌에 맞아 죽는 사람 있음을 알아야": 네티즌, 인터넷 실명제~사이버 모욕죄 서명운동」, 『중앙일보』, 2008년 10월 4일자.

19) 선근형·이인숙, 「與 인터넷통제를 '최진실법' 포장 도입 추진」, 『경향신문』, 2008년 10월 4일자.

20) 「사이버 폭력 막을 '최진실법' 만들어야(사설)」, 『중앙일보』, 2008년 10월 4일자.

21) 「'최진실법' 신중하고 합리적인 논의를(사설)」, 『한국일보』, 2008년 10월 4일자.

22) 「'악성 댓글' 보다 나쁜, 죽음 팔아먹기(사설)」, 『한겨레』, 2008년 10월 6일자.

23) 「'최진실법'은 정략적 발상이다(사설)」, 『경향신문』, 2008년 10월 6일자.

24) 신동훈, 「"사이버 모욕죄, 국가권력 남용 우려": 공정언론시민연대 "피해자 고소 없는 수사 반대"」, 『조선일보』, 2008년 10월 7일자.

25) 조형래·신동훈, 「"익명의 폭력, 법으로 막자" 확산… 일부선 "표현자유 침해 우려": '인터넷 악플' 이대로는 안 된다〈上〉 처벌 둘러싼 양론」, 『조선일보』, 2008년 10월 11일자.

26) 황근, 「사이버 모욕죄/사회적 합의와 법적보완 전제한 규제는 필요하다」, 『신문과 방송』, 제456호(2008년 12월), 70~73쪽.

27) 송경재, 「사이버 모욕죄/사이버 세상의 빅 브라더 처벌만이 능사는 아니다」, 『신문과 방송』, 제456호(2008년 12월), 74~77쪽.

28) 조현호, 「인터뷰」 미네르바 변론 박찬종 변호사: "신뢰 잃은 정부비판 않고 미네르바만 매도…그런 신문 안봐"」, 『미디어오늘』, 2009년 1월 13일자.

29) 이정복, 「미네르바 소동으로 본 한국사회〈하〉 대책은 없나: '인터넷 논객'에 뻥 맞은 제도권… 국민 눈높이 맞춘 소통 절실」, 『중앙일보』, 2009년 1월 12일자.

30) 전상인, 「익명사회의 그늘」, 『동아일보』, 2008년 9월 17일자.

31) 케빈 켈리(Kevin Kelly), 「익명성은 통제되어야 한다」, 존 브록만(John Brockman) 엮음, 『위험한 생각들: 당대 최고의 석학 110명에게 물었다』, 갤리온, 2007, 198~199쪽.

32) 이용수, 「"인터넷 익명성, 비겁한 자들에게 큰 도움": NYT 기자 비판」, 『조선일보』, 2008년 8월 29일자.

33) 이정복, 「미네르바 소동으로 본 한국 사회〈하〉 대책은 없나: '인터넷 논객'에 뻥 맞은 제도권… 국민 눈높이 맞춘 소통 절실」, 『중앙일보』, 2009년 1월 12일자.

34) 댄 길모어(Dan Gillmor), 김승진 옮김, 『우리가 미디어다』, 이후, 2008, 321쪽.

35) 댄 길모어(Dan Gillmor), 김승진 옮김, 『우리가 미디어다』, 이후, 2008, 323쪽.

36) 댄 길모어(Dan Gillmor), 김승진 옮김, 『우리가 미디어다』, 이후, 2008, 319쪽.

37) 「웹 환경 개선운동: 접속의 조건 만들기」, 『액트온』, 창간호(2007년 여름), 32쪽.

제6장

1) 『뉴스피플』, 2000년 11월 16일자에 게재된 언론중재위원회 광고 내용.

2) 팽원순, 『한국언론법제론』, 법문사, 1994, 262~263, 267쪽.

3) 팽원순, 『한국언론법제론』, 법문사, 1994, 263~264, 267쪽.

4) 한병구, 『언론과 윤리법제』 증정판, 서울대학교출판부, 2000, 378쪽.

5) 한병구, 『언론과 윤리법제』 증정판, 서울대학교출판부, 2000, 380쪽.

6) 박용상, 『언론과 개인법익: 명예, 신용, 프라이버시 침해의 구제제도』, 조선일보사, 1997, 222~223쪽.

7) 박용상, 『언론과 개인법익: 명예, 신용, 프라이버시 침해의 구제제도』, 조선일보사, 1997, 643쪽.

8) 한동원, 「언론중재위원회의 활동 평가와 과제」, 『언론중재』, 통권 73호(1999년 겨울), 45쪽.

9) 박용상, 『언론과 개인법익: 명예, 신용, 프라이버시 침해의 구제제도』, 조선일보사, 1997, 550~551쪽.

10) 김창룡, 『법을 알고 기사 쓰기: 취재보도 판례』, 한국언론연구원, 1997, 129~130쪽.

11) 김창룡, 『법을 알고 기사 쓰기: 취재보도 판례』, 한국언론연구원, 1997, 113~114쪽.

12) 「언론이 자주 범하는 위법취재보도 8가지」, 『언론개혁』, 1999년 8월, 21쪽.

13) 김창룡, 『법을 알고 기사 쓰기: 취재보도 판례』, 한국언론연구원, 1997, 127~128쪽.

14) 민동기, 「'반론보도 청구권' 제도적 보완 필요」, 『미디어오늘』, 2000년 8월 10일, 4면.

15) 박용상, 『언론과 개인법익: 명예, 신용, 프라이버시 침해의 구제제도』, 조선일보사, 1997, 220쪽.

16) 박형상, 「언론으로부터의 자유와 법적 대응」, 김동민 편저, 『언론법제의 이론과 현실』, 한나래, 1993, 202~203쪽.

17) 이은호, 「"언론피해구제법 만들어야"」, 『한국일보』, 1999년 4월 21일, 19면.

18) 양삼승, 「2000년도 정기세미나/언론관련 법률의 쟁점과 개선방안: '언론피해구제법' (가칭) 제정을 위한 입법론적 방안」, 『언론중재』, 통권 77호(2000년 겨울), 41쪽.

19) 양재규, 「언론중재법 관련 헌재결정(2005헌마165 등)에 대한 소고: 언론의 위축 효과를 중심으로」, 『언론중재』, 통권 100호(2006년 가을), 4쪽.

20) 한위수, 「새 언론중재제도의 성과와 개선점」, 『언론중재』, 통권 101호(2006년 겨울), 6쪽.

21) 한위수, 「새 언론중재제도의 성과와 개선점」, 『언론중재』, 통권 101호(2006년 겨울), 7~9쪽.

22) 이희용, 「현장에서 바라본 언론의 법적 환경 변화」, 『언론중재』, 통권96호(2005년 가을), 4~5쪽.

23) 이화섭, 「언론중재법 시행에 부쳐 언론중재위원회에 바란다: '기자들의 무덤' 되지 않길…」, 『언론중재』, 통권95호(2005년 여름), 43쪽.

24) 강경근, 「포털뉴스 피해구제에 관한 언론중재법 검토」, 『언론중재』, 통권108호(2008년 가을), 35쪽.

25) 권헌영, 「법원의 판단으로 본 포털 뉴스서비스의 성격」, 『언론중재』, 통권108호(2008년 가을), 24쪽.

26) 양재규, 「포털뉴스의 피해구제방안을 둘러싼 쟁점과 과제」, 『언론중재』, 통권 101호(2006년 겨울), 28~30쪽.

27) 양재규, 「언론중재법 관련 헌재결정(2005헌마165 등)에 대한 소고: 언론의 위축 효과를 중심으로」, 『언론중재』, 통권 100호(2006년 가을), 5~6쪽.

28) 양재규, 「언론중재법 관련 헌재결정(2005헌마165 등)에 대한 소고: 언론의 위축 효과를 중심으로」, 『언론중재』, 통권 100호(2006년 가을), 6쪽.

29) 양재규, 「언론중재법 관련 헌재결정(2005헌마165 등)에 대한 소고: 언론의 위축 효과를 중심으로」, 『언론중재』, 통권 100호(2006년 가을), 7쪽.

30) 양재규, 「언론중재법 관련 헌재결정(2005헌마165 등)에 대한 소고: 언론의 위축 효과를 중심으로」, 『언론중재』, 통권 100호(2006년 가을), 8쪽.

31) 김윤정, 「'언론중재 및 피해구제 등에 관한 법률'에서 신설된 '정정보도청구권'에 관한 논의: 최근의 헌법재판소 결정을 중심으로」, 『언론중재』, 통권 100호(2006년 가을), 20쪽.

32) 양재규, 「언론사 과실 없어도 허위보도는 정정보도문 게재해야: 정정보도 관련 법적 쟁점 살펴보기」, 『신문과 방송』, 제459호(2009년 3월), 144~145쪽.

33) 양재규, 「포털뉴스의 피해구제방안을 둘러싼 쟁점과 과제」, 『언론중재』, 통권 101호(2006년 겨울), 83쪽.

34) 백완기, 『민주주의 문화론: 생활양식으로서의 민주주의』, 나남출판, 1994, 284~285쪽.

35) 장행훈, 「독자 앞에 투명한 신문만이 살아남는다: 한국 신문에 제안하고 싶은 것」, 『신문과 방송』, 제447호(2008년 3월), 40~41쪽.

36) 「Keller, Bill」, 『Current Biography』, 64:10(October 2003), pp.66~67.

37) 김옥조, 『미디어 윤리』 개정증보판, 커뮤니케이션북스, 2004, 55쪽.

38) 클리퍼드 크리스천스(Clifford G. Christians) 외, 김춘옥 옮김, 『78개의 최신 사례로 보는 미디어 윤리』, 커뮤니케이션북스, 2007, 58쪽.

39) 김기훈, 「NYT, 경쟁지특종 외면 사과」, 『조선일보』, 2007년 3월 13일, A23면.

40) 설원태, 「자기비판 인색, 타매체에만 엄격」, 『경향신문』, 2007년 4월 16일, 27면.

41) 이승선, 「고충처리인 제도의 실효성 확보를 위한 제언」, 『언론중재』, 통권104호(2007년 가을), 48쪽.

42) 권혁철, 「독자위한 창구 하나로 교통정리하겠습니다: 제2대 한겨레 시민편집인 김형태씨」, 『한겨레』, 2007년 1월 23일, 6면.

43) 김상만, 「"옴부즈맨이 자사홍보·타사비판 수단인가": 김균 서강대 교수」, 『미디어오늘』, 2007년 4월 4일, 10면.

44) 설원태, 「자기비판 인색, 타매체에만 엄격」, 『경향신문』, 2007년 4월 16일, 27면.

45) 이승선, 「고충처리인 제도의 실효성 확보를 위한 제언」, 『언론중재』, 통권104호(2007년 가을), 39쪽.

46) 이지문, 「기업들, 말로만 내부고발자 보호: 뒤로는 두둔 발언 지원자 탈락」, 『한겨레』, 2007년 12월 14일자.

제7장

1) 『동아일보』, 1994년 10월 13일자.

2) 로버트 베레어의 말, 제프리 로스페더(Jeffrey Rothfeder), 김희숙 옮김, 『개인정보가 팔리고 있다: 첨단 컴퓨터사회의 함정』, 한마음사, 1994, 40쪽에서 재인용.

3) 염규호, 「미국에서의 프라이버시 침해와 언론의 자유: 판례를 중심으로」, 『언론중재』, 통권 53호(1994년 겨울), 54쪽에서 재인용.

4) 김옥조, 『미디어 윤리』 개정증보판, 커뮤니케이션북스, 2004, 539쪽; 염규호, 「미국에서의 프라이버시 침해와 언론의 자유: 판례를 중심으로」, 『언론중재』, 통권 53호(1994년 겨울), 54쪽.

5) 리차드 스피넬로(Richard Spinello), 이태건·노병철 옮김, 『사이버윤리: 사이버공간에 있어서 법과 도덕』, 인간사랑, 2001, 217~218쪽.

6) 제프리 로즌, 「동아일보 제휴 뉴욕타임스: 당신의 사생활이 무너지고 있다」, 『동아일보』, 2000년 5월 3일, A23면.

7) 허영, 『헌법이론과 헌법』 신정5판, 박영사, 2000, 502~503쪽.

8) 팽원순, 『매스코뮤니케이션 법제이론』 개정판, 법문사, 1988, 237~238쪽.

9) 렉 휘태커(Reg Whitaker), 이명균·노명현 옮김, 『개인의 죽음: 이제 더 이상 개인의 프라이버시는 존재하지 않는다』, 생각의나무, 2001, 244쪽.

10) 리처드 헌터(Richard Hunter), 윤정로·최장욱 옮김, 『유비쿼터스: 공유와 감시의 두 얼굴』, 21세기북스, 2003, 57쪽.

11) 팽원순, 『매스코뮤니케이션 법제이론』 개정판, 법문사, 1988, 239쪽에서 재인용.

12) 김동철, 『자유언론법제연구』, 나남, 1987, 178~179쪽.

13) 팽원순, 『매스코뮤니케이션 법제이론』 개정판, 법문사, 1988, 240쪽.

14) 팽원순, 『매스코뮤니케이션 법제이론』 개정판, 법문사, 1988, 240쪽.

15) Don R. Pember, 『Mass Media Law』 1996 ed.(Dubuque, Iowa: Brown & Benchmark, 1996), pp.212~213.

16) Harold L. Nelson & Dwight L. Teeter, Jr., 『Law of Mass Communications: Freedom and Control of Print and Broadcast Media』 3rd ed.(New York: Foundation Press, 1978), p.165.

17) Harold L. Nelson & Dwight L. Teeter, Jr., 『Law of Mass Communications: Freedom and Control of Print and Broadcast Media』 3rd ed.(New York: Foundation Press, 1978), pp.219~220.

18) 염규호, 「미국에서의 프라이버시 침해와 언론의 자유: 판례를 중심으로」, 『언론중재』, 통권 53호(1994년 겨울), 54쪽에서 재인용.

19) 권영성, 『헌법학원론』 보정판, 법문사, 2000, 423~424쪽

20) 제프리 로스페더(Jeffrey Rothfeder), 김희숙 옮김, 『개인정보가 팔리고 있다: 첨단 컴퓨터사회의 함정』, 한마음사, 1994, 182~183쪽.

21) 제프리 로스페더(Jeffrey Rothfeder), 김희숙 옮김, 『개인정보가 팔리고 있다: 첨단 컴퓨터사회의 함정』, 한마음사, 1994, 183~184쪽.

22) 제프리 로스페더(Jeffrey Rothfeder), 김희숙 옮김, 『개인정보가 팔리고 있다: 첨단 컴퓨터사회의 함정』, 한마음사, 1994, 205~212쪽.

23) 제프리 로스페더(Jeffrey Rothfeder), 김희숙 옮김, 『개인정보가 팔리고 있다: 첨단 컴퓨터사회의 함정』, 한마음사, 1994, 204~205쪽.

24) 제프리 로스페더(Jeffrey Rothfeder), 김희숙 옮김, 『개인정보가 팔리고 있다: 첨단 컴퓨터사회의 함정』, 한마음사, 1994, 34~35쪽.

25) 국기연, 「미 정부, 이혼율 통계 안 낸다」, 『세계일보』, 99년 6월 3일, 9면.

26) 유일상, 『언론법제론』 개정판, 박영사, 2000, 128쪽.

27) 팽원순, 『매스코뮤니케이션 법제이론』(개정판), 법문사, 1988, 245쪽.

28) 유일상, 『언론법제론』 개정판, 박영사, 2000, 131~132쪽.

29) 고영삼, 『전자감시사회와 프라이버시』, 한울아카데미, 1998, 96쪽.

30) 진보네트워크센터, 『자유와 공유의 연대기: 진보네트워크센터 10년 백서』, 진보네트워크센터, 2008, 159~160쪽.

31) 진보네트워크센터,「한국의 이동통신 도감청과 통신비밀보호법」,『정보운동 액트온』, 2009년 제1호.

32) 허문명,「E메일 훔쳐 읽어도 처벌」,『동아일보』, 2001년 1월 6일, A26면.

33) 성선제,「2006년도 국내언론관계판결의 동향」,『언론중재』, 통권102호(2007년 봄), 42~45쪽.

34) Don R. Pember,『Mass Media Law』 3rd ed. (Dubuque, Iowa: Wm.C.Brown, 1984), p.200.

35) Don R. Pember,『Mass Media Law』 1996 ed.(Dubuque, Iowa: Brown & Benchmark, 1996), p.216.

36) 권영성,『헌법학원론』, 보정판, 법문사, 2000, 426쪽.

37) 강경근,「프라이버시의 침해와 면책사유」,『언론중재』, 통권 71호(1999년 여름), 44쪽.

38) 언론중재위원회,『2005~2007년도 언론소송 판결분석』, 언론중재위원회, 2008, 171쪽.

39) 장혜수,「"죽은 사람 퍼블리시티권 50년만 보호": 이효석 후손 초상권 소송」,『중앙일보』, 2007년 2월 2일, 5면.

40) 한병구,『언론과 윤리법제』 증정판, 서울대학교출판부, 2000, 297쪽.

41) 김동하,「인격권 보호의 효과적인 수단으로서의 손해배상제도: 언론에 의한 인격권 침해에 한하여」,『언론중재』, 통권104호(2007년 가을), 24쪽.

42) 박용상,『언론과 개인법익: 명예, 신용, 프라이버시 침해의 구제제도』, 조선일보사, 1997, 93~94쪽.

43) 박용상,『언론과 개인법익: 명예, 신용, 프라이버시 침해의 구제제도』, 조선일보사, 1997, 90쪽.

44) 박용상,『언론과 개인법익: 명예, 신용, 프라이버시 침해의 구제제도』, 조선일보사, 1997, 86쪽.

45) 윤상환,「"초상권 침해" 제약사 제소 최진실씨 일부 승소판결」,『세계일보』, 1999년 5월 19일, 27면.

46) 김영화,「"신인맨 사진 실리려 애쓴다" 법원, 허영란 손배소 기각」,『한국일보』, 2000년 3월 17일, 31면.

47) 이범준,「계약기간 넘겨 광고 '퍼블리시티권' 침해: 탤런트 이영애씨 배상받아」,『세계일보』, 2004년 12월 13일, 8면.

48) 장혜수,「"죽은 사람 퍼블리시티권 50년만 보호": 이효석 후손 초상권 소송」,『중앙일보』, 2007년 2월 2일, 5면.

49) 홍승일,「분수대/퍼블리시티권」,『중앙일보』, 2007년 2월 7일, 31면.

50) 이경선,「유명인 성대모사 소송대상」,『국민일보』, 2007년 3월 24일, 6면.

51) 김진,「전지현 등 한류스타 6명, '퍼블리시티권' 배상 받아」,『조선일보』, 2007년 11월 16일자.

52)『경향신문』, 2007년 12월 29일자.

53) 박성우,「최경주 '퍼블리시티권' 소송…우리은행서 1000만원 받았다」,『중앙일보』, 2009년 1월 6일자.

54) Don R. Pember,『Mass Media Law』 3rd ed. (Dubuque, Iowa: Wm.C.Brown, 1984), p.205.

55) 유진 굿윈(H. Eugene Goodwin), 우병동 옮김,『언론윤리의 모색』, 한나래, 1995), 223쪽.

56) Don R. Pember,『Mass Media Law』 3rd ed. (Dubuque, Iowa: Wm.C.Brown, 1984), p.206.

57)「미국법원, 유명배우를 추적촬영한 파파라치에게 불법감금죄 적용」,『언론중재』, 통권 67호(1998년 여름), 117쪽.

58)「PCC 의장 Wakeham씨, 신문편집인.방송인들에게 개정 보도실천요강 준수를 요청」,『언론중재』, 통권 65호(1997년 겨울), 75~76쪽.

59)「PCC 의장 Wakeham씨, 신문편집인 · 방송인들에게 개정 보도실천요강 준수를 요청」,『언론중재』, 통권 65호(1997년 겨울), 75~76쪽.

60) Don R. Pember,『Mass Media Law』 3rd ed. (Dubuque, Iowa: Wm.C.Brown, 1984), pp.210~211.

61) Jethro K. Lieberman,『Privacy and the Law』(New York: Lothrop, Lee & Shepard, 1978), pp.106~108.

62) Don R. Pember,『Mass Media Law』 1996 ed.(Dubuque, Iowa: Brown & Benchmark, 1996), pp.233~234; Jethro K. Lieberman,『Privacy and the Law』(New York: Lothrop, Lee & Shepard, 1978), pp.27~31.

63) Don R. Pember,『Mass Media Law』 1996 ed.(Dubuque, Iowa: Brown & Benchmark, 1996), p.234.

64) 김창룡,『법을 알고 기사 쓰기: 취재보도 판례』, 한국언론연구원, 1997), 156~157쪽; Sydney W. Head et al.,『Broadcasting in America: a Survey of Electronic Media』(New York: Houghton Mifflin, 1998), p.370.

65) 김창룡,『법을 알고 기사 쓰기: 취재보도 판례』, 한국언론연구원, 1997), 156쪽.

66) 이희성,「경찰 영장집행때 기자 대동 위헌」,『동아일보』, 99년 5월 26일, A11면.

67) 조현석,「개인정보 마구 유통…규제법 마련 절실: 실태」,『대한매일』, 2000년 2월 1일, 15면.

68) 류정,「스토킹 · 빚독촉… "접근 금지": '접근금지 가처분' 신청이유 갈수록 다양」,『조선일보』, 2008년 5월 21일자.

69) 류정,「스토킹 · 빚독촉… "접근 금지": '접근금지 가처분' 신청이유 갈수록 다양」,『조선일보』, 2008년 5월 21일

자.

70) 염규호, 「미국에서의 프라이버시 침해와 언론의 자유: 판례를 중심으로」, 『언론중재』, 통권 53호(1994년 겨울), 64쪽.

71) Donald L. Smith, 「Privacy: the right that failed」, 『Columbia Journalism Review』, Spring 1969, pp. 18~22.

72) Don R. Pember, 『Mass Media Law』 1996 ed. (Dubuque, Iowa: Brown & Benchmark, 1996), p. 260.

73) Don R. Pember, 『Mass Media Law』 1996 ed. (Dubuque, Iowa: Brown & Benchmark, 1996), p. 261.

74) 방석호, 『미디어법학』, 법문사, 1995, 123~125쪽.

75) 한병구, 『언론과 윤리법제』 증정판, 서울대학교출판부, 2000, 298쪽.

76) 정성희, 「사생활보호 '법 울타리' 높아진다」, 『동아일보』, 99년 8월 20일, A8면.

77) 이영경, 「박철언 前의원 MBC '제5공화국'에 승소」, 『경향신문』, 2007년 6월 21일자.

78) John V. Pavlik, 『New Media Technology: Cultural and Commercial Prospectives』(Boston, Mass.: Allyn and Bacon, 1996), p. 290.

79) Don R. Pember, 『Mass Media Law』 3rd ed. (Dubuque, Iowa: Wm. C. Brown, 1984), p. 215.

80) 염규호, 「미국에서의 프라이버시 침해와 언론의 자유: 판례를 중심으로」, 『언론중재』, 통권 53호(1994년 겨울), 62쪽.

81) Don R. Pember, 『Mass Media Law』 3rd ed. (Dubuque, Iowa: Wm. C. Brown, 1984), pp. 218~219.

82) Don R. Pember, 『Mass Media Law』 3rd ed. (Dubuque, Iowa: Wm. C. Brown, 1984), p. 219.

83) 하태원, 「적색경보! 명예훼손, 걸면 걸린다」, 『신동아』, 2000년 3월, 400쪽.

84) Don R. Pember, 『Mass Media Law』 3rd ed. (Dubuque, Iowa: Wm. C. Brown, 1984), pp. 225~226.

85) 한병구, 『언론과 윤리법제』 증정판, 서울대학교출판부, 2000, 289쪽.

86) 권기태, 「블레어 영총리 부부 "유모 비망록 공개 막아라" 동분서주」, 『동아일보』, 2000년 3월 7일, A25면.

87) 「'미자' 차화연씨 여성월간지 상대 승소」, 『오마이뉴스』, 2007년 1월 30일; 『언론중재』, 통권102호(2007년 봄), 167쪽에서 재인용.

88) 박유미, 「"신정아씨 알몸 사진 게재 신문사, 1억5000만원 배상": 법원 "사진은 실제 촬영"」, 『중앙일보』, 2008년 12월 18일자.

89) Don R. Pember, 『Mass Media Law』 1996 ed. (Dubuque, Iowa: Brown & Benchmark, 1996), pp. 242~245.

90) 성낙인, 「공적 기록의 보도와 사생활보호」, 『언론중재』, 통권 71호(1999년 여름), 18~19쪽.

91) 유진 굿윈(H. Eugene Goodwin), 우병동 옮김, 『언론윤리의 모색』, 한나래, 1995, 216~217쪽에서 재인용.

92) 유진 굿윈(H. Eugene Goodwin), 우병동 옮김, 『언론윤리의 모색』, 한나래, 1995, 217쪽.

93) 이김준수·조현호, 「밀양성폭행 사건보도 언론도 직무유기」, 『미디어오늘』, 2004년 12월 15일, 11면.

94) 이유진, 「성폭력 '선정 보도' 피해자 두 번 울려」, 『한겨레』, 2006년 10월 26일, 2면.

95) 조동시, 「편견을 부추기는 보도는 말아야: 에이즈 보도·성폭력 보도 가이드라인」, 『신문과 방송』, 제432호(2006년 12월), 160~162쪽.

96) 루스 베네딕트, 김윤식·오인석 옮김, 『국화와 칼: 일본문화의 틀』, 을유문화사, 1995, 237~240쪽.

97) 새뮤얼 헌팅턴(Samuel P. Huntington), 장원석 옮김, 『미국정치론: 부조화의 패러다임』, 오름, 1999, 179~181쪽.

98) 한규석, 『사회심리학의 이해』, 학지사, 1995, 455쪽.

99) Geert Hofstede, 차재호·나은영 옮김, 『세계의 문화와 조직』, 학지사, 1995, 97~98쪽.

100) 최상진, 『한국인 심리학』, 중앙대학교출판부, 2000, 162쪽.

101) C. 프레드 앨퍼드(C. Fred Alford), 남경태 옮김, 『한국인의 심리에 관한 보고서』, 그린비, 2000, 107~111, 153쪽.

102) 조홍식, 『똑같은 것은 싫다: 조홍식 교수의 프랑스 문화 이야기』, 창작과비평사, 2000, 196~197쪽.

103) 이외수, 『감성사전』, 동승동, 2004, 105쪽.

제8장

1) 『한겨레』, 1998년 9월 21일, 10면.

2) 권영성, 『헌법학원론』 보정판, 법문사, 2000, 428~429쪽.

3) 한승동, 「인터넷 개인정보 보호 미.EU 국제기준 합의」, 『한겨레』, 1999년 4월 22일, 12면.

4) 권영성, 『헌법학원론』, 보정판, 법문사, 2000, 427~428쪽.

5) 고영삼, 『전자감시사회와 프라이버시』, 한울아카데미, 1998, 95쪽.

6) 이태희, 「개인정보 "훔쳐보지마"」, 『한겨레』, 2000년 3월 7일, 22면.

7) 김준일, 「9월부터 개인정보 이용 철회권 도입」, 『경향신문』, 2009년 3월 7일자.

8) 진보네트워크센터, 『자유와 공유의 연대기: 진보네트워크센터 10년 백서』, 진보네트워크센터, 2008, 54쪽.

9) 『시사저널』, 1999년 3월 25일, 32면.

10) 김기중, 「주민등록제도 이대론 안된다」, 『말』, 1999년 8월, 144쪽.

11) 이완배, 「"국민을 범죄자 취급" 지문 날인 논란」, 『동아일보』, 1999년 9월 13일, A21면.

12) 이제훈, 「권력이, 회사가 당신을 발가벗긴다」, 『한겨레』, 2000년 2월 2일, 21면.

13) 진보네트워크센터, 『자유와 공유의 연대기: 진보네트워크센터 10년 백서』, 진보네트워크센터, 2008, 97쪽.

14) 진보네트워크센터, 『자유와 공유의 연대기: 진보네트워크센터 10년 백서』, 진보네트워크센터, 2008, 155~158쪽.

15) 허만섭, 「'전자 안기부' 당신을 노린다: 사생활 감시 '빅 브러더' 오는가」, 『주간동아』, 2000년 12월 28일, 36면.

16) 「민생사범 18만 적발한 국정원의 놀라운 국민감시망(사설)」, 『동아일보』, 2007년 7월 18일자.

17) 「행자부가 무너뜨린 전자정부 신뢰도(사설)」, 『한국일보』, 2007년 12월 3일자.

18) 『한국일보』, 1995년 3월 20일자.

19) 이상식, 「쌍방향 케이블TV와 개인정보의 법적보호: 선진각국의 동향 및 입법례」, 『언론중재』, 통권 55호(1995년 여름), 19쪽.

20) Peter McGrath, 「당신의 신상정보도 상품화 인터넷서 팔린다」, 『뉴스위크』, 한국판, 1999년 4월 7일, 66~67쪽.

21) 김종태, 「심부름센터 ─ 경찰·전화국 '뒷거래' 당신의 정보가 새고 있다」, 『한겨레』, 2000년 2월 15일, 15면.

22) 이인열, 「인터넷업체들 회원 개인정보 보호 '나몰라라' 고객은 '벌거벗은 왕'」, 『경향신문』, 2000년 2월 22일, 23면.

23) 임태섭, 「애꿎은 생명 앗아간 개인정보 유출 철퇴」, 『부산일보』, 2000년 3월 8일, 31면.

24) 정진우, 「개인 신상정보 '무방비 노출'」, 『전북일보』, 2000년 3월 20일, 19면.

25) 신수철, 「인구조사 사생활 침해심각」, 『새전북신문』, 2000년 11월 9일, 19면.

26) 정대하, 「'전라도 사투리' 미즈노 교수 "사생활 침해" 인구조사 거부」, 『한겨레』, 2000년 11월 24일, 15면.

27) 김진수, 「OK캐쉬백, 회원 정보관리 구멍 뚫렸다」, 『주간동아』, 2000년 12월 14일, 46면.

28) 「데이터 베이스 기술의 발달로 개인정보 손쉽게 접근 가능」, 『뉴스위크』, 한국판, 2000년 11월 1일, 92면.

29) 조동기, 「정보화사회와 프라이버시: 정보적 구성, 데이터베이스, 프라이버시」, 한국언론학회·한국사회학회 엮음, 『정보화시대의 미디어와 문화』, 세계사, 1998, 438쪽; 리차드 스피넬로(Richard Spinello), 이태건·노병철 옮김, 『사이버윤리: 사이버공간에 있어서 법과 도덕』, 인간사랑, 2001, 229~230쪽.

30) 허문명·최호원, 「인터넷 사이트 46곳 630만명 정보 빼내」, 『동아일보』, 2000년 12월 16일, 1면.

31) 선우정, 「반 친구 연락처도 몰라요」, 『조선일보』, 2005년 8월 4일, A17면; 오대영, 「일본사회 '익명의 덫'에 걸리다」, 『중앙일보』, 2005년 10월 31일, 10면.

32) 서수민, 「"msn코리아 1등, 네띠앙 꼴지": 포털사이트 '개인정보' 보호 관심도」, 『한겨레』, 2005년 5월 31일, 11면.

33) 하어영 외, 「공공기관 온갖 정보 줄줄 흘린다」, 『한겨레』, 2007년 1월 29일, 1면.

34) 이나리, 「'민증' 보자는 대한민국…프라이버시가 없다」, 『중앙일보』, 2008년 4월 23일자.

35) 이나리, 「'민증' 보자는 대한민국…프라이버시가 없다」, 『중앙일보』, 2008년 4월 23일자.

36) 이나리, 「인터넷 가입 때 주민번호 안 쓴다」, 『중앙일보』, 2008년 4월 26일자.

37) 「(사설)하나로텔레콤의 정보유출 엄벌에 처해야」, 『경향신문』, 2008년 4월 25일자.

38) 노현웅, 「정보 보호 '안전진단' 시늉만」, 『한겨레』, 2008년 4월 26일자.

39) 김재섭, 「인터넷 개인정보 최소화 한다면서 이미 수집한 주민번호 고민은 없어」, 『한겨레』, 2008년 8월 26일자.

40) 「억장 무너지는 GS칼텍스 정보 유출(사설)」, 『국민일보』, 2008년 9월 8일자.

41) 곽동수, 「못 지킬 개인정보 모으지도 말라」, 『경향신문』, 2008년 9월 13일자.

42) 송지연, 「사생활 보호 '사이버 레지스탕스' 뜬다」, 『주간동아』, 2000년 12월 7일, 66면.

43) Erik Sherman, 「내 컴퓨터에 스파이가 숨어 있다」, 『뉴스위크』, 한국판, 2000년 11월 1일, 88~90면.

44) 장세정, 「미국, 애드웨어와 전면전」, 『중앙일보』, 2004년 10월 12일, E4면.

45) 박정철 외, 「내 컴퓨터에도 스파이웨어가…」, 『매일경제』, 2005년 6월 2일, A5면.

46) 최연진, 「"스파이웨어 유포 5년이하 형(刑)"」, 『한국일보』, 2005년 6월 28일, 18면.

47) 최연진, 「법원 "스파이웨어 차단은 정당"」, 『한국일보』, 2005년 8월 2일, 7면.

48) 김현경, 「'스파이웨어' 유포업자에 징역 10월형」, 『중앙일보』, 2005년 8월 25일, 14면.

49) 조민영, 「병 주고 약주는 치료 프로그램…스파이웨어 뿌려놓고 치료 대가로 금품 챙겨」, 『국민일보』, 2006년 4월 4일, 9면.

50) 임지선, 「스파이웨어 지뢰밭, UCC가 무서워」, 『한겨레 21』, 2007년 11월 14일자.

51) 이나리, 「20년 전 의사 안철수는 바이러스 먹은 컴퓨터 앞에서 날밤을 새웠다」, 『중앙일보』, 2008년 6월 2일자.

52) 김진희, 「[IT] e-세상 휘젓는 스팸·악성코드…이녀석들을 어찌할꼬」, 『중앙일보』, 2009년 1월 12일자.

53) 김동섭, 「[만물상] CCTV」, 『조선일보』, 2008년 4월 2일자.

54) 김종한·이태무, 「CCTV 찍힌 내 모습 인터넷에 나돌라」, 『한국일보』, 2008년 3월 3일자.

55) 김상기·김도훈, 「"어린이를 지켜라"… 당정. 스쿨존·놀이터 등에 CCTV 9000개 추가」, 『국민일보』, 2008년 4월 3일자.

56) 김종한·이태무, 「CCTV 찍힌 내 모습 인터넷에 나돌라」, 『한국일보』, 2008년 3월 3일자.

57) 양성희, 「[분수대] CCTV」, 『중앙일보』, 2008년 4월 5일자.

58) 이지선, 「"당신이 뭘 했는지 다 알아" CCTV가 지켜보고 있다」, 『경향신문』, 2008년 8월 29일자.

59) 백강녕, 「CCTV는 불황을 먹고 큰다?」, 『조선일보』, 2009년 4월 8일자.

60) 김병국, 「"한국이 RFID 산업 리더국가 될 것"」, 『내일신문』, 2005년 10월 14일, 16면.

61) 박희준, 「"취향에 맞는 화장품·옷까지 골라준다": 삼성건설, 유비쿼터스 미래형 주택체험관 개관」, 『세계일보』, 2005년 10월 17일, 16면.

62) 김준·김보미, 「RFID~전자태그 부착땐 3년간 세무조사 면제」, 『경향신문』, 2007년 7월 26일자.

63) 김보미, 「포털 검색 고정관념 깬다… 전문 잡지 검색에서 바코드 검색까지」, 『경향신문』, 2008년 1월 7일자.

64) 김보미, 「모니터로 상품정보 확인 카트…통째로 계산 '척척'」, 『경향신문』, 2008년 1월 17일자.

65) 정기욱, 『U Dream: 유비쿼터스드림』, 매일경제신문사, 2005, 27~28, 112~115쪽.

66) 이정훈, 「'전자태그' 가 당신을 감시한다」, 『한겨레』, 2006년 9월 19일, 4면.

67) 송의달, 「광둥성엔 100만대의 감시카메라…」, 『조선일보』, 2007년 8월 29일자.

68) 이정훈, 「'전자태그' 가 당신을 감시한다」, 『한겨레』, 2006년 9월 19일, 4면.

69) 이중원, 「열린 전자사회의 새로운 적들: 유비쿼터스 기술의 양면성」, 『한겨레』, 2006년 11월 3일, 책·지성섹션 24~25면.

70) 더그 헨우드, 이강국 옮김, 『신경제 이후』, 필맥, 2004, 116쪽에서 재인용.

71) 마뉴엘 카스텔(Manuel Castells), 박행웅 옮김, 『인터넷 갤럭시』, 한울아카데미, 2004, 235쪽.

72) 「기업 84% 직원 사생활 감시」, 『내일신문』, 2004년 12월 13일, 7면.

73) 최흡, 「"김부장! 도대체 어디서 뭐하는거야": 일 NEC, 사원 위치파악 시스템 개발」, 『조선일보』, 2004년 12월 15일, B2면.

74) 이창곤 외, 「'훔쳐보는 자들' 에게 저항하라」, 『한겨레 21』, 2000년 11월 2일, 19면.

75) 허유신, 「24시간 감시 숨이 막힌다」, 『경향신문』, 2003년 8월 1일, 19면.

76) 정철환, 「"김대리, 자리를 너무 비워": 직장내 '빅 브라더' 위험수위」, 『한국일보』, 2006년 2월 15일, A8면.

77) 고재학 외, 「건물 내부에서 움직이는 동선까지 추적: 회사가 당신을 지켜보고 있다」, 『한국일보』, 2006년 9월 11일, A3면.

78) 전성우, 「한국타이어 직원 집단 돌연사 "노동강도가 영향 미쳐"」, 『한국일보』, 2007년 12월 1일자.

79) 이지선, 「"당신이 뭘 했는지 다 알아" CCTV가 지켜보고 있다」, 『경향신문』, 2008년 8월 29일자.

80) 제프리 로스페더(Jeffrey Rothfeder), 김희숙 옮김, 『개인정보가 팔리고 있다: 첨단 컴퓨터사회의 함정』, 한마음사, 1994, 252~254쪽.

81) 김교만, 「샐러리맨 60% "직장생활 적당히"」, 『문화일보』, 2004년 12월 13일, 14면.

82) 이상윤, 「CCTV에 갇힌 노동자」, 『한겨레』, 2008년 9월 16일자.

83) 박정자, 「역자 후기」, 리디아 앨릭스 필링햄 지음, 모슈 슈서 그림, 박정자 옮김, 『미셸 푸코: 만화로 읽는 삶과 철학』, 국제, 1995, 174쪽.

84) 강수돌 · 홀거 하이데(Holger Heide), 『자본을 넘어, 노동을 넘어: 자본의 내면화에서 벗어나기』, 이후, 2009, 135쪽.

제9장

1) Everette E. Dennis, 「There is no right to know」, Everette E. Dennis & John C. Merrill, 『Basic Issues in Mass Communication』(New York: Macmillan, 1984), p.33; 김민남, 「시민의 알 권리」, 한병구 편, 『언론법제통론』, 나남, 1990, 53~55쪽.

2) 김민남, 「시민의 알 권리」, 한병구 편, 『언론법제통론』, 나남, 1990, 53~55쪽.

3) 김민남, 「시민의 알 권리」, 한병구 편, 『언론법제통론』, 나남, 1990, 60~61쪽.

4) Everette E. Dennis, 「There is no right to know」, Everette E. Dennis & John C. Merrill, 『Basic Issues in Mass Communication』(New York: Macmillan, 1984), pp.32~33.

5) 팽원순, 『매스코뮤니케이션 법제이론』 개정판, 법문사, 1988, 291쪽.

6) Don R. Pember, 『Mass Media Law』 3rd ed. (Dubuque, Iowa: Wm.C.Brown, 1984), p.239.

7) C. Northcote Parkinson, 『Parkinson's Law』(New York: Ballantine Books, 1964); 노스코트 파킨슨(C. Northcote Parkinson), 김광웅 옮김, 『파킨슨의 법칙』, 21세기북스, 2003.

8) 홍석민, 「미 인터넷통해 언제든 열람 가능」, 『동아일보』, 1999년 5월 31일, A8면.

9) 팽원순, 『언론법제신론』, 나남, 1989, 131쪽.

10) 김민남, 「시민의 알 권리」, 한병구 편, 『언론법제통론』, 나남, 1990, 64쪽.

11) Don R. Pember, 『Mass Media Law』 3rd ed. (Dubuque, Iowa: Wm.C.Brown, 1984), pp.264~265.

12) Michael Emery · Edwin Emery, 『The Press and America: An Interpretive History of the Mass Media』(Boston, Mass.: Allyn and Bacon, 1996), p.535.

13) 이구현, 『미국 언론법』, 커뮤니케이션북스, 1998, 264~266쪽.

14) 이숙이, 「'왕조실록' 있지만 '청와대실록'은 없다」, 『시사저널』, 1998년 11월 12일, 17~18쪽.

15) Jethro K. Lieberman, 『Privacy and the Law』(New York: Lothrop, Lee & Shepard, 1978), pp.140~144.

16) Don R. Pember, 『Mass Media Law』 3rd ed. (Dubuque, Iowa: Wm.C.Brown, 1984), p.249.

17) 「미국 국가안전보장회의는 독립된 권한이 없는 대통령을 보좌하는 참모기구이므로 이들 문서는 공개하지 않아도 무방」, 『언론중재』, 통권 64호(1997년 가을), 89~90쪽.

18) Don R. Pember, 『Mass Media Law』 3rd ed. (Dubuque, Iowa: Wm.C.Brown, 1984), pp.250~251.

19) Don R. Pember, 『Mass Media Law』 1996 ed.(Dubuque, Iowa: Brown & Benchmark, 1996), pp.284~299.

20) Don R. Pember, 『Mass Media Law』 3rd ed. (Dubuque, Iowa: Wm.C.Brown, 1984), pp.252~254.

21) 성낙인, 「공적 기록의 보도와 사생활보호」, 『언론중재』, 통권 71호(1999년 여름), 25~26쪽.

22) Don R. Pember, 『Mass Media Law』 3rd ed. (Dubuque, Iowa: Wm.C.Brown, 1984), pp.261~262.

23) 팽원순, 『매스코뮤니케이션 법제이론』, 개정판, 법문사, 1988, 295~296쪽.

24) 안진혁, 「'두 얼굴'의 인터넷 미 정보공개범위 논란」, 『동아일보』, 1998년 9월 14일, A14면.

25) 강수진, 「입양자에 친부모 정보 공개: 알권리~사생활 보호 어느 것이 우선일까」, 『동아일보』, 1999년 10월 1일, A10면.

26) 김중양, 『정보공개법』, 법문사, 2000, 92~93쪽.

27) 박록삼, 「외국의 사례: 누구라도 정부기록 접근권」, 『대한매일』, 2000년 6월 20일, 29면.

28) 장낙인, 「제7장 알권리와 정보공개제도」, 장낙인 외, 『미디어문화와 사회』, 일진사, 2009, 163쪽.

29) 김중양, 『정보공개법』, 법문사, 2000, 125~130쪽.

30) 김중양, 『정보공개법』, 법문사, 2000, 38~45쪽.

31) 시민의 신문,98년 11월 30일자, 18면.

32) 「"정보공개제도 모르는 공무원 많다"」, 『주간한국』, 99년 7월 8일, 57면.

33) 박원석, 「정보공개제도 실시 1년, 참여연대 67개 기관 운영실태 조사: "정부부처가 기본도 안돼 있어"」, 『참여사회』, 1999년 7월, 30~31쪽.

34) 서익재, 「허울뿐인 정보공개제 일반인은 '접근금지'」, 『중앙일보』, 99년 5월 29일, 30면.

35) 「"정보공개제도 모르는 공무원 많다"」, 『주간한국』, 1999년 7월 8일, 57면.

36) 이본영, 「'국정원 문서목록 공개' 행정소송」, 『한겨레』, 1999년 7월 15일, 15면.

37) 박현갑, 「공공기관 정보공개 시한 논란」, 『대한매일』, 2000년 1월 8일, 27면.

38) 이상록, 「"의원외유 정보공개 거부 부당" 참여연대, 국회상대 취소소송」, 『대한매일』, 2000년 8월 22일, 27면.

39) 이송하, 「"구청장 판공비 공개 거부 주민 알권리 제한 행위"」, 『대한매일』, 2000년 9월 2일, 23면.

40) 송한수, 「지자체 정보공개 성적 낙제점」, 『대한매일』, 2000년 9월 28일, 31면.

41) 연합 김지훈 기자, 「중앙행정기관 27% 정보공개 낙제점」, 『내일신문』, 2000년 10월 31일, 21면.

42) 이본영, 「법무부 특별사면 정보 공개해야」, 『한겨레』, 2000년 11월 4일, 19면.

43) 김중양, 『정보공개법』, 법문사, 2000, 84~85쪽.

44) 최여경, 「행정기관 정보공개 의무화: 인터넷에 공무원 성명 · 직위 등 개인신상도 공개」, 『대한매일』, 2000년 10월 11일, 1면.

45) 최영진, 「[사회] '정보공개청구'가 세상을 바꾼다」, 『뉴스메이커』, 제726호(2007년 5월 29일).

46) 최영진, 「[사회] '정보공개청구'가 세상을 바꾼다」, 『뉴스메이커』, 제726호(2007년 5월 29일).

47) 최영진, 「[사회] '정보공개청구'가 세상을 바꾼다」, 『뉴스메이커』, 제726호(2007년 5월 29일).

48) 최영진, 「[사회] '정보공개청구'가 세상을 바꾼다」, 『뉴스메이커』, 제726호(2007년 5월 29일).

49) 「뭐가 켕겨 그렇게 정보공개 꺼리나(사설)」, 『한겨레』, 2007년 6월 23일자.

50) 이유식, 「지평선/파킨슨 법칙」, 『한국일보』, 2007년 10월 23일, 38면.

51) 정재호, 「정보공개마저 대못질하나」, 『국민일보』, 2007년 12월 10일자.

52) 조현호, 「"이명박 정부, 기자 · 시민 정보공개 거부 늘어": [인터뷰] '정보공개센터' 개소한 전진한 사무국장」, 『미디어오늘』, 2008년 10월 15일자.

53) 원성윤, 「"8만 페이지 자료, 열람만 해라?": [인터뷰] 정보공개청구소송 진행 중인 성재호 KBS 기자」, 『PD저널』, 2008년 12월 8일자.

54) 전진한, 「아무도 관심없는 정보공개법 무너지는 국민 알권리」, 『신문과 방송』, 제452호(2008년 8월), 120~123쪽.

55) 전진한, 「고통 받는 서민, 펑펑 쓰는 공직자」, 『PD저널』, 2009년 3월 3일자.

56) 조계완, 「내부고발자들의 외롭고 긴 싸움」, 『한겨레21』, 제683호(2007년 11월 1일).

57) 특별취재팀, 「부패고리 왜 안 끊기나: 조직비리 폭로땐 배신자 낙인 고통」, 『동아일보』, 1999년 7월 14일, A8면.

58) 김승범, 「기업 비리 내부고발 임직원 82%가 해고 · 따돌림 당했다」, 『조선일보』, 2008년 1월 26일자.

59) 최영선, 「이문옥씨 무죄확정판결」, 『한겨레신문』, 96년 5월 11일, 23면.

60) 조계완, 「내부고발자들의 외롭고 긴 싸움」, 『한겨레21』, 제683호(2007년 11월 1일).

61) 김남일, 「"당연한 판결, 12년 끝 줄이야"/감사원 내부고발 현준희씨 명예훼손 무죄 확정/대법원 파기로 6년 허송… "책임지는 사람 없어"」, 『한겨레』, 2008년 11월 15일자.

62) 김종구, 「공무원들이 용기를 얻는 일」, 『한겨레21』, 99년 7월 15일, 9면.

63) 윤정은, 「녹조근정훈장 수상 거부한 이문옥 전 감사관: "도둑놈끼리 지키는 의리가 무슨 의리입니까"」, 『참여사회』, 2000년 2월, 82쪽.

64) 하워드 진(Howard Zinn), 이재원 옮김, 『불복종의 이유』, 이후, 2003, 47쪽.

65) 김창준, 「추천의 글: 공익제보자의 눈으로 본 한국사회의 속살」, 신광식, 『불감사회: 9인의 공익제보자가 겪은 사회적 스트레스』, 참여사회, 2006, 8쪽.

66) 김창준, 「추천의 글: 공익제보자의 눈으로 본 한국사회의 속살」, 신광식, 『불감사회: 9인의 공익제보자가 겪은 사회적 스트레스』, 참여사회, 2006, 9쪽.

67) 신광식, 『불감사회: 9인의 공익제보자가 겪은 사회적 스트레스』, 참여사회, 2006), 250쪽.

68) Hannah Arendt, 『Eichmann in Jerusalem: A Report on the Banality of Evil』(New York : Penguin Books, 1963/1977).

제10장

1) Don R. Pember, 『Mass Media Law』 3rd ed. (Dubuque, Iowa: Wm.C.Brown, 1984), p.244.

2) 팽원순, 『매스코뮤니케이션 법제이론』 개정판, 법문사, 1988, 336~337쪽.

3) 팽원순, 『매스코뮤니케이션 법제이론』 개정판, 법문사, 1988, 327~8쪽.

4) 팽원순, 『매스코뮤니케이션 법제이론』 개정판, 법문사, 1988, 328쪽.

5) 팽원순, 『매스코뮤니케이션 법제이론』 개정판, 법문사, 1988, 324~325쪽.

6) 팽원순, 『매스코뮤니케이션 법제이론』 개정판, 법문사, 1988, 325쪽.

7) 팽원순, 『매스코뮤니케이션 법제이론』 개정판, 법문사, 1988, 348쪽.

8) 고성호 외, 「'워터게이트' 베일벗은 딥 스로트」, 『한국일보』, 2005년 6월 2일, 5면; 강인선, 「워터게이트 '딥 스로트'는 당시 FBI 부국장」, 『조선일보』, 2005년 6월 2일, A2면.

9) 팽원순, 『매스코뮤니케이션 법제이론』 개정판, 법문사, 1988, 304~305쪽에서 재인용.

10) Don R. Pember, 『Mass Media Law』 1996 ed.(Dubuque, Iowa: Brown & Benchmark, 1996), p.317.

11) 한국언론재단, 『해외언론동향』, 1999년 5월, 12쪽.

12) 유일상, 『언론법제론』 개정판, 박영사, 2000, 175쪽.

13) Don R. Pember, 『Mass Media Law』 3rd ed. (Dubuque, Iowa: Wm.C.Brown, 1984), pp.306~309.

14) Don R. Pember, 『Mass Media Law』 3rd ed. (Dubuque, Iowa: Wm.C.Brown, 1984), p.299.

15) 나오미 울프(Naomi Wolf), 김민웅 옮김, 『미국의 종말: 혼돈의 시대, 민주주의의 복원은 가능한가』, 프레시안북, 2008, 18쪽.

16) 유일상, 『언론윤리법제론』, 아침, 1991, 335쪽.

17) 유일상, 『언론법제론』 개정판, 박영사, 2000, 200쪽.

18) 유일상, 『언론법제론』 개정판, 박영사, 2000, 201쪽.

19) Don R. Pember, 『Mass Media Law』 3rd ed. (Dubuque, Iowa: Wm.C.Brown, 1984), p.292.

20) Don R. Pember, 『Mass Media Law』 3rd ed. (Dubuque, Iowa: Wm.C.Brown, 1984), p.296.

21) Don R. Pember, 『Mass Media Law』 3rd ed. (Dubuque, Iowa: Wm.C.Brown, 1984), p.310.

22) Don R. Pember, 『Mass Media Law』 3rd ed. (Dubuque, Iowa: Wm.C.Brown, 1984), pp.324~325.

23) Don R. Pember, 『Mass Media Law』 3rd ed. (Dubuque, Iowa: Wm.C.Brown, 1984), pp.312~313.

24) Don R. Pember, 『Mass Media Law』 3rd ed. (Dubuque, Iowa: Wm.C.Brown, 1984), pp.313~314.

25) Don R. Pember, 『Mass Media Law』 3rd ed. (Dubuque, Iowa: Wm.C.Brown, 1984), pp.314~320.

26) Don R. Pember, 『Mass Media Law』 3rd ed. (Dubuque, Iowa: Wm.C.Brown, 1984), pp.321~323.

27) 팽원순, 『매스코뮤니케이션 법제이론』 개정판, 법문사, 1988, 311쪽에서 재인용.

28) 유진 굿윈(H. Eugene Goodwin), 우병동 옮김, 『언론윤리의 모색』, 한나래, 1995, 109쪽.

29) 고승욱 · 우성규, 「취재원 공개거부 NYT 기자 법정구속」, 『국민일보』, 2005년 7월 8일, 10면; Don R. Pember, 『Mass Media Law』 3rd ed. (Dubuque, Iowa: Wm.C.Brown, 1984), p.324; Don R. Pember, 『Mass Media Law』 1996 ed.(Dubuque, Iowa: Brown & Benchmark, 1996), p.317; 유일상, 『언론법제론』 개정판, 박영사, 2000, 193~194쪽; 팽원순, 『매스코뮤니케이션 법제이론』 개정판, 법문사, 1988, 312~313쪽.

30) 장행훈, 「취재원의 여론조작에 이용당한 기자: 부시 정부와 뉴욕타임스 게이트」, 『신문과 방송』, 제420호(2005년 12월), 56~61쪽.

31) 홍수원, 「취재원 공개 거부 기자에게 하루 5,000달러 벌금형」, 『신문과 방송』, 제450호(2008년 6월), 176쪽.

32) 『뉴시스』, 2008년 7월 25일; 『언론중재』, 통권108호.(2008년 가을), 155쪽에서 재인용.

33) Don R. Pember, 『Mass Media Law』 3rd ed. (Dubuque, Iowa: Wm.C.Brown, 1984), pp.300~304; 홍수원, 「취재원 공개 거부 기자에게 하루 5,000달러 벌금형」, 『신문과 방송』, 제450호(2008년 6월), 180~181쪽.

34) 도재기, 「美 '취재원 공개거부' 언론보호법 통과」, 『경향신문』, 2007년 10월 19일자.

35) 클레이 서키(Clay Shirky), 송연석 옮김, 『끌리고 쏠리고 들끓다: 새로운 사회와 대중의 탄생』, 갤리온, 2008), 80~84쪽.

36) 클레이 서키(Clay Shirky), 송연석 옮김, 『끌리고 쏠리고 들끓다: 새로운 사회와 대중의 탄생』, 갤리온, 2008), 80~84

쪽.

37) 김재호, 「"취재원 보호 법제화해야"」, 『조선일보』, 2004년 10월 12일, A21면; 박찬수, 「"취재원 보호, 법정서도 예외없다": 미 '리크게이트' 관련 뉴욕타임스 기자 구금 위기」, 『한겨레』, 2004년 10월 12일, 20면.

38) 팽원순, 『매스코뮤니케이션 법제이론』, 법문사, 1988, 342~343쪽.

39) 김정기, 「취재원 보호에 대한 원시적인 몰이해」, 『바른언론』, 1996년 1월 27일, 6면.

40) 「'취재원 보호' 승소」, 『한겨레신문』, 96년 3월 29일, 8면.

41) 이은호, 「유럽의회 '기자의 취재보호권 인정' 권고안 채택」, 『한국일보』, 2000년 3월 14일, 7면.

42) 서영아, 「일(日)대법 "취재원 보호위한 기자 증언거부 정당"」, 『동아일보』, 2006년 10월 5일, 11면.

43) 송평인, 「독일~프랑스의 언론 자유 관련 사건」, 『동아일보』, 2007년 7월 30일자.

44) 송평인, 「독일~프랑스의 언론 자유 관련 사건」, 『동아일보』, 2007년 7월 30일자.

45) 전진배, 「취재원 안 밝혀도 기자 처벌 못한다: 프랑스 하원, 새 법안 통과」, 『중앙일보』, 2008년 5월 24일자.

46) 팽원순, 『매스코뮤니케이션 법제이론』 개정판, 법문사, 1988, 335쪽.

47) 김민남, 「시민의 알 권리」, 한병구 편, 『언론법제통론』, 나남, 1990, 66~67쪽.

48) 임병국, 『언론법제와 보도』, 나남, 1999, 471~472쪽.

49) 양재규, 「취재원 공개를 거부한 기자의 법적 책임에 관한 검토」, 『언론중재』, 통권97호(2005년 겨울), 86쪽.

50) 김정기, 「취재원 보호에 대한 원시적인 몰이해」, 『바른언론』, 1996년 1월 27일, 6면.

51) 장현철, 「"보도경위 조사하겠다" 정부당국 강수 잇따라」, 『미디어오늘』, 1997년 7월 9일, 2면.

52) 장현철, 「취재원 공개 논란」, 『미디어오늘』, 1997년 7월 9일, 4면.

53) 안상운, 「몰래카메라는 범죄행위, 압수는 법원권한: 검찰의 SBS 압수수색~찬성」, 『신문과 방송』, 제393호(2003년 9월), 56쪽.

54) 오양호, 「취재원 강제수사는 최후 수단이어야: 검찰의 SBS 압수수색~반대」, 『신문과 방송』, 제393호(2003년 9월), 61쪽.

55) 이제훈, 「취재원 보호—법집행 딜레마」, 『국민일보』, 2007년 7월 30일자.

56) 안경숙, 「'취재원 보호' 동아일보 이중잣대 논란: 경향엔 '취득 경위 밝혀야' …자사엔 '취재원 보호' 강조」, 『미디어오늘』, 2007년 8월 1일자.

57) 김광호, 「[언론 검증] 한나라 속 보이는 一口二言…보수언론들에 화답」, 『경향신문』, 2007년 7월 31일자.

58) 팽원순, 『매스코뮤니케이션 법제이론』, 법문사, 1988, 310쪽.

59) 유일상, 『언론법제론』, 박영사, 2000, 201~202쪽.

60) 허영, 『헌법이론과 헌법』 신정5판, 박영사, 2000, 662쪽.

61) 박형상, 「언론으로부터의 자유와 법적 대응」, 김동민 편저, 『언론법제의 이론과 현실』, 한나래, 1993), 204~205쪽.

62) 박형상, 「언론으로부터의 자유와 법적 대응」, 김동민 편저, 『언론법제의 이론과 현실』, 한나래, 1993), 204~205쪽.

63) 김민환, 「언론사 압수수색 대응 매뉴얼」, 『중앙일보』, 2009년 5월 6일자.

제11장

1) Don R. Pember, 『Mass Media Law』 3rd ed. (Dubuque, Iowa: Wm.C.Brown, 1984), p.334.

2) 김동진, 「언론보도와 공정재판」, 한병구 편, 『언론법제통론』, 나남, 1990, 272쪽.

3) Don R. Pember, 『Mass Media Law』 3rd ed. (Dubuque, Iowa: Wm.C.Brown, 1984), p.335.

4) Don R. Pember, 『Mass Media Law』 3rd ed. (Dubuque, Iowa: Wm.C.Brown, 1984), p.335.

5) Don R. Pember, 『Mass Media Law』 3rd ed. (Dubuque, Iowa: Wm.C.Brown, 1984), pp.331~332.

6) 김동진, 「언론보도와 공정재판」, 한병구 편, 『언론법제통론』, 나남, 1990, 277~278쪽.

7) 김동진, 「언론보도와 공정재판」, 한병구 편, 『언론법제통론』, 나남, 1990, 278~279쪽.

8) 유진 굿윈(H. Eugene Goodwin), 우병동 옮김, 『언론윤리의 모색』, 한나래, 1995, 254쪽에서 재인용.

9) 유진 굿윈(H. Eugene Goodwin), 우병동 옮김, 『언론윤리의 모색』, 한나래, 1995, 252~253쪽에서 재인용.

10) Don R. Pember, 『Mass Media Law』 3rd ed. (Dubuque, Iowa: Wm.C.Brown, 1984), pp.337~338.

11) Don R. Pember, 『Mass Media Law』 3rd ed. (Dubuque, Iowa: Wm.C.Brown, 1984), p.340.

12) Don R. Pember, 『Mass Media Law』 3rd ed. (Dubuque, Iowa: Wm.C.Brown, 1984), pp.340~341.

13) Don R. Pember, 『Mass Media Law』 3rd ed. (Dubuque, Iowa: Wm.C.Brown, 1984), pp.342~343.

14) 팽원순, 『언론법제신론』, 나남, 1989, 171쪽.

15) 김동진, 「언론보도와 공정재판」, 한병구 편, 『언론법제통론』, 나남, 1990, 274쪽.

16) 팽원순, 『언론법제신론』, 나남, 1989, 168~169쪽.

17) Don R. Pember, 『Mass Media Law』 3rd ed. (Dubuque, Iowa: Wm.C.Brown, 1984), pp.343~350.

18) Don R. Pember, 『Mass Media Law』 3rd ed. (Dubuque, Iowa: Wm.C.Brown, 1984), pp.351~352.

19) Don R. Pember, 『Mass Media Law』 3rd ed. (Dubuque, Iowa: Wm.C.Brown, 1984), pp.355~356.

20) 박홍규, 『시민이 재판을』, 사람생각, 2000, 130, 194쪽.

21) 박홍규, 『시민이 재판을』, 사람생각, 2000, 131쪽.

22) 유일상, 「법정공개와 피의자 인권, 알권리」, 『언론중재』, 통권 58호(1996년 봄), 41~42쪽.

23) 박홍규, 『시민이 재판을』, 사람생각, 2000, 130, 196쪽.

24) Don R. Pember, 『Mass Media Law』 1996 ed.(Dubuque, Iowa: Brown & Benchmark, 1996), pp.361~362.

25) Don R. Pember, 『Mass Media Law』 1996 ed.(Dubuque, Iowa: Brown & Benchmark, 1996), pp.377~378.

26) 「미 항소법원은 배심원들의 평결심의과정에 대한 언론사의 인터뷰를 제한한 원심결정을 지지」, 『언론중재』, 통권 67호(1998년 여름), 110쪽.

27) 박형상, 「기자가 바라보고 지켜보아야 할 법정」, 『신문과 방송』, 제345호(1999년 9월), 59쪽.

28) 김철수, 『헌법학개론』 제12전정신판, 박영사, 2000, 1194~1195쪽.

29) 임병국, 『언론법제와 보도』, 나남, 1999, 445~446쪽.

30) 권영성, 『헌법학원론』 보정판, 법문사, 2000, 419쪽에서 재인용.

31) 정성엽, 「사건기록 복사거부는 부당: 법원 "피의자 공정재판 받을 권리 침해"」, 『경향신문』, 2000년 12월 29일, 19면.

32) 박홍규, 『시민이 재판을』, 사람생각, 2000, 195쪽.

33) 한국언론재단, 「미국 법정내 카메라보도 허용 실태」, 『해외언론동향』, 1998년 12월, 28쪽.

34) 김동진, 「언론보도와 공정재판」, 한병구 편, 『언론법제통론』, 나남, 1990, 271, 277쪽.

35) 김도원, 「'무허가 촬영보도' 과태료 부과/법원, KBS 촬영기자에 1백만 원 부과 결정」, 『미디어오늘』, 1998년 10월 21일, 7면.

36) 한위수, 「법관이 본 사법관련보도의 문제점과 제언」, 『언론중재』, 통권 52호(1994년 가을), 25쪽에서 재인용.

37) 한국언론연구원 편역, 『범죄 익명보도』, 한국언론연구원, 1998, 82~83쪽.

38) 「언론이 자주 범하는 위법취재보도 8가지」, 『언론개혁』, 1999년 8월, 19쪽.

39) 「언론이 자주 범하는 위법취재보도 8가지」, 『언론개혁』, 1999년 8월, 18쪽.

40) 「소년범죄보도에서 미국, 영국쪽은 실명보도사례가 많으나 유럽쪽은 실명보도를 법으로 규제하는 나라가 많다」, 『언론중재』, 통권 64호(1997년 가을), 92~93쪽.

41) 「미국의 언론들, 사건의 특이성 등을 이유로 소년 용의자를 실명으로 보도」, 『언론중재』, 통권 66호(1998년 봄), 95~96쪽.

42) 「미국의 언론들, 총기난사 소년을 실명으로 보도/워싱턴포스트지는 사정설명 담화를 게재」, 『언론중재』, 통권 67호(1998년 여름), 114~115쪽.

43) 유진 굿윈(H. Eugene Goodwin), 우병동 옮김, 『언론윤리의 모색』, 한나래, 1995, 219쪽.

44) 김동철, 「법원의 영장 열람금지 조치와 알 권리」, 김동철 교수 정년퇴임 기념논문집 간행위원회 엮음, 『언론과 커뮤니케이션의 제문제』, 나남, 1993, 50쪽.

45) 김동철, 「법원의 영장 열람금지 조치와 알 권리」, 김동철 교수 정년퇴임 기념논문집 간행위원회 엮음, 『언론과 커뮤니케이션의 제문제』, 나남, 1993, 37~38쪽.

46) 김동철, 「법원의 영장 열람금지 조치와 알 권리」, 김동철 교수 정년퇴임 기념논문집 간행위원회 엮음, 『언론과 커뮤니케이션의 제문제』, 나남, 1993, 38쪽.

47) 이 부분은 당시 나온 신문 및 언론전문지 기사들에 근거해 쓴 것입니다.

48) 김동철, 「법원의 영장 열람금지 조치와 알 권리」, 김동철 교수 정년퇴임 기념논문집 간행위원회 엮음, 『언론과 커

뮤니케이션의 제문제』, 나남, 1993, 38쪽.

49) 김동철, 「법원의 영장 열람금지 조치와 알 권리」, 김동철 교수 정년퇴임 기념논문집 간행위원회 엮음, 『언론과 커뮤니케이션의 제문제』, 나남, 1993, 39쪽.

50) 한위수, 「법관이 본 사법관련보도의 문제점과 제언」, 『언론중재』, 통권 52호(1994년 가을), 22~24쪽.

51) 「언론이 자주 범하는 위법취재보도 8가지」, 『언론개혁』, 1999년 8월, 19쪽.

52) 「명예훼손에 대해 재판부는 어떤 판결을 내렸나?」, 『기자통신』, 1999년 6월, 84쪽.

53) 「언론이 자주 범하는 위법취재보도 8가지」, 『언론개혁』, 1999년 8월, 19쪽.

54) 김창석, 「'원조교제'가 아니었다: 한건주의 경찰과 선정주의 언론에 의해 부풀려진 '유부녀와 고교생의 관계' / '소설'에 유린당한 피의자」, 『한겨레 21』, 2001년 1월 4일, 32면.

55) 『언론중재』, 통권79호(2001년 여름), 163쪽.

56) 『연합뉴스』, 2002년 5월 13일; 『언론중재』, 통권83호(2002년 여름), 161쪽.

57) 『내일신문』, 2008년 7월 10일자.

58) 이지선, 「언론들 '망신주기' 보도 盧서거 책임" 비난여론」, 『경향신문』, 2009년 5월 27일자.

59) 이봉수, 「시민편집인의눈] 문제는 다시 언론… '노무현 보도' 반성해야」, 『한겨레』, 2009년 5월 28일자.

60) 강준만, 『대한민국 소통법』, 개마고원, 2009, 261쪽.

61) 박경신, 「언론책임론 방향 잘못됐다」, 『미디어오늘』, 2009년 6월 10일, 2면.

62) 최재혁·김진명, 「흉악범 인권이 '재범(再犯)방지' 보다 우선인가: 경찰·언론, 2004년경부터 이름·얼굴 안밝혀…」, 『조선일보』, 2009년 4월 3일자.

63) 최재혁·김진명, 「흉악범 인권이 '재범(再犯)방지' 보다 우선인가: 경찰·언론, 2004년경부터 이름·얼굴 안밝혀…」, 『조선일보』, 2009년 4월 3일자.

64) 최재혁·김진명, 「흉악범 인권이 '재범(再犯)방지' 보다 우선인가: 경찰·언론, 2004년경부터 이름·얼굴 안밝혀…」, 『조선일보』, 2009년 4월 3일자.

65) 최재혁·김진명, 「흉악범 인권이 '재범(再犯)방지' 보다 우선인가: 경찰·언론, 2004년경부터 이름·얼굴 안밝혀…」, 『조선일보』, 2009년 4월 3일자.

66) 최재혁·김진명, 「법원·검찰 "무방" 경찰·인권위 "기본권 침해": 중대범죄자 얼굴 언론보도」, 『조선일보』, 2008년 4월 3일자.

67) 문갑식, 「'어설픈 人權'이 아이들을 잡는다」, 『조선일보』, 2008년 4월 5일자.

68) 박용현, 「납치범의 질문」, 『한겨레 21』, 제705호(2008년 4월 10일).

69) 「反인류 범죄자 '마스크와 모자' 벗겨야(사설)」, 『동아일보』, 2008년 10월 23일자.

70) 「흉악범 얼굴 가려주기. 잘하는 일인가(사설)」, 『국민일보』, 2008년 10월 23일자.

71) 류정·곽창렬, 「"얼굴 공개 해야 한다" 압도적… '관행' 바꿔야: 본지의 '강호순 사진 공개'로 논란 커져」, 『조선일보』, 2009년 2월 2일자.

72) 「반(反)사회적 범죄자 얼굴 공개하는 게 옳다(사설)」, 『조선일보』, 2009년 2월 2일자.

73) 이에스더·이정봉, 「조인스 '강호순 얼굴' 106만 클릭… 네티즌 95% "신상 공개 찬성"」, 『중앙일보』, 2009년 2월 2일자.

74) 이지은, 「'강호순 얼굴' 31일 새벽 첫 공개 네티즌 관심 폭발 기사 댓글도 폭주」, 『중앙일보』, 2009년 2월 2일자.

75) 박용상, 「"국민의 큰 관심 끄는 극악한 범죄자는 증거 확실하면 수사 단계서 신상 공개": 언론법 전문가 박용상 변호사」, 『중앙일보』, 2009년 2월 2일자.

76) 김남일·권귀순, 「공공의 이익인가, 대중의 복수인가: 강씨 얼굴공개 논란」, 『한겨레』, 2009년 2월 2일자.

77) 「피의자 얼굴 공개 포퓰리즘 경계를(사설)」, 『한국일보』, 2009년 2월 3일자.

78) 이진희·권지윤, 「[연쇄살인범 얼굴공개 논란] "흉악범은 公人의 영역" "피의자 가족이 무슨 죄"」, 『한국일보』, 2009년 2월 3일자.

79) 박경신, 「강호순 얼굴 공개 해법은」, 『경향신문』, 2009년 2월 3일자.

80) 박경신, 「국민이 우매하다는 '위험한 전제'」, 『한국일보』, 2009년 2월 7일자.

81) 조동시·이아람, 「기자 64.7%, PD 52.2%, 언론학자 54.2% 얼굴공개 찬성: 범죄 피의자 얼굴공개」, 『신문과 방송』, 제459호(2009년 3월), 40~45쪽.

82) 신동흔, 「"흉악범 공개 언론사가 판단": 신문윤리강령 개정」, 『조선일보』, 2009년 3월 5일, A12면.

제12장

1) Don R. Pember, 『Mass Media Law』 1996 ed.(Dubuque, Iowa: Brown & Benchmark, 1996), pp.406~407.

2) 한병구, 『언론과 윤리법제』 증정판, 서울대학교출판부, 2000, 196쪽.

3) 김병국, 「음란과 검열」, 한병구 편, 『언론법제통론』, 나남, 1990, 293~294쪽.

4) 김일수, 『형법각론』 새로쓴 (제3판), 박영사, 2000, 645쪽.

5) 김택환, 『영상커뮤니케이션의 자유와 윤리: 영상(film) 통제 및 심의제도에 관한 연구』, 커뮤니케이션북스, 1998, 75쪽.

6) 김일수, 『형법각론』 새로쓴 (제3판), 박영사, 2000, 646쪽.

7) 김일수, 『형법각론』 새로쓴 (제3판), 박영사, 2000, 649쪽.

8) Don R. Pember, 『Mass Media Law』 3rd ed. (Dubuque, Iowa: Wm.C.Brown, 1984), p.377.

9) Don R. Pember, 『Mass Media Law』 3rd ed. (Dubuque, Iowa: Wm.C.Brown, 1984), p.377.

10) Don R. Pember, 『Mass Media Law』 3rd ed. (Dubuque, Iowa: Wm.C.Brown, 1984), p.378.

11) Don R. Pember, 『Mass Media Law』 3rd ed. (Dubuque, Iowa: Wm.C.Brown, 1984), pp.379~380.

12) Harold L. Nelson & Dwight L. Teeter, Jr., 『Law of Mass Communications: Freedom and Control of Print and Broadcast Media』 3rd ed.(New York: Foundation Press, 1978), p.353.

13) 한병구, 『언론과 윤리법제』 증정판, 서울대학교출판부, 2000, 202쪽; 김동철, 『자유언론법제연구』, 나남, 1987, 255쪽; Harold L. Nelson & Dwight L. Teeter, Jr., 『Law of Mass Communications: Freedom and Control of Print and Broadcast Media』 3rd ed.(New York: Foundation Press, 1978), p.354.

14) 김동철, 『자유언론법제연구』, 나남, 1987, 244~245쪽.

15) 김동철, 『자유언론법제연구』, 나남, 1987, 245쪽.

16) 김병국, 「음란과 검열」, 한병구 편, 『언론법제통론』, 나남, 1990, 301~302쪽.

17) Harold L. Nelson & Dwight L. Teeter, Jr., 『Law of Mass Communications: Freedom and Control of Print and Broadcast Media』 3rd ed.(New York: Foundation Press, 1978), pp.360~361; 김동철, 『자유언론법제연구』, 나남, 1987, 258쪽; 김병국, 「음란과 검열」, 한병구 편, 『언론법제통론』, 나남, 1990, 302쪽.

18) Harold L. Nelson & Dwight L. Teeter, Jr., 『Law of Mass Communications: Freedom and Control of Print and Broadcast Media』 3rd ed.(New York: Foundation Press, 1978), p.359.

19) 장호순, 『미국헌법과 인권의 역사: 민주주의와 인권을 신장시킨 명판결』, 개마고원, 1998, 153~154쪽.

20) Don R. Pember, 『Mass Media Law』 3rd ed. (Dubuque, Iowa: Wm.C.Brown, 1984), pp.381~382.

21) Harold L. Nelson & Dwight L. Teeter, Jr., 『Law of Mass Communications: Freedom and Control of Print and Broadcast Media』 3rd ed.(New York: Foundation Press, 1978), pp.376~387.

22) Harold L. Nelson & Dwight L. Teeter, Jr., 『Law of Mass Communications: Freedom and Control of Print and Broadcast Media』 3rd ed.(New York: Foundation Press, 1978), p.379.

23) 팽원순, 『한국언론법제론』, 법문사, 1994, 186쪽에서 재인용.

24) Don R. Pember, 『Mass Media Law』 1996 ed.(Dubuque, Iowa: Brown & Benchmark, 1996), p.412.

25) Don R. Pember, 『Mass Media Law』 3rd ed. (Dubuque, Iowa: Wm.C.Brown, 1984), pp.384~394.

26) Don R. Pember, 『Mass Media Law』 3rd ed. (Dubuque, Iowa: Wm.C.Brown, 1984), p.398.

27) Don R. Pember, 『Mass Media Law』 3rd ed. (Dubuque, Iowa: Wm.C.Brown, 1984), pp.399~400.

28) Don R. Pember, 『Mass Media Law』 3rd ed. (Dubuque, Iowa: Wm.C.Brown, 1984), pp.401~403.

29) Don R. Pember, 『Mass Media Law』 3rd ed. (Dubuque, Iowa: Wm.C.Brown, 1984), pp.403~405.

30) 「미국 연방대법원, 외설도서를 암매하여 유죄선거 받은 서점 주인의 자산몰수를 지지」, 『언론중재』, 통권 49호 (1993년 겨울), 86쪽.

31) 한현우, 「"'표현의 자유'도 외설 기준 지켜야"」, 『주간조선』, 1998년 7월 30일, 86~87면.

32) 조강수, 「"음란물 방송제한은 언론자유 침해"」, 『중앙일보』, 2000년 5월 24일, 11면.

33) 「McGrath, Judy」, 『Current Biography』, 66:2(February 2005), p.41.

34) 김형진, 「미국의 방송 프로그램 선정성 규제 제도」, 『미디어경제와 문화』, 제3-3호(2005년 여름), 12~15쪽.

35) 강남준, 「미국방송협회(NAB) 자율심의 제도의 변천과정: 한국방송심의제도에 던지는 함의」, 『방송연구』, 2006년 겨울, 198~199쪽.

36) 안정민, 「미국 방송매체의 음란/외설 규제정책의 변화과정 분석」, 『방송연구』, 2007년 겨울, 112쪽.

37) 안정민, 「미국 방송매체의 음란/외설 규제정책의 변화과정 분석」, 『방송연구』, 2007년 겨울, 127~128쪽.

38) 유일상, 『언론법제론』, 박영사, 1998, 252~256쪽.

39) 팽원순, 『한국언론법제론』, 법문사, 1994, 143쪽.

40) 황철증, 「통신망을 통한 음란물 규제」, 정상조 엮음, 『인터넷과 법률』, 현암사, 2000, 212~213쪽.

41) 한병구, 『언론과 윤리법제』 증정판, 서울대학교출판부, 2000, 124~125쪽.

42) 조대근, 「굿데이에 600만원 부과: 청소년보호위, 정기간행물에 첫 과징금」, 『신문과 방송』, 제408호(2004년 12월), 111쪽.

43) 김정우, 「"음란물도 표현의 자유 보호 영역에 해당된다": 헌재, 종전 의견 뒤집어… 유포행위 처벌은 합헌 결정」, 『한국일보』, 2009년 6월 8일자.

44) 김동철, 『자유언론법제연구』, 나남, 1987, 246쪽.

45) 김병국, 「음란과 검열」, 한병구 편, 『언론법제통론』, 나남, 1990, 302~303.

46) 팽원순, 『언론법제신론』, 나남, 1989, 182~183쪽에서 재인용.

47) 한병구, 『언론법제이론』, 나남, 1987, 45~46쪽.

48) 임병국, 『언론법제와 보도』, 나남, 1999, 275쪽에서 재인용.

49) 임병국, 『언론법제와 보도』, 나남, 1999, 276~277쪽.

50) 팽원순, 『언론법제신론』, 나남, 1989, 187쪽에서 재인용.

51) 팽원순, 『언론법제신론』, 나남, 1989, 188~189쪽.

52) 팽원순, 『언론법제신론』, 나남, 1989, 188~189쪽.

53) 유일상, 『언론법제론』 개정판, 박영사, 2000, 271쪽.

54) 한병구, 『언론과 윤리법제』 증정판, 서울대학교출판부, 2000, 209쪽에서 재인용.

55) 팽원순, 『언론법제신론』, 나남, 1989, 190쪽에서 재인용.

56) 김승현, 「음란물관련 대법판례: "성풍속 보호" 아직은 보수잣대」, 『문화일보』, 2000년 4월 26일, 28면.

57) 김택환, 「영상커뮤니케이션의 자유와 윤리: 영상(film) 통제 및 심의제도에 관한 연구』, 커뮤니케이션북스, 1998), 170~171쪽에서 재인용.

58) 김승현, 「음란물관련 대법판례: "성풍속 보호" 아직은 보수잣대」, 『문화일보』, 2000년 4월 26일, 28면.

59) 김승현, 「음란물관련 대법판례: "성풍속 보호" 아직은 보수잣대」, 『문화일보』, 2000년 4월 26일, 28면; 한병구, 『언론과 윤리법제』 증정판, 서울대학교출판부, 2000, 211쪽.

60) 「'외설' 구속은 지나치다」, 『한겨레』, 1992년 10월 31일, 2면.

61) 한병구, 『언론과 윤리법제』 증정판, 서울대학교출판부, 2000, 211~212쪽.

62) 김승현, 「음란물관련 대법판례: "성풍속 보호" 아직은 보수잣대」, 『문화일보』, 2000년 4월 26일, 28면.

63) 『2000 소법전』, 법전출판사, 2000, 1630쪽.

64) 최상천, 「'즐거운 사라'가 증언하는 누더기 '자유민주주의'」, 『사회평론 · 길』, 1995년 8월호, 175쪽.

65) 박영흠, 「50년대 '자유부인' 부터 예술~외설 논쟁」, 『경향신문』, 2008년 3월 24일, 9면.

66) 김승현, 「음란물관련 대법판례: "성풍속 보호" 아직은 보수잣대」, 『문화일보』, 2000년 4월 26일, 28면.

67) 『한겨레』, 1997년 8월 30일자.

68) 『경향신문』, 1998년 1월 14일자; 김승현, 「음란물관련 대법판례: "성풍속 보호" 아직은 보수잣대」, 『문화일보』, 2000년 4월 26일, 28면.

69) 『국민일보』, 1998년 2월 19일자.

70) 『한겨레』, 1998년 7월 30일자.

71) 김범수, 「일본소설 '울' 전량수거 파문」, 『한국일보』, 1999년 9월 28일, 33면.

72) 임병국, 『언론법제와 보도』, 나남, 1999, 281~282쪽; 김일수, 『형법각론』(제3판), 박영사, 2000, 653~654쪽.

73) 한병구, 『언론과 윤리법제』 증정판, 서울대학교출판부, 2000, 212쪽.

74) 한병구, 『언론과 윤리법제』 증정판, 서울대학교출판부, 2000, 212쪽.

75) 김철수, 『헌법학개론』 제12전정신판, 박영사, 2000, 622쪽.

76) 손승욱, 「'알몸시위는 공연음란죄' 대법 무죄원심 깨고 환송」, 『경향신문』, 2001년 1월 1일, 27면.

77) 「누드재판 영국인 승소후 '알몸축하' 다시 쇠고랑 신세」, 『한국일보』, 2001년 1월 12일, 17면.

78) 「음악캠프」는 가을 개편에서 「쇼! 음악중심」으로 재단생됐는데, 사고를 막기 위해 현장과 방송의 시차를 3분간 두는 '3분 딜레이' 형식으로 진행하기로 했다.

79) 김범석, 「기자의 눈: 방송사고 욕하면서 동영상은 왜 퍼나르나」, 『동아일보』, 2005년 8월 1일, A26면.

80) 김정필, 「풀려난 '알몸노출'」, 『세계일보』, 2005년 9월 28일, 9면.

81) 「SBS, 생방송 음악프로 '5분 지연'」, 『미디어오늘』, 2006년 8월 23일, 4면.

82) 오명근, 「아! 바바리맨: "사회불안 야기" 이례적 구속영장」, 『AM 7』, 2006년 9월 28일, 1면.

83) 지호일 · 김원철, 「알몸 활보 '공연음란죄'」, 『국민일보』, 2006년 11월 3일, 9면.

84) 김기용, 「"길에서 음란행위 혐의 전교조 교사 해임 정당" 법원 1심 판결 뒤집어」, 『동아일보』, 2008년 12월 3일, 14면.

85) 염희진, 「공연18禁? 13禁? 7禁? '벗는 공연' 등급 딜레마」, 『동아일보』, 2009년 5월 28일자.

제13장

1) 장호순, 『미국헌법과 인권의 역사: 민주주의와 인권을 신장시킨 명판결』, 개마고원, 1998, 161~163쪽.

2) 장호순, 『미국헌법과 인권의 역사: 민주주의와 인권을 신장시킨 명판결』, 개마고원, 1998, 170~171쪽.

3) 윤석준, 「"인터넷 음란물 규제는 위헌"」, 『중앙일보』, 1997년 6월 28일, 22면.

4) 유현오, 「다시 생각하는 표현의 자유」, 『한겨레 21』, 1998년 7월 23일, 79면.

5) 『동아일보』, 1998년 10월 12일자; 「미, 인터넷 음란물 검열 합법화… 표현의 자유' 논란」, 『뉴스플러스』, 1998년 8월 6일, 62면.

6) 「인터넷 음란물 규제는 언론자유 침해?: 미 출판업계 등, '어린이온라인보호법' 시행금지 소송」, 『국민일보』, 1998년 10월 24일, 6면.

7) 리차드 스피넬로(Richard Spinello), 이태건 · 노병철 옮김, 『사이버윤리: 사이버공간에 있어서 법과 도덕』, 인간사랑, 2001, 123~124쪽.

8) 리차드 스피넬로(Richard Spinello), 이태건 · 노병철 옮김, 『사이버윤리: 사이버공간에 있어서 법과 도덕』, 인간사랑, 2001, 125쪽.

9) 「음란 E메일 유포금지는 합헌」, 『한겨레』, 1999년 4월 21일, 11면.

10) 「인터넷 음란물 청소년판금 "위헌"」, 『국민일보』, 2000년 8월 12일, 8면.

11) 김병찬, 「'음란물필터' 무력화 프로그램 등장 논란」, 『한국일보』, 2000년 12월 21일, 36면.

12) 김외현, 「인터넷 덕 본 포르노, 인터넷에 발목 잡혀」, 『한겨레』, 2007년 6월 4일자.

13) 유병선, 「인터넷 포르노 규제 공방」, 『경향신문』, 1998년 10월 10일, 2면.

14) 이오성, 「통신질서확립법 파동: 돼지를 굽기 위해 지구촌 전체를 태울 것인가」, 『말』, 2000년 10월, 230쪽.

15) 이오성, 「통신질서확립법 파동: 돼지를 굽기 위해 지구촌 전체를 태울 것인가」, 『말』, 2000년 10월, 230~233쪽.

16) 안준현, 「"온라인 검열법 반대" 시위대 사이버 출동」, 『한국일보』, 2000년 10월 23일, 30면.

17) 장여경, 「온라인 시위를 강경진압하라?」, 『한겨레 21』, 2000년 11월 9일, 34~35쪽.

18) 「인터넷등급제 유보 절반의 승리」, 『시민의 신문』, 2000년 12월 25일, 9면.

19) 진보네트워크센터, 『자유와 공유의 연대기: 진보네트워크센터 10년 백서』, 진보네트워크센터, 2008, 94~95쪽.

20) 「대만, 세계 첫 인터넷 등급제」, 『중앙일보』, 2005년 10월 27일, 10면.

21) 노상범, 「이승희 사진보는데 200만원이라니」, 『참여사회』, 99년 1월, 36쪽.

22) 김호성, 「'베드러브' 사이트 강제 폐쇄」, 『동아일보』, 2000년 5월 22일, D1면.

23) 김용식, 「대법 "미술교사부부 알몸사진은 음란물" 기준에 시각차」, 『한국일보』, 2005년 7월 28일, 8면.

24) 송형국 · 이인숙, 「적법심사 거친 인터넷포털 성인용 동영상 "음란하다" 유죄판결 파문」, 『경향신문』, 2006년 2월 2

일, 8면.

25) 선근형, 「'음란한 사회'」, 『경향신문』, 2006년 3월 4일, 1면.

26) 양성욱, 「인터넷사이트 가출 부추긴다」, 『AM7』, 2006년 8월 18일, 6면.

27) 고찬유, 「현대판 '음란서생'」, 『한국일보』, 2006년 8월 28일, 8면.

28) 이충신, 「김본좌 패러디」, 『한겨레 21』, 2006년 10월 31일, 12면.

29) 김홍진, 「'김본좌' 집행유예」, 『조선일보』, 2008년 9월 17일자.

30) 이재훈·김기용, 「"야동 보면 탈나?': 본지, 엠브레인 의뢰 포르노 동영상에 대한 성인남녀 520명 설문」, 『서울신
문』, 2006년 10월 25일, 25면.

31) 민경배, 「김본좌만도 못한 포털」, 『중앙일보』, 2007년 4월 2일, 34면.

32) 고주희, 「"인간 존엄성 해칠만큼 적나라해야 음란물": 대법, 콘텐츠업체 동영상 유포 사건 원심 깨고 환송」, 『한국
일보』, 2008년 3월 24일자.

33) 박영흠, 「'음란물' 직접·의도적 노출이 잦대」, 『경향신문』, 2008년 7월 30일자.

34) 윤가현, 「정확한 용어는 '스윙잉' …전문·관리직 종사자 많아」, 『주간동아』, 2005년 4월 5일, 37면.

35) 황근, 「스와핑 보도, 고발보다 선정성 치우쳐: MBC의 '아주 특별한 아침'」, 『신문과 방송』, 제395호(2003년 11월),
132쪽.

36) 권기정, 「'스와핑' 회원 5,000명 충격」, 『경향신문』, 2005년 3월 23일, 9면; 「'스와핑' 범람은 방치할 수 없는 수치
(사설)」, 『세계일보』, 2005년 3월 24일자; 조승호, 「스와핑이 어때서?」, 『내일신문』, 2005년 3월 23일, 21면.

37) 배명재, 「"내 애인만 스와핑 억울하다" 금품요구 협박 30대 붙잡혀」, 『경향신문』, 2006년 10월 20일, 10면.

38) 한현우, 「"내 아내 나체 맘에 드신다면…" 변태 스와핑사이트」, 『조선일보』, 2007년 6월 29일자.

39) 지명훈, 「갈데까지 간 부부들 "스와핑 동의…무슨 상관" 경찰에 화내」, 『동아일보』, 2007년 10월 30일, 14면.

제14장

1) 『교수신문』, 1999년 2월 1일자.

2) 이원호 외, 「한국, 지금도 불법 다운로드 중: 국민 48%가 "온라인 통해 복제 SW 얻어"」, 『중앙일보』, 2008년 9월 3일
자.

3) 홍성태·오병일 외, 『디지털은 자유다: 인터넷과 지적재산권의 충돌』, 이후, 2000, 6쪽.

4) Don R. Pember, 『Mass Media Law』 3rd ed. (Dubuque, Iowa: Wm.C.Brown, 1984), p.413.

5) 앨빈 토플러(Alvin Toffler), 이규행 감역, 『권력이동』, 한국경제신문사, 1990, 401~402쪽.

6) 브라이언 마틴, 「지적 재산권에 반대한다」, 홍성태·오병일 외, 『디지털은 자유다: 인터넷과 지적재산권의 충돌』, 이
후, 2000, 6쪽.

7) 이승형, 「저작권 보호가 문화선진국 이끈다」, 『문화일보』, 2004년 10월 12일, 26면.

8) 김준석, 「이미지 저작권 '날벼락': 사진 7개 퍼다 썼다가 "1050만원 배상하라"」, 『서울신문』, 2006년 3월 10일, 1면.

9) 이광재, 「저작권」, 한병구 편, 『언론법제통론』, 나남, 1990, 177~178쪽; 한국언론재단, 『언론인의 직업윤리: 책임언론
을 위한 현실 점검과 대안 모색』, 한국언론재단, 2000, 267~268쪽.

10) 한승헌, 『정보화시대의 저작권』 3정판, 나남, 1996, 28~29쪽.

11) 전문영, 『21세기를 겨냥한 저작권 해설: 영상·음악·출판인의 실무 지침서』, 범우사, 1999, 126쪽; 이광재, 「저작
권」, 한병구 편, 『언론법제통론』, 나남, 1990, 169쪽.

12) 한승헌, 『정보화시대의 저작권』 3정판, 나남, 1996, 29~30쪽.

13) 한승헌, 『정보화시대의 저작권』 3정판, 나남, 1996, 29쪽.

14) 한승헌, 『정보화시대의 저작권』 3정판, 나남, 1996, 132~133쪽.

15) 한승헌, 『정보화시대의 저작권』 3정판, 나남, 1996, 133쪽.

16) 이광재, 「저작권」, 한병구 편, 『언론법제통론』, 나남, 1990, 178~179쪽; 한국언론재단, 『언론인의 직업윤리: 책임언
론을 위한 현실 점검과 대안 모색』, 한국언론재단, 2000, 268~269쪽.

17) 한승헌, 『정보화시대의 저작권』 3정판, 나남, 1996, 32쪽.

18) 한승헌, 『정보화시대의 저작권』 3정판, 나남, 1996, 31쪽.

19) 한국언론재단, 『언론인의 직업윤리: 책임언론을 위한 현실 점검과 대안 모색』, 한국언론재단, 2000, 269~270쪽.

20) 이광재, 「저작권」, 한병구 편, 『언론법제통론』, 나남, 1990, 161~163쪽; 김기태, 「뉴미디어의 기술발전과 저작권 보호에 관한 연구」, 경희대 대학원 신문방송학과 박사학위논문, 2000년 2월, 61쪽.

21) 방석호, 『미디어법학』, 법문사, 1995, 321쪽.

22) Don R. Pember, 『Mass Media Law』 3rd ed. (Dubuque, Iowa: Wm.C.Brown, 1984), p.417.

23) Don R. Pember, 『Mass Media Law』 3rd ed. (Dubuque, Iowa: Wm.C.Brown, 1984), p.418.

24) Don R. Pember, 『Mass Media Law』 3rd ed. (Dubuque, Iowa: Wm.C.Brown, 1984), pp.419~420.

25) Don R. Pember, 『Mass Media Law』 3rd ed. (Dubuque, Iowa: Wm.C.Brown, 1984), pp.421~422.

26) Don R. Pember, 『Mass Media Law』 3rd ed. (Dubuque, Iowa: Wm.C.Brown, 1984), p.423.

27) 리차드 스피넬로(Richard Spinello), 이태건·노병철 옮김, 『사이버윤리: 사이버공간에 있어서 법과 도덕』, 인간사랑, 2001, 177~179쪽.

28) Don R. Pember, 『Mass Media Law』 3rd ed. (Dubuque, Iowa: Wm.C.Brown, 1984), pp.437~442.

29) Don R. Pember, 『Mass Media Law』 3rd ed. (Dubuque, Iowa: Wm.C.Brown, 1984), pp.424~425.

30) Don R. Pember, 『Mass Media Law』 3rd ed. (Dubuque, Iowa: Wm.C.Brown, 1984), p.425.

31) Don R. Pember, 『Mass Media Law』 3rd ed. (Dubuque, Iowa: Wm.C.Brown, 1984), pp.425~426.

32) Don R. Pember, 『Mass Media Law』 3rd ed. (Dubuque, Iowa: Wm.C.Brown, 1984), p.429; Don R. Pember, 『Mass Media Law』 1996 ed.(Dubuque, Iowa: Brown & Benchmark, 1996), p.454.

33) Don R. Pember, 『Mass Media Law』 3rd ed. (Dubuque, Iowa: Wm.C.Brown, 1984), pp.429~431.

34) Don R. Pember, 『Mass Media Law』 1996 ed.(Dubuque, Iowa: Brown & Benchmark, 1996), pp.459~460.

35) 박성호, 「인터넷환경에서의 저작인격권」, 정상조 엮음, 『인터넷과 법률』, 현암사, 2000, 40쪽.

36) Don R. Pember, 『Mass Media Law』 3rd ed. (Dubuque, Iowa: Wm.C.Brown, 1984), pp.431~433.

37) 이광석, 「저작권 범위와 소비자 권리」, 『한겨레』, 2000년 9월 29일, 25면.

38) 마이클 헬러(Michael Heller), 윤미나 옮김, 『소유의 역습, 그리드락』, 웅진지식하우스, 2009, 39~40쪽.

39) 마이클 헬러(Michael Heller), 윤미나 옮김, 『소유의 역습, 그리드락』, 웅진지식하우스, 2009, 11~12쪽.

40) 이광재, 「저작권」, 한병구 편, 『언론법제통론』, 나남, 1990, 164쪽.

41) 김기태, 「뉴미디어의 기술발전과 저작권 보호에 관한 연구」, 경희대 대학원 신문방송학과 박사학위논문, 2000년 2월, 68쪽.

42) 윤청광, 「외국 저작권 이용, 2000년부터 어떻게 달라지나?」, 『학문대학문화』, 통권 제3호, 25~26쪽.

43) 문화체육부, 『생활속의 저작권』, 문화체육부, 1996), 94쪽.

44) 이광재, 「저작권」, 한병구 편, 『언론법제통론』, 나남, 1990, 173쪽.

45) 김동규, 「방송 프로그램 저작권 이용실태 분석」, 『방송연구』, 2007년 겨울, 44쪽.

46) 최민재, 「뉴스 유통 주도 적극적 마케팅 기회: 디지털뉴스 저작권 집중관리사업 어떻게 돼가나」, 『신문과 방송』, 제434호(2007년 2월), 138~141쪽.

47) 차상렬, 「개정 저작권법과 방송관련 쟁점」, 『방송문화』, 제308호(2007년 4월), 64~71쪽.

48) 한승헌, 『정보화시대의 저작권』, 3정판, 나남, 1996, 140~141쪽.

49) 한승헌, 『정보화시대의 저작권』, 3정판, 나남, 1996, 165쪽.

50) 우지숙, 「공익 위협할 '저작권 독점'」, 『한겨레』, 2007년 6월 7일자.

51) 한승헌, 『정보화시대의 저작권』, 3정판, 나남, 1996, 88쪽.

52) 방석호, 『미디어법학』, 법문사, 1995, 322쪽.

53) 김형진, 「김형진의 e-law: 인터넷방송 저작권 갈등 '허락조건' 법기준 시급」, 『한국일보』, 2000년 7월 5일, 38면.

54) 김성재, 『출판현장의 이모저모: 김성재 출판론』, 일지사, 1999, 164~165쪽.

55) 한승헌, 『정보화시대의 저작권』, 3정판, 나남, 1996, 133~134쪽.

56) 한승헌, 『정보화시대의 저작권』, 3정판, 나남, 1996, 297~298쪽.

57) 문화체육부, 『생활속의 저작권』, 문화체육부, 1996, 63~64쪽.

58) 전문영, 『21세기를 겨냥한 저작권 해설: 영상·음악·출판인의 실무 지침서』, 범우사, 1999, 102쪽.

59) 「영국 신문업계, 기업 등에서의 신문기사 무단복사행위를 억제키 위한 대비책 강구」, 『언론중재』, 통권 54호(1994

년 봄), 90~91쪽.

60) 전문영, 『21세기를 겨냥한 저작권 해설: 영상·음악·출판인의 실무 지침서』, 범우사, 1999, 68쪽.

61) 이광일, 「교과서 시.소설도 저작권료」, 『한국일보』, 2000년 6월 2일, 29면.

62) 조태성, 「"문학상 수상작품 3년 이상 출판 땐 작가에 사용료 지불해야"」, 『대한매일』, 2000년 12월 30일, 19면.

63) 염강수, 「세계 언론계 "뉴스 저작권 지키자": 거대 포털에 맞서 온라인 뉴스시장 유통질서 세우기 나서」, 『조선일보』, 2007년 12월 13일자.

64) 최진순, 「언론사끼리도 저작권 침해 편집국부터 인식바꿔야: 뉴스 저작권 시장 성장의 과제」, 『신문과 방송』, 제458호(2009년 2월), 27쪽.

65) 심혜리, 「기사 저작권 첫 인정판결 "보도기사 무단게재 손해배상"」, 『경향신문』, 2007년 12월 3일자.

66) 백강녕, 「국내 신문들도 '권리 지키기' 공동 대응: 기사 추적관리 '뉴스뱅크' … 동영상 공급 '태그스토리'」, 『조선일보』, 2007년 12월 13일자.

67) 최진순, 「언론사끼리도 저작권 침해 편집국부터 인식바꿔야: 뉴스 저작권 시장 성장의 과제」, 『신문과 방송』, 제458호(2009년 2월), 27쪽.

68) 이광석, 「살짝 '애드리브' 한 서평 기사 저작권은 누구 것?」, 『시사 IN』, 제65호(2008년 12월 9일).

69) 한기호, 「출판업 붕괴시키는 '도서관법 개정안'」, 『한겨레』, 2009년 5월 16일자.

70) 김창룡, 『법을 알고 기사 쓰기: 취재보도 판례』, 한국언론연구원, 1997), 176쪽.

71) 편완식, 「KBS 저작권 양도 가장 인색」, 『세계일보』, 2000년 5월 31일, 17면.

72) 이후남, 「KBS, 외주 제작사에 저작권 부분 이양」, 『중앙일보』, 2000년 7월 7일, 45면.

73) 김희연, 「드라마 '가을동화' 작가 원안저작권 인정」, 『경향신문』, 2000년 11월 3일, 27면.

74) 김명준, 「라이브공연 허락없이 무단방영 방송사등 신중현씨에 배상 판결」, 『세계일보』, 2000년 12월 20일, 3면.

75) 권경성, 「"나눠갖자" 제작비 올리고 저작권도 주라는 얘기냐」: 드라마 저작권 갈등, 그 배경과 해법」, 『신문과 방송』, 제448호(2008년 4월), 118~121쪽.

76) 기선민·이현택, 「"드라마, 출연료 떼면 남는 게 없다": 만성적자 벼랑에선 방송사 ·제작자들」, 『중앙일보』, 2008년 11월 8일자.

77) 조현로, 「"프로그램 저작권 수호 방안 연내 마련": [인터뷰] 최영기 독립PD협회장 "이명박 정부 방송현실 너무 몰라"」, 『미디어오늘』, 2009년 2월 18일자.

78) 강찬호 기자, 『중앙일보』, 1999년 2월 25일자.

79) 「"음악저작권 피해 구제하라"」, 『시민의 신문』, 2000년 3월 27일, 15면.

80) 「미 음악저작권법 국제규범 위반」, 『한겨레』, 2000년 4월 21일, 25면.

81) 정현목, 「노래방 신곡 '실종'」, 『중앙일보』, 2001년 1월 9일, 27면.

82) 이규현·최승현, 「국내 문화시장 또 '저작권 몸살': FTA협상서 EU측 "추급권·공연보상청구권 도입하라" 압박」, 『조선일보』, 2007년 7월 24일자.

83) 김청환, 「음악저작권료 싸움에 창작의지 꺾일라: 음저협 일부 vs 일부 대중가요 작곡가 징수방법 놓고 첨예한 대립」, 『주간한국』, 2009년 5월 20일자.

84) 유인화, 「공연계 저작권료 '발동의 불'」, 『경향신문』, 2000년 3월 29일, 17면.

85) 오세곤, 「외국 연극작품 저작권료 피하기만 할 것인가」, 『뉴스메이커』, 2000년 4월 13일, 54면.

86) 노재현, 「'사비타' '비사발'과 저작권」, 『중앙일보』, 2007년 6월 8일자.

87) 노순동, 「저작권: "예술 아니면 실용" 이분법에 멍드는 문화 산업」, 『시사저널』, 2000년 4월 20일, 83면.

88) 노순동, 「저작권: "예술 아니면 실용" 이분법에 멍드는 문화 산업」, 『시사저널』, 2000년 4월 20일, 83면.

89) 노순동, 「저작권: "예술 아니면 실용" 이분법에 멍드는 문화 산업」, 『시사저널』, 2000년 4월 20일, 82면.

90) 김성탁·하현옥, 「'홍' 이니 '흥' 인지 헷갈려 날림 '한글 꼴' 판친다」, 『중앙일보』, 2000년 4월 27일, 31면.

91) 염희진, 「이 무대는 대체 누구 것일까~콘서트 무대 디자인 저작권 논란」, 『동아일보』, 2008년 1월 10일, 25면.

92) 이태훈, 「"외관 디자인 똑같이 베꼈다" … '짝퉁 아파트' 법정으로」, 『동아일보』, 2008년 5월 2일, 14면.

93) 박원재, 「'돈 광고' 처벌한다」, 『동아일보』, 1999년 7월 9일, B2면.

94) 강희철, 「저명화가 서명도 저작권 보호 대상」, 『한겨레』, 2000년 4월 27일, 19면.

95) 박방주, 「북(北) 저작물 복사 조심하세요」, 『중앙일보』, 2000년 6월 6일, 10면.

96) 장래준, 「"아이디어 단순이용 저작권 침해 아니다"」, 『한국일보』, 2000년 7월 5일, 27면.

97) 유명준, 「"그림 저작권 침해 위자료 지급하라"」, 『부산일보』, 2000년 11월 21일, 27면.

98) 노재현, 「'사비타' '비사발'과 저작권」, 『중앙일보』, 2007년 6월 8일자.

99) 송윤경, 「농담까지 베낀 학원강사…저작권법 위반 약식기소」, 『경향신문』, 2007년 6월 29일자.

100) 이규현·최승현, 「국내 문화시장 또 '저작권 몸살' : FTA협상서 EU측 "추급권·공연보상청구권 도입하라" 압박」, 『조선일보』, 2007년 7월 24일자.

101) 「문화 죽이는 불법복제, '워낭소리' 마저 낚다(사설)」, 『한겨레』, 2009년 3월 7일자.

102) 지강유철·고영재, 「인터뷰/고영재 '워낭소리' 제작자: '워낭소리'에 담긴 공생의 의미」, 『인물과 사상』, 2009년 4월, 24쪽.

제15장

1) 오병일, 「사이버군주의 세계체제: 지적재산권을 둘러싼 국제적 동향」, 홍성태·오병일 외, 『디지털은 자유다: 인터넷과 지적재산권의 충돌』, 이후, 2000, 98쪽.

2) 노암 촘스키, 강주헌 옮김, 『그들에게 국민은 없다: 촘스키의 신자유주의 비판』, 모색, 1999, 254쪽.

3) 이광석, 「옹색해지는 저작권법 적용」, 『한겨레』, 2000년 9월 22일, 26면.

4) Jerry Everad, 윤영민 옮김, 『국가@인터넷』, 한양대학교출판부, 2002, 299~300쪽.

5) 이로사, 「인터넷기업협회 김지연 정책실장」, 『경향신문』, 2007년 3월 29일, K2면.

6) 동아일보, 1998년 10월 26일자.

7) 태원준, 「인터넷 무단복제 첫 사법처리」, 『국민일보』, 2000년 6월 2일, 26면.

8) 손승욱, 「영리목적 없고 출처 밝힐 땐 '인터넷 퍼온 글' 무죄」, 『경향신문』, 2000년 12월 21일, 18면.

9) 박진석, 「'SW 무단복제' 첫 배상결정」, 『한국일보』, 2000년 6월 12일, 31면.

10) 『연합뉴스』, 2004년 2월 5일; 『언론중재』, 통권90호(2004년 봄), 162쪽에서 재인용.

11) 김기훈, 「소송에 시달리는 구글」, 『조선일보』, 2007년 3월 19일, A34면.

12) 정대필, 「한국문화의 세계화 이제 유튜브가?: 유튜브 한국어 서비스 시작」, 『신문과 방송』, 제447호(2008년 3월), 106쪽.

13) 김주현, 「UCC도 불법 논란 '저작권 대란' 오나」, 『경향신문』, 2007년 3월 29일, K3면.

14) 김대호, 「방송 콘텐츠 유통과 저작권」, 『방송연구』, 2007년 겨울, 99쪽.

15) 박수진, 「딱 걸린 그대, "합의냐, 벌금이냐"」, 『한겨레 21』, 제664호(2007년 6월 12일).

16) 김다슬·박수정·박홍두, 「인터넷에 '저작권 쓰나미' …3~4년 지나 "합의금 내라"」, 『경향신문』, 2007년 12월 19일자.

17) 한승헌, 「인터넷 저작권과 어린 네티즌」, 『전북일보』, 2007년 11월 30일자.

18) 김다슬·박수정·박홍두, 「인터넷에 '저작권 쓰나미' …3~4년 지나 "합의금 내라"」, 『경향신문』, 2007년 12월 19일자.

19) 전응휘, 「저작권 침해논란과 우리시대의 자화상」, 『미디어오늘』, 2009년 2월 11일자.

20) 「저작권 고소 줄인다며 범죄 부추기나(사설)」, 『국민일보』, 2009년 1월 8일자.

21) 전응휘, 「저작권 침해논란과 우리시대의 자화상」, 『미디어오늘』, 2009년 2월 11일자.

22) 이재환, 「와레즈…온라인 빛인가 어둠인가?」, 『스포츠투데이』, 2000년 11월 30일, 39면; 조민근·손민호, 「공짜 내려받기 불법사이트 무심코 연결했다 낭패」, 『중앙일보』, 2001년 1월 6일, 31면.

23) 이재환, 「와레즈…온라인 빛인가 어둠인가?」, 『스포츠투데이』, 2000년 11월 30일, 39면.

24) 손승욱, 「다운프로그램 설치 SW 무단배포 '와레즈사이트' 운영자 첫 유죄판결」, 『경향신문』, 2000년 12월 23일, 19면.

25) 홍석우, 「해적판 사이트 '와레즈', 美·유럽 10개국 합동단속」, 『한국일보』, 2005년 7월 1일자.

26) 김준, 「불법 SW복제물 온라인 게재 땐 즉시 시정·삭제」, 『경향신문』, 2007년 4월 5일, 14면.

27) 임우선, 「"작년 SW 불법복제 피해액 1000억"」, 『동아일보』, 2008년 3월 13일자.

28) 마뉴엘 카스텔(Manuel Castells), 박행웅 옮김, 『인터넷 갤럭시: 인터넷, 비즈니스, 사회적 성찰』, 한울아카데미,

2004, 54쪽.

29)「관심 기울여야 할 미국의 '인터넷 지배' (사설)」,『한겨레』, 2005년 11월 19일, 23면; 전병근,「사이버공간 지배권 싸움 미국 대 비(非)미국」,『조선일보』, 2005년 11월 15일, A18면; 홍석민,「미(美) "인터넷통제권 넘보지마"」,『동아일보』, 2005년 7월 14일, B1면.

30) 원낙연,「디지털화와 상표권: 도메인 네임을 중심으로」, 홍성태·오병일 외,『디지털은 자유다: 인터넷과 지적재산권의 충돌』, 이후, 2000, 138쪽.

31) 박성호,「인터넷환경에서의 저작인격권」, 정상조 엮음,『인터넷과 법률』, 현암사, 2000, 40~41쪽.

32) 원낙연,「디지털화와 상표권: 도메인 네임을 중심으로」, 홍성태·오병일 외,『디지털은 자유다: 인터넷과 지적재산권의 충돌』, 이후, 2000, 135쪽.

33) 원낙연,「디지털화와 상표권: 도메인 네임을 중심으로」, 홍성태·오병일 외,『디지털은 자유다: 인터넷과 지적재산권의 충돌』, 이후, 2000, 135쪽.

34) 김영훈,「기업주소와 비슷한 '음란 사이트' 첫 제재」,『중앙일보』, 1999년 4월 26일, 30면.

35) 매일경제신문 산업부 IT팀,『펌킨족, 싸이질, 디지털 U목민…이게 뭐야』, 매일경제신문사, 2004, 19쪽; 리차드 스피넬로(Richard Spinello), 이태건·노병철 옮김,『사이버윤리: 사이버공간에 있어서 법과 도덕』, 인간사랑, 2001, 191~192쪽.

36) 원낙연,「디지털화와 상표권: 도메인 네임을 중심으로」, 홍성태·오병일 외,『디지털은 자유다: 인터넷과 지적재산권의 충돌』, 이후, 2000, 132~133쪽.

37) 원낙연,「디지털화와 상표권: 도메인 네임을 중심으로」, 홍성태·오병일 외,『디지털은 자유다: 인터넷과 지적재산권의 충돌』, 이후, 2000, 138쪽.

38) 최순용,「도메인 네임 사용으로 인한 상표권 침해」, 정상조 엮음,『인터넷과 법률』, 현암사, 2000, 133~134쪽.

39) 원낙연,「디지털화와 상표권: 도메인 네임을 중심으로」, 홍성태·오병일 외,『디지털은 자유다: 인터넷과 지적재산권의 충돌』, 이후, 2000, 133쪽.

40) 원낙연,「디지털화와 상표권: 도메인 네임을 중심으로」, 홍성태·오병일 외,『디지털은 자유다: 인터넷과 지적재산권의 충돌』, 이후, 2000, 139쪽.

41) 하석,「도메인다툼 심판잣대는 '정글논리'」,『한겨레』, 2000년 8월 3일, 25면.

42) 김정우,「법원 'SENS' 도메인 삼성전자로」,『한국일보』, 2008년 5월 10일, 10면.

43) 이헌진,「도메인 등록 실명으로…부정적 목적 선점 규제」,『동아일보』, 2008년 9월 26일자.

44) 김갑식,「21세기 음반산업 발목잡는 '저작권잠음'」,『동아일보』, 1999년 10월 1일, A8면.

45)『월간중앙』, 2000년 9월호, 280쪽.

46) 서주연(하우인터넷 기자),「MP3 저작권 분쟁 휘말린 냅스터 '폐쇄위기': 바다 건너온 불똥 '소리바다'에 튈까?」,『월간중앙』, 2000년 9월, 280~282쪽.

47)『주간동아』, 2000년 8월 10일, 66면.

48) 김형진(미국 변호사),「김형진의 e-law: 냅스터의 반(反) 문화성」,『한국일보』, 2000년 8월 9일, 34면.

49) 김상현(e-저널리스트),「냅스터의 패배…소수만의 승리」,『주간동아』, 2000년 8월 10일, 66~67면.

50) 김형진(미국 변호사),「김형진의 e-law: 냅스터의 반(反) 문화성」,『한국일보』, 2000년 8월 9일, 34면.

51) 구본권,「문화부 '과태료 3회, 사이트 폐쇄' 추진 논란: 저작권법 개정안 '장관에 폐쇄권한' 독소조항 지적」,『한겨레』, 2008년 7월 22일자.

52) 백승재,「디지털 음악시장 새로운 격변: '소리바다' 소리 바닥나나…」,『조선일보』, 2007년 10월 19일자.

53) 이호승,「미 "MP3닷컴도 저작권 침해" 판결: 무료음악 사이트 '된서리'」,『경향신문』, 2000년 9월 8일, 8면.

54) 이태희,「디지털음악 저작권 공방 확전」,『한겨레』, 2000년 10월 10일, 22면.

55)「휴렛 패커드 불법복제 부담금 지불」,『내일신문』, 2000년 11월 27일, 20면.

56) 김기태,「음원시장 커지니 '떡고물 다툼' 시끌」,『한겨레』, 2006년 10월 19일, 27면.

57) 이정애,「미 법원, 누리꾼에 2억원 배상판결: 음악파일 불법 다운로드 '억소리'」,『한겨레』, 2007년 10월 6일자.

58) 김현길,「대법 "소리바다 운영자 '저작권침해' 방조 유죄"」,『국민일보』, 2007년 12월 15일자.

59) 구본권, 양정환 "음악 이용한 댄스게임 내놓겠다": '음반 고사 주범' '새기술 혁신가' 평가 엇갈려」,『한겨레』, 2008년 10월 27일자.

60) 김지현, 「"포털업체, 저작권 침해 방조 책임져야": 양정환 소리바다 사장 "기술적 해결 가능한 문제 방치"」, 『동아일보』, 2008년 11월 7일자.

61) 염희진, 「단 4번 클릭만으로 최신곡이 '내손 안에'」, 『동아일보』, 2008년 10월 9일자.

62) 성민규, 「디지털 저작권 관리(Digital Rights Management) 현황 분석」, 『방송동향과 분석』, 통권 240호(2006년 9월 30일), 20쪽.

63) 김주현, 「삼성 DRM컨소시엄 구성」, 『경향신문』, 2004년 10월 6일, 17면; 김종호, 「"노래는 멀리멀리…" 족쇄 풀린 디지털 음악산업」, 『조선일보』, 2007년 8월 24일자.

64) 백승재, 「mp3 음악파일 복제, 막느냐 마느냐」, 『조선일보』, 2007년 10월 2일자.

65) 백승재, 「세계 음반 빅4, 음악파일 복제에 '백기' ?」, 『조선일보』, 2008년 1월 16일자.

66) 임우선, 「음원 유통시장에 네이버가 왔다…디지털음악시장 지각변동」, 『동아일보』, 2008년 8월 15일자.

67) 이나리, 「"디지털 음악 맘껏 즐겨라" … 'DRM 프리' 봇물: 이통사들, 음원시장 줄어들자 위기감」, 『중앙일보』, 2008년 9월 1일자.

68) 윤승아, 「'리눅스' 개발한 21세기 청년 리누스 토발즈」, 『뉴스메이커』, 1999년 12월 30일, 18면.

69) 김현기, 「인터넷 막후 실력자 12인」, 『중앙일보』, 99년 7월 23일, 10면; 「"새해엔 이 12인을 주목하라"」, 『중앙일보』, 1999년 12월 24일, 35면.

70) 『Current Biography』, July, 1999 ed.

71) 정의식, 「"카피레프트 운동을 아십니까?」, 『노동일보』, 1999년 7월 20일, 7면.

72) 정의식, 「"카피레프트 운동을 아십니까?」, 『노동일보』, 1999년 7월 20일, 7면.

73) 『경향신문』, 1999년 3월 23일자.

74) 오완진, 「정보독점 거부하는 '카피레프트' 운동」, 『출판저널』, 99년 4월 5일, 3면.

75) 에번 I. 슈워츠(Evan I. Schwartz), 고주미 · 강병태 옮김, 『웹경제학: 인터넷시장을 지배하는 9가지 법칙』, 세종서적, 1999, 21쪽.

76) 데이비드 A. 캐플런(David A. Kaplan), 안진환 · 정준희 역, 『실리콘밸리 스토리』, 동방미디어, 2000, 414쪽.

77) 에번 I. 슈워츠, 고주미 · 강병태 옮김, 『웹경제학: 인터넷시장을 지배하는 9가지 법칙』, 세종서적, 1999, 22~23쪽.

78) 에번 I. 슈워츠, 고주미 · 강병태 옮김, 『웹경제학: 인터넷시장을 지배하는 9가지 법칙』, 세종서적, 1999, 22~23쪽.

79) 에번 I. 슈워츠, 고주미 · 강병태 옮김, 『웹경제학: 인터넷시장을 지배하는 9가지 법칙』, 세종서적, 1999, 24쪽.

80) 앤서니 퍼킨스(Anthony B. Perkins) · 마이클 퍼킨스(Michael C. Perkins), 형선호 옮김, 『인터넷 거품: 거품을 알면 전략이 보인다』, 김영사, 2000, 60쪽.

81) 마이클 만델(Michael J. Mandel), 이강국 옮김, 『인터넷 공황』, 이후, 2001, 30~33쪽.

82) 앤서니 퍼킨스 · 마이클 퍼킨스, 형선호 옮김, 『인터넷 거품: 거품을 알면 전략이 보인다』, 김영사, 2000, 65쪽.

83) 앤서니 퍼킨스 · 마이클 퍼킨스, 형선호 옮김, 『인터넷 거품: 거품을 알면 전략이 보인다』, 김영사, 2000, 38~39쪽.

84) 정의식, 「"카피레프트 운동을 아십니까」, 『노동일보』, 99년 7월 20일, 7면.

85) 김원배, 「넷스케이프 "야후나 구글처럼 포털 변신했었더라며…"」, 『중앙일보』, 2005년 7월 19일, E7면.

86) 김윤미 · 이나리, 「한국 Microsoft 엑셀 한글버전 히트 ··· PC 대중화에 물꼬 터」, 『중앙일보』, 2008년 10월 1일자.

87) 김주현, 「MS 은퇴 후 자선사업 나선 빌 게이츠」, 『경향신문』, 2008년 7월 3일자.

88) 김국현, 「MS와 구글 브라우저 '2차 대전'」, 『시사IN』, 제54호(2008년 9월 24일).

89) 구본권, 「파이어폭스3.0 출시, MS독점 흔들릴까」, 『한겨레』, 2008년 6월 17일자.

90) 천지우, 「'MS' – '구글' 웹브라우저 격돌」, 『국민일보』, 2008년 9월 10일자.

91) 이정환, 「인터넷 익스플로러 점유율 60%대로 추락: 모질라 파이어폭스 20% 돌파··· 윈도우즈도 80%대 밑」, 『미디어오늘』, 2008년 12월 4일자.

92) 천지우, 「MS의 반격··· 웹브라우저 시장 '후끈'」, 『국민일보』, 2009년 3월 20일자.

93) 이나리, 「'CC운동' 아시나요: 온라인 저작권 새 규칙 ··· 퍼갈 땐 출처 표시, 영리 활용은 금지」, 『중앙일보』, 2008년 3월 14일자.

94) 선호, 「CCL(Creative Commons License: 저작물이용허락표시)」, 『미디어오늘』, 2006년 9월 27일, 4면.

95) 로렌스 레식(Lawrence Lessig), 이주명 옮김, 『자유문화: 인터넷시대의 창작과 저작권 문제』, 필맥, 2005, 432~433쪽.

96) 박현정, 「제 저작물 퍼가서 멋진 '제2창작' 하세요: "저작권을 유연하게" CCL 도입 확산」, 『한겨레』, 2008년 3월 18
일자; 최문주, 「자유로운 공유와 저작권, 양립 가능할까: 저작물 공유 운동 CCL 창안한 로렌스 레식 교수」, 『미디어
오늘』, 2008년 3월 18일자.

97) 최문주, 「자유로운 공유와 저작권, 양립 가능할까: 저작물 공유 운동 CCL 창안한 로렌스 레식 교수」, 『미디어오늘』,
2008년 3월 18일자.

98) 서진우, 「저작권 시비 가릴 제도 급선무: 프로슈머 시대 주도하는 UCC」, 『매일경제』, 2006년 9월 8일, A34면; 손수
호, 「UCC와 CCL」, 『국민일보』, 2007년 3월 28일, 26면; 박현정, 「제 저작물 퍼가서 멋진 '제2창작' 하세요: "저작권
을 유연하게" CCL 도입 확산」, 『한겨레』, 2008년 3월 18일자.

99) 박현정, 「제 저작물 퍼가서 멋진 '제2창작' 하세요: "저작권을 유연하게" CCL 도입 확산」, 『한겨레』, 2008년 3월 18
일자.

100) 이나리, 「'CC운동' 아시나요: 온라인 저작권 새 규칙 … '퍼갈 땐 출처 표시, 영리 활용은 금지'」, 『중앙일보』,
2008년 3월 14일자.

101) 박현정, 「제 저작물 퍼가서 멋진 '제2창작' 하세요: "저작권을 유연하게" CCL 도입 확산」, 『한겨레』, 2008년 3월
18일자.

102) 이나리, 「'CC운동' 아시나요: 온라인 저작권 새 규칙 … '퍼갈 땐 출처 표시, 영리 활용은 금지'」, 『중앙일보』,
2008년 3월 14일자.

103) 박현정, 「"디지털 시대에 맞는 저작권 틀 필요": CCL운동 이끄는 로렌스 레식 교수」, 『한겨레』, 2008년 3월 18일
자; 최문주, 「자유로운 공유와 저작권, 양립 가능할까: 저작물 공유 운동 CCL 창안한 로렌스 레식 교수」, 『미디어
오늘』, 2008년 3월 18일자.

104) 이세영, 「'시시코리아' 판사 등 50명 참여…콘텐츠 370만건」, 『한겨레』, 2009년 5월 21일자.

제16장

1) 다니엘 J. 부어스틴(Daniel J. Boorstin), 이보형 외 역, 『미국사의 숨은 이야기』, 범양사출판부, 1989, 197쪽.

2) Daniel J. Boorstin, 『Democracy and Its Discontents: Reflections on Everyday America』(New York: Vintage Books,
1975), p.30.

3) Daniel J. Boorstin, 『Democracy and Its Discontents: Reflections on Everyday America』(New York: Vintage Books,
1975), pp.28~29.

4) 팽원순, 『매스코뮤니케이션 법제이론』 개정판, 법문사, 1988, 353쪽; 김광수, 『광고 비평: 광고표현, 그 이론과 원칙』,
한나래, 1994, 28쪽.

5) 팽원순, 『매스코뮤니케이션 법제이론』 개정판, 법문사, 1988, 354쪽.

6) 팽원순, 『매스코뮤니케이션 법제이론』 개정판, 법문사, 1988, 354~355쪽.

7) Don R. Pember, 『Mass Media Law』 3rd ed. (Dubuque, Iowa: Wm.C.Brown, 1984), p.453.

8) Don R. Pember, 『Mass Media Law』 3rd ed. (Dubuque, Iowa: Wm.C.Brown, 1984), p.453.

9) 팽원순, 『매스코뮤니케이션 법제이론』 개정판, 법문사, 1988, 356쪽.

10) Don R. Pember, 『Mass Media Law』 3rd ed. (Dubuque, Iowa: Wm.C.Brown, 1984), p.453.

11) Don R. Pember, 『Mass Media Law』 3rd ed. (Dubuque, Iowa: Wm.C.Brown, 1984), p.453.

12) 이시엘 디 솔라 풀(Ithiel de Sola Pool), 원우현 옮김, 『자유언론의 테크놀러지』, 전예원, 1985, 111~112쪽.

13) Don R. Pember, 『Mass Media Law』 3rd ed. (Dubuque, Iowa: Wm.C.Brown, 1984), p.454.

14) Ithiel de Sola Pool, 『Technologies of Freedom: On Free Speech in an Electronic Age』(Cambridge, Mass.: Harvard
University Press, 1983), pp.71~72.

15) Don R. Pember, 『Mass Media Law』 3rd ed. (Dubuque, Iowa: Wm.C.Brown, 1984), p.452.

16) Don R. Pember, 『Mass Media Law』 3rd ed. (Dubuque, Iowa: Wm.C.Brown, 1984), p.455.

17) 김광수, 『광고 비평: 광고표현, 그 이론과 원칙』, 한나래, 1994, 34쪽.

18) 「'상업광고'도 수정헌법 제1조의 강력한 보호를 받는다」, 『언론중재』, 통권 48호(1993년 가을), 70~71쪽.

19) 「'상업광고'도 수정헌법 제1조의 강력한 보호를 받는다」, 『언론중재』, 통권 48호(1993년 가을), 70~71쪽.

20) 「광고의 일방적 팩스송신을 금지한 것은 표현의 자유를 침해하는 것이 아니다」, 『언론중재』, 통권 54호(1995년 봄), 92쪽.

21) 리차드 스피넬로(Richard Spinello), 이태건 · 노병철 옮김, 『사이버윤리: 사이버공간에 있어서 법과 도덕』, 인간사랑, 2001, 146~155쪽.

22) 김옥조, 『미디어 윤리』 개정증보판, 커뮤니케이션북스, 2004, 525쪽.

23) 백승재, 「진퇴양난에 빠진 '스팸과의 전쟁'」, 『조선일보』, 2007년 8월 31일자.

24) Daniel J. Boorstin, 『The Image: A Guide to Pseudo~Events in America』(New York: Atheneum, 1964), pp.105, 213~214.

25) Daniel J. Boorstin, 『The Image: A Guide to Pseudo~Events in America』(New York: Atheneum, 1964), p.215.

26) A.E.코트니/T.W.휘플(Alice E. Courtney/Thomas W. Whipple), 허갑중 역, 『성표현 광고와 규제』, 나남, 1990, 230~231쪽.

27) 팽원순, 『매스코뮤니케이션 법제이론』 개정판, 법문사, 1988, 363쪽.

28) 「광고업자는 거짓말쟁이?」, 『한겨레』, 2000년 5월 10일, 25면.

29) 팽원순, 『한국언론법제론』, 법문사, 1994, 227~228쪽.

30) Don R. Pember, 『Mass Media Law』 3rd ed. (Dubuque, Iowa: Wm.C.Brown, 1984), p.459.

31) 「미 '섹스광고' 위험수위」, 『문화일보』, 2000년 12월 13일, 17면.

32) A.E.코트니/T.W.휘플(Alice E. Courtney/Thomas W. Whipple), 허갑중 역, 『성표현 광고와 규제』, 나남, 1990, 225~230쪽.

33) 「미 '섹스광고' 위험수위」, 『문화일보』, 2000년 12월 13일, 17면.

34) Don R. Pember, 『Mass Media Law』 3rd ed. (Dubuque, Iowa: Wm.C.Brown, 1984), p.465.

35) 방석호, 『미디어법학』, 법문사, 1995, 287쪽.

36) Don R. Pember, 『Mass Media Law』 3rd ed. (Dubuque, Iowa: Wm.C.Brown, 1984), p.472.

37) Don R. Pember, 『Mass Media Law』 3rd ed. (Dubuque, Iowa: Wm.C.Brown, 1984), pp.473~474.

38) Don R. Pember, 『Mass Media Law』 1996 ed.(Dubuque, Iowa: Brown & Benchmark, 1996), p.497.

39) Don R. Pember, 『Mass Media Law』 1996 ed.(Dubuque, Iowa: Brown & Benchmark, 1996), p.498; Harold L. Nelson & Dwight L. Teeter, Jr., 『Law of Mass Communications: Freedom and Control of Print and Broadcast Media』 3rd ed.(New York: Foundation Press, 1978), p.504~505.

40) Don R. Pember, 『Mass Media Law』 1996 ed.(Dubuque, Iowa: Brown & Benchmark, 1996), pp.498~499; Harold L. Nelson & Dwight L. Teeter, Jr., 『Law of Mass Communications: Freedom and Control of Print and Broadcast Media』 3rd ed.(New York: Foundation Press, 1978), p.505.

41) Don R. Pember, 『Mass Media Law』 1996 ed.(Dubuque, Iowa: Brown & Benchmark, 1996), pp.499~500.

42) Don R. Pember, 『Mass Media Law』 3rd ed. (Dubuque, Iowa: Wm.C.Brown, 1984), pp.478~480.

43) Don R. Pember, 『Mass Media Law』 1996 ed.(Dubuque, Iowa: Brown & Benchmark, 1996), p.501.

44) 김광수, 『광고 비평: 광고표현, 그 이론과 원칙』, 한나래, 1994, 61~64쪽.

45) Don R. Pember, 『Mass Media Law』 3rd ed. (Dubuque, Iowa: Wm.C.Brown, 1984), pp.480~481.

46) Don R. Pember, 『Mass Media Law』 3rd ed. (Dubuque, Iowa: Wm.C.Brown, 1984), pp.481~482.

47) Don R. Pember, 『Mass Media Law』 1996 ed.(Dubuque, Iowa: Brown & Benchmark, 1996), pp.493~494.

48) Don R. Pember, 『Mass Media Law』 1996 ed.(Dubuque, Iowa: Brown & Benchmark, 1996), pp.494~495.

49) 김광수, 『광고 비평: 광고표현, 그 이론과 원칙』, 한나래, 1994, 68쪽.

50) Don R. Pember, 『Mass Media Law』 1996 ed.(Dubuque, Iowa: Brown & Benchmark, 1996), p.496.

51) 딘 푸에로뉴(Dean K. Fueroghne), 김연호 · 한상필 옮김, 『미국 광고법의 이해』, 한울아카데미, 1998, 63쪽.

52) Don R. Pember, 『Mass Media Law』 3rd ed. (Dubuque, Iowa: Wm.C.Brown, 1984), pp.487~489.

53) Don R. Pember, 『Mass Media Law』 3rd ed. (Dubuque, Iowa: Wm.C.Brown, 1984), p.486.

54) Don R. Pember, 『Mass Media Law』 3rd ed. (Dubuque, Iowa: Wm.C.Brown, 1984), pp.486~487.

55) 문성현, 「대형 할인점 앞다퉈 '쌀세일'」, 『경향신문』, 2005년 6월 14일, 15면.

56) Don R. Pember, 『Mass Media Law』 3rd ed. (Dubuque, Iowa: Wm.C.Brown, 1984), p.490.

57) Don R. Pember, 『Mass Media Law』 3rd ed. (Dubuque, Iowa: Wm.C.Brown, 1984), pp.490~491.

58) Don R. Pember, 『Mass Media Law』 3rd ed. (Dubuque, Iowa: Wm.C.Brown, 1984), p.489; 김광수, 『광고 비평: 광고표현, 그 이론과 원칙』, 한나래, 1994, 66쪽.

59) 딘 푸에로뉴(Dean K. Fueroghne), 김연호·한상필 옮김, 『미국 광고법의 이해』, 한울아카데미, 1998, 64쪽.

60) 딘 푸에로뉴(Dean K. Fueroghne), 김연호·한상필 옮김, 『미국 광고법의 이해』, 한울아카데미, 1998, 66~67쪽.

61) 딘 푸에로뉴(Dean K. Fueroghne), 김연호·한상필 옮김, 『미국 광고법의 이해』, 한울아카데미, 1998, 87~88쪽.

62) 김광수, 『광고 비평: 광고표현, 그 이론과 원칙』, 한나래, 1994, 59쪽.

63) 딘 푸에로뉴(Dean K. Fueroghne), 김연호·한상필 옮김, 『미국 광고법의 이해』, 한울아카데미, 1998, 207쪽.

64) 리대룡·이현선, 「세계 각국의 비교광고 규제에 관한 비교연구」, 『한국언론정보학보』, 통권26호(2004년 가을), 217쪽.

65) 딘 푸에로뉴(Dean K. Fueroghne), 김연호·한상필 옮김, 『미국 광고법의 이해』, 한울아카데미, 1998, 207~208쪽.

66) 딘 푸에로뉴(Dean K. Fueroghne), 김연호·한상필 옮김, 『미국 광고법의 이해』, 한울아카데미, 1998, 211쪽.

67) 딘 푸에로뉴(Dean K. Fueroghne), 김연호·한상필 옮김, 『미국 광고법의 이해』, 한울아카데미, 1998, 238~240쪽.

68) 박성호, 「인터넷환경에서의 저작인격권」, 정상조 엮음, 『인터넷과 법률』, 현암사, 2000, 40~41쪽.

69) Richard P. Adler, 「텔레비전 광고의 규제와 전망」, 강준만·박주하·한은경 편역, 『광고의 사회학』, 한울, 1995, 360~370쪽.

70) 김광수, 『광고 비평: 광고표현, 그 이론과 원칙』, 한나래, 1994, 139쪽에서 재인용.

71) 오동명, 「'오늘은 뭘 따 먹을까? ???: 『조선일보』의 '호객행위'」, 『월간 인물과 사상』, 2000년 10월, 48~53쪽.

72) 이구현, 「한국과 미국의 광고규제 비교고찰: 미국의 FTC법과 우리나라의 공정거래법을 중심으로」, 『광고심의 논문선집』, 한국광고자율심의기구, 1998, 232쪽.

73) 송창석, 「부당광고 정정제 내년부터 시행」, 『한겨레』, 2000년 12월 27일, 2면; 서경호, 「허위·과장 광고 정정광고 명령」, 『중앙일보』, 2000년 12월 27일, 29면.

74) 팽원순, 『한국언론법제론』, 법문사, 1994, 233쪽.

75) 팽원순, 『한국언론법제론』, 법문사, 1994, 219쪽.

76) 최재혁, 「"TV 방송광고 사전심의는 위헌": 헌법재판소 "사전 검열… 표현의 자유 침해"」, 『조선일보』, 2008년 6월 27일자.

77) 김상훈, 「사전검열 폐지 환영 향후 기준 모색: 방송광고 심의제도 점검」, 『신문과 방송』, 제457호(2009년 1월), 118쪽.

78) 리대룡·이현선, 「세계 각국의 비교광고 규제에 관한 비교연구」, 『한국언론정보학보』, 통권26호(2004년 가을), 210쪽.

79) 「국내 비교광고 역사: 88년 '초고온 살균 대 저온 살균' 논쟁으로 본격화」, 『뉴스피플』, 1999년 6월 3일, 25면.

80) 안미현, 「비교보다 더 좋은 딴지는 없다!」, 『뉴스피플』, 1999년 6월 3일, 25면.

81) 유태현, 「소주광고 '진흙탕 싸움'」, 『문화일보』, 1999년 2월 11일, 11면.

82) 김동영, 「아슬아슬한 '비교광고전'」, 『한국일보』, 1999년 3월 30일, 10면.

83) 안미현, 「비교보다 더 좋은 딴지는 없다!」, 『뉴스피플』, 1999년 6월 3일, 24면.

84) 신예리, 「경차 비방광고 현대·대우 '둘다 똑같다' 10억 과징금」, 『중앙일보』, 1999년 4월 15일, 26면.

85) 전경하, 「'비교광고' 소비자 관심에 촉각」, 『대한매일』, 1999년 7월 24일, 10면.

86) 정용인, 「다음, 카페검색 필두로 네이버에 도전장」, 『뉴스메이커』, 제767호(2008년 3월 25일).

87) 진성훈, 「소주 비방광고 '옐로 카드': 공정위, 진로·두산에 시정명령」, 『한국일보』, 2007년 5월 25일자.

88) 지호일, 「GM대우 비교광고 '열받은' 현대차」, 『국민일보』, 2008년 3월 6일자.

89) 정용인, 「다음, 카페검색 필두로 네이버에 도전장」, 『뉴스메이커』, 제767호(2008년 3월 25일).

90) 김종호, 「LG 비교광고에 SK 발끈」, 『조선일보』, 2008년 6월 2일자.

91) 구가인, 「대학도 튀어야 산다: 독특한 카피·차별화 이미지 광고 홍수… 생존경쟁 본격화」, 『주간동아』, 제669호(2009년 1월 13일), 46~47면.

92) 이대혁, 「고려대 광고에 서울대 '부글부글': '경영대 우리가 낫다' 내용에 공식반응 자제 속 불쾌감」, 『한국일보』, 2008년 12월 22일자.

93) 김상훈, 「통합마케팅 커뮤니케이션 전략(IMC)에서 더욱 중요한 PPL」, 『MBC ADCOM』, 2005년 7 · 8월, 45쪽; 나카무라 히로시, 「마케팅을 변화시킨 디지털 환경」, 『CHEIL COMMUNICATIONS』, 2005년 12월, 31~32쪽; 김충현, 「진화하는 PPL, 어디까지 갈 것인가?」, 『DAEHONG COMMUNICATIONS』, 2007년 11 · 12월, 50~53쪽.

94) 이혜운, 「오메가 시계 차고, 소니 휴대폰 들고… 007은 '움직이는 광고판'」, 『조선일보』, 2008년 9월 30일자.

95) 조영신, 「PPL(Product Placement)에 대한 소고」, 『방송동향과 분석』, 통권240호(2006년 9월 30일), 63쪽.

96) 김동준, 「미국 · 일본 간접광고 허용…영국 금지: 각국의 간접광고 규제 동향」, 『PD저널』, 2006년 12월 6일, 3면.

97) 하유금, 「PPL의 검은 거래 막으려면」, 『조선일보』, 2006년 12월 4일, A33면.

98) 허미경, 「"방송 협찬 사전심의제로 뒷거래 막자"」, 『한겨레』, 2006년 12월 14일, 21면.

99) 박현정, 「'PPL 전염병' 조심하시라: 게임 · 만화 · 연극 등 '간접광고' 무차별 침투」, 『한겨레』, 2007년 5월 25일자.

100) 양문희, 「지상파 방송 PPL 규제 현황과 개선방향 연구: 시청자 만족도 및 해외시장 경쟁력 강화 방안을 중심으로」, 『방송과 커뮤니케이션』, 2007년 8-1호, 48~49쪽.

101) 박지희, 「뉴스 프로 중간에 맥도날드 컵 '불쑥'」, 『경향신문』, 2008년 7월 24일자.

102) 로버트 맥체스니(Robert W. McChesney), 오창호 · 최현철 역, 『미디어정책 개혁론』, 나남, 2009, 241~283쪽.

103) 권경성, 「간접광고 딜레마 해법 찬반격론」, 『미디어오늘』, 2008년 10월 22일자.

104) 최승현, 「[이슈 & 현장] 제작사들, 광고주에 대본 미리 돌리며 광고 수주나서」, 『조선일보』, 2009년 5월 11일자.

105) 김진웅, 「드라마 PD의 인권을 생각한다」, 『PD저널』, 2008년 12월 8일자.

106) 『한겨레신문』, 1994년 4월 16일자.

107) 『경향신문』, 1994년 5월 7일자.

108) 「어떤 광고가 제재받았나」, 『미디어오늘』, 1997년 3월 17일, 7면.

109) 권오문, 「광고언어 오용 조목조목 지적」, 『세계일보』, 1998년 12월 26일, 16면.

110) 「술~담배광고 대부분 규정 무시」, 『세계일보』, 1999년 1월 25일, 14면.

111) 김판수, 「폰팅 광고 전면금지」, 『경향신문』, 1999년 7월 6일, 22면.

112) 정재권, 「롯데 등 3개백화점 9억 과징금」, 『한겨레』, 1999년 7월 10일, 7면.

113) 이진, 「과장광고 첫 임시중지령」, 『동아일보』, 1999년 9월 8일, B1면.

114) 이진동, 「"음주조장 표현 무조건 금지도 위험"」, 『한국일보』, 2000년 3월 31일, 29면.

115) 김경운 · 이동미, 「'단속 사각지대' 인터넷 쇼핑몰: 건강식품 과장광고 극성」, 『대한매일』, 2000년 8월 30일, 27면.

116) 안경숙, 「스포츠지, '유해간행물' 오명 쓰기 전에 선정성 줄여야」, 『미디어오늘』, 2000년 9월 7일, 3면.

117) 강수진, 「불법광고 방영 원주유선방송사 1개월간 업무정지」, 『동아일보』, 2000년 12월 29일, C5면.

118) 유병률, 「하이트맥주 비방광고 시정명령: "오비는 외국자본 배만 불려…"」, 『한국일보』, 2007년 5월 31일자.

119) 김병희, 「방송 활동하는 전문가는 관련 광고출연 자제해야」, 『신문과 방송』, 제436호(2007년 4월), 116~119쪽.

120) 이경일, 「인쇄매체광고: 2007 광고심의 평가」, 『광고심의』, 제157호(2008년 1 · 2월), 51쪽.

121) 안호기, 「보험 소비자 불리한 깨알글씨 광고 금지」, 『경향신문』, 2007년 10월 3일자.

122) 김용석, 「인터넷 광고료 더 받을 목적, 조회수 '부풀리기 클릭' 금지」, 『동아일보』, 2008년 8월 21일자.

123) 김홍수, 「EU '섹시한 광고 하지마': 고강도 규제 추진… 업계 "현실성 없다" 반발」, 『조선일보』, 2008년 9월 9일자.

124) 김정섭, 「방송사, 광고 자율심의 묘수찾기 '골몰'」, 『경향신문』, 2008년 11월 12일자.

125) 유병률, 「방송사들 "과자 · 라면 광고제한 늦춰달라": 공중파 4社 사장, 전재희 복지에 요구」, 『한국일보』, 2009년 3월 7일자.

126) 강혜승, 「'○○ 협회 공식인증' 광고 못한다」, 『동아일보』, 2009년 5월 22일자.

제17장

1) EBS 노동조합, 「공영방송 정상운영 외면해 '유감'」, 『PD 연합회보』, 2000년 3월 30일, 5면.

2) 권귀순, 「"방통위, 권력 품 벗고 헌법기구화 돼야"」, 『한겨레』, 2008년 7월 2일자.

3) 김정섭, 「방통위 '지시성 공문'에 발끈」, 『경향신문』, 2008년 8월 20일자.

4) 「방송을 '조종' 대상으로 보는 방통위원장(사설)」, 『경향신문』, 2008년 9월 13일자.

5) 이문영, 「야당 추천 방통위원, '거수기 노릇' 도 넘었다」, 『한겨레』, 2008년 10월 8일자.

6) 백혜영, 「[인터뷰] 박성제 전국언론노조 MBC 본부장: "한나라당, MBC 쪼개 조중동·재벌에 주겠다는 것"」, 『PD저널』, 2008년 12월 24일자.

7) 김정섭, 「합의제 방통위 '독임제 기관' 변질」, 『경향신문』, 2009년 3월 25일자.

8) 권귀순, 「닻올린 방통심의위 '사회적 공정성' 담아낼까」, 『한겨레』, 2008년 5월 21일자.

9) 류제성, 「[왜냐면] 방송통신심의위, 독립성 못 지킬 바엔 차라리 간판 내려라」, 『한겨레』, 2008년 7월 11일자.

10) 라제기, 「[PD수첩 중징계] 언론학자 평가 "공영방송 역할 되돌아보는 계기로" "마땅한 징계" "정치적 제스처" 엇갈려」, 『한국일보』, 2008년 7월 18일자.

11) 전승훈, 「[초대석]취임 6개월 맞은 박명진 방송통신심의위원장」, 『동아일보』, 2008년 11월 12일자.

12) 김종화, 「검은 옷, YTN은 안되고 SBS·MBC는 괜찮나」, 『미디어오늘』, 2009년 1월 13일자.

13) 김정섭, 「방송통신심의위 '정치적 심의' 논란… 공정성 의문」, 『경향신문』, 2009년 1월 14일자.

14) 김정섭, 「방송통신심의위 '정치적 심의' 논란… 공정성 의문」, 『경향신문』, 2009년 1월 14일자.

15) 권귀순, 「방통심의위가 보수단체 대변인?」, 『한겨레』, 2009년 1월 14일자.

16) 박창섭, 「방통심의위 '권력편향' 표현자유 침해": 53개 언론·시민단체 '방통심의위 1년' 평가」, 『한겨레』, 2009년 5월 14일자.

17) 권귀순, 「'친MB 이진강' 방송심의 편향 우려」, 『한겨레』, 2009년 8월 8일, 2면.

18) 강용혁, 「선정·폭력방송, 이유있었네: 방송사 자체심의 총체적 부실」, 『경향신문』, 2000년 8월 29일, 27면.

19) 편완식, 「"뮤직비디오가 가장 선정~폭력적"」, 『세계일보』, 2000년 8월 15일, 21면.

20) 구정은, 「새 방송심의규정도 '있으나마나'」, 『문화일보』, 2000년 9월 8일, 23면.

21) 전경하, 「외국어·국적불명 조어 방송가 '오염'」, 『대한매일』, 2000년 9월 6일, 19면.

22) 「경인방송 '김형곤쇼' 방송중지 명령」, 『경향신문』, 2000년 11월 29일, 29면.

23) 윤지영, 「방송위 방송중지 명령은 위헌」, 『PD연합회보』, 2000년 12월 7일, 1면.

24) 이영환, 「청주방송 전화방 보도 '연출' 의혹」, 『미디어오늘』, 2000년 12월 14일, 2면.

25) 박미영, 「방송위, MBC에 경고」, 『기자협회보』, 2000년 12월 18일, 3면.

26) 김옥조, 『미디어 윤리』 개정증보판, 커뮤니케이션북스, 2004, 73쪽.

27) 「방송위원회 심의」, 『신문과 방송』, 제368호(2001년 8월), 189쪽.

28) 김옥조, 『미디어 윤리』 개정증보판, 커뮤니케이션북스, 2004, 71쪽.

29) 『연합뉴스』, 2004년 2월 15일; 『언론중재』, 통권90호(2004년 봄), 163쪽에서 재인용.

30) 『동아일보』, 2004년 12월 14일자.

31) 『조선일보』, 2006년 2월 10일자.

32) 『한겨레』, 2006년 11월 18일자.

33) 『파이낸셜뉴스』, 2007년 9월 19일자; 『언론중재』, 통권105호(2007년 겨울), 174쪽에서 재인용.

34) 이창현, 「지상파 방송심의를 둘러싼 영향력 집단의 갈등과 심의개선의 모색」, 『방송과 커뮤니케이션』, 2007년 8~1호, 90쪽.

35) 『파이낸셜뉴스』, 2008년 8월 5일자; 『언론중재』, 통권108호(2008년 가을), 157쪽에서 재인용; 정재영, 「감사원, 정연주 사장 해임 요구/법원, KBS 집행정지신청 수용 "방통위 KBS 제재 효력 정지"」, 『세계일보』, 2008년 8월 6일, 4면.

36) 임현주, 「심의위, 드라마 '꽃보다 남자' 제재」, 『경향신문』, 2009년 3월 2일자.

37) 권귀순, 「MBC 'MBC 뉴스 후' 등 무더기 중징계: 방통심의위, 시청자 사과 결정…뉴스데스크는 경고」, 『한겨레』, 2009년 3월 6일자.

38) 김정섭, 「"MBC 중징계 부당…정치 심의 멈춰라": 언론계 반발 확산…MBC "재심의 요청"」, 『경향신문』, 2009년 3월 7일자.

39) 김정섭, 「민영 미디어렙 도입 논쟁 다시 불지필 듯: 막내리는 방송광고 독점체제」, 『경향신문』, 2004년 10월 13일, 4면.

40) 신동흔, 「'방송광고 개별 판매 도입' 논란: '민영 미디어렙' 추진…」, 『조선일보』, 2008년 4월 25일자.

41) 성호철, 「"민영 미디어렙 2012년 도입": 柳 문화부장관 발표」, 『조선일보』, 2008년 8월 28일자.

42) 조석창, 「미디어㈜지역방송협회 "민영 미디어렙 지역방송 말살"」, 『새전북신문』, 2008년 9월 8일자.

43) 최영묵, 「방송광고 '경쟁'의 전제조건」, 『한겨레』, 2008년 10월 6일자.

44) 이문영·박현철, 「'코바코 광고판매독점' 헌법불합치: '부익부 빈익빈' 생존경쟁…지역·종교방송 반발」, 『한겨레』, 2008년 11월 28일자.

45) 이문영, 「조·중·동 빼곤 "언론 공익·민주주의 토대 흔들": 언론노조 파업확산 쟁점 짚어보니」, 『한겨레』, 2008년 12월 31일자.

46) 권경성, 「"3년 한시적 미디어렙 허가제 도입을": KISDI·KBI 공동 주최 토론회서 이수범 교수 주장」, 『미디어오늘』, 2009년 2월 12일자.

47) 권호영, 「브로드밴드 시장 이끌어갈 성장동력」, 『LG Ad』, 2005년 5·6월, 8~12쪽; 「지구촌에 '인터넷 TV' 열풍」, 『중앙일보』, 2005년 6월 17일, 21면.

48) 염강수, 「'방송 따로, 통신 따로' 칸막이 허물다: 방송통신위 법안 통과」, 『조선일보』, 2008년 2월 27일자.

49) 전응휘, 「IPTV는 과거회귀적인 퇴행적 서비스」, 『미디어오늘』, 2008년 12월 30일자.

50) 박원식, 「'커버·TV 다시 태어나다] IPTV 'TV 문화혁명' 불을 당기다」, 『주간한국』, 2009년 1월 13일자.

51) 신동흔, 「IPTV, TV편성표 굴레서 '해방'」, 『조선일보』, 2009년 1월 12일자.

52) 전응휘, 「IPTV는 과거회귀적인 퇴행적 서비스」, 『미디어오늘』, 2008년 12월 30일자.

53) 최연진, 「김인규 회장 "PTV는 국가 경제 살리는 요술상자"」, 『한국일보』, 2009년 1월 28일자.

54) 최연진, 「최시중 방통위원장 "T코리아, 알고 보니 허상이더라": IPTV 핵심기술 대부분 수입"」, 『한국일보』, 2009년 1월 8일자.

55) 조형래, 「통신업계 "IPTV계약 방송사만 배불려"」, 『조선일보』, 2009년 5월 29일자.

56) 구니야스 도쿠마루, 김재봉 옮김, 『디지털 혁명과 매스미디어』, 나남출판, 2000, 73~74쪽.

57) 성민규, 「Global Report/America: 디지털TV 방송 전환 오는 6월로 연기」, 『방송문화』, 제329호(2009년 2월), 60~61쪽.

58) 권재현, 「아날로그 지상파TV 2010년 종료」, 『경향신문』, 2007년 9월 22일자.

59) 이대혁, 「"디지털방송 전환 시청자 인지도 부족"」, 『한국일보』, 2007년 11월 26일자; 문현숙, 「시청자 74% 모르는데 '저 홀로 디지털방송'」, 『한겨레』, 2007년 11월 29일자.

60) 김지현(프랑스 EHESS 사회학과 박사과정), 「글로벌리포트 프랑스/2009년 말부터 디지털 라디오 출범 낙관과 우려 교차」, 『방송문화』, 제325호(2008년 10월), 74~75쪽.

61) 성호철, 「아날로그 TV 시대, 막 내린다: '안방극장' 세대교체 본격화」, 『조선일보』, 2008년 9월 22일자.

62) 이선민, 「지상파 디지털전환 지역방송은 '깜깜': 전환율 지역MBC 57.5% 지역민방 29.6%」, 『PD저널』, 2008년 12월 23일자.

63) 김종화, 「[인터뷰] 최진용 한국지상파디지털방송추진협회(DTV Korea) 신임 사무총장: "디지털 전환비용, 가전업계도 분담해야"」, 『미디어오늘』, 2009년 4월 29일자.

64) 선호, 「미디어오늘 12주년 특집 ②] 미디어 격변시대, 공공성과 공존공생의 길 찾기」, 『미디어오늘』, 2007년 5월 25일자.

65) 정두남, 『지상파 디지털방송 멀티모드서비스(MMS) 도입에 관한 연구』, 한국방송광고공사, 2007, 56~67쪽.

66) 백강녕, 「지상파 TV채널 10여개 늘 듯」, 『조선일보』, 2009년 5월 7일자.

67) 염강수, 「끝없이 배고픈 지상파 방송사들」, 『조선일보』, 2007년 10월 25일자.

68) 권경성, 「지상파 채널 늘어나면 무엇으로 채울까」, 『미디어오늘』, 2007년 11월 23일자.

69) 염강수, 「지상파 3사, '다채널 서비스'도 눈독… 끝없는 식욕」, 『조선일보』, 2008년 3월 12일자.

70) 김정섭, 「대기업 지상파 진입 허용 논란」, 『경향신문』, 2008년 8월 6일자.

71) 전승훈, 「"신문~방송 교차소유 규제 즉각 철폐해야": 정보통신정책硏 '방송 경쟁력 강화~공공성 구축 방안' 워크숍」, 『동아일보』, 2008년 10월 21일자.

72) 백강녕, 「지상파 TV채널 10여개 늘 듯」, 『조선일보』, 2009년 5월 7일자.

73) 남은주, 「스카이라이프 가입자 200만시대 활짝」, 『한겨레』, 2007년 2월 27일, 28면; 한국디지털위성방송, 『SkyLife 개국5년사 2002~2007』, 한국디지털위성방송, 2007, 29~34쪽.

74) 이치열, 「"HDTV 본다는 환상, 위성방송이 깨주겠다"」, 『미디어오늘』, 2008년 6월 25일자.

75) 김정섭, 「방통위 'IPTV 밀어붙이기' 안된다」, 『경향신문』, 2008년 7월 30일자.

76) 이주영, 「IPTV 10월 '시동' …업체들 '지상파 방송' 잡기 사활」, 『경향신문』, 2008년 8월 12일자.

77) 라제기 · 최연진, 「[미디어 전쟁] (4) 법안 통과시 업계 판도 변화는 황금알 거위냐 ~ 돈먹는 하마냐… 손익 전망은 '쌍곡선'」, 『한국일보』, 2009년 1월 9일자.

78) 박창섭, 「'IPTV+위성방송' 새 융합모델 뜨나: KT '쿡' 스카이라이프와 제휴…고가 셋톱박스 등 난관도」, 『한겨레』, 2009년 5월 20일자.

79) 최영묵, 『시민미디어론』, 아르케, 2005, 295쪽.

80) 김창석, 「행동하라, 한국엔 RTV가 있다」, 『한겨레 21』, 2006년 10월 24일, 98면.

81) 설원태, 「"RTV, 시민PD · 기자 700명이 만듭니다"」, 『경향신문』, 2007년 11월 5일자.

82) 문현숙, 「'RTV' 5돌, 시청자 주권 디딤돌 놓았다」, 『한겨레』, 2007년 10월 31일자.

83) 신수현, 「온 국민이 PD가 되는 그날까지: 시민방송 RTV」, 『인물과사상』, 2008년 9월, 12~13쪽.

84) 김동훈, 「시청자참여 전문채널 RTV, 외풍에 '흔들' : 내년부터 프로그램 위탁서 일반공모로 변경」, 『한겨레』, 2008년 11월 5일자.

85) 동정민, 「盧정부 '시청자참여 프로' 지원 120억중 '시민방송' 에 83억」, 『동아일보』, 2008년 9월 29일자.

86) 최영묵, 「[미디어 세상]이제 '시민방송' 차례인가」, 『경향신문』, 2008년 10월 6일자.

87) 동정민, 「盧정부 거액지원 '시민방송' 방통위 '내년부터 지급중단'」, 『동아일보』, 2008년 11월 18일자.

88) 김동훈, 「고사위기 시민방송, 눈물겨운 생존노력: 공익채널 선정 배제 등으로 20억 지원 끊겨 문닫을 위기」, 『한겨레』, 2008년 12월 17일자.

89) 최희진, 「"촛불 괘씸죄 예산단절…힘들어도 시민의 자산인데 지켜야죠": 국내 유일 시민이 만드는 채널 RTV 김영철 상임부이사장」, 『경향신문』, 2009년 2월 6일자.

90) 최영묵, 『시민미디어론』, 아르케, 2005), 209~212쪽.

91) 김수정, 「공동체 라디오 "출력 높이고 지원금 유지해라"」, 『미디어오늘』, 2008년 5월 21일자.

92) 김종화, 「공동체 라디오 시범사업 1년 연장: 방통위 의결… FM분당 · 마포FM 등 8개 사업자」, 『미디어오늘』, 2008년 8월 20일자.

93) 김수정, 「인터넷, 공동체 라디오 대신할 수 있을까: 송덕호 본부장 "자생력 갖도록 한 뒤 경쟁력 평가해야"」, 『미디어오늘』, 2009년 1월 14일자.

94) 김수정, 「방통위, 공동체 라디오 지원사업 관심 끊었나: 시범사업자들 7일부터 무기한 1인 시위」, 『미디어오늘』, 2009년 1월 7일자.

95) 김수정, 「[2009 희망을 찾아서 15. 공동체 라디오] 공동체 라디오는 4년째 시험 중」, 『미디어오늘』, 2009년 4월 29일자.

96) 한선 · 이오현, 「공동체 라디오와 자기 효능감: 미국 공동체 라디오 KOPN에 대한 민속지학적 연구」, 『한국언론학보』, 52권5호(2008년 10월), 292~293쪽.

제18장

1) 이민규, 「포털과 블로그, 저널리즘 영역에 도전: 인터넷 언론」, 『신문과 방송』, 제421호(2006년 1월), 125쪽.

2) 김종화, 「"신문법은 이빨 빠진 호랑이"」, 『미디어오늘』, 2005년 1월 19일, 13면.

3) 『동아일보』, 2005년 3월 24일자.

4) 차정인, 「문화부 '언론 자율성 침해' 주장 반박」, 『기자협회보』, 2005년 5월 18일, 5면.

5) 김용석, 「'신문법' 여론 다양성 인정 안해 실망스런 판결」, 『경향신문』, 2006년 6월 30일자.

6) 「신문 독점 간과한 신문법 부분위헌 결정(사설)」, 『한겨레』, 2006년 6월 30일, 35면.

7) 「핵심조항 위헌 신문법 폐기해야(사설)」, 『동아일보』, 2006년 6월 30일, 35면.

8) 「일부 違憲과 일부 合憲으로 누더기 된 신문 惡法(사설)」, 『조선일보』, 2006년 6월 30일, 35면.

9) 안홍욱, 「조중동의 신문 · 방송 · 통신 무제한 확장 길 터줘」, 『경향신문』, 2009년 7월 23일자.

10) 장관순, 「'구독률 20%' 에 걸릴 신문은 없다」, 『경향신문』, 2009년 7월 23일자.

11) 「'조중동 권력' 을 위한 반민주 악법(사설)」, 『한겨레』, 2009년 7월 23일자.

12) 「지상파 독과점 유지시킨 미디어법이 남긴 숙제(사설)」, 『조선일보』, 2009년 7월 23일자.

13) 「공정하고 다양한 미디어를 향해(사설)」, 『중앙일보』, 2009년 7월 23일자.

14) 「미디어산업, 장벽 허물고 미래로 도약한다(사설)」, 『중앙일보』, 2009년 7월 23일자.

15) 마크 턴게이트(Mark Tungate), 강형심 옮김, 『세계를 지배하는 미디어 브랜드』 (프리월, 2007), 125, 168쪽.

16) 구니야스 도쿠마루, 김재봉 옮김, 『디지털 혁명과 매스미디어』, 나남출판, 2000, 91~95쪽.

17) 라제기, 「민언련 "조·중·동 지국 99% 신문고시 위반"」, 『한국일보』, 2008년 5월 9일자.

18) 「신문협회는 뭐하는 곳인가(사설)」, 『경향신문』, 2008년 5월 30일자.

19) 김정섭, 「 '신문 불법경품 공동신고센터' 설립」, 『경향신문』, 2008년 6월 9일자.

20) 김원정, 「[인터뷰] 탁종렬 언론노조 교육선전실장 인터뷰: "불법경품 시장 1500억 규모 될 것"」, 『미디어오늘』, 2008년 9월 10일자.

21) 권지윤, 「법원 "조중동 무가지 과징금 부과는 정당"」, 『한국일보』, 2008년 9월 25일자.

22) 이재국, 「공정위 '신문고시 위반' 단속 시늉만」, 『경향신문』, 2008년 10월 8일자.

23) 권귀순, 「스포츠지 끼워팔기 양성화…불법판촉 더 키운다: 문화부 '유가부수 기준 80%→50% 수금' 인하 방침」, 『한겨레』, 2009년 5월 21일자.

24) 김상만, 「"광고불매운동, 무죄라 믿는다": [인터뷰] 김성균 언론소비자주권국민캠페인 대표」, 『미디어오늘』, 2009년 1월 13일자.

25) 최영묵, 「 '광고 불매' 는 언론 선진화운동」, 『시사IN』, 제54호(2008년 9월 23일).

26) 하태훈, 「 '광고 안 싣기 운동' 은 범죄 아니다」, 『시사IN』, 제43호(2008년 7월 9일).

27) 송경화, 「 '조중동 광고 싣지 말기 운동' 실형 구형: 법학 교수·변호사 80명 탄원서 제출」, 『한겨레』, 2009년 1월 21일자.

28) 이오른, 「[왜냐면] 조중동 광고불매운동 누리꾼 최후진술 "2차 불매운동은 정당한 시민운동"」, 『한겨레』, 2009년 2월 12일자.

29) 허광준, 「광고주에게 항의 전화 거는 일은 일상 다반사」, 『시사IN』, 제74호(2009년 2월 9일).

30) 장은교·김지환, 「법원 '광고중단운동' 전원 유죄 판결」, 『경향신문』, 2009년 2월 20일자.

31) 박현철 외, 「"검찰논리 그대로 수용"…소비자주권·표현의 자유 옥죄: '광고불매' 유죄 판결 논란」, 『한겨레』, 2009년 2월 20일자.

32) 「여론 탄압하려는 억지를 눈감아준 법원(사설)」, 『한겨레』, 2009년 2월 20일자.

33) 이문영, 「"조중동에 집중 광고한 기업 제품 불매": 언소주, 8일 첫 대상 발표…"법원 인정한 소비자운동"」, 『한겨레』, 2009년 6월 6일자.

34) 최한태, 「르몽드紙 무가지 창간: 프랑스에서도 무료신문 경쟁 치열」, 『국민일보』, 2007년 2월 8일자.

35) 김영옥, 「신문, 멀티미디어 되다: 2008 WAN(세계신문협회) 총회 보고서」, 『미디어 인사이트』, 통권5호(2008년 7·8월), 5~7쪽.

36) 김은남, 「공짜 신문도 허덕허덕」, 『시사저널』, 2005년 8월 23일, 44면.

37) 김상만, 「[2009 희망을 찾아서] 2~스포츠서울: 30% 구조조정 위기… 1등 신문 희망 안 놓쳐」, 『미디어오늘』, 2009년 1월 7일자.

38) 문수인, 「정부 무료신문에 50억어치 광고」, 『매일경제』, 2006년 9월 14일, A33면.

39) 「비판신문 힘 빼려는 노무현판 신권언유착(사설)」, 『동아일보』, 2006년 9월 14일, A35면.

40) 신현직, 「무료신문 경쟁심화가 광고시장에 미치는 영향」, 『DAEHONG COMMUNICATIONS』, 2007년 9·10월, 54~57쪽.

41) 김상만, 「무료신문 잇따른 창간 시작: 석간 무료신문 이어 소비자·유통신문도 곧 창간」, 『미디어오늘』, 2008년 5월 22일자.

42) 오수정, 「사업다각화·광고증가로 실적 호전: 2007 신문사 경영실적 분석」, 『신문과 방송』, 제449호(2008년 5월), 172쪽.

43) 염강수, 「도로에 배포대 무단 설치 무료신문 '이브닝' 등 고발」, 『조선일보』, 2008년 10월 24일자.

44) 이대현, 「신문과 휴지 사이」, 『한국일보』, 2008년 11월 22일자.

45) 이대현, 「신문과 휴지 사이」, 『한국일보』, 2008년 11월 22일자.

46) 이대현, 「신문과 휴지 사이」, 『한국일보』, 2008년 11월 22일자.

47) 문현숙, 「'무료신문 홍수' 가판대는 운다: 석달새 세 매체 새로 선보여…기존 6종 합해 300만부 육박」, 『한겨레』, 2007년 7월 18일자.

48) 장행훈, 「가정배달에 정론지 표방하는 무료신문 탄생」, 『신문과 방송』, 제433호(2007년 1월), 46~51쪽.

제19장

1) 윤석홍, 『Off the Record』, LG상남언론재단, 1996, 22~23쪽; 로리 앤 프리먼(Laurie Anne Freemann), 변정수 옮김, 『일본 미디어의 정보카르텔』, 커뮤니케이션북스, 2006, 109, 229쪽.

2) 『기자협회보』, 1996년 6월 22일자.

3) 『기자협회보』, 96년 8월 16일자.

4) 윤성한, 「KBS · 동아 · 연합 등 파괴 움직임」, 『미디어오늘』, 2000년 1월 6일, 7면.

5) 김동규, 「발표저널리즘과 언론의 책임: 발표 저널리즘의 현황과 개선방향」, 『언론중재』, 제93호(2004년 겨울), 4~17쪽; 이재진, 「발표저널리즘과 언론의 책임: 정치적 폭로에 대한 중계보도와 언론의 법적 책임」, 『언론중재』, 제93호(2004년 겨울), 30~45쪽.

6) 김영욱, 「신뢰성이 중요, 표현도 구체적이어야: 외국언론의 윤리강령~출처 명시와 익명보도」, 『신문과 방송』, 제422호(2006년 2월), 29쪽.

7) 유진 굿윈(H. Eugene Goodwin), 우병동 옮김, 『언론윤리의 모색』, 한나래, 1995, 115~116쪽.

8) 설원태, 「'보도' 보다 논평 · 주장 · 추측을 확산시켜」, 『신문과 방송』, 제409호(2005년 1월), 111~112쪽.

9) 이재경, 「한국과 미국 신문의 취재원 사용 관행 비교」, 한국언론재단, 『보도비평: 한 · 미신문의 취재원 이용 관행』, 한국언론재단, 2001, 53~87쪽.

10) 한국언론재단, 『보도비평: 한 · 미신문의 취재원 이용 관행』, 한국언론재단, 2001, 99~100쪽.

11) 한국언론재단, 『보도비평: 한 · 미신문의 취재원 이용 관행』, 한국언론재단, 2001, 103~104쪽.

12) 한국언론재단, 『보도비평: 한 · 미신문의 취재원 이용 관행』, 한국언론재단, 2001, 114~115쪽.

13) 한국언론재단, 『보도비평: 한 · 미신문의 취재원 이용 관행』, 한국언론재단, 2001, 115쪽.

14) 김경호, 「불가피한 경우 '두 정보원 원칙' 지켜야: 문제점과 개선방안」, 『신문과 방송』, 제422호(2006년 2월), 25쪽.

15) 조동시 · 양승혜, 「"익명보도 많은 편" 80.5%, 취재원의 42%가 익명: 10대 일간지 지면분석과 기자의견조사」, 『신문과 방송』, 제422호(2006년 2월), 9쪽.

16) 조동시 · 양승혜, 「"익명보도 많은 편" 80.5%, 취재원의 42%가 익명: 10대 일간지 지면분석과 기자의견조사」, 『신문과 방송』, 제422호(2006년 2월), 17~18쪽.

17) 강민석(중앙일보 탐사기획팀 기자), 「기자와 데스크가 익명 관계자 만들어선 안돼: 기자가 본 익명보도」, 『신문과 방송』, 제422호(2006년 2월), 23쪽.

18) Timothy Crouse, 『The Boys on the Bus』(New York: Ballantine Books, 1974).

19) 강준만, 『춤추는 언론 비틀대는 선거: 언론과 선거의 사회학』, 아침, 1992.

20) 국기연, 「"기자 반, 유권자 반" 칼럼니스트도 현장에 분산배치: 미국대선 취재 현장을 가다」, 『신문과 방송』, 제447호(2008년 3월), 33쪽.

21) 류정민, 「페일린 쫓던 한국언론, 거품 걷히자 직격탄: 미국 대선도 예외 없는 한국언론 고질병」, 『미디어오늘』, 2008년 10월 15일자.

22) 양승찬, 「'오차 범위 내 1 · 2위' 표현도 문제: 경마식 보도」, 『신문과 방송』, 제398호(2004년 2월), 49~50쪽.

23) 이화행, 「'실시간' 판세 제공, 경마 저널리즘이 꽃 피다: 18대 총선보도 분석~인터넷 · 포털」, 『신문과 방송』, 제449호(2008년 5월), 132~136쪽.

24) 김영호, 「인물 · 정책 검증 없이 여론조사 순위 매기기」, 『신문과 방송』, 제434호(2007년 2월), 42쪽.

25) 유진 굿윈(H. Eugene Goodwin), 우병동 옮김, 『언론윤리의 모색』, 한나래, 1995, 171쪽.

26) 이광엽, 「방송뉴스의 저널리즘, 인포테인먼트, 상업주의」, 『신문과 방송』, 제423호(2006년 3월), 101쪽.

27) 『국민일보』, 2000년 5월 23일, 8면.

28) 조홍민 기자, 『경향신문』 1998년 6월 24일자.

29) 설원태, 「"취재원에 금품 제공할 수도 있다"」, 『경향신문』, 2008년 2월 18일자.

30) 김옥조, 『미디어 윤리』 개정증보판, 커뮤니케이션북스, 2004, 137쪽.

31) 설원태, 「해외언론명저/미디어와 정치의 상호작용에 관한 포괄적 이해」, 『신문과 방송』, 제421호(2006년 1월), 129
쪽.

32) 박주현, 『기사를 엿으로 바꿔 먹다뇨?: 지역과 언론, 그 복마전을 들여다보다』, 인물과사상사, 2008, 136쪽.

33) 빌 코바치(Bill Kovach)·톰 로젠스틸(Tom Rosenstiel), 이종욱 옮김, 『저널리즘의 기본요소』, 한국언론재단, 2003),
80~83쪽.

34) 박주현, 「'가차 저널리즘(Gotcha Journalism)의 뉴스담론 구성에 관한 탐색적 연구: '이해찬 골프사건'과 '이명박
테니스사건'을 중심으로」, 『한국언론과학연구』, 제7권 1호(2007), 116쪽.

35) 박주현, 「'가차 저널리즘(Gotcha Journalism)의 뉴스담론 구성에 관한 탐색적 연구: '이해찬 골프사건'과 '이명박
테니스사건'을 중심으로」, 『한국언론과학연구』, 제7권 1호(2007), 108~143쪽.

36) 박주현, 『기사를 엿으로 바꿔 먹다뇨?: 지역과 언론, 그 복마전을 들여다보다』, 인물과사상사, 2008, 135~136쪽.

37) 최영재, 「희생양 찾아 공격 치중 함께 타 버린 객관보도: 숭례문 화재 보도 점검」, 『신문과 방송』, 제447호(2008년 3
월), 114~118쪽.

38) 오상석, 「취재현장과 언론윤리강령」, 『언론중재』, 통권 76호(2000년 가을), 16~17쪽.

39) 장호순, 「기득권 언론과 권력이 빚어온 비민주적 관행: 출입처 기자실~폐지해야 한다」, 『신문과 방송』, 제345호
(1999년 9월), 90~92쪽.

40) 조호현, 「알권리 보장을 위한 최소한의 정치: 출입처 기자실~존속해야 한다」, 『신문과 방송』, 제345호(1999년 9월),
93~95쪽.

41) 팽원순, 『현대신문방송보도론』, 범우사, 1989, 288~289쪽.

42) 송정민, 「언론취재체계 및 기자단에 관한 제문제」, 『언론중재』, 통권 43호(1992년 여름), 6~12쪽.

43) 박인규, 「'사이비권력자'의 환상만 심어: 출입처를 벗어나자」, 『신문과 방송』, 2001년 1월, 83쪽.

44) 이영태, 「정보공개 확대, 브리핑 부실 개선 필요: 기자실 개방」, 『신문과 방송』, 제398호(2004년 2월), 119~120쪽.

45) 김옥조, 『미디어 윤리』 개정증보판, 커뮤니케이션북스, 2004, 321~356쪽.

46) 권경성, 「정보공개 강화, 브리핑제 내실화가 우선": '기자실 개선방안' 세미나」, 『미디어오늘』, 2008년 4월 8일자.

47) 김미경, 「엠바고 국가익의 보류인가? 국민 알권리 침해인가?」, 『대한매일』, 1999년 9월 1일, 15면.

48) 강명구, 『한국 저널리즘 이론』, 나남, 1994, 207~208쪽; 이재진, 「지킬건 지키되 포괄적·관행적 남용 탈피해야: 엠
바고」, 『신문과 방송』, 제415호(2005년 7월), 122~125쪽.

49) 안홍욱, 「언론학자들 "정부 언론통제 속셈 드러냈다"」, 『경향신문』, 2007년 8월 9일자; 문현숙, 「국정홍보처 '엠바
고 어긴 언론사 제재' 추진: 기자협회 "보도통제 조치" 반발」, 『한겨레』, 2007년 8월 8일자; 조홍민, 「'취재기준
안…' 주먹구구 홍보처 '혼란'만 키운다」, 『경향신문』, 2007년 8월 26일자.

50) 류정민, 「'5공식 언론통제' 침묵의 카르텔」, 『미디어오늘』, 2008년 6월 4일자.

51) 이재진, 「지킬건 지키되 포괄적·관행적 남용 탈피해야: 엠바고」, 『신문과 방송』, 제415호(2005년 7월), 122~125쪽;
조현호, 「기자·취재원 편의 위한 엠바고 피해야: 운용 현황과 문제점」, 『신문과 방송』, 제415호(2005년 7월),
126~129쪽.

52) 이영완, 「취재원이 주는 대로 받아쓰면…」, 『조선일보』, 2008년 7월 12일자.

53) 빈센트 키어넌(Vincent Kiernan), 이종민 옮김, 『엠바고에 걸린 과학: 엠바고와 과학 저널리즘의 짧은 역사』, 알마,
2008, 179쪽.

54) 빈센트 키어넌(Vincent Kiernan), 이종민 옮김, 『엠바고에 걸린 과학: 엠바고와 과학 저널리즘의 짧은 역사』, 알마,
2008, 216쪽.

55) 빈센트 키어넌(Vincent Kiernan), 이종민 옮김, 『엠바고에 걸린 과학: 엠바고와 과학 저널리즘의 짧은 역사』, 알마,
2008, 219쪽.

56) 유진 굿윈(H. Eugene Goodwin), 우병동 옮김, 『언론윤리의 모색』, 한나래, 1995, 118쪽.

57) 유진 굿윈(H. Eugene Goodwin), 우병동 옮김, 『언론윤리의 모색』, 한나래, 1995, 118~119쪽.

58) D. Carter의 평, 이강수, 『현대 매스커뮤니케이션의 제문제』, 범우사, 1991, 223쪽에서 재인용.

59) George C. Edwards III & Stephen J. Wayne, 『Presidential Leadership: Politics and Policy Making』(New York: St.

Martin's Press, 1985).

60) Jack Huber & Dean Diggis, 『인터뷰 전문가 19인이 밝히는 인터뷰 기법』, 한국언론연구원, 1996, 104쪽.

61) 윤석홍, 『Off the Record』, LG 상남언론재단, 1996, 74~75쪽.

62) 유진 굿윈(H. Eugene Goodwin), 우병동 옮김, 『언론윤리의 모색』, 한나래, 1995, 119쪽.

63) 권귀순, 「'보도자제' 문제제기 기자 '출입정지' 중징계 논란: 청와대 '비보도' 남발 화근」, 『한겨레』, 2008년 5월 11
일자.

64) 「청와대 출입기자들의 참담한 언론 윤리(사설)」, 『한겨레』, 2008년 5월 10일자.

65) 이재경, 「위장취재와 몰래카메라: 취재보도의 윤리적 문제」, 『언론중재』, 통권 63호(1997년 여름), 28쪽에서 재인
용.

66) 유진 굿윈(H. Eugene Goodwin), 우병동 옮김, 『언론윤리의 모색』, 한나래, 1995, 127쪽.

67) 유진 굿윈(H. Eugene Goodwin), 우병동 옮김, 『언론윤리의 모색』, 한나래, 1995, 147~149쪽.

68) 유진 굿윈(H. Eugene Goodwin), 우병동 옮김, 『언론윤리의 모색』, 한나래, 1995, 149~150쪽에서 재인용.

69) 「의회의 특권 남용에 관한 기사를 위해 행해진 속임수취재는 공공의 이익과 관련된 정당한 행위」, 『언론중재』, 통
권 52호(1994년 가을), 55쪽.

70) 김경호, 「몰래카메라를 이용한 취재의 자유와 법적, 윤리적 한계」, 『언론중재』, 통권108호(2008년 가을), 67~70쪽.

71) 김창룡, 「취재관행과 법윤리상의 일고찰」, 『언론중재』, 통권 54호(1995년 봄), 25~26쪽.

72) 김창룡, 「취재관행과 법윤리상의 일고찰」, 『언론중재』, 통권 54호(1995년 봄), 26~27쪽.

73) 박미영, 「특종욕에 취재윤리 '실종' …취재관행 개선 필요」, 『미디어오늘』, 98년 10월 28일, 3면.

74) 『동아일보』, 2002년 3월 16일자.

75) 김옥조, 『미디어 윤리』 개정증보판, 커뮤니케이션북스, 2004, 309쪽.

76) 『연합뉴스』, 2002년 6월 1일; 『언론중재』, 통권83호(2002년 여름), 163쪽에서 재인용.

77) 김옥조, 『미디어 윤리』 개정증보판, 커뮤니케이션북스, 2004, 303쪽.

78) 김옥조, 『미디어 윤리』 개정증보판, 커뮤니케이션북스, 2004, 147쪽.

79) 김옥조, 『미디어 윤리』 개정증보판, 커뮤니케이션북스, 2004, 307쪽.

80) 김옥조, 『미디어 윤리』 개정증보판, 커뮤니케이션북스, 2004, 235쪽.

81) 김옥조, 『미디어 윤리』 개정증보판, 커뮤니케이션북스, 2004, 128쪽.

82) 서진우, 「기사형 광고 '광고' 명시해야」, 『매일경제』, 2006년 9월 19일, A35면.

83) 조동시, 「위반건수 무료신문이 50건으로 가장 많아: '기사형 광고 가이드라인' 시범 심의, 신문위」, 『신문과 방송』,
제432호(2006년 12월), 156~159쪽.

84) 이재진, 「생존 위한 고육지책이 저널리즘 근간 흔든다: 자본에 잠식당하는 저널리즘 윤리」, 『신문과 방송』, 제458
호(2009년 2월), 22~25쪽.

85) 이광엽, 「방송뉴스의 저널리즘, 인포테인먼트, 상업주의」, 『신문과 방송』, 제423호(2006년 3월), 101쪽.

86) 원성윤, 「사생활 발가벗기는 케이블TV: 연예인 파파라치 프로그램 '위험수위'」, 『PD저널』, 2008년 2월 26일자.

87) 이지용, 「공영방송 F2 잠입취재 프로그램 논란」, 『PD저널』, 2008년 11월 25일자.

88) 김동훈, 「'군부대 룸살롱' 취재기자 실형 논란/군사법원, 징역1년 집유2년 선고/기자협회 등 "보복성 조치" 반발」,
『한겨레』, 2008년 4월 28일자.

89) 김종화, 「군사법원, MBC 기자에 징역형 논란: 계룡대 접대부' 보도로 징역 1년에 집행유예 2년… "분풀이 하나"」,
『미디어오늘』, 2008년 5월 2일자.

90) 백혜영, 「"징역 1년? 다음에도 똑같이 보도할 겁니다": '군부대 룸살롱' 보도한 김세의 MBC 기자」, 『PD저널』,
2009년 2월 2일자.

91) 김옥조, 『미디어 윤리』 개정증보판, 커뮤니케이션북스, 2004, 465쪽.

92) 오병권, 「신문 보도사진의 연출과 윤리성에 관한 연구」, 전북대학교 정보과학대학원 정보과학과(언론·홍보전공)
석사학위논문, 2000년 2월, 59~69쪽.

93) 이재경, 「신문보도의 선정주의에 관한 연구」, 김정기 외, 『한국언론의 병리: 21세기를 위한 분석과 대안』, 커뮤니케
이션북스, 1999, 245쪽.

94) 김옥조, 『미디어 윤리』 개정증보판, 커뮤니케이션북스, 2004, 28쪽.

95) 『언론중재』, 통권 69호(1998년 겨울), 91쪽.

96) 김성완, 「사진 도용 위험수위: 인력난∼낙종 불안이 '담합' 연출」, 『미디어오늘』, 2000년 3월 23일, 5면.

97) 이영환, 「중앙 사진 변조: 금사장∼김정일 악수사진 박장관 삭제」, 『미디어오늘』, 2000년 8월 24일, 1면.

98) 윤정훈, 「일간지 올림픽 비판 '연출사진' 파문」, 『동아일보』, 2000년 9월 6일, C3면.

99) 안경숙, 「스포츠지, '유해간행물' 오명 쓰기전에 선정성 줄여야」, 『미디어오늘』, 2000년 9월 7일, 3면.

100) 김옥조, 『미디어 윤리』 개정증보판, 커뮤니케이션북스, 2004, 468쪽.

101) 김옥조, 『미디어 윤리』 개정증보판, 커뮤니케이션북스, 2004, 468쪽.

102) 김옥조, 『미디어 윤리』 개정증보판, 커뮤니케이션북스, 2004, 465쪽.

103) 「사진·기사 검증시스템 강화하겠습니다: 연출사진, 취재윤리 불감증이 부른 중대 실책」, 『중앙일보』, 2008년 7월 10일자.

104) 이효성, 「공공 저널리즘의 이론과 실제」, 『한국언론의 좌표』, 커뮤니케이션북스, 1996, 417∼435쪽; 장원호, 『미국 신문의 위기와 미래: 21세기 한국 신문의 과제』, 나남, 1998, 165∼166쪽; 『조선노보』, 1997년 9월 5일자.

105) 김동률, 「'주머니 채우기 위해 독자에게 아부' : '퍼블릭 저널리즘, 그 비판적 포럼' 세미나」, 『신문과 방송』, 1999년 1월, 89∼91쪽.

106) 빌 코바치(Bill Kovach)·톰 로젠스틸(Tom Rosenstiel), 이종욱 옮김, 『저널리즘의 기본요소』, 한국언론재단, 2003, 86∼87쪽.

107) 김명기·최진순, 『뉴스의 혁명, NewsML: 뉴스시장의 새로운 패러다임을 열다』, 박문각, 2007, 27쪽.

108) 김민남, 『공공저널리즘과 한국언론: 언론과 공동체의 새로운 관계 모색』, 커뮤니케이션북스, 1998.

109) 양성희, 「스트리트 저널리즘」, 『중앙일보』, 2008년 6월 7일자.

110) 반현, 「시민저널리즘의 법적, 윤리적 쟁점: 시민참여 저널리즘을 중심으로」, 『언론중재』, 통권99호(2006년 여름), 16∼29쪽.

111) 최진순, 「시민저널리즘의 발전을 위한 제언(I)」, 『언론중재』, 통권99호(2006년 여름), 36쪽.

112) 이봉렬, 「시민저널리즘의 발전을 위한 제언(II)」, 『언론중재』, 통권99호(2006년 여름), 45∼46쪽.

113) 다니엘 솔로브(Daniel J. Solove), 이승훈 옮김, 『인터넷세상과 평판의 미래』, 비즈니스맵, 2008, 44쪽.

114) 다니엘 솔로브(Daniel J. Solove), 이승훈 옮김, 『인터넷세상과 평판의 미래』, 비즈니스맵, 2008, 48쪽.

115) 로렌스 레식(Lawrence Lessig), 이주명 옮김, 『자유문화: 인터넷시대의 창작과 저작권 문제』, 필맥, 2005, 76쪽.

116) 로렌스 레식(Lawrence Lessig), 이주명 옮김, 『자유문화: 인터넷시대의 창작과 저작권 문제』, 필맥, 2005, 79∼82쪽.

117) 허재경, 「기업들 이젠 '블로그 마케팅': "네티즌들과 사이버 소통" 개설 붐… 관공서도 가세」, 『한국일보』, 2008년 5월 29일자.

118) 박현정, 「기업들 '블로그 마케팅' 부쩍」, 『한겨레』, 2008년 2월 27일자.

119) 정진영, 「'인터넷 입소문'에 산 당신… 낚였다: "우리제품 홍보 글 써달라" 블로거와 뒷돈 거래 많아」, 『조선일보』, 2009년 1월 31일자.

120) 김택환, 『웹2.0 시대의 미디어 경영학』, 중앙books, 2008, 101∼106쪽.

제20장

1) 팽원순, 『한국언론법제론』, 법문사, 1994, 330∼332쪽.

2) 팽원순, 『한국언론법제론』, 법문사, 1994, 333쪽.

3) 팽원순, 『한국언론법제론』, 법문사, 1994, 333∼334쪽.

4) 팽원순, 『한국언론법제론』, 법문사, 1994, 334∼335쪽.

5) 김창룡, 『보도의 진실, 진실의 오보』, 나남, 1994, 149쪽에서 재인용.

6) 황치성, 「3명 가운데 2명 촌지 수수 경험」, 『신문과 방송』, 제345호(1999년 9월), 20∼21쪽.

7) 이경숙, 「흔들리는 '기자윤리' 현장스케치: "아직도 촌지, 향응 접대 사례가 사라지지 않았다"」, 『기자통신』, 1999년 6월, 57∼58쪽.

8) 김호일, 「대작은 100∼200만원, 한국판 '유상기자'들: 고질화된 영화계 촌지 비리」, 『신문과 방송』, 제345호(1999년 9월), 48∼51쪽.

9) 윤성한 · 김성완, 「봇물 터진 기자들 공짜돈 외유: 취재원 '미끼' 덥석…공정성 치명타」, 『미디어오늘』, 2000년 2월 3일, 5면.

10) 윤성한 · 김성완, 「봇물 터진 기자들 공짜돈 외유: 취재원 '미끼' 덥석…공정성 치명타」, 『미디어오늘』, 2000년 2월 3일, 5면.

11) 김성완, 「재경 · 금융권 출입기자 '골프접대' 말썽」, 『미디어오늘』, 2000년 6월 8일, 1면.

12) 김성완, 「기자 '골프접대' 기승」, 『미디어오늘』, 2000년 8월 24일, 1면.

13) 황방열, 「"출입기자 부친 고희잔치까지…"」, 『미디어오늘』, 2000년 9월 7일, 3면.

14) 김소희, 「기자의 천국, 특혜의 밀실」, 『한겨레 21』, 2000년 10월 19일, 29면.

15) 송채수, 「수치심조차 없이 멱살잡이까지: 기자실 도박을 없애자」, 『신문과 방송』, 제369호(2001년 9월), 48~49쪽.

16) 용태영, 「1년에 천만원 가까운 신종 뇌물: 접대골프, 부킹 청탁을 하지말자」, 『신문과 방송』, 제373호(2002년 1월), 109쪽.

17) 『한겨레』, 2002년 4월 11일자.

18) 김옥조, 『미디어 윤리』 개정증보판, 커뮤니케이션북스, 2004, 47, 68쪽.

19) 제정임, 『경제뉴스의 두 얼굴: 화려한 유혹과 은밀한 배신』, 개마고원, 2002, 151~155쪽.

20) 장호순, 『언론의 자유와 책임』, 한울아카데미, 2004, 222쪽.

21) 김옥조, 『미디어 윤리』 개정증보판, 커뮤니케이션북스, 2004, 304쪽.

22) 장행훈, 「자율근절 안 되면 법으로 뿌리 뽑아야: 언론사 거액 촌지 의혹을 보고」, 『신문과 방송』, 제395호(2003년 11월), 41쪽.

23) 백병규, 「치명적인 관행의 덫, 윤리 기준에 세대차: 언론 윤리」, 『신문과 방송』, 제421호(2006년 1월), 108~109쪽.

24) 김재영, 「선거 코앞 언론사와 정당의 술자리 파문: 정언유착인가 관행인가?」, 『신문과 방송』, 제424호(2006년 4월), 153쪽.

25) 김성완, 「언론계도 공짜 · 내기골프 자유롭지 않다」, 『미디어오늘』, 2006년 3월 15일, 5면.

26) 이정환, 「강원랜드, 기자들 접대 · 협찬에 지난해 12억4천만원 제공」, 『미디어오늘』, 2008년 10월 29일자.

27) 이정환, 「신세계 공짜견학 따라간 기자들의 대형마트 찬가」, 『미디어오늘』, 2009년 5월 29일자.

28) 김주언, 「이젠 언론사도 투기꾼?」, 『기자협회보』, 99년 5월 24일, 4면.

29) 「중앙언론사 주식투자 '대박'」, 『미디어오늘』, 2000년 1월 13일, 1면.

30) 김옥조, 『미디어 윤리』 개정증보판, 커뮤니케이션북스, 2004, 68쪽.

31) 권혁철, 「"중앙일간지 주식투자 밝혀라" 언론단체 공개질의 정보청구」, 『한겨레』, 2000년 2월 10일, 9면.

32) 조준상, 「주식 양도차익 과세 주요 언론 반대 알고 보니…」, 『한겨레』, 2000년 2월 10일, 9면.

33) 「LA타임즈, 투자사업 독자에 고지」, 『미디어오늘』, 2000년 1월 13일, 7면.

34) 이상록, 「전중앙일보 차장 길진현씨 집유/서울지법, 동생엔 벌금 9억 선고」, 『대한매일』, 99년 8월 31일, 21면.

35) 권은중 · 김성완, 「기자들 '벤처기업 주식매입' 위험수위: '대박' 앞에 기자윤리는 '휴지조각'」, 『미디어오늘』, 2000년 3월 9일, 5면.

36) 김성완, 「천태만상 '벤 · 언유착' 그 시작과 끝: '돈' 유혹이 기자윤리 잠식」, 『미디어오늘』, 2000년 11월 9일, 5면.

37) 김옥조, 『미디어 윤리』 개정증보판, 커뮤니케이션북스, 2004, 268, 305쪽; 이원락, 「억대 주식 수수 등장, 사회 분위기도 강력 대응 요구」, 『신문과 방송』, 제384호(2002년 12월), 33~37쪽.

38) 이상현, 「"독자 신뢰 잃으면 존립 자체가 흔들린다": 주식거래 않겠다는 각서 쓰는 '이-데일리' 기자들」, 『신문과 방송』, 제397호(2004년 1월), 160~161쪽.

39) 김지운, 「신문윤리위원회의 현황과 전망」, 김동철 교수 정년퇴임 기념논문집 간행위원회 엮음, 『언론과 커뮤니케이션의 제 문제』, 나남, 1993, 57쪽; 원우현, 「언론자율규제기구의 전망: 영국의 경우를 중심으로」, 『언론중재』, 통권 47호(1993년 여름), 18~24쪽.

40) 표성수, 『언론과 명예훼손』, 육법사, 1997, 182~183쪽.

41) John C. Merrill, 「Press Councils and Ethical Codes Are Dangerous Control Mechanisms」, Everette E. Dennis & John C. Merrill, 『Basic Issues in Mass Communication』(New York: Macmillan, 1984), pp. 162~166.

42) 한병구, 『언론과 윤리법제』 중정판, 서울대학교출판부, 2000, 122~123쪽.

43) 이경숙, 「흐트러진 언론 추스르는 신문윤리위원회: 자율규제 강조하는 긴 안목의 수호자」, 『기자통신』, 1999년 7

월, 21쪽.

44) 김지운, 『글로벌 시대의 언론윤리: 보편 가치의 모색』, 커뮤니케이션북스, 2004, 225쪽.

45) 김영욱, 「12년만의 개정, 언론신뢰회복의 계기로: 신문윤리강령과 신문윤리실천요강 개정」, 『신문과 방송』, 제458호(2009년 2월), 31쪽.

46) 한병구, 『언론과 윤리법제』 증정판, 서울대학교출판부, 2000, 118~119쪽.

47) 김형기, 「인용보도시 정보출처 명시 완화: 신문윤리강령 및 실천요강 개정 추진과정과 내용」, 『신문과 방송』, 제459호(2009년 3월), 126~129쪽.

48) 박미영, 「사이버언론의 윤리」, 『기자협회보』, 2000년 5월 1일, 4면.

49) 팽원순, 『언론법제신론』, 나남, 1989, 155쪽.

50) 한병구, 『언론과 윤리법제』 증정판, 서울대학교출판부, 2000, 134쪽; R. W. 디즈몬드/존 L. 할렌, 권대우 역, 『알 권리 알릴 권리』, 호겨레, 1986, 264쪽.

51) 한병구, 『언론과 윤리법제』 증정판, 서울대학교출판부, 2000, 134~135쪽.

52) 한병구, 『언론과 윤리법제』 증정판, 서울대학교출판부, 2000, 135쪽.

53) R. W. 디즈몬드/존 L. 할렌, 권대우 역, 『알 권리 알릴 권리』, 호겨레, 1986, 259쪽.

54) R. W. 디즈몬드/존 L. 할렌, 권대우 역, 『알 권리 알릴 권리』, 호겨레, 1986, 260쪽.

55) R. W. 디즈몬드/존 L. 할렌, 권대우 역, 『알 권리 알릴 권리』, 호겨레, 1986, 261쪽.

56) R. W. 디즈몬드/존 L. 할렌, 권대우 역, 『알 권리 알릴 권리』, 호겨레, 1986, 262쪽.

57) 「긴급진단 언론부패: '윤리강령' 잠깨워 자정운동 불지펴야」, 『한겨레』, 1999년 6월 29일, 1면.

58) 오상석, 「취재현장과 언론윤리강령」, 『언론중재』, 통권 76호(2000년 가을), 16쪽.

59) 윤성한 · 김성완, 「봇물 터진 기자들 공짜돈 외유: 취재중 '미끼' 덥석…공정성 치명타」, 『미디어오늘』, 2000년 2월 3일, 5면.

60) 사정은, 「"자기 몫은 자기가" SBS 뉴밀런운동 전개」, 『기자협회보』, 2000년 12월 4일, 2면; 박수택(SBS전국부기자), 「자비량(自備量)의 원칙」, 『기자협회보』, 2000년 12월 18일, 5면 참고.

61) 권훈, 「"사안에 따라, 그러나 원칙에 충실하자"」, 『신문과 방송』, 제345호(1999년 9월), 35쪽.

62) 박선규, 「대접 받았으면 나도 한번 사면 된다」, 『신문과 방송』, 제345호(1999년 9월), 31~32쪽.

63) 손석춘, 『어느 저널리스트의 죽음: 한국 공론장의 위기와 전망』, 후마니타스, 2006, 190~191쪽.

64) 황방열 · 조헌호, 「사외이사에 언론인도 포진」, 『미디어오늘』, 2000년 9월 28일, 1면.

65) 변동현, 「독립적 비판기능 훼손 우려: 언론인의 정부 자문위원 참여―반대」, 『신문과 방송』, 2000년 5월, 106~109쪽.

66) 김재홍, 「비판적 의견제시는 지식인의 의무: 언론인의 정부 자문위원 참여―찬성」, 『신문과 방송』, 2000년 5월, 110~114쪽.

67) 김옥조, 『미디어 윤리』 개정증보판, 커뮤니케이션북스, 2004, 106쪽.

68) 「부끄러움 모르는 언론계의 '산업 스파이' 들(사설)」, 『한겨레』, 2007년 7월 23일자.

69) 최성진, 「폴리널리스트, 실명으로 처단하마」, 『한겨레 21』, 2007년 11월 6일, 102면.

70) 천원주, 「18대 국회 입성 언론인 36명 분석」, 『신문과 방송』, 제449호(2008년 5월), 60~61쪽.

71) 최훈길, 「대선 캠프 언론인 70%, '낙하산': 언론특보 출신 등 41명 중 29명」, 『미디어오늘』, 2009년 2월 25일자.

72) C. P. 스노우, 오영환 옮김, 「옮긴이 해제」, 『두 문화: 과학과 인문학의 조화로운 만남을 위하여』, 사이언스북스, 2001, 195쪽.

73) 에드워드 W. 사이드(Edward W. Said), 전신욱 · 서봉섭 옮김, 『권력과 지성인』, 창, 1996, 140~141쪽.

74) 조흡, 「문화민족주의에서 문명공존론까지: 에드워드 사이드, '테러리스트'와 '피아니스트'」, 『인물과사상 5』, 개마고원, 1998, 247~249쪽.

75) 홍성민, 『문화와 아비투스: 부르디외와 유럽정치사상』, 나남, 2000, 183쪽.

76) 이정우, 『인간의 얼굴: 탈주와 회귀 사이에서』, 민음사, 1999, 334쪽.

77) 이상욱, 「축음기가 음악 듣는 데 쓰일 줄 몰랐던 에디슨」, 『한겨레』, 2006년 11월 10일, 책 · 지성 섹션 24~25면.

78) Michael Schudson, 「On Larson's The Rise of Professionalism」, 『Sociological Review Monograph』, 20(1973), pp.215~229; Terence Johnson, 『Professions and Power』(London: Macmillan, 1977).

79) Dan Schiller, 「An Historical Approach to Objectivity and Professionalism in American News Reporting」, 『Journal of Communication』, 29:4(Autumn 1979), pp.46~57; Gaye Tuchman, 『Making News: A Study in the Construction of Reality』(New York: Free Press, 1978), p.51; Terence Johnson, 「Imperialism and the Professions」, 『Sociological Review Monograph』, 20(1973), p.306; Rita Cruise O'Brien, 「Professionalism in Broadcasting in Developing Countries」, 『Journal of Communication』, 27:2(Spring 1977), pp.150~153.

80) 빌 코바치(Bill Kovach) · 톰 로젠스틸(Tom Rosenstiel), 이종욱 옮김, 『저널리즘의 기본요소』, 한국언론재단, 2003, 80쪽.

81) Michael Schudson, 「On Larson's The Rise of Professionalism」, 『Sociological Review Monograph』, 20(1973), pp.216~217.

맺는말

1) 주성하, 「英 'BBC 퀴즈프로조작' 8억원 벌금」, 『동아일보』, 2008년 8월 1일자.

2) 데이비드 캘러헌(David Callahan), 강미경 옮김, 『치팅컬처: 거짓과 편법을 부추기는 문화』, 서돌, 2008).

3) 강명구 외, 『한국언론의 신뢰도: 위기 현황 분석과 극복 방안』, 한국언론재단, 2001.

4) 오수정, 「2008 언론수용자 의식조사 (1) 구독률, 열독률, 영향력과 신뢰도」, 『신문과 방송』, 제451호(2008년 7월), 146~147쪽.

5) 오수정, 「2008 언론수용자 의식조사 (1) 구독률, 열독률, 영향력과 신뢰도」, 『신문과 방송』, 제451호(2008년 7월), 148~149쪽.

6) 이상복, 「신문의 신뢰도 크게 높아졌다: 신문협, 독자 3375명 조사」, 『중앙일보』, 2008년 4월 8일자.

7) 「더 높아진 신문의 신뢰지수(사설)」, 『중앙일보』, 2008년 4월 8일자.

8) 안경숙, 「언론 위기 원인은 당파성 · 과점: 경향신문 조사…언론학자들 "언론보다 언론인 더 신뢰 안 해"」, 『미디어오늘』, 2008년 4월 4일자.

9) 김민환, 「TV, 인터넷매체로 옮겨 간 신뢰감」, 『한국일보』, 2007년 10월 23일자.

10) 설원태, 「르몽드 마침내 무가지 대열에」, 『경향신문』, 2007년 5월 14일자.

11) 김영욱, 「신문, 멀티미디어 되다: 2008 WAN(세계신문협회) 총회 보고서」, 『미디어 인사이트』, 통권5호(2008년 7 · 8월), 5쪽.

12) 염강수, 「언론사 닷컴 귀하신 닷컴」, 『조선일보』, 2007년 7월 25일자.

13) 문현숙 · 김도형, 「미 · 일 신문 '끝없는 변신'으로 온라인전쟁」, 『한겨레』, 2007년 10월 3일자.

14) 이대혁, 「온라인시대」한 · 미 · 일신문 3색 생존전략」, 『한국일보』, 2007년 10월 8일자.

15) 김희섭, 「뉴미디어 시대 콘텐츠의 제왕 꿈꾼다: 진화하는 신문」, 『조선일보』, 2007년 11월 30일자.

16) 백강녕, 「국내 신문들도 '권리 지키기' 공동 대응: 기사 추적관리 '뉴스뱅크' … 동영상 공급 '태그스토리'」, 『조선일보』, 2007년 12월 13일자.

17) 백강녕, 「신문도 모바일로 본다: 휴대폰으로 주요뉴스 검색」, 『조선일보』, 2007년 11월 30일자.

18) 설원태, 「"멀티미디어 시대 중심에 신문이 있다": 스웨덴 예테보리의 WAN 총회에서 만난 세계 신문업계 사람들」, 『경향신문』, 2008년 6월 19일자.

19) 필립 마이어(Philip Meyer), 성동규 · 김광협 옮김, 『디지털시대 저널리즘 구하기: 신문경영의 새로운 비즈니스 모델』, 커뮤니케이션북스, 2008.

20) 허광준, 「종이 신문, 2043년에는 존재하지 않는다?」, 『시사IN』, 제67호(2009년 12월 23일).

21) 정진홍, 「박근혜의 진짜 경쟁자는 '국민의 변심'」, 『중앙일보』, 2008년 4월 12일, 30면.

22) 한기호, 「번역은 거인국, 인문학은 소인국」, 『동아일보』, 2008년 3월 18일자.

참고문헌

강경근, 「편집권과 언론의 내적 자유에 대한 법적 검토」, 『언론중재』, 통권96호(2005년 가을), 30~44쪽.

강경근, 「포털뉴스 피해구제에 관한 언론중재법 검토」, 『언론중재』, 통권108호(2008년 가을), 33~44쪽.

강경근, 「프라이버시의 침해와 면책사유」, 『언론중재』, 통권 71호(1999년 여름).

강남준, 「미국방송협회(NAB) 자율심의 제도의 변천과정: 한국방송심의제도에 던지는 함의」, 『방송연구』, 2006년 겨울, 179~207쪽.

강명구 외, 『한국언론의 신뢰도: 위기 현황 분석과 극복 방안』, 한국언론재단, 2001.

강명구, 『한국 저널리즘 이론』, 나남, 1994.

강민석, 「기자와 데스크가 익명 관계자 만들어선 안돼: 기자가 본 익명보도」, 『신문과 방송』, 제422호(2006년 2월), 19~23쪽.

강상현 · 김국진 · 정용준 · 황근, 『디지털방송법제론』, 커뮤니케이션북스, 2008.

강수돌 · 홀거 하이데(Holger Heide), 『자본을 넘어, 노동을 넘어: 자본의 내면화에서 벗어나기』, 이후, 2009.

강승구 · 이은택 · 김진환, 『미디어 비평과 미디어 윤리』, 한나래, 1999.

강재륜, 『논리학』, 대왕사, 1996.

강준만 · 박주하 · 한은경 편역, 『광고의 사회학』, 한울, 1995.

강준만, 『각개약진공화국』, 인물과사상사, 2008.

강준만, 『대중매체 이론과 사상』, 개마고원, 2001.

강준만, 『대중문화의 겉과 속 3』, 인물과사상사, 2006.

강준만, 『대한민국 소통법』, 개마고원, 2009.

강준만, 『세계문화사전』, 인물과사상사, 2005.

강준만, 『세계의 대중매체』(전3권), 인물과사상사, 2001.

강준만, 『정치는 쇼비즈니스다』, 인물과사상사, 1998.

강준만, 『춤추는 언론 비틀대는 선거: 언론과 선거의 사회학』, 아침, 1992.

강준만, 『커뮤니케이션 사상가들』, 한나래, 1994.

강준만, 『한국생활문화사전』, 인물과사상사, 2006.

기어트 홉스테드(Geert Hofstede), 차재호 · 나은영 옮김, 『세계의 문화와 조직』, 학지사, 1995.

고영삼, 『전자감시사회와 프라이버시』, 한울아카데미, 1998.

구니야스 도쿠마루, 김재봉 옮김, 『디지털 혁명과 매스미디어』, 나남출판, 2000.

국기연, 「"기자 반, 유권자 반" 칼럼니스트도 현장에 분산배치: 미국대선 취재 현장을 가다」, 『신문과 방송』, 제447호(2008년 3월).

권경성, 「"나눠갖자" "제작비 올리고 저작권도 주라는 얘기냐": 드라마 저작권 갈등, 그 배경과 해법」, 『신문과 방송』, 제448호(2008년 4월), 118~121쪽.

권영성, 『헌법학원론』(보정판), 법문사, 2000.

권헌영, 「법원의 판단으로 본 포털 뉴스서비스의 성격」, 『언론중재』, 통권108호(2008년 가을), 18~32쪽.

권혁남, 『한국언론과 선거보도: 정치커뮤니케이션의 현실논리』, 나남, 1997.

권훈, 「"사안에 따라, 그러나 원칙에 충실하자"」, 『신문과 방송』, 제345호(1999년 9월), 34~35쪽.

김경호, 「'의견표현'과 '사실적시' 이분법에 따른 대법원의 표현의 자유 보호 법리에 관한 연구」, 『언론과학연구』, 제8권1호(2008년 3월), 39~80쪽.

김경호, 「몰래카메라를 이용한 취재와 인격권의 침해에 관한 연구: 한국의 미국의 사례 비교를 통한 상충된 법익의 균형」, 『한국언론학보』, 제47권4호(2003년 8월), 246~273쪽.

김경호, 「몰래카메라를 이용한 취재의 자유와 법적, 윤리적 한계」, 『언론중재』, 통권108호(2008년 가을), 57~71쪽.

김경호, 「불가피한 경우 '두 정보원 원칙' 지켜야: 문제점과 개선방안」, 『신문과 방송』, 제422호(2006년 2월), 24~27쪽.

김광수, 『광고 비평: 광고표현, 그 이론과 원칙』, 한나래, 1994.

김광수, 『방송광고의 이해』, 나남, 1995.

김기중, 「주민등록제도 이대론 안된다」, 『말』, 1999년 8월호.

김기태, 「뉴미디어의 기술발전과 저작권 보호에 관한 연구」, 경희대 대학원 신문방송학과 박사학위논문, 2000년 2월.

김기태, 「저작권법상 방송의 개념에 따른 문제점 및 개선방안」, 『방송과 커뮤니케이션』, 2006년 7~2호, 96~127쪽.

김기태, 『웹2.0시대의 저작권 상식 100』, 커뮤니케이션북스, 2008.

김기태, 『저작권법의 해석과 적용: 최신개정 저작권법 해설서』(개정판), 삼진기획, 2000.

김대호 외, 『미디어의 미래』, 커뮤니케이션북스, 2008.

김대호, 「방송 콘텐츠 유통과 저작권」, 『방송연구』, 2007년 겨울, 83~108쪽.

김동규, 「발표저널리즘과 언론의 책임: 발표 저널리즘의 현황과 개선방향」, 『언론중재』, 제93호(2004년 겨울), 4~17쪽.

김동규, 「방송 프로그램 저작권 이용실태 분석」, 『방송연구』, 2007년 겨울, 27~58쪽.

김동률, 「'주머니 채우기 위해 독자에게 아부': '퍼블릭 저널리즘, 그 비판적 포럼' 세미나」, 『신문과 방송』, 1999년 1월, 89~91쪽.

김동민 편역, 『언론 민주화의 논리』, 한울, 1991.

김동민 편저, 『언론법제의 이론과 현실』, 한나래, 1993.

김동철 교수 정년퇴임 기념논문집 간행위원회 엮음, 『언론과 커뮤니케이션의 제 문제』, 나남, 1993.

김동철, 『자유언론법제연구』, 나남, 1987.

김동하, 「인격권 보호의 효과적인 수단으로서의 손해배상제도: 언론에 의한 인격권 침해에 한하여」, 『언론중재』, 통권 104호(2007년 가을), 5~38쪽.

김명기 · 최진순, 『뉴스의 혁명, NewsML: 뉴스시장의 새로운 패러다임을 열다』, 박문각, 2007.

김민남, 『공공저널리즘과 한국언론: 언론과 공동체의 새로운 관계 모색』, 커뮤니케이션북스, 1998.

김민배, 「국가보안법 · 반공법과 한국인권 50년」, 『역사비평』, 1999년 봄호.

김민웅 외, 『조선일보를 아십니까?』, 개마고원, 1999.

김병국, 「언론관계법의 언론자유 침해 논란 고찰」, 『언론중재』, 통권96호(2005년 가을), 17~29쪽.

김병국, 「한국의 언론중재위원회와 유사 제도의 비교 고찰」, 『언론과학연구』, 제4권1호(2004년 4월), 48~69쪽.

김병국, 『언론과 시민권』, 커뮤니케이션북스, 1998.

김병국, 『언론자유 이념과 반론권 제도』, 원광대학교출판국, 1999.

김병희, 「방송 활동하는 전문가는 관련 광고출연 자제해야」, 『신문과 방송』, 제436호(2007년 4월), 116~119쪽.

김상호, 「언론의 객관성에 대한 분석적 고찰: 해석 공동체의 해석틀로서의 객관성 개념을 중심으로」, 『언론과학연구』, 제7권3호(2007년 9월), 5~38쪽.

김상훈, 「사전검열 폐지 환영 향후 기준 모색: 방송광고 심의제도 점검」, 『신문과 방송』, 제457호(2009년 1월), 116~119쪽.

김상훈, 「통합마케팅 커뮤니케이션 전략(IMC)에서 더욱 중요한 PPL」, 『MBC ADCOM』, 2005년 7 · 8월호.

김성재, 『출판현장의 이모저모: 김성재 출판론』, 일지사, 1999.

김승수, 『국민을 위한 언론개혁』, 세계사, 2002.

김승수, 『디지털 제국주의』, 나남, 2000.

김승수, 『디지털방송의 정치경제학』, 전국언론노동조합, 2003.

김승수, 『매체 소유연구』, 전국언론노동조합연맹, 2002.

김승수, 『매체경제분석: 언론경제학의 관점에서』(개정판), 커뮤니케이션북스, 1998.

김승수, 『언론산업의 정치경제학』, 개마고원, 2004.

김승수, 『정보자본주의와 대중문화산업』, 한울아카데미, 2007.

김영석, 『디지털미디어와 사회』, 나남, 2000.

김영욱, 「12년만의 개정, 언론신뢰회복의 계기로: 신문윤리강령과 신문윤리실천요강 개정」, 『신문과 방송』, 제458호(2009년 2월), 30~35쪽.

김영욱, 「신뢰성이 중요, 표현도 구체적이어야: 외국언론의 윤리강령－출처 명시와 익명보도」, 『신문과 방송』, 제422호(2006년 2월), 24~27쪽.

김영욱, 「신문, 멀티미디어 되다: 2008 WAN(세계신문협회) 총회 보고서」, 『미디어 인사이트』, 통권5호(2008년 7 · 8월), 2~41쪽.

김영호, 「인물 · 정책 검증 없이 여론조사 순위 매기기」, 『신문과 방송』, 제434호(2007년 2월), 42~45쪽.

김옥조, 『미디어 윤리』(개정증보판), 커뮤니케이션북스, 2004.

김옥조, 『미디어 윤리』, 중앙M&B, 2001.

김우룡, 『미디어윤리』, 나남출판, 2000.

김욱, 『그 순간 대한민국이 바뀌었다: 헌법재판소의 주요 판결 이야기』, 개마고원, 2005.

김윤정, 「언론중재 및 피해구제 등에 관한 법률」에서 신설된 '정정보도청구권'에 관한 논의: 최근의 헌법재판소 결정을 중심으로」, 『언론중재』, 통권 100호(2006년 가을), 19~43쪽.

김은규, 『미디어와 시민참여: 시민미디어론』, 커뮤니케이션북스, 2003.

김일수, 『형법각론』(제3판), 박영사, 2000.

김재영, 「선거 코앞 언론사와 정당의 술자리 파문: 정언유착인가 관행인가?」, 『신문과 방송』, 제424호(2006년 4월), 152~155쪽.

김재협, 「새 법률상 정정보도청구권의 법적 성격과 의의」, 『언론중재』, 통권94호(2005년 봄), 26~41쪽.

김재홍, 「비판적 의견제시는 지식인의 의무: 언론인의 정부 자문위원 참여~찬성」, 『신문과 방송』, 2000년 5월, 110~114쪽.

김정기 외, 『한국언론의 병리: 21세기를 위한 분석과 대안』, 커뮤니케이션북스, 1999.

김중양, 『정보공개법』, 법문사, 2000.

김지운, 「신문윤리위원회의 현황과 전망」, 김동철 교수 정년퇴임 기념논문집 간행위원회 엮음, 『언론과 커뮤니케이션의 제 문제』, 나남, 1993.

김지운, 『글로벌 시대의 언론윤리: 보편 가치의 모색』, 커뮤니케이션북스, 2004.

김지운, 『신문윤리위원회의 비교연구』, 성균관대학교출판부, 1986.

김지현, 「글로벌리포트 프랑스/2009년 말부터 디지털 라디오 출범 낙관과 우려 교차」, 『방송문화』, 제325호(2008년 10월).

김창남, 「방송사고를 상업주의 선정주의로 비약: MBC 알몸 노출 사건 의미와 언론보도」, 『신문과 방송』, 제417호(2005년 9월), 98~101쪽.

김창룡, 「개인 미디어와 인격권」, 『언론중재』, 통권108호(2008년 가을), 82~89쪽.

김창룡, 「자체진상 조사와 자율규제 돋보여: 발행부수 부풀리기로 위기 맞은 미국신문」, 『신문과 방송』, 제406호(2004년 10월), 140~143쪽.

김창룡, 「취재관행과 법윤리상의 일고찰」, 『언론중재』, 통권 54호(1995년 봄).

김창룡, 『매스컴과 미디어 비평』, 글로세움, 2003.

김창룡, 『법을 알고 기사 쓰기: 취재보도 판례』, 한국언론연구원, 1997.

김창룡, 『보도의 진실, 진실의 오보』, 나남, 1994.

김채환, 『디지털과 미디어』, 이진출판사, 2000.

김철수, 『헌법학개론』(제12전정신판), 박영사, 2000.

김충현, 「진화하는 PPL, 어디까지 갈 것인가?」, 『DAEHONG COMMUNICATIONS』, 2007년 11 · 12월, 50~53쪽.

김택환, 『영상커뮤니케이션의 자유와 윤리: 영상(film) 통제 및 심의제도에 관한 연구』, 커뮤니케이션북스, 1998.

김택환, 『웹2.0 시대의 미디어 경영학』, 중앙books, 2008.

김형기, 「인용보도시 정보출처 명시 완화: 신문윤리강령 및 실천요강 개정 추진과정과 내용」, 『신문과 방송』, 제459호(2009년 3월), 126~129쪽.

김형진, 「미국의 방송 프로그램 선정성 규제 제도」, 『미디어경제와 문화』, 제3~3호(2005년 여름).

김호일, 「대작은 100~200만원, 한국판 '유상기자' 들: 고질화된 영화계 촌지 비리」, 『신문과 방송』, 제345호(1999년 9월), 48~51쪽.

나오미 울프(Naomi Wolf), 김민웅 옮김, 『미국의 종말: 혼돈의 시대, 민주주의의 복원은 가능한가』, 프레시안북, 2008.

나오미 클라인(Naomi Klein), 정현경 · 김효명 옮김, 『NO LOGO: 브랜드 파워의 진실』, 중앙M&B, 2002.

나카무라 히로시, 「마케팅을 변화시킨 디지털 환경」, 『CHEIL COMMUNICATIONS』, 2005년 12월호.

노스코트 파킨슨(C. Northcote Parkinson), 김광웅 옮김, 『파킨슨의 법칙』, 21세기북스, 2003.

다니엘 솔로브(Daniel J. Solove), 이승훈 옮김, 『인터넷세상과 평판의 미래』, 비즈니스맵, 2008.

다니엘 J. 부어스틴(Daniel J. Boorstin), 이보형 외 역, 『미국사의 숨은 이야기』, 범양사 출판부, 1989.

댄 길모어(Dan Gillmor), 김승진 옮김, 『우리가 미디어다』, 이후, 2008.

더그 헨우드(Doug Henwood), 이강국 옮김, 『신경제 이후』, 필맥, 2004.

데이비드 캘러헌(David Callahan), 강미경 옮김, 『치팅컬처: 거짓과 편법을 부추기는 문화』, 서돌, 2008.

데이비드 A. 캐플런(David A. Kaplan), 안진환·정준희 역, 『실리콘밸리 스토리』, 동방미디어, 2000.

딘 푸에로뉴(Dean K. Fueroghne), 김연호·한상필 옮김, 『미국 광고법의 이해』, 한울아카데미, 1998.

렉 휘태커(Reg Whitaker), 이명균·노명현 옮김, 『개인의 죽음: 이제 더 이상 개인의 프라이버시는 존재하지 않는다』, 생각의나무, 2001.

로렌스 레식(Lawrence Lessig), 김정오 옮김, 『코드: 사이버공간의 법이론』, 나남출판, 2002.

로렌스 레식(Lawrence Lessig), 이주명 옮김, 『자유문화: 인터넷시대의 창작과 저작권 문제』, 필맥, 2005.

로리 앤 프리먼(Laurie Anne Freemann), 변정수 옮김, 『일본 미디어의 정보카르텔』, 커뮤니케이션북스, 2006.

로버트 맥체스니(Robert W. McChesney), 오창호·최현철 역, 『미디어정책 개혁론』, 나남, 2009.

로버트 하그리브스(Robert Hargreaves), 오승훈 옮김, 『표현자유의 역사』, 시아출판사, 2006.

루스 베네딕트(Ruth Benedict), 김윤식·오인석 옮김, 『국화와 칼: 일본문화의 틀』, 을유문화사, 1995.

리대룡·이현선, 「세계 각국의 비교광고 규제에 관한 비교연구」, 『한국언론정보학보』, 통권26호(2004년 가을), 209~257쪽.

리차드 스피넬로(Richard Spinello), 이태건·노병철 옮김, 『사이버윤리: 사이버공간에 있어서 법과 도덕』, 인간사랑, 2001.

리처드 커니(Richard Kearney), 김재인 외 옮김, 『현대 사상가들과의 대화』, 한나래, 1998.

리처드 헌터(Richard Hunter), 윤정로·최장욱 옮김, 『유비쿼터스: 공유와 감시의 두 얼굴』, 21세기북스, 2003.

린다 리 케이드·크리스티나 홀츠-바카(Lynda Lee Kaid·Christina Holtz-Bacha) 편저, 김정현 역, 『서구민주주의와 정치광고: 텔레비전에 나타난 정당과 후보』, 커뮤니케이션북스, 1997.

마뉴엘 카스텔(Manuel Castells), 박행웅 옮김, 『인터넷 갤럭시』, 한울아카데미, 2004.

마리안 파쉬케(Marian Paschke), 이우승 옮김, 『독일 미디어법』, 한울아카데미, 1998.

마이클 만델(Michael J. Mandel), 이강국 옮김, 『인터넷 공황』, 이후, 2001.

마이클 헬러(Michael Heller), 윤미나 옮김, 『소유의 역습, 그리드락』, 웅진지식하우스, 2009.

마이클 H. 헌트(Michael H. Hunt), 권용립·이현휘 옮김, 『이데올로기와 미국외교』, 산지니, 2007.

마크 턴게이트(Mark Tungate), 강형심 옮김, 『세계를 지배하는 미디어 브랜드』, 프리윌, 2007.

매일경제신문 산업부 IT팀, 『펌킨족, 싸이질, 디지털 U목민…이게 뭐야?』, 매일경제신문사, 2004.

문화체육부, 『생활 속의 저작권』, 문화체육부, 1996.

미디어오늘 엮음, 『언론인 24시』, 인물과사상사, 1999.

민성철, 「의견면책의 한계: 인신공격적인 의견표명에 의한 불법행위 책임의 성부」, 『언론중재』, 제93호(2004년 겨울), 46~63쪽.

민주사회를 위한 변호사 모임 외, 『김대중 정부 1년 국가보안법 보고서』, 사람생각, 1999.

박상익, 『언론자유의 경전 아레오파기티카』, 소나무, 1999.

박선규, 「대접 받았으면 나도 한번 사면 된다」, 『신문과 방송』, 제345호(1999년 9월), 29~33쪽.

박아란, 「미국의 사진·영상보도 관련 주요 동향」, 『언론중재』, 통권106호(2008년 봄), 18~28쪽.

박용상, 『방송법제론』, 교보문고, 1988.

박용상, 『언론과 개인법익: 명예, 신용, 프라이버시 침해의 구제제도』, 조선일보사, 1997.

박용상, 『표현의 자유』, 현암사, 2002.

박원석, 「정보공개제도 실시 1년, 참여연대 67개 기관 운영실태 조사: "정부부처가 기본도 안돼 있어"」, 『참여사회』, 1999년 7월호.

박인규, 「'사이비권력자'의 환상만 심어: 출입처를 벗어나자」, 『신문과 방송』, 2001년 1월호.

박재선, 「보호규정 없이 정치적으로 해결: 미 리크게이트를 계기로 본 한국의 취재원보호 실태와 방향」, 『신문과 방송』, 제416호(2005년 8월), 39~45쪽.

박주현, 「가차 저널리즘(Gotcha Journalism)의 뉴스담론 구성에 관한 탐색적 연구: '이해찬 골프사건'과 '이명박 테니스사건'을 중심으로」, 『한국언론과학연구』, 제7권 1호(2007), 108~143쪽.

박주현, 『기사를 엿으로 바꿔 먹다뇨?: 지역과 언론, 그 복마전을 들여다보다』, 인물과사상사, 2008.

박형상, 「기자가 바라보고 지켜보아야 할 법정」, 『신문과 방송』, 제345호(1999년 9월), 56~59쪽.

박홍규, 『시민이 재판을』, 사람생각, 2000.

반현, 「시민저널리즘의 법적, 윤리적 쟁점: 시민참여 저널리즘을 중심으로」, 『언론중재』, 통권99호(2006년 여름), 16~29쪽.

방석호, 「글로벌·디지털 시대의 저작권 문제: 한미 FTA를 중심으로」, 『방송연구』, 2007년 겨울, 7~25쪽.

방석호, 『미디어법학』, 법문사, 1995.

방정배·유한호·이효성·손석춘, 『죽은 언론 살리기』, 전국언론노동조합연맹, 1996.

배금자, 「보도와 명예훼손, 대안적 검토: 한·미간 비교를 중심으로」, 『언론중재』, 통권 72호(1999년 가을).

배정근, 「정보공개법을 통한 알권리 실현의 한계: 비공개조항 관련 대법원 판결 분석」, 『한국언론학보』, 제53권1호(2009년 2월), 368~390쪽.

백병규, 「치명적인 관행의 덫, 윤리 기준에 세대차: 언론 윤리」, 『신문과 방송』, 제421호(2006년 1월), 106~109쪽.

백승헌·임광규, 「국가보안법 6대 쟁점: 헌법수호의 첨병인가 인권탄압의 도구인가」, 『신동아』, 1999년 11월호.

백완기, 『민주주의 문화론: 생활양식으로서의 민주주의』, 나남출판, 1994.

벤 바그디키언(Ben H. Bagdikian), 정연구·송정은 옮김, 『미디어 모노폴리』, 프로메테우스, 2009.

변동현, 「독립적 비판기능 훼손 우려: 언론인의 정부 자문위원 참여~반대」, 『신문과 방송』, 2000년 5월, 106~109쪽.

변재옥, 『정보화사회의 프라이버시와 표현의 자유』, 커뮤니케이션북스, 1999.

변희재, 『2007 대권! 포털이 결정한다?』, 브레이크 미디어, 2006.

브루스 빔버(Bruce Bimber), 이원태 옮김, 『인터넷시대 정치권력의 변동: 미국 민주주의의 역사적 진화』, 삼인, 2007.

빈센트 키어넌(Vincent Kiernan), 이종민 옮김, 『엠바고에 걸린 과학: 엠바고와 과학 저널리즘의 짧은 역사』, 알마, 2008.

빌 코바치(Bill Kovach)·톰 로젠스틸(Tom Rosenstiel), 이종욱 옮김, 『저널리즘의 기본요소』, 한국언론재단, 2003.

사회디자인연구소, 『다시 시작하는 한국사회 디자인: 2008년 활동성과 모음집』, 사회디자인연구소, 2009.

새뮤얼 헌팅턴(Samuel P. Huntington), 장원석 옮김, 『미국정치론: 부조화의 패러다임』, 오름, 1999.

서주연, 「MP3 저작권 분쟁 휘말린 냅스터 '폐쇄위기': 바다 건너온 불똥 '소리바다'에 튈까?」, 『월간중앙』, 2000년 9월호.

서형석·이춘모, 「케이블TV·위성방송 광고심의」, 『광고심의』, 제157호(2008년 1·2월), 18~25쪽.

설원태, 「'보도'보다 논평·주장·추측을 확산시켜」, 『신문과 방송』, 제409호(2005년 1월), 110~114쪽.

설원태, 「저널리즘이여 안녕: 의심스러운 시대의 커뮤니케이션 정치」, 『신문과 방송』, 제415호(2005년 7월), 140~145쪽.

설원태, 「해외언론명저/미디어와 정치의 상호작용에 관한 포괄적 이해」, 『신문과 방송』, 제421호(2006년 1월), 128~131쪽.

성낙송, 「언론관례상 면책법리의 현황과 과제」, 『언론중재』, 통권109호(2008년 겨울), 23~51쪽.

성낙인, 「공적 기록의 보도와 사생활보호」, 『언론중재』, 통권 71호(1999년 여름).

성낙인, 『언론정보법』, 나남출판, 1998.

성민규, 「디지털 저작권 관리(Digital Rights Management) 현황 분석」, 『방송동향과 분석』, 통권 240호(2006년 9월 30일).

성민규, 「Global Report/America: 디지털TV 방송 전환 오는 6월로 연기」, 『방송문화』, 제329호(2009년 2월).

성선제, 「2006년도 국내언론관계판결의 동향」, 『언론중재』, 통권102호(2007년 봄), 39~49쪽.

성선제, 「2007년도 국내언론관계판결의 동향」, 『언론중재』, 통권106호(2008년 봄), 44~57쪽.

손석춘, 『어느 저널리스트의 죽음: 한국 공론장의 위기와 전망』, 후마니타스, 2006.

손석춘, 『언론개혁의 무기: 언론정책 9대 과제』, 개마고원, 1998.

손석춘, 『여론읽기 혁명: 왜 지금 언론개혁인가?』, 한겨레신문사, 2000.

손태규, 「검사들의 언론 상대 명예훼손 소송에서 산정된 위자료의 타당성 연구」, 『한국언론학보』, 제47권6호(2003년 12월), 58~84쪽.

송경재, 「사이버 모욕죄/사이버 세상의 빅 브라더 처벌만이 능사는 아니다」, 『신문과 방송』, 제456호(2008년 12월), 74~77쪽.

송정민, 「언론취재체계 및 기자단에 관한 제문제」, 『언론중재』, 통권 43호(1992년 여름), 6~12쪽.

송채수, 「수치심조차 없이 멱살잡이까지: 기자실 도박을 없애자」, 『신문과 방송』, 제369호(2001년 9월), 46~49쪽.

스티브 M. 바킨(Steve M. Barkin), 김웅숙 옮김, 『미국 텔레비전 뉴스』, 커뮤니케이션북스, 2004.

스티븐 J. A. 워드(Stephen J. A. Ward), 이은택 옮김, 『언론윤리의 재발견: 객관성에 대한 역사적 · 철학적 탐구』, 에피스테메, 2007.

신광식, 『불감사회: 9인의 공익제보자가 겪은 사회적 스트레스』, 참여사회, 2006.

신수현, 「온 국민이 PD가 되는 그날까지: 시민방송 RTV」, 『인물과 사상』, 2008년 9월호.

신순철, 「현행 영화등급분류제도의 위헌요소와 대안」, 『한국언론학보』, 제47권4호(2003년 8월), 274~293쪽.

신현직, 「무료신문 경쟁심화가 광고시장에 미치는 영향」, 『DAEHONG COMMUNICATIONS』, 2007년 9 · 10월, 54~57쪽.

안상운, 「몰래카메라는 범죄행위, 압수는 법원권한: 검찰의 SBS 압수수색—찬성」, 『신문과 방송』, 제393호(2003년 9월), 54~57쪽.

안상운, 「실질적인 제재 수단, 더 상향돼야: 명예훼손 거액 배상액 합당한가」, 『신문과 방송』, 제352호(2000년 4월), 47~51쪽.

안정민, 「미국 방송매체의 음란/외설 규제정책의 변화과정 분석」, 『방송연구』, 2007년 겨울, 111~141쪽.

안주목, 「저작권법 재점검을 통한 디지털콘텐츠의 저작권 집중관리시스템에 관한 고찰」, 『언론과학연구』, 제6권4호(2006년 12월), 243~284쪽.

앤서니 퍼킨스(Anthony B. Perkins) · 마이클 퍼킨스(Michael C. Perkins), 형선호 옮김, 『인터넷 거품: 거품을 알면 전략이 보인다』, 김영사, 2000.

앨빈 토플러(Alvin Toffler), 이규행 감역, 『권력이동』, 한국경제신문사, 1990.

양경승, 「인터넷 공간상의 표현행위와 그 침해의 구제방안」, 『언론중재』, 통권109호(2008년 겨울), 63~79쪽.

양문희, 「지상파 방송 PPL 규제 현황과 개선방향 연구: 시청자 만족도 및 해외시장 경쟁력 강화 방안을 중심으로」, 『방송과 커뮤니케이션』, 2007년 8~1호, 39~63쪽.

양삼승, 「2000년도 정기세미나/언론관련 법률의 쟁점과 개선방안: '언론피해구제법'(가칭) 제정을 위한 입법론적 방안」, 『언론중재』, 통권 77호(2000년 겨울).

양승찬, 「'오차 범위 내 1 · 2위' 표현도 문제: 경마식 보도」, 『신문과 방송』, 제398호(2004년 2월), 48~51쪽.

양재규, 「언론사 과실 없어도 허위보도는 정정보도문 게재해야: 정정보도 관련 법적 쟁점 살펴보기」, 『신문과 방송』, 제459호(2009년 3월), 142~145쪽.

양재규, 「언론중재법 관련 헌재결정(2005헌마165 등)에 대한 소고: 언론의 위축 효과를 중심으로」, 『언론중재』, 통권 100호(2006년 가을), 4~18쪽.

양재규, 「취재원 공개를 거부한 기자의 법적 책임에 관한 검토」, 『언론중재』, 통권97호(2005년 겨울), 82~97쪽.

양재규, 「포털뉴스의 피해구제방안을 둘러싼 쟁점과 과제」, 『언론중재』, 통권 101호(2006년 겨울), 21~43쪽.

양재규, 「피해자 관점에서 본 언론보도의 문제점」, 『언론중재』, 통권 105호(2007년 겨울), 65~84쪽.

양창수, 「명예훼손의 법문제에 관한 대법원판례의 동향」, 『언론중재』, 통권94호(2005년 봄), 54~65쪽.

언론중재위원회, 『2005~2007년도 언론소송 판결분석』, 언론중재위원회, 2008.

엄기열, 「자치적 민주주의 위해 언론책임 강조해야: 미 수정헌법 1조에 대한 해석의 문제」, 『신문과 방송』, 제377호(2002년 5월), 134~137쪽.

에드워드 데이머(T. Edward Damer), 김회빈 옮김, 『엉터리 논리 길들이기』, 새길, 1999, 188쪽.

에드워드 W. 사이드(Edward W. Said), 전신욱 · 서봉섭 옮김, 『권력과 지성인』, 창, 1996.

에릭 바렌트(Eric Barendt), 김대호 옮김, 『세계의 방송법: 서방 5개국의 방송정책』, 한울아카데미, 1998.

에번 I. 슈워츠(Evan I. Schwartz), 고주미 · 강병태 옮김, 『웹경제학: 인터넷시장을 지배하는 9가지 법칙』, 세종서적, 1999.

연세대학교 국어국문학과 학생회 쓰고 엮음, 『마광수는 옳다: 이 시대의 가장 음란한 싸움에 대한 보고』, 사회평론, 1995.

염규호, 「공적 인물과 명예훼손: 미국 언론법의 '현실적 악의'를 중심으로」, 『언론중재』, 통권 74호(2000년 봄).

염규호, 「공직자와 명예훼손: 미국 언론법의 '현실적 악의'를 중심으로」, 『언론중재』, 통권 73호(1999년 겨울), 82~93쪽.

염규호, 「미국에서의 명예훼손과 사생활침해: 헌법이론과 학설을 중심으로」, 『언론중재』, 통권 51호(1994년 여름).

염규호, 「미국에서의 프라이버시 침해와 언론의 자유: 판례를 중심으로」, 『언론중재』, 통권 53호(1994년 겨울).

염규호, 「미국의 명예훼손법: 판례를 중심으로」, 『언론중재』, 통권 52호(1994년 가을).

염규호, 「방어 저널리즘과 변호사의 역할: 기사사전열람을 통한 미국언론의 명예훼손소송 대책」, 『언론중재』, 통권81호(2001년 겨울), 72~89쪽.

염규호, 「설리번판결과 미국의 언론자유: "현실적 악의" 원칙의 40주년을 맞으면서」, 『언론중재』, 통권91호(2004년 여름), 60~73쪽.

염규호, 「통신사 기사 게재와 명예훼손: 미국의 언론자유에 대한 법·판례」, 『언론중재』, 통권 49호(1993년 겨울), 61~70쪽.

오동명, 「'오늘은 뭘 따 먹을까? ???: 『조선일보』의 '호객행위'」, 『월간 인물과 사상』, 2000년 10월, 48~53쪽.

오병권, 「신문 보도사진의 연출과 윤리성에 관한 연구」, 전북대학교 정보과학대학원 정보과학과(언론홍보 전공) 석사학위논문, 2000년 2월.

오상석, 「취재현장과 언론윤리강령」, 『언론중재』, 통권 76호(2000년 가을).

오수정, 「2008 언론수용자 의식조사 (1) 구독률, 열독률, 영향력과 신뢰도」, 『신문과 방송』, 제451호(2008년 7월), 146~149쪽.

오수정, 「2008 언론수용자 의식조사 (2) 매체 이용정도 및 행태 변화」, 『신문과 방송』, 제452호(2008년 8월), 62~66쪽.

오수정, 「사업다각화·광고증가로 실적 호전: 2007 신문사 경영실적 분석」, 『신문과 방송』, 제449호(2008년 5월), 168~173쪽.

오양호, 「취재원 강제수사는 최후 수단이어야: 검찰의 SBS 압수수색~반대」, 『신문과 방송』, 제393호(2003년 9월), 58~61쪽.

용태영, 「1년에 천만원 가까운 신종 뇌물: 접대골프, 부킹 청탁을 하지말자」, 『신문과 방송』, 제373호(2002년 1월), 108~112쪽.

원용진·유지나·심광현 편저, 『스크린쿼터와 문화주권』, 문화과학사, 1999.

원우현, 「언론자율규제기구의 전망: 영국의 경우를 중심으로」, 『언론중재』, 통권 47호(1993년 여름), 18~24쪽.

유의선, 「인터넷상의 명예훼손 위법성 구성 및 조각사유 준용에 관한 연구: 형법 307~310조를 중심으로」, 『한국언론학보』, 제43~2호(1998년 겨울).

유일상, 「법정공개와 피의자 인권, 알권리」, 『언론중재』, 통권 58호(1996년 봄).

유일상, 『공정보도의 사회윤리학』(개정증보판), 일월서각, 1988.

유일상, 『언론법제론』(개정판), 박영사, 2000.

유일상, 『언론윤리법제론』, 아침, 1991.

유일상, 『언론정보윤리론』, 아침, 2001.

유재천·이민웅, 『정부와 언론』, 나남, 1994.

유진 굿윈(H. Eugene Goodwin), 우병동 옮김, 『언론윤리의 모색』, 한나래, 1995.

윤석홍, 『Off the Record』, LG 상남언론재단, 1996.

윤정은, 「녹조근정훈장 수상 거부한 이문옥 전 감사관: "도둑놈끼리 지키는 의리가 무슨 의리입니까"」, 『참여사회』, 2000년 2월호.

이강수, 『현대 매스커뮤니케이션의 제문제』, 범우사, 1991.

이경숙, 「흐트러진 언론 추스르는 신문윤리위원회: 자율규제 강조하는 긴 안목의 수호자」, 『기자통신』, 1999년 7월호.

이경숙, 「흔들리는 '기자윤리' 현장스케치: "아직도 촌지, 향응 접대 사례가 사라지지 않았다"」, 『기자통신』, 1999년 6월호.

이경일, 「인쇄매체광고: 2007 광고심의 평가」, 『광고심의』, 제157호(2008년 1·2월), 47~51쪽.

이관기, 『알 권리와 프라이버시: 전통적 대립과 정보사회의 갈등』, 한국교육문화원, 1993.

이광범 외, 『한국언론과 명예훼손소송』, 나남출판, 2002.

이광엽, 「방송뉴스의 저널리즘, 인포테인먼트, 상업주의」, 『신문과 방송』, 제423호(2006년 3월), 98~102쪽.

이구현, 「한국과 미국의 광고규제 비교고찰: 미국의 FTC법과 우리나라의 공정거래법을 중심으로」, 『광고심의 논문선집』, 한국광고자율심의기구, 1998.

이구현, 『광고법학』(제2판), 법문사, 2001.

이구현, 『미국 언론법』, 커뮤니케이션북스, 1998.

이구현, 『출판미디어법』, 경인문화사, 2001.

이구현, 『한국광고법: 관례법규총람』, 경인문화사, 2002.

이규진, 「언론자유와 사전제한의 법리: 방영금지가처분 합헌 결정을 중심으로」, 『언론중재』, 통권81호(2001년 겨울), 20~35쪽.

이민규, 「포털과 블로그, 저널리즘 영역에 도전: 인터넷 언론」, 『신문과 방송』, 제421호(2006년 1월), 124~127쪽.

이민웅, 「언론의 경쟁적 취재·보도와 권익 침해」, 『언론중재』, 통권 63호(1997년 여름).

이봉렬, 「시민저널리즘의 발전을 위한 제언(II)」, 『언론중재』, 통권99호(2006년 여름), 39~46쪽.

이봉수, 「명예훼손 소송에서의 위자료 산정」, 『언론중재』, 통권97호(2005년 겨울), 64~81쪽.

이상도, 「방송 프로그램 협찬 제도의 문제점에 관한 탐색적 연구: 독일과 한국의 관련법규 비교검토를 중심으로」, 『언론과학연구』, 제6권3호(2006년 9월), 448~484쪽.

이상도, 「피의자 보도와 인격권」, 『언론중재』, 통권103호(2007년 여름), 84~91쪽.

이승선, 「'공적인물'이 청구한 명예훼손 소송의 특성과 함의: 방송사 사건을 중심으로」, 『방송과 커뮤니케이션』, 2007년 8-1호, 96~131쪽.

이승선, 「고충처리인 제도의 실효성 확보를 위한 제언」, 『언론중재』, 통권104호(2007년 가을), 39~63쪽.

이승한, 「인격권에 관한 2006년 판결례」, 『언론중재』, 통권 101호(2006년 겨울), 74~83쪽.

이시엘 디 솔라 풀(Ithiel de Sola Pool), 원우현 옮김, 『자유언론의 테크놀러지』, 전예원, 1985.

이아람, 「부끄러운 짓, 그만둘 때 됐다: 포털과 언론의 합작품, 기사 어뷰징」, 『신문과 방송』, 제444호(2007년 12월), 101~105쪽.

이영태, 「정보공개 확대, 브리핑 부실 개선 필요: 기자실 개방」, 『신문과 방송』, 제398호(2004년 2월), 119~123쪽.

이오성, 「통신질서확립법 파동: 돼지를 굽기 위해 지구촌 전체를 태울 것인가」, 『말』, 2000년 10월호.

이외수, 『감성사전』, 동숭동, 2004.

이완성, 「인터넷 자료에 근거한 언론보도의 문제점과 개선방안: 인터넷 자료 근거한 오보의 발생구조를 중심으로」, 『언론중재』, 통권107호(2008년 여름), 41~49쪽.

이원락, 「억대 주식 수수 등장, 사회 분위기도 강력 대응 요구」, 『신문과 방송』, 제384호(2002년 12월), 33~37쪽.

이재경, 「위장취재와 몰래카메라: 취재보도의 윤리적 문제」, 『언론중재』, 통권 63호(1997년 여름).

이재진·박성복, 「UCC의 방송 저작권 침해에 대한 고찰: '공정이용'과 'OSP 책임성'을 중심으로」, 『방송연구』, 2007년 겨울, 59~82쪽.

이재진·정영주, 「명예훼손 소송에 나타난 기업의 공익성 요건에 대한 탐색: 공인이론 적용의 타당성 검토를 중심으로」, 『방송과 커뮤니케이션』, 2007년 8-2호, 156~191쪽.

이재진, 「발표저널리즘과 언론의 책임: 정치적 폭로에 대한 중계보도와 언론의 법적 책임」, 『언론중재』, 제93호(2004년 겨울), 30~45쪽.

이재진, 「사이버 공간에서의 표현의 자유와 인격권 보호」, 『언론중재』, 통권 77호(2000년 겨울).

이재진, 「생존 위한 고육지책이 저널리즘 근간 흔든다: 자본에 잠식당하는 저널리즘 윤리」, 『신문과 방송』, 제458호(2009년 2월), 22~25쪽.

이재진, 「인터넷에서의 정보생산 및 유통구조의 변화와 법적 쟁점」, 『언론중재』, 통권109호(2008년 겨울), 5~22쪽.

이재진, 「저널리즘 영역에 있어서의 알권리의 기원과 개념변화에 대한 연구」, 『언론과학연구』, 제5권1호(2005년 4월), 231~264쪽.

이재진, 「지킬건 지키되 포괄적·관행적 남용 탈피해야: 엠바고」, 『신문과 방송』, 제415호(2005년 7월), 122~125쪽.

이재진, 「한국 언론법제 교육의 현실과 쟁점: 대학에서의 언론법제 교육을 중심으로」, 『언론중재』, 통권 105호(2007년 겨울), 4~20쪽.

이재현, 「박육근혜론: 수구냉전 국가주의의 이단(異端)심문관」, 『인물과사상 32』, 개마고원, 2004, 155~189쪽.

이재현, 『인터넷과 사이버사회』, 커뮤니케이션북스, 2000.

이정우, 『인간의 얼굴: 탈주와 회귀 사이에서』, 민음사, 1999.

이창현, 「지상파 방송심의를 둘러싼 영향력 집단의 갈등과 심의개선의 모색」, 『방송과 커뮤니케이션』, 2007년 8~1호, 64~93쪽.

이화행, 「'실시간' 판세 제공, 경마 저널리즘이 꽃 피다: 18대 총선보도 분석－인터넷·포털」, 『신문과 방송』, 제449호 (2008년 5월), 132~136쪽.

이효성, 『대통령선거와 텔레비전 토론』, 나남, 1997.

이효성, 『한국언론의 좌표』, 커뮤니케이션북스, 1996.

이희용, 「현장에서 바라본 언론의 법적 환경 변화」, 『언론중재』, 통권96호(2005년 가을), 4~16쪽.

임병국, 『언론법제와 보도』, 나남, 1999.

임성원·성동규, 「MMS 채널정책에 관한 연구: 공영방송의 사회적 역할을 중심으로」, 『언론과학연구』, 제8권1호(2008년 3월), 222~260쪽.

임영호, 『전환기의 신문산업과 민주주의』, 한나래, 2002.

장낙인, 「제7장 알권리와 정보공개제도」, 장낙인 외, 『미디어문화와 사회』, 일진사, 2009, 157~171쪽.

장영수, 「발표저널리즘과 언론의 책임: 수사기관의 발표에 의한 오보와 면책범위」, 『언론중재』, 제93호(2004년 겨울), 18~29쪽.

장원호, 『미국신문의 위기와 미래: 21세기 한국 신문의 과제』, 나남, 1998.

장행훈, 「가정배달에 정론지 표방하는 무료신문 탄생」, 『신문과 방송』, 제433호(2007년 1월), 46~51쪽.

장행훈, 「독자 앞에 투명한 신문만이 살아남는다: 한국신문에 제안하고 싶은 것」, 『신문과 방송』, 제447호(2008년 3월).

장행훈, 「자율근절 안 되면 법으로 뿌리 뽑아야: 언론사 거액 촌지 의혹을 보고」, 『신문과 방송』, 제395호(2003년 11월), 38~43쪽.

장행훈, 「취재원의 여론조작에 이용당한 기자: 부시 정부와 뉴욕타임스 게이트」, 『신문과 방송』, 제420호(2005년 12월), 56~61쪽.

장행훈, 「편집국 문 열어주는 안내자: 신문의 오만을 치유하는 옴부즈맨」, 『신문과 방송』, 제438호(2007년 6월), 62~65쪽.

장호순, 「기득권 언론과 권력이 빚어온 비민주적 관행: 출입처 기자실－폐지해야 한다」, 『신문과 방송』, 제345호(1999년 9월), 90~92쪽.

장호순, 「위원회 조정사례 및 법원관결을 통해 본 보도의 문제점과 피해구제」, 『언론중재』, 통권106호(2008년 봄), 4~17쪽.

장호순, 『미국헌법과 인권의 역사: 민주주의와 인권을 신장시킨 명판결』, 개마고원, 1998.

장호순, 『언론의 자유와 책임』, 한울아카데미, 2004.

잭 후버 & 딘 디긴스(Jack Huber & Dean Diggins), 『인터뷰 전문가 19인이 밝히는 인터뷰 기법』, 한국언론연구원, 1996.

전문영, 『21세기를 겨냥한 저작권 해설: 영상·음악·출판인의 실무 지침서』, 범우사, 1999.

전진한, 「아무도 관심없는 정보공개법 무너지는 국민 알권리」, 『신문과 방송』, 제452호(2008년 8월), 120~123쪽.

정기욱, 『U Dream: 유비쿼터스드림』, 매일경제신문사, 2005.

정대필, 「한국문화의 세계화 이제 유튜브가?: 유튜브 한국어 서비스 시작」, 『신문과 방송』, 제447호(2008년 3월).

정두남, 『지상파 디지털방송 멀티모드서비스(MMS) 도입에 관한 연구』, 한국방송광고공사, 2007.

정상규, 「사이버 명예훼손의 제문제(상)」, 『언론중재』, 통권94호(2005년 봄), 66~79쪽.

정상조 엮음, 『인터넷과 법률』, 현암사, 2000.

정용준, 『디지털 위성방송과 영상소프트웨어』, 나남, 2000.

정용준, 『세계의 디지털 위성방송』, 커뮤니케이션북스, 1998.

정태철, 「언론 전문직업인주의(professionalism)의 필요성: 1987년 민주화 이후 한국 언론의 문제와 개혁에 대한 논의」,

『언론과학연구』, 제5권2호(2005년 8월), 417~454쪽.

정태철, 『미국신문연구: 공익성과 상업성 그리고 전문직 시스템의 이해』, 커뮤니케이션북스, 1999.

제롬 A. 배런(Jerome A. Barron), 「미국에서의 언론매체에 대한 반론권」, 『언론중재』, 통권 50호(1994년 봄).

제롬 A. 배런(Jerome A. Barron), 김병국 역, 『누구를 위한 언론자유인가』, 고시계, 1987.

제리 에버애드(Jerry Everad), 윤영민 옮김, 『국가@인터넷』, 한양대학교출판부, 2002.

제인 커틀리(Jane Kirtley), 노성환 편역, 「보호가 우선, 다른 경로로 범인 찾아라: 영·미 법원의 취재원 보호 시각 차이」, 『신문과 방송』, 2000년 9월, 173~175쪽.

제정임, 『경제뉴스의 두 얼굴: 화려한 유혹과 은밀한 배신』, 개마고원, 2002.

제프리 로스페더(Jeffrey Rothfeder), 김희숙 옮김, 『개인정보가 팔리고 있다: 첨단 컴퓨터사회의 함정』, 한마음사, 1994.

조국 편저, 『사상의 자유』, 살림터, 1992.

조대근, 「굿데이에 600만원 부과: 청소년보호위, 정기간행물에 첫 과징금」, 『신문과 방송』, 제408호(2004년 12월), 111~113쪽.

조동시·양승혜, 「"익명보도 많은 편" 80.5%, 취재원의 42%가 익명: 10대 일간지 지면분석과 기자의견조사」, 『신문과 방송』, 제422호(2006년 2월), 8~18쪽.

조동시·이아람, 「기자 64.7%, PD 52.2%, 언론학자 54.2% 얼굴공개 찬성: 범죄 피의자 얼굴공개」, 『신문과 방송』, 제459호(2009년 3월), 40~45쪽.

조동시, 「위반건수 무료신문이 50건으로 가장 많아: '기사형 광고 가이드라인' 시범 심의, 신문위」, 『신문과 방송』, 제432호(2006년 12월), 156~159쪽.

조동시, 「편견을 부추기는 보도는 말아야: 에이즈 보도·성폭력 보도 가이드라인」, 『신문과 방송』, 제432호(2006년 12월), 160~162쪽.

조선일보반대시민연대 편, 『왜? 조선일보인가』, 인물과사상사, 2000.

조영신, 「여가수 가슴 노출로 규제강화 추세: 미국방송의 돌발사고 대처」, 『신문과 방송』, 제417호(2005년 9월), 102~105쪽.

조영신, 「PPL(Product Placement)에 대한 소고」, 『방송동향과 분석』, 통권240호(2006년 9월 30일).

조현호, 「기자·취재원 편의 위한 엠바고 피해야: 운용 현황과 문제점」, 『신문과 방송』, 제415호(2005년 7월), 126~129쪽.

조호현, 「알권리 보장을 위한 최소한의 정치: 출입처 기자실—존속해야 한다」, 『신문과 방송』, 제345호(1999년 9월), 93~95쪽.

조홍식, 『똑같은 것은 싫다: 조홍식 교수의 프랑스 문화 이야기』, 창작과비평사, 2000.

조흡, 「문화민족주의에서 문명공존론까지: 에드워드 사이드, '테러리스트'와 '피아니스트'」, 『인물과사상 5』, 개마고원, 1998, 243~268쪽.

존 네론(John Nerone) 엮음, 차재영 옮김, 『최후의 권리: '언론의 4이론'을 넘어서』, 한울아카데미, 1998.

존 밀턴(John Milton), 임상원 역주, 『아레오파지티카: 존 밀턴의 언론 출판 자유에 대한 선언』, 나남, 1998.

존 브록만(John Brockman) 엮음, 『위험한 생각들: 당대 최고의 석학 110명에게 물었다』, 갤리온, 2007.

존 L. 헐텡(John L. Hulteng), 유재천 편역, 『언론윤리의 원칙과 실제』, 을유문화사, 1992.

지강유철·고영재, 「인터뷰/고영재 '워낭소리' 제작자: '워낭소리'에 담긴 공생의 의미」, 『인물과사상』, 2009년 4월, 15~38쪽.

진보네트워크센터, 「한국의 이동통신 도감청과 통신비밀보호법」, 『정보운동 액트온』, 2009년 제1호.

진보네트워크센터, 「자유와 공유의 연대기: 진보네트워크센터 10년 백서」, 진보네트워크센터, 2008.

질리언 도일(Gillian Doyle), 정윤경 옮김, 『미디어 소유와 집중』, 커뮤니케이션북스, 2003.

차상렬, 「개정 저작권법과 방송관련 쟁점」, 『방송문화』, 제308호(2007년 4월), 64~71쪽.

차용범, 「공인의 명예훼손에 대한 판결기준의 변화 추세: 판례분석을 중심으로」, 『한국언론학보』, 제46-3호(2002년 여름), 414~445쪽.

차형근·조병래·최영훈 편저, 『언론과 명예훼손: 판례연구』, 나남, 2000.

천원주, 「18대 국회 입성 언론인 36명 분석」, 『신문과 방송』, 제449호(2008년 5월), 60~61쪽.

천원주, 「예방교육 강화, 자문변호사 활용 극대화: 명예훼손 소송, 언론사 대비책은」, 『신문과 방송』, 제352호(2000년 4

월).

최경수, 『국제지적재산권법』, 한울아카데미, 2001.

최민재, 「뉴스 유통 주도 적극적 마케팅 기회: 디지털뉴스 저작권 집중관리사업 어떻게 돼가나」, 『신문과 방송』, 제434호(2007년 2월), 138~141쪽.

최민재, 「연예인 자살보도로 돌아본 자살 사망 보도의 문제와 대안」, 『언론중재』, 통권109호(2008년 겨울), 90~97쪽.

최상진, 『한국인 심리학』, 중앙대학교출판부, 2000.

최상천, 「'즐거운 사라'가 증언하는 누더기 '자유민주주의'」, 『사회평론 · 길』, 1995년 8월호.

최영묵 · 김명준 · 서명석, 『국민참여방송의 이론과 실천』, 언론개혁시민연대, 1999.

최영묵, 『시민미디어론』, 아르케, 2005.

최영재, 「희생양 찾아 공격 치중 함께 타 버린 객관보도: 숭례문 화재 보도 점검」, 『신문과 방송』, 제447호(2008년 3월), 114~118쪽.

최진봉, 「재점화된 인터넷 망 중립성 논쟁: 구글, 망 중립성에 대한 입장 변화?」, 『Media+Future』, 제32호(2009년 2월), 86~87쪽.

최진순, 「시민저널리즘의 발전을 위한 제언(I)」, 『언론중재』, 통권99호(2006년 여름), 30~38쪽.

최진순, 「언론사끼리도 저작권 침해 편집국부터 인식 바꿔야: 뉴스 저작권 시장 성장의 과제」, 『신문과 방송』, 제458호(2009년 2월), 26~29쪽.

최창동, 『국가보안법 왜 문제인가』, 대흥기획, 1995.

클레이 서키(Clay Shirky), 송연석 옮김, 『끌리고 쏠리고 들끓다: 새로운 사회와 대중의 탄생』, 갤리온, 2008.

클리퍼드 크리스천스(Clifford G. Christians) 외, 김춘옥 옮김, 『78개의 최신 사례로 보는 미디어 윤리』, 커뮤니케이션북스, 2007.

토머스 A. 휴즈(Thomas A. Hughes), 「미 · 캐나다간 명예훼손법 비교연구: 현실적 악의론의 적용을 중심으로」, 『언론중재』, 통권 68호(1998년 가을).

팽원순, 『매스코뮤니케이션 법제이론』(개정판), 법문사, 1988.

팽원순, 『언론법제신론』, 나남, 1989.

팽원순, 『한국언론법제론』, 법문사, 1994.

팽원순, 『현대신문방송보도론』, 범우사, 1989.

폴 레스터(Paul Lester), 허현주 옮김, 『포토저널리즘과 윤리학』, 삼경, 1999.

표성수, 『언론과 명예훼손』, 육법사, 1997.

필립 마이어(Philip Meyer), 성동규 · 김광협 옮김, 『디지털시대 저널리즘 구하기: 신문경영의 새로운 비즈니스 모델』, 커뮤니케이션북스, 2008.

하워드 진(Howard Zinn) · 레베카 스테포프(Rebecca Stefoff), 김영진 옮김, 『살아있는 미국역사』, 추수밭, 2008.

하워드 진(Howard Zinn), 이재원 옮김, 『불복종의 이유』, 이후, 2003.

하태원, 「적색경보! 명예훼손, 걸면 걸린다」, 『신동아』, 2000년 3월호.

한국광고자율심의기구, 『광고관련 판례집』, 한국광고자율심의기구, 2000.

한국광고자율심의기구, 『FTC 광고 가이드라인』, 한국광고자율심의기구, 1998.

한국디지털위성방송, 『SkyLife 개국5년사 2002~2007』, 한국디지털위성방송, 2007.

한국언론연구원 편역, 『범죄 익명보도』, 한국언론연구원, 1998.

한국언론재단, 『보도비평: 한 · 미신문의 취재원 이용 관행』, 한국언론재단, 2001.

한국언론재단, 『언론인의 직업윤리: 책임언론을 위한 현실 점검과 대안 모색』, 한국언론재단, 2000.

한국언론학회 · 한국사회학회 엮음, 『정보화시대의 미디어와 문화』, 세계사, 1998.

한규석, 『사회심리학의 이해』, 학지사, 1995.

한동원, 「언론중재위원회의 활동 평가와 과제」, 『언론중재』, 통권 73호(1999년 겨울).

한병구 편, 『언론법제통론』, 나남, 1990.

한병구, 『언론과 윤리법제』, 서울대학교출판부, 2000.

한병구, 『언론법제이론』, 나남, 1987.

한상희, 「정보통신서비스 제공자의 법적 책임: 명예훼손과 관련하여」, 『언론중재』, 통권81호(2001년 겨울), 36~49쪽.

한선 · 이오현, 「공동체 라디오와 자기 효능감: 미국 공동체 라디오 KOPN에 대한 민속지학적 연구」, 『한국언론학보』, 52권5호(2008년 10월), 275~294쪽.

한승헌, 『정보화시대의 저작권』, 나남, 1996.

한위수, 「법관이 본 사법관련보도의 문제점과 제언」, 『언론중재』, 통권 52호(1994년 가을).

한위수, 「새 언론중재제도의 성과와 개선점」, 『언론중재』, 통권 101호(2006년 겨울), 5~20쪽.

한위수, 「집단명예훼손소송에 관한 연구」, 『언론중재』, 통권 67호(1998년 여름).

한위수, 「판결에 나타난 언론보도의 문제점」, 『언론중재』, 통권 72호(1999년 가을).

함석천, 「공적 사항 · 공인 등에 대한 언론의 비판 가능에 대한 소고(小考)」, 『언론중재』, 통권108호(2008년 가을), 45~56쪽.

함석천, 「미국의 언론환경 변화와 법리 전개」, 『언론중재』, 통권102호(2007년 봄), 50~59쪽.

함석천, 「손해배상청구권의 도입과 언론중재」, 『언론중재』, 통권94호(2005년 봄), 42~53쪽.

허영, 『헌법이론과 헌법』(신정5판), 박영사, 2000.

허행량, 「선물 상한선 미국 5달러 국내 5만원」, 『신문과 방송』, 제345호(1999년 9월), 39~43쪽.

홍성민, 『문화와 아비투스: 부르디외와 유럽정치사상』, 나남, 2000.

홍성태 · 오병일 외, 『디지털은 자유다: 인터넷과 지적재산권의 충돌』, 이후, 2000.

홍수원, 「취재원 공개 거부 기자에게 하루 5,000달러 벌금형」, 『신문과 방송』, 제450호(2008년 6월).

황근, 「사이버 모욕죄/사회적 합의와 법적보완 전제한 규제는 필요하다」, 『신문과 방송』, 제456호(2008년 12월), 70~73쪽.

황근, 「스와핑 보도, 고발보다 선정성 치우쳐: MBC의 '아주 특별한 아침'」, 『신문과 방송』, 제395호(2003년 11월), 130~133쪽.

황성기, 「경찰공무수행시 동행취재와 프라이버시와의 관계」, 『언론중재』, 통권81호(2001년 겨울), 50~57쪽.

황성기, 「전자미디어와 명예훼손법: 사이버공간에서의 적용문제를 중심으로」, 『언론중재』, 통권 74호(2000년 봄).

황인경, 「인터넷상 '펌'이나 '링크'에 의한 명예훼손의 문제: 명예훼손에 있어 사실적시 방법인지 여부를 중심으로」, 『언론중재』, 통권99호(2006년 여름), 47~74쪽.

황치성, 「3명 가운데 2명 촌지 수수 경험」, 『신문과 방송』, 제345호(1999년 9월), 20~24쪽.

황치성, 「취재원 수 미국 신문이 3배/독창적 기사는 한국 신문이 많아: 한 · 미 신문의 1면 기사 비교」, 『신문과 방송』, 제444호(2007년 12월), 106~111쪽.

A. E. 코트니 · T. W. 휘플(Alice E. Courtney · Thomas W. Whipple), 허갑중 역, 『성표현 광고와 규제』, 나남, 1990.

C. 프레드 앨퍼드(C. Fred Alford), 남경태 옮김, 『한국인의 심리에 관한 보고서』, 그린비, 2000.

C. P. 스노우(C. P. Snow), 오영환 옮김, 『두 문화: 과학과 인문학의 조화로운 만남을 위하여』, 사이언스북스, 2001.

F. L. 알렌(Frederick Lewis Allen), 박진빈 옮김, 『원더풀 아메리카』, 앨피, 2006.

M. 이센 카트시(M. Ethan Katsch), 김유정 역, 『디지털시대의 법제이론』, 나남, 1997.

R. 마이클 후프헤스(R. Michael Hoefges), 「언론자유와 신원보호」, 『언론중재』, 통권65호(1997년 겨울).

R. W. 디즈몬드 · 죤 L. 할렌, 권대우 역, 『알 권리 알릴 권리』, 흐겨레, 1986.

Ben H. Bagdikian, 「Right of Access: A Modest Proposal」, 『Columbia Journalism Review』, Spring 1969.

Ben H. Bagdikian, 『The Media Monopoly』(Boston, Mass.: Beacon Press, 1983).

Bernard Bailyn · John B. Hench eds., 『The Press and the American Revolution』(Boston, Mass.: Northeastern University Press, 1981).

C. Northcote Parkinson, 『Parkinson's Law』(New York: Ballantine Books, 1964).

Clifton Daniel, 「Right of Access to Mass Media: Government Obligation to Enforce First Amendment?」, 『Texas Law Review』, 48(1970), pp.783~790.

Dan Schiller, 「An Historical Approach to Objectivity and Professionalism in American News Reporting」, 『Journal of Communication』, 29:4(Autumn 1979), pp.46~57.

Daniel J. Boorstin, 『Democracy and Its Discontents: Reflections on Everyday America』(New York: Vintage Books, 1975).

Daniel J. Boorstin, 『The Image: A Guide to Pseudo~Events in America』(New York: Atheneum, 1964).

Don R. Pember, 『Mass Media Law』 1996 ed.(Dubuque, Iowa: Brown & Benchmark, 1996).

Don R. Pember, 『Mass Media Law』 3rd ed. (Dubuque, Iowa: Wm.C.Brown, 1984).

Donald L. Smith, 「Privacy: the right that failed」, 『Columbia Journalism Review』, Spring 1969, pp.18~22.

Everette E. Dennis & John C. Merrill, 『Basic Issues in Mass Communication』 (New York: Macmillan, 1984).

Gaye Tuchman, 『Making News: A Study in the Construction of Reality』 (New York: Free Press, 1978).

George C. Edwards III & Stephen J. Wayne, 『Presidential Leadership: Politics and Policy Making』 (New York: St. Martin's Press, 1985).

Hannah Arendt, 『Eichmann in Jerusalem: A Report on the Banality of Evil』 (New York : Penguin Books, 1963/1977).

Harold L. Nelson & Dwight L. Teeter, Jr., 『Law of Mass Communications: Freedom and Control of Print and Broadcast Media』 3rd ed.(New York: Foundation Press, 1978).

Harold L. Nelson ed. 『Freedom of the Press from Hamilton to the Warren Court』 (Indianapolis: Bobbs-Merrill, 1967).

Jack McDonald, 「Book Reviews: Freedom of the Press For Whom?」, 『North Dakota Law Review』, 50(1973 Fall), pp.153~160.

James Walker · Douglas Ferguson, 『The Broadcast Television Industry』 (Boston, Mass.: Allyn and Bacon, 1998).

Jean Folkerts · Dwight L. Teeter, Jr., 『Voices of a Nation: A History of Mass Media in the United States』 (Boston, Mass.: Allyn and Bacon, 1998).

Jethro K. Lieberman, 『Privacy and the Law』 (New York: Lothrop, Lee & Shepard, 1978).

Joel Schwartz, 「Freud and Freedom of Speech」, 『American Political Science Review』, 80:4(December 1986), pp.1227~1248.

John D. Stevens, 『Shaping the First Amendment: The Development of Free Expression』 (Beverly Hills, Ca.: Sage, 1982).

John R. Snowden, 「Barron's 'Good Book' Examines Access Notion」, 『Nebraska Law Review』, 53:2(1974).

John V. Pavlik, 『New Media Technology: Cultural and Commercial Prospectives』 (Boston, Mass.: Allyn and Bacon, 1996).

Mark Wheeler, 『Politics and the Mass Media』 (Oxford, UK: Blackwell, 1997).

Merle W. Loper, 「Media Access and the First Amendment's Romantic Tradition: A Commentary on Jerome A. Barron, Freedom of the Press for Whom?」, 『Maine Law Review』, 26(1974).

Michael Emery · Edwin Emery, 『The Press and America: An Interpretive History of the Mass Media』 (Boston, Mass.: Allyn and Bacon, 1996).

Michael Schudson, 「On Larson's The Rise of Professionalism」, 『Sociological Review Monograph』, 20(1973), pp.215~229.

Pierre Bourdieu and Loic J. D. Wacquant. 『An Invitation to Reflexive Sociology』 (Chicago: University of Chicago Press, 1992).

Rita Cruise O'Brien, 「Professionalism in Broadcasting in Developing Countries」, 『Journal of Communication』, 27:2(Spring 1977).

Sydney W. Head et al., 『Broadcasting in America: a Survey of Electronic Media』 (New York: Houghton Mifflin, 1998).

Terence Johnson, 「Imperialism and the Professions」, 『Sociological Review Monograph』, 20(1973).

Terence Johnson, 『Professions and Power』 (London: Macmillan, 1977).

Thomas I. Emerson, 『Toward a General Theory of the First Amendment』 (New York: Vintage Books, 1966).

Timothy Crouse, 『The Boys on the Bus』 (New York: Ballantine Books, 1974).

Tom Crone, 『Law and the Media: An Everyday Guide for Professionals』 3rd ed. (Oxford: Focal Press, 1995).

개정판

대중매체 법과 윤리

ⓒ강준만, 2009

1판 1쇄 2001년 2월 15일 펴냄
2판 1쇄 2009년 9월 1일 펴냄

글 · 사진 | 강준만 펴낸이 | 강준우
기획편집 | 정지희, 김수현, 이지선, 김미량 디자인 | 이은혜, 임현주
마케팅 | 이태준, 최현수 관리 | 김수연 펴낸곳 | 인물과사상사
출판등록 | 제17-204호 1998년 3월 11일 주소 | (121-839) 서울시 마포구 서교동 392-4 삼양빌딩 2층
전화 | 02-471-4439 팩스 | 02-474-1413 홈페이지 | www.inmul.co.kr | insa@inmul.co.kr
ISBN 978-89-5906-123-5 93070
값 28,000원